Le Routard

Pays basque
(France, Espagne)
Béarn
2021/22

Cofondateurs : Philippe GLOAGUEN et Michel DUVAL

Directeur de collection et auteur
Philippe GLOAGUEN

Secrétaire général
Gavin's CLEMENTE-RUIZ

Rédacteurs en chef
Amanda KERAVEL (France)
Benoît LUCCHINI (Étranger)

Directrice administrative
Bénédicte GLOAGUEN

Conseiller à la rédaction
Pierre JOSSE

Responsable voyages
Carole BORDES

Direction éditoriale
Élise ERNEST

Rédaction
Isabelle AL SUBAIHI
Emmanuelle BAUQUIS
Mathilde de BOISGROLLIER
Thierry BROUARD
Marie BURIN des ROZIERS
Diane CAPRON
Véronique de CHARDON
Laura CHARLIER
Florence CHARMETANT
Fiona DEBRABANDER
Anne-Caroline DUMAS
Éléonore FRIESS
Géraldine LEMAUF-BEAUVOIS
Olivier PAGE
Alain PALLIER
Anne POINSOT
André PONCELET

hachette

TABLE DES MATIÈRES

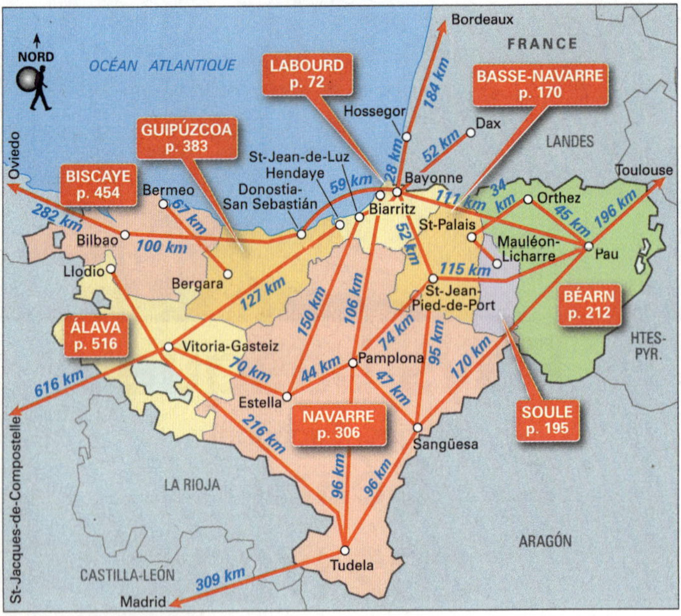

PRÉAMBULE

COMMENT Y ALLER ? 34

BON À SAVOIR AVANT LE DÉPART 42

☎ **112 :** c'est le numéro d'urgence commun à la France et à tous les pays de l'UE, à composer en cas d'accident, d'agression ou de détresse. Il permet de se faire localiser et aider en français, tout en améliorant les délais d'intervention des services de secours.

UNE PANDÉMIE INOUÏE !

Depuis toujours, ***Le Routard* se plaît à dénicher hôteliers et restaurateurs** qui accueillent nos lecteurs avec sourire et professionnalisme. Malgré toute notre vigilance, certains d'entre eux auront malheureusement fermé quand ce livre sortira. De même, les horaires et modalités d'accueil de certains sites et musées auront été momentanément modifiés. Cette terrible **pandémie de Coronavirus** a, on le sait, des conséquences importantes pour tous les professionnels du tourisme. **Nous sommes de tout cœur avec eux !**

Pictogrammes du Routard

Établissements

- Hôtel, auberge, chambre d'hôtes
- Camping
- Restaurant
- Terrasse
- Pizzeria
- Boulangerie, sandwicherie
- Pâtisserie
- Glacier
- Café, salon de thé
- Café, bar
- Bar musical
- Club, boîte de nuit
- Salle de spectacle
- Boutique, magasin, marché

Infos pratiques

- Office de tourisme
- Poste
- Accès Internet
- Hôpital, urgences
- Adapté aux personnes handicapées

Sites

- Présente un intérêt touristique
- Point de vue
- Plage
- Spot de surf
- Site de plongée
- Recommandé pour les enfants
- Inscrit au Patrimoine mondial de l'Unesco
- Pas de côté

Transports

- Aéroport
- Gare ferroviaire
- Gare routière, arrêt de bus
- Station de métro
- Station de tramway
- Parking
- Taxi
- Taxi collectif
- Bateau
- Bateau fluvial
- Piste cyclable, parcours à vélo

« OSONS LE PAS DE CÔTÉ »

Le surtourisme ? Tous concernés. Et pourtant, à l'écart des grands flux touristiques, il existe plein de pépites méconnues, souvent oubliées des circuits trop encombrés. Ici un site ignoré ; là un quartier secret ; plus loin un village caché au charme discret, avec un troquet d'une autre époque. Il existe une infinité de lieux peinards que l'on a envie de mettre en avant avec ce pictogramme. Un vagabondage enfin calme favorisé aussi par les **visites aux heures creuses.** Vive le *slow trip* !

#osonslepasdecote

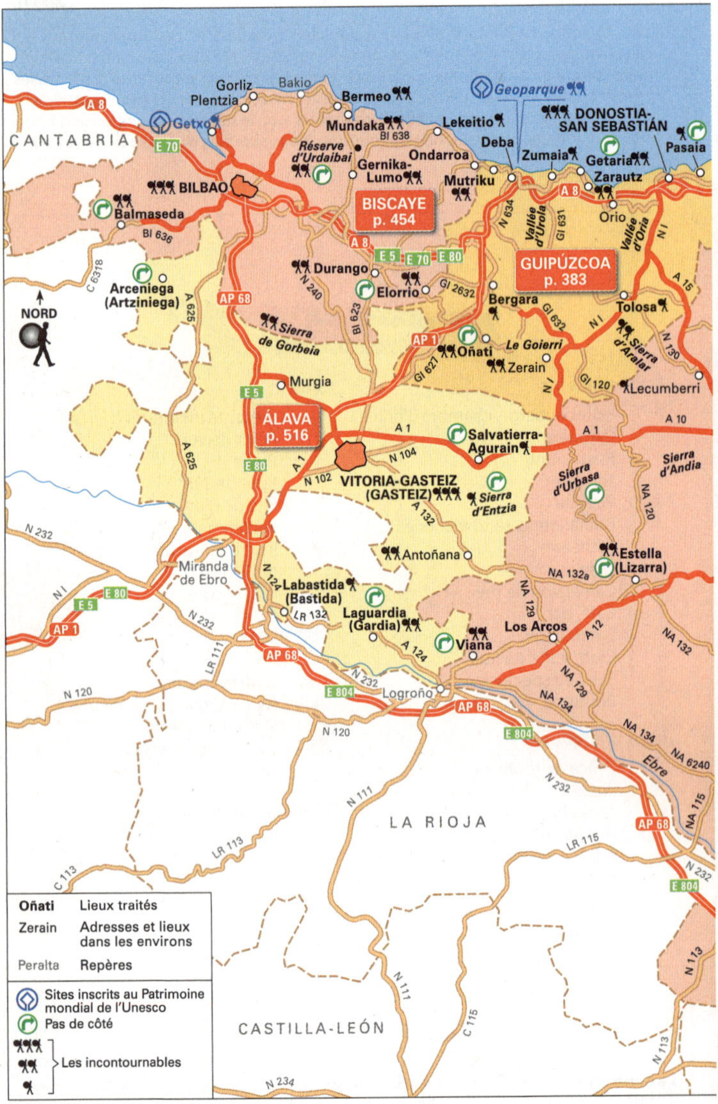

Gorliz
Bakio
Plentzia
Bermeo
Getxo
Mundaka
BI 638
Lekeitio
Geoparque
DONOSTIA-SAN SEBASTIÁN
Pasaia
CANTABRIA
A 8
E 70
Réserve d'Urdaibai
Gernika-Lumo
Ondarroa
Deba
Zumaia
Getaria
Zarautz
Mutriku
Orio
BILBAO
Balmaseda
BI 636
BISCAYE p. 454
N 634
Vallée d'Urola
GI 631
Vallée d'Oria
N I
GUIPÚZCOA p. 383
E 5
E 80
C 6318
Arceniega (Artziniega)
A 625
Durango
N 240
Elorrio
GI 2632
Bergara
Tolosa
A 15
NORD
AP 68
BI 623
Sierra de Gorbeia
GI 632
AP 1
Oñati
Le Goierri
Sierra d'Aralar
N 130
GI 627
Zerain
Murgia
GI 120
Lecumberri
ÁLAVA p. 516
A 1
Salvatierra-Agurain
A 10
N 104
Sierra d'Urbasa
Sierra d'Andia
N 102
VITORIA-GASTEIZ (GASTEIZ)
Sierra d'Entzia
A 132
NA 120
N 232
Antoñana
Estella (Lizarra)
Miranda de Ebro
NA 132a
N 124
Labastida (Bastida)
NA 129
LR 132
Laguardia (Gardia)
Los Arcos
A 12
NA 132
Viana
A 124
LR 111
N 120
E 804
Logroño
NA 134
NA 6240
Ebre
N 111
LA RIOJA
NA 115
LR 113
LR 115
C 113
N 113
C 115
CASTILLA-LEÓN
N 234
Oñati Lieux traités
Zerain Adresses et lieux dans les environs
Peralta Repères
Sites inscrits au Patrimoine mondial de l'Unesco
Pas de côté
Les incontournables

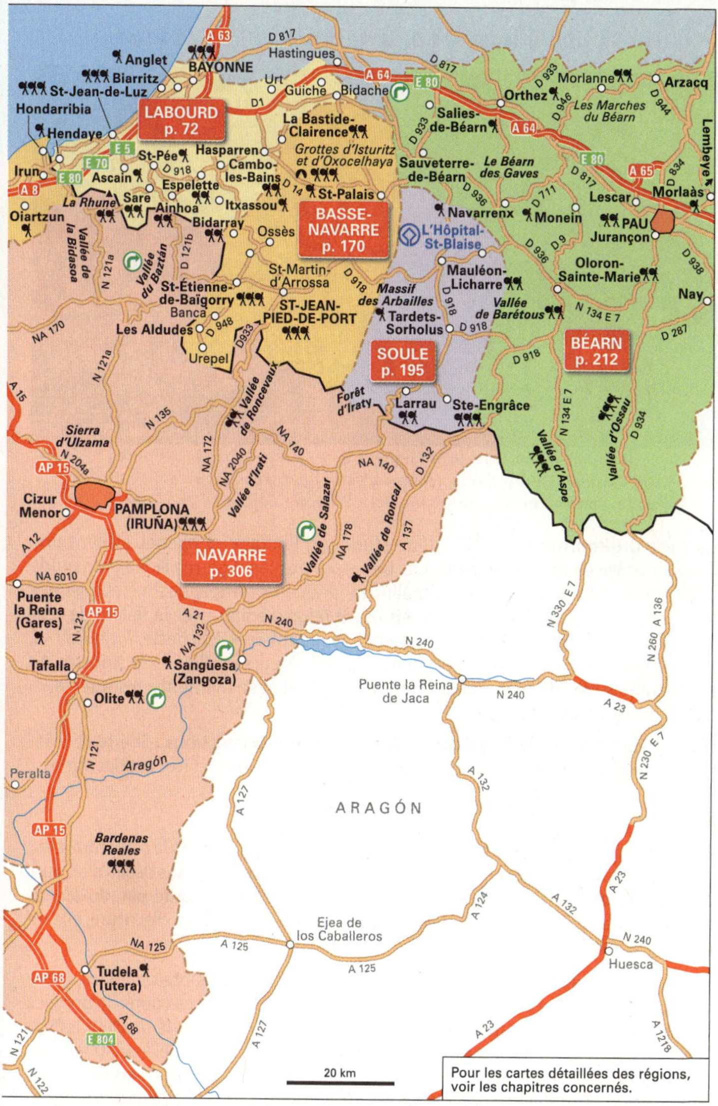

LE PAYS BASQUE ET LE BÉARN

LA RÉDACTION DU ROUTARD

(sans oublier nos 50 enquêteurs, aussi sur le terrain)

Jean-Sébastien, Olivier, Mathilde, Thierry, Alain, Gavin's, Éléonore, Anne-Caroline, André, Laura, Florence, Véronique, Isabelle, Géraldine, Fiona, Amanda, Benoît, Emmanuelle, Bénédicte, Philippe, Carole, Diane, Anne, Marie.

La saga du *Routard* : en 1971, deux étudiants, Philippe et Michel, avaient une furieuse envie de découvrir le monde. De retour du Népal germe l'idée d'un guide différent qui regrouperait tuyaux malins et itinéraires sympa, destiné aux jeunes fauchés en quête de liberté. 1973. Après 19 refus d'éditeurs et la faillite de leur 1re maison d'édition, l'aventure commence vraiment avec Hachette. Aujourd'hui, le *Routard*, c'est plus d'une cinquantaine d'enquêteurs impliqués et sincères. Ils parcourent le monde toute l'année dans l'anonymat et s'acharnent à restituer leurs coups de cœur avec passion.

Merci à tous les routards qui sont solidaires de nos convictions : liberté et indépendance d'esprit ; découverte et partage ; sincérité, tolérance et respect des autres.

NOS SPÉCIALISTES PAYS BASQUE ET BÉARN

Anne Poinsot : après avoir tâté de l'histoire, de la sociologie et de la sculpture, c'est au *Routard* qu'Anne nourrit chaque jour sa curiosité éclectique, ses désirs d'ailleurs et son goût du mot juste. Toujours l'œil grand ouvert sur la beauté paradoxale du monde. Entre les rencontres, l'exploration de terrain et les plages d'écriture, elle ne voit pas le temps passer…

Amanda, Mathilde et Marie : quand l'une arpente les routes bretonnes en quête de la meilleure pâte à crêpes, l'autre explore le bocage normand à coups de gorgées de cidre, pendant que la troisième chausse ses skis pour dégoter le meilleur refuge alpin. La curiosité, l'enthousiasme et la gourmandise sont leur meilleur sonar, que complètent 2 décennies d'expérience à user leurs semelles sur les routes de l'Hexagone. Un trio complice et indépendant qui essaie, entre 2 voyages, de garder la ligne.

François Chauvin : pour avoir, depuis tout môme, usé ses godasses au long des sentiers, de son massif du Jura natal à de lointains ailleurs, il se sent chez lui partout où la terre n'est pas plate. Mais se laisse également facilement emporter par les vibrations urbaines. D'ailleurs, ses études de journalisme, c'était d'abord pour écrire sur le rock.

Jean Tiffon : passionné par les cartes depuis l'enfance, il a commencé à voyager dans les livres. Longtemps éditeur de guides de voyage, il aime parcourir le monde avec ses obsessions pour bagages : manger local et penser global. Ce qui lui donne envie de repartir ? Une grande ville méconnue, un jardin qu'il n'a pas arpenté ou la promesse d'une nuit de fête.

UN GRAND MERCI À NOS AMI(E)S SUR PLACE ET AILLEURS

Pour cette nouvelle édition, nous remercions particulièrement :

- **Christiane Bonnat et Nathalie Beau de Loménie,** de l'agence d'attractivité et de développement touristiques Béarn-Pays basque ;
- **Marie-Laure Parrent,** de l'office du tourisme du Pays basque ;
- **Xabi Belain, Sandrine Cuevas et Olivier Delbos,** de l'office de tourisme de Bayonne ;
- **Sophie Berger,** pour ses précieux conseils et sa connaissance de Bayonne ;
- **Aurore Cosnier,** de l'office de tourisme d'Anglet ;
- **Maylis Garrouteigt** et **Isabelle Eyherabide,** de l'office de tourisme de Biarritz ;
- **Sylvie Mercier** et **Jean-Sébastien Halty,** de l'office de tourisme d'Hendaye ;
- **Valérie Then,** de l'office de tourisme d'Ainhoa ;
- **Agnès de Berroa,** de l'office de tourisme de Cambo-les-Bains ;
- **Cécile Eyheraburu,** de l'office de tourisme d'Hasparren ;
- **Steve Sponem** et l'équipe de l'office de tourisme de Pau ;
- **Ingrid Laur,** de l'office de tourisme de la vallée d'Ossau à Arudy ;
- **Marie-Hélène Capdeville,** guide passionnante du Pays d'art et d'histoire d'Arudy ;
- **Corinne Crabé** et **Marie-France Coubluc,** de l'office de tourisme de Laruns ;
- **Florine Husband** et **Estelle Massey,** du musée Serbat à Laás ;
- **Nicole Magescas et Sylvie Beuste,** de l'office de tourisme d'Orthez Cœur de Béarn ;
- **Marie-Pierre Serrano,** de l'office de tourisme du Haut-Béarn à Oloron-Sainte-Marie ;
- **Basquetour** et tous les offices de tourisme de la région, pour leur professionnalisme ;
- **Cristina González Telleria,** de Bilbao Turismo ;
- **Ainhoa Córdoba,** de l'office de tourisme de Donostia – San Sebastián ;
- un remerciement tout particulier à **Itziar Herran,** de Lur, pour son aide remarquable, sans oublier **Juan Manuel Guarmendia** ;
- et, bien sûr, l'**office de tourisme d'Espagne à Paris,** pour son efficacité sans faille.

I.S.B.N. 978-2-01-712958-5

Le port de Getaria

« La terre nous nourrit puis nous mange. »
Proverbe basque

Herria. **C'est ce même mot qui désigne en basque** à la fois le pays et le peuple. Un Basque se nomme lui-même *Euskaldun,* littéralement « celui qui parle le basque ». Comprendre le Pays basque, c'est comprendre cette alchimie subtile qui unit la langue, l'homme et sa terre.
Le voyageur se laisse, dès l'abord, prendre au piège administratif du Pays basque « français » ou « espagnol ». Et puis… il entendra, dans un village d'Álava, les airs traditionnels qu'il avait essayé de chanter à Bayonne ; il verra, dans une église de Biscaye, danser le même *auresku* (danse d'accueil) qu'à Saint-Jean-Pied-de-Port ; il entendra partout les mêmes sons rocailleux de la langue, le même nasillement des *gaitas* – cornemuse –, **la même musique du même monde.** Des mêmes signes, au nord comme au sud, qui dessinent le visage de ce qu'il faut bien appeler la **civilisation basque.**
Le voyageur n'hésitera plus, au bout de quelques jours, à quitter la côte pour aller à la découverte des **villages de montagne** et des bistrots populaires où s'élaborent les recettes de l'amitié.
Le même voyageur ira même voir côté **Béarn** si l'herbe n'est pas plus verte que chez le voisin à qui l'Histoire le lie désormais, Pays basque et Béarn faisant partie du même département des Pyrénées-Atlantiques.
Les Basques sont un peuple de **marins** qui, dès le XVIe s, chassaient la baleine dans l'Atlantique, de **missionnaires** qui ont cherché leur absolu dans des terres hostiles, de **bergers silencieux,** de banquiers avisés, d'ouvriers déterminés.
Si vous voulez un symbole, prenez le bataillon Gernika, ces ouvriers des usines de Biscaye et du Guipúzcoa qui ont pris les armes contre Franco et qui, repoussés en France après la défaite de la République, sont entrés dans la Résistance française pour combattre Hitler, au nom d'un **idéal de liberté ancré dans l'âme basque.**
Voilà, en quelques lignes, nos meilleures clés de ce pays. Peut-être incomplètes, mais elles ont été forgées par nos amis basques, et elles sont en or.

Le mont Txindoki

NOS COUPS DE CŒUR

CÔTÉ NORD (EN FRANCE)

© Jacques Pierre/hemis.fr

1 **À Bayonne, flâner le long des quais, en admirant les maisons à colombages, puis partir à la découverte du riche patrimoine de la ville.** Labellisée Ville d'art et d'histoire, Bayonne regorge de bâtiments remarquables, à commencer par sa cathédrale de style gothique flamboyant, flanquée d'un vaste cloître. La fascinante maison Dagourette accueille quant à elle le Musée basque. Mais la visite ne serait pas complète sans une découverte du Petit-Bayonne, quartier aussi charmant que populaire. *p. 86*

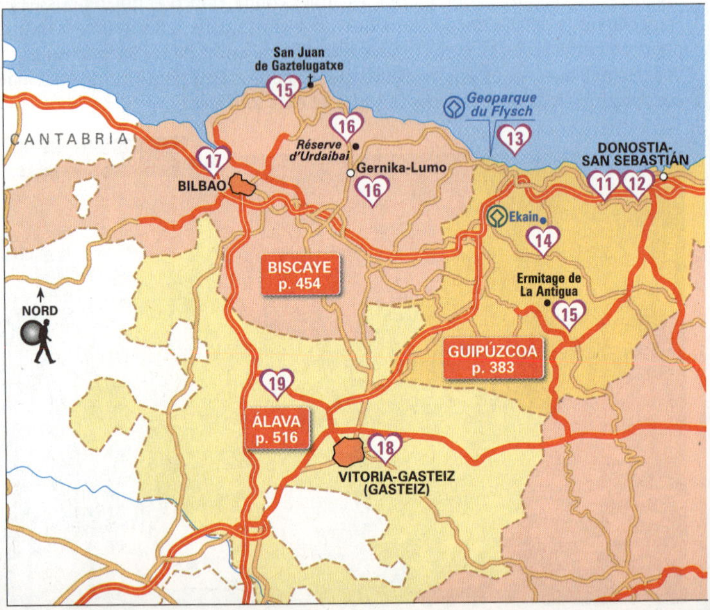

2 Admirer les surfeurs sur les plages d'Anglet, de Guéthary ou de Biarritz, qui guettent LA vague, quel que soit le temps.

Le surf, venu de Hawaii via la Californie, débarque à Biarritz au milieu des années 1950. Les spots mythiques des 1res années, comme la côte des Basques, se sont multipliés : on surfe désormais partout ! Aujourd'hui, Anglet, plus que Biarritz, est la véritable capitale des surfeurs locaux, qui apprécient les rouleaux de ses 11 plages : la Chambre d'Amour, les Cavaliers, la Madrague, l'Océan, les Corsaires…
p. 94, 112, 119

Bon à savoir : *pour prendre ses 1res vagues, Hendaye s'avère une bonne option. La houle y est moins puissante : idéal pour les débutants !*

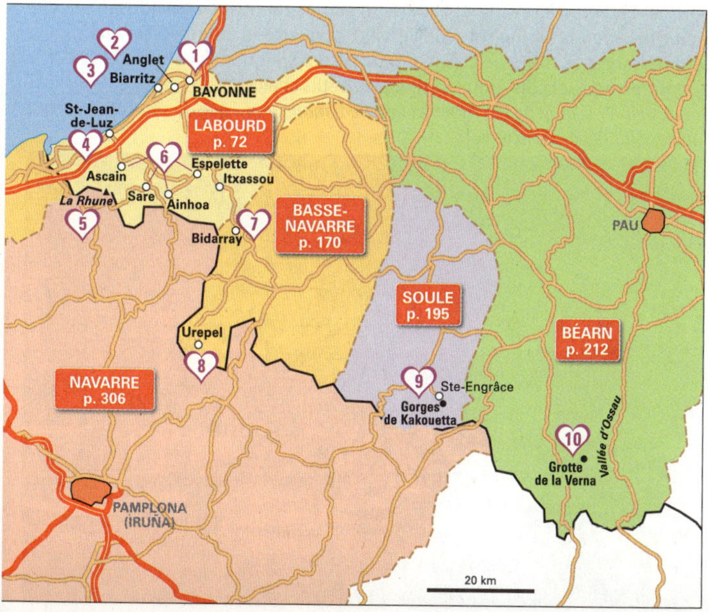

3 Dès la tombée de la nuit, arpenter le spectaculaire front de mer de Biarritz, mis en beauté par un bel éclairage.

C'est du côté du phare que se concentrent les plus belles villas de Biarritz, mais on peut en admirer tout au long du front de mer. Après avoir longé la Grande Plage et le casino municipal, la promenade mène naturellement vers l'aquarium et le rocher de la Vierge, que l'on rejoint par une passerelle métallique. Encore plus impressionnant par gros temps, quand les vagues viennent se fracasser contre les rochers ! *p. 109*

© Spani Arnaud/hemis.fr

4 Visiter le port et la vieille ville de Saint-Jean-de-Luz, où Louis XIV s'est marié.

La célèbre station balnéaire a d'abord été un port très actif, repaire de corsaires puis de pêcheurs à la morue. Malgré un succès touristique grandissant, la cité a su préserver sa séduisante vieille ville, coquette et bourgeoise, aux ruelles commerçantes bordées de charmantes maisons basques. On a un faible pour le port pittoresque et coloré où tanguent les petits chalutiers. *p. 129*

Bon à savoir : *le marché des mardi et vendredi matin (ainsi que du samedi en été) est l'un des plus beaux de la région.*

© Zylberyng Dider/hemis.fr

5 **Grimper tout en haut de la Rhune (à pied ou avec le célèbre petit train) pour profiter d'un panorama époustouflant, entre mer et montagne.**

À 10 km de Saint-Jean-de-Luz, la montagne la plus célèbre de la région, véritable borne frontière avec l'Espagne, culmine à 905 m d'altitude. On y croise des troupeaux de pottoks, les fameux petits chevaux basques, élevés en liberté. *p. 145*

Bon à savoir : *pour y grimper, on pourra choisir entre le célèbre chemin de fer à crémaillère ou les chemins de randonnée (compter 2h30). On peut aussi combiner les 2.*

6 **Partir à la découverte de beaux villages authentiques qui ont su préserver leur architecture traditionnelle.**

Ascain, Sare, Ainhoa, Espelette, Itxassou… une balade merveilleuse le long de la Nivelle et de la vallée de la Nive, dans des villages d'opérette, dont les tons blancs, verts et rouges, si francs, si lumineux, éclatent dans les plis veloutés des collines. *p. 143, 153*

Bon à savoir : *la vallée est desservie par la compagnie d'autocars* Hegobus.

7 À Bidarray, contempler la beauté des collines au pied des crêtes d'Iparla.

C'est l'une des plus belles randonnées du Pays basque, le long d'un itinéraire (GR 10) en montagne qui mène au pic d'Iparla (1 044 m), frontière naturelle entre la France et l'Espagne. *p. 176*

© Getty Images/Philippe Giraud

8 Se rendre à Urepel, en Basse-Navarre, l'un des endroits les plus magiques du Pays basque !

Le dernier village de la vallée des Aldudes et une impression indicible de bout du monde. La nature, ici, est admirablement verte, mélancolique et paradisiaque. La forêt est vierge, originelle, à peine dérangée par la main de l'homme. Paix et calme garantis. Évidemment, les balades à pied ne manquent pas. *p. 183*

Bon à savoir : *monter sur les hauteurs par l'une de ces routes menant aux fermes isolées, pour le point de vue sur le village et la vallée.*

© Mairie d'Urepel

(9) **Faire une randonnée dans les gorges de Kakouetta, le must de la haute Soule, sur la route de Sainte-Engrâce.**
La partie la plus impressionnante est un canyon très étroit, de plus de 200 m de haut. L'originalité du parcours réside dans le fait que, pour une fois, on marche au fond du canyon. Un câble le long de la paroi donne un peu plus d'assurance. Quelques passerelles apportent davantage de piment à la balade. Au bout, on parvient à une cascade et à une grotte. *p. 210*
Bon à savoir : *les gorges sont actuellement fermées pour des travaux d'aménagement.*

10 **S'enfoncer dans l'immensité de la grotte de la Verna, dans le massif de La Pierre-Saint-Martin.**

Formée il y a plus de 200 000 ans, la Verna est l'une des 10 plus vastes salles souterraines au monde. Ici, ni stalactites ni stalagmites, mais une voûte aussi parfaite que celle d'une cathédrale (tiens, puisqu'on parle de cathédrale, Notre-Dame de Paris tiendrait à l'aise dans la cavité), une rivière qui cascade et baigne une plage de galets, de curieux insectes cavernicoles… Une expérience qui ne se raconte finalement pas, à vivre, inoubliable ! *p. 210*

Bon à savoir : prévoir chaussures et vêtements adéquats, il fait 6 °C en permanence dans la grotte !

© Sergio Laburu

CÔTÉ SUD (EN ESPAGNE)

11 **S'attabler, s'accouder, grignoter ou festoyer dans les innombrables bars à *pintxos* du *Pais vasco,* notamment ceux de la vieille ville de Donostia – San Sebastián. Ambiance garantie.**

Ici, les tapas s'appellent *pintxos* (prononcer « pintchos »), du nom de la petite pique qui les coiffe. Leur variété est confondante : croquettes de morue, de crevettes, omelettes, cassolettes de champignons ou d'escargots, seiches grillées, moules à l'escabèche, araignées de mer, etc. Certains bars se font une fierté de leur créativité : on en organise même des concours ! *p. 402*

© Jon Arnold Images/hemis.fr

12 Profiter du très beau site naturel de Donostia – San Sebastián, lové autour de sa splendide baie.

Sa superbe plage de la Concha, en croissant, arbore toujours une séduisante architecture Belle Époque. Incontournable aussi, la vieille ville aux rues étroites, jeune, dynamique et fort animée, où l'on peut goûter au meilleur de la gastronomie basque. Si San Sebastián vibre toute l'année, cela devient épique à l'occasion du Festival de cinéma (en septembre), et surtout lors de la *Semana Grande*, une succession ininterrompue de concerts, feux d'artifice, etc., au cours de la semaine du 15 août. p. 394

13 **Marcher sur le flysch, véritable livre d'histoire géologique composé de sédiments marins vieux de 60 millions d'années, dans le Geoparque de l'Unesco, entre Zumaia, Deba et Mutriku.**

Ces belles lignes de sédiments marins s'étendent sur 8 km de côte et n'émergent qu'à marée basse. Concrètement, de multiples visites sont proposées par les 3 offices de tourisme concernés : côté mer, différentes visites du flysch à pied ou en bateau ; côté terre, des visites de fermes, moulins, etc. Plus de nombreuses randonnées et des circuits à VTT. p. 428

Bon à savoir : toutes les infos détaillées sur • geoparkea.eus •

© Natursports /Shutterstock

14 **Parcourir l'une des nombreuses grottes préhistoriques, ou sa réplique, comme celle d'Ekain, classée par l'Unesco.**

À l'instar de Lascaux, il s'agit de la réplique d'une grotte datant de la période magdalénienne, découverte en 1969. L'intérieur (qui baigne dans une musique appropriée et une douce pénombre) est couvert de peintures de chevaux, cerfs, bovidés… Une visite que les amateurs d'art primitif ne manqueront pas, d'autant qu'elle est complétée par un espace multimédia sur la grotte originale et l'art rupestre en général. p. 446

Bon à savoir : résa impérative au ☎ 943-86-88-11 ou sur • ekainberri.com • Compter min 2h de visite.

© Gonzalo Azumendi/Age Fotostock

15 **Se recueillir à l'ermita de La Antigua, à Zumarraga (Guipúzcoa), ou à l'ermita de San Juan de Gaztelugatxe (Biscaye), 2 des plus beaux ermitages du Pays basque.**

Le 1er, perché sur une colline dans un site unique, domine toute la région de sa structure romane, avec une superbe charpente en carène de bateau renversée. Quant à l'ermita de San Juan, proche de Bakio, c'est une minuscule presqu'île posée sur l'azur profond, coiffée d'une charmante petite église du Xe s. *p. 447, 461*

***Bon à savoir :** lors du pèlerinage à La Antigua, le 2 juillet, antique danse de l'épée ; pour accéder en été à l'ermita de San Juan, il faut faire une réservation sur le site • tiketa.eus/gaztelugatxe •*

16 **Revisiter l'Histoire à Gernika, ville martyre dont Pablo Picasso a fait une œuvre inoubliable.**

Outre la reproduction de la célèbre toile en céramique (grandeur nature), on y visitera le musée de la Paix et on s'inclinera devant l'Arbre de Gernika, symbole des libertés basques. La ville est aussi un bon point de départ pour explorer la réserve de la biosphère d'Urdaibai, créée en 1984 par l'Unesco : plages, falaises, forêts, collines, marais ou estuaire, c'est un panorama complet des jolis paysages de Biscaye. *p. 464*

Bon à savoir : *on peut explorer la réserve de la biosphère à pied, à VTT ou en canoë-kayak.* • *urdailife.com* •

© Azam Jean-Paul/hemis.fr

© FMGB Guggenheim Bilbao Museoa, 2021 Photo : Erika Barahona-Ede

17 Découvrir l'étonnante Bilbao, ville séduisante, après avoir visité le magnifique museo Guggenheim Bilbao, figure de proue du nouveau visage de la ville.

Inauguré en 1997, ce bâtiment construit par l'équipe de l'architecte californien Frank O. Gehry est une merveille. Depuis, Bilbao fait appel à tout ce que l'architecture contemporaine compte de grands noms pour édifier nouveaux ponts et nouveaux quartiers. Le vieux quartier, lui, avec ses ruelles, son marché couvert, ses maisons anciennes et ses bars branchés, dégage un vrai charme. Enfin, les gastronomes seront servis, car la créativité culinaire se manifeste dans les nombreux bars à *pintxos*. *p. 477*

***Bon à savoir :** réserver pour le museo Guggenheim Bilbao afin d'éviter la file d'attente.* *• guggenheim-bilbao.eus •*

© José Fuste Raga/Age fotostock

18 Flâner dans Vitoria-Gasteiz, capitale de l'Euskadi et de la belle province de l'Álava.

Avec ses nombreux espaces verts, son superbe centre historique et son dynamisme, Vitoria-Gasteiz possède de bien jolis atouts. Maisons médiévales et palais Renaissance rivalisent d'élégance, musées et édifices religieux étonnent par leur richesse. Calme dans la journée, la ville devient une ruche effervescente le soir venu, autour des innombrables bars où le rioja, produit dans la région, est roi ! *p. 520*

***Bon à savoir :** toutes les infos sur cette ville sur* *• vitoria-gasteiz.org •*

19 Sortir des sentiers battus et explorer l'Álava, une région injustement méconnue.

Peu fréquentée par les touristes, cette province n'a pourtant rien à envier à ses voisines ! Sur un territoire relativement restreint, on passe des douces collines aux impressionnantes sierras rocheuses, des plaines piquées de villages médiévaux aux grands territoires sauvages accueillant de beaux parcs nationaux, des verts pâturages aux vignobles de la Rioja alavesa. *p. 516*

***Bon à savoir :** pour vous mettre en appétit* • *tourisme.euskadi.eus/fr/alava* •

La cathédrale Sainte-Marie, à Bayonne

ITINÉRAIRES CONSEILLÉS

Les essentiels

Ce territoire est sacrément étendu : 7 provinces basques à cheval entre la France et l'Espagne, sans oublier le Béarn, qui ne quitte pas de vue les Pyrénées. Au confluent de l'Adour et de la Nive, **Bayonne (1)** et ses quartiers typiques se découvrent à pied. Pour poser les jalons, visitez le Musée basque, côté Petit-Bayonne. La côte, jusqu'au ravissant port de pêche de **Saint-Jean-de-Luz (2)** en passant par **Biarritz (3)** et ses villas Belle Époque, garantit la baignade dans un océan tonique ! Pour un repas ou un verre en surplomb des flots, on craque pour le minuscule port de **Guéthary (4).** Enfoncez-vous dans l'arrière-pays pour découvrir **Ainhoa (5),** charmant village sorti tout droit d'une carte postale, et **Saint-Étienne-de-Baïgorry (6),** où sont concentrés les producteurs d'irouléguy. Goûtez au charme médiéval de **Saint-Jean-Pied-de-Port (7),** avant de repartir d'un pied alerte vers **Mauléon-Licharre (8),** ancienne bastide devenue capitale de l'espadrille.
En Béarn, **Oloron-Sainte-Marie (9),** Ville d'art et d'histoire, est à la croisée des chemins. De là, plongez vers la **vallée d'Aspe (10)** ou **celle de Barétous (11)** pour de mémorables balades. Ou rejoignez **Pau (12),** d'où la vue sur les Pyrénées est splendide.
Première étape côté sud, la festive et très chic **Donostia – San Sebastián (13),** puis **Getaria (14),** délicieux port de pêche qui séduira toutes les *fashionistas* avec son musée Balenciaga. Dans les terres, **Tolosa (15)** pour son beau centre ancien, **Zestoa (16)** et sa réplique de la grotte d'Ekain, couverte de représentations animales, et enfin la **basilique d'Arantzazu (17),** un

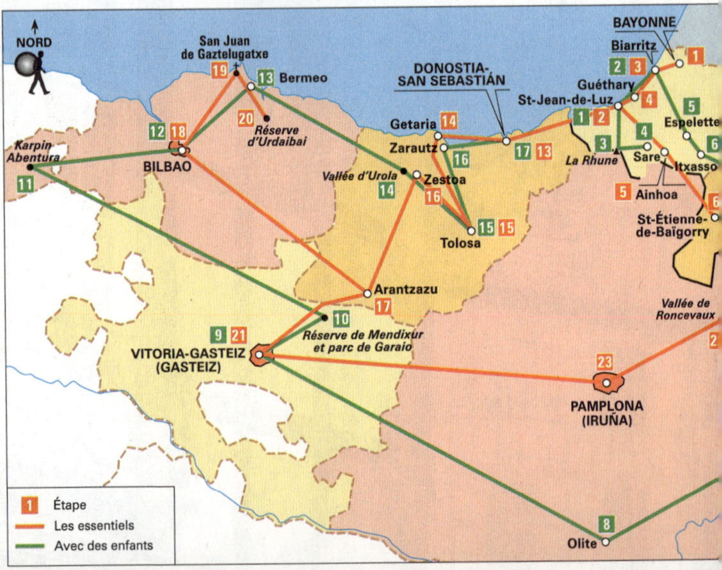

sanctuaire parmi les plus vénérés du Gipuzkoa. En Biscaye, **Bilbao (18)** et son incontournable museo Guggenheim, mais aussi son *Casco Viejo* et son Ensanche au cordeau. Sur la côte, comme une bouffée de bout du monde, la presqu'île coiffée de l'**ermita de San Juan de Gaztelugatxe (19),** avant de s'activer dans la **réserve de la biosphère d'Urdaibai (20)** à pied, à VTT ou en canoë. Résolument dans les terres, **Vitoria-Gasteiz (21),** suivi d'une virée dans les vignobles de la Rioja alavesa. Enfin, la **vallée de Roncevaux (22)** entre de plain-pied en Navarre et dans l'histoire de la Reconquête, sans oublier **Pamplona (23).**

Avec des enfants

Si l'océan attire les enfants comme un aimant, préférez les eaux placides de la baie de **Saint-Jean-de-Luz (1)** aux rouleaux déchaînés ! À l'aquarium de **Biarritz (2),** découvrir la faune marine est un enchantement ! Et jumelez la visite avec la Cité de l'Océan pour une exploration des abysses. Puis quittez le littoral pour partir à l'assaut de la **Rhune (3)** en train, et engouffrez-vous dans les étonnantes grottes de **Sare (4).** Avis aux gourmands, le musée du Gâteau basque est tout proche ! Autre spécialité, le piment, dont on visite l'atelier à **Espelette (5).** À **Itxassou (6),** les sportifs descendront la Nive en rafting tandis que les plus petits s'attendriront à la Forêt des Lapins.
En Béarn, le parcours ludique de la Falaise aux Vautours à **Aste-Béon (7)** permet d'observer d'impressionnants rapaces.
Côté sud, le **Palacio Real de Olite (8)** évoque l'univers de Walt Disney, tandis qu'à **Vitoria-Gasteiz (9)** on bataille au museo Fournier de Naipes, un musée des cartes à jouer. Pour les petits ornithologues, le **parc de Garaio et la réserve de Mendixur (10)** déploient leurs trésors à plumes (et même des zones de trempette). Si on attaque la Biscaye par le sud-ouest, on tombe sur **Karpin Abentura (11)** et ses dinosaures qui gesticulent ! Quant au **museo Guggenheim à Bilbao (12),** même les plus jeunes seront sensibles à son extravagante architecture. À **Bermeo (13),** les moussaillons adorent le *ballenero Aita Guria,* fidèle reconstitution d'un baleinier du XVIe s. Puis balade en **train à vapeur dans la vallée d'Urola (14),** après une étape au museo vasco del Ferrocarril. Visite de l'étonnante collection de marionnettes du musée Topic à **Tolosa (15),** avant de plonger vers la plage de **Zarautz (16)** ou à l'**aquarium de Donostia – San Sebastián (17).**

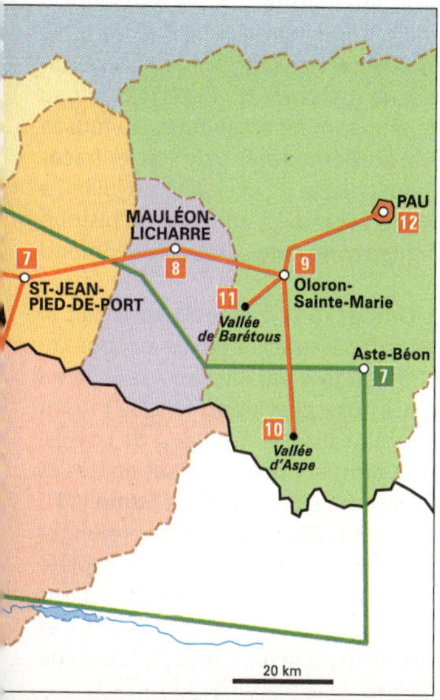

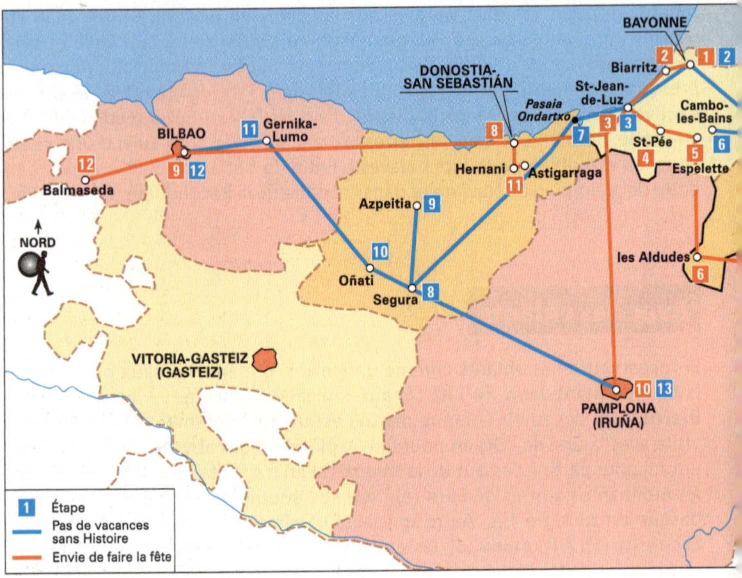

Pas de vacances sans Histoire

Remonter le temps au Pays basque nous amène aux **grottes d'Isturitz (1),** où les peintures rupestres témoignent de la vie et de l'activité artistique au Paléolithique. Pour s'imprégner de l'Histoire moins ancienne, arpentez les ruelles typiques du **Vieux Bayonne (2)** à la découverte du riche patrimoine de la ville. Côté têtes couronnées, Louis XIV s'est marié à **Saint-Jean-de-Luz (3),** où il a occupé un superbe hôtel particulier. Au siècle précédent, la naissance du futur Henri IV au château de **Pau (4)** fut un événement qu'on peut admirer en peinture au musée des Beaux-Arts de la ville. Au château médiéval de **Montaner (5),** on suit les traces du seigneur Gaston III Fébus. À découvrir, si possible, le 2e week-end de juillet, à l'occasion du festival Les Médiévales. Et comme Cyrano est entré dans l'histoire littéraire, allez donc visiter la fastueuse *villa Arnaga* construite par l'auteur Edmond Rostand, à **Cambo-les-Bains (6).**

Pas de Pays basque sans marin : à **Pasaia Ondartxo (7),** Albaola construit la réplique d'un galion du XVIe s, le *San Juan,* dont l'épave fut retrouvée au large du Canada. Et **Segura (8),** l'une des multiples cités fondées par Alfonse X le Sage au XIIIe s, affiche plus de palais que de maisons ! Histoire plus industrielle, le museo vasco del Ferrocarril à **Azpeitia (9),** laquelle abrite aussi le santuario de Loyola. Quant à **Oñati (10),** son passé mouvementé et prospère se lit dans ses églises et sa splendide université Renaissance. Une pensée émue pour **Gernika-Lumo (11),** ville martyre de la guerre d'Espagne immortalisée par Picasso, avant de prolonger cette découverte de l'art au musée des Beaux-Arts de **Bilbao (12),** qui complète l'incontournable Guggenheim (sans oublier le Museo vasco, aux riches collections historiques et ethnographiques). Enfin, n'oublions pas **Pamplona (13),** l'une des villes d'Espagne les plus chargées d'histoire : ce n'est pas rien d'être le verrou d'une plaine !

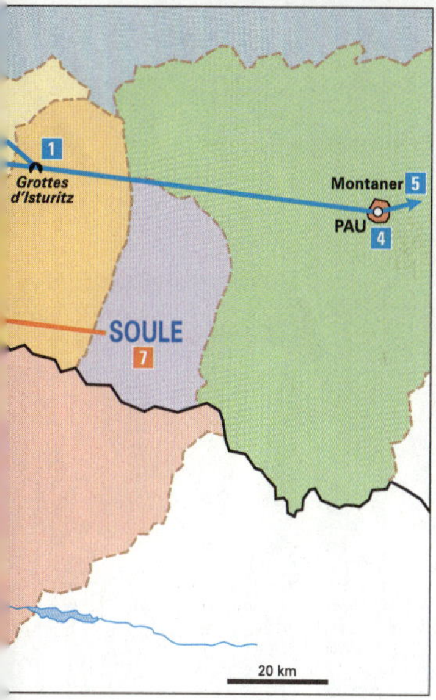

Envie de faire la fête

La fête colle aux Basques plus encore que la terre qu'ils foulent de leurs espadrilles. Les **Fêtes de Bayonne (1),** c'est juste l'un des plus gros événements festifs de France, chaque année, fin juillet. Pour compenser, à **Biarritz (2),** autour des Halles, c'est la fête toute l'année ; le soir, faut juste s'accrocher aux tonneaux. La sage **Saint-Jean-de-Luz (3)** est devenue tendance, avec ses bars animés, sa guinguette, des lieux où l'on se presse par centaines, à la nuit tombée. Au point qu'on en oublierait d'évoquer les internationaux de *cesta-punta,* car la ville est un haut lieu de la pelote basque. À **Saint-Pée-sur-Nivelle (4),** *Herri Urrats,* le 2e dimanche de mai au lac de Saint-Pée : la fête de la langue basque, qui rassemble les meilleurs artistes basques et les enfants des *ikastolak.* À **Espelette (5),** bien sûr, c'est la fête du Piment qui échauffe les cœurs. Dans la **montagne basque (6),** à l'automne, c'est à la palombe que les chasseurs font sa fête ; inutile de faire la grimace, tout le pays se vide pour partir la chasser, ou plutôt la manger. Et en **Soule (7),** on cultive la tradition, et on ne rigole pas avec les spectacles de danses basques, encore moins avec les chants. Une messe en basque prend même des allures festives, c'est tout dire. Si de belles fêtes rythment la vie de **Donostia – San Sebastián (8)** ou de **Bilbao (9),** il faut bien avouer qu'elles s'éclatent toute l'année, et que l'animation est haute en couleur autour des bars à *pintxos* très créatifs de ces 2 cités. À **Pamplona (10),** on ne manquera pas les fêtes de la *San Fermín* du 6 au 14 juillet : pendant une semaine, un déchaînement, entre lâcher de taureaux, fanfares de quartier et ouverture de tonneaux… la ville devient un festival éclaté ! Pour reprendre votre souffle, rien ne vaut la tournée des cidreries, **entre Hernani et Astigarraga (11),** pour s'initier au *txotx.* Enfin, assister à la Semaine sainte de **Balmaseda (12)** s'avère une expérience inoubliable : les Jeudi et Vendredi saints, plus de 500 bénévoles interprètent la Passion et le chemin de croix, avec un réalisme et une conviction confondants !

Fêtes de Bayonne

Dans la vieille ville de Fontarrabie

Interview #experienceroutard

Par la rédaction du *Routard*

Pourquoi cette destination est particulièrement appréciée ?

Les raisons ne manquent pas ! D'abord parce qu'on y mange divinement bien, tant au nord qu'au sud. Des *pintxos* débordant d'inventivité aux généreux plats du terroir, on se régale à tous les coups. On a également un faible pour les paysages, aussi variés que spectaculaires : le littoral est bien préservé et la montagne, sauvage et verdoyante, jamais bien loin. Et puis visiter le Pays basque, c'est plonger dans une culture unique et forte, à cheval sur 2 pays et 7 provinces.

Un moment à partager ?

Assister à un match de pelote basque, lors d'un tournoi de *cesta-punta*, une variante rapide et spectaculaire de ce jeu hérité du jeu de paume. Ça se passe dans les trinquets, ces terrains cernés de murs typiques du Pays basque, qui ont parfois une longue histoire. C'est le cas de celui de Bayonne par exemple, niché au cœur du quartier traditionnel du Petit-Bayonne. En fin de journée, on y croise souvent des pelotari qui s'entraînent.

Une activité à faire absolument ?

Le surf ! Importé en 1956 par 2 Californiens, c'est à Biarritz qu'il fut pratiqué pour la 1re fois en Europe. Aujourd'hui, la reine des plages est toujours considérée comme la Mecque de ce sport, mais on peut prendre la vague sur toute la côte, de Bilbao à Bayonne. Et ce plaisir n'est pas réservé aux initiés ! On trouve des écoles partout et les prix sont loin d'être exorbitants. Pour débuter, la plage d'Hendaye est d'ailleurs un excellent spot.

Un souvenir de voyage ?

Passer une soirée à faire le tour des meilleurs bars à *pintxos* de San Sebastián. Une activité à part entière dans cette ville désormais considérée comme un des hauts lieux de la gastronomie en Europe. Le jeudi soir, les bandes de copains se retrouvent bruyamment pour participer au *pintxo pote*, une sorte d'*happy hour* des tapas, où on enchaîne les bouchées et les verres, de bar en bodega. Ambiance délirante assurée dans les ruelles de la Parte Vieja !

La spécialité locale à goûter absolument ?

Le jambon, pardi ! Côté sud, les *jamones ibéricos* (les meilleurs sont fabriqués avec des porcs élevés en liberté et nourris aux glands) se dégustent un peu partout, même s'ils ne proviennent pas forcément du Pays basque. Côté nord, place au fameux jambon de Bayonne, mais aussi au jambon de Kintoa, fabriqué à l'ancienne dans le relief verdoyant de la vallée des Aldudes, en Basse-Navarre. Les prix sont élevés, certes, mais essayez d'y goûter au moins une fois, vous ne le regretterez pas.

COMMENT Y ALLER ?

EN TRAIN

▲ **SNCF-RENFE**

Toutes les infos sur les sites ● *oui.sncf* ● *interrailnet.eu* ● *renfe.com* ●

Pays basque français et Béarn

➢ ***Paris-Bayonne :*** env 4h en TGV au départ de la gare Montparnasse. Cette ligne dessert aussi les gares de Biarritz, Saint-Jean-de-Luz et Hendaye (env 4h40).

➢ ***Paris – Saint-Jean-Pied-de-Port :*** 3 liaisons/j. en moyenne avec un changement à Bayonne ; min 5h de trajet.

➢ ***Paris-Pau :*** plusieurs trains directs/j. ; min 4h20 de trajet.

Pays basque espagnol

➢ ***Paris-San Sebastián :*** env 1 liaison/j. avec changement à Hendaye au départ de Paris-Montparnasse ; env 6h de trajet pour San Sebastián.

➢ ***Paris-Pamplona :*** 1 liaison sam au départ de Paris-Montparnasse, avec 2 changements (Irún et Vitoria-Gasteiz) ; min 9h50 de trajet. D'autres liaisons via Toulouse, mais encore plus long et min 2 changements.

Pour voyager au meilleur prix

La SNCF propose des services adaptés à chacun de vos voyages. Mais pour voyager au meilleur prix, mieux vaut s'y prendre le plus tôt possible et viser les billets *Prem's*, les TGV *Ouigo* (disponibles uniquement sur Internet) et... les promos.

➢ ***Cartes de réduction :*** pour ceux qui voyagent régulièrement, profitez de 30 % de réduction avec les cartes *Avantage Famille, Avantage Jeune, Avantage Week-end* ou *Avantage Senior +* (49 €, valables 1 an).

➢ ***Billets Prem's :*** des billets à petits prix, échangeables et remboursables comme les autres billets (offres soumises à conditions), mis en vente 4 mois avant le départ du train. Impossible de poser des options de réservation sur ces billets : il faut les payer immédiatement. Leur prix augmente à l'approche du départ. Ils ne sont pas proposés sur les TGV *Ouigo*.

Renseignements et réservations

– ***Internet :*** ● *oui.sncf* ● *interrailnet.eu* ●

– ***Téléphone :*** ☎ *36-35 (appel gratuit).*

– Également dans les gares, les boutiques SNCF et les agences de voyages agréées.

Les *pass* internationaux

Avec les ***pass InterRail,*** les résidents européens peuvent voyager dans 33 pays d'Europe, dont l'***Espagne.*** Plusieurs formules et autant de tarifs, en fonction de la destination et de l'âge.

À noter que le *pass InterRail* n'est pas valable dans votre pays de résidence. Cependant, l'*InterRail Global Pass* offre une réduction de 50 % de votre point de départ jusqu'au point frontière en France. ● *interrail.eu* ●

– Pour les grands voyageurs, l'***InterRail Global Pass*** est valable dans l'ensemble des 33 pays européens concernés : intéressant si vous comptez parcourir plusieurs pays au cours du même périple. Il existe sous forme papier, et désormais aussi sous forme numérique (« Pass mobile », à utiliser via l'application gratuite *Eurail/Interrail Rail Planner*). Quel que soit son support, il se présente sous 10 formules au choix : ***5 formules flexibles*** utilisables 4, 5 ou 7 j. sur une période de validité de 1 mois (246-335 € selon formule en version adulte), ou utilisables 10 ou 15 j. sur une période de validité de 2 mois (401-493 € selon formule en version adulte) ; ***5 formules « continues »*** 15 j., 22 j., 1 mois, 2 mois ou 3 mois (443-902 € selon formule en version adulte). Ces formules existent aussi en version 1re classe (mais ce n'est pas le même prix, bien sûr !). Les voyageurs de plus de 60 ans

bénéficient d'une réduction sur le tarif de l'*InterRail Global Pass* en 1re et 2de classes (tarif senior). Également des tarifs jeunes 4-11 ans et 12-27 ans.
– Si vous ne parcourez que l'***Espagne,*** le ***One Country Pass*** vous suffira, en format papier ou mobile. D'une période de validité de 1 mois et utilisable, selon les formules, 3, 4, 5, 6 ou 8 j. en discontinu : tarif selon pays et formule. Là encore, ces formules se déclinent en version 1re classe, enfants et 12-27 ans. Pour voyager dans 2 pays, vous pouvez combiner 2 *One Country Pass.* Au-delà, il est préférable de prendre l'*Interrail Global Pass.*
InterRail offre également la possibilité d'obtenir des réductions ou avantages à travers toute l'Europe avec ses partenaires bonus (musées, chemins de fer privés, hôtels, etc.).
Tous ces prix ne sont qu'indicatifs.
Pour plus de renseignements, adressez-vous à la gare ou boutique SNCF la plus proche.

Comment circuler au Pays basque ?

TER

– TER Nouvelle-Aquitaine propose la ***Carte +,*** qui permet de bénéficier d'une réduction de 25 % en sem et 50 % les w-e, j. fériés et vac scol de la zone A pour le titulaire de la carte et un accompagnant. Carte valable 1 an. Prix : 29 €.
– ***Billets Jeunes :*** à partir de 4 € l'aller simple pour les moins de 28 ans.
– ***Tarif Tribu :*** idéal pour les groupes de 2 à 5 pers. Tarifs dégressifs en fonction du nombre de voyageurs : moins 20 % pour 2 voyageurs et jusqu'à 50 % pour 5 voyageurs avec une réduction additionnelle pour les moins de 12 ans.
– Pour toute information, ***TER Nouvelle-Aquitaine,*** ☎ *0800-872-872 (n° Vert ; lun-ven 6h30-19h30), ou* • *ter.sncf.com/nouvelle-aquitaine* •, et ***Euskotren,*** • *euskotren.eus* •

▲ OUI.SNCF

Acteur majeur du tourisme en Europe, expert de la distribution du train et de la destination France, OUI.sncf propose les offres des transporteurs train tels que *TGV Inoui, OUIgo, Intercités, Eurostar, Thalys, TGV Lyria* ; compagnies de bus, compagnies aériennes ; nombreuses offres d'hôtels référencés... et des services exclusifs (relation clients disponible tlj 24h/24, Alerte Petits Prix, OUIbot...).

EN BUS

Le réseau de bus longue distance s'étant intensifié ces dernières années, le plus pratique est de consulter le comparateur de billets d'autocars • *comparabus.com* •, qui regroupe et compare les prix des différentes compagnies présentes en France. À vous de voir en temps réel les liaisons existantes. Un lien vers les compagnies permet d'acheter ses billets en direct.

EN VOITURE

Le covoiturage

Le principe est simple, économique et écologique. Il s'agit de mettre en relation un chauffeur et des passagers afin de partager le trajet et les frais, que ce soit de manière régulière ou de manière exceptionnelle (pour les vacances, par exemple). • *blablacar.fr* •

Tarifs autoroutiers

• *autoroutes.fr* • Le portail des autoroutes bien utile pour préparer son voyage en France et en Europe. Renseignements sur les temps de trajet, conditions de circulation et prix sur tous les tronçons autoroutiers de l'Hexagone.

Locations de voiture

■ ***ADA :*** *ADA* propose des véhicules particuliers et utilitaires à la location, à petits prix partout en France. Les véhicules sont disponibles en agence, mais aussi en libre-service. Grâce à l'application mobile, vous pouvez récupérer votre véhicule avec votre smartphone tlj 24h/24. Plus d'attente en agence et donc un gain de temps considérable. Location possible dès 18 ans, sans surcoût. Offres sur l'application **ADA** et sur • *ada.fr* • *Réduc de 10 % sur votre loc avec le code « ROUTARD ».*

■ ***BSP Auto :*** *BSP Auto* est un courtier qui propose, sur son moteur de réservation en ligne, les locations de véhicules des grandes compagnies de location assurant un très bon niveau de service. Les prix comparés sont attractifs et comprennent les assurances et, le plus souvent, le kilométrage illimité. Le plus : vous ne payez votre location que 5 j. avant le départ. *☎ 01-43-46-20-74 (tlj 9h-21h30, w-e 9h-20h).* • *bsp-auto.com* • *Réduc de 5 % aux lecteurs de ce guide avec le code « ROUTARD21 ».*

EN AVION

Les aéroports internationaux de ***Bilbao, Bayonne-Anglet-Biarritz*** et ***Pau*** assurent des liaisons avec les aéroports français et d'autres destinations européennes. ***Hondarribia-Donostia, Vitoria-Gasteiz*** et ***Pamplona*** n'ont de liaisons qu'avec Madrid et Barcelone.

Les compagnies régulières

▲ AIR FRANCE

Rens et résas au ☎ 36-54 (0,35 €/mn ; tlj 6h30-22h), sur • *airfrance.fr* •*, dans les agences Air France (fermées dim) et dans ttes les agences de voyages.*

➢ Plusieurs vols/j. pour Biarritz au départ de Roissy.

➢ Également des vols directs entre Pau et Paris-Orly ou Roissy-Charles-de-Gaulle.

➢ Compter 2 à 4 vols/j. entre Paris (Roissy) et Bilbao.

Air France propose des tarifs attractifs toute l'année. Pour consulter les meilleures offres du moment, allez directement sur la page « Nos meilleurs tarifs » sur • *airfrance.fr* • *Flying Blue,* le programme de fidélité gratuit d'Air France-KLM, permet de gagner des *miles* en voyageant sur les vols Air France, KLM, Hop!, et les compagnies membres de *Skyteam,* mais aussi auprès des nombreux partenaires non aériens *Flying Blue...* Les *miles* peuvent ensuite être échangés contre des billets d'avion ou des services (surclassement, bagage supplémentaire, accès salon...) ainsi qu'auprès des partenaires. Pour en savoir plus, rendez-vous sur • *flyingblue.com* •

▲ AIR EUROPA

– Paris : 58 A, rue du Dessous-des-Berges, 75013. ☎ 01-42-65-08-00. • *aireuropa.com* • Ⓜ *Bibliothèque-François-Mitterrand. Bureau ouv lun-ven 9h-17h. Résa possible par tél 24h/24 (en espagnol).*

➢ Au départ de Paris, Air Europa dessert Bilbao, en vols directs ou via Madrid.

▲ IBERIA

– Paris : Orly 1. Central de résa : ☎ 0825-800-965 (0,15 €/mn). • *iberia.com/fr* •

➢ Dessert Bilbao et San Sebastián via Madrid ; également des liaisons avec la plupart des grandes villes espagnoles. Également des vols (presque) tlj vers Bilbao depuis Nice, Marseille, Bordeaux, Strasbourg, Nantes et Toulouse via Madrid.

▲ TWIN JET

Rens : ☎ 0892-707-737 (0,60 €/mn). • *twinjet.fr* •

➢ La compagnie propose 2 vols/j. en sem entre Marseille et Pau.

Les compagnies *low-cost*

▲ EASYJET

– En France : ☎ 0806-141-141 (prix d'un appel local) ; en Suisse :

tèrra aventura
Geocaching Nouvelle-Aquitaine
L'INCROYABLE CHASSE AU TRÉSOR
EN NOUVELLE-AQUITAINE
Tèrra Aventura
Nouvelle-Aquitaine
LE ROUTARD
Retrouvez une sélection de parcours... avec des jokers à gagner !
L'INCROYABLE CHASSE AUX TRÉSORS
AUX + DE 1 500 000 JOUEURS !
Tèrra Aventura — Nouvelle-Aquitaine LE ROUTARD
hachette
routard.com
RÉGION
Nouvelle-Aquitaine
Comité Régional du Tourisme
Création graphique proximit
400 parcours - 365 jours par an
nouvelle-aquitaine-tourisme.com

☎ 0848-28-28-28 (0,08 Fs/mn) ; en Espagne : ☎ 902-599-900 (0,083 €/mn). Résas sur • easyjet.com •

➢ Liaisons directes entre Biarritz et Paris (Roissy), Lyon (en été), Nice (en été), Londres (en été), ainsi qu'entre Genève et Bilbao en été.

▲ TRANSAVIA

☎ 08-92-05-88-88 (0,50 €/mn + prix d'appel). • transavia.com •

➢ 2 à 3 vols/j. entre Biarritz et Paris-Orly 3.

▲ VOLOTEA

• volotea.com •

➢ Dessert Biarritz au départ de Marseille et Strasbourg 2 fois/sem en saison d'été. Et Bilbao depuis le sud de l'Espagne (Séville, Malaga, etc.).

▲ VUELING

– • vueling.com •

➢ Au départ de Paris-Orly, dessert Bilbao. Et dessert Donostia – San Sebastián via Barcelone depuis d'autres capitales régionales de France, selon les saisons.

PARCOUREZ
LA VÉLODYSSÉE
Avec le Routard
LA VÉLODYSSÉE
L'ATLANTIQUE À VÉLO,
DE ROSCOFF À HENDAYE
LE Routard
16€
hachette
routard.com
UN GUIDE ILLUSTRÉ
TOUT EN COULEURS
POUR PARCOURIR
LA CÔTE ATLANTIQUE
À VÉLO
1200 km
de voies cyclables
54
étapes
12
itinéraires
ET TOUS LES BONS PLANS DU ROUTARD

BON À SAVOIR AVANT LE DÉPART

ABC du Pays basque

Divisions traditionnelles :

- ***7 provinces :*** Labourd (Lapurdi), Basse-Navarre (Behe Nafarroa), Soule (Xiberoa), Guipúzcoa (Gipuzkoa), Biscaye (Bizkaia), Navarre (Nafarroa), Álava (Araba).
- ***Capitales :*** Bayonne (Baiona, 52 400 hab.), Saint-Jean-Pied-de-Port (Donibane Garazi, 1 850 hab.), Mauléon-Licharre (Maule-Lextarre, 3 185 hab.), Saint-Sébastien (Donostia, 186 660 hab.), Bilbao (345 820 hab.), Pamplona (Iruña, 199 060 hab.), Vitoria-Gasteiz (249 180 hab.).

Divisions administratives actuelles :

- ***Au nord :*** les 3 provinces du Labourd, de la Basse-Navarre et de la Soule composent l'arrondissement de Bayonne et une partie de l'arrondissement d'Oloron (département des Pyrénées-Atlantiques).
- ***Au sud :*** les provinces de Guipúzcoa, Biscaye et Álava composent la Communauté autonome d'Euskadi. S'y ajoute la Communauté forale de Navarre.

Données générales :

- ***Superficie :*** 20 747 km^2.
- ***Monnaie :*** l'euro.
- ***Langues officielles :*** dans le Sud, l'espagnol et le basque ; dans le Nord, le français.
- ***Population :*** env 3 030 000 hab., dont env 300 000 hab. au nord ; Navarre : 647 550 hab. ; Euskadi : 2 199 090 hab.
- ***Principales industries :*** au sud, la métallurgie et les industries de transformation des métaux, l'agroalimentaire ; au nord, un peu d'aéronautique et la glisse (certains parlent de Glissicon Valley pour caractériser le boom de tout ce qui est lié au surf et aux sports de glisse sur la Côte basque).

AVANT LE DÉPART

Adresses utiles

En France

Agence d'attractivité et de développement touristique Béarn – Pays basque : *2, allée des Platanes, 64100 Bayonne.* ☎ *05-59-30-01-30.* ● *tourisme64.com* ● Pour le Nord (côté France) seulement, évidemment. Envoi sur simple demande des informations et documents thématiques : sports et nature, culture et art de vivre, pêche en eau douce...

Office espagnol de tourisme à Paris : *pas d'accueil du public mais rens touristiques lun-ven 9h-17h (14h ven) au* ☎ *01-45-03-82-50, sur* ● *paris@tourspain.es* ● *ou sur* ● *spain.info/fr* ● Très compétents et efficaces, n'hésitez pas à les contacter, notamment pour le calendrier des fêtes. Nombreuses brochures très bien faites téléchargeables sur le site. Également des offices espagnols de tourisme en ***Belgique,*** en ***Suisse***

et au ***Canada,*** ainsi que des consulats et ambassades d'Espagne dans ces différents pays (voir plus loin).

■ ***Consulat d'Espagne :*** *165, bd Malesherbes, 75017 Paris. ☎ 01-44-29-40-00. • exteriores.gob.es/consulados/paris • Ⓜ Wagram ou Malesherbes. Lun-ven 8h30-14h30 (14h ven), 1er sam du mois (sauf fériés) 8h30-12h.* Autres consulats généraux à Bayonne, Bordeaux, Lyon-Villeurbanne, Marseille, Montpellier, Pau, Perpignan, Strasbourg et Toulouse.

■ ***Ambassade d'Espagne :*** *22, av. Marceau, 75008 Paris. ☎ 01-44-43-18-00. • exteriores.gob.es/embajadas/paris • Ⓜ Alma-Marceau. Lun-ven 9h-14h.*

En Belgique

ℹ ***Office de tourisme d'Espagne :*** *av. des Arts, 52, Bruxelles 1000. ☎ 02-280-19-29 ou 02-280-13-27. • spain.info/fr • Accueil du public lun-ven 9h-16h. Accueil téléphonique lun-jeu jusqu'à 17h, ven jusqu'à 15h.*

■ ***Consulat général d'Espagne :*** *rue Ducale, 85-87, Bruxelles 1000. ☎ 02-509-87-70 ou 86. • cog.bruselas@maec.es • exteriores.gob.es/Consulados/bruselas • Lun-ven 8h30-14h.*

■ ***Ambassade d'Espagne :*** *rue de la Science, 19, Bruxelles 1040. ☎ 02-230-03-40. • emb.bruselas@maec.es • exteriores.gob.es/Embajadas/bruselas • Lun-ven 9h-13h.*

En Suisse

ℹ ***Office de tourisme d'Espagne :*** *Seefeldstr. 19, 8008 Zürich. ☎ 044-253-60-50. • spain.info/fr • Lun-ven 9h-17h.* Renseignements également très complets par téléphone, et des brochures à télécharger sur le site internet.

■ ***Consulat général d'Espagne :*** *av. Blanc, 53, 1202 Genève. ☎ 022-749-14-60. • cog.ginebra@maec.es • exteriores.gob.es/consulados/ginebra • Lun-ven 8h15-13h.*

■ ***Consulat général d'Espagne :*** *Marienstr. 12, 3005 Berne. ☎ 031-356-22-20 ou 23. • cog.berna@maec.es • exteriores.gob.es/consulados/berna • Lun-sam 8h30-13h30 (12h30 sam).*

■ ***Ambassade d'Espagne :*** *Kalcheggweg 24, 3000 Berne 15. ☎ 031-350-52-52. • emb.berna@maec.es • exteriores.gob.es/embajadas/berna • Lun-ven 8h-15h30.*

Au Canada

ℹ ***Office de tourisme d'Espagne :*** *2 Bloor St West, 34th floor, suite 3402, Toronto (Ontario) M4W-3E2. ☎ (416) 961-3131. • toronto@tourspain.es • spain.info/fr_CA • Ⓜ Bloor-Yonge. Lun-ven 9h-15h.*

■ ***Consulat général d'Espagne :*** *2 Bloor St East, 12th floor, suite 1201, Toronto (Ontario) M4W-1A8. ☎ (416) 977-1661 ou 3923. • cog.toronto@maec.es • exteriores.gob.es/consulados/toronto • Lun-ven 9h-12h30.*

■ ***Consulat général d'Espagne :*** *1200, Ave McGill College, suite 2025, Montréal (Québec) H3B-4G7. ☎ (514) 935-5235. • cog.montreal@maec.es • exteriores.gob.es/consulados/montreal • Lun-ven 9h-13h.*

■ ***Ambassade d'Espagne :*** *74 Stanley Ave, Ottawa (Ontario) K1M-1P4. ☎ (613) 747-2252. • emb.ottawa@maec.es • exteriores.gob.es/embajadas/ottawa •* ***Section consulaire*** *à la même adresse. Lun-ven 9h-13h.*

Formalités

• ***spth.gob.es*** • Dans le cadre de la prévention de la Covid, **il est obligatoire et jusqu'à nouvel ordre,** avant toute entrée en Espagne, de remplir un formulaire sur ce site officiel du gouvernement espagnol. Il délivre un QR code personnel, à imprimer et à présenter à l'entrée sur le territoire. Disponible aussi via l'application *SpTH.* De plus il est également obligatoire jusqu'à nouvel ordre de présenter les résultats **d'un test PCR négatif réalisé moins de 72h** avant le voyage. Pensez aussi à vérifier si un test (PCR ou autre) sera nécessaire avant votre retour en France (d'autant que c'est parfois payant) sur • ***interieur.gouv.fr*** •

Pour les ressortissants français, belges et suisses, la ***carte d'identité*** ou le ***passeport*** en cours de validité suffisent pour entrer sur le territoire espagnol. Les ressortissants canadiens se verront demander leur passeport en cours de validité et valable pour au moins 6 mois (pour les séjours touristiques de moins de 90 jours). Les ***mineurs*** doivent être munis de leur propre pièce d'identité (carte d'identité ou passeport). Pour l'autorisation de sortie de territoire lorsque les enfants ne sont pas accompagnés par un de leurs parents, chaque pays a mis en place sa propre régulation. Ainsi, pour les ***mineurs français,*** une loi entrée en vigueur en janvier 2017 a ***rétabli l'autorisation de sortie du territoire.*** Pour voyager à l'étranger, ils doivent être munis d'une pièce d'identité (carte d'identité ou passeport), d'un formulaire signé par l'un des parents titulaires de l'autorité parentale et de la photocopie de la pièce d'identité du parent signataire. Renseignements auprès des services de votre commune et sur ● *service-public.fr* ●

Avant de partir, pensez à scanner passeport, visa, carte de paiement, billet d'avion et *vouchers* d'hôtel. Ensuite, adressez-les-vous par e-mail, en pièces jointes. En cas de perte ou de vol, rien de plus facile pour les récupérer. Les démarches administratives en seront accélérées. Merci tonton Routard !

Assurances voyage

■ ***Routard Assurance par AVI International :*** *8-14, av. de l'Arche, ZAC Danton, 92400 Courbevoie.* ☎ *01-44-63-51-00.* ● *avi-international.com* ● Ⓜ *La Défense.* Enrichie au fil des années par les retours des lecteurs, *Routard Assurance* est devenue une assurance voyage référence des globe-trotters. Tout est inclus : frais médicaux, assistance rapatriement, bagages, responsabilité civile... Avant votre départ, appelez *AVI* pour un conseil personnalisé. Besoin d'un médecin, d'un avis médical, d'une prise en charge dans un hôpital ? Téléchargez l'appli mobile AVI international pour garder le contact avec *AVI Assistance* et disposer de l'un des meilleurs réseaux médicaux à travers le monde. *AVI Assistance* est disponible 24h/24 pour une réponse en temps réel. De simples frais de santé en voyage ? Envoyez les factures à votre retour, *AVI* vous rembourse sous 1 semaine.

■ ***AVA :*** *25, rue de Maubeuge, 75009 Paris.* ☎ *01-53-20-44-20.* ● *ava.fr* ● Ⓜ *Cadet.* Un autre courtier fiable pour ceux qui souhaitent s'assurer en cas de décès-invalidité-accident lors d'un voyage à l'étranger, mais surtout pour bénéficier d'une assistance rapatriement, perte de bagages et annulation. Attention, franchises pour leurs contrats d'assurance voyage.

■ ***Pixel Assur :*** *18, rue des Plantes, BP 35, 78601 Maisons-Laffitte.* ☎ *01-39-62-28-63.* ● *pixel-assur.com* ● *RER A : Maisons-Laffitte.* Assurance de matériel photo et vidéo tous risques (casse, vol, immersion) dans le monde entier. Devis en ligne basé sur le prix d'achat de votre matériel. Avantage : garantie à l'année.

Carte internationale d'étudiant (carte ISIC)

La carte internationale d'étudiant (ISIC) prouve le statut d'étudiant dans le monde entier et offre de nombreuses réductions (billets d'avion, hôtels et auberges de jeunesse, assurances, cartes SIM internationales, locations de voitures, loisirs...).

Renseignements et inscriptions

– ***En France :*** ● *isic.fr* ● *13 € pour une année scolaire.*
– ***En Belgique :*** ● *isic.be* ●
– ***En Suisse :*** ● *isic.ch* ●
– ***Au Canada :*** ● *isiccanada.ca* ●

Carte d'adhésion internationale aux auberges de jeunesse (carte FUAJ)

Cette carte vous ouvre les portes des 4 000 auberges de jeunesse du réseau *HI-Hostelling International* en France et dans le monde. Elle permet aussi de bénéficier de tarifs préférentiels avec les partenaires des auberges de jeunesse *HI* (locations de voitures, excursions et activités variées). Il n'y a pas de limite d'âge pour séjourner en auberge de jeunesse ; il faut simplement être adhérent ; carte valable 1 an à compter de la date d'achat (sur Internet ou dans les AJ).

Renseignements et inscriptions

– ***En France :*** ● *hihostels.com* ● *Tarif : 11 €.*
– ***En Belgique :*** ● *lesaubergesdejeunesse.be* ●
– ***En Suisse :*** ● *youthhostel.ch* ●
– ***Au Canada :*** ● *hihostels.ca* ●
Si vous prévoyez un séjour itinérant, vous pouvez réserver plusieurs auberges en une seule fois en France et dans le monde.

ARGENT, BANQUES, CHANGE

Dans le Sud, les ***banques*** sont généralement ouvertes du lundi au vendredi de 8h30 à 14h et le samedi (sauf en été) de 9h à 13h. Les commissions pour les voyageurs dont les banques ne dépendent pas de la zone euro sont sensiblement variables d'un établissement à l'autre. Amis suisses et canadiens, abstenez-vous de changer dans les banques situées en face des monuments et des sites touristiques.

Cartes de paiement

Dans toutes les villes, même petites, on peut retirer de l'argent aux ***distributeurs automatiques*** avec les cartes *MasterCard, Visa* et *Maestro.* La plupart des hôtels et des restos, pensions et même les AJ les acceptent également comme moyen de paiement. Quand vous partez à l'étranger, pensez à relever si besoin le plafond de retrait aux distributeurs et pour les paiements par carte, quitte à le faire baisser à votre retour. Avant de partir, notez donc bien le numéro d'opposition propre à votre banque (il figure souvent au dos des tickets de retrait, sur votre contrat ou à côté des distributeurs de billets), ainsi que le numéro à 16 chiffres de votre carte. Bien entendu, conservez ces informations en lieu sûr et séparément de votre carte.
Par ailleurs, l'assistance médicale se limite aux 90 premiers jours du voyage et l'assistance véhicule aux cartes haut de gamme (renseignez-vous auprès de votre banque). Et surtout, n'oubliez pas de ***VÉRIFIER LA DATE D'EXPIRATION DE VOTRE CARTE DE PAIEMENT*** avant votre départ !
En zone euro, pas de frais bancaires sur les paiements par carte. Les retraits sont soumis aux mêmes conditions tarifaires que ceux effectués en France (gratuits pour la plupart des cartes).
Une carte perdue ou volée peut être rapidement remplacée. En appelant sa banque, un système d'opposition, d'avance d'argent et de remplacement de carte pourra être mis en place afin de poursuivre son séjour en toute quiétude. En cas de perte, de vol ou de fraude, quelle que soit la carte que vous possédez, chaque banque gère elle-même le processus d'opposition et le numéro de téléphone correspondant.

– ***Visa :*** *numéro d'urgence (Europ Assistance), ☎ (00-33) 1-41-85-85-85 (24h/24). Numéro d'urgence depuis l'Espagne : ☎ 900-99-11-24.* ● *visa.fr* ●

– ***MasterCard :*** *numéro d'urgence, ☎ (00-33) 1-45-16-65-65. numéro d'urgence depuis l'Espagne : ☎ 900-822-756.* ● *mastercardfrance.com* ●

– ***American Express :*** *numéro d'urgence, ☎ (00-33) 1-47-77-72-00 (numéro accessible tlj 24h/24).* *• americanexpress.com •*

– Il existe un serveur interbancaire d'opposition qui, en cas de perte ou de vol, vous met en contact avec le centre d'opposition de votre banque ; *en France : ☎ 0892-705-705 (prix d'un appel + 0,35€/mn) ; depuis l'étranger : ☎ (00-33) 442-605-303.*

Petite mesure de précaution : si vous retirez de l'argent dans un distributeur, utilisez de préférence les distributeurs attenants à une agence bancaire. En cas de pépin avec votre carte (carte avalée, erreurs de code secret...), vous aurez un interlocuteur dans l'agence, pendant les heures ouvrables.

Besoin urgent d'argent liquide

Vous pouvez être dépanné en quelques minutes grâce au système ***Western Union Money Transfer.*** L'argent vous est transféré en moins de 1h. La commission, assez élevée, est payée par l'expéditeur. Possibilité d'effectuer un transfert auprès d'un des bureaux *Western Union* ou, plus rapide, en ligne, 24h/24, par carte de paiement (*Visa* ou *MasterCard*).
Même principe avec d'autres organismes de transfert d'argent liquide comme ***MoneyGram, PayTop*** ou ***Azimo.*** Transfert en ligne sécurisé, en moins de 1h.
Dans tous les cas, se munir d'une pièce d'identité. Toutefois, en cas de perte/vol de papiers, certains organismes permettent de convenir d'une question/réponse type pour que vous puissiez récupérer votre argent. Chacun de ces organismes possède aussi une application disponible sur téléphone portable. Consulter les sites internet pour connaître les pays concernés, les conditions tarifaires (frais, commission) et trouver le correspondant local le plus proche : *• westernunion.com • moneygram.fr • paytop.com • azimo.com/fr •*
Autre solution, envoyer de l'argent ***par la poste*** : le bénéficiaire, muni de sa pièce d'identité, peut retirer les fonds dans n'importe quel bureau du réseau local. Le transfert s'effectue avec un mandat ordinaire international (jusqu'à 3 500 €) et la transaction prend 4-5 jours en Europe (8-10 jours vers l'international). Plus cher mais plus rapide, le mandat express international permet d'envoyer de l'argent (montant variable selon la destination – 34 pays au total) sous 2 jours maximum, 24h lorsque la démarche est faite en ligne. Infos sur *• labanquepostale.fr •*

BUDGET

Recommandation à ceux qui souhaitent profiter des réductions et avantages proposés dans le *Routard* par les hôteliers et les restaurateurs

À l'hôtel, pensez à les demander au moment de la réservation ou, si vous n'avez pas réservé, **à l'arrivée.** Ils ne sont valables que pour les réservations **en direct** et ne sont pas cumulables avec d'autres offres promotionnelles (notamment sur Internet). Au restaurant, parlez-en **au moment** de la commande et surtout **avant** que l'addition ne soit établie. Poser votre *Routard* sur la table ne suffit pas : le personnel de salle n'est pas toujours au courant et une fois le ticket de caisse imprimé, il est souvent difficile de modifier le total. En cas de doute, montrez la notice relative à l'établissement dans le *Routard* de l'année, et, bien sûr, ne manquez pas de nous faire part de toute difficulté rencontrée.

Hébergement

Dans le Nord (côté France) comme dans le Sud (côté Espagne), il est rare de trouver de petits hôtels à moins de 60 € la nuit pour une chambre double, surtout en haute saison. Avec le succès de la région, l'offre hôtelière est tirée vers le haut. L'été est considéré comme haute saison, ainsi que la Semaine sainte dans le Sud (à savoir, du 10 au 17 avril 2022). Et pendant les fêtes locales, les prix s'envolent aussi, comme pendant la célèbre *San Fermín* de Pampelune, où les tarifs sont multipliés par 3 ou 4. L'offre hôtelière dans le Sud est faible par endroits. Mais comme c'est la conséquence logique d'une demande limitée (les touristes se font rares dans certains coins reculés), vous ne dormirez pas pour autant à la belle étoile ! Le meilleur plan reste l'hébergement à la campagne (*Nekazal Turismoa, casas de agroturismo,* ou *Landetxeak, casas rurales*), équivalent des chambres d'hôtes ou gîtes à la ferme en France. La meilleure époque, dans le Nord comme dans le Sud, est l'arrière-saison. À partir de mi-septembre, les prix baissent et les journées sont encore très belles.

D'une manière générale, nous indiquons des ***fourchettes de prix*** allant de la chambre double la moins chère en basse saison à la plus chère en haute saison. Ce qui implique parfois d'importantes fourchettes de prix, pas toujours en adéquation avec la rubrique dans laquelle l'établissement est cité. Le classement retenu est donc celui du prix moyen des chambres et de leur rapport qualité-prix. Pour le Sud, ils incluent généralement l'*IVA* (équivalent espagnol de la TVA ; 10 %). Sur place, faites-vous bien préciser à chaque fois si elle est comprise ou non dans les prix affichés. Nos tarifs ne comprennent pas, en revanche, le petit déj (sauf si nous le précisons). En effet, les chambres d'hôtes dans le Sud le proposent en général, mais il vous sera facturé en supplément environ 5 € par personne (alors qu'il est normalement compris dans les chambres d'hôtes labellisées « Gîtes de France » dans le Nord). L'accès à la cuisine commune est souvent facturé dans le Sud (généralement autour de 5-6 € pour 2 personnes, même s'il n'y a qu'une seule cuisine !). Les tarifs étant un peu plus élevés dans le Nord, nous avons fait une légère distinction dans les fourchettes de prix.

- ***Camping :*** de 15 à 30 € environ la nuit en haute saison pour 2 personnes avec tente et voiture.
- ***Auberge de jeunesse :*** de 15 à 30 € pour un lit en dortoir, selon l'âge (plus ou moins de 30 ans), la saison et le type de dortoir.
- ***Bon marché :*** jusqu'à 50 € pour 2 dans le Sud, 60 € dans le Nord.
- ***Prix moyens :*** de 50 à 80 € dans le Sud, de 60 à 90 € dans le Nord.
- ***Chic :*** de 80 € (ou 90 € dans le Nord) à 120 €.
- ***Plus chic :*** de 120 à 150 €.
- ***Beaucoup plus chic :*** au-delà de 150 €.

- **Logis** est la 1re chaîne de restaurateurs-hôteliers indépendants en Europe avec 2 200 établissements répartis dans 8 pays. Fort de ses 70 années d'expérience, le réseau offre l'assurance d'un accueil personnalisé et chaleureux, d'un hébergement de qualité ainsi que d'une restauration faite maison mettant à l'honneur produits locaux et de saison. Engagés sur les territoires, tous les Logis sont impliqués dans une démarche d'économie locale, privilégiant les circuits courts et les produits régionaux. Plus d'infos : ● *logishotels.com* ●

Nourriture

Voici une région où l'on peut manger à tous les prix, un peu partout.
Le midi, dans le Sud (côté Espagne), un repas correct ne coûte que 10-13 € avec le *menú del día* comprenant l'entrée, le plat, le dessert, le pain et même le vin (une bouteille pour 2 en général, olé !). Certains restos servent aussi ce menu le soir. Le week-end, c'est toujours plus cher (15 à 30 €, en moyenne). Le *menú del día* a le mérite d'être économique et copieux, à défaut d'être gastronomique. Avec les

pintxos et autres *cazuelitas* et *bocadillos* (sandwichs), on peut également picorer et s'en sortir à prix plancher. Attention cependant, car si un *pintxo* seul n'est pas cher (compter 1,50-3 € pour les froids, 3-5 € pour les chauds), quand on en mange 2, puis 3... l'addition peut grimper vite ! Les *raciones* sont de petits plats à prix intermédiaire, en moyenne entre 4 et 12 € selon le produit offert, qui permettent de se nourrir sérieusement à prix raisonnable le soir.
Établir une fourchette de prix est donc assez difficile, puisqu'une adresse peut être bon marché le midi, grâce à son menu, et devenir plus chic le soir à la carte. Les prix indiqués ici s'entendent par personne pour un menu complet ou un repas à la carte comprenant entrée + plat + dessert (et *IVA* de 10 % comprise dans le Sud), mais sans la boisson. Notez d'ailleurs que les vins sont moins chers dans le Sud que dans le Nord (côté France), ce qui allège l'addition.
- ***Très bon marché :*** moins de 15 €.
- ***Bon marché :*** de 15 à 25 €.
- ***Prix moyens :*** de 25 à 35 €.
- ***Chic :*** de 35 à 50 €.
- ***Plus chic :*** au-delà de 50 €.

CLIMAT

Question climat, il y a 2 Pays basques, l'un ouvert sur l'Atlantique, l'autre sur la Méditerranée par la vallée de l'Èbre. On y trouve donc au moins 2 climats (plus les innombrables microclimats). Les Pyrénées sont des pièges à nuages et à pluie. Si les nuages s'accrochent sur la Rhune et qu'il pleut, changez de côté. En général, il fait toujours beau d'un côté ou de l'autre de la chaîne.
Au nord (côté France), les fleuves coulent vers l'Atlantique, l'influence océanique est donc très marquée. Au sud (côté Espagne), tout part vers la Méditerranée. Mais ne vous attendez pas pour autant à trouver à Vitoria le climat de Palma de Majorque, bien que la végétation de maquis, d'euphorbes et autres cactées laisse à penser qu'on se rapproche de l'Afrique.
En gros, on peut distinguer 4 zones climatiques.
- Une ***zone océanique*** englobant la Biscaye, le Guipúzcoa, le Labourd, la Basse-Navarre et la Soule du Nord : il y pleut plus en hiver qu'en été, la moyenne des températures oscille entre 5 et 22 °C, avec des pointes jusqu'à 38 °C (en juillet et août) et des minima légèrement en dessous de 0 °C. Au nord de la chaîne existe un phénomène de vent du sud qui peut se produire en plein hiver et faire monter la température en décembre à 14 ou 15 °C. Il faut donc toujours prévoir un imperméable et, en avant ou arrière-saison, une petite laine pour les soirées.
- La zone de montagne qui correspond au massif d'Iraty jouit d'un ***climat subalpin*** avec enneigement hivernal (on y pratique d'ailleurs le ski de randonnée).
- Au sud de la ligne de partage des eaux, une large bande correspond à un ***climat méditerranéen tempéré,*** car des influences océaniques s'y font encore sentir : c'est l'Álava, la Navarre du Nord et du Centre. Si la moyenne est identique à celle des autres provinces, les écarts y sont plus importants : les températures supérieures à 35 °C ne sont pas rares l'été, et des pointes jusqu'à - 15 °C peuvent être enregistrées l'hiver.
- Enfin, une ***zone subdésertique*** englobe le sud de la Navarre (Ribera et Bardenas).

DANGERS ET ENQUIQUINEMENTS

Comme ailleurs, mais pas plus qu'ailleurs. Dans les grandes villes et les stations balnéaires, pickpockets et voleurs à la roulotte existent. Prenez les précautions habituelles (pas d'objets de valeur en évidence sur la plage arrière du véhicule, etc.). Dans les grandes villes, les parkings gardés sont une bonne solution, mais ils sont chers.

FÊTES ET JOURS FÉRIÉS

Il y a d'abord les ***fêtes nationales,*** dans le Sud (côté Espagne) comme dans le Nord (côté France) : le 14 juillet dans les provinces d'Hegoalde, le 12 octobre dans les provinces du Sud. Ça, c'est la base. On y ajoute les ***jours fériés,*** soit internationaux et laïques, comme le 1er mai ou le Jour de l'an, soit catholiques, apostoliques et romains comme le 25 décembre ou le 15 août.

Sur cette base solide et connue de tous, il convient de rajouter les ***grandes fêtes religieuses*** en sachant que dans le Sud, Pâques veut dire Semaine sainte, c'est-à-dire une semaine de fêtes, et que Noël dure jusqu'à l'Épiphanie.

Quelques ***journées laïques,*** comme le 6 décembre, jour de la Constitution dans le Sud, ou le 11 novembre dans le Nord, complètent le calendrier régulier.

Viennent ensuite les ***saints patrons.*** Plus la ville est importante, plus elle va honorer son saint : à Irun, saint Martial a besoin d'une semaine de fêtes pour être satisfait. À Pampelune, c'est saint Saturnin qui boucle la ville pour une semaine fin novembre. Ceux qui croyaient que c'était saint Firmin en juillet ont tout faux : saint Firmin est le co-patron de la Navarre (avec François-Xavier), comme saint Ignace est celui du Guipúzcoa (il se fête le 31 juillet, 6 jours seulement après saint Jacques qui, lui, est le patron de l'Espagne et dont le jour de fête est également férié) ou saint Prudent celui de l'Álava. À Biarritz, on fête saint Martin, à Vitoria la Vierge blanche, à Hendaye saint Vincent, à Bayonne saint Léon (mais comme sa fête tombe en mars, quand il fait encore froid, on double par de grandes fêtes en été, au début du mois d'août).

Cela ne vient pas interférer avec toutes les ***fêtes mariales*** (en septembre et décembre), toutes les *romerías* (pèlerinages, et Dieu sait qu'il y a des sanctuaires !) et autres fêtes de moindre importance. Le schéma est toujours le même : les bars sont pleins, la musique et la danse déferlent sur la ville, on lâche des *toros* et des vaches, on processionne religieusement et on oublie totalement bureau, comptoir ou usine. Dans les grandes villes et en Navarre, c'est le moment de la *temporada,* où l'on assiste aux meilleures corridas – sauf si la fête tombe en hiver comme à Donostia (Saint-Sébastien).

Cela donne quelque 15 000 jours de fête par an au Pays basque ! Vous pouvez le calculer en multipliant 6 jours de fête par 150 agglomérations importantes, en ajoutant 5 jours de Semaine sainte multipliés par 2 000 villages, plus les fêtes de 2 ou 3 jours dans des centaines de villages...

N'oublions pas les ***carnavals,*** dont certains, comme ceux de Lantz, de Zalduondo ou d'Alsasua, drainent des milliers de personnes. Pour que le pays ne soit pas paralysé, les villes se mettent d'accord afin de répartir au mieux les festivités : le Carnaval s'étale donc sur plus d'un mois. Et rajoutons-y les « occasions festives », comme la Sainte-Agathe, où l'on va chanter de maison en maison, sans pour autant que la journée soit fériée.

Certains journaux, comme la *Semaine du Pays basque* et *Sud-Ouest* dans le Nord ou le *Diario de Navarra* dans le Sud, publient des pleines pages avec les ***dates et programmes*** des fêtes.

Ces fêtes provoquent de grands mouvements migratoires : les Basques du Sud viennent passer la Semaine sainte dans le Nord, ceux du Nord ne manqueraient pour rien au monde les San Fermines de juillet ou les fêtes de Donostia (autour du 20 janvier).

Ces fêtes sont liées au fonctionnement social du Pays basque, car elles mêlent étroitement les défis (*encierros,* parties de pelote, jeux de force, concours de chiens de berger) et les moments de communion du groupe, rappel du temps où les maîtres des maisons se réunissaient pour résoudre les conflits.

De même, les autorités ecclésiastiques regrettent parfois les débordements païens des fêtes religieuses. Mais il n'est pas de fête sans l'intervention des prêtres, qu'il s'agisse de dire la messe, de bénir tout ce qu'il y a à bénir (la foule, les bateaux, les *toros,* les récoltes), d'organiser les processions et parfois même de descendre sur la *cancha* pour une féroce partie de pelote.

Pour le voyageur se pose l'immense difficulté d'être où il faut quand il faut. Pourquoi se morfondre à Orio quand tout le monde est à Bayonne, ou s'embêter à Hendaye quand il y a foule à Pampelune ?
Le petit calendrier ci-après recense les principales fêtes et les jours fériés, mais cette liste est loin d'être exhaustive : d'avril à novembre, les communes basques sont en fête les unes après les autres ! Attention à bien vérifier les dates sur place : beaucoup ont lieu le week-end avant ou après la date exacte quand celle-ci tombe en milieu de semaine. D'autre part, les fêtes locales sont répertoriées dans chacun des villes et villages.

Janvier

– *1er janvier :* le ***Jour de l'an.*** Comme il a le bon goût de tomber exactement entre Noël et l'Épiphanie, dans le Sud (côté Espagne), tout est fermé pendant 15 jours.
– *6 janvier :* l'***Épiphanie.*** Équivalent de Noël dans toute l'Espagne, donc fête familiale mais célébrée avec éclat, en particulier dans la vallée de Roncal, à Lumbier, Pampelune et Sangüesa.
– *20 janvier :* ***fête de San Sebastián*** à Donostia.

Février

– À différentes dates, plusieurs ***carnavals*** à ne pas manquer : Zalduondo, Alsasua, Iturren, Zubieta, Lantz, Tolosa, Markina, Llodio.
– *4 février :* veille de la Sainte-Agathe (Santa Ageda). Dans de nombreuses villes et de nombreux villages, des groupes d'hommes vont chanter devant les maisons des habitants qu'on veut honorer.

Mars

– *1er dimanche de mars :* ***fête de Saint-François-Xavier*** à Javier, et dans de nombreux villages navarrais, le plus souvent avec pèlerinage.

Avril

– *Pâques :* ***Semaine sainte*** *(28 mars-4 avril 2021 et 10-17 avril 2022)* partout, mais plus particulièrement à Balmaseda, Durango, Tudela, Corella et Hondarribia.
– *Lundi de Pâques (5 avril 2021 et 18 avril 2022) :* ***foire transfrontalière*** à Espelette.
– *27-28 avril :* ***fêtes de San Prudencio*** dans tout l'Álava, et surtout à Vitoria-Gasteiz.

Mai

– *1er mai :* ***fête du Travail.*** Férié dans le Nord (côté France) comme dans le Sud (côté Espagne).
– *8 mai :* ***Armistice.*** Férié dans le Nord.

Juin

– ***Fête-Dieu :*** à Oñati, Hélette, Iholdy et Macaye.
– *24 juin :* ***fête de la Saint-Jean*** dans de nombreuses villes, notamment à Agurain, Tolosa, Hasparren. ***Fête des Sorcières*** à Zugarramurdi. ***Pèlerinage à San Juan de Gaztelugatxe.***
– *29 juin :* ***fêtes de la Saint-Pierre*** à Alsasua, Saint-Pée-sur-Nivelle et dans la plupart des ports.

Juillet

– *6-14 juillet :* ***fêtes de la San Fermín*** à Pampelune.
– *14 juillet :* ***fête nationale française.*** Férié dans le Nord.

– *25 juillet :* ***fête de la Saint-Jacques.*** Férié dans toute l'Espagne.
– *31 juillet :* ***fête de la Saint-Ignace.*** Férié en Biscaye et dans le Guipúzcoa. ***Pèlerinage à Loyola.***

Août

– *5 jours à compter du dernier mercredi de juillet (du mercredi au dimanche) :* ***fêtes de Bayonne.***
– *1er dimanche d'août :* ***fête de la Vierge d'Iraty*** dans les vallées de Roncal et de Salazar.
– *Semaine du 15 août :* ***Semana Grande*** à Donostia.
– *15 août :* ***Assomption de la Vierge.*** Férié dans le Nord comme dans le Sud. Nombreuses *romerías* dans les sites dédiés à la Vierge.
– *2de quinzaine d'août :* ***Semana Grande*** à Bilbao.
– *Dimanche après le 15 août :* ***festival de Force basque*** à Saint-Palais.

Septembre

– *8 septembre :* ***fêtes de la Vierge*** dans tout le Pays basque Sud, notamment à Hondarribia, Elciego, Ochagavia, Aranzazu, Estibaliz, Bermeo.
– *3e week-end de septembre :* ***San Fermín Txiki*** à Pampelune.

Octobre

– *12 octobre :* ***fête nationale espagnole.*** Férié dans le Sud.
– *Dernier week-end d'octobre :* ***fête du Piment*** à Espelette.

Novembre

– *1er novembre :* ***Toussaint.*** Férié dans le Nord comme dans le Sud.
– *11 novembre :* ***Armistice 1914-1918*** ; férié dans le Nord. ***Fêtes de la Saint-Martin*** à Ataun et à Biarritz.

Décembre

– *6 décembre :* ***jour de la Constitution*** en Espagne. Férié dans le Sud.
– *8 décembre :* ***Immaculée Conception.*** Férié dans le Sud.
– *24 décembre :* ***fiestas de los Pastores*** à Labastida. ***Fête de l'Olentzero*** dans tout le Pays basque. Cette tradition de Navarre a gagné tout l'Euskadi. Fondée sur la légende du charbonnier descendu dans les vallées pour annoncer la naissance du Christ, elle voit des groupes de chanteurs et musiciens escorter dans les rues des villes... un charbonnier.
– *25 décembre :* ***Noël.*** Férié dans le Nord comme dans le Sud.

HÉBERGEMENT

Dans le Sud, dans les hôtels, mais aussi dans les bars, les restos et les taxis, il existe un cahier de réclamations *(el libro de quejas),* visé par les agents de répression des fraudes de la mairie. En cas de litige, demandez ce document, et le problème s'arrangera.

Les campings

Toujours dans le Sud (côté Espagne), le camping sauvage est strictement interdit, plus encore sur les plages et dans les parcs naturels. Si vous désirez camper sur une propriété privée, ayez la correction de demander l'autorisation au proprio avant.

Quant aux campings officiels, leurs prix et catégories sont fixés par le gouvernement ; les tarifs doivent figurer bien en évidence à l'entrée.
À vrai dire, certaines régions n'en ont quasiment pas ou alors très peu (l'Álava n'en compte, en tout et pour tout, que 3 !), la plupart étant installés le long de la côte. Ils sont assez bien équipés, mais l'ombre y est parfois rare. Quant aux sites, on ne vous indique que les meilleurs (car ils ne sont pas toujours très bien choisis !), si possible près des plages ou dans un environnement naturel propice. La plupart des campings louent des bungalows, des mobile homes ou des chalets tout équipés pour 2, 4 ou 6 (voire 8) personnes, une bonne alternative aux hôtels lorsqu'on voyage en famille ou entre copains. Attention, la réservation est quasi obligatoire en juillet-août. Pour les tarifs, voir la rubrique « Budget » plus haut.

Les auberges de jeunesse

Officielles, municipales ou privées, on en trouve dans les grandes villes, bien sûr, comme San Sebastián, Bilbao et Pampelune, mais aussi dans les agglomérations de moindre importance (comme Estella, en Navarre) et dans certaines petites stations de la côte, dans la partie espagnole. Il existe des ***AJ officielles,*** reconnues par les autorités, souvent installées dans de grands édifices sportifs ou des bâtiments en béton sans charme et parfois un peu excentrés. Ces structures sont souvent privilégiées par les groupes, notamment les écoles (certaines AJ ne reçoivent d'ailleurs que des groupes constitués). Sachez cependant qu'il y a de plus en plus d'***AJ privées,*** plus modernes, plus sympa côté déco (plus chères aussi !) et qui répondent à des critères bien plus souples. On le précise quand c'est le cas. Cela dit, certaines sont à éviter car on y entasse les touristes dans des piaules sans fenêtre, où parfois les lits sont superposés sur 3 niveaux (ce qui est interdit !). À vous d'ouvrir l'œil. Enfin, les ***auberges dédiées aux pèlerins*** pratiquent des prix planchers, mais pour y dormir, il faut présenter la *credencial* qui prouve votre statut (certaines auberges accueillent parfois les touristes lorsqu'il y a de la disponibilité, mais à des tarifs supérieurs).
Dans le Sud (côté Espagne), la carte de membre est toujours obligatoire dans les AJ officielles. Les tarifs varient selon l'âge et la saison. Certaines AJ proposent également les repas : petit déj (parfois compris), demi-pension ou pension complète. Mieux vaut réserver en juillet-août. Pour tous renseignements et réservations en direct côté sud, vous pouvez – au choix – contacter chaque auberge ou vous connecter sur ● *reaj.com* ●
– La FUAJ offre à ses adhérents la possibilité de réserver en ligne grâce à son système de réservation international ● *hihostels.com* ● (voir la rubrique « Avant le départ. Carte d'adhésion internationale aux auberges de jeunesse »).

Les pensions et les hôtels

Dans le Nord (côté France), pas de problème, on trouve beaucoup d'hôtels, avec ou sans resto, de toutes catégories.
Dans le Sud (côté Espagne), il y a d'abord les petites ***pensiones-residencias*** (PR sur les panonceaux bleus, plus le nombre d'étoiles), qui offrent un hébergement nettement plus modeste que les hôtels mais généralement très correct pour le prix (toujours plus bas que celui d'un hôtel). La décoration n'est pas toujours très gaie, il faut bien le dire, sauf dans les grandes villes touristiques qui ont fait de gros efforts. Les chambres sont louées sans ou avec salle de bains privée, selon le tarif. En revanche, elles ne servent pas toujours le petit déj. Pour info, sachez qu'il est illégal, sous peine d'amende en cas de contrôle, de louer une chambre chez une personne non répertoriée par les autorités.
Dans les ***hôtels,*** essayez d'arriver assez tôt pour être sûr d'avoir une chambre et demandez à la visiter avant de déposer votre carte d'identité à la réception.
Les prix affichés varient souvent selon les saisons touristiques : haute, moyenne et basse, la Semaine sainte faisant toujours partie de la haute saison (voire d'une

saison spéciale). En général, ces différences sont indiquées par les abréviations ***T.A.*** (*temporada alta* = haute saison), ***T.B.*** (*temporada baja* = basse saison) et ***S.S.*** *(Semana santa).* Les autres périodes de fêtes sont aussi incluses dans la haute saison (San Fermín, par exemple), même au cœur de l'hiver. Sachez que de toute façon les tarifs baissent généralement avec la durée du séjour.
Pour une chambre simple, demandez une *habitación individual,* pour une double, une *habitación doble,* et si vous voulez un grand lit, précisez *cama de matrimonio* (ou *cama matrimonial*). Les lits doubles en 140 cm, voire grand format dans les lieux plus chics, sont désormais la norme.
– Les offices de tourisme disposent d'une liste exhaustive des hôtels et des pensions avec les prix en cours. Demandez-la et faites-vous-la commenter. En Euskadi, les offices de tourisme donnent une brochure très bien faite avec photo, catégorie approximative de prix, ce qui peut vous être pratique pour organiser votre voyage. Ces brochures sont aussi disponibles sur le site ● *tourisme.euskadi.eus* ●, dans la rubrique « Où dormir ? ».
– Dernière précision : si vous avez réservé votre hébergement, et en particulier dans les petits hôtels ou pensions, on vous demandera souvent votre heure d'arrivée. Si vous pensez avoir un peu de retard, passez un petit coup de téléphone pour les prévenir. Dans le cas contraire, surtout en haute saison, votre chambre risque de vous passer sous le nez !

Hébergements à la campagne (*agroturismos* et *casas rurales*)

Il s'agit dans le Sud (côté Espagne) des chambres d'hôtes *(casas rurales),* des gîtes ruraux ou des gîtes à la ferme (qu'on retrouve, grosso modo, sous le label « Gîte de France » en France). Répertoriés sous le label *Nekazal-Turismoa (casas de agroturismo),* dans des fermes ou exploitations en activité, ou des *Landetxeak (casas rurales),* qui correspondent à des chambres d'hôtes à la campagne mais dans d'anciennes fermes aujourd'hui sans activité. En tout cas, on dort toujours dans des corps de ferme restaurés, parfois même historiques, soit de vieux *caserios* familiaux remplis de vieilles poutres et de souvenirs ! Ces structures sont strictement contrôlées et d'une qualité assez constante. Un certain nombre d'entre eux tient une cuisine à votre disposition, dont l'usage est souvent payant (5-6 € pour 2 personnes). Comme pour les hôtels, leur prix varie un peu selon la saison. Attention, certaines *casas rurales* n'ouvrent qu'à la belle saison ou ferment après des périodes festives importantes... Toujours appeler ou réserver avant de venir, sinon vous risquez de ne trouver personne.
Là encore, le site ● *tourisme.euskadi.eus* ● (rubrique « Où dormir ? ») liste un certain nombre de ces adresses, avec plan d'accès, photos, équipements... Pour des infos plus détaillées et les prix, voir aussi les sites ● *nekatur.net* ● *toprural.com* ● entièrement consacrés à ces adresses vertes.

Centres de réservation

■ ***Pour les Pyrénées-Atlantiques :*** **Gîtes de France,** *20, rue Gassion, 64000* ***Pau.*** ☎ *05-59-11-20-64.* ● *gites64.com* ●
■ ***Pour le Guipúzcoa, la Biscaye, l'Álava :*** **Nekatur,** *edificio Pia Eraikina, oficina 310, Juan Fermin Gilisagasti, 2, Zuatzu, 20018* ***Donostia – San Sebastián.*** ☎ *943-32-70-90. Tél de garde (Semaine sainte et été) :* 📱 *610-25-60-60.* ● *nekatur.net* ● *Lun-ven 9h-17h (19h par tél et en été).*

LANGUE BASQUE

Pour vous aider à communiquer, n'oubliez pas notre ***Guide de conversation du Routard en espagnol.***

Quelques mots de basque

Voici les mots les plus utiles, ceux que vous rencontrerez le plus fréquemment. Nous n'avons pas indiqué les mots proches du français ou de l'espagnol comme *aireportua* (aéroport), *museoa* (musée) ou *tren* (train).

Les voyelles se prononcent comme en français à l'exception du *u* qui se prononce « ou » : *agur* se prononce « agour ».

Il n'y a aucune diphtongue, et 2 voyelles qui se suivent sont nettement séparées : *ai* se prononce bien « a-i » que l'on rend en français par un tréma. *Baiona* se lit « ba-i-o-na ». Quant à *au,* on dit « a-ou » : *auzoa* (le hameau) se prononce « aousoa ».

PARLER FRANÇAIS COMME UNE VACHE ESPAGNOLE

C'est vrai que les vaches, surtout espagnoles, parlent mal le français. Cette expression, datant du XVIIe s, vient en fait d'une altération du mot « basque ». Avec leur accent si particulier, on comprend mieux l'expression !

Les consonnes posent plus de problèmes : le *r* est très légèrement roulé avec la pointe de la langue proche des dents, et on ne le trouve jamais à l'initiale. Le *x* se prononce toujours « ch » : *etxe* se dit « etche » et chocolat s'écrit *xokolatea.* Le *s* est légèrement mouillé : sa prononciation se situe à mi-chemin entre « s » et « ch » comme dans l'anglais *sh. Milesker* (merci) ou *aski* (assez) se disent à peu près « mileshker » et « ashki ». Le *z* se prononce « s » et *Ezpeleta* = « Espeleta ». Le *g* est toujours dur, *gi* est l'équivalent du français « gui » et *ge* se prononce comme dans « guerre ». On dit donc « guison » pour *gizon* (l'homme). Le *h* est légèrement aspiré (plus au nord – côté France – qu'au sud – côté Espagne). Le *j* est nettement mouillé et ressemble au « y » français. *Jatetxea* (restaurant) se prononce « yatetchea ».

Enfin, l'accentuation se fait généralement sur l'avant-dernière syllabe (qui est la 1re dans les mots de 2 syllabes, ne l'oublions pas). Pour plus d'infos sur la langue basque, l'euskara, voir la rubrique « Langue régionale » dans le chapitre « Hommes, culture, environnement ».

Formules de politesse

oui	*bai*
non	*ez*
bonjour	*kaixo*
bonsoir	*gabon*
au revoir	*agur*
merci	*eskerrik asko*
bienvenue	*ongi etorri*
excusez-moi / pardon	*barkatu*
s'il vous plaît	*mesedez*
il n'y a pas de quoi	*ez horregatik*

Sur les panneaux

côté	*aldea*
centre ancien	*alde zaharra*
parking	*aparkelekua*
quartier, hameau	*auzoa*
marché	*azoka* ou *merkatu*
ermitage	*baseliza* ou *ermita*
route, chemin	*bidea*
office de tourisme	*turismoa bulegoa*
est (abrégé *E* sur les panneaux routiers)	*ekhi aldea*
église	*eliza*
place	*enparantza*

centre-ville (*Er* sur les panneaux routiers)	*erdi aldea*
police basque	*ertzaintza*
maison	*etxe*
station	*geltokia*
sud (abrégé *H* sur les panneaux routiers)	*hegoalde*
ville	*hiri*
plage	*hondartza*
rivière	*ibaia*
avenue	*ibilbidea*
nord (abrégé *I* sur les panneaux routiers)	*iparralde*
sortie	*irteera*
mer	*itsas*
fermé	*itxita*
restaurant	*jatetxea*
port	*kaia*
rue	*kalea*
grande rue	*kale nagusia*
camping	*kanpina*
toilettes	*komunak*
attention	*kontuz*
caisse	*kutxa*
travaux	*lanak*
vallée	*larran*
bibliothèque	*liburutegia*
ouest (abrégé *M* sur les panneaux routiers)	*mendebelaldea*
montagne	*mendi*
dispensaire, centre de santé	*otsasunea*
entrée	*sarrera*
mairie	*udaletxea*
police municipale	*udalaintza*
aire de service	*zerbitzugunea*
pont	*zubi*

Vocabulaire usuel en castillan

oui / non	*sí / no*

Politesse

Bonjour	*buenos días* (matin) / *buenas tardes* (à partir de 12h)
merci / merci beaucoup	*gracias / muchas gracias*
S'il vous plaît	*por favor*
excusez-moi	*perdóneme, disculpe*
bonsoir / bonne nuit	*buenas noches*
au revoir / à bientôt	*adiós / hasta luego*

Expressions courantes

parlez-vous français ?	*¿ habla francés ?*
comment vous appelez-vous ?	*¿ cómo se llama ?*
je ne comprends pas	*no entiendo*
je ne sais pas	*no sé*
comment dit-on en espagnol ?	*¿ cómo se dice en castellano ?*
demain	*mañana*
ce matin	*esta mañana*
ce soir	*esta noche*

Vie pratique

ville	*ciudad*
centre	*centro*
bureau de poste	*correos*
office de tourisme	*oficina de turismo*
banque	*banco*

Transports

gare routière	*estación de autobuses*
gare ferroviaire	*estación de tren*
billet	*billete*
à quelle heure le train arrive-t-il... / part-il ?	*¿ a qué hora llega (sale) el tren ?*
où faut-il changer de train ?	*¿ dónde hay que cambiar de tren ?*

Quelques abréviations courantes

calle, carrer	*c/* (rue)
avenida	*avda* (avenue)
carretera	*ctra* (route, chemin)
travesía	*trav.* (passage)

Argent

payer	*pagar*
prix	*precio*
combien ça coûte ?	*¿ cuánto vale ?*
guichet automatique	*cajero automático bancomat*
carte de paiement	*tarjeta de crédito*
pas cher, bon marché	*barato*
cher	*caro*

À l'hôtel et au restaurant

hôtel	*hotel*
auberge	*albergue*
pension	*hostal, fonda, pensión*
chambre	*habitación*
chambre double	*habitación doble / de dos camas*
pourriez-vous me la montrer (la chambre), s'il vous plaît ?	*¿ me la puede enseñar, por favor ?*
service compris	*servicio incluido*
petit déjeuner	*desayuno*
déjeuner	*almuerzo*
dîner	*cena*
repas	*comida*
je voudrais la note	*quisiera la cuenta*
viande	*carne (haragia)*
mouton	*carnero*
agneau	*cordero*
porc	*cerdo (urdia)*
bœuf	*Vaca*
jambon	*jamón (xingar)*
poulet	*pollo (oilaskua)*
veau	*ternera*
œuf	*huevo (arroltz)*
filet (de bœuf ou de porc)	*solomillo*
côtelette	*chuleta*
rôti	*asado*
grillé	*a la plancha*

frit	*Frito*
poisson	*pescado (arraina)*
merlu	*merluza (legatza)*
morue	*bacalao (makailua)*
truite	*trucha (amuarraina)*
fruits de mer	*mariscos*
hors-d'œuvre	*entremés*
omelette	*tortilla*
salade	*ensalada*
légumes	*verduras* (ou *legumbres*)
dessert	*postre*
fromage	*queso (gasna)*
glace	*helado*
cerises	*cerezas (gereziak)*
vin	*vino (arnoa)*
vin rouge	*vino tinto*
vin blanc	*vino blanco*
eau gazeuse, plate	*agua con gaz, sin gaz (ura)*
bière, panaché	*cerveza, clara (garagardoa)*
cidre	*sidra (sagarnoa)*
pomme	*manzana (sagarra)*
lait	*leche (esnea)*
sel	*sal (gatza)*
poivre	*pimienta*
ail	*ajo (baratxuria)*
huile	*aceite*
vinaigre	*vinagre (ozpina)*
beurre	*mantequilla*
pain	*pan (ogia)*
bouteille	*botella*

Le temps

jour	*día*
semaine	*semana*
lundi	*lunes*
mardi	*martes*
mercredi	*miércoles*
jeudi	*jueves*
vendredi	*viernes*
samedi	*sábado*
dimanche	*domingo*
matin	*mañana*
midi	*medio día*
après-midi	*tarde*
soir	*noche*
minuit	*media noche*
heure	*hora*

Les nombres

1	*uno, una*
2	*dos*
3	*tres*
4	*cuatro*
5	*cinco*
6	*seis*
7	*siete*

8	*ocho*
9	*nueve*
10	*diez*
11	*once*
12	*doce*
13	*trece*
14	*catorce*
15	*quince*
16	*dieciséis*
17	*diecisiete*
20	*veinte*
50	*cincuenta*
100	*ciento, cien*
200	*doscientos*
500	*quinientos*
1 000	*mil*

– Important : en espagnol, le « v » se prononce plus « b » que « v » ; *cerveza* se dit plutôt « cerbessa », *Sevilla,* « Sebilla », *Valencia,* « Balencia », etc. Attention cependant, tout ce qui est excessif étant insignifiant, essayez quand même trouver le juste milieu entre le « v » et le « b ».

LIVRES DE ROUTE ET CARTES

Les livres

La plupart des ouvrages consacrés au Pays basque s'intéressent à un versant ou à l'autre, presque jamais aux 2 en même temps. D'où quantité d'à-peu-près et de lacunes. De plus, le Pays basque souffre de l'exotisme qu'on lui a collé sur les épaules. Dans les romans, ce ne sont que pelotaris, contrebandiers et paysans pauvres mais travailleurs et pleins de noblesse. D'une surabondante bibliographie, on n'a donc finalement retenu que peu de choses.

– ***Petit dictionnaire absurde et impertinent du Pays basque et du Béarn,*** de Jacques Rouvière (Féret, 2017). Avec humour, tendresse (et une certaine dose de mauvaise foi), l'auteur, membre des Lettres pyrénéennes, épluche les travers et poncifs basco-béarnais en 130 définitions. L'illustrateur Lasserpe vient en renfort pour épingler lui aussi (à coups de serpe évidemment) Basques et Béarnais.

– ***Dictionnaire de culture et civilisations basques,*** ouvrage collectif, écrit en collaboration avec l'Institut culturel basque (Elkar/Arteaz, 2013). Une mine d'or pour qui veut comprendre les particularismes culturels du pays et tordre le cou aux clichés et autres idées reçues. Euskadi, euskara, *etxe,* grammaire, littérature, matriarcat, arts domestiques, linteaux, sépultures, stèles, fêtes, pelote, jeux, musique, etc., sont autant de thèmes envisagés sous un angle sociologique, historique, par les meilleurs spécialistes du Pays basque. Sérieux et documenté.

– ***Les Gens d'Obabakoak,*** de Bernardo Atxaga (Bourgois, 2007). Un livre sensible et bien écrit (a obtenu le Prix national de littérature en 1989). Dense et bien documenté, cet ouvrage reflète le fonctionnement social et psychologique des Basques. *Les Gens d'Obabakoak* est un recueil de nouvelles qui se passent dans un village basque imaginaire.

– ***Pays basque, le guide idéal,*** de Christophe Berliocchi (Atlantica, 2014). Humour et dérision, on ne demande que ça pour aborder les sujets phares du Pays basque, oser quelques conseils et introduire l'estivant fraîchement émoulu !

– ***Immortelle randonnée. Compostelle malgré moi,*** de Jean-Christophe Rufin (Gallimard, « Folio », 2014). Sous la plume fluide et acerbe de l'auteur à la fois toubib, écrivain (académicien) et diplomate, on traverse le *Camino Norte* au rythme des étapes et des situations parfois truculentes. Le recul et l'humour de l'auteur achèvent de nous embarquer sur ses pas.

– ***Promenades historiques au Pays basque,*** de Manex Goyhenetche (Elkar/Arteaz, 2016). Le grand historien du Pays basque nous invite à découvrir comment ce pays et ses habitants sont devenus ce qu'ils sont aujourd'hui, au fil de balades hors des sentiers battus et des livres savants.

– ***Les Démons à ma porte,*** de José Manuel Fajardo (Métaillié, 2002). Un journaliste espagnol est enlevé par l'ETA. Pour lutter contre la claustrophobie et la terreur de l'enfermement, il se remémore les rencontres passées, ses histoires amoureuses (assez pitoyables !), ses virées dans le Pays basque espagnol, les différentes étapes de sa vie... Un texte sensible qui se lit avec intérêt et plaisir.

– ***Au pays des Basques. Histoires & Voyages,*** de Kepa Etchandy (Kilika, 2020). Une plongée dans l'Euska Herri (le Pays des Basques) à travers l'objectif de l'auteur, photographe, qui livre un panorama des 7 provinces de part et d'autre des Pyrénées. De magnifiques photos et des textes (en français et en basque) qui viennent fouiller l'âme basque pour en révéler les traditions séculaires. Mythologie, religion, culture, cuisine, architecture... Une belle introduction pour décoder la diversité de ce territoire.

– ***Le Pays basque. Récits et impressions de l'Euskal-Herria,*** de Pierre Loti (Aubéron, 2007). Des notes, des descriptions, un journal de voyage intimiste et sympathique, à mille lieues de *Ramuntcho.* Mais force est de constater que Loti écrit bien mieux sur le pays que sur les Basques, en qui il ne voit que des indigènes distrayants.

– ***La Villa Belza,*** de Bernadette Pécassou-Camebrac (J'ai Lu, 2008). La romancière, originaire des Hautes-Pyrénées, nous embarque dans le Sud-Ouest des années 1920. Avec son riche mari, Sophie s'installe à Biarritz et retrouve sa région natale. À leur projet de palais mauresque se confronte l'attachement à l'*etxe,* l'habitat traditionnel, dont Orkatz est le défenseur. Derrière l'histoire d'amour et l'ancrage culturel, l'auteur dresse, comme dans ses autres romans, un portrait de femme indépendante.

Les cartes routières

Vous pouvez utiliser la Michelin n° 573 *País Vasco, Euskadi, Navarra, La Rioja,* au 1/250 000, précise et bien pratique.

Dans le Sud (côté Espagne), les offices de tourisme donnent aussi une carte routière d'Euskadi au 1/200 000, pas la plus précise de toutes mais suffisante pour s'orienter, et surtout, gratuite !

MUSÉES ET SITES

2 poids, 2 mesures. Au nord (côté France), tout est payant. Au sud (côté Espagne), c'est parfois gratuit (ainsi de tous les musées publics en Álava), mais la plupart des musées importants sont payants.

Ces sites importants, dans les provinces du Sud, pratiquent des prix comparables à ceux du Nord. Les musées privés restent dans la même fourchette, de 4 à 8 € l'entrée. Nombreux sont les petits musées du Sud qui pratiquent des tarifs raisonnables (moins de 5 €). Il y a souvent des réductions pour les étudiants et les retraités et quelques fois un jour de gratuité d'accès.

Au sud, les églises posent un petit problème. Si certaines sont payantes (à Sangüesa, par exemple, ou sur une très large plage horaire à la cathédrale de Pampelune), la plupart sont gratuites, mais elles sont souvent fermées. On vous indique le plus possible les horaires d'ouverture (théoriques, et quand il y en a !) ou alors les heures des messes, souvent le seul moyen de les « visiter », à condition de rester discret... Dans les petits villages, il faut souvent demander la clé à la maison

voisine. Il n'est pas rare qu'il faille verser son obole ou glisser 1 € dans une boîte pour éclairer un beau retable dégoulinant de dorures.
À noter que, pendant et autour des jours fériés (les fêtes de fin d'année en particulier et la Semaine sainte), les horaires sont différents et restreints : les offices de tourisme vous les donneront. Enfin, à l'exception des ermitages les plus connus, les petits ermitages n'ouvrent généralement qu'une fois dans l'année : le jour du saint auquel ils sont dédiés.
Bon à savoir : côté nord, l'*Euskal Pass* offre un accès à une trentaine de sites et musées au Pays basque. • *euskalpass.com* • *Achat en ligne et dans la plupart des offices de tourisme de la région. Pass 48h : 25 € ; 5 j. : 45 € ; réduc.*

PERSONNES HANDICAPÉES

Tourisme et Handicap

Tourisme & Handicap est la seule marque d'État qui labellise des sites touristiques accessibles aux personnes en situation de handicap (campings, restaurants, musées, monuments...). Elle permet aux touristes en situation de handicap de vivre leurs vacances comme tout un chacun. Les sites sont identifiés grâce à un logo qui symbolise chacune des quatre familles de handicap (auditif/mental/moteur/visuel) et garantit un maximum d'autonomie :

Les informations et sites labellisés sont disponibles sur : • *tourisme-handicaps.gouv.fr* •

En complément, **Acceslibre** est une **plateforme collaborative** portée par le ministère de la Transition écologique. Des informations d'accessibilité essentielles aux personnes en situation de handicap y sont collectées et affichées sur des cartes pour savoir si un lieu leur est accessible ou non. Sur mobile ou ordinateur, ce service permet de préparer au mieux sa sortie ou de collaborer en partageant de nouvelles informations.

Pour contribuer et/ou profiter d'Acceslibre : • *acceslibre.beta.gouv.fr* •

Par ailleurs, dans notre guide, nous indiquons par le logo ♿ les établissements qui possèdent un accès ou des chambres pouvant accueillir des personnes handicapées. Certaines adresses sont équipées selon les critères les plus récents. D'autres, plus simples, plus anciennes aussi, sans répondre aux normes actuelles, favorisent l'accueil des personnes handicapées en facilitant l'accès à leur établissement, tant sur le plan matériel que sur le plan humain. Appelez donc auparavant pour savoir si l'équipement de l'hôtel ou du resto est compatible avec votre niveau de mobilité.

POSTE

Peu de différences entre le Nord et le Sud. Dans les grandes villes, les bureaux de poste sont ouverts du lundi au vendredi de 8h30 à 18h (20h30 au sud) et le samedi matin. Dans les petites, c'est souvent fermé l'après-midi.
On peut acheter des timbres dans tous les bureaux de tabac (*estanco* dans le Sud, où l'on demande un *sello* – timbre – tarif normal pour l'Europe : 1,50 €).
Noter que dans le Sud la poste est souvent un lieu très social où l'on n'hésite pas à discuter longuement du temps ou des résultats sportifs. D'où parfois des queues assez longues. Pour toutes infos : • *correos.es* •

RANDONNÉES EN PAYS BASQUE

Au nord (côté France)

Le Pays basque est traversé et couvert par un important réseau de sentiers aménagés et balisés. Qu'il s'agisse de randonner en famille ou entre amis sur des sentiers locaux (balisés en jaune) ou des chemins de grande randonnée (GR, balisés en rouge et blanc), la randonnée ici plus qu'ailleurs vous permet de découvrir certains des trésors les plus secrets du Pays basque. Paysages le plus souvent époustouflants.
Pour traverser d'est en ouest le Pays basque sur le GR 10, comptez 10 jours. Pour vous fondre parmi les pèlerins de Saint-Jacques, de Saint-Palais à Roncevaux, prévoyez 3 à 4 jours. Mais pour découvrir les cromlechs d'Okabé au cœur de la montagne basque, à peine quelques heures suffisent...
– Petite ***bibliographie*** indispensable : *les topoguides des GR* (éd. FFRandonnée), *Les Sentiers d'Émilie au Pays basque* (Rando éditions), *Le Guide Rando Pays basque* (Rando éditions). Pour les enfants, *Copain du Pays basque* (éd. Milan presse, 2007).
– ***Cartes :*** IGN série bleue au 1/25 000 (très grande précision, bien lisible) et « Vers Saint-Jacques-de-Compostelle ».
– Infos sur le site • *randonnee.tourisme64.com* •

Au sud (côté Espagne)

➢ Il existe plusieurs ***sentiers GR*** *(grande randonnée ou Gran Recorrido).* L'Álava est sillonnée par le GR 1 (Campezo-Antonena) et le GR 25 (Landa-Legutiano) ; en Biscaye, on s'enfile le GR 98.1 (Sukarrieta-Katillotxu) et le GR 123 (Plentzia-Urdutiz) ; enfin, le Guipúzcoa est traversé par le GR 120 (Loiola-La Antigua-Zumarraga) et le GR 121 (Zumala-Elorriaga-Deba).
➢ Les ***sentiers de petite randonnée (PR)*** sont assez nombreux, tout comme les tours de pays. On trouve dans les offices de tourisme locaux des cartes, des prospectus, et parfois des topoguides (payants). Le réseau espagnol n'a pas toujours été bien entretenu, mais cela ne cesse de s'améliorer avec le grand boom du tourisme vert.

À vélo

Pour les sportifs et aussi pour les familles, nous éditons un ***Routard La Vélodyssée*** qui suit la célèbre piste cyclable : cartes en couleur, étapes avec hébergement et restos, locations et réparations de vélos... En vente dans toutes les bonnes crémeries.

➢ Les amoureux de cyclisme et de tourisme peuvent relier Roscoff à Hendaye (pour les plus ambitieux !) grâce au plus long itinéraire cyclable de France. ***La Vélodyssée,*** c'est 1 200 km de pistes cyclables le long de l'Atlantique, des itinéraires adaptés aux attentes et aux profils de chacun, mais aussi la possibilité de rejoindre d'autres pays européens comme l'Espagne ou l'Angleterre via le réseau EuroVelo. Sur le site • *lavelodyssee.com* •, vous trouverez pléthore d'informations pratiques ainsi que des idées de parcours. Pour plus d'infos et des cartes précises, reportez-vous au *Routard La Vélodyssée*. Les plus aguerris pousseront même jusqu'à Donostia – San Sebastián ou Pamplona (• *eurovelo.com* •).
➢ Le ***Sentier des contrebandiers*** traverse le Pays basque sur plus de 220 km, de Saint-Palais à Biriatou, en passant par Saint-Jean-Pied-de-Port. 7 étapes VTT avec des hébergements adaptés. Cet itinéraire sportif peut être emprunté à cheval en 9 étapes. Infos et descriptif sur • *randonnee.tourisme64.com* •
➢ Côté sud, on trouve de nombreux ***itinéraires locaux,*** de la balade à la journée au circuit avec bivouac, sur • *viasverdes.com* • À noter que ces routes empruntent, pour la plupart, d'anciennes voies ferrées désaffectées et réaménagées, et certaines sont même praticables en randonnée pédestre, avec poussettes ou en fauteuil roulant.

Adresses et conseils

■ ***Chemins de France :*** ☎ 05-59-21-37-57. • *chemins-de-france.com* • Proposent notamment des randonnées sur les chemins de Saint-Jacques-de-Compostelle,

du Pays basque et du Béarn, dont le sentier du littoral (Bidart à Fontarrabie), le GR 8 (Bayonne à Saint-Jean-de-Luz) et la traversée Saint-Palais à Saint-Jean-de-Luz.
- ***Gipuzkoako Mendizale Federazioa :*** • *gmf.eus* •
- ***Federación Vizcaína de Montaña :*** • *bmf-fvm.org* •
- ***Federación Navarra de Deportes de Montaña y Escalada :*** • *nafarmendi.org* •
- Également • *amf-fam.org* • pour l'Álava, et le site de la Fédération espagnole des sports de montagne et d'escalade, qui référence tous les GR d'Espagne : • *fedme.es* •

- ***Quelques conseils :*** prévoir de bonnes chaussures (pas de baskets ni de tennis), une carte (et/ou un topoguide) et une boussole (ou GPS), toujours partir avec quelqu'un et commencer la randonnée le plus tôt possible (faire le maximum avant la chaleur, et puis les couleurs du matin, aaah !), ne pas boire l'eau des ruisseaux (qui peut être polluée par un troupeau en amont), emporter de l'eau (découle de la remarque précédente) et des provisions légères et nutritives, ne pas faire de feu, ne pas oublier un sac en plastique pour remporter les ordures, bien refermer les barrières... Naturellement, les feux et le camping sauvage sont interdits partout, au Nord comme au Sud.

SANTÉ

Pour un séjour temporaire en Espagne, pensez à vous procurer la ***Carte européenne d'assurance maladie.*** Il vous suffit d'appeler votre centre de Sécurité sociale (ou de vous connecter au site internet de votre centre, encore plus rapide !), qui vous l'enverra sous une quinzaine de jours. Cette carte fonctionne avec tous les pays membres de l'Union européenne (y compris les derniers arrivés), ainsi qu'en Islande, au Liechtenstein, en Norvège et en Suisse. C'est une carte plastifiée bleue du même format que la carte Vitale. Valable 2 ans, elle est gratuite et personnelle : chaque membre de la famille doit avoir la sienne, y compris les enfants.
Attention, les remboursements ne couvrent pas les soins dispensés par les cliniques privées. Si vous vous adressez à l'une d'elles, il vous faudra, au retour, prouver que ce choix était motivé par une urgence alors que l'hôpital public était trop éloigné.

SITES INTERNET

1er conseil : sur vos moteurs de recherche, tapez « euskadi » ou « euskalherria ». Vous verrez apparaître des dizaines de sites, souvent minuscules mais où l'on peut glaner plein d'infos. Et évidemment, chaque ville, chaque parc naturel et chaque région *(comarca)* a son site internet !
• ***routard.com*** • Le site de voyage nº 1 avec plus de 800 000 membres et plusieurs millions d'internautes chaque mois. Pour s'inspirer et s'organiser, près de 300 guides destinations actualisés, avec les infos pratiques, les incontournables et les dernières actus, ainsi que les reportages terrain et idées week-end de la rédaction. Partagez vos expériences avec la communauté de voyageurs : forums de discussion avec avis et bons plans, carnets de route et photos de voyage. Enfin, vous trouverez tout pour vos vols, hébergements, voitures et activités, sans oublier notre sélection de bons plans, pour réserver votre voyage au meilleur prix.
- Bon à savoir : entre 2 parutions, des événements fortuits (conditions d'accès aux sites, fermetures inopinées, etc.) peuvent intervenir et modifier vos projets de voyage ou de visite. Pour éviter les déconvenues, nous vous recommandons de consulter la rubrique « Inspirations » par région et de cliquer sur l'onglet « Actus ».

Pour le Nord (côté France)

• ***surf-report.com*** • La météo du surf avec les prévisions à 7 jours : hauteur des vagues, force du vent, temps, horaires des marées...

• ***terra-aventura.fr*** • et l'application *Tèrra Aventura* : C'est une chasse aux trésors qui se pratique à l'extérieur, à l'aide d'un GPS ou d'une application mobile. Construit autour d'un monde imaginaire, celui de petits personnages appelés les *Poï'z,* plus de 400 parcours de quelques kilomètres et de différents niveaux permettent d'explorer le territoire de la Nouvelle-Aquitaine tout en s'amusant avec des énigmes à résoudre, des indices à relever, des trésors à chercher... Idéal avec des enfants pour aiguiser leur curiosité et leur faire découvrir les trésors de la région. On a même édité un ***Routard* spécial *Tèrra Aventura. Nouvelle-Aquitaine.*** Eh oui !

Pour le Sud (côté Espagne)

• ***navarra.es*** • ***turismo.navarra.es*** • Sites officiels, ce sont les meilleurs pour la Navarre. Propositions de centres de réservation et visites virtuelles. Hébergent aussi la quasi-totalité des sites touristiques des villes. En français, espagnol, basque et anglais.

• ***tourisme.euskadi.eus*** • En français. Portail plutôt sympa et riche en infos touristiques. Nombreuses brochures à télécharger, y compris en version mobile pour certaines.

• ***visitbiscay.eus*** • En basque, espagnol, français et anglais. Le site officiel du tourisme de Bizkaia.

• ***araba.eus*** • ***alavaturismo.eus*** • En basque, espagnol, français et anglais. Sites officiels de l'Álava, très bien faits et pratiques (infos culturelles, touristiques, transports, etc.).

• ***spain.info/fr*** • Le site officiel de l'office de tourisme d'Espagne.

• ***caminodesantiago.gal*** • Le site officiel des chemins de Saint-Jacques. Et aussi : • ***caminosantiago.org*** • (en espagnol) et • ***chemindecompostelle.com*** •, entièrement en français et très complet.

• ***fedme.es*** • Le site officiel de la Fédération espagnole des sports de montagne et d'escalade : la bible des randonneurs, avec les dernières nouvelles sur les GR et leurs aménagements, les refuges, etc.

SUR LES CHEMINS DE SAINT-JACQUES-DE-COMPOSTELLE

Pour une description plus historique, reportez-vous à la rubrique « Les chemins de Saint-Jacques-de-Compostelle » dans le chapitre « Hommes, culture, environnement ».

De très bons guides ont été publiés depuis les écrits attribués au moine Aymeri. Nous vous conseillons la carte Michelin 573 pour dégrossir l'itinéraire. Nous ne saurions trop recommander l'achat des cartes au 1/50 000 de *Randonnées pyrénéennes* pour la partie française et de l'*Institut géographique espagnol* pour le Sud (côté Espagne). Les itinéraires du Nord (côté France) se trouvent dans les guides du GR 65 (éd. FFRP).

Parmi les 6 m linéaires de bibliothèque sur le sujet, commencer par l'ouvrage très complet *Sur les nouveaux chemins de Compostelle,* de Patrick Huchet et Yvon Boëlle (éd. Ouest-France, 2020). *El Camino de Santiago* (en espagnol, éd. El País) possède aussi de bonnes cartes et de nombreux renseignements pratiques. Des brochures existent auprès de l'office national espagnol de tourisme à Paris.

Quelques adresses pour informations et documentations :

■ ***Agence de coopération interrégionale Les Chemins de Saint-Jacques-de-Compostelle :*** *4, rue Clémence-Isaure, 31000 Toulouse.* ☎ *05-62-27-00-05.* • *chemins-compostelle.com* • Une mine d'informations.

■ ***Société française des Amis de Saint-Jacques :*** *permanence au 8 bis, rue Jean-Bart, 75006 Paris.* ☎ *01-43-54-32-90.* • *amis-de-compostelle.fr* • Ⓜ *Rennes. Lun-sam 14h-18h.* Pour les pèlerins inconditionnels.

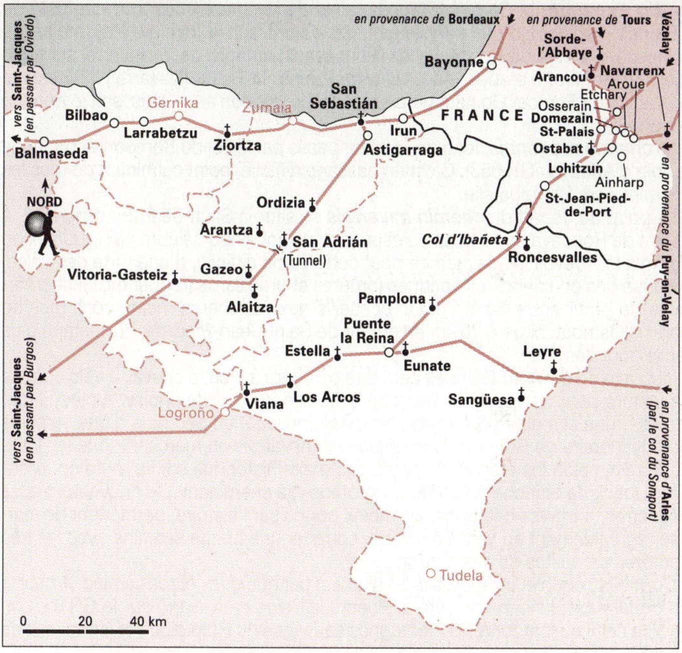

LES CHEMINS DE SAINT-JACQUES

■ ***Associations des Amis des chemins de Saint-Jacques*** *(Asociaciones de Amigos del Camino de Santiago) :* *Zapatería, 85, 01001* ***Vitoria-Gasteiz*** *(☎ 945-14-47-94) pour l'Álava ; Grupo Santo Domingo de Guzmán, 14, à* ***Bilbao*** *(☎ 946-79-20-99) pour la Biscaye ; c/ Lesaka, 1,* ***Irún*** *(☎ 943-62-41-85) pour le Guipúzcoa ; c/ La Rúa, 50, à* ***Estella*** *(☎ 948-55-06-97) pour la Navarre. ● caminosantiago.org ●*

■ ***Les Amis du chemin de Saint-Jacques des Pyrénées-Atlantiques :*** *39, rue de la Citadelle, à* ***Saint-Jean-Pied-de-Port.*** *☎ 05-59-37-05-09. ● aucoeurduchemin.org ● Tlj 7h30-20h (22h30 ven et dim).*

- ***Autres sites internet*** (espagnols et français) plutôt bien fichus : *● caminodesantiago.gal ● editorialbuencamino.com ● chemindecompostelle.com ●*

Les itinéraires

Vous l'avez compris, il s'agit d'un véritable réseau européen qui converge vers Compostelle.

➢ ***En France,*** 4 chemins principaux partent de Paris (*via Turonensis* depuis la tour Saint-Jacques vers Tours, Poitiers et Bordeaux), de Vézelay (*via Lemovicensis* par le Limousin), du Puy (*via Podiensis* ou le sentier GR 65 par l'Aubrac, Conques et Moissac). Ces 3 premiers itinéraires se rejoignent au Pays basque, dans le village d'Ostabat. La route d'Arles (*via Tolosana* ou sentier GR 653), enfin, passe par Saint-Gilles-du-Gard, Toulouse, Auch, Lescar et le col du Somport. Bien sûr, il existe aussi une multitude de chemins transversaux. Certains voyageurs parcourent des milliers de kilomètres au départ du nord et de l'est de l'Europe, depuis la Sicile, la Pologne, la Suisse...

➢ ***En Espagne,*** le *Camino Francés,* ainsi dénommé en raison de la foule de « Francs » affluant d'outre-Pyrénées, est inscrit sur la liste du Patrimoine de l'Unesco. Il s'étire de Roncesvalles (Roncevaux, au nord de la Navarre) sur environ 790 km, en 29 étapes. Au niveau de Puente la Reina (Navarre), 2 itinéraires arrivent de la France. On peut emprunter soit le tronçon aragonais, soit le tronçon navarrais.

– Le ***chemin aragonais,*** long de 158 km, passe par le col du Somport et prolonge la voie d'Arles (ou GR 653). C'est un passage difficile, point culminant de tous les chemins vers Compostelle.

– Le point de départ du ***chemin navarrais*** se situe à Saint-Jean-Pied-de-Port, à 26 km de Roncevaux, 1er hospice espagnol, un col rendu célèbre par *La Chanson de Roland.* Prévoir 7h de marche pour cette étape difficile, d'une forte dénivelée. À cause des conditions climatiques (brumes et brouillards fréquents), il est préférable de partir entre 6h et 7h. On conseille aux marcheurs moins confirmés de partir d'Ostabat, situé à 20 km en amont de Saint-Jean-Pied-de-Port, étape plus facile pour démarrer.

L'itinéraire du ***Camino Francés*** peut être parcouru à pied, à cheval, à vélo comme en voiture pour un voyage à vocation culturelle. À vous de choisir. À pied, il faut moins d'une semaine pour le chemin du Guipúzcoa, un peu plus d'une semaine pour l'itinéraire de Roncevaux ou le chemin navarrais en marchant tous les jours de 3 à 9h, selon les étapes. Souvent, l'itinéraire historique suit la route goudronnée. Une ligne blanche en bordure « protège » le cheminant. De nouveaux tracés pédestres, à travers champs mais moins portés sur l'histoire, permettent de marcher agréablement au vert. En voiture, compter une bonne semaine avec les très nombreuses visites de monuments.

– ***Conseils :*** coupler les 2 plaisirs en s'aérant par quelques étapes à pied. À choisir de préférence : l'itinéraire Leyre et Puente la Reina en Navarre sur le GR 653, ou encore celui qui parcourt les montagnes sauvages du Guipúzcoa et les vallées de l'Álava.

Quelques recommandations

– Sachez que ce n'est pas une simple promenade mais un ***long et fatigant périple à pied.*** Il est nécessaire d'être en bonne forme physique et d'avoir l'habitude de marcher longtemps, quelles que soient les conditions météo, et tous les jours.

– Munissez-vous de l'indispensable carnet du pèlerin, la ***credencial,*** laquelle est réservée uniquement aux marcheurs, cyclistes ou cavaliers, c'est-à-dire à ceux qui accomplissent vraiment l'effort physique et spirituel de parcourir une grande distance. À se procurer auprès des associations des chemins de Saint-Jacques. La *credencial* (qui sera obligatoirement tamponnée à chaque étape) permet l'accès aux gîtes réservés aux pèlerins et à des prix compétitifs (de 4 à 12 € par personne). Attention, en revanche, ils ne prennent pas les réservations. Avis aux pèlerins à cheval : ces auberges logent le cavalier mais pas le cheval, sauf exceptions.

– À chaque étape importante, nous vous signalons les ***auberges de pèlerins.*** Toutefois, il importe de préciser que, à côté des auberges « officielles » tenues par des congrégations ou associations religieuses, se sont créées de nombreuses auberges privées. Leur avantage est qu'elles sont souvent récentes, mieux équipées et offrent en général une ambiance moins austère, qui conviendra plus aux pèlerins laïcs (qui forment aujourd'hui la majorité du contingent). Sachez par ailleurs que ces établissements accueillent, pour certains, les touristes lorsqu'il y a de la disponibilité (à des tarifs supérieurs). On vous en indique quelques-uns.

Voilà. Vous avez bien mérité le ***diplôme de la « Compostela »,*** indulgence délivrée sur présentation de la *credencial* que vous aurez donc fait tamponner à chaque étape de votre voyage et qui certifie que vous avez parcouru au moins 100 km à pied en Espagne.

TABAC

En Espagne, il est strictement interdit de fumer dans tous les lieux publics et sur les lieux de travail. Cette interdiction s'applique bien sûr à toutes les administrations publiques et aux entreprises privées, aux gares, aéroports, stations de métro, etc. Très stricte, la loi interdit de fumer dans tous les hôtels, bars, restaurants, et également dans les enceintes (même en plein air) des hôpitaux ainsi que dans et autour des aires de jeux pour enfants. Donc plus restrictive qu'en France.

TAXES ET DÉTAXES

Au Pays basque, la frontière n'est jamais loin. Les contrebandiers non plus, qui ont su l'exploiter avec brio. Feu Paul Dutournier, maire de Sare et organisateur du cross des contrebandiers, disait avec malice : « Un paysan exploite ce qu'il a. Nous, on a la frontière. Alors on l'exploite. »
Touristes au Pays basque, vivez comme les autochtones ! L'Europe a supprimé les douaniers, mais les taxes et les produits sont différents d'un côté à l'autre. Les Espagnols envahissent le Pays basque du Nord (côté France) pour acheter des vêtements, des chaussures, du matériel informatique. Et tous les samedis, on parle plus le français que l'espagnol au marché d'Irún. Car aller faire ses courses en Espagne est vraiment le meilleur plan possible : les légumes sont à moitié prix, le poisson aussi. Sur l'alcool et le tabac, on économise environ 30 %. Enfin, comme l'essence coûte 10 à 20 % de moins que dans les supermarchés français, on comprend facilement l'intérêt d'aller faire son plein « de l'autre côté ». Pour ceux qui séjournent dans le Pays basque du Nord (côté France), le budget nourriture peut être diminué d'un quart à condition de faire ce petit saut.

Où aller ?

Cigarettes, vins et alcools, conserves, chorizo et jambon peuvent être achetés aux postes-frontières où tous les commerçants parlent le français et acceptent les cartes de paiement : Béhobie reste le moins cher, suivi d'Ibardin et de Dancharia. Mais Béhobie est laide alors que la route d'Ibardin est superbe.
Pour les produits frais (poisson, fruits et légumes, viande, fromage), le bon plan consiste à aller aux halles d'Irún (tous les jours sauf le dimanche) dans le centre-ville (suivre les panneaux « Merkatua »). Prévoir des espèces, car les cartes de paiement sont peu acceptées.
Dernier point : faire ses courses le matin. L'après-midi, les postes-frontières sont envahis par les bus de touristes qui viennent de tout le Sud-Ouest.

TÉLÉPHONE ET TÉLÉCOMMUNICATIONS

Appels internationaux

- ***Europe → Espagne :*** 00 + 34 + numéro du correspondant à 9 chiffres.
- ***Espagne → France :*** 00 + 33 + numéro du correspondant à 9 chiffres (c'est-à-dire le numéro à 10 chiffres sans le 0 initial).
- ***Espagne → Belgique :*** 00 + 32 + numéro du correspondant.
- ***Espagne → Suisse :*** 00 + 41 + indicatif local (sans le 0) + numéro du correspondant.

Appels intérieurs côté Espagne

Pour les ***appels locaux*** (exemple : de Bilbao à Bilbao) et ***nationaux*** (exemple : de Bilbao à Donostia), on compose le numéro complet à 9 chiffres. Sachez que le coût des communications d'un fixe vers les portables (ils commencent en général par « 6 ») est, comme en France, plus élevé que vers les postes fixes.

Autres informations utiles

■ ***Urgences :*** ☎ *112.* Du Sud (côté Espagne) comme du Nord (côté France), ce numéro européen regroupe tous les services d'urgence (pompiers, SAMU, police).

■ ***Information aux citoyens :*** ☎ *010.* Ce numéro permet d'accéder à un service très utile en Espagne. Dès que vous vous posez une question d'ordre pratique (transports urbains et nationaux, dans quel magasin acheter tel objet...), composez ce numéro et, si vous parlez l'espagnol ou l'anglais, on essaiera de vous aider !

■ ***Renseignements nationaux*** (en Espagne) ***:*** ☎ *118-18 ou 118-88.*

■ ***Renseignements internationaux*** (en Espagne) ***:*** ☎ *118-25 ou 118-86.*

Le téléphone portable en voyage

Depuis 2017, un voyageur européen titulaire d'un forfait dans son pays d'origine peut utiliser son téléphone mobile ***au tarif national*** dans les 27 pays de l'Union européenne, sans craindre de voir flamber sa facture. Des plafonds sont néanmoins fixés par les opérateurs pour éviter les excès... Cet accord avantageux signé entre l'UE et ses opérateurs télécoms concerne aussi la consommation de ***données internet 3G ou 4G,*** dont le volume utilisable sans surcoût dépend du prix du forfait national (se renseigner). Par ailleurs, si le voyageur réside plusieurs mois en dehors de son pays, des frais peuvent lui être prélevés...
Plus besoin d'acheter une carte SIM locale pour diminuer ses frais.

La connexion Internet en voyage

Dans l'Union européenne, et donc en Espagne, de plus en plus d'hôtels, de restos, de bars, et même certains espaces publics disposent du wifi gratuit. Mieux que la connexion 3G et 4G, qui peut entraîner des frais en usage intensif, le wifi permet aussi de profiter d'un débit parfois supérieur.
Une fois connecté au wifi, vous avez accès à tous les services de la ***téléphonie par Internet. WhatsApp, Messenger*** (la messagerie de Facebook), ***Viber, Skype*** permettent d'appeler, d'envoyer des messages, des photos et des vidéos aux quatre coins de la planète, sans frais. Il suffit de télécharger – gratuitement – l'une de ces applis sur son smartphone. Elle détecte automatiquement dans votre liste de contacts ceux qui utilisent la même appli.

TRANSPORTS

Le train

L'*Eusko Tren* (voir ci-après) fait la jonction nord-sud en reliant Hendaye à Donostia.
Au sud (côté Espagne), 2 tendances. Celle de la Communauté d'Euskadi qui a créé la compagnie ***Eusko Tren*** pour gérer les lignes de proximité (notamment Irun-Bilbao qui dessert toute la côte et les vallées principales) et laisse ***RENFE*** (la compagnie nationale) s'occuper des longues distances. L'Álava, sous-équipée en voies ferrées mais peu peuplée, est principalement gérée par la *RENFE.* Numéro de téléphone national pour la *RENFE* : ☎ *912-320-320.* • *renfe.com* •
– Le tarif d'un billet de train dépend du jour et de l'heure, de la date, de la classe de réservation... Vous trouverez aussi des réductions selon l'âge (enfants et seniors en particulier), et enfin, sachez que prendre un aller-retour revient quasiment toujours moins cher que de prendre l'aller puis le retour séparément.

- Sur certaines lignes, les lignes *AVE* (les TGV espagnols) en particulier, prévoir une bonne marge pour vous rendre à la gare, car les bagages sont passés dans des scanners de sécurité du même type qu'aux aéroports : cela prend forcément du temps !
Si vous désirez réserver et retirer vos billets en France, une adresse :

■ ***Iberrail France :*** *14, rue Bruno-Coquatrix, 75009 Paris.* ☎ *01-40-82-63-63.* • *commercial@iberrail.fr* • Ⓜ *Opéra ou Madeleine.* Représentant officiel de la *RENFE* en France. Les billets ne vous coûteront pas plus cher, et tout se fera en français !

Eusko Tren est le meilleur moyen pour se déplacer le long de la côte. C'est bon marché, et les liaisons sont fréquentes et régulières. Bien vérifier au départ les gares où le train s'arrête, car il y a des directs, des semi-directs, des omnibus. Parfois, il faut une correspondance. En règle générale, on vous indique sur quelle ligne se situe la ville. Après, à vous de jouer avec les correspondances ! Pour plus de renseignements : • *euskotren.eus* •
Les trains de grandes lignes sont tous au standard européen. De plus, presque tous les trains sont maintenant climatisés, même les trains de banlieue. Dans les *AVE* et autres rapides *Intercity,* la réservation est strictement obligatoire.
N'oublions pas ***FEVE,*** chemins de fer à voie étroite et classe unique, qui, au Pays basque, gère, sous la houlette de la *RENFE,* 2 lignes au départ de Bilbao : • *renfe.com/viajeros/feve* •

L'avion

Côté espagnol

Air Europa et ***Iberia*** (et ses filiales ***Air Nostrum*** et ***Iberia Express*** pour la version *low-cost*) sont les principales compagnies intérieures classiques présentes en Espagne. Nombreuses liaisons entre Bilbao, Donostia-Hondarribia (et dans une moindre mesure Vitoria et Pampelune) et les principales villes espagnoles. Pour les contacter, voir plus haut le chapitre « Comment y aller ? ». La compagnie espagnole *low-cost* ***Vueling*** (• *vueling.com* •) dessert, quant à elle, Bilbao et Donostia (depuis Madrid et Barcelone, entre autres).

Côté français

Les aéroports de Bayonne-Anglet-Biarritz et Pau-Pyrénées assurent des vols vers Paris, mais aussi pour l'Europe. Pour plus de détails, se reporter au chapitre « Comment y aller ? ».

La route

- Il est obligatoire, comme dans toute l'Europe et sous peine d'une forte amende, d'avoir ***2 triangles de signalisation*** dans son coffre et un ***gilet fluorescent*** (à conserver dans l'habitacle).
- Côté Sud (côté Espagne), les ***limitations de vitesse*** ne sont pas toujours les mêmes qu'au Nord (côté France) : sur autoroute, la limitation de vitesse est à 120 km/h et non 130. Important également : les stops ne sont pas toujours matérialisés par une bande blanche au sol.

Les routes sont refaites à neuf à peu près partout au Nord comme au Sud et, en général, le réseau est bon. Les petites routes sont souvent meilleures au Nord qu'au Sud. Quelques routes de montagne en Navarre font exception. Certaines de nos adresses à la campagne, côté Sud, sont accessibles par des routes très étroites, alors gare !
Évitez les *autopistas* (autoroutes, signalisation *AP*), qui, au Nord comme au Sud, sont souvent hors de prix. Les *autovías,* qui correspondent à nos « voies express » (4 voies avec un terre-plein central), sont, elles, gratuites. Préférez donc les nationales ou les *autovías,* sauf dans un cas : la N 10 entre Bayonne et la frontière, qui

est une vraie galère en été (notamment la traversée de Saint-Jean-de-Luz). Au Sud, l'axe idéal est Donostia-Irurtzun-Pamplona par l'*autopista* A 15 (gratuite et somptueuse). De cet axe, vous pouvez rejoindre rapidement tous les points intéressants, sauf la côte. Depuis qu'elle a été refaite, l'A 1 Donostia-Vitoria n'est pas mal non plus.
Attention à l'*ertzainza* (police basque) qui, le week-end, fait la chasse aux conducteurs en état d'ébriété. Si vous êtes pris (tant pis pour vous), l'amende est salée et payable sur-le-champ, sous peine de confiscation de la voiture.
Les stations-service acceptent pratiquement toutes les cartes de paiement.

Signalisation routière

Petit problème pour le voyageur : le manque d'unité dans le bilinguisme. On va essayer d'être simples.
Dans les provinces du Nord (côté France), le français étant la langue officielle de la République, les noms français précèdent les noms basques. Ces derniers sont en général en italique. Sur les autoroutes, les indications en français sont suivies d'un panneau équivalent en basque.
Dans le Sud (côté Espagne), la règle est celle de la majorité. Si le village ou la ville est quasi exclusivement bascophone, seul est indiqué le nom basque : on dit Hondarribia tout court, et non Hondarribia-Fuenterrabia. Si la localité est majoritairement bascophone, le nom espagnol suit le nom basque : par exemple, Donostia – San Sebastián ou Orreaga-Roncesvalles. Une exception : Vitoria s'appelle officiellement Vitoria-Gasteiz, car la province existant administrativement avant l'autonomie il aurait fallu refaire, par exemple, les plaques des voitures (les anciennes immatriculations commençaient par l'initiale de la capitale provinciale). Si les bascophones sont minoritaires, c'est le contraire, comme à Pamplona-Iruña. Enfin, s'il n'y a pas de bascophones, seul existe le nom espagnol. Mais tout cela a été fixé voici une quinzaine d'années et les proportions peuvent changer. Il peut aussi y avoir des conflits, comme à Tudela, où les bascophones minoritaires et agissants ont sorti la bombe à taguer pour rétablir la situation.
La bombe à taguer sort d'ailleurs très facilement quand l'été revient. C'est vrai quelle que soit la province. En général, elle sert à masquer le nom français ou espagnol pour ne laisser que le nom basque. D'où des difficultés pour l'automobiliste qui ne sait pas que Burguete et Auritz, Mendionde et Lekorne, c'est la même chose. Mais dans certaines zones, c'est le contraire, et les noms basques sont tagués par des militants hispanophones.
Dans ce guide, on a choisi de respecter les noms tels qu'ils apparaissent sur les panneaux, sachant qu'il n'y a pas toujours non plus 2 versions (Zarautz, Lekeitio, Bermeo...). Dernière mise en garde : à Béhobie, le nœud de communications le plus fréquenté, ne confondez pas les panneaux indiquant Irún, la ville frontière, et Iruña, qui n'est autre que Pampelune... en basque.

Location de voitures

■ ***ADA :*** *ADA* propose des véhicules particuliers et utilitaires à la location, à petits prix partout en France. Les véhicules sont disponibles en agence, mais aussi en libre-service. Grâce à l'application mobile, vous pouvez récupérer votre véhicule avec votre smartphone tlj 24h/24. Plus d'attente en agence et donc un gain de temps considérable. Location possible dès 18 ans, sans surcoût. Offres sur l'application **ADA** et sur ● *ada.fr* ● *Réduc de 10 % sur votre loc avec le code « ROUTARD ».*

■ ***BSP Auto :*** *BSP Auto* est un courtier qui propose, sur son moteur de réservation en ligne, les locations de véhicules des grandes compagnies de location, assurant un très bon niveau de service. Les prix comparés sont attractifs et comprennent les assurances et, le plus souvent, le kilométrage illimité. Le plus : vous ne payez votre location que 5 jours avant le départ. ☎ 01-43-46-20-74 (tlj 9h-21h30, w-e 9h-20h). • bsp-auto.com • Réduc de 5 % aux lecteurs de ce guide avec le code « ROUTARD21 ».

■ **Hertz :** ☎ 0825-861-861 (0,18 €/mn ; lun-sam 8h-23h). • hertz.com •
■ **Europcar :** ☎ 0825-358-358 (0,15 €/mn ; tlj 8h-20h). • europcar.fr •
■ **Avis :** ☎ 0821-230-760 (0,15 €/mn). • avis.fr •

L'autobus

Au Nord (côté France), diverses compagnies privées se partagent la desserte du département des Pyrénées-Atlantiques. Carte complète des lignes sur • communaute-paysbasque.fr • Horaires en temps réel et achat des billets depuis son mobile avec l'application *Mybus*.

À noter : le ***Trambus T1*** dessert 31 stations entre Bayonne et Biarritz en passant par Anglet. Le ***Trambus T2*** relie Tarnos au sud de Bayonne via le centre-ville.
Le réseau de bus d'Euskadi (Guipúzcoa, Biscaye, Álava) est très performant. Celui de Navarre est bon sur les grands axes, mais au Nord, la situation n'est pas brillante, sauf sur la côte. Au Sud comme au Nord, les vallées pyrénéennes sont desservies régulièrement mais pas souvent. C'est néanmoins le moyen de transport le plus souple et économique une fois qu'on est dans le Sud.
Pour l'Euskadi et la Navarre, pas de site web spécialisé, mais vous trouverez les coordonnées des diverses et nombreuses compagnies sur • *tourisme.euskadi.eus* •

URGENCES

■ ***Urgences générales*** *(ambulances, pompiers, police)* **:** ☎ 112. Numéro d'urgence commun à la France et à tous les pays de l'UE, à composer en cas d'accident, d'agression ou de détresse. Il permet de se faire localiser et aider en français, tout en améliorant les délais d'intervention des services de secours.
– En cas de perte ou de vol de l'un de vos biens, faites une déclaration au commissariat le plus proche. S'il s'agit d'une carte de paiement, faites immédiatement et impérativement opposition (voir la rubrique « Argent, banques, change »).
– En cas de gros pépin côté Sud, contactez le ***consulat général de France de Bilbao*** : c/ Iparraguirre, 26 (5e étage droite), 48011 ***Bilbao.*** ☎ 94-425-51-80. Urgence w-e et j. fériés : 📱 669-93-90-76. • es.ambafrance.org • Ⓜ Moyua. Lun-ven 9h-13h. Également un consulat honoraire à ***Pamplona.***

Avoir un passeport européen, ça peut être utile !

L'Union européenne a organisé une assistance consulaire mutuelle pour les ressortissants de l'UE en cas de problème en voyage. Vous pouvez y faire appel lorsque la France (c'est rare) ou la Belgique (c'est plus fréquent) ne disposent pas d'une représentation dans le pays où vous vous trouvez. Concrètement, elle vous permet de demander assistance à l'ambassade ou au consulat (pas à un consulat honoraire) de n'importe quel État membre de l'UE. Leurs services vous indiqueront s'ils peuvent directement vous aider ou vous préciseront ce qu'il faut faire.
Leur assistance est, bien entendu, limitée aux situations d'urgence : décès, accidents ayant entraîné des blessures ou des lésions, maladie grave, rapatriement pour raison médicale, arrestation ou détention. En cas de ***perte ou de vol de votre passeport,*** ils pourront également vous procurer un ***document provisoire*** de voyage.
Cette entraide consulaire entre les membres de l'UE ne peut, bien entendu, vous garantir un accueil dans votre langue. En général, une langue européenne courante sera pratiquée.

LE LABOURD (LAPURDI)

• Carte *p. 74-75*

Région maritime au nord du Pays basque dont la plupart des visiteurs ignorent le nom, alors qu'ils peuvent vous énumérer villes et villages célèbres qui jouent ici à touche-touche entre Bayonne et Hendaye. Fréquenté (même un peu trop, en saison) pour sa façade atlantique, le Labourd cumule aussi les attraits d'une très belle montagne et d'une campagne pittoresque, que les vrais amoureux du Pays basque adorent. Si l'on ne présente plus ses ports de pêche et ses célèbres stations balnéaires (Biarritz, Saint-Jean-de-Luz...), le Labourd dévoile ses charmes plus secrets à qui s'enfonce au pied de la montagne de la Rhune, dans cette zone de contact entre terres gasconnes et basques où les villages d'Ascain, de Sare, d'Ainhoa ou d'Espelette, le plus connu, révèlent leurs admirables architectures rurales.

UN PEU D'HISTOIRE

Si le Labourd ne possède pas de grottes ornées comme la Navarre ou la Biscaye, les traces anciennes de l'homme y sont nombreuses, sous forme d'abris-sous-roche, de dolmens ou de cromlechs. Douceur du climat et richesse de la végétation furent les moteurs de cette implantation humaine.
Envahis par les Celtes d'abord (on trouve des mines d'or de cette époque à Itxassou), puis par les Romains, les Labourdins ont appris à se mélanger à tous ceux qui ont fait de la côte une voie de passage. Si on ne sait rien du haut Moyen Âge (à part l'évangélisation du pays par saint Léon), Bayonne et ses environs commencent à apparaître dans les textes dès le XIe s, juste avant de passer sous ***domination anglaise*** : le Labourd fait partie de l'Aquitaine qu'Aliénor apporte en dot à son Plantagenêt de mari.
Un âge d'or s'ouvre. Les ***marins basques*** deviennent les favoris des rois d'Angleterre : ils se battent, commercent, convoient en Flandres les laines de Navarre, en Normandie le cidre du Guipúzcoa. Ils bénéficient alors d'un tas d'exonérations fiscales. Mais tout n'a qu'un temps, et quand Jeanne d'Arc boute les Anglais hors de France, les Labourdins retournent à leurs... labours.
Sous l'Ancien Régime, l'organisation juridique de la région est bicéphale : Bayonne est régie par un droit « coutumier » qui emprunte des traits à toute l'Aquitaine, tandis que le reste du pays vit sous la « ***coutume de Labourd*** », totalement basque. Un exemple : dans le Labourd, ***c'est l'aîné, garçon ou fille, qui hérite,*** tandis qu'à Bayonne la fille est exclue de l'héritage. Dans les faits, Bayonne a peu de rapports avec les terres voisines, sauf pour en exporter les produits. La ***montée en puissance de Saint-Jean-de-Luz comme port de pêche et de guerre*** entraînera une rivalité entre les 2 ports.
En incluant le Pays basque dans le département des Basses-Pyrénées, la Révolution modifiera profondément l'équilibre de la région. Aujourd'hui, le pendule a changé de sens. La croissance démographique et l'impact du tourisme sur la côte font du Labourd une destination toujours plus prisée.

LA CÔTE BASQUE, DE BAYONNE À HENDAYE

De Bayonne à Hendaye se succèdent plages, stations balnéaires, villas cossues et terrains de golf. Cette bande côtière de moins de 10 km de large bénéficie d'une géologie tourmentée : les falaises de flysch strié tombent dans la mer ménageant des plages de toute beauté, parfois peu accessibles. Impossible de construire sur les falaises, impossible de s'établir à leur pied...
Mais un jour, les petits villages de pêcheurs ont vu débarquer les calèches, puis les Hispano-Suiza. Petits villages où même si la place était rare, on en a trouvé pour construire d'amples villas avec de vastes parcs. Cela a donné ce paysage enchanteur de maisons de poupées, préservé malgré l'avancée du béton, qui progresse chaque année un peu plus... Cette côte se découvre aussi à vélo : un circuit cyclable balisé court en effet de Bayonne à Hendaye, mais sans toujours longer l'océan, hélas.

LE ROUTARD DU POLICIER

Dans les années 1950, l'amicale nationale des policiers éditait et distribuait aux agents un étonnant petit Guide pratique de la Côte basque. *Si l'ouvrage se voulait culturel – on y décrivait aussi bien la langue basque que les règles de la pelote –, il devait surtout permettre au gardien de la paix de « réunir un ensemble de renseignements [...] lui permettant de répondre aux innombrables questions qui lui sont posées chaque jour ». Bref, de quoi transformer les flics en sympathiques agents... touristiques !*

LE LABOURD

Adresses et infos utiles

ℹ *Agence d'attractivité et de développement touristique Béarn-Pays basque :* *☎ 05-59-30-01-30. • pays-basque.tourisme64.com •* On peut aussi retrouver tous les offices de tourisme de la côte sur le site web mobile et l'appli iPhone *• macotebasque.com •* Tout plein d'infos, des hébergements aux sentiers de rando.

✈ *Aéroport international de Bayonne-Anglet-Biarritz :* *7, esplanade de l'Europe,* ***Anglet.*** *☎ 05-59-43-83-83. • biarritz.aeroport.fr • Lun-ven 5h30-23h, sam 6h-20h, dim 7h30-22h15.* Liaisons quotidiennes avec Paris (Orly et Roissy-Charles-de-Gaulle) et Lyon, mais aussi, selon la saison et les compagnies qui opèrent, liaisons avec Nice, Marseille, Strasbourg, Lille, Bâle-Mulhouse, Genève, Luxembourg, Bruxelles...

– Pour quitter l'aéroport, gare routière à gauche en sortant de l'aérogare. Pour rejoindre Biarritz-centre, bus *Chronoplus* n° 36 *(☎ 05-59-52-59-52 ; • chronoplus.eu •).* Pour Bayonne (place des Basques), mais aussi Bidart, Guéthary, Saint-Jean-de-Luz, Urrugne et Hendaye : bus *Txik Txak Car Express* n° 3 *(☎ 0801-902-264 ; • txiktxak.fr •).*

🚗 *Taxis :* *☎ 05-59-03-18-18.*

– On trouve à l'aéroport les grandes agences de location de voitures.

– Euskal Pass : *☎ 05-59-51-65-75. • euskalpass.com • Achat en ligne et dans la plupart des offices de tourisme de la région. Pass 48h : 25 € ; 5 j. : 45 € ; réduc.* Ce *pass* régional offre l'accès gratuit à une trentaine de sites et musées du Pays basque. Liste des partenaires l'acceptant disponible en ligne.

Comment se déplacer sur la côte ?

En train

Un train express régional dessert la côte plusieurs fois/j. de Bayonne à Hendaye, dans les 2 sens. Moyen de transport idéal les jours d'encombrement routier, même si les gares ne sont pas toujours près des plages.

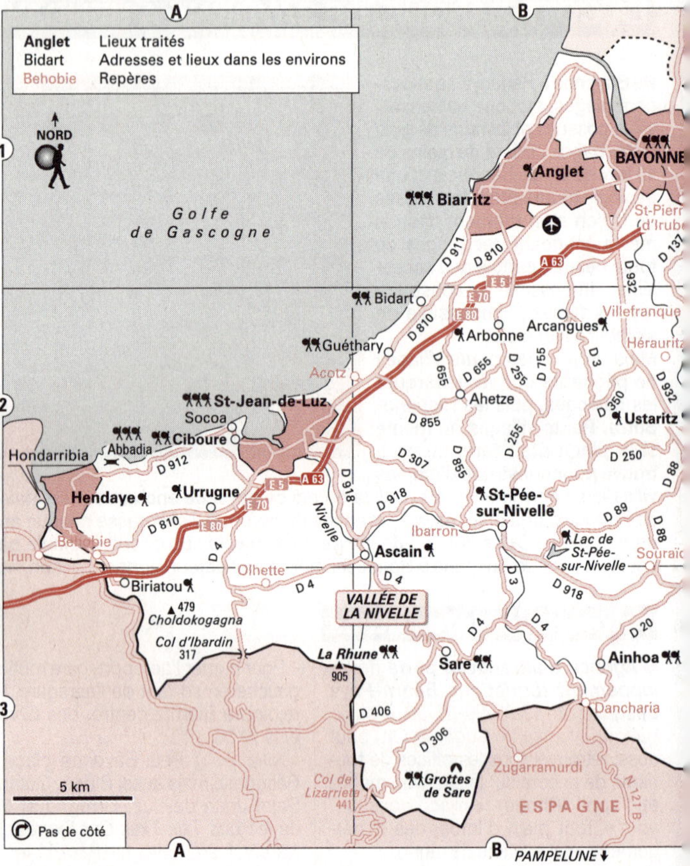

En bus

Le bus ***Txik Txak Car Express*** n° 3 (*☎ 0801-902-264 ; ● txiktxak.fr ●*) dessert la plupart des villes de la côte, de Bayonne (pl. des Basques) à Hendaye. En moyenne, 1 bus ttes les 40 mn-1h selon les jours et saisons. Départs 6h30-21h30 env de Bayonne, 6h-20h de Hendaye. Attention : à Biarritz ce bus ne dessert pas le centre, seulement l'aéroport et la gare (correspondances possibles).

– Pour circuler dans l'agglomération Tarnos – Boucau – Anglet – Bayonne – Biarritz – Bidart – Saint-Pierre-d'Irube, emprunter les bus urbains de ***Chronoplus*** (*☎ 05-59-52-59-52 ; ● chronoplus.eu ●*).

– Pour rallier l'arrière-pays depuis Bayonne, plusieurs solutions : les cars *Txik Txak Express* pour Ustaritz, Combo-les-Bains, Hasparren ou Espelette, mais aussi les bus du ***Basque Bondissant*** (*☎ 05-59-26-25-87 ; ● basque-bondissant.com ●*), qui proposent des excursions dans toute la région. Et le réseau ***Hegobus*** (*☎ 0800-891-091 ; ● hegobus.fr ●*) qui dessert une bonne partie de la côte et les montagnes proches à des tarifs plus qu'attractifs.

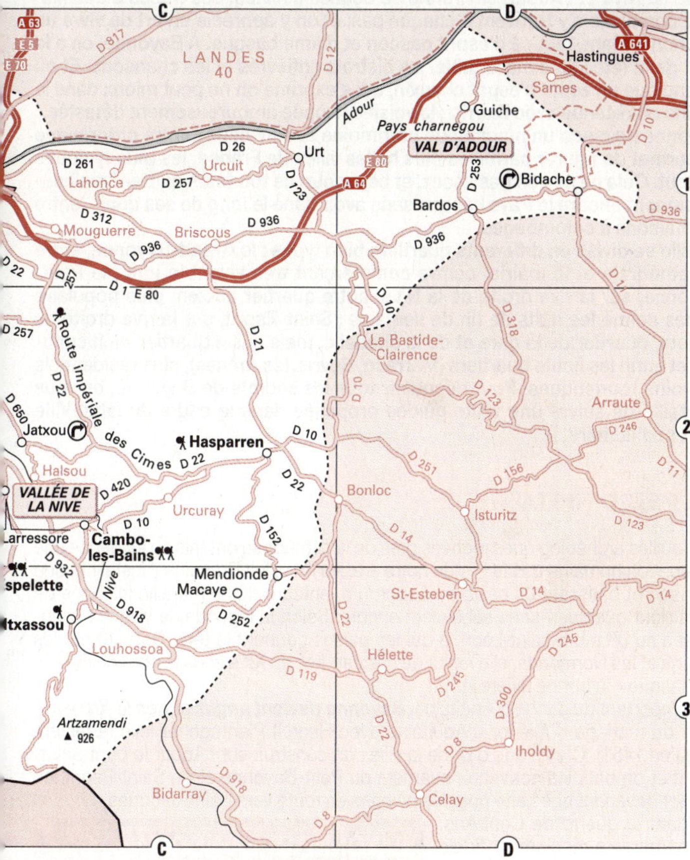

LE LABOURD

– Pour se rendre à Saint-Sébastien, l'***Eusko Pass*** permet de rejoindre la gare d'Hendaye par le bus Txik Txak Car Express n° 3 puis de prendre le train Topo-Euskotren pour 5,50 € A/R, tt compris. Très pratique !

BAYONNE (BAIONA)

(64100) 52 400 hab. *Carte Labourd, B1*

• Plan *p. 79*

Porte d'entrée du Pays basque, Bayonne est une ville de caractère, attachante. Elle s'est développée autour d'un site exceptionnel, le confluent de 2 cours

d'eau (la Nive et l'Adour) environné de douces collines. Les traces d'une histoire complexe s'y trouvent à chaque pas, et on y apprécie un art de vivre un peu nonchalant, mâtiné d'esprit gascon et d'âme basque. À Bayonne, on a le goût de la fête ; on aime la table, les bistrots enfiévrés et les chansons. Et on revendique un zeste d'esprit chauvin, qui s'exprime on ne peut mieux dans la rivalité entretenue avec Biarritz, la voisine huppée amoureusement détestée.

Bayonne possède un magnifique patrimoine et son vieux centre pittoresque lui permet de figurer parmi les plus belles villes de France, les plus typiques surtout. Cela ne se sait pas assez, et beaucoup de touristes quittent malheureusement encore le Pays basque sans avoir flâné le long de ses quais, entre les maisons à colombages.

La ville se divise en différents quartiers bien typés : le Grand-Bayonne, entre la cathédrale et la mairie, centre commerçant très vivant le jour ; le Petit-Bayonne, sur la rive droite de la Nive, autre quartier ancien, plus populaire et très animé les nuits de fin de semaine ; Saint-Esprit, sur la rive droite de l'Adour, quartier de la gare et de la citadelle, mais aussi quartier multiculturel ; et enfin les hauts quartiers (Marracq, Beyris, les Arènes), plus résidentiels et moins touristiques. Pour découvrir tous les secrets de Bayonne, on vous conseille de suivre une visite guidée proposée dans le cadre du label Ville d'art et d'histoire.

UN PEU D'HISTOIRE

Les fouilles archéologiques menées près de la cathédrale ont mis en évidence une occupation humaine dès le Ier s de notre ère. Au IVe s, les Romains y installent une garnison et bâtissent un *castrum, Lapurdum,* entouré d'une muraille jalonnée de tours dont quelques-unes subsistent encore. Selon la légende, la ville est évangélisée au IXe s par saint Léon, à qui les païens coupent la tête. Détruite par les Vikings et les Normands, elle renaît de ses cendres au XIe s sous le nom de *Baiona* (en basque « la bonne rivière »).

Port important du duché d'Aquitaine, ***Bayonne devient anglaise dès le XIIe s*** à la suite du mariage d'Aliénor d'Aquitaine avec Henri II Plantagenêt (elle le restera jusqu'en 1451). C'est l'âge d'or de la ville : on construit sur l'Adour le pont Saint-Esprit et on bâtit les nouveaux quartiers du Petit-Bayonne et de Saint-Esprit, ce dernier devenant une halte pour les pèlerins en route vers Saint-Jacques.

Pendant la guerre de Cent Ans, Bayonne reste résolument fidèle aux Anglais. Les rois de France se méfieront longtemps de ces Bayonnais « anglophiles » et, en construisant le château Neuf, Charles VII le tourne, menaçant, vers la ville dont il a peur.

Le XVIe s voit débarquer à Bayonne les juifs chassés d'Espagne et du Portugal par l'Inquisition. Dans leurs bagages, ils apportent un important réseau bancaire et commercial qui va aider au développement de Bayonne. Au XVIIIe s, la communauté juive de la ville est la plus importante de l'Hexagone. Elle s'implante dans le faubourg de Saint-Esprit, faute de pouvoir posséder un logement ou un commerce dans Bayonne. Aujourd'hui encore, on y trouve une synagogue, un bain rituel et un cimetière israélite.

BAYONNE ET LA NORMANDIE

Rattachée à l'Angleterre par le mariage d'Aliénor d'Aquitaine, Bayonne se vit couvrir de libéralités (faveurs) par la royauté anglaise. Ainsi, les marins bayonnais reçurent le monopole du transport des vins de Bordeaux, et les bourgeois de la ville perçurent des droits importants sur la Normandie. Pour certains, ce sont même les Basques qui firent découvrir le cidre aux Normands !

Sous Louis XIV, Vauban débarque pour renforcer les fortifications destinées à protéger la ville des Espagnols (c'est-à-dire, du beau-père du roi : on n'est jamais

trop prudent). ***Bayonne devient une vraie ville de garnison, avec une citadelle*** et un port de guerre plus que de commerce. Les corsaires bayonnais sont alors célèbres pour leur intrépidité.
Sous la Révolution, Pau, bien moins importante que Bayonne, est érigée en préfecture de département : les Bayonnais, absents de la représentation aux états généraux, étaient mal armés pour défendre leurs intérêts au moment du découpage administratif de la France. En 1814, à la fin de la guerre d'Indépendance espagnole, les troupes anglaises de Wellington assiègent la ville, qui refuse de se rendre : le général Thouvenot, vieux têtu, attendra l'abdication de Napoléon Ier pour admettre la défaite. Suivent 2 siècles de calme et de développement tranquille à peine influencé par la découverte des ***gisements de Lacq,*** dont Bayonne exporte le soufre. La région bayonnaise se sera tenue à l'écart des grands bouleversements du XXe s en raison d'un conservatisme bon enfant. Seul changement : la création du district de BAB (Bayonne-Anglet-Biarritz), devenu Communauté d'agglomération Pays basque en 2017. Bayonne se situe désormais au cœur d'un large bassin de vie, entre Landes et Côte basque.

Adresses et infos utiles

Office de tourisme *(plan A2)* ***:*** *25, pl. des Basques. ☎ 05-59-46-09-00. • bayonne-tourisme.com • Juil-août, lun-sam et dim mat ; hors saison, lun-sam.* Propose tout au long de l'année des visites guidées et animées par des guides conférenciers (certaines à vélo ; se renseigner pour les thèmes et le calendrier). Boutique sur place pour qui voudrait rapporter des affiches des fêtes depuis l'origine, entre autres. Billetterie spectacles (y compris pour les matchs de l'Aviron bayonnais).

– Pour découvrir la ville de façon ludique, l'application ***Tèrra Aventura*** propose une chasse au trésor (géocaching) sur smartphone (2 parcours distincts).

– ***Bayonne Citypass :*** *• bayonne-tourisme.com • S'achète sur Internet et à l'office de tourisme. Compter 12 € pour 24h, 16 € pour 72h et 20 € pour 7 j. ; réduc.* Avec le *pass,* on peut circuler gratuitement sur le réseau de bus *Chronoplus (☎ 05-59-52-59-52 ; • chronoplus.eu •),* qui couvre l'agglomération Tarnos – Boucau – Anglet – Bayonne – Biarritz – Bidart – Saint-Pierre-d'Irube. Gratuité également pour la visite guidée de la ville, l'entrée du Musée basque et de l'Atelier du Chocolat. Enfin, remises chez les commerçants participants et dans divers sites du Pays basque.

Gares routières : dans la cour de la gare Saint-Esprit *(plan B1),* bus pour les Landes (Capbreton, Soustons, Vieux-Boucau et Biarrote) ainsi que pour Bidache, Mauléon, Tardets (dans la Soule). De la place des Basques, à côté de l'office de tourisme *(plan A2),* bus pour Ustaritz, Cambo et Espelette (ligne *Txik Txak* no 14) ; une autre ligne dessert Saint-Jean-de-Luz et Hendaye (ligne *Txik Txak* no 3). Le val d'Adour (Urt ; ligne *Txik Txak* no 12) est desservi également depuis la place des Basques. *Eurolines (• eurolines.fr •), BlaBlaBus (• fr.ouibus.com •)* et *FlixBus (• flixbus.fr •)* desservent de nombreuses destinations (arrêt quai de Lesseps, dans le quartier Saint-Esprit).

Lignes urbaines Chronoplus : *☎ 05-59-52-59-52. • chronoplus.eu •* De la place des Basques, de l'hôtel de ville ou de la gare, le ***Trambus T1*** dessert 31 stations entre Bayonne et Biarritz en passant par Anglet. Le ***Trambus T2,*** relie Tarnos, au sud de Bayonne, via le centre-ville. Sinon les bus nos 5 et 6 desservent les centres de Biarritz et d'Anglet ; bus no 38 pour Anglet-La Barre et Anglet-Plages.

– ***Navettes électriques gratuites :*** *lun-sam 7h30-19h30.* Elles desservent la plupart des parkings et les lieux importants, et permettent de circuler en centre-ville.

– ***Navette fluviale :*** *lun-sam 9h30-12h30, 14h-18h. Ttes les 15 mn. GRATUIT.* Traversée de l'Adour entre le Petit-Bayonne (allées Boufflers) et Saint-Esprit (quai Bergeret).

Vélibleu : service commun à toute la Côte basque, avec 12 stations d'Hendaye à Tarnos (2 à Bayonne). Application à télécharger sur Google Play ou Apple Store. Compter 2 €/h (10 premières minutes gratuites). Infos sur • *communaute-paysbasque.fr* •

– **Balades en tuk-tuk :** *avr-nov, devant l'office de tourisme.* *06-61-81-16-69.* • *tuktuk-paysbasque.com* • *Lun-ven 10h-18h. Tarif : 9 €/pers en journée ; réduc ; plus cher le soir et w-e.*

Parkings : nombreux parkings couverts ou en surface en centre-ville, mais tous payants et pas donnés (1re heure gratuite cependant). Un brin moins chers, les parkings un peu à l'écart du centre, comme le *parking Glacis,* allées Paulmy *(plan A2),* à 300 m de l'office de tourisme ou celui des allées Boufflers *(plan B2) (tout 2 gratuits la nuit ainsi que dim et j. fériés).* Nombreux parkings également le long des remparts. On peut également se garer gratuitement en périphérie et utiliser ensuite les navettes gratuites.

■ **Captain Scoot :** *06-20-94-31-52.* • *captain-scoot.fr* • *Tlj, 24h/24, sur résa seulement.* Avis aux fêtards : où que vous soyez sur la Côte basque, *Captain Scoot* vient vous chercher avec son scooter pliable qu'il range dans le coffre de votre voiture pour vous raccompagner. Propose aussi des circuits touristiques avec chauffeur et des possibilités de covoiturage pour limiter les frais.

– **Les halles de Bayonne et le marché :** *lun-jeu 7h-13h30, ven 7h-14h30, sam 6h-14h30, dim 8h-14h30.* Y a de l'ambiance dans les jolies halles de Bayonne ! Plutôt haut de gamme dans le choix des produits. Le samedi, le marché déborde sur la place pour accueillir des producteurs locaux.

Où dormir ?

De bon marché à prix moyens

Hôtel de la Gare *(hors plan par B1, 15)* **:** *8 bis, rue Sainte-Catherine.* ☎ *05-59-55-17-82.* • *hoteldelagare-bayonne@orange.fr* • *hoteldelagare-bayonne.fr* • *Doubles 35-69 € ; familiales et apparts 4-8 pers.* Dans une calme ruelle piétonne proche de la gare, un petit hôtel économique idéal pour les budgets

■ **Adresse utile**

Office de tourisme (A2)

Où dormir ?

10 Hôtel Côte Basque (B1)
11 Bar Hôtel Le Port Neuf (A2)
12 Ibis Styles Bayonne (B1)
13 Mercure Bayonne Centre – Le Grand Hôtel (A2)
14 Hôtel des Basses Pyrénées (A3)
15 Hôtel de la Gare (hors plan par B1)
16 Hôtel Villa Koegui-Restaurant Le Carré (B2)

Où manger ?

20 Chez Maïté (B3)
21 Le Bar du Marché (A3)
23 Sébastien Zozaya (A3)
24 Chez Martin (A3)
26 Le Chistera (A2)
27 Le Bayonnais (B2)
28 Janine (A3)
29 Cidrerie Ttipia (B3)
30 Goxoki (B3)
32 L'Auberge du Cheval Blanc (B3)
33 La Table Sébastien Gravé (A2)
43 Xurasko (A3)

Où boire un verre ? Où sortir ?

40 Chai Ramina (A3)
41 La Karafe (A3)
44 Kalostrape Ostatua (B3)
46 L'Atalante (B1)

Où déguster et acheter un bon chocolat, un (très) bon gâteau basque ou du miel artisanal ?

49 Monsieur Txokola (B2)
50 Daranatz et Cazenave (A2)
51 La Tasse à Moustache – Puyodebat (A2-3)
52 L'Atelier du Chocolat (hors plan par B1)
53 Chocolatier Pascal (B3)
54 Mokofin (A2)
55 Loreztia (A3)

Où acheter du bon jambon et de bonnes charcuteries basques ?

56 Maison Montauzer (A3)
57 Pierre Ibaïalde (B3)
58 Pierre Oteiza (A3)
59 Maison Aubard (A3)

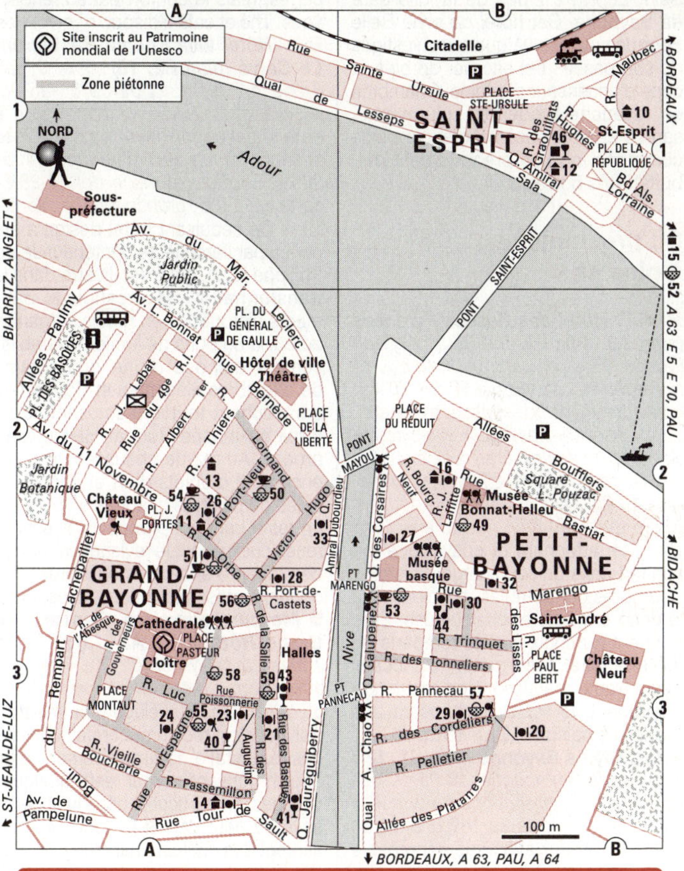

BAYONNE

serrés. Toutes les chambres ont été refaites récemment avec parquet, lambris colorés, bon lit et TV. Les moins chères, estampillées « Baroudeur », se partagent salles de bains et sanitaires sur le palier. Accueil très amical dans le bar au rez-de-chaussée, où on prend le petit déj.

Bar Hôtel Le Port Neuf *(plan A2,* ***11****) : 44, rue du Port-Neuf. ☎ 05-59-45-54-42. • hotelportneuf64@gmail.com • hotelportneuf.com • Doubles 65-75 €.* Dans une élégante rue à arcades du centre piéton, cette maison à colombages du XVIIe s cache dans ses étages une poignée de chambres confortables et agréables, au mobilier contemporain. Plus on monte, plus la vue est dégagée (sur les toits au dernier étage) et les chambres lumineuses. Au rez-de-chaussée, un bar de quartier, « Chez Léon », du prénom du très accueillant jeune patron.

Hôtel Côte Basque *(plan B1,* ***10****) : pl. de la République, 2, rue Maubec. ☎ 05-59-55-10-21. • hotelcotebasque@orange.fr • hotel-cotebasque.fr • Tte l'année ; réception 24h/24. Doubles 39-99 € ; familiales.* Dans le quartier

Saint-Esprit, à 2 pas de la jolie gare de Bayonne. Cet hôtel de style Belle Époque a conservé quelques vestiges de son passé : bel escalier de bois et cage d'ascenseur d'origine. Chambres en revanche modernes, plutôt plaisantes et lumineuses. Agréable pièce commune, où l'on prend le petit déj-buffet. Très bon accueil.

De prix moyens à plus chic

Hôtel des Basses Pyrénées *(plan A3,* ***14****) : 12, rue Tour-de-Sault (accès voiture), et 1, pl. des Victoires (piétons). ☎ 05-59-25-70-88. • contact@hoteldesbassespyrenees.com • hoteldesbassespyrenees.com • ♿ (hôtel et resto). Resto fermé dim-lun. Doubles 95-240 € ; familiales. Parking 10 €/j. Formule et menu déj sem 22-25 € ; menu 45 € ; carte env 50 €.* Un hôtel attachant et cosy, qui a fait son nid dans un lieu chargé d'histoire. Chambres confortables, spacieuses, à la déco originale et chaleureuse. Elles donnent au choix sur les remparts ou sur une jolie place piétonne. Accueil décontracté mais pro. Bon restaurant également, le *H.P.B.*, proposant une cuisine de saison et large terrasse.

Ibis Styles Bayonne *(plan B1,* ***12****) : 1, pl. de la République. ☎ 05-59-55-08-08. • h8716@accor.com • accorhotels.com • Doubles 79-189 €.* Situé au bord de l'Adour avec vue imprenable sur le vieux Bayonne, cet hôtel bicentenaire, récemment remis aux normes et au goût du jour propose des chambres avenantes, bien insonorisées et climatisées. Toutes sur le même moule, certes, mais le confort est au rendez-vous. Thé et café à dispo.

Hôtel Villa Koegui-Restaurant Le Carré *(plan B2,* ***16****) : 7 et 9, rue Frédéric-Bastiat. ☎ 05-59-85-85-98. • contact@villakoegui-bayonne.fr • hotel-villakoegui-bayonne.fr • Resto tlj sauf soir lun et dim. Doubles 135-260 €. Formule et menu déj 24-29 € ; carte env 50 € ; brunch dim (à volonté) 29 €.* Ce séduisant hôtel design a été conçu par l'architecte d'intérieur Jean-Philippe Nuel, qui s'est illustré dans la transformation de prestigieux bâtiments historiques en hôtels. Organisé autour d'un puits de lumière, l'établissement dispose d'une quarantaine de chambres élégantes et douillettes, qui affichent toutes d'amusants clins d'œil au musée Bonnat-Helleu, tout proche. Au rez-de-chaussée, le *lobby* encombré d'objets d'art et décoré de toiles de peintres basques s'ouvre sur un restaurant qui propose une savoureuse cuisine locale revisitée, ainsi que des tapas d'exception en soirée. Pas donné, certes, mais un très bel endroit.

Mercure Bayonne Centre – Le Grand Hôtel *(plan A2,* ***13****) : 21, rue Thiers. ☎ 05-59-59-62-00. • haoy1@accor.com • mercure.com • Doubles 85-220 €.* Un hôtel élégant et très central, qui s'est récemment refait une jeunesse. Installé à l'emplacement d'un ancien couvent dont il reste quelques vestiges, en particulier dans la superbe salle du petit déj. Si les couloirs présentent des couleurs bariolées, la déco des chambres, elle, demeure plutôt consensuelle. Plusieurs niveaux de confort et tailles variables. Certaines possèdent de beaux balcons, avec vue sur les toits. Accueil très pro.

Où manger ?

De très bon marché à bon marché

Chez Maïté *(plan B3,* ***20****) : 43, rue des Cordeliers. ☎ 09-81-27-80-66. • contact@chezmaite.fr • Lun-sam 10h-15h. Galettes et taloak 6-8,50 €.* La très souriante Maïté a ouvert cette petite échoppe avec quelques tables dans la rue pour proposer de savoureuses galettes et *taloak*, garnies de bons produits locaux (jambon serrano, *piquillos*, chèvre-miel, 3 fromages...). Bien pour un repas sur le pouce, à accompagner de bière locale ou de cidre basque.

Sébastien Zozaya *(plan A3,* ***23****) : 17, rue Poissonnerie. ☎ 05-59-55-67-64. Tlj sauf dim-lun 9h-19h (21h ven-sam). Plat du jour env 10 €, servi 12h-14h ;*

charcuteries 5-15 €, servies tte la journée. Meilleur ouvrier de France, ce charcutier et traiteur de Biarritz a ouvert un réjouissant « bar à charcuterie » en plein cœur de Bayonne. Le midi, on se fait une place sur les tables hautes pour avaler un bon p'tit plat du jour, forcément un peu cochon ; à toute heure, on partage quelques charcuteries de haute volée : pâté en croûte, jambon de Bayonne ou andouille de campagne.

|●| ⛱ ***Le Bar du Marché*** *(plan A3, **21**) : 39, rue des Basques. ☎ 05-59-59-22-66. • erramounchristian@gmail.com • Ouv le midi seulement, tlj sauf dim. Plat du jour 10 € ; formule déj env 17 € (env 20 € sam) ; carte env 30-35 €.* Les 3 salles de ce bistrot ne désemplissent pas à l'heure du déjeuner. Et pour cause, cela fait plusieurs générations qu'il sert de cantine aux Bayonnais. Cadre pittoresque et ambiance à la fois familiale et branchée. On se régale avec le cochon de lait braisé, l'omelette aux piments ou la joue de porc confite. Parfois, toutefois, un peu victime de son succès.

|●| ⛱ ***Le Chistera*** *(plan A2, **26**) : 42, rue du Port-Neuf. ☎ 05-59-59-25-93. • lechistera@lechistera.com • ♿ Tlj sauf dim soir-lun, plus le soir mar-mer en basse saison. Menu 17,50 €; carte env 30 €.* Le nom, la décoration, tout indique que l'on est chez des passionnés de pelote basque. La cuisine est ici donc typiquement... basque, depuis plus de 60 ans, et l'ardoise continue d'annoncer les appétissants plats du jour. S'il y a des pieds de cochon ou de la louvine (autrement dit du bar), n'hésitez pas. C'est la « cantine » de très nombreux Bayonnais. Sympathique terrasse sous les voûtes.

|●| 🍸 ⛱ ***Xurasko*** *(plan A3, **43**) : 16, rue Poissonnerie. ☎ 05-59-59-21-77. • canachrist@gmail.com • ♿ Tlj sauf dim-lun et j. fériés. Formule déj sem 14 €. Carte env 15-20 €. Tapas le soir seulement. Café offert sur présentation de ce guide.* Une terrasse accueillante et très populaire pour boire un verre, à accompagner de tapas sans prétention, sinon de vrais plats qui se tiennent plutôt bien vu les prix : burger, tartare... « Menu du bosseur » pas cher non plus, à déjeuner.

|●| Sans oublier ***Mokofin*** (voir la rubrique « Où déguster et acheter un (très) bon gâteau basque ? »).

Prix moyens

|●| ***Cidrerie Ttipia*** *(plan B3, **29**) : 27, rue des Cordeliers. ☎ 05-59-46-13-31. • cidrerie.ttipia@orange.fr • ♿ Tlj sauf dim soir et lun midi hors saison ; en été, tlj mais le soir seulement. Congés : 15 j. début juil. Formule déj en sem env 11,50 € (hors saison) ; menu cidrerie 33 € tt compris.* Dans un ancien chai au décor rustique et chaleureux. Au menu, fondante omelette à la morue, merlu grillé avec poivrons, généreuse côte de bœuf et fromage. Quant au *sagarno* (cidre basque), on va le chercher soi-même au tonneau, comme il se doit, et il coule à volonté (pensez quand même à refermer le robinet). Accueil attentionné et ambiance vraiment unique !

|●| ***Janine*** *(plan A3, **28**) : 12, rue Port-de-Castets. ☎ 09-72-96-08-91. • davelegeay@gmail.com • ♿ Tlj sauf dim 9h-18h (19h ven-sam). Carte 30-35 €.* *Janine* a réveillé les déjeuners bayonnais avec sa formule gagnante oscillant entre *street food* et bistronomie. Le chef propose chaque jour une escadrille de plats du marché, annoncés en grand sur la vitrine, aussi surprenants que délicieux. On commande au comptoir avant de se poser dans la petite salle à la déco post-industrielle, à moins de viser la terrasse sur rue (piétonne). Également des petits déj et goûters.

|●| ***Chez Martin*** *(plan A3, **24**) : 29, rue d'Espagne. ☎ 05-59-55-84-41. • chezmartin@orange.fr • Tlj sauf dim et le soir lun-mar. Résa conseillée. Formule et menu déj en sem 19-23 € ; menu 36 €.* Petite salle avec mezzanine à la déco seventies, et quelques tables dans la rue piétonne. Le chef Lionel (et non pas Martin !) soigne sa clientèle. Dans un esprit bistronomique, il concocte une cuisine basque revisitée et inventive. La formule du midi est déjà pleine de surprises. Brunch sympa le dimanche midi.

De chic à plus chic

|●| ***La Table Sébastien Gravé*** *(plan A2, **33**) : 21, quai Amiral-Dubourdieu. ☎ 05-59-46-14-94. • contact@latable-sg.fr • Tlj sauf dim-lun. Formule et menus déj sem 21-26 € ; menus*

39-50 €. Sébastien Gravé est un chef doué non seulement d'ubiquité, car il réussit à faire le grand écart entre son resto parisien et celui de Bayonne, où il a mis en place une équipe du tonnerre, mais aussi parce qu'il offre du frais, du savoureux et du créatif à prix doux, avec une touche de folie et de couleur bienvenue par ici. Un lieu chaleureux, où l'on ne s'entend plus mastiquer quand la salle se remplit (souvent complet, réservez !), qui fait bouger la ville et vibrer les papilles. Un vrai bonheur !

Le Bayonnais *(plan B2,* ***27****) : 38, quai des Corsaires. ☎ 05-59-25-61-19. • restaurantlebayonnais@orange.fr • Tlj sauf dim-lun. Menu 22 € ; carte env 45 €.* Belle maison, bel accueil et belle cuisine. Le chef est passé chez les plus grands et propose, en toute modestie, une cuisine du terroir qui ne manque pas de personnalité. Les produits du marché sont parfaitement choisis, les portions plus que généreuses, et le menu du jour une vraie bonne affaire. Carte des vins avec un bon choix régional. Agréable terrasse sur la Nive.

Goxoki *(plan B3,* ***30****) : 24, rue Marengo. ☎ 05-59-59-49-89. • hourcastagnou@gmail.com • Tlj sauf dim soir, lun midi, plus mer hors vac scol. Menus déj sem 22 € puis 34-55 € ; carte env 60 €. Goxoki* peut se traduire par « bien chez nous ». Et pas d'erreur, on se sent bien dans cette salle au cadre élégant, où les tables sont espacées pour assurer un repas en toute intimité. Le chef élabore une cuisine gastronomique savoureuse, à base de produits de saison de 1re qualité qu'il travaille avec respect. Très belle carte des vins proposée par le fils sommelier et service attentionné de madame.

L'Auberge du Cheval Blanc *(plan B3,* ***32****) : 68, rue Bourg-Neuf. ☎ 05-59-59-01-33. • chevalblanc.bayonne@orange.fr • Fermé lun, sam midi et dim soir. Congés : 1 sem fin juin-début juil. Menus 25 € (en sem), puis 45-84 €. Café offert sur présentation de ce guide.* Ancien relais de poste, investi par la famille Tellechea depuis 2 générations. Jean-Claude, dit « Cacotte », est un chef modeste et précieux, inventif et talentueux. Il adore les produits de tradition locale comme le *xamango* (os de jambon) ou l'*arto gorria* (maïs basque). Ne manquez pas non plus les desserts au chocolat bayonnais, sublimes.

Où boire un verre ? Où sortir ?

Chai Ramina *(plan A3,* ***40****) : 11, rue Poissonnerie. ☎ 05-59-59-33-01. Tlj sauf dim-lun 9h-20h (2h ven-sam).* Ramina a raccroché son tablier, depuis quelques années déjà, mais l'ambiance subsiste ! Pendant les Fêtes, c'est toujours du délire... L'atmosphère n'est sans doute pas aussi folle le reste de l'année, mais elle n'en demeure pas moins authentique et chaleureuse, et quelle déco ! Et puis il suffit de quelques verres de punch ou que des rugbymen débarquent pour que la fête batte à nouveau son plein. Incontournable et sans limite d'âge, comme souvent au Pays basque.

La Karafe *(plan A3,* ***41****) : 25, quai Amiral-Jauréguiberry. ☎ 05-59-25-69-26. • contact@lakarafe-bayonne.fr • Tlj à partir de 17h, plus ven-sam 10h-14h30. Tapas 7-16 € ; pintxos ven-sam soir seulement, 2-5 €.* Un bar à vins où il faut jouer des coudes pour s'imposer au comptoir ou sur l'une des tables, posées sur des tonneaux. L'étape est joviale pour commencer la soirée autour d'un verre de vin, à accompagner de tapas et de charcuteries, à choisir sur les ardoises. Très large carte des vins. Terrasse sur le quai et bon accueil.

Kalostrape Ostatua *(plan B3,* ***44****) : 22, rue Marengo. ☎ 05-59-52-94-70. • kalostrape.eus • Mar-mer 18h-23h, jeu-ven 10h-2h, sam 11h-2h. Resto le midi mar-sam, le soir jeu-sam. Formule déj 14 € (16 € sam).* Un lieu étonnant, aménagé dans un ancien cloître qui fait aujourd'hui office de centre culturel dynamique. Volontiers basquisant, l'endroit organise nombre de concerts, soirées et événements (en fin de semaine). Bon choix de vins et surtout de bières, aussi bien locales que belges.

L'Atalante *(plan B1,* ***46****) : 3-5, quai Amiral-Sala. ☎ 05-59-55-76-63. Programmation sur • atalante-cinema.org • Bistrot ouv tlj 15h-21h.* Pour se faire une toile version art et essai, direction les quais de l'Adour, à Saint-Esprit. Films d'auteurs en v.o. et projections jeune public. Très chouette bistrot pour s'accorder un goûter ou un apéro avec terrasse en surplomb de l'Adour.

Où déguster et acheter un bon chocolat ?

Le chocolat est, ici, ***un produit phare*** (voir la rubrique « Cuisine » dans le chapitre « Hommes, culture, environnement »). Les chocolatiers traditionnels de Bayonne se sont regroupés au sein de l'Académie du Chocolat, une guilde destinée à défendre la qualité de leurs produits grâce à une charte drastique. *• chocolatdebayonne.fr •* Un microcosme qui s'agite durant l'événement ***Bayonne fête son chocolat*** (voir plus loin dans « Fêtes et manifestations »).

Daranatz *(plan A2,* ***50****) : 15, rue du Port-Neuf. ☎ 05-59-59-03-55. • daranatz.fr • Tlj sauf dim et j. fériés 9h15 (10h lun)-19h.* Depuis 1890 ! Le meilleur chocolatier de Bayonne aux yeux (et aux papilles !) de beaucoup. Des tablettes pour tous les goûts, présentées dans de jolis emballages multicolores. Les amateurs craqueront pour les traditionnelles bouchées et ganaches ou pour les fameux tourons maison. Joli décor de bonbonnière 1900.

Cazenave *(plan A2,* ***50****) : 19, rue du Port-Neuf. ☎ 05-59-59-03-16. • chocolats-bayonne-cazenave.fr • Mar-sam 9h15-12h, 14h-19h (ouv lun pdt vac scol).* Son décor début XIXe s et ses vitraux donnent à la maison Cazenave un charme adorablement désuet. Ne pas manquer non plus la cage d'escalier du XVIIe s (accessible sur demande). Ici, vous serez servi dans des tasses en porcelaine fleuries et débordantes de chocolat bio mousseux.

Monsieur Txokola *(plan B2,* ***49****) : 11, rue Jacques-Laffitte. ☎ 05-59-15-66-94. • monsieurtxokola.fr • Mar-sam 10h-18h.* Ces 2 maîtres chocolatiers fabriquent leur chocolat à partir de fèves de cacao en provenance du monde entier (Pérou, Madagascar, Papouasie, Vanuatu...). On peut assister à sa torréfaction et à la fabrication de tablettes, poudre et pâte à tartiner dans leur atelier vitré. Dégustation gratuite. La *recette d'antan,* légèrement granuleuse et comportant 85 % de cacao (sans beurre ajouté), est à se damner !

La Tasse à Moustache – Puyodebat *(plan A2-3,* ***51****) : 11, rue Orbe. ☎ 05-59-58-06-97. • chocolats-puyodebat.com • Mar-sam 10h-12h30, 14h-19h (ouv lun en été).* Ce chocolatier, dont la fabrique est installée à Cambo-les-Bains, a ouvert à Bayonne un délicieux « salon de chocolat » où l'on peut déguster l'or noir dans le respect de la tradition basque. Décor moderne et cosy, dans lequel on découvre une partie des collections de Christophe Puyodebat, véritable cacaomaniaque : tasses à moustache (qui permettaient aux messieurs de ne pas tremper leurs bacchantes), chocolatières, moussoirs, etc. Également une belle partie boutique au rez-de-chaussée.

Chocolatier Pascal *(plan B3,* ***53****) : 32, quai Galuperie. ☎ 05-59-52-96-49. Mar-sam 10h-19h (tlj en juil-août).* Pascal Moustirats est un artisan chocolatier qui appartient également à l'Académie du Chocolat de Bayonne. Plus que le titre, c'est l'onctuosité du chocolat maison à boire, à croquer ou à lécher (glaces en été) qui nous a séduits. Salon de thé cosy aux touches jazzy et quelques tables dehors face à la Nive. Avant de partir, goûter au *goxoko,* un bonbon-ganache très gourmand.

L'Atelier du Chocolat, c'est une quinzaine de boutiques en Aquitaine, dont plusieurs en ville *(37, rue du Port-Neuf, lun-sam 9h30-19h ; et 33, bd Alsace-Lorraine, mar-sam 10h-12h30, 14h30-19h).* Mais c'est surtout la possibilité de visiter les ateliers de fabrication en suivant un parcours découverte imaginé par le fondateur, Serge Andrieu. Une visite ludique permettant d'explorer en famille toute la chaîne de fabrication du chocolat *(hors plan par B1, **52**)* : *7, allée de Gibéléou, dans une zone artisanale. ☎ 05-59-55-70-23. • atelierduchocolat.fr • ♿ Tt au bout du bd Alsace-Lorraine ; bien fléché depuis la gare. Lun-sam 10h-12h30, 14h-18h (en continu en été, fermeture 18h30). Dernière visite à 12h et 16h avt fermeture. Durée : 1h30. Entrée : 6 € ; ½ tarif enfants 4-12 ans.*

Où déguster et acheter un (très) bon gâteau basque ou du miel artisanal ?

Mokofin *(plan A2, **54**) : 27, rue Thiers. ☎ 05-59-59-04-02. • mokofin.com • Tlj sauf lun (hors juil-août) 8h30-19h30 (13h30 dim). Plat du jour 10 €.* Après avoir brillé dans les cuisines d'étoilés parisiens, Maïtena Erguy a décidé de revenir au pays. Elle a ouvert avec sa sœur Joëlle cette petite pâtisserie-salon de thé où elle marie harmonieusement goûts et textures : cannelés, pain perdu de brioche... et un sublime gâteau basque ! Dans le local attenant, tartes salées, sandwichs et salades pour une pause déj gourmande *(tlj sauf dim 10h-19h).*

Loreztia *(plan A3, **55**) : 58, rue d'Espagne. ☎ 05-59-59-55-37. • loreztia-miel.com • Mar-sam 10h-13h, 14h30-18h30 (juil-août, tlj 10h-20h).* Un apiculteur et artisan confiturier passionné, qui propose dans sa *boutik'expo* une grande variété de miels, confiseries et confitures artisanales, avec dégustation de produits à la clé. On a adoré les déclinaisons de confitures de cerise noire ! Un intéressant et accueillant espace pédagogique dédié aux abeilles et à l'apiculture apporte une foule d'informations.

Où acheter du bon jambon et de bonnes charcuteries basques ?

Maison Montauzer *(plan A3, **56**) : 23, rue de la Salie. ☎ 05-59-59-07-68. • montauzer.fr • Lun 9h-13h, 14h-19h15 ; mar-sam 7h-19h30.* Une des boutiques du célèbre charcutier, basé à Guiche. Incontournable, en particulier pour son fameux jambon Ibaïama (18 mois d'affinage minimum).

Maison Aubard *(plan A3, **59**) : 18, rue Poissonnerie. ☎ 05-59-59-52-03. • charcuterie-aubard.fr • Lun-sam 10h-13h, 14h30-19h (en juil-août, tlj en continu).* Depuis 1946, la Maison Aubard fabrique un jambon de Bayonne de grande qualité dans le respect de la tradition. Propose aussi une large gamme de charcuteries basques, de plats cuisinés et d'épicerie fine. Espace muséographique au fond du magasin, où l'on apprend tout sur la race de porc kintoa, les différentes sortes de jambon, l'affinage, etc. Également une boutique dans le quartier Saint-Esprit *(43, bd Alsace-Lorraine).*

Pierre Oteiza *(plan A3, **58**) : 70, rue d'Espagne. ☎ 05-59-25-56-89. • pierreoteiza.com • Lun-sam 10h-13h, 14h-19h.* Un antre pour amateurs de conserves et de charcutaille ! Les jambons et salaisons de cette maison sont réputés bien au-delà du Pays basque. De quoi mettre l'eau à la bouche, et pousser à la dégustation.

Pierre Ibaïalde *(plan B3, **57**) : 41, rue des Cordeliers. ☎ 05-59-25-65-30. • pierre-ibaialde.com • Boutique, ouv en juil-août, tlj 10h-18h30 ; hors saison, lun-ven 9h-12h30, 14h-18h et sam (mat seulement oct-avr). Visite (horaires sur le site internet) : 5 €.* Un des « spécialistes » du jambon (de Bayonne évidemment). Sur les étals, outre ce jambon, d'autres charcuteries (saucissons, pâtés, rillettes...) et des conserves de spécialités basque. Un artisan conserveur salaisonnier, chez qui on peut faire une visite guidée (avec dégustation) de 40 mn, entre saloir et séchoir à jambons.

À voir

Le Grand-Bayonne (plan A2-3)

BAÏONNETTE AU CANON

Au XVIIe s, des soldats de Bayonne, à court de munitions, eurent l'idée de fixer un couteau dans le canon de leur fusil. Cette arme simple fut très utilisée pour les terribles corps-à-corps, notamment pendant la Grande Guerre.

La cathédrale Sainte-Marie (plan A3) : *lun-sam 8h-19h, dim et j. fériés 8h-20h. Cloître ouv 9h-12h30, 14h-18h (17h de mi-sept à mi-mai). GRATUIT.*
Édifiée à partir du XIIIe s sur les bases de l'ancienne cathédrale romane, elle présente une architecture de style gothique rayonnant aux influences champenoises. Située sur la route des chemins de Saint-Jacques, elle est à ce titre classée au Patrimoine mondial de l'humanité par l'Unesco.
Allure massive, trapue et élégante tout à la fois (sachez toutefois que les 2 flèches ont été ajoutées... au XIXe s). Le ***chevet*** présente un ensemble harmonieux. Sur le côté, le ***porche en saillie*** a perdu toutes ses statues à la Révolution. Sur la porte, noter le beau heurtoir en bronze du XIIIe s. La façade principale à pignons est surmontée d'une ***pietà.*** Au-dessus de la grande rosace, façade décorée de l'écu de France aux 3 fleurs de lys, soutenu par 2 anges. Tours à fenêtres flamboyantes. Celles du bas sont joliment sculptées en spirale.
À l'intérieur, nef à 7 travées en croisées d'ogives simples. Ensemble aux formes et aux dimensions harmonieuses, comme en témoignent le triforium ou les hautes fenêtres à vitraux des XVe et XVIe s. Aux croisées d'ogives, les clés de voûte étaient ornées d'armoiries peintes, aujourd'hui disparues. Double portail en pierre à l'intérieur de la sacristie. Le portail de droite est consacré au Jugement dernier. Celui de gauche représente l'Adoration de la Vierge. Au pied du portail, saint Jacques avec sa panetière à coquilles rappelle que Bayonne fut une étape importante sur la route de Compostelle (intérieur de la sacristie uniquement accessible au cours d'une visite « Ville d'art et d'histoire »).
Près du transept gauche, la 2e chapelle dédiée à saint Jérôme contient le plus beau ***vitrail*** de la cathédrale. On y voit le Christ chassant le démon du corps de la fille de la Cananéenne. En haut, la salamandre de François Ier confirme sa date de fabrication (1531). Bleu magnifique ! Le ***déambulatoire,*** redécoré au XIXe s, et fraîchement rénové ne manque pas d'harmonie avec son alternance de chapelles et de clés de voûte, ses fresques éclatantes de couleurs et ses vitraux.
Enfin, le ***cloître*** de style gothique rayonnant est l'un des plus vastes de France. Bâti aux XIIIe et XIVe s, il s'ouvrait à l'époque sur la vie de la cité, abritant le forum des marchands et les réunions du conseil de la ville. Il a été remanié au XIXe s, tout comme la cathédrale, par un élève de Viollet-le-Duc, Boeswillwald. Succession de baies très amples, composées d'élégantes rosaces montées sur de fines colonnettes. Nombreux tombeaux tout au long du cloître et inscriptions anciennes en gascon.

Le centre ancien *(plan A2-3)* **:** après avoir visité la cathédrale, longer la médiathèque (ancien évêché) en prenant la *rue de l'Abesque,* qui débouche sur les ***remparts*** aménagés en promenade (et en parkings aussi, dommage...). En les longeant, coup d'œil aux tours romaines replètes qui ponctuent la ceinture de la vieille ville. On pourra aussi parcourir le quartier des antiquaires et des métiers d'art autour de la *place Montaut.* Maisons à colombages et encorbellements. Quelques jolies maisons également *rue de la Poissonnerie,* puis tourner dans la *rue de la Salie* (au n° 8, hôtel de Belzunce avec son escalier monumental en pierre dans la cour intérieure). Au bout de la rue de la

Salie, passer sous la voûte et suivre la *rue des Augustins* (tour romaine et mur d'enceinte bien conservés), traverser *la Plachotte* (jolie placette avec maisons à colombages).
On peut aussi pousser un peu plus loin pour admirer les *Galeries Lafayette, rue Thiers,* beau témoignage de l'Art déco à Bayonne. Descendre la *rue du Port-Neuf,* dévolue aux ***chocolatiers,*** en prenant le temps de flâner sous ses arceaux où nichent des commerces. Belles maisons à colombages du XVIIIe s montées sur de solides pieux (autrefois, la rue était un canal).

Le château Vieux *(plan A2)* **:** *rue des Gouverneurs. Ne se visite pas.* Construit à la fin du XIIe s à l'angle nord-ouest de l'ancien *castrum,* probablement sur les bases d'une forteresse antérieure édifiée par les vicomtes de Labourd, le château fut le siège des prévôts représentant le roi d'Angleterre du XIIe au XVe s. Du Guesclin y connut la prison après avoir été capturé par le Prince Noir, en 1367. Aujourd'hui, il sert de mess aux officiers de la garnison de Bayonne.

Le Petit-Bayonne *(plan B2-3)*

Quartier populaire, métissé, étudiant (donc festif). Le Petit-Bayonne a longtemps été aussi un des bastions des nationalistes basques, comme en témoignent aujourd'hui encore graffitis et fresques. C'est ici que, du temps du franquisme, se sont réfugiés de nombreux Basques espagnols en lutte contre la dictature.

Le Musée basque et de l'Histoire de Bayonne *(plan B2-3)* **:** *maison Dagourette, 37, quai des Corsaires.* ☎ *05-59-59-08-98.* • *museebasque.com* • *Avr-sept, tlj sauf lun et j. fériés (tlj juil-août) 10h-18h30 ; oct-mars, tlj sauf lun 10h30-18h. Entrée : 7,50 € ; réduc ; gratuit moins de 26 ans et pour ts 1er dim du mois. Ateliers enfants ; boutique. Expos temporaires.*
Installé dans une superbe maison du XVIIe s (la maison Dagourette), l'ensemble est structuré autour d'un patio appelé *Argialde* (« puits de lumière »), qui distribue une vingtaine de salles thématiques dédiées à l'***histoire***, aux ***arts*** et aux ***traditions*** du Pays basque. Une collection très riche, donc, et bien mise en valeur grâce à une présentation aérée, qu'il faut prendre le temps d'apprécier. En guise de préambule, un ***film*** sur la vie d'autrefois est projeté au rez-de-chaussée, après l'importante collection d'outils agricoles et de stèles funéraires discoïdales. On accède aux étages par un bel escalier, porté à l'écran dans le film *Amoureuse,* avec Julie Gayet.
Le ***1er étage*** aborde l'architecture, la vie domestique, la pêche et la navigation bayonnaises. On découvre la faïence du bassin de l'Adour, le tissage, le mobilier. Très belle maquette du port de Bayonne réalisée à partir d'un plan de 1805. On remarquera que la cathédrale est absente !
Au ***2e étage***, c'est le caractère socioculturel du Pays basque qui prédomine. Une salle est consacrée à la communauté juive, dont la présence à Bayonne remonte au XVIe s et à qui l'on doit l'introduction du chocolat en France ! Bien entendu, une place importante est accordée aux jeux, et à la fameuse pelote basque, ainsi qu'à la musique. De grands tableaux de peintres du Pays basque ponctuent la muséographie. Une visite à ne pas manquer.

Les quais *(plan B2-3)* **:** des Corsaires, Galuperie, Chaho... Sur la rive droite de la Nive, ces quais alignent une splendide rangée de belles demeures à arcades, hautes et étroites car, dans le secteur, la parcelle de terrain était précieuse. Quant aux arceaux en pierre, ce sont eux qui soutenaient les maisons à l'époque où l'eau pénétrait encore dans le quartier. Au bout du quai Chaho, le bastion royal (signé Vauban) offre une très jolie vue sur la ville.

Les rues anciennes : *rue des Tonneliers,* on fabriquait évidemment autrefois des tonneaux, pour la pommade, ancêtre médiéval du cidre. Et les traditions perdurent. Aujourd'hui, la rue aligne les bars, et l'alcool coule toujours à flots ! *Rue*

du Jeu-de-Paume, on trouve le ***trinquet Saint-André*** (ancienne salle de jeu de paume), le plus ancien du Pays basque. Le comte d'Artois, futur roi Charles X, y aurait disputé une partie de jeu de paume. Le soir, on peut assister à des parties et y boire un verre. Juste à côté, la ***rue Pannecau*** est l'une des plus animées (pas mal de jeunes dans les bars). On peut suivre ensuite la rue Marengo pour découvrir l'***église Saint-André,*** pastiche gothique du XIXe s (messe en basque le dimanche à 9h30).
En face, sur la place Paul-Bert, le ***château Neuf,*** bâti sur ordre de Charles VII après la reconquête française de la ville, en 1451. Il abrite aujourd'hui un IUT et une bibliothèque universitaire à la spectaculaire architecture contemporaine.

Le musée Bonnat-Helleu, musée des Beaux-Arts de Bayonne *(plan B2)* **:** *5, rue Jacques-Laffitte. ☎ 05-59-59-08-52. • museebonnat.bayonne.fr •* ***Fermé pour travaux au moins jusqu'en 2022.*** *Les collections restent cependant accessibles sur demande pour les chercheurs et amateurs. Et le site internet permet de découvrir de nombreuses œuvres, les activités du musée et les différentes manifestations proposées au cours de l'année, en dépit de la fermeture.* Construit à l'origine pour accueillir les archives, la bibliothèque et les collections municipales de peintures, ainsi que les dons puis le legs du peintre Léon Bonnat (1833-1922), le musée a ouvert en 1901 et ambitionne, lors de sa réouverture, de devenir un des musées de référence de cette côte, entre Bordeaux et Bilbao. Normal : il conserve une remarquable collection de peintures, sculptures, objets d'art et arts graphiques, dont un cabinet des dessins de réputation internationale, où figurent des œuvres de Léonard de Vinci, Michel-Ange, Raphaël, Dürer, Rubens, Rembrandt, Goya, Ingres, Delacroix ou Géricault. Il doit ses richesses à la générosité de Léon Bonnat, enfant du pays devenu portraitiste attitré des présidents de la IIIe République, mais aussi à celle d'autres collectionneurs comme Antonin Personnaz ou Jacques Petithory, et à différents achats de qualité (sculptures en terre cuite de la 2de moitié du XVIIIe s). Depuis 2010, il abrite également, grâce à la générosité de sa fille cadette, un fonds sur l'artiste Paul-César Helleu (1859-1927).

Le quartier Saint-Esprit *(plan B1)*

Fondé au XIIIe s, le faubourg de Saint-Esprit a toujours été un ***quartier populaire*** et ***d'immigrants.*** D'abord simple halte sur le chemin de Saint-Jacques, avec la présence de 2 hospices (celui des Chevaliers de Jérusalem aujourd'hui disparu, et celui du prieuré de l'église Saint-Esprit à l'emplacement de l'actuelle église), le quartier devient au XVIe s la terre promise de la « nation portugaise » – expression employée pour désigner les ***juifs chassés d'Espagne.***
À la Révolution, Saint-Esprit est rattaché au département des Landes sous le nom de « commune Jean-Jacques-Rousseau ». Le chemin de fer du Midi y installe sa gare au milieu du XIXe s. C'en est trop pour les Bayonnais, car Saint-Esprit abrite déjà les abattoirs et les arènes pour les courses de *toros.* Ils demandent et obtiennent en 1857 son rattachement à la ville. Quartier de garnison, quartier de gare, Saint-Esprit a d'abord attiré les « immigrants » landais et béarnais (les Basques allaient au Petit-Bayonne), puis une forte colonie espagnole. Aujourd'hui encore, la rue Sainte-Catherine abrite quelques restos marocains, et espagnols qui prouvent que ce quartier a su se forger une identité avec les différences de ses habitants.

La collégiale Saint-Esprit *(plan B1)* **:** église romane érigée au rang de collégiale par Louis XI à la fin du XVe s. Belles voûtes gothiques de l'époque et admirable *Fuite en Égypte,* en bois polychrome, du XVe s également.

L'empreinte juive du quartier : la synagogue *(entre les nos 33 et 35, rue Maubec ; ne se visite pas),* construite en 1837 est typique du style académique de l'époque. À droite, les escaliers de la petite *rue Tombeloli* (« verse l'huile », en souvenir du commerce des huiles, monopole juif) descendent vers la place de la République, où au nº 32, est installé un *mikvé,* ancien bain rituel juif (ne se visite pas).

ÊTRE CHOCOLAT

C'est aux juifs que l'on doit l'introduction du chocolat en France. Certains possédaient des bateaux qui commerçaient avec le Mexique. Chassés par l'Inquisition, ils se réfugièrent à Bayonne : ils y introduisirent le chocolat, apportant avec eux secrets de fabrication et épices. La mode fut lancée lors du mariage de Louis XIV avec Marie-Thérèse d'Autriche. Les Bayonnais se regroupèrent en corporation en 1761, dans le but d'exclure les artisans juifs de toute production à Bayonne. Un comble !

La rue Sainte-Catherine : animée et métissée. Quelques belles maisons médiévales avec des encorbellements à colombages (aux nºs 2 et 13).

Les fresques de street art : le quartier est l'épicentre du festival de street art **Points de Vue,** qui a lieu en principe tous les ans à la mi-octobre (*● pointsdevue.eus ●*). Année après année, de nombreux murs ont été peints dans le quartier, mais aussi en dehors (parcours dispo sur le site web). Le festival est co-organisé par la ***galerie Space Junk*** *(35, rue Sainte-Catherine),* qui vaut elle aussi le détour.
Sur les quais de l'Adour, le cinéma l'***Atalante*** *(plan B1,* ***46****)* et le centre d'art contemporain du ***DIDAM,*** situé juste à côté, finissent de conférer au quartier une ambiance très artistique.

En dehors du centre-ville

La plaine d'Ansot et le Muséum d'histoire naturelle (hors plan par A3) **:** *☎ 05-59-42-22-61. ● museum-ansot.bayonne.fr ● ♿ Accès : se garer au parking de la Floride (gratuit ; fléché depuis le centre-ville, direction « Hôpital Saint-Léon »), puis marcher 1,5 km (soit env 15 mn). Navette gratuite entre le parking et le site mer et sam ap-m pdt les vac scol. Sinon, bus nº 2 arrêt Hôpital (puis navette jusqu'au parking de la Floride). Accès libre à la plaine tlj sauf lun et certains j. fériés 8h (9h30 le w-e)-19h (17h30 15 oct-14 avr). Maison des Barthes et Muséum d'histoire naturelle : de mi-avr à mi-oct, tlj sauf lun et jeu mat (pour le musée seulement) 10h30-12h30, 13h30-18h ; hors saison, mar-ven 13h30-17h, w-e 11h-12h30, 13h30-17h. GRATUIT.*
Ce site naturel et protégé, situé à l'orée du centre-ville, en bord de Nive, est une enclave de verdure. On aurait aimé que l'autoroute se fasse plus discrète (sa rumeur est incessante), mais cela reste un endroit merveilleux pour s'échapper de la vie moderne et observer la faune et la flore. La plaine d'Ansot est une zone humide de 100 ha, une zone d'expansion des crues (que l'on appelle ici « barthes »), que l'on peut découvrir à travers plusieurs sentiers thématiques (à pied et/ou à vélo) de 2 à 3,5 km. Un poste d'observation ornithologique a été aménagé (prêt de jumelles sur demande).
La *Maison des Barthes* (une ancienne ferme du XVIIIe s qui fait office de bureau d'information) et le *Muséum d'histoire naturelle* complètent l'ensemble en présentant, par le biais d'expos scénographiées, le fonctionnement des barthes et le patrimoine naturel régional. Boutique sur place. Conférences, sorties sur le terrain, ateliers et animations sont régulièrement proposés, y compris pour les enfants.

La Fabrique du béret français (hors plan par B1) **:** *28, chemin de Trouillet. ☎ 05-59-01-85-99. ● leberetfrancais.com ● À 5 km à l'est du centre. Boutique ouv lun-ven 9h-18h (17h ven) plus le w-e en juil-août.* Pour percer les secrets du célèbre couvre-chef, c'est ici ! Du tricotage de la laine à la mise en forme manuelle, en passant par le feutrage, on peut observer, depuis les baies vitrées, le processus de fabrication du béret. Et, dans la boutique, il y en a pour tous les goûts et de toutes les couleurs.

Fêtes et manifestations

Les Fêtes de Bayonne

L'un des plus grands événements festifs de France. Chaque année, ***fin juillet,*** ce sont plusieurs centaines de milliers de *festayres* qui envahissent Bayonne pendant 5 jours et 5 nuits !
Les Fêtes n'ont cessé de prendre de l'ampleur depuis leur création en 1932, à l'initiative du comité des fêtes de l'époque sur le modèle des Fêtes de Dax, Mont-de-Marsan et bien sûr Pampelune (d'où la généralisation de la tenue blanc et rouge). Le programme est à peu près le même chaque année, avec des rendez-vous obligés. D'abord, ***l'ouverture des Fêtes, le mercredi soir,*** quand le maire et ses invités remettent au peuple les clés de la ville. À cette occasion, quand débute la *mascleta* (explosion de bombes en rafales), il est d'usage de se nouer autour du cou un foulard, rouge de préférence.

Ça bouillonne à Bayonne !

La musique est omniprésente ; dès 8h, les orchestres sillonnent la ville : *gaiteros* et *txistularis* basques, mais aussi ensembles de jazz, fanfares et orphéons. Des apéritifs-concerts ont lieu tous les jours à 12h, et les bals publics se déroulent tous les soirs de 22h à 3h, en face de la mairie, sur le carreau des Halles et sur l'esplanade Roland-Barthes.
Tous les jours, ***à 12h, devant la mairie, les bandas réveillent le roi Léon, roi des Fêtes.*** Ce réveil est précédé de défilés de géants en carton-pâte dans les rues de la ville. Chaque fin d'après-midi, à 19h, place Jacques-Porte, a lieu un *dantzazpi* : des centaines de personnes dansent ensemble des fandangos et des sauts basques. Un programme spécial a été élaboré pour les enfants avec des goûters dans les jardins publics, des *tamborradas.* L'après-midi, à ***17h30, les courses de vaches landaises*** sur la place Saint-André (ou Paul-Bert) incitent les touristes téméraires à éprouver quelques frissons. Les mercredi et dimanche, au Trinquet moderne, parties de pelote à main nue pour le Master des Fêtes de Bayonne. C'est l'un des grands tournois de ce jeu, le plus pur et le plus exigeant. ***Le jeudi est consacré aux enfants,*** avec des *encierros txikis* (petits *encierros*), où les gosses courent au milieu de faux *toros* en carton poussés par des adultes : c'est sans danger, et ils adorent. Le vendredi soir est très prisé par les entreprises, qui y organisent des repas entre collègues de boulot, une « soirée ouverte » pour tous, qui lance le week-end fou, fou, fou.
Le samedi à 18h se déroule une corrida à cheval, et le soir, c'est le ***corso lumineux*** : des chars défilent au cœur de la foule et devant un jury chargé de désigner le plus original. 3 points forts ponctuent le dimanche : la messe des Bandas à 11h, à l'église Saint-André, corrida des Fêtes à 18h et finale du Master de pelote au Trinquet moderne à 20h. Enfin, à minuit, c'est l'énorme feu d'artifice qui précède la cérémonie de l'enlèvement des foulards : sur la place de la Liberté, on dénoue symboliquement le foulard puis on le brandit en jurant de le renouer l'année suivante.

Quelques conseils pour bien profiter des Fêtes

- D'abord, s'habiller en blanc (et porter un foulard rouge). C'est la règle, et très peu de gens y dérogent. Il s'agit avant tout d'un symbole d'égalité, et l'effet est impressionnant.
- Un parking pour les 2-roues, gardé, fonctionne toutes les nuits place des Basques (de 1 à 3 € selon la cylindrée). Un contrôle d'alcoolémie y est assuré (ne râlez pas, c'est pour votre bien).

– Attention, les restos ont des cartes moins étoffées, avec menu unique ou simplifié, et les prix sont très proches (25 € en moyenne), qu'il s'agisse d'un bon resto ou d'une gargote.
– Les bars étant fermés de 3h à 9h, on se replie vers les *peñas* associatives, en principe réservées aux membres et à leurs invités.
– Les camping-cars se regroupent sur les allées Marines, le long de l'Adour, juste après le pont Rouge.
– Des aires de camping sont aménagées pendant la durée des Fêtes. Renseignements sur le site internet plus loin.
– Les bus de la ligne 6 assurent la liaison avec Anglet, Biarritz, Boucau-Tarnos et Saint-Pierre-d'Irube de 21h à 5h30 *(rens : ☎ 05-59-52-59-52).* Également des liaisons avec Saint-Jean-de-Luz et Hendaye, ainsi qu'avec le sud des Landes.
– Un site pour en savoir plus : • *fetes.bayonne.fr* •

Autres fêtes

– ***Foire au jambon (Xingar Feria) :*** *4 j. pdt le w-e de Pâques (jeu-dim).* Foire gastronomique de renommée internationale, qui existe depuis... 1462 ! Animations, concours du meilleur jambon, intronisation des membres de la confrérie, fête dans la rue avec bandas, danse et buvettes, etc.
– ***Fête de la Musique :*** *21 juin.* Pas vraiment anecdotique. Nombreux groupes et festivaliers... dans une bonne humeur communicative.
– ***Festival Paseo :*** *1 sem en août.* Un festival qui fait la part belle à toutes les danses.
– ***Feria d'Août*** *(mi-août)* ***et Feria de l'Atlantique*** *(début sept)* **:** après les Fêtes, encore 2 piqûres de rappel pour les aficionados de la corrida.
– ***Festival Points de Vue :*** *5 j. en oct.* Festival international de street art. Une vingtaine d'artistes viennent, chaque année, embellir les murs de la ville.
– ***Bayonne fête son chocolat :*** *1er w-e de nov.*

ANGLET (ANGELU)

(64600) 40 000 hab. *Carte Labourd, B1*

Sur la Côte basque, les villes se suivent et ne se ressemblent pas. Entre Bayonne l'historique et Biarritz la bourgeoise-branchée, Anglet (bien prononcer le « t » final) joue la carte sports-loisirs-nature ; 4,5 km de plages longées par une promenade piétonne, des hectares de forêt et 2 golfs (dont celui de Chiberta, très réputé) facilitent cette option. On vous dira volontiers que si Biarritz est la capitale historique du surf, Anglet est la patrie des surfeurs, qui y trouvent un environnement idéal. Et ils ne sont pas les seuls : tout est moins cher à Anglet (à commencer par le stationnement, gratuit dans toute la ville).
Anglet, éclatée entre plusieurs quartiers, n'a pas de réel centre : Blancpignon, le long de l'Adour, est l'ancien faubourg du port de Bayonne. L'ensemble Chiberta/La Barre/Chambre d'Amour aligne ses villas chics autour de la forêt du Pignada, malheureusement en grande partie détruite par un incendie pendant l'été 2020, mais le front de mer reste remarquablement préservé de délires architecturaux. Saint-Jean est l'ancien centre du bourg où l'on trouve la mairie, la poste, l'église Saint-Léon et le marché traditionnel en plein air.
Mais, derrière cet aspect dispersé, Anglet cultive un art de vivre proche de la nature et perpétue ses traditions, comme l'atteste la présence de la dernière fabrique de chisteras (indispensables pour jouer à la pelote basque). D'ailleurs,

c'est ce qui attire les people, dont Amélie Mauresmo, Guy Forget ou encore Pauline Ado, championne du monde de surf et ambassadrice de la ville.

Adresses et infos utiles

Office de tourisme : *1, av. de la Chambre-d'Amour (pl. des Cinq-Cantons). ☎ 05-59-03-77-01. Service de résas pour les loc de vacances, hôtels et séjours à thème : ☎ 05-59-03-07-76. • anglet-tourisme.com • Juil-août, tlj sauf dim ; hors saison, tlj sauf sam ap-m et dim.* Également une annexe, à la ***Chambre d'Amour*** : *plage des Sables-d'Or, av. des Dauphins. ☎ 05-59-03-93-43. Juil-août, tlj ; hors saison, tlj sauf sam et dim mat. Congés : nov-mars.*

– Pour découvrir la ville de façon ludique, l'application ***Tèrra Aventura*** propose 2 parcours pour une chasse au trésor sur smartphone (géocaching).

Vélibleu : service commun à toute la Côte basque, avec 12 stations d'Hendaye à Tarnos (2 à Anglet). Application à télécharger sur Google Play ou Apple Store. Compter 2 €/h (10 premières minutes gratuites). Infos sur *• communaute-paysbasque.fr •* Super pour arpenter les 18 km de pistes cyclables et de voies vertes d'Anglet.

Transports urbains Chronoplus : *☎ 05-59-52-59-52. • chronoplus.eu •* Pour Bayonne, *Trambus T1* ou bus n°s 4, 5 et 6. Le bus n° 38 longe la côte d'Anglet jusqu'à La Barre puis remonte l'Adour vers Bayonne. La ligne n° 6 relie Bayonne et Biarritz en passant par Anglet et les Cinq-Cantons notamment. Pour l'aéroport, bus n° 4, ou Txik Txak Car Express n° 3 (depuis Anglet-centre).

– ***Marché de Quintaou :*** *jeu et dim mat sur l'esplanade de Quintaou.* Le jeudi, en particulier, une floraison de produits locaux (bio pour la plupart) vendus directement par tous les petits producteurs de la région. Sans conteste le plus beau marché de la région pour la qualité de ses produits, l'un des moins chers aussi.

– ***Halles des Cinq-Cantons :*** *13, rue Paul-Courbin. Le mat mar-dim et l'ap-m ven, plus sam ap-m juil-août.* Les commerçants y vendent leur production locale. Voir également la rubrique « Où manger ?... ».

– ***Brocantes :*** *pl. du Général-Leclerc le 1er dim du mois, et puces pl. de Quintaou le 4e sam du mois.*

Où dormir ?

Camping

Camping Bela Basque : *2, allée Etchecopar, quartier Brindos. ☎ 05-59-23-03-00. • info@camping-belabasque.com • camping-belabasque.com • À env 4 km du centre d'Anglet ; à 4 km à l'est de Biarritz. Ouv début avr-début nov. Forfait pour 2, 19-48 € (4 nuits min en été). Loc de* « tithomes », *mobile homes et chalets. 148 empl.* Vaste camping en terrasses enfoui sous les arbres, sur plus de 3 ha. Situé à côté de l'aéroport, l'emplacement ne fait pas rêver, mais on n'entend pas trop les avions, la nuit. Piscine extérieure avec toboggans et piscine couverte chauffée. Restauration sympathique l'été. Très bien tenu.

De prix moyens à plus chic

Résidence Villa Clara : *149, bd des Plages. ☎ 05-59-52-01-52. • villaclarachiberta@orange.fr • villa-clara.fr • Congés : janv-fév. Studios 2 pers, 60-160 €/nuit, ou 380-1 010 €/sem.* Au calme sur le golf de Chiberta, une grande et belle résidence hôtelière, toute blanche, à la déco contemporaine. Studios et appartements (jusqu'à 10 personnes) de bonne dimension et tout équipés, disposant pour certains de terrasse avec vue sur l'océan ou de jacuzzi. Agréable piscine en saison.

Hôtel Les Terrasses d'Atlanthal : *153, bd des Plages. ☎ 05-59-52-75-85.*

• atlanthal.com • Doubles 142-224 €. Un hôtel moderne situé sur la plage des Cavaliers, dans un complexe dédié à la thalasso et au bien-être. Resto et brasserie.

Où manger ? Où faire une pause ? Où boire un verre ?

Le long de la promenade littorale, de la plage de La Barre, au nord, à celle de la Petite Chambre d'Amour, au sud, les bars-snacks-cabanons cartonnent. On vous propose ici nos préférés, mais d'autres auront peut-être poussé d'ici là !

À la Chambre d'Amour et aux Sables-d'Or

Plage de la Petite Chambre d'Amour, ***Le Lagunak*** a un succès fou avec sa vue imprenable ; prix qui ne claquent pas, contrairement aux vagues qui viennent vous lécher les pieds. Plus au nord, le ***Vent d'Ouest Café*** est l'un des bars les plus animés du coin *(ouv tte l'année)*. Comme l'***Apérock Café*** dont l'enseigne donne une idée de l'ambiance.

La Mouche qui louche, au nom aussi farfelu que sa déco, fait partie de ces lieux de bric et de broc que les locaux plébiscitent, même hors saison *(16, av. des Dauphins ; ☎ 05-59-29-51-86 ; tlj en saison, fermé le soir lun-jeu et dim hors saison ; carte env 35-40 €)*. Pour une cuisine plus élaborée, concoctée par un maître-restaurateur, ***Le Café Bleu*** est également ouvert toute l'année *(7, esplanade des Gascons ; ☎ 05-59-03-62-68 ; tlj en saison, fermé mar et le soir dim-jeu hors saison)*.

The Beach House : *26, av. des Dauphins. ☎ 05-59-15-27-17. • info@beachhouseanglet.com • Juil-août, tlj 12h-minuit (resto jusqu'à 22h) ; hors saison, fermé dim-lun. Congés : nov-mars. Formules 21-25 € ; carte 35-45 €.* Une villa située côté route, à l'esprit guinguette, qui sert pêle-mêle des cocktails et une cuisine du monde à une joyeuse jeunesse globe-trotteuse. Pendant la journée, on prend ses aises au bord de la piscine cachée à l'arrière, puis on se réchauffe le soir autour du brasero.

À la plage des Cavaliers et à La Barre

À la plage des Cavaliers, testez l'atmosphère de ***L'Épi Café,*** du ***Coconuts*** ou de ***La Paillotte Bleue,*** qui a un succès fou ! La plage de la Madrague a elle aussi son resto, ***L'Ama Drague.***

À La Barre, il y a toujours ***Lekua*** pour vous accueillir en bord d'Adour et le ***kiosque à glaces de la ferme Bailia*** pour vous rafraîchir face à l'océan.

La Concha : *299, av. de l'Adour. ☎ 05-59-63-49-52. • contact-laconcha@orange.fr • Derrière la patinoire, à La Barre. Tlj sauf lun soir-mar et dim soir hors saison. Carte env 45 €. Apéritif maison offert sur présentation de ce guide.* Bien que face à la mer, on ne vient pas vraiment ici pour la vue, sauf si l'on aime le hockey sur glace (avec la vitre panoramique sur la patinoire). Depuis 40 ans, cette institution est reconnue pour ses fruits de mer et ses poissons et viandes grillées au feu de bois. En vedette, la louvine et la côte de bœuf maturée. Service efficace.

En bord de mer ou de l'Adour

Chez Beñat : *87, av. de l'Adour. ☎ 05-59-63-62-29. • chezbenat@orange.fr • Fermé le w-e hors saison. Congés : 2 sem à Noël. Formule et menu déj sem 10,50-15 € ; carte env 30 €. CB refusées. Digestif maison offert le soir sur présentation de ce guide.* Évidemment, la situation en bord de route ne fait pas forcément rêver. Mais ils sont nombreux, les locaux et les fidèles, à venir goûter ici une vraie cuisine familiale, donc basque et de saison. Et finalement, la petite salle à manger aux nappes à carreaux s'avère plutôt agréable. *Plancha* les soirs d'été. C'est également un hôtel, mais rien ne vous oblige à y dormir...

En ville

Les Platanes : *7, bd de la Mer. ☎ 05-59-03-75-59. Ouv le midi mar-dim, plus le soir ven-sam. Menu déj en sem 13 € ; menu-carte soir et w-e 25 €.* Une adresse qui tourne rond, où les prix sont doux et l'ambiance sympa, avec un « menu des Bosseurs » le midi (eh oui !), des plats à la carte qui font saliver (et boire par ailleurs), et un bar extérieur pour les soirées en terrasse. Tapas et planches à partager également.

L'Avant-Scène : *théâtre Quintaou, 1, allée Quintaou. ☎ 05-59-01-70-95. • lavantscene64@gmail.com • Tlj, le midi seulement. Menu en sem 18 € ; carte env 25 €.* Le centre culturel ultramoderne de la ville abrite une table gourmande, orchestrée par un chef plutôt doué, qui a fourbi ses armes chez Ducasse. La carte se concentre sur des classiques, revisités tout en nuances. Pas besoin d'avoir les pieds dans l'eau pour avoir le vent en poupe !

Les Cuisines du Marché : *halles des Cinq-Cantons. Tlj sauf lun, 9h-14h30, 18h-21h (22h ven-sam), 9h-17h dim.* Dans le bâtiment moderne des halles, une « food court » comme on dit aujourd'hui avec des stands où manger de tout (asiatique, basque, italien, californien, végétarien...) dans une joyeuse ambiance.

Maison Pommiers : *102, av. de Biarritz. ☎ 05-59-23-90-70. • contact@maison-pommiers.com • Juste à côté du stade d'Aguilera (qui est à Biarritz). Tlj sauf dim ap-m 7h (7h30 sam)-13h, 15h30-19h.* Un boulanger-pâtissier réputé pour ses délicieux gâteaux basques en forme de *lauburu* (la croix basque). Goûtez ceux fourrés à la compotée de cerise noire. Quelques tables et une petite terrasse pour une dégustation sur place.

LE LABOURD

À voir. À faire

Les fans d'églises basques trouveront quelque intérêt à visiter l'***église Saint-Léon.*** Située au sud de la ville (place de la Mairie, quartier Saint-Jean), elle date du XVIe s. À l'intérieur, galeries en bois traditionnelles. Les amateurs d'architecture néo-régionaliste iront observer la mairie, juste à côté de l'église Saint-Léon (beau patio).

Le quartier des Cinq-Cantons est devenu, autour des ***nouvelles halles,*** un véritable lieu de vie, avec commerces de bouche, bars à vins et restos (voir la rubrique « Où manger ?... »). L'***église Sainte-Marie*** mérite aussi une petite visite pour sa belle collection d'ex-voto (maquettes suspendues à la voûte) et ses superbes vitraux.

La Villa Beatrix Enea – Centre municipal d'Art contemporain : *2, rue Albert-le-Barillier. ☎ 05-59-58-35-60. Mar 14h-18h ; mer-sam 10h-12h, 14h-18h. Fermé dim-lun. GRATUIT.* Cette jolie villa accueille des expos temporaires d'art contemporain de qualité. Quelques sculptures à découvrir dans son parc.

La promenade littorale permet d'aller à pied de la Chambre d'Amour jusqu'à La Barre en longeant 4,5 km de plages pratiquement vierges au milieu des dunes. Une belle balade. De Pâques à la Toussaint, chaque plage possède son petit bistrot où s'installer. Pour les oiseaux de nuit, le promenoir a été éclairé, afin de prolonger le plaisir.

La forêt du Pignada : c'était le poumon vert de l'agglomération, mais une grande partie de cette forêt de pins est partie en fumée au cours de l'été 2020 lors d'un terrible incendie.

Le site de La Barre : *bus nº 38 depuis Biarritz, la Chambre d'Amour et Bayonne.* Vaste espace en bord d'océan, à l'embouchure de l'Adour. À La Barre, tout est permis : plage (donc surf), skate, pêche à la ligne depuis les digues *(surf-casting)* et il y a même une patinoire.

Le couvent des Bernardines (les Jardins du Refuge) : *102, av. de Montbrun.* Une vraie curiosité. Ce couvent (fondé au XIXe et toujours occupé) abrite un cimetière unique en son genre en France avec une centaine de tombes, qui sont de simples monticules de sable, recouverts de coquilles Saint-Jacques. Chapelle au sol de sable également (et au toit de joncs).

Lames de Sames : *1, av. de l'Adour. 06-08-28-50-83. • couteau-basque.com • Le long de l'Adour. Tte l'année, mar-sam 9h-12h, 14h-18h. GRATUIT.* Membre de la confrérie du couteau de Thiers, ce coutelier est un passionné, un artiste ! Sa spécialité : le couteau pliant. Il en possède près de 2 500 et en expose 1 000, en provenance de la France entière, datant du XVIIe s à nos jours. Quand il n'accueille pas gentiment les curieux, il travaille dans son atelier et confectionne des couteaux basques, en reproduisant les formes et techniques d'autrefois. Pour un couteau pliant personnalisé, compter minimum une centaine d'euros et... plusieurs mois d'attente !

Plages

11 plages s'étendent de l'estuaire de l'Adour aux limites de Biarritz. Attention, mer souvent rude, mais la plupart de ces plages sont surveillées de mi-juin à mi-septembre. Mais qui dit mer rude dit vagues : donc Anglet est depuis longtemps une destination de choix pour les surfeurs. Au cas où vous vous laisseriez tenter, on trouve une grosse dizaine d'écoles de surf au long des plages.
Chaque plage a également son parking (gratuit). En juillet-août, la « navette des plages » dessert toutes les 15 mn 7h-20h les plages des Sables-d'Or (Chambre d'Amour), des Corsaires et de la Madrague. Sinon, le bus no 38 longe la côte par le boulevard des Plages. La plage du quartier de la ***Chambre d'Amour*** rappelle la tragique histoire de 2 amoureux victimes de la marée alors qu'ils étaient cachés dans une grotte du cap Saint-Martin (baptisée à cette occasion « Chambre d'Amour »). L'anecdote assura, bien sûr, la publicité du lieu. Les surfeurs, quant à eux, apprécient la ***plage des Cavaliers*** (où les meilleurs du monde s'affrontent chaque année), située à côté de la ***plage des Dunes*** (non surveillée). Et celle de ***Marinella*** est conseillée à ceux qui chevauchent leurs 1res vagues.
Sinon, les ***plages des Corsaires, de la Madrague, et de l'Océan*** possèdent également leurs fans.

Manifestations

– ***Tournoi de pelote basque à main nue élite pro « Pilotarienak » :*** *2 j. fin mai, au trinquet de verre Haïtz Pean.*
En été, minimum une animation par jour !
– ***Nocturnes de la Chambre d'Amour :*** *1 w-e fin juin.* Concerts gratuits.
– ***Festival international du Film de surf :*** *4 j. mi-juil. • surf-film.com •* Projections en plein air à la Chambre d'Amour de dizaines de films consacrés au surf et à son univers.
– ***Anglet Beach Rugby Festival :*** *1 w-e fin juil, plage des Sables-d'Or. • beachrugbyfestival.fr •* Tournois-démonstrations-initiations de rugby sur le sable, village, animations...
– ***Spectacle pyrotechnique son et lumière :*** *début août, plage de Marinella.*
– ***Surf de nuit :*** *mi-août.* Si vous ne devez voir qu'une compétition, que ce soit celle-là ! Les meilleurs surfeurs du Pays basque (et du monde) surfent la nuit sur les vagues de la Chambre d'Amour, éclairées pour l'occasion par d'immenses ballons lumineux. Concerts et animations.
– ***Pro Anglet :*** *1 sem fin août, plage de la Chambre d'Amour.* Compétition de surf professionnel du circuit QS 1500 de la WSL, qualificatif pour les championnats du monde.

BIARRITZ (MIARRITZE)

(64200) 26 000 hab. Carte Labourd, B1

• Plan *p. 98-99*

« **Quand on hésite entre deux plages, l'une d'elles est toujours Biarritz.** »

Sacha Guitry

Un nom certes mythique, évoquant les rois et les empereurs du XIXe s, les frasques de la Belle Époque et les délires de l'entre-deux-guerres. La reine des plages, la plage des rois, a longtemps vécu sur cette image aristo. Mais Biarritz a changé : aujourd'hui, on y voit surtout les rois du surf, les princes des branchés, les accros du golf, les princesses du shopping et les reines de la thalasso ; quant à la ville elle-même, elle est en cure de rajeunissement sur tous les plans (en commençant par le culturel).

Beaucoup de monde en haute saison, dont tous les amoureux d'air vif et salin. Biarritz, avec ses palmiers, ses hortensias, ses villas néobasques, ses rochers en miettes et les sautes d'humeur de sa météo, se prend parfois pour la Bretagne, parfois pour la Côte d'Azur. Et on n'est pas les seuls à bien aimer les jours de tempête hors saison. La ville, en perdant de son vernis, y gagne en humanité teintée d'un brin d'amertume quand les déferlantes s'écrasent sur le rocher de la Vierge. Quel que soit le temps, il n'y a qu'à se poser sur un parapet pour laisser son esprit divaguer, happé par les vagues et ceux qui les chevauchent. Et que dire du coucher de soleil sur l'océan, dans le fracas de la marée montante...

ÉCRIVAIN ET DEVIN

En 1843, 11 ans avant Eugénie et Napoléon III, Victor Hugo tomba sous le charme de Biarritz, « ce village blanc à toits roux et contrevents verts posé sur des croupes de gazon ». Mais, déjà, l'auteur craignait que « Biarritz ne devienne à la mode », pronostiquant même que « ce jour arrivera vite ». Il ne croyait pas si bien dire...

UN PEU D'HISTOIRE

Il était une fois (au Moyen Âge, bien sûr) un village scindé entre les travailleurs de la mer, vivant près du port, et les autres, plus terre à terre, habitant autour de l'église. Il s'appelait *Bearriz,* consonance très proche de son nom basque *Miarritze,* qui pourrait se traduire par « langue de rochers ». Longtemps, ***ces Basques chassèrent les baleines*** qui venaient passer l'hiver par ici. Ambroise Paré, en voyage dans le pays avec Catherine de Médicis et Charles IX, décrivit dans le détail ces chasses étonnantes dans son ouvrage *Des monstres.* S'il n'avait pas choisi la médecine, il aurait pu être grand reporter !

Bien avant (de 1152 à 1451), ***Biarritz fut sous domination anglaise, comme tout le Labourd.*** Aliénor d'Aquitaine, répudiée par le roi de France, apporta en dot ses terres à son nouveau mari, Henri II Plantagenêt, le roi d'Angleterre. La ville n'était alors qu'une banlieue de Bayonne sans grand intérêt. Les choses ne s'arrangèrent pas quand les baleines disparurent du golfe. Nombreux furent les marins qui opérèrent une reconversion et devinrent corsaires du roi.

Naissance d'une notoriété

À la fin du XVIIIe s, les médecins vinrent au secours de la ville, déclarant les bains de mer thérapeutiques. Du coup, on plongeait les fous dans les vagues en espérant que le choc leur rendrait la raison. Méthode sans grand résultat, en dehors de quelques noyades ! Bientôt, le plaisir allait remplacer la médication, et le tourisme devint l'une des ressources principales de la cité. En 1808, Napoléon, accompagné de Joséphine, séjourna quelques mois à Biarritz pour installer son frère Joseph sur le trône d'Espagne. Il en profita pour y faire trempette. Hugo et sa maîtresse, Juliette Drouet, Stendhal, Flaubert y séjournèrent également.

IRONIQUES PLAGES D'HISTOIRE

En même temps que Napoléon III, un Allemand bougon du nom de Bismarck arpentait les plages dorées de Biarritz. Il faillit même se noyer, et un Biarrot courageux, surnommé Carcabueno, le tira des vagues. Quelques décennies plus tard, en pleine forme, c'est ce même Bismarck qui allait mettre la France à genoux (1870). Depuis, plus personne ne parle ici de ce pauvre Carcabueno.

Puis, un jour, Louis Napoléon Bonaparte tomba amoureux d'Eugénie, qui faisait partie de cette vieille noblesse espagnole à cheval sur ses principes et son catholicisme. Elle sut donc résister et se faire désirer. Le futur empereur lui demanda quel était le plus court chemin pour parvenir à son appartement. Elle répondit avec vivacité : « Par l'église. »

En 1854, ***Napoléon III et Eugénie arrivèrent à Biarritz*** pour 2 mois. Ce fut le coup de foudre. Ils y revinrent pendant 14 ans. En construisant la villa Eugénie, Napoléon III consacra le succès de la station. Vendue par l'impératrice en 1881 pour être transformée en un hôtel-casino, la mythique villa devint en 1905, après un terrible incendie et de nombreux agrandissements, l'*Hôtel du Palais,* qui vit défiler toutes les têtes couronnées ou célèbres, à commencer par les rois d'Angleterre.

Apogée du succès

Durant la Belle Époque, Biarritz devient la « plage des rois ». Casinos, tramways, théâtre où se produisent les plus grandes stars, Sarah Bernhardt en tête, concerts, thermes salins, la ville est à la pointe de la mode et du progrès. Le monde entier accourt à Biarritz dans des hôtels de plus en plus grands et de plus en plus luxueux. On est loin de Paris (12h de train), et seuls les gens riches peuvent se permettre le voyage. La Première Guerre mondiale sera ici ressentie beaucoup moins durement qu'ailleurs. Coco Chanel y installe d'ailleurs une boutique en 1915. Et à la sortie du conflit, les Années folles relancent la vogue de Biarritz. La ville connaît des fêtes inoubliables où se retrouvent les plus grandes vedettes du cinéma, des finances, de la mode, des lettres et des arts. Le krach de 1929, la grande dépression qui suivit et la Seconde Guerre mondiale sonnèrent le glas de l'insouciance. Cependant, avec l'avènement des congés payés et grâce au golf, au surf, à la thalassothérapie, sans oublier ses nombreux festivals et sa capacité à attirer les congrès de toutes sortes, la station tient toujours bon la rampe. Climat, douceur de vivre et splendeurs du passé font encore fantasmer les touristes d'aujourd'hui. Une chance !

MERCI HEMINGWAY !

En 1956, des Américains vinrent tourner à Biarritz l'adaptation du roman de Hemingway Le soleil se lève aussi. *Le scénariste Peter Viertel (mari de l'actrice Deborah Kerr) débarqua avec une planche de surf venant de Californie. La mode était lancée.*

Arriver – Quitter

En train

Gare SNCF (hors plan par C4) : *à 3 km au sud-ouest du centre-ville, quartier de la Négresse. ☎ 36-35. • oui.sncf •* Quelques trains directs de/vers Paris-gare Montparnasse (4h10 de trajet). Une dizaine de trains/j. de/vers Bayonne, Hendaye et Saint-Jean-de-Luz. Bus *Chronoplus* n° 5 pour rejoindre le centre-ville.

En avion

➢ Biarritz est desservie quotidiennement par ***Air France*** au départ de Roissy et par ***Transavia*** au départ d'Orly. Également des vols depuis Roissy (et Lyon en été) avec ***Easyjet.*** Pour rejoindre le centre-ville depuis l'aéroport, bus *Chronoplus* n° 36. Pour le centre-ville de Bayonne depuis l'aéroport, bus n°s 3 ou 4 *• chronoplus.eu •*

Adresses et infos utiles

Office de tourisme (plan C1) : *1, sq. d'Ixelles. ☎ 05-59-22-37-10. • tourisme.biarritz.fr • Application mobile • macotebasque.com • Tlj 9h-19h, juil-sept ; tlj sauf dim ap-m en hiver.* Installé dans un somptueux pastiche XIXe s d'un palais italien.

Transports

Gare routière (plan C2) : *derrière la mairie, rue Louis-Barthou, et à l'aéroport.* Pas vraiment une gare routière pour la 1re, en fait seulement un arrêt des bus de *Chronoplus* (voir ci-dessous). Pour les compagnies espagnoles *Conda-Alsa et Pesa* (bus vers Saint-Sébastien), arrêt sur l'avenue Charles-Floquet *(hors plan par C3).* À l'aéroport, départ des bus *FlixBus, BlaBlaBus, Alsa* et *Pesa,* entre autres.

Bureau Chronoplus (plan C1-2) : *av. Louis-Barthou, face à l'office de tourisme et à l'arrêt du Trambus T1. ☎ 05-59-24-26-53. • chronoplus.eu • Lun-sam 8h15-12h, 13h30-18h.* Plans du réseau, horaires, vente de tickets et *pass.* Juste en face, l'arrêt du *Trambus T1,* qui file vers Bayonne.

Se déplacer à Biarritz et dans les environs

– ***Trambus :*** *• trambus-paysbasque.fr •* Le *Trambus* électrique dessert 31 stations entre Bayonne et Biarritz-centre, via Anglet. Arrêt devant l'office de tourisme.

– ***Quelques autres lignes urbaines intéressantes :*** le bus n° 38 relie la gare de Biarritz à Anglet (La Barre) en passant par le centre puis en longeant la côte ; le n° 44, Biarritz à Bidart ; le n° 5 relie la gare à Biarritz-centre. De l'aéroport (lire plus haut en intro de « La Côte basque, de Bayonne à Hendaye »), ligne n° 36 pour rejoindre le centre de Biarritz.

– ***Txik Txak :*** *☎ 0801-902-264. • txiktxak.fr •* La ligne *Car Express* n° 3 dessert, à partir de Bayonne et via Biarritz, toute la côte jusqu'à Hendaye. À Biarritz, arrêt à l'aéroport et à côté de la gare de la Négresse (station-service *Esso,* sous le viaduc).

– ***Hegobus :*** *☎ 0800-891-091 (appel gratuit depuis un poste fixe). • hegobus.fr •* En semaine, ligne n° 51 entre la gare de Biarritz et Saint-Jean-de-Luz, via Arbonne et Ahetze.

– ***Navettes gratuites :*** *tte l'année, lun-sam (plus dim en hte saison), ttes les 20 mn (40 mn pdt la pause déj).* 2 parcours différents : la navette Saint-Charles relie le phare à l'hippodrome, via le centre-ville ; la navette Verdun relie Bibi-Beaurivage aux hauteurs de l'avenue de Verdun, via la côte des Basques et le centre-ville.

Taxis : *☎ 05-59-03-18-18.*

Parkings : nombreux parkings couverts payants un peu partout en ville (chers). Dans la rue, le stationnement est payant partout dans l'hyper-centre. Mais on trouve des places gratuites dès qu'on s'en éloigne un peu, dans le quartier Saint-Charles par exemple, sinon vers le phare *(hors plan par C1)* ou autour du musée Asiatica *(plan C3).* Le petit parking de *Beaurivage (plan A3)* est gratuit d'octobre à fin avril.

NORD
Rocher de la Vierge
Plateau de l'Atalaye
Aquarium de Biarritz
Port des Pêcheurs
le Basta
Boulevard du
Espace Bellevue
74
Leclerc
Sainte-Eugénie
Bd du Maréchal
Espl. du Rocher de la Vierge
Plage du Port-Vieux
PL. ATALAYE
PL. STE EUGÉNIE
Mazagran
PL. BELLEVUE
60
R. Monhaut
PL. CLEMENCEAU
94
Gambetta
71
Espl. du Port Vieux
R. du Port-Vieux
72
51
R. des Goélands
Musée historique de Biarritz
55
PL. DU PORT VIEUX
21
R. G. Larre
13
75
R. Al. c. Augey
Hugo
100
R. de la Poste
R. Broquedis
61
48
CENTRE-VILLE
23
Halles
R. des Halles
PL. SODRADIEL
Av.
11
77
42
R. du Centre
Victor
16
R. Champ-Lacombe
18
Av. du Fourneau
R. Peyroloubilh
73
Rue
R. Duller
52
Avenue
15
R. E.
80
Avenue Carnot
1
54
19
Av.
20
Basques
CARREFOUR D'HÉLIANTHE
Av. de Londres
R. Laborde
R. Jeanne d'Arc
Rue
Avenue de
OCÉAN ATLANTIQUE
Beaurivage
Rue Lousteau
Rue
Joffre
Parc Mazon
des
40
R. Paul Bert
2
ROND-POINT LICHTENBERGER
R. Vauréal
Michelet
Maréchal
49
R. Saint Jean
Côte
Rue
Rue de l'Océan
QUARTIER BEAURIVAGE
78
du
d'Espagne
R. des Cholets
Marie-Douce
Square J.-B.-Lassalle
R. de
41
76
Av. de Notre-Dame
Avenue
R. Lamartine
Rue Harispe
Av. de Pioche
Avenue
Rue
0
100
200 m
A
B
1
2
3
4
10 ST-JEAN-DE-LUZ
Cité de l'Océan

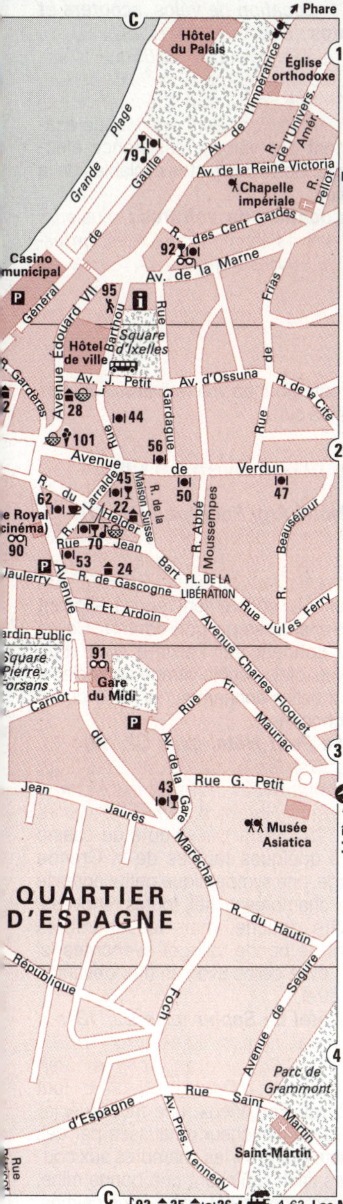

Adresses utiles

- Office de tourisme (C1)
- 1 Sobilo Scooters (B3)
- 2 Écoles de surf (A3)

Où dormir ?

- 10 Biarritz Camping (hors plan par A4)
- 11 Hôtel Argi Eder (B2)
- 12 Le Petit Hôtel (C2)
- 13 Hôtel Le Saphir (B2)
- 14 Hôtel Mirano (hors plan par C3)
- 15 Hôtel Édouard VII (B3)
- 16 Hôtel Maison Garnier (B2)
- 17 Chambres d'hôtes Arima Biarritz (hors plan par C2)
- 18 Hôtel La Maison du Lierre (B2)
- 19 Hôtel Saint-Julien (B3)
- 20 Hôtel Maïtagaria (B3)
- 21 Hôtel Palym (A2)
- 22 Ama Hôtel (C2)
- 23 Hôtel de Silhouette (B2)
- 24 Hôtel Villa Koegui (C2)
- 25 Chambres d'hôtes Nere Chocoa (hors plan par C4)
- 26 Hôtel Le Château du Clair de Lune (hors plan par C4)
- 28 Hôtel Mercure Plaza (C2)

Où manger ?

- 40 Le Surfing (A3)
- 41 Le Crabe-Tambour (B4)
- 42 B2-Le Bistrot de Biarritz (B2)
- 43 Txango (C3)
- 44 Le Clos Basque (C2)
- 45 Chez Pilou (C2)
- 46 Léonie (hors plan par C1)
- 47 Los Dos Hermanos (C2)
- 48 Chistera et Coquillages (B2)
- 49 Hernani (B3)
- 50 Le Pim'Pi Bistrot (C2)
- 51 Mikelena (B2)
- 52 Le CAB (B3)
- 53 L'Entre Deux (C2)
- 54 Carøe (B3)
- 55 Manatee (B2)
- 56 Helbidea (C2)

Où prendre le thé et déguster des gâteaux ? Où prendre le petit déj ? Où manger une glace ?

- 60 Miremont (B2)
- 61 Maison Dézamy (B2)
- 62 Milwaukee Café (C2)

Où grignoter quelques tapas ? Où boire un verre ?

- 70 Époq (C2)
- 71 Eden Rock Café (A2)
- 72 Ventilo Café (B2)
- 73 L'Artnoa – Maison des Vins de Biarritz (B3)
- 74 Crampotte n° 30 (B2)
- 75 Miguel Café (A2)
- 76 Chéri Bibi (B4)
- 77 Le Bar du Marché (B2)
- 78 Etxola Bibi (A4)
- 79 La Grande (C1)
- 80 La Cabane à Huîtres (B3)

Où sortir ? Où danser ?

- 90 Le Royal (C2)
- 91 La Gare du Midi (C3)
- 92 Le Petit Bijou (C1)
- 93 L'Atabal (hors plan par C4)
- 94 Le Caveau (B2)
- 95 Le Duplex (C1)

Achats

- 23 Art of Soule (B2)
- 28 Lartigue 1910 (C2)
- 100 Maison Arostéguy (B2)
- 101 Henriet (C2)

BIARRITZ

Enfin, en juillet-août, un parking de délestage à la halle d'Iraty (proche de l'aéroport) est relié toutes les 20 mn au centre-ville par des navettes gratuites (8h45-23h).

Vélibleu : service commun à toute la Côte basque, avec 12 stations d'Hendaye à Tarnos (2 à Biarritz : une borne à l'office de tourisme et une devant le musée Asiatica). Application à télécharger sur Google Play ou Apple Store. Compter 2 €/h (10 premières minutes gratuites). Infos sur • *communaute-paysbasque.fr* •

■ ***Location de vélos, scooters et motos : Sobilo Scooters*** *(plan B3, **1**), 24, rue Peyroloubilh. ☎ 05-59-24-94-47. • sobilo-scooters.com • En saison, tlj 8h-20h ; hors saison, en principe tlj 10h-18h (sinon téléphoner).* Loue également des vélos à assistance électrique. Carte des pistes cyclables de la région.

■ ***Location de voitures :*** *plusieurs loueurs à l'aéroport dont **Avis, Enterprise, Europcar** ou **Sixt.***

Où dormir ?

Attention, en été, nos adresses classées « Prix moyens » voient leurs tarifs grimper dans la catégorie supérieure.

Camping

Biarritz Camping *(hors plan par A4, **10**) : 28, route d'Harcet. ☎ 05-59-23-00-12. • info@biarritz-camping.fr • biarritz-camping.fr • ♿ À 2 km au sud du centre-ville. Bus nº 38 de la gare ou du centre. Desservi par les bus de nuit jusqu'à 5h en juil-août. Ouv avr-sept. Compter 20-50 € pour 2 selon saison. Bungalows toilés et mobile homes. 190 empl.* À 600 m de la plage de Milady, un camping en terrasses tout confort et surtout très plaisant, bien ombragé et idéal pour les familles. Cela dit, c'est le seul de la ville ! Snack-bar, resto, supérette, piscine et pas mal d'animations.

Spécial *road trip*

Campy Camper *(hors plan par C4) : 28, Chapelet. ☎ 09-53-22-44-44. • contact@campycamper.com • campycamper.com • 49-149 €/j. From Biarritz to freedom...* on loue ici différents types de vans aménagés pour 2 à 5 personnes. Il y a la lumière et l'électricité, les banquettes se transforment en lits et le coffre en cuisine : évier, frigo, réchaud à gaz, vaisselle... et même un flexible pour prendre sa douche en plein air ! L'assurance est incluse. Kilométrage illimité ou non selon le véhicule. Y a plus qu'à prendre la route pour un vrai *revival sixties*, très culture surf.

De prix moyens à chic

Hôtel Argi Eder *(plan B2, **11**) : 13, rue Peyroloubilh. ☎ 05-59-24-22-53. • contact@hotel-argieder.fr • hotel-argieder.fr • Doubles 57-125 €.* Un petit hôtel entièrement rénové, alignant des chambres de bon confort. Celles qui donnent sur l'arrière sont d'un calme total ; double vitrage appréciable pour celles donnant sur la rue. Accueil bonhomme.

Le Petit Hôtel *(plan C2, **12**) : 11, rue Gardères. ☎ 05-59-24-87-00. • contact@petithotel-biarritz.com • petithotel-biarritz.com • Doubles 60-120 € ; familiale.* À côté du casino et à quelques foulées de la Grande Plage, une sympathique petite adresse aux chambres nickel, toutes rénovées. Petite douche, mais les chambres sont de bonne taille et avenantes (si l'on évite celles avec un mur devant la fenêtre).

Hôtel Le Saphir *(plan B2, **13**) : 3, rue Gaston-Larre. ☎ 05-59-24-12-23. • contact@hotel-lesaphir.com • hotel-lesaphir.com • Doubles 60-130 €.* Tout près du Port-Vieux, une façade éclatante de blancheur rehaussée par des volets indigo. Si les chambres aux couleurs flashy affichent une bonne mine, préférez celles côté cour, plus calmes. Les plus chères, spacieuses, ont aussi des lits plus larges. Côté sommeil, gare à l'animation du *Bar Basque* juste en face.

Hôtel Mirano *(hors plan par C3, **14**) : 11, av. Pasteur. ☎ 05-59-23-11-63. • contact@hotelmirano.fr • hotel-mirano-biarritz.fr • ♿ Dans le quartier Saint-Martin ; fléché depuis la gare de la Négresse. Navette gratuite pour le centre-ville en été. Congés : de mi-fév à début mars. Doubles 57-210 € ; familiales. Café offert sur présentation de ce guide.* Un peu excentré mais facilement accessible depuis la D 810 (l'ancienne N 10), ce petit hôtel installé dans une villa rétro a opté pour un style coloré et ultra-pop. La déco assume ses références aux seventies. C'est rond, gai, flashy et vitaminé. Les chambres sont dotées d'un confort tout ce qu'il y a de plus actuel. Pas de problème pour se garer dans le coin (gratuit).

Chic

Hôtel Édouard VII *(plan B3, **15**) : 21, av. Carnot. ☎ 05-59-22-39-80. • contact@hotel-edouardvii.com • hotel-edouardvii.com • Tte l'année. Doubles 85-200 € ; familiales.* C'est l'un de ces lieux rares, fidèles au charme du passé dont seul Biarritz a su garder le secret. Un établissement élégant, amoureusement rénové dans l'esprit d'une ancienne maison de maître. Teintes claires dans les chambres, rehaussées de papiers peints colorés, parquet lustré, mobilier patiné et jolies salles de bains. Et parfois une terrasse, un balcon. Coup de cœur pour la véranda, où on prend le temps de vivre. Excellent confort et bon accueil.

Hôtel Maison Garnier *(plan B2, **16**) : 29, rue Gambetta. ☎ 05-59-01-60-70. • maison-garnier@hotel-biarritz.com • hotel-biarritz.com • Doubles 85-150 €.* Un petit hôtel intimiste à l'ambiance de pension de famille chic. Une poignée de chambres de charme, agréables et décorées avec beaucoup de goût : nombreux meubles anciens, par exemple, disséminés un peu partout. On a un faible pour la mansarde lovée sous les toits où un pilier en fer supporte toute la maison. Situation idéale, au cœur de l'animation biarrote. Excellent accueil.

Chambres d'hôtes Arima Biarritz *(hors plan par C2, **17**) : 13 bis, av. du Parc-Bon-Air. 📱 06-88-46-78-46. • arimabiarritz@orange.fr • arima-biarritz.com • Doubles 95-125 €.* Dans une agréable maison à 5 mn du centre et des plages, 3 chambres contemporaines, élégantes, tout confort, avec entrée indépendante et cuisine pour les hôtes. S'il fait beau, on prend le petit déj en terrasse, au bord de la petite piscine chauffée. Cuisine extérieure. Accueil charmant et enjoué.

Hôtel La Maison du Lierre *(plan B2, **18**) : 3, av. du Jardin-Public. ☎ 05-59-24-06-00. • biarritz@maisondulierre.com • maisondulierre.com • Doubles 90-340 € ; familiales. Parking 14 €/j.* Un hôtel qui se prévaut d'un « esprit maison d'hôtes », à savoir convivial et familial. Réception et escaliers aux belles boiseries font d'entrée de jeu une forte impression (il y a aussi un ascenseur), tout comme les chambres, lumineuses et à l'atmosphère apaisante. Certaines ont vue sur le jardin et disposent d'un balcon ou d'une terrasse. Petit déj très soigné, à prendre sur la terrasse-jardin.

Hôtel Saint-Julien *(plan B3, **19**) : 20, av. Carnot. ☎ 05-59-24-20-39. • contact@hotel-saint-julien-biarritz.fr • hotel-saint-julien-biarritz.fr • ♿ Doubles 70-280 €. Parking payant (sur résa).* Cet élégant hôtel de 1895 aux allures de maison de campagne n'a gardé d'origine que son parquet et son bel escalier en bois, désormais secondé par un ascenseur. Réparties sur 3 étages, les chambres, plutôt vastes, ont toutes été rénovées dans un style très actuel et gardent un sacré cachet : couleurs douces, douches à l'italienne, voire baignoire balnéo pour les supérieures. Certaines bénéficient d'une vue sympa sur les montagnes ou sur l'océan. Confort excellent (clim, coffre-fort) et accueil charmant. Bon petit déj (les œufs brouillés, hmm !), servi en terrasse aux beaux jours.

Hôtel Maïtagaria *(plan B3, **20**) : 34, av. Carnot. ☎ 05-59-24-26-65. • hotel.maitagaria@wanadoo.fr • hotel-maitagaria.com • Doubles 72-200 € ; familiales. Un petit déj/chambre offert (sauf de mi-juil à fin sept) sur présentation de ce guide pour tte résa en direct.* Un petit hôtel de charme proposant des chambres

LE LABOURD

spacieuses, tenues au cordeau et meublées dans un style Art déco prononcé. Certaines bénéficient d'une jolie vue sur le jardin de l'hôtel. Ascenseur. Accueil charmant. Une bonne adresse.

Hôtel Palym *(plan A2,* ***21****) : 7, rue du Port-Vieux. ☎ 05-59-24-16-56. • b64200@gmail.com • hotel-palym-biarritz.fr • ♿ Doubles 70-180 €.* En plein cœur de la ville, à 2 pas de la plage, un établissement pimpant, aux chambres joyeuses et de taille honorable (douches à l'italienne ou bains), avec décoration dans l'air du temps. En été, préférer les chambres côté cour, plus calmes que celles qui donnent sur la très animée rue du Port-Vieux. 4 disposent de petits balcons. Accueil très sympa.

Ama Hôtel *(plan C2,* ***22****) : 8, rue de la Maison-Suisse. ☎ 05-59-22-64-60. • info@ama-hotel.fr • ama-hotel.fr • Doubles 90-250 €.* À 2 pas du centre mais au calme, un hôtel intime, rénové de frais dans un style très actuel (et très réussi) et tout confort (clim, minibar), installé dans un élégant immeuble d'angle de 3 étages (ascenseur), bâti au XIXe s. Les chambres les plus chères ouvrent sur un balconnet avec vue sur la ville. Petit déj maison, à prendre dans l'agréable salon lumineux. Bon accueil.

De plus chic à beaucoup plus chic

Hôtel de Silhouette *(plan B2,* ***23****) : 30, rue Gambetta. ☎ 05-59-24-93-82. • reservations@hotelsilhouette.com • hotel-silhouette-biarritz.com • Doubles 120-300 € (3 nuits min en été).* Baptisé ainsi en hommage à l'ancien ministre des Finances de Louis XV, un homme qui a donné son nom à une ombre chinoise et à plusieurs générations de Silhouette. Cette grande villa datée de 1610 abrite aujourd'hui des chambres design aux couleurs chaleureuses, qui donnent du tonus à tout séjour passé ici. Chambres plus standard côté halles, plus cosy et plus calmes côté jardin. Parc peuplé de sculptures et décoré par une œuvre de street art. Bar où se déroulent des apéros jazz en été.

Hôtel Villa Koegui *(plan C2,* ***24****) : 7, rue de Gascogne. ☎ 05-59-50-07-77. • direction@villakoegui-biarritz.fr • hotel-villakoegui-biarritz.fr • Doubles 115-305 €.* Cette maison à la façade anonyme au centre de Biarritz cache un lieu charmant, organisé autour d'un verdoyant patio. On y trouve une quinzaine de chambres spacieuses, offrant un confort total, avec salles de bains modernes et clim. Déco plutôt sobre, avec çà et là quelques photos d'art. On a bien aimé les mansardes nichées sous les toits, équipées de Velux. Si vous êtes en famille, la suite avec patio privé est une bonne option. Petit déj 100 % maison, à prendre sur la table d'hôtes, en terrasse ou dans les profonds canapés. Expos d'artistes locaux dans les parties communes.

Chambres d'hôtes Nere Chocoa *(hors plan par C4,* ***25****) : 28, rue Larreguy. 📱 06-08-33-84-35. • maryse.cadon@wanadoo.fr • nerechocoa.com • Vers le lac Marion. Doubles 100-160 €.* Cette belle demeure de vacances pour princesse d'autrefois est devenue une maison d'artistes contemporaine, agrémentée de grands tableaux et d'un coin musique débordant d'instruments. On retrouve les tonalités dominantes (le blanc, le beige et le gris) dans les chambres (3 doubles et 2 suites, dont 1 avec terrasse), et de vieux meubles de boulanger ou drapier habilement détournés de leur usage d'origine. Belle véranda lumineuse où prendre le petit déj, et grand parc pour rêver au pied d'un chêne.

Hôtel Le Château du Clair de Lune *(hors plan par C4,* ***26****) : 48, av. Alan-Seeger. ☎ 05-59-41-53-20. • reception@hotelclairlune.com • hotelclairlune.fr • À env 6 km du centre-ville. Ouv de mi-avr à mi-nov. Doubles 159-289 € ; familiales.* Isolée dans un superbe parc fleuri de 8 ha, cette demeure du début du XXe s recrée un cadre de vie du grand XVIIIe s : vastes chambres au beau mobilier ancien, atmosphère très british avec quantité de recoins et de salons pour s'isoler, accueil à la fois stylé et discret. Quant au pavillon de chasse, il propose, à qui préfère son indépendance, quelques chambres plus contemporaines avec terrasse.

Piscine. Resto (plutôt gastro) sur place. Un endroit de rêve pour se reposer à l'écart de l'agitation de la côte.

Hôtel Mercure Plaza (plan C2, **28**) : *10, av. Édouard-VII.* ☎ *05-59-24-74-00.* • *h5681@accor.com* • *Doubles 140-249 €. Parking payant.* Idéalement situé, à 100 m de la Grande Plage. Bâti en 1927, classé Monument historique pour sa façade et ses aménagements intérieurs Art déco, cet ancien palace a de l'ampleur, même si le charme s'émousse peu à peu. Les chambres, toutes spacieuses, au mobilier années 1930, sont classées selon la vue. Les moins chères, côté ville, proposent des tarifs abordables ; pour les autres, mieux vaut guetter les promos. Élégant bar de style rétro. Accueil très pro.

Où manger ?

Sur le pouce

Mikelena (plan B2, **51**) : *26, rue Mazagran.* ☎ *05-35-39-10-61.* • *mikelena.biarritz@gmail.com* • *Tlj 10h-20h. Sandwich 5 € ; formules 7-9 €.* Cette épicerie fine située en plein cœur de Biarritz propose d'excellents sandwichs, réalisés uniquement avec des produits de grande qualité. Les formules avec gâteau basque et boisson sont une vraie aubaine.

Le CAB (plan B3, **52**) : *62, rue Gambetta.* ☎ *05-59-51-07-10.* • *lecabbiarritz@gmail.com* • *Tlj sauf lun hors saison. Congés : nov. Burgers 11-14 €.* CAB, c'est pour Comptoir à Burger. Un minuscule endroit plébiscité par les locaux comme par les voyageurs : à juste titre, classiques ou régionaux (le « Bayonne », le « Bixente », le « Landais »...), à base de produits locaux, fermiers même parfois, ces burgers tiennent la route. Joli cadre, accueil jovial, bières artisanales locales et petite carte de vins au verre bien choisis.

Sans oublier le ***Milwaukee Café*** (voir plus loin).

Prix moyens

Le Surfing (plan A3, **40**) : *9, bd du Prince-de-Galles.* ☎ *05-59-24-78-72.* • *lesurfing.btz@gmail.com* • *Tlj (sauf mar soir-mer hors saison) ; service continu le w-e. Congés : janv. Formule déj 24 € ; menu soir 33 €. Carte env 40 €.* C'est ici, derrière la longue baie vitrée ou sur la terrasse surplombant la mythique côte des Basques, que se retrouvent les fanas de vagues. Le matin, formule petit déj avant de partir à l'assaut des rouleaux, puis burgers ou poissons *a la plancha* pour se requinquer à la sortie de l'eau. Le soir, apéro *sunset* pour tous en terrasse. Pris d'assaut en été.

Chez Pilou (plan C2, **45**) : *3, rue Larralde.* ☎ *05-59-24-11-73.* • *philippe.gri@sfr.fr* • *Tlj sauf dim-lun. Formule déj 14 € ; carte 35-40 €.* Un super bistrot dans l'esprit des bouchons lyonnais, avec nappes à carreaux et grand miroir sur lequel sont écrits les plats du jour. L'adresse conviviale par excellence, où se retrouvent au déjeuner les gens du quartier pour une formule copieuse à petit prix. Le soir, c'est carrément plus cher mais il y a souvent foule au resto comme au bar : demandez alors à Pilou, incontournable figure biarrote, de vous concocter un cocktail dont il a le secret !

Manatee (plan B2, **55**) : *13, rue Gambetta.* ☎ *05-24-33-03-06.* • *info@manatee-biarritz.fr* • *Tlj sauf mer-jeu, 9h (10h30 dim)-19h. Petit déj 13 € ; plat du jour 15 € ; carte env 30 € ; brunch dim 24 €.* Sobre décor contemporain pour cette adresse dans l'air du temps, à la fois *coffee shop* et resto. À fréquenter dès le petit déj, au déjeuner avec une cuisine fraîche et maligne ou pour un fameux quatre-heures (gâteaux à s'en lécher les doigts, thés et cafés choisis). À toute heure, bons produits locaux, souvent bio. Petite terrasse en surplomb de la rue.

Txango (plan C3, **43**) : *5, av. de la Gare.* ☎ *05-59-51-24-98.* • *txangobiarritz@gmail.com* • *Tlj sauf dim-lun (fermé seulement le midi dim-lun en hte saison). Congés : 2 sem en fév, 10 j. en* *juin et 2 sem en nov. Menus 19 € (déj sem) et 34 €.* Il est beau, il est convivial ce bistrot de quartier, avec ses murs en vieille pierre, son bar biscornu, sa mezzanine accrochée à de solides poutrelles, sa terrasse rangée au pied des platanes. Le midi, on s'y sustente d'un petit menu à l'ardoise. Le soir, on pioche dans une cuisine traditionnelle plus solide, à moins d'opter pour des tapas maison typées Sud-Ouest, à arroser d'un cocktail.

|●| ⛱ ***Le Clos Basque*** *(plan C2,* ***44****) : 12, rue Louis-Barthou. ☎ 05-59-24-24-96. • leclosbasque@gmail.com • Tlj sauf dim soir et lun. Plat du jour 8,50 € ; menu-carte 28 €.* Voilà des années que la belle affaire est connue des Biarrots qui, à eux seuls, remplissent été comme hiver la salle chaleureuse : tomettes, murs en pierre et linge basque sur les tables. Aux beaux jours, il faut impérativement réserver sa table en terrasse. Des produits locaux, un service ultra-pro et des prix étudiés, voilà le tiercé gagnant qui assure encore de beaux jours à cette adresse discrète.

|●| ***Hernani*** *(plan B3,* ***49****) : 27-29, av. du Maréchal-Joffre. ☎ 05-59-23-01-01. • contact@restaurant-hernani.com • ♿ Tlj 19h30-23h. Congés : 2 sem début janv et 3 sem fin juin. Carte 30-35 €. Apéritif maison offert sur présentation de ce guide.* Ambiance espagnole typique dans ce resto aménagé comme une cidrerie du Guipúzcoa, avec ses tonneaux le long du mur et ses grandes tables en bois. Cuisine basco-espagnole de qualité, avec omelettes et excellentes grillades. Service jusque tard le soir, toujours souriant et très efficace, de quoi contribuer à la bonne ambiance générale. Parfois des chants basques.

|●| ***Le Crabe-Tambour*** *(plan B4,* ***41****) : 49, rue d'Espagne. ☎ 05-59-23-24-53. • contact@crabetambour.com • ♿ Tlj en été ; fermé dim soir et lun hors saison. Résa conseillée. Formule et menu déj en sem 13,50-16,50 € ; carte 35-40 €.* Cette adresse du quartier Beaurivage tient le cap. Le chef y cuisine simple, bon et goûteux. *Axoa* de veau ou *chipirons* à l'encre par exemple, pour le menu du midi. Mais c'est le poisson qui reste la valeur sûre, avec notamment la soupe de poisson, les tagliatelles aux fruits de mer et une copieuse *parrillada*. Accueil agréable.

|●| Voir aussi nos adresses dans la rubrique « Où grignoter quelques tapas ? Où boire un verre ? ». Pour la plupart, ces bars font également restos.

De prix moyens à chic

|●| 🍸 ⛱ ***Carøe*** *(plan B3,* ***54****) : 51 bis, rue Gambetta. ☎ 09-83-34-54-60. • contact@caroe-nordisk.com • Tlj le soir seulement, fermé le dim hors saison. Assiettes à partager (ou non) 7-15 € ; carte 35-40 €. Café offert sur présentation de ce guide.* Une adresse de poche tenue par un couple franco-danois qui bouscule les papilles des gourmands de Biarritz et d'ailleurs. Joli décor de faïence turquoise, sur laquelle s'affichent les propositions du jour. Dans l'assiette, toute la richesse de la pêche locale servie fumée, en gravelax ou en ceviche, un cochon kintoa snacké, des légumes du pays faisant plus que de la figuration, et des desserts gourmands où le chocolat basque s'invite généreusement... Une cuisine surprenante, aussi savoureuse qu'esthétique. Riche carte des vins à tendance nature, à tous les prix. Excellent accueil.

|●| ***Helbidea*** *(plan C2,* ***56****) : 13, av. de Verdun. ☎ 05-59-85-61-21. • bonjour@helbidea.fr • Tlj sauf lun hors saison. Plat du jour env 13 € ; carte 35-40 €.* « Bistrot locavore » annonce l'enseigne. Produits 100 % locaux donc pour une cuisine... de bistrot (basque), rondement menée. Agréable décor de néo... bistrot. Et excellent accueil.

|●| ⛱ ***Léonie*** *(hors plan par C1,* ***46****) : 7, av. La Rochefoucauld. ☎ 05-59-41-01-26. • contact@restaurant-leonie.com • Tlj sauf mar soir et mer. Congés : 2 sem juin-juil et 2 sem nov-déc. Formule déj 18 € ; menu-carte 39 €. Léonie,* c'est la rencontre d'un couple, lui en cuisine, elle en salle. Un couple qui a voulu ce bistrot à son image, un lieu accueillant, simple mais élégant, où l'on vient se régaler d'une fine cuisine de saison. Produits locaux savamment travaillés et joliment présentés. Petite terrasse sur la rue. Une belle adresse.

B2-Le Bistrot de Biarritz *(plan B2, **42**) : 5, rue du Centre. ☎ 05-59-24-34-66. • restaurantb2@gmail.com • Fermé le midi en juil-août et mer-jeu hors saison. Congés : 10 j. en fév et en juin et 2 sem en nov. Formules déj (sauf dim) 16-19 €. Carte env 35 €. Digestif offert sur présentation de ce guide.* À côté des halles, un resto qui propose une cuisine de marché et de saison qui sait où elle va : pas d'extravagances, mais du (bon) goût, et des idées qu'on sent poindre à travers les plats de terroir joliment revisités. Les produits sont frais, souvent tournés vers le large, et les assiettes équilibrées.

Los Dos Hermanos *(plan C2, **47**) : 36, av. de Verdun. ☎ 05-59-22-32-67. • losdoshermanos64@gmail.com • Ouv tlj 19h30-23h. Congés : 2 sem début janv et 1 sem fin juin. Menu 32 € ; carte env 40 €. Sangria offerte sur présentation de ce guide.* Une grande auberge à l'espagnole avec son décor de bodega, conviviale comme il se doit. Los Dos Hermanos (ils sont effectivement 2 frères aux commandes) savent choisir les producteurs avec lesquels ils travaillent. La carte des vins comporte quelques belles trouvailles, aussi bien françaises qu'espagnoles. Accueil enjoué, service efficace et ambiance festive.

Chistera et Coquillages *(plan B2, **48**) : 13, rue des Halles. ☎ 05-59-41-89-45. • contact@chisterabiarritz.fr • Tlj sauf mer hors saison. Pintxos 10-12,50 € ; carte 30-35 €.* Devant les halles, le rendez-vous incontournable des Biarrots et des Parisiens mondains pour picorer tapas, fruits de mer (et coquillages, évidemment) dans une ambiance bouillonnante. La cuisine oscille entre terroir et fantaisie, illustrant joliment la diversité de la gastronomie basque. L'ambiance bistrot – avec banquettes rouges, fresque de pêcheurs et portrait de Luis Mariano derrière le comptoir – cadre bien avec le quartier.

Le Pim'Pi Bistrot *(plan C2, **50**) : 14, av. de Verdun. ☎ 05-59-24-12-62. • lepimpibistrot@gmail.com • Mar-sam (tlj en été). Résa vivement conseillée. Formules déj en sem 15-20 € ; menu 39 €.* Un néobistrot bien dans l'air du temps, qui a les faveurs de la clientèle d'ici et d'ailleurs, donc affiche souvent complet, d'où un service quelquefois un peu survolté. Il faut dire que la cuisine originale et créative recèle pas mal de touches surprenantes, voire audacieuses. Mais c'est justement cela qu'on vient chercher (et trouve), ici.

Plus chic

L'Entre Deux *(plan C2, **53**) : 5, av. du Maréchal-Foch. ☎ 05-59-22-51-50. • contact@lentredeuxbiarritz.com • Tlj sauf dim-lun et mar midi. Résa très conseillée. Menus 47-62 €.* L'une des meilleures tables de la ville, tenue par 2 amis d'enfance qui font des étincelles depuis qu'ils font équipe. Une salle sobre ouverte sur la cuisine, une carte courte, des produits frais joliment travaillés, il y a de quoi faire mouche. Le chef, qui avait déjà brillé à Saint-Jean-de-Luz (au *Zoko Moko*), connaît son affaire, comme la pâtissière, excellente, qui convaincra les plus réticents à finir sur une note sucrée. Le must : jouer les berniques accrochées au bar. On est ainsi aux 1res loges pour s'offrir un cours de cuisine gratis. Attention, à la carte, les prix grimpent vite.

Où prendre le thé et déguster des gâteaux ? Où prendre le petit déj ? Où manger une glace ?

Miremont *(plan B2, **60**) : 1 bis, pl. Clemenceau. ☎ 05-59-24-01-38. • contact@miremont-biarritz.fr • Tlj 9h-20h.* Légendaire pâtisserie ouverte depuis 1872. La reine Victoria, Alfonso XIII ou Édouard VII y avaient leurs habitudes. Et les jeunes filles de bonne famille s'y retrouvent toujours pour déguster des petits gâteaux dans le décor d'origine, derrière une baie vitrée dominant l'océan. Il faut souvent faire la queue, mais pâtisseries et viennoiseries sont excellentes. Essayez donc le « paris-biarritz », le « russe » ou le « béret basque ». *Miremont,* c'est aussi une brasserie-salon de thé à l'atmosphère chic, avec terrasse *(7, 4, 3, pl. Bellevue ; tlj 9h-23h juil-sept, jusqu'à 20h le reste de l'année).*

Milwaukee Café *(plan C2, **62**) : 2, rue du Helder. ☎ 05-59-54-17-04. • milwaukee.cafe@gmail.com • Tlj sauf lun hors saison 9h-18h (17h dim). Congés : 3 sem en fév. Plat du jour 12 € ; carte env 15-20 € ; brunchs le w-e 12-18 €.* À la fois *bakery, coffee shop* et grignoterie ludique, tenu par Wendi, originaire du... Milwaukee. Cookies, brownies et cupcakes alléchants encombrent délicieusement le comptoir, pour être croqués sur place ou emportés, tout comme bagels et sandwichs. L'adresse idéale pour un copieux petit déj, qu'on prend le temps de savourer dans la jolie salle aux murs en pierre, ou en terrasse. Très prisé aussi pour ses brunchs le week-end. Sinon, plat du jour, salades et burgers.

Maison Dézamy *(plan B2, **61**) : 11, rue des Halles. ☎ 05-59-26-52-67. • contact@maisondezamy.fr • Tlj 10h-23h30 en été ; hors saison, mer-dim 9h-13h, 15h-19h.* Le glacier préféré des Biarrots ! Il faut dire que Guillaume Dézamy coche toutes les cases de l'artisan respectueux des gourmands : lait de vache du Pays basque, fruits de saison de 1re qualité, chocolat chaud maison...

Sans oublier ***Manatee*** (voir la rubrique « Où manger ? »).

Où grignoter quelques tapas ? Où boire un verre ?

Biarritz bouge, prenez l'air du temps. Notre liste est loin d'être exhaustive, chaque vague nouvelle chassant les précédentes... Le dernier coin à la mode pour boire un verre le soir est le haut de la rue Gambetta *(plan B2-3).* Difficile de ne pas y trouver un bar à son goût !

Le Bar du Marché *(plan B2, **77**) : 8, rue des Halles. ☎ 05-59-23-48-96. Tlj sauf dim soir, lun et mar midi. Au resto, carte 30-35 €.* Le grand classique des halles (ici, on dit le *BDM*), où une foule de fêtards se retrouve chaque soir pour boire un verre en grignotant quelques tapas. Décor chaleureux et coloré de brasserie d'aujourd'hui, loin du folklore. Grande terrasse qui déborde largement sur le parvis. C'est également un resto : cuisine basque pas mal tournée, burgers maison.

Chéri Bibi *(plan B4, **76**) : 50, rue d'Espagne. ☎ 05-59-41-24-75. • cheribibibiarritz@gmail.com • Tlj sauf sam midi et dim. Formule déj 19 €. Carte 30-35 €.* Au cœur du quartier Bibi-Beaurivage, ce bar à vins, ouvert par un patron qui a longtemps traîné ses stylos dans le milieu de la critique gastronomique, remporte tous les suffrages. Le midi, on se concentre sur les plats de l'ardoise, faisant la part belle à la pêche locale et aux produits du terroir basque. Le soir, on partage tapas et assiettes gourmandes dans une ambiance animée, en arrosant le tout d'un vin nature (ils peuvent tous s'emporter). Décor façon brocante et très jolie terrasse. Service dynamique.

Les ***bars à tapas du port des Pêcheurs*** *(plan A-B2)* offrent une belle atmosphère aux beaux jours (mais il y a vraiment foule en été...), surtout quand surgit une guitare, tandis que coule le rosé... Si le temps le permet, on pourra par exemple s'attabler à la sympathique terrasse de la **Crampotte nº 30** *(plan B2, **74**)*, du nom de ces cahutes de pêcheurs qui s'alignent sur le quai. Jolies verrines et tapas à piquer sur des *palas* (des raquettes de pelote basque) disposées sur le comptoir *(tlj juil-août, mer-dim avr-juin et sept-oct, le w-e si beau temps hors saison ; pintxos : 1,50 € ; tapas, assiettes et planches 6-22 €).*

Époq *(plan C2, **70**) : 11, rue du Helder. ☎ 09-88-09-68-12. • contact@restaurant-epoq.com • Tlj midi et soir. Résa conseillée. Carte env 35-40 €.* Ce bar-resto-épicerie installé dans un loft au look *arty* est une des adresses très tendance de la ville. Où l'on passe aussi bien pour remplir son cabas de jolis produits locaux (souvent bio) que pour savourer la cuisine détonante et volontiers voyageuse d'un chef plus que doué (servie sous forme d'assiettes, à partager si le cœur vous en dit) ou pour boire un cocktail (détonnant aussi), histoire d'accompagner les efforts du DJ pour faire monter la température (en fin de semaine). Chic, remuant et gourmand.

L'Artnoa-Maison des Vins de Biarritz (plan B3, **73**) : *56, rue Gambetta. ☎ 05-59-24-78-87. • a.vignac@lartnoa.com • Tlj sauf dim-lun (tlj juil-août) 18h-22h30 (cave ouv aussi 10h-13h). Planches de charcuterie, de fromages affinés 4,50-24 €.* Quelques tables et tabourets hauts en terrasse, une grande table de dégustation au fond de la boutique et un comptoir où tout le monde se presse à l'heure de l'apéro. Grand choix de vins au verre et bonnes planches de cochonnailles ou de fromages, à choisir à l'ardoise.

La Cabane à Huîtres (plan B3, **80**) : *62, rue Gambetta. ☎ 05-59-54-79-65. Fermé dim-lun hors saison (fermé lun et jeu midi de mi-juil à fin août).* Fraîcheur et bonne humeur garanties dans cette cabane à l'esprit « retour de pêche » lancée par une bande de copains. Un coup d'œil au tableau noir pour choisir le calibre de ses huîtres, ou pourquoi pas des anchois marinés, des gambas ou des *chipirons a la plancha,* et l'apéro peut commencer. À prolonger selon l'humeur avec un autre verre (avec modération) sur la petite terrasse, souvent bien animée.

Ventilo Café (plan B2, **72**) : *30 bis, rue Mazagran. ☎ 05-59-24-31-42. Tlj (sauf mar-mer hors saison) 9h-2h.* Le rendez-vous de la jeunesse, toujours bruyant, toujours plein, du petit déj au mitan de la nuit, en passant par la pause déjeuner. En journée, smoothies et milk-shakes ; le soir, ça se corse, dans une ambiance plus animée. Nombreux concerts et jam-sessions en fin de semaine *(jeu-sam).*

Eden Rock Café (plan A2, **71**) : *plage du Port-Vieux. ☎ 05-59-24-53-11. Ouv avr-oct : tlj juil-sept (sauf jour de mauvais temps !).* Une terrasse au bord de l'eau superbement placée pour un verre en tête à tête avec le rocher de la Vierge, il n'en faut pas plus pour en faire un incontournable. Évitez d'y manger en revanche.

Miguel Café (plan A2, **75**) : *11, perspective de la Côte-des-Basques. ☎ 05-59-22-36-21. Fermé dim-lun (mais ouv lun soir en été). Plat du jour 10,50 €.* Un cadre rétro bien rock'n'roll, des vinyles collés au plafond, une ambiance éclectique et conviviale où le touriste côtoie l'artiste ou le *biker,* tous réunis autour d'un grand choix de rhums arrangés. Plats du jour, si vous y passez à midi.

Etxola Bibi (plan A4, **78**) : *sq. J.-B.-Lassalle, av. Beaurivage. 06-09-63-15-98. • cabane.etxolabibi@gmail.com • ♿ Avr-oct, tlj 8h-23h ; fermé mer hors saison.* La plus belle vue de la côte des Basques ! Juchée à côté du terrain de boules, ouverte sur l'océan, cette petite cabane déborde d'animation dès que le soleil est de la partie. La meilleure place ? Au comptoir, face à la mer...

La Grande (plan C1, **79**) : *1, bd du Général-de-Gaulle. ☎ 05-24-33-34-40. • contact@lagrandebiarritz.com • Facebook • Tlj, en saison, 12h-23h pour la restauration, jusqu'à 2h pour le bar.* Juste au-dessus de la grande... plage, une adresse à géométrie variable. Puisque ce vaste espace au joli décor d'aujourd'hui accueille un *food court* (une poignée de stands où l'on mange local comme plus exotique), une épicerie, un bar (à cocktails et DJs), des expos et même des ateliers-jeux pour les enfants. Plusieurs terrasses.

– Penser également à l'***Olatua Biarritz,*** perché au-dessus de l'aquarium (lire plus loin dans « À voir »).

Où sortir ? Où danser ?

Le Royal (plan C2, **90**) : *8, av. du Maréchal-Foch. ☎ 05-59-24-45-62. • royal-biarritz.com •* L'un des plus vieux cinémas de Biarritz, repris par la Ville et confié à une équipe de jeunes passionnés, qui alterne films récents et vieux classiques, rencontres avec des réalisateurs, conférences, le tout toujours en v.o.

La Gare du Midi (plan C3, **91**) : *23, av. du Maréchal-Foch. ☎ 05-59-22-44-66 (comptoir résa de l'office de tourisme) ou résa en ligne sur • tourisme.biarritz.fr •* L'ancienne gare

LE LABOURD

impériale, depuis sa réhabilitation en 1991, abrite derrière sa splendide façade Art nouveau un centre des congrès programmant toutes sortes de spectacles et concerts (les grandes tournées nationales, les succès parisiens...). On y trouve aussi le Centre chorégraphique national Malandain, Ballet Biarritz.

Le Petit Bijou *(plan C1, **92**) : 5, av. de la Marne. 06-81-95-45-90. • petitbijou-cafetheatre.com • Résa en ligne ou à l'office de tourisme.* Un chouette petit café-théâtre qui propose de nombreux spectacles, du seul en scène aux créations jeune public. Sympathique bar à l'ambiance bohème, où l'on peut grignoter salades et bocaux préparés par *Poteak,* traiteur réputé d'Hendaye.

L'Atabal *(hors plan par C4, **93**) : 37, allée du Moura. • atabal-biarritz.fr • Proche de la gare de Biarritz.* La salle de concerts la plus active de Biarritz, qui programme le meilleur de la scène rock, pop ou électro.

Quelques boîtes à Biarritz font parler d'elles, à commencer par le mythique ***Caveau*** *(plan B2, **94** ; 4, rue Gambetta ; ☎ 05-59-24-16-17 ; tlj minuit-6h).* Club plutôt gay à l'origine et jamais triste. En haut, c'est chaud, chaud, chaud, et il ne faut pas avoir peur de se retrouver compressé. Mais les sourires sont au rendez-vous, et l'on revisite les classiques de la chanson française ou de la variété internationale des années 1980. En bas, c'est plus *dark,* plus électro, mais le *dance floor* est toujours bondé, toutes tendances confondues. À essayer aussi, **Le Duplex** *(plan C1, **95** ; 24, av. Édouard-VII ; ☎ 05-59-24-65-39 ; tlj à partir de minuit, en hiver mer-sam et veilles de j. fériés seulement)* ; pour esthètes chics amateurs d'ambiance électro-house, avec 2 *dance floors.*

Achats

Le lieu incontournable pour faire le plein des meilleurs produits d'ici, ce sont bien sûr les ***halles*** *(plan B2 ; tlj 7h30-14h),* bâties au XIXe s. En été, on y fait ses courses aussi en nocturne le mercredi de 18h à 21h, emporté par les chants basques.

Maison Arostéguy *(plan B2, **100**) : 5, av. Victor-Hugo. ☎ 05-59-24-00-52. • arosteguy.com • Juil-août, lun-sam 9h30-13h, 14h30-19h30 ; dim 11h-13h. Hors saison, lun ap-m et mar-sam 9h30-13h, 15h30-19h.* Une épicerie fine dont les superbes rayons en acajou sont là depuis 1875. Parmi une foultitude de vins, conserves, fromages, épices, cafés..., ne pas manquer d'y acheter les succulents gâteaux basques, à la crème ou à la cerise, ou le chaumontais, un véritable délice à la meringue et crème de noisette. Très bon accueil.

Henriet *(plan C2, **101**) : pl. Georges-Clemenceau. ☎ 05-59-24-24-15. • chocolaterie-henriet.com • Tlj 9h30-19h30 (19h dim).* Le rendez-vous des croqueurs et autres fondus de chocolat sur Biarritz. Les amateurs de chocolat noir ne manqueront pas le rocher de Biarritz ou le mendiant, vendu au poids. Également des macarons, des glaces artisanales et un grand choix de pâtisseries.

Art of Soule *(plan B2, **23**) : 28, rue Gambetta. 06-87-11-76-07. • artofsoule.com • Ouv 15 avr-fin déc (tlj juin-oct).* Le must de l'espadrille tendance, fabriquée à Mauléon, dans la Soule pardi ! Des modèles classiques unis ou rayés en passant par des imprimés colorés et très originaux, *Art of Soule* chausse toute la famille. Également des vêtements de la marque de Guéthary *Parlementia.*

Lartigue 1910 *(plan C2, **28**) : 8, av. Édouard-VII. ☎ 05-59-23-83-02. • lartigue1910.com • Avr-sept, tlj 10h-13h, 14h30-19h30 ; hors saison, mar-sam 10h-12h30, 14h30-19h.* Depuis 4 générations, l'art du tissage se perpétue dans la famille Lartigue avec toujours le même savoir-faire. Linge basque traditionnel de belle qualité (nappes, coussins, serviettes), mais aussi des espadrilles, sacs et accessoires. Plein d'idées cadeaux ! Leur atelier, situé à Ascain, se visite (voir plus loin).

À voir

Dans le centre

Dès la nuit tombée, tout le front de mer, du rocher de la Vierge à l'*Hôtel du Palais,* est joliment mis en valeur par un éclairage conçu par Pierre Bideau (qui a aussi mis au point les illuminations de la tour Eiffel). Autour de Noël, c'est encore plus beau, avec son et lumière.

Le rocher de la Vierge *(plan A1-2)* **:** une des cartes postales de Biarritz ! Promenade traditionnelle via la passerelle métallique. Petit tunnel dans le rocher de la Vierge pour accéder à un bout de la jetée, vestige du port que Napoléon III tenta de construire et que la tempête réduisit à néant. Tout autour, les célèbres rochers sur lesquels les vagues viennent s'écraser les jours de gros temps, sautant même les parapets des promontoires (gaffe, ça mouille !). En toile de fond, les montagnes dominant la Côte basque. Sur l'un des rochers, une croix en fer scellée ici en souvenir de *La Surprise* et de son équipage. En novembre 1893, ce bateau et ses 5 hommes furent engloutis par les flots.

L'Aquarium de Biarritz *(plan A2)* **:** *esplanade du Rocher-de-la-Vierge. ☎ 05-59-22-75-40. • aquariumbiarritz.com • Tte l'année, 9h30-19h ; nocturnes jusqu'à 22h en été (se renseigner). Fermé 25 déc. Entrée : 15 € ; réduc ; gratuit moins de 4 ans. Billet jumelé avec la Cité de l'Océan : 24 € ; réduc. Visites guidées sur résa.* Construit en 1933 dans un style Art déco, rénové et agrandi depuis, il est couplé à la Cité de l'Océan (voir plus loin).
On commence par le sous-sol et sa vingtaine d'aquariums, où batifole la faune marine du golfe de Gascogne : superbe ballet de méduses, poulpes, roussettes, hippocampes (saviez-vous que ce sont les mâles qui portent les petits ?). Suit, au 1er étage, une expo historique illustrant le lien étroit unissant Biarritz et la mer. Maquettes de bateaux, 1res planches de surf, squelette de cétacés (baleines), instruments de navigation et audiovisuels interactifs relatent les techniques de pêche et la chasse aux cétacés, l'exploitation des ressources marines. Pour finir, faites donc un petit tour dans la pièce où l'on peut écouter le chant des baleines dans un casque audio.
Au niveau 2, on passe dire bonjour aux tortues avant d'observer les phoques en vision subaquatique. L'heure du repas (tous les jours à 10h30 et à 17h) a toujours son petit succès ! À l'étage du dessus, on les retrouve à l'air libre sur la superbe terrasse panoramique, avant d'aller sillonner les zones tropicales du bâtiment moderne à travers mangrove et coraux. On observe des poissons exotiques multicolores derrière les vitres grossissantes. La visite va crescendo, car plus on s'élève dans les étages, plus les espèces deviennent spectaculaires ! En point d'orgue, un bassin géant où évoluent le poisson Napoléon, des raies, des barracudas et 7 espèces de requins ! Vraiment magnifique...
Possibilité d'assister au nourrissage des requins pendant les vacances scolaires *(à 11h15, 1 j. sur 2).*

Accessible librement par le sentier piéton des jardins de l'Atalaye, séduisant bar **Olatua Biarritz** *(☎ 05-59-22-58-22 ; avr-nov, tlj 10h-23h ; snacks 6,50-12 € le midi, planches de charcuterie, de jambon truffé, de canard et foie gras 9-30 € le soir).* Idéal pour une pause déjeuner sur le pouce, avec salade ou *bowl.* Parfait aussi à l'apéro, pour un verre de vin ou une bière à accompagner de planches de charcuterie, le tout avec vue sur le rocher de la Vierge, le phare de Biarritz et l'océan. Superbe terrasse.

Le plateau de l'Atalaye *(plan A1)* **:** un promontoire verdoyant (d'où, autrefois, on guettait le passage des baleines) entouré d'édifices 1900, notamment l'étonnante *Villa le Goéland* aux allures de château prussien en miniature. Belle vue sur la côte et le port des Pêcheurs. Quelques sentiers de promenade agréables.

Le port des Pêcheurs *(plan A-B1-2)* **:** il peut rappeler les petits ports méditerranéens. Appelées *crampottes,* les cabanes où les pêcheurs rangent leurs filets se serrent les unes contre les autres, face aux digues s'appuyant fermement sur les rochers.

LES OURS BLANCS

Une des institutions les plus emblématiques de Biarritz ! Tous les jours depuis 1928, une bande de joyeux hurluberlus qui n'ont pas froid aux yeux (ni au reste...) se réunissent pour leur bain de mer quotidien. Le must, le grand bain de la Saint-Sylvestre. À l'origine, il s'agissait pour ces tritons de vanter les bienfaits et la clémence du climat à Biarritz. C'est devenu aujourd'hui une véritable tradition et, preuve que ça conserve, on en connaît qui se baignent tous les jours, été comme hiver, à près de 80 ans !

Le Musée historique de Biarritz (plan B2) **:** *rue Broquedis.* ☎ *05-59-24-86-28. Mar-sam 10h-12h30, 14h-18h30 (10h-13h, 14h30-18h30 juil-août). Entrée : 6 € ; réduc. Organise également une visite guidée des quartiers de la ville sur résa le 3e sam du mois (env 2h ; 6 €).* Installé dans l'ancienne église anglicane Saint-Andrews, ce petit musée présente toute l'histoire de la ville et explore son identité à travers une collection de souvenirs, objets, gravures, estampes, tableaux, dessins, manuscrits, lettres et plans. La visite est organisée autour de totems qui détaillent chacun une époque ou un aspect emblématique de la ville, avec des zooms sur Eugénie et Napoléon III, les Années folles, le surf, l'Art déco, etc. En vrac, on découvre de nombreux costumes, des illustrations sur la pêche à la baleine ou les naufrages en mer, un fameux ours blanc naturalisé ou un joli cabinet de curiosité centré sur le thème de la mode, important dans l'histoire de la Reine des Plages. Le tout est présenté dans une muséographie claire et plaisante, récemment repensée. En ressortant dans la rue, jetez un œil à la magnifique galerie du céramiste *Cazaux,* juste en face.

Autour de la Grande Plage *(plan C1)* **:** à gauche face à l'océan, ce qui fut l'ancien casino **Bellevue** (1887, fermé en 1960) a été transformé en 1999 en centre de congrès, sous la direction de Jean-Michel Wilmotte. Sur l'esplanade, une ***sculpture de Jorge Oteiza,*** *La Ferme basque.* En descendant sur la plage, on ne peut manquer le ***casino municipal,*** de style Art déco et la piscine, municipale (elle aussi Art Déco, voir la rubrique « À faire »). Non loin derrière la plage, sur l'avenue Édouard-VII, le ***Plaza,*** dans le même style et aux belles arcades recouvertes de mosaïque. Cette avenue et celle de la Reine-Victoria forment un patchwork original de styles, du vaguement mauresque au gothico-baroque en passant par l'Art déco et le modernisme.

DANS LA BALEINE, TOUT EST BON

Au Moyen Âge, après avoir harponné une baleine au large de Biarritz, on ne se contentait pas d'en manger la chair. On en tirait aussi de l'huile pour éclairer les maisons, on utilisait les os et les côtes pour fabriquer des clôtures, et la peau pour confectionner des sièges et des casques. Quant à la langue du cétacé, elle était considérée comme un mets de choix...

La Chapelle impériale *(plan C1)* **:** *15, rue des Cent-Gardes. Juin-sept, mar, jeu et sam 14h-19h ; mai et oct, jeu et sam 14h-18h ; mars-avr et nov-déc, sam seulement ; fermé janv-fév ; visite guidée seulement : 3 € ; gratuit moins de 16 ans.* Bâtie à la demande de l'impératrice Eugénie dans ce qui était encore le domaine impérial, elle présente une architecture romano-byzantine et un décor hispano-mauresque : plafond à caissons, chapiteaux copiés sur ceux du palais de l'Alhambra.

Elle est dédiée à la Vierge noire, Notre-Dame de Guadalupe (représentée par une fresque) car construite durant les campagnes mexicaines de Napoléon III. Joli jardin qui a miraculeusement survécu à la pression immobilière.

L'avenue de l'Impératrice *(plan C1 et hors plan par C1)* **:** si beaucoup d'autres quartiers de Biarritz abritent de superbes édifices fin XIXe-début XXe, c'est le long de cette avenue un peu pentue que se dénichent les plus beaux. Au n° 1, immanquable ***Hôtel du Palais,*** entièrement rénové en 2020. Le seul palace de la côte atlantique a été construit sur l'emplacement de la célèbre villa Eugénie, lieu de résidence de l'Impératrice, et a conservé une partie de son décor 1900. Juste en face (au n° 8) s'élève l'***église orthodoxe*** (consacrée en 1892) de style néobyzantin. À l'étage, inévitables icônes *(visites commentées en français et en russe sam 14h-18h en été, ou visite libre tte l'année en principe mer et w-e 15h30-18h ; infos sur ● eglise-orthodoxe-biarritz.com ● ; ☎ 05-59-24-16-74. GRATUIT mais une participation est gentiment demandée).*
Parmi les villas du quartier, on peut citer, entre autres, la superbe ***villa Cyrano*** *(18, av. de l'Impératrice),* à l'architecture très influencée par l'Art nouveau. Si grande, si belle qu'elle fut déplacée pierre par pierre en 1909 afin d'être sauvée de la destruction qu'impliquait la construction (à son emplacement) de l'ancien hôtel *Carlton* ; les ***villas Marrakech*** et ***Casablanca*** *(2-4, rue Louison-Bobet),* 2 maisons d'inspiration mauresque construites dans les années 1920, ayant appartenu aux couturiers Paul Poiret et Jean Patou ; la ***villa Mirasol*** *(13, av. de l'Impératrice),* pour son bow-window et son grand vitrail ; ***La Roche Ronde*** *(15, av. de l'Impératrice),* minichâteau néogothique, où la reine Fabiola de Belgique a passé une partie de son enfance ; le ***Manoir*** *(2, av. du Général-Mac-Croskey, juste après l'hôtel Regina),* lui aussi très médiéval, dont le propriétaire fut condamné pour espionnage durant la Première Guerre mondiale ; il se raconte également que le propriétaire de la villa ***San Martino*** *(au 58, av. de l'Impératrice),* agrandissait la maison à chacune de ses conquêtes féminines. Vu le nombre de toits et de décrochements, il a dû en séduire quelques-unes... La ***villa Etchepherdia*** enfin *(7, rue d'Haitzart, à côté du phare),* autrement dit la « maison Verte », une des toutes premières construites en style néobasque. Si ses volets sont ouverts, jetez discrètement un œil aux beaux plafonds peints.

Le phare *(hors plan par C1)* **:** *esplanade Elizabeth II. Juil-août, tlj 10h30-13h, 14h-19h ; avr-juin et sept, tlj 14h-18h ; le reste de l'année, w-e 14h-17h ou 18h (tlj pdt les vac scol). Entrée : 2,50 € ; réduc.* Posé tout au bout du cap Saint-Martin, tout blanc, dominant l'océan de 75 m, il guide les marins depuis 1834. Une fois gravies ses 248 marches, superbe point de vue sur de longues plages de sable fin au nord (dans les Landes), qui deviennent plus rocailleuses à mesure qu'on tourne la tête vers le sud. Si le phare est fermé, le panorama sur la ville depuis le promontoire n'est pas mal non plus... Et, au pied du phare, en descendant quelques marches (c'est raide et l'accès est souvent interdit pour cause de « mer forte »), on peut découvrir une grotte plutôt spectaculaire, occupée dès le Néolithique. Et les curieux vestiges d'un « laboratoire hydrodynamique marin » des années 1930.

Quartier d'Espagne

Le musée Asiatica *(plan C3)* **:** *1, rue Guy-Petit. ☎ 05-59-22-78-78. ● museeasiatica.com ● ♿ Tlj 14h-18h30 sauf lun. Entrée : 10 € ; réduc ; gratuit moins de 8 ans. Également une bibliothèque (2 000 ouvrages) consultable gratuitement sur rdv.* Michel Postel, enfant du pays et grand collectionneur d'art asiatique, a décidé de mettre sa collection à la disposition du public. Louable initiative qui se hisse, par la qualité de ses pièces, au niveau des plus grands musées européens dans ce domaine. Les objets sont regroupés par zones géographiques : les pièces de l'Inde du Nord, du Népal, de la Chine et du Tibet sont présentées au rez-de-chaussée ; celles de l'Inde centrale et du Sud, au sous-sol.

À Ilbarritz

La Cité de l'Océan (hors plan par A4) : *1, av. de la Plage. ☎ 05-59-22-75-40. • citedelocean.com • Bus nº 10. Avr-oct et vac de Noël, tlj 10h-19h (20h de mi-juil à fin août) ; fév-mars et nov-déc, tlj 14h-19h. Fermé 7 janv-1er fév. Entrée : 13 € ; réduc. Billet jumelé avec l'Aquarium de Biarritz : 24 € ; réduc ; gratuit moins de 6 ans. Compter au moins 2h30 pour une visite complète ; le billet est valable tte la journée, on peut sortir et revenir.* Essentiellement ludique et interactif, ce vaste musée, posé en retrait de la plage telle une grande vague de béton et de verre, a reçu en 2012 le titre de *Building of the year.* 2 000 m² de muséographie très aérée, à la blancheur immaculée, avec une petite partie pédagogique, pour tout savoir sur la formation des vagues, les marées, les courants... Mais on y vient surtout pour vivre des expériences sensorielles grâce aux technologies de la réalité virtuelle : il est ainsi possible d'embarquer à bord d'un bathyscaphe volant au-dessus des pôles ou de plonger au milieu des requins dans une réserve polynésienne, le tout en 4D. Pour surfer sans se mouiller, testez le *virtual surf* ou l'amusant *surf sensation 5D* (avec planche dynamique, images réelles à 360°, vent et embruns en prime !). Également un *virtual trip* pour s'enfoncer dans les profondeurs des océans, équipé d'un casque de réalité virtuelle, sans oublier le *Seaborg* pour un voyage renversant. Ne manquez pas le magnifique film 3D projeté dans la salle de cinéma, dont le thème change chaque année.

Sur place, l'**Espace Café** *(tlj 10h-18h ; plat du jour 18 €, salades 12-15 €),* ainsi que **Le Sin,** resto chic situé à l'étage et doté d'une vue sur l'océan sans pareille *(☎ 05-59-47-82-89 ; • restaurant.lesin@orange.fr • ; tlj sauf dim soir, lun et mar soir hors juil-août ; formule et menu déj 25-32 €, carte 50-60 €).*

À faire

Les plages : immanquable *Grande Plage (plan C1),* en plein centre-ville, évidemment bondée l'été. Sa voisine, la plage *Miramar* est un peu plus intime, surplombée par de jolies villas d'autrefois. À 2 pas du centre également, la plage du *Port-Vieux,* une minuscule crique protégée des vagues (idéale donc avec des enfants). La plage la plus mythique est celle de la *côte des Basques (plan A3),* berceau du surf en Europe. Sinon, on descendra plus au sud pour découvrir les plages de Marbella (encore sauvage) et de Milady (plage familiale) à Ilbarritz *(hors plan par A4).*

Stages de surf : Biarritz Surf Training *(hors plan par A4), 102, rue Pierre-de-Chevigné (vers la plage de Marbella). ☎ 05-59-23-15-31. • surftraining.com • Pâques-Toussaint. Leçons de 1h30 ou 1 journée, forfaits et stages avec ou sans hébergement.* Entre autres, car les écoles ne manquent pas. Toutes disposent d'une cabane sur la plage de la côte des Basques *(plan A3,* **2***)* ; voir le site *• tourisme.biarritz.fr •*

Piscine municipale d'eau de mer (plan C1-2) : *dans le même bâtiment que le casino municipal. ☎ 05-59-22-52-52. • ville.biarritz.fr • Ouv tte l'année ; horaires très variables selon jour. Entrée : 2,90 € ; réduc.* Une piscine d'eau de mer chauffée, face à la mer ! Attention, bonnet obligatoire et short de bain interdit. Sur place, jacuzzi, hammam, sauna (supplément).

Les lacs Marion et Mouriscot (hors plan par C4) : *à quelques km au sud du centre-ville. Bus nº 5 depuis la mairie. On peut également les rejoindre à pied par le chemin des Lacs, une boucle de 8 km qui part de la plage de Milady.* Le petit lac Marion (5 ha) peut être prétexte à une agréable balade familiale (aires de pique-nique, grande zone de jeux pour les enfants). Le lac Mouriscot, zone naturelle protégée de 110 ha, s'avère également idéal pour une balade paisible autour du lac et dans le bois de Boulogne, le long de sentiers aménagés. On ne peut en revanche pas s'y baigner.

– ***Les chemins de la forme :*** plusieurs parcours-santé longent le littoral biarrot et proposent des exercices accessibles à tous. *Rens sur • cotebasquesportsante.fr •*

– ***Pelote basque :*** *au* ***Biarritz Jai Alai*** *(parc des sports d'Aguilera ; ☎ 05-59-23-91-09 ; • cesta-punta.com •).* Construit en 1931, le Jai Alai de Biarritz est un terrain emblématique. On y joue essentiellement à la *cesta-punta.* Parties plusieurs fois par semaine, avec parfois des compétitions internationales. Le ***fronton du parc Mazon*** accueille plutôt les parties de grand chistera *(av. du Maréchal-Joffre ; ts les jeu soir en été).* Également de la pelote à main nue et de la pala à la ***Plazza Berri*** *(42, av. Foch).* Bar à vins sur place.

Fêtes et manifestations

– ***Festival international de programmes audiovisuels documentaires*** *(FIPADOC) : 1 sem fin janv. • fipa.tv •* Se consacre désormais uniquement aux documentaires. Présentation des meilleures productions internationales télévisées de l'année. Très suivi par le grand public (nombreuses projections), il est surtout prisé des professionnels qui viennent vendre et acheter les programmes que vous découvrirez ensuite sur le petit écran.
– ***Fêtes de Bibi Beaurivage :*** *5 j. fin avr-début mai. • bibibeaurivage.com •* Fête populaire du plus vieux quartier de Biarritz. Concerts traditionnels, animations, *toro de fuego,* repas dans la rue, courses à pied, trophée de surf des Biarrots...
– ***Biarritz Années folles :*** *1er w-e de juin. • biarritzanneesfolles.com •* Grand défilé en costumes d'époque, voitures anciennes... *So chic !*
– ***Festival des Arts de la rue :*** *début juin.* Comédiens, acrobates, jongleurs et musiciens étonnent petits et grands dans une ambiance chaleureuse.
– ***Les Casetas :*** *fin juin.* Bodegas, restos et paseo animé par des groupes locaux.
– ***Biarritz piano festival :*** *début août.* Des concerts de musique classique par de jeunes pianistes.
– ***Le Temps d'aimer :*** *10 j. mi-sept. • letempsdaimer.com •* Festival de danse de plus en plus couru. Pas de thèmes, mais toutes les formes de danse pour un festival joliment éclaté (on danse dans la rue, sur les plages...).
– ***Festival Biarritz-Amérique latine :*** *1 sem fin sept-début oct. • festivaldebiarritz.com •* Le plus important festival de cinéma entièrement dédié au monde latino-américain. Une programmation de qualité et une ambiance assez étonnante, surtout pas guindée, où acteurs, producteurs et réalisateurs font volontiers la fête avec le public.
– ***Biarritz en lumière :*** *de mi-déc au 1er janv, 18h-23h.* Des créations artistiques pour illuminer les sites de la ville.

DANS LES ENVIRONS DE BIARRITZ (MIARRITZE)

ARCANGUES (ARRANGOITZE ; 64200)

Village en hauteur aussi pittoresque que minuscule, que tous les fans de Luis Mariano, ténor mythique entré dans la légende du pays, se doivent de visiter.
➢ Ligne *Chronoplus* n° 52 depuis Biarritz *(☎ 05-59-52-59-52 ; • chronoplus.eu •).*

Adresse et info utiles

ℹ ***Office de tourisme :*** *au centre du village. ☎ 05-59-43-08-55. • arcangues.fr • Lun-ven (plus sam juil-août).*
– ***Marché :*** *mer mat en juil-août, à l'entrée du village ou à la salle des fêtes en cas de pluie.* Marché traditionnel typique (alimentaire et non alimentaire).

LE LABOURD

Où manger ?

Le Trinquet d'Arcangues : *route du Trinquet. ☎ 05-59-43-09-64. • trinquetdarcangues@hotmail.fr • Dans le village. Tlj sauf lun, plus mar hors saison. Congés : fév. Formules déj en sem 12-20 € ; menus 28-38 € ; carte 45-50 €.* La salle à manger aux longues tables donne sur le trinquet, où l'on voit les joueurs à l'œuvre : quel plaisir de prendre les calories que les autres perdent ! Cuisine régionale, mais avec des idées d'aujourd'hui à base de produits locaux. Cheminée (où grillent les palombes en saison) pour les soirs de frimas, et agréable terrasse sous les mûriers platanes aux beaux jours.

À voir

Le village : le centre tient dans un mouchoir de poche, avec la jolie mairie adossée au fronton, la rustique salle des fêtes, l'école et l'*église* du XVIe s pleine de sérénité. À l'intérieur, superbes doubles galeries sculptées. Coursives et panneaux en bois polychrome du XVIIe s. Très joli chœur également et plafond de bois peint. Le ***cimetière*** en terrasses s'ouvre sur la chaîne des Pyrénées (avec la Rhune en majesté) et... le parcours de golf. Intéressantes stèles discoïdales anciennes. C'est ici qu'est enterré le plus célèbre des chanteurs d'opérette : ***Luis Mariano*** (1914-1970). Tombe toute simple, toujours fleurie, côté gauche de l'église, sur la terrasse en contrebas.

Le château d'Arcangues : *☎ 05-59-43-04-88. • chateaudarcangues.com • ATTENTION, ouv de mi-nov à mi-janv seulement, tlj sauf lun 10h-12h, 14h-18h. Entrée : 8 € ; gratuit moins de 16 ans.* Un lieu privilégié, célèbre pour les grandes fêtes qui y étaient données pendant les Années folles, attirant toute l'intelligentsia de l'entre-deux-guerres, à commencer par Jean Cocteau. La période suivante se révèle tout aussi palpitante, entre Résistance et création littéraire ; Pierre et Guy d'Arcangues ayant laissé de nombreux écrits ou poèmes, toujours lus, appréciés et reconnus... À signaler que le château se transmet de père en fils depuis sa construction, en 1150 !

Fêtes et manifestations

- ***Fêtes d'Arcangues :*** *plusieurs j. mi-juin.*
- ***Gala de force basque :*** *5 j. répartis sur juil-août.*
- ***Journée des Mutxiko*** *(Mutxikoaren eguna) : 2e dim d'oct.* Fête des danses basques.

ARBONNE (ARBONA ; 64210)

Un village basque typique, avec son inévitable triptyque : mairie, fronton, église.
➢ Bus *Hegobus* n° 51 de la ligne Saint-Jean-de-Luz – Biarritz. Horaires sur *• hegobus.com •*

Où dormir ? Où manger ?

Hôtel Laminak : *route de Saint-Pée. ☎ 05-59-41-95-40. • info@hotel-laminak.com • hotel-laminak.com • Congés : janv. Doubles 75-160 €.* Dans une maison traditionnelle, un très bon hôtel, impeccablement tenu, avec des chambres fraîches et bien équipées, baignant dans une atmosphère de maison d'hôtes. Plusieurs catégories, mais les chambres logées dans la petite annexe, avec terrasse privée donnant sur le jardin, remportent logiquement tous les suffrages. Clim, frigo, coffre, tout le confort possible. Petit déj délicieux, servi sous la véranda ou dans le jardin, face aux montagnes... Sauna et piscine chauffée. Accueil charmant, à l'image du lieu.

Cidrerie du Fronton : *pl. du Fronton. ☎ 05-59-41-88-68. • bixoka@wanadoo.fr • En été, tlj sauf le midi sam et dim ; le reste de l'année, lun-ven et dim à midi, et le soir jeu-sam. Résa conseillée. Formule déj en sem 13 € (café et vin compris) ; formules cidrerie le soir jeu-sam seulement plus dim midi 32 €. Café offert sur présentation de ce guide.* Un resto de pays comme on les aime, installé au cœur de ce charmant village. La plantureuse formule cidrerie attire les foules. Il faut dire que la côte de bœuf est exquise et l'accueil adorable. Beaucoup d'ambiance dans la vaste halle façon bodega : est-ce parce que le *sagarno* y est servi à volonté ? Le lieu est aussi un bon plan le midi pour son « menu ouvrier », généreux et économique.

LE LABOURD

À voir

L'église : elle date du XIIe s. Clocher-mur, double galerie de bois sculpté, plafond peint. Sur le côté, au milieu, bénitier de « cagots » *(parias).* Dans le ***cimetière*** voisin, bel ensemble de stèles discoïdales anciennes (certaines remontent au XVIe s).

AHETZE (64210)

À voir surtout pour son église toute blanche érigée au XVIIe s, avec un retable polychrome du XVIIIe s et une croix de procession en argent du XVe s, vraiment belle (ornée de 6 clochettes).

Où dormir ? Où manger ?

Hôtel Harretchea : *20, chemin d'Harretxea. ☎ 05-59-22-25-59. • contact@hotel-harretchea.com • hotel-harretchea.com • Au centre du village. Doubles 60-140 € ; suites familiales.* L'ancien corps de ferme du XVIIIe s a été transformé en hôtel de charme. Une belle déco, et un art de bien vivre, cultivé au quotidien par l'active maîtresse de maison. Aucune faute de goût dans les chambres douillettes et romantiques, de tailles différentes (les *deluxe* sont pour certaines immenses, avec des lits extra larges). Plancher partout, tons clairs. Petit déj servi sur la terrasse en été. Spa, sauna et jacuzzi.

La Ferme Ostalapia : *2621, chemin d'Ostalapia. ☎ 05-59-54-73-79. • ostalapia@wanadoo.fr • ostalapia.fr • À env 3 km à l'ouest du village. Resto : juil-août, ouv ts les soirs plus le midi des dim et j. fériés ; le reste de l'année, tlj midi et soir sauf mar-mer. Congés : fév. Réservez ! Doubles 70-160 €. Carte env 50 €.* Dans un cadre champêtre, une ancienne ferme transformée en adresse de charme avec vue exceptionnelle sur la Rhune. Aux beaux jours, les places en terrasse s'arrachent et la ferme prend des airs de guinguette très people. Côté assiette, rien à redire : du basque pur jus, savoureux et sans reproche bien qu'un peu cher. Côté hébergement, de vastes et confortables chambres au mobilier chiné, certaines avec balcon ou terrasse. On évitera celles donnant côté route, sans vue.

BIDART (BIDARTE ; 64210)

Sur la place principale de ce typique village basque, rien ne manque à l'appel : fronton, église, mairie aux balcons fleuris, monument aux morts... De la petite chapelle Sainte-Madeleine, ne manquez pas le beau panorama sur la côte et les Pyrénées.

Visite possible d'une coutellerie (*Les Couteliers basques, Ferme Etxettoa,* rue d'Oyhara), d'un atelier de confection et de réparation de pelotes et chisteras, qui propose également des initiations et cours de pelote basque (*Ona Pilota,* 597, rue Berrua), et du *Moulin de Bassilour,* réputé pour ses sablés et ses gâteaux basques (voir plus loin).
Enfin, sur 5 km de côte, Bidart offre tous les plaisirs de l'océan. ➢ Avec *Txik Txak Car Express (☎ 0801-902-264 ; • txiktxak.fr •),* liaison Bayonne-Hendaye via Bidart (ligne 3). Peut également se prendre à la gare de Biarritz.
➢ Avec *Chronoplus (☎ 05-59-52-59-52 ; • chronoplus.eu •),* bus n° 44 de Biarritz (centre). En saison, ligne nocturne Bidart-Biarritz.

Adresse et info utiles

Office de tourisme : *rue Erretegia. ☎ 05-59-54-93-85. • bidarttourisme.com • En plein centre. Juil-sept, tlj sauf dim ap-m ; sinon, lun-ven et sam mat.*
– **Marché :** *sam mat, sur la pl. principale.*

Où dormir ?

Campings

Camping de la Plage : *30, rue de la Gare. 06-51-78-94-03. • laplage.ovh • Ouv avr-fin sept. Compter 24-30 € pour 2.* La plage, c'est celle de l'Uhabia et il n'y a que la route à traverser pour poser ses tongs sur le sable. Un camping pour campeurs ouvert depuis les années 1950, que la nouvelle génération a décidé d'inscrire dans une dynamique franchement écolo. Très nature donc, tout simple. Vraiment à part sur cette côte.
Le Pavillon Royal : *av. du Prince-de-Galles. ☎ 05-59-23-00-54. • info@pavillon-royal.com • pavillon-royal.com • Ouv de fin mai à mi-oct. Compter 24-69 € pour 2.* Vaste camping divisé en « quartiers » avec chacun sa spécificité : le « Paradis » porte, par exemple, plutôt bien son nom. Bien ombragé, posé au bord de l'océan, avec accès direct à la plage, à côté du golf. Location de chalets, d'apparts et de studios. Piscine, hammam avec massages... Animations en saison.

De bon marché à prix moyens

Auberge Koskenia : *pl. Sauveur-Atchoarena. ☎ 05-59-52-70-25. • contact@aubergekoskenia.com • aubergekoskenia.com • Tlj sauf lun. Doubles 60-99 € ; chambres collectives (4-6 pers), 100-195 €. Carte env 30 €.* Posée sur la place du village, l'ancienne poste est devenue une « auberge autrement » comme ils disent. Un vrai lieu de vie, de fait : à la fois épicerie (produits locaux : de la truite fumée aux espadrilles), *hostel* à la mode d'aujourd'hui avec de jolies chambres, doubles ou collectives (des matériaux bruts, un soupçon de design), espace de coworking... Produits du coin aussi côté bar et resto avec une cuisine simple et bonne. Et concerts, spectacles, rencontres... On a bien aimé.
Hôtel Uhabia : *rue de l'Uhabia. ☎ 05-59-54-92-39. • hotel.uhabia@wanadoo.fr • hotel-uhabia.com • Face à la plage du même nom. Tlj. Congés : début déc-début fév. Doubles 60-95 €. Menus 14-21 €.* Une petite adresse à prix abordables, plutôt rare dans ce coin ! Face à la plage, mais également à son parking, un hôtel familial qui abrite une poignée de petites chambres toute simples et sans prétention mais bien tenues. Certaines possèdent un petit balcon. Agréable resto avec une jolie terrasse au vert, pour une cuisine tournée vers la mer. Un bon plan pour les budgets serrés.

De chic à beaucoup plus chic

Hôtel Goxoki : *5, rue Caricartenea. ☎ 05-59-26-59-55. • contact@*

hotel-goxoki.com • hotel-goxoki.com • ♿ En contrebas du centre. Ouv d'avr à mi-nov, plus de mi-déc à début janv. Doubles 75-170 € ; également des apparts et studios avec kitchenette pour 2-6 pers (3 nuits min, loc à la sem obligatoire juil-août). Parking gratuit. Ici, vous avez le choix : une dizaine de chambres entièrement refaites, claires et colorées, certaines avec mezzanine, ou de grands appartements et studios avec balcon ou terrasse privative, parfaits en famille ou pour un long séjour. L'ensemble est réparti entre la bâtisse principale et une annexe récente aménagée dans le jardin. En prime, une belle piscine chauffée. Accueil très aimable.

Hôtel du Fronton : *pl. Sauveur-Atchoarena. ☎ 05-59-54-72-76. • contact@hoteldufronton.com • hoteldufronton.com • ♿ Doubles 70-180 € ; familiale. Carte env 35 €.* En plein centre, derrière des volets rouges et une architecture bien ancrée dans la tradition basque, c'est un confort soigné et furieusement design que l'on retrouve dans chacune des chambres. Une seule avec vue sur l'Atlantique, mais les autres donnent sur la montagne ou sur le fronton, avec une belle terrasse pour 2 d'entre elles. Le bar, avec sa déco néobasque, étale sa terrasse sur la place du village. Idéal pour un apéro-tapas le soir !

Hôtel La Villa L'Arche : *chemin Camboenea. ☎ 05-59-51-65-95. • contact@villalarche.com • villalarche.com • ♿ En surplomb de la plage du Centre. Congés : déc-fév. Résa impérative. Doubles 130-365 € ; suites et apparts 4-6 pers.* C'est une jolie maison d'architecte, tout entière tournée vers l'océan. Les chambres, dont les grandes baies ouvrent, pour la plupart, sur les flots, jouissent chacune d'un décor original raffiné et d'une grande salle de bains. Dans le jardin, solarium avec mobilier en teck et belle piscine à débordement, ainsi qu'un jacuzzi caché en bordure de falaise. Un chemin pentu donne directement accès à la plage du Centre. Les jours gris, un feu de bois et de profonds canapés attendent les frileux dans la belle véranda.

Chambres d'hôtes Irigoian : *1415, av. de Biarritz. ☎ 05-59-43-83-00. • irigoian@wanadoo.fr • irigoian.com • En venant de Bidart, en retrait de la route de la plage d'Ilbarritz (panneaux). Doubles 100-135 € ; petit déj 10 €. Sur présentation de ce guide, 1 accès gratuit (pour 2 pers) à l'espace bien-être.* Dans une superbe maison basque du XVIIe s, l'accueillant proprio accueille ses hôtes en leur faisant profiter de sa connaissance intime du pays. Les vastes chambres parquetées conservent le charme de l'ancien, tout en offrant un confort total. Espace bien-être (payant), avec couloir de nage de 20 m, salle de fitness et hammam. La plage et le golf ne sont qu'à quelques enjambées.

Où manger ?

De bon marché à prix moyens

Venta Gaxuxa : *2, av. de la Grande-Plage. ☎ 05-59-54-88-70. • ventagaxuxa@yahoo.fr • Fermé lun (sauf l'été). Plat du jour 11 € ; menu 24 € ; carte env 35 €. Manzana ou patxaran offert sur présentation de ce guide.* Accueillant resto au cœur du village. Salle toute simple mais chaleureuse et terrasse un peu en surplomb de la place principale. Dans l'assiette, quelques tapas genre charcuterie de chez Pierre Oteiza ou *chipirons* grillés, mais aussi des plats plus costauds pour combler les grosses faims (côte de bœuf, boudin basque, merlu de ligne...). Du typique (avec une pointe d'originalité), qui ne prend pas le client pour un pigeon, en témoignent les frites et les desserts maison. Au fond, petit coin épicerie fine.

Ahizpak : *av. de Biarritz. ☎ 05-59-22-58-81. • info@bistrot-ahizpak.com • ♿ Tlj sauf mer midi et dim soir. Résa conseillée. Plat du jour 8 € en sem ; menu-carte 32 €.* Après avoir cartonné à Biarritz, 3 sœurs (*ahizpak* en basque) ont investi cette belle salle à la déco tendance, avec vue dégagée sur l'océan et terrasse. Carte réduite jouant sur la fraîcheur, et très jolie cuisine avec des saveurs qui s'appuient sur les traditions sans craindre de les bousculer. Brunch le dimanche. Fréquents concerts de jazz.

De prix moyens à chic

Elements : *147, av. de Bayonne, résidence Agoretta. ☎ 09-86-38-08-51. • post@restaurant-elements.com • Fermé sam-lun. Carte 30-40 €.* Drôle d'endroit pour une rencontre... Et pourtant, c'est ici qu'on trouve la nouvelle coqueluche des amateurs de cuisine basque inventive et surprenante, réalisée avec le meilleur des produits locaux. Certes, en bord de nationale, le cadre ne fait pas rêver. Mais il suffit de s'installer dans la salle au look de cabane à surfeurs et d'observer l'activité en cuisine pour se laisser convaincre. Une expérience ! Un conseil, ne pas manquer le plateau de fromages, à se damner. Bande-son rock et service détendu, comme il se doit.

La Cucaracha : *rue de l'Uhabia. ☎ 05-59-54-92-89. Face au parking de la plage de l'Uhabia. Tlj sauf mar hors saison. Carte 35-40 €.* Un caboulot dans le vent, à 2 pas de la plage (mais donnant sur le parking), où l'on vient autant pour la cuisine locale, toute simple, toute bonne, que pour l'ambiance bodega, toute simple, toute bonne elle aussi. Menu genre cidrerie : charcuterie, côte de bœuf, merlu *a la plancha*... Terrasse sur l'arrière.

La Tantina de la Playa : *plage du Centre. ☎ 05-59-26-53-56. Tlj midi et soir. Congés : de mi-nov à mi-déc. Carte 30-40 €.* On serait bien capable de s'avaler des kilomètres pour un tel cadre ! À l'apéro, quand le soleil se couche sur l'océan juste devant les baies vitrées de la jolie salle ou des tables de la terrasse, on est déjà hypnotisé. En prime, la cuisine, essentiellement constituée de poisson, est fraîche, et les grandes tablées d'une franche convivialité.

La Plancha : *av. du Lac. ☎ 05-59-23-44-95. Tlj en saison ; sinon, fermé dim soir, lun et certains soirs selon météo. Congés : déc-janv. Carte 30-40 €.* La salle sobrement contemporaine comme la vaste terrasse surplombent agréablement la plage d'Ilbarritz. Carte axée sur le poisson frais grillé, servi en portions généreuses (à partager à 2 si on le souhaite). Service très efficace et clientèle en bonne partie locale.

Blue Cargo : *av. du Lac. ☎ 05-59-23-54-87. • lebluecargo@orange.fr • Tlj 12h-2h. Fermé d'oct à mi-avr. Résa conseillée. Plat du jour 15 € ; carte 40-50 €.* Dominant la plage d'Ilbarritz, sous 2 voiles ou en terrasse protégée pour les frileux, un resto-bar, un brin bling-bling, où l'on peut même danser en plein air. Pas mal de spécialités de poisson (daurade à l'espagnole, poêlée de *chipirons*), mais bonne côte de bœuf à la béarnaise également. Ambiance garantie en été, quand les jeunes débarquent massivement pour boire un verre sur fond de *house*.

Où acheter du pain ou un gâteau artisanal ?

Le Moulin de Bassilour : *1129, rue Bassilour. ☎ 05-59-41-94-49. Tlj 8h-13h, 14h30-19h. À l'écart du village, vers Arbonne ; suivre les panneaux « Z.A. Bassilour » puis « Moulin ». CB refusées.* Perdu en pleine forêt, ce vénérable moulin à eau tourne depuis 1741, produisant de la farine de blé et de maïs qui sert à préparer pains, sablés et gâteaux basques, en vente à la petite boutique.

À voir. À faire

La place principale : avec le fronton, l'église, le cimetière, la jolie mairie aux balcons fleuris et piliers en grès, le monument aux morts et quelques agréables terrasses où se poser. Derrière la mairie enfin, en contrebas, coup d'œil au vieux lavoir.

L'église : si l'extérieur ne laisse pas de souvenirs impérissables, il faut en pousser la porte pour découvrir 3 magnifiques *retables* du XVIIIe s, le superbe baptistère néobyzantin, offert par la reine de Serbie en 1902 et une statue de saint Jacques en pèlerin.

Les plages : Bidart en compte 6 le long de 5 km de côte. Toutes surveillées en saison (et écoles de surf sur chacune d'elles). Du nord au sud, on croise la plage d'*Ilbarritz* (surplombée par un superbe château XIXe), château aussi pour la plage du *Pavillon Royal*, encore très nature. La plage d'*Erretegia,* au pied d'une falaise verdoyante, est également le point de départ de la randonnée du sentier du littoral (voir plus loin). La plage de *l'Uhabia* est plus urbaine comme celle du *Centre. Parlementia,* enfin, offre un des plus beaux spots de surf de la côte basque (sinon d'Europe) avec une vague mythique, la bien nommée *Avalanche.*

Le sentier du littoral Talaia : long de 54 km, il relie Bidart à San Sebastian. Compter 4 jours au total mais on peut évidemment n'en faire que quelques portions : depuis Bidart jusqu'à la Pointe Sainte-Barbe à Saint-Jean-de-Luz *(13 km, env 3h30),* par exemple.

GUÉTHARY *(GETARIA ; 64210)*

Charmant village (le plus petit de cette côte), riche en villas néobasques, qui domine un port minuscule, autrefois dévolu à la pêche à la baleine : juste un plan incliné pavé pour, justement, pouvoir hisser les baleines, d'où l'on remonte également les bateaux avec des treuils. Autour du port, l'ancien quartier de pêcheurs a été remplacé dans les années 1920 par des constructions typiques de l'époque, dont l'ancien-hôtel *Casino,* très Art déco. Guéthary est devenue une destination tendance du coin, où pas mal de people se sont offert un pied-à-terre.
➢ Avec *Txik Txak Car Express (• txiktxak.fr •),* le bus n° 3 longe toute la côte depuis Bayonne. En train, liaisons pour Hendaye, Bayonne et Bordeaux.

Adresse et info utiles

Office de tourisme : *74, rue du Comte-de-Swiecinski. ☎ 05-59-26-56-60. • guethary-tourisme.com • Dans l'ancienne gare. Avr-sept, lun-sam mat (plus sam ap-m et dim mat en été) ; le reste de l'année, lun-ven.*
– **Marché :** *mai-oct, dim mat (plus lun soir en été).*

Où dormir ? Où manger ? Où boire un verre ?

Hôtel Le Madrid : *563, av. du Général-de-Gaulle. ☎ 05-59-26-52-12. • contact@lemadrid.com • lemadrid.com • Tlj sauf lun-mar, plus dim nov-déc. Congés : début janv-fin mars. Doubles 70-175 €. Carte 35-40 €.* À la fois convivial et raffiné, ce beau (et même bobo) hôtel-resto-bistrot est une des adresses historiques (sinon mythiques) du village, fréquentée dans les années 1920 par écrivains et peintres (Kandinsky, Klee). La salle, d'un beau volume, a gardé son cachet d'antan entre troquet populo et Art déco. Les 2 belles terrasses, l'une tournée vers la mer, l'autre vers le village, sont tout aussi accueillantes. Dans l'assiette, des produits et des spécialités basques, dont certaines à partager... Belle carte des vins. À l'étage, 5 jolies chambres dans l'esprit du lieu, avec déco dans le coup et vue sur la mer ou le village.

Hôtel Balea : *106, rue Adrien-Lahourcade. ☎ 05-59-26-08-39. • contact@baleahotel.com • hotel-balea-guethary.com • Doubles 69-200 €.* Une nouvelle vie pour l'école du village, qui accueille désormais entre ses murs des vacanciers heureux. Belle initiative de la part d'une famille ayant grandi ici. Des chambres colorées au design affuté, spacieuses

LE LABOURD

et bien équipées, avec vue sur la mer ou la cour. Jardin intérieur pour le petit déj. Une vraie cour de récré !

Providence : *548, av. Général-de-Gaulle. ☎ 09-72-83-44-60. • info@providenceguethary.com • Tlj sauf lun-mar hors saison. Carte 15-20 € le midi, 30-35 € le soir.* Minuscule adresse : 2-3 tables qui se battent en duel à l'intérieur (dans un décor de bric et de brocante) et pas beaucoup plus en terrasse. On y petit-déjeune plutôt mode *(banana bread, avocado toast...)*, on y déjeune d'une soupe du jour ou d'un petit plat malin, souvent exotique. Et le soir, attention concept : *Providence* ouvre sa cuisine à de jeunes « chefs nomades » pour des plats forcément étonnants. Réservation, dans tous les cas, plus que conseillée.

Le Bar Basque : *9, av. Mgr-Mugabure. ☎ 05-59-26-55-00. Ouv tlj avr-11 nov. Tapas 6-13 € ; plats du jour en sem 10,50-11,50 € ; carte 35-40 €.* Un des incontournables de Guéthary, à toute heure du jour ou (d'une partie de) la nuit. On y mange plutôt bien et pour des prix encore raisonnables, en particulier le midi. Beaucoup d'animation le soir, à l'heure des sacro-saintes tapas. Large terrasse, au cœur du village.

Le Poinçon : *94, rue du Comte-de-Swiecinski. ☎ 05-59-26-57-44. • paulathome@hotmail.fr • Ouv seulement au déj lun et jeu, midi et soir ven-dim. Carte seulement env 40 € ; dim, formules brunch env 20 €.* Dans l'ancienne maison du chef de gare, un resto coloré à l'ambiance guillerette, idéal pour un déjeuner gourmand ou un apéro tapas plutôt festif. Aux commandes, un chef (pas de gare mais de cuisine...) passé par le *Zoko Moko* de Saint-Jean-de-Luz. Le midi, il soigne les poissons du jour et n'hésite pas à s'évader vers de lointains horizons. Le soir, place aux tapas, qui permettent de picorer gourmand. Terrasse (mais la voie ferrée n'est pas loin...).

Hétéroclito : *chemin de la Plage. ☎ 05-59-54-98-92. • heteroclito@orange.fr • Ouv de mi-mars à début nov, tlj (sauf lun en mi-saison) 11h-1h. Carte env 30 €.* Bar-resto presque surchargé (comme son nom l'indique) d'un bric-à-brac foutraque et à l'ambiance très surf, très mode. On peut y grignoter quelques tapas, des fruits de mer ou se laisser tenter par un bon choix de poissons frais à l'ardoise. Une bonne partie de la côte y accourt pour dîner sur la terrasse quand le soleil plonge dans l'océan, et goûter le programme musical toujours changeant.

De chic à plus chic

Briketenia : *142, rue de l'Église. ☎ 05-59-26-51-34. • contact@briketenia.com • briketenia.com • ♿ Fermé mar (sauf de mi-juil à mi-août). Congés : nov. Doubles 95-180 € ; suites. Menus 38 € (midi sauf dim et j. fériés), puis 59-108 € ; au bistrot (ouv mer-dim, en saison seulement), carte env 35 €.* Une vieille maison de famille (ancien relais de poste comme il se doit) devenue une des meilleures tables de la côte. Le chef travaille à 4 mains comme il dit, avec son fils formé dans d'autres grandes maisons. Ce prestigieux établissement s'avère l'adresse idéale pour un déjeuner plus que parfait. Puisque le « petit » menu du midi permet déjà de mettre les petits plats dans les grands. Côté *Briket Bistrot*, on se régale aussi, sans faire exploser l'addition. Quant à l'hôtel, avec sa belle architecture Art déco, il a été entièrement rénové et propose des chambres ultra-confortables, avec parfois un balcon donnant sur la mer. Accueil et service attentionnés.

Le C : *257, chemin de Cenitz. 📱 06-50-73-23-09. • resto@le-c-guethary.com • Ouv de mi-avr à début nov seulement : en juil-août, mar-dim ; avr-juin et sept-nov, tlj sauf dim soir, lun et selon météo. Menu déj sem 23 € ; carte env 45 €.* Ce resto quasi les pieds dans le sable de la plage de Cenitz tire tous les profits de son cadre enchanteur : déco de paillote chic, cuisine savoureuse et originale, service sympathique. Les plats, élaborés à partir de produits frais et de saison, sont d'inspiration locale mais s'enrichissent d'accents asiatiques ou latino-américains. En plus de la grande terrasse, des chaises longues pour profiter de la vue, magnifique au coucher du soleil.

À voir

Le Musée municipal de Guéthary : *villa Saraleguinea. ☎ 05-59-54-86-37. • musee-de-guethary.fr • ♿ Mai-oct, tlj sauf mar et dim, 14h-18h (10h-12h, 15h-19h juil-août). Entrée : 2 € ; gratuit moins de 26 ans et pour ts le 3e sam du mois.* Superbe maison néobasque, installée dans un parc semé de sculptures contemporaines et surplombant la mer. Elle fut construite par un enfant du pays qui fit fortune en Argentine dans la 2de moitié du XIXe s. Le musée abrite la donation Swiecinski, médecin d'origine roumaine (1878-1958) devenu sculpteur, et mort à Guéthary. À voir également, quelques vestiges romains découverts près de la gare du village. Des expositions d'art contemporain sont régulièrement organisées autour de créateurs français, basques ou étrangers.

L'église : *rue de l'Église (eh oui !).* Du XVIe s et dédiée à saint Nicolas, patron des Marins (un ex-voto en forme de 3 mâts est d'ailleurs accroché à la nef). Très basque avec ses 3 étages de tribunes en bois.

LE LABOURD

SAINT-JEAN-DE-LUZ (DONIBANE LOHIZUNE)

(64500) 14 500 hab. *Carte Labourd, A2*

• Plan *p. 123*

Port pittoresque et coloré où tanguent les petits chalutiers, doublé d'une station balnéaire au succès sans cesse grandissant, Saint-Jean-de-Luz a su préserver tout son charme, en particulier hors saison. D'un côté du port, une séduisante vieille ville coquette et bourgeoise, aux ruelles commerçantes bordées d'immeubles typiques, prolongée d'un élégant front de mer ; et de l'autre côté, partie intégrante du paysage, la charmante commune de Ciboure (voir plus loin).

UN PEU D'HISTOIRE

Grâce à sa baie abritée postée à l'embouchure de la Nivelle, Saint-Jean-de-Luz (de son nom basque *Donibane Lohizune* : « Saint-Jean-des-Marais ») fait figure de principal port de pêche en Iparralde. Son passé historique est plus important que celui de Biarritz : ses marins allaient, dès le XIe s, taquiner la baleine dans le golfe de Gascogne puis, aux XVIe et XVIIe s, ***la morue à Terre-Neuve.*** La ville s'enrichit aussi de la guerre de courses (les actes de piraterie menés par les corsaires contre les ennemis de leur pays, autrement dit). Les belles maisons des armateurs sur le port témoignent de cette période florissante.

LA VILLE ENGLOUTIE

Depuis sa création, la ville subit de plein fouet les intempéries venues de la mer. Au XVIIIe s, les inondations se multiplièrent. En 1749, puis en 1782, les flots détruisirent des centaines de maisons. Malgré les travaux entrepris sous Louis XVI pour protéger Saint-Jean-de-Luz, après 8 jours de tempête, un raz-de-marée balaya en 1822 plus d'un quart de la ville. La partie engloutie se situe quelque part au milieu de la baie...

En 1660, ***le mariage de Louis XIV avec l'infante d'Espagne*** Marie-Thérèse fut un événement considérable pour Saint-Jean-de-Luz, qui accueillit plusieurs mois durant le couple royal.

Le traité d'Utrecht, signé en 1715, s'avéra à l'inverse terrible pour la ville : la France fut alors dépossédée de ses droits de pêche à Terre-Neuve, ce qui ruina l'économie portuaire. Des 58 bateaux que comptait le port en 1741, il n'en restait plus qu'un seul en 1748. Quant à la population, elle chuta de 2/3 en moins de 25 ans ! À partir du XIXe s, la pêche reprit quelque peu, s'orientant vers la sardine (Saint-Jean-de-Luz fut un temps le 1er port sardinier en France), l'anchois, le merlu et le thon au milieu du XXe s. Parallèlement, la ville devint un haut lieu de villégiature, suivant l'équation classique Napoléon III, chemins de fer, bon air et bains de mer. Son visage s'en trouva à jamais transformé.

Arriver – Quitter

En train

Gare SNCF (plan B2) : *av. de Verdun.* ☎ *36-35.* ● *oui.sncf* ● Liaisons tlj avec Biarritz et Bayonne. À la gare, agence de location de voitures **Avis** (☎ *05-59-26-76-66 ;* ● *avis.fr* ●).

En bus

Halte routière (plan B2) : *bd du Commandant-Passicot, face à la gare SNCF. Tlj 9h-19h en été.* 2 compagnies : ***Txik Txak Car Express*** (☎ *0801-902-264 ;* ● *txiktxak.fr* ●) et **Hegobus** (☎ *0800-891-091 ;* ● *hegobus.fr* ●).

➢ Avec *Txik Txak Car Express,* bus n° 3 pour ***Guéthary, Bidart, Biarritz, Bayonne*** et dans l'autre sens pour ***Urrugne*** et ***Hendaye.*** 1 bus/h (ou ttes les 2h) 7h10-21h40. Suit la D 810. De la gare d'Hendaye, correspondance en train pour ***Saint-Sébastien*** (avec l'*Eusko Tren*).

➢ **Hegobus :** ● *hegobus.fr* ● Ce réseau local dessert une bonne partie du Labourd : *Ascain, Sare, Saint-Pée, Ainhoa Espelette, Cambo-les-Bains, Hasparren...*

➢ *Hegobus* relie également tte l'année ***Saint-Jean*** et ***Ciboure,*** lignes nos 39, 41 et 43. Ces 2 dernières desservent aussi le quartier des campings.

Adresse et infos utiles

Office de tourisme (plan B2) : *20, bd Victor-Hugo, à côté des halles.* ☎ *05-59-26-03-16.* ● *saint-jean-de-luz.com* ● ♿ *Tlj sauf dim ap-m hors saison.* D'avril à octobre et durant les vacances scolaires, visites guidées le jeudi à 10h (payant). Également des visites dans le cadre du label Pays d'art et d'histoire sur différents thèmes *(mer et ven à 10h)* ; compter 1h30 (payant). Chasse au trésor pour les enfants 2 fois par semaine pendant les vacances (sur résa), quiz familles. Visites individuelles possibles avec audioguide *(payant).*

– ***Marché*** (plan B2) : *bd Victor-Hugo (autour des halles), mar et ven mat, ainsi que sam en juil-août.* Les Luziens lui revendiquent le titre de plus joli marché de la région. Très animé. Quant aux halles, elles sont ouvertes tous les matins (7h30-13h). Beau choix de poissons.

– ***Stationnement :*** chercher à se garer dans Saint-Jean-de-Luz, même hors saison, n'est pas une partie de plaisir. Pour info, grands parkings gratuits derrière la gare et le commissariat, non loin du centre-ville.

Où dormir ?

Campings

Les campings de Saint-Jean-de-Luz sont concentrés au nord de la ville, dans les quartiers d'Acotz et Erromardie, qui bordent la mer entre Guéthary et Saint-Jean-de-Luz *(hors plan par B1).* Ces 2 quartiers possèdent plusieurs petites criques, moins fréquentées que les plages centrales.

SAINT-JEAN-DE-LUZ ET CIBOURE

Adresse utile

- Offices de tourisme (A2 et B2)

Où dormir ?

- **10** Brit Hôtel de Paris (B2)
- **11** Grand Hôtel de la Poste (B1)
- **12** Hôtel Maria-Christina (hors plan par B1)
- **13** Hôtel Ohartzia (B1)
- **14** Chambres d'hôtes Villa Argi Eder (hors plan par B1)
- **15** Hôtel Le Relais Saint-Jacques (B2)
- **16** Hôtel Les Almadies (B1)
- **17** Hôtel La Marisa (B1)
- **18** Hôtel de la Plage (B1)
- **19** Hôtel Madison Saint-Jean-de-Luz (B1)
- **20** Hôtel La Devinière (B1)
- **21** Hôtel-résidence Odalys Erromardie (hors plan par B1)

Où manger ?

- **12** Rita, la Vierge à la Mer (hors plan par B1)
- **31** Chez Pablo (B2)
- **32** Le Komptoir des Amis (B2)
- **33** La Boëte (B1)
- **34** Le Balda Food Bus (hors plan par B1)
- **35** Zoko Moko (A2)
- **36** Kako Etxea (B2)
- **37** Chez Mattin (hors plan par A2)
- **38** Le Socowa (hors plan par A2)
- **39** Alaïa (hors plan par A2)
- **40** Toki Goxoa (plan B1)
- **41** Instincts (plan B1)
- **43** Maitenia (A2)

Où boire un verre ?
Où manger sur le pouce ?

- **38** Le Socowa (hors plan par A2)
- **39** Alaïa (hors plan par A2)
- **43** Maitenia (A2)
- **50** Pub du Corsaire (A1)
- **51** Le Bar Basque (B1)
- **53** La Guinguette d'Erromardie (hors plan par B1)
- **54** Le Garage (B2)

Où acheter de bons produits ?
Où déguster une glace artisanale ?

- **60** Maison Adam (A2)
- **61** Pariès (B2)
- **62** La Boucherie des Familles (B1)
- **63** Etchebaster (B1)
- **64** Txomin (B1)
- **65** Maison Deuza (B1)
- **66** Glaces Bargeton (B1)

Certaines offrent de belles vagues aux surfeurs. Mais la proximité de la voie ferrée altère un peu la tranquillité des lieux.

Duna-Munguy : *881, chemin de Duhartia, quartier Acotz. ☎ 05-59-47-70-70. • contact@camping-dunamunguy.com • camping-dunamunguy.com • Au bord de la plage d'Acotz. Ouv début avr-fin oct. Sur présentation de ce guide, 1 nuit offerte pour un séjour de 7 nuits hors juil-août et frais de dossier offerts en juil-août.* Pas d'emplacements nus pour planter sa tente mais des locations (mobile homes, bungalows et apparts) super bien tenues. Ambiance familiale, et pas d'animations organisées, donc très tranquille. Ping-pong, baby-foot, aire de jeux, et même une bibliothèque où piocher des bouquins. Piscine chauffée couverte, pas bien grande mais agréable. Et on est à 300 m des plages d'Acotz.

Châdotel International Erromardie : *235, allée de la Source, plage d'Erromardie. ☎ 05-59-26-07-74. • info@chadotel.com • chadotel.com • Ouv avr-début nov. Forfait pour 2, 23-46 €. 216 empl. Frais de dossier offerts sur présentation de ce guide.* Un vaste camping 4 étoiles dans un beau parc de 5 ha, super bien équipé et situé juste à côté de l'océan, qu'on entend gronder derrière les haies (accès direct à la plage, d'ailleurs). Mobile homes. Piscine extérieure chauffée, pétanque, jeux pour enfants, resto et animations familiales en saison.

De prix moyens à chic

Brit Hôtel de Paris (*plan B2,* **10**) **:** *1, bd du Commandant-Passicot. ☎ 05-59-85-20-20. • hoteldeparis.64@wanadoo.fr • hoteldeparis-stjeandeluz.com • Congés : 3 janv-6 fév. Doubles 62-135 € ; familiales. Réduc de 10 % hors juil-août sur présentation de ce guide.* Face à la gare (double vitrage), un bon hôtel 2 étoiles avec des chambres coquettes, qui affichent une sympathique déco marine. Et quand elles ne sont pas très grandes, elles compensent avec des astuces bien pensées, comme les têtes de lit à caissons. Salles de bains modernes. Patrons accueillants.

Grand Hôtel de la Poste (*plan B1,* **11**) **:** *83, rue Gambetta. ☎ 05-59-26-04-53. • contact@grandhoteldelaposte.com • grandhoteldelaposte.com • Tte l'année. Doubles 91-162 €. Formule déj 15 € ; carte env 20 €. Café offert sur présentation de ce guide.* Une maison traditionnelle basque (du XVIIIe s tout de même), qui se distingue par son généreux escalier de bois et son vaste salon, avec cheminée et billard. En revanche, les chambres, plus ou moins grandes selon les catégories mais confortables, ont conservé peu d'éléments de l'ancien relais de poste : elles sont assez épurées. Certaines disposent de grandes terrasses. Le petit déj (de grande qualité) est servi dans l'ancienne écurie du relais, qui accueille aussi un café-salon de thé accessible à tous, où on peut déjeuner ou faire une pause.

Hôtel Maria-Christina (*hors plan par B1,* **12**) **:** *13, rue Paul-Gelos. ☎ 05-59-26-81-70. • contact@hotel-maria-christina.com • hotel-maria-christina.com • À 10 mn à pied du centre. Congés : janv-fév. Doubles 85-145 € ; familiale. Parking payant.* À peine excentrée, cette grande maison typiquement basque accueille une quinzaine de chambres à la déco épurée : les standard ne sont pas bien grandes, à la différence des supérieures, mais toutes disposent de la clim. Accueil prévenant. Bon resto sur place, *Rita, la Vierge à la Mer* (voir « Où manger ? »).

Hôtel Ohartzia (*plan B1,* **13**) **:** *28, rue Garat. ☎ 05-59-26-00-06. • hotel.ohartzia@wanadoo.fr • hotel-ohartzia.com • Tte l'année. Doubles 95-175 €. 1 petit déj offert le 1er jour sur présentation de ce guide.* Dans une petite rue entre l'église et la mer, à 100 m de la plage, un hôtel de charme tenu par une famille attachante. On profite du bucolique jardin, plein de fleurs et d'oiseaux, où l'on sert le petit déj en été. Côté chambres, toutes sont différentes et joliment décorées. Celles côté jardin sont plus tranquilles.

Chambres d'hôtes Villa Argi Eder (*hors plan par B1,* **14**) *: 58, av. Napoléon-III, quartier Acotz. ☎ 05-59-54-81-65. 06-80-59-84-82. • villa-argi-eder@orange.fr • chambresdhotes-argi-eder.com • Congés : nov. Doubles 75-85 €. Parking privé.* À 5 mn à pied de la plage, dans une villa moderne posée au milieu d'une immense pelouse impeccable, 4 chambres claires et pimpantes, toutes en rez-de-jardin, avec une petite terrasse et de grands placards. Piscine. Accueil dynamique.

Hôtel Le Relais Saint-Jacques (*plan B2,* **15**) *: 13, av. de Verdun. ☎ 05-59-26-02-55. • hotelstjacques@gmail.com • hotelstjacques-stjeandeluz.com • Tte l'année. Doubles 69-169 € ; familiales.* À 2 pas de la gare, un hôtel pratique et bien insonorisé (triple vitrage). Bon confort (clim, minibar, coffre, ascenseur et bonne literie). Déco moderne dans les tons doux. Pas mal de produits bio au petit déj.

De chic à beaucoup plus chic

Hôtel Les Almadies (*plan B1,* **16**) *: 58, rue Gambetta. ☎ 05-59-85-34-48. • hotel.lesalmadies@wanadoo.fr • hotel-les-almadies.com • Doubles 95-145 €.* En plein centre, installé dans une maison basque, un charmant petit hôtel d'une poignée de chambres (certaines avec balcon), dont les couleurs douces incitent au farniente. Réception à l'étage (pas d'ascenseur) et élégante salle de petit déj. Petite terrasse perchée pour prendre son café.

Hôtel La Marisa (*plan B1,* **17**) *: 16, rue Sopite. ☎ 05-59-26-95-46. • info@hotel-lamarisa.com • hotel-lamarisa.com • Chambres 89-180 €. Parking payant.* Un petit établissement confortable et chaleureux : chambres cossues avec portes doublées pour garantir la tranquillité, hall décoré de meubles anciens, petit salon-bibliothèque qui s'ouvre sur un patio fleuri où est servi le petit déj... Cette maison traditionnelle est idéale pour qui recherche le calme tout en étant au cœur de la ville. Accueil charmant.

Hôtel de la Plage (*plan B1,* **18**) *: promenade Jacques-Thibaud, 33, rue Garat. ☎ 05-59-51-03-44. • reservation@hoteldelaplage.com • hoteldelaplage.com • Congés : 6 janv-14 fév et 11 nov-20 déc. Doubles 99-369 € ; familiales. Garage payant.* Un hôtel de standing, idéalement situé face à la plage. Les parties communes sont dans les tonalités actuelles et les chambres claires, confortables et bien équipées (clim). Celles avec vue sur l'océan et balcons sont évidemment très séduisantes mais bien plus chères. Accueil très pro.

Hôtel Madison Saint-Jean-de-Luz (*plan B1,* **19**) *: 25, bd Thiers. ☎ 05-59-85-55-55. • reservation@madison-saintjeandeluz.fr • madison-saintjeandeluz.com • Doubles 125-400 €. Formule déj 17 € ; carte env 35 €.* Cet hôtel historique, construit en 1911, a été entièrement repensé dans un bel esprit contemporain. Les chambres de l'établissement, réparties entre 5 catégories, disposent toutes d'une déco contemporaine où le bois brut dialogue avec les tissus colorés de la maison *Jean-Vier.* Belles douches à l'italienne couvertes de mosaïque, et parfois des balcons. Atmosphère séduisante d'établissement de bord de mer, propice au farniente. Au sous-sol, superbe piscine intérieure complétée par un sauna, un jacuzzi et un spa. Enfin, au rez-de-chaussée, la brasserie propose une cuisine locavore de bonne tenue, à prix démocratiques. Salon de thé également.

Hôtel La Devinière (*plan B1,* **20**) *: 5, rue Loquin. ☎ 05-59-26-05-51. • la.deviniere.64@wanadoo.fr • hotel-la-deviniere.com • Résa obligatoire. Doubles 150-200 €.* Difficile de faire plus cosy, version charme à l'anglo-saxonne. D'abord une belle maison basque, puis un élégant salon-bibliothèque avec fauteuils profonds et piano, s'ouvrant sur un joli jardin. 5 chambres entièrement rénovées dont 2 suites avec cuisine, réparties sur 2 étages (ascenseur), toutes différentes, chargées d'antiquités (meubles, tableaux, estampes), comme dans une maison de famille. Beaucoup de charme, vous l'aviez compris. Accueil parfait.

Hôtel-résidence Odalys Erromardie (*hors plan par B1,* **21**) *: chemin Erromardie. ☎ 05-59-51-59-00.*

• erromardie@odalys-vacances.com • odalys-vacances.com • ♿ Fermé début nov-début avr sauf à Noël. Dans la partie hôtel, doubles 82-125 €. Menu 25 €. À 400 m de la plage Erromardie, au cœur d'un parc privé bordé d'une pinède, un hôtel agréable doté de chambres confortables et vraiment spacieuses avec terrasse ou balcon. Côté résidence, différents bâtiments et villas modernes d'architecture basque, dans un environnement sans voitures. Piscine chauffée (grande pataugeoire pour les tout-petits), tennis et fronton. Restaurant (très basique) avec terrasse face à la piscine.

Où manger ?

De bon marché à prix moyens

|●| **_Chez Pablo_** *(plan B2, **31**) : 5, rue Mademoiselle-Etcheto. ☎ 05-59-26-37-81. • chezpablo599@orange.fr • ♿ Derrière les halles. Fermé mer, plus jeu hors juil-août. Congés : 2 sem en fév, 1 sem en juin. Menu déj sem 15 € ; carte 30-35 €. Apéritif maison offert sur présentation de ce guide.* Depuis 1932, 4 générations se sont succédé en cuisine pour préparer des spécialités basques typiques et savoureuses. Au menu, omelette à la morue, *chipirons* ou *piquillos* ; et en saison (de novembre à mars), des pibales ! Le tout est à accompagner d'un petit vin blanc pétillant ou de « cidre » basque. L'été, la terrasse dans la ruelle est bien agréable.

|●| **_Le Balda Food Bus_** *(hors plan par B1, **34**) : sur le parking de la plage de Cenitz. Ouv mai-sept : en juil-août tlj, tte la journée ; hors saison, jeu-dim, ouvertures et fermetures selon météo. Carte 15-25 €.* Il y en a 2, en fait, de bus (à impériale) posés au-dessus d'une jolie plage. Généreuses assiettes de tapas à partager (croquettes de serrano, *chipirons*...) et quelques plats (burgers, jolie côte de bœuf). Plusieurs terrasses dont 2 installées à l'étage des bus pour prendre de la hauteur. En été, concerts le jeudi.

|●| **_Toki Goxoa_** *(plan B1, **40**) : 7, pl. Maurice-Ravel, galerie la Pergola. ☎ 05-59-26-85-86. Tlj sauf dim soir-mar hors saison. Formule 14,50 € ; carte 15-20 €.* Minuscule endroit au comptoir recouvert d'azulejos et au mobilier dépareillé, un peu planqué dans une galerie commerciale. Accueil très gentil, comme les prix. À la carte, des *taloas* surtout, des tapas, des tartines, des salades... à base de produits locaux, souvent bio. Terrasse un peu dans le passage mais quelques tables offrent la vue sur la plage (et l'océan).

Prix moyens

|●| **_Le Komptoir des Amis_** *(plan B2, **32**) : 7, bd du Commandant-Passicot. ☎ 05-24-33-61-04. • lekomptoirdesamis@gmail.com • Midi et soir, tlj sauf dim-lun. Congés : janv et 2 sem début juin. Formules déj 15-19 € ; carte 30-40 €.* On a beaucoup aimé cette adresse située non loin de la gare, grande ouverte sur la ville et fréquentée par la jeunesse locale. Le couple aux commandes, passé par d'autres métiers et horizons, insuffle ici un esprit assez unique, où le partage est la règle. Beaucoup de sincérité dans les assiettes, qui subliment les produits de la région avec précision et originalité. Et tout ça pour des prix contenus ! Laissez-vous guider à travers la sélection de vins naturels pour trouver votre bonheur.

|●| **_Rita, la Vierge à la Mer_** *(hors plan par B1, **12**) : 13, rue Paul-Gelos. 📱 06-01-17-89-06. • contact@ritaalamer.com • ♿ À 10 mn à pied du centre. Tlj en saison, le soir seulement. Carte 30-35 €.* Un bistrot au goût d'aujourd'hui, avec des assiettes à partager façon tapas, signées d'un jeune chef passé par quelques prestigieuses maisons. Frais (la carte change tous les jours), plus que bon et à des prix qui ne fâchent pas. Adorable petite terrasse dans un patio dépaysant, avec minifontaine, cactus et citronnier.

Kako Etxea (plan B2, **36**) : *18, rue du Mal-Harispe. ☎ 05-59-85-10-70. • bodegachezkako@orange.fr • Tlj sauf lun et dim hors saison. Tapas et pintxos 6-13 € ; formule et menu déj sem 14-19 € ; menu cidrerie 38 € (pour 2 pers min). Carte 35-40 €. Café offert sur présentation de ce guide.* Un bistrot basque comme on les aime, particulièrement prisé des locaux. Selon l'humeur, on s'y retrouve autour de quelques tapas ou d'un repas plus conséquent. Le poisson est à l'honneur mais on se régale aussi d'excellentes viandes, à l'image de la côte de bœuf ou du boudin cuit *a la plancha.* Belle terrasse face au marché.

Sans oublier **Le Bar Basque** (voir la rubrique « Où boire un verre ? »).

De chic à plus chic

Zoko Moko (plan A2, **35**) : *6, rue Mazarin. ☎ 05-59-08-01-23. • zokomoko@hotmail.com • Tlj sauf dim-lun. Résa conseillée. Formule et menu déj mar-sam 21-27 €. Menus 46-58 €. Carte env 45 €. Café offert sur présentation de ce guide.* Lumières douces, pierres apparentes, cheminée : *Zoko Moko* (le « coin tranquille » en v.f.) se démarque de ses voisins, dans la déco comme dans l'assiette. Une cuisine pleine de saveurs et aux parfums du pays, réalisée par une équipe connaissant son métier sur le bout des doigts. Un classique !

Instincts (plan B1, **41**) : *20, rue Joseph-Garat. ☎ 05-59-24-66-98. • contact@restaurant-instincts.fr • Tlj sauf lun-mar. Menu 55 €. Carte 40-45 €.* La table du moment de la ville. Un jeune chef y propose une cuisine d'instinct (naturellement), d'expression, libre (comme il dit). Service charmant de sa compagne. Jolie carte de vins, nature ou bio. La salle (de bistrot d'aujourd'hui, avec cuisine ouverte) est toute petite et il n'y a pas de terrasse, donc... réservez !

La Boëte (plan B1, **33**) : *3, rue Jean-Bague. ☎ 05-59-22-54-76. Tlj sauf dim-lun. En fonction des poissons (ou du plateau), compter 30-50 €.* Un petit bout de resto, auto-intitulé avec raison « bistrot de la mer ». En quelques mots : poissons, coquillages et crustacés hyper frais, préparés de différentes manières, selon l'arrivage. Irréprochable, tout comme le service.

Où boire un verre ? Où manger sur le pouce ?

Sur la place Louis-XIV *(plan A2)*, nombreuses **terrasses** de bars-brasseries sous les platanes, avec orchestres en plein air l'été. Moins touristiques, quelques lieux originaux ont ouvert ces dernières années. Du coup, les locaux n'ont plus à aller à Biarritz ou à Fontarrabie pour s'éclater.

Pub du Corsaire (plan A1, **50**) : *16, rue de la République. ☎ 05-59-26-10-74. • pubcorsaire64@gmail.com • À 2 pas de la pl. Louis-XIV. Tlj 17h-2h (tapas 18h30-22H30, 23h l'été). Tapas 5-10 € ; carte env 20 €.* Un choix de plus de 120 bières et 100 whiskies différents, à siroter sous un plafond en forme de carène de bateau, dans un décor style pub irlandais. Soirées à thème régulières. Tapas, forcément tapas. Un grand classique.

Le Bar Basque (plan B1, **51**) : *22, bd Thiers. ☎ 05-59-85-16-63. Fermé dim soir et lun. Formule et menu déj sem 16-25 € ; carte 35-40 €.* La brasserie historique de la ville : boiseries, comptoir sculpté, vieux phonographe. C'est le rendez-vous, depuis 1920, des grandes familles et des figures locales, qui ont grandement participé à sa survie au fil des décennies. Comme Hemingway (enfin, il paraît qu'il fréquentait l'endroit), sirotez à l'heure de l'apéro le fameux *Macca B*, redoutable cocktail créé ici juste après guerre. Tapas pour ne pas tomber raide. Et jolie cuisine de marché, signée d'un chef avec du métier.

Le Garage (plan B2, **54**) : *4, bd Victor-Hugo. 06-09-86-61-87. • contact@legaragedb.com • Facebook • Ouv fin avr-début oct, tlj 18h-2h (dim 12h-14h30). Fermé lun-mer* *en mai-juin et sept.* Vous vous en doutiez peut-être (sûrement même), c'est un ancien garage automobile. Vaste espace donc pour accueillir des stands de *street food* (tapas, sushis, burgers, pizzas...), 2 bars, des concerts, des DJs, des spectacles et même une salle de jeux (avec animatrice) pour les enfants. Vaste terrasse aussi

La Guinguette d'Erromardie *(hors plan par B1,* ***53****) : plage d'Erromardie. ☎ 05-59-43-97-66. • nathalie.huchede@gmail.com • Tlj, selon le temps, avr-oct. Carte env 25 €.* N'ayez pas peur d'affronter la foule aux beaux jours pour trouver une place autour des tonneaux ou sur le parapet de la plage, face à l'ancienne gare.

Où acheter de bons produits ? Où déguster une glace artisanale ?

Passage obligatoire par les halles et le marché pour faire le plein de bons produits *(ouv tte l'année, tlj, 7h-13h, sauf 1er janv et 25 déc, plan B2).* Superbe marché aux poissons et une ribambelle de stands gourmands, à vous faire saliver dès potron-minet. Le fromager-affineur ***Beñat*** est réputé (et un peu victime de son succès).

Maison Adam *(plan A2,* ***60****) : 4-6, rue de la République. ☎ 05-59-26-03-54. • maisonadam.fr • Juil-août, tlj 8h-20h ; le reste du temps, tlj 8h-13h, 14h-19h30. Autre boutique au 49, rue Gambetta.* Une adresse historique (fondée en 1660...), mythique même ! Vous achèterez ici l'authentique macaron de Saint-Jean-de-Luz. Difficile de résister...

Pariès *(plan B2,* ***61****) : 9, rue Gambetta. ☎ 05-59-26-01-46. • paries.fr • Tlj 8h30-19h30 (minuit en été).* Dans la même famille depuis 1895. Le spécialiste des tourons (il y en a de toutes les couleurs !), des *kanougas,* ces délicieux bonbons qui fondent sur la langue, ou encore des *mouchou,* « baisers » en basque *(muxu),* sortes de macarons accolés 2 par 2. Excellentes glaces maison, également.

La Boucherie des Familles *(plan B1,* ***62****) : 23, rue Gambetta. ☎ 05-59-26-03-69. Tlj sauf dim et lun ap-m (tlj en été).* Ce boucher sélectionne avec soin toutes ses bêtes, élevées dans des fermes basques. Et si son veau ou son bœuf sont extra, ses charcuteries sont également fameuses : saucisson, ventrèche, saucisses... Quant à ses jambons, il monte lui-même les faire sécher aux Aldudes, dans les règles de l'art.

Maison Deuza *(plan B1,* ***65****) : 18, rue Garat. ☎ 05-59-26-04-36. • maison-deuza.com • Mar-sam 9h-12h30, 14h30-19h.* Cette maison centenaire continue de torréfier elle-même son café. Une douzaine de crus d'origine, dont une bonne partie en bio, servis en vrac ou en capsules. Également d'excellents thés et tisanes (une grosse centaine de références), dont des mélanges rares comme le « thé de l'Infante » ou le « thé du roi Soleil ». Sablés et chocolats aussi.

Etchebaster *(plan B1,* ***63****) : 42, rue Gambetta. ☎ 05-59-26-00-80. Tlj sauf lun 8h30-12h30, 15h30 (16h dim)-19h (19h30 sam).* S'il est impossible de trouver au Pays basque un gâteau basque qui fasse l'unanimité, celui-ci est un modèle d'équilibre, entre légèreté de la crème et consistance de la pâte. La galette des rois et le saint-honoré crème chibouste valent également le détour.

Glaces Bargeton *(plan B1,* ***66****) : 23, rue Joseph-Garat. 📱 06-35-42-27-52. Ouv avr-oct et fêtes de fin d'année. Tlj 13h30-23h30 l'été ; 14h-19h à la mi-saison.* Un tout jeune mais excellent glacier (formé, entre autres, en Italie). Fabrication maison évidemment. Plein de parfums étonnants (gâteau basque pour n'en citer qu'un) mais les classiques (dont la vanille) valent aussi le coup.

Txomin *(plan B1,* ***64****) : 54, rue Gambetta. ☎ 05-59-26-77-49. Tlj 12h30-23h30 (et même plus tard en été ; 14h-19h à la mi-saison).* Glacier artisanal qui travaille avec le lait des fermes du coin et de la purée de fruits frais. Le matin, c'est fermé : on fabrique !

À voir

Le port de pêche *(plan A2)* **:** difficile de se lasser du spectacle du port et de ses petits chalutiers partant la nuit tous feux allumés pour rejoindre le large. Longez ses quais en admirant Ciboure, juste en face (très belle lumière tôt le matin).

La place Louis-XIV *(plan A2)* **:** le centre de la cité. Charmante avec son kiosque à musique et les splendides demeures qui la bordent. Elle s'anime le dimanche matin, quand les chants basques invitent à renouer avec une tradition qui, ici, ne force jamais le trait.

LES ROIS DE LA FLIBUSTE

Aux XVIIe et XVIIIe s, les armateurs étaient officiellement autorisés par le roi à piller les navires ennemis, pour peu qu'ils lui reversent 1/5 du butin. Les profits générés étaient si importants qu'un corsaire déclara au XVIIe s que le roi pourrait traverser de Saint-Jean à Ciboure sans se mouiller les pieds, en passant sur le pont des navires capturés ! Vestige de cette époque, quelques rues de la ville portent encore le nom des corsaires les plus fameux.

La maison Louis XIV *(plan A-B2)* **:** ☎ *05-59-26-27-58.* • *maison-louis-xiv.fr* • *3 avr-1er nov, tlj sauf mar. Visites guidées seulement. En juil-août, 10h30-12h30, 14h30-18h30 (dernière visite 30 mn avt) ; juin et sept-oct, à 11h30, 15h, 16h et 17h ; avr-mai (plus vac de la Toussaint), visites à 11h, 15h et 16h. Entrée : 6,50 € ; réduc ; gratuit moins de 12 ans.*

Construite en 1643 par un riche armateur, la *maison Lohobiague-Enea,* dite désormais « Louis XIV », est un des plus beaux hôtels particuliers de la place. Le jeune Louis XIV, venu signer le traité des Pyrénées et épouser l'infante d'Espagne Marie-Thérèse, y résida pendant 40 jours en 1660. Ils y passèrent même leur nuit de noces (et il paraît que le roi affichait un air satisfait, au petit matin !). Cette magnifique maison appartient depuis plus de 370 ans à la même famille.

La visite permet de mieux faire connaissance avec l'histoire de la ville et de découvrir cette demeure d'armateur du XVIIe s, richement meublée. Belle cage d'escalier, salon cossu au large plancher cloué, comme sur les navires. Intéressant mobilier régence. Noter les poutres du plafond, ornées de scènes bibliques (Jonas et la baleine, le roi David). Voir encore la chambre à coucher royale, où les mariés de cire sont en habits. Vaste cuisine avec son four à pain. Admirer enfin la salle à manger (déco du XIXe s), aux murs peints de scènes variées (chasse à courre, chasse à la baleine, paysages...).

La maison de l'Infante *(plan A2)* **:** *quai de l'Infante.* Si elle ne se visite plus, elle reste repérable depuis le port. C'est la belle demeure en brique et pierre de style italien avec fenêtres à meneaux, flanquée de 2 tours. Elle abrita l'infante Marie-Thérèse (ainsi qu'Anne d'Autriche) avant son mariage avec Louis XIV. À en croire la petite histoire, c'est en découvrant le port depuis la tour de cette maison que Napoléon III décida, en 1854, de faire construire les 3 digues qui ferment encore aujourd'hui la rade de Saint-Jean-de-Luz.

L'église Saint-Jean-Baptiste *(plan B1-2)* **:** *tlj 8h-12h, 14h-18h30.*
Les parties visibles les plus anciennes, comme le porche occidental en gothique flamboyant, datent du XVe s, même si une grande partie fut construite au XVIIe s. Sur le côté, noter l'emplacement de la porte empruntée par Louis XIV lors de son mariage. Elle n'aurait pas été murée à l'issue de la cérémonie, comme l'indique la plaque commémorant l'événement, mais en 1669, suite au percement du grand portail.
Intérieur remarquable. Galerie en bois à 3 étages (5 au fond), réservée autrefois aux hommes. En ces temps de religion hégémonique et triomphante, cela augmentait d'un tiers la surface de l'église. Chœur conçu dans le style espagnol. Retable en bois sculpté du XVIIe s orné de saints de la région. Et encore un superbe buffet d'orgue du XVIIe s.

Le centre-ville : de la place Louis-XIV, on s'engage dans la *rue Gambetta (plan B1-2),* piétonne et commerçante. Très animée en fin de soirée l'été, lorsqu'elle fait office de *passeggiata.* Au n° 25, on passe devant la vitrine du célèbre sellier *Laffargue,* créé en 1890. De la place Louis-XIV, on peut aussi emprunter la pittoresque *rue de la République.* Au n° 17, la plus ancienne demeure de la ville, une maison d'armateur, seule rescapée d'un grand incendie provoqué par un raid espagnol en 1558.

UN MACARON ROYAL !

À l'occasion des noces royales de Louis XIV, chacun fut convié à offrir un présent à la gourmande infante. Le pâtissier Adam envoya, par l'entremise de sa plus jolie servante, un plateau de succulentes spécialités aux amandes. Le succès fut immédiat, et la Cour s'en régala. La jeune servante fut royalement récompensée et épousa l'héritier Adam... Depuis, la famille perpétue la tradition de l'authentique macaron.

Le front de mer : une digue-promenade magique, en surplomb de la rue. Des passerelles mènent aux villas les plus caractéristiques et c'est élégant comme tout. Même défiguré, l'ancien casino conçu par Mallet-Stevens à la fin des années 1920 vaut le coup d'œil avec sa galerie piétonne ouverte sur l'océan. Il s'agissait à l'époque de l'un des chefs-d'œuvre de l'architecte. Ce bâtiment abrite, entre autres, le centre de thalassothérapie.

Le jardin botanique littoral Paul-Jovet *(hors plan par B1)* **:** *31, av. Gaëtan-Bernoville. ☎ 05-59-26-34-59. • jardinbotanique-saintjeandeluz.fr • Accès en 30 mn depuis le centre-ville par le sentier du littoral, ou navette en été. Juil-août, tlj 11h-19h ; avr-juin et sept-oct, mer, w-e et j. fériés 11h-18h ; dernière entrée 45 mn avt. Entrée : 4 € ; réduc ; gratuit moins de 12 ans. Expos régulières.* 2,5 ha de verdure pour partir à la découverte de la flore locale et des milieux naturels sensibles, recréés dans le jardin. Vue magnifique sur l'océan qu'on surplombe. Pour les enfants, le must reste le labyrinthe botanique. Une belle promenade, créée de toutes pièces au-dessus d'une station d'épuration ! Parcours découverte pour les enfants (à demander à l'accueil).

À faire

Balades en mer : *📱 06-09-73-61-81. • croisiere-saintjeandeluz.com •* Le *Nivelle V* propose, d'avril à octobre, plusieurs formules : des parties de pêche en mer le matin, une petite promenade de 45 mn le long de la Corniche Basque *(11 €),* une balade jusqu'à Biarritz et une croisière le long de la côte jusqu'en Espagne.

Navette maritime Le Passeur : *📱 06-11-69-56-93. Départ ttes les 45 mn env, avr-oct. 1er départ vers 9h-9h40, dernier retour vers 18h-20h selon saison. Compter 3 €/pers l'aller (5,50 € l'A/R). Tour de la baie : 5,50 €.* Effectue un circuit Digue-des-Chevaux et port de Saint-Jean-de-Luz, puis port de Ciboure et fort de Socoa.

– **Cesta-punta :** *au jai-alai, av. Ithurralde. ☎ 05-59-51-65-36. • cestapunta.com •* Saint-Jean-de-Luz est un des hauts lieux de la pelote basque. C'est ici que se déroulent chaque été les Internationaux professionnels de *cesta-punta,* où s'affrontent les meilleurs joueurs du monde. Calendrier des tournois et des parties sur le site (résa en ligne possible).

La pointe Sainte-Barbe : *compter ½ h à pied depuis le port.* Belle balade en front de mer (qui emprunte une partie du sentier du littoral qui court de Bidart à Hendaye). Là-haut, arrêt au phare et à la table d'orientation pour la vue, évidemment. Panorama complet sur la baie de Saint-Jean, les Pyrénées et la côte espagnole. La balade peut se prolonger jusqu'à la plage d'Erromardie en passant par le jardin botanique.

Fêtes et manifestations

– Nombreuses fêtes organisées en été, comme la ***fête du Thon*** *(2e sam de juil).* Les plus animées sont le ***Festival andalou*** *(w-e de Pentecôte)* et les ***fêtes de la Saint-Jean*** *(20-24 juin).* Ambiance garantie.
– ***Festival international du Film :*** *début oct. • fifsaintjeandeluz.com •*

CIBOURE (ZIBURU) (64500) 6 430 hab. *Carte Labourd, A2*

• Plan *p. 123*

Avant d'obtenir son autonomie en 1603 grâce à une décision d'Henri IV, Ciboure n'était qu'un modeste quartier d'Urrugne. Elle est aujourd'hui une charmante commune, de l'autre côté du port de Saint-Jean-de-Luz, dont elle est devenue une véritable petite sœur jumelle, mais plus secrète. Sur les hauteurs de Bordagain s'étagent les maisons les plus chics et de très belles propriétés (certaines transformées en hôtels et chambres d'hôtes de charme), dont la maison de l'écrivain Pierre Benoit. Le vieux village a gardé tout son charme et, le long de la Nivelle, les conserveries à l'abandon ont fait place à un nouveau quartier dénommé « Zubiburu », hommage au nom basque originel de la ville, qui signifie « tête de pont ». Avec la plage de Socoa, le quartier des pêcheurs (bons restos de poisson), cette fois la palette est complète.

Adresse et infos utiles

Office de tourisme *(plan A2)* ***:*** *5, pl. Camille-Jullian. ☎ 05-59-47-64-56. • ciboure.fr • En été, tlj sauf dim ap-m ; hors saison, lun-ven.*

– ***Marché :*** *dim 8h-13h, pl. Camille-Jullian, face à la mairie.*
– ***Brocante :*** *le 1er dim du mois, quartier de Socoa/Untxin (face à la plage de Socoa).*

Où dormir ?

De prix moyens à chic

Hôtel Agur Deneri *(hors plan par A2)* ***:*** *14, impasse Muskoa. ☎ 05-59-47-02-83. • contact@agurdeneri.com • hotel-agur-deneri.com • Doubles 45-175€ ; familiales. Parking.* Là-haut sur la colline... Chambres confortables, lumineuses, spacieuses et agréables à vivre (clim, minibar, bains balnéo pour certaines). Et avec une vue exceptionnelle : certaines s'ouvrent d'ailleurs sur un balcon dominant le port. Au rez-de-chaussée, elles disposent même d'une terrasse avec chaise longue. Petit déj servi dans une salle lumineuse ou à l'extérieur. Par les escaliers, on est au centre du village en quelques minutes. Bref, un bon plan pour séjourner par ici.

Chambres d'hôtes Villa Erresinolettean *(hors plan par A2)* ***:*** *4, rue de la Tour. ☎ 05-59-47-87-88. • resa@chardiet.com • chardiet.com • Tte l'année. Résa impérative. Doubles 70-110 € ; familiales. Parking. Sangria maison offerte sur présentation de ce guide.* L'adresse vue sur mer la plus conviviale que l'on ait trouvée par ici, tout près de la tour de Bordagain. La vue est magnifique sur la baie, la côte et la montagne. Grand jardin avec un potager, superbe piscine et coin plancha et barbecue. Belles chambres avec vue, où le kitsch frôle le sublime : meubles d'antiquaires, portraits de famille pas tristes, draps brodés ou fleuris pour tous les lits. Fabuleuse collection de flacons en cristal. Henry offre le soir de l'arrivée une sangria dont la recette est un héritage de sa maman. Petites natures, s'abstenir !

Où manger ? Où boire un verre ?

De bon marché à prix moyens

Maitenia (plan A2, **43**) : *8, pl. du Fronton. ☎ 05-40-39-26-03. • info@maitenia.com • Près de l'office de tourisme. Tlj sauf dim soir et lun. Formule et menu déj (sauf dim) 17-19 € ; carte env 30 € le soir.* Ici, on ne sert que du frais, de l'artisanal, du sincère, dans l'assiette comme dans le verre. Face au fronton du village, c'est un lieu convivial, notamment le dimanche matin, jour de marché. La carte évolue en permanence, mais les pièces de viande sont superbes, les poissons d'une fraîcheur irréprochable et l'agneau de lait impeccable. On se régale ! Belle sélection de vins et bières locales.

Le Socowa (hors plan par A2, **38**) : *45, av. du Commandant-Passicot, à* **Socoa.** *☎ 05-24-33-37-05. • les2lilis@hotmail.com • ♿ Face à la digue, sous les arcades. Ouv Pâques-Toussaint, tlj en juil-août ; fermé mar hors saison. Carte env 25 €.* C'est en terrasse que tout se passe, avec vue sur le port, qu'on admire en attendant les croquettes de morue, les petits anchois grillés ou le thon mariné mi-cuit. On fait ici dans le copieux, le généreux et le retour de pêche garanti. La preuve ? Les pêcheurs encore accrochés au bar, en train de boire le coup, alors que les poissons frétillent déjà dans la poêle.

Alaïa (hors plan par A2, **39**) : *2, av. André-Hiriart, à* **Socoa.** *☎ 05-59-47-43-79. En saison (Pâques-Toussaint) et pdt les vac scol, ouv tlj midi et soir ; le reste de l'année, fermé dim soir et lun-mar. Carte 35-40 €.* Un emplacement de rêve, sur la plage de Socoa, et beaucoup d'énergie pour cette adresse dans le vent. L'alléchante carte ne fait aucun compromis avec la qualité et propose uniquement des produits du cru, souvent bio. Les poissons et fruits de mer de la criée de Ciboure, les truites de Banka ou les magrets des meilleures fermes de l'arrière-pays sont ici préparés avec maîtrise et générosité. On a aussi aimé y grignoter quelques tapas en terrasse, accompagnées de réjouissants flacons bio ou nature.

Chic

Chez Mattin (hors plan par A2, **37**) : *63, rue Évariste-Baignol. ☎ 05-59-47-19-52. • michel.toyos64@orange.fr • Dans le bourg (par l'av. du Docteur-Speraber). Tlj sauf dim-lun. Congés : de mi-fév à mi-mars, 1 sem fin juin et 2 sem en nov. Résa conseillée. Carte 50-60 €. Apéritif maison offert sur présentation de ce guide.* L'un des restos traditionnels les plus reconnus sur le plan local. Agréable salle d'auberge toute blanche, avec quelques beaux tableaux régionaux. Le point fort de la maison, c'est le *ttoro* (la fameuse soupe de poisson) et bien sûr le poisson grillé, frais et excellent, certes pas donné mais qui vaut son prix. On peut aussi se laisser tenter par les abats. Un classique.

À voir. À faire

➢ Les ***visites commentées*** de l'office de tourisme vous permettront de découvrir des lieux fermés au public, comme la *tour de Bordagain*, l'étonnante *villa Leïhorra* *(ven à 10h, sous réserve, se rens ; payant)* ou la *maison natale de Maurice Ravel,* au cours d'une visite du centre. Sinon, visite commentée en bateau du port.

L'église Saint-Vincent *(plan A2)* : édifiée au XVIe s, elle présente un aspect fortifié. Clocher peu habituel de forme octogonale, surmonté d'un joli lanternon en bois, d'où l'on scrutait le large, guettant le passage d'une baleine ou l'arrivée d'un navire. À l'intérieur, galerie à 3 étages, chœur surélevé et baptistère de Maurice Ravel.

La balade à pied révèle de splendides ***maisons labourdines*** du XVIIIe s, dont de nombreuses demeures familiales agrandies par les fils de pêcheurs enrichis à Terre-Neuve, à l'âge d'or de la pêche à la morue. Notamment, *rues de la Fontaine, de l'Escalier, Agorette.* Le nom de cette dernière provient de « agots » ou « cagots », les parias de l'époque. Tout le quartier de la Croix-Rouge présente un remarquable intérêt architectural. Puis, en grimpant encore, on arrive à la ***tour de Bordagain.*** Ancienne église-forteresse culminant à 82 m, d'où sa fonction d'observatoire. Juste à côté, l'ancienne tour du télégraphe Chappe, très couleur locale.

Le port de pêche *(plan A2)* **:** il est commun à Saint-Jean-de-Luz et à Ciboure. La criée et la capitainerie sont situées sur l'ancienne île des Récollets, qui abritait autrefois le couvent du même nom. On peut toujours voir des vestiges du cloître et de la chapelle. À l'entrée de la rade et plus loin sur la Nivelle, 2 étonnants phares néolabourdins aux lignes déstructurées, œuvres de l'architecte André Pavlovski.

Le fort de Socoa *(hors plan par A2)* **:** à l'extrémité de la baie s'élève ce fort commandé par Henri IV et construit en 1627, puis remanié par Vauban. On peut y accéder à pied du 15 juin au 30 août. Visite guidée en bateau (infos à l'office de tourisme). Il veille désormais sur un petit port de plaisance bordé de restos. Belle vue d'ensemble sur la baie de Saint-Jean-de-Luz.

L'atelier Egiategia *(hors plan par A2)* **:** *5 bis, chemin des Blocs, à* ***Socoa.*** *☎ 05-59-54-92-27. • egiategia.fr • Visite sur résa seulement : 10-20 € selon formule.* Bienvenue chez Emmanuel Poirmeur, un producteur de vin pour le moins original : ses crus, réalisés à partir de vignes situées sur la corniche basque, sont immergés dans des cuves au milieu de la baie de Saint-Jean-de-Luz, à 15 m de profondeur. Une vinification sous l'eau brevetée ! Un film commenté retrace l'histoire de ce vin phénomène. Pour finir, dégustation en bonne et due forme des différents vins du domaine, que l'on peut accompagner de *pintxos* (si l'on choisit la formule complète).

La route de la Corniche, de Socoa à Hendaye **:** superbe coin puisque toute cette côte a été miraculeusement préservée. La route qui y serpente livre de très jolis points de vue. Pour les marcheurs, le sentier du littoral, de Saint-Jean-de-Luz à Hendaye (12 km soit 3h), est un joli moment à partager, avec une halte obligée au domaine d'Abbadia (voir « Dans les environs d'Hendaye »). Avec un peu de chance, vous apercevrez peut-être, au large et en hiver, la mythique vague géante de Belharra. Les vignes que l'on découvre, chemin faisant, sont travaillées par Emmanuel Poirmeur du domaine Egiategia (voir précédemment).

Fêtes et manifestation

– ***Fêtes patronales de la ville :*** *fin janv, pour la Saint-Vincent.*
– ***Les Raveliades :*** *1ers lun-mar d'août.* Festival de musique classique, à l'église Saint-Vincent.

URRUGNE (URRUÑA)

(64122) 10 510 hab. *Carte Labourd, A2*

La plus longue côte de la région, et pas une plage ! La falaise règne ici. D'ailleurs, Urrugne ne se sent aucune vocation balnéaire et regarde plus volontiers vers la Rhune et le col d'Ibardin. Bourg inclassable, que la route évite

et qui s'oriente avec raison vers un tourisme axé sur la randonnée. En fait, Urrugne est encore plus séduisante le soir, autour de sa petite place, notamment grâce au bel éclairage de son église.

➢ Bus *Txik Txak Car Express* nº 3 *(☎ 0801-902-264 ; • txiktxak.fr •)*, ligne Bayonne/Biarritz/Saint-Jean-de-Luz/Hendaye, avec arrêt à Urrugne.

Adresse utile

🅸 ***Office de tourisme :*** *maison Posta, pl. René-Soubelet. ☎ 05-59-54-60-80. • urrugne-tourisme.com • Juil-août, lun-sam 9h30-12h30, 14h-17h30, plus dim mat ; hors saison, lun-ven, plus sam ap-m jusqu'à fin sept.* 3 randonnées accessibles à tous sont matérialisées par des flèches de couleurs différentes. Fiches gratuites à récupérer au bureau d'accueil. Le mardi soir en été (à 18h), une visite de l'église est animée par un organiste.

Où dormir ? Où manger ?

Camping

⛺ ***Camping du col d'Ibardin :*** *220, route d'Olhette. ☎ 05-59-54-31-21. • info@col-ibardin.com • col-ibardin.com • ♿ Ouv avr-sept. Compter 20-40 € pour 2 selon saison. 213 empl. Réduc de 20 % sur un séjour en loc pour 2 pers, hors vacances, w-e et j. fériés.* Dans un environnement naturel préservé, au milieu d'une forêt de chênes, donc bien ombragé. Grands emplacements bien délimités. Plusieurs types d'hébergements : mobile homes, chalets, cabanes en bois bien équipées, roulottes, tentes safaris, géodômes. Atmosphère très calme en dehors de quelques soirées organisées. Piscine, resto, supérette et laverie. Bon accueil.

De prix moyens à plus chic

🏠 ***Chambres d'hôtes chez Patricia et Michel Garcia :*** *route de Legartzia, 10, impasse Ciogaray. ☎ 05-59-54-37-09. • patriciagarcia64122@outlook.fr • chambresdhotes-garcia.com • Double 75 €. Réduc de 10 % sur le prix de la chambre nov-mars sur présentation de ce guide.* En pleine campagne, avec un parc à vos pieds pour une agréable balade vespérale (ou matinale !). 2 chambres confortables et un petit déj revigorant.

🏠 ***Chambres d'hôtes Château d'Urtubie :*** *rue Bernard-de-Coral. ☎ 05-59-54-31-15. • info@chateaudurtubie.fr • chateaudurtubie.fr • À env 1,5 km au nord-est du centre. Ouv avr-oct. Doubles 90-185 € ; familiales. Parking. Pour une chambre réservée, visite guidée du château offerte sur présentation de ce guide.* Une folie ? Pas tant que ça. Et on n'a pas tous les jours l'occasion de vivre la vie de château ! Déjà, les noms des chambres (« Empire », « Louis XV », « Louis XVI ») donnent le ton. Et inutile de se demander si le mobilier est d'époque... Elles sont confortables et spacieuses, évidemment, mais toutes différentes. Et si vous voulez savoir depuis quand la famille de monsieur le comte possède le château, votre châtelain laisse tomber tranquillement : « 1341 ». En plus, il est très sympathique, ce monsieur de Coral. Parc avec piscine.

|●| ⛱ ≪ ***La Ferme Lizarraga :*** *550, chemin Lizarraga. ☎ 05-59-47-03-76. • lafermelizarraga@hotmail.com • ♿ Fermé lun-mar. Congés : fév. Formule et menu déj 21-25 € ; autres menus 42-55 €.* À 2 pas du château d'Urtubie, cette ancienne ferme traditionnelle cache un joli resto dont la cuisine, précise et goûteuse, attire les fines gueules de la région. On profite du savoir-faire du chef, dès la formule du déjeuner. Aux beaux jours, depuis l'élégante terrasse, on embrasse une délicieuse vue sur la campagne avec la Rhune en toile de fond.

À voir. À faire à Urrugne et dans les environs

Le bourg : Urrugne se trouve sur la voie royale qui reliait autrefois Paris à Madrid, et la commune a maintes fois subi les conséquences du conflit ouvert qui opposait les 2 pays. Sous Charles VII, vers 1451, elle était la capitale du Labourd. C'était aussi la plus importante paroisse rurale de cette province. La maison Posta (qui abrite l'office de tourisme) date de 1584 et servait de relais de poste, là où l'on échangeait les chevaux. La malle-poste, une lourde diligence, allait d'Urrugne à Paris en 13 jours.

L'église Saint-Vincent : du XVIe s et d'aspect fortifié. Beau portail Renaissance, clocher très haut. Remarquez la statue de saint Jacques sur le portail (Urrugne a toujours été une importante étape compostellane). À l'intérieur, intéressante chaire du XVIIe s avec une statue de Samson terrassant le lion. Sur le cadran solaire, la devise *Vulnerant omnes, ultima necat* (« Toutes les heures blessent, la dernière tue »). Et un ancien bénitier autrefois réservé aux cagots (parias).

La chapelle Notre-Dame-de-Bon-Secours (Socorri) : *sur une colline, à 1 km au nord-ouest du centre.* Du XIXe. Beau point de vue sur la région. Les stèles discoïdales alentour marquent pour certaines les tombes des habitants morts du choléra en 1855.

Le château d'Urtubie : *rue Bernard-de-Coral. ☎ 05-59-54-31-15. • chateaudurtubie.net • Sur la D 810 entre Urrugne et Saint-Jean-de-Luz. 1er avr-1er nov, tlj 10h30-12h30, 14h-18h ; dernière entrée à 17h. Visite guidée ou libre. Entrée : 8 € ; réduc ; gratuit moins de 5 ans. Jeu de piste avec smartphone sans supplément.* Escape game *sur résa sur le site.*
Dans la même famille depuis 1341 ! Et, même si ce château a beaucoup été remanié depuis, il reste de nombreux éléments du XIVe, à commencer par la tour principale flanquée de 2 échauguettes, ou encore les quelques éléments défensifs. Le domaine, agrandi et remodelé au XVIe s, est érigé en vicomté sous Louis XIV. Il s'agissait à l'époque d'un poste décisif dans la défense de la frontière avec l'Espagne. Avec le retour de la paix, le château devint une demeure d'agrément.
À l'intérieur, la visite nous mène dans plusieurs pièces superbement meublées : la salle à manger ou le grand salon, décoré dans les styles XVIIe et XVIIIe s. On y admire aussi de superbes tapisseries bruxelloises, classées au Mobilier national. On visite ensuite le parc à l'anglaise (6 ha), le bureau de l'herboriste, une chapelle et l'orangerie, où est présentée une exposition sur les plantes médicinales du Pays basque... Le châtelain a d'ailleurs créé une marque de cosmétiques à base de plantes (boutique sur place).

Randonnées : plusieurs chouettes randonnées familiales possibles dans le secteur (5 à 18 km), qui démarrent dans le bourg. Infos à l'office de tourisme.

Le col d'Ibardin : *à env 8 km au sud d'Urrugne.* Prendre tout à la fois la route et son mal en patience, car il y a pas mal de monde qui grimpe aux heures chaudes jusqu'à ce col qui marque la frontière avec l'Espagne. La montée des prix, dans la plaine, incite nombre de familles à venir grignoter dans les *ventas* du côté espagnol, tapas et plats du jour dans de grandes salles bruyantes, redoutablement décorées, mais où l'on peut profiter d'un repas à prix doux. Quant aux grandes surfaces, c'est peu dire qu'on en ressort les caddies pleins !

HENDAYE (HENDAIA)

(64700) 16 900 hab. *Carte Labourd, A2*

Étendue le long de la rivière Bidassoa, aux portes de l'Espagne, la ville la plus méridionale de la façade atlantique est surtout une station balnéaire familiale,

bordée d'une superbe plage en pente douce, idéale avec des enfants (la station est labellisée Famille Plus) ou pour s'initier au surf. Si elle n'a pas le charme hors du temps de ses célèbres voisines, elle peut toutefois s'enorgueillir d'aligner sur le front de mer (entre l'ancien casino et jusqu'au port de plaisance) une soixantaine de villas néobasques classées du début du XXe s. Un record sur la côte ! D'ailleurs, tout le front de mer a été joliment réhabilité (trottoirs élargis et pistes cyclables). Hendaye-Plage et Hendaye-Ville sont nettement séparées par le port et la baie de Txingudi, et des navettes assurent toute l'année la liaison entre les 2 quartiers. L'occasion de découvrir le port typique de Canéta, les emblématiques rochers des Deux Jumeaux ou les derniers canons pointés vers la « rivale » espagnole Hondarribia. Notez aussi qu'Hendaye est la ville d'arrivée du fameux GR 10, qui traverse les Pyrénées d'est en ouest.

L'ÎLE DES FAISANS CHARGÉE D'HISTOIRE

Ce minuscule îlot sur la Bidassoa a été le siège de célèbres événements historiques : Louis XI y rencontre le roi de Castille. François Ier, fait prisonnier à la bataille de Pavie (1525), y est libéré en échange... de ses 2 fils (sympa, le paternel !). En 1615, échange de princesses, dont Anne d'Autriche qui épousa Louis XIII.
En 1659, signature du traité des Pyrénées, point final d'une guerre franco-espagnole entamée en 1635. Il est confirmé un an plus tard par la signature du contrat de mariage de Louis XIV avec l'infante Marie-Thérèse. Les rois n'ayant pas le droit de quitter leurs territoires respectifs, on trace alors un trait au milieu de la maison pour délimiter les territoires français et espagnol ! Le célèbre peintre Vélasquez, qui décora l'édifice où eut lieu la signature, contracta sur l'île une fièvre dont il mourut peu de temps après. Faut dire que, à en croire la petite histoire, il peignait en maillot de bain...
L'île se visite ponctuellement, à l'occasion des Journées du patrimoine.

LE DERNIER VICE-ROI DE FRANCE

Puisqu'elle est située au beau milieu de la Bidassoa, donc de la frontière franco-espagnole, l'île des Faisans est gérée alternativement par la France et par l'Espagne, 6 mois chacune. Pendant le semestre hexagonal, c'est le commandant de la marine à Saint-Jean-de-Luz qui en a la charge. Il prend alors le titre de vice-roi ! Robespierre doit se retourner dans sa tombe...

SAINT-JACQUES À HENDAYE !

Moins connue que le chemin du Puy qui passe par Saint-Jean-Pied-de-Port, Hendaye est la dernière étape française de la voie du Littoral (ou voie de Soulac) qui mène elle aussi à Saint-Jacques-de-Compostelle. Surtout empruntée par les Bretons et les Britanniques, elle est entièrement aménagée sur 550 km et suit quasiment intégralement *La Vélodyssée* ou véloroute n° 1. À Hendaye, vous trouverez des hébergements dédiés aux pèlerins et la possibilité d'acquérir, à l'office de tourisme, l'indispensable *credencial,* qui ouvrira les portes des prochaines étapes ibériques.

Adresses et infos utiles

Office de tourisme : *67 bis, bd de la Mer. ☎ 05-59-20-00-34. • hendaye-tourisme.fr • Juil-août, tlj ; juin et sept, tlj sauf dim ap-m ; le reste de l'année, lun-sam.* Station familiale oblige, l'office propose tous les jours pendant l'été et les vacances scolaires de la Toussaint et de printemps des animations pour les 4-12 ans (ateliers créatifs, contes, cerfs-volants, clowns, chants et danses basques...). Programme sur • *hendaye-semaines-des-enfants.com* • Toute l'année, possibilité de chasse au trésor pour les 7-12 ans. Visites de ville proposées d'avril à octobre *(mar et jeu à 10h30)*.

Gare SNCF : *bd du Général-de-Gaulle, à Hendaye-Ville.* ☎ *36-35.* • *oui.sncf* • Des trains *Eusko Tren* relient Hendaye au centre-ville de Donostia (Saint-Sébastien, autrement dit) en 35 mn (6h30-22h30 environ). Un bon plan pour s'offrir une fin d'après-midi tapas en Espagne. Trains toutes les 30 mn.

Bus : avec *Txik Txak Car Express (☎ 0801-902-264 ; • txiktxak.fr •)*, pour Urrugne, Saint-Jean-de-Luz, Guéthary, Bidart, Biarritz et Bayonne. Avec *Hegobus (• hegobus.fr •)*, bus pour Irun, Béhobie, Biriatou, Socoa et Ciboure.

Taxis : ☎ *05-59-20-20-30.* 📱 *06-09-76-15-47.*

Navette maritime : *au port de plaisance.* Navettes qui relient à l'année Hendaye à Hondarribia (nom officiel de Fontarrabie), côté espagnol, toutes les 15 mn 10h-1h, du 1er juillet au 15 septembre ; le reste de l'année, toutes les 30 mn 10h-19h. Compter 8 mn.

Location de vélos : Vélibleu : service commun à toute la Côte basque, avec 2 stations à Hendaye. Infos sur • *communaute-paysbasque.fr* • ***Les Roues de Lilou,*** *1, rue des Orangers.* • *lesrouesdelilou.com* • *Pdt les vac scol, tlj sauf mar 10h-12h30, 14h-18h30.* Vélos classiques ou à assistance électrique.

– ***Marchés :*** *mer mat pl. de la République (centre), et sam mat pl. Sokoburu. En été, mar tte la journée rond-point du Palmier. Dim mat pl. de la République. Marchés nocturnes en été : lun sur le bd de la Mer, jeu à Sokoburu.*

Où dormir ?

Campings

Alturan : *rue de la Côte.* ☎ *05-59-20-04-55.* 📱 *06-72-92-48-64.* • *camping.alturan@orange.fr* • *camping-alturan.com* • ♿ *Ouv juin-sept. Compter 24-35 € pour 2 selon saison. Env 300 empl.* Un vrai camping, réservé aux campeurs (pas d'hébergements en dur), bien ombragé par de hauts peupliers et non loin de la plage. Emplacements vastes, bien délimités par des haies, certains avec vue sur la mer. Sympathique clientèle d'habitués en haute saison. Pas d'animations, donc calme garanti. Snack-bar, supérette.

Camping Ametza : *156, bd de l'Empereur.* ☎ *05-59-20-07-05.* • *contact@camping-ametza.com* • *camping-ametza.com* • ♿ *Ouv juin-sept. Compter 20-45 € pour 2 selon saison. 225 empl.* Un grand et beau camping, avec tout ce qu'il faut pour répondre aux attentes des jeunes en mal d'animations. 5 ha et 4 étoiles, tout est dit ! Emplacements bien délimités et arborés, hébergements de qualité, superbe piscine (aquagym) et nombreux services (resto, bar, supérette, soirées à thème...). Location de mobile homes, *cocosweet*, cabanes. Bel accueil.

De prix moyens à chic

Hôtel Valencia : *29, bd de la Mer.* ☎ *05-59-20-01-62.* • *hotel.valencia@free.fr* • *hotel-valencia-hendaye.com* • ♿ *Congés : fêtes de fin d'année. Doubles 70-135 €. Parking privé.* Grand coup de neuf et de modernité pour ce bel établissement de front de mer. Situation idéale (la plage est en face) et excellent confort (clim, belle literie...). Chambres douillettes et tons épurés. Une poignée d'entre elles disposent de larges terrasses face à l'océan. Magique !

Hôtel Bellevue : *36, bd du Général-Leclerc.* ☎ *05-59-20-00-26.* • *hotelbellevue64@gmail.com* • *hotelbellevue-hendaye.com* • *En retrait de la baie de Txingudi, entre la ville et la plage. Doubles 65-117 €. Parking gratuit.* Grosse villa néobasque rouge et blanc comme il se doit, à l'atmosphère familiale, prolongée par une terrasse. Chambres simples, dans les tons gris et blancs, à prix compétitifs. La plage n'est qu'à 10 mn à pied. Une adresse pratique.

Hôtel Lafon : *99, bd de la Mer. ☎ 05-59-20-04-67. • hotel-lafon@orange.fr • hotel-lafon.com • Congés : de janv à mi-fév. Doubles 82-120 € ; familiales. Parking.* Installées dans une villa néobasque, des chambres spacieuses, lumineuses et tout confort. Toutes s'ouvrent sur un balcon, et certaines offrent une vue sur les flots. Atmosphère familiale et un brin désuète. Bar sur le front de mer en été.

Hôtel Bergeret Sport : *4, rue des Clématites. ☎ 05-59-20-00-78. • hotel-bergeret-sport@orange.fr • hotel-bergeret-sport.com • Resto ouv tlj juin-sept ; fermé hors saison. Congés : vac de Noël. Doubles 80-140 €. Juil-sept, en ½ pens seulement : 186 €/2 pers. Menus 29,50-36 € ; carte 35-40 €. Parking sur résa. Café offert sur présentation de ce guide.* Hôtel à l'ancienne dans la même famille depuis 1921, situé au cœur d'Hendaye-Plage. Chambres classiques, pas toujours très grandes mais climatisées. Accueil convivial de la patronne. Les photos de famille au mur sont celles des clients fidèles, c'est bon signe ! Bonne et généreuse cuisine régionale, dont on peut profiter en terrasse sous les platanes.

Hôtel Le Connect : *32, av. des Magnolias. ☎ 05-59-20-32-43. • leconnecthotel@gmail.com • Doubles 96-162€.* Installée au cœur d'un tranquille quartier résidentiel, à quelques rues du front de mer, cette jolie maison néobasque des années 1950 n'abrite que 8 chambres, et l'on s'y sent plus dans une maison d'hôtes qu'à l'hôtel. Terrasse privative pour certaines. Confort total, sobre design contemporain : parquet, bois, acier... Petite piscine dans la cour intérieure. Bon accueil de la nouvelle génération qui préside désormais aux destinées de cette maison familiale et qui fourmille de projets : concerts au bar, cours de yoga...

Chambres d'hôtes Kopol : *28, rue Walt-Disney. ☎ 05-59-20-37-05. • jcecoppola@wanadoo.fr • chambresdhotes-kopol.com • Congés : de mi-déc à début janv. Doubles 70-80 €. Parking privé.* Dans un quartier calme et résidentiel, à 5 mn de la plage d'Hendaye (ça grimpe !), 2 chambres d'hôtes cosy et climatisées à l'étage d'une villa. Petit déj servi en terrasse, côté jardin. Cuisine d'été à dispo en saison.

Hôtel Santiago : *15-17, rue Santiago, à* **Hendaye-Ville.** *☎ 05-59-20-00-94. • hotel.santiago@infonie.fr • hotel-le-santiago.com • Doubles 75-150 €. Parking privé gratuit.* Loin du tumulte, un hôtel bien dans la tendance actuelle. Chambres, bien pensées, climatisées et toutes dotées de balcon, avec pour certaines une salle de bains ouverte sur la chambre. Piscine chauffée avec un brin de pelouse autour, sans oublier les bains nordiques *(juin-sept).* Resto.

Où manger ? Où déguster une bonne glace ?

On trouve moult restos balnéaires sur le front de mer, en particulier dans le quartier Sokoburu, vers le port de plaisance et la thalasso *Serge Blanco*. Attention, la qualité n'est pas toujours au rendez-vous !

De prix moyens à chic

Le Chantier : *quai de la Floride. ☎ 05-59-20-44-87. • contact@restaurantlechantier.com • En été, tlj midi et soir ; hors saison, fermé le soir sauf ven-sam. Menus 18,90 € (déj sem) et 35 €. Carte env 45 €.* Une belle adresse côté port, qui déploie sa terrasse au bord de l'eau, face à Fontarabie. Cet ancien bar de pêcheurs a acquis une notoriété justifiée, en particulier pour ses excellents poissons, en provenance de la criée de Ciboure. Pas de panique, les carnivores ne seront pas en reste. Tapas côté bar.

Itsas Zaldi : *9, rue des Figuiers. ☎ 09-83-03-40-79. • itsaszaldi@yahoo.com • Tlj sauf lun (plus mar hors saison). Congés : janv. Carte 30-40 €.* L'adresse idéale pour s'offrir un bon poisson ou quelques fruits de mer. Déco façon dînette *girly* avec papiers peints fantaisie et fauteuils cosy. En cuisine, un chef qui a beaucoup voyagé, et qui aime mettre en valeur la pêche locale avec de petites touches d'exotisme bien senties : on se régale, et pour des prix très raisonnables au regard de la qualité. En salle, accueil chaleureux et sincère. Une adresse attachante.

Walter Glacier : *95, bd du Général-Leclerc. ☎ 09-51-58-57-98. • walter.glacier@outlook.com • ♿ En été, tlj 8h-minuit ; hors saison, ouverture variable.* Ce glacier ne désemplit pas. Il attire par vagues les surfeurs fatigués et trempés, qui garent leur planche en double file pour venir déguster sur la terrasse colorée l'une des nombreuses glaces crémeuses comme il faut (*After Eight,* réglisse, violette...). Smoothies et granités aussi. Petit salon de thé attenant et terrasse.

Achats

Besta (Tout Pour la Fête) : *16, rue du Port. ☎ 05-59-48-37-38. Lun-sam 9h30-13h, 15h-19h30.* On remarque vite, au Pays basque, que les occasions de faire la fête ne manquent pas. Cette boutique offre tout ce qu'il faut pour s'habiller pour l'occasion avec, entre autres, un joli choix de costumes traditionnels. Mais on vous l'indique aussi et surtout pour son architecture Art déco très joliment conservée : vitraux, ferronnerie de l'escalier...

À voir

L'église Saint-Vincent : plusieurs fois reconstruite à la suite des guerres contre l'armée espagnole (comme en 1793). Sur le parvis, voir la mystérieuse croix cyclique d'Hendaye, montée sur 3 petites marches. Intérieur de l'église complètement rénové au XIXe s mais présentant une statuaire très ancienne. Sur le mur de droite, dans la nef, superbe bas-relief polychrome, *La Fuite en Égypte,* du XVIIe s. Dans le transept droit, remarquable crucifix du XIIIe s. Dans le coin, tabernacle de 1550 avec les figures de l'*Ecce Homo* et de saint Pierre (avec les clés). Au-dessus du crucifix, retable doré avec Vierge du XVIe s. À gauche, chapelle de la Vierge. Statue taillée dans un seul tronc d'arbre. Beau retable avec statues polychromes.

Le port de Caneta : *à Hendaye-Ville, au bord de la Bidassoa.* Plus vieux quartier d'Hendaye, 1er port de pêche de la ville, ses maisons ont été pour beaucoup construites avec les pierres des anciens remparts de Vauban, dont il reste quelques vestiges le long de l'eau. Les fans de Pierre Loti peuvent aller voir la ***Bakhar Etchea,*** sa maison blanc et vert toute simple, rue des Pêcheurs, en bord de rivière, qui ne se visite pas. L'auteur de *Ramuntcho* et de *Pêcheur d'Islande* y mourut en 1923. Juste à côté, surprenante ***Maison mauresque.*** Elle est habitée par un original, qui répond aux coups de canon tirés depuis Hondarribia pour annoncer le lancement des fêtes de la ville en tirant lui aussi un coup de canon !

Le front de mer : longeant la plage (3,5 km de sable !), il est en partie bordé, au-delà de l'ancien

UN QUARTIER BLANC COMME NEIGE !

Quelques rues d'Hendaye portent des noms que l'on voit rarement sur les plaques : « Walt Disney », « Blanche-Neige » et rue des « Sept-Nains » ! Curieux, non ? En fait, les terrains qui les abritent appartenaient autrefois à la comtesse d'Orio, descendante de Graham Bell, l'inventeur du téléphone, et par ailleurs grande admiratrice de Walt Disney. Elle aurait légué ses terres à un promoteur à condition que les nouvelles rues tracées évoquent son héros et ses personnages. Ce qui fut fait en 1974.

casino, de belles villas néobasques, et a été doublé d'une large et superbe promenade ainsi que d'une piste cyclable. En toile de fond, les rochers des Deux Jumeaux. Coup d'œil, en passant, à l'ancien casino de style mauresque (1884). En retrait, voir l'ex-hôtel de luxe, devenu immeuble résidentiel après avoir fait office d'hôpital militaire puis avoir accueilli les réfugiés espagnols fuyant la guerre civile. Côté baie de Txingudi, le ***port de plaisance.*** Nombreuses activités nautiques (plongée, location de bateaux... voir la rubrique « À faire »).

À faire

Hendaye est réputée pour la qualité de ses vagues, idéales pour les surfeurs débutants. Plusieurs clubs pour s'initier comme *Lehena (123, bd de la Mer ; ● lehena.com ●)* ou *New School (● newschoolsurf.fr ● ; enfants dès 3 ans).*

– ***Le spa marin Serge Blanco :*** *125, bd de la Mer. ☎ 05-59-51-35-35. ● thalassoblanco.com ● Tlj 9h-20h30. Formule 1h : 15 € ; 2h : 22 €.* Pas besoin de faire une thalasso pour profiter des installations de ce centre de remise en forme réputé. 320 m² de bassins d'eau de mer à 33 °C, jacuzzi extérieur, marche à contre-courant, cascade, geyser, sauna et hammam. Possibilité de réserver des soins en plus (payants).

– ***Le centre nautique :*** *baie de Txingudi. 06-29-78-59-42. ● centrenautique.hendaye.com ● Sous forme de stage ou en loc.* Propose un grand choix d'activités pour petits et grands : catamaran, planche à voile, kayak, *stand-up paddle...*

Promenade et pêche en mer : à bord du *Hendayais II,* balades en mer de 1h35, matin et après-midi, d'avril à octobre *(06-50-67-03-44 ; ● hendayais.com ● ; 12-17 €).* Également des cours de voile et des croisières découverte avec *Spi en Tête (06-62-82-34-74 ; ● spientete.com ● ; tte l'année ; 40 € les 2h).*

Plongée : *avec* ***Planet Océan,*** *06-62-63-66-27. ● planetocean.fr ●* Les fonds marins méritent ici un détour prolongé, que ce soit pour un baptême de plongée, une exploration ou une randonnée palmée. Également des sorties en apnée.

– ***Observation de cétacés :*** *avec* ***Explore Océan,*** *06-84-41-90-57. ● exploreocean.fr ●* Sortie en catamaran à la rencontre des dauphins et des baleines du golfe de Gascogne, en parfait respect des animaux *(durée : 7h ; 120 €/pers, réduc).* Également des sorties à la voile plus classiques et plus courtes *(1-3h ; 15-45 €, réduc).*

Fêtes et manifestations

– ***Mai du théâtre :*** *en mai.* Arts de la rue.
– Et bien sûr, nombreuses fêtes locales en été : ***fête du Chipiron*** *(13 juil),* grande ***fête basque*** *(2e w-e d'août)* avec concerts et cavalcade, et ***Hendaye fête l'été*** *(9-12 juil)* avec spectacles de rues et animations pyrotechniques. Infos sur *● hendaye-tourisme.fr ●*

DANS LES ENVIRONS IMMÉDIATS D'HENDAYE (HENDAIA)

Le domaine d'Abbadia et la corniche basque : *à 3 km d'Hendaye. ☎ 05-59-20-37-20. ● cpie-littoral-basque.eu ● Accès libre en permanence. GRATUIT. Visites commentées du domaine et de la corniche en juil-août, quasiment tlj, au départ de la Maison de la corniche (ou sur rdv pour les groupes). Attention : chiens et vélos interdits ; vous risquez sinon de vous faire appréhender par les gardes du littoral.*

Achetée au XIXe s par Antoine d'Abbadie (lire ci-après « Le château-observatoire Abbadia »), puis léguée à sa mort à l'Académie des sciences, cette vaste portion de la côte (66 ha) a ainsi pu rester vierge de toute urbanisation. Des sentiers de randonnée (1 à 2h) partent à la découverte des hautes falaises grises et de leurs plissements si caractéristiques, à travers prairies, petits bois, verger, landes à ajoncs et bruyère. Splendide ! On trouve aussi nombre d'espèces d'oiseaux nicheurs, plus ceux qui viennent en voisins et les migrateurs.
Si vous partez à pied de la plage d'Hendaye, le sentier suit la falaise. Chemin abrupt pour atteindre, à marée basse, les ***Deux Jumeaux,*** énormes rochers détachés de la falaise. Aperçu très intéressant des fameux plissements. On revient ensuite au sommet de la falaise, qu'on longe jusqu'à la ***pointe Sainte-Anne.*** Beau point de vue sur la baie de Loya. Un peu plus loin, on domine le paysage de 40 m de haut. Le sentier littoral se poursuit jusqu'à Bidart.

La Maison de la corniche – Asporotsttipi : *route de la Corniche, 64700 Hendaye. ☎ 05-59-74-16-18. • cpie-littoral-basque.eu • Juin-sept, tlj 10h-13h, 14h-18h30 ; le reste de l'année, tlj sauf dim-lun et j. fériés 10h-12h, 14h-17h30 (18h30 avr-mai). Congés : de mi-déc à mi-janv. GRATUIT.* Cette ancienne ferme basque permet de découvrir, au travers d'une exposition permanente multimédia, toutes les richesses de la corniche basque. Géologie, faune, flore, activités humaines... vous allez devenir incollable sur le chapitre ! Petite boutique et librairie, qui vend le cidre (basque) et le jus de pomme du domaine.

Le château-observatoire Abbadia : *route de la Corniche, 64700 Hendaye. ☎ 05-59-20-04-51. • chateau-abbadia.fr • De la route de la Corniche, accès à pied seulement, depuis les parkings (bien indiqués) en env 10 mn. Avr-oct, tlj 10h-12h, 14h-18h (14h-18h seulement le w-e) ; nov-mars, tlj sauf lun 14h-18h. La dernière visite part 1h avt la fermeture du site. Entrée : 9,90 € (visite guidée passionnante) ou 8,40 € (visite libre, avec livret très complet seulement en juil-août) ; visite guidée du parc : 4 € ; réduc ; gratuit moins de 6 ans. Jeu de piste pour les enfants : 3 €.*

IL N'A PAS APPORTÉ SA PIERRE À L'ÉDIFICE

Le château Abbadia compte une superbe chambre à coucher conçue exclusivement pour recevoir Napoléon III. Ami d'Antoine d'Abbadie, l'empereur devait d'ailleurs venir lui-même poser la dernière pierre de l'édifice... sauf que celui-ci fut terminé en 1879, 8 ans après la chute du Second Empire ! Napoléon III n'est donc jamais venu, et la dernière pierre n'a toujours pas été posée.

Ce château d'architecture néogothique aux allures de forteresse avec sa tour crénelée fut construit, face à l'océan, entre 1864 et 1884 sur des plans de Viollet-le-Duc pour Antoine d'Abbadie, scientifique et grand voyageur passionné par l'Orient. Une rente confortable lui permit d'assumer sa passion des voyages. Sa maison est ainsi remplie de souvenirs d'Éthiopie (appelée à l'époque l'Abyssinie) dont il dressa la 1re carte, alors qu'il était parti à la recherche des sources du Nil. Au niveau de l'accueil, espace scénographique présentant le personnage d'Abbadie (l'humaniste, le géographe...).
Petits et grands seront totalement séduits par cet univers unique, sa décoration orientaliste, peuplée de gargouilles et d'un bestiaire fantaisiste : escargots, serpents et chimpanzés grimpent à l'assaut des murs !
Ami des arts, des lettres et des sciences, Antoine d'Abbadie était intime avec un grand nombre de célébrités, à commencer par Pierre Loti, qui dédicaça même son *Ramuntcho* à Mme d'Abbadie. Érudit, il parlait déjà plusieurs langues à 14 ans, et il termina sa vie en en maîtrisant 14 ! C'est ainsi que l'on retrouve sur les murs quantité de phrases et maximes, dans toutes sortes de langues plus ou moins obscures. La visite permet, entre autres, d'admirer le fumoir mauresque, d'étonnantes salles de réception, le salon arabe, la chambre à coucher de madame et son accès à

la chapelle, etc. Partout, d'incroyables décors. Antoine d'Abbadie et sa femme Virginie sont tous les 2 enterrés dans une crypte située sous la chapelle. N'oubliez pas la bibliothèque, qui contenait à l'époque pas moins de 10 000 volumes. Dans chaque pièce, la richesse de l'ornementation est impressionnante ! On verra encore l'observatoire astronomique (avec lunette méridienne), on ne peut plus moderne à l'époque. Il fonctionna jusqu'en 1975, et permit de cartographier plus de 500 000 étoiles !
Enfin, les ***jardins*** ont été récemment reconstitués tels qu'ils avaient été conçus par le célèbre jardinier-paysagiste Eugène Bülher (on lui doit notamment le parc de la Tête-d'Or à Lyon) au XIXe : pas moins de 7 000 essences (herbes aromatiques, plantes et arbres d'ici ou d'ailleurs).
De nombreuses animations se déroulent au château (concerts, visites en musique, lectures, nuit des étoiles, observation du ciel...) ; se renseigner quant au calendrier.

BIRIATOU (BIRIATU)

Tranquille petite commune frontalière, un peu à l'écart des grands axes. Église trapue en grès rose et ruelles pentues, qui débouchent sur une jolie place fermée par un fronton. Point de départ d'une balade pour le ***mont Choldokogagna*** (479 m). Grimpette de 1h30 par le côté ouest, en suivant une portion du GR 10. De là-haut, beau panorama. Bien d'autres balades possibles également.
– En juillet-août, pelote les mardi, jeudi et dimanche. Le mercredi, force basque.

Où dormir ? Où manger ?

Hôtel Les Jardins de Bakéa : *rue Herri-Halde. ☎ 05-59-20-02-01. • contact@bakea.fr • bakea.fr • ♿ Resto fermé lun-mar (mar midi seulement en saison). Congés : de mi-janv à début fév et de mi-nov à début déc. Doubles 99-151 €. Formule et menu en sem 31-41 € ; autre menu 76 €.* Dans une maison basque, un vrai petit coin de paradis où l'on goûte au repos absolu. Chambres joliment rénovées : toutes sont décorées avec goût et modernité et certaines s'ouvrent sur de grands balcons et sur la vallée. L'excellent resto profite d'une terrasse de rêve dominant cette même vallée de la Bidassoa, où apprécier une cuisine actuelle, style terroir revisité. Chaises longues dans le parc pour buller, le regard perdu dans les montagnes. Accueil prévenant, service raffiné.

La cidrerie Camino Berri : *sur la D 810, en direction d'Urrugne, sur la droite. ☎ 05-59-20-66-25. • camino berri@outlook.com • Tlj sauf lun. Menu cidrerie : 31 €. Côté resto, menus 15 € (déj sem)-31 €.* Cidrerie basque dans la tradition, avec un menu typique (sur résa seulement, 3 jours avant) servi dans le chai. Dans une autre salle, sans façon, resto plus classique où l'on retrouve la traditionnelle omelette à la morue (ou aux cèpes), le merlu de ligne à l'espagnole, la pièce de bœuf ou le magret de canard cuit au feu de bois et le fromage de brebis. Il faut goûter le cidre, évidemment produit sur place. Copieux, économique et chaleureux.

HONDARRIBIA (HONDARRIBIA ; *anciennement FONTARRABIE*)

Oubliez la voiture à Hendaye. Une navette relie les ports d'Hendaye et de Hondarribia (voir « Hendaye. Adresses et infos utiles » plus haut). Le bateau est vraiment le moyen le plus agréable pour découvrir cette petite ville aux maisons multicolores et fleuries, ainsi que ses nombreux restos et bars à tapas. Voir plus loin « La zone frontière. Hondarribia » dans le chapitre « Le Guipúzcoa ».

LA VALLÉE DE LA NIVELLE

La Nivelle naît dans le massif de la Rhune et glisse lentement vers Saint-Jean-de-Luz. Il lui arrive de faire des caprices et d'inonder les terres basses. Ascain, Saint-Pée-sur-Nivelle, Sare, Ainhoa... une balade merveilleuse dans des villages dont les tons blancs, verts ou rouges, si francs et lumineux, éclatent dans les plis veloutés des collines.

➢ La vallée est desservie par *Hegobus (☎ 0800-891-091 ; ● hegobus.com ●).* Bus nº 45 : ligne Saint-Jean-de-Luz/Ascain/Sare ; bus nº 47 : Saint-Jean-de-Luz/Ascain/Saint-Pée-sur-Nivelle/Ainhoa. Plusieurs bus/j.

ASCAIN (AZKAINE)

(64310) 4 300 hab. *Carte Labourd, B2*

À 6 km de Saint-Jean-de-Luz, ce joli village, point de départ pour l'ascension de la mythique montagne de la Rhune, souffre un peu de sa proximité avec la mer et sert de plus en plus de base arrière aux estivants. Cela dit, le charme de sa belle place principale bordée d'auberges opère toujours : solides maisons basques, église typique, fronton pastel... C'est ici que Pierre Loti, installé à l'*Hôtel de la Rhune,* écrivit *Ramuntcho*.

Adresse utile

Office de tourisme : *23, rue Oletako-Bidea. ☎ 05-59-54-00-84. ● ascain-tourisme.fr ● terreetcotebasques.com ● Juil-sept, lun-sam plus dim mat ; avr-juin et sept, lun-ven plus sam mat ; le reste de l'année, lun-ven seulement.*

Où dormir ? Où manger dans le coin ?

Prix moyens

Hôtel-Résidence Alaïa : *route d'Arraioa. ☎ 05-59-47-04-72. ● contact@hotelresidencealaia.fr ● residence-hotel-alaia.fr ● Doubles 45-86 € ; studios et apparts 2-4 pers 69-179 €.* À peine à l'écart du centre, un petit hôtel mignon comme tout, installé dans une maison de village aux volets verts. 4 chambres élégantes, à la déco brute et minimaliste, à des prix très contenus. Également une douzaine de studios fonctionnels et plaisants, qui disposent de petites terrasses ou de balcons. Petit déj de qualité, avec des produits locaux. Possibilité de massages, cours de yoga... Excellent accueil.

Chambres d'hôtes La Ferme Haranederrea : *270, chemin Haranederrea. ☎ 05-59-54-00-23. 📱 06-16-29-51-24. ● jean-louis.gracyl@wanadoo.fr ● À la sortie d'Ascain. Ouv de mi-avr à mi-nov. Double 69 € ; familiales.* Cette authentique et grosse ferme basque du XVIe s (dans la même famille depuis 1840), au charme incomparable, abrite 4 grandes chambres au parquet qui craque, encombrées de superbes meubles du pays. Accueil très chaleureux de vos hôtes, qui élèvent des brebis sur place (l'été, elles paissent sur les pentes de la Rhune). Agréable jardin et amusant fronton privé. Copieux petit déj maison et petit frigo commun où ranger son pique-nique. Pour l'anecdote, c'est ici que le grand-oncle du roi d'Espagne se cacha pendant plusieurs mois durant la 2e guerre carliste en 1872.

Hôtel de la Rhune : *pl. Pierre-Loti. ☎ 05-59-54-00-04. • hoteldelarhune.com • hoteldelarhune@orange.fr • Ouv de mi-mars à mi-nov. Doubles 74-106 € ; familiales.* C'est dans ce petit établissement au cœur du village que Pierre Loti écrivit *Ramuntcho.* Peu de souvenirs subsistent de son passage, mais l'hôtel est central, confortable, simple et ouvert presque toute l'année. Une bonne halte, donc, avec jardin sur l'arrière et grande terrasse ombragée au pied de l'église pour le goûter ou l'apéro (avec tapas).

Hôtel Trabenia : *3404, route d'Olhette. ☎ 05-59-54-01-91. • hotel.trabenia@orange.fr • hotel-trabenia.com • À env 4 km à l'ouest du village. Resto tlj midi et soir ; Congés : janv-fév. Doubles 58-75 € ; familiales. Formule déj 12,90 € ; menus 16,90-23 € ; carte 30-35 €. Parking. Sur présentation de ce guide, 10 % de réduc sur le prix de la chambre.* Situé non loin du GR 10, ce petit hôtel a été repris il y a quelques années par un chaleureux couple russe. Leurs chambres, simples mais nickel, sont aujourd'hui toutes rénovées, et ont misé sur la couleur. Une adresse à prix tout doux, doublée d'un resto servant une cuisine locale assortie de quelques spécialités russes. Grande terrasse aux beaux jours. Marché de Noël russe en décembre.

Moments Gourmands : *pl. du Fronton. ☎ 05-59-54-46-82. • restaurant@momentsgourmands.com • Tlj sauf lun-mar hors saison. Menus 16 € (déj sem)-27 € ; carte 35-40 €.* Coloré et décontracté, ce joli resto offre une cuisine franche et moderne, sans complexe, qui ratisse large mais bien : on a adoré la *parrillada* de poissons et les salades (servies en 2 tailles) ; les burgers maison, pleins de personnalité, ne déméritent pas non plus. Terrasse ou courette dans le fond, agréable et envahie de plantes.

Cidrerie Txopinondo : *chemin de la Cidrerie, Z.A. de Lan-Zelaï. ☎ 05-59-54-62-34. • txopinondo@wanadoo.fr • À 3 km au nord-ouest d'Ascain. Tlj sauf lun-jeu midi et dim soir hors saison. Congés : du 11 nov à mi-fév. Carte 30-40 €.* On vient ici s'offrir ce qu'on appelle le *txotx,* ce menu typique des cidreries, avec en vedette la côte de bœuf. Également de bons magrets, pour rester dans le Sud-Ouest. On se lève pour aller chercher le vin de pomme au tonneau. Visite libre de la cidrerie en dehors des heures de repas et petite boutique avec *sagarno* et jus de pomme maison.

Achats

Lartigue 1910 : *Z.A. de Larre-Lore. ☎ 05-59-26-81-81. • lartigue1910.com • À 2 km au nord d'Ascain. Juil-sept, tlj 9h-19h ; oct-juin, lun-sam 9h30-12h30, 14h30-18h30. Visite (gratuite) des ateliers vers 10h30 et 15h (aussi à 11h et 15h30 en saison).* Chez *Lartigue,* on tisse du linge basque depuis 1910. Avant de fouiner dans la belle boutique, vous pourrez visiter l'atelier et ses métiers à tisser automatiques. Ici, on peut tout vous faire sur mesure en un temps record.

Akerbeltz : *Z.A. de Larre-Lore. ☎ 05-59-23-84-21. • akerbeltz.fr • À 2 km au nord d'Ascain. Boutique et bar, juil-août, tlj sauf dim 15h-20h (21h ven) ; reste de l'année, mar-sam, 15h-19h (mer-sam fév-mars). Congés : janv. Visite guidée (avec dégustation) sur résa, le ven à 17h en juil-août : 7 €.* Parmi les nombreuses brasseries artisanales du Pays basque, celle-là nous a vraiment plu. D'autant plus qu'elle a eu la bonne idée d'installer un bar (avec petite terrasse) sur place pour goûter à ses (excellentes) bières.

À voir

L'église : au clocher-porche massif. À l'intérieur, admirer la galerie à 3 étages, le retable doré, la chaire suspendue et le plafond peint. Certaines des dalles avec des inscriptions en basque sont des pierres tombales. Dans le cimetière paysagé, on peut voir la *tombe de Jacques Chaban-Delmas,* qui affectionnait la région et possédait une maison sur les flancs de la Rhune.

Le pont « romain » : il est en fait du... XVIe s, et prétexte, depuis le centre, à une agréable petite balade le long de la Nivelle. De l'autre côté du pont, surprenante construction surnommée ici « la maison du fou ». Ce « fou », c'était Ferdinand Pinney Earle, décorateur de films hollywoodiens (il a notamment travaillé avec Cecil B. DeMille ou Abel Gance) qui avait, dans les années 1930, fait construire cette étonnante maison, inspirée des *pueblos* amérindiens.

LA RHUNE (LARRUN)

Carte Labourd, A3

La montagne la plus célèbre de la région, véritable borne frontière avec l'Espagne (905 m d'altitude). Tout en haut, un relais de TV qui passe très difficilement inaperçu. Le nom de la Rhune vient de *larre-dun,* « pâturage » en basque. De là-haut, panorama époustouflant sur le Labourd, l'océan, la chaîne des Pyrénées et la vallée de la Bidassoa. Lieu de promenade extrêmement populaire. On croise des troupeaux de pottoks, les fameux petits chevaux basques, élevés en liberté.

Comment y aller ?

➢ ***En train à crémaillère :*** *☎ 05-59-54-20-26. • rhune.com • Avr-début nov, tlj. Départ ttes les 40 mn env, 9h30-12h, 14h-16h (8h20-17h30 juil-août). Attention : en été, l'heure de votre retour en train est fixée à l'avance ! Résa en ligne conseillée en saison (et même hors saison). Aller simple 17 €, A/R 20 € ; 13 € enfants 4-12 ans.* Une des attractions incontournables du pays depuis 1924. Ce train à crémaillère (joliment rénové) se prend au col de Saint-Ignace, sur la route entre Ascain et Sare. Le bus n° 45 d'*Hegobus* assure des liaisons quotidiennes entre Saint-Jean-de-Luz et Sare. Horaires sur *• hegobus.com •* Le trajet en train couvre 4 200 m (compter env 35 mn) et grimpe plus de 700 m, presque jusqu'au sommet de la Rhune ! Vue extra de là-haut.

➢ ***À pied :*** c'est une rando assez difficile (compter 5h A/R). Se renseigner auprès de l'office de tourisme d'Ascain avant de se lancer.

Adresse utile

Point information de la Rhune : *dans un wagon juste au départ du petit train. Juil-août, tlj 8h-18h (17h hors saison).*

Où manger ?

Les Trois Fontaines : *col de Saint-Ignace. ☎ 05-59-54-20-80. • restaurantles3fontaines@sfr.fr • Au fond du parking du train de la Rhune. Tlj le midi ; service jusqu'à 15h. Congés : nov-mars. Plat du jour 9,50 € ; menus 12-15 €. Digestif maison offert sur présentation de ce guide.* Un bon classique des balades à la Rhune, même si le succès du petit train entraîne parfois des embouteillages en salle. Cuisine traditionnelle du coin (louvine, poulet basquaise...) et grande terrasse le nez dans les bois.

SARE (SARA)

(64310) 2 680 hab. *Carte Labourd, B3*

Niché au milieu des collines, un village typique (classé d'ailleurs parmi les Plus Beaux Villages de France), où les traditions basques restent très vivaces. De splendides demeures des XVIIe et XVIIIe s lui confèrent une belle homogénéité. Le village servit de modèle à Pierre Loti – sous le nom d'Etchezar – pour le cadre de *Ramuntcho.*
Village devenu pratiquement mythique, il doit beaucoup à Paul Dutournier, ami de Churchill et de Pompidou, conteur infatigable et fou de son pays. Il a fait de Sare, en tant que maire, ce petit paradis assez fréquenté en été.
Dans la campagne alentour, quelques champs possèdent encore des barrières faites de lauzes et des bornes en pierre délimitant la frontière avec le Pays basque Sud. Celle-ci a profondément marqué l'histoire du village, qui fut longtemps un lieu de contrebande... Aujourd'hui encore, le week-end, on monte déjeuner ou s'approvisionner dans les *ventas,* ces auberges-supermarchés postées juste de l'autre côté de la frontière.

LE LABOURD

Adresse utile

Office de tourisme : *Herriko Etxea (sur la place principale). ☎ 05-59-54-20-14. • sare.fr • Avr-sept, lun-ven et sam mat (lun-sam et dim mat en juil-août) ; oct-mars, lun-ven.* Vend un livret de randonnées proposant 150 km de sentiers balisés.

Où dormir ? Où manger dans le coin ?

Camping

Camping de la Petite Rhune : *quartier Lehenbiscay. ☎ 05-59-54-23-97. 06-15-29-36-38 • contact@lapetiterhune.com • lapetiterhune.com • À env 3 km au sud-ouest de Sare. Ouv 15 juin-15 sept (loc de chalets tte l'année). Compter 15-24 € pour 2 selon saison. Gîte : 16-20 €/pers la nuitée. CB refusées. 39 empl. Sangria offerte sur présentation de ce guide.* Plus de 60 ans de bons et loyaux services pour ce petit camping familial propret et ombragé, aux emplacements délimités par des peupliers. Également un gîte d'étape de 20 places (sanitaires dans chaque chambre). Au-dessus, chalets en bois avec pergola, et piscine chauffée. Jeux pour enfants et terrain de pétanque.

Bon marché

Akoka : *maison Iparragerria. ☎ 05-40-07-58-55. • sebastien@arraya.fr • Au centre du village. Ouv avr-début nov, tlj le midi (sauf ven hors saison). Plat du jour et assiettes env 10,50 € ; carte env 20 €.* Un bistrot aussi sympathique que minuscule, où se taper une assiette de charcuterie ou de fromages, un petit plat du jour, une salade bio ou un gâteau basque dans une ambiance de copains. Petite terrasse sur rue.

Benta Antton : *route des Grottes. 06-23-91-57-52. À env 8 km au sud de Sare, vers les grottes (lire plus loin). Ouv Pâques-Toussaint, les w-e et j. fériés seulement (en juil-août, tlj midi et soir). Formule env 19 €. Apéritif maison offert sur présentation de ce guide.* Perchée à flanc de colline, dans la forêt (côté espagnol), une table familiale servant la cuisine typique des *ventas.* Y aller pour la vue sur Sare et sur le Pays basque, en se calant en terrasse autour d'une des lourdes tables en grès rose.

Prix moyens

Chambres d'hôtes Uhartea : *quartier Elbarrun Auzoa. ☎ 05-59-54-25-30.*

06-20-44-54-97. • echeveste.mikel@wanadoo.fr • uhartea.com • À env 3 km au nord de Sare. Ouv avr-fin oct. Double 75 € ; familiale. Café offert sur présentation de ce guide. Juchée sur son mamelon, en pleine campagne, au milieu des moutons, *Uhartea* a fière allure. Indépendantes de la maison, les chambres sont spacieuses, de bon confort et décorées dans un style qui hésite entre tradition et modernité. Kitchenette commune avec grand frigo. Accueil très sympa du propriétaire, qui connaît bien la culture basque.

Chambres d'hôtes Ttakoinenborda : *Ttakoinenborda. ☎ 05-59-47-51-42. 06-67-73-76-45. • ttakoinenborda@orange.fr • chambredhotebasque.fr • À env 4 km au sud de Sare. Double 67 € ; familiale.* Une belle ferme du XVIIe s, isolée au creux des arbres, au bord de la rivière et d'un grand jardin. Dans les parties communes, murs en pierre et beaux meubles. Les 4 chambres sont lumineuses et décorées des toiles du papa. Petit salon réservé aux hôtes. Calme assuré et accueil familial.

Urtxola : *route de Zugarramurdi. ☎ 05-59-54-21-31. À 4 km au sud-ouest de Sare. Ouv tlj le midi, plus sam soir. Menus 18 € (assiette combinée, dessert et verre de vin)-25 €.* En pleine montagne, dans la forêt, un peu loin de tout (sauf de la frontière espagnole), il fait bon se poser sur la généreuse terrasse de cette maison basque, d'où l'on entend bruisser une rivière en contrebas. Plats pas sorciers mais francs du collier, roboratifs et bien ficelés.

De chic à plus chic

Maison Olhabidea : *chemin Olha. ☎ 05-59-54-21-85. • fagoagaj@gmail.com • olhabidea.fr • À env 4 km à l'est de Sare. Resto ouv à ts sur résa, tlj sauf dim soir, lun-mar et mer midi. Congés : de fin déc à mi-fév pour le resto, nov-mars pour les chambres. Résa conseillée bien à l'avance. Double 85 €. Menus 25 € déj sem, 45 € le soir et dim.* Belle maison labourdine du XVIe s, nichée au cœur d'un grand jardin. La somptueuse entrée avec galerie ouvre sur un salon douillet, avec bibliothèque et cheminée. Dans les chambres d'hôtes, des fleurs et des bibelots anciens, des édredons brodés, des tissus de qualité... Un confort de cottage anglais, où règne un calme sans égal, l'œil posé sur les montagnes... À table, le menu change tous les jours. Cuisine toute de saveurs et de précision, privilégiant les produits locaux et les légumes du potager.

Hôtel Arraya : *sur la place du village. ☎ 05-59-54-20-46. • hotel@arraya.com • arraya.com • Ouv fin mars-début nov. Resto tlj de juil à mi-sept ; sinon, fermé lun et jeu midi. Résa conseillée. Doubles 96-155 € ; familiale. Formules 19-22 € et menu 28 € déj sem ; le soir, formules 35-39 € et menus 45-85 €.* Ancien relais sur le chemin de Saint-Jacques, presbytère au XIXe s, puis maison privée, l'hôtel offre des chambres au chic champêtre, reposant, et au confort sans défaut. Celles possédant un balcon et une vue sur le jardin et les montagnes sont idéales pour profiter du calme des lieux. Nuit dans de beaux draps (linge de qualité), avec de la toile de Jouy pour décor. Jardin intérieur intime et plaisant. Et si vous n'y dormez pas, attablez-vous au resto pour profiter d'une cuisine régionale d'une grande finesse.

À voir. À faire à Sare et dans les proches environs

La place du Fronton : remarquable ensemble constitué par le vieux fronton tout en pierre, l'élégante architecture de l'*hôtel-restaurant Arraya,* l'église avec son beau clocher-porche massif et la mairie à arcades. En toile de fond, la silhouette de la Rhune.

L'église : *possibilité de visite sonorisée (1 €).* Fortifiée avec un massif mais superbe clocher-porche du XVIe s. À l'intérieur, galeries en bois à 3 étages magnifiquement conservées. Chaire suspendue aux lambris peints, autels baroques.

Le quartier Ihalar : à env 1 km à l'est du centre. Le plus ancien quartier de Sare présente le long de sa rue principale un bel alignement de maisons labourdines, bâties pour la plupart entre le XVIe et le XVIIe s, donc parmi les plus vieilles du Pays basque. Il s'agit d'anciennes fermes qui auraient appartenu à des armateurs, toutes construites selon la même orientation pour se protéger des intempéries. Du coup, un côté de la rue aligne les belles façades à colombages, alors que l'autre ne montre que le dos des maisons.

La maison Ortillopitz : quartier Elbarun. ☎ 05-59-85-91-92. • ortillopitz.com • À env 3 km au nord de Sare. Ouv juil-oct, tlj sauf sam, 11h-17h ; visite guidée à 10h. Entrée : 6 € (visite libre), 10 € (visite guidée) ; réduc ; gratuit moins de 4 ans. Chasse au trésor pour les enfants. Belle restauration d'une maison basque du XVIIe s conservée dans son état d'origine, y compris les meubles. Chai dédié au cidre, étable, cuisine, chambres, combles, pressoir à pommes, tout a été patiemment nettoyé et ramené à la vie. Une visite passionnante, surtout si vous optez pour la visite guidée, où se mêlent infos techniques, anecdotes, récits historiques. On peut même acheter les tomates du potager (bio).

Le musée du Gâteau basque : maison Haranea, quartier Lehenbizkai. 06-71-58-06-69. • legateaubasque.com • À env 4 km au sud-ouest de Sare, sur la D 406. Ouv Pâques-fin sept et vac de la Toussaint : juil-août, lun-ven ; pdt les vac scol de printemps et de la Toussaint, mar-ven ; le reste du temps, mar et jeu-ven. Visites à 11h30, 15h et 17h seulement. Durée : 1h. Entrée : 9 € ; réduc ; gratuit moins de 4 ans. Atelier de fabrication du gâteau également (infos sur le site). Pass « Gourmand » avec visite, assiette et atelier. Convivial et instructif, surtout si l'on opte pour la formule atelier, une bonne façon d'apprendre à cuisiner le gâteau basque en famille. Mieux vaut prendre rendez-vous (8 à 40 personnes maximum, et c'est déjà beaucoup), et éviter les jours d'affluence de façon générale. Sinon, une boutique (mêmes horaires que le musée) vous propose, outre les gâteaux basques Haranea, des sablés et gourmandises basques fabriqués dans la pâtisserie toute proche. Restauration possible sur place.

Les grottes de Sare : ☎ 05-59-54-21-88. • grottesdesare.fr • parcours aménagé (prévenir la veille pour un accueil optimisé). À env 7 km au sud du village (par la D 306, direction col de Lizarrieta). Desservi l'ap-m par Hegobus. *Avr-oct, tlj 10h-18h (19h août et 17h oct, derniers départs) ; nov-mars, tlj 14h (13h le w-e)-17h ; se présenter max 15 mn avt la dernière visite. Fermé de début janv à mi-fév. Entrée : 9 € ; réduc ; gratuit moins de 5 ans. Bar ouv tte l'année ; restauration en été.* Après la diffusion d'un petit film (10 mn), une visite guidée de 45 mn avec une dizaine d'arrêts présente la géologie particulière de la fameuse grotte Lezea. Parcours scénarisé passionnant. Tout en cheminant sur 900 m, on prend une leçon d'histoire sur la mythologie et les origines du peuple basque. Parfois, un vol de chauve-souris vous accompagne. Après la visite, promenade dans le parc mégalithique et le musée qui retrace l'occupation de la grotte par l'homme, de la préhistoire à nos jours. Du parking, un sentier balisé mène en environ 1h10 (aller) jusqu'aux grottes d'Urdax, en Espagne, via celles de Zugarramurdi, connues pour leurs sorcières...

Le parc animalier Etxola : route des Grottes. 06-15-06-89-51. • parcanimalieretxola.fr • À 5 km au sud du village. Tlj : juil-août 10h-19h ; avr-juin 10h-18h ; sept-oct 10h-17h. Fermé nov-mars. Entrée : 5 € ; gratuit moins de 4 ans. Une gentille attraction familiale dans le cadre d'une grande ferme vraiment sympathique. Ce parc, né d'une passion pour nos amies les bêtes, rassemble de nombreux animaux domestiques ou non : moutons du Cameroun, chèvres des Pyrénées, cochons, dindons, chevaux miniatures, mais aussi zébus, lamas, buffles et dromadaires pour la touche exotique. 2 ha de terrain et 1 km de parcours. Pour les petits, promenades à dos de poney.

Fêtes

– **Fêtes de Sare :** *2e dim de sept (dim-mer).* À ne pas manquer si vous passez par-là !

SAINT-PÉE-SUR-NIVELLE (SENPERE)

(64310) 7 000 hab. *Carte Labourd, B2*

Jolie bourgade commerçante alignant de remarquables maisons des XVIIe et XVIIIe s. C'est ici – on l'apprend dès le 1er rond-point ! – qu'a été inventé en 1857, le chistera. Marché des producteurs le samedi matin, très convivial.

Adresse utile

Office de tourisme : *pl. du Fronton. ☎ 05-59-54-11-69. • saint-pee-sur-nivelle.com • Juil-août, lun-sam et dim mat ; le reste de l'année, lun-ven (plus sam mat avr-juin et sept).* Écomusée sur place (voir plus loin). Organise des visites guidées du village.

Où dormir ? Où manger ?

Prix moyens

Hôtel La Nivelle : *chemin Karrika. ☎ 05-59-54-10-27. • contact@lanivelle.fr • lanivelle.fr • Au centre. Doubles 64-120 € ; familiales. Formules déj 13-16 € ; menus 27-39 € ; carte env 40 €.* Bel hôtel de village entièrement revisité avec une déco contemporaine, étudiée et élégante. Chambres confortables, insonorisées, aux couleurs actuelles. Côté cuisine, une double casquette : une section bistrot avec des formules économiques fort bien ficelées, et une partie plus gastro, pour les amateurs de terroir revisité. Dans les 2 cas, c'est réussi. Grande terrasse agréable côté église.

Chambres d'hôtes Uxondoa : *chemin Karrika-Zaharra. ☎ 05-59-54-46-27. • uxondoa@gmail.com • chambres-d-hotes-uxondoa.com • À env 5 km au nord-ouest du village. Doubles 71-91 € ; familiale.* Directement au bord de la Nivelle, cette belle maison traditionnelle abrite son petit bouquet de chambres impeccables et sympathiques, à l'image de leur propriétaire. Grande table commune pour le petit déj, qu'on dévore sous le regard des poissons du bel aquarium. Une vaste salle vous attend pour la gym, le ping-pong ou un billard. À l'extérieur, une paire de transats en bord de rivière.

Santiago : *pl. de l'Église. ☎ 05-59-22-38-10. • santiago.senpere@gmail.com • ♿ En plein centre. Tlj sauf mer (plus dim soir-mer hors saison). Formule et menu déj sem 14-16 € ; carte env 30 €.* Un bar-resto de village (ouvert dès 8h30 pour le café) mais bien d'aujourd'hui, côté décor (du design, à la scandinave) comme côté cuisine. Jolis plats, de tradition et de région (mais avec un petit truc en plus) et addition légère. Terrasse avec vue sur l'église. Tapas pour l'apéro.

Chic

Chambres d'hôtes Ferme Elhorga : *chemin d'Elhorga, quartier Helbarron. ☎ 05-59-85-18-35. 06-10-17-06-12. • contact@elhorga.com • elhorga.com • À env 4 km à l'ouest de Saint-Pée. Ouv de mi-nov à mi-mars. Doubles 90-240 €.* Belle métamorphose pour cette superbe ferme du XVIIe s dont les murs en pierre et les grosses poutres apparentes s'habillent de lignes contemporaines pour créer une ambiance aussi chic qu'épurée. Du blanc, beaucoup, et de l'élégance, partout. Superbe salon chaleureux, où dégringole un bel escalier de fer. Cuisine en libre-service et machine à laver. Belle piscine chauffée bordée de transats sur une terrasse de bois et un jacuzzi.

À voir. À faire

L'église : énorme clocher-porche avec pierres tombales de benoîtes. À l'intérieur, belle galerie à triple niveau. Immense retable de bois sculpté doré, orné d'une vingtaine de statues. Voûte du chœur en forme de coquille Saint-Jacques. Nef parsemée de pierres tombales gravées et filigranées.

Place de l'Église, superbes ***maisons,*** notamment celle de Martín de Habans, chirurgien (1707) et, en face, celle de son confrère Martín Borda (1774). Voir aussi celle de Martín d'Acola (1676). À croire que dans ce village, tout le monde s'appelait Martín ! Au fond de la place, un ***moulin du XIVe s*** exploité depuis près d'un siècle par la famille Daguerre. Dans le fracas du torrent tournent 2 meules, l'une pour le blé, l'autre pour le maïs.

LES BÛCHERS DE SAINT-PÉE

Difficile d'imaginer aujourd'hui que le paisible village de Saint-Pée fut le théâtre d'une terrible « chasse aux sorcières » en 1609, initiée par l'ignoble Pierre de Lancre. Ce conseiller au Parlement lança une véritable traque, qui visait les guérisseuses ou cartomanciennes, alors accusées de sorcellerie. C'est au château que se déroulèrent les funestes procès, à la suite desquels près de 200 personnes, femmes et enfants confondus, furent brûlées vives. Aujourd'hui, un mémorial rend enfin hommage à ces victimes, dont le sort a été injustement occulté.

L'écomusée de la Pelote et du Xistera Pilotari : *à l'office de tourisme, pl. du Fronton. En été, lun-sam 9h-11h30, 14h-17h30, plus dim 10h-12h ; en hiver, lun-ven 9h-11h30, 14h-16h30. Entrée : 5 € ; réduc.* Sympathique visite pour découvrir, en 4 petites salles, la pelote basque et le *xistera,* de son invention à Saint-Pée en 1857 jusqu'à nos jours.

Fête

– ***Herri Urrats :*** *2e dim de mai, au* ***lac de Saint-Pée.*** La fête de la langue basque. Fabuleux rassemblement avec les meilleurs artistes basques et les enfants des *ikastolak.* Atmosphère extraordinaire.

DANS LES ENVIRONS DE SAINT-PÉE-SUR-NIVELLE (SENPERE)

La base de loisirs de Saint-Pée-sur-Nivelle : *à env 4 km au sud-est du village. ☎ 05-59-85-89-47. Ouv juil-août seulement.* Autour d'un joli lac, embarcations à pédales, canoës, parcours pédestre, pêche, *paddle* et baignade surveillée en été. Parcours acrobatique dans la forêt de chênes et « tyrolienne infernale » : une descente de 600 m pour survoler le lac, allongé dans un harnais !

AINHOA (64250) 680 hab. *Carte Labourd, B3*

À seulement 3 km de l'Espagne, une jolie bastide basque, fondée au XIIIe s par des moines prémontrés. Ainhoa est depuis longtemps une importante étape pour les pèlerins en chemin vers Saint-Jacques-de-Compostelle. Classé, à juste titre, parmi les Plus Beaux Villages de France.

➢ En bus, ligne *Hegobus* n° 47 : Saint-Jean-de-Luz/Saint-Pée-sur-Nivelle/Ainhoa. 1-3 départs/j. sauf dim.

Adresse utile

i *Maison du patrimoine – Ondarearen Etxea :* *en face de l'église, derrière la mairie. ☎ 05-59-29-93-99. • en-pays-basque.fr • Juil-août, lun-sam 9h-12h, 14h-18h et dim et j. fériés 10h-12h30 ; le reste de l'année, lun-ven 9h-12h, 14h-17h.* Exposition et vidéo *(3 € ; gratuit moins de 12 ans)* présentant l'histoire d'Ainhoa et du territoire de Xareta. Également sur place, ***bureau d'accueil touristique.*** Vente de fiches de randos (de 1h à 5h).

Où dormir ? Où manger à Ainhoa ou dans les environs ?

Camping

Camping Xokoan – Hôtel Etchartenea : *Dancharia, 64250 Ainhoa. ☎ 05-59-29-90-26. • etchartenea@orange.fr • À la frontière franco-espagnole ; à env 3 km au sud d'Ainhoa. Ouv tte l'année. Emplacement 18 € pour 2. À l'hôtel, double 65 €, petit déj compris. 30 empl.* Tranquille et familial, ce camping propose des emplacements ombragés au bord du torrent Lapitxuri. Quelques mobile homes également et à l'étage de la maison, des chambres à l'ancienne, façon pension de famille d'autrefois (avec douche et w-c toutefois et bien tenues).

Bon marché

Ferme Seguida : *Kontxoenea. ☎ 05-59-08-32-09. • contact@seguida.fr • À env 2 km au sud du village. Mai-déc, goûter, tlj à partir de 15h30 ; casse-croûte fermier le midi en été seulement. Boutique lun-sam 9h-19h juin-sept (plus dim en juil-août) ; le reste de l'année, lun-sam 9h-18h (9h-13h, mer et sam). Goûter : 6-8 € ; casse-croûte : 11,50 €.* Chez ce producteur de piment d'Espelette on peut le midi, en été, se régaler de copieuses assiettes préparées avec les produits de paysans locaux. Ou l'après-midi, s'offrir un généreux quatre-heures, sucré ou salé. On s'installe en terrasse, sur de grandes tables conviviales. Chouette boutique également où l'on vend le piment de la maison sous toutes ses formes, mais aussi des conserves gourmandes, du jambon et des cochonnailles, du fromage de brebis, des confitures, etc. Excellent accueil, sincère et prévenant. Possibilité de visite de la ferme.

De prix moyens à chic

Ithurria, Côté Bistrot : *pl. du Fronton, à Ainhoa. ☎ 05-59-29-92-11. Au centre. Fermé le soir et le dim juil-août, ainsi que mer-jeu hors saison. Congés : début nov-début avr. Carte 30-35 €.* La célèbre auberge étoilée (voir plus loin) a ouvert tout à côté ce petit bistrot gourmand. Les plats sortent de la même cuisine, seuls les produits diffèrent... Les prix sont serrés et les recettes plus d'inspiration bistrot.

Une vraie aubaine et un régal ! Jolie terrasse sous les platanes.

Plus chic

Hôtel Ithurria : *pl. du Fronton, à Ainhoa. ☎ 05-59-29-92-11. • hotel@ithurria.com • ithurria.com • Au centre. Resto fermé mer midi (plus mer soir et jeu midi hors juil-août). Congés : début nov-début avr. En été, résa indispensable. Doubles 135-165 € ; suites et apparts. Menus 48-92 €. Parking.* Grande maison labourdine typique du XVIIe s, qui servit longtemps de relais aux pèlerins en route pour Saint-Jacques. Chambres confortables, modernes et climatisées, avec balcon ou loggia. Superbe salle à manger, avec sa cheminée à l'ancienne. *Ithurria* reste, les années passant, une table emblématique du Pays basque, celle des grandes occasions et des dimanches festifs en famille, indémodable et intemporelle. Le chef aime sublimer le terroir local en utilisant les meilleurs produits : piperade revisitée, veau Herriko... Du sérieux ! Derrière, beau jardin avec terrain de pétanque, piscine, salle de sport et sauna.

Hôtel Argi-Eder : *route de la Chapelle, quartier Boxate, à Ainhoa. ☎ 05-59-93-72-00. • contact@argi-eder.com • argi-eder.fr • À peine à l'écart du centre (fléché). Resto fermé le midi lun-mer et ven, plus mer soir hors saison. Congés : nov-mars. Doubles 100-195 € ; familiales. Menus 31-70 €.* Entourée d'arbres, classée Relais du Silence, cette grosse bâtisse basque abrite un bel établissement à l'ancienne. Chambres confortables et impeccablement tenues, toutes avec clim et balcon, fraîchement rénovées. Cuisine appliquée et savoureuse de bout en bout, qu'on peut déguster en terrasse, au bord de la généreuse piscine. Excellent rapport qualité-prix et service très attentionné.

À voir. À faire

Les ***maisons à colombages,*** aux volets rouges et verts et aux étages en encorbellement, donnent à la rue principale un remarquable cachet. Prendre le temps de s'y promener en détaillant les linteaux des portes. Ils racontent l'histoire de ces bâtiments et de leurs propriétaires. Remarquer, notamment, la *maison Gorritia* (au n° 456). Le linteau dit que « cette maison a été rachetée par Marie de Gorritia, mère de feu Jean Dolhagaray, des sommes par lui envoyées des Indes, laquelle ne se pourra ni vendre ni engager. Fait en l'an 1662 ». Également quelques belles maisons à larges portes avec des anneaux pour attacher les bêtes.

L'église : du XIIIe à l'origine (une des plus anciennes du coin), clocher carré puis octogonal, en pierre grise. À l'intérieur, poutres de soutien et rampes des galeries joliment sculptées. Remarquable retable doré, bleu et rouge sous la voûte étoilée du chœur. Avec le plafond en caissons de bois, tout cela compose un ensemble très harmonieux.

La chapelle Notre-Dame-de-l'Aubépine : *accès à pied seulement (du centre suivre le fléchage « Oratoire »), compter 45 mn aller.* La pente est rude mais, arrivé à cette petite chapelle de pèlerinage du XIXe s (calvaire plutôt spectaculaire et vrai-faux cimetière ancien avec stèles discoïdales), le panorama, franchement exceptionnel, fait tout oublier.

Fête et manifestation

- ***Journée Nature et Terroir :*** *1er mai.* Métiers anciens, fruits et légumes de pays, animaux locaux, etc.
- ***Fête de la Palombe :*** *3e dim d'oct.* Multiples animations gastronomiques autour du volatile préféré des cuisiniers et chasseurs locaux.

LA VALLÉE DE LA NIVE

La Nive descend de Navarre assez vivement, mais après le défilé de Louhossoa, elle entre en Labourd et se calme. Elle ondule plus doucement vers Cambo, fait quelques méandres façon mini-Mississippi, avant d'effleurer Ustaritz et d'atteindre Bayonne. Un bout de Pays basque qu'on va prendre le temps de découvrir, en remontant cette vallée tiraillée, comme ses voisines, entre la nostalgie du passé et l'envie de s'adapter à une époque nouvelle. Mais bon sang, que la vue est belle sur les Pyrénées quand on va de Bayonne à Espelette !

Comment y aller ?

➢ ***En train :*** plusieurs trains/j. au départ de Bayonne (ligne de Saint-Jean-Pied-de-Port) avec arrêts à Ustaritz, Jatxou, Cambo.

➢ ***En bus :*** 5 bus/j. sur la ligne Bayonne-Cambo pdt les vac, au départ de la pl. Paul-Bert. Pour Espelette et Cambo-les-Bains, également le bus nº 49 de la compagnie *Hegobus* (Saint-Jean-de-Luz/Saint-Pée-sur-Nivelle/Espelette/Cambo-les-Bains).

USTARITZ (USTARITZE)

(64480) 7 090 hab. *Carte Labourd, B2*

Ustaritz, l'ancienne capitale du Labourd, reste un passage obligé pour qui veut s'enfoncer dans le Pays basque profond. Petite ville tout en longueur, coincée entre Nive et forêt, elle ne reflète plus vraiment le temps de sa splendeur quand le *Biltzar* de Labourd, assemblée représentative de la province et chambre d'enregistrement des volontés du pays, y regroupait tous les responsables de villages. Exemple exceptionnel de vie politique démocratique au temps de la royauté.
Dominé par la masse imposante de l'ancien séminaire, très Art déco, le vieux village s'est endormi dans une torpeur tranquille. Une petite balade permettra d'apprécier quelques belles maisons anciennes groupées autour de l'église (qui vaut le coup d'œil, avec ses galeries en fonte) et, à 2 pas, le château de Lota, « folie » XIXe s. Agréable balade (à pied ou à vélo) sur le chemin de halage qui longe la Nive jusqu'à Bayonne (10 km).

Où dormir ? Où manger ?

Chambres d'hôtes Bereterraenea : *469, route de l'Église, quartier Arruntz. 06-81-26-91-82. • bereter.nicole@wanadoo.fr • chambres-cote-basque.com • À env 4 km au sud-ouest d'Ustaritz. Ouv mai-fin oct. Doubles 75-80 € ; familiale. Cidre ou jus de pomme de la propriété offert sur présentation de ce guide.* C'est une grande maison du XVIIe s, trapue, carrée, plus navarraise que labourdine. C'est normal : construite par des Navarrais, elle servait d'entrepôt aux laines de Pampelune qui passaient l'octroi de Bayonne. Elle appartient à la même famille depuis la Révolution. Dans cette belle vallée verdoyante, la propriétaire fait pousser ses pommiers, produit son cidre et reçoit ses hôtes bouteille à la main. Les 3 chambres sont mignonnes, l'accueil gentil comme tout. Terrasse-jardin sur le devant.

Auberge du Fronton : *pl. du Fronton-du-Bourg. ☎ 05-59-93-00-39. • aubergedufronton@sfr.fr • Fermé lun, plus soirs jeu et dim hors saison. Formule déj sem 15 € ; carte env 30 €. Apéritif maison offert sur présentation de ce guide.* Tranquille auberge au cœur du village. 2 grandes salles, nappes à fleurs, clientèle locale et fidèles habitués, mon tout sous le regard de braise de Luis Mariano. Excellente cuisine. Certes, pas de grandes envolées lyriques, mais c'est du sérieux, régulier et bien servi. Au programme : merlu de ligne entier et superbe côte de bœuf de Galice à la cheminée. Terrasse aux beaux jours.

DANS LES ENVIRONS D'USTARITZ (USTARITZE)

L'église Saint-Sébastien : *5363, chemin du Portuberria, à* ***Jatxou*** *(64480). À env 3 km au sud-est d'Ustaritz.* Petite chapelle du XIIIe transformée en église au XVIIe. Galeries à 3 niveaux comme il se doit, superbes fresques aux plafonds de la nef et du chœur, étincelant retable. Méconnue, c'est pourtant une des plus belles églises du Labourd.

ESPELETTE (EZPELETA)

(64250) 2 070 hab. Carte Labourd, C2-3

Espelette aligne en temps ordinaire quelques rues bordées de pittoresques maisons labourdines à encorbellement. À partir d'octobre, certaines sont décorées des fameux gros piments rouge vif mis à sécher en cordes. Indispensables dans la cuisine basque, ils ont fait la réputation du village. Un avantage : pas de voitures dans le centre.

UNE AOP QUI NE MANQUE PAS DE PIMENT !

Cette plante désormais emblématique du pays et cultivée par une centaine de producteurs autour d'Espelette, dans la vallée de la Nive, bénéficie d'une AOP. Le piment tient une place essentielle dans la gastronomie basque : on le retrouve dans toutes les spécialités locales, de l'*axoa* à la piperade en passant par le *marmitako* ou la morue biscayenne. Évidemment, le piment d'Espelette n'a rien à voir avec les autres. Son goût est fin et savoureux, pas besoin de 3 l d'eau pour s'en remettre ! Cela dit, son origine reste quelque peu mystérieuse. On ne sait pas très bien comment cet Américain a atterri ici ; peut-être à l'initiative d'un de ces barons d'Ezpeleta, qui furent vice-rois du Mexique ou de Colombie ? Qu'importe, c'est la terre et le climat d'Espelette qui en ont fait un piment unique !

Quelque 150 t de poudre de piments sont produites chaque année. Semés et élevés en serre mi-février, mis en terre autour du 15 mai, récoltés du 15 août à fin novembre, ils deviennent ces « beaux chapelets de corail » séchant sur les façades, décrits par Pierre Loti. Ils sont le principal attrait de la grande fête de fin octobre, devenue une véritable foire gastronomique, avec chants basques pour pimenter un peu plus l'atmosphère. Si la poudre a remplacé le poivre sur toutes les tables, on n'en finit plus de découvrir, dans les boutiques, les produits dérivés du piment : confiture, bonbons, gelée, crème, sirop, et même moutarde au coulis de piment, sans oublier le vinaigre ou l'huile parfumée. Vous l'avez compris, Espelette se visite les yeux et le porte-monnaie grands ouverts.

Adresse et info utiles

Office de tourisme : *à la mairie, dans le château, au 1er étage. ☎ 05-59-93-95-02. • espelette.fr • En été, tlj sauf dim ap-m ; juin et sept, fermé sam ap-m et dim ; hors saison, fermé le w-e.* Parfois des expos temporaires.

– **Marché aux produits locaux :** *mer mat, tte l'année.* Plus de 50 fermiers des environs viennent proposer leurs meilleurs produits.

Où dormir ? Où manger ? Où boire un verre ?

De prix moyens à chic

Hôtel Chilhar : *25, Xilarreneko Karrika. ☎ 05-59-42-89-01. • contact@hotel-chilhar.com • hotel-chilhar.com • Fermé dim soir-lun. Doubles 70-85 €. Formule déj sem 21 € ; menus 24-29 € ; carte env 35 €.* Entièrement rénové, cet hôtel s'affirme comme un point de chute idéal au centre du village. Nichées dans cette maison dotée d'un joli porche *(lorio)*, des chambres chaleureuses et modernes, parfaitement au calme. Au resto, on se régale d'une cuisine fraîche et séduisante, où les produits locaux sont rois. Superbe terrasse, ouverte sur un jardin à l'arrière.

Hôtel Euzkadi : *285, Karrika-Nagusia. ☎ 05-59-93-91-88. • contact@hotel-restaurant-euzkadi.com • hotel-restaurant-euzkadi.com • Resto fermé lun-mar hors saison. Congés : de mi-fév à mi-mars et de mi-nov à mi-déc. Résa indispensable en saison. Doubles 83-95 € ; familiales. Menus 21 (sauf dim et j. fériés)-32 €. Parking.* Dans l'une des plus belles maisons d'Espelette, qu'on retrouve fréquemment sur les cartes postales. Présente depuis 5 générations, la famille Darraïdou déniche de vieilles recettes campagnardes pour les remettre au goût du jour. Essayez le *tripoxa* (boudin de veau et mouton servi avec une sauce tomate au piment), l'*eltzekaria* (soupe de légumes), ou encore l'*axoa* (ils lui font même sa fête, le dimanche de Pentecôte !). Chambres coquettes et confortables, sur rue ou sur l'arrière. Ascenseur. Agréable jardin avec terrasse au calme, piscine chauffée et pelouse. Bar sympa aussi.

Aintzina : *440, Karrika-Nagusia. ☎ 05-59-93-91-62. • restaurant.aintzina@outlook.fr • Fermé dim soir, mer soir et jeu hors saison. Congés : de mi-déc à fin janv. Menus 20-25 €.* En plein centre d'Espelette, un bistrot populaire où l'on pourra profiter de quelques spécialités du cru de bon aloi, notamment les *chipirons* du chef, ou l'*axoa,* spécialité du village. Terrasse côté rue ou jardin.

Choko Ona : *155, rue Xerrendako-Bidea. ☎ 05-59-15-71-65. • contact@choko-ona.fr • Tlj sauf dim-lun. Menus 25 € (déj sem) puis 52-72 €.* L'enseigne (*Choko Ona* signifie « le bon coin ») ne ment pas. Au pied de l'église, cette vieille maison accueille une table jeune d'esprit. Petite salle, avec cuisine ouverte, au design d'aujourd'hui. Produits d'ici, hyper choisis, pour des plats brillants, signés d'un jeune chef passé par quelques prestigieuses adresses. Les prix sont à la hauteur de la cuisine, mais le menu du déjeuner est une véritable affaire.

Où acheter de bons produits ?

Chocolatier Antton : *pl. du Marché. ☎ 05-59-93-80-58. • chocolats-antton.com • Tlj 10h-13h, 14h-19h. Congés : janv.* Un maître chocolatier qui propose une déclinaison de chocolats aux saveurs basques (cerise noire, touron...), dont l'incontournable piment d'Espelette. Visite possible de l'atelier *(tlj, gratuite, libre ou guidée).*

Brasserie Arrobio : *180, Plazako-Karrika. Dans la rue en dessous de l'office de tourisme. Lun-ven 8h-18h (plus sam-dim 10h-19h en été).* Des malts et des houblons 100 % bio, une eau puisée sur le territoire d'Espelette, un duo d'amoureux de la cervoise hautement créatif : telle est la recette des bières *Arrobio,* appréciées dans toute la région. Au choix, 2 gammes et 8 cuvées différentes.

À voir. À faire

L'église : elle s'élève sur une petite butte excentrée, au bord de la rivière. Clocher-donjon et joli portail Renaissance. Dans le cimetière, les stèles discoïdales et tabulaires anciennes (beaucoup plus rares) sont présentées dans un espace réservé. À l'intérieur, traditionnelle galerie à 3 étages. Plafond entièrement peint. Retable du XVIIe s de style baroque, récemment restauré.

Le Centre d'interprétation de l'AOP piment d'Espelette (Extea) : *25, Merkatu Plaza. ☎ 05-59-93-88-86. • pimentdespelette.com • Juil-fin sept, lun et sam 10h-13h, 14h-17h30 (17h sam) ; mar-ven 10h-18h30 ; j. fériés 10h-13h ; mars-juin et oct-nov, lun-ven 10h-13h, 14h-17h. Visite guidée ou libre. GRATUIT.* Dans un bel espace moderne et bien conçu, on vous raconte l'histoire du piment d'Espelette, de ses origines mexicaines à nos jours. Présentation de l'AOP et film pédagogique de 15 mn. Des guides compétents vous expliquent la botanique du piment et pourquoi celui-ci s'est si bien acclimaté dans la région. Expo didactique, très éclairante. Pour finir, on recherche les arômes propres au piment.

Les salles d'expo du château des barons d'Ezpeleta : *en principe, tte l'année, lun-sam mat, 8h30-12h30, 14h-18h, plus en juil-août, le sam 14h-18h30 et dim 10h-13h. GRATUIT.* Au 2e étage de ce joli château, petites expos thématiques. Intéressant panorama sur *le piment,* son histoire, ses espèces, ses utilisations... Par ailleurs, évocation de 2 personnages originaires d'Espelette : *Agnès Souret,* 1re Miss France en 1920. Nul doute, elle avait du piquant ! Quelques infos également sur le *père Armand David,* découvreur du panda en Chine. Qui l'eût cru, c'est un curé basque qui découvrit cet animal dans les forêts de la Chine centrale en 1869.

QUARTIERS DE NOBLESSE

En 1694, les habitants d'Espelette devinrent tous nobles d'un coup. N'ayant pas de descendance, la baronne d'Ezpeleta légua son château au village, et avec lui ses droits seigneuriaux. Classe !

L'Atelier du Piment : *chemin de l'Église (ou Elizaldeko bidea). ☎ 05-59-93-90-21. • atelierdupiment.com • À env 2 km au nord-est du centre (fléché). Tlj 9h-12h, 14h-18h (9h-19h en été) ; fermé le w-e hors saison (se renseigner). GRATUIT.* Ce producteur-transformateur sait partager sa passion. Visite guidée de l'exploitation en passant par une parcelle cultivée et la zone de séchage puis découverte du processus de transformation. La visite se termine à la boutique, avec une dégustation de piment sous toutes ses formes. Également des ateliers culinaires (sur réservation).

Randonnées au clair de lune : *de juil à mi-sept, mar 19h-23h (parfois, sorties supplémentaires selon affluence). Résa à l'office de tourisme. Tarif : 32 € ; 22 € enfant.* Découverte de la faune et de la flore avec un accompagnateur local passionné. Panoramique sur les sommets basques, coucher de soleil, puis casse-croûte local dans une bergerie.

Fête et manifestations

– ***Foire aux pottoks :*** *fin janv.* Espelette est aussi connue pour l'élevage des pottoks, chevaux vivant librement dans la montagne basque.

– ***Course des crêtes :*** *1er sam de juil.* Grande course à pied qui attire chaque année plus de 2 000 coureurs. Puis repas sous chapiteau.
– ***Fête du Piment :*** *dernier w-e d'oct.* ● *c-pimentdespelette.com* ● *Navettes depuis la plupart des villages des environs.* Une des plus belles fêtes du Pays basque. Arriver à l'aube pour avoir une chance d'entrer dans l'église et d'assister à la messe en basque et à la bénédiction des piments. S'ensuit la procession des confréries puis de grands repas sous chapiteaux.

DANS LES ENVIRONS D'ESPELETTE (EZPELETA)

Makhila Ainciart Bergara : *64480* ***Larressore.*** *☎ 05-59-93-03-05.* ● *makhila.com* ● *À env 5 km au nord d'Espelette. Tte l'année, tlj sauf dim 9h-12h, 14h-18h.* Le 1er et l'un des derniers fabricants du bâton de marche traditionnel basque. Cette famille le fabriquait déjà avant 1789. 8 générations se sont succédé depuis, entretenant la flamme sacrée. Entièrement fait à la main, suivant un rituel très précis. Visite possible de l'atelier.

UN SECRET DE FAMILLE...

Au début de la fabrication d'un makhila, le bois du néflier sauvage est d'abord travaillé sur pied : l'artisan dessine directement dessus en incisant l'écorce au moment de la montée de sève. Ensuite, la couleur est donnée au moyen d'une réaction sur le bois, technique secrète connue seulement de la famille...

La conserverie artisanale Bipia : *route d'Halsou, 64480* ***Larressore.*** *☎ 05-59-93-21-86.* ● *bipia.com* ● *À env 6 km au nord-est d'Espelette. Expo et boutique lun-ven, 9h-12h, 14h-18h (lun-sam en été, jusqu'à 13h et 18h30). Visite possible de la conserverie l'été (voir le site).* Depuis 1997, Jean-Louis Salaberry crée une multitude de sauces au piment d'Espelette. Film, expo et belle collection de piments du monde. Boutique.

CAMBO-LES-BAINS (KANBO)

(64250) 6 660 hab. *Carte Labourd, C2*

Une ville-jardin qui conjugue joliment nature et architecture, c'est ainsi qu'apparaît le Cambo d'aujourd'hui. Une ville qui mérite mieux que son image de destination pour « curiste » véhiculée depuis des décennies. On résume : connue depuis le XVIe s pour son climat d'une douceur exceptionnelle, Cambo devint l'une des plus importantes stations de cure françaises consacrées au traitement des affections pulmonaires. Au début du XXe s, les thermes laissèrent la place aux sanatoriums. La ville accueillit un nombre toujours croissant de malades, dont Albéniz, compositeur espagnol qui mourut ici en 1909, ou encore Edmond Rostand, qui fit construire la villa Arnaga, devenue aujourd'hui l'un des sites les plus visités du département.
Peu après la guerre, la quasi-disparition de la tuberculose contribua à la renaissance des thermes de Cambo, qui ont conservé leur cachet Art déco. Si la cure ne vous tente pas, vous pourrez toujours vous promener dans le parc alentour en admirant palmiers et autres bruyères en fleur.
La ville haute, quartier résidentiel réservé aux curistes, a été revitalisée. Le Bas-Cambo, vieux village basque situé au bord de la Nive, a beaucoup de charme.

Adresse et info utiles

Office de tourisme : *3, av. de la Mairie. ☎ 05-59-29-70-25. • camboles bains.com • Juil-début sept, lun-sam et dim mat ; mars-juin et oct, lun-sam ; nov-fév, lun-ven et sam mat (fermé jeu mat nov-Pâques).* Boutique avec produits locaux, artisanat, gadgets, etc.

– **Marchés :** *traditionnel ven mat, rue Chiquito, et marché à la brocante mer au parc Saint-Joseph.*

Où dormir ? Où manger ?

Bon marché

Salon Cyrano : *17, bd des Terrasses. ☎ 05-59-52-32-07. • salon cyrano@gmail.com • Ouv tte l'année, tlj 10h-19h. Formule déj env 12 € ; carte 15-20 € ; brunch dim 19 €.* Cadre contemporain pour ce salon de thé-resto élégant, qui invite à prendre son temps. Café bio, large choix de thés ou infusions, et une foule de petites choses à grignoter, au déjeuner (soupes, salades, tartines, quiches) comme au goûter (crêpes, gâteau basque, glaces au lait de brebis). Superbe terrasse ombragée, offrant une vue dégagée sur la vallée de la Nive. Également un jardin à l'arrière, pour prendre le soleil.

Prix moyens

Hôtel Café du Trinquet : *rue du Trinquet. ☎ 05-59-29-73-38. • sarl.du. trinquet@wanadoo.fr • hotel-cambo-les-bains.fr • Doubles 63-85 € ; familiales.* Installé dans une grande bâtisse basque qui a une allure folle, cet hôtel nouvellement rénové jouxte le trinquet de Cambo. Ses chambres, spacieuses et agréables, offrent une déco reposante tout en nuances. Grand confort et aménagement bien pensé. Certaines disposent même de kitchenettes fort pratiques. Petit café en bas, histoire de boire l'apéro en terrasse.

Hôtel Ursula : *37, route du Bas-Cambo. ☎ 05-59-29-88-88. • infos@ hotel-ursula.fr • hotel-ursula.fr • Tte l'année. Doubles 69-89 € ; familiales. Un petit déj/pers et par nuit offert sur présentation de ce guide.* Hôtel plutôt moderne, plaisant et bien tenu. Parties communes aux couleurs pimpantes. Les chambres sont coquettes et dotées d'un excellent confort : clim et eau chauffée à l'énergie solaire. Excellent accueil du patron, très attentif aux besoins de ses hôtes. Beau petit déj-buffet à base de produits locaux.

Hôtel Laurent Rodriguez : *31-33, allée Anne-de-Neubourg. ☎ 05-59-59-38-10. • resa@hotel-laurentrodriguez.com • hotel-laurentrodriguez.com • Resto fermé mer et sam midi (plus mar soir hors saison et dim midi en saison). Congés : de mi-déc à fin janv. Doubles 65-100 € ; familiale. Menu déj en sem 14 € (¼ de vin et café compris) ; carte 30-35 €. Digestif maison offert sur présentation de ce guide.* Les amoureux de rugby seront ravis car le patron n'est autre que l'ancien champion et entraîneur du BO. Voilà qui tranche en tout cas avec l'ambiance parfois tristoune des hôtels pour curistes. Chambres habillées de couleurs franches, certaines avec terrasse, dans un style plutôt moderne. Celles du rez-de-chaussée, proches du restaurant, sont un poil bruyantes. Au resto, cuisine familiale, généreuse, servie avec une franche bonne humeur.

Chambres d'hôtes Rosa-Enia : *av. du Professeur-Grancher. ☎ 05-59-93-67-20. • contact@rosa-enia.com • rosa-enia.com • Doubles 75-85 € ; cabanes dans les arbres 125-190 €. Loc de studios et apparts à la sem. CB refusées.* Le célèbre docteur Granger reconnaîtrait peut-être sa maison, mais plus son environnement. Le hall est toujours imposant, l'escalier sculpté superbe, les boiseries parfaitement patinées, mais les chambres ont été complètement modernisées. On craque pour la n° 5, avec sa belle terrasse et ses boiseries d'époque. Dans le petit bout de jardin a poussé un étrange arbre en acier. Viennent s'y cacher 3 cabanes fantaisistes, où vous ferez votre nid le temps d'une nuit insolite. Sauna et spa (payant). Accueil sympathique.

Auberge Chez Tante Ursule : *5, pl. du Fronton, Bas-Cambo. ☎ 05-59-29-78-23. • contact@auberge-tante-ursule.com • auberge-tante-ursule.com • Fermé mar-mer. Congés : de mi-déc à mi-janv. Doubles 54-70 €. Menu 28 €. Apéritif maison offert sur présentation de ce guide.* Vieille affaire de famille. C'est le petit-fils de la tante Ursule qui est aujourd'hui aux commandes de cette auberge typiquement basque, donnant sur la place du Fronton. Les chambres sont plaisantes (poutres et meubles anciens). Et les plats, de tradition et de région, servis avec générosité : ris de veau, souris d'agneau, tête de veau...

Le Bellevue : *allée Edmond-Rostand, rue des Terrasses. ☎ 05-59-93-75-75. • contact@hotel-bellevue64.fr • Tlj sauf dim soir, lun et jeu soir. Formule déj (sauf dim) 15 € ; menu 33 €.* Cet ancien relais de diligence de 1834, ancienne pension de famille à l'histoire intimement liée à celle des thermes et de la ville, est LA bonne table de Cambo, offrant un remarquable rapport qualité-prix. Belle et agréable salle contemporaine.

Le Chantecler : *6, allée Anne-de-Neubourg. ☎ 05-59-29-22-29. Fermé sam et le soir mar, mer, ven et dim. Congés : nov et fêtes de fin d'année. Formule déj sem env 12 € ; menus 19,50-30 €.* Un resto qui a acquis une solide renommée. Salle agréable, décorée de fresques colorées célébrant tout à la fois Edmond Rostand et vos animaux préférés dans l'assiette (canard, coq au vin, ris de veau), mais aussi d'autres petits plats troussés comme il faut.

LE LABOURD

À voir. À faire

La villa Arnaga : *av. du Docteur-Camino. ☎ 05-59-29-83-92. • arnaga.com • Ouv fin mars-début nov : juil-août, tlj 10h-19h ; avr-juin et sept-début nov, tlj 9h30-12h30, 14h-18h ; mars, w-e seulement 9h30-12h30, 14h-17h30. Entrée : 8,50 € ; réduc ; gratuit moins de 7 ans. Visite libre ou guidée de la villa (1 € de plus), que l'on conseille vivement (départs fréquents). Expos aux écuries, conférences, spectacles, marché aux plantes.*

Edmond Rostand, atteint de pleurésie, vint à Cambo pour se soigner. Il tomba fou amoureux du pays et de son climat, qui lui avait fait recouvrer la santé. Avec les droits d'auteur de *Cyrano de Bergerac,* il se fit construire en 1903 cette fastueuse demeure basque, où il résida pendant 12 ans entre 1906 et 1918. Rostand participa lui-même à la conception de la villa, soignant les moindres détails.

Il dessina également une partie des jardins à la française qui s'étendent devant la demeure (grand bassin, pergola, orangerie...) et accueillent toujours les visiteurs. Ils ont été classés Jardins remarquables. Juste après l'ancienne roseraie, devenue une ruine végétale, 3 bustes d'auteurs que le maître des lieux admirait : Shakespeare, Hugo et Cervantès. Tout cela paraît déjà un peu excessif !

Une fois dans la maison, on est frappé par l'impression de confort et de modernité qui se dégage. Atmosphère à la fois fantaisiste et raffinée, prouvant que l'auteur de *L'Aiglon* était doucement allumé. Arnaga compte quelque 40 pièces, dont 20 ouvertes au public, toutes décorées à l'image du grand hall avec son double arceau en plein centre, ses colonnes de marbre et ses lambris de chêne. Noter la

ET VLAN !

Henri Vian, maître ferronnier, fabriqua les grilles de la maison d'Edmond Rostand. Grâce à son talent, l'artisan fit fortune. Mais son fils Paul (père de Boris Vian) ne travailla jamais et dilapida son héritage. Installée dans une superbe villa de Ville-d'Avray, la famille Vian dut louer aux parents du célèbre violoniste Yehudi Menuhin et vivre dans le garage.

partie haute, décorée d'une scène de fête racontée par Victor Hugo. L'hôte aimait recevoir ses invités du petit balcon en scandant quelques vers de son cru. Juste derrière, fumoir entièrement décoré (à l'origine) de laque de Chine. La pièce valait à elle seule une bonne partie de la propriété ! À côté, la bibliothèque comptant 15 000 volumes est fermée par une grille en fer forgé fabriquée par le grand-père de Boris Vian. Dans une vitrine, le césar obtenu par Gérard Depardieu pour son *Cyrano,* qu'il offrit à la maison. Juste à côté, la robe de Roxanne, créée par Christian Lacroix. À droite du hall, la salle à manger Louis XVI tout en trompe l'œil imitant le marbre, avec des médaillons présentant les 4 éléments. Juste derrière, bureau Empire entièrement en bois de citronnier.
Au ***1er étage***, nombreux documents sur la famille et sur l'œuvre de Rostand, chambres de l'auteur et de ses enfants, pièce tapissée en toile de Jouy. Croquis des costumes de *Chantecler,* lettres de personnalités (Sarah Bernhardt, Anna de Noailles), dessins... Dans le boudoir de Rosemonde, son épouse, le décor illustrant les contes de Perrault peint par Jean Veber a retrouvé sa place initiale presque 100 ans après son déménagement. Dans une vitrine, les costumes d'académicien d'Eugène (le père faisait partie de l'Académie des sciences morales et politiques), d'Edmond et de Jean (Académie française). Unique dans une famille ! En face de la vitrine, intéressante pendule qui compte 14h, destinée à éconduire les nombreux pique-assiettes. Quand sonnait 14h, ils partaient, alors qu'il n'était que 12h. Il fallait y penser ! On verra encore la salle de bains avec son système d'hydrothérapie, hyper moderne pour l'époque, la salle de jeux des enfants avec des fresques qui illustrent de célèbres comptines. Classée Monument historique et musée de France, la villa Arnaga fait partie des sites incontournables du Pays basque.

L'église Saint-Laurent : *pl. de l'Église (original !).* Une église typique du Pays basque avec sa nef unique et ses 3 niveaux de tribunes sculptées. Classé aux Monuments historiques (comme l'église, d'ailleurs), un remarquable retable en bois doré et sa peinture du *Martyre de saint Laurent,* du XVIIe s. L'ancien cimetière abrite de nombreuses stèles discoïdales et tabulaires basques du XVIIe s, ainsi que des dalles funéraires du XVIIIe s.

La chocolaterie-musée Puyodebat : *31, av. de Navarre. ☎ 05-59-59-48-42. • chocolats-puyodebat.com • Lun-sam 9h30-12h30, 14h-19h. Visites libres Pâques-Toussaint, les ap-m seulement (14h-17h30). GRATUIT.* Cette chocolaterie artisanale propose, en plus d'une grande boutique qui ravira les gourmands, un intéressant musée dédié à l'histoire du chocolat au Pays basque. On découvre ainsi que la région a compté jusqu'à 60 chocolateries durant l'âge d'or de cette activité ! Sont exposés, en regard de quelques topos sur le cacao et la fabrication du chocolat, de larges collections de chocolatières, moussoirs, boîtes et pubs de marques locales ou étrangères, des emballages et écrins divers, des tasses à moustache (qui permettaient aux messieurs de ne pas tremper leurs bacchantes dans leur chocolat chaud), des outils et machines anciennes, etc. On termine la visite par la découverte des ateliers de fabrication, visibles derrière une vitre et bien sûr par la boutique. On a adoré la pâte à tartiner, légèrement croquante, et les ganaches chocolat noir 64 %, au piment d'Espelette.

– ***Randonnée à la rencontre des vautours :*** *tlj en saison. Résa via l'office de tourisme. Tarif : 14 € ; réduc.* Sortie de 3h sur les hauteurs d'Itxassou. On s'approche des volatiles par un sentier de crête. Impressionnant !

– ***Tèrra Aventura :*** *• terra-aventura.fr •* Chasse au trésor (géocaching) durant laquelle on sillonne la colline de la Bergerie.

Fêtes et manifestations

– ***Festival Otxote*** *(chœur d'hommes à 8 voix) : 1er w-e de mai, les années paires.* Les meilleurs groupes de chanteurs basques dans cette spécialité traditionnelle.

– ***Fêtes locales de la Saint-Laurent :*** *autour des 9-14 août.* Musique, pelote, défilé de danses, grande braderie...
– ***Les Estivales à Arnaga :*** *autour du 15 août.* Théâtre d'été dans les jardins à la française de la villa Arnaga.
– ***Fête du Gâteau basque :*** *1er dim d'oct.* Le rendez-vous incontournable ! Concours du meilleur gâteau basque amateur, village d'artisans d'art, concerts et bandas, repas sous chapiteau, etc.

ITXASSOU (ITSASU)

(64250) 2 200 hab. *Carte Labourd, C3*

Si vous ne souffrez pas encore d'overdose de jolis villages labourdins, ne ratez pas celui-ci, qui cache une jolie place bordée d'un fronton et une intéressante église. C'est aussi le point de départ d'une agréable balade vers le Pas-de-Roland et le col des Veaux, qui domine toute la région. Au fait, le village est réputé pour ses cerises, servant à fabriquer de délicieuses confitures.

Où dormir ? Où manger ?

Hôtel du Fronton : *pl. du Fronton. ☎ 05-59-29-75-10. • reservation@hotelrestaurantfronton.com • maison-bonnet.com • Au cœur du village. Resto fermé mer (et mar en basse saison). Doubles 68-88 € ; familiales. Menus 24 (sauf dim midi)-34 €.* Sympathique auberge de village, à l'ambiance conviviale. Les chambres sont peu à peu rénovées dans un style moderne et agréable, avec de jolis tissus de la maison *Jean-Vier.* Celles à l'arrière offrent une vue superbe sur la campagne. Toutes avec clim. Belle piscine dans un paysage idyllique, spa et sauna. Au resto, cuisine de terroir avec de l'idée et à prix raisonnables. La grande salle s'ouvre sur la vallée. Terrasse en été.

Hôtel Agian : *pl. du Fronton. ☎ 05-59-29-75-21. • contact@hotel-agian.com • maison-bonnet.com • Doubles 78-87 €.* L'extension contemporaine du précédent : maison basque pimpante abritant une dizaine de chambres spacieuses et lumineuses, avec parquet en chêne, tissus basques et mobilier contemporain de charme. Douche à l'italienne, clim réversible. Certaines avec balcon pour profiter de la vue sur les montagnes et les champs de piment.

Hôtel Le Txistulari : *442, route d'Errobi. ☎ 05-59-29-75-09. • hotel.txistulari@wanadoo.fr • txistulari.fr • À env 1,5 km à l'ouest du bourg. Resto fermé sam midi, plus sam soir en basse saison (sauf pour les pensionnaires). Congés : 19 déc-4 janv. Doubles 52-80 € ; familiales. Menus 13,90 € (déj en sem), puis 20-32 €. Parking. Café offert sur présentation de ce guide.* Un petit hôtel-resto familial, lumineux et confortable, spécialisé depuis plus de 30 ans dans l'accueil des curistes et des randonneurs. Chambres spacieuses et joliment rénovées, certaines meublées avec du mobilier basque contemporain. Au resto, bons plats régionaux d'un excellent rapport qualité-prix. Accueil pro et affable. Ascenseur. Jardin, terrasse et piscine chauffée. Une bonne affaire !

Hôtel du Chêne : *quartier de l'église. ☎ 05-59-29-75-01. • hotel.chene.itxassou@wanadoo.fr • lechene-itxassou.com • (resto seulement). À env 1,5 km du centre, au pied de l'église. Resto fermé lun-mar. Congés : de début janv à mi-fév. Doubles 55-75 € ; familiale. Menu-carte 35 €. Parking. Sangria offerte sur présentation de ce guide.* Maison ancienne, tranquillement posée dans un hameau, au pied de l'église. Accueil des plus chaleureux. Petites chambres plaisantes qui mixent meubles anciens et design contemporain. Succulente cuisine de terroir revisitée servie dans une agréable salle ou sur de tout aussi agréables terrasses.

À voir. À faire

L'église Saint-Fructueux : *à env 1,5 km au sud du centre.* L'église du XVIIe s, entourée de son cimetière, permet de mesurer l'intelligence de l'architecture rurale basque, en symbiose avec la nature ! Nef assez longue. Admirable mobilier intérieur. Tribunes et galeries à 3 étages, chefs-d'œuvre de bois sculpté. Superbe retable baroque avec colonnes torses à grappes de raisin. Au milieu, bas-reliefs polychromes sur bois doré. Au-dessus, Christ absolument remarquable, entouré de la Vierge et de saint Jean. Chaire du XVIIe s aux motifs peints. Toile figurant saint François d'Assise attribuée à Murillo. Dans le cimetière, autour de l'église, nombreuses stèles discoïdales.

Le mont Urzumu : *à env 3 km à l'ouest du bourg, par une route étroite.* Modeste montagne (à 205 m d'altitude) mais superbe panorama à 360°. Table d'orientation, stèle en hommage à la résistance locale et statue d'une *Vierge à l'Enfant* : sur le fût de la colonne sont représentés les outils stylisés des artisans basques traditionnels. Petit aérodrome dévolu aux planeurs.

– **Évasion Rafting :** ☎ *05-59-29-31-69.* ● *evasion-sports-aventure.fr* ● Tout au long de la Nive, rafting possible grâce à cette équipe sympa et dynamique. Escalade et canyoning également.

LE LABOURD

Fête

– **Fête des Cerises :** *1er dim de juin.* Tous les producteurs de cerises du pays participent à cette fête très populaire organisée par la Confrérie de la Cerise (désormais inscrite au Patrimoine culturel immatériel français). Danses, folklore, pelote, force basque, et bien entendu, repas.

DANS LES ENVIRONS D'ITXASSOU (ITSASU)

La route vers le mont Artzamendi : *depuis Ixtassou, compter une vingtaine de km.* La route suit d'abord un défilé en surplomb de la Nive pour parvenir au **Pas-de-Roland.** Ce nom viendrait d'un rocher creusé par le sabot du cheval de Roland. Ensuite, la route s'élève, de plus en plus étroite et sinueuse, dans un paysage très sauvage et grimpe jusqu'au sommet (926 m) du mont Artzamendi où est installé un relais de télécommunications. Prodigieux panorama sur les vallées basques espagnoles, où l'on trouve quelques *ventas* (voir ci-après), l'océan au loin. Beaucoup de moutons, quelques pottoks, mais pas d'ours (même si *Artzamendi* signifie « montagne de l'ours »...). Superbes promenades sur des sentiers aisés. Si vous poussez jusqu'au **col des Veaux,** attendez le coucher du soleil. Vision paradisiaque. Toutefois, n'oubliez pas d'emporter vos papiers, vous êtes sur un chemin de contrebandiers encore utilisé.

Où manger près de la frontière ?

Venta Burkaitz : *col des Veaux.* ☎ *05-59-29-82-55.* ● *errecart.patrick@neuf.fr* ● *En principe (téléphoner avt d'y aller), à déj seulement, tlj sauf mer. Congés : de janv à mi-fév. Menu 23 € ; carte env 35 €. CB refusées.* Une des *ventas* les plus renommées, donc beaucoup de monde en été. Pourtant, il faut la mériter cette adresse, perchée en pleine montagne, au milieu de paysages sauvages en diable ! C'est en fait une ancienne cabane de contrebandiers, perdue au fond d'un vallon isolé. Produits locaux préparés par le patron comme le cochon de lait, la superbe côte de bœuf de Galice, le veau du Baztan ou le boudin maison.

Venta Lezetako-Borda : *col des Veaux ; fléché au sommet du col. ☎ 05-59-29-83-65. Ouv seulement le midi (12h-14h), tlj sauf lun. Carte env 20-25 €.* Une *venta* plus simple que les autres, moins touristique sans doute, pour une cuisine façon cantine améliorée, servie généreusement dans une vaste salle de banquet.

LE PAYS D'HASPARREN ET LE VAL D'ADOUR

On quitte l'exotisme. Les villages du Labourd, entre Nive et Bidouze, aux franges de la Navarre, sont plus rudes, plus isolés, plus industrieux. Encore quelques tours de roue et l'on atteint le val d'Adour et le Pays charnegou. Prenez le temps de traîner un peu sur ces petites routes qui vous donneront parfois l'impression d'être seul au monde (attention aux tournants, quand même !). Les landes d'Hasparren offrent aussi de superbes balades.

HASPARREN (HAZPARNE)

(64240) 7 150 hab. *Carte Labourd, C2*

Un village plus basque que nature, sans tomber pour autant dans la caricature touristique, par lequel vous passerez forcément. On y travailla beaucoup le cuir au XVIIIe s, et jusqu'au milieu du XXe s, l'industrie de la chaussure fit la richesse du village.
On y traînera donc ses espadrilles avec plaisir, surtout si l'on tombe sur le petit marché paysan du samedi matin, où une poignée de producteurs locaux présentent de beaux produits. C'est le lieu idéal pour faire ses provisions avant une randonnée sur le mont Ursuya (altitude 678 m) ou une découverte des alentours, où même Napoléon aurait traîné ses guêtres. Le dimanche, messe en basque.

Adresse utile

Office de tourisme : *pl. Saint-Jean. ☎ 05-59-29-62-02. • hasparren-tourisme.fr • En été, lun-sam et dim mat ; hors saison, lun-ven (plus sam avr-juin et sept).* Pour info, cet office couvre toutes les communes de la vallée de l'Arberoue.

Où dormir ? Où manger ?

Camping

Les Terrasses de Xapitalia : *route de Cambo. ☎ 05-59-55-02-15. 06-31-62-01-64. • contact@camping-xapitalia.fr • camping-au-pays-basque.fr • À env 1 km à l'ouest du centre. Ouv de début avr à mi-nov. Compter 14-24 € pour 2 selon saison.*

Emplacements ombragés, aire de jeux, boulodrome, grand espace de convivialité avec salon de lecture, TV, ping-pong, etc. Un camping qui fait tout pour qu'on l'aime. Accueil chaleureux des patrons. Location de mobile homes, tentes canadiennes et de « camp étoile », sympa comme tout (structure surélevée, matelas...). Petit bémol : il est un poil trop proche de la route.

De bon marché à prix moyens

Gîte de séjour Ferme Urkodea : *quartier Celhay. ☎ 05-59-29-15-76. • contact@urkodea.com • urkodea.ffe.com • À env 2 km au sud du centre. Nuitée 20 €/pers. CB refusées.* Quelques chambres de 3 à 5 lits, simples et confortables, dans une belle maison labourdine sur les hauteurs d'Hasparren. La beauté du site, la gentillesse de l'accueil, les chevaux bien soignés avec lesquels les enfants peuvent faire des balades font de cette adresse un de nos coups de cœur dans cette catégorie. Cuisine commune bien équipée et lave-linge à dispo (payant).

Chambres d'hôtes Maison Attienia : *4, rue des Duranguiers. 06-15-42-62-81. En plein centre. Double 60 €.* Un appartement lumineux, situé dans une maison du centre du village, qui abrite 2 chambres d'hôtes soignées et confortables. Un point de chute idéal pour un séjour chaleureux à prix doux. Salle de bains indépendante, clim et calme total.

Hôtel Argia : *32, rue du Docteur-Jean-Lissar. ☎ 05-59-29-60-24. • hotel.argia@orange.fr • hotel-argia.com • Au centre. Juil-août, resto ouv tlj ; sinon, fermé dim soir et lun. Congés : fév. Doubles 50-95 €. Menu déj sem 13 € ; carte 35-40 €. Parking gratuit.* Un hôtel de village où l'on ne s'attend vraiment pas à trouver des chambres si fraîches et si coquettes, à la déco résolument moderne (chacune dans une tonalité différente). Excellent confort. Piscine (chauffée) et coin détente au fond de l'hôtel, avec pelouse synthétique tout autour. Atmosphère chaleureuse et familiale, accueil souriant. Fait aussi restaurant (cuisine locale et de saison).

Ferme-auberge Komeiteko Borda : *quartier Urcuray. ☎ 05-59-20-00-01. • komeiteko-borda@orange.fr • À env 6 km au sud-ouest d'Hasparren. Juil-août, tlj sauf dim soir et lun ; mai-juin et sept, mer-dim ; sinon, seulement sam (midi et soir), dim midi et j. fériés. Congés : 24 nov-1er mars. Résa obligatoire. Menus 18-25 €.* Un lieu qui vaut le détour, non seulement pour la vue panoramique à 360° et les couchers de soleil, mais aussi pour sa cuisine copieuse, goûteuse, sincère. Essentiellement des produits de la ferme : agneau de lait, canard gras, charcuterie, tout cela servi dans une salle moderne, avec simplicité et gentillesse.

De chic à plus chic

Hôtel Berria : *68, rue Francis-Jammes. ☎ 05-59-29-11-10. • contact@berria.fr • berria.fr • Au centre. Ouv tte l'année. Resto fermé dim soir et lun. Doubles 104-170 €. Formule déj en sem 20 € ; menu 35 €.* Au-dessus du trinquet du village, un superbe hôtel, récemment rénové à grands frais. Chambres contemporaines dont la déco exprime une forte personnalité, sans tomber dans le criard pour autant. On a même fait appel à des artisans locaux, à l'image des belles poteries disséminées un peu partout. Les chambres sous les toits, avec leur salle de bains ouverte, sont vraiment séduisantes. Au resto, cuisine locale et de saison, dans un cadre plaisant. Accès au trinquet possible à tout moment.

La Maison de Pierre : *quartier Urcuray. ☎ 05-59-93-40-49. • contact@lamaisondepierre.fr • À 4 km au sud-ouest du centre. Fermé mar-mer. Menus 17 € (déj en sem), puis 45-68 € ; tapas le soir seulement.* Dans une maison de bord de route et un peu loin du centre, c'est pourtant l'adresse qui monte dans le secteur. Avec côté bar à vins, des tapas de qualité. Et côté resto, une très belle cuisine d'aujourd'hui, proche du produit, signée d'un jeune chef passé chez quelques très grands. L'équipe est tout aussi jeune et accueillante. Bravo les gars, on reviendra !

Où dormir ? Où manger dans les environs ?

Chambres d'hôtes Maison Anderetea : _quartier Greciette, 64240 **Mendionde.** ☎ 05-59-29-14-03. • anderetea@gmail.com • anderetea.com • À env 7 km au sud-est d'Hasparren. Doubles 80-95 €._ Grande mais mignonne maison traditionnelle où l'on est chaleureusement accueilli par un couple anglais tombé amoureux du Pays basque. Maison remarquablement restaurée et équipée d'élégants meubles design. Harmonie parfaite de la pierre apparente, du bois et des murs blancs. Charme, confort et climatisation. Spacieuse et agréable salle commune. Environnement bucolique. L'un de nos coups de cœur !

Chambres d'hôtes Maison Ondicola : _Chartachale, 64240 **Macaye.** ☎ 05-59-93-34-77. • contact@chambres-ondicola.com • chambre-d-hote-pays-basque-ondicola.com • À 13 km au sud d'Hasparren. Double 65 € ; familiale._ 4 belles chambres, spacieuses, lumineuses et gaies, aux couleurs d'aujourd'hui. Immense coin cuisine à dispo. Et un accueil des plus chaleureux.

Ogibarnia : _Quart-Place, 64240 **Macaye.** ☎ 05-59-93-30-35. • olhats-ogib@wanadoo.fr • À env 12 km au sud d'Hasparren ; au centre du village. Dim-ven à midi seulement. Congés : 20 déc-7 janv. Formule et menu déj sem 11-13 € ; menus 20-30 €._ Sympathique auberge de village proposant une cuisine traditionnelle et régionale vraiment réussie. Confit de lapin particulièrement goûteux, _axoa_ fameux... Et l'on ne vous parle même pas de l'accueil, gentil tout plein. Sympathique terrasse à côté du fronton.

Voir aussi, un peu plus loin (dans « La vallée de l'Arberoue »), les bonnes adresses de la Basse-Navarre toute proche, car on est vraiment ici à la frontière du Labourd.

Où acheter de bons produits ?

Charcuterie Ospital : _47, rue du Docteur-Jean-Lissar. ☎ 05-59-29-64-41. Tlj sauf dim-lun (et sam ap-m en hiver)._ Un de ceux qui ont œuvré pour la reconnaissance du jambon _Ibaïama._ Excellent jambon de Bayonne et un jambon des Trois Fermes offrant un bon rapport qualité-prix.

Marché paysan : _sam mat, sous les arcades._ Une poignée de fermiers locaux qui présentent ici le meilleur de leur production. Allez saluer Jocelyne Mendy qui fait craquer les nounours basques avec son miel et son pain d'épice.

À voir. À faire

L'église Saint-Jean-Baptiste : _au centre._ Vaste église (avec ses superbes galeries, elle pouvait accueillir presque 2 000 fidèles) qui abrite une curiosité : la stèle de la Novempopulanie, pierre gravée romaine qui témoigne de la création de cette province, ancêtre de l'Aquitaine.

La chapelle de la Sainte-Trinité : _quartier Elizaberri, à 2 km du centre d'Hasparren. Clés à l'office de tourisme._ À l'intérieur de cette chapelle (du XVIIe) plutôt banale d'aspect, se dévoile, dans une semi-pénombre, un des plus beaux retables du Pays basque, en bois doré polychrome, qui représente, avec une certaine fantaisie (Dieu est très brun !), la Sainte Trinité.

LE LABOURD

Le sentier de sculptures de Marmau : *quartier Elizaberri. À 5 km au nord du centre. Ouv mai-sept seulement.* Une balade de 5 km jalonnée d'œuvres d'artistes contemporains. Belle parenthèse artistique en pleine nature.

La chapelle du Sacré-Cœur : *25 bis, route des Missionnaires ; dans l'enceinte du lycée Saint-Joseph. Se renseigner à l'office de tourisme pour les horaires d'ouverture.* Superbe décor intérieur Art déco avec fresques, mosaïques et vitraux signés des frères Mauméjean.

Le mont Ursuya : la randonnée à faire dans le coin. Fiche descriptive vendue à l'office de tourisme.

DANS LES ENVIRONS D'HASPARREN (HAZPARNE)

La base de loisirs Baigura : *64240* ***Mendionde.*** *☎ 05-59-37-69-05. • baigura.com • Tlj de beau temps, activités (sur résa) à partir de 10h (11h30 hors saison). Fermé de mi-nov à mi-janv.* Avec ses 45 km de sentiers balisés, cette base de loisirs, classée Natura 2000, est idéale pour les randonneurs, VTTistes et autres amoureux de la vie en plein air. On y trouve des bergers en activité, ce qui engendre une belle cohabitation entre les mondes pastoral, touristique et sportif. Sur réservation, escalade, descente en trottinette, ou tour en parapente. « Petit train » qui vous (pro)mène jusqu'au sommet du Baigura (897 m). Superbe panorama.
On peut déjeuner en terrasse, ou prendre un petit verre à ***La Gaita,*** le resto de la base de loisirs *(☎ 05-59-37-69-05 ; tlj, le midi seulement, sauf lun-mar hors saison).*

La route impériale des Cimes : c'est la D 22 qui vous ramènera sur un rythme lent, mais ô combien agréable, vers Bayonne. Route de crête, elle court à travers boqueteaux, bois, prairies grasses et hameaux, livrant de-ci de-là de belles échappées sur les collines veloutées alentour. Parfois des 2 côtés à la fois, lorsqu'elle se prend pour une moraine. Elle a été construite par Napoléon Ier, paraît-il, pour faciliter l'accès au Pays basque intérieur... et à l'Espagne.

LE VAL D'ADOUR ET LE PAYS CHARNEGOU

Ne le cherchez pas sur les cartes ni dans les guides. Et pourtant, il existe, ce pays. *Charnegou* est un mot gascon qui peut se traduire par « chair mêlée » (« bâtard », si vous préférez). On désigne ainsi les habitants du bas Adour rive gauche, zone qui va de Bayonne à Bidache. Le fleuve y a déposé sa marque. L'architecture fluctue d'un village à l'autre, les influences sont aussi changeantes que les roseaux.

UN PEU D'HISTOIRE... ET DE GÉO

Historiquement, tout est relativement clair. Près de Bayonne (Lahonce, Urt, Mouguerre), c'est le Labourd traditionnellement sous influence bayonnaise (jusqu'à la Révolution, les Bayonnais ont soigneusement préservé leurs droits sur le bas Adour, indispensable à leur économie). À partir de Guiche, on entre dans la principauté de Bidache, fief des Gramont.
Géographiquement, c'est le fleuve qui sert de trait d'union. Le fleuve et le pont d'Urt, seul point de passage entre les Landes et le Pays basque. Pendant des

siècles et durant la Seconde Guerre mondiale, des bateaux faisaient régulièrement le trajet entre Bidache et Bayonne en s'arrêtant partout. Les habitants du fleuve ont vécu ensemble, se sont mariés, ont fait du commerce sans se poser la question de savoir si le voisin était basque ou gascon. De là vient ce surnom de *charnegou,* que les hommes du fleuve arboraient fièrement. Bien sûr, les maisons gardent un aspect plus labourdin à Lahonce et plus navarrais à Guiche.
Le meilleur moyen de découvrir le Pays charnegou, c'est par la D 261, que tout le monde appelle « le chemin de halage », qui longe l'Adour rive gauche. Les vues sur le fleuve sont parfois à couper le souffle, et les maisons, côté landais, sont plutôt cossues. Le trait caractéristique du paysage, ce sont les *barthes,* terres alluviales inondées par la marée, riches d'une faune et d'une flore aquatiques remarquables.

URT (AHURTI ; 64240)

Jolies petites routes depuis Hasparren pour rejoindre ce bourg commerçant. Quelques maisons sympa au centre, dont l'une appartenant à la famille Barthes (Roland Barthes repose dans le cimetière d'Urt depuis 1980).
Comme pour tous les villages de la vallée, Urt est coupé en 2 : le bourg sur la colline, et le port (qui a gardé un charmant cachet ancien) au bord du fleuve.

Adresse et info utiles

Bureau d'informations touristiques : *pl. du Marché. ☎ 05-59-56-24-65. Juil-août, lun-ven et le mat sam-dim.* – **Marché :** *mer mat.*

Où camper ? Où manger ?

Camping Etche-Zahar : *175, allée de Mesplès. ☎ 05-59-56-27-36. • info@etche-zahar.fr • etche-zahar.fr • Bien indiqué du bourg (à 500 m). Ouv avr-sept. Compter env 15-22 € pour 2 selon saison. 43 empl.* Un peu à l'écart du village, un petit camping très accueillant et champêtre, proposant aussi bien un espace camping, des tentes meublées, des tentes safaris ou des chalets rustiques. Notre coin préféré : celui des chevreuils, qui apparaissent au petit matin. Location de vélos et piscine. Jeux d'enfants et grands espaces.

La Galupe : *sur le port. ☎ 05-59-20-30-70. Tlj sauf dim soir-lun en juil-août (plus mar hors saison). Menu déj sem 27 €. Carte env 40 €.* De vieux murs, d'anciennes dalles de pierre au sol et une vénérable cheminée. Mais un décor bien d'aujourd'hui avec chaises de brocante autour de tables de bois signées d'un designer local. Cuisine bien d'aujourd'hui aussi, bistronomique comme on dit. Accueil et service impeccables, expos, concerts de jazz de temps à autre et chouette terrasse face à l'Adour.

À faire

Promenade en bateau : *avec* **Adour Loisirs,** *☎ 05-59-25-68-89. 06-32-64-11-42. • croisieres-bayonne-aturri.fr • Tte l'année sauf 1er janv-15 fév. Départ du port d'Urt. Tarifs : 15,40-38 €/pers pour une balade sur l'Adour selon durée (de 1h à la journée) ; réduc.* Joli moment de farniente accompagné d'un commentaire sympa sur l'Adour, son histoire, son importance dans la vie du Sud-Ouest. Vous apprendrez pourquoi ici on navigue sur les côtés, comment des Hollandais ont construit des digues à l'époque d'Henri IV, vous découvrirez des moulins à marée, des îles qui attendent que renaissent les fêtes d'autrefois... Vous verrez ces fameuses *barthes* où seuls les animaux se rendaient compte de la montée rapide des eaux, annonçant à leurs propriétaires qu'il était temps pour eux d'aller rejoindre l'autre maison, construite là-haut, sur la colline... Vous revivrez le temps des chasses avec un cheval (pour masquer l'odeur de l'homme, y a pas mieux !), etc.

GUICHE (GIXUNE ; *64520)*

Le port de Guiche est dominé par le 2d château des Gramont, reconstruit au XIVe s : on se contentera malheureusement d'y jeter un coup d'œil.

Où acheter un délicieux jambon dans les environs ?

Maison Montauzer : *110, route du moulin de Ferrerie, 64520* ***Bardos.*** *☎ 05-59-56-84-04. Lun-ven 8h-12h, 14h-17h.* Une institution locale ! C'est à la famille Montauzer qu'on doit, en partie, le fameux jambon *Ibaïama,* devenu une référence en la matière. À la boutique, outre les jambons, de remarquables boudins piquants et une belle ventrèche. Visite du séchoir naturel possible.

HASTINGUES (40300)

Sur la rive landaise de l'Adour. Sans vouloir vous pousser à la consommation, vous saurez tout ou presque de cette jolie petite bastide (et de la superbe abbaye d'Arthous) dans le *Routard Bordelais, Landes, Lot-et-Garonne.* Eh oui, on est dans les Landes !

BIDACHE (BIDAXUNE ; *64520)*

Dernière avancée des collines basco-navarraises face aux Landes et au Béarn, Bidache domine les confluents des gaves de Pau et d'Oloron, ainsi que le confluent de l'Adour. Impressionnante position stratégique et commerciale, que les Gramont ont su jadis exploiter.

Pour la petite histoire, au XVIe s, les Gramont représentaient le roi de France à Bayonne mais étaient libres de leurs mouvements sur la région de Bidache. Quand les Espagnols expulsèrent les juifs, ils les accueillirent chez eux sans demander la permission à quiconque. C'est à Bidache et à La Bastide-Clairence que s'installèrent ces 1ers réfugiés. De là, ils purent essaimer en douceur sur toute la région, commercer, s'enrichir et enrichir les Gramont, qui prélevaient les taxes. Pendant 3 siècles, ils ont accumulé les charges et les honneurs. Dire qu'ils étaient aimés par leurs sujets... De cette période, reste une petite ville, méconnue mais très jolie avec sa grande rue jalonnée d'arcades, une synagogue, un ancien cimetière juif et les spectaculaires ruines du château des Gramont.

Adresse utile

Office de tourisme : *1, pl. du Foirail. ☎ 05-59-56-03-49. • tourisme-pays-de-bidache.com • Juil-août, mar-sam et dim mat ; sept-juin, mar-sam (fermé aussi mar et jeu nov-janv).*

À voir

Le château de Gramont : *☎ 05-59-56-03-49 (office de tourisme). • tourisme-pays-de-bidache.com • Avr-oct, visites guidées seulement, horaires très variables,* *voir le site de l'office de tourisme. Entrée : 5 € ; réduc ; gratuit moins de 13 ans. Nombreuses manifestations : visites en costume, chasse aux œufs...* Sérieusement malmené par l'Histoire (plusieurs incendies, dont le dernier, ravageur, en 1796) mais ce qui reste de ce château a encore beaucoup d'allure. Il faut dire qu'il vient de connaître une bonne décennie de travaux de rénovation. La visite guidée permet de découvrir, une fois franchie l'imposante porte du XVIIIe, les grosses tours rondes médiévales, les anciennes écuries et toute l'histoire de la puissante famille de Gramont.

Le cimetière israélite : *à 500 m du centre, sur la route de Guiche.* Du début du XVIIe s, l'un des plus vieux de France.

Pierre et Traditions-David Petrissans : *à la sortie de Bidache, sur la route de Came. ☎ 05-59-56-09-48. On peut, sur résa, visiter l'atelier.* L'un des derniers tailleurs de la région travaillant la pierre de Bidache, mais aussi le marbre des Pyrénées.

LES ÉTAPES COMPOSTELLANES

Au XIe s, un important chemin de Saint-Jacques longeait la rivière entre Bidache et Saint-Palais. Aujourd'hui encore, une minuscule route reprend cet itinéraire et passe à ***Bergouey*** (ruines d'un château du Xe s), ***Viellenave,*** bastide du XIIIe s, et ***Arancou*** (remarquable église du XIIe s joliment restaurée), où l'on a découvert un habitat magdalénien..

LE LABOURD

LA BASSE-NAVARRE (BEHE NAFARROA)

• Carte *p. 171*

La Basse-Navarre n'est connue sous ce nom que depuis 1512. Auparavant, ces terres, dépendant du royaume de Pampelune, s'appelaient *merindades de ultrapuertos,* les « régions au-delà des cols ». Elles restèrent dans le giron des rois de Navarre au début du XIe s, quand les rois d'Angleterre eurent récupéré le Labourd et que les vicomtes de Soule eurent marqué leur goût de l'indépendance à coup de hallebardes. Il est vrai que contrôler depuis Pampelune ces quelques vallées de l'autre côté des montagnes n'était pas facile. C'est pourquoi les divers Sanche avaient laissé s'implanter quelques familles navarraises pour garder ces terres : les Ezpeleta, Garro, Belzunce possédaient de petits châteaux et protégeaient les vallées. Or, voici qu'arrivent les rois français au début du XIIIe s. Pour tenir leur frontière du Nord, ils prennent 2 grands seigneurs *francos,* Gramont et Beaumont, et leur cèdent des terres dans la vallée de la Bidouze. On imagine sans peine la tête des Navarrais. Si encore les Beaumont et les Gramont s'entendaient... mais pas du tout. Pendant 2 siècles, ils vont se jouer les pires tours, se filer des peignées, s'allier avec les Français, les Anglais, les Castillans, les catholiques, les protestants. Bref, la Basse-Navarre va avoir une histoire aussi compliquée que celle de la Navarre.

UN PEU D'HISTOIRE... ET DE GÉO

Côté géographie, tout comme côté histoire, sachez que ce n'est pas simple, même si aujourd'hui les habitants des différents pays retiennent surtout leur appartenance à une même entité. La Basse-Navarre se compose en fait de 3 vallées bien différenciées.

À l'ouest, la ***haute vallée de la Nive*** forme le ***pays de Cize*** (Garazi), avec Saint-Jean-Pied-de-Port pour capitale. Le pays de Cize touche au Labourd vers Louhossoa et à la Soule au niveau d'Iraty. C'est le pays des vallées encaissées, des terres à moutons, le pays de la fougère et des châtaigniers. Ou, si vous préférez, c'est le pays de la frontière et des contrebandiers, le pays des villages jaloux de leur individualité. L'architecture reflète des influences à la fois labourdines et navarraises. Si le pays de Cize reste un peu à l'écart des turbulences du Moyen Âge, c'est parce que Saint-Jean-Pied-de-Port a obtenu assez tôt ses *fueros* (privilèges). La ville est libre, défendue directement par le roi de Navarre, travailleuse et commerçante. Garazi est protégée par quelques petits seigneurs installés dans des châteaux à Espelette (Ezpeleta), Mendionde (Garro), Baïgorry (Etxauz). Proche des cols, accessible de Pampelune, le pays de Cize ne pose guère de problème.

À l'est, nous trouvons le ***pays de Mixe*** (Amikuze), autour de Saint-Palais (Donapaleu). C'est la ***haute vallée de la Bidouze,*** terre agricole aux lourdes collines, aux forêts épaisses comme la terre alluviale, avec d'immenses champs de maïs et de belles vaches blondes. Les villages commencent à ressembler aux villages béarnais qui leur font face, de l'autre côté du gave d'Oloron. En Amikuze, la situation sera toujours tendue. Installés à Luxe et Garris, les Beaumont perdent assez tôt la faveur du roi de Navarre. Il est vrai qu'ils jouent le jeu des Castillans, surtout

LA BASSE-NAVARRE

pour trouver des appuis contre les Gramont. C'est que, si Amikuze est riche, la région ne peut exporter ses produits que par le val d'Adour, tenu par les Gramont (voir plus haut).

Entre les 2, la ***vallée de la Joyeuse*** (ou Aran) forme la ***terre d'Arberoue,*** aux paysages mélangés, belles terres agricoles et landes de fougères. L'Arberoue est la terre des Belzunce. Ces grands seigneurs ne se posent pas de questions. Vassaux de Navarre, ils défendent la Navarre. Quand les Albret deviendront rois de Navarre, ils seront fidèles au Béarn, puis tout naturellement à la France.

C'est après la conquête de la Navarre par la Castille que l'équilibre entre tous ces différents pouvoirs sera rompu. Au fait, on espère que vous suivez toujours, car cette page d'histoire locale n'est certes pas d'une grande clarté. Allez, on repart (ou rejoignez-nous plus loin, on ne vous en voudra pas !). Jean d'Albret s'installe à Saint-Jean-Pied-de-Port pour une ultime tentative de reconquête. Gramont l'accompagne, Beaumont s'abstient. Puis les Albret versent dans le protestantisme. Beaumont prend le parti des catholiques, Gramont devient protestant. La noblesse de Navarre se divise en 2 camps. Pour certains, l'accession au trône d'Henri IV sera une bénédiction. Les Navarrais fidèles envahissent le Louvre. Les Beaumont ne sont plus que seigneurs de Luxe. Amikuze a perdu, et l'installation d'un sénéchal à Saint-Palais lors de la création du Parlement de Navarre n'est pas une consolation : le sénéchal est d'abord un juge, représentant le roi. Le XIXe s ne changera pas grand-chose. Le pays de Mixe est tenu à l'écart des grandes voies de communication, tout comme l'Arberoue. C'est pourquoi, aujourd'hui, il nous reste de belles vallées vierges, peu de monuments, mais également peu d'usines et peu de pollution.
La Basse-Navarre est le royaume des randonneurs, des amoureux de la vie à la campagne et au grand air. On y cultive l'art de vivre. Ce n'est pas si mal.

Comment y aller ?

➢ ***En train depuis Bayonne :*** *rens au ☎ 36-35 ou sur ● oui.sncf ●* Plusieurs liaisons quotidiennes avec le petit train de la vallée de la Nive (16 tunnels et 16 ponts). Il s'arrête dans toutes les gares : Ustaritz, Cambo, Ossès, Arrossa... jusqu'à Saint-Jean-Pied-de-Port. Très joli voyage avec l'un des derniers trains de montagne des Pyrénées. Env 1h de trajet.
➢ ***En bus, de Bayonne :*** avec *Transports 64 (☎ 05-59-65-05-11)* ou les autocars *Hiruak Bat (☎ 05-59-65-73-11 ; ● communaute-pays basque.fr ●).* Au sein du réseau *Txik Txak,* la ligne n° 11 à destination de Tardets-Sorholus, dans la Soule, passe par Saint-Palais (env 5 départs/j. sauf dim). Pour Saint-Jean-Pied-de-Port et Saint-Étienne-de-Baïgorry, prendre la ligne n° 10 au départ de Saint-Palais (5 départs/j. sauf dim). La ligne n° 12 relie Bayonne à La Bastide-Clairence via Lahonce, Urcuit et Urt. Les billets s'achètent directement dans le car.

LA BASTIDE-CLAIRENCE (BASTIDA)

(64240) 1 010 hab. *Carte Basse-Navarre, A1*

Une vraie bastide en terre basque, fondée en 1312 par Louis Ier de Navarre qui deviendra 2 ans plus tard roi de France, sous le nom de Louis X le Hutin. La fondation de Bastida de Clarenza à cette époque assure au royaume de Navarre une position stratégique, car elle se situe à l'extrême limite nord-ouest du territoire navarrais, avec accès facile à l'océan. Pour attirer la population, Louis X choisit la formule de la bastide, qui lui permet de donner à la ville une franchise et d'octroyer des privilèges aux nouveaux arrivants.
Classée parmi les Plus Beaux Villages de France, La Bastide-Clairence a gardé son plan d'urbanisme initial. Maisons navarraises avec, encore, de nombreux *taoulés* (bancs de pierre sur lesquels les femmes, autrefois, fabriquaient des bérets), place à arcades, église avec ses cloîtres latéraux qui servent depuis le XIVe s de cimetière pour les familles bastidotes. Le

trinquet est, avec celui de Bayonne, l'un des plus vieux du monde sous une charpente d'origine (1512). Tout est parfaitement entretenu, y compris le cimetière juif du XVIIe s conservé en lieu et place.
La municipalité a favorisé l'installation de nombreux artisans d'art (verriers, tisserands, potiers, ébénistes, sculpteurs... et un passementier – il fabrique des garnitures pour tissus – unique en son genre !). La plupart des ateliers se visitent.

Adresse et info utiles

Office de tourisme : *pl. des Arceaux (maison Darrieux). ☎ 05-59-29-65-05. ● labastideclairence.com ● hasparren-tourisme.fr ● En été, tlj 9h30-12h30, 14h-17h30 ; hors saison, lun-ven 9h30-12h30, 14h-17h30.* Visite guidée du village en juillet-août *(payant ; gratuit jusqu'à 14 ans).*
– Marché fermier : *de mi-juin à mi-sept, mar 9h-13h.* Une trentaine de producteurs locaux viennent vendre leurs produits sur la place des Arceaux. Animation musicale et restauration sur place.

Où dormir ? Où manger ?

Chambres d'hôtes Le Clos Gaxen : *route d'Hasparren. ☎ 05-59-29-16-44. 06-84-22-19-12. ● leclosgaxen@gmail.com ● leclosgaxen.com ● Doubles 68-73 €.* Accueil épatant d'hôtes, qui font tout pour être présents sans exagération, surtout à l'heure du petit déj (savoureux), afin de vous laisser au mieux profiter de ce beau lieu, calme et reposant, de la terrasse, du jardin, et bien sûr d'une piscine idéale pour qui veut barboter en paix, dans un écrin de verdure préservé. Les chambres, en rez-de-jardin, agréables à vivre, ouvrent sur un patio intérieur.

Les Arceaux : *pl. des Arceaux. ☎ 05-59-29-66-70. Fermé le soir lun et j. fériés (plus le soir mar hors saison). Congés : vac d'hiver et de la Toussaint. Formule déj en sem 15 € ; « assiette bastidote » servie avec un verre de cidre 19 € ; carte env 25 €. Café offert sur présentation de ce guide.* Au cœur du village, une petite table sans prétention mais proposant une cuisine de région, sans fausses notes. Laissez-vous tenter par « l'assiette bastidote », une assiette (de l'entrée au dessert), impeccable composée de produits locaux et fermiers. Terrasse sous les arcades.

Où acheter de bons produits ?

Les Fermiers Basques : *pl. des Arceaux. ☎ 05-59-63-71-41. Pâques-Toussaint, tlj 10h-13h, 14h30-18h30. Le reste de l'année, mer-ven 14h30-18h ; w-e 10h-13h, 14h30-18h.* Une dizaine de paysans, tous producteurs, se relaient pour vous proposer fromages, légumes et fruits de saison, charcuteries, viande, foie gras, confitures, miel, jus de fruits.

À faire

L'Asinerie de Pierretoun : *chez Frédéric Ducazeau, au hameau de Pessarou. ☎ 05-59-31-58-39. ● anes-pays-basque.com ● Visite mer (lun-sam juil-août) 14h-18h.* Ferme de découverte qui propose des balades et randonnées à dos d'âne, mais vend aussi une production cosmétique au lait bio d'ânesse (savons, lait de corps, etc.).

Manifestation

– ***Marché potier :*** *2ᵉ w-e de sept, sur la place du village.* Des potiers venus de France et d'Europe se réunissent pour exposer leurs œuvres (raku, faïence, terre vernissée...).

LA VALLÉE DE L'ARBEROUE

Carte Basse-Navarre, A-B2

La haute vallée de la Joyeuse et les lourdes collines avoisinantes forment un paysage superbe. Dès que l'on quitte les axes principaux, on s'engage dans un lacis de minuscules routes qui montent et descendent en tous sens, traversent des landes couvertes de fougères, offrant d'exceptionnels panoramas sur la chaîne des Pyrénées. On n'est pas vraiment en altitude, et pourtant, on est déjà en montagne. Une terre idéale pour de tranquilles balades d'arrière-saison.
Suivez le cours de la rivière Arberoue depuis La Bastide-Clairence jusqu'à Hélette, village tout mignon (statue de Saint-Jacques dans l'église), surtout connu pour sa procession de la Fête-Dieu avec des costumes extraordinaires : grenadiers napoléoniens, sapeurs armés de haches, danseurs aux bas lacés de rouge.

LES GROTTES D'ISTURITZ ET D'OXOCELHAYA

Impossible de visiter l'Arberoue sans voir ou revoir l'attraction numéro 1 du pays : ces fameuses grottes qui demeurent, entre Lascaux et Altamira, une référence pour toute l'histoire de l'homme. Pierre Loti resta « confondu devant la raison des choses, devant l'énigme des formes, devant le pourquoi de cette magnificence étrange, édifiée dans le silence et les ténèbres, sans but, au hasard, à force de centaines de milliers d'années, par d'imperceptibles suintements de pierres. Et si l'on songe que la moindre de ces immobiles bêtes a dû demander pour le moins 2 000 ans de travail aux génies décorateurs du lieu, on en arrive à des conceptions de patience, à des conceptions de durée un peu écrasantes pour nos brièvetés humaines. »

Où dormir près des grottes ?

☗ ***Chambres d'hôtes Maison Jauregia :*** *Jauregia, 64640* ***Saint-Esteben.*** *☎ 05-59-29-65-34. 📱 06-84-25-06-47. • maison-jauregia@sfr.fr • maisonjauregia.free.fr • À 5 km à l'est des grottes. Double 58 € ; familiale.* Dans une ancienne demeure seigneuriale du XIIIᵉ s rénovée avec ordre et méthode, 4 chambres imposantes où vous serez au calme en toute saison, et au frais, assurément, en été.

À voir. À faire

☆☆☆ ***Les grottes préhistoriques d'Isturitz et d'Oxocelhaya :*** *à* ***Saint-Martin-d'Arberoue*** *(DONAMARTIRI ; 64640). ☎ 05-59-29-64-72. • grottes-isturitz.com • Juil-août, tlj 10h-18h (dernière visite) ; juin et sept, tlj à 10h30, 11h30 et 14h-17h ; mars-mai et oct-nov, tlj 14h-17h (vac scol et j. fériés, également à 11h). Entrée : 11,50 € ; 4,80 € enfants 7-14 ans. Visites spéciales sur résa « Art*

et Préhistoire », « Géologie » ou « Paléontologie » (15 €). Tt au long de la saison, ateliers et visites à thème (sur demande).
Les grottes d'***Isturitz,*** qui furent habitées de 80 000 à 10 000 ans avant notre ère, constituent non seulement un lieu unique de regroupement de populations préhistoriques, mais une référence pour la connaissance de l'homme et de son chemin de vie. Visite d'intérêt tout à la fois préhistorique, paléontologique et géologique, comme on vous l'explique dans le petit musée situé à 2 pas de l'entrée. On y a retrouvé des peintures, des gravures, mais aussi des outils et des ossements que les chercheurs continuent de remonter au cours des différentes campagnes de fouilles.
Quant à ***Oxocelhaya,*** ce chef-d'œuvre de la nature, c'est à la fois une grotte sanctuaire et une curiosité géologique surprenante. Très belles concrétions qui intéresseront les amateurs de stalagmites et de stalactites. Animations familiales durant les vacances scolaires.
C'est ici qu'on a retrouvé les plus anciennes flûtes connues (taillées dans des os de vautour), tellement célèbres chez les préhistoriens qu'on en a fait des copies pour Altamira, le Lascaux espagnol.
– Pour la petite histoire, les ours des cavernes ont également assidûment fréquenté les lieux. La colline au-dessus des grottes s'appelle *Gaztelu.* On y trouve les ruines (hélas ! inaccessibles) du château de *Rocafort,* l'une des forteresses avancées du royaume de Navarre.

La ferme Agerria : *quartier Kolorotz, à* ***Saint-Martin-d'Arberoue*** *(DONAMARTIRI ; 64640). 06-32-62-10-64. • agerria.fr • Visite tte l'année sans rdv, lun-sam 10h-11h30, 14h-18h30. Magasin ouv 9h-13h, 14h-19h. GRATUIT (visite et dégustation).* Bernadette et Jean-Claude aiment leur boulot, et le faire découvrir dans leur ferme. Visite et découverte de l'élevage de brebis manech tête rousse, et de porcs basques *kintoa* élevés en plein air. Participer aux activités n'est pas une obligation, mais pourquoi pas ? Possibilité d'assister à la traite (fin novembre-fin juin) et tonte (début avril-début mai). Tables de pique-nique pour déguster les produits fermiers (ossau-iraty, jambon *kintoa...*) vendus sur place avant (ou après) une randonnée sur le mont Eltzaruze.

IHOLDY (IHOLDI ; 64640)

Un joli village perdu avec quelques belles maisons nobles, notamment celle de monseigneur d'Olce, l'évêque qui a marié Louis XIV. Après le mariage, l'évêque fit reconstruire le château familial (il était un homme de bien dans tous les sens du terme).

Le château d'Olce : *☎ 05-59-37-51-07. De juin à mi-sept, tlj 14h30-18h sauf mer ; entrée : 8 € ; réduc.* Les propriétaires (descendants de monseigneur d'Olce) s'attachent à redonner son lustre à ce château de style classique et l'ouvrent aujourd'hui à la visite. À l'intérieur, décor du XVIIe s en stuc : cheminées monumentales, grand escalier et coupole armoriée, à double voussure. Mobilier d'époque des XVIIe, XVIIIe et XIXe s. Jardin à la française et labyrinthe. L'ensemble du site est classé Monument historique.

IRISSARY (IRISSARI ; 64640)

Une superbe commanderie du XIVe s trône sur la place du village. Soigneusement restaurée, la *maison Ospitalia,* autre appellation de cette ancienne commanderie de l'ordre de Malte, évoque les maisons nobles de la Navarre du Sud. Elle abrite un **Centre d'éducation au patrimoine** *(☎ 05-59-37-97-20 ; • le64.fr/ospitalea • ; tte l'année, tlj sauf dim et j. fériés 10h-12h30, 13h30-17h30 ; GRATUIT).* Expositions temporaires et médiathèque *(mer et ven-sam).*

Pour rejoindre la vallée de Baïgorry, passage obligé par Ossès et Saint-Martin-d'Arrossa (voir plus loin « Dans les environs de Bidarray »).

Où dormir ? Où manger ?

Chambres d'hôtes Aire Berria : *maison Jauregia. ☎ 09-79-33-25-22. 06-89-75-04-06. • cristina@aireberria.com • aireberria.com • À peine à l'écart du centre, sur la D 8 direction Iholdy (fléché). Doubles 59-75 € ; familiale. Repas 30 €.* Petit château datant de 1880 dans un environnement préservé. Bel escalier, boiseries et lambris patinés, meubles à l'ancienne, bibelots de famille... Le charme d'une maison habitée depuis longtemps. Accueil sympathique de la proprio, d'origine brésilienne. 4 chambres personnalisées de bon confort. Depuis la terrasse derrière, beau panorama sur la campagne.

Art'Zain : *☎ 05-59-37-23-83. • contact.art.zain@gmail.com • En plein centre, juste à côté du Centre d'éducation au patrimoine. Fermé lun-mar et dim soir. Formule déj sem 15 € ; formule et menu 33-39,50 € ; carte env 40 €.* Art'Zain ? C'est un jeu de mots autour du basque *artzain,* qui veut dire berger. C'était le métier du père d'un chef, bien enraciné, donc, dans la tradition. Mais qui vit avec son époque. En témoignent le très joli cadre contemporain de la salle, entre poutres et pierres d'une bien vieille grange, et la cuisine d'aujourd'hui très réussie (dès l'avantageuse formule du déjeuner), à base des meilleurs produits locaux.

BIDARRAY (BIDARRAI)

(64780) 690 hab. *Carte Basse-Navarre, A2*

Un agréable et tranquille village magnifiquement situé au cœur de la montagne basque, très vieille halte compostellane. Belle église en grès rouge avec chapiteaux romans sculptés, auvent en bois et clocher-mur très particulier (un *campenard*) qui pourrait évoquer un... fronton pour la pelote ! Au-dessus de Bidarray, les crêtes d'Iparla sont un but de randonnée classique, qui permet parfois d'apercevoir une colonie de vautours fauves.

Où dormir ? Où manger ?

Hôtel Barberaenea : *pl. de l'Église. ☎ 05-59-37-74-86. • hotel@barberaenea.fr • hotel-bidarray.com • Tlj. Congés : janv. Doubles 60-70 € (certaines avec sanitaires sur le palier). Menu 26 € ; carte 35-40 €. Parking.* Une très ancienne auberge du pays (1875) ouverte sur la ravissante petite place et son église du XIIe s. Superbe maison basque à l'intérieur de charme : parquet ancien ciré, murs blancs, vieux meubles... La petite dizaine de chambres, réparties sur 2 bâtiments, a été rénovée dans un style très épuré, toutes avec vue sur la campagne. Belle cuisine, servie dans une jolie salle ou en terrasse.

Auberge Iparla : *pl. du Fronton. ☎ 05-59-37-87-09. • auberge.iparla@hotmail.com • Fermé lun-mar. Formule déj en sem 20 € ; menu 35 € ; carte env 35 €.* Une typique auberge de village qui a su garder des prix sages pour une cuisine dans la tradition basque, mais joliment repensée par un couple de chefs. Côte de bœuf de Galice à la cheminée et plats d'autrefois avec des idées d'aujourd'hui. Les produits viennent des fermes des alentours. Et la terrasse offre une vue grandiose sur les montagnes voisines.

Plus chic

Auberge Ostape : *domaine de Chahatoa. ☎ 05-59-37-91-91. • contact@ostape.com • ostape.com • À env 4 km au nord de Bidarray.*

Congés : oct-mars. Doubles 199-399 €. Menus 49-79 €. Café offert sur présentation de ce guide. Disséminées au cœur d'un domaine qu'on découvre en voiture électrique, de vastes chambres (dont des suites) dans 5 villas à la déco personnalisée. Au restaurant, dans un décor chaleureux, cuisine régionale revisitée avec beaucoup de savoir-faire et belle carte des vins. Depuis la terrasse, sur laquelle on prend le petit déj aux beaux jours, vue imprenable sur les vertes collines environnantes égayées par les troupeaux de moutons. Une agréable piscine et un musée privé Porsche complètent l'ensemble. Calme garanti pour ce lieu d'exception. Excellent accueil.

Où acheter un gâteau basque ?

Le Gâteau Basque de Bidarray : *pont Noblia. ☎ 05-59-37-71-09. Juil-août, tlj ; hors saison, j. de fermeture variable. Congés : de mi-nov à Pâques.* Ce pâtissier concocte un gâteau basque à la crème absolument sublime. Celui aux griottes confites est également juste à se damner !

DANS LES ENVIRONS DE BIDARRAY (BIDARRAI)

OSSÈS (ORTZAIZE *; 64780)*

Petit village plein de charme avec ses belles maisons traditionnelles, où il faut prendre le temps de vivre.

Où dormir ? Où manger dans le coin ?

Hôtel Mendi Alde : *pl. de l'Église à Ossès. ☎ 05-59-37-71-78. • info@mendi.fr • mendi.fr • Resto fermé lun-mar. Doubles 67-90 € ; familiale. Menu déj sem 15 € ; menu-carte 36 €.* Bel hôtel typique de la région avec une quinzaine de chambres calmes et agréables. Au resto, tout est maison, jusqu'au pain cuit dans un antique four à bois. Spécialités basques (agneau du pays au four, côte de veau *a la plancha*...) et plats... alsaciens en hiver. Clientèle locale d'habitués, surtout le dimanche. Espace détente avec élégant sauna, hammam, jacuzzi et nage à contre-courant dans une piscine chauffée. Très bon accueil.

Hôtel Eskualduna *(Chez Katina)* **:** *route de la Gare, Eyharce, 64780* ***Saint-Martin-d'Arrossa.*** *☎ 05-59-37-71-72. • chezkatina@wanadoo.fr • chezkatina.com • À env 4 km au sud-ouest d'Ossès. Resto fermé dim soir et lun hors saison. Congés : janv-fév. Résa conseillée. Doubles 74-103 €. Menus 13,50 € (déj en sem), puis 22-35 €.* L'institution du village : cette grosse demeure basque abrite une auberge fondée en 1745, toujours depuis dans la même famille. Le coin est tranquille, l'accueil chaleureux, et les chambres très classiques mais plaisantes. Grande salle à manger contemporaine pour une généreuse cuisine de tradition et de région. Agréable terrasse ombragée. Piscine couverte et chauffée, sauna, spa, salle de fitness, le tout en accès libre.

À voir. À faire

L'église Saint-Julien-d'Antioche : du XVIe s. Belle église en grès rose, avec une architecture plutôt originale : chevet à pans coupés, haut clocher décalé et heptagonal (7 côtés) rappelant les 7 quartiers qui constituaient autrefois la vallée. À l'intérieur, un des plus beaux retables baroques du pays Basque présentant des scènes de la vie de la Vierge.

À la sortie du village, superbe ***maison Sastriarena*** datant de 1628. Façade en encorbellement à colombages très élaborés. Remarquable linteau gravé et armorié au-dessus de la porte principale. Les évêques de Bayonne y passaient de temps à autre lors de leurs visites dans les campagnes basques. À quelques mètres de là, la ***maison Harizmendi,*** dans laquelle mourut l'évêque Jean de Lalande d'Olce, celui qui célébra le mariage de Louis XIV. Façade à colombages avec porte gothique. Aile carrée avec de belles fenêtres à meneaux.

Balades à cheval : *ferme équestre* ***Les Collines.*** *☎ 05-59-37-75-08. • fermelescollines.com • Balades de 2h (24 €) à la ½ journée (34 €).* Avec Eugène et ses beaux chevaux, partez pour de magnifiques randonnées, jusqu'à 7 jours, facturées à prix doux.

Goicoechea : *D 918. ☎ 05-59-37-71-30. • poterie-goicoechea.com • Lun-sam 10h-13h, 14h-19h (18h en hiver). Dans une zone artisanale, à 2 km au sud-ouest du village.* Depuis 3 générations, les Goicoechea fabriquent de magnifiques poteries en terre cuite. De la boutique, on peut voir l'atelier et les potiers travailler, puis flâner dans ce grand espace comme on visite un musée. Les grosses pièces sont évidemment impressionnantes, domptées et montées à la corde selon une technique ancestrale. Mais la maison propose aussi toutes sortes de créations contemporaines, émaillées ou non, toutes plus belles les unes que les autres. Une histoire de famille et de passion ! Autre boutique à Saint-Jean-de-Luz.

SAINT-ÉTIENNE-DE-BAÏGORRY (BAIGORRI)

(64430) 1 520 hab. *Carte Basse-Navarre, A3*

Gros bourg sympathique posé le long de la Nive des Aldudes. L'église et le centre sont dominés par le château d'Etxauz, berceau de la famille du même nom qui a régné pendant 8 siècles sur la vallée. À la Révolution, vendu comme bien national, le château fut racheté par le père du futur maréchal Harispe, l'enfant le plus célèbre de Baïgorry, enterré dans le cimetière du village. Jean-Isidore Harispe obtint de Napoléon l'autorisation de créer un régiment d'infanterie légère, les chasseurs basques. Idée de génie : il était le seul à pouvoir se faire comprendre de recrues pour qui le français était une langue étrangère. Et les chasseurs basques firent merveille contre Wellington.

CHARLOT AU PAYS BASQUE

Dans l'entre-deux-guerres, le propriétaire du château, Harry d'Abbadie d'Arrast, travaille dans le cinéma, à Hollywood. Il est, par exemple, l'assistant de Charlie Chaplin sur le tournage de La Ruée vers l'or. *Une amitié naît. Charlot séjournera plusieurs fois au château. C'est même pour lui que fut installé le 1er téléphone du village.*

Adresse utile

Office de tourisme : *pl. de la Mairie. ☎ 05-59-37-47-28. • saintjeanpieddeport-paysbasque-tourisme.com • En été, tlj sauf dim ap-m ; hors saison, lun-ven.* Vend un topoguide sur les randonnées à faire dans la région. Visites guidées avec des « raconteurs de pays » et rencontre dégustation avec le chocolatier en été.

Où dormir ? Où manger ?

Camping

⛺ ***Irouléguy :*** *Borciriette. ☎ 05-59-37-43-96 ou 05-59-37-40-80 (mairie). • camping.baigorri@orange.fr • À la sortie du bourg vers Saint-Jean-Pied-de-Port, derrière la caserne des pompiers. Ouv 15 mars-30 nov. Compter 12 € pour 2. 66 empl.* Si l'endroit, derrière une zone artisanale, peut laisser perplexe, ce camping municipal (à petits prix) s'avère agréable. Grands emplacements bien ombragés, séparés par des haies. Accès à la Nive pour les chaudes journées et au GR 10 proche pour les randonneurs (tarif spécial d'ailleurs). Supermarché à proximité.

Prix moyens

Chambres d'hôtes Maison Amestoïa : *quartier Eiheralde. ☎ 05-59-37-67-70. 📱 06-28-68-77-04. • marjoriemagnan@hotmail.fr • À 3 km au nord-est du centre, sur la D 948. Ouv avr-oct. Doubles 75-95 €.* Belle demeure du XVe s. Cadre chaleureux et accueil adorable. 5 chambres de charme et d'excellent confort, certaines romantiquement mansardées, avec lit à baldaquin. Super petit déj. Marjorie, qui vient de Brooklyn, est aux petits soins pour ses hôtes.

Hôtel Manexenea : *quartier Urdos. ☎ 05-59-37-41-68. • hotel-manexenea@orange.fr • manexenea.com • ♿ (resto seulement). À 4 km au nord du centre. Resto fermé lun et le soir en basse saison. Congés : vac scol d'hiver et de Noël. Doubles 65-81 € ; familiales. Menus 16,50-32 €. Parking.* Gentille auberge en pleine campagne, surtout fréquentée par les gens du pays. Calme assuré. Belles chambres. Dans la partie principale, salle rustique sympa, où l'on déguste une cuisine de qualité dans la tradition basque : garbure, piperade, boudin basque, ris d'agneau et anguilles en saison. Aux beaux jours, belle terrasse, ombragée et dominant le paysage.

Chambres d'hôtes Idiarte-koborda : *2500, chemin de Belexi. 📱 06-70-87-73-87. • idiartekoborda@wanadoo.fr • idiartekoborda.com • À env 3 km au sud du village (bien fléché). Doubles 65-76 € ; familiale.* Tout au bout (mais vraiment au bout !) du chemin, cette ancienne bergerie rustique et charmante plaira aux amoureux de grands espaces. Chambres plaisantes dont la déco à thème incite au voyage. La vue sur les montagnes est absolument époustouflante, et les chemins de randonnée commencent à la porte...

De plus chic à beaucoup plus chic

Hôtel Arcé : *route d'Ispéguy. ☎ 05-59-37-40-14. • contact@hotel-arce.com • hotel-arce.com • ♿ À 2 pas du centre. Ouv avr-oct. Resto tlj 15 juil-15 sept ; hors saison, fermé le midi lun, mer et jeu. Résa conseillée. Doubles 145-190 € ; familiales. Menus 29-44 € ; carte env 50 €. Parking.* L'ancien repaire de contrebandiers est aujourd'hui la plus luxueuse auberge de la vallée, dirigée depuis 1864 par la famille Arcé. Superbes chambres, d'un design d'aujourd'hui bien pensé, certaines en rez-de-jardin. Belle cuisine, gourmande en diable. Grande salle à manger à la blancheur immaculée. Jolies terrasses : l'une ombragée et fleurie, l'autre au pied du trinquet de la maison. Piscine splendide avec le cirque de montagnes en fond. Tennis.

Où acheter de bons produits ?

Ferme Enautenea, famille Tambourin : *route de Saint-Jean-Pied-de-Port. ☎ 05-59-37-40-64. 📱 06-32-34-26-99. • fromagetambourin.fr • Lun-sam 8h30-12h, 14h-19h.* 2 frères, ont pris la succession des parents avec la même passion des brebis et des fromages. Ils font goûter différents affinages. De décembre à juillet, on peut assister à la traite tous les jours à 18h. Pendant les vacances scolaires, visite de la ferme le vendredi à 10h30. En plus de la vente de fromages, conserves maison d'*axoa* également.

Chocolaterie Laia : *rue de l'Église.* ☎ *05-59-37-51-43.* • *laia.fr* • *Tlj sauf dim-lun 9h30-12h30, 14h-19h (9h-20h en juil-août). Congés : de janv à mi-fév.* Un des très rares chocolatiers à torréfier ses propres fèves (rigoureusement sélectionnées). Fabrication artisanale en petites quantités, fraîcheur assurée. Pas mal de choix : pâte à tartiner bio, pralinés et ganaches diverses, orangettes et citronnettes, *ardi babak* (noisettes caramélisées et enrobées praliné et cacao), etc. Dégustation de chocolat chaud à l'ancienne.

À voir

Le pont « romain » : en fait, comme souvent, il n'est pas romain mais du XVIIe s. Une seule arche, très haute, élancée, vraiment hardie. Il possède toujours ses énormes galets médiévaux (et est toujours franchi par les pèlerins de Compostelle). Très photogénique avec les maisons alentour, le ravissant château d'Etxauz et les montagnes en fond.

L'église Saint-Étienne : *messe bilingue en basque dim à 10h30.* Sous la tour carrée du XVIIIe s, le porche abrite une porte réservée aux cagots (les parias d'autrefois !). À l'intérieur, atmosphère intime, architecture harmonieuse. Triple étage de longues tribunes. Voûte en berceau peinte. Celle du transept est richement décorée. Remarquable retable baroque du XVIIe s. Grand orgue Remy Mahler de style baroque également. S'attarder sur les quelques chapiteaux romans de style naïf et rugueux.

Fêtes et manifestations

- ***Nafarroaren eguna, Journée de la Navarre :*** *dernier dim d'avr.* Grande fête célébrant la Navarre : concerts, danses, chants, défilés des géants...
- ***Festival des Forces basques :*** *1 dim en juil et en août (se renseigner sur les dates auprès de l'office de tourisme).* Épreuves aussi viriles qu'impressionnantes (voir la rubrique « Sports » dans le chapitre « Hommes, culture, environnement » en fin de guide).
- ***Fêtes du village :*** *début août.*
- ***Festival d'orgue de Basse-Navarre :*** *tte l'année (une dizaine de concerts à l'église).* L'orgue de Baïgorry (1999) sonne remarquablement.

DANS LES ENVIRONS DE SAINT-ÉTIENNE-DE-BAÏGORRY (BAIGORRI)

Le vignoble d'Irouléguy *(IRULEGI ; 64220) :* *sur la D 15, vers Saint-Jean-Pied-de-Port.* • *irouleguy.net* • L'irouléguy, la seule appellation du Pays basque français, est produit sur une dizaine de communes (à peine 220 ha). Une terre rouge et des cépages caractéristiques (tannat, cabernet franc et cabernet sauvignon pour les rouges et les rosés) lui confèrent un goût bien spécifique et en font un vrai vin de terroir qui se marie bien avec la gastronomie locale. On vous conseille vraiment de venir arpenter ce vignoble, un des plus beaux qui soient. En terrasses, à flanc de montagne, il dégringole vers les villages et offre des contrastes de couleurs et des perspectives époustouflantes sur les Pyrénées.

Où acheter de bons vins ?

Bien sûr, il y a la visite de la ***cave coopérative,*** à la sortie de Saint-Étienne-de-Baïgorry *(☎ 05-59-37-41-33 ; • cave-irouleguy.com • ; boutique ouv tte l'année, tlj sauf dim nov-mars).* Mais rien ne vaut une visite chez des indépendants. On a craqué pour le rouge du ***Domaine Ameztia*** *(à **Saint-Étienne** ; 06-73-01-27-58).* Ameztia, « le chêne » en basque, est l'aboutissement d'une passion. Bergers vignerons, les frères Gexan et Eñaut Costera élèvent 8 ha de vigne comme ils élèvent leurs brebis : de la précision, du doigté, de la passion. Autre coup de cœur pour le rouge du ***Domaine Mourguy*** *(Etxeberria, à **Ispoure** ; ☎ 05-59-37-06-23 ; 06-78-84-89-25 ; • domainemourguy@hotmail.com • ; tte l'année, lun-sam, mais sur rdv nov-mai).* Florence élabore un irouléguy souple et soyeux dont elle peut être fière. Comme tout ici se fait en famille, la maman s'occupe des chambres d'hôtes *(double 63 €)* et le frère propose des balades à dos d'âne à travers les vignes (voir plus loin « À faire » à Saint-Jean-Pied-de-Port) ! On aime aussi beaucoup le ***Domaine Abotia*** pour son vin blanc *(à **Ispoure** toujours ; ☎ 05-59-37-03-99).* Sans oublier le ***Domaine Arretxea*** *(à **Irouléguy** ; ☎ 05-59-37-33-67 ; dégustation lun-ven 14h30-18h sur rdv)* ; des vins blancs vifs et racés, à la belle minéralité, des rouges fruités soyeux, au grand potentiel de garde, produits en biodynamie par un couple charmant qui vous parlera de ses vins avec passion.

LA VALLÉE DES ALDUDES

Carte Basse-Navarre, A3

BANCA *(64430)*

Minuscule village blotti auprès des berges de la Nive des Aldudes. Aujourd'hui surtout connu pour son élevage de truites, Banca a, jusqu'à la Révolution, vécu de ses mines de cuivre. En témoignent les belles ruines à l'entrée du village : surprenant, dans ces montagnes, de trouver un haut-fourneau, une ancienne forge... Des mines connues dès l'Antiquité : on a trouvé à Bordeaux, des monnaies romaines, fabriquées à partir du minerai de cuivre de Banca.

Où dormir ? Où manger ?

Hôtel Erreguina : *☎ 05-59-37-40-37. • hotel@erreguina.com • erreguina.com • Congés : de mi-nov à fin fév. Doubles 59-87 € ; familiale. Formules 11-20,90 € ; carte env 25 €.* Une auberge presque perchée près de l'église, juste au-dessus du fronton. Elle est toujours (aussi bien) tenue par la famille Bidart, depuis 4 générations. Les chambres ont été toutes refaites dans un style très contemporain, et la cuisine est entièrement régionale et à base de produits locaux (porc *kintoa,* truite locale à la sauce basquaise...). Bel accueil.

À voir. À faire

Olhaberri : *dans le bourg. ☎ 05-59-37-79-19. • olhaberri.fr • Tlj sauf jeu 9h-19h30 (et 1 dim sur 2 jusqu'à 13h). GRATUIT. Juil-août, visite guidée gratuite.* Étonnant, un Centre d'interprétation du patrimoine minier et métallurgique très moderne sur l'histoire de l'exploitation du cuivre et du fer à Banca, de l'Antiquité au milieu du XIXe s. Également point de départ d'un sentier d'interprétation avec bornes d'information. Bar et restauration rapide où se retrouvent les locaux.

La Truite de Banka : *route des Aldudes. ☎ 05-59-37-45-97. • truitedebanka.com • Visite libre lun-sam 8h30-12h30, 14h-18h (19h en été).* Voilà une truite bien élevée : en eaux vives, de manière artisanale, et fumée au bois de hêtre. Il faut 1 an pour une truitelle et jusqu'à 4 ans pour une truite, soit 4 fois plus de temps que les confrères qui ont tendance à « forcer » les truites. On comprend mieux la chose en se promenant dans les viviers, alimentés par une source de montagne, ou en visitant l'intéressante petite expo qui explique tout le processus d'élevage. Boutique, bien sûr, qui propose, en plus des produits frais, de la maroquinerie en peau de truite !

LES ALDUDES (ALDUDE ; 64430)

Les Aldudes, dont le nom signifie « chemin des hauteurs », s'étirent le long de la Nive des Aldudes. Au cœur du village, une jolie place avec une église à façade et clocher peu habituels, avec porche voûté en grès rouge.
Au cas où vous prendrait l'envie de passer en Espagne : depuis Les Aldudes, la D 58, jolie route de montagne, grimpe vers l'ancien poste-frontière de Baztán *(à env 7 km)* pour redescendre ensuite sur la vallée de Roncevaux (voir plus loin le chapitre « La Navarre »).

Où dormir ? Où manger ?

Ferme-auberge Menta : *route d'Esnazu (D 58). ☎ 05-59-37-57-58. • contact@ferme-auberge-menta.com • ferme-auberge-menta.com • ♿ À env 3 km au sud-ouest du village. Tlj. Doubles 45-55 €. Menu 25 € ; carte 25-30 €. Planches charcuteries-fromages (tte la journée) : 10 €.* Une belle petite adresse, dans un hameau tranquille, tenue par la même famille depuis plusieurs générations. Côté cuisine, du bon et copieux, à base des viandes et fromages de la ferme ou d'autres producteurs locaux (dont les fameuses truites de Banka). Service sur une jolie terrasse avec une vue panoramique grandiose sur la vallée. À l'étage, 5 chambres d'hôtes sobres mais fraîches, toutes également avec vue dégagée. Sur réservation, visite possible de la ferme avec participation aux travaux et excursion à la cabane du berger.

Hôtel Saint-Sylvestre : *quartier Esnazu. ☎ 05-59-37-58-13. • stsylvestre.hotel@gmail.com • stsylvestre-paysbasque.com • ♿ (resto seulement). Tlj. Congés : janv. À env 3 km au sud-ouest du village (fléché). Doubles 59-74 € ; familiales. Carte env 25-30 €. Café offert sur présentation de ce guide.* Une affaire familiale, reprise en main par le fils : une dizaine de chambres rénovées et une table qui propose de bons petits plats classiques, type cuisine de grand-mère. Des bus d'excursion y font parfois escale pour le déjeuner.

Ferme-auberge Auzkia : *maison Auzkia. ☎ 05-59-37-55-65. • earl.bateginik@orange.fr • À env 1 km en contrebas du village (fléché). Tlj sauf lun (plus mar-jeu hors saison). Congés : 1 sem fin août. Résa souhaitée. Menu 20 € ; menu mexicain (sur résa) 22 €. Café offert sur présentation de ce guide.* Dans un calme hameau, une petite et chaleureuse ferme-auberge toute simple, tenue par Nelia et Peio, aidés par leurs enfants. Peu de choix mais que des produits de la ferme (salaison de bœuf, *axoa* de veau, piperade-saucisse, gâteau basque) et chili con carne sur demande (Nelia est mexicaine !). Tous ces bons produits sont disponibles en bocaux à la vente. Service dans une jolie salle ou en terrasse dans la petite cour.

Où acheter de bons produits ?

Pierre Oteiza : *route d'Urepel. ☎ 05-59-37-56-11. • pierreoteiza.com • Tlj sauf dim janv-mars 10h-18h.* Pierre Oteiza est né ici. En 1989, il décide de relancer un élevage qui avait pratiquement disparu dans la vallée, celui du porc pie noir, race spécifique au Pays basque et en voie d'extinction. Avec l'aide de quelques éleveurs complices, il entreprend de la sauver. En 2016, il obtient une AOC (désormais AOP) pour ce porc *kintoa* (son nom en basque) et développe des points de vente dans la région, à Bordeaux et à Paris. Ses jambons et saucissons (dont des Jésus) sont clairement parmi les meilleurs du pays. Possibilité de déguster ces produits nobles sur place dans l'agréable salle à manger attenante (copieuses « planches découverte » à prix doux). Les enclos de maternité se visitent librement à côté de la boutique et un sentier de découverte de l'élevage part de l'autre côté de la route (voir plus loin).

Belaun : *route d'Urepel. ☎ 05-59-37-89-40. Tlj sauf dim (plus sam janv-mars) 10h-19h (18h nov-mars).* Cet atelier collectif de découpe et de transformation en viande est l'un des éléments dynamiques de la vallée. Les éleveurs de porcs *kintoa* y trouvent un débouché et un labo pour transformer leurs produits. Vente et boutique sur place de tous les bons produits locaux : piment d'Espelette, irouléguy, fromage ossau-iraty...

À faire

Le sentier du porc basque : *départ de la boutique Oteiza ; compter 1h.* Pour découvrir le fameux porc pie noir, dans son environnement naturel. Le sentier s'éloigne du village pour se diriger vers les 1ers contreforts de la montagne, où les troupeaux paressent au soleil ou au milieu des chênes, des châtaigniers et des hêtres. Plus haut, la vue se dégage et laisse apparaître le col de Roncevaux. C'est le moment d'étudier la flore (ajoncs, callunes, bruyères, fougères) et la faune sauvages (gypaètes barbus, buses, grands corbeaux, parfois vautours fauves). Le retour vers la vallée mène à l'ancien chemin bordé de pierres sèches qui reliait les 3 villages de la vallée. Possibilité de balade accompagnée d'ânes en été.

Randonnées : nombreuses dans le coin, évidemment. Se procurer la carte IGN au 1/25 000 *(Saint-Jean-Pied-de-Port 5/6)* ainsi que la précieuse brochure *Randonnées dans la vallée des Aldudes.*

Manifestation

– **Vallée des Aldudes « portes ouvertes » :** *mi-oct, ts les 2 ans (années paires).* Le temps d'un week-end, les Aldudes, de Banca à Urepel, sont à la fête. Pelote, courses à pied, concerts, concours de chant basque ou de chiens de berger, marché de producteurs, banquet, etc.

UREPEL (UREPELE ; 64430)

Le dernier village de la vallée où la nature offre quelque chose d'admirablement vert, de mélancolique et d'un peu paradisiaque en même temps. La forêt est vierge, originelle, à peine dérangée par la main de l'homme. Paix et calme garantis. Évidemment, les balades à pied ne manquent pas autour du village. Il faut absolument monter sur les hauteurs par l'une de ces routes menant aux fermes isolées, pour le point de vue sur la vallée. Urepel a également été la patrie de Xalbador, un des plus grands poètes bertsulari du XXe s. Pour ceux qui sont plus terre à terre, visite gratuite de la **fromagerie d'Urepel** *(jeu 14h-18h en été, sur résa le reste de l'année au ☎ 05-59-37-55-81 ; boutique ouv lun-ven 9h-12h, plus 14h-18h en été).* Spécialité de fabrication de fromage de brebis au lait cru.

Où dormir ? Où manger ?

Hôtel C'Vall : *au centre du village. ☎ 05-59-49-06-70. • cvall6444@orange.fr • cvall.fr • Resto tlj sauf lun. Congés : janv-fév. Doubles 75-90 € ; familiales. Carte env 25-30 €. Garage vélos et motos.* Petit hôtel de village rénové de fraîche date, avec des chambres au goût du jour. Du confort, de l'accueil, des produits locaux au resto. Piscine intérieure et hammam.

Balade dans les environs

Le pays Quint (Kintoa) : *à env 4 km au sud-ouest d'Urepel, par la D 158.* La petite départementale musarde dans une charmante vallée. Paysage doux, serein, voluptueux, intime (surtout en automne). Elle s'arrête net à quelques encablures de la frontière espagnole. Vous voilà en pays Quint. Ce curieux nom vient d'une ancienne loi fiscale : les rois de Navarre prenant comme impôts 1/5 de la valeur du bétail vendu. Le partage de la Navarre en 1512 fut, dans la région, une source permanente de revendications et de conflits. On se volait le bétail de part et d'autre. En 1785, les habitants des 2 bords se mirent enfin d'accord sur une frontière, ensuite entérinée par un traité en 1856. La partie contestée resterait espagnole mais elle était donnée en bail perpétuel à la France. La poignée de familles françaises qui habitent ici des fermes éparses (où l'on fabrique de l'ossau-iraty, un excellent fromage de brebis) paient donc toujours leurs impôts fonciers à Madrid.

SAINT-JEAN-PIED-DE-PORT (DONIBANE GARAZI)

(64220) 1 850 hab. *Carte Basse-Navarre, A3*

• Plan *p. 185*

À 8 km de la frontière espagnole, au milieu d'un verdoyant cirque de montagnes, on découvre Saint-Jean-Pied-de-Port. L'histoire lui a donné un caractère, un charme qu'aucune ville de Basse-Navarre ne peut lui disputer. Avec sa muraille rose, ses rues médiévales quasi intactes, ses jardins suspendus et la belle citadelle dominant le tout, cette toute petite ville compose un tableau dont on ne se lasse pas.

UN PEU D'HISTOIRE

Le 1er site de la ville était un peu à côté, à Saint-Jean-le-Vieux. Petite ville romaine appelée *Immus Portis,* elle abritait une garnison qui surveillait la *via Aquitania.* Après les invasions barbares, la ville s'installe à son emplacement actuel. Les 1res mentions datent du XIIe s, époque où l'on construisit un château fort, une église, et où Sanche le Fort autorisa un peuplement. La voie romaine existait toujours puisque c'est par là que Charlemagne était passé en Espagne. Les *fueros* (privilèges) furent accordés au XIVe s seulement par Philippe IV de Navarre. Saint-Jean-Pied-de-Port dépendait directement de l'évêque de Bayonne. L'histoire de la ville est assez paisible (hormis au XVIe s lors des guerres de conquête de la Navarre) malgré la présence de la forteresse reconstruite par Vauban.
Ville carrefour, ville commerçante, ville agricole, Saint-Jean-Pied-de-Port n'a pourtant jamais suscité de convoitises aux temps modernes. Il faut dire que la grande voie de communication s'est déplacée vers la côte.

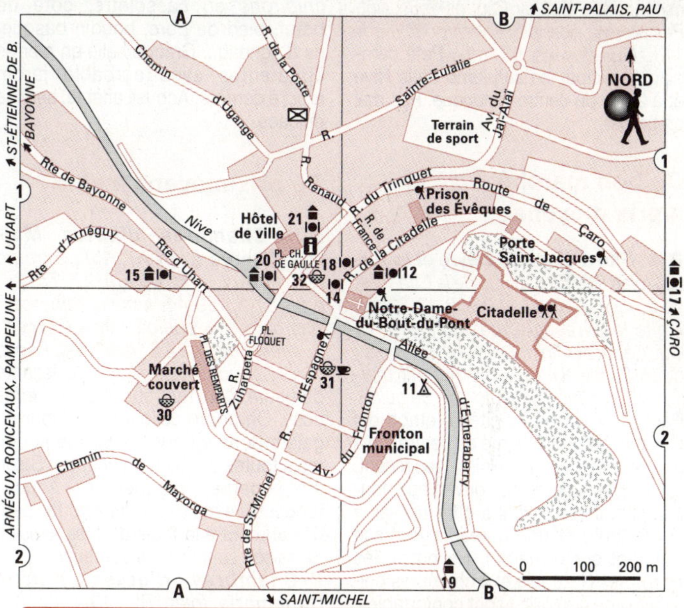

SAINT-JEAN-PIED-DE-PORT

Adresse utile

Office de tourisme (A1)

Où dormir ? Où manger ?

11 Camping municipal Plaza Berri (B2)
12 Gîte d'étape Le Lièvre et la Tortue (B1)
14 Restaurant-cidrerie Hurrup Eta Klik (A-B1-2)
15 Chambres d'hôtes Maison Ziberoa (A1)
17 Chambres d'hôtes Gure Lana (hors plan par B2)
18 Le Chat Perché (A-B1)
19 Chambres d'hôtes Maison Donamaria (B2)
20 Central Hôtel (A1)
21 Hôtel Les Pyrénées (A1)

Achats

30 Marché (A2)
31 Pâtisserie Artizzara Barbier-Millox (A2)
32 Maison Brana (A1)

Adresse utile

Office de tourisme *(plan A1)* **:** *14, pl. du Général-de-Gaulle, au pied des remparts.* ☎ *05-59-37-03-57.* • *saintjeanpieddeport-paysbasque-tourisme.com* • *Juil-août, tlj ; sept-juin, tlj sauf dim.* Visites commentées en été, par les raconteurs de pays, de la place forte et de la citadelle ; des visites nocturnes également. Topoguides.

Où dormir ? Où manger ?

Camping

Plaza Berri *(plan B2,* ***11****)* **:** *av. du Fronton.* ☎ *05-59-37-11-19 ou 05-59-37-00-92.* • *accueil@stjeanpieddeport.fr* • *saintjeanpieddeport-paysbasque-tou* *risme.com • ♿ Ouv Pâques-Toussaint. Pas de résa possible. Forfait pour 2, env 11 €. CB refusées. 53 empl.* Petit camping municipal, en surplomb de la Nive et à 2 pas du centre historique. Pas mal ombragé.

De bon marché à prix moyens

🏠 🍽 ***Gîte d'étape Le Lièvre et la Tortue*** *(plan B1, **12**) : 30, rue de la Citadelle. ☎ 05-59-37-25-23. 📱 06-59-13-52-25. • gite.lelievreetlatortue@gmail.com • Ouv début avr-fin oct. Nuitée 20 €/pers ; double 55 €. Dîner 14 €. Apéritif maison offert sur présentation de ce guide.* Parmi les nombreux gîtes d'étape qui s'alignent dans cette rue du centre, on a une préférence pour celui-ci, très récent. Entre autres, parce que ouvert aux non-pèlerins, il est le seul à offrir un salon confortable et une agréable terrasse donnant sur un jardin. En outre, les chambres (1 double et 2 chambres collectives de 4 et 5 lits) sont confortables, avec des douches nickel ainsi qu'une salle de bains avec baignoire. Grande tablée pour le dîner et le petit déj (pas de cuisine en gestion libre).

🍽 ☂ ***Le Chat Perché*** *(plan A-B1, **18**) : 11, rue de la Citadelle. ☎ 05-24-34-55-12. • lechatperche2017@gmail.com • ♿ Tlj sauf dim soir en saison (plus lun et le soir mar-jeu en basse saison). Menu déj 18 € ; carte env 30 €. Café offert sur présentation de ce guide.* À voir la petite porte côté rue piétonne, on a du mal à imaginer la belle terrasse installée dans un jardin qui s'étend jusqu'aux remparts. Tenue par un couple accueillant, cette bonne petite table ne propose que du frais et cuisiné maison, avec un choix terre-mer bien équilibré.

🍽 ***Restaurant-cidrerie Hurrup Eta Klik*** *(plan A-B1-2, **14**) : 3 bis, rue de la Citadelle. ☎ 05-59-37-36-39. • irozmichele@gmail.com • Tlj sauf mer (hors 1re quinzaine d'août). Congés : de mi-janv à mi-mars. Formule 12 € ; menu 16 € ; carte env 24 €. Café offert sur présentation de ce guide.* Dans cette rue touristique, resto quand même capable d'offrir une belle cuisine traditionnelle servie fort généreusement, avec, entre autres plats traditionnels, *chipirons* en cassolette, côte de bœuf, pied de porc, boudin basque, ris d'agneau... Grande salle en pierres apparentes avec agréable jardin arboré derrière. Accueil affable, service efficace.

De prix moyens à chic

🏠 🍽 ***Chambres d'hôtes Maison Ziberoa*** *(plan A1, **15**) : 3, route d'Arnéguy. ☎ 05-59-37-75-25. 📱 06-61-23-59-44. • maisonziberoa@ziberoa.com • ziberoa.com • Congés : nov-fév. Double 82 € ; familiales. Repas 25 €, boissons comprises.* Ravissante demeure s'ouvrant sur des chambres cosy. On adore celle avec un mur en galets donnant sur le paisible jardin, mais toutes ont bien du charme. Salon aux superbes marqueteries. Accueil tout aussi exquis que discret. Joli petit déjeuner. Et à la table d'hôtes, cuisine de saison simple mais goûteuse.

🏠 ***Chambres d'hôtes Maison Donamaria*** *(plan B2, **19**) : 1, chemin d'Olhonce. ☎ 05-59-37-02-32. 📱 06-61-90-29-21. • info@donamaria.fr • donamaria.fr • Congés : Toussaint-Pâques. Double 80 € ; familiales.* Une vieille demeure basque (XVIIIe s), une situation privilégiée au bord de la Nive, des chambres de charme meublées à l'ancienne et un beau jardin fleuri font de cette maison un lieu assez idyllique. Ajoutez à cela une piscine au fond du jardin, et ça devient un vrai paradis ! Une jolie petite promenade permet de gagner le centre de Saint-Jean en longeant la rivière.

🏠 🍽 ☂ ***Central Hôtel*** *(plan A1, **20**) : 1, pl. du Général-de-Gaulle. ☎ 05-59-37-00-22. • central.centralhotel6@orange.fr • ♿ À côté de la mairie. Resto fermé mar hors saison. Congés : déc-mars. Doubles 98-140 €. Menus 26-49 €. Réduc de 10 % sur le prix de la chambre (avr, juil et oct-nov) sur présentation de ce guide.* Superbe escalier de bois (sculpté à la main) qui dessert (il y a un ascenseur, au cas où) des chambres très confortables, sobrement contemporaines, de bonne taille. Jolie vue depuis celles avec balcons de bois, côté Nive. Cuisine de tradition, soignée comme on dit,

LA BASSE-NAVARRE

servie dans une salle avec le charme de l'ancien ou sur une terrasse où quelques tables dominent également la Nive. Excellent accueil et service prévenant. Une belle adresse, à tous points de vue.

Chambres d'hôtes Gure Lana *(hors plan par B2, **17**) : 8, route de Çaro. ☎ 05-24-34-14-97. • genevievedelteil@aol.com • bedandbreakfast-gurelana.com • À 10 mn à pied du centre historique. Congés : de mi-oct à fin fév. Doubles 80-105 € ; familiale. Table d'hôtes env 30 € (6 pers min).* Ancien chef étoilé en Angleterre, Christian Delteil a posé ses valises dans cette maison traditionnelle basque. Goûtez aux mets délicieux qu'il vous concocte et appréciez ensuite le calme et la sérénité qui se dégagent de chambres rénovées, confortables, impeccables.

Plus chic

Hôtel Les Pyrénées *(plan A1, **21**) : 19, pl. du Général-de-Gaulle. ☎ 05-59-37-01-01. • hotel.pyrenees@wanadoo.fr • hotel-les-pyrenees.com • Resto ouv tlj 1er juil-20 sept ; fermé lun soir nov-mars et mar 20 sept-30 juin. Congés : début janv-début fév et 2de quinzaine de nov. Doubles 105-255 €. Menus 42-105 €.* Une des adresses les plus réputées du Pays basque. Vous serez l'hôte d'un chef étoilé, représentant de la 4e génération à présider à la destinée de cette maison de caractère. Fine cuisine, pleine de saveurs accrochées au terroir, concoctée selon l'humeur, la saison et les goûts du moment. Addition en conséquence. Chambres pas données non plus, mais impeccables dès les 1ers prix. Piscine très agréable et joli jardin intérieur.

Où dormir ? Où manger dans les environs ?

Voir aussi, plus loin, nos bonnes adresses dans « La montagne basque, autour de Saint-Jean-Pied-de-Port ».

Camping de la Truite *: D 918, 64220 **Ascarat.** ☎ 05-59-37-31-22. 06-12-83-52-01. • camping.latruite@wanadoo.fr • camping-delatruite.com • ♿ À env 5 km au nord de Saint-Jean-Pied-de-Port. Ouv avr-sept (jusqu'à fin oct pour les locatifs). Compter 14-20 € pour 2 selon saison. CB acceptées en juil-août seulement. 100 empl.* Au bord de la Nive, rivière où l'on peut pêcher la truite (vu le nom du camping, on s'en serait douté !). Très classique, à l'ambiance familiale, pas mal ombragé. Location de mobile homes.

Auberge paysanne Pekoainia *: sur la D 515, à l'entrée du village, 64220 **Anhaux.** ☎ 05-59-37-27-03. 06-76-73-11-27. • pekoainia@wanadoo.fr • ♿ À env 4 km à l'ouest de Saint-Jean. Double 55 € ; familiale. Repas 20 € (y compris pour les non-résidents).* Sympathique ferme labellisée Accueil Paysan, donc un brin militante, à l'orée d'un petit village navarrais. 3 chambres nickel et de bon confort. À l'auberge, produits de la ferme et de producteurs voisins pour des plats forcément basques : piperade aux saucisses confites, caillé de brebis.

Achats à Saint-Jean-Pied-de-Port et dans les environs

Le marché *(plan A2, **30**) : pl. des Remparts. Lun mat, plus jeu mat, juin-sept.* Joli marché traditionnel (dont une partie sous des halles modernes) riche en bons producteurs locaux dont les glaces artisanales *Esne Luma*, l'été.

Pâtisserie Artizzara Barbier-Millox *(plan A2, **31**) : 17, rue d'Espagne. ☎ 05-59-37-03-34. Tlj (en principe...), horaires variables.* D'excellents gâteaux, depuis 3 générations : des basques à la crème comme à la confiture de cerises, l'*Idéal chaumontais* (spécialité de... Chaumont en Haute-Marne, devenue un classique basque). Salon de thé à l'ancienne.

Maison Brana *(plan A1, **32**) : 6, rue de l'Église. Juil-août, tlj 10h-12h30, 14h30-19h ; sept-juin, fermé mar et dim.* La saga Brana remonte à 4 générations, avec une distillerie créée en 1897 où l'on élabore toujours de remarquables eaux-de-vie. Depuis 1987, la famille Brana a également su redonner à l'irouléguy ses lettres de noblesse.

Sauveur Mayté et Fils – Maison Eskerrainia : *64220 **Saint-Jean-le-Vieux.** ☎ 05-59-37-10-02. • charcuterie-mayte.com • À 4 km à l'est de Saint-Jean-Pied-de-Port. Tlj sauf dim et j. fériés 8h-12h30, 14h (15h sam)-19h. Visites du séchoir et dégustations : juil-août, lun-ven à 11h, 15h, 16h et 17h, sam à 16h ; avr-juin et sept-oct, lun-ven à 16h.* Le moins que l'on puisse dire, c'est que le détour s'impose ! Le top du top du jambon basque, qu'il soit *ibaiona* ou « de Bayonne »... Les connaisseurs ne s'y trompent pas et se régalent des jambons de la famille Mayté, séchés de 15 à 22 mois. On en profitera pour faire le plein de bonnes choses (salaisons, conserves, béret basque...), voire pour visiter le séchoir.

Chez Pierre Harispuru : *Etxebestia, 64120 **Ibarolle-Ibarla.** ☎ 05-59-37-82-31. À 15 km au nord-est de Saint-Jean-Pied-de-Port. Lun-sam 14h-18h.* L'un des grands artisans du makila, le fameux bâton traditionnel basque, fabriqué en bois de néflier sauvage. Pour disposer du néflier parfait, il n'a pas hésité à en planter plus de 500 pieds sur la colline autour de son atelier ; il les bichonne, les fait grandir comme il veut, comme il faut.

À voir

Sur la ***place du Général-de-Gaulle*** (ou place du Marché ; *plan A1*), voir *l'hôtel de ville,* élégant bâtiment en grès rose du XVIIIe s (appelée « maison Mansart »). En face, la *porte de Navarre* a gardé les caractéristiques des portes d'enceinte du XIIIe s. À droite, maison des parents de saint François Xavier. Puis 2 belles demeures à encorbellement.

À gauche de la porte de Navarre, un escalier mène à la ***promenade du Chemin-de-Ronde*** qui se poursuit jusqu'à la porte Saint-Jacques (et le long de la citadelle, voir plus loin). L'occasion d'avoir une vue d'ensemble du bourg et d'observer l'envers des maisons et les jardins suspendus.

La porte Saint-Jacques *(plan B1)* **:** celle (on s'en serait douté) par laquelle les pèlerins entrent dans le bourg. Elle donne accès à la ***rue de la Citadelle,*** épine dorsale de la ville intra-muros. La plupart des maisons présentent des linteaux gravés. Ça va de la simple date de construction (ou de rénovation) aux noms de famille, maximes, dessins et symboles religieux.

La prison des Évêques *(plan B1)* **:** *41, rue de la Citadelle. ☎ 05-59-37-00-92 (mairie). Pâques-Toussaint, tlj sauf mar 11h-12h30, 14h30-18h30 (tlj 10h30-19h juil-août). Entrée : 3 € ; gratuit moins de 14 ans.* Entre 1383 et 1417, durant le Grand Schisme d'Occident, la ville fut, en effet, un évêché dépendant du pape d'Avignon. Impressionnant sous-sol voûté d'ogives, mais qui servit non pas de prison à l'époque mais d'entrepôt de marchandises. En revanche, la prison fut bien utilisée en tant que telle durant la Révolution, puis lors de la Seconde Guerre mondiale. Expo sur l'histoire du chemin de Saint-Jacques-de-Compostelle au Moyen Âge au rez-de-chaussée et expo temporaire d'art contemporain à l'étage.

La citadelle *(plan B1-2)* **:** *visites guidées sur résa à l'office de tourisme.* Édifiée au XVIIe s. Après sa visite en 1685, Vauban y apposa sa marque : architecture des bâtiments et des portes, construction de souterrains. Assez imposante, avec une belle façade blanche surmontée d'un clocheton. Aujourd'hui, elle abrite un collège. De la poterne, beau panorama sur la vallée et le cirque de montagnes (table d'orientation, évidemment).

Continuer jusqu'à la muraille donnant sur la Nive. À droite part un escalier : c'est le chemin de ronde intérieur de 269 marches, très étroit, avec des passages en mauvais état (déconseillé aux jeunes enfants). On aboutit derrière le splendide chevet de l'église.

Face à la Nive, la *porte Notre-Dame* possède toujours ses gros vantaux cloutés avec les serrures, les gonds et les barres de verrouillage.

L'église Notre-Dame-du-Bout-du-Pont *(plan B1-2)* **:** construite au XIIIe s. Portail gothique à fines colonnettes. Édifiée en l'honneur de la victoire de Navas de Tolosa (1212) sur les Maures et offert par le roi de Navarre Sanche le Fort. À l'intérieur, lignes simples, épurées. Élégantes voûtes d'ogives. Architecture équilibrée. Tribune à 2 étages.

Pont en pierre d'une seule arche menant à la très commerçante ***rue d'Espagne*** avec maisons aux linteaux richement sculptés, et balcons en ferronnerie ouvragée.

À faire

➢ ***Balade avec un âne :*** ***Les Ânes de l'Arradoy,*** *ferme Etxeberria (domaine Mourguy), à* ***Ispoure.*** *☎ 05-59-37-06-23. 06-32-46-28-20. • domainemourguy@hotmail.com • Sur résa. Compter 12 €/h, 25 € la ½ journée, 36 € la journée.* Vous choisissez votre itinéraire, pour lequel on vous fournit fiches et cartes, vous chargez votre pique-nique (et même votre petit dernier qui n'aime pas marcher), et en route ! Proposent également des chambres d'hôtes. Vente directe d'irouléguy (délicieux !) après la visite des chais.

Manifestations

- ***Partie de pelote :*** *incontournable, elle a lieu ts les lun à 17h en été, à 16h en hiver, au trinquet Garat. Plus certains mer en juil-août au Jaï Alaï et à 17h ven (en été) au Grand Chistera. Entrée : env 10 € ; gratuit moins de 16 ans.* Pelote à main nue. Ambiance assurée ! En été, initiation à la pelote basque sur rendez-vous.
- ***Chœurs basques :*** *mar en été à l'église.*
- ***Festival de théâtre Citadelle en Scènes :*** *fin août.*

LA MONTAGNE BASQUE, AUTOUR DE SAINT-JEAN-PIED-DE-PORT

Impossible d'être exhaustif, tant il y a d'itinéraires, de routes menant dans des coins sauvages invraisemblables, et en fort bon état (voire neuves !). En effet, les postes de tir à la palombe (les « célèbres » palombières) se louent si cher à la bourgeoisie basque, bordelaise ou toulousaine qu'une partie de l'argent est réinvestie dans l'amélioration du réseau routier. Les vrais randonneurs râlent, car tout devient désormais trop accessible.
Avertissement : octobre, un des plus beaux mois de l'année pour randonner, demeure une période délicate du fait, précisément, de la chasse à la palombe. D'abord, tous les hôtels de montagne sont complets. Ensuite, dans certains coins, on a l'impression de déranger. Mais on peut quand même trouver des itinéraires peu fréquentés des chasseurs, plutôt sur les versants sud.

Où dormir ? Où manger ?

Au sud, vers l'Espagne

Chambre d'hôtes Maison Florenia : *Elgamutche, 64220* ***Çaro.*** *☎ 05-59-37-25-18. 06-30-68-82-29. • j.despessailles@gmail.com • chambre-hote-florenia.com • À env 3 km au nord-est de Saint-Jean-Pied-de-Port ; dans* *le village. Double 58 €. Repas 20,50 € (boissons comprises).* Cette grande demeure basque dans un coin calme et bucolique propose 4 chambres fort plaisantes, décorées à l'ancienne. Accueil affable de la proprio, mine d'infos sur les possibilités de balades dans le coin. Cuisinière hors pair qui plus est : à la table d'hôtes, recettes traditionnelles concoctées avec de beaux produits régionaux.

Le Refuge Orisson : *Orisson 64220* ***Uhart-Cize.*** *☎ 05-59-49-13-03. 06-81-49-79-56 ou 06-38-26-97-38. • refuge.orisson@wanadoo.fr • refuge-orisson.com • À 8 km au sud de Saint-Jean. Ouv avr-oct. ½ pens 40 €/pers. Carte env 25 €. CB refusées.* Ce refuge de montagne, sur le chemin de Compostelle, n'accueille pas que les pèlerins. Il offre aussi le couvert (et éventuellement le gîte avec 3 chambres de 6-10 lits) aux touristes et randonneurs de passage. Les locaux sont également nombreux à monter jusqu'ici pour profiter d'une solide cuisine maison et d'un panorama fabuleux depuis la belle terrasse, avec les montagnes pour uniques compagnes...

Hôtel Les Sources de la Nive : *à 5 km après le bourg, 64220* ***Estérençuby.*** *☎ 05-59-37-10-57. • source.nive@orange.fr • hotelsourcesdelanive.com • À env 13 km au sud de Saint-Jean-Pied-de-Port. Resto fermé lun soir et mar soir nov-déc. Congés : fin déc-début mars. Doubles 65-80 € ; familiale. Menus 23-32 €.* Une auberge du bout du monde, blottie depuis 1870 en bordure de la Nive, et entourée de hautes montagnes. Idéal pour se reposer, se refaire une santé (piscine, sauna, spa) et randonner. L'atmosphère est conviviale, un peu à l'ancienne, dans l'esprit d'une pension de famille. Chambres agréables, et surtout, un excellent resto qui propose de très copieux menus. Cuisses de grenouille, anguilles, truitelles de Banka, vous allez vous régaler !

Hôtel Andreinia : *dans le bourg, 64220* ***Estérençuby.*** *☎ 05-59-37-09-70. • hotel-andreinia@wanadoo.fr • hotel-andreinia.com • À env 8 km au sud de Saint-Jean-Pied-de-Port. Resto fermé mer hors saison. Congés : fin nov-début janv. Doubles 70-80 € ; familiales. Cabane et tiny-house : 150-170 €/nuit. Nuitée en gîte d'étape : 20 €/pers. Menus 16-28 €. Carte env 25 €. Café offert sur présentation de ce guide.* Face à l'église, une grande bâtisse entièrement rénovée qui a su conserver l'esprit d'une vieille maison de famille. Chambres simplement plaisantes, pour beaucoup aux couleurs du pays. Pour changer, cabane perchée et *tiny-house.* Et gîte d'étape, pour les randonneurs. Le resto offre une bonne cuisine traditionnelle, enrichie de quelques plats inventifs servis dans une vaste salle aux poutres apparentes et au mobilier à la belle patine. Piscine, spa et espace remise en forme. Accueil vraiment sympa.

Vers Saint-Palais

Hôtel Gamia : *col de Gamia, 64220* ***Bussunaritz-Sarrasquette.*** *☎ 05-59-37-13-48. • restaurant.gamia@sfr.fr • restaurant-gamia.fr • À 7 km à l'est de Saint-Jean. Pâques-11 nov, tlj midi et soir ; hors saison, le midi tlj sauf lun-mer, le soir sur résa. Congés : janv. Double env 50 €. Formules 24-28 € et menus 35-45 € ; carte env 30 €. Café offert sur présentation de ce guide.* Une adresse joliment perdue dans la montagne. Cuisine traditionnelle basque, avec quelques idées d'aujourd'hui, privilégiant les produits régionaux et les légumes du jardin, servie dans une grande salle peu intime ou sur une terrasse avec panorama assez exceptionnel. Adresse très prisée par les locaux pour le déjeuner dominical et les repas de famille. Quelques chambres, toute simples, à petit prix, si vous voulez continuer à profiter de la vue.

Hôtel Pecoïtz : *route d'Iraty, 64220* ***Aincille.*** *☎ 05-59-37-11-88. • pecoitz@wanadoo.fr • hotel-pecoitz-pays-basque.com • À 6 km au sud-est de Saint-Jean. Resto fermé mer soir et jeu hors saison. Résa fortement conseillée. Doubles 60-70 € ; ½ pens demandée août-sept 65 €/pers. Menus 17 € (sauf dim), puis 22-35 €.* Une belle maison basque avec sa terrasse ombragée, dans un charmant village calme et agréable. Chambres classiquement confortables. Mais aussi et surtout une table réputée pour ses spécialités rustiques et sa cuisine mitonnée à l'ancienne : anguilles, pied de porc, *piquillos* à la morue, ris d'agneau aux cèpes, gibier en saison. Ambiance familiale.

À voir. À faire

Balade, via les sources de la Nive jusqu'au col d'Orgambide

Départ de Saint-Jean-Pied-de-Port pour ***Estérençuby.*** Jolie route (la D 301) qui suit le cours de la Nive. On prend ensuite à gauche la D 428. Au niveau de l'hôtel-restaurant *Les Sources de la Nive* (voir « Où dormir ? Où manger ? »), on peut s'offrir une courte balade jusqu'aux sources de la Nive (sentier balisé, compter 30 mn). La route dessine ensuite quelques jolis lacets dans la forêt d'Orion. Arrivé au ***col d'Orgambide*** (988 m), paysages époustouflants. Prendre à gauche : l'itinéraire suit désormais la crête nord du ***mont Sayarre*** (1 110 m), à l'horizontale. Grands troupeaux de moutons en saison. Avec de la chance, possibilité de tomber sur de joyeuses bandes de vautours fauves se reposant sur le bord de la route. Passage de la borne frontière 212. Au-delà, c'est un plateau ondoyant où broutent les pottoks. La route se termine dans un vallon en cul-de-sac. Petite ferme. De là, possibilité de partir à pied à la découverte de la spectaculaire ***grotte d'Harpea.*** Environ 1h de balade.

Retour vers Saint-Jean-Pied-de-Port

Au col d'Orgambide, possibilité de revenir par la D 428, paysages aussi sauvages que superbes, vautours, moutons et pottoks en chemin et l'occasion d'une rando jusqu'au sommet du ***mont Urkulu,*** qui culmine (côté espagnol) à 1 438 m. Compter 30 mn de bonne grimpette. Tout en haut, on trouve le *trophée d'Urkulu,* ancienne tour romaine qui mesure une vingtaine de mètres de diamètre et 3 m de haut. Construite au Ier s av. J.-C. Assez imposant, vu l'isolement et l'éloignement de tout aujourd'hui. Du temps des Romains passait ici la voie de Bordeaux à Astorga.

Après le col de Bentarte, on longe à main gauche le ***pic de Leizar Atheka*** (ascension possible par un sentier balisé, puis une dernière montée très raide). Ensuite, à main droite, on trouve l'ancienne redoute de Château-Pignon, fortifiée par Ferdinand d'Aragon. Quitter ensuite la D 428, pour suivre une route à droite vers Estérençuby. Au bout de 1 km, tourner à droite à nouveau en direction des cabanes d'Elhursaro. On parvient alors à un lapiaz, pittoresque relief calcaire complètement usé et fissuré.

Vers la forêt d'Iraty

Depuis ***Estérençuby,*** on peut rejoindre la forêt d'Iraty (voir ce chapitre) via la D 301 puis la D 19. Superbes routes de montagne, toutes en lacet à travers des paysages aussi somptueux que sauvages.

SUR LE CHEMIN DE COMPOSTELLE, ENTRE SAINT-JEAN-PIED-DE-PORT ET SAINT-PALAIS

Quittez la montagne, oubliez les grands cols pour suivre à l'envers le chemin des pèlerins, jusqu'à Saint-Palais. Arrêt intéressant, à mi-chemin à ***Larceveau*** avant d'atteindre Ostabat, ville-étape où se rencontrent pas moins de 3 des chemins de Saint-Jacques-de-Compostelle.

Où dormir ? Où manger ?

*Gîte d'étape Aire Ona : 64120 **Ostabat.** 06-33-65-77-15. • gite.aire-ona@live.fr • aireona-gite-ostabat.fr • À 12 km au sud de Saint-Palais, au cœur du village, face à l'église. Ouv de mi-avr à mi-oct (le reste de l'année sur résa). Nuitée env 15-20 € en dortoir ; double 40 €.* Une ancienne grange aménagée en gite d'étape très moderne et de bon confort. Cuisine suréquipée en gestion libre, espace à vivre avec poêle et mobilier contemporain, et 3 dortoirs lumineux et colorés à l'étage (3 ou 4 personnes).

***Chambres d'hôtes Maison Oyhanartia :** 64120 **Larceveau.** ☎ 05-59-37-88-16. 06-80-85-61-73. • contact@oyhanartia.com • oyhanartia.com • À env 15 km de Saint-Palais par la D 933 (bien indiqué). Congés : 1er janv-15 fév. Doubles 73-83 €. Repas 30 € tt compris.* Dans un cadre délicieusement champêtre, non loin des chemins de Compostelle et à mi-chemin entre Saint-Jean-Pied-de-Port et Saint-Palais, une ancienne ferme navarraise entièrement restaurée. Les chambres sont charmantes, et les parties communes sont tout aussi accueillantes, à commencer par le salon avec sa cheminée et sa bibliothèque.

À voir. À faire

***Le Centre d'interprétation des stèles discoïdales :** 64120 **Larceveau.** ☎ 05-59-37-81-92 (mairie). • steles-paysbasque.jimdo.com • Au sud de Saint-Palais, sur la D 933 (direction Saint-Jean-Pied-de-Port). Tte l'année, tlj 9h-19h. GRATUIT. Retirer une carte magnétique auprès des commerçants du coin pour l'accès.* Expo d'une centaine de stèles depuis le XVIIe s (la plus grande du Pays basque). Tout sur leur origine, leur histoire, leur symbolique et les rites funéraires (jusque dans les années 1950). Petites vidéos donnant des repères. Vraiment intéressant !

SAINT-PALAIS (DONAPALEU)

(64120) 1 900 hab. *Carte Basse-Navarre, B2*

Avec l'importante coopérative agricole qui regroupe plus de la moitié des agriculteurs du Pays basque, Saint-Palais est un des principaux centres de vie de la région. Tous les ans, le 1er dimanche après le 15 août, les plus beaux gabarits du pays se donnent rendez-vous ici pour les jeux basques : *aizkolari* (bûcheron), *soka tira* (tir à la corde), *lasto atlxari* (lever de paille)... Une manifestation à ne pas rater si vous êtes dans le coin.

La commune, outre Saint-Palais, se compose de villages épars le long de la Bidouze. Beaucoup sont des bouts du monde.

UN PEU D'HISTOIRE

Jadis, les pèlerins de Saint-Jacques, après avoir traversé le gave d'Oloron, se retrouvaient, non loin de Saint-Palais, à la croix de Gibraltar (c'est la déformation, par un cartographe zélé et français, du basque *Xalbador,* « le Sauveur »). De là, par la haute vallée de la Bidouze, ils pouvaient rejoindre Saint-Jean-Pied-de-Port pour entamer le passage des grands cols. Cette manne touristique permit le développement du pays dit « de Mixe » sous la houlette des Beaumont. Curieusement, malgré sa richesse agricole, le pays a suscité peu de convoitises de la part des potentats voisins. Il faut dire que ses forêts empêchaient toute incursion humaine.

Saint-Palais n'eut jamais qu'une ***importance commerciale et agricole.*** À l'écart des grands bouleversements de l'histoire, on y installa, au XVIe s, le siège du sénéchal de Navarre ; ce qui lui permet aujourd'hui de se parer du titre d'ancienne capitale de Basse-Navarre. Il y eut même un atelier où l'on battait monnaie.

Adresse utile

Bureau d'accueil touristique : *14, pl. Charles-de-Gaulle. ☎ 05-59-65-71-78. • saintjeanpieddeport-paysbasque-tourisme.com • En juil-août, lun-sam 9h-12h30, 14h-18h, dim 10h-13h ; hors saison, lun-ven 9h-12h30, 14h-17h30.* Des fiches individuelles de randonnée sont en vente ou disponibles en téléchargement gratuit sur le site.

Où dormir ? Où manger ?

Prix moyens

Hôtel de la Paix : *33, rue du Jeu-de-Paume. ☎ 05-59-65-73-15. • hopaix@wanadoo.fr • hotellapaix.com • Resto fermé sam, plus dim soir hors saison. Congés : 1 sem début juil, 1 sem mi-oct et 21 déc-28 janv. Double 71 € ; familiales. Formule et menu déj sem 14-16,50 € ; menus 23-35 €. Apéritif maison offert sur présentation de ce guide.* Entièrement reconstruit de haut en bas, un hôtel au confort moderne, pratique et agréable. Belles chambres donnant sur la place centrale ou avec balcon sur le jardin. Resto pour dépanner. Accueil néanmoins charmant. Et terrasse très agréable en été.

Le Trinquet : *31, rue du Jeu-de-Paume. ☎ 05-59-65-73-13. • letrinquet.saintpalais@orange.fr • Tlj sauf dim soir et lun (plus mar soir hors saison). Congés : vac de printemps, 2 sem fin sept-début oct et 2 sem déc-janv. Formule déj sem env 14 € ; carte env 35 €.* Bâtie en 1892, la maison est exploitée par la même famille depuis 4 générations. Jolie salle contemporaine et grande terrasse sur la place pour goûter à une franche et fraîche cuisine de terroir : palombe flambée au capucin (en saison), magret de canard, truitelles d'Iraty ou *parrillada* de poissons *a la plancha.* Également une cave et bar à vins *Le Bouchon Basque,* tout un programme.

Où dormir ? Où manger dans les environs ?

Auberge Mendibilenea : ***64120 Amorots.*** *☎ 05-59-65-85-11. • jean-pierre.darritchon@wanadoo.fr • location-gites-amorots.com • À 10 km au nord-ouest de Saint-Palais. Tlj midi et soir. Double 40 € ; familiale. Menu déj 13 € ; carte env 25 €.* L'intimité d'une simple auberge de campagne, mais avec une piscine. Cuisine traditionnelle, réalisée avec les produits de la ferme familiale. 4 chambres toute simples avec salle de bains (mais w-c sur le palier), à la déco un brin désuète mais convenables. Accueil chaleureux de la famille Darritchon.

À voir. À faire

Une ***balade dans la vieille ville*** vous permettra d'admirer quelques très belles maisons anciennes le long de la Bidouze (dont la maison des Têtes au 30, rue du Palais-de-Justice), et l'ancien palais de justice. Le ***trinquet,*** avec sa belle charpente métallique signée Gustave Eiffel, ne se visite malheureusement pas. Dommage, quand on sait qu'il a gardé ses tribunes et son horloge d'origine. Possibilité toutefois d'assister à un entraînement ou à une partie de pelote. Se renseigner auprès de l'office de tourisme.

Le musée de Basse-Navarre : *rue Gambetta. ☎ 05-59-65-71-78. • mubana.fr • Ouv avr-sept. Juil-août, tlj 14h30-19h, plus ven 10h-12h30 ; hors saison, jeu et dim 14h30-19h, ven 10h-12h30. Entrée : 3 € ; gratuit moins de 15 ans.* Petit musée associatif qui évoque l'histoire (de la préhistoire au XIXe s en passant par l'époque où l'on battait monnaie à Saint-Palais) et les traditions de cette région (pelote basque, chasse à la palombe, pèlerinage de Saint-Jacques-de-Compostelle...).

Manifestation

– ***Grand championnat de force basque :*** *le dim après le 15 août.* Un événement à ne pas manquer (voir « Sports » dans le chapitre « Hommes, culture, environnement » en fin de guide).

DANS LES ENVIRONS DE SAINT-PALAIS (DONAPALEU)

GARRIS (GARRUZE ; *64120)*

Un superbe village ancien, avec, au long d'une rue encore très médiévale, quelques très belles maisons navarraises.
Connu pour sa traditionnelle *foire aux chevaux,* le 31 juillet de chaque année (pour les bovins, venir le lendemain, le 1er août). Elle existe depuis le XIIIe s ! Les marchands viennent de toute l'Europe. On peut déguster le traditionnel repas aux anguilles sur réservation ou se restaurer auprès d'un des nombreux marchands ambulants.

Où dormir ? Où manger ?

Auberge Portalenia : *pl. du Foirail. ☎ 05-59-65-74-23. • portalenia@sfr.fr • auberge-portalenia.fr • Resto le midi seulement, et fermé sam hors saison (soir et w-e sur résa). Double env 62 €, petit déj compris. Casse-croûte et assiette-repas : 10 €. Menus 13 € (déj sem) et 25 €. Formule et menu w-e 22-45 €.* Dans un décor rustique à peine touché par le modernisme, un bon resto traditionnel avec terrasse panoramique. Gibier en saison. Dans la maison d'à côté, une chambre d'hôtes très simple, avec entrée indépendante. Accueil franc et sincère.

CAMOU (GAMUE)

Un village qui possède un beau **château** *(06-44-30-04-57 ; visite sur rdv tte l'année ; entrée : 4 €).* Datant du XVIe s, il est presque dans son état d'origine : une motte (XIe s), un fossé, une grosse ferme fortifiée flanquée d'une tour et une église. À l'intérieur, exposition de maquettes de machines réalisées d'après des dessins de Léonard de Vinci.

DE SAINT-PALAIS À PAGOLLE

La ***route de Lohitzun*** (fléchage à la sortie de Saint-Palais vers Saint-Jean-Pied-de-Port) est superbe. Vous passerez par des villages perdus, comme ***Larribar*** et ***Sorhapuru,*** avant d'atteindre Mauléon. L'arrivée sur la Soule est une merveille par grand beau temps.

LA SOULE (XIBEROA)

• Carte *p. 197*

Tous les Souletins vous le diront, la Soule se mérite. Si elle vous reçoit, et fort bien même, quand elle le veut, la Soule ne se livre pas si facilement. Ne vous attendez d'ailleurs pas à un accueil exubérant : le Souletin, Basque de la montagne, est poli mais réservé. Mais si vous comprenez et aimez la Soule, le reste du Pays basque vous paraîtra peut-être un peu fade.
Déjà, le relief et les forêts n'ont rien de commun avec les aimables paysages du Labourd, et l'architecture ressemble à celle des voisins béarnais. Et la Soule a conservé l'essentiel de l'âme basque : de l'ancestral jeu de rebot aux pastorales, toutes les vieilles traditions sont bien vivantes en Soule.

APPRENDRE LA SOULE

La Soule, c'est la vallée du Saison, affluent du gave de Pau. À l'est, du col de La Pierre-Saint-Martin jusqu'à L'Hôpital-Saint-Blaise, une chaîne de petites montagnes escarpées la sépare de la 1re vallée béarnaise, la vallée du Barétous. À l'ouest, la forêt d'Iraty et le massif forestier des Arbailles marquent la limite avec le pays de Cize, tandis qu'au sud le massif du pic d'Orhy la protège. C'est donc par le nord qu'on pouvait, traditionnellement, pénétrer en Soule. C'est aussi là que les ***vicomtes de Soule ont bâti leur forteresse et capitale, Mauléon,*** comme un verrou protecteur. Jouant habilement des rivalités des grands seigneurs voisins, le vicomte de Béarn, le roi de Navarre et le roi d'Angleterre, les Souletins se sont débrouillés tout au long du Moyen Âge pour ne dépendre de personne, ajoutant à leur sens diplomatique un réel mauvais caractère, un goût certain pour la bagarre et une fine utilisation d'un relief plus que tourmenté. Tout cela restant largement exact en ce XXIe s.

CARACTÈRE DE COCHON

Si les grands seigneurs de Navarre et de Castille ont fichu une paix royale aux vicomtes de Soule, c'est que ces derniers étaient protégés par leurs montagnes... et par leur sale caractère. Le nom de la ville de Mauléon vient ainsi du surnom de l'un de ces vicomtes : le « mauvais lion ». Il avait un lion sur son blason et prenait les armes à la moindre occasion !

10 SIÈCLES D'AUTOGESTION

Au Moyen Âge, les seigneurs de Mauléon avaient mis en place une forme de « démocratie » : la Soule était administrée par le *Silviet,* assemblée à laquelle participaient les représentants élus de toutes les paroisses. Comme dans tout le Pays basque, les terres appartenaient à tous, à l'exception d'un lopin par famille pour les légumes et la consommation personnelle. Le *Silviet* décidait des droits de parcours et de pacage, des coupes de bois, des reboisements, de l'utilisation de l'eau...
Ici, la montagne appartient à ceux qui en vivent. Alors, on a créé le syndicat de Soule qui regroupe tous les élus de la vallée et ne rend de comptes qu'aux habitants. De ce fait, pour un Souletin, les lois françaises n'ont pas à s'appliquer complètement et, en tout cas, pas si elles vont à l'encontre des coutumes. Et

quand on vous dit que la forêt est à tout le monde, il faut comprendre à tous les Souletins qui y vivent, pas à tous ceux qui y passent. C'est comme ça.
Alors, la ***chasse*** ? Ici, c'est un mal qui semble, hélas, nécessaire. Tous les ans, les cols sont loués à des chasseurs, venus le plus souvent de Bayonne, Pau ou Bordeaux. Le prix de ces locations représente près de la moitié des revenus du syndicat.
Alors, les routes qui envahissent la forêt ? Elles ont permis de faire tomber le monopole de la seule société de sciage qui avait pu installer un câble pour transporter le bois et qui donc coupait ce qu'elle voulait, où elle voulait et au prix qu'elle fixait. Véritable catastrophe écologique, pire en tout cas que l'invasion par les touristes motorisés. Aujourd'hui, le syndicat peut choisir les parcelles à exploiter et les faire payer un juste prix. Les coupes de bois représentent 40 % des revenus du syndicat.
Pourquoi cet argent ? D'abord, pour baisser au minimum le prix des droits de pacage des troupeaux. De ce fait, les ***bergers*** peuvent continuer à vivre en montagne et à fabriquer leurs fabuleux fromages. Et puis pour investir dans le tourisme. Les *Chalets d'Iraty* ont été construits par le syndicat, qui veut éviter la pollution de la forêt par le « mitage » des constructions. Les visiteurs sont fixés sur des sites et le reste de la forêt garde son aspect sauvage.

LE CŒUR DUR DE LA CULTURE

À Tardets, en été, on joue encore au rebot, le jeu de pelote le plus ancien, le moins accessible sans initiation, le moins spectaculaire. La Soule n'aime pas les fanfreluches. Et pourtant, dans un spectacle de danses basques, on reconnaît tout de suite un groupe de danseurs souletins à la variété et à l'éclat de leurs costumes, car ils sont les seuls à avoir conservé les costumes les plus anciens : vous reconnaîtrez sans peine le *zamalzain,* ou danseur-cheval, dont la taille est ceinte d'un cheval d'osier, et la *kantiniersa,* ou cantinière, avec sa courte robe rouge.
Essayer d'assister à une pastorale ou, du moins, à une partie de pastorale (honnêtement, 3h à 4h de spectacle en basque, c'est long !). Fondamentalement, il s'agit de représenter la lutte du Bien (les bleus) contre le Mal (les rouges) au travers de l'Histoire. Préparée, répétée et jouée par tout un village, la ***pastorale*** n'a que très peu varié depuis le Moyen Âge, même si les thèmes en sont actuels. Tout est extrêmement codifié. Pas de décor, les acteurs jouent de façon terriblement hiératique, le torse raide, l'œil perdu sur l'horizon. Seule la diction, soutenue par le chant, indique où l'on en est. Heureusement, les intermèdes dansés apportent un peu de vivacité dans le spectacle. C'est rigoureux et incompréhensible, comme le kabuki ou le théâtre nô japonais. On y trouve des diables et des anges, des soldats et des saints, un récitant et des musiciens.

DES DANSEURS HORS PAIR

Les Souletins étaient si bons danseurs que la Grande Armée les aurait sélectionnés pour distraire les grognards de Napoléon. Cela explique les nombreux détails napoléoniens ajoutés aux costumes anciens. D'ailleurs, la richesse et la beauté des danses souletines sont exceptionnelles. Il faut admirer les danseurs lors de la godalet dantza *: il s'agit de sauter et de retomber avec un seul pied sur un verre plein de vin sans le renverser !*

LE RALLYE DES CIMES

Chaque année en septembre, au grand dam des randonneurs, les montagnes de Soule grondent et rugissent : on y prépare et court le rallye des Cimes. Encore une histoire typiquement souletine qui alarme les écolos et mérite d'être connue.

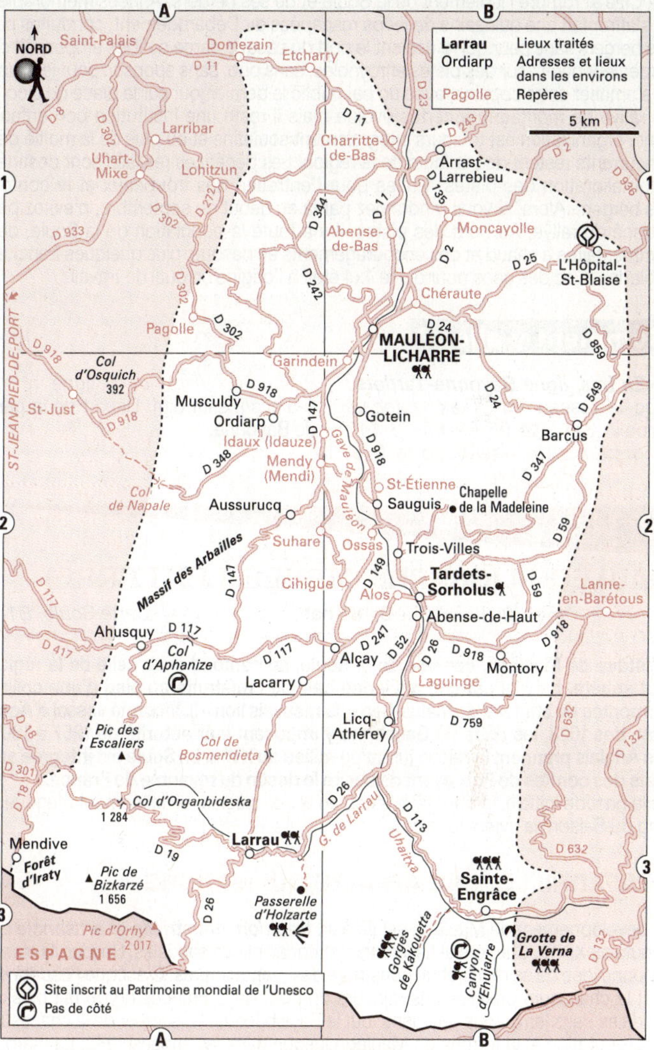

LA SOULE

En 1957, la Soule était parfaitement isolée. Une seule mauvaise route conduisait à Larrau. Iraty était impénétrable, et les bergers passaient plus de 6 mois isolés dans les alpages. Le syndicat était bien conscient de l'importance de désenclaver la Soule, mais il fallait en convaincre le gouvernement. C'est alors que Sauveur Bouchet, à l'époque maire de Licq et toujours figure de la région, eut l'idée d'organiser une ***course de jeeps entre bergers,*** afin de prouver que l'on pouvait relier la Soule à la Cize et rompre l'isolement de la Soule et de ses bergers. Années mémorables où s'affrontait une quinzaine de jeeps rescapées du Débarquement, conduites par des bergers sans peur qui refusaient le port du casque parce qu'il les empêchait de garder leur béret ; sur des pistes effroyables, sans pub, sans sponsor, pour le plaisir de s'amuser entre copains, avec un bal public le dernier jour sur la place de Licq. Ce rallye de montagne a certes évolué mais il reste une institution bon enfant, dont l'organisation est toujours intégralement souletine et où plus de la moitié des concurrents restent des enfants de la région. Les bénéfices réalisés sont destinés à l'amélioration des pistes, vitales pour l'entretien des troupeaux et le confort des bergers. Alors, si vous randonnez par là au début de septembre, n'évitez pas le tracé du rallye. Au bord des pistes, il y a toute la population de la Soule, des commentaires à chaud et des encouragements en basque, plus quelques franches rigolades avec des gens pour qui le 4x4 était à l'origine un outil de travail.

Comment y aller ?

➢ ***En bus, ligne Bayonne-Tardets :*** avec le réseau *Txik Txak (autocars Hiruak Bat, ☎ 05-59-65-73-11 ; • communaute-paysbasque.fr •, rubrique « Vivre ici »),* ligne n° 11. 1-5 bus/j. sauf dim. Départ de la gare de Bayonne.

MAULÉON-LICHARRE (MAULE-LEXTARRE)

(64130) 3 185 hab. *Carte Soule, B1-2*

L'histoire de Mauléon, capitale de la Soule, se confond avec celle de la région tout entière. La ville est une ancienne bastide construite au pied d'une colline surmontée du château de Malus-Leo (« le mauvais lion » !). Vicomté vassal d'Aquitaine dès 1023, les ducs de Gascogne y imposent leur autorité de 1257 à 1307. Les Anglais prennent la relève jusqu'au milieu du XVe s. La Soule est intégrée aux États des comtes de Foix avant de suivre le destin du royaume de France.
De la bastide initiale, la bourgade s'est, au fil des siècles, sérieusement étendue le long du Saison (la rivière locale).

L'ESPADRILLE, UNE AFFAIRE QUI MARCHE

Le développement de Mauléon est lié à sa ***tradition industrielle et artisanale*** qui débuta au XIXe s. Cordiers et tisserands fabriquaient des sandales. Un jour, ils eurent la bonne idée de se réunir et de construire des manufactures. C'est que ***l'espadrille*** était la chaussure préférée des mineurs du nord de la France : on portait plus de sandales dans les corons que dans tout le Pays basque. Le secteur de la chaussure fit la réputation et la fortune de Mauléon jusque dans les années 1960. La marque *Pataugas*, née ici, équipa l'armée française et devint un nom commun, tant la production était importante. Malgré la concurrence étrangère, l'activité s'est maintenue avec des fabriques d'espadrilles qui fournissent 80 % de la production française.

Adresse utile

ℹ ***Office de tourisme :*** *10, rue J.-B.-Heugas. ☎ 05-59-28-02-37. • en-pays-basque.fr • Juil-août, lun-sam 9h-13h, 14h-19h ; dim 10h-12h30. En basse saison, lun-sam mat. Fermé Toussaint-Pâques (ouv pdt vac scol).* À l'étage, expos temporaires autour des arts et traditions populaires.

Où dormir ? Où manger ?

Camping

Uhaitza – Le Saison : *867, route d'Argouague, Gotein-Libarrenx. ☎ 05-59-28-18-79. • camping.uhaitza@wanadoo.fr • camping-uhaitza.com • À la sortie de Mauléon en direction de Tardets. Ouv début avr-début nov. Forfait pour 2, env 15-22 €. Chalets et mobile homes. 50 empl. Bibliothèque gratuite sur présentation de ce guide.* Un camping bien équipé et agréablement situé en bordure de la rivière du Saison. Calme, ombragé, coquet, très fleuri. Baignade (piscine chauffée) et pêche sur place. Snack-bar, billard, ping-pong, baby-foot... et bon accueil.

Prix moyens

Hôtel Domaine Agerria : *3, rue du Frère-Alban. ☎ 05-59-19-19-19. • contact@domaine-agerria.com • domaine-agerria.com • À env 1,5 km au nord-ouest du centre. Resto tlj sauf mer, sam midi et dim soir. Doubles 70-90 € ; familiales. Formule et menu déj sem 18-24 € ; carte env 40 €. Digestif maison offert sur présentation de ce guide.* Sur une colline surplombant la ville, au cœur d'un domaine de 100 ha (dont une partie accueille, depuis peu, un vignoble), un ancien monastère superbement restauré et transformé en complexe hôtelier de grand confort. Les chambres, de style très contemporain, avec parquet flottant et douche à l'italienne, offrent, pour beaucoup, une vue dégagée sur la vallée, et sont d'un excellent rapport qualité-prix. Resto qui se tient bien.

Auberge Etcheto Ostatia : *14, rue de Béla. ☎ 05-59-28-29-81. • arnaud.etcheto@orange.fr • Dans le vieux Mauléon. Fermé mar soir (hors saison) et mer. Congés : 2 sem fin août. Formule déj sem 16 € ; carte env 30 €. CB refusées.* Au cœur de la vieille bastide, face aux halles, sous les arcades, un café-bar au décor typiquement souletin : grande cheminée, vieux cuivres qui brillent, comptoir en bois usé par les coudes qui s'y sont frottés... Assiette maison (charcuterie plus un verre d'irouléguy) pour les plus pressés. Cuisine de saison, savoureux agneau de la ferme.

Euskalduna : *4, rue Pasteur. ☎ 05-59-28-23-35. • euskalmaule@gmail.com • Dans le centre. Tlj sauf lun-mar. Congés : 2de quinzaine d'oct. Formule déj sem 16 € ; carte env 30 €.* Une adresse à la fois solidement enracinée dans la tradition locale (menus et carte sont en version basque) et en plein dans son époque : déco un brin design (à la scandinave) et jolie cuisine d'un tout jeune chef, riche de bonnes idées, à base de superbes produits du coin.

Où dormir ? Où manger dans les environs ?

Chambres d'hôtes Azkena : *ferme Algaetcheverry, 64130* ***Arrast-Larrebieu.*** *☎ 05-59-28-85-34. 📱 06-16-99-62-60. • cthazkena@orange.fr • chambresdhote-azkena.fr • À 8 km au nord de Mauléon. Doubles 75-99 € ; familiales. Repas 20 €.* Sur une butte, une ancienne ferme, au milieu d'un grand jardin, dans un environnement vert reposant (piscine – d'eau salée – chauffée). Chambres spacieuses, sobres, avec une entrée indépendante. Immense salle à manger, avec longue table conviviale et cuisine ouverte. Les proprios adorent régaler leurs hôtes et partager leurs bonnes recettes de terroir.

À voir

Le château d'Andurain de Maytie : *1, rue du Jeu-de-Paume ☎ 05-59-28-04-18. En plein centre. Ouv de juil aux Journées du patrimoine, tlj sauf jeu et le mat des* *dim et j. fériés. Visites guidées seulement, à 11h, 15h et 16h15. Tarif : 6 € ; réduc ; gratuit moins de 12 ans.* De style Renaissance, il fut construit par l'évêque d'Oloron, Arnaud Ier, descendant de Pierre de Maytie, violent défenseur de la foi catholique face au protestantisme (dont les descendants habitent toujours le château). Petit chef-d'œuvre de l'architecture du XVIIe s, cette demeure en pierre encadrée de 4 tours est recouverte d'une toiture de bardeaux de châtaignier. L'asymétrie des fenêtres à meneaux et le décentrage de la porte principale atténuent l'austérité de l'ensemble. À l'intérieur, dans le grenier, charpente exceptionnelle qui ressemble à une coque de bateau renversée, belle bibliothèque, meubles de famille...

Le vieux Mauléon : on peut se dégourdir les jambes sur la place centrale (bien en pente) de l'ancienne bastide avec ses halles au centre et ses vieilles maisons sur arcades tout autour.

Le château fort : *rue du Fort. Vac scol de printemps puis de mi-juin à fin sept, tlj 10h-13h, 15h-18h – 19h juil-août ; de mai à mi-juin, le w-e seulement ; fermé Toussaint-Pâques ; entrée : 3 €, réduc. Jeux en bois pour les enfants.* Château médiéval (XIIe s) joliment conservé. À l'intérieur, quelques panneaux (à l'ancienne) en racontent l'histoire. Attention à la tête lors de la visite (certaines pièces sont plutôt basses de plafond). Joli panorama sur la ville et la vallée depuis les tours.

L'AVENTURIÈRE

Si l'histoire a retenu les noms d'Isabelle Eberhardt ou d'Alexandra David-Neel, elle a oublié celui de Marga d'Endurain, épouse d'un des châtelains de Mauléon. Elle est pourtant une des grandes aventurières du XXe s : 1re femme occidentale à tenter de pénétrer dans la cité sainte de La Mecque... Un parcours hors normes qui s'est achevé tragiquement, à l'automne 1948, dans la baie de Tanger.

En attendant l'ouverture annoncée d'un musée, certaines ***fabriques d'espadrilles*** se visitent comme : ***Prodiso,*** *route de Tardets, Z.A. ☎ 05-59-28-28-48. Juil-août, lun-ven 8h-12h, 13h-18h ; le reste de l'année, lun-ven 8h-12h, 14h-17h (18h juin et sept). Également une boutique dans le centre-ville, 3, rue du Jeu-de-Paume. ☎ 05-59-28-19-35. Mar-sam (tlj juin-août).*

Fête

– ***Fête de l'Espadrille :*** *15 août.* Messe chantée en basque (un grand moment), parties de pelote, danses souletines. Atelier de fabrication d'espadrilles installé sur la place des Allées.

DANS LES ENVIRONS DE MAULÉON-LICHARRE (MAULE-LEXTARRE)

LE COL D'APHANIZE

À une trentaine de kilomètres au sud-ouest de Mauléon, s'étire l'une des grandes voies de migration des oiseaux. De Mauléon on la gagne par la route via la vallée du Saison puis le massif des Arbailles : sublime parcours dans la forêt, puis dans un paysage de calcaire qui évoque les collines méditerranéennes avec, en bord de route, des houx arbustifs bicentenaires. Dans le ciel, les vautours planent.
Après avoir longé le col (au pied du pic de Behorleguy) par une route en belvédère, on peut plonger vers Behorleguy pour rejoindre Saint-Jean-Pied-de-Port ou Iraty.

L'HÔPITAL-SAINT-BLAISE (OSPITALE PIA ; *64130)*

Joli et tranquille village où s'offrir un détour quasi obligé pour son église.

L'église : *☎ 05-59-66-07-21. • hopital-saint-blaise.fr • D'avr à mi-nov, accueil dans l'église tlj 10h-19h ; le reste de l'année, accueil à la mairie lun-ven 9h-17h. GRATUIT. Visite audioguidée avr-nov (participation libre). Son et lumière de 20 mn, avr-nov, tlj à 11h, 12h, 14h, 15h, 16h, 17h, 18h et 18h30 ; entrée 5 €, réduc.* Un édifice assez proche du sublime, sur les chemins de Saint-Jacques-de-Compostelle, donc inscrit au Patrimoine mondial de l'humanité par l'Unesco. De l'ancienne fondation hospitalière du XIIe s, et qui accueillit des générations de pèlerins, seule cette église subsiste. Monument unique dans la région, c'est un bel exemple du fonctionnement des influences hispano-mauresques sur le *Camino.* Érigée entre les XIIe et XIIIe s, l'église est de style roman sur un plan en forme de croix grecque, ce qui témoigne d'un christianisme ancien, les Wisigoths préférant la croix grecque à la croix latine. Le clocher octogonal recouvre une remarquable coupole à 8 branches d'influence nettement arabe : les architectes européens étaient fascinés par la hauteur du minaret octogonal de Cordoue. L'empreinte mudéjare est accentuée par les ouvertures trilobées et les fenêtres à dalles de pierre ajourées de motifs géométriques.

GOTEIN (GOTANE ; *64130)*

Son ***église*** est l'une des plus belles du type souletin, caractérisé par une façade trinitaire (à 3 pointes, quoi !). Datant du XVIe s, ce clocher-calvaire typique de la Soule évoque la crucifixion du Christ entouré des 2 larrons. À l'intérieur, intéressant mobilier, retable et une belle Vierge berçante. Quelques stèles discoïdales dans le cimetière.

Où dormir ? Où manger dans le coin ?

Chambres d'hôtes Maison Biscayburu : *64470* ***Sauguis.*** *☎ 05-59-28-73-19. 06-10-55-14-04. • informations@chambres-hotes-pays-basque.com • chambres-hotes-pays-basque.com • À env 5 km au sud de Gotein. Doubles 70-90 €.* Une jolie maison souletine traditionnelle (1880), blanche au toit d'ardoises, accueillante en diable. En surplomb du village, très jolie vue sur la montagne de la Madeleine. À l'étage, 4 chambres d'hôtes joliment et sobrement décorées. Savoureux petit déj maison (servi dans l'ancienne étable, produits maison), normal chez un ancien boulanger ! Également une piscine dominant le paysage.

Auberge Xokottua : *route de Tardets, à Gotein. ☎ 05-59-28-25-75. Fermé mar soir et mer, plus lun soir hors saison. Congés : 2 sem fin déc. Menu déj en sem 13 € ; autres menus 24-27,50 € ; carte 25-30 €.* Un peu en retrait de la route, une halte salutaire, depuis un bon quart de siècle. Cadre plaisant. Bonne cuisine régionale (les amateurs de ris d'agneau vont se régaler). Bons *piquillos* farcis à la morue. Cidre basque à la pression. Terrasse.

TROIS-VILLES (IRURI ; *64470)*

Le château Elizabea : *entrée par le parking de l'église. ☎ 05-59-28-54-01. Avr-mai, juil et sept, visite sam-lun 10h30-12h, 14h30-18h30 ; août, lun mat seulement 10h-12h. Fermé en juin et de mi-sept à fin mars. Entrée : 5 € ; réduc ; gratuit moins de 18 ans.* Il a été construit au XVIIe s par Arnaud du Peyrer, comte de Trois-Villes, celui qui a (sous le nom de M. de Tréville, dans le roman) réuni les fameux 3 mousquetaires, immortalisés par Alexandre Dumas. La visite guidée évoque ce Trois-Villes, mais aussi quelques hôtes célèbres du château comme Mme de Sévigné et Louis XIV.

BARCUS (BARKOXE ; 64130)

Gros village sympa situé sur la D 24, entre Mauléon et Oloron. La commune est très étendue et les fermes isolées y sont nombreuses. Peut-être à cause de cela, ou du fait de sa situation géographique face au Béarn voisin, Barcus est aussi le village qui défend le plus farouchement l'antique culture basque. De là est partie la renaissance des mascarades et des pastorales. C'est la patrie du grand poète régional du XIXe s, Pierre Topet-Etxahun.

Où dormir ? Où manger ?

Hôtel Chilo : *68, rue Principale. ☎ 05-59-28-90-79. • contact@hotel-chilo.com • hotel-chilo.com • Juil-sept, fermé le midi lun-mar ; hors saison, fermé dim soir et lun-mar. Congés : janv. Doubles 73-102 € ; familiales. Formule déj en sem 16,50 € ; menus 35-45 €.* Les décennies passent, *chez Chilo* demeure ! Décor qui ne fait pas dans le design, où les meubles basques anciens trouvent naturellement leur place ; si l'hôtel a vieilli, le lieu reste calme et reposant. Jardin avec piscine privée. Cuisine classique aussi, mais dans le bon sens du terme. Souletin, le chef l'est jusqu'à la moelle : il connaît les fermes où il va chercher ses produits, les bois où poussent les champignons et où coulent les jolis ruisseaux à truites.

ORDIARP (URDIÑARBE ; 64130)

Village éclaté (pas moins de 21 quartiers, comme on dit au Pays basque). Très joli centre (maisons anciennes, église romane) où on croise inévitablement quelques pèlerins. Et ça fait 10 siècles que ça dure ! C'est l'abbaye de Roncevaux qui, en créant une commanderie à Ordiarp, a permis la création du village. Oui, mais pourquoi là ? N'y avait-il pas, au bord de la rivière, un lieu de culte plus ancien ? Le raconteur de pays, qui s'occupe du Centre d'évocation et fait visiter le village, vous parlera des mystères et légendes d'Ordiarp, des paysans qui ont reconstruit le clocher et des pèlerins qui se hâtaient pour rejoindre Roncevaux.
Dans les environs, la D 918 livre de remarquables points de vue, surtout au niveau du col d'Osquich.

Où dormir ? Où manger dans le coin ?

Camping à la ferme Landran : *quartier Larréguy. ☎ 05-59-28-19-55. 📱 06-32-49-57-26. • landran@wanadoo.fr • ferme-landran-location.com • ♿ À env 3,5 km au nord-est d'Ordiarp (fléché). Ouv de mi-avr à fin sept. Forfait pour 2, 13 €. 25 empl. Réduc de 10 % sur l'emplacement sur présentation de ce guide.* En pleine nature, dans un environnement idéal, avec de gentilles bébêtes. Accueil fort sympathique. La famille se met en quatre pour améliorer le confort des campeurs. 2 petits chalets à louer et un gîte de groupe. Petit déj à la demande.

Hôtel du col d'Osquich : *route du col d'Osquich, 64130* ***Musculdy.*** *☎ 05-59-37-81-23. • pantxoa.idiart@yahoo.fr • hotel-osquich-paysbasque.com • ♿ À env 8 km au nord-ouest d'Ordiarp. Doubles 62-80 € ; familiales. Menus 25-37 €.* Grand bâtiment posé au bord de la route du col (mais pas de fous du volant, la nuit). Chambres à la déco contemporaine, simplement confortables et avec vue

– superbe – pour la plupart. Généreuse cuisine basque à base de produits du coin. Palombes en saison puisque le col d'Osquich est l'un des hauts lieux de la chasse à cet oiseau (pas mal de chasseurs parmi les clients, donc, à l'automne). Piscine (couverte et chauffée) et fronton. Accueil sincèrement chaleureux.

LE MASSIF DES ARBAILLES

Carte Soule, A2

Massif forestier dense de hêtres et de châtaigniers, mais surtout domaine du karst qui offre effondrements brusques du sol, sources et résurgences, grottes et dolines (plus de 600 cavités recensées). L'incertitude du terrain, la densité des arbres font des Arbailles la forêt de tous les sortilèges. Mais si l'on ne croit plus que *Basajaun,* l'homme sauvage, erre sur ses sentiers, si l'on est presque certain que le loup et l'ours ont disparu, ce n'est pas pour autant qu'il faut s'y promener à la légère : le brouillard y tombe vite, et il est fortement déconseillé de s'éloigner des sentiers balisés. En échange de quoi, les Arbailles offrent une myriade de fleurs et une profusion de fougères. Des échappées sur des alpages quasiment méditerranéens où dominent l'ajonc et le houx, et des villages de bout du monde.

AUSSURUCQ (ALTZURUKU ; 64130)

La route commence à monter vers la forêt, et on atteint Aussurucq, superbe petit village de montagne, avec une église typiquement souletine et un château du XIIIe s, malheureusement fermé.

AHUSQUY (AHUSKI ; 64130)

Après Aussurucq, la route devient vraiment étroite, et les précipices vous font de l'œil. Mais les paysages, et surtout la végétation, méritent ce petit effort. Quand on sort de la forêt, après le plateau, pour peu qu'il y ait du soleil, c'est féerique. On arrive à Ahusquy et à sa source thermale, réputée dans la région pour tout guérir. On peut monter à la source en prenant le chemin derrière l'auberge (30 mn). Beau panorama sur les Arbailles et le col d'Apanise. Au retour de l'*Auberge d'Ahusquy* (voir « Où manger ? »), pour regagner Tardets, reprenez bien sûr la D 117, puis conservez-la à droite pour rejoindre la D 247 (Alcay). Délicieusement étroite, livrant nombre de points de vue enivrants.

Où manger ?

Auberge d'Ahusquy : *route d'Ahusquy, 64130* ***Aussurucq.*** *☎ 05-59-28-57-95 ou 05-59-28-57-27. Tlj (sauf lun de mai à mi-juin). Congés : déc-avr. Menus 23-37 €. CB refusées.* Depuis les années 1960, la famille Etchebarne fait, dans cette maison presque perdue dans la montagne, le bonheur des visiteurs comme des bergers alentour (et des chasseurs en octobre). De mère en fille, tout continue comme avant : ici ni l'accueil, simple et charmant, ni la nourriture, excellente et plus qu'abondante, n'ont changé. Foie chaud pommes-raisins et agneau de lait du pays plébiscités à l'année. Bons petits vins pas chers du tout. Le déjeuner sur la terrasse face à la vallée peut donner un avant-goût de (ce) paradis. Probablement le plus stupéfiant panorama de la Soule.

TARDETS-SORHOLUS (ATHARRATZE)

(64470) 660 hab. *Carte Soule, B2*

Gros bourg commerçant où vous trouverez tous les services. Jolie place centrale avec ses maisons colorées, à arcades. Tardets est la capitale du rebot, ce jeu de pelote magnifique et passionnant. Les autres disciplines vous paraîtront bien fades après.
Tardets a eu son heure de gloire au début du XXe s dans les industries de la laine et du cuir, ce qui explique son allure encore imposante. Mais la fin de millénaire a été dure... Ne manquez surtout pas la foire aux fromages en août, un rendez-vous haut en couleur.

Adresse utile

Office de tourisme : *rue Arhampia (près de la pl. Centrale). ☎ 05-59-28-51-28. • en-pays-basque.fr • Juil-août, lun-sam 9h-13h, 14h-19h et dim mat ; le reste de l'année, lun-ven 9h-12h30, 14h-17h30.* À l'étage, espace scénographique d'interprétation de la mythologie basque *(Herauskorritze)*. Incontournable !

Où dormir ? Où manger ?

Hôtel Piellenia : *pl. du Marché. ☎ 05-59-28-53-49. • piellenia@wanadoo.fr • hotel-piellenia.com • Resto fermé mar soir et mer hors saison. Doubles 54-71 € ; familiales. Formule déj en sem 16 € ; carte env 35 €.* Charmant petit hôtel de village, très simple et familial, dans une demeure de 1678. Les eaux tumultueuses du gave qui passe derrière l'hôtel berceront votre nuit. Des gens et un endroit accueillants, depuis plus de 30 ans déjà. Rendez-vous très populaire pour l'apéro et le dimanche matin. Cuisine de région, simple mais bonne.

Les Pyrénées : *pl. Centrale. ☎ 05-59-28-50-63. • abadiepatrick@sfr.fr • Tlj en saison ; hors saison, fermé le soir, mar et j. fériés. Menu du jour midi en sem 14 € ; autre menu 18,50 € ; carte env 30 €.* Cuisine régionale remise au goût du jour par un chef qui a repris le piano d'une maison attachante rachetée en 1954 par son boucher de grand-père. Si l'on trouve toujours à la carte (depuis 1972) l'omelette du curé, le hamburger du cuistot fait un malheur, et le gâteau basque est incontournable. Bons produits frais, belles saveurs, belles couleurs, aussi, pour apporter une touche de modernité dans les assiettes. Cheminée allumée en hiver pour réchauffer l'atmosphère.

Où dormir ? Où manger dans les environs ?

Camping du Pont d'Abense : Abense-de-Haut, *64470 Tardets-Sorholus. ☎ 05-59-28-58-76. 06-78-73-53-59. • camping.abense@wanadoo.fr • campingdupontabense.fr • À env 1 km au sud de Tardets. Ouv fév-nov. Forfait pour 2, 19,50-22 €. Loc de cabanons et chalets. CB refusées. 50 empl. Réduc de 10 % tte la période d'ouverture sur présentation de ce guide.* Petit camping très verdoyant, bordé par le Saison. Impeccablement tenu par une gentille dame qui vous aiguillera sur les randonnées à faire, la pêche en *no kill*, le sentier botanique, et la culture basque dans son ensemble. Sympathique et au calme. Des soirées basques au village de Tardets finiront de vous éclairer sur la région.

Hôtel du Pont d'Abense : *64470* ***Abense-de-Haut.*** *☎ 05-59-28-54-60. • contact@hotelrestaurant-pontabense.com • uhaltia.hotelrestaurant-pontabense.com • À 1 km de Tardets, sur l'autre rive du Saison. Resto tlj sauf dim soir et lun. Doubles 55-60 €. Menus 13 € (déj en sem)-26 €.* Bienvenue « chez » Paradis. Au bord de la rivière, le petit hôtel tel qu'on le souhaite : intime, paisible, dans un village un peu hors du temps. Accueil hors pair et bar chaleureux. Chambres adorables et calmes (dont 2 avec terrasse). Cuisine réputée pour sa goûteuse simplicité à base de bons produits. Terrasse bien agréable aux beaux jours.

Où acheter du bon fromage ?

Ferme Erbinia : *rue de la Madeleine. ☎ 05-59-28-51-61. Tlj.* Françoise Pitrau-Etchebarne produit son fromage à l'ancienne, contre vents et marées, sans donner à ses brebis autre chose que du foin et sans mettre de ferments dans ses fromages. Le fromage est donc plus fort, mais il vieillit plus lentement. Revers de la médaille : chaque fromage est différent, certains sublimes, d'autres moins bons. Mais, comme dit Françoise, la constance, c'est pour l'industrie. Également vente de yaourts de brebis, de Noël à fin juillet.

Manifestation

– ***Foire aux fromages :*** *3e jeu d'août.* Elle regroupe tous les producteurs de Soule et du Barétous. À ne pas manquer, c'est un marché vraiment haut en couleur.

DANS LES ENVIRONS DE TARDETS-SORHOLUS (ATHARRATZE)

MONTORY (MONTORI)

À 6 km de Tardets, sur la route d'Oloron-Sainte-Marie (à la limite du Pays basque et du Béarn), petit village assez coquet, au pied de la montagne « d'Arguibel », bien connue des amateurs d'escalade... Son imposante église du XIIe s est remarquable par sa hauteur de voûte ornée de fresques.

LA CHAPELLE DE LA MADELEINE (MAIDALENA)

Prendre dans Tardets la route de Barcus (D 347). Après 4 km, l'embranchement à gauche est en principe indiqué. Depuis le pourtour de cette petite chapelle (du XVe à l'origine), le point de vue est somptueux : les 2 pics du Midi, le pic d'Anie, le pic d'Orhy, et au loin, les montagnes de Navarre.

ALÇAY-ALÇABÉHÉTY-SUNHARETTE (ALTZAI- ALTZABEHETI-ZUNHARRETA ; 64470)

Une commune constituée de 7 quartiers (comme on dit ici), au fin fond de la vallée d'Ibar-Eskun, à 7 km de Tardets, en suivant l'Aphoura (petite rivière à truites, mais chut... seulement pour les initiés !). Découvrez au fil du chemin les magnifiques petites églises romanes avec leurs stèles discoïdales. Possibilité de relier Larrau en passant par *Bostmendietta* (route goudronnée). Suivre la D 247 depuis *Alos-Sibas-Abense* et toujours tout droit. Magnifique point de vue (table d'orientation), nombreux *cayolars* (cabanes de bergers) et une palette de verts à vous couper le souffle ! Attention, parfois la voiture est presque aussi large que la route... On prie alors que personne ne déboule en face. Une sensation de sauvage solitude assez poignante.

Où camper ? Où manger ?

Camping à la ferme Sobieta : Alçay. *☎ 05-59-28-52-26. • bas saber.francoise@wanadoo.fr • cam pingalaferme-sobieta.fr • Entre Mauléon et Tardets, direction Ahusquy. Ouv avr-nov. Forfait pour 2, env 13,50 €. CB refusées. 6 empl.* Des emplacements en pleine campagne, à flanc de vallon... Tout confort, dans un magnifique cadre d'un vert presque fluo. Location de tentes. La vie et les travaux de la ferme (traite des brebis, fabrication du fromage) sont expliqués et partagés par les propriétaires. Ils vous emmènent même voir leur troupeau et leur *cayolar.* Et si vous leur demandez depuis quand ils sont là, ils vous répondent : « Toujours ! »

Chez Primus : *D 24, Lacarry,* ***64470 Lacarry-Arhan-Charritte-de-Haut.*** *☎ 05-59-28-54-87. Mieux vaut téléphoner avt. Menus 13-23 € ; carte 20-25 €.* Une solide maison au pied de la montagne, des prix d'avant-guerre et une bonne cuisine traditionnelle : truitelle, ris d'agneau, omelette aux cèpes, sans oublier le *pignolet,* un flan maison dont vous nous donnerez des nouvelles. Casse-croûte à toute heure. Accueil chaleureux.

LA SOULE

LICQ-ATHÉREY (LIGI ATHEREI *; 64560)*

Ce joli village posé au bord du Saison, abrite 2 églises anciennes avec d'intéressants retables du XVIIIe s. Admirer également l'architecture hardie du pont sur le torrent. Il lui manque une pierre : faites-vous raconter l'histoire du lutin et du type qui, en allumant une bougie dans un poulailler, fit croire à un coq qu'il faisait jour...

Adresse utile

Pyrénées Aventures Nouvelles : *06-19-55-59-87. • pyrenees-aventures-nouvelles.com •* Spéléo, canyoning, escalade, randonnée... Idéal pour découvrir les arrondis de cette région de piémont.

Où dormir ? Où manger ?

Café-bar Alfitcha : *à* ***Licq.*** *06-44-83-17-56. • jeanpe.laffargue@orange.fr • Resto fermé sam. Congés : 25 déc-20 janv. Double 50 €, petit déj inclus. Au resto, formules 13-16 € (vin et café compris).* Accueil « comme à la maison ». Agna vous fait goûter sa cuisine simple et authentique. Jean-Pé vous fera découvrir « le meilleur fromage de haute Soule ». Lieu de rendez-vous depuis une trentaine d'années des pêcheurs et des chasseurs. Pause casse-croûte à toute heure pour les grands appétits et à petits prix : omelette aux cèpes, *tripotxa,* piperade, truitelles, etc. On sait quand on y arrive, mais, en partir, c'est autre chose... 1 chambre d'hôtes si, justement, vous n'arriviez plus à repartir.

LARRAU (LARRAINE) (64560) 240 hab. *Carte Soule, A3*

« Des montagnes qui se découpent au ciel avec une netteté absolue et cependant noyées dans je ne sais quoi de diaphane et doré. » Pierre Loti

semble avoir écrit ces lignes en souvenir de Larrau. Le village, accroché au flanc de la montagne au-dessus des rives du gave qui porte son nom, est dominé par le pic d'Orhy. Celui-ci culmine à 2 017 m d'altitude (belle randonnée de 4h aller-retour). Sur ses pentes sont disséminées des fermes, et, plus loin, on entend tinter les clochettes des troupeaux au milieu des *cayolars,* des bordes et des palombières. 2 ourses slovènes ont récemment été relâchées dans le coin (et vous comprendrez rapidement que tout le monde, ici, n'en est pas franchement ravi). L'église, reconstruite au XVIIe s, présente une abside romane et une belle Vierge polychrome.

Où dormir ? Où manger ?

Camping

Camping Ixtila : *à l'entrée du village. ☎ 05-59-28-63-09. 📱 06-74-20-35-28. • lysianefilhol@sfr.fr • Ouv avr-fin oct. Forfait pour 2, 14,50-18 €. Mobile homes et chalets. CB refusées. Env 40 empl. Réduc de 5 % sur présentation de ce guide.* Petit camping rustique avec des emplacements en terrasses jouissant d'une très belle vue sur la vallée. Vente de produits des fermiers locaux.

De bon marché à prix moyens

Chambres d'hôtes Chez Despouey : *au centre du village. ☎ 05-59-28-60-82. • chambresdespouey.weebly.com • Congés : nov-avr. Double 45 € ; petit déj en sus : 6 € ; familiale.* Cette grosse demeure blanche est un ancien hôtel (qui a conservé sa partie bistrot de village) transformé en une maison d'hôtes fort bien tenue. Chambres toutes simples mais confortables. Accueil très amical.

Chambres d'hôtes Etcheto : *au centre. ☎ 05-59-28-63-22. 📱 06-89-76-37-78. • jeannetteetcheto@gmail.com • Congés : déc-fév. Doubles 60-62 € ; familiale.* Au cœur du village, une maison d'une belle simplicité, dotée de 2 jolies chambres. On y est accueilli avec énormément de gentillesse. Vente de produits de la ferme.

Hôtel Etchemaïté : *☎ 05-59-28-61-45. • contact@hotel-etchemaite.fr • hotel-etchemaite.fr • Tlj sauf lun, plus dim soir hors saison. Congés : de janv à mi-fév. Doubles 65-90 €. Formule déj sem 20 €. Menus 28-48 €. Café offert sur présentation de ce guide.* Que c'est beau la Soule vue de la salle à manger de la ferme Barnetchia. Quoique, pour être honnête, on regarde plutôt ce qu'il y a dans l'assiette. En s'appuyant sur la trilogie souletine (agneau, cochon et cèpes), le chef travaille une cuisine simple et sophistiquée à la fois à base de superbes produits, très, très locaux. Les chambres sont à la hauteur de la table (les plus chères ont balcon avec vue).

À faire dans les environs

La passerelle d'Holzarte : *compter 1h env, à pied jusqu'à la passerelle ; possibilité de faire le tour des gorges (4h).* Ça grimpe sec ici ou là (bonnes chaussures obligatoires), il n'y a pas beaucoup d'ombre et, pour en finir avec la liste des recommandations, il y a foule sur ce sentier aux beaux jours. Depuis l'*Auberge Logibar,* le sentier balisé s'avance le long des ***gorges d'Olhadubi*** que le torrent a taillées dans le calcaire, pour donner des parois lisses et des profondeurs vertigineuses pouvant atteindre 300 m. Le but de la balade est de rejoindre cette spectaculaire passerelle tendue à 180 m au-dessus du vide. Là, on est moins fier !

LA FORÊT D'IRATY

Carte Soule, A3

Partagée à parts inégales entre l'Espagne (18 000 ha, la partie la plus sauvage), la Soule (1 200 ha) et un morceau de la Basse-Navarre (1 000 ha), cette forêt offre quand même, côté France, quelques beaux secteurs peuplés de hêtres, de noyers, de bouleaux et de sapins. Longtemps, elle fut exploitée pour fournir en mâts la marine royale. L'exploitation forestière commença à donner des signes d'épuisement au XVIIe s. Les frontières n'étant pas encore fixées de manière précise, les rapports entre bûcherons espagnols et français devinrent assez houleux. Au XVIIIe s, alors qu'on était à 2 doigts de la guerre, un traité attribua à la France un secteur bien délimité de la forêt.
Aujourd'hui, si les loups et les ours ont disparu d'Iraty, les amoureux de la faune peuvent encore observer des coqs de bruyère (plus que discrets), des grives ou des piverts. Voire, quoique plus rarement, des sorciers qui continuent, paraît-il, à hanter les futaies.

Où dormir ? Où manger dans la région ?

Camping

⛺ ***Camping d'Iraty :*** *3 km après le col (en venant de Larrau). Accueil au bureau des Chalets d'Iraty. Ouv juin-oct. Forfait pour 2, 11-13 €. 50 empl.* Jolie aire naturelle de camping dans un sous-bois. Très simple, très nature. On peut profiter des équipements des *Chalets d'Iraty* (à 2 km, lire ci-dessous) : laverie, cuisine équipée...

Prix moyens

Les Chalets d'Iraty : *au col d'Iraty. ☎ 05-59-28-51-29 ou 05-59-28-55-86 (resto). • info@chalets-iraty.com • chalets-iraty.com • Tte l'année. Resto tlj pdt vac scol ; hors vac, fermé dim soir et lun-mar. Quelques doubles 55-70 € ; lit en gîte d'étape 15 €/pers. Chalet (2 pers ; 2 nuits min) 95-200 €, à la sem seulement vac d'hiver. Au resto, carte env 30 €.* Un village-vacances de 35 chalets très bien équipés pour 2 à 12 personnes. Location à la semaine ou au week-end. L'un d'entre eux fait gîte d'étape, 3 autres sont aménagés en chambres hôtelières. Au bureau d'informations, location de VTT électriques, équitation, personnel accueillant et de bon conseil. Resto sur place : cuisine très basique et un peu chèrement facturée. Mais on peut profiter, à l'heure de l'apéro, d'une terrasse avec une vue époustouflante.

Le Chalet Pedro : *forêt d'Iraty, 64220* ***Mendive.*** *☎ 05-59-28-55-98. • contact@chaletpedro.com • chalet pedro.com • Sur la D 19, à l'ouest d'Iraty. Bien indiqué. Resto fermé mar hors saison. Congés : 11 nov-Pâques (ouv pdt les vac de Noël). Résa vivement conseillée, et indispensable en moyenne saison. Gîtes 350-550 €/sem (max 6 pers), dispo au w-e en basse saison. Menu 25 € ; carte env 30 €. CB refusées.* En pleine nature, en lisière de la forêt, au bord d'un torrent. Prodigue une cuisine réputée et copieuse (les forestiers qui le fréquentent ont un bon coup de fourchette) : côtes de bœuf ou de mouton grillées, omelette aux cèpes, assiettes de jambons espagnols, etc. Petite carte des vins, très régionale. Gîtes confortables (spa) et bien entretenus.

À faire

Randonnées : le coin en fourmille. Quelques classiques à faire en famille comme le ***sentier d'interprétation Erreka Idora*** pour découvrir la forêt (et quelques-uns de ses secrets). Pause casse-croûte et pique-nique possible aux *Casas d'Iraty*, côté espagnol.

➢ ⇜ La ***crête d'Organbideska*** (1 445 m) est également une rando plutôt facile. Très jolie vue de là-haut.

➢ ⇜ Panorama garanti également après la montée jusqu'au sommet du ***pic de Bizkarzé*** (1 656 m). Autres sommets sur lesquels grimper, le ***pic des Escaliers*** et le ***mont Occabé*** (1456 m) avec ces cromlechs (alignements de menhirs) laissés là par les hommes du Néolithique, un peu le Stonehenge basque. Grimpette également conseillée jusqu'au sommet du ***mont Beyra.*** Et autour de la forêt d'Iraty, cols (celui d'***Organbidexka*** est LE spot du coin) et sommets sont également des endroits stratégiques pour l'observation des oiseaux migrateurs. Ils offrent quelques-uns des plus beaux points de vue des Pyrénées. Stages et séjours d'observation ornithologique *(rens à l'association LPO Aquitaine, Erdoia, 64120 Luxe-Sumberraute ; ☎ 05-59-65-97-13 ; • migraction.net •).*

Plusieurs circuits ***VTT*** également dans et autour de la forêt. Dont le Grand Tour d'Iraty.

SAINTE-ENGRÂCE (SANTA GRAZI)

(64560) 196 hab. *Carte Soule, B3*

Le village le plus typique de la haute Soule et celui qui garde le plus ses particularismes. Aujourd'hui, ce village est désenclavé vers l'est (par la route qui tournicote entre le col de Suscousse et Arette-Pierre-Saint-Martin). Paysage tout à fait remarquable. Plus de 60 virages sont nécessaires pour effectuer les 11 km séparant Sainte-Engrâce de la route Larrau-Licq. Environ 100 fermes tachent de pois blancs la robe verte de la vallée. Une curiosité : elles sont toutes visibles l'une de l'autre, héritage de l'époque où l'on pouvait avoir besoin de son voisin (et de le prévenir également de l'arrivée des gabelous !). Le conseil des familles conserve une forte autorité sur les habitants.

LA CRÈME DES BASQUES

Selon une étude du département d'ethnologie de l'université d'Oxford, c'est la toute petite commune de Sainte-Engrâce qui a la réputation d'avoir su maintenir fermement ses traditions. Il paraît que ça en a fait râler plus d'un outre-Pyrénées, les Basques espagnols étant plus de 2 millions !

Où dormir ? Où manger ?

Camping Ibarra : *quartier Les Casernes. ☎ 05-59-28-73-59. • errecarret.maryse@wanadoo.fr • ibarra-chantina.com • Ouv Pâques-fin oct (gîtes tte l'année). Forfaits pour 2, 13-14 €. CB refusées. 40 empl. Café offert sur présentation de ce guide.* Bien situé au bord du gave de Sainte-Engrâce. Bien ombragé, en plus. Sur place, 2 gîtes (jusqu'à 5 personnes). À proximité, pêche, baignade dans les gaves, canyoning, escalade, spéléologie et pas loin du GR 10. Très bon accueil.

Auberge Elichalt : *devant l'église. ☎ 05-59-28-61-63. 06-83-69-70-54. • a.burguburu@wanadoo.fr • gites-burguburu.com • Tlj sauf dim soir hors saison. Congés : de mi-nov à fin déc. Compter 9 € pour camper. Nuitée 16 €/pers. Chambre d'hôtes env 55 € pour 2. Déj env 15 € ; table d'hôtes le soir 20 €, café et vin compris.* Cette auberge à l'ambiance familiale abrite un gîte d'étape de 15 places. Juste à côté, 5 belles chambres d'hôtes. On peut aussi planter sa tente dans le jardin. Au resto, cuisine familiale locale et généreuse, servie sans façon. Accueil chaleureux.

Auberge Berriex : route de La Pierre-Saint-Martin. ☎ 05-59-28-60-54. • desperbenmireille@yahoo.fr • Ouv le midi tlj, plus le soir en juil-août. Congés : déc. Menu env 14 € ; carte env 25 €. Petite auberge blottie contre sa montagne, à 800 m au-dessus du village, dans un superbe environnement. Salle chaleureuse où l'on vous servira une cuisine traditionnelle locale bien troussée. Terrasse ombragée sympa sur l'avant ou dans le jardin aux beaux jours.

À voir

***L'église** : 2 € pour l'éclairage et la sonorisation (chants basques).* Construite au XIe s et restaurée au XIXe s sous la pression insistante de Prosper Mérimée, elle présente l'originalité d'avoir un clocher décalé et un toit dissymétrique. Le chœur et ses 2 absides sont en très belle pierre du pays. Les énormes piliers, ornés à la base de têtes d'animaux, offrent une vingtaine de remarquables chapiteaux polychromes pleins de fantaisie : des centaures qui chassent à courre, un ours qui danse avec des jeunes filles, eh oui, sur l'un, on dirait bien un couple faisant l'amour (c'est la rencontre de Salomon et de la reine de Saba). Bref, cette église vaut le détour. Dans le cimetière, à gauche du porche en sortant, intéressante série de stèles discoïdales.

LA SOULE

***La Verna** : espace Arrakotxepia, quartier Calla, sur la D 113 (très bien fléché). 06-37-88-29-05. • laverna.fr • Accès à l'entrée de la grotte depuis le bâtiment d'accueil à pied (compter 2h l'aller et 1h30 le retour ; la montée est raide !) ou en navette (incluse dans le billet d'entrée, compter 20 mn). Ouv tte l'année ; en saison, tlj 8h-20h (dernière visite à 17h). Sur résa. À partir de 5 ans. Visite : 17 € (1h), 22 € (1h30) ou 27 € (2h) ; réduc ; 5 € de moins en y allant à pied. Visite aventure spéléo et engagement d'un guide sur demande. Prévoir chaussures et vêtements adéquats : il fait 6 °C dans la grotte et l'humidité relative y est de 100 % !* Partie intégrante de l'immense réseau souterrain de La Pierre-Saint-Martin (voir dans le chapitre « Le Béarn ») et formée il y a plus de 200 000 ans, la Verna a été découverte en 1953, par 3 spéléologues lyonnais qui pensaient, après avoir complètement traversé le massif, avoir débouché à l'extérieur. Sinon qu'en haute Soule, à 18h30 et en plein mois d'août, il fait rarement nuit noire... C'est dire l'ampleur de cette salle, la plus grande au monde ouverte au public : 245 m de diamètre, 193 m de hauteur, 5 ha de superficie et 3,6 millions de mètres cubes de volume. Impressionnant, non ? Mais il faut tout le talent du guide-spéléologue pour que le visiteur prenne vraiment conscience de l'immensité de cette cavité. Parce que sous terre et à la seule lumière des lampes frontales, on perd vite ses repères. Surtout quand on vient de traverser, dans l'obscurité et dans un courant d'air presque glacial, 660 m d'un tunnel creusé en 1960 par EDF dans le cadre d'un projet de captage de la rivière souterraine.

Si la visite « découverte » est accessible à tous, l'« exploration sportive » est tout sauf touristique. Dans la Verna, ni stalactites ni stalagmites, mais une voûte aussi parfaite que celle d'une cathédrale (tiens, puisqu'on parle de cathédrale, Notre-Dame de Paris tiendrait 10 fois dans la cavité), une rivière qui cascade et baigne une plage de galets, de curieux insectes cavernicoles... Une expérience qui ne se raconte finalement pas, à vivre, inoubliable !

Randonnées dans les environs

***Les gorges de Kakouetta** : ☎ 05-59-28-60-83 (mairie) ou 05-59-28-73-44 (billetterie). • sainte-engrace.com • Sur la route de Sainte-Engrâce, à 8 km du carrefour Licq/Sainte-Engrâce. ATTENTION : les gorges sont fermées pour de gros* *travaux d'aménagement, pour une durée (quelque peu) indéterminée. Se renseigner sur leur site internet.* Un des musts de la haute Soule. C'est l'une des balades les plus populaires, mais ce n'est pas une raison pour partir en espadrilles (bonnes chaussures recommandées !). La partie la plus impressionnante est un canyon très étroit, de plus de 200 m de haut. L'originalité du parcours réside dans le fait que, pour une fois, on marche au fond du canyon. Un câble le long de la paroi donne un peu plus d'assurance. Quelques passerelles apportent du piment supplémentaire à la balade. Au bout, on parvient à une cascade et à une grotte.

Le canyon d'Ehujarre : *au départ de l'église de Sainte-Engrâce, 7h A/R pour un bon marcheur.* Moins fréquenté que la passerelle d'Holzarté ou les gorges de Kakouetta. C'est un canyon qui a atteint le dernier stade de son creusement et n'est plus parcouru que par un petit cours d'eau intermittent. Clair, large, avec des parois qui s'élèvent à 400 m.

LE BÉARN

• Carte *p. 214-215*

ABC du Béarn

- ***Identité :*** partie orientale du département des Pyrénées-Atlantiques (64), anciennement vicomté puis État souverain jusqu'en 1620. Aujourd'hui situé dans la région Nouvelle-Aquitaine.
- ***Superficie :*** 4 672 km^2.
- ***Capitale :*** Pau (80 000 hab.).
- ***Population :*** 363 656 hab.
- ***Langues parlées :*** le français et le béarnais (langue d'oc), langue officielle jusqu'à la Révolution.
- ***Particularités :*** depuis 2015, le Béarn a sa propre monnaie locale complémentaire, la Tinda (parité avec l'euro), sur le même modèle que l'Eusko au Pays basque.
- ***Gastronomie :*** 1er département producteur de fromage de brebis et 2e pour le maïs et le foie gras.

Qu'est-ce qui peut bien différencier le Béarn du Pays basque ? Le voyageur moderne se pose facilement la question. Même piémont avec de hautes collines, même civilisation pastorale axée sur le mouton et la transhumance, même sens profond de la maison, pierre angulaire de la vie sociale.
Ne cherchez pas : la différence vient de l'Histoire, d'un petit seigneur du haut Moyen Âge qui s'appelait Centulle et qui a fait du Béarn une région singulière, unique, qui, pendant des siècles, a tourné le dos à tout le monde (on vous en parle un peu plus loin). Ce que les Béarnais et les Basques ont en commun, c'est le respect de l'autre et l'amour de leur sol et de leurs racines.
Il y a en Béarn de très beaux monuments historiques à visiter, du château de Pau, où Jeanne d'Albret mit au monde le futur Henri IV, aux forteresses de Gaston Fébus, le comte Soleil, en passant par les églises romanes, les bastides et les villages sur la route des chemins de Compostelle.
Mais le plus beau monument du pays reste son paysage, tout aussi verdoyant et varié qu'au Pays basque voisin. À chaque détour du Béarn, l'écharpe bleutée des Pyrénées barre l'horizon. Les villages prennent souvent des couleurs lorsqu'ils échangent la tuile contre l'ardoise dans le nord du pays, et la campagne se pare d'un visage méditerranéen jovial lorsque les vignes y poussent.
Ici aussi, les traditions sont tenaces : on parle encore le béarnais. En outre, le climat doux a, semble-t-il, influé sur les caractères. Même s'il s'en défend, le Béarnais vous apparaîtra plus communicatif et moins méfiant que le Basque. De par son histoire aussi, il est moins mystique et moins religieux, et possède un bon goût du compromis. Selon l'abbé Grangé, les Béarnais « sont tous trilingues : ils pratiquent le français, le béarnais et le sous-entendu ». À propos d'histoire, justement, remontons le temps...

OÙ IL EST D'ABORD QUESTION DE PAU...

Peu de temps avant J.-C., les Romains mettent en place la *Novempopulanie* (quel beau nom !), une grande province composée de 9 peuples proches des Ibères.

Après la fin des Carolingiens, un grand ensemble s'organise sous le nom de *Vasconie.* C'est la future Aquitaine, intégrée au duché de Poitiers.
Tout cela est fort théorique. Poitiers est bien loin et, dans les faits, on voit apparaître une multitude de petites seigneuries, plus ou moins indépendantes. Installé dans la plaine du gave de Pau, sur le territoire d'un vieux peuple gaulois, les *Venarni,* ***Centulle*** (vieux mot gascon qui signifie « petit chef ») se taille une vicomté depuis sa capitale, Morlaàs. Après quoi, il conquiert la région d'Oloron et les 3 vallées d'Ossau, Aspe, et Barétous, avant de prendre une raclée par les Souletins quand il veut envahir les régions basques. À sa mort, en 1090, il laisse à son héritier ***Gaston*** un territoire correspondant au Béarn actuel.

BASQUES ET BÉARNAIS

Même béret, même système juridique, même tradition pastorale, même envie d'un département « à soi », qu'est-ce qui différencie donc Basques et Béarnais ? La langue, bien entendu. Et aussi l'Histoire : les Béarnais ont été indépendants pendant plus de 5 siècles. Alors, ils regardent leurs voisins d'un air un peu condescendant. Sauf dans les zones de contact : quand on va de Labastide-Villefranche (en Béarn) à Arancou (en Pays basque), bien malin qui pourrait dire où passe la limite. Le plus bel exemple étant le petit village d'Esquiule, situé en terre béarnaise et entièrement peuplé de Basques.

Gaston IV, dit le Croisé, n'était pas un tendre : c'est à lui que Godefroy de Bouillon confie la prise de Jérusalem. Après quoi, Alphonse le Batailleur, roi d'Aragon, lui demande un coup de main pour prendre Barbastro, Huesca et Saragosse aux Arabes installés dans la vallée de l'Èbre. De toutes ces guerres (il ira même faire le siège devant Grenade), Gaston rapporte des fiefs, des terres et de l'or. Ses chevaliers en font autant et le Béarn devient aussi puissant que riche. Pourquoi vous dit-on ça ? Pour vous expliquer que, depuis plus de 9 siècles, les Béarnais regardent vers le sud. Avec son butin, Gaston s'offre le luxe de faire construire quelques abbayes et d'aménager les sentiers qui conduisent à Compostelle. Les pèlerins sont hébergés, choyés, protégés, et le chemin du Somport devient le principal point de passage vers l'Espagne. Les Béarnais n'hésitent pas à aller s'installer en Aragon et en Navarre, et tissent de solides réseaux commerciaux.
Du XIe au XIVe s, le Béarn évolue résolument dans l'orbite espagnole. Par le jeu des mariages, les seigneurs catalans de Moncade deviennent vicomtes de Foix et de Béarn et, ***lors de la guerre de Cent Ans, Gaston Fébus*** (1331-1391) ***se proclame roi du Béarn*** et abandonne sa suzeraineté en échange d'un petit coup de main contre le roi de France.
Géographiquement, le Béarn apparaît alors comme superbement isolé. Les Aragonais lorgnent vers la Castille, le Pays basque du Nord est anglais, la Navarre et les provinces basques du Sud semblent bien loin, les comtes de Toulouse, et même le roi de France, n'osent pas toucher au royaume de Fébus. Il faut dire que ce dernier est un sacré gaillard, qui n'hésite pas à regrouper ses vassaux pour aller donner un coup de main aux chevaliers teutoniques en Pologne ! Les rois de Béarn, royaume indépendant aux 12 baronnies, tissent des alliances, mènent une diplomatie intelligente et restent maîtres chez eux.
En 1481, par un jeu d'alliances, le pays s'enrichit du titre de roi de Navarre. François Fébus est couronné roi à Pampelune. À sa mort, la couronne revient à sa tante, ***Catherine d'Albret,*** qui règne pratiquement de Foix à Pampelune. Beau royaume, que tout le monde guigne sournoisement. C'est Charles Quint qui va ouvrir les hostilités, avec l'aide de quelques grands seigneurs basques. En 1512, il conquiert la Navarre espagnole. Les Albret conservent toutefois la Basse-Navarre, au Pays basque, mais aussi le titre de « rois de Navarre », et installent à Pau la *Cour Majour,* qui deviendra le Parlement de Navarre. D'où une certaine confusion aujourd'hui entre Béarn et Navarre. Les Béarnais ne sont pas des Navarrais et vice versa !

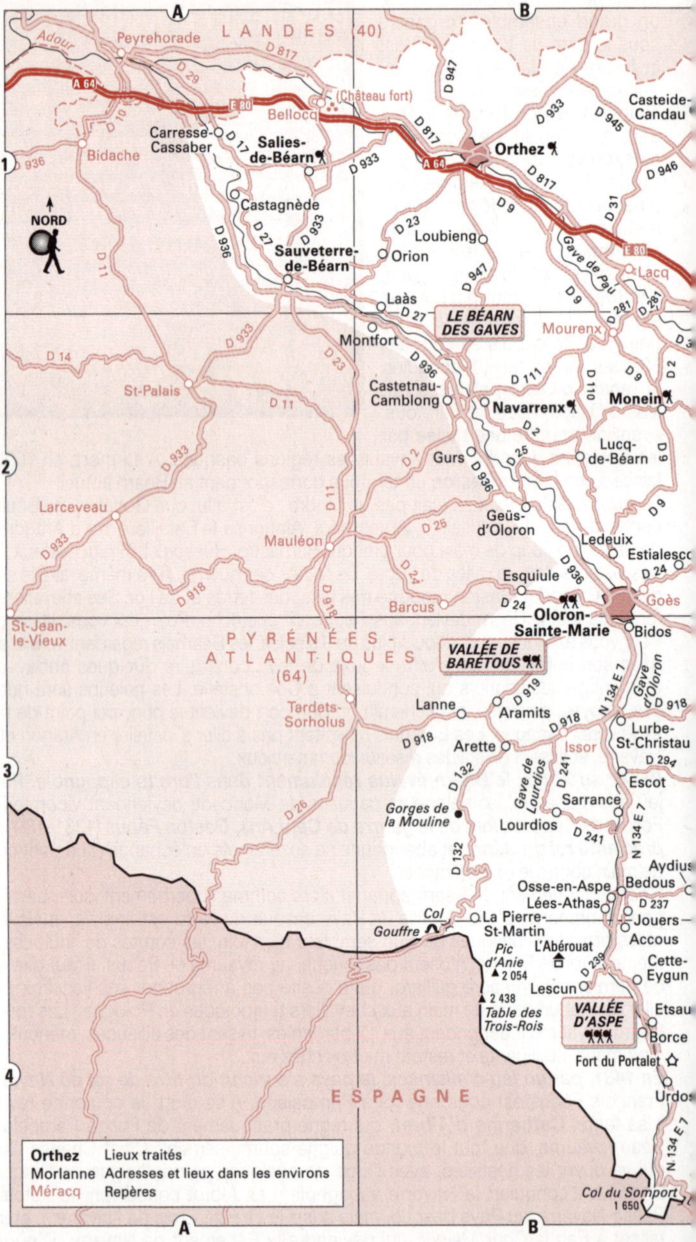
A
B
1
2
3
4
NORD
LANDES (40)
PYRÉNÉES-ATLANTIQUES (64)
ESPAGNE
LE BÉARN DES GAVES
VALLÉE DE BARÉTOUS
VALLÉE D'ASPE
Adour
Gave de Pau
Gave d'Oloron
Gave de Lourdios
Peyrehorade
(Château fort)
Bellocq
Carresse-Cassaber
Salies-de-Béarn
Bidache
Castagnède
Sauveterre-de-Béarn
Orion
Loubieng
Orthez
Casteide-Candau
Lacq
Mourenx
Laàs
Montfort
St-Palais
Castetnau-Camblong
Navarrenx
Monein
Lucq-de-Béarn
Gurs
Larceveau
Geüs-d'Oloron
Mauléon
Ledeuix
Estialescq
Esquiule
Barcus
Goès
Oloron-Sainte-Marie
Bidos
St-Jean-le-Vieux
Lanne
Aramits
Tardets-Sorholus
Arette
Issor
Lurbe-St-Christau
Escot
Gorges de la Mouline
Sarrance
Lourdios
Aydius
Osse-en-Aspe
Bedous
Lées-Athas
Col
Gouffre
La Pierre-St-Martin
Jouers
Accous
L'Abérouat
Pic d'Anie
2 054
Cette-Eygun
Lescun
2 438
Table des Trois-Rois
Etsaut
Borce
Fort du Portalet
Urdos
Col du Somport
1 650
A 64
E 80
D 817
D 29
D 10
D 936
D 17
D 933
D 947
D 945
D 946
D 9
D 31
D 23
D 27
D 11
D 14
D 281
D 3
D 2
D 111
D 110
D 25
D 24
D 918
D 919
D 132
D 241
D 26
D 294
D 237
D 239
N 134 E 7
Orthez Lieux traités
Morlanne Adresses et lieux dans les environs
Méracq Repères

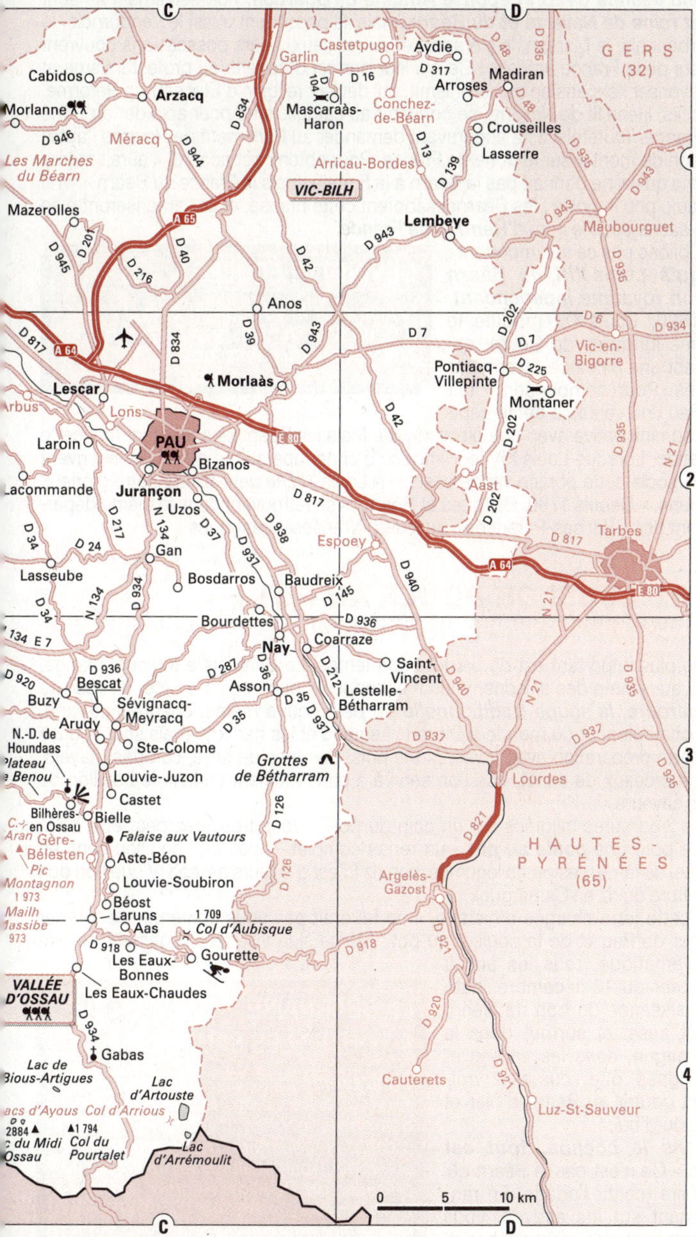
C
D
GERS
(32)
Castetpugon
Aydie
Garlin
D 317
Madiran
Cabidos
D 104
D 16
Arroses
Arzacq
Mascaraàs-
Haron
Conchez-
de-Béarn
Morlanne
Crouseilles
D 946
Méracq
D 834
Les Marches
du Béarn
D 944
D 13
Lasserre
Arricau-Bordes
D 139
D 48
D 935
1
VIC-BILH
D 943
Mazerolles
A 65
Lembeye
Maubourguet
D 201
D 945
D 40
D 42
D 216
Anos
D 202
D 6
D 934
D 817
A 64
D 39
D 943
D 7
Vic-en-
Bigorre
D 834
Pontiacq-
Villepinte
D 225
Morlaàs
Lescar
Montaner
Arbus
Lons
D 42
PAU
E 80
Laroin
D 935
N 21
Bizanos
Aast
2
Lacommande
Jurançon
D 817
D 202
Uzos
N 134
D 37
D 938
D 34
D 217
Espoey
Tarbes
D 24
D 817
Gan
D 937
A 64
Lasseube
Bosdarros
D 940
Baudreix
E 80
D 934
D 145
D 34
N 134
N 21
Bourdettes
D 936
134 E 7
Coarraze
Nay
D 212
Saint-
Vincent
D 936
D 36
D 287
D 920
Bescat
Asson
Lestelle-
Bétharram
D 935
Buzy
D 940
N 21
D 35
Sévignacq-
Meyracq
Arudy
D 931
D 35
D 937
D 937
N.-D. de
Houndaas
Ste-Colome
3
Plateau
Benou
Grottes
de Bétharram
Louvie-Juzon
Lourdes
D 935
Castet
D 126
Bilhères-
en-Ossau
Bielle
D 821
Falaise aux Vautours
Aran
Gère-
Bélesten
HAUTES-
PYRÉNÉES
(65)
Pic
Montagnon
1 973
Aste-Béon
D 126
Louvie-Soubiron
Argelès-
Gazost
Béost
Mailh
Massibe
973
Laruns
1 709
Aas
Col d'Aubisque
D 918
D 921
D 918
Les Eaux-
Bonnes
Gourette
VALLÉE
D'OSSAU
Les Eaux-Chaudes
D 920
D 934
Gabas
Lac de
Bious-Artigues
4
Lac
d'Artouste
Cauterets
D 921
acs d'Ayous
Col d'Arrious
Luz-St-Sauveur
2884
1 794
c du Midi
Ossau
Col du
Pourtalet
Lac
d'Arrémoulit
0
5
10 km

LE BÉARN

Quand Jeanne d'Albret épouse Antoine de Bourbon, non seulement ils sont ***roi et reine de Navarre et du Béarn,*** mais ils possèdent aussi le Vendômois, le Bourbonnais, le Marsan, le Néracois et autres lieux. Leurs possessions couvrent le tiers de la France actuelle ! Ce qui leur permet d'adhérer au protestantisme et de favoriser l'expansion du calvinisme, qui devient religion d'État sous la Réforme. Leur fils, Henri III de Navarre, se convertit au catholicisme pour accéder au trône de France. Toutefois, il ira auparavant demander au Parlement de Navarre l'autorisation de monter sur le trône de France. Pour obtenir cet accord, il aurait même affirmé qu'il « ne donnait pas le Béarn à la France, mais la France au Béarn ». Vrai ou faux, peu importe : les Béarnais adorent cette phrase, et ils l'autoriseront à se faire sacrer sous le nom d'***Henri IV de France.***

N'oublions pas ce fait important : ***jusqu'à Louis XIII, le Béarn est un royaume indépendant.*** En 1620, Louis XIII modifie le régime juridique du Béarn, qui devient une province comme les autres. Pour compenser, il fait de Pau une véritable petite capitale administrative avec une place royale. Mais les Béarnais acceptent mal cette situation. Lorsque Louis XIV leur impose d'ériger une statue du roi, ils inscrivent sur le socle cette phrase vengeresse : « À Louis XIV, le petit-fils de notre glorieux roi Henri. » Depuis 1790, Basques et Béarnais se retrouvent dans le même département des « Basses-Pyrénées » puis des Pyrénées-Atlantiques.

DEVINETTE ÉCULÉE

Quelle était la couleur du cheval Blanc d'Henri IV ? Eh bien, gris. En fait, Blanc était le nom du canasson.

... ET AUSSI DE POULE AU POT !

Ici, le plus important est de prendre son temps. Le Béarnais a toujours mangé, vécu au rythme des saisons. Vous n'échapperez pas, même en été, à l'assiette de ***garbure, la soupe traditionnelle du pays,*** qui a même, chaque automne, son championnat du monde à Oloron ! Le chou et les haricots-maïs sont la base de cette préparation avec fèves, petits pois, pommes de terre, carottes, navets. Des morceaux de confit, que l'on servira à part, viennent enrichir le bouillon de leurs saveurs.

Entre 2 garbures mijotées sur un coin du poêle, vous trouverez peut-être de la place pour une ***poule au pot*** – un repas complet – avec son bouillon servi en entrée, sa farce, ses petits légumes, son riz (c'est d'ailleurs à Henri IV que l'on doit la culture du riz en Camargue).

Sur cette terre chargée d'histoire, il ne faudrait pas vous contenter de tourner autour de Pau et de la poule... au pot ! Même si la ville fête largement ce plat emblématique, tous les ans à compter du 13 décembre, date de naissance du bon roi Henri. C'est aussi et surtout dans la campagne, dans les vallées et les vignes, que vous allez vraiment goûter au Béarn d'hier et d'aujourd'hui.

« Dans le cochon, tout est bon. » Ce n'est pas le Béarn qui va faire mentir l'adage. En randonnant sur les estives, vous croiserez évidemment vaches et brebis et ne manquerez pas de découvrir de sublimes fromages

LA BÉARNAISE À TOUTES LES SAUCES !

Contrairement à ce que peut laisser croire son nom, la célèbre sauce béarnaise, à base de beurre clarifié, n'est pas originaire du Béarn. Elle a été créée (par erreur !) en 1837 par le cuisinier du Pavillon Henri IV*, à Saint-Germain-en-Laye. C'est juste en référence aux origines du bon roi qu'on l'a dénommée ainsi.*

d'estives, comme l'ossau-iraty, mais le porc reste l'animal emblématique du Béarn. C'est même un des 2 « saints patrons » du traditionnel carnaval béarnais. Et comme les Béarnais ne font pas les transgressions à moitié, Sent Porquin est célébré un vendredi, jour du poisson ! Une fête qui coïncide peu ou prou avec la fin des mauvais jours, quand le cochon, engraissé pendant l'hiver, est tué. La *pèlera* (ou *pèle-porc* ou *tue-cochon*) reste une journée particulière, et cela fait quelques siècles que c'est le cas (le portail roman de la cathédrale d'Oloron en témoigne !). Il faut dire qu'autrefois les familles, forcément nombreuses, terminaient l'hiver en se contentant de soupe et de noix, dans l'attente de tuer le cochon.
En Béarn, rien ne se perd de l'animal : ventrèche, tripes, jambon (de Bayonne... le Béarn est dans la zone d'appellation), boudin béarnais (un boudin de pays, fort en goût, composé de fines viandes de tête qui fait bien le double, sinon le triple de son cousin normand de Mortagne-au-Perche), grattons, *coustous,* ou cette andouillette béarnaise qui, par le passé, séchait plusieurs mois dans la grange.
Andouillette avec laquelle on vous proposera d'office le compagnon idéal : un vin du pays, lui aussi. Il faudrait être snob pour préférer un sauternes à un ***jurançon*** moelleux. Quant aux ***vins de Béarn-Bellocq,*** ils risquent bien de vous surprendre. Sans oublier les ***pacherenc,*** des blancs secs ou moelleux, qu'on découvre en remontant vers le nord du Béarn, sur des terroirs attenants à ceux où est produit le fameux ***madiran,*** rouge corsé et chaleureux, imbattable pour accompagner confits et gibiers. Salés et confits sont devenus les symboles de la cuisine béarnaise, qui a toujours préféré à l'huile ou au beurre la fine graisse d'oie ou de canard. Le salage de cette cochonnaille est réalisé avec le sel de Salies-de-Béarn, pardi ! Côté bovins, la race béarnaise se caractérise par sa robe blonde et ses cornes en forme de lyre représentées sur le blason du Béarn. Une race robuste récemment sauvée de la disparition par une poignée d'agriculteurs.
Et le Béarn est aussi le pays des eaux vives, des cascades et des torrents à truites (la plus célèbre et la plus belle, la fario, est de souche pyrénéenne). Sans parler des ***saumons,*** jadis si abondants dans les gaves qu'ils ont toujours remontés, et dont il était précisé dans les contrats des valets de ferme qu'on ne leur en servirait qu'une fois par semaine, pour ne pas les écœurer !

ET SI L'ON PARLAIT BÉARNAIS

Le petit Béarn a longtemps protégé les particularismes locaux. ***Les fêtes traditionnelles sont pieusement conservées,*** et on y pratique une convivialité qui ne doit rien au tourisme : c'est en décembre que, traditionnellement, les vignerons jurançonnais ouvrent leurs chais aux amateurs. L'histoire, celle du Béarn de jadis, est une quasi-religion.
Ce rapport à la tradition est unique en Aquitaine : seuls les Basques ont le même. Il va de pair avec une grande réserve et une politesse excessive : le Béarnais ne dit pas « non », il dit « on verra ». Et pour qu'il dise « oui », il est nécessaire de le comprendre et de l'apprivoiser ; pour qu'il dise « òc » (prononcez « ò » !), plutôt. Parce que dans la famille des ***langues d'oc,*** le béarnais fait figure d'enfant gâté par rapport à son presque jumeau, le gascon, ou à cet autre frère, l'occitan. ***Le béarnais a, plusieurs siècles durant, été une langue officielle.*** Au XIe s déjà, les 1ers *fors,* chartes qui codifient les rapports entre les habitants et leurs dirigeants, sont calligraphiés en béarnais. C'est confirmé au XVIe s par Jeanne d'Albret : tout document officiel, de la simple lettre aux actes de justice, doit être rédigé « en langue ordinaire du pays de Béarn ». Si l'accession au trône d'Henri IV introduit la langue française en Béarn, les réunions des États de Béarn se tiennent encore en béarnais et les actes officiels restent bilingues jusqu'à la Révolution. ***Ce n'est qu'en 1789 que les révolutionnaires imposent au Béarn le français comme langue officielle.*** Ce dont on se moque bien au fond des vallées, qui continuent, quasiment jusqu'à la Seconde Guerre mondiale, à ne parler que béarnais.

Un passé historique qui explique qu'au cours des années 1960-1970, quand s'affirme, de l'Alsace à la Bretagne, une réappropriation des langues régionales, le Béarn soit en 1re ligne. C'est à Pau que s'ouvre, en 1979, la 1re *Calendreta,* école primaire bilingue, équivalent pour la langue d'oc des *Diwan* bretonnes ou des *Ikastolak* basques. Aujourd'hui, *l'Ostau Bearnès*, maison de la culture béarnaise, revalorise avec l'usage de la langue et des traditions populaires. Vous entendrez parler béarnais en Béarn, sur les marchés, dans les boutiques... Vous découvrirez des chroniques en béarnais dans la presse et les radios locales. Comme chez le voisin basque, vous verrez une signalisation routière bilingue.

BÉARNAIS DES USINES ET BÉARNAIS DES CHAMPS

On serait tenté de ne voir en Béarn que terres agricoles, du vignoble du Jurançon aux estives des vallées pyrénéennes. ***C'est une réalité de ce petit pays, célébrée par plusieurs AOC : ossau-iraty*** pour un fameux fromage de brebis, jambon de Bayonne (car il était acheminé au port de Bayonne), ***Béarn-Belloc, Jurançon, Madiran*** et ***Pacherenc*** pour des vins à (re)découvrir. Par ailleurs, le Béarn est industrialisé. Jusque dans ses vallées.
Comme dans les Alpes où elle a été découverte au XIXe s, la « ***houille blanche*** », l'***énergie hydraulique,*** apporte un complément aux ancestrales traditions pastorales (en témoignent les usines hydrauliques, le barrage et le train d'Artouste qui transportait matériel et ouvriers). Minoteries, papeteries ou fabriques textiles profitent de la puissance des gaves. Même évolution autour de Nay, surnommé à l'époque « le Manchester du Béarn » avec sa Manufacture royale. Une vocation industrielle toujours clairement affirmée puisque c'est à Bordes, entre Nay et Pau, que Turbomeca, leader mondial des moteurs d'hélicoptères, a installé une usine franchement futuriste au cœur d'une véritable « *aerospace valley* ». Une bonne affaire pour le Béarn, l'***aéronautique,*** puisque Bidos, aux portes d'Oloron, accueille le fabricant de trains d'atterrissage Safran Landing Systems, et Pau, Exameca, leader français de la chaudronnerie et de la microsoudure, qui travaille notamment pour Airbus et Boeing. C'est aussi à Pau que le pétrolier Total emploie quelque 5 000 personnes.
L'autre poumon économique du Béarn s'appelle ***Lacq.*** Lacq où, en 1949, on découvre du pétrole, mais aussi et surtout, à partir de 1951, plusieurs importants gisements de ***gaz naturel.*** Dès 1965, des gazoducs partent de Lacq pour fournir les foyers français en gaz de ville. Un vaste complexe qui s'était développé sur cette zone : avec des industries d'abord naturellement tournées vers le gaz, puis vers la chimie, les produits pharmaceutiques, la cosmétique. Vous vous êtes d'ailleurs sûrement lavé les cheveux avec un shampoing fabriqué à Lacq (90 % de la production française), avant peut-être de coiffer un béret basque... fabriqué dans le Béarn, à Oloron-Sainte-Marie. Aujourd'hui, le site de Lacq, en reconversion, a laissé place à d'autres industries de la pétrochimie.

LE BÉRET « BASQUE »

Eh oui ! le béret basque est fabriqué en Béarn. D'origine très ancienne, il existait déjà sous les Romains. « Béret » est d'ailleurs un mot béarnais : *berret* (du latin *birrum,* « capuchon » ou « capote »). Dans l'église de Sarrance, un personnage apparaît dans un bas-relief du XVe s coiffé d'un béret. C'est la 1re iconographie de cette célèbre coiffure sans bord, ronde et plate. Les bergers tricotèrent longtemps leurs propres bérets. Ils utilisaient 4 grosses aiguilles de buis. L'une d'elles servait de pivot et les autres à faire des cercles concentriques à partir de la petite queue qu'on connaît bien (appelée « cabillou »). Une fois le béret tricoté, les bergers le moulaient autour du genou pour lui donner sa forme. Il était ensuite lavé et martelé

(« foulonné ») pour obtenir son aspect feutré définitif. Les bergers tricotaient aussi devant chez eux, lorsque les troupeaux avaient été conduits dans les pâturages. À ***Oloron,*** une rue était célèbre pour le spectacle des bergers jouant de l'aiguille (aujourd'hui, rue Labarraque). Cela donna l'idée à 2 Oloronais de rassembler cette production, et c'est ainsi qu'***apparut en 1800 la 1re entreprise de bérets.*** Par la suite vinrent les machines à main, puis à moteur. En 1829, la 1re usine apparut à son tour à ***Nay, l'autre « capitale » du béret,*** où se trouve désormais son musée. Son succès dépassa, bien sûr, le cadre du Béarn. On se rappelle l'engouement des femmes pour le béret dans les années charleston. L'écrivain Hemingway et le maréchal Montgomery furent eux aussi d'efficaces VRP pour cette large galette. Aujourd'hui, la laine d'Australie vient en complément de celle des Pyrénées. De nombreux pays se fournissent en Béarn.

L'OURS DES PYRÉNÉES

Le sujet délicat, hyper sensible, qui ravit les uns et fâche les autres. Pour bien comprendre, un petit historique, en bref.

La population d'ours (*ossau* en béarnais) n'a fait que régresser durant les siècles précédents et cela principalement à cause de la chasse et des empoisonnements. ***Plus d'une centaine d'ours étaient présents au début du XXe s dans les Pyrénées.*** On en dénombrait moitié moins dans les années 1950 et seulement 5 ou 6 en 1995 ! La population est remontée à une quinzaine d'individus depuis la fin de l'année 2005, grâce aux naissances qui ont suivi le ***1er lâcher, en 1996-1997, de 3 spécimens.*** Mais pour que l'ours brun ne retourne pas à la seule mythologie pyrénéenne, les scientifiques et une partie de la population locale s'accordaient à dire qu'il fallait un nouveau lâcher. En 2006, 4 femelles et 1 mâle prélevés en Slovénie ont été relâchés en Haute-Garonne et dans les Hautes-Pyrénées. Mais 2 femelles sont mortes accidentellement. Seul, Canellito, issu de la dernière ourse pure souche pyrénéenne, a survécu. Pour les éleveurs de brebis, vivre avec l'ours n'est pas simple. Cela nécessite des adaptations dans la gestion de leurs troupeaux qui ne sont pas toujours faciles à mettre en œuvre, même si l'État accompagne ces changements avec un appui financier. Plusieurs solutions existent pour mieux protéger les troupeaux : les fameux « chiens patous », qui éloignent les prédateurs, et les clôtures électriques. Certains éleveurs les utilisent, d'autres le souhaiteraient mais font l'objet de pressions de la part des plus virulents opposants à l'ours... En 2018, 2 femelles ourses slovènes ont été introduites dans les Pyrénées béarnaises, relançant à nouveau le débat sur un sujet très sensible dans la région.

MAUVAISE RENCONTRE

Chez les ours, le mâle ne reste pas vivre avec la femelle et ses petits. En rencontrant une femelle sans protection, celui-ci est même parfois incité à tuer les petits. Pourquoi tant de cruauté ? N'allaitant plus, l'ours retombe alors en chaleur. Du coup, l'accouplement redevient possible. Dure loi de la nature...

Même si le territoire occupé par la petite trentaine d'ours semi-pyrénéens est vaste, vos chances d'en apercevoir sont minces, si attentif que vous soyez aux traces ou aux crottes abandonnées ici et là... Car l'ours a généralement peur de l'homme et se dissimule. Si vous en croisez un, ne vous approchez pas et observez-le de loin. Si vous tombez dessus au détour d'un chemin, à courte distance (moins de 50 m), il faut l'aider à mieux vous identifier en bougeant et en parlant (l'ours est un animal qui ne voit pas très bien ; en revanche, il a une bonne ouïe). S'éloigner calmement et surtout ne pas courir, au risque de l'effrayer.

Pour en savoir plus : • *parc-ours.fr* • (site de l'association Parc'Ours, qui accueille une famille d'ours dans son beau parc animalier en milieu naturel ; voir plus loin à Borce en vallée d'Aspe).

PERSONNAGES

On ne sait si c'est pour être nés dans un petit pays qui a longtemps été un État indépendant et qui a hissé l'un des siens sur le trône de France, mais les Béarnais semblent avoir un certain goût (sinon un goût certain...) pour les jeux politiques et le pouvoir. L'exemple contemporain s'appelle bien évidemment ***François Bayrou,*** né à Bordères, où il conserve sa résidence principale. Un François Bayrou qui, tiens, a consacré un de ses bouquins à Henri IV. Et la liste est longue des Béarnais entrés en politique : ***André Labarrère*** (né et mort à Pau, dont il a longtemps été maire), 1er homme politique français à avoir déclaré son homosexualité ; à droite, plusieurs Palois sont devenus ministres comme ***Yvon Bourges, Alain Lamassoure*** ou ***Francis Mer.*** Sans oublier ***Jean Lassalle,*** né à Lourdios-Ichère, village dont il fut maire durant 40 ans, qui entonna l'hymne béarnais en pleine séance de l'Assemblée nationale et fit une longue grève de la faim pour combattre la délocalisation de certaines firmes... Certains ont même accédé à de beaucoup plus hautes fonctions, comme ***Jean-Baptiste Bernadotte,*** né à Pau (où il a aujourd'hui son musée) en 1763 et décédé en 1844 à Stockholm, capitale d'un royaume de Suède dont ce simple soldat était devenu le souverain. La famille royale de Suède, actuellement sur le trône, descend du Palois Bernadotte. Le Béarn, à l'instar de son voisin basque, a sa diaspora, dont certains membres ont vécu d'invraisemblables histoires. Comme ***Pierre de Laclède,*** né dans la vallée d'Aspe, à Bédous, qui fonda la ville de Saint Louis dans le Missouri.
Étonnantes, ces envies d'ailleurs dans un Béarn sans mer ni océan (mais avec 12 grands lacs), sans ports ni bateaux, qui, pourtant, a donné naissance à quelques grands navigateurs, de ***Michel de Grandmont,*** corsaire puis flibustier, à ***Titouan Lamazou,*** originaire d'Arbus, champion du monde de course au large, qui nous régale aujourd'hui de ses carnets de voyage. Toujours sur l'eau, le Palois ***Tony Estanguet*** est sacré 3 fois champion olympique de canoë monoplace. Restons chez les sportifs pour saluer la mémoire du grand coureur cycliste ***Victor Fontan*** (1892-1982), né à Pau. Un autre Palois, le joueur de tennis ***Jérémy Chardy,*** qui porte les couleurs du tennis tricolore lors de la coupe Davis. À skis, la championne ***Annie Famose,*** originaire de Jurançon, qui a raflé 2 médailles olympiques à Grenoble (argent et bronze) en 1968, est devenue une femme d'affaires chevronnée : c'est elle qui a créé la marque de location de matériel de ski *Skiset*.
Côté cuisine, le médiatique bistrotier ***Yves Camdeborde*** est né à Pau. Comme ***André Courrèges,*** qui révolutionna la mode (futuriste) des années 1960 et construisit son atelier à l'architecture classée « Usine du futur » en 1972. Courrèges, décédé le 7 janvier 2016 a sa tombe au cimetière de Pau.

Adresses et infos utiles

Agence d'attractivité et de développement touristique Béarn-Pays basque : *☎ 05-59-30-01-30. • infos@tourisme64.com • tourisme64.com •*

■ ***Gîtes de France*** *(plan Pau, B3,* ***4****) : 20, rue Gassion, 64000* ***Pau.*** *☎ 05-59-11-20-64. • gites64.com • Lun-ven 9h-18h, sam 9h-16h30.* Pour vous aider à choisir parmi les gîtes du Béarn.

– ***Tèrra Aventura :*** c'est une chasse au trésor qui se pratique à l'extérieur, à l'aide d'un GPS ou d'une application mobile. Construit autour d'un monde imaginaire, celui de personnages appelés les *Poï'z,* plus de 400 parcours de quelques kilomètres et de différents niveaux permettent d'explorer le territoire de la Nouvelle-Aquitaine, et en particulier le Béarn, tout en s'amusant avec des énigmes à résoudre, des indices à relever, des trésors à chercher... Idéal avec des enfants pour aiguiser leur curiosité et leur faire découvrir autrement la région. Infos sur *• terra-aventura.fr •*

– ***Soupçons en Jurançon :*** *• soupconsenjurancon.com •* Une enquête pour déguster de chais en domaines, les vins du Jurançon et découvrir le vignoble. À consommer avec modération !

PAU ET SES ENVIRONS

PAU

(64000) 80 000 hab. Carte Béarn, C2

• Plan *p. 224-225*

Chef-lieu des Pyrénées-Atlantiques et « capitale » du Béarn, Pau est une cité dynamique et séduisante, surtout aux beaux jours avec les Pyrénées si proches en toile de fond. Bénéficiant de ce décor naturel grandiose, la ville jouit du privilège de se trouver à proximité de la mer et de la montagne, baignée dans une lumière d'azur et de brume qui a sensibilisé poètes (Lamartine, Vigny) et peintres (Delacroix). Bien que labellisée Ville d'art et d'histoire, Pau ne reste pas figée dans ses vieilles pierres pour autant. Pour preuve, le lifting de ses façades, l'ouverture des nouvelles halles, la transformation du Hédas, véritable lieu de promenade en plein centre-ville, la réalisation d'un écoquartier, pôle de créateurs entre la gare et le stade Eaux Vives. Sans parler de la riche programmation culturelle et musicale. Ajoutez enfin à cela une économie dynamique liée à l'implantation historique de grosses entreprises, de nombreux espaces verts et cet environnement naturel immédiat royaume des sportifs. Assurément, on envie le quotidien des Palois : ils ont du Pau de vivre ici !

UN PEU D'HISTOIRE

Les origines de la ville remontent aux environs du IXe s. Jusqu'au XIVe s, Pau n'est qu'une minuscule bourgade de passage pour la transhumance. ***La ville commence à se développer sous l'impulsion de Gaston Fébus,*** vicomte de Béarn, qui fait exécuter quelques travaux importants dans le château. Après Lescar, Morlaàs et Orthez, Pau devient la capitale du Béarn, lorsque Jean d'Albret et Catherine de Navarre refluent de Pampelune. Pau garde son statut jusqu'en 1620, date de l'incorporation du Béarn à la couronne de France par Louis XIII.

> **UN POUR TOUS... TOUS POUR PAU**
>
> *Pau, on l'oublie trop souvent, est la ville qui vit naître en 1617 un certain Isaac de Portau, passé à la postérité sous le nom de Porthos : rappelez-vous, Alexandre Dumas en fit l'un des 3 mousquetaires qui sauvèrent leur reine des perfidies infligées par le cardinal de Richelieu.*

Henri II d'Albret et Marguerite d'Angoulême, sœur de François Ier, ***transforment à leur tour le château*** en lui donnant son style Renaissance. Sa vocation militaire disparaît, pour devenir un haut lieu artistique et intellectuel. ***Leur fille, Jeanne d'Albret,*** vraie femme politique et égérie de la Réforme, ***réussit à élever le Béarn au niveau d'un État,*** tout en ménageant l'avenir de son fils Henri. Ce dernier, né au château, a droit au baptême béarnais à base de jurançon en guise d'eau bénite et de gousse d'ail en remplacement du saint chrême. Marié à Marguerite de Valois (la fille d'Henri II et de Catherine de Médicis), il est ***Henri III de Navarre avant de gagner un numéro et un royaume pour devenir Henri IV de France.*** Figure emblématique de Pau et du Béarn, sa mort est vécue comme un drame. La ville se fait oublier ensuite pour un long moment. Il faudra attendre la Révolution pour qu'on recommence à s'intéresser timidement à Pau, devenue le chef-lieu des Basses-Pyrénées puis préfecture des Pyrénées-Atlantiques.

La période anglaise

Pau renoue en fait avec l'histoire au XIXe s. ***La présence des troupes anglaises de Wellington bivouaquant en Béarn après la bataille d'Orthez, en 1815,*** amorce un mouvement, certes beaucoup plus pacifique, qui devait s'amplifier. Vers 1840, lord Selkirk tombe amoureux de la ville. L'aristocrate anglais vante, avec succès, la douceur du climat, la vie bon marché et la beauté du lieu. Les insulaires commencent à s'installer dans le Béarn.

Lorsqu'un médecin écossais, ***Taylor, loue les vertus curatives des conditions météorologiques de la ville,*** on assiste à une énorme ***vague d'immigration venue d'Albion.*** Pau n'est alors qu'une ville administrative. Toute son économie et sa physionomie se trouvent bouleversées par cet afflux de population. Des villas magnifiques entourées de grands parcs se construisent. ***Le 1er golf du continent est aménagé.*** Le boulevard des Pyrénées est percé. L'inauguration de la gare par Napoléon III en 1863 ne fait que renforcer cet essor. Aux Anglais se joignent l'aristocratie européenne et les Américains. Taylor continue ses nombreux relevés climatiques qui intéressent les 1ers « avionneurs ». À tel point que les frères Wright viennent faire les essais de leur 1er avion et y ouvrent la 1re école de pilotage au monde. Blériot les suivra de près dans leurs essais.

LOVELY !

Wellington, le grand ennemi de Napoléon, n'attendit même pas Waterloo pour s'installer à Pau en 1814. Il ne se déplaçait jamais sans sa meute de lévriers. Parieur invétéré, il traça un hippodrome. 4 de ses officiers conçurent ici le 1er golf du continent. Pau était lancée.

Après un siècle d'anglomanie, la Seconde Guerre mondiale met fin à cette période dorée. Elle laisse à la ville un élégant urbanisme, le golf, une société de chasse à courre parmi les plus prestigieuses et un amour ardent pour la verdure, les essences rares et les jardins (parcs Beaumont, Gramont et le Chemin Henri-IV). Sans oublier nombre de bars anglais, de restaurants et de grands hôtels (le *Palais Gassion,* longtemps considéré comme le plus beau palace d'Europe, aujourd'hui divisé en appartements, ou la *Villa Navarre,* transformée en hôtel 5 étoiles).

UNE DÉLICIEUSE ANGLAISE AU DRÔLE D'ACCENT

En 1897, on envoya Agatha Christie à l'hôtel Beau Séjour *à Pau pour améliorer son français. Devenue très amie avec sa préceptrice paloise Marie, les parents décidèrent de la garder pendant 3 ans. Bilingue à 10 ans, la reine du polar ne réussit jamais à se défaire de son accent... béarnais.*

Les temps modernes

La révolution industrielle générée par la découverte, en 1951, d'***une poche de pétrole et d'un énorme gisement de gaz naturel à Lacq va assurer l'avenir de la ville.*** En l'espace de quelques années seulement, la zone *Helioparc,* à l'entrée de la ville, va prendre des allures de mini-Silicon Valley. Université, centres de recherche, Zénith, palais des sports : la ville, qui est célèbre pour ses équipes de rugby, de basket, son centre d'entraînement équestre (le 2e de France après Chantilly) et son Grand Prix automobile, entend assurer dans d'autres domaines et concurrencer ses voisines Toulouse, Biarritz et Bayonne.

Arriver – Quitter

En avion

✈ ***Aéroport Pau-Pyrénées*** *(hors plan par A1) :* ☎ *05-59-33-33-00.* • *pau.aeroport.fr* •

➢ Nombreux vols/j. pour Paris (Orly et Roissy). Également des liaisons, certaines saisonnières, avec Lyon, Strasbourg, Marseille, Ajaccio, Brest, Malte et Marrakech.

– De l'aéroport, possibilité de rejoindre le centre-ville avec les navettes *Idélis* (ligne 10). Env 1 départ/h, 7h-19h30 (trajet env 30 mn).

– En hiver, des navettes relient l'aéroport de Pau à 18 stations de ski pyrénéennes. Tous les horaires sur le site de l'aéroport (résa obligatoire).

En train

Gare SNCF *(plan B3) : av. Gaston-Lacoste. Rens :* ☎ *36-35.* • *oui.sncf* •

➢ Liaisons directes avec Paris (en 4h20 avec le TGV), Bayonne, Bordeaux, Lourdes et Toulouse.

Pour rejoindre le centre-ville :

– ***funiculaire*** (gratuit) en face de la sortie, pour rejoindre en quelques minutes la place Royale ;

– ***Fébus,*** le nouveau bus zéro émission fonctionnant entièrement à l'hydrogène et ultra-silencieux, traverse la ville de l'hôpital (au nord) à la gare (au sud), en passant notamment par les halles.

En bus

Transports 64 : ☎ *0800-64-24-64 (gratuit depuis un poste fixe).* • *transports64.fr* • *Départs du bd Barbanègre, de la rue Mathieu-Lalanne ou de la gare SNCF.*

➢ ***Pour Laruns*** (porte d'entrée des balades pyrénéennes), ***puis Gourette et le col du Pourtalet*** (l'été et durant la saison de ski) ***:*** lignes nos 806 et 806 bis. 1-3 départs/j.

➢ ***Pour Lourdes via Nay :*** ligne n° 805. 3-6 départs/j. sauf dim.

➢ ***Pour Orthez :*** ligne n° 801. 3-6 départs/j. sauf dim.

LE BÉARN

Adresse et infos utiles

ℹ ***Pau Tourisme Béarn Pyrénées – Office de tourisme communautaire*** *(plan B3) : pl. Royale.* ☎ *05-59-27-27-08.* • *pau-pyrenees.com* • *Au pied de l'hôtel de ville. Tlj sauf dim ap-m hors saison.* Le *Pass Pau (12 €),* en vente à l'office de tourisme d'avril à septembre, propose de visiter le musée national du château de Pau et de faire une visite de la ville en petit train. Les amateurs de bonne chère opteront pour le *Pass gourmand* ; les familles pour l'application de géocaching *Tèrra Aventura.*

– ***Pass gourmand :*** en vente à l'office de tourisme uniquement, il se décline en 2 formules, « petite faim » (8 tickets à 8 €) et « grande faim » (12 tickets à 15 €). Chaque ticket permet de déguster une spécialité locale salée ou sucrée chez les artisans commerçants du centre-ville et des halles. Des petites portions dégustation qui au final constituent un bon repas complet. Ludique et gourmand !

Idelis : ☎ *05-59-14-15-16.* • *reseau-idelis.com* • Bus urbains de l'agglomération. Un bon plan, la navette gratuite *Coxitis* qui sillonne le centre-ville *(tlj sauf dim).* Idelis gère également le parc de vélos en libre-service ***Idecycle*** *(• idecycle.com •).* Accessible avec une carte de paiement si vous n'êtes que de passage. La 1re demi-heure est gratuite, puis compter 1 €/h.

🅿 ***Parkings :*** *nombreux autour du centre-ville. Le grand* ***parking Verdun,*** *qui occupe tte la pl. de Verdun (plan A1-2), est le plus pratique. Compter seulement 1 € la ½ journée, gratuit à partir de 18h (et de 12h30 à 14h), ainsi que dim et j. fériés.* ***Parking République*** *sous les halles. N'oubliez pas non plus les 2* ***parkings autour de la gare SNCF.*** *Celui à droite de la gare, sur l'av. Gaston-Lacoste (hors*

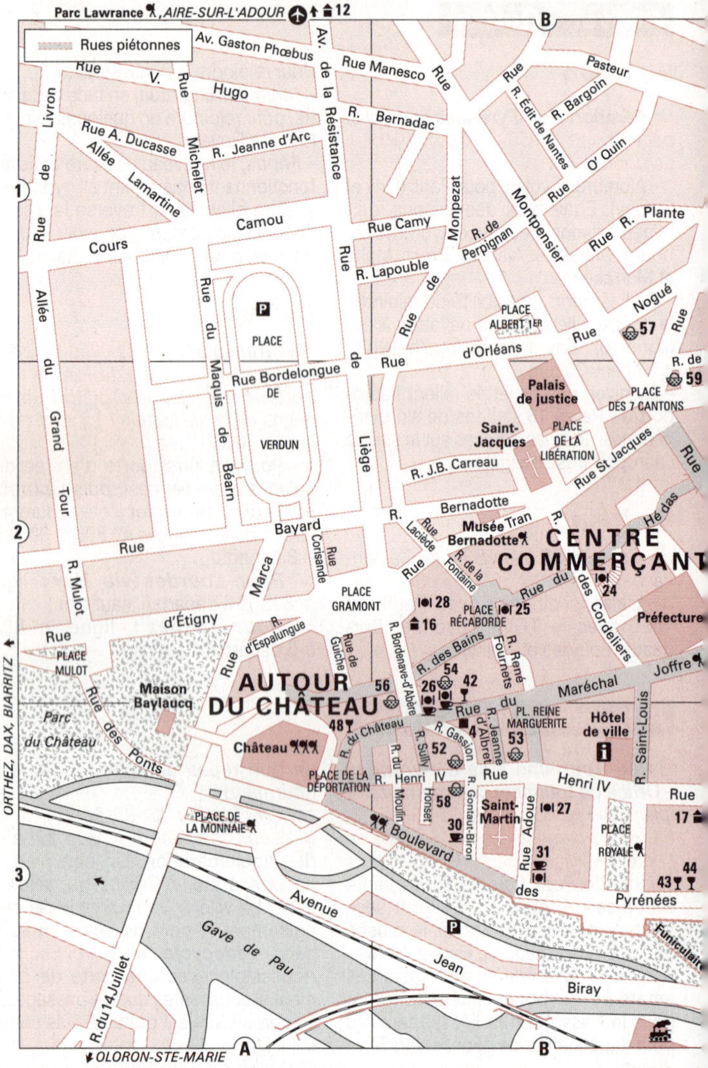

Adresses utiles

- Pau Tourisme Béarn Pyrénées (B3)
- 4 Gîtes de France (B3)

Où dormir ?

- 11 Hôtel Central (C2-3)
- 12 Hôtel Montilleul (hors plan par A1)
- 13 Hôtel Le Bourbon (C2)
- 14 Hôtel Bristol (C2)
- 15 Hôtel Parc Beaumont (D2)
- 16 Hôtel de Gramont (B2)
- 17 Hôtel Le Roncevaux (B3)

Où manger ?

- 20 Le Berry (C2)
- 23 L'Aygo, Le Restaurant sur l'Eau (hors plan par D3)
- 24 Gusto (B2)
- 25 Maynats (B2)
- 26 Le Rendez-Vous (B2-3)
- 27 Lou Esberit (B3)
- 28 L'Omnivore (B2)
- 29 Les Pipelettes (C2)
- 50 Les Halles de Pau (C1)

Où prendre le thé ?

- 30 L'Isle au Jasmin (B3)

PAU

31	Salon de thé Maison Constanti (B3)	43	Café Russe (B3)	51	Toques et Gourmandises (C3)
54	Boutique Francis Miot (B2-3)	44	Galway (B3)	52	Artigarrède (B3)
		45	Winfield (B3)	53	Maison Constanti (B3)
	Où boire un verre ? Où sortir ?	46	Les Papilles Insolites (C2)	54	Boutique Francis Miot (B2-3)
40	Les Sardines (C3)	47	Connemara Irish Pub (C2)	56	Mr Laurent (B2-3)
41	Le Garage (D1)	48	Le Snug (A3)	57	Au Parapluie des Pyrénées (B1)
42	Numéro 5 Bar (B2)		**Où acheter de bons produits ?**	58	Les Chauvins (B3)
		50	Les Halles de Pau (C1)	59	Les Tourtières Bizot (B2)

plan par C3), est gratuit ; celui à sa gauche, sur l'av. Jean-Biray, l'est également à partir de 14h30 et le w-e. Et pour rejoindre le centre-ville, il suffit de prendre le funiculaire, gratuit lui aussi !

Où dormir ?

Les établissements du centre-ville étant vite réservés par une clientèle de professionnels la semaine, les prix ont tendance à baisser le week-end, offrant alors des nuits d'un bon rapport qualité-prix.

Bon marché

Hôtel Montilleul *(hors plan par A1,* ***12****) : 47, av. Jean-Mermoz. ☎ 05-59-32-93-53. • montilleul@icloud.com • montilleul-fr.book.direct • À 1 km du centre-ville, dans le prolongement de l'av. de la Résistance. Doubles 39-59 €. Parking privé gratuit.* Cette ancienne villa bourgeoise entourée d'un petit jardin propose des chambres basiques et fonctionnelles, les moins chères avec douche mais w-c sur le palier. Certes, elles ne possèdent pas le même charme que la maison, mais à ce prix-là on ne s'en plaindra pas. Accueil sympathique.

Prix moyens

Hôtel Central *(plan C2-3,* ***11****) : 15, rue Léon-Daran. ☎ 05-59-27-72-75. • hotelcentralpau@gmail.com • hotelcentralpau.com • Congés : vac de Noël. Doubles 55-70 € env ; familiales.* Un hôtel accueillant d'une vingtaine de chambres de bon confort, toutes personnalisées et à la déco au goût du jour. Taille variable en fonction du prix, de petite à très grande ! Si vous optez pour une chambre à l'arrière, choisissez les étages supérieurs pour plus de luminosité. Côté rue, le double vitrage permet de dormir du sommeil du juste. Salle de jeux avec un billard. Accueil très souriant et serviable de la patronne.

Hôtel Le Bourbon *(plan C2,* ***13****) : 12, pl. Clemenceau. ☎ 05-59-27-53-12. • contact@hotel-lebourbon.com • hotel-lebourbon.com • Double 74 € ; familiale. Parking payant. Réduc de 10 % sur le prix de la chambre sur présentation de ce guide.* Cet ancien relais de poste du XIXe s abrite aujourd'hui des chambres très standardisées, qui rappellent celles des hôtels de chaîne. Elles sont cependant de tout confort. On apprécie surtout l'emplacement au cœur de la ville, dominant la place centrale, animée le jour et calme le soir en semaine. Heureusement, chambres à l'arrière pour les oreilles sensibles.

De prix moyens à chic

Hôtel Bristol *(plan C2,* ***14****) : 3, rue Gambetta. ☎ 05-59-27-72-98. • bristol-hotel@wanadoo.fr • hotelbristol-pau.com • Congés : vac de Noël. Doubles 89-109 € ; familiales. Parking privé gratuit.* En plein centre, cet hôtel marie avec beaucoup de goût une déco contemporaine personnalisée et un mobilier plus ancien en accord avec cette bâtisse du XIXe s, dont les volumes ont été préservés. Les chambres sont chaleureuses et surtout très confortables et spacieuses. Certaines possèdent un balcon avec une petite vue sur les Pyrénées. Accueil amical et très pro des patrons, soucieux du bien-être de leur clientèle.

Hôtel Le Roncevaux *(plan B3,* ***17****) : 25, rue Louis-Barthou. ☎ 05-59-00-00-40. • hotel@leroncevaux.com • hotel-roncevaux-pau.com • Doubles 74-104 € ; familiales. Parking payant.* Cet hôtel de charme fait partie d'un petit groupement d'hôtels du Sud-Ouest de style et de confort variables, tous d'un bon niveau de service. Celui-ci, d'un confort 3 étoiles, offre des chambres spacieuses et modernes, aux couleurs sobres, avec parquet pour certaines (nos préférées) ou moquette, d'autres avec d'épaisses tentures. Mais toutes ont leur charme. Salle de fitness et accueil pro qui sied bien à la clientèle d'affaires en semaine.

Hôtel de Gramont *(plan B2,* ***16****) : 3, pl. Gramont. ☎ 05-59-27-84-04.*

• hotel@gramont-pau.com • hotel-gramont-pau.com • ♿ Doubles 98-108 € ; familiale. Parking public Verdun à 100 m. Très bien situé, cet ancien relais de poste offre une belle vue sur l'une des plus jolies places de la ville. Racheté par les propriétaires de l'hôtel *Le Roncevaux* (cité ci-avant), les chambres empruntent chacune leur style à une époque. Des années 1930 aux sixties, elles possèdent toutes un charme particulier et mêlent avec un goût certain le contemporain au confort rassurant de l'ancien. Certaines sont cependant vieillissantes et attendent patiemment d'être refaites. Accueil pro et souriant, là aussi.

Plus chic (et hors norme)

Hôtel Parc Beaumont *(plan D2, **15**) : 1, av. Édouard-VII. ☎ 05-59-11-84-00. • hotel-parc-beaumont.com • Doubles env 150-170 € ; petit déj-buffet 26 € (très cher, mais vaut un brunch !).* Avec ses 5 étoiles, le *Parc Beaumont* coche toutes les cases en termes de confort et de luxe. L'aubaine, c'est la chute des tarifs les week-ends, quand la clientèle d'affaires déserte les lieux. Outre son architecture contemporaine aux lignes courbes, qui tranche singulièrement avec le style Belle Époque des villas alentour, on aime les chambres modernes et luxueuses, baignées de lumière et prolongées d'un large balcon avec vue sur l'étang du parc, et les Pyrénées dans les étages supérieurs. Détente absolue au spa et au bord de la piscine intérieure. Et un copieux petit déj-buffet avec produits de la région, qui ne nous laisse pas sur notre faim. À la brasserie (ouverte tous les jours, midi et soir) bons petits plats, tout simples, twistés par un chef créatif.

Où manger ?

Pau est une destination gastronomique. Les bonnes tables fourmillent, les produits locaux sont variés et de grande qualité, respectés et mis en valeur par des chefs passionnés et consciencieux. Difficile de faire son choix... Reste que ***la plupart des établissements sont fermés le dimanche et le lundi.*** Pourquoi donc se sont-ils tous donné le mot pour fermer en même temps ? Un vrai souci.

Bon marché

|●| ***Les Halles de Pau*** *(plan C1, **50**) : pl. de la République. Tlj sauf lun 7h (9h dim)-15h.* Des producteurs, des stands culinaires, et çà et là une poignée de tables pour croquer un morceau sur place : les nouvelles halles sont conçues comme un *food court,* lumineux et aéré. Haut lieu de la bonne chère, il réunit sur 2 niveaux les enseignes emblématiques de la gastronomie paloise : *Alexandre,* le fromager qui ne se cantonne pas à la brebis du Béarn, les maisons *Biraben* (divins pâtés et foies gras), *Lauga* (jambon Henri IV), *Bordenave* (boudin béarnais) entre autres, ainsi que les pains réputés de la maison *Constanti.* Et pour conclure, les glaces naturelles « Laits Pots de Vache » de la *ferme Larrouture* (saveurs et textures onctueuses). Bref, c'est le moment de dégainer votre *Pass gourmand* pour vous initier à la riche gastronomie béarnaise (voir plus haut dans « Adresse et infos utiles »).

|●| ***Le Rendez-Vous*** *(plan B2-3, **26**) : 50, rue du Maréchal-Joffre. ☎ 05-59-71-88-03. • sytartacap@laposte.net • Tlj sauf dim-lun et j. fériés 12h-18h. Menu 13 €. Café offert sur présentation de ce guide.* Une petite adresse sympathique, sans prétention et peu onéreuse. Sylvie propose une formule déjeuner avec un bon velouté, un gratin, des lasagnes ou une tarte selon le marché, ainsi que de savoureux gâteaux. Tout est maison, bien sûr. Cadre agréable, bien aussi pour une pause en journée (fait également salon de thé).

|●| ***L'Aygo, Le Restaurant sur l'Eau*** *(hors plan par D3, **23**) : 39, av. de l'Yser. ☎ 05-59-71-97-72. • direction-aygo@gmail.com • Ts les midis, le soir jeu-sam. Formule déj 17 € ; menus 28-35 €. Café offert sur présentation de ce guide.* Si le restaurant est situé

sur la commune de Bizanos, il n'en demeure pas moins à 2 mn du centre-ville en voiture. Ouvert le lundi, jour de fermeture généralisé des restos à Pau, dans un environnement dépaysant, et doté d'une large terrasse d'où l'on peut assister aux entraînements... sur l'eau, *L'Aygo* est un choix sympathique avec sa formule à 17 €. Rien d'extravagant, ni de compliqué, juste de bons petits plats du jour faits maison (joue de porc confite, merlu *a la plancha*...). Également des planches, de bonnes viandes, et des plats plus élaborés à la carte. Bon accueil.

I●I Voir aussi ***nos adresses de la rubrique « De prix moyens à chic »*** qui proposent au déjeuner des formules très attractives.

Prix moyens

I●I ***Le Berry*** *(plan C2,* ***20****) : 6, pl. Georges-Clemenceau. ☎ 05-59-27-42-95. • contact@leberry-pau.com • Tlj, midi et soir, jusqu'à 23h (23h30 ven-sam, 21h30 dim). Résa indispensable dim-lun car un des rares à être ouvert. Formule déj (sauf dim) 12,70 € ; plats env 10-27 €.* Sur la place centrale, la brasserie incontournable fait le plein quasi à chaque service dans la grande salle conviviale ou en terrasse (couverte). Bon choix à la carte de plats tradi de brasserie, avec quelques spécialités convaincantes comme les ris de veau, la cervelle ou les classiques morceaux de bidoche. Propose également un beau plateau de fromages qui peut être servi en plat principal. Une vraie bonne idée ! Serveurs efficaces et pleins d'humour. Une institution paloise.

I●I ***Gusto*** *(plan B2,* ***24****) : 1, rue du Hédas. ☎ 05-59-98-43-77. • anita.schwartz@orange.fr • Tlj sauf sam midi et dim-lun. Résa conseillée le soir. Menus 17 € (le midi ; 18 € avec un verre de vin)-35 € ; carte env 35 €.* Bien caché dans une étroite ruelle en escalier qui relie le ravin du Hédas à la rue des Cordeliers, il faut le dégotter ce *Gusto* ! L'effort sera récompensé par l'originalité de la cuisine d'Anita, à tendance italienne mais également teintée de saveurs du monde. Une cuisine du voyage donc, servie dans un cadre agréable aux murs de pierre avec des touches de déco moderne et colorée, et quelques tables dans une courette. Une des bonnes tables en ville. Accueil adorable.

De prix moyens à chic

I●I ***Maynats*** *(plan B2,* ***25****) : 3, rue du Hédas. ☎ 05-59-27-68-65. • contact@maynats.fr • Fermé dim-lun. Formule déj 20 € ; menus 37-48 €.* Voilà un resto qui signe le renouveau du Hédas : une salle lumineuse de style industriel contemporain, prolongée en été d'une agréable terrasse sur voie piétonne, et une cuisine de « garçons » (signification de *maynats*) qui a du style. Et d'ailleurs, chacun son style. Les 2 potes, qui se sont rencontrés au lycée hôtelier, se sont réparti les tâches : le salé pour l'un, le sucré pour l'autre. Alors, autant ne pas faire d'impasse. La carte est courte, les intitulés bruts (bœuf-dashi-navet, chocolat vibrato-mûres-Lillet), et les associations audacieuses, flatteuses de l'entrée au dessert. Accueil adorable et attentif. Le tout dans une chaude ambiance de copains. Un vrai coup de cœur.

I●I ***Lou Esberit*** *(plan B3,* ***27****) : 8, rue Adoue. ☎ 09-83-97-58-58. • contact@louesberit.com • Fermé dim-lun et mar midi. Résa indispensable. Formules déj en sem 20-22 € ; menus 34-48 €. Lou esberit,* c'est « l'esprit » en béarnais. Et il faut dire que le chef, originaire du Gers, autre pays de la bonne chère, en a, de l'esprit, en plus d'être doué. Le principe ? De bons produits du marché servis par une pléiade de producteurs du cru, de la rigueur acquise auprès de grands chefs, de l'imagination au service d'une carte de saison et un cadre épuré qui ne fait pas d'ombre à l'assiette. Si la formule déjeuner est une aubaine, le menu découverte est une fête gourmande et raffinée, qu'on se le dise... D'ailleurs, mieux vaut éviter de se pointer au débotté, la table est courue.

I●I ***L'Omnivore*** *(plan B2,* ***28****) : 1, pl. Gramont. ☎ 05-59-27-98-08. • contact@omnivorepau.fr • Fermé sam midi et dim-lun. Formules 15-18 €*

LE BÉARN

le midi en sem ; carte 35-40 €. Un cadre traditionnel chic, avec banquettes et miroirs, pour une cuisine de haute volée ! Stéphane Cunin, jeune chef talentueux et inspiré, revisite avec brio des plats connus de tous que l'on redécouvre sous un jour nouveau. Le cromesquis de cochon croustille, le carpaccio de poulpe fond dans la bouche, quant aux plats (peu de choix, viande ou poisson), ils sont goûteux, accompagnés de sauce et agrémentés de légumes de saison finement préparés. Sans oublier les desserts, pas en reste. Un p'tit resto qui a tout d'un grand. Chapeau, en particulier pour l'épatante formule déjeuner !

Les Pipelettes *(plan C2,* ***29****) : 3, rue Valéry-Meunier. ☎ 05-59-98-88-06. Ouv mer-sam, et dim midi seulement l'hiver. Résa conseillée le soir. Menu 20 € le midi, 38 € le soir.* Une cantine de poche avec cuisine ouverte, dans une ruelle piétonne. C'est ici que Laetitia Sarthou, seule au piano, concocte une cuisine bistronomique de haut vol, agrémentée de plantes et de fleurs comestibles de son potager. Son menu unique du midi est déjà une surprise totale, quant à celui du soir, en 5 dégustations, on en est restés baba. Une table qui rend pipelette pour alerter la galaxie des gourmets.

Où prendre le thé ?

Salon de thé Maison Constanti *(plan B3,* ***31****) : 26, bd des Pyrénées. ☎ 05-59-34-62-02. Tlj sauf lun-mar 10h30-18h30 ; en été, jusqu'à 19h (23h ven-sam). Assiettes et formule 6-15 € ; cakes et pâtisseries 3,20-5 €.* Salon de thé chic, mais pas snob, aux allures de bonbonnière. Brunch (le dimanche seulement), petit déj, *snacking, afternoon tea,* on revit dans ce cadre d'antan l'âge d'or révolu du thermalisme et de sa bonne société... Bonnes glaces à l'italienne, sorbets aux fruits de saison (sans sucre ajouté) et pâtisseries maison.

L'Isle au Jasmin *(plan B3,* ***30****) : 28, bd des Pyrénées. ☎ 09-84-04-01-03. Tlj 11h-20h (19h hors saison). CB refusées.* Siroter un thé glacé au soleil, sur une chaise longue, face aux Pyrénées... le rêve ! En tout, une trentaine de variétés de thés et quelques gâteaux pour accompagner. Si le temps vire au gris, réfugiez-vous dans l'étonnante salle néocoloniale au rez-de-chaussée du prestigieux palais Gassion.

Boutique Francis Miot *(plan B2-3,* ***54****) : 46-48, rue du Maréchal-Joffre. ☎ 05-59-27-69-51. Lun-sam 10h-19h (service continu). Pâtisseries 3-3,80 € ; tartines salées au déj.* Au fond de la boutique de confitures, petite salle avec vue en surplomb du Hédas, à l'arrière, pas désagréable pour la pause gourmande. Petite sélection sympa et pas chère de pâtisseries maison avec boissons chaudes. À moins que vous n'en pinciez pour les *coucougnettes* ou les *tétons de la Reine Margot* vendus en boutique ? En face, épicerie fine et salon de thé.

Où boire un verre ? Où sortir ?

Le quartier le plus animé le soir reste encore celui du Triangle, autour de la rue Émile-Garet avec ses pubs étudiants et authentiques. Mais ça bouge aussi dans le quartier du château, sur le boulevard des Pyrénées, où quelques pubs aux grands écrans s'enflamment les soirs de match.

Les Papilles Insolites *(plan C2,* ***46****) : 5, rue Alexander-Taylor. ☎ 05-59-71-43-79. Bar à vins mer-sam 19h-23h (mais caviste à partir de 11h). Congés : août. Assiettes 8-17 €.* Grande salle à l'ancienne, façon bistrot de toujours, où sont exposées près de 450 références de vins de petits producteurs, presque tous bio. Pour accompagner la dégustation, belle ardoise gourmande de produits locaux ou plus exotiques (boudin noir, poitrine de cochon, sashimi...) préparés par un chef cuisinier.

Le Garage *(plan D1,* ***41****) : 49, rue Émile-Garet. ☎ 05-59-83-75-17.*

Tlj 11h (15h le w-e)-2h (variable selon affluence). Vous ne pouvez pas le louper, le garagiste qui boit une bière sur le toit vous invite à faire de même. Pompes à essence, vieilles mobs au plafond et plaques émaillées... on plonge dans l'Amérique des années 1950 avec grand plaisir. On peut également manger quelques snacks et burgers, installé dans des banquettes de voiture ! Et ça tombe bien, ils sont ouverts le lundi quand tout est fermé !

Le Snug *(plan A3,* ***48****) : 1, rue du Château. ☎ 09-83-25-90-31. Tlj sauf dim-lun 18h (10h-12h30, 14h-19h pour la boutique)-minuit (1h30 jeu-sam).* Un bar à cocktails cosy, un peu à l'anglaise, avec vue sur les jardins du Hédas en contrebas et le château joliment éclairé le soir. Des cocktails à base de whisky du monde entier, gins et rhums de qualité à accompagner de charcuteries locales. Fait également cave de spiritueux où l'on peut choisir parmi plus de 300 références. Tenu par un jeune couple passionné et fin connaisseur.

Numéro 5 Bar *(plan B2,* ***42****) : 46, rue du Maréchal-Joffre. ☎ 05-59-30-52-64. Mar-sam 18h30-1h30.* En terrasse autour d'un fût en bois ou entre les murs en pierres apparentes assis dans un confortable canapé, on déguste ici un bon verre de vin ou un cocktail bien dosé. Lumière tamisée et jazz en musique de fond plantent un décor intime où une clientèle de trentenaires se retrouve autour d'une planche de fromages et charcuterie du pays.

Les Sardines *(plan C3,* ***40****) : 9, rue Gachet. ☎ 05-59-71-30-84. Mar-sam à partir de 18h. Digestif maison offert sur présentation de ce guide.* Bar à vins, tapas, déco sympa, bonne musique et serveurs en marinière. Le dernier lieu où l'on cause... serré comme des sardines, jusque sur le trottoir ! En cas de saturation, le ***Boga Boga*** *(rue des Orphelines, à 2 pas)* est une bonne alternative festive.

Plusieurs bars ont posé leurs terrasses le long du boulevard des Pyrénées. Libre à vous de choisir selon vos goûts : le ***Café Russe*** *(plan B3,* ***43*** *; ☎ 05-59-82-91-41 ; tlj 9h-2h)* au cadre un peu baroque et à la clientèle très variable selon l'heure ; le ***Galway,*** juste à côté *(plan B3,* ***44*** *; ☎ 05-59-82-89-85 ; tlj 13h-2h),* pub à l'irlandaise, avec Guinness de rigueur, très branché rugby ; ou juste après, le ***Winfield*** *(plan B3,* ***45*** *; tlj 10h-1h30),* un pub à l'australienne, un des *before* des étudiants palois.

Connemara Irish Pub *(plan C2,* ***47****) : 17, rue Valéry-Meunier. ☎ 05-59-27-81-14. ♿ Jeu-sam et j. fériés 22h-7h. Congés : de mi-juil à mi-août.* L'autre rendez-vous de la jeunesse paloise le week-end. Dans un bar aux accents irlandais, on se retrouve entre amis pour boire quelques verres et danser jusqu'au petit matin. Un conseil : arrivez avant 2h, sinon, vous aurez du mal à entrer.

Où acheter de bons produits ?

Les Halles de Pau *(plan C1,* ***50****) : pl. de la République. Tlj sauf lun 7h (9h dim)-15h ; nocturne dernier ven du mois 17h-23h. Carreau des producteurs tlj sauf dim-lun et jeu 6h-13h.* Les nouvelles halles de Pau ont été récemment inaugurées dans un espace contemporain au cœur de la ville, dans l'idée d'offrir aux gourmets la plus belle vitrine de la gastronomie locale et des produits du terroir. D'un côté, le carré des producteurs accueille le traditionnel marché paysan, particulièrement animé les mercredi et fins de semaine : de l'autre, le marché permanent avec ses commerçants à demeure et leurs étals bien garnis. Tout pour remplir son panier de spécialités béarnaises.

Toques et Gourmandises *(plan C3,* ***51****) : 2, rue Gachet. ☎ 05-59-27-41-02. Tlj sauf lun 8h-19h30 (13h30 dim et 8h-22h pour le resto). Menu unique 13,50 € ; tapas 5-12 €.* C'est la boutique d'épicerie fine et l'espace traiteur du chef Éric Dequin, associé à Philippe Camdeborde (le frère du très médiatique Yves Camdeborde). Entre les 2, petit resto pour déguster une assiette de bons produits locaux ou des tapas le soir.

Artigarrède *(plan B3,* ***52****)* **:** *3, rue Gassion. ☎ 05-59-27-47-40. Mar-sam 9h30-12h15, 14h30-19h15 ; dim 9h-13h. Congés : vac scol d'hiver et 3 sem en juil.* Un nom (la maison mère est à Oloron-Sainte-Marie) connu dans le Béarn pour son « russe », un délicieux et onctueux gâteau à base de biscuit à l'amande et crème de praliné, et dont le nom vient de ces amandes importées autrefois de Russie. Maintes fois copié, jamais égalé comme le précise la brochure !

Maison Constanti *(plan B3,* ***53****)* **:** *10, rue Henri-IV. ☎ 05-59-27-69-19. Mar-sam 9h-13h, 13h45-19h15 (en continu ven-sam) ; dim 8h30-13h.* Des pâtisseries à la pâte à tartiner en passant par les chocolats, on ne sait plus où donner de la tête. Difficile de se décider, les plus curieux choisiront le *chapeau de d'Artagnan,* spécialité maison à base de sorbet au pruneau et mousse à l'armagnac sur un lit de nougatine. Voir également, plus haut, le salon de thé.

Boutique Francis Miot *(plan B2-3,* ***54****)* **:** *46-48, rue du Maréchal-Joffre. ☎ 05-59-27-69-51. Lun-sam 10h-19h.* Francis Miot était un as de la confiture ! Aujourd'hui, il n'est plus, mais son nom (et son aura) perdure. Plus de 150 goûts aussi classiques qu'originaux, de la délicieuse fraise jusqu'au kiwi, en passant par la gelée au jurançon. Fait également salon de thé.

Mr Laurent *(plan B2-3,* ***56****)* **:** *1, rue Bordenave-d'Abère. ☎ 05-59-21-72-77. Lun-sam 10h-13h30, 14h30-19h (ven-sam en continu) ; fermé dim et lun mat.* Outre le célèbre *Denier de Navarre, Mr Laurent* est réputé pour ses *Cookies de la mort qui tue,* si bien nommés par ses enfants. Mis sur l'étalage dès leur sortie du four, c'est en effet une tuerie de la mort ! Caramel, coco-mangue, ou détox pour la bonne conscience... difficile de faire un choix parmi tous ces dodus cookies. Gros avantage, ils se conservent sans souci 5 à 6 jours... Les nôtres n'ont pas eu le temps de rassir ! Attention, moins de choix l'après-midi.

Les Tourtières Bizot *(plan B2,* ***59****)* **:** *13, passage de la République. ☎ 05-59-83-94-60. Mar-sam 9h-19h, dim 10h-12h30. À partir de 12 € (4 € en individuel).* Cette maison ne propose que des tourtières, ce gâteau feuilleté du Sud-Ouest garni de pommes ou de pruneaux, puis flambé. Depuis plus de 30 ans, la famille Bizot, qui a eu le temps de perfectionner sa recette, confectionne et enfourne ses tourtières devant les clients. L'arrivée récente du fiston a signé le renouveau de la maison, qui propose à présent d'autres parfums sucrés, mais aussi des tourtières salées pour la pause déjeuner (boudin-pommes, bacon-chèvre-pruneaux). Incroyablement légère et croustillante, la pâte ne contient que 5 % de matières grasses ! Allez, on se lâche...

Dans un tout autre style

Les Chauvins *(plan B3,* ***58****)* **:** *9, rue Henri-IV. ☎ 05-59-02-68-86. Lun-sam 10h-19h, dim 13h-19h.* Qui a dit que le chauvinisme était un vilain défaut ? Ce *concept store* est une vitrine de produits de terroir, alimentaires ou artisanaux, fruit d'une sélection aussi pointue que qualitative. Tee-shirts illustrés de messages humoristiques, bougies, parapluies, livres, vins, épicerie... les idées cadeaux ne manquent pas. Avec des notes d'humour : les thés portent les noms des maîtresses d'Henri IV (la sélection est large...). Sert boissons et gourmandises. Quelques tables dedans et dehors.

Au Parapluie des Pyrénées *(plan B1,* ***57****)* **:** *12, rue Montpensier (angle rue Nogué). ☎ 05-59-27-53-66. Tlj sauf dim-lun 8h-12h, 14h-19h.* Le seul et unique fabricant d'authentiques parapluies de berger. Fabriqué sous vos yeux de façon artisanale, son mât et son pommeau sont en bois de hêtre, ses 9 baleines en rotin, et sa toile en coton bleu est imperméabilisée avec de la résine de pin, le tout assemblé à la main... Le maître des lieux, Christophe Pandau qui passe la main à ses 2 fils, se fera un plaisir de vous expliquer la suite quitte même à ouvrir ses parapluies en intérieur. Au diable les superstitions ! Un bel objet qui, forcément, a un prix (environ 100-200 €).

À voir

Bon à savoir : l'office de tourisme propose le *Pass Pau* *(12 € d'avr à mi-sept avec le petit train),* qui donne accès aux 3 musées de la ville : château, Bernadotte et Beaux-Arts. Demander également à l'office de tourisme les livrets gratuits de *Balade urbaine* pour une découverte en autonomie des plus beaux sites historiques et des parcs et jardins du centre-ville en 2h30.

Autour du château

Le château (plan A3) **:** *rue du Château. ☎ 05-59-82-38-00. • chateau-pau.fr • Tlj : 15 juin-15 sept 9h30-17h45 ; le reste de l'année 9h30-11h45, 14h-17h. Fermé 1er janv, 1er mai et 25 déc. Entrée : 7 € ; réduc ; gratuit moins de 26 ans et pour ts le 1er dim du mois. Visite guidée (durée : env 1h) ou visite libre selon la période. En été, spectacle son et lumière gratuit de 15 mn le soir dans la cour du château. Expositions temporaires et également animations enfants pdt les vacances.*

Le château de naissance d'Henri IV (il n'y vécut pas) se pare d'une grande variété de styles, reflet de tous les apports architecturaux de l'histoire. Les parties les plus anciennes remontent au XIe s. Le donjon de brique et la tour de la Monnaie furent élevés par Gaston Fébus vers 1370, soucieux de protéger le Béarn des Anglais. Au XVIe s, Marguerite d'Angoulême (grand-mère d'Henri IV) lui donne son aspect Renaissance. Au XIXe s, Louis-Philippe (décor intérieur) et Napoléon III (aménagements architecturaux) y contribuent également. Pour mémoire, il ne restait au château, après la Révolution française, que 2 fourchettes et le berceau d'Henri IV. Les décorateurs de Louis-Philippe ont habilement mêlé meubles faits pour l'occasion ainsi que meubles et objets d'art d'époque : la collection de tapisseries Grand Siècle est somptueuse.

> **PAU DE BÉBÉ**
>
> *Que vient faire la « cuillère à pot », sorte de grosse louche, dans cette expression qui ne veut pas dire grand-chose ? Antoine de Bourbon, roi de Navarre, apprit que sa femme Jeanne d'Albret venait d'accoucher du futur Henri IV. Alors, le roi s'empressa de l'annoncer à ses courtisans en disant : « Messieurs, la reine nous a donné un petit prince, en 2 coups de cul hier à Pau. »*

– *L'escalier d'honneur :* de style Renaissance, c'est le 1er escalier droit dans le sud de la France. Les plafonds à caissons sont l'exacte copie de ceux du château d'Azay-le-Rideau (Indre-et-Loire).
– *Le Grand Salon (salle du Trône) :* c'est ici qu'Henri IV a été baptisé religieusement. Plafond à l'italienne. Tapisseries des Gobelins avec scènes de la vie quotidienne. Superbes vases bleus à décor chinois ; il n'en reste que très peu dans le monde (dont 3 à Pau). Horloge du XVIIe s, la seule qui fonctionne encore au château.
– *La chambre des Souverains :* très beau coffre sculpté. Lit à baldaquin. Curieux coffre de voyage sculpté *(bargueño)* fin XVIe-début XVIIe s, avec 22 tiroirs.
– *L'appartement de l'impératrice Eugénie :* comprenant un boudoir, une chambre, une antichambre. Collections de Sèvres, vases de nuit, et surtout les célèbres « bourdalous », vases de jour utilisés par les dames pendant les sermons, qui duraient longtemps (de 3h à 5h !).
– *Cabinet de peintures :* parmi les tableaux qui retracent la vie d'Henri IV, on remarquera ceux d'Ingres *(Don Pedro de Tolède baisant l'épée d'Henri IV)* et d'Eugène Devéria *(La Naissance d'Henri IV),* palois d'adoption. On poursuit la visite, via l'escalier en colimaçon du XVe s, en traversant le *cabinet Bourbon* (portrait d'Antoine de Bourbon par François Clouet), la *salle Marquet de Vasselot* (dont la pièce maîtresse est le *portrait d'Henri IV en Mars* peint par Jacob Bunel) ; il ne

vous aura pas échappé que le monumental *Henri IV à cheval* dément la légende de son célèbre cheval blanc. Passage par l'*antichambre de la reine* et la *chambre de Jeanne d'Albret.*

MORT AUX VACHES !

C'était le cri de haine des catholiques contre Henri IV, qui avait le défaut d'être protestant. En effet, on trouve 2 vaches dessinées sur son blason. L'expression est restée, mais on en a oublié l'origine.

- *La chambre natale d'Henri IV :* avec la fameuse carapace de tortue qui aurait servi de berceau à Henri IV. Un lieu de naissance contesté, il pourrait être né à l'étage inférieur, mais passons...
- En été, ne manquez pas non plus la visite exceptionnelle (et en accès libre également) de la *chapelle,* sur le pont d'honneur à l'entrée du château, aménagée par Louis-Philippe. Beau vitrail de la manufacture de Sèvres, exécuté en 1840-1841 à partir d'un tableau de Zurbarán.

Les jardins et le parc

- *Jardins Renaissance : pourtour du château et Basse-Plant ouv 8h-19h30 de mai à mi-sept, jusqu'à 18h30 le reste de l'année. Le reste du parc allant jusqu'à Billière reste ouv jour et nuit. GRATUIT.* Au pied des remparts, agréables jardins en terrasses à l'image de ceux du temps d'Henri IV, avec vignes, vergers, tonnelles, et la *Maison Baylaucq* qui héberge des expos temporaires (le tout en accès libre). La tour de la Monnaie abrite un ascenseur permettant d'accéder aux 23 ha de parc (voir la partie « Jardins et panorama »). Dans le parc, 2 installations contemporaines géantes, œuvres des photographes Enrique Carbo et Didier Sorbé. Sur ce site en pleine ville classé Natura 2000, il n'est pas rare de croiser des moutons laissés en écopâturage.

Autour du château : vieux quartier pittoresque. Face au château (au nº 2, rue du Château), l'*hôtel de Peyré,* dit « de Sully », du XVIIᵉ s, présente une superbe entrée pavée de galets. Le chien qui sert de heurtoir sur la porte symbolise le bonheur et la fertilité. Vous comprendrez pourquoi en le caressant ! Au nº 9 de cette même rue, des colombages, presque incongrus à Pau. À l'emplacement de la place de la Déportation se serraient l'église paroissiale du XVᵉ s (qui servit de temple protestant de 1561 à 1620) et le cimetière. Seul subsiste aujourd'hui le clocher, appelé à tort « tour du Parlement ».

Dans le centre commerçant

Les jardins du Hédas *(plan B-C2) : rue du Hédas, dans la continuité de la rue des Bains, après la pl. Récaborde, et se termine pl. d'Espagne (650 m de long). Accessible aussi par ascenseurs (6h-minuit) rue des Cordeliers et pl. d'Espagne. Et par un chemin qui descend du château (horaires du château).* Cette ancienne ruelle mal famée, sorte de colonne vertébrale du centre-ville dans son soubassement, a été récemment réhabilitée pour devenir un lieu de promenade végétalisé agréable et frais, à arpenter dans un calme étonnant. Au passage, des aires de jeux pour les enfants, des espaces jardinés, un fronton, une vieille fontaine, un lavoir... On débouche au pied des jardins du château. Une balade à faire également de nuit pour apprécier les jeux de lumière.

Le musée Bernadotte *(plan B2) : 8, rue Tran. ☎ 05-59-27-48-42. Tlj sauf lun 10h-12h, 14h-18h. Entrée : 3 € ; réduc ; gratuit moins de 26 ans et pour ts le 1ᵉʳ dim du mois.* Dans cette maison du XVIIIᵉ s aux galeries de bois typiquement béarnaises, augmentée par la suite d'épaisses colonnes encadrant la porte principale, naquit Bernadotte, fin stratège, qui devint maréchal d'Empire, puis roi de Suède, de Norvège et de Poméranie orientale (1818) ! On raconte qu'à sa mort on découvrit sur sa poitrine un tatouage « Mort au roi ! », souvenir de la Révolution !

Toujours est-il qu'avec lui (et Henri IV) Pau s'enorgueillit d'avoir donné naissance à 2 rois ! Le musée, inauguré fin 2018 par la famille royale de Suède, les descendants directs de Bernadotte, présente souvenirs et témoignages sur l'homme.

Le musée des Beaux-Arts *(plan C-D2)* **:** *rue Mathieu-Lalanne. ☎ 05-59-27-33-02. ♿ Tlj sauf lun 11h-18h. Entrée : 4 € (5 € pour un billet jumelé avec l'expo temporaire) ; réduc ; gratuit moins de 26 ans et pour ts le 1er dim du mois.*
Le musée, entièrement rénové dans le respect de son architecture Art déco, cohabite avec l'École supérieure d'art et de design des Pyrénées. L'entrée dans ce nouvel « espace des arts » se fait désormais par l'immense esplanade minérale, mettant en valeur la beauté des lignes Art déco du bâtiment, augmentée d'une colonne bleue ondulée qui permet de rejoindre, depuis la nouvelle entrée, les salles d'exposition du musée.
Le musée, lui, fut fondé en 1864 et, à l'époque, il fut décidé de privilégier l'art « contemporain ». Voilà pourquoi le XIXe s est si bien représenté, dans tous ses courants : orientaliste, académique, pompier, romantique, réaliste, symboliste, etc., et, bien sûr, impressionniste... Au hasard des toiles, on croise Boudin, Degas, Morisot, Corot, Bourdelle, Marquet, Van Dongen, Dufresne...
Au milieu de tous ces chefs-d'œuvre, une belle place est accordée aux peintures historiques (monumentale *Naissance d'Henri IV* de Devéria) et aux peintres régionaux, comme René-Marie Castaing. Quant à la peinture ancienne, elle est aussi représentée par des artistes prestigieux : le Greco *(Saint François d'Assise recevant les stigmates),* Bruegel l'Ancien, Rubens, ou encore l'Italien Simone Cantarini. Le dernier étage est en principe consacré aux expos temporaires.

La rue du Maréchal-Joffre *(plan B2-3)* **:** démarrant de la place Clemenceau, cœur battant de la ville bien que minérale (belle fontaine Art déco tout de même), elle aligne nombre d'hôtels particuliers. Au n° 22, la façade un peu fatiguée de celui de Navailles-Mirepeix qui cache une cour intérieure pavée ; juste en face, au n° 27, l'hôtel d'Abadie avec balcon en ferronneries ; au n° 46, celui de Laussat, dont ne verra que la grille d'entrée... Tout au bout de la rue (riche en vieilles portes en bois cloutées), jolie place à arcades Reine-Marguerite, la plus ancienne de la ville.

Jardins et panorama

La place Royale *(plan B3)* **:** royale, avec ses rangées de tilleuls et ses façades rénovées ! Elle fut offerte aux Palois par Louis XIV, après la révocation de l'édit de Nantes. Cependant, les habitants de Pau ne portaient pas le Roi-Soleil dans leur cœur, le roi ayant dit que « Pau était une petite ville avec de petites rues peuplées de petites gens ». Les Béarnais se sont vengés en inscrivant sous sa statue : « À Louis XIV, le petit-fils de notre glorieux roi Henri. » L'histoire ne dit pas si Louis XIV a apprécié l'humour. Toujours est-il que la statue disparut à la Révolution française. En 1843, c'est Louis-Philippe qui offrit la statue d'Henri IV, encore là aujourd'hui.

Les sentiers du Roy *(plan B3)* **:** charmante promenade bucolique au cœur d'une palmeraie, qui permet, depuis la place Royale, de rejoindre la ville basse. En bas, dans le *jardin Joantho,* un insolite musée à ciel ouvert, ***Le Tour des Géants*** *(plan C3),* présente plus de 100 stèles jaunes, joliment illuminées le soir, consacrées aux vainqueurs du Tour de France. Pour remonter, on peut utiliser le funiculaire centenaire (gratuit).

La place de la Monnaie *(plan A3)* **:** dans la ville basse, remarquable ensemble urbain des XVIe et XVIIIe s, avec de belles demeures mises en valeur, un canal et les services du conseil départemental installés dans un bâtiment aussi contemporain que les jardins qui l'entourent. Dans la tour de la Monnaie, on frappa la monnaie du XVIe s à la Révolution (2e place de France). Calvin y prêcha. À l'intérieur, un ascenseur gratuit *(tlj 7h30-19h15 en été, jusqu'à 18h15 le reste de l'année)* permet de rejoindre les jardins du château.

Le boulevard des Pyrénées *(plan B-C3)* **:** inauguré en 1899, c'est une longue terrasse de plus de 1,5 km, d'où, par beau temps, on peut admirer les 180 km de la chaîne des Pyrénées. On a vraiment l'impression de toucher les montagnes. Pour identifier les pics, aligner leur nom inscrit sur la rambarde métallique avec la cheminée de l'ancienne usine de tramway à côté de la gare. Ingénieux ! Quant au boulevard lui-même, il est semi-piéton, avec une piste cyclable... Le long du boulevard, quelques beaux immeubles, dont certains hébergeaient des hôtels très prisés du temps des villégiatures.

Le Palais Beaumont, Centre de congrès historique *(plan D3)* **:** *au bout du bd des Pyrénées et à l'entrée du parc Beaumont.* Né palais d'hiver en 1900, cadre néorococo de fêtes somptueuses, le casino 1930 symbolisait, avec les villas de l'avenue Trespoey, le souvenir typique de la période anglaise. Un siècle plus tard, avec ses restaurants, sa brasserie *La Belle Époque,* son double jardin d'hiver et ses salons new-look, il offre à Pau un lieu de congrès et de plaisirs digne du rôle que la ville entend jouer dans la région. L'orchestre de Pau-Pays de Béarn se produit d'octobre à mai dans le magnifique auditorium Alfred-de-Vigny.

Le parc Beaumont *(plan D2-3)* **:** *à l'est de Pau, près du casino.* Jardin très agréable au point de départ d'une belle balade entre parcs et jardins, permettant de découvrir Pau à pied. 12 ha de parc à l'anglaise avec lac et cascade. On y trouve des arbres centenaires et des plantes aux essences rares et variées. À propos, les palmiers que vous trouverez ici dans les jardins de toutes les maisons bourgeoises ne sont pas seulement un signe de la clémence du climat, mais aussi le signe d'opulence : rapportés d'Afrique par les soldats partis à la conquête de l'Algérie en 1830-1850, ils attestent la réussite sociale... L'été, des concerts gratuits, classiques, rock ou techno, sont donnés dans le petit théâtre de verdure de 500 places. Se renseigner à l'office de tourisme (voir « Adresse et infos utiles »). Le long du parc, le très moderne et très chic *Hôtel Parc Beaumont,* et, à côté, un ancien jeu de paume ouvert à tous.

LE BÉARN

Un peu plus loin

Le parc Lawrance *(hors plan par A1)* **:** *rue de Montpensier et av. de la Résistance. Au nord de Pau.* Les amoureux des arbres découvriront dans ce beau parc de 4 ha des séquoias de 50 m, des cèdres bleus presque aussi hauts, des rhododendrons centenaires, etc. Au centre, une splendide villa du XIXe s.

À faire

Parc Aquasports stade Eaux Vives Pau-Pyrénées *(hors plan par D3)* **:** *av. Léon-Heid, 64320* ***Bizanos.*** *☎ 05-59-40-85-44. • paupyrenees-stadeeauxvives.com • Accès bien fléché depuis l'av. Gaston-Lacoste. Ouv tte l'année : juin-sept, tlj 10h-19h ; oct-mai, se renseigner.* Bassins et slalom aquatique artificiels le long du gave de Pau. Le (superbe) site d'entraînement de l'équipe de France de canoë-kayak est ouvert à tous à partir de 8 ans (il suffit de savoir nager) pour des séances, libres ou encadrées, de canoë-kayak, mais aussi d'*hydrospeed* ou de rafting. Nouveau, la possibilité de descente en bouée géante. Un lieu atypique, bordé de jardins-promenade avec tables de pique-nique. Jolie balade le long du gave jusqu'au pied du château.

– **Le Méliès :** *6, rue Bargoin. ☎ 05-59-27-60-52. • lemelies.net •* Un cinéma d'art et d'essai installé dans une ancienne église. Séances spéciales enfants et plusieurs manifestations autour du cinéma au cours de l'année, dont un Festival international du film en décembre.

Fêtes et manifestations

– ***Grand Prix hippique :*** *3e w-e de janv.* Inauguré en 1842 !
– ***Carnaval béarnais :*** *1 sem courant fév, pdt la période du Mardi gras.* Tout Pau se mobilise quelques jours pour une fête d'enfer : personnages typiques et géants, chants et danses traditionnelles, grande cavalcade à travers la ville pour fêter le cochon et Sent Pançard !
– ***Vague de Béton :*** *début avr. • image-montagne.com •* Rencontre annuelle proposant des expositions photo, des colloques, des démonstrations, sur le sport de glisse en milieu urbain. La culture skate à l'honneur !
– ***Grand Prix automobile de Pau :*** *en mai.* 10 jours de féria autour de l'automobile. Le centre-ville se transforme alors en circuit. Vieilles voitures (pour le Grand Prix historique) ou Formules 3, 4 et 2.0.
– ***L'Été à Pau :*** concerts gratuits en été dans divers quartiers et jardins, notamment au parc Beaumont.
– ***Un Air de Vacances :*** *3-4 j. mi-août.* Festival des arts de la rue (théâtre, musique, jonglage, spectacles gratuits...).
– ***Hestiv'Òc :*** *fin août.* Festival de la musique et de la culture des langues du Sud.
– ***L'Été Indé :*** *ts les ven-sam de sept-oct.* Festival de musiques indépendantes. Apéro-concerts gratuits dans le ravin du Hédas et différents lieux du centre-ville.
– ***Un Aller-Retour dans le Noir :*** *en oct.* Festival du polar : rencontres avec des auteurs, concerts, dédicaces...
– ***Concours complet international d'équitation 5 étoiles :*** *mi-oct, au superbe Domaine de Sers et hippodrome du Pont-Long.*
– ***Les Idées mènent le Monde :*** *3 j. en nov.* Festival littéraire au palais Beaumont. Rencontres avec des écrivains et foire aux livres.
– ***Fêtes de Noël et anniversaire d'Henri IV (La Poule au Pot est reine) :*** *déc.* Un anniversaire que Pau fête en grande pompe pendant 15 jours autour du 13 décembre, date d'anniversaire d'Henri IV. C'est l'occasion de goûter à la célèbre poule au pot que servent la plupart des restos palois. Belle fête des lumières autour de la Sainte-Lucie (concerts, grande roue, pistes de luge, ferme enchantée...).

DANS LES ENVIRONS DE PAU

La Féerie Gourmande – Atelier et musée des Arts sucrés : *rond-point d'Uzos, D 37, 64110* ***Uzos.*** *☎ 05-59-35-05-56. • francis-miot.com • À la sortie sud de Pau (à 3 km du château). Tlj sauf dim 10h-12h, 14h-19h (pas de fabrication sam) ; entrée jusqu'à 16h. Durée de la visite : env 1h30. Fermé de mi-nov à début janv. Tarifs : 4,60 € (3 € juil-août) ; 3 € moins de 12 ans (2 € juil-août).*
Un bon complément à la visite de la *Boutique Francis Miot* en centre-ville (voir « Où acheter de bons produits ? »). L'espace muséographique avec ses collections est sympathique. Les jeux interactifs et les vidéos apprennent plein de choses aux enfants. Mais le must reste l'atelier du goût où l'on vous offre des confitures, à charge pour vous de deviner le fruit de base. On passe ensuite aux ateliers de démonstration : le chocolat, la confiture et les bonbons. Les commentaires sont sympa, et on continue à saliver.
La visite se termine par la galerie Sender où sont reproduites une quinzaine des pièces réalisées par le maître pâtissier Sender, 3e associé, dont le gâteau de mariage de Lady Di (4 m de haut !) et, tout à côté, le gâteau commandé par Elton John pour les funérailles de la même Lady Di. Bien entendu, il y a une boutique à la sortie, histoire d'acheter quelques *coucougnettes,* bonbons légèrement aphrodisiaques créés par Miot en hommage à Henri IV !

LESCAR

(64230) 10 200 hab. *Carte Béarn, C2*

À 5 km au nord-ouest de Pau. La petite ville romaine de *Beneharnum* devint, dès le VIe s, le 1er évêché de la région. Tout au long du Moyen Âge, les évêques de Lescar jouèrent un rôle politique important. Adorable vieille ville haute, que l'on atteint par la porte de l'Esquirette (vestiges de remparts).

Adresse utile

Office de tourisme : *pl. Royale ; face au porche de la cathédrale. ☎ 05-59-81-15-98. • pau-pyrenees.com • Tte l'année, mar-sam 9h-12h, 14h-18h.* Pendant les vacances scolaires, des visites thématiques : nocturne aux flambeaux, jeu de piste... Et tous les samedis à 15h une visite guidée : « rando médiévale ». Demander également le livret gratuit de la *Balade urbaine* pour une découverte pédestre du centre-ville en 1h30.

À voir

La cathédrale : *tlj 9h-18h. Rando médiévale, incluant la visite de la cathédrale, tte l'année le sam à 15h ; durée : 1h30. Autre possibilité : la visite nocturne aux flambeaux durant les vac scol ; résa obligatoire auprès de l'office de tourisme.*
Édifiée au XIIe s sous l'épiscopat de Gui de Lons (évêque de Lescar et bagarreur impénitent), elle succédait à la ville gallo-romaine de *Beneharnum,* 1re capitale du Béarn au IVe s et détruite par les Normands au IXe s. Transformée en temple protestant par Jeanne d'Albret en 1563, ce n'est que quelques années après que la cathédrale fut rendue au culte catholique. Elle subit beaucoup de restaurations mais aucune modification du plan bénédictin originel. Très beau chevet roman sculpté de modillons et de frises.
À l'intérieur, les chapiteaux et les mosaïques constituent l'un des intérêts essentiels du lieu. Stalles en chêne surmontées de 34 personnages sculptés au XVIIe s. D'un côté, le Christ, les apôtres et les évangélistes ; de l'autre, la Vierge des 7 douleurs suivie des confesseurs et des saints locaux. Dans les absides latérales, du plus pur style roman, des retables du XVIIIe s. Celui de l'absidiole de droite, autel du Saint-Sacrement, figure une représentation de la Cène. Les fameuses mosaïques, situées sur le sol à la tête du chœur, datent de la construction de la cathédrale et représentent des motifs orientaux et des scènes de chasse.
Sur la voûte en cul-de-four, peintures murales du XVIIe s représentant des scènes de la vie de Marie, notamment son couronnement.
Sous le chœur sont ensevelis les rois de Béarn-Navarre de la dynastie d'Albret et, notamment, les grands-parents d'Henri IV, Henri II d'Albret et Marguerite d'Angoulême (crypte non accessible).
Ne pas omettre de jeter un œil à l'orgue monumental (XIXe s), classé et restauré.

En face de la cathédrale, petit ***musée de Lescar*** *(lun-sam 14h-18h en été ; le reste de l'année, ouv pdt les visites guidées ; GRATUIT)* : présentation de la collection archéologique de Lescar (ancienne capitale gallo-romaine).

Ne pas manquer la balade sur les remparts et les vestiges du palais épiscopal, dont la ***tour-prison*** du XIVe s.

Dans la ville basse, le ***quartier de Biale*** : voir l'église Saint-Julien, au beau mobilier intérieur. Quelques demeures des XVIIe et XVIIIe s.

Manifestation

– ***Les Mystères de la cité :*** *2e w-e de sept.* Déambulatoire fantastique sur le thème médiéval et spectacle son et lumière.

NORD-BÉARN ET VIC-BILH

C'est le Béarn des origines, un secteur très différent du piémont et des vallées pyrénéennes : paysages de coteaux plus doux, architecture et petites placettes dans les villages. Les élevages de volailles appartiennent au vaste ensemble des coteaux de Gascogne, dont font également partie la Chalosse, le Tursan et l'Armagnac. On y trouve Morlaàs, la 1re capitale, de magnifiques petites églises romanes, et le Vic-Bilh, le « vieux pays », au nord-est du département. C'est la région d'un vignoble célèbre, celui du madiran, labellisé Bons Crus d'Artagnan.
– ***Attention,*** très peu de restos dans le coin. Alors, un conseil, réservez ou prévoyez le pique-nique !

MORLAÀS (64160) 4 500 hab. *Carte Béarn, C2*

À environ 12 km au nord-est de Pau, la 1re capitale de la vicomté de Béarn a conservé sa splendeur au fil du temps. Jusqu'à la fin du XVIIIe s, Morlaàs fut l'une des grandes villes béarnaises. On y battait monnaie depuis Centulle IV, et la livre morlanne était acceptée dans toutes les Pyrénées, jusque dans la vallée de l'Èbre. Morlaàs est aussi connue pour son école d'ébénistes, qui produisaient de superbes meubles ornés d'une croix de Malte.

Adresse et info utiles

Office de tourisme : *pl. Sainte-Foy. ☎ 05-59-33-62-25. • tourisme-nord-bearn.fr • Mai-sept, lun-sam 9h30-12h30, 14h-17h30 ; oct-avr, lun-ven seulement.* À l'intérieur, salle d'expo qui abrite des originaux provenant de l'église Saint-Foy et des outils de frappe de la monnaie. Balades patrimoniales en été.

– ***Marché :*** *ven mat ts les 15 j. et ts les sam mat.* Plutôt animé.

Où manger dans le coin ?

La Guinguette du Lac : *route de Saint-Armon, 64160* ***Anos.*** *☎ 05-59-68-94-61. • laguinguettedulac@orange.fr • À 5 km au nord de Morlaàs. Ouv Pâques-sept, w-e, j. fériés et veilles de j. fériés. Formules 15-25 € ; carte env 23 €.* Un tout petit resto qui cultive l'influence espagnole avec des brochettes andalouses et des soles *a la plancha.* Mignonne terrasse ombragée au bord du lac.

À voir

L'église Sainte-Foy : *lun-sam 8h-19h (18h mer) et dim mat, en dehors des offices. Brochure explicative disponible à l'office de tourisme.* Superbe porche sculpté du XIIe s, restauré au XIXe s. Sur le tympan, Christ en majesté entouré d'un ange lui présentant le livre de l'évangéliste saint Matthieu et de l'apôtre Jean, figuré par l'aigle. En dessous, de part et d'autre de la colonne centrale, scènes du *Massacre des Innocents* et de la *Fuite en Égypte.* L'archivolte est ornée de rinceaux. Représentation des 24 vieillards de l'Apocalypse soutenus à chaque extrémité par des atlantes, avec au centre l'agneau portant la croix dans une mandorle tenue par 2 anges et, aux extrémités, des figures d'atlantes. Tout un programme ! Jolis chapiteaux historiés dans le chœur, notamment un célèbre piton de Jaca qui rappelle les liens entre les anciennes capitales du Béarn et de l'Aragon. Maître-autel en bois sculpté du XVIIIe s.

UNE CROIX SUR LE PASSÉ

L'église romane Sainte-Foy fut bâtie à la toute fin du XIe s, selon les vœux de Centulle IV (ou V, selon les sources), ancien vicomte du Béarn. Celui-ci avait, en effet, épousé sa jeune pupille, ce que prohibait l'Église. Le pape menaça notre homme d'excommunication s'il ne renonçait pas à son penchant pour la jeunesse. Pour mieux expier sa faute, il construisit Sainte-Foy.

Fête et manifestation

– ***Salon du vin et de la gastronomie :*** *2e w-e de mars.*
– ***Fête du Cheval avec concours régional des chevaux de trait :*** *fin oct.*

LE BÉARN

ARZACQ (64410) 1 100 hab. *Carte Béarn, C1*

Cette bastide du XIVe s est une étape importante sur la voie du Puy-en-Velay à Saint-Jacques-de-Compostelle. Dans l'église se trouve une superbe Vierge à l'Enfant en bois sculpté. Arzacq est le bourg central du Soubestre, petite partie du Béarn plus tournée vers le bassin de l'Adour et la proche Chalosse que vers la vallée des gaves.

Adresse utile

Office de tourisme Nord Béarn : *45, pl. de la République. ☎ 05-59-04-59-24. • tourisme-nordbearn.fr • Tlj sauf sam ap-m et dim.* Visites guidées de la bastide, se renseigner.

Où manger ?

Café des Sports : *pl. de la République. ☎ 05-59-04-40-67. • contact@restaurantchezgaby.com • Tlj sauf le soir mar-mer. Congés : 2 sem en sept. Résa conseillée. Menus 15 € (déj en sem, vin compris), puis 20-28 €.* C'est de notoriété publique, vous êtes ici chez Gaby, le roi de la garbure ! Cette épaisse soupe de légumes parfumée au jambon débute tous les menus. Ensuite, place au généreux, au produit de terroir et à la tradition. Foie gras, magret, tournedos aux cèpes défilent dans la salle sans façon de ce bistrot de village ou en terrasse, sous les vieilles arcades de la place du marché. Les habitués viennent et reviennent, parfois de loin, pour ne pas manquer, par exemple, la tête de veau du 1er vendredi du mois ou la poule au pot du 3e.

Où acheter du bon vin dans le coin ?

Château de Cabidos : *64410* ***Cabidos.*** *☎ 05-59-04-43-41. • chateau-de-cabidos.com • À 4,5 km au sud-ouest d'Arzacq. Lun-ven 9h-17h30 ; le w-e sur rdv.* Dans un décor de rêve, une belle bâtisse de style béarno-toscan (si, si !)... Délicieux vins blancs, à base de petit et grand manseng, de chardonnay ou de sauvignon. Le domaine produit et vinifie un rouge à base de syrah.

À voir

La Maison du jambon de Bayonne : *route de Samadet. ☎ 05-59-04-49-93. • maison-du-jambon-de-bayonne.com • ♿ Lun-sam 9h-12h30, 14h30-18h. Arriver 2h avt fermeture pour les visites. Entrée (audioguide compris) : 4,90 € ; réduc.* Il s'agit du siège officiel du consortium de l'IGP (Indication géographique protégée) « jambon de Bayonne ». La Maison du jambon s'est dotée d'un bel outil promotionnel, avec un espace muséographique et une salle de réalité virtuelle. Évidemment, des vidéos et écrans tactiles pour parler du cochon, ça peut manquer de charme. Mais si l'on a la patience de regarder tous les films et de jouer avec toutes les bornes interactives, on apprend pas mal de choses, et en s'amusant qui plus est. Riche iconographie, jolies gravures et documents intéressants. Une nouvelle salle permet de découvrir les coulisses de la production du jambon de Bayonne IGP, en immersion, grâce à des lunettes 3D. Tout cela sent quand même un peu le marketing à notre goût, et d'ailleurs, on sort par la boutique !

Lavoir particulièrement joli, sur la route de Morlanne. Il est en forme de fer à cheval et date du XIXe s.

LE BÉARN

DANS LES ENVIRONS D'ARZACQ

MORLANNE *(64370)*

Sur la D 946, sans hésitation l'un des plus beaux villages du Béarn, avec ses adorables ruelles, ses belles demeures, son château-forteresse. Ancien poste avancé de défense du Béarn.

Adresse utile

Syndicat du tourisme du Nord Béarn : *château de Morlanne. ☎ 05-59-81-60-27. • tourisme-nordbearn.fr • Avr-oct, horaires variables.* Organise des visites guidées du village sur demande.

Où dormir ? Où manger dans le coin ?

Prix moyens

Domaine de Compostelle : *maison Lacrouts, 64370* ***Casteide-Candau.*** *☎ 05-59-81-43-48. 📱 06-86-27-19-01. • info@domaine-compostelle.com • domaine-compostelle.com • À 2 km à l'ouest de Morlanne ; à l'écart du village (c'est fléché). Double 80 € ; familiale. Dîner sur résa 26-35 €.* Évidemment située non loin du chemin de Compostelle, cette ancienne ferme, presque isolée, abrite de grandes chambres d'hôtes (certaines avec kitchenette), aussi plaisantes que dépaysantes, ainsi qu'une boutique de produits du terroir. Bonne cuisine familiale de région autour d'une grande table de bois. Accueil naturellement sympathique. Piscine.

Ferme-auberge de Morlanne : *33, carrère du Château, à Morlanne. ☎ 05-59-81-61-28. 07-68-48-96-50. • cecile.grandguillotte@wanadoo.fr • alaferme64.com • En face de l'office de tourisme. Resto ouv le midi seulement, jeu-dim et j. fériés. Résa conseillée. En chambre d'hôtes, 60 € pour 2 ; familiale. Menus 18-32 €. Café offert et réduc de 10 % sur le prix de la chambre sur présentation de ce guide.* Cécile et Stéphane élèvent brebis, canettes et canards pour le foie gras. Vous imaginez les menus ! Le confit de canard est tout simplement exceptionnel. Accueil authentique et chaleureux de cette adresse labellisée Bienvenue à la ferme.

À voir

L'église fortifiée Saint-Laurent : avec tours et chemins de ronde. Beau chœur aux voûtes sexpartites. Superbe mobilier intérieur : lutrin du XVIIe s, confessionnal et bénitier du XVIIIe s.

Le château : *☎ 05-59-81-60-27. • chateaudemorlanne.fr • Juil-août, tlj 10h-12h30, 14h-18h30 ; avr-mai et sept-oct, mer-dim 14h-18h, juin tlj 14h-18h30. Espace muséographique ; possibilité de visiter le donjon et le chemin de ronde. Visite guidée 7 € ; visite libre 5 € ; réduc.* Témoin glorieux du XIVe s et d'une histoire militaire riche. Arnaud-Guilhem, demi-frère de Gaston Fébus, le construisit entre 2 rivières. Semblable à Montaner, le château occupait une place particulièrement sensible à l'époque. Enceinte en brique toujours entourée de son fossé. Raymond et Hélène Ritter, les derniers propriétaires privés du château de Morlanne et grands amateurs d'art, ont acquis une collection composée de près de 600 pièces d'objets anciens dont 211 sont protégées au titre des Monuments historiques. Le parc continue à accueillir des manifestations : cinéma en plein air, expos, spectacles, feux d'artifice, etc., mais aussi les Journées du patrimoine en septembre et les Journées du goût en octobre.

LE BÉARN

Où acheter une gourmandise dans le coin ?

Pâtisserie Larquier – Le pastis d'Amélie : *18, route d'Arzacq, 64230* **Mazerolles** *(à 3 km). ☎ 05-59-77-12-52. Mar-sam 8h-13h30, 15h-19h.* L'inventeur du fameux « pastis d'Amélie », sorte de brioche, célèbre dans tout le Béarn, a en a confié la recette à son fils qui perpétue la tradition. Tellement savoureux qu'on le retrouve même sur les tables de Ducasse !

MASCARAÀS-HARON (64330)

Le château de Mascaraàs : *☎ 05-59-04-92-60. Visite guidée (sur rdv uniquement) : du 1er juin à mi-sept, tlj sauf mar, à 11h, 15h et 16h30 ; avr-mai et de mi-sept à fin oct, seulement le w-e. Fermé nov-mars. Entrée : 7 € ; réduc.*
Ce château est classé Monument historique aussi bien pour les extérieurs que pour les intérieurs, ce qui est assez exceptionnel. Au XIVe s, c'était le siège d'une abbaye laïque. Une personne privée construisait une église et, en échange, elle percevait la dîme. Assez rapidement rentable comme affaire. Dans l'église, retable du XVIIIe s et fonts baptismaux avec un couvercle à clous. Une ordonnance de l'évêque de Lescar exigeait cette attention délicate pour que les gens ne s'assoient plus dessus. Selon la tradition, Jeanne d'Albret aurait fait reconstruire le château au XVIe s pour lui servir de pavillon de chasse. Il est ensuite acheté par un certain de Bats, rien moins que le cousin de d'Artagnan. Le château subit sa 2e reconstruction au XVIIe s. Avec 600 m^2 au sol, Mascaraàs est le plus spacieux

château du Vic-Bilh. Le parc planté à partir de 1650 est contraire à la vocation seigneuriale du château. Il comprend, sur 25 ha, des parterres à la française, un parc à l'anglaise, des jardins utilitaires...
Intérieurs des XVIe, XVIIe et XVIIIe s. Bibliothèque exceptionnelle, avec une belle collection d'incunables dont une chronique universelle de Nuremberg de 1493. Dans la salle à manger, papier peint du XIXe s. Ce sont presque des reliques ! Une cuisine comme tout maître queux aimerait en avoir.

LEMBEYE (64350) 700 hab. *Carte Béarn, D1*

Belle petite bastide où le temps semble presque s'être arrêté. Faites de même pour admirer, derrière la porte fortifiée du XIIIe s, l'église avec 2 beaux portails de style gothique flamboyant.
Lembeye est la capitale du Vic-Bilh, *Vicus Vetulus,* disaient les Romains. Traduction : « le vieux pays », du fait des nombreux vestiges préhistoriques mis au jour.

Adresse utile

Syndicat mixte du tourisme : *37, pl. Marcadieu. ☎ 05-59-68-28-78. • tourisme-nordbearn.fr • Sur la place centrale. Lun-ven, plus sam mat en été.*

Où manger ?

Restaurant de la Tour : *29, pl. Marcadieu. ☎ 05-59-68-97-16. • steffanmichel@me.com • Tlj sauf dim soir, lun et mer soir, plus mar soir hors saison. Résa quasi impérative. Menus 15 € (déj en sem)-28 € ; carte env 35 €.* Dans l'une des plus jolies maisons de Lembeye, une petite table tout à fait réjouissante. Jardin de poche et 2 salles aux murs de pierre égayées de touches colorées et de toiles contemporaines d'artistes locaux. La cuisine est à l'avenant. Un excellent foie gras, de bonnes viandes grillées *a la plancha,* ou encore un magret cuisiné de main de maître. Pour les plus pressés ou les budgets plus serrés, toutes sortes d'alternatives, comme le plat du jour. Excellent accueil.

DANS LES ENVIRONS DE LEMBEYE : LE VIGNOBLE DE MADIRAN ET DU VIC-BILH

Dans le Vic-Bilh, on cultive la vigne depuis fort longtemps : les Romains avaient déjà introduit sa culture sur ces paysages vallonnés. En 1030, avec la fondation de l'abbaye de Madiran, on utilisait les vins de la région pour dire la messe. Leur renommée n'a cessé de se propager par l'intermédiaire des pèlerins de Compostelle. Dès 1360, le Prince Noir d'Aquitaine contribue à l'intense exportation de ces vins dans tout le nord de l'Europe, et notamment en Angleterre. Le phylloxéra faillit avoir raison du vignoble au XIXe s. Mais les vignerons ont bataillé et ont gagné en 1948 leur AOC, qui s'étend sur 3 départements avec le Gers et les Hautes-Pyrénées. Bien que le village de Madiran soit dans les Hautes-Pyrénées voisines, 45 % du vignoble se trouve en Béarn.

Rouges pour l'essentiel (80 %), avec le fameux ***tannat*** local très ancien (on remonte comme toujours au temps des Romains), rustique et tannique, les madirans sont des vins corsés, puissants, aromatiques et à déguster avec les viandes rouges et le gibier. Depuis une trentaine d'années, avec l'arrivée de jeunes viticulteurs et d'œnologues passionnés, ce vin autrefois confidentiel ou trop « rustique » a gagné ses lettres de noblesse en faisant la nique aux plus grands bordeaux dans les concours : cave de Crouseilles, châteaux d'Aydie, Montus comptent parmi les fleurons de l'appellation.
Seulement 20 % de la production donne du vin blanc, le pacherenc-du-vic-bilh (sec ou moelleux), apprécié des connaisseurs, adeptes des grands moelleux des Pyrénées.

Adresses utiles

■ ***Maison des vins de Madiran :*** *Le Prieuré, pl. de l'Église, 65700* ***Madiran.*** *☎ 05-62-31-90-67. • madiran-pacherenc.com • Tlj en juil-août ; le reste de l'année, mar et jeu-sam.*
■ Vous trouverez le point de vente de la ***cave coopérative de Crouseilles*** dans un château du XVIIIe s entièrement rénové *(☎ 05-59-68-57-14 ; caveau de dégustation ouv tlj : de mi-juil à mi-août, lun-sam 9h30-12h30, 14h30-19h, dim 10h-18h ; oct-sept, lun-sam 9h30-12h30, 14h-18h, dim ap-m seulement ; GRATUIT).* La cave coopérative regroupe quelque 130 vignerons, soit près de la moitié des appellations madiran et pacherenc. Difficile donc de ne pas y trouver son bonheur. D'autant que les vignerons, présents à tour de rôle, ne sont pas avares de leur temps pour vous faire découvrir leur terroir. Une cave coopérative bien vivante qui organise en outre des concerts, spectacles...
■ ***Escape game :*** « Les Secrets du Madiran » ou la folle aventure de l'élixir. L'énigme se déroule dans un chai ! *Durée : 60 mn. Tarif : 24 €/pers ; tarif réduit : 16 €/pers. Résa au ☎ 05-59-68-57-14. • info@crouseilles.fr • crouseilles.com/visites-guidees-degustation/escape-game •*

Fête et manifestations dans le vignoble

- ***Festival du Madiran :*** *12-15 août, à* ***Madiran.*** Dégustation, bal, ambiance quoi !
- ***Fête des Vendanges :*** *mi-sept, à* ***Crouseilles.***
- ***Portes ouvertes en Madiran :*** *1 w-e mi-nov.* Les viticulteurs reçoivent chez eux, et des animations sont proposées sur chaque domaine.

Petit village de ***Lasserre*** à côté, avec une église romane du XIe s au joli décor intérieur.

AYDIE (64330)

2 producteurs de madiran à ne pas manquer : les ***Vignobles Laplace*** *(château d'Aydie ; ☎ 05-59-04-08-30),* connus et reconnus, et le ***Domaine Damiens*** *(chez Pierre-Michel Beheïty ; ☎ 05-59-04-03-13),* un domaine qu'on aime bien, à prix encore raisonnables. Vin de garde (12 à 13 ans) qui plus est, pour ceux qui prennent le temps de boire.

Où manger à Aydie et dans les environs ?

Le Relais d'Aydie : *quartier Bardou, à Aydie. ☎ 05-59-04-00-09. • relais-aydie@hotmail.fr • Avt d'entrer dans Aydie, une maison rose au croisement des D 292 et D 317. Tlj sauf lun. Congés : de fin oct à mi-nov. Carte* *env 20 €.* Pour ceux qui prennent le temps de manger, une adresse sans façon, campagnarde, bondée le midi. Assiettes pantagruéliques entre animaux naturalisés et meubles de famille.

Restaurant Larrieu, chez Josiane : *18, route de Crouseilles, 64350* ***Arroses.*** *☎ 05-59-68-16-02. • philippe.balao@wanadoo.fr • Tlj, le midi seulement. Fermé le soir. Congés : 2 sem fin juil. Carte 12 €. CB refusées. Apéritif maison offert sur présentation de ce guide.* Un petit resto à la cuisine simple et familiale, idéal pour prendre le pouls du pays. Prix imbattables pour se régaler, même avec le « petit » menu aux portions gargantuesques : garbure, entrées, viande et légumes du jour, salade, dessert, vin et café compris, bien sûr !

DU VIGNOBLE DE MADIRAN ET DU VIC-BILH AUX COTEAUX DU JURANÇON

Plutôt que de repasser par Pau pour filer ensuite vers Jurançon, longez les frontières du Béarn pour découvrir, au sud de Lembeye, une campagne encore préservée, de beaux pigeonniers, des lavoirs rénovés, des villages médiévaux et d'étonnantes églises romanes classées. Vous pouvez même rejoindre directement la plaine de Nay (voir plus loin « Balade entre plaine et piémont, au sud-est de Pau ») et, par de petites routes, un peu plus loin encore, la vallée d'Ossau (voir plus loin « Oloron et les vallées pyrénéennes »).

MONTANER (64460)

Le château de Montaner : *☎ 05-59-81-98-29. • chateau-montaner.com • Juil-août, tlj 10h-12h30, 13h30-18h ; avr-juin et sept-Toussaint, tlj sauf mar 14h-18h. Entrée : 3,50 € (visite guidée : 5 €) ; réduc ; gratuit moins de 10 ans.*
La forteresse de Fébus (XIVe s) est le symbole du rêve d'un grand État pyrénéen. De cette position dominante, Gaston III Fébus, le plus riche et le plus flamboyant seigneur de son temps, défendait, face à la Gascogne anglaise, son État souverain. La forteresse fut démantelée en 1621 sur ordre de Richelieu, et le donjon transformé en prison. Au XIXe s, il servit de carrière (à briques) jusqu'en 1854, date à laquelle le département des Basses-Pyrénées l'acheta, le soustrayant à la démolition.
Aujourd'hui, le donjon carré de 40 m, avec ses 5 étages (avec exposition et musée), comporte l'un des plus considérables escaliers à vis existants. Au-dessus de la porte d'entrée, une plaque comporte les armes de Foix-Béarn et la devise de Montaner, *Febus me fe* (« Fébus m'a fait »). Montaner, symbole d'une splendeur passée, est l'un des monuments béarnais les plus importants de l'époque médiévale. Au 6e étage, panorama exceptionnel sur la chaîne des Pyrénées.
Si le château est la propriété du conseil général des Pyrénées-Atlantiques, il est animé par l'office de tourisme de Vic-Montaner, qui organise et propose toutes sortes d'ateliers, de visites, de manifestations...
– ***Animations médiévales :*** *de mi-juil à mi-août.* L'association *Les Amis du château de Montaner* organise des concerts, jeux, chants, ateliers de calligraphie, d'enluminures, chevalerie, marché médiéval, etc.

L'église peinte de Montaner : *visite sur résa (☎ 05-59-81-98-29). Tarif : 2,50 € ; réduc ; gratuit moins de 10 ans.* De remarquables fresques datant du XVIe s ornent les murs de cette modeste église de campagne.

Où dormir dans les environs ?

Chambres d'hôtes Vignolo : *252, route de Montaner, 64460* ***Pontiacq-Villepinte.*** *06-01-73-48-85. • nicole.vignolo@wanadoo.fr • gite64.com • À 10 km au nord-ouest de Montaner. Tte l'année. Table d'hôtes ts les soirs,* *uniquement sur résa. Double 60 € ; familiale. Dîner sur résa 22 €. Apéritif maison offert sur présentation de ce guide.* Ferme en pleine campagne. Ici, on se sent en famille et au calme. Chambres toutes simples. Déco d'inspiration champêtre, avec, çà et là, quelques meubles de famille. À table, spécialités du terroir. Cuisine à disposition. Accueil des plus chaleureux.

COTEAUX DU JURANÇON ET PIÉMONT

Le célèbre vignoble béarnais s'étend en douces collines au sud-ouest de Pau, entre Jurançon-Gan d'une part, et Monein de l'autre. Par crainte des gelées, la vigne pousse verticalement (méthode dite « en hautain »). On produit des vins blancs secs, à la robe dorée avec des nuances de vert, délicieux avec les huîtres. Quant aux vins blancs moelleux, ils font partie des grands liquoreux de type sauternes et monbazillac.

JURANÇON (64110) 7 400 hab. *Carte Béarn, C2*

Un nom qui fait plus rêver que la ville elle-même, il faut bien l'avouer. Une fois que vous y aurez déjeuné ou acheté quelques bouteilles, filez sur les petites routes environnantes pour poser vos bagages au calme et visiter quelques vignerons indépendants. La commune de Jurançon a donné depuis longtemps son nom à toute l'appellation en raison de sa surface en vignes très étendue, mais c'est un quartier uniquement composé de fermes, *La Chapelle-de-Rousse,* qui regroupe tous les domaines.

Où acheter du bon vin dans les environs ?

Clos Lapeyre : *à* ***La Chapelle-de-Rousse.*** *☎ 05-59-21-50-80. • jurancon-lapeyre.fr • Dégustation-vente lun-ven 10h-12h, 14h-18h30 (17h30 hors saison) et sam ap-m ; dim sur rdv. Visite 7 €, déduits si achat.* Jean-Bernard Larrieu est un vigneron enthousiaste, membre de l'association *Saveurs du Béarn* qui réunit une poignée de producteurs fermiers soucieux de préserver l'authenticité des goûts du terroir béarnais. Par ailleurs, il travaille la vigne de la manière la plus naturelle possible. Il a bricolé dans sa cave un petit musée de la Vigne très pédagogique et il explique son travail avec gentillesse et intelligence. Ses vignes en terrasses sont de toute beauté. S'il n'est pas là, allez embêter un peu son voisin, autre grand monsieur du jurançon, Jean-Marc Grussaute (Domaine Larredya), avec lequel M. Larrieu a mis en place un sentier balisé pédagogique et ludique, la *jurançonada* (parcours de 1h30 en accès libre), qui traverse leurs 2 vignobles (un audioguide peut se télécharger sur le site internet).

DANS LES ENVIRONS DE JURANÇON

GAN (64290)

Les communes voisines de Jurançon et Gan forment en fait le pôle phare du vignoble, à l'est de l'appellation. Gan, ancienne bastide du XIVe s, est le siège de l'importante cave coopérative de Jurançon.

Où dormir ?

Les Cabanes du Clos Claberot : *chemin de Louisot. 07-82-40-96-21. • contact@cabanesdanslesarbres64.com • cabanesdanslesarbres64.com • Tte l'année. Cabanes env 135-230 € pour 2 ; 15 €/pers supplémentaire. Possibilité d'acheter un panier-dîner 38-68 €.* Jeanne et Jérôme ont tout plaqué pour venir s'installer ici, au milieu de nulle part, au calme surtout. Leur devise, « pour vivre heureux, vivons perchés ! », prend tout son sens une fois là-haut, dans une de leurs cabanes. L'une, la *Case du ruisseau,* est un clin d'œil à l'Afrique où ils ont vécu, l'autre conviendra mieux aux familles et peut accueillir jusqu'à 5 personnes. Phyto-épuration, douche chauffée au feu de bois et panneaux solaires, on ne peut que saluer leur démarche écolo. Et pour vous détendre, gambadez avec les ânes Arthur et Shogaï, ou allez vous tremper dans le bain norvégien... un vrai bol d'air !

Où acheter du bon vin ?

Caves des producteurs de jurançon : *53, av. Henri-IV. ☎ 05-59-21-57-03. • cavedejurancon.com • Lun-sam 8h-18h, plus dim 9h30-12h30, 14h30-18h.* La cave draine aujourd'hui 70 % de la production du Jurançonnais, avec 300 vignerons. Dégustation-vente sur place.

Domaine Latapy : *chemin de Berdoulou. 06-23-22-07-29. • irene.guilhendou@gmail.com • domaine-latapy.com • juranconbio.com • À la sortie de Gan, direction Oloron. En été, tlj 11h-19h ; sinon, sur rdv.* Des vignes un peu perchées pour un vin fait par des femmes (et bio !) ; jus de raisin pour les enfants. *Flâneries gourmandes* d'avril à septembre *(sur résa ; 28 €)* : discussion et balade dans les vignes, initiation et dégustation, apéro dînatoire.

LE BÉARN

BOSDARROS *(64290)*

À quelques kilomètres de Gan, sur la route de Nay, Bosdarros est un des plus jolis villages de la région, niché sur le haut d'une crête avec vue imprenable sur les Pyrénées. Balade à pied agréable dans les vieilles rues (jeter un œil sur l'église du XVIe s) et sur le sentier botanique à l'entrée du village.

LAROIN *(64110)*

Passer depuis Jurançon par Laroin (sur la D 2) pour découvrir une adresse magique, que le film *Mondovino* a fait connaître bien au-delà des frontières du Jurançon.

Où acheter du bon vin ?

Domaine de Souch : *805, chemin de Souch. ☎ 05-59-06-27-22. • domainedesouch.com • Tlj 9h-18h (sur rdv dim).* Un magnifique amphithéâtre de vignes en terrasses en fond de décor et, au 1er plan, une belle maison de maître. On n'ose plus présenter Yvonne Hégoburu (rejointe par son fils Jean-René), cette femme « biodynamique » en diable qui s'est lancée, à 60 ans, dans le pari complètement fou de replanter à Laroin quelque 19 000 ceps, aujourd'hui bien alignés sur les pentes inclinées du domaine. Offrez-vous quelques bouteilles *(à partir de 13 €)* de ce vin au goût inimitable, d'une grande élégance et d'un naturel incomparable.

LASSEUBE (64290)

Petit village sympathique avec les anciens sur leur banc qui surveillent tout ce qui (se) passe, une belle église et de superbes maisons anciennes avec leurs jolis volets colorés.

Où dormir ?

Chambres d'hôtes La Ferme Dagué : *723, chemin Croix-de-Dagué. ☎ 05-59-04-27-11. • famille.maumus@wanadoo.fr • ferme-dague.com • À 1 km du centre-ville, sur la route de Lacommande (D 34), prendre à gauche le chemin Croix-de-Dagué. Ouv de mai à mi-oct. Doubles 68-75 € ; familiale. Apéritif maison offert sur présentation de ce guide.* Qu'est-ce qu'on se sent bien chez les Maumus ! Déjà, il y a la ferme, restée dans son jus, avec sa traditionnelle cour carrée, son poulailler et ses chambres aux tons gais. Aménagées dans l'ancienne grange, elles allient la pierre et le bois avec une certaine fantaisie, pour créer un cocon chaleureux. Les jours de grande fraîcheur, tout le monde se retrouve pour veiller au coin du feu.

Où acheter du bon vin ?

Domaine Coustarret : *chemin Ranque. ☎ 05-59-21-72-66. Lun-sam 9h-18h30 ; dim sur résa.* Vieille maison (le domaine est dans la même famille depuis 7 générations) mais jeune vigneron, formé chez quelques grands du coin (Jean-Bernard Larrieu ou Jean-Marc Grussaulte à Jurançon, pour ne citer qu'eux). 5 ha exigeants (les Pyrénées ne sont pas loin...) pour 3 cuvées qui toutes ont de l'intérêt.

À voir

L'arboretum de Payssas : *quartier Lembeye. Propriété privée, mais GRATUIT.* Un voyage au pays des arbres : ils sont un demi-millier à représenter quelque 130 espèces originales du monde entier, transplantées sur ses terres par Jean Bourdet, des années 1930 aux années 1990. Un remarquable site naturel, désormais ouvert à tous.

MONEIN (64360) 4 500 hab. *Carte Béarn, B2*

Village intéressant pour sa vaste place centrale, bordée de demeures à un seul étage. Halles du XIXe s, très belles et très animées les jours de marché. Henri IV avait surnommé Monein « le Paris du Béarn », en raison de son importante superficie. Monein reste peut-être la meilleure base pour visiter le vignoble de Jurançon et recèle quelques belles adresses de négociants.

Adresse utile

Office de tourisme Cœur de Béarn : *58, rue du Commerce. ☎ 05-59-12-30-40. • coeurdebearn.com • Juil-sept, lun-sam 9h30-13h, 14h-18h30 ; dim 14h30-18h30 ; mai-juin et sept-oct, lun-sam 9h30-12h30,*

14h-18h ; nov-avr, mar-sam jusqu'à 17h30. C'est le principal office du vignoble, vous y trouverez toutes les infos nécessaires à un séjour réussi : hébergement, randonnées, liste des caves ouvertes à la visite, etc.

Où dormir ? Où manger ?

De bon marché à prix moyens

🏠 |●| ***Hôtel L'Estaminet :*** *17, pl. Henri-Lacabanne. ☎ 05-59-21-30-18. • lestaminet2@wanadoo.fr • lestaminet.fr • ♿ (resto). Tlj sauf dim soir et lun. Double 67 €. Menus 11,50-13,50 € (déj en sem), puis 24-35 € ; carte env 35 €. Apéritif maison offert sur présentation de ce guide.* Idéal pour un arrêt sur la route des Vins du Jurançon, au cœur du vignoble, à 2 pas des halles. Cuisine traditionnelle autant que colorée, au bon goût de terroir : garbure, confit et magret de canard maison, et même soupe de poisson ! Bondé le week-end. Quelques chambres, toutes simples.

🏠 |●| ***Chambres d'hôtes Maison Cantérou :*** *496, route de Lacommande. 📱 06-70-98-07-07. • nousty.mariejosee@wanadoo.fr • gites-de-france-64.com/maison-canterou • À 6 km au sud-est du centre, direction Lacommande. Doubles 75-80 €. Dîner sur résa (4 pers min) 24 €, boisson comprise.* De belles chambres dans une ferme typique. Bonne cuisine familiale, à base de produits fermiers. Piscine. Idéal pour mener une enquête approfondie sur le jurançon.

|●| ***L'Auberge des Roses :*** *quartier Loupien. ☎ 05-59-21-45-63. • aubergedesroses@gmail.com • ♿ À 5 km du centre par la route de Pau, c'est fléché sur la gauche. Fermé lun, plus dim soir. Menu 33 €. Apéritif maison offert sur présentation de ce guide.* Dans la salle en pierres apparentes de cette bâtisse traditionnelle du Béarn, le chef propose une cuisine locale généreuse, mais aussi des spécialités de poissons, fraîchement débarqués de la criée de Saint-Jean-de-Luz. Aux beaux jours, la terrasse se révèle bien agréable.

Où acheter du bon vin ?

Quelques belles adresses avec des personnages au caractère très différent, que nous vous laissons le soin de découvrir. Mais téléphonez pour les prévenir ! Vous pouvez retrouver l'ensemble des vignerons de la route des Vins sur *• vins-jurancon.fr •*

Charles Hours : *clos Uroulat, quartier Trouilh. ☎ 05-59-21-46-19. 📱 06-84-38-70-21. • charles.hours@orange.fr • Sur rdv.* L'Hours le plus célèbre du Béarn... Son jurançon sec Cuvée Marie est l'un des meilleurs qui soient.

Domaine Bru-Baché : *39, rue Barada. ☎ 05-59-21-36-34. • jurancon-bio.com • Sur rdv, lun-sam 9h-12h, 14h-18h.* Claude Loustalot travaille en agriculture biologique et biodynamique. Un remarquable jurançon : la Quintessence.

Jean-Louis Lacoste – Domaine Nigri : *☎ 05-59-21-42-01. • domaine.nigri@wanadoo.fr • Lun-sam 9h-12h, 13h30-18h ; dim sur rdv.* Un grand technicien. Histoire de famille aussi (depuis 1685 !). Bonne adresse pour le blanc sec.

Domaine Guirardel : *chemin Bartouille. ☎ 05-59-21-31-48. • guirardel.fr • ♿ Tlj sur rdv.* 4 siècles dans la même famille. Ici, la visite du chai offre un vrai cours d'histoire sur le jurançon. Des moelleux uniquement, très bien dans leur genre. Production bio.

Domaine Bordenave : *quartier Ucha, route d'Ucha. ☎ 05-59-21-34-83. • contact@domaine-bordenave.com • Lun-sam 9h-19h ; dim sur rdv.* En reprenant la propriété familiale (depuis 1676), Gisèle a opté pour la qualité et produit aujourd'hui des jurançons racés et expressifs. Elle a su s'imposer parmi les meilleurs, tout en maintenant des tarifs raisonnables. Elle est particulièrement réputée pour ses liquoreux (Harmonie ou Cuvée des Dames, entre autres), mais son jurançon sec qui répond au doux nom de Souvenirs d'Enfance a ses inconditionnels.

2 petits producteurs qui changent des grands domaines dont la réputation n'est plus à faire :

Clos Laplume : *quartier Loupien. ☎ 05-59-21-27-60.*

Domaine de Malarrode : *quartier Ucha. ☎ 05-59-21-44-27.* Accueil chaleureux, caractères bien trempés et vins de qualité. Cuvées bio.

À voir

L'église Saint-Girons : *visites de l'église et de la charpente 1 à 3 fois/j. selon saison ; se renseigner à l'office de tourisme (voir plus haut). Tarif : 6 € ; réduc ; gratuit moins de 12 ans.*

Un must ! Construite de 1464 à 1530, c'est la plus belle et la plus importante église gothique du Béarn. Énorme clocher de 40 m au superbe appareillage : alternance de galets (les plus beaux étant placés en feuille de fougère) et de briques. Curieuse tour ronde sur le côté et arêtes en pierre de taille.

À l'intérieur, très beau portail Renaissance, en anse de panier, présentant une frise de 17 petits anges portant les instruments de la Passion. Le plan de l'église n'est bizarrement pas du tout symétrique, en l'absence d'un bas-côté. Transformée en temple par Jeanne d'Albret, la bâtisse n'a recouvré son mobilier qu'au XVIIe s, ce qui explique le retable baroque. À gauche de la porte d'entrée s'ouvre l'autre porte, réservée aux cagots selon la légende locale (voir l'encadré). Porte en accolade s'ouvrant sur l'escalier qui permet l'accès au clocher et à l'exceptionnelle charpente de chêne en forme de double carène de navire renversée. On dit qu'elle aurait nécessité 1 400 arbres pour sa conception. Le clou de la visite ! Unique en France, elle est mise en valeur par une scénographie où la poésie et la musique ont, comme dit l'affiche, « rendez-vous avec l'histoire ».

CAGOTS DE MALHEUR !

Sous le terme « cagots », on désignait au Moyen Âge une communauté qui vivait en marge de la société. Les cagots furent, par ignorance et superstition, accusés de tous les maux, de tous les vices, quand on ne leur prêtait pas de drôles de tares (des pieds palmés...). Considérés comme des êtres nuisibles descendant des lépreux, pratiquant à leurs heures la sorcellerie, ils se voyaient interdire la plupart des métiers, à l'exception de ceux du bois. Beaucoup de cagots devinrent donc ébénistes ou charpentiers. C'est à eux que l'on doit l'époustouflante charpente de cette église.

Fêtes et manifestation

- ***Fête de la Pêche roussanne :*** *1 w-e mi-juil.* Dégustation et vente des fruits juteux autour d'animations et d'un grand repas.
- ***Fêtes de Monein :*** *5 j. début août.* Les vignerons du coin se réunissent sur la place principale pour faire déguster leurs crus.
- ***Journées portes ouvertes en Jurançon :*** *2e w-e de déc.* L'occasion de rencontrer les vignerons qui animent leur domaine et de goûter le nouveau millésime. C'est surtout l'occasion de faire la fête, car la manifestation s'accompagne de concerts et de repas.

DANS LES ENVIRONS DE MONEIN

LACOMMANDE *(64360)*

Lacommande représentait une étape majeure sur les chemins de Compostelle. Aujourd'hui, les pèlerins s'arrêtent toujours au gîte d'étape, les amateurs de vieilles pierres viennent admirer son église ; quant aux amateurs de bons vins, ils se rendent tout droit à la Maison des vins, siège de la route des Vins du Jurançon. À chacun ses chapelles...

Adresse utile

■ ***Maison terroir et des vins du jurançon :*** *☎ 05-59-82-70-30. • vins-jurancon.fr • Juil-août, lun-sam 11h-19h ; sept-juin, mar-sam 14h-18h. Fermé 1er janv, 1er mai, 1er nov et 25 déc.* Aménagée dans une splendide bâtisse médiévale, au cœur d'un village préservé, les vignerons indépendants du Jurançon ne pouvaient rêver mieux comme vitrine. Produits du terroir en dépôt : pratique pour le pique-nique.

À voir

L'église : *ouv tlj. Audioguide gratuit disponible à l'office de tourisme de Monein ou à la Maison des vins du jurançon.* L'édifice offre l'une des plus jolies absides romanes qu'on connaisse. 13 arcs surmontés d'une frise, supportés par de ravissants chapiteaux. Arches de fenêtres décorées également. Sur les chapiteaux, animaux fantastiques, sonneur de trompe, etc. Belle chapelle du baptistère. Retable baroque. Ne pas manquer le petit cimetière où l'on a installé des stèles discoïdales retrouvées lors des fouilles.

LUCQ-DE-BÉARN *(64360)*

Petit village paisible, niché dans une cuvette de verdure, que vous découvrirez sur votre route si vous nous quittez ici pour rejoindre directement Oloron. Belles demeures, dont certaines sur piliers dans la rue principale.

Où dormir ?

Chambres d'hôtes La Bastide Estratte : *170, chemin de Bas-Affites, quartier Saint-Michel. ☎ 05-59-34-32-45. 06-22-64-16-55. • bastide.estratte@gmail.com • labastide-estratte.com • À 3 km du village. Doubles 90-125 €. Table d'hôtes 30 €.* Tout au bout d'un chemin bordé d'arbres qui fait très « château » et au cœur d'un de ces superbes coins de nature dont ce piémont pyrénéen a le secret. Tranquille donc, cette ancienne ferme. Et superbe avec sa cour intérieure égayée d'érables du Japon et de vigne vierge. La galerie en bois qui surplombe la cour conduit à des chambres tout simplement adorables, avec vue sur les prés alentour. Accueil énergique de Chantale, l'amicale propriétaire belge.

Où déguster et acheter du bon vin ?

Domaine Larroudé : *quartier Marquesouquères. ☎ 05-59-34-35-40. 06-84-05-18-54. • domaine-larroude.com • À 6 km du village. Tlj*

9h-12h30, 13h30-19h (dim sur rdv). Visite guidée ven à 17h : 4 €. Dégustation et vente à la propriété (production bio). Une dernière belle adresse à visiter avant de quitter le Jurançonnais. Goûtez surtout *Un jour d'automne,* le plus cher, évidemment ! Entre mi-août et mi-octobre, vous pourrez aussi acheter du raisin bio (blanc ou noir), du jus de raisin et de la confiture.

À voir

L'église : ancienne église abbatiale. L'abbaye elle-même (IXe s) a disparu dans la tourmente des guerres de Religion (il reste quelques pans de mur et une tour). Imposant clocher-donjon, belle abside romane, portail Renaissance. À l'intérieur, le plus beau sarcophage paléochrétien (du Ve s) du Béarn, qui sert d'autel. Scènes du Nouveau Testament (résurrection de Lazare, guérison du paralytique). Chapiteaux intéressants.

BALADE ENTRE PLAINE ET PIÉMONT, AU SUD-EST DE PAU

Avant de quitter le Jurançonnais pour Oloron et les vallées pyrénéennes, faites un détour par la plaine de Nay, une plaine alluviale fertile qui borde le gave de Pau et où poussent les plus beaux épis de maïs du Béarn (ça vous changera des vignes !).
La présence aux alentours d'immenses forêts de chênes explique pourquoi cette région au sud-est de Pau est devenue depuis 3 siècles le fief de la charcuterie en Béarn. Aujourd'hui, vous trouverez les charcutiers sur le marché de Nay ou sur celui de Pau.

NAY (64800) 3 500 hab. *Carte Béarn, C3*

Prononcer « Naï ». Une ancienne bastide, capitale, avec Oloron, du béret « basque » (eh oui ! ils sont fabriqués en Béarn, mais ce sont les Basques qui ont fait leur célébrité, allez savoir !). Grandes fêtes fin août : Nay pète littéralement le feu 5 nuits durant !

Adresse et info utiles

Office de tourisme du Pays de Nay : *pl. du 8-Mai-1945. ☎ 05-59-13-94-99. • tourisme-bearn-paysdenay.com • Tlj (sauf dim hors saison) 9h30-12h30, 14h-18h (hors saison, 10h-12h, 14h-18h et 17h sam).* On y trouve toutes les infos concernant les 29 communes du pays de Nay : liste des hébergements, activités, lieux de visite, animations, restaurants proposant une cuisine de terroir, les producteurs locaux, les ateliers d'artistes...

– ***Marché :*** *mar, ven et sam mat.* Superbe. C'est le rendez-vous de tous les producteurs, petits et gros, descendus spécialement de la montagne et des coteaux. De bons producteurs pour qui veut rapporter du fromage, des salaisons ou encore du foie gras. Vous pouvez aussi aller voir les conserveries traditionnelles dans la Z.I. Montplaisir (direction Bénéjacq, au carrefour de Coarraze) : *Biraben* et *Laguilhon.* Ce dernier a ouvert un *musée du Foie gras* à Bénéjacq *(☎ 05-59-61-90-90 ; tlj sauf dim ; entrée et dégustation : 2,50 €).*

Où manger ?

Le Saint-Pierre : *2, rue du Saillet. ☎ 05-47-92-49-00. Ouv mar-sam au déj.* Cette poissonnerie a tellement de succès qu'elle offre de déjeuner sur place, face à l'étal ou en terrasse au-dessus du canal qui traverse Nay au bord du Gave. *Le Saint-Pierre* est devenu une adresse prisée pour la qualité de ses plats du jour et de sa carte.

Où dormir ? Où manger dans les environs ?

Campings

Camping Les Ô Kiri : *espace de loisirs Les Ô Kiri, av. du Lac, 64800* ***Baudreix.*** *☎ 05-59-92-97-73. • contact@lesokiri.com • lesokiri.com • Suivre le fléchage indiquant la base de loisirs. Ouv avr-sept (loc tte l'année). ♿ Compter env 18-20 € pour 2. « Tithomes », mobile homes et chalets 2-6 pers. 32 empl.* Un camping familial où les tentes sont bien séparées des hébergements locatifs (de jolis chalets et bungalows tout confort, loués à la nuitée – sauf en été – ou à la semaine). La base de loisirs attenante est en accès libre pour les résidents : baignade gratuite, *water jump et* téléski nautique payants (tarif préférentiel)... Bon resto avec vue sur le lac, ouvert toute l'année.

Le Saillet : *dans le village de* ***Lestelle-Bétharram*** *(64800), en contrebas, vers la rivière. ☎ 05-59-71-98-65. • le-saillet@orange.fr • camping-le-saillet.com • Ouv mai-sept (chalets tte l'année). Compter 12-16 € en tente pour 2. Chalets 4-6 pers.* Joliment situé, à l'ombre et en bordure du gave de Pau, un camping qui plaira aux amateurs de séjours au vert. Piscine. Pêche à la truite, sports en eaux vives ou spéléologie possibles à proximité.

Prix moyens

Le Vieux Logis : *route des Grottes, 64800* ***Lestelle-Bétharram.*** *☎ 05-59-71-94-87. • contact@hotel-levieuxlogis.com • hotel-levieuxlogis.com • ♿ Au fond d'une grande propriété en bordure de la D 937, entre Saint-Pé-de-Bigorre et Lestelle-Bétharram. Resto fermé dim soir et lun. Doubles 68-95 € ; familiales. Formule midi 20 € ; menus 30-45 €. Parking.* Un hôtel traditionnel avec au choix des chambres dans le bâtiment principal ou des chalets indépendants au jardin. Côté resto, décor rustique agréable. Cuisine régionale de qualité et une bonne carte des vins. Piscine dès les beaux jours.

Chambres d'hôtes Maison Palu : *19, chemin Arrinthouet, 64800* ***Asson.*** *☎ 05-59-71-05-05. • saint-paul.pierre@wanadoo.fr • Tte l'année. Double 48 €.* Dans la vallée sauvage de l'Ouzom, à 4 km, au calme, une ferme de toute beauté avec sa galerie typique d'où vous pouvez rêver devant les Pyrénées. Les chambres, aménagées dans les dépendances, sont vraiment toutes simples. Reste le cadre, les petits prix et la gamme fascinante des verts alentour.

À voir

La Maison carrée : *pl. de la République. ☎ 05-59-13-99-65. • maison-carree-nay.fr • Juil-août, tlj 10h-12h30, 14h30-18h30 ; avr-juin, sept-déc et vac d'hiver, mar-sam 10h-12h, 15h-18h. Accès gratuit à la cour et aux expos. Entrée payante pour le musée de l'Industrie (3,60 € ; réduc ; gratuit moins de 10 ans).* La cour de cette belle demeure de type Renaissance italienne est ornée de loggias exceptionnelles. C'est l'ancien hôtel particulier d'un marchand drapier du XVIe s. Elle accueille aujourd'hui des ***expos temporaires,*** notamment, d'octobre à décembre, l'expo *Visualis,* consacrée aux arts visuels.

Également un ***espace muséographique*** consacré au patrimoine industriel de la région : textile (linge basque, teinturerie...) et métiers du bois (skis, chapelets...) du XIXe s (quand les nombreuses cheminées d'usines des environs valaient à Nay le surnom de « petit Manchester ») à nos jours. À travers jeux, films et autres documents, évocation de la vie ouvrière.

Le musée du Béret : *pl. Saint-Roch. ☎ 05-59-61-91-70. • museeduberet.com • ♿ Juil-août : lun-ven 9h30-12h30, 13h30-18h ; sam 9h30-12h30. Avr-juin, sept-déc et vac d'hiver : lun 14h-18h ; mar-ven 9h30-12h, 13h30-18h ; sam 9h30-12h30. Janv-mars (hors vac d'hiver) : lun 13h30-18h ; mar-ven 10h-12h, 13h45-18h. GRATUIT.* Fort bien documenté, il présente les différentes étapes de la fabrication du béret dans 2 salles d'exposition de machines, avec photographies de stars (de Claudia Schiffer à Marlene Dietrich en passant par Gillespie et consorts) et autres documents. Un musée qui a su allier design et authenticité dans ses installations. Vidéo (15 mn environ) sur l'art et la manière de porter le béret en Béarn, au Pays basque et dans les Landes, car la mode ne doit pas non plus occulter que cette coiffe, simplissime et indémodable, est avant tout un emblème culturel. Même si, au bout du compte, chacun le porte bien comme il veut, avec ou sans accent ! Boutique pour acheter (y compris sur Internet) des bérets Laulhère, de toutes les couleurs, de toutes les formes mais toujours fabriqués en Béarn !

L'église Saint-Vincent : église fortifiée, facilement repérable avec son clocher carré, haut de 33 m. Si le portail date de l'époque romane, l'église offre les caractéristiques du XVIe s avec des vestiges des XIIIe, XIVe et XVe s, dans un style gothique languedocien. À voir à l'intérieur, la nef unique et ses belles voûtes qui mêlent pierre, brique et briquette. Les clés de voûte reprennent les symboles des évangélistes. L'église servit un temps de temple protestant avant de réintégrer le culte catholique. Un petit fascicule détaille le mobilier et les œuvres remarquables (chaire, maître-autel, tableaux...).

DANS LES ENVIRONS DE NAY

Les sonnailles Daban : *122, Z.A. Samadet, 64800* ***Bourdettes.*** *☎ 05-59-61-00-41. • daban.fr • Tte l'année, visites mar-ven 8h-10h, 14h-16h ; et sam sur rdv. Visite : 7,50 € ; réduc ; gratuit moins de 12 ans.* Le pays de Nay abrite depuis 7 générations les établissements *Daban,* dernier fabricant de sonnailles des Pyrénées (ils ne sont d'ailleurs plus qu'une poignée en France). Ces cloches sont de véritables « instruments de musique » pour le bétail en montagne. Le visiteur découvre dans les ateliers et grâce à une vidéo ce savoir-faire d'excellence.

Coarraze *(64800)* **:** ancienne place forte à la frontière avec la Bigorre. Château dominant le bourg où Henri IV passa les 7 premières années de son enfance. Sa chambre, la bibliothèque et quelques autres pièces du château peuvent se visiter *(☎ 05-59-61-10-27 ; 📱 06-09-93-62-34 ; de mi-juil à mi-août, visite sur résa tlj, ttes les heures 10h30-12h30, 14h30-18h30 ; entrée : 5 €, gratuit moins de 12 ans).*

La roseraie de Saint-Vincent : *chemin Henri-IV, 64800* ***Saint-Vincent.*** *☎ 05-59-53-53-93. • monrosier.com • ♿ Lun-sam 9h-12h, 14h-18h, dim 14h-18h (fermé le dim en basse saison). GRATUIT.* À 9 km à l'est de Coarraze, un très beau site touristique, entièrement dédié aux roses, face aux Pyrénées. Pépinière et resto sur place.

Notre-Dame-de-Bétharram : *à 5 km au sud de Coarraze.* Lieu de pèlerinage encore populaire. Un petit sanctuaire qui s'est développé, comme à Lourdes (mais plus tôt), autour du culte d'une Vierge guérisseuse. À l'intérieur de la chapelle Notre-Dame (XVIIe s), riche décor de peintures, dorures et retables. Petit musée façon cabinet de curiosités *(tlj 14h30-16h30, jusqu'à 18h en été ; entrée : 3 €).*

La majorité des objets exposés sont en relation avec l'histoire de Bétharram et les pays où travaillent les membres de la congrégation.

Les grottes de Bétharram : *à 4 km plus au sud.* ☎ *05-62-41-80-04.* • *betharram.com* • *Fin mars-fin oct, tlj 9h-12h, 13h30-17h30 (9h-18h juil-août et jusqu'à 17h sept-oct) ; début fév-fin mars, lun-jeu à 14h et 16h, ven à 14h. Fermé nov-début fév. Compter 1h20 de visite. Entrée : 15 € ; 9,50 € 4-12 ans ; réduc.* Succession de 25 grottes, sur 2 800 m de long. Les concrétions les plus remarquables se situent au niveau de l'ancienne voûte de la rivière, en forme d'éponges ou de cervelles. Les grottes de Bétharram sont parmi les plus variées d'Europe : on peut y observer et comprendre la clé de la formation de presque toutes les grottes mortes ou en pleine activité. Reste la balade souterraine en bateau et en petit train qui fait tout le succès des grottes de Bétharram auprès des familles.

Le zoo d'Asson : *6, chemin du Brouquet, 64800* **Asson.** ☎ *05-59-71-03-34.* • *zoo-asson.org* • *Tte l'année, tlj 10h-18h (19h avr-sept). Entrée : 15 € ; 9,50 € 3-11 ans ; gratuit moins de 3 ans.* Comme la plupart des zoos, il est devenu un conservatoire du monde sauvage. Depuis 50 ans, dans une nature luxuriante, le zoo mène un beau travail scientifique et de conservation du monde sauvage : par exemple, Asson accueille de mythiques panthères des neiges dont 2 bébés nés en 2020, dans le cadre d'une coopération internationale pour la sauvegarde de ce félin, mais aussi un ocelot, des kangourous, 2 petits pandas roux de Chine, un tigre blanc de Sibérie (le plus grand des félins), ou encore des mangoustes brunes et des chiens de prairie. Mais les véritables rois de la jungle ici, ce sont les lémuriens et les singes, avec 22 espèces représentées. Soit, au total, 500 animaux répartis sur près de 5 ha, et un espace dédié aux dinosaures.

OLORON ET LES VALLÉES PYRÉNÉENNES

Elles sont 3, d'est en ouest : Ossau, Aspe et Barétous. Même si la 1re débouche naturellement sur Pau, elles sont toutes commandées par Oloron-Sainte-Marie, petite ville en pleine transformation. Elles forment le Haut-Béarn, domaine mythique de l'ours et des vautours, domaine surtout des bergers transhumants qui gardent vivaces les traditions du pastoralisme. Vous vous en apercevrez vite : la montagne béarnaise est sacrément vivante.

OLORON-SAINTE-MARIE

(64400) 11 300 hab. *Carte Béarn, B2-3*

• Plan *p. 256-257*

La plus vieille cité du Béarn : plus de 2 000 ans d'histoire. La ville s'est édifiée au confluent des gaves d'Ossau et d'Aspe (qui donne ensuite le gave d'Oloron, naviguant jusqu'à Bayonne). De tout temps, elle a constitué un site stratégique et un lieu important : débouché des vallées, confluence des gaves, mais aussi point essentiel sur l'axe est-ouest de la route du piémont pyrénéen (commerce du pastel, des tissus et des étoffes, sur la voie d'Arles et d'Italie vers Saint-Jacques-de-Compostelle). Rien d'étonnant, dès lors, à ce qu'elle soit classée Ville d'art et d'histoire.

Son tracé quelque peu anarchique, rythmé par les ponts et les collines, en fait une bourgade pittoresque. Avec ses 3 quartiers articulés autour des églises Sainte-Marie, Sainte-Croix et Saint-Pierre, elle présente ainsi des visages différents. L'un d'eux, peut-être le plus marquant, est cette série de demeures à l'allure de hautes falaises tombant abruptement dans le gave d'Aspe.

UN PEU D'HISTOIRE

Détruite par les Normands en 845, la ville renaît au XIe s de l'antagonisme entre pouvoirs temporel et spirituel. D'un côté, un évêque ; de l'autre, un vicomte ! Sainte-Marie face à Oloron. Le conflit dura jusqu'en 1858, date à laquelle un décret impérial fusionna les 2 villes comme aux 1ers temps.

SAINT GRATUS ? Y A UN TRUC

Grat, ou Gratus, fut nommé évêque de Sainte-Marie en 506. Une légende veut qu'il soit mort du côté de Jaca, en Aragon. Les 2 villages s'en disputèrent les reliques. Pour mettre tout le monde d'accord et s'en remettre au jugement de Dieu, il fut décidé d'harnacher la sainte dépouille sur une mule aux yeux crevés et de lui laisser le choix de sa destination. La mule ramena le précieux saint directement à Oloron !

La ville « espagnole »

Quant à sa réputation de ville « espagnole » et « rouge », elle date de la fin du XIXe s, de nombreuses industries ayant attiré la main-d'œuvre espagnole voisine (espadrilles, béret, tissage, métallurgie). Elle fut le 1er refuge des républicains espagnols à partir de 1937, et pas des plus calme. Il s'agissait de centaines d'Aragonais réputés « rouge et noir », selon l'expression de l'époque, virulents et prêts à en découdre à nouveau. D'ailleurs, le 1er maquis né en Béarn durant l'occupation allemande (bois du Bager au sud d'Oloron) fut aragonais, ravitaillé par des paysans béarnais.
Aujourd'hui, bon nombre d'Oloronais sont d'origine espagnole, et les relations demeurent constantes avec les voisins, à commencer par le jumelage ou les fêtes organisées avec la ville frontière de Jaca.

Adresses et infos utiles

i *Office de tourisme* *(plan C2) :* *allées du Comte-de-Tréville. ☎ 05-59-39-98-00. • pyrenees-bearnaises.com • ♿ De mi-juil à mi-août, lun-sam 9h-12h30, 14h-18h30 ; dim 9h-13h. Le reste de l'année, lun-sam 9h-12h, 14h-18h.* Personnel particulièrement disponible et compétent.
– ***Villa Bourdeu – Voyage en Pyrénées béarnaises :*** à l'entrée de l'office, un espace scénographique vous invite à un véritable voyage virtuel à travers le secteur en compartiment de train. Original et sympa.
– ***L'espace randonnée :*** une table numérique présente les différents sentiers de rando grâce à des photos et des commentaires. Il vous suffit ensuite d'imprimer l'itinéraire choisi.
– ***Borne extérieure 24h/24 :*** bien pratique quand l'office est fermé. Accès aux plans, hébergements, agenda d'animations, sites à visiter...
– ***Photomaton :*** on choisit son fond et hop ! La carte postale numérique est créée, on peut alors l'envoyer directement.

■ ***Centre de sports nautiques :*** *64400 **Soeix**. ☎ 05-59-39-61-00. • raft-oloron.com •* À quelques km de la ville, un centre nautique sympa et expérimenté. Rafting, canoë-kayak, nage en eaux vives et même hot-dog (canoë gonflable) ! Fourniture de

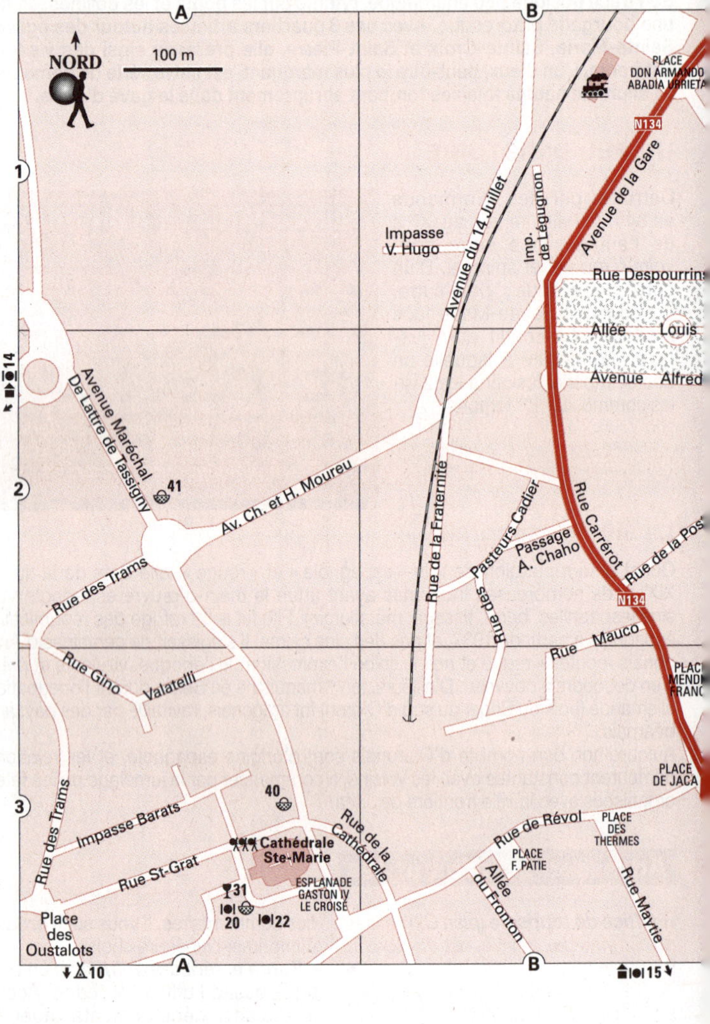

LE BÉARN

■ **Adresse utile**

Office de tourisme (C2)

Où dormir ?

10 Camping Pyrénées Nature (hors plan par A3)

11 Chambres d'hôtes L'Amphitryon (D3)

14 Alysson Hôtel – Restaurant Le Pastoral (hors plan par A2)

15 Chambres d'hôtes Onigourmand (hors plan par B3)

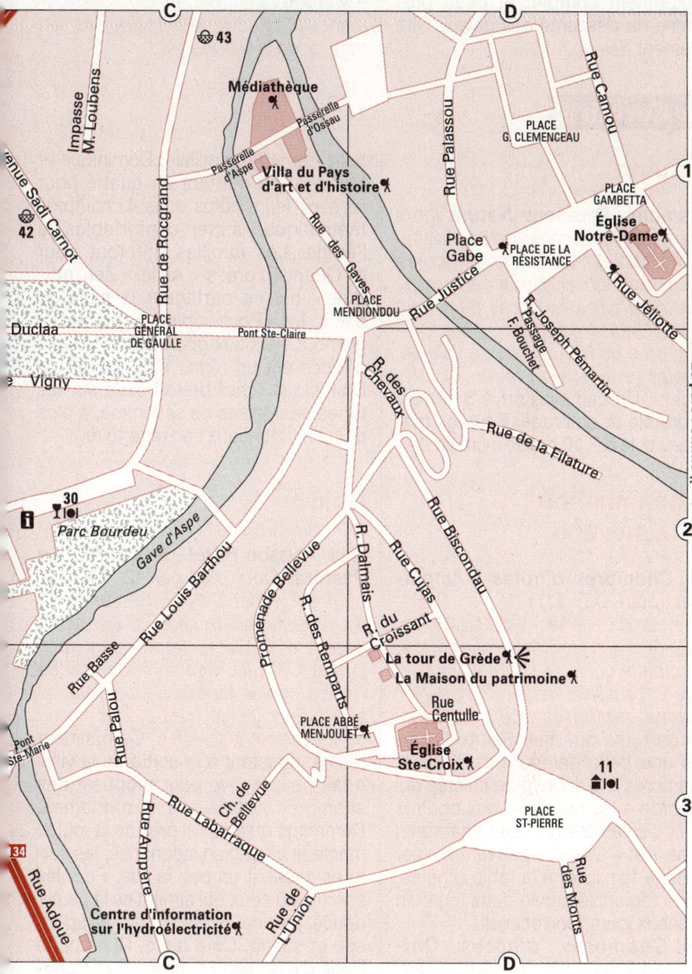

OLORON-SAINTE-MARIE

Où manger ?

20 Arts et Délices (A3)
22 La Part des Anges (A3)
31 Café Central « Chez Chabanne » (A3)

Où boire un verre ou un thé ?

30 Le Loft Café (C2)

Où acheter de bons produits ?

40 Pâtisserie Artigarrède (A3)
41 Magasin d'usine Lindt (A2)
42 Boulangerie Navarrine (C1)
43 Laulhère, Le Béret français (C1)

l'équipement complet et beau programme de descente des gaves. Gîte également *(fév-nov).*

– **Marché :** *ven mat, pl. Georges-Clemenceau (autour de la mairie), et dim mat, pl. de la Cathédrale.*

Où dormir ?

Camping

⛺ ***Camping Pyrénées Nature*** *(hors plan par A3, **10**) : chemin de Lagravette. ☎ 05-59-39-11-26. • camping.pyrenees.nature@gmail.com • campingpyreneesnature.fr • ♿ Accès par l'A 64 sortie 3, Salies-de-Béarn, puis Oloron ; à côté du McDo. Ouv tte l'année. Compter 16-20 € selon saison. Chalets 4-5 pers.* Un camping privé 3 étoiles, confortable et ombragé. Pour les randonneurs, le GR 10 passe à proximité.

De bon marché à prix moyens

🏠 🍽 ***Chambres d'hôtes L'Amphitryon*** *(plan D3, **11**) : 23, pl. Saint-Pierre. ☎ 05-59-39-78-50. 📱 06-81-57-43-58. • diva.oloron@wanadoo.fr • amphitryon-oloron.com • Doubles 75-89 € ; familiale. Table d'hôtes 25 € boissons comprises. CB acceptées.* Au cœur du quartier Sainte-Croix, dans une belle demeure du XVIIIᵉ s, 5 chambres à la déco toute colorée qui s'accorde avec harmonie aux poutres et aux vieilles pierres. Les chambres « Aspe » et « Ossau » peuvent former une suite familiale. À la table d'hôtes, cuisine régionale servie dans le jardin aux beaux jours. Bon accueil.

🏠 🍽 ***Chambres d'hôtes Onigourmand*** *(hors plan par B3, **15**) : 1, av. Saint-Cricq. 📱 06-23-77-59-05. • onigourmand@orange.fr • onigourmand.fr • Doubles 55-90 € ; familiale. Table d'hôtes 30 €.* Dans leur belle demeure familiale, Dominique et Marie-Jo se mettent en quatre pour recevoir leurs hôtes dans 4 chambres thématiques super confortables, à l'étage. Les familles opteront pour l'« Orient-Express » et la « Zen attitude » qui se partagent la salle de bains. La « Poupoupidou » est plutôt glamour. Avis aux gourmands, la table d'hôtes est un régal. Il faut dire que Dominique, chef breton exilé sur les terres béarnaises de sa femme, a plus d'une recette dans son répertoire.

Chic

🏠 🍽 ***Alysson Hôtel – Restaurant Le Pastoral*** *(hors plan par A2, **14**) : 24, bd des Pyrénées. ☎ 05-59-39-70-70. • alysson.hotel@wanadoo.fr • alysson-hotel.fr • ♿ Resto fermé sam midi, dim et lun midi. Congés : vac scol de Noël. Doubles 90-125 € ; familiales et suites. Formule déj en sem 24 € ; menu 35 € ; carte env 29-45 €.* Ce bâtiment récent, construit à la sortie de la ville, a fait peau neuve pour proposer des chambres spacieuses et modernes. Dommage qu'il soit si près de la route : même si c'est bien insonorisé, les voitures gâchent un peu la vue. Pour les sportifs ou ceux qui aiment se la couler douce, piscine, terrasse, salle de sport, spa et sauna. Côté resto, Christophe Dodard a fait ses 1res armes chez Robuchon, puis *Aux Trois Marches* à Versailles, avant de reprendre cet établissement plutôt chic qui fait désormais partie des grandes tables de la ville.

Où manger ?

De bon marché à prix moyens

🍽 🧺 ☂ ***Arts et Délices*** *(plan A3, **20**) : 13 bis, pl. de la Cathédrale. ☎ 09-54-58-39-84. • artsetdelices.oloron@gmail.com • ♿ Resto fermé lun, plus dim midi hors saison. Boutique fermée dim ap-m et lun. Assiettes de pays 12-20 €.* Une étonnante boutique gourmande, pleine de bonnes choses que l'on peut acheter toute l'année (andouille, charcuterie, fromage de brebis...). Plats du terroir savoureux à déguster sur place, comme le *minja-plasé* (tarte salée à l'oignon confit au jurançon, poivron, jambon et fromage), ou l'authentique andouille béarnaise à l'ancienne. Terrasse.

La Part des Anges *(plan A3, **22**) : 13, pl. de la Cathédrale. ☎ 05-59-36-01-96. • claude.dopp@sfr.fr • Tlj sauf mar-mer. Congés : 3 sem de mi-oct à début nov. Menus 13-15 € (déj en sem); carte env 33 €. Apéritif maison offert sur présentation de ce guide.* Murs en pierre, poutres apparentes, on pourrait se croire dans une auberge de montagne, mais non ! Dans cette jolie maison aux volets bleus, le chef mitonne une cuisine locale gourmande à base de produits en circuit court.

Où dormir ? Où manger dans les environs ?

Prix moyens

Chambres d'hôtes Naba : *8, chemin Carrere, 64290* **Estialescq.** *☎ 05-59-39-99-11. 06-87-09-32-40. • maisonnaba@aol.com • À 6 km à l'est d'Oloron. Ouv avr-oct ; en hiver, sur résa seulement. Double 65 €.* À 2 pas du chemin de Saint-Jacques, une belle ferme béarnaise du XVIIIe s, agrémentée d'un joli parc ombragé et fleuri. L'ancienne grange abrite 4 chambres agréables, à la déco entre hier et aujourd'hui. Accueil très chaleureux de Jeanne et Jean-Michel. On s'y sent bien, un peu comme chez soi.

Chambre d'hôtes Maison d'Orride, chez Marina et Didier Monteil : *D'Orride, 64400* **Ledeuix.** *06-12-71-73-42. • contact@dorride.fr • dorride.fr • À 7 km au nord d'Oloron (route de Monein). Doubles 95-115 € ; familiale. Table d'hôtes 25 € sur résa. Réduc de 10 % pour 2 nuits sur présentation de ce guide.* Au cœur du vignoble du Jurançon, un ancien corps de ferme béarnaise entièrement rénové avec des matériaux traditionnels et écologiques. Une adresse de charme avec 3 grandes chambres dont 1 suite familiale et des espaces détente : piscine, hammam, salle de sport et des sentiers tout autour.

Chez Germaine : *18, route de Josbaig, 64400* **Geüs-d'Oloron.** *☎ 05-59-88-00-65. • contact@chezgermaine.fr • hotel-restaurant-pyrenees.com • À 11 km au nord-ouest d'Oloron. Resto fermé dim soir (sauf été), plus lun et mar hors saison. Doubles 67-72 € ; familiales. Formules 16 € le midi, 22 € le soir et w-e ; menus 29-33 €.* Un hôtel 2 étoiles aux chambres simples et coquettes, d'humeur campagnarde. Et le restaurant surprend agréablement. Valérie, la fille du patron, est en cuisine avec son père et ravive cette institution. Elle a rapporté de ses voyages des recettes qu'elle revisite avec de bons produits locaux et des légumes du potager familial. Entre tradition et gastronomie, on se régale dans un cadre rustique, et l'on apprend que Germaine s'appelle en fait Gisèle. Sympathique. Piscine en prime.

Où boire un verre ou un thé ?

Le Loft Café *(plan C2, **30**) : rue de la Poste. ☎ 05-59-39-09-73. • dura.pascal@gmail.com • En face de l'office de tourisme. Tlj sauf dim-lun, jusqu'à 2h ven-sam. Congés : 3e sem d'août. Formules 14 € (déj en sem)-27 €.* Avec sa grande terrasse et sa vue plongeante sur le gave, ce café design est un endroit hautement stratégique. On y vient pour le petit noir du matin, le lunch léger du déjeuner, la petite mousse de l'après-midi, le petit blanc de l'apéro, ou pour finir la soirée. Un bon point de chute à n'importe quelle heure en fait !

Café Central « Chez Chabanne » *(plan A3, **31**) : 12, pl. de la Cathédrale.*

☎ 05-59-39-03-39. • coch64@orange.fr • ♿ Fermé jeu hors saison et dim soir en saison, plus le soir des j. fériés. Congés : 1 sem en juin et sept. Formule déj 10,80 €. 1 verre de jurançon offert sur présentation de ce guide. Un établissement bien greffé dans la vie associative et culturelle oloronaise. Lieu de rendez-vous des sportifs locaux depuis un demi-siècle ! Le 1er café de la ville à avoir eu la TV en 1960, et ensuite, le 1er cybercafé. Terrasse pour les contemplatifs, avec vue directe sur le portail roman de la cathédrale.

Où acheter de bons produits ?

***Pâtisserie Artigarrède** (plan A3, **40**) : 1, pl. de la Cathédrale. ☎ 05-59-39-01-38. Mer-sam (plus mar en août et déc) 8h-12h30, 14h-19h30 ; dim 7h30-13h, 14h30-19h30. Congés : vac scol d'hiver et juil.* On vient de loin découvrir le « russe » véritable, dont la recette a été gardée depuis 3 générations. Elle daterait du XIXe s, mais c'est en 1925 que le Béarnais Artigarrède créa ce gâteau délicieux, à base de biscuit aux amandes meringué avec une crème au beurre praliné.

***Magasin d'usine Lindt** (plan A2, **41**) : 2, av. Maréchal-de-Lattre-de-Tassigny. ☎ 05-59-88-87-62. Tlj sauf dim, 9h-18h30.* C'est l'ancienne usine *Rozan,* créateur du « pyrénéen », ce chocolat hyper fondant que l'on ne produit que pour Noël, reprise par le chocolatier suisse. À l'espace boutique, les chocolats en vrac y sont plutôt moins chers qu'ailleurs ; également un bar à chocolat !

***Boulangerie Navarrine** (plan C1, **42**) : 15, av. Sadi-Carnot. ☎ 05-59-36-08-40. Tlj sauf dim ap-m 7h-13h, 15h-19h.* Un petit creux ? Goûtez à la spécialité de la maison : le *pastis bourrit,* littéralement « pâte levée » en béarnais. Cette sorte de grosse brioche, cuite dans une casserole (si, si ! regardez bien sa forme), est aromatisée à la vanille, au rhum et à l'anis ou à la fleur d'oranger, puis saupoudrée de sucre. Miam ! Testez aussi la *tourte des Pyrénées,* déclinée en plusieurs parfums.

***Laulhère, Le Béret français** (plan C1, **43**) : ☎ 05-59-39-12-07. • laulhere-france.com •* Le dernier fabricant d'authentiques bérets 100 % français déploie avec élégance son savoir-faire depuis 1840, notamment avec sa collection « Héritage ». Vous pouvez aussi les acheter chez *Souviron Palas (☎ 05-59-39-16-06 ; lun ap-m et mar-sam 9h-12h, 14h15-19h)* ou au musée du Béret à Nay.

***Magasin d'usine Tissages Lartigue 1910** : 2, av. Georges-Messier, 64400 **Bidos.** ☎ 05-59-39-50-11. • lartigue1910.com • Boutique ouv lun-sam 9h30-12h30, 14h30-18h30. Également des visites d'atelier, mar-ven à 10h30 et 15h. GRATUIT.* Créateur et tisseur de linge basque depuis 4 générations. L'entreprise est d'ailleurs labellisée Entreprise du Patrimoine Vivant. Le beau linge basque est tissé et vendu uniquement ici et à Ascain, dans leurs ateliers ouverts à la visite. De bonnes affaires à faire sur les collections passées (linge de maison et art de la table, serviettes de plage, sacs...).

À voir. À faire

Dans le quartier Sainte-Marie

Durant l'Antiquité, le quartier Sainte-Marie faisait partie de la cité d'Iluro, nom d'une divinité celte ibère. Des fouilles archéologiques ont révélé que le site était déjà peuplé avant notre ère, avec la mise au jour de pièces de monnaie en or, de sarcophages paléochrétiens et mérovingiens, de bijoux, de poteries... Puis ce quartier devient cité épiscopale, rivale et indépendante de la cité vicomtale d'Oloron. Jusqu'à la Révolution, les évêques en sont les seigneurs, ils l'organisent et font ériger plusieurs bâtiments à vocation religieuse (palais épiscopal, Grand Séminaire, couvent des Ursulines).

***La cathédrale Sainte-Marie** (plan A3) : tlj 8h-19h.*
Sa construction débute au XIIe s, grâce aux nombreux butins rapportés par le vicomte Gaston IV le Croisé, mais nef et chœur furent édifiés au cours des 2 siècles suivants. C'est une des plus imposantes églises gothiques du Béarn. Elle a sûrement succédé à un temple gallo-romain, comme l'atteste le remploi de la plaque de marbre du tympan, représentant la Vierge Marie au recto et le dieu Mars au verso. Le portail roman de la cathédrale Sainte-Marie est l'œuvre de 2 maîtres sculpteurs du XIIe s ayant travaillé de part et d'autre des Pyrénées. Le 1er était un spécialiste de l'ivoire, d'où son extraordinaire travail du marbre, tout en aplat. Une vingtaine d'années plus tard, le 2d sculpteur travaillera beaucoup plus en relief.

RELIQUATS DE RELIQUES, SUITE ET FIN

Une fois ramené à dos d'âne (voir l'encadré dans l'introduction de la ville), Grat fut canonisé et devint l'objet d'une véritable dévotion populaire. Mais sous l'influence des protestants, chasse fut faite aux reliques, et le reliquaire de saint Grat fut rapporté à Jaca en catimini. Du moins, c'est ce que l'on croyait, car, en réalité, les Espagnols n'avaient récupéré qu'un bout de mâchoire et quelques dents. Le reste du corps fut découvert un siècle plus tard, caché dans un recoin de la cathédrale. La Révolution finit de démantibuler notre pauvre homme et, depuis, il manque plusieurs pièces au puzzle !

Tous les thèmes de ce *portail roman* sont centrés sur la victoire du Bien sur le Mal. Trumeau soutenu par 2 hommes enchaînés, qui donnent lieu à 1 000 interprétations, ce qui n'en finit pas de perturber les exégètes. Au-dessus, sur le tympan, *Descente de Croix.* Dans la voussure qui suit, on voit la préparation d'un festin médiéval, sans doute un repas de noces. On peut s'amuser dans chacune des vignettes à en deviner les gestes : l'abattage du sanglier, le « pèle-porc », la vendange et la mise au tonneau, la fabrication du jambon, la préparation du canard, la capture du saumon, l'élaboration d'une galette, d'un fromage, etc. Au centre, tête de monstre symbolisant le Mal. Dans la voussure supérieure, les vieillards de l'Apocalypse, splendides ! Repérer également le personnage mi-lion mi-homme qui dévore à pleines dents un individu, ainsi que le cavalier qui foule un vaincu sous les sabots de son destrier. Les parties ocre correspondent à des traces de polychromie, datant du XIXe s. Les billes de verre dans les yeux des personnages datent de la même époque. Quant aux impressionnantes portes cloutées, elles furent offertes par Henri IV.
La cathédrale abrite un riche mobilier en bois doré et polychrome (lutrins, chandelier Pascal), des tableaux représentant la vie de saint Grat (nom du 1er évêque connu d'Iluro au VIe s), une chaire à l'origine d'un incident entre catholiques et protestants, mais également un buffet d'orgue datant du XVIIe s et dont l'instrument a été réalisé par Aristide Cavaillé-Coll au XIXe s. De très beaux vitraux et un *trésor* complètent le décor de cette ancienne cathédrale, choisie par l'Unesco comme jalon pour son classement des chemins de Compostelle au Patrimoine mondial de l'humanité.

***Le trésor de la cathédrale Sainte-Marie** : juil-août seulement, tlj sauf mar 14h-19h. GRATUIT.*
Derrière les grilles, on aperçoit de superbes anges baroques en bois polychrome. Le trésor à proprement parler est dans une salle attenante et se dérobe aux regards.

– Le *chapier* abrite une admirable collection de vêtements sacerdotaux, réalisés dans des soieries, damas et brocards de fils d'or et d'argent, datés pour les plus anciens du XVIe s. Selon la tradition, il s'agit d'offrandes faites aux évêques d'Oloron par de grands dignitaires comme François Ier, Marie de Médicis ou encore l'impératrice Eugénie de Montijo.
– Les *pièces d'orfèvrerie* datent des XVIIIe et XIXe s : ciboires, calices, patènes, reliquaires et ostensoirs.
– La *crèche* est l'une des plus belles de France. Daté du début du XVIIIe s, un triptyque en bois sculpté peint et recouvert de feuilles d'or et d'argent évoque la Nativité. À cette scène s'ajoutent 7 personnages sculptés dans du bois, qui représentent les différentes classes sociales de la population béarnaise de l'époque. Remarquer l'importance des chausses ou des coiffes, comme autant de signes distinctifs. Certains, bien entendu, arborent fièrement le béret...

Le Centre d'information sur l'hydroélectricité *(plan C3)* **:** *rue Adoue. 06-87-94-64-29. Juil-août, mar-sam 10h-13h, 14h-18h ; sept-juin, sur rdv uniquement. GRATUIT.* À côté de l'usine hydroélectrique de Sainte-Marie, sur le gave d'Aspe, l'espace d'information EDF permet de découvrir le fonctionnement de l'hydroélectricité, en parcourant la vallée d'Aspe. Expos temporaires.

Dans le quartier Sainte-Croix

Située sur une haute colline, c'est la partie la plus ancienne de la ville. Belle homogénéité architecturale, même si toutes les maisons ne sont pas de la même époque. On monte par la rue Labarraque (ancienne rue Bonneterie). Autrefois, les ouvriers y fabriquaient les bérets devant leur porte. De la place Saint-Pierre, entourée de demeures des XVIIe et XVIIIe s, part la rue d'Aspe, ancienne rue des Cagots. Un peu plus loin, petit cimetière où repose le poète Jules Supervielle.

L'église Sainte-Croix *(plan D3)* **:** *à 2 pas de la pl. Saint-Pierre. N'hésitez pas à forcer la porte un peu dure à ouvrir. Tlj 8h-19h.* Édifiée au XIIe s, c'est l'un des plus vieux édifices romans du Béarn. Allure très austère. Clocher avec chemin de ronde. Toit en pierre. Portail d'entrée roman, très profond. À l'intérieur, nef et bas-côtés couverts de pierres tombales. Piliers cruciformes ornés de chapiteaux primitifs (plus élaborés dans les absides). Nef aux voûtes et arches romanes particulièrement harmonieuses. Belle croisée de transept où, malgré l'obscurité, on distingue les coquilles peintes en trompe l'œil dans les trompes au niveau de la coupole. Décor mauresque en étoile à 8 branches, emprunté à la mosquée de Cordoue. Dans le transept gauche, grand retable baroque doré. Ne pas oublier de se munir d'une pièce de 2 € pour avoir droit à l'illumination et au commentaire, fort intéressant.

L'ancien cimetière : aujourd'hui désaffecté, il contient les tombes de toute l'élite de la ville du XIXe s. Épitaphes souvent grandiloquentes, reflétant bien l'idéologie de l'époque et qu'on lit d'un œil amusé (voir la sépulture de la famille Crouseilles). De la terrasse au bout, vue intéressante sur Oloron.

La place de l'église *(plan C-D3)* **:** *pl. de l'Abbé-Menjoulet.* Très pittoresques maisons à arcades. Ici battait le cœur de la ville à l'époque médiévale. Imaginer le marché qui s'y tenait en permanence. Emprunter la rue Dalmais (ex-rue de la Montagne). Quelques maisons à grandes arcades ogivales.

La Maison du patrimoine *(plan D3)* **:** *52, rue Dalmais. ☎ 05-59-39-98-00. Juil-août seulement, tlj sauf mar 14h-19h. GRATUIT.* Intéressant petit musée, installé dans la *maison Marque,* demeure de caractère du XVIIe s qui a pu conserver de magnifiques boiseries en châtaignier. Belles fenêtres à meneaux. Elle présente des collections archéologiques (lampes à huile, monnaies, poteries...) et ethnographiques qui témoignent de la tradition béarnaise aux XIXe et XXe s. Jardin médiéval présentant des plantes aromatiques et médicinales.

La tour de Grède *(plan D3)* **:** *rue Dalmais. ☎ 05-59-39-98-00. Juil-août seulement, tlj sauf mar 14h-19h. GRATUIT.* Un remarquable édifice de style gothique, dont les origines remontent au XIIIe s. Cette tour n'était en réalité qu'un signe ostentatoire de richesse, avec un rôle bien plus décoratif que défensif, donc ! Baies géminées, portes ogivales... Elle abrite aujourd'hui une belle exposition interactive sur la faune des Pyrénées. Jolie scénographie sur le thème des 4 saisons. Du haut de la tour (113 marches à grimper !), située en plein cœur du « bourg de l'enclos », panorama sur toute la ville.

Rue des Remparts *(plan C2-3)*, ancien ***couvent des Cordeliers*** (avec porche du XIIIe s). Ne pas manquer de déambuler sur l'agréable promenade Bellevue (beau panorama, comme son nom l'indique).

Vestiges des ***anciens remparts*** du XIIIe s, sur les lacets du Biscondau et rue des Chevaux, en surplomb du gave d'Ossau. Meilleure vision des fameuses maisons tombant dans le gave d'Aspe depuis le petit pont perpendiculaire à la rue de la Poste et à la rue Louis-Barthou.

La médiathèque des Gaves *(plan C1)* **:** *rue des Gaves. ☎ 05-59-39-99-37. Mar 14h-18h ; mer et sam 10h-12h30, 14h-18h ; jeu 10h-12h30 ; ven 9h-12h30, 14h-18h. GRATUIT.* Construite à la rencontre des gaves d'Aspe et d'Ossau, cette médiathèque offre un lieu idéal pour se poser et bouquiner. Confortablement installé sur un pouf, derrière l'immense baie vitrée, on admire l'eau qui file sous ses pieds avant de plonger la tête... dans son livre.

Villa du Pays d'art et d'histoire – Centre d'interprétation de l'architecture et du patrimoine *(CIAP)* ***des Pyrénées béarnaises*** *(plan C1)* **:** *rue de l'Intendant-d'Étigny, La Confluence. ☎ 05-64-19-00-10. Juil-août, tlj sauf lun 10h-12h30, 14h-19h ; le reste de l'année, mar-sam 10h-13h, 14h-17h30. GRATUIT.* Installée depuis 2015 dans les anciennes usines de sandales *Bedat*, à la confluence des gaves d'Aspe et d'Ossau. Pour s'imprégner de l'identité culturelle des Pyrénées béarnaises (savoir-faire, traditions, coutumes), découvrir le patrimoine naturel et le patrimoine bâti qui témoignent de la richesse du territoire. Exposition temporaire et permanente.

Dans le quartier Notre-Dame

Le développement du quartier Notre-Dame est d'abord dû à l'importance que prirent à Oloron, dès le Moyen Âge, les foires et marchés. L'artisanat, aux XVIIe et XVIIIe s, puis l'industrie aux siècles suivants feront de ce lieu, appelé « quartier du Marcadet », l'un des plus dynamiques de la cité.

L'église Notre-Dame *(plan D1)* **:** édifiée de 1869 à 1890, c'est la plus récente des églises d'Oloron. Il s'agit d'une réalisation de l'architecte des palais impériaux Joseph-Auguste Lafollye. Ce monument de style romano-byzantin possède un clocher qui culmine à 52 m et une jolie crypte.

En bordure du ***gave d'Ossau,*** vieux faubourg et vue sur les remparts et le bastion du quartier de Sainte-Croix.

Sur la ***place de la Résistance*** *(plan D1),* quelques belles demeures du XVIIe s aux élégants portails et aux sobres fenêtres à meneaux. C'est l'ensemble architectural le plus marquant de la ville. L'harmonieuse fontaine, tournée vers le bas de la place, date de la Restauration.

De la ***rue Jéliotte,*** point de vue intéressant sur la colline de Sainte-Croix.

Le parc Pommé *(hors plan par D2)* **:** agréable balade au milieu de ce grand parc de plus de 3 ha, qui offre un écrin de verdure en centre-ville. Il possède plus de 400 arbres répartis en une cinquantaine d'essences, dont la plupart très rares comme le ginkgo biloba, le cèdre du Liban, le séquoia géant... plusieurs fois centenaires. 2 sculptures réalisées par A. Arghira et A. Gabino rappellent que le chemin de Saint-Jacques-de-Compostelle passait jadis à cet endroit.

Manifestations

Avec 3 500 associations recensées autour d'Oloron-Sainte-Marie, la fête est dans tous les quartiers et les villages du territoire. Concerts, spectacles, festivals, fêtes de villages... prenez note !
– ***Foire :*** *1er mai.* Foire ancestrale avec bétail (exposition et concours de races locales : ânes, vaches...) et concours de fromage fermier. Pour découvrir les traditions béarnaises (chants, danses).
– ***Festival de jazz Des Rives et des Notes :*** *8 j. fin juin-début juil. • jazzoloron.com •* Festival dont l'objectif majeur est d'amener devant un large public les créateurs de jazz d'aujourd'hui.
– ***Animations Quartiers d'été :*** *juil-août.* Spectacles et concerts, mais aussi théâtre en plein air, expositions, pelote basque, marchés de nuit dans les 3 quartiers historiques d'Oloron. La plupart des animations sont gratuites.
– **La Garburade** *(championnat du monde de garbure)* **:** *1er sam de sept.* À travers un concours, la Garburade est une grande fête populaire pleine de convivialité et d'amitié qui s'accompagne d'une grande foire gastronomique. Les cuisiniers les plus talentueux s'affrontent et font goûter à plus de 1 300 personnes la garbure oloronaise.
– **Les 24 Heures du mur :** *1er w-e d'oct. • lemuroloron.com •* Des grimpeurs du monde entier se retrouvent pour escalader la halle de la mairie.

LE BÉARN

DANS LES ENVIRONS D'OLORON-SAINTE-MARIE

LURBE-SAINT-CHRISTAU (64660)

Au carrefour des routes d'Arudy et d'Oloron, un village célèbre pour ses eaux... même si les thermes ont cessé leur activité. Pour une étape entre vallée d'Ossau et vallée d'Aspe.

Où dormir ? Où manger ?

Résidence du Parc Saint-Christau : *☎ 05-59-34-29-29. • saintchristau@chainethermale.fr • Ouv début juin-début oct. Compter 64-83 € pour 2-4 pers.* La station thermale a fermé ses portes, mais plusieurs imposants bâtiments du XVIIIe s qui accueillaient les curistes ont été réaménagés en une résidence de tourisme, gérée par la *Chaîne thermale du soleil.* Les appartements et studios (avec kitchenette) se situent dans le bâtiment principal et, pour partie, dans 2 chalets, de style victorien ou béarnais, plus isolés, au bord du lac. Le tout au milieu d'un splendide parc arboré de 10 ha. Un confort, des prix et une indépendance qui plairont aux familles. Piscine.

Hostellerie du Paon Blanc : *route des Thermes, à 1 km du village, direction Arudy. ☎ 05-59-34-40-12. Resto ouv tlj, midi et soir. Doubles 69-83 €. Menus env 14 € (déj)-23 €.* Un hôtel pimpant depuis qu'il a été rénové. Les chambres sont nickel et certaines possèdent un balcon mais sans vue dégagée. Des chemins de randonnée démarrent au pied de l'hôtel.

ESQUIULE (EZKIULE ; 64400)

À 10 km d'Oloron, Esquiule est d'origine béarnaise mais, au XVIIe s, le seigneur du village créa ce lieu pour peupler ses terres. Les Souletins s'y installèrent et, depuis, Esquiule est un village exclusivement basque : architecture, fronton, langue, tout y respire la Soule.

Où manger ?

Restaurant Chez Château : *pl. du Fronton. ☎ 05-59-39-23-03. • jb.hourcourigaray@wanadoo.fr • Tlj sauf dim soir et lun-mar. Congés : de mi-janv à début fév. Menus 14 € (déj en sem), puis 26-49 €.* À 2 pas du fronton du village, c'est un champion de pelote (une bonne quinzaine de titres nationaux) qui est aux fourneaux de ce bistrot de village. Il y sert la garbure à sa façon, omelette aux cèpes comme merlu à la basquaise. Une (bonne) cuisine béarnaise, tellement remixée, tellement revigorée qu'elle n'a plus rien à voir avec la popote des grands-mères. Les vins, superbement choisis, restent à des prix plus que raisonnables. Équipe hyper aimable. Clientèle encore très locale, ce qui explique la taille des portions. Bref, l'un des plus fabuleux rapports qualité-prix de toute la région.

LA VALLÉE D'OSSAU

L'un des musts du Béarn. Une magnifique balade dans une vallée qui garda longtemps une identité et des particularismes originaux. Au Moyen Âge, le servage n'y avait déjà plus cours. La vallée possédait une grande autonomie et fonctionnait démocratiquement. Au XIIIe s, elle avait obtenu une charte des libertés, le « for d'Ossau ». Chaque commune élisait des délégués (les *jurats*) qui se formaient en syndicat pour défendre les intérêts de la communauté de la vallée (son siège était à Bielle). L'aisance des habitants de la vallée à cette époque se reflète dans l'architecture des villages : robustesse et noblesse des demeures du XVIe au XIXe s.

L'événement annuel, c'est l'« estivade », la transhumance entre la basse vallée et la haute montagne. À ne pas rater, la 1re semaine de juillet en principe. Pendant 48h, des milliers de bêtes remontent la vallée, dans le vacarme des sonnailles, traversant les villages en émoi (chants, ripailles...).

Et la star de la vallée, c'est bien sûr le fromage de brebis : matière première extra, avec un herbage d'altitude bourré de plantes aromatiques et un affinage à l'ancienne, sur plusieurs mois, régulièrement passé au sel de Salies. Si vous êtes dans le coin le 1er dimanche d'octobre, ne manquez pas la foire aux fromages à Laruns. Elle marque d'ailleurs la

AH, LA FAMILLE !

Profondément attachés à leurs terres, les habitants de la vallée mirent en place un système successoral qui a perduré jusqu'à la Révolution. Le droit d'aînesse intégral, réservé à l'aîné, fille ou garçon, était exceptionnel à cette époque où les femmes étaient mal perçues, voire maltraitées. Les cadets n'avaient d'autre choix que de partir ou de se marier avec une héritière. Beaucoup firent fortune en Amérique et se bâtirent au retour de somptueuses maisons avec jardins plantés d'essences exotiques. Les séquoias de la vallée d'Ossau sont aujourd'hui les plus hauts de France !

fin de la saison estivale. De nombreux établissements de la vallée prennent leurs congés juste après, pour recharger leurs batteries avant l'hiver...

L'OSSAU VOUS IRATY(L) ?

L'*ossau-iraty* est un fromage AOP basco-béarnais qui tient son nom de la vallée d'Ossau et du massif d'Iraty en Pays basque. Dans la vallée, de nombreux fromagers produisent de l'ossau-iraty sous d'autres appellations. Ce sont des fromages au lait de brebis à pâte claire, mais aux tonalités aromatiques et textures variées, selon les procédés et le temps d'affinage. Le fromage d'estive est un must ! Tout le long de la vallée, des panneaux indiquent les producteurs, qui bien souvent proposent de la dégustation. Tous les goûts étant dans la nature, on vous laisse faire vos choix...

ARUDY *(64260)*

Point de départ de la vallée, ce petit bourg fut, dès le XVIIIe s, un centre important de l'artisanat et de l'industrie : tanneries, carrières de marbre, usines de caoutchouc, de chapelets, fours à chaux, filatures, scieries, alumineries... Il reste aujourd'hui un seul exploitant de carrières. Le marbre d'Arudy est si réputé pour sa dureté et sa résistance au gel qu'on le retrouve sur l'*Empire State Building* à New York ! On y trouve également un certain nombre de sous-traitants (dont une fonderie) pour l'aéronautique.
Le centre ancien, tout petit, ne manque pas de charme.

AVANT LES BREBIS, LES ESCARGOTS !

Pendant de nombreuses années, les Arudiens furent les champions de la chasse aux escargots. Ces gastéropodes constituaient, en effet, la base de leur alimentation dès 8000 av. J.-C. Quand le glacier qui envahissait la vallée fondit comme neige au soleil, le climat doux et humide favorisa la végétation et... les escargots. Et aujourd'hui encore, une grotte de la vallée du Bas-Ossau est surnommée l'Escargotière.

Adresse et infos utiles

i *Office de tourisme de la vallée d'Ossau :* *pl. de la Mairie.* ☎ *05-59-05-77-11.* • *valleedossau-tourisme.com* • *Tte l'année lun-sam, plus dim mat en juil-août. Organise des visites de Réseinacq, une bastide créée en 1347 par un lieutenant de Gaston Fébus (à 9 km d'Arudy).*

– ***Marché :*** *mar et sam mat, sous la halle aux fromages.*

– ***L'Été Ossalois :*** *juin-oct dans tte la vallée.* Visites, conférences, spectacles, contes. Un programme culturel riche et varié pour s'imprégner de l'esprit de la vallée. Livret disponible à l'office de tourisme.

Où dormir ? Où manger à Arudy et autour ?

Camping

⛺ ***Camping municipal des Chênes :*** *64260* ***Buzy.*** ☎ *05-59-04-80-27 ou 05-59-05-95-78 (mairie).* ♿ *À 3 km d'Arudy, sur une butte au-dessus du village. Ouv juin-sept. Compter env 11 € pour 2. 43 empl.* Petit, sympa, confort acceptable. Merveilleux panorama sur les montagnes environnantes et les vaches du champ d'en face. Petite restauration l'été.

Bon marché

L'Étable d'Ossau : *64260* Buzy. *☎ 05-59-02-28-51. • etabledossau@gmail.com • Ouv mer-dim, midi et soir. Fait aussi salon de thé mer et le w-e 16h-18h. Fermé lun-mar. Résa indispensable. Formule déj 18 € (20 € le w-e) ; menu soir 25 €.* Avec un nom évoquant le terroir (on est dans une ancienne bergerie), on s'attendrait presque à une cuisine roborative de café de pays. Que nenni ! Si Kristian, enfant du Sud-Ouest, et Matias, argentin, puisent exclusivement dans le terroir et les marchés locaux, privilégiant les produits issus d'une « bonne » agriculture, ils laissent parler leur créativité. Notamment dans l'originale formule du soir qui consiste en un généreux assortiment d'entrées à partager, suivi d'un plat (une seule proposition) et d'un dessert au choix. C'est sincère, beau, copieux, souvent bio, et bon. Avec un p'tit verre de vin bio à prix d'ami. On valide !

Prix moyens

Les Chambres du Gave d'Ossau : *chez Sandrine Anton, 25, rue Sassoubre, à Arudy. 06-51-33-76-92. Double 65 € ; familiale. Réduc de 10 % sur le prix de la chambre 1er nov-fin fév sur présentation de ce guide.* Tout près du gave, qui coule au fond du jardin, dans une maison moderne qui respecte les codes de l'architecture béarnaise, 3 chambres confortables (dont 1 suite familiale) décorées avec goût et soin. TV dans les chambres, rangements, éclairages, lave-linge et sèche-linge, spa dans le jardin, terrasse, conseils de visites... Sandrine bichonne ses hôtes tout en réservant un accueil discret, pas envahissant. Copieux petit déj à base de bons produits de la vallée. Un bon camp de base pour découvrir la vallée.

Les Bains de Secours : *64260* **Sévignacq-Meyracq.** *☎ 05-59-05-62-11. • hotelbains@wanadoo.fr • hotel-les-bains-secours.com • Suivre les panneaux de la N 934, avt d'arriver à Arudy. Resto fermé dim soir et lun-mar. Congés : janv. Double 70 €. Menu-carte 35 €. Digestif maison offert sur présentation de ce guide.* À flanc de vallon, une ancienne ferme béarnaise, typique avec sa cour intérieure. Derrière la façade noyée sous la vigne vierge et les balcons fleuris, 7 chambres seulement, confortables et d'un calme olympien dans ce presque bout du monde. Accueil aussi réjouissant que la cuisine, dans la tradition béarnaise mais avec un soupçon de modernité. Et service impeccable.

Chic

Château de Druon : *chez M. et Mme Reichenbach, 64260* **Sévignacq-Meyracq.** *06-50-75-08-16. • chateau-de-druon.com • accueil@chateau-de-druon.com • Doubles env 80-130 € ; familiale.* En guise de château, une imposante demeure flanquée de tours et tourelles aux toits pointus, édifiée par un certain Fernand Druon en 1877. Achetée à l'état d'abandon par les époux Reichenbach, ils ont laissé libre cours à un projet complètement fou qui leur a valu le prix de la meilleure chambre d'hôtes de l'émission *Bienvenue chez nous* en 2019. 7 chambres, plus ou moins grandes, avec tout le confort moderne, toutes plus excentriques les unes que les autres. Dans certaines se dégage une thématique, comme cette chambre dédiée à l'aviation. D'autres sont une juxtaposition délirante d'objets chinés et clins d'œil décoratifs. Et partout, de magnifiques tableaux, tentures, tapisseries, dans un foisonnant mélange d'ancien et de moderne. Bref, le lieu est éclectique et totalement décalé. Superbe parc avec vue sur les Pyrénées. Le bonheur des propriétaires, heureux dans cette nouvelle vie qu'ils se sont choisie, rejaillit sur tous. Extra !

LE BÉARN

Où acheter du bon fromage autour d'Arudy ?

Didier Arribe : *12, chemin Herrelore, 64260* **Bescat.** *☎ 05-59-21-05-90. À 3 km au nord d'Arudy.* Sur les hauteurs d'Arudy, dans un charmant village, Didier Arribe élabore une fameuse tomme des Pyrénées au lait de brebis. Sur rendez-vous, on peut visiter la ferme et admirer au passage la collection de sonnailles de bergers (esquire).

À voir

Le musée d'Ossau : *rue de l'Église. ☎ 05-59-05-61-71. • museearudy.com • Juil-août et vac scol, mar-sam 10h-12h, 14h-18h ; jours et horaires restreints le reste de l'année, sur rdv. Fermé oct-déc. Entrée : 5 € ; réduc.* Installée dans une ancienne abbaye laïque du XVIIe s qui a conservé quelques jolis souvenirs de son passé, notamment 2 cheminées de bois d'un baroque quelque peu exubérant. La toiture est, elle aussi, plutôt originale. Dans le jardin, un monolithe gravé de l'âge du bronze annonce les salles du sous-sol consacrées à la préhistoire et aux découvertes réalisées dans la région. Dans les étages, c'est le parc national des Pyrénées qui se dévoile : faune, flore, géologie de la vallée. Section ethnographique (vêtements, outils, vie du berger, traditions) sous la superbe charpente des combles. Sentiers de découverte au départ du musée (plaquettes à disposition à l'office de tourisme ou sur place).

L'église : construite du XVe au XVIe s, plutôt gothique bien que largement remarquée au XIXe s. À l'intérieur, retable du XVIIe s avec colonnes jumelées.

Sur la place de l'Église, ainsi que dans les rues Hondaa, Mayos et Tilhou, quelques ***maisons*** des XVIe et XVIIe s qui ont utilisé les matériaux à disposition : les galets du gave et la pierre calcaire d'Arudy, qui devient un marbre après polissage. En contrebas de l'église, ***lavoirs à ciel ouvert*** des 2 côtés du canal, qui servaient autrefois au lavage des peaux d'agneau.

LE BÉARN

À faire dans les environs

– ***Centre de bien-être Les Bains de Secours :*** *chemin des Bains, à **Sévignacq-Meyracq,** non loin de l'hôtel. 06-22-98-04-10. • bien-etre-ossau64.com • Tlj 9h-19h sur rdv uniquement. Bains d'eau ferrugineuse dans des baignoires en pierre, hammam, massages... Soins à partir de 20 €.* Cette grande maison thermale du XIXe s, rénovée avec charme, propose au rez-de-chaussée des soins et massages traditionnels.

Fête et manifestation

– ***L'Été Ossalois :*** voir plus haut « Adresse et infos utiles ».
– ***Fête des Semailles :*** *3e dim d'oct.* Reconstitution des semailles, foire commerciale, danses et concours de daube béarnaise.

SAINTE-COLOME (64260)

Petit village du Bas-Ossau, voie de passage du chemin Saint-Jacques en marge de la D 934. Présente une fort belle homogénéité architecturale. Beaucoup de maisons aux portes à accolade et fenêtres à meneaux.
Pittoresque ***église Saint-Sylvestre*** du XVIe s, avec un remarquable porche gothique flamboyant qui n'a que peu souffert des guerres de Religion *(ouv tlj en été ; sinon, demander la clé à la mairie, ouv seulement mar et ven ; ☎ 05-59-05-62-65).* À l'intérieur, fonts baptismaux très anciens, surmontés d'un *Baptême du Christ* en bois sculpté polychrome. Dans la sacristie, châsse renfermant les reliques de sainte Colome.
Ne pas manquer de grimper par le chemin qui part du cimetière, pour la vue sur le village.

LOUVIE-JUZON (64260)

Intéressante ***église*** du XVIe s. À l'intérieur, jolis petits chapiteaux sculptés représentant une vache et un ours, un sage et un démon, et des bustes d'hommes. Chaire du XVIIe s supportée par un atlante, calvaire en bois et, surtout, un ravissant petit orgue du XVIIIe s.

Adresse utile

■ ***Aventure Chlorophylle :*** *18, rue la Pachère. ☎ 05-59-71-11-07. 📱 06-28-07-90-22. • aventure-chlorophylle.com • Sur rdv tte l'année. CB refusées.* Initiation au canyoning, à la spéléologie, à l'escalade et aux sports en eaux vives. Très compétents.

Où camper ? Où manger ? Où boire un verre ?

⛺ ***Camping Le Rey :*** *1, route de Lourdes. ☎ 05-59-05-78-52. • contact@camping-le-rey.eu • camping-le-rey.eu • À la sortie du village. Fermé fin oct-début déc. Compter 13,90-27,40 € pour 2 selon saison. Chalets, mobile homes, cabines pod et toilés maori. 53 empl.* Un camping parfaitement entretenu, bien équipé et joliment aménagé. Si le site, au final, n'est pas très grand, tout y est fait pour préserver un environnement verdoyant, fleuri et une impression d'espace : belle végétation et de nombreux arbres, dont de majestueux tilleuls qui embaument l'air de leur parfum enivrant lors de leur floraison... Piscine. Accueil charmant.

🍽 🍷 ⛱ ***L'Auberge du Caviste :*** *9, av. Aristide-Briand. ☎ 05-33-11-15-74. • laubergeducaviste@hotmail.fr • Au bord de la D 934. Fermé lun et mer midi (plus mer soir hors saison). Formule 14 € le midi, 18 € le soir ; carte env 18 € ; assiettes de tapas 8-9 €.* On vient dans cette bonne adresse d'habitués pour boire un verre en toute convivialité, dans une déco de vieux bistrot avec ses carrelages anciens et ses alignements de sous-bocks sur les poutres, ou pour profiter des formules du jour et des bons petits plats maison servis généreusement.

Où acheter de beaux lainages ?

🧺 ***La Ferme Frady :*** *route de Lourdes, quartier Pedestarres. ☎ 05-59-05-85-42. • contact@lafermefrady.com • mohair-lafermefrady.com • Boutique à la ferme ouv lun-sam 10h-12h, 15h-18h.* Les Ciadous, éleveurs de chèvres, produisent de bons fromages avec leurs chèvres alpines et réalisent de la confection en laine de mohair avec leurs chèvres angora. 2 fois par an, en janvier et juillet, les chèvres sont tondues. La fibre est ensuite tissée par une filature labellisée Patrimoine Vivant. Bérets, écharpes, gants, chaussettes, pulls, étoles et plaids : la boutique présente un large éventail de ces créations colorées et bien chaudes pour affronter l'hiver. Vente également sur le marché de Nay (les mardi et samedi matin) et sur le site internet.

CASTET (64260)

Pour se rendre dans cet adorable village, l'un des plus typiques de la vallée d'Ossau, il faut d'abord passer par Louvie-Juzon (ou, à la rigueur, par Béon). L'église Saint-Polycarpe apparaît sur une butte, noyée dans la verdure. Sur une autre butte, ruines d'un château du XIIIe s (les 2 pouvoirs qui se concurrencent). Du cimetière « aérien », superbe vision de la forêt d'ardoises grises et de la vallée. Sur les linteaux des maisons, des dizaines de dates de naissance, de symboles (fleurs, vases, etc.).

On accède au lac par le rond-point situé à l'entrée de Bielle. Les familles y trouveront (en saison) de quoi passer un agréable moment : barque, poney, calèche, canoë, aire de jeux, ping-pong, sentiers d'interprétation, pêche pour les enfants, location de vélos, etc. En revanche, la baignade est interdite. La plupart de ces activités sont payantes. Renseignements auprès de ***La Maison du lac*** *(☎ 09-81-30-53-55 ; juil-août et vac scol, tlj ; avr-juin et sept-oct, seulement mer et w-e).*

Où dormir ?

Chez Cazenave-Doux : *19, rue Hounda. 06-81-44-15-99. • chez jeancazenave@wanadoo.fr • cazenave-doux.haut-bearn.fr • À la sortie de Castet vers le sud. Camping ouv juin-sept ; gîte tte l'année. Compter env 13 € pour 2 campeurs. Gîte 6-8 pers.* Un petit bout de prairie pour planter sa tente, au pied de la *Falaise aux Vautours.* À moins que vous n'optiez pour le gîte à la déco classique mais bien équipé. Quelle que soit l'option envisagée, le décor des montagnes alentour reste splendide. Pour se mettre au vert ou randonner (proximité du GR 10). Bel accueil.

BIELLE (64260)

L'ancienne « petite capitale » de l'Ossau (voir le préambule en tête du chapitre). Là aussi, le village présente une homogénéité architecturale quasi parfaite. Mais pour s'en rendre compte, il faut quitter l'axe principal, pénétrer le cœur du village (qui se cache !) et se perdre dans ses ruelles imbriquées. Il faut détailler les portes et fenêtres des maisons du XVIe s, témoins de l'opulence passée (mais aussi de quelques emprunts à un monastère aujourd'hui disparu...) : encadrements sculptés, meneaux, œils-de-bœuf ouvragés, linteaux gravés.

Où manger ?

Malh Massibé : *7, pl. de la Mairie. ☎ 09-88-08-05-25. • mailhmassibe@gmail.com • Fermé mer, plus mar soir hors saison. Tlj 9h-14h30, 17h-19h30 (en continu le w-e, jusqu'à 16h30 dim). Congés : quelques j. fin août et en nov. Menu du jour le midi 13 € ; pas de repas le soir, sauf en été (planches et tapas).* La petite épicerie de village renaît grâce à la volonté de la mairie et l'énergie de Gäelle. Dans un esprit de convivialité, on passe au *Malh Massibé* remplir son panier à la petite épicerie, boire un coup côté bar, ou croquer un morceau côté table. Pour une somme modique, chaque jour un plat différent fait maison : traditionnelle garbure, poule au pot à l'ancienne, chou farci, plats mijotés et autres plats en sauce. Un vrai café de pays !

À voir. À faire

L'église Saint-Vivien : construite aux XVe et XVIe s. Porche de style gothique béarnais typique de la région : accolade, frises et festons enserrés dans un cadre étroit. Tout en haut, 2 écussons. L'un figure le soleil (emblème de François Fébus, comte de Foix et roi de Navarre), l'autre associe les emblèmes de Navarre, de Béarn et de Foix (vaches, pals et chaînes). Juste en dessous, 2 animaux sans tête : 2 ours pour certains, un ours et une vache (armoiries d'Ossau) pour d'autres.
À l'intérieur, ce qui marque tout d'abord, ce sont les voûtes en étoile de la nef, du chœur et des bas-côtés. Les colonnes en marbre qui entourent le chœur proviennent probablement d'une villa romaine découverte dans le village. À Henri IV qui les convoitait, le curé répondit : « Sire, notre roi, nos corps et nos biens sont

à vous, les colonnes appartiennent à Dieu, arrangez-vous avec lui ! » Retable de 1650 avec panneaux peints bien patinés par le temps.
À l'extérieur, côté nord, un escalier permet de monter au « Segrari », où se réunissaient les jurats pour délibérer.

Randonnée : une jolie balade est proposée au départ de la place de la mairie, c'est la *promenade de l'Arriu-Mage* (2h) qui passe par Bilhères. Bien détaillée dans la brochure *59 randonnées en vallée d'Ossau.*

BILHÈRES-EN-OSSAU (64260)

Situé au-dessus de Bielle, il s'étire en chapelet de façon languissante sur la montagne. Typique de ces villages pyrénéens qui s'essoufflent tout doucement, avec beaucoup de belles maisons rurales qui se muent irrémédiablement en résidences secondaires.
Tout en haut du village, à l'indication « Le Benou 2,5 km », prendre à gauche ; on arrive à un charmant ensemble fonctionnant à partir de la même source : ancien petit moulin (1425), lavoir, fontaine et abreuvoir. De Bilhères, on profite de l'un des plus beaux panoramas sur la vallée. À ne pas rater. Le col de Marie-Blanque est aussi le point de départ pour la traversée des 3 vallées. En voiture ou à moto, c'est un *road trip* exceptionnel.

LE BÉARN

Où dormir ? Où manger ?

Auberge-gîte du Chemin de Perchades : *quartier Arroust, 1, chemin de Perchades. ☎ 05-59-82-66-89. • jeanlouisgg@wanadoo.fr • gite-ossau.com • Resto fermé sam midi, dim soir, lun et mar midi (plus mar soir hors saison). Congés : nov. Hébergement en ½ pens seulement, 38-42 €/pers. Formule déj en sem 13 € ; menu 19 € le soir et sam, 23 € dim. Parking.* Gîte de séjour convivial, d'une trentaine de places, dans des chambres nettes et pimpantes pour 2, 3, 4 ou 6 personnes (partagées uniquement entre les gens d'un même groupe ou d'une même famille). Et l'auberge (ouverte aux non-résidents) se révèle aussi accueillante et sympathique que le gîte. On y déguste une cuisine maison goûteuse, d'un excellent rapport qualité-prix, à base de bons produits, dans une chaleureuse salle toute vitrée. On peut aussi y boire un verre sur la jolie terrasse. L'été (principalement), nombreuses animations culturelles proposées.

Randonnée

Emprunter la route qui mène, via le célèbre col de Marie-Blanque, de la vallée d'Ossau à la vallée d'Aspe (c'est d'ailleurs la dernière possibilité de rejoindre cette vallée sans faire un détour par l'Espagne). Sur le ***plateau de Benou,*** à 2,5 km, vous découvrirez, tout au début, la charmante *chapelle* de montagne *Notre-Dame de Houndaas.* Elle est entourée de beaux chênes qui représentent chacun une des 55 familles de Bilhères qui reconstruisirent la chapelle au XVIIIe s (après un tremblement de terre). De la chapelle, un petit sentier conduit facilement aux cromlechs de Lou Couraus (beau point de vue sur la vallée).

DE BIELLE À LARUNS

De Bielle, continuer sur la D 934 et prendre la direction Béon (2e rond-point à gauche), puis continuer sur la petite route des villages (la D 240).

La Falaise aux Vautours : *64260* ***Aste-Béon.*** *☎ 05-59-82-65-49. • falaise-aux-vautours.com • ♿ (pour le rdc du musée et pour la visite commentée). Juil-août, tlj 11h-18h30 ; avr-juin, sept et pdt les vac scol, j. et horaires variables, mieux vaut téléphoner avt. Entrée : 6 € ; 4 € 5-15 ans ; gratuit moins de 5 ans. Compter 1h30 de visite.* Au pied des falaises d'Aste-Béon, la *Falaise aux Vautours* est un espace muséographique original : des caméras placées près des nids permettent d'observer en direct et sur écran géant les vautours fauves, le gypaète barbu et le percnoptère d'Égypte. Une centaine de couples reviennent chaque année effectuer leurs vols nuptiaux en décembre, puis pondre et couver jusqu'à la naissance des petits en avril. Des jumelles mises à disposition et une caméra télescopique dirigée par le visiteur permettent de découvrir la vie de ces rapaces dans la falaise. Le guide commente les images fascinantes, de l'éclosion au 1er envol des jeunes en passant par le nourrissage et l'entraînement au vol. Un film de présentation de 20 mn suivi d'un parcours pédagogique et ludique très bien fait permet de découvrir la vie en montagne, territoire partagé en bonne intelligence par les bergers et les rapaces.

Louvie-Soubiron *(64440)* **:** carrière de marbre blanc, qui fut utilisé, entre autres, pour l'église de la Madeleine et certaines statues de la place de la Concorde à Paris. Dans le village, quelques encadrements de fenêtres en marbre. Ruelles étroites qui ne servaient autrefois qu'aux hommes et à leurs troupeaux.

Béost *(64440)* **:** joli petit village un peu perché. Nombreuses maisons anciennes avec des linteaux dont il faut prendre la peine de détailler les inscriptions. Petit château (une ancienne abbaye laïque) présentant une façade du XVIIIe s et une tour du XVe s (belle fenêtre). Église au portail du XIVe s intéressant. À l'intérieur, retable du XVIIe s avec une statue de saint Jacques et une belle Vierge en pitié du XVe s.

UN VRAI DROIT DE CUISSAGE

Le hameau de Listo est l'un des seuls où l'on a trouvé trace d'un droit de... cuissage ! La charte du village stipulait en effet que les habitants « sont tenus, avant de jouir de leur femme, de la présenter la 1re nuit au seigneur, pour qu'il en fasse à son plaisir » ! En 1786, les habitants se sont cotisés pour racheter ce droit au seigneur... 3 ans avant l'abolition des privilèges...

Auberge Chez Trey : *pl. de la Fontaine. ☎ 05-59-05-15-89. De mi-juin à mi-sept, tlj ; le reste de l'année, fermé dim, lun soir, mar soir et mer. Menu unique 13 €, vin compris ; carte 19,50 €. Café offert sur présentation de ce guide.* Un bon vieux bistrot de campagne ouvert depuis 1900, qui fait cantine le midi pour l'école *Calendreta* d'à côté, et parfois bar à tapas pour l'apéro, comme chez le voisin espagnol. Goûteuse cuisine familiale à base de produits locaux et à des prix d'avant l'euro. Le genre d'adresse comme on les aime. Vraiment.

LARUNS *(64440)*

Ce gros bourg commerçant, à la jonction de 2 vallées importantes, l'une menant à la station de Gourette, l'autre au lac d'Artouste et au parc national des Pyrénées, offre toutes les commodités. Vous y trouverez tous les commerces et de quoi préparer, entre autres, un méga pique-nique avec les produits locaux, avant de partir à l'assaut des nombreux sentiers de randonnée. Vivant et touristique, été comme hiver.

Adresses et infos utiles

Office de tourisme : *Maison de la vallée d'Ossau, pl. de la Mairie. ☎ 05-59-05-31-41. • ossau-pyrenees.com • Tlj sauf dim ap-m ; fermé tt le dim oct-déc.* Bonne doc sur toute la vallée d'Ossau et Artouste (la station de ski et son train). Infos et plans sur les nombreuses balades dans la vallée et les multiples activités (canyoning, raft, spéléo, équitation, visites de bergeries...).

■ ***Maison du parc national des Pyrénées :*** *av. de la Gare (à côté de l'office de tourisme). ☎ 05-59-05-41-59. • pyrenees-parcnational.fr • ♿ Juil-août, tlj 9h-12h, 14h-18h ; le reste de l'année, lun-ven 9h-12h, 14h-17h30.* On y trouve des infos sur les randonnées. Boutique, expositions sous forme de modules et salle de projection. Organise des sorties en été.

– ***Balade chantée avec Jean-Luc Mongaugé :*** *• carnets-ossau.com •* Avec ses chants et ses instruments de musique, il conte l'histoire de la vallée tout en vous conduisant à travers le village et ses alentours.

– ***Marchés :*** *sam mat tte l'année ; et marché nocturne jeu en juil-août.*

Où dormir ? Où manger ?

Camping

Camping des Gaves : *quartier Pon. ☎ 05-59-05-32-37. 📱 06-07-62-89-52. • campingdesgaves@wanadoo.fr • campingdesgaves.com • De Laruns, prendre la direction du col du Pourtalet, c'est fléché sur la droite. Ouv tte l'année. Compter 19-32 € pour 2 selon saison. Chalets, mobile homes et apparts.* Entre le gave d'Ossau et l'un de ses affluents. Si les bâtiments qui abritent réception, sanitaires et appartements datent un peu, les emplacements et hébergements locatifs, surtout ceux en bord de rivière, sont plutôt agréables.

De bon marché à prix moyens

Chambres d'hôtes Casa Paulou : *chez Jean-Bernard Mourasse, 6, rue Bourg-Neuf. ☎ 05-59-05-35-98. • casa.paulou@neuf.fr • Doubles 75-80 €.* En plein centre de Laruns, une grosse ferme familiale transformée en maison d'hôtes et en gîtes. Chambres rénovées coquettes, jolies salles de bains. Un bon plan pour les randonneurs, les cyclistes et les familles, même si l'insonorisation ne garantit pas le silence parfait. L'accueil rattrape le coup.

Hôtel d'Ossau : *2, pl. de la Mairie. ☎ 05-59-05-30-14. • contact@hotel-ossau.com • Congés : de mi-nov à mi-déc. Doubles 68-80 € ; familiales.* Si, sur la place centrale, ce bar-hôtel-restaurant a gardé sa façade 1900, son intérieur a depuis été modernisé, avec des chambres pas immenses mais plutôt plaisantes. 11 chambres seulement avec vue sur la place et les montagnes. Très bon accueil.

L'Embaradère : *13, av. de la Gare. ☎ 05-59-05-41-88. • contact@gite-embaradere.com • Résa préférable. Menu ouvrier 13 € ; le soir et dim midi, carte env 25 €.* À quelques pas de la gare, ce resto qui ne paie pas de mine fait pourtant le plein pour son épatant menu ouvrier et sa carte de plats simples, frais et concoctés maison. Spécialités locales et de montagne en plus de belles salades et suggestions de saison. Assiettes copieuses et service adorable. Une bonne petite adresse familiale, comme on les aime.

Où acheter de bons produits ?

Chez Jean-Pierre Casabonne : *route des Cols. ☎ 05-59-05-35-11. Tlj sauf mar hors saison.* Boutique de produits de terroir : fromage, miel, vins et des gâteaux maison dont l'*aüjou,* une tarte aux myrtilles et au greuil (petit-lait de brebis qui remplace la matière grasse).

Boulangerie Chatron : *rue du Port. ☎ 05-59-05-32-05. Tlj sauf mar 7h-13h, 15h30-19h30.* C'est dans le vieux four que sont fabriquées les futures miches du casse-croûte et les fougasses. Fameux pain du berger !

À voir. À faire

Balade dans la vieille ville : quelques très belles maisons béarnaises aux portes et linteaux sculptés, notamment rue du Bourguet et, à l'extérieur du centre, dans le quartier Pon. Circuit de découverte de la ville disponible à l'office de tourisme.

Randonnées : 2 belles randos sont possibles au départ de la place du village. Pour celle de la ***cascade de Séris,*** suivre le balisage de la flèche rouge sur fond jaune qui vous mènera jusqu'à la cascade. C'est le lieu idéal pour un pique-nique. Compter environ 2h aller-retour pour parcourir ces 3,5 km. Attention, ça grimpe ! Les plus sportifs suivront le balisage du rond noir sur fond jaune qui les mènera jusqu'au ***belvédère des Sémoun.*** Compter 4h aller-retour pour venir à bout des 7,5 km de sentier.

Fêtes et manifestations

– ***Passage de la transhumance :*** *2 nuits et 2 j. la 1re quinzaine de juil (hors w-e).* Des milliers de brebis, vaches, chevaux traversent le village pour rejoindre les routes qui les mènent vers les pâturages d'altitude. Animations thématiques.
– ***Fêtes traditionnelles :*** *15 août.* Défilés, chants et danses ossaloises, course à la montagne, partie de pelote basque. Pittoresque.
– ***Foire aux fromages :*** *1er w-e d'oct.* Marché des produits du terroir et foire aux fromages (le dimanche matin). Sur fond de spectacles de rue (animations musicales, dresseurs de chiens...), démonstrations de tonte de brebis, de fabrication de fromages, ateliers de dégustation, chants traditionnels, danses, poule au pot ou agneau de lait à l'honneur sur toutes les tables dignes de ce nom.

VERS GOURETTE ET LE COL D'AUBISQUE

AAS (64440)

Le village des bergers-siffleurs qui pratiquent un langage sifflé pour communiquer à travers vallées et pâturages. Une technique, reconnue au Patrimoine immatériel de l'Unesco, que les enfants apprennent à l'école de Laruns. Une balade s'impose dans ce pittoresque village panoramique et vous mènera en ½ heure par la petite route jusqu'au hameau voisin d'Assouste.

Où acheter du bon miel ?

La Miellerie de la Montagne Verte : *à Aas, 64440 Les Eaux-Bonnes. ☎ 05-59-05-34-94. ● lamielleriedelamontagneverte.com ● Tte l'année, tlj (sauf dim hors vac scol) 10h-12h, 14h-18h30, avec dégustation gratuite des produits de la ruche. GRATUIT.* Si vous ne l'avez pas fait au marché de Laruns, où ils descendent chaque samedi matin, achetez ici du miel de rhododendron ou de tilleul, des pains d'épice ou des bonbons. Ici, pas de produits chimiques : les abeilles butinent les fleurs de montagne. Salle d'expo et vidéo pour découvrir la vie des abeilles. Belle balade également au départ de la miellerie.

LES EAUX-BONNES (64440)

Plus tardive que sa rivale des Eaux-Chaudes, cette station thermale sur la montée du col d'Aubisque prend son essor avec l'impératrice Eugénie sous le Second

Empire. Les Eaux-Bonnes cultivent un charme particulier : une architecture remarquable, un grand parc en centre-ville, de petites rues montagnardes... La fermeture du casino, puis des thermes a porté le coup de grâce à cette station qui souffrait déjà de désertification. Il y règne aujourd'hui une ambiance surannée, voire surréaliste et bien tristoune.
Elle reste cependant le point de passage obligé pour qui veut se rendre à ***Gourette,*** au pied du col d'Aubisque, la station de ski n° 1 du Béarn.

Adresses et info utiles

i *Office de tourisme :* *rue Castellane, sous les arcades.* ☎ *05-59-05-33-08.* • *gourette.com* • *Lun-ven 9h-12h30, 13h30-17h (18h vac scol) et dim mat pdt vac scol, plus w-e en hiver.* Infos sur les activités sportives : *via ferrata,* tyrolienne, randonnées au départ du centre-ville. Organise aussi des visites gratuites « À la rencontre des bergers » le jeudi pendant les vacances scolaires de la Toussaint, d'hiver et de Pâques, et des randos accompagnées sur le même thème en juillet-août. Renseignements sur la petite station de ski d'Artouste et ses 25 km de pistes.

i *La Maison de Gourette :* ☎ *05-59-05-12-17. Tlj 9h-12h30, 14h-17h30. Fermé sept-nov.*

➢ En saison (juillet-août et décembre-avril), une ***navette*** (en provenance de Pau, via Laruns) assure 3-4 fois/j. la liaison entre Les Eaux-Bonnes et Gourette ; compter environ 15 mn.

LE BÉARN

Où dormir ? Où manger dans le coin ?

En ville

De bon marché à prix moyens

⌂ |●| ⛱ *Le Richelieu :* *35, rue Louis-Barthou.* ☎ *05-59-62-01-98.* • *viviane@hotel-richelieu.fr* • *hotel-richelieu.fr* • *Resto fermé jeu. Congés : nov. Double 70 € ; familiales. Formule 17 € midi en sem, 23 € soir et w-e.* Si l'hôtel, qui occupe une élégante bâtisse du centre-ville, affiche un bon confort 2 étoiles, on recommande surtout sa table d'un rapport qualité-prix épatant. Témoin des grandes heures du thermalisme et de la bonne société qui y venait, la salle à manger surprend par son volume, les parquets, la hauteur sous plafond et les grandes portes-fenêtres qui inondent la pièce de lumière. Dans ce décor d'antan, on savoure une excellente cuisine familiale et régionale concoctée maison. Et servie généreusement. Le menu ouvrier, avec, entre autres, une garbure garnie de viande et servie en soupière, s'avère être une aubaine pour les gros appétits. Accueil et service adorables.

À Gourette et autour

De bon marché à prix moyens

|●| ⛱ *Les Crêtes Blanches :* *route du col d'Aubisque, 64440* ***Béost.*** ☎ *05-59-05-10-03. Pratiquement au col. Ouv tte l'année, le midi seulement, sur résa hors saison. Menu 20 €.* Vue grandiose garantie depuis la terrasse de cet hôtel-resto construit dans les années 1950, qui ne fait aujourd'hui plus que resto. Un resto qui impose un menu unique qui rassasiera cyclistes comme randonneurs. Ne manquez pas d'acheter du fromage aux bergers qui viennent faire paître leurs troupeaux.

De prix moyens à chic

⌂ *Hôtel Le Glacier :* *route du col d'Aubisque, à Gourette.* ☎ *05-59-05-10-18.* • *hotel.leglacier@free.fr* • *hotel-leglacier-gourette.com* • *Doubles 70-94 € ; familiale.* Petit hôtel de montagne rustique, aux chambres toutes simples mais pas désagréables, même plutôt confortables, en plein centre de la station. On a un faible pour cette adresse, surtout pour la gentillesse de l'accueil.

Hôtel La Boule de Neige : *à Gourette. ☎ 05-59-05-10-05. • bouledeneige@wanadoo.fr • hotel-bouledeneige.com • Congés : de mi-avr à mi-juin et de mi-sept à début déc. Doubles 70-110 € selon saison. ½ pens 67-85 €/pers.* Au pied des pistes, un hôtel clair et confortable dans un style bien montagnard. On aime assez les chambres toutes de bois vêtues, au mobilier digne des vrais chalets. Au dernier étage, les chambres avec mezzanine sont l'aubaine des familles. Également salle de fitness et musculation, pour ceux qui n'auraient pas assez souffert sur les pistes (en hiver) ou sur les chemins (en été). Jacuzzi-sauna. Accueil sympa.

L'Amoulat : *route du col de l'Aubisque, à Gourette, au cœur de la station. ☎ 05-59-05-12-06. • contact@hotel-amoulat.com • Ouv seulement le soir, sur résa. Congés : d'avr à mi-juin et de mi-sept à début déc. Menus 18-40 €.* Ce chalet ouvert depuis les années 1930 et au cadre faussement rustique abrite l'une des meilleures tables de la station. Savoureuse cuisine régionale.

À voir. À faire

La promenade horizontale : *3 km, 1h A/R sans les arrêts. Départ de la station thermale des Eaux-Bonnes. Panneaux d'indication.* Facile, puisque l'impératrice Eugénie l'a faite en crinoline ! Le chemin est, comme son nom l'indique, plat et a d'ailleurs été tracé à l'origine pour les curistes et la cour impériale ; Delacroix et Taine s'y rendirent aussi. Les kiosques et les bancs sont faits pour un repos mélancolique qui contraste avec l'environnement montagnard et austère.

ON N'A PAS SIFFLÉ LA FIN DE LA PARTIE

Pendant des siècles, les bergers de la vallée d'Ossau communiquaient en sifflant. Ils échangeaient de montagne à montagne, de vallée à vallée. Un bon siffleur pouvait se faire entendre jusqu'à 3 km... Ce langage codé fut utilisé par les maquisards. On s'est rendu compte que ce langage sifflé existe encore dans un seul endroit au monde : les îles Canaries. Depuis peu, on réapprend le langage sifflé au collège de Laruns.

Le lac d'Anglas : *au départ de Gourette.* Belle randonnée par le GR 10 (4h aller-retour) pour profiter de l'extraordinaire panorama à 2 100 m (600 m de dénivelée).

Le col d'Aubisque : *juste après Gourette.* À 1 709 m d'altitude, un classique du Tour de France. Superbes panoramas et randonnées en tout genre.

VERS LE PIC DU MIDI D'OSSAU ET LE PARC

LES EAUX-CHAUDES (64440)

Station thermale connue déjà au XVIe s, où coulent 7 sources d'eau sulfureuse, dont 2 sortant de terre à 36 °C. Très fréquentée sous le Second Empire et à la Belle Époque. Aujourd'hui, elle dégage un parfum un peu rétro-décadent avec ses grands bâtiments vieillots et désertés style XIXe s. À droite quand on grimpe s'étend un massif montagneux qui sépare les vallées d'Ossau et d'Aspe.

GABAS (64440)

À 1 000 m d'altitude, village-étape sur la D 934, fief des saloirs à fromages fabriqués en estives. À l'entrée, petite chapelle du XIIe s, ultime témoin de l'hôpital construit par Gaston IV pour recevoir les pèlerins de Compostelle. Après Gabas, la vallée se sépare en 2, l'une filant vers la frontière, l'autre permettant de faire une des plus belles balades que l'on puisse imaginer, avec le train touristique le plus haut d'Europe, jusqu'au lac d'Artouste.

LE LAC D'ARTOUSTE

L'excursion du train d'Artouste : l'une des plus belles balades de la région, dans un ***petit train à ciel ouvert*** qui trottine à 2 000 m d'altitude à travers les plus beaux paysages, jusqu'au lac du barrage d'Artouste. C'est le train touristique le plus haut d'Europe *(rens et résa – fortement conseillée en juil-août : • artouste.fr • ou ☎ 08-92-43-04-40 ; fin mai-début oct seulement ; durée : env 3h30-4h ; env 25-32 € A/R, réduc et forfait famille, gratuit moins de 4 ans).* Départ du lac de Fabrèges *(juil-août, ttes les 30 mn 9h-17h).* On prend d'abord la télécabine de la Sagette, qui mène au départ du petit train, où un espace M3 (prononcer « m cube ») sur l'histoire du train a été créé. Ensuite, promenade de 10 km en 50 mn à travers les cartes postales les plus époustouflantes. Traversée du domaine skiable d'Artouste. Au lieu-dit Ormélias, vue plongeante sur le plateau du Soussouéou. Au terminus, sentier bien balisé menant en 15-20 mn au lac d'Artouste, au pied du Balaïtous (3 145 m) et du Palas (2 974 m). Un site magnifique qui ne vit pas que du pastoralisme et du tourisme : la production d'hydroélectricité est une activité majeure. À partir 1920, le train a servi au transport des ouvriers et du matériel. C'est d'ailleurs toujours sa 2e activité pour l'entretien du barrage. Après avoir longé le lac, possibilité de marcher sur le barrage.

On peut aussi faire une randonnée de 1h30 jusqu'au ***refuge d'Arrémoulit*** (300 m de dénivelée), y manger *(résa recommandée au ☎ 05-59-05-31-79)* et reprendre le train plus tard (attention, en juillet-août, réserver un billet randonneur avec l'horaire car le dernier retour est à 19h15).

LE POURTALET

Un col qui, à 1 794 m d'altitude, fait frontière entre la France et l'Espagne. Le Pourtalet surplombe, côté français, le sauvage cirque d'Anéou où paissent les troupeaux. Le contraste est d'ailleurs saisissant entre la très nature haute vallée d'Ossau et, de l'autre côté de la frontière, les paysages plus ouverts et surtout beaucoup plus urbanisés – la très chic station de sports d'hiver de Formigal est à quelques kilomètres de la vallée de Tena (voir le *Routard Catalogne*).

Hôtel du Pourtalet : *route du col du Pourtalet. ☎ 05-59-05-32-00. • contact@hotel-pourtalet.com • hotel-pourtalet.com • Resto ouv ven-dim midi (et le soir sur résa). Congés : 2de quinzaine d'avr et de mi-oct à début déc. Doubles 88-129 €. Menu du jour 21 € ; autres menus jusqu'à 35 €.* Propriété de la même famille depuis 1933, cet hôtel du bout du monde réchauffera les voyageurs qui auront fait la route jusqu'ici. Alexandra, 4e génération à gérer l'établissement, a conservé ou chiné des vieux meubles pour les mélanger à une déco moderne et épurée. Le pin, les épaisses couvertures et le parquet donnent aux chambres, vraiment chaleureuses, des airs de chalet. Toutes disposent de larges fenêtres avec vue magnifique sur les sommets et le pic d'Ossau. Après une bonne journée de ski, prélassez-vous dans un profond fauteuil au coin du feu, ou bien au spa (soins sur demande). Également une boutique de produits régionaux, un resto et barbecue en terrasse le week-end *(entre mai et oct sur* *résa),* mais on préfère passer la frontière espagnole (à 20 m) pour finir la journée en beauté ! Stages sportifs et bien-être de 3 ou 5 jours (yoga, méditation, préparation sportive, développement personnel, chamanisme...)

LE LAC DE BIOUS-ARTIGUES

À 4 km de Gabas, une autre très belle vallée y mène (par la D 231). Lac au fond d'un cirque de montagnes, avec le magnifique pic du Midi d'Ossau. Point de départ de nombreuses randonnées sans difficulté majeure. Très, très fréquenté en été.

LA VALLÉE D'ASPE

Faut-il rappeler avant tout quelle belle vallée est la vallée d'Aspe, si préservée, avec ses paysages et ses villages pittoresques ? Cirque de Lescun, aiguilles d'Ansabère, chemin de la Mâture, forêt d'Issaux, villages de Lourdios, d'Aydius, de Borce ou d'Accous, tous vous laisseront un bon souvenir. La vallée est géographiquement très proche de l'Aragon et du Pays basque, par ses coutumes et le caractère de ses habitants. Mais on y parle encore un béarnais d'une pureté à faire pâlir les linguistes. Ne dit-on pas « *Aspés, cadun vau mei que très* », ce qui signifie : « Un Aspois vaut plus que trois hommes réunis » ?

DÉSENCLAVEMENT DE LA VALLÉE : LE BOUT DU TUNNEL ?

Pour désenclaver la vallée d'Aspe, le ***tunnel sous le Somport*** a été percé en 2003, et il y a pratiquement consensus entre les différents acteurs pour dire qu'il demeure indispensable. Bien que la route ait été élargie par endroits, elle a gardé son aspect d'autrefois. Les sites classés (Esquit, Portalet) ont permis de limiter les aménagements, préservant ainsi les défilés glaciaires qui rythment la traversée de la vallée. Mais elle semble bien incapable d'absorber l'énorme trafic promis. Il n'y a pas une station-service sur plus de 50 km, et les chauffeurs renâclent. A priori, ce tunnel a été surtout profitable aux touristes qui vont en Espagne et aux sociétés de BTP qui l'ont construit.
Il reste toujours la ***question du rail,*** qui pourrait être la solution idéale. Elle consiste à réhabiliter l'historique ligne ferroviaire de Pau à Canfranc sur le versant espagnol, où le rail se prolonge vers Saragosse et toute l'Espagne. La ligne ferroviaire qui relie Pau à Oloron-Sainte-Marie est prolongée jusqu'à Bedous depuis 2016. En espérant que, dans un 2e temps, le train poursuive sa route en vallée d'Aspe, jusqu'en Espagne (Canfranc). Il faut souhaiter que les intérêts de la nature deviendront plus forts que les intérêts privés et politiques. Il n'empêche que la vallée reste la plus belle du département, à la fois sauvage et riche en découvertes.

HISSE ET HO !

Au XVIIIe s, la Marine royale a besoin de bois de mâture pour construire sa flotte. C'est dans les forêts du Pacq et d'Issaux (au-dessus de l'actuel village de Lées-Athas) qu'elle vient chercher les beaux arbres au tronc rectiligne et sans nœud qui serviront à ériger les mâts de ses navires. Troncs ensuite acheminés par flottage sur les gaves, depuis le port d'Athas jusqu'à Bayonne.
Cependant, pour exploiter ces forêts, il faut déjà pouvoir y accéder. Or, on ne peut atteindre celle du Pacq qu'en traversant des gorges. Qu'à cela ne tienne !

De 1771 à 1773, un chemin de 900 m de long et 4 m de large avec une pente de 11 % va être creusé à la main dans la falaise. Vous comprendrez la difficulté de l'entreprise en vous promenant sur le fameux « chemin de la Mâture » dans les environs d'Etsaut !

Adresse et infos utiles

Office de tourisme : *pl. Sarraillé, à* ***Bedous.*** *☎ 05-59-34-57-57. • pyrenees-bearnaises.com • Lun-sam, plus dim mat en été.* Propose des cartes et topoguides, ainsi que des fiches rando également téléchargeables (gratuitement) sur leur site. Également des forfaits séjour à thème comme la « Rando liberté », pack randonnée où tout est inclus, y compris le transfert des bagages. Aussi des circuits de chasse au trésor avec GPS (géocaching).

Cars SNCF : d'Oloron à Canfranc (Aragon). Ils s'arrêtent quasiment dans tous les villages au bord de la N 134.

Train : sur la ligne Pau-Bedous.

ESCOT *(64490)*

Départ de la vallée d'Aspe. C'est ici qu'avait lieu, au XIIe s, un curieux échange. Craignant pour leur vie, les seigneurs du Béarn avaient fait consigner sur une charte de droits, devoirs et libertés (le « for d'Aspe ») que chaque fois qu'ils se présenteraient dans la vallée d'Aspe pour traiter des affaires ou de tout autre chose, celle-ci fournirait 9 habitants en otage ! L'échange s'effectuait au ruisseau Riou Cottou. L'église présente un clocher du XVIIe s au milieu de l'édifice, coiffé d'un toit en accolade.

Plus haut, ***défilé de la Pène-d'Escot,*** gorge très étroite.

SARRANCE *(64490)*

Joli village bordé par la départementale et s'étirant tout en longueur le long du gave. Ses façades blanches et ses toits d'ardoises grises offrent une belle homogénéité. Sarrance est le lieu d'une des plus intéressantes légendes pyrénéennes, où viennent se mêler culte de l'eau, mythologie du taureau, adoration de la Vierge et rites de passage. Un arrêt dans le petit musée vaut la peine.

- Célèbre lieu de ***pèlerinage*** depuis (au moins) le XIVe s, le 1er dimanche de septembre.

À voir

L'église Notre-Dame : du XIVe s, détruite, puis reconstruite au XVIIe s. En 1385, Gaston Fébus rencontra ici Charles le Mauvais, roi d'Aragon. Ils avaient des choses à se dire. À gauche, dans la petite chapelle Santa Maria, 2 panneaux de bois sculpté polychrome du XVIIIe s racontant la découverte de la Vierge noire par un vacher dans le gave et représentant la Vierge noire elle-même. La

CHAPEAU ROND

Noter un détail amusant sur un bas-relief en bois du XVIIIe s de l'église Notre-Dame : le vacher porte une espèce de couvre-chef tout plat sous le bras, tout comme le pêcheur à la ligne sur l'autre panneau : c'est déjà le fameux béret basque. Mais c'est surtout une preuve que ce couvre-chef si emblématique serait plutôt d'origine... béarnaise !

LE BÉARN

Vierge a une tête celtibère assez étonnante : ce serait une divinité ancienne remise à la mode qu'on ne serait pas autrement étonné.

Le cloître : *petite porte à droite du portail de l'église.* Double galerie gothique surmontée d'élégants clochetons recouverts d'ardoise.

L'écomusée Notre-Dame-de-la-Pierre : *tt près de l'église, à côté des platanes. ☎ 05-59-34-55-51. Juil-août, tlj sauf lun 10h-12h30, 14h-19h ; hors saison, mar-sam 10h-12h30, 14h-18h. GRATUIT. Audioguide gratuit. Prêt de tablette pour visiter le village.* C'est le 1er maillon de la chaîne de l'écomusée de la vallée d'Aspe. Une mise en scène originale de l'histoire de Sarrance : un pèlerinage dans les années 1930, la légende de la Vierge de Sarrance en images (contée par Marcel Amont, originaire de la vallée), les rapports entre la pierre et l'eau. Laissez-vous guider par les sons, les lumières, et même l'odeur. Nombreux objets de culte. Enfin, une histoire du pèlerinage avec maquettes et statuettes.

En bord de gave, ***fontaine*** et ***statuette*** commémorant la découverte de la Vierge miraculeuse.

LOURDIOS (64570)

Petite route via le col d'Ichère pour gagner ce joli village au creux d'une vallée, partie intégrante de l'écomusée de la vallée d'Aspe. Si vous passez par là début juin, ne manquez pas la fête de la Transhumance.

Où dormir ?

Estivade d'Aspe Pyrénées : *maison Pelou. ☎ 05-59-34-46-39. • estivade.tourisme@orange.fr • estivade.net • À 3 km au nord du village par la D 241 direction Issor, c'est fléché sur la droite. Tte l'année. Avec la carte d'adhérent (4 €), nuitée env 15 € (prévoir env 5 € en sus pour le chauffage en hiver).* En pleine nature, 2 bordes restaurées peuvent accueillir 30 personnes, en studio, dortoir ou chambre individuelle. « La Grange » (avec des dortoirs de 7-11 places, basiques, avec cuisine à disposition) est donc idéale pour les groupes. Les familles préféreront « La Maison Pelou », plus authentique. Ouvrez l'œil, des vautours se nichent sur la falaise voisine. Plein d'infos pour organiser votre séjour sur place. Accueil souriant.

À voir

L'écomusée Un village se raconte : *☎ 05-59-34-44-84. Juil-août, tlj sauf lun 14h-19h ; hors saison, pdt les vac scol seulement, mer et dim 14h-18h. GRATUIT.* 2e site de l'écomusée de la vallée d'Aspe. Exposition permanente où l'on apprend tout sur la vie des paysans et des bergers de la vallée au rythme des saisons... Un diaporama accompagné de chants retrace l'activité d'aujourd'hui.

BEDOUS (64490)

C'est le centre administratif de la vallée et là que sont concentrés presque tous les services, ce qui n'empêche pas cette petite ville encore très rurale d'être joliment préservée, avec une belle place de marché entourée de vieilles demeures traditionnelles. On déambule avec plaisir dans ses rues étroites (et pas très droites !) en y admirant les galeries accolées aux maisons en surplomb de la rivière ; on y mettait autrefois à sécher les oignons et les petites récoltes. Et puis, en regardant un peu plus attentivement ce qui se cache derrière les belles portes charretières

qui caractérisent les maisons de la vallée, on découvre certaines bâtisses à usage encore agricole. Et il suffit de remonter un peu les rues partant en direction des prés pour apercevoir des fermes.
– ***Marché :*** *jeu mat tte l'année.* Vente de produits fermiers.

AYDIUS (64490)

À 6 km, dans un site sauvage, pittoresque village accroché plein sud dans un cirque qui domine Bedous. Pour les randonneurs, on peut s'y rendre à pied par un magnifique sentier (compter 5h aller-retour). Renseignements à l'office de tourisme. Grimper les ruelles jusqu'à la petite église Saint-Martin.

ÉPOQUE ÉPIQUE !

Au XVIIIe s, un berger de la vallée, Pierre Loustaunau, prit en charge un troupeau de chèvres à Aydius pour transhumer vers Bordeaux. Il le vendit pour s'embarquer aux Indes, où il devint le général d'un maharajah. Du troupeau aux troupes, il n'y avait qu'un pas... Lorsqu'il revint en France, longtemps après, il s'acheta des forges. Ruiné, il partit à nouveau, fut fait prisonnier par des pirates et termina sa vie au Liban comme... prophète !

Où dormir ? Où manger ?

Auberge des Isards : *lieu-dit Le Bourg. ☎ 05-59-10-92-01. • auberge.aydius@gmail.com • auberge-isards.com • Double 70 € ; familiales. Menu unique 29 € ; ½ pens 27 €.* Accueil chaleureux pour cette auberge récente. Produits frais, locaux et de saison joliment travaillés à déguster de préférence en terrasse pour ne rien rater de la vue. Côté hôtel, des chambres confortables dans un décor moderne.

ACCOUS (64490)

Village de fond de vallée, Accous vaut le détour pour ses ruelles étroites et ses vols en parapente (plusieurs écoles sur place).

Où dormir ?

Chambres d'hôtes Auberge Cavalière : *quartier de l'Estanguet. ☎ 05-59-34-72-30. • cavaliere.auberge@wanadoo.fr • auberge-cavaliere.com • Accès par la N 134 direction le Somport, c'est fléché. Double 78 € (tarif dégressif au bout de la 3e nuit).* Bonne halte pour les randonnées équestres, mais aussi si vous chevauchez des chevaux-vapeur et voulez changer de monture. Confortable et généreux. 2 chambres de bon confort, dont une familiale.

Maison Despourrins : *rue de Baix. 06-76-45-42-61. • maison.despourrins@wanadoo.fr • maison-despourrins.com • Nuitée en gestion libre sept-juin 22 € ; en juil-août, ½ pens demandée 43 €/pers ; pens complète 50 €. CB refusées. Apéritif maison offert sur présentation de ce guide.* Un gîte « Rando Plume » comme on aimerait en trouver plus souvent, chaleureux, accueillant. Une bonne vingtaine de places, réparties en chambres de 2-4 lits. Des chambres impeccables, claires et colorées. Tout le monde se retrouve dans une grande salle commune avec un coin salon, une bibliothèque et une cheminée. Notre meilleure trouvaille dans le coin à ce prix-là.

Chambres d'hôtes L'Arrayade : *au cœur du village. 06-70-71-89-45. • arrayade@sfr.fr • chambresdhoteslarrayade.com • Congés : oct. Double 60 € ; familiale. Réduc de 10 % sur le prix de la chambre (sauf juil-août et j. fériés) sur présentation de ce guide.* Une maison charmante, avec de belles chambres à la déco sobre mais sans faute de goût. On aime surtout qu'elles soient presque toutes en bois. Jaune, bleue, rouge, il ne vous reste qu'à choisir votre couleur ! Coquet jardin ombragé et accueil bien agréable.

À voir à Accous et dans les environs

Importante ***église*** reconstruite au XVIIe s. Tribunes en bois comme dans beaucoup d'églises de la région. Portail armorié, seul vestige du manoir Despourrins.

La Palette du Berger : *sur la N 134, à l'entrée du village d'Accous. 05-59-34-83-57. Juin-sept, tlj 9h-12h30, 14h30-19h ; sept-juin, lun-sam 9h-12h, 14h30-18h30, et dim mat. GRATUIT.* Petit espace muséographique avec un film sur la fabrication du fromage en vallée d'Aspe. Vente et dégustation de produits de belle qualité exclusivement fermiers au lait cru.

Ludopia : *lieu-dit Pointe de Bullasque, à Accous. 07-68-34-98-61. • espaceludopia.fr • À 800 m du centre d'Accous, sur la route de Jouers et Bedous (la D 637). Juil-août, tlj 10h-19h ; avr-juin et sept-nov, le w-e plus tlj pdt vac scol 11h-18h (12h-17h30 nov), sinon sur résa. Fermé déc-mars. Entrée : 10 € ; gratuit moins de 4 ans.* Au cas où les kilomètres à pied commenceraient à trop user les souliers de vos chérubins (et à les lasser), voici un petit espace ludique, hors des clous, pour un moment de partage entre petits et grands. Jeux en bois, un manège à vélo qu'on adore (ici, pour que le manège tourne, il faut que quelqu'un pédale !), une grande roue qui nous laisse penser que les hamsters n'ont pas la vie facile, un labyrinthe qui dispense, au passage, un petit cours de mythologie, des parcours à l'aveugle, à faire pieds nus, des découvertes tactiles et sonores, etc. Le tout fabriqué à partir d'objets et matériaux recyclés.

Jouers : *à env 2 km au nord d'Accous.* Ce minuscule hameau entouré de pâturages abrite l'une des rares chapelles romanes de la vallée, et la plus ancienne : la *chapelle Saint-Saturnin.* Construite au XIIe s, elle dépendait alors de l'abbaye laïque voisine. Malmenée au XVIe s par les guerres de Religion, puis à la Révolution, elle fut plusieurs fois restaurée, mais a conservé son porche d'origine, orné d'un chrisme (symbole chrétien en forme de X), et de beaux modillons (supports en pierre) sculptés, pour lesquels elle est d'ailleurs classée.

LÉES-ATHAS ET OSSE-EN-ASPE (64490)

2 pittoresques villages qui se suivent, de l'autre côté du gave. L'office de tourisme de Bedous propose une « chasse au trésor » avec GPS (géocaching) qui permet de découvrir les 2 bourgs, en passant par un sentier autrefois couvert de vignes. Au XVIIIe s, le bois de mâture coupé dans les forêts du Pacq était transporté par des bœufs jusqu'au port d'Athas, d'où il était ensuite acheminé par flottage jusqu'à Bayonne.

LESCUN (64490)

Au milieu d'un magnifique cirque de montagnes, Lescun bénéficie d'un des plus beaux environnements des Pyrénées. Village, là aussi, présentant une grande unité architecturale. Il n'a pratiquement pas bougé depuis le XVe s. Surplombé par le pic de Pétragème, le Dec de Lhurs et le Billare, et surtout, le majestueux Anie (2 504 m) et les aiguilles d'Ansabère.

Où dormir ? Où manger ? Où s'approvisionner ?

Camping du Lauzart : *cirque de Lescun. ☎ 05-59-34-51-77 et 05-59-34-78-80 (mairie). • camping dulauzart@gmail.com • camping-gite-lescun-pyrenees.com • Sur la D 340, face au cirque de montagnes, à 5 mn du village. Ouv avr-sept (gîte tte l'année). Compter 18,50 € pour 2. Gîte d'étape 15 €/pers. CB refusées.* Très bien situé, idéal pour partir en randonnée. Ombragé. Épicerie ouverte seulement en juillet et août.

L'Épicerie de Lescun : *Le Bourg. ☎ 05-59-34-69-10. Juil-août, tlj 8h30-19h ; horaires plus aléatoires le reste de l'année. Assiette env 11 €.* Non seulement cette épicerie vend de bons produits régionaux, des cartes et des topoguides, mais elle propose aussi une petite restauration, avec des petits déj ou des assiettes du randonneur de qualité, ainsi que des bières ou glaces artisanales bienvenues après une longue marche ! Service efficace et cordial.

À voir. À faire

L'église Sainte-Eulalie : du XVIe s, avec tribune à 2 étages, grand retable de style néoclassique imitant le marbre. Dans un coin, le pittoresque corbillard de campagne.

Ne pas manquer de se rendre au ***refuge de l'Abérouat*** (situé sur le GR 10 ; compter 1h45 pour y grimper à pied). Belle petite route de montagne pour y aller. Du refuge, à 1 442 m, panorama prodigieux, notamment sur la vallée de l'Ansabère. À gauche, passage pour l'Espagne par le col de Pétragème, sentier de montagne. Vers le pic d'Anie, par le val d'Anaye, le GR 10 permet de rejoindre La Pierre-Saint-Martin. Le col d'Annès était appelé « col des clandestins », car nombreux furent les juifs qui l'empruntèrent.

Randonnées : les 2 plus connues sont celles de la ***table des Trois-Rois*** par Anaye (10h aller-retour) et, surtout, le ***pic d'Anie.*** Demande seulement une bonne habitude de la montagne ; pas de difficultés majeures, sauf lorsqu'il y a de la neige. Compter 8h aller-retour (donc faisable dans la journée). Avoir de bonnes chaussures et de bons mollets. Possibilité de louer un âne de randonnée (seulement pour la journée) avec *La Compagnie des Ânes,* au départ de Lescun (*07-82-50-90-99 ; • lacompagniedesanes.lescun@gmail.com •).* Noter qu'il existe d'autres randonnées plus faciles (cabane d'Ardinet sur le GR 10, par exemple).

CETTE-EYGUN *(64490)*

Se divise en 2. ***Eygun*** est situé en bord de route. Manoir du XVIIIe s s'appuyant sur une maison forte romane. ***Cette,*** charmant hameau sur une hauteur, possède l'une des rares églises romanes de la vallée qui échappèrent aux destructions du XVIe s.

Où dormir ? Où manger ?

Chambres d'hôtes La Toison d'Or : *2, pl. de l'Église, à Cette. ☎ 05-47-91-94-04. 06-12-47-36-68. • auberge toisondor@yahoo.fr • Doubles 85-105 €.* Dépaysement garanti dans ces chambres d'hôtes où l'ambiance médiévale est soignée au détail près. En prime, très jolie vue sur la vallée d'Aspe ! Julie s'occupe des repas, et Javier assure la discussion avec les hôtes, ainsi que les rénovations. Une bonne adresse pour s'évader dans le passé (tout en ayant un confort moderne !).

ETSAUT *(64490)*

Attention, en bon béarnais, à bien prononcer le « t » final ! Quelques maisons anciennes à ouvertures ogivales, dont une grande bâtisse élevée sans doute au XIIe s, la *maison de l'Ours.* Aliénor d'Aquitaine y retrouvait son cousin, le roi d'Espagne. Plus tard, elle accueillit des hôtes illustres tels Édouard Ier d'Angleterre et son épouse Aliénor de Castille. Sur ses bas-reliefs figurent notamment la vache et le léopard, symboles du Béarn et de l'Angleterre. On trouve également l'emblème de la maison : une tête d'ours.

– ***Marché :*** *dim mat en été.*
– ***Fête du Fromage :*** *dernier dim de juil.*

Où dormir ? Où manger ?

Gîte-auberge La Garbure : *sur la pl. de la mairie, prendre le chemin de l'église, à droite du monument aux morts, c'est au bout de l'impasse. ☎ 05-59-34-88-98. • l@garbure.net • garbure.net • Tte l'année. Nuitée 15 €. ½ pens et pens complète possibles. Repas 15 €.* Dans une vieille ferme béarnaise du XVe s restée bien authentique derrière sa cour pavée. Gîte de 53 places et resto à la bonne franquette. Chambres et dortoirs de 2-8 lits. Location de raquettes et randonnées avec les ânes (lire « À voir. À faire »).

Le Randonneur : *Le Bourg. ☎ 05-59-34-16-13. Sur la place du village. En saison, tlj midi et soir (appeler le soir en période calme pour s'assurer qu'ils restent bien ouverts) ; petite restauration froide servie à tte heure. Formule déj en sem 13 € ; menu 20 € ; carte env 25 €. Digestif maison offert sur présentation de ce guide.* C'est le café-resto-épicerie du village, toujours là pour requinquer ou dépanner le randonneur affamé ou assoiffé. Les propositions sont simples (assiette du randonneur, fromages, charcuteries, salades et quelques petits plats) mais servies généreusement, et la jeune équipe dynamique qui tient les lieux vous accueille avec le sourire.

À voir. À faire

La Maison du parc national : *dans l'ancienne gare d'Etsaut. ☎ 05-59-34-88-30. • pyrenees-parcnational.fr • Juil-août, tlj 10h-12h30, 14h-18h30 ; vac scol (zone A), lun-ven 14h-17h. GRATUIT.* Accueil, boutique, information sur les randonnées, sorties sur le terrain en été, projections de documentaires, conférences... Outre une partie consacrée à l'ours, l'exposition permanente s'intéresse aussi aux rapaces et au pastoralisme. Photos, panneaux explicatifs, etc. Visite assez intéressante. Personnel compétent et passionné par la montagne, par le parc et par l'ours. Sentier d'interprétation, accessible toute l'année et aux personnes handicapées, sur le thème des arbres et arbustes de la montagne, avec des points d'observation de la faune.

Rand'en Âne : *☎ 05-59-34-88-98. • garbure.net •* Peut vous louer en été des ânes de bât pour porter vos bagages. Ils peuvent également vous fournir des circuits de randonnée à faire avec un âne sur plusieurs jours. Très professionnels.

BORCE (64490)

Étape historique sur le chemin de Saint-Jacques-de-Compostelle, le système défensif de Borce lui a permis de résister pendant les guerres de Religion. Il est ainsi le seul village à avoir échappé aux grands incendies de 1569. Ce qui explique que l'on découvre aujourd'hui un village médiéval de montagne magnifiquement préservé et mis en valeur.
Sa grande (et presque unique) rue est bordée de robustes maisons des XVe, XVIe et XVIIe s, dont quelques-unes pleines d'élégance, comme celle de Bernard de Sallefranque, avec ses élégantes baies à meneaux. On peut aussi y contempler un bel exemple de four à pain en façade, un superbe lavoir et ses fontaines d'eau potable. Puis, sur une place légèrement en surplomb, la maison forte, qui abrite aujourd'hui

la mairie. À l'origine, elle était là pour défendre l'église voisine. Dans cette dernière, bénitier en calcaire noir du XIIe s où l'on retrouve la coquille des pèlerins.
Au « Cap de la Pasère », au tout début de la grand-rue, jolie vue sur les environs, avec une belle table d'orientation.

Où dormir ? Où boire un verre ?

Gîte d'étape-bar-épicerie Le Communal : *dans le bourg. ☎ 05-59-34-86-40. • lecommunal64@gmail.com • lecommunal.fr • Ouv tlj pdt les vac scol ; le reste de l'année, fermé mar. Congés : de mi-nov à mi-déc. Nuitée env 15 €/pers ; petit déj (seulement en été) 7 €. Camping 5 €/pers.* Sympathique gîte d'étape assez rustique, installé dans une vieille maison aux volets bleus, juste derrière la mairie. À l'étage, 2 dortoirs de 8 et 10 lits. Au rez-de-chaussée, la cuisine à disposition et la grande salle. À l'arrière, un jardinet où l'on peut planter sa tente (sanitaire et cuisine du gîte à disposition). À 2 pas, dans la rue principale, le tout aussi sympathique bistrot de village, avec une épicerie de dépannage et un petit coin librairie de montagne (topoguides, cartes). Délicieuse terrasse, à l'ombre, pour boire un verre.

Chambres d'hôtes L'Espiatet : *chez Céline Coustet, quartier Saint-Laurent. 07-50-35-89-13. • celine.coustet@laposte.net • lespiatet.com • Sur le GR 10. À env 2 km de Borce, au-dessus de* Parc'Ours. *Double 55 €. Table d'hôtes (le soir uniquement, sur résa) 23 €.* Perchée sur les hauteurs de Borce et entourée d'un jardin qui explose de couleurs aux beaux jours, la maison jouit d'une vue magnifique. Vue dont profitent la plupart des 5 chambres sobres, bien pensées et confortables. Chacune déclinée selon une couleur différente. À la table d'hôtes, une cuisine traditionnelle, avec les fromages et charcuteries de l'exploitation familiale.

Chambres d'hôtes Maison Bergoun : *tt au bout du village. 06-42-69-47-45. • maisonbergoun@gmail.com • bergoun.com • Congés : 3 sem en nov. Doubles 69-74 € ; familiale. Table d'hôtes 20 €.* Très vieille maison (du XVe s pour partie). Au rez-de-chaussée, gros murs en pierre et toutes petites fenêtres pour des chambres forcément un peu sombres. Elles sont plus lumineuses, et très rétro, à l'étage, côté jardin. Accueil très décontracté ! Sauna.

LE BÉARN

À voir

L'hospitalet de Borce sur le chemin de Saint-Jacques-de-Compostelle : *☎ 05-59-34-88-99. Ouv w-e et tlj pdt les vac scol 10h-18h. GRATUIT.* Dès le XIIe s, les pèlerins font étape à Borce, situé sur la *via Tolosana*, le chemin de Saint-Jacques au départ d'Arles. Ils s'arrêtent à l'hospitalet, qui n'est alors qu'un modeste refuge offrant le gîte et le couvert. Au cours des siècles suivants, celui-ci est agrandi, embelli, transformé ; une chapelle est accolée au refuge. Devenu bien communal à la Révolution, de 1794 à 1814, l'hospitalet est mis à la disposition des militaires (auxquels on doit les graffitis que l'on peut encore apercevoir aujourd'hui). Puis il est abandonné et tombe peu à peu en ruine, avant d'être transformé en étable au XXe s. La commune le rachète en 1995, le retape, et la chapelle devient un petit espace muséographique où l'histoire des lieux et des chemins de Saint-Jacques nous est contée. Tandis que la remise voisine héberge de nouveau un gîte destiné aux pèlerins et randonneurs.

Le Parc'Ours de Borce : *06-01-73-46-09. • parc-ours.fr • Mai-oct, tlj 10h-19h (18h sept-oct) ; nov-avr, w-e, j. fériés et tlj pdt les vac scol 10h-17h30 (18h fév-avr). Entrée : 11 € ; 8 € 4-12 ans ; gratuit moins de 4 ans.* Dans un vaste espace accroché aux pentes de la montagne, au-dessus du village de Borce, l'association recueille des animaux domestiques abandonnés ou maltraités de la région, et des animaux sauvages pyrénéens (ours, marmottes, isards, bouquetins, mouflons, ânes, chevreuils...). Plusieurs animations par jour sont proposées en haute saison. Le long des différents circuits (2h), différents parcours pédagogiques permettant aux petits et aux grands d'apprendre à reconnaître les empreintes, les arbres... Également un point de vue avec jumelles pour observer les vautours et leurs nids.

DANS LES ENVIRONS DE BORCE ET D'ETSAUT

Le circuit du chemin de la Mâture : *depuis Etsaut, suivre la direction du pont de Cebers, où l'on peut laisser la voiture sur le petit parking (également un autre petit parking, plus haut, au niveau du départ du sentier). Durée : env 3h30. À faire de préférence le mat, car ensuite le chemin de la Mâture proprement dit est exposé en plein soleil et ça cogne ! Être bien chaussé car le terrain peut être glissant et le sentier surplombe le vide par endroits (à éviter par temps de pluie).* Comme son nom l'indique, ce sympathique itinéraire emprunte le fameux « chemin de la Mâture » (voir introduction à la vallée d'Aspe). Ce dernier, en lui-même, n'est pas très long mais il mérite le coup d'œil. Après l'avoir passé, retournez-vous, c'est peut-être le point de vue le plus impressionnant. Difficile d'imaginer qu'au XVIIIe s des arbres de 30 m y étaient transportés par plusieurs paires de bœufs à la queue leu leu ! Plutôt que de revenir sur vos pas, continuez à suivre le GR 10 jusqu'au col d'Arras. Le sentier vous ramène sur les hauteurs, au-dessus du chemin, avant de redescendre à travers la forêt.

Le fort du Portalet : *à flanc de falaise, sur la route entre Etsaut et Urdos, mais comme aucun endroit ne permet de s'arrêter à proximité, il est difficile de vraiment l'observer depuis la route. Le chemin de la Mâture, de l'autre côté des gorges de l'Enfer, est l'endroit qui offre le meilleur point de vue dessus.* Construit suite à une ordonnance royale de Louis-Philippe en 1842, il a la particularité d'être en partie troglodytique. Alfred de Vigny y passa un moment en garnison alors que le fort n'était qu'un petit fortin en bord de route, ainsi qu'Alexis Léger (dit Saint-John Perse). Devenu propriété de la communauté de communes de la vallée d'Aspe et classé Monument historique, il est actuellement en rénovation et fermé à la visite jusqu'en 2022.

IRONIE DE L'HISTOIRE

Le fort du Portalet fut transformé, avant-guerre, en colonie de vacances. Puis Pétain en fit une prison où, dès 1941, il enferma Léon Blum, Daladier, Reynaud et Mandel. En 1945, ce fut au tour du maréchal Pétain lui-même d'y être reclus, avant de connaître les geôles de l'île d'Yeu.

URDOS (64490)

Urdos est resté dans les esprits le traditionnel poste de douane avant de grimper la route du col du Somport pour l'Espagne. Superbes balades à faire dans toute la haute vallée : lac d'Estaens, lac d'Arlet et une quinzaine de bergeries d'altitude où il fait bon partager le pain et le fromage avec le berger. Au retour de la balade, une halte s'impose à l'*Hôtel des Voyageurs* qui, en son temps, accueillait les familles des prisonniers du fort du Portalet.

Où dormir ? Où manger ?

Hôtel des Voyageurs – Le Somport : *☎ 05-59-34-88-05. ● hotel.voyageurs.urdos@wanadoo.fr ● hotel-voyageurs-valleeaspe.com ● Fermé dim soir et lun (sauf vac d'été). Congés : de mi-oct à début déc. Double 56 €. Menus 15,50-25 €.* Cette affaire de famille tourne depuis 7 générations, à l'époque où l'endroit n'était encore qu'un relais de poste, sur la route de Compostelle. L'établissement est aujourd'hui réparti entre 2 maisons côte à côte. Les chambres, sobres et avenantes, offrent un bon rapport qualité-prix. Pour se sustenter, il y a la grande salle de resto où est servie une bonne cuisine du terroir. Ou le bar, pour la salade ou le plat du jour, ou un sandwich. Celui-ci a le mérite d'avoir une jolie terrasse en surplomb de la route.

À voir

Le col du Somport : vestiges de l'hôpital de Sainte-Christine, sur la route de Saint-Jacques, l'un des plus importants de la chrétienté, fondé par Gaston IV le Croisé. On vous accorde qu'on ne voit plus grand-chose et qu'il faut un peu d'imagination pour faire revivre la grande époque du pèlerinage. Mais ça reste émouvant. Après, c'est l'Espagne.

La gare de Canfranc-en-Aragon : *côté espagnol, de l'autre côté du col du Somport (ou du tunnel).* Drôle d'endroit ! Imaginez une gigantesque gare – elle fut, à l'époque, la plus grande d'Europe – livrée à l'abandon. Le bâtiment en impose par son envergure (plus de 200 m et haut de 3 étages) et son architecture rétro. Plus aucun train ne s'arrête le long de ces quais depuis la suspension de la ligne en 1970, suite à la destruction accidentelle d'un pont. On parlait de transformer la gare en hôtel de luxe, on penche plus aujourd'hui pour un lieu d'exposition. Possibilité de visiter la gare ; se renseigner à l'office de tourisme de Canfranc *(☎ 974-37-31-41).*

LA VALLÉE DE BARÉTOUS

Bienvenue au pays des Trois Mousquetaires : Athos, Porthos et Aramis (le 4e, d'Artagnan, étant du Nord, c'est-à-dire du Nord-Madiran, un étranger en somme). Paysages harmonieux, grandes forêts. Cet itinéraire dans le Barétous peut également comporter un petit détour par *Barcus,* village souletin célèbre pour ses restos : la route est en effet plus commode et plus agréable depuis Oloron que depuis Mauléon. Dans cette région de transition avec le Pays basque, comme l'indique sa rivière principale, le Vert, vous trouverez déclinés des verts comme nulle part ailleurs : équilibre parfait entre les prairies à brebis, les landes à fougères, les châtaigneraies, puis les hêtraies et les sapinières en altitude.

LES CÉLÈBRES MOUSQUETAIRES

Aux XVIe et XVIIe s, le Béarn, et en particulier le Barétous, connut une surpopulation, et la pauvreté ne permettait pas de nourrir toutes les bouches. Comme la structure familiale était soumise ici à la règle implacable du droit d'aînesse – les aînés gardaient le droit exclusif de la propriété et des biens –, les cadets n'avaient d'autre recours que de s'expatrier. Les hommes du Béarn (réputés courageux) s'enrôlaient dans le GIGN de l'époque, incarné par les mousquetaires : les mythiques cadets de Gascogne !

ARAMITS *(64570)*

Base de départ de nombreuses activités très sportives dans le Barétous, à commencer par le VTT et la randonnée pédestre. Église remarquable par son portail à bossages du XVIIe s. Et un nom familier aux lecteurs de Dumas. Aramis, bon sang, mais bien sûr !

Adresse et info utiles

■ **Point Vélo :** *au Camping Barétous-Pyrénées (voir ci-après).* Unique en son genre ! Cet espace dédié aux cyclistes et aux VTTistes leur permet de nettoyer, réparer et gonfler leur vélo. Il est équipé d'un coin douche.

– **Marché :** *dim mat.* Particulièrement convivial en été.

Où camper ?

Camping Barétous-Pyrénées : *quartier Ripaude. ☎ 05-59-34-12-21. • contact@camping-pyrenees.com • camping-pyrenees.com • À partir d'Oloron-Sainte-Marie, direction Arette/La Pierre-Saint-Martin par la D 918. Congés : de mi-oct à mi-déc. Compter 26,95 € pour 2 en saison. Chalets, mobile homes et bungalows. 1 verre de sangria juin-sept offert sur présentation de ce guide.* Au pays d'un des 3 mousquetaires (Aramis, bien sûr), un camping à taille humaine, avec un accueil aux petits soins et des emplacements bien délimités et sous les ombrages. On a bien aimé aussi les produits bio à l'épicerie, l'espace spa (sauna, hammam ; *payant*), la location de vélos... Village de jolis chalets ; bungalows et mobile homes. Piscine en été.

LE BÉARN

À faire

Aventure Parc : *☎ 05-59-34-64-79. • aventure-parc.fr/aramits • Juil-août 13h-19h ; vac scol de Pâques, mar-dim 13h30-18h30 ; mai-fin juin et sept-oct, seulement w-e et certains j. fériés 13h30-18h30. Entrée : 25 € ; 10-23 € enfant selon âge.* Parcours nature dans les arbres, composé de jeux aériens. Contrairement à nombre de parcours de ce style qui poussent chaque été en France, il s'agit ici d'un vrai site de loisirs où passer la journée, dans un cadre de montagne sublime. Cerise sur le gâteau : le grand frisson avec le saut catapulte en élastique ou le parcours « sensation ». Restauration sur place.

LANNE-EN-BARÉTOUS *(64570)*

Une tradition tenace en fait le berceau de Porthos, le plus corpulent des *Trois Mousquetaires.* Né à Pau en 1617, il aurait en effet vécu ici sous le nom d'Isaac de Portau.

N'hésitez pas, à la sortie du village, à remonter la petite vallée du Barlanès, par une très belle route en lacet et en forêt, jusqu'au site d'Issarbe, à 1 500 m d'altitude : beau panorama sur les hautes montagnes et les canyons de la Soule, lieu privilégié pour la cueillette des myrtilles ! C'est un des hauts lieux de randonnée en été et de ski de fond en hiver.

ARETTE *(64570)*

Célèbre (malheureusement...) pour avoir été, en 1967, l'un des très rares villages en France détruits à 80 % par un tremblement de terre. Arette, presque entièrement reconstruit, est labellisé Station Verte depuis 2016.

Petit *sentier de découverte* dans le bois « du Calvaire », promenade ludique avec panneaux thématiques et interactifs permettant de découvrir pas moins de 57 essences. Également un *moulin* communal restauré et en fonctionnement, le plus ancien monument du village puisque ses parties les plus anciennes remontent au XIIIe s. Visite guidée avec démonstration de fabrication de la farine *(juil-août, lun à 18h ; le reste de l'année, sur rdv au ☎ 05-59-88-90-82 – mairie).*

Adresse utile

ℹ ***Office de tourisme du Haut-Béarn :*** *pl. des Poilus. ☎ 05-59-88-95-38. • pyrenees-bearnaises.com • Tte l'année, lun-sam 9h-12h, 14h-18h (fermé le mar déc-avr), plus dim mat en juil-août.* Ne pas manquer la *Maison de Barétous,* espace muséographique présentant, à travers 10 espaces thématiques interactifs, la vallée du Barétous : pastoralisme, massif karstique, réseau souterrain de La Pierre-Saint-Martin, patrimoine... Idéal avant de partir à la découverte de la vallée *(entrée : 5 € ; réduc).*

Où dormir ? Où manger ?

Hôtel de l'Ours : *8, pl. de l'Église. ☎ 05-59-88-90-78. • contact@hoteldelours.fr • hoteldelours.com • ♿ Resto fermé mer hors saison. Congés : nov. Doubles 61-75 €. Menu unique le soir 18 € ; carte casse-croûte au déj 9-25 €. Café offert sur présentation de ce guide.* Repris par un jeune couple, l'ancien bistrot est redevenu le point de ralliement du village. La démarche écolo (labellisée) est évidemment à saluer. On y mange, dans un esprit table d'hôtes, une fraîche et imaginative cuisine familiale. Excellent et copieux petit déj, en terrasse, l'été, côté jardin. Chambres rénovées, personnalisées et confortables, avec balcon pour certaines. Accueil aussi cool que prévenant.

LA PIERRE-SAINT-MARTIN *(64570)*

On grimpe jusqu'à cette station de sports d'hiver familiale, créée en 1961 par une belle et facile route de montagne (presque un boulevard !) qui traverse notamment les pittoresques ***gorges de la Mouline.*** Beau domaine skiable, entre 1 500 et 2 200 m d'altitude, adapté aux familles, de tous niveaux : 24 pistes, desservies par 13 remontées, serpentent dans la forêt de pins ou s'ouvrent sur un magnifique panorama. Nombreuses activités : ski alpin et de fond, raquettes, mais aussi traîneaux à chiens, *airboard, fat bike,* luge... Sentiers balisés GR 10, pic d'Anie, etc.

Adresse et infos utiles

ℹ ***Office de tourisme du Haut-Béarn :*** *Maison de La Pierre-Saint-Martin. ☎ 05-59-66-20-09. • pyrenees-bearnaises.com • De début déc à mi-avr et juil-août, tlj sauf dim ap-m et jeu-ven en juil-août. Fermé le reste de l'année.*

– L'association ***La Pierre Handis Pyrénées*** *(📱 06-85-60-51-14 ; • lapierrehandiski.com •),* labellisée Tourisme et Handicap, propose une découverte des plaisirs de la glisse à tous, quel que soit le handicap. Activités de montagne toute l'année.

🚌 Une ***navette*** (qui dessert certaines communes de la vallée) relie le week-end et tous les jours pendant les vacances scolaires en hiver Oloron-Sainte-Marie à La Pierre-Saint-Martin.

Où déguster et acheter du fromage ?

Bergeries : en juillet-août, vous pouvez retrouver les bergers dans leur *cayolar* (cabane et terrain environnant) pour y découvrir la fabrication du fromage (brebis ou mixte), et y déguster et acheter leurs produits. Ils vous feront également visiter la bergerie et le saloir à fromages (renseignements à l'office de tourisme).

À voir

À quelques kilomètres, on trouve le célèbre ***gouffre de La Pierre-Saint-Martin,*** découvert en 1950, un des plus profonds au monde. Le site karstique de La Pierre-Saint-Martin recouvre l'un des plus grands réseaux souterrains d'Europe, avec plus de 400 km de galeries topographiées à ce jour. Paysages hallucinants, fantasmagoriques par temps de brume, immense glacier de roches pétrifiées, creusées par le ruissellement des eaux sur plusieurs centaines de mètres, avec des gouffres dantesques. Pour la visite de la spectaculaire ***grotte de la Verna,*** infos dans la rubrique « À voir » de Sainte-Engrâce, dans le chapitre consacré à la Soule.

La route qui descend ensuite vers ***Isaba*** et ***Roncal*** en Navarre (voir ce chapitre plus loin) est somptueuse en été. Elle traverse un paysage karstique à la végétation quasi méditerranéenne.

BŒUFS DE PAIX

Depuis 1375, les maires de la vallée de Barétous et ceux de Roncal (voir le chapitre « La Navarre ») se retrouvent chaque année pour réaffirmer leur volonté de paix, en vertu d'un traité qui avait mis fin aux querelles entre les 2 vallées. En signe d'amitié et en échange du droit de pâturage en territoire espagnol, les habitants de Barétous offrent 3 génisses à leurs homologues de Roncal.

LE BÉARN

Manifestation

– ***La Junte de Roncal :*** *le 13 juil, à 3 km de la station, au* ***col de La Pierre-Saint-Martin*** *(borne frontière 262).* L'une des plus anciennes cérémonies du pays, et de plus en plus populaire parmi les visiteurs de la région !

LE BÉARN DES GAVES

C'est une région intermédiaire entre le Pays basque et les paysages montagneux du Sud. Ici se rejoignent les gaves des 2 plus grandes vallées du Béarn, Ossau et Aspe, pour former le gave d'Oloron, voisin de celui de Pau. Au passage, le gave est un torrent pyrénéen, au cas où on ne vous l'aurait pas encore dit.
C'est le fief incontesté de la pêche (championnats du monde de la pêche au saumon) et des sports d'eaux vives : de l'eau toute l'année descendant de la montagne, avec des parcours propices à la pratique du raft et du canoë-kayak.
Par opposition à la montagne pastorale et indépendante, voilà LE Béarn historique et patrimonial : châteaux, cités médiévales, routes Gaston-Fébus (pour reprendre l'écriture locale, plutôt que Phoebus ou Phébus) et abbayes laïques (dont la tradition perdura jusqu'à la Révolution). Le territoire est labellisé Pays d'art et d'histoire.

SALIES-DE-BÉARN (64270) 4 800 hab. *Carte Béarn, A1*

Petite station thermale touristique et charmante. La légende rapporte qu'un sanglier blessé lors d'une chasse vint mourir dans les terres marécageuses. On le retrouva plus tard miraculeusement préservé, tant il était confit dans le sel. Les

habitants purent constater que les eaux alimentant le marais étaient très salées. D'où les armes de Salies : 2 hommes portant un seau d'eau salée et un sanglier. Le cœur de ville est bâti en coquille d'escargot autour de la source du Bayaà et de l'hôtel de ville, alors que l'église Saint-Vincent (du XIVe s) repose à l'écart. De belles maisons Renaissance en encorbellement surplombent la rivière Saleys. Toits très pentus couverts de tuiles brunes patinées, et galeries de bois peint reposant sur des piliers de pierre : c'est du pont de Lalune que s'offre l'un des plus séduisants points de vue de Salies. En sortant de l'hyper-centre, vers l'avenue des Docteurs-Foix belles demeures du XVIIIe s, tandis que l'architecture Belle Époque très présente, en particulier autour des thermes, donne à la ville un air délicieusement suranné.

Salies est fréquentée surtout pour ses thermes et la qualité des cures de remise en forme. Nul doute que le rachat des thermes à l'horizon 2022 et la réouverture du mythique *Hôtel de France et d'Angleterre* insuffleront une nouvelle dynamique à cette petite cité vivante fort agréable !

HISTOIRES SALÉES

Bien sûr, le sanglier n'était qu'une légende. Les eaux salées de Salies étaient déjà connues des Romains.

Durant tout le Moyen Âge, ***le sel fut une véritable manne d'or*** blanc pour les Salisiens, qui en livraient jusqu'à Bayonne. Mais les Salisiens n'aimaient pas partager la galette. Aussi inventèrent-ils un système pour que seuls les autochtones se sucrent avec le sel ! La source était bien communautaire, appartenant aux villageois qui avaient « droit de sauce », c'est-à-dire le droit de puiser de la saumure pour faire du sel. Il fallait donc habiter la ville depuis au moins 6 mois et y résider régulièrement. Le droit appartenait à toute personne « tenant famille ». Les veuves conservaient une demi-part, mais pouvaient retrouver une part complète si elles se remariaient, le nouvel époux héritant de l'ancien. Forcément, les Salisiens avaient le monopole de la vente du sel en Béarn et Bigorre, et étaient francs de gabelle ! Dans les années 1900, les revenus du sel permettaient encore de payer le loyer de l'année et d'acheter un cochon. Après la Révolution et l'abolition des privilèges, on aurait pu penser que la faillite frapperait la ville. Il n'en fut rien, car on assista au début du thermalisme. Avec une eau 10 fois plus salée que l'eau de mer (soit pas loin du taux de la mer Morte), le succès de Salies coulait de source !

UNE TRADITION QUI NE MANQUE PAS DE SEL

Il existe à Salies une association de voisins appelée la « corporation des parts-prenants de la fontaine salée ». Au Moyen Âge, afin d'éviter les conflits, les habitants de la ville instaurèrent une loi de partage de l'eau salée. Ce droit de puisage les rendait riches. Ici, on ne restait jamais célibataire longtemps ! Ce privilège, strictement contrôlé, s'applique toujours et se transmet par droit du sang et du sol. Les parts-prenants sont propriétaires de la fontaine salée, qui se trouve sur l'une des places principales de la ville, non loin de la rue des Voisins, mais aussi des thermes et de l'ancien casino. Leur exploitation rapporte chaque année un petit pécule aux membres de la corporation.

Arriver – Quitter

➢ ***En train :*** à ***Puyoô,*** à 6 km. 1 bus TER assure la liaison Dax-Puyoô-Salies. Compter 22 mn de trajet. Ou à ***Orthez,*** à 17 km. 1 bus assure la liaison Orthez-Salies. Compter 20 mn de trajet.

Adresse et infos utiles

Office de tourisme du Béarn des Gaves : *8, rue de la Fontaine-Salée. ☎ 05-59-38-00-33. • tourisme-bearn-gaves.com • Lun-sam, plus dim mat en juil-août.* C'est le principal office du secteur. Pas mal de doc concernant les 3 cités (Salies, Navarrenx et Sauveterre), notamment des circuits à effectuer à pied ou en voiture, ou encore des circuits ludiques à travers les villes, à la découverte d'un trésor du patrimoine.

– Plusieurs parcours de ***Tèrra Aventura,*** une incroyable chasse aux trésors, sont proposés en Béarn des Gaves : à Navarrenx, Salies de Béarn, Sauveterre-de-Béarn et Laàs.

– ***Marché :*** *jeu mat, sur la jolie pl. du Bayaà ; et sam mat, petit marché de producteurs locaux sous les arcades de la mairie.*

Où dormir ?

De prix moyens à plus chic

Chambres d'hôtes La Demeure de la Presqu'île : *22, av. des Docteurs-Foix. ☎ 05-59-38-06-22. 06-13-16-71-57. • demeurepresquile@gmail.com • lademeurepresquile.com • Double 80 € ; familiale.* Imposante maison de maître à l'entrée de la ville, ancienne demeure de négociants. 4 jolies chambres, avec parquet, mais de charme et de confort inégaux ; certaines spacieuses et décorées comme des bonbonnières XVIIIe s, d'autres plus petites. Également un appartement avec entrée indépendante, en principe réservé aux longs séjours des curistes. Côté détente, grand salon ou balade au bord de l'eau, à moins que vous ne préfériez aller voir le magnifique potager. Et au petit déj, du miel des ruchers de monsieur.

Hôtel Hélios : *chemin de Labarthe. ☎ 05-59-38-37-59. • golf.salies@wanadoo.fr • golfsalies.com • À moins de 1 km du centre ; suivre le fléchage du golf. À ne pas confondre avec l'*Hôtel du Golf – Le Lodge, *juste à côté. Doubles 65-75 €.* Cet hôtel, tenu par le propriétaire du golf, et sur le golf, dispose de 7 chambres dans une maison béarnaise ; terrasse pour certaines, et calme absolu pour toutes. Les chambres, avec parquet d'origine, ont beaucoup de cachet et se prêtent au cocooning. Sans compter la vue sur le green, délicieusement reposante. Mieux vaut s'y prendre à l'avance, l'hôtel est très prisé des golfeurs qui bénéficient de tarifs avantageux pour jouer.

Chambres d'hôtes Villa Hortebise : *31, av. des Pyrénées, sur la route de Sauveterre. 06-88-73-41-38. • villahortebise@gmail.com • villahortebise.com • Tte l'année. Doubles 82-95 € ; familiale. Table d'hôtes 25-28 €. Parking gratuit. Réduc de 10 % sur présentation de ce guide pour 2 nuits 25 août-30 juin, et de 5 % tte l'année pour 1 nuit.* Poussez la porte de cette jolie maison de famille, vous vous y sentirez comme chez vous tant Corinne, l'adorable propriétaire, met un point d'honneur à chouchouter ses hôtes. Les chambres, joliment décorées, adoptent chacune leur style. La « Travertin », du nom de la pierre que l'on retrouve dans la salle de bains, entretient sa touche campagnarde. La suite, dans les tons bleu roi, est un poil plus chic. Et la toute nouvelle, sous le toit de la tour, invite au cocooning. À table aussi Corinne aime faire plaisir, et le matin, au petit déj, près de la cheminée et en musique, c'est le bonheur. Une adresse où il fait bon vivre !

Hôtel du Parc : *bd Saint-Guilly. ☎ 05-59-38-31-27. • hotelduparc@partouche.com • hotelsalies.com • Tte l'année. Doubles 79-99 € ; suite. Formule et menu du jour en sem 23-29 € ; carte 30-45 €.* Au cœur de la cité thermale, cet établissement du XIXe s est classé Monument historique. L'arrivée dans le hall, entouré de galeries de bois et surmonté d'une magnifique verrière Belle Époque à près de 30 m de haut, impressionne. Au rez-de-chaussée, le casino et ses machines à sous. Dans les étages, les chambres, modernes et standardisées, à dominante rouge (il faut aimer), certaines vastes et lumineuses, affichent un bon confort 3 étoiles à un prix somme toute raisonnable.

Chambres d'hôtes La Closerie du Guilhat : *1705, Serre Caute, quartier du Guilhat. ☎ 05-59-38-08-80. • guilhat@club-internet.fr • closerieduguilhat.com • À 4 km de Salies ; le quartier du Guilhat est indiqué. Tte l'année. Doubles 63-69 € ; familiales. Également 2 gîtes. Pot d'accueil ou café offert sur présentation de ce guide.* Au milieu de l'un des plus beaux jardins de la région, et pour cause : le *Guilhat* était la maison de famille des Despaux, une dynastie d'horticulteurs célèbre dans tout le Béarn. À l'étage, 4 chambres un peu datées, avec vue en revanche magnifique sur le parc, ses cèdres, chênes-lièges, séquoias... Terrasse aux beaux jours, et grand séjour de style béarnais où il fait bon se réchauffer au coin du feu en hiver.

Où manger ? Où boire un verre ?

De bon marché à prix moyens

Restaurant La Grignotine : *11, rue du Canal. ☎ 05-59-38-15-50. • lagrignotine@laposte.net • De mi-mai à mi-sept, ouv tlj sauf dim et lun soir ; le reste de l'année, ouv mar-sam. Formule déj 12,90 € ; suggestions du jour (viande ou poisson) 12-17 €.* Une poignée de tables à touche-touche (heureusement la terrasse vient en renfort aux beaux jours), une micro-cuisine et un chef si jeune qu'on le prendrait pour un commis ! Le jeune Quentin Ourcel n'a pas manqué de courage en reprenant cette affaire où il était employé. Il se démène et nous régale de bonnes viandes et plats du jour servis avec de délicieux accompagnements maison. La carte est courte, gage d'une grande fraîcheur. Rapport qualité-prix extra, midi et soir, ce qui est rare.

Bistrot Les 4 Grains : *6, pl. Jeanne-d'Albret. ☎ 09-81-41-48-37. • bistrot4grains@hotmail.com • Tlj sauf lun. Bar en continu 10h-minuit ; côté resto, service 12h-13h30, 19h-21h45. Congés : 3 sem en nov. Résa conseillée, même au déj. Menu du jour 15,90 € ; carte env 35 €. Café offert sur présentation de ce guide.* Les 4 Grains, ce sont sans doute ces « 4 fantastiques », en fait 2 couples de potes bourrés d'énergie, aux commandes du bistrot. Et de l'énergie, il en faut, car ça pulse, en particulier le midi, où l'on s'arrache l'épatante formule qui nourrit les bons appétits. Très bonne cuisine de ménage et de saison, réalisée avec des produits frais. Carte dans le même style, enrichie de salades, planches, et même une assiette végétarienne. Ardoise de tapas à partir de 18h30. Le service reste sympa même pendant le coup de feu. Cool !

Le Chalet : *1, bd Saint-Guily. 07-86-30-95-91. Ouv tte l'année, tlj sauf dim. Formule déj 10 € ; carte 15 €. Café offert sur présentation de ce guide.* Le « chalet », superbe bâtisse de style hispano-mauresque accolée aux thermes, a fait peau neuve dans un décor chic contemporain, sous la houlette de Christophe Hamecek, ancien entraîneur de rugby, et de ses associés. En mode breakfast, pause déjeuner, fin de balade, post-cure ou apéro dînatoire, *Le Chalet* a recouvré sa vocation de lieu de vie festif scandé de nombreuses animations sportives et musicales. Bonne ambiance décontractée jusque sur la terrasse, en face du jardin public et de son célèbre kiosque.

Où dormir ? Où manger dans les environs ?

L'Auberge de Lily *(anciennement Chez Camy) : 2, route de Carresse, 64270* ***Carresse-Cassaber.*** *☎ 05-59-38-46-09. • contact@chezcamy.com • À env 7 km à l'ouest de Salies par la D 17. Resto ouv ts les* *midis sauf lun-mar, et le soir jeu-sam. Menu du jour 13,50 € ; pizzas 8-13 €.* Lily, 4e génération, a repris le flambeau et redonné vie à cette ancienne auberge *Camy* tenue autrefois par sa maman, qui vient lui donner à l'occasion un petit coup de main. L'auberge a été relookée et les 6 chambres, toutes différentes, ne manquent vraiment pas de charme avec leurs salles de bains originales. La cuisine commune, parfaitement équipée, permet à chacun de se préparer son petit déjeuner. Quant aux parties communes, avec baby-foot, billard, salons, coin bibliothèque, et la terrasse extérieure, elles constituent le cœur vivant de l'établissement, où il se passe toujours quelque chose : spectacles, concerts, cours de danse... Pour suivre la cadence, se connecter sur le compte Facebook ! Voilà ce qu'on attend d'une auberge de campagne.

La Belle Auberge : *64270* **Castagnède-de-Béarn.** *☎ 05-59-38-15-28. • la.belleauberge@orange.fr • labelleauberge.fr • ♿ À 9 km au sud-ouest de Salies, par la D 17 en direction de Carresse puis la D 27. Resto fermé dim soir et lun. Résa indispensable. Doubles 53-60 €. Menus 15-28 €.* Une quinzaine de chambres au calme. Fleurie, cette bonne grosse auberge de campagne est une étape plaisante pour se prélasser au soleil, après un bon repas pris en terrasse ou en salle. Sachez-le, vous ne serez pas seul à vous régaler, car ici on vient surtout pour la table. C'est bourré de VRP et d'habitués : même en semaine, les serveuses ne chôment pas. Et ne pas faire d'impasse sur les desserts : du gâteau basque à la crème brûlée en passant par les tartes, ils sont excellents ! Les chefs ont été formés chez Michel Guérard.

LE BÉARN

Où acheter de bons produits ?

Sel et fleur de sel : *à la saline. Tte l'année, tlj.* Une découverte : les sels parfumés à l'eucalyptus et les eaux mères (le secret des bienfaits des cures thermales !).

Domaine Lapeyre-Guilhemas : *52, av. des Pyrénées. ☎ 05-59-38-10-02. Tlj sauf dim et j. fériés 8h30-12h, 14h30-19h.* Pascal Lapeyre, retenez bien ce nom. Les vignes de ce domaine familial, fondé en 1900, tapissent les coteaux de Salies sur 11 ha et produisent des blancs raffinés, des rosés secs et fruités à savourer l'été avec les charcuteries béarnaises, et surtout des rouges superbes que vous retrouverez sur toutes les bonnes tables des environs. Dégustation gratuite dans les chais.

À voir. À faire

Le musée du Sel et des Traditions béarnaises : *14, rue des Puits-Salants. ☎ 05-59-65-84-98. 📱 07-72-30-73-83. • museedusel64.fr • Juil-oct, lun-sam 13h30-19h. Mars-juin, lun-sam 14h-19h. Janv-fév et nov-déc, lun-mer et ven 14h-17h30. Vac scol, lun-ven 14h-18h30. Entrée : 5 € ; visite guidée 6 € ; réduc ; gratuit moins de 6 ans.* Dans une typique maison béarnaise du XVIIe s, ce musée raconte l'histoire du sel à Salies. Géologie du sel, expansion de l'activité des saunières à l'époque gallo-romaine, légende du sanglier, reconstitution d'un atelier de façonneur de sel du XVIIIe s et histoire du thermalisme. Didactique, et intéressante scénographie revue et modernisée en 2017.

La crypte du Bayaà : *sur la place du même nom. Infos et résas : ☎ 05-59-38-00-33 (office de tourisme). Visite seulement sur résa. Entrée : 2,50 € ; gratuit moins de 12 ans.* Une descente dans les entrailles jusqu'à la source, toujours alimentée. Jusqu'au XIXe s, le bassin était à ciel ouvert, à l'emplacement de l'actuelle place centrale, au-dessous de laquelle se trouve la crypte. Elle a été créée après la suppression du bassin. Visite éclairée par les commentaires d'un guide et par le jeu des lumières.

Les thermes de Salies – Bains de la Mude : *pl. du Jardin-Public. ☎ 05-59-38-10-11. • thermes-de-salies.com • Espace aquatique : lun 10h15-12h, 14h-18h ; mar-dim 10h-12h, 14h-18h. Entrée : 9,50 €/h, 15 €/2h, 20 € la journée.* Construits en 1888 dans un style mauresque, avec une alternance de pierre et de brique, les thermes, classés Monument historique, défient les modes et les époques. Au programme, cures thermales, bien-être et prévention. Leur spécificité, c'est d'associer les eaux thermales naturellement salées et les eaux mères (concentré d'eaux thermales). Bref, une alchimie qui a fait ses preuves en pédiatrie, rhumatologie et gynécologie. On barbote agréablement dans les 2 bassins chauffés à 32 °C (eau douce et eau salée) avec cascades, geysers, bains bouillonnants, hammam, sauna. Également une grotte de sel et le *Lagon de la mer Morte,* un bassin d'eau saturée en sel.

La saline : *av. des Salines/Jacques-Dufourcq. ☎ 05-59-38-96-90. • sel-salies-de-bearn.com • Tlj sauf dim (plus lun mat mars-avr et nov-déc ; plus lun-mar janv-fév) 10h-12h, 14h30-18h. Attention, dernière entrée au pôle muséographique à 11h et 16h30. Entrée : 4 € ; réduc.* Exploitation à ciel ouvert visible depuis une plateforme aménagée. Des panneaux explicatifs placés à l'entrée permettent de comprendre le processus de fabrication du sel depuis la source jusqu'au séchage et à l'ensachage (l'archiduchesse et ses chaussettes peuvent aller au diable !). Chaque année, cette entreprise qui appartient au consortium du jambon de Bayonne produit près de 1 800 t de sel ! Pôle muséographique où l'on découvre l'histoire du sel salisien. Visite interactive. Durée : 1h plus dégustation. Boutique.

L'OR BLANC DE SALIES

En s'évaporant, il y a 200 millions d'années, la mer Boréale a laissé du sel sur l'actuel Bassin aquitain. Des sédiments argileux l'ont ensuite recouvert. Quand les Pyrénées se sont formées, des sources ont jailli, faisant remonter le sel à la surface. Ce gros sel, très blanc, est aujourd'hui utilisé pour le salage du jambon de Bayonne.

Fêtes et manifestations

- **Festival Art en Vrac :** *w-e de Pâques.* Festival d'art contemporain gratuit dans toute la ville.
- **Festival international de guitare :** *début juil.* Plusieurs concerts à Salies et dans les environs, avec de grands guitaristes classiques.
- **Salies à Peindre :** *w-e du 14 juil, sur 4 j.* Grand concours de peinture dans les rues de la ville.
- **Fête des Sottises :** *3e w-e de juil.* Festival durable et citoyen, et théâtre de rue.
- **La Piperadère et les métiers d'antan :** *15 août.* Le jardin public voit défiler marmites et marmitons pour le « grand concours de piperade béarnaise au sel de Salies ». À dévorer avec les autres produits du pays sur fond de *bandas* et de chants béarnais.
- **Fête du Sel :** *2e w-e de sept.* L'occasion pour toute la ville de se plonger dans le passé tout en affirmant son identité autour du produit auquel elle doit son origine. Costumes traditionnels, marché artisanal, repas béarnais, spectacles hauts en couleur, course de porteurs de *sameaux* (non, on ne zozote pas !), grand défilé de chars...

ORTHEZ

(64300) 11 100 hab. *Carte Béarn, B1*

Ancienne capitale du Béarn empreinte du souvenir du poète Francis Jammes, étape du pèlerinage de Saint-Jacques, Orthez connut son âge d'or aux XIIIe et

XIVe s, époque de Gaston Fébus, et arbore encore fièrement sa devise : *Toquey si gaouses !* (« Touches-y si tu l'oses ! ») Au XVIIIe s sont édifiés la plupart des maisons et des grands hôtels particuliers, avec leurs toits de tuiles picon, en forme d'écailles de poisson, si caractéristiques. En flânant, on peut effectivement remarquer un bon nombre de beaux bâtiments, dont la splendide maison de Jeanne d'Albret, mère d'Henri IV, qui abrite l'excellent musée du protestantisme béarnais...
Si Orthez souffre de désertification, elle s'enorgueillit d'être la seule place taurine du Béarn. Ne manquez pas la célèbre feria de la ville, fin juillet. Un grand moment !

Adresse et infos utiles

Office de tourisme : 1, rue des Jacobins. ☎ 05-59-21-93-49. • coeurdebearn.com • Lun-sam (plus dim mat en juil-août) ; fermé lun de nov à mi-avr. Organise des visites guidées de la ville les mardi et jeudi matin en saison (renseignements sur place). Demandez sinon le plan de visite « Orthez médiéval » qui vous mènera à la découverte d'un trésor du patrimoine. Également des infos sur les activités sportives : location de canoës, kayak, ski nautique, pêche...

– ***Marché :*** *mar mat (le plus important) pl. de l'Église ainsi qu'à la Moutète, et sam mat (alimentaire uniquement) à la Moutète seulement.* Sous une halle des années 1930, ancienne salle de basket ou l'Élan béarnais Pau disputait ses matchs.

– ***Marché au gras :*** *nov-mars, mar mat à partir de 7h à la Moutète.*

LE BÉARN

Où dormir ? Où manger à Orthez et autour ?

Chez Cabeillou : *52, rue Saint-Pierre, à Orthez. ☎ 05-59-69-03-55. À peine excentré, derrière l'église Saint-Pierre. Fermé le soir, ainsi que dim et j. fériés. Formules du jour 17-22 €.* Un endroit comme il n'en existe malheureusement plus guère. Pas d'enseigne pour ce bistrot-resto fondé en 1930, dont le décor a été banalement modernisé mais qui, de mère en fille, sert toujours une généreuse cuisine familiale et des plats de toujours dans une ambiance simplement populaire. Un grand moment à ne pas rater : « le petit déjeuner à la fourchette », le mardi matin (très tôt !), jour de marché à Orthez. Autant vous prévenir qu'on n'y boit pas que du thé !

Le Bistro d'Albret : *14, rue Roarie, à Orthez. 07-60-52-82-00. • lebistrodalbret@gmail.com • À quelques pas du musée Jeanne-d'Albret. Lun-sam 7h-18h. Petits déj 4,90-12,90 € ; formule du jour 12,90 €.* *Coffee shop,* bar, bistrot, glacier... le genre de petite adresse où il fait bon se poser quelles que soient l'heure et la faim. Guillaume, le jeune patron, a souhaité mettre en avant une originale carte de petits déjeuners, du plus light au plus roboratif façon brunch. Le midi, place au plat du jour maison et à de grosses salades. Simple et efficace. L'après-midi, carte de thés, cafés et gourmandises sucrées. On regrette juste que les gaufres ne soient pas maison. Le tout dans un cadre modernisé pas déplaisant ou en terrasse, au calme, dans la ruelle piétonne. Et auréolé d'un excellent accueil.

Chambres d'hôtes Le Moulin des Sens : *chez Vincent Pruet, 243, chemin d'Eslayas, à Orthez. 06-10-85-75-39. • contact@moulin-des-sens.fr • moulin-des-sens.fr • Congés : déc. Doubles 75-90 €. Table d'hôtes 30 € (boissons comprises).* Vincent et Christelle sont tombés sous le charme de ce beau moulin du XIXe s et l'ont totalement retapé avec pour objectif d'en faire un lieu de bien-être et de sérénité. Mission accomplie. Les 4 chambres élégantes, dont une avec terrasse, sont personnalisées avec des objets décoratifs d'artisans régionaux (tissus *Moutet,* poteries *Goicoechea*). Côté bien-être, avec un sauna, un spa, une piscine, des massages, des activités de qi gong et de yoga, et un petit déjeuner d'anthologie, le nirvana n'est plus très loin !

Les Nids du Béarn : *1716, chemin de Hourcloum, 64300* ***Loubieng.*** *☎ 05-64-11-02-26. 📱 06-75-00-54-65. • lesnidsdubearn.com • À 7 km au sud d'Orthez. Ouv d'avr à mi-oct. Nid 102 € pour 2, petit déj inclus ; cabane 132 € ; ajouter 25 € pour un enfant de moins de 10 ans. Panier-repas 23 €.* Vivre comme un oiseau sur la branche, c'est évidemment réaliser un rêve de gosse ! C'est ce que proposent Sylvie et Didier avec leurs 5 nids douillets perchés dans les pins de l'immense parc (entre 4 et 8 m de hauteur) et avec leurs 4 cabanes. Des bulles en toile auxquelles on accède par des filets sécurisés. Les nids sont eux-mêmes accrochés entre les arbres et soutenus par d'immenses câbles. Il y a même un nid avec une table circulaire pour manger en altitude ; sinon, à terre, un abri avec table et chaises pour casser la croûte dans la forêt. Toilettes sèches à proximité. Dépaysement assuré et accueil charmant.

Achats

Tissage Moutet : *85A, rue du Souvenir-Français, à la sortie d'Orthez, dans la Z.I. des Saligues. ☎ 05-59-69-14-33. Magasin d'usine ouv mar-sam 10h-12h30, 14h30-18h.* Dans les mains de la même famille depuis 5 générations, la marque existe depuis 1919 mais a su trouver sa place dans la création contemporaine de linge de maison. Elle est labellisée Entreprise du Patrimoine Vivant. Mieux qu'une carte postale, si vous voulez rapporter un souvenir original et fabriqué en France, contre vents et marées, compte tenu de la mondialisation ! Benjamin Moutet innove sans cesse et personnalise sur demande. Régulièrement, de bonnes affaires à saisir sur des fins de série. Visite des ateliers tous les 1ers jeudis du mois, ou sur réservation.

À voir. À faire

Le Pont-Vieux : médiéval, avec le donjon-porte au milieu, c'est l'une des images de marque les plus connues de la ville. Belle vue de l'ouvrage depuis le Pont-Neuf, avec ses berges verdoyantes et ses anciennes demeures aux belles tuiles.

La tour Moncade : *de mi-avr à fin sept, tlj 14h-18h (10h30-12h30, 14h-18h juil-août). Entrée : 4 € ; réduc.*
Vestige dominant la ville et où vécut Gaston Fébus. De forme pentagonale, la tour tronquée mesure encore 33 m de haut. Au cours de la visite guidée, on découvre tout le génie militaire de Fébus, qui lui permit de tenir tête, au cœur de la tourmente, aux 2 grands royaumes qu'étaient la France et l'Angleterre. Au 1er étage, maquette relatant, par le biais d'un son et lumière, les grands moments de l'histoire de ce site. Beau panorama du sommet. Précisément 141 marches pour y accéder !
Redescendre par la rue des Remparts, où l'on peut voir des vestiges significatifs de l'enceinte, et par la rue Moncade, bordée d'élégantes demeures et hôtels particuliers.
Un peu en contrebas de la tour se trouvent les vignes du délicieux « raffiat de Moncade », vinifié à Cabidos et en vente au château Moncade. Incroyable, les archives ont montré que des vignes étaient déjà cultivées à cet exact emplacement du temps de Gaston Fébus.

L'église Saint-Pierre : date des XIIIe et XIVe s (mais le clocher est du XIXe s). Portail gothique mais usé. À l'intérieur, les clés de voûte, sculptées, méritent un coup d'œil.

Le musée Jeanne-d'Albret, Histoire du protestantisme béarnais : *maison de Jeanne d'Albret, 37, rue Bourg-Vieux. ☎ 05-59-69-14-03. • museejeannedalbret.com • Avr-oct, mar-sam 10h-12h, 14h-18h ; nov-mars, seulement l'ap-m. Fermé les 3 dernières sem de janv et pdt les fêtes d'Orthez. Entrée : 5 € ; réduc ; gratuit moins de 15 ans. Visite guidée à 10h30 et 15h (durée 1h) : 7 €.*
Ce musée invite à la découverte de 4 siècles d'histoire en Béarn, de la Réforme au début du XXe s. Il est installé dans une maison qui fut donnée à Jeanne d'Albret par le sieur Arnaud de Gachissans, en échange de lettres de noblesse. Un courrier montre que la reine Jeanne fut ravie de ce cadeau, car elle se plaisait à Orthez alors même que le château médiéval de Moncade était vétuste et inhabitable. Elle emménagea donc, au moins pour un temps, dans cette belle demeure du XVIe s.
L'exposition présente une importante collection : photographies, gravures, mobilier, objets rares, etc., et retrace les événements majeurs du protestantisme à travers ces grandes figures que sont Jeanne d'Albret, Henri IV, Catherine de Bourbon, les frères Reclus... À noter que ce musée est un musée historique, afin de comprendre comment le Béarn est la seule région de France où le calvinisme fut instauré comme religion officielle. D'ailleurs, nous vous conseillons la visite guidée (passionnante), à notre avis indispensable pour donner vie à tous ces riches documents.

La maison Chrestia : *7, av. Francis-Jammes. ☎ 05-59-69-11-24. • francis-jammes.com • De mi-juil à oct, mar-sam 14h30-16h30 ; de nov à mi-juil, mar, ven, et sam 14h30-16h30. Fermé de mi-déc à mi-janv et pdt les fêtes d'Orthez. GRATUIT.* Cette belle demeure du XVIIIe s est le siège de l'association Francis-Jammes, célèbre poète (1868-1938) qui vécut presque 33 ans à Orthez. La maison abrite des souvenirs du poète, de nombreux manuscrits, des gravures, des photos et différentes œuvres. Comme le château Moncade, la maison Chrestia a été labellisée Maison des Illustres par le ministère de la Culture.

Le temple : *20, rue du Général-Foy.* Possède un orgue contemporain (1996) de 22 jeux, conçu sur le modèle des orgues baroques de l'Allemagne du Nord.

La ferme Lait P'tits Béarnais : *2400, chemin d'Eslayas. ☎ 05-59-67-54-41. • lait-petits-bearnais.fr • Mar-sam 14h30-18h. GRATUIT.* Selon les disponibilités, on vous expliquera l'élevage, la transformation et l'affinage du fromage au lait de vache, tout en faisant le tour de l'exploitation, puis vous pourrez flâner et profiter des animaux, d'une vidéo et des panneaux d'explication. Vente de produits de la ferme et de région.

■ **Orthez Nautique Canoë Kayak :** *Soarns, Orthez. 📱 07-67-83-10-87. • onck.fr • Vers le lac, sur le gave de Pau. Juil-août, mar-sam, plus dim ap-m ; juin et sept, le w-e seulement.* L'association du club nautique organise l'été de nombreuses activités aquatiques avec pagaie : canoë, kayak, *stand-up paddle,* et des balades en autonomie, ouvertes à tous. Outre l'environnement exceptionnel, c'est aussi l'occasion de franches rigolades.

Fêtes et manifestations

– **Jazz Naturel :** *4 j. en mars. ☎ 05-59-69-76-83.* Au programme, du jazz bien sûr, mais aussi du blues, de la chanson... toutes les musiques actuelles, en fait, sous influence jazzy.
– **Fêtes d'Orthez :** *4 j. fin juil.* C'est la copie conforme (mais en plus petit) des Fêtes de Bayonne ou de Dax, avec corridas, *bandas,* bars ouverts sur la rue, théâtre dans les rues...
– **Rallye tout-terrain Orthez-Béarn :** *fin juil ou début août, sur la pl. des Armes.*

NAVARRENX (64190) 1 100 hab. *Carte Béarn, B2*

Petite ville fortifiée fondée au XIe s, elle fut transformée en bastide au XIVe s. L'austérité de son architecture et la simplicité de son plan sont tempérées par la verdure environnante. On n'est pas les seuls à lui trouver du charme, elle est classée parmi les Plus Beaux Villages de France. Devenus héritiers de la Navarre, les princes de Béarn éprouvèrent le besoin de construire une solide forteresse.
Sachez que c'est le plus bel exemple de fortifications du XVIe s (à mi-chemin des hautes murailles médiévales et des bastions de Vauban). La technique consistait à construire bas et large avec de la terre sur les remparts pour amortir l'effet des boulets. Réussite totale, puisque la ville, tenue par les protestants, ne fut jamais prise durant les guerres de Religion. Belle porte Saint-Antoine. Aujourd'hui, les remparts gazonnés représentent un très agréable lieu de promenade.
Navarrenx est aussi une étape très importante sur le chemin de Saint-Jacques (voie du Puy), avec hôtel, gîtes d'étape, chambres d'hôtes et menus pèlerins dans toute la ville. Bonne étape également pour d'autres pêcheurs, en eaux claires cette fois, avec son site superbe au bord du gave d'Oloron, où est en principe organisée à chaque Pentecôte la fête du Saumon.

LE BÉARN

Adresse et infos utiles

Office de tourisme du Béarn des Gaves : *pl. des Casernes. ☎ 05-59-38-32-85. • tourisme-bearn-gaves.com • Ouv lun ap-m et mar-sam en moyenne saison, plus dim mat et lun mat en été ; mer-sam mat en hiver.* Maquette de la cité fortifiée avec commentaire sur l'histoire de Navarrenx et jeu interactif *(Cinquecento)* pour parcourir la cité au lendemain de sa construction. Un plan vous permettra de faire une visite complète de la ville entre remparts et constructions militaires. Procurez-vous aussi le ***guide découvertes*** : une mine d'infos sur les activités de la région (pêche à la truite et au saumon, balades, circuits VTT, sports nature).

– Plusieurs parcours de ***Tèrra Aventura,*** une incroyable chasse aux trésors, sont proposés en Béarn des Gaves : à Navarrenx, Salies de Béarn, Sauveterre de Béarn et Laàs.

– ***Marchés :*** *mer mat autour de la mairie. Également un marché traditionnel dim mat en été.*

Où dormir ? Où manger ?

De bon marché à prix moyens

Chambres d'hôtes Lasarroques : *4, pl. d'Armes. ☎ 05-59-66-27-59 07-80-00-37-77. • lasarroques.monique@orange.fr • chambres-hotes-lasarroques.com • Congés : de mi-nov à mi-mars. Double 62 €. Pot de bienvenue offert sur présentation de ce guide.* Rouge, vert ou orange, choisissez votre couleur préférée parmi les 3 chambres modernes et simples de cette maison donnant sur la place principale. Jean-Pierre et Monique chouchoutent les touristes et pèlerins de passage, notamment en préparant de (très !) copieux petits déj. Ajoutez une bonne literie et voici une étape idéale pour faire le plein d'énergie avant de continuer votre route.

Chambres d'hôtes Casellas Cottage : *14, rue du Faubourg. 06-81-52-84-84. Doubles 70-80 € ; 30 €/pers en dortoir. Table d'hôtes*

15 €. Dans cette maison de charme, située à la sortie du village, ont été aménagées 3 belles chambres, dont 2 avec vue dégagée sur les Pyrénées... et la piscine dans le jardin. Beaux volumes, tissus basques, lits *king size*, piano, billard : l'ensemble ne manque pas de charme. L'une des chambres, aménagée en dortoir avec des lits superposés, est également proposée aux familles (tarif selon nombre d'occupants). Agnès, la maîtresse de maison, est aux petits soins. Preuve en est, la pensée du jour posée sur la table à l'intention des convives. Comme pour mieux reprendre le bâton...

La Taverne de Saint-Jacques : *pl. de la Poste. ☎ 05-59-66-25-25. • la-taverne-de-st-jacques@wanadoo.fr • Fermé ts les soirs (sauf ven) et le sam hors saison ; fermé le dim soir et le lun en saison. Menus 14 € (déj en sem)-28,50 € ; carte env 25 €. Café offert sur présentation de ce guide.* Un « *bearnish pub* » juste à l'entrée de la ville et donc impossible à manquer. Ici, et ce n'est rien de le dire, la thématique Saint-Jacques-de-Compostelle est déclinée partout, du bar aux w-c. Pour le reste, cuisine correcte de brasserie. Très agréable dès l'arrivée des beaux jours, quand la terrasse est ouverte.

Où dormir dans les environs ?

LE BÉARN

De prix moyens à chic

Domaine de la Castagnère : *9, chemin de la Castagnère, 64190* **Castetnau-Camblong.** *☎ 09-83-58-53-75. 06-44-31-05-97. • la-castagnere@hotmail.fr • lacastagnere.com • À 2,8 km à l'ouest de Navarrenx. Doubles 60-70 € ; si les 2 chambres sont louées simultanément 100 € (au lieu de 120 €). Table d'hôtes sur demande 15-20 €. Apéritif maison, café ou digestif offert sur présentation de ce guide.* Dans ce petit village de quelques âmes, la jolie maison de maître du XVIIe s abrite 2 chambres, l'une vaste et lumineuse, élégante mais assez classique, l'autre totalement inattendue, reconstituant l'intérieur d'une tente bédouine. Dépaysement garanti ! Et, à partager, une salle de bains-balnéo qui nous transpose en bord de mer. Dans le jardin, des animaux et la possibilité pour les pèlerins et autres amoureux de la nature de planter leur tente. Une sympathique adresse atypique.

Où acheter de bons produits ?

Jean-Pierre Casamayou : *70, rue Saint-Germain. ☎ 05-59-66-50-88. • casamayou.com • Tlj sauf dim-lun (ouv dim mat en juil-août) 8h-12h30, 14h30-19h.* Un charcutier réputé pour son andouille du Béarn, au goût légèrement fumé, et ses différentes variétés de saucissons. Mais aussi d'excellents jambons de porcs Manex, une race bien locale, et même des plats régionaux en conserve. Excellent accueil.

À voir. À faire à Navarrenx et dans les environs

L'***église Saint-Germain*** (place Darralde) et son élégant clocher. À l'intérieur, grandes ogives dans la nef (avec « masques » aux retombées). Autel en marbre blanc sculpté.

Le Centre d'interprétation de Navarrenx : *☎ 05-59-66-10-22. Juin-oct, tlj 15h-18h. GRATUIT.* Maquettes et plans pour découvrir l'histoire de la ville.

– ***Tèrra Aventura :*** l'incroyable chasse aux trésors grâce à cette appli gratuite. Plusieurs parcours sont proposés en Béarn des Gaves : à Navarrenx, Salies de Béarn, Sauveterre de Béarn et Laas.

– Possibilité de faire du ***rafting*** sans danger (pour tous les âges) sur le gave d'Oloron, avec ***Rafting 64*** *(à* ***Montfort,*** *à 10 km au nord-ouest de Navarrenx ; ☎ 05-59-66-04-05 ; • rafting64.com •).* Également du *stand-up paddle* pour les moins casse-cou.

DANS LES ENVIRONS DE NAVARRENX

GURS *(64190)*

Le Mémorial du camp : *à 5 km au sud de Navarrenx sur la route de Bayonne ; très bien fléché (de partout !). ☎ 05-59-38-32-85 (office de tourisme). GRATUIT. Visite libre ; visites guidées pour les groupes (rens à l'office de tourisme). Film (12 mn) diffusé « en libre-service » au point accueil.*
La création du camp de Gurs se place dans le contexte de la fin de la guerre civile espagnole (début 1939). Après que les républicains espagnols et les populations eurent passé la frontière en masse, les autorités françaises décidèrent de les parquer dans 428 baraques, construites en zone marécageuse et organisées en 13 îlots ceinturés de barbelés. Avec une capacité de 20 000 personnes, ce camp d'internement fut, de 1939 à 1945, le plus grand camp de France. Plusieurs populations y ont été internées au fil des ans : les Espagnols (printemps et été 1939), les « indésirables » (mai-juillet 1940), les juifs (octobre 1940-novembre 1943) et les gitans (printemps 1944), soit 60 000 personnes en tout.
Il existe 2 parcours de découverte du camp de Gurs : le *sentier de la mémoire,* qui comprend 5 bornes d'information, et le *sentier historique,* aménagé avec 21 bornes d'information et qui passe dans tout le camp, jusqu'à la cabane de la Croix-Rouge suisse (le seul bâtiment d'origine), puis le cimetière... Le site, très dépouillé, nous replonge dans la Seconde Guerre mondiale, de Guernica à Auschwitz (puisque la plupart des 26 000 juifs y seront déportés). Une seule baraque a été reconstituée, mais on se rend facilement compte des conditions sordides d'accueil. On découvre comment la vie s'y est malgré tout déroulée, organisée jusqu'à la Libération... Une visite poignante.

LAÀS *(64390)*

Après avoir décrété Laàs centre du monde en 2012, l'original maire, Jacques Pedehontaa, a fait de son village une principauté. Laàs deviendra-t-il le prochain Monaco ? En attendant, il reste l'un des plus charmants villages du Béarn, que l'on visite en remontant l'humoristique *Laas Vegas Boulevard* : un circuit matérialisé par des étoiles fixées aux murs, suite au passage de célébrités lors des *Transhumances musicales*. Église, mairie, jolies maisons... sans oublier le château qui abrite le très beau musée Serbat.

Où dormir ? Où manger ?

Auberge de la Fontaine : *pl. de l'Église. ☎ 05-59-38-20-20. • aubergedelafontaine.laas@orange.fr • Resto fermé mer et dim soir. Congés : de mi-fév à mi-mars. Doubles 58-68 € ; familiales. Menus 14 € (au déj), puis 24-30 € ; carte 35 €. Parking. Apéritif maison offert sur présentation de ce guide.* Un village comme on en rêve, avec sa place, sa fontaine, son église et la jolie terrasse de cette auberge aux volets bleus qui permet

LE BÉARN

d'embrasser le tout. À table, le menu du midi a les faveurs des habitués tandis que les gourmands de passage se laissent tenter par les spécialités du chef. Dans tous les cas, on a droit à une belle cuisine régionale, savoureuse et très, très copieuse, alors n'abusez pas de la garbure dès le début du repas. Mention spéciale pour les desserts... TOUS les desserts ! 6 chambres à l'étage, toutes simples, mais également 3 chambres mignonnes et très soignées dans l'annexe, une ancienne grange entièrement retapée. Sans aucun doute, l'un de nos coups de cœur de la région !

Le Temps Suspendu – Cabanes dans les arbres : *au domaine du château de Laàs (voir ci-dessous). 06-79-36-80-63. • contact@cabanes-temps-suspendu.com • cabanes-temps-suspendu.com • Tte l'année. Doubles 145-185 €, panier petit déj inclus ; 30 €/pers supplémentaire.* Dans le parc du château de Laàs, 5 cabanes dans les arbres pour 2 à 5 personnes. Toutes différentes et thématiques, il y en a pour tous les goûts : avec un lit rond ou d'inspiration japonaise pour les romantiques, en forme de château, avec terrasse perchée et lunettes d'observation des étoiles pour les familles. L'une dispose même d'un filet suspendu pour faire la sieste !

LE BÉARN

À voir

Le domaine du château de Laàs : *☎ 05-59-38-91-53. • musee-serbat.com • Avr-début mai, tlj 13h-18h ; juil-août, tlj 13h-19h ; sinon, mer et w-e 13h-18h. Fermé début nov-début avr. Nombreuses animations payantes le w-e et tlj pdt vac scol, comme notamment le jeu d'évasion « escape game » dans le château ou le jeu de piste « Château des Énigmes » dans le parc : voir leur site internet et notre rubrique « Fête et manifestations ». Visite guidée obligatoire pour le château avec accès aux jardins paysagers (plusieurs départs/j.) : 9 € ; réduc. Visites Privilèges : 15 € (ts les 1ers dim du mois).*

Le château abrite le musée Serbat avec ***l'une des plus belles collections d'arts décoratifs*** d'Aquitaine, rassemblée à partir de 1946 par Louis et Madeleine Serbat, amateurs d'art éclairés qui ont pris le soin d'étoffer un héritage déjà conséquent. Originaire du nord de la France, le couple était soucieux de mettre son riche patrimoine à l'abri des vicissitudes des guerres. Comme ils n'eurent pas d'enfants, le château revint au conseil départemental, avec la condition de le maintenir tel quel et de l'ouvrir au public. C'est l'opportunité de pénétrer dans l'intimité de cette harmonieuse demeure, admirablement décorée dans une ambiance XVIIIe s.

La visite guidée vous permettra de découvrir de magnifiques meubles d'époque (estampillés Leleu), des tapisseries d'Aubusson, des tableaux de l'école flamande (Bruegel, Rubens) et française (Fragonard, Vigée-Lebrun), mais aussi de belles porcelaines, des faïences rares. Des pièces précieuses, comme cet ensemble d'éventails XVIIe s peints et collés sur bois représentant l'activité fluviale sur la Seine, exposé dans la bibliothèque.

Les jardins

Jardins à la française avec un miroir d'eau, une terrasse sur le gave et une fontaine du XVIIe s. Les sentiers romantiques descendent vers les berges du gave, et les jardins italiens le surplombent. Parc de 12 ha tout autour, verger conservatoire et théâtre de verdure. Avec les jeux d'évasion et de résolution d'énigmes, largement de quoi occuper un bel après-midi ! Snack et salon de thé en été.

Fête et manifestations

– ***Les Transhumances musicales :*** *5 j. en juil, dans le parc du château de Laàs. Rens : ☎ 05-59-66-53-90. • transhumances-musicales.com •*

– ***Les 3 heures de la brouette :*** *fin août.* Un rallye truculent dans le village, organisé en équipages thématiques. • *principaute-laas.com* •

– ***Fête du Maïs :*** *mi-oct, dans le parc du château de Laàs.* Un grand moment de liesse populaire. S'y déroule notamment le championnat du monde de l'escoupit, sport béarnais qui consiste à cracher le plus loin possible un grain de maïs. Le champion actuel approche les 11 m. Essayez donc si vous pensez que c'est facile !

SAUVETERRE-DE-BÉARN

(64390) 1 480 hab. *Carte Béarn, A1*

Construite sur un saillant, Sauveterre, tout d'abord étape des pèlerins de Saint-Jacques-de-Compostelle, est au Moyen Âge chargée de surveiller la Navarre, la Gascogne et la Soule. Cette ancienne sauveté (territoire de refuge délimité par des croix) cache toute sa rigueur dans un écrin de verdure parsemé de vieilles pierres. Cette petite Cité de caractère mérite qu'on s'y arrête pour admirer le charme de son architecture. De la terrasse derrière l'église, on découvre les vestiges du vieux pont construit par Gaston VII Moncade sur le modèle de celui d'Orthez. Ce pont reliait la ville à l'île de la Glère et permettait de rejoindre l'autre rive du gave. C'est à Sauveterre que, de retour d'une chasse, Gaston Fébus est mort.

LES SAUVETÉS

Au Moyen Âge, les guerres meurtrières entre seigneurs chassaient les populations qui erraient par les chemins. Certains villages offraient le droit d'asile aux vagabonds ou paysans sans terre. Ces enclos protégés par de puissantes abbayes ou monastères permirent la mise en valeur des terres et l'édification de villes nouvelles. Ces lieux de paix étaient délimités par des bornes surmontées d'une croix.

LE BÉARN

Adresse et info utiles

ℹ ***Office de tourisme :*** *pl. Royale.* ☎ *05-59-38-32-86.* • *tourisme-bearn-gaves.com* • *Lun ap-m et mar-sam en moyenne saison, plus le mat dim-lun en été.*

– ***Marché :*** *sam mat, pl. Royale.*

Où dormir ? Où manger à Sauveterre et dans les environs ?

⛺ ***Camping du Gave :*** *chemin du Camping, à Sauveterre.* ☎ *05-59-38-53-30.* 📱 *06-13-03-58-98.* • *contact@campingdugave.fr* • *campingdugave.fr* • *Bien indiqué depuis la ville. Ouv mars-nov. Compter 10,30-15 € pour 2. Mobile homes. 55 empl.* Au bord du... gave (!), face à l'île de la Glère. Camping classique, simple.

🏠 ***Chambres d'hôtes Le Pont de la Légende :*** *rue... du Pont-de-la-Légende, à Sauveterre.* ☎ *05-59-38-91-76.* 📱 *06-32-49-12-20.* • *contact@chambresdupontdelalegende.com* • *chambresdupontdelalegende.com* • *Congés : déc-fév. Doubles env 79-106 € ; familiales. Table d'hôtes 22 €. Apéritif maison offert sur présentation de ce guide.* L'une des plus belles maisons du village bénéficie d'un emplacement privilégié sur le gave et d'un des plus beaux points de vue sur la cité médiévale. De quoi rentrer dans la légende ! Echo et Darren, un jeune couple sino-australien hyper accueillant, ont redonné vie à cette belle bâtisse et proposent 5 chambres avec vue sur le pont fortifié, sobres mais hyper vastes et lumineuses. Accueil simple et décontracté, à tu et à toi. On prend vite ses aises. Darren étant un ancien cycliste pro, il peut sur demande emmener ses hôtes en virée dans les Pyrénées.

Château d'Orion : *64390* ***Orion.*** *☎ 05-59-65-07-74. • info@chateau-orion.com • chateau-orion.fr • À l'écart du bourg, c'est indiqué. Fermé nov-mars. Doubles 114 €-164 €. Table d'hôtes 20-35 € (sur résa). Tisane du jardin offerte sur présentation de ce guide.* Entrer dans cette demeure du XVIe s, c'est en percer les secrets. Chaque chambre raconte une histoire à travers les objets exposés que les propriétaires ont trouvés en ces murs. Tableaux d'ancêtres, bibliothèque aux livres jaunis, costumes d'époque, on se croirait presque dans un musée. Des tomettes au sol aux brillants lustres, on traverse les magnifiques pièces comme on voyagerait dans le temps. Les chambres, toutes spacieuses et impeccables, offrent une literie de qualité et des salles de bains modernes qui se marient à merveille avec les vieilles pierres. La plupart donnent sur l'immense parc avec, pour toile de fond, les Pyrénées. Magique ! Dans l'assiette, produits du potager et des producteurs locaux.

Restaurant La Légende : *5, rue de l'Abbé-Duplech, à Sauveterre. ☎ 09-86-68-99-47 • lalegende@ecomail.fr • Au cœur du village. Ouv mar-dim midi et soir ; hors saison fermé mar et mer-jeu soir. Formule déj 16 € ; carte soir env 30 €.* La préservation de la planète est l'affaire de tous et ce restaurant prouve son engagement. La cuisine bio privilégie les circuits courts et le recyclage des déchets ménagers. En dehors du café et des vins, tous les produits sont dénichés dans un rayon de moins de 200 km. Évidemment, la provenance ciblée des ingrédients conditionne les prix, un poil plus élevés. Le prix juste ! Celui qui valorise la production locale. À l'ardoise, courte sélection de plats francs et généreux, parfois créatifs. Pourvu que ce resto durable... dure !

À voir

L'église Saint-André : édifiée de la fin du XIIe s au début du XIIIe s ; classée Monument historique en 1912. Le clocher fortifié gagne en élégance avec de belles baies géminées. L'extérieur est de style roman. Sur le mur ouest, un beau tympan roman comporte une belle iconographie de pierre (Christ en majesté, évangélistes), ainsi qu'une clé pendante. À l'intérieur, considérablement remanié au XIXe s dans un style néomédiéval, absidioles romanes avec voûte en cul-de-four. Sur l'un des piliers du chœur, chapiteaux historiés représentant la médisance et la gourmandise. Tabernacle en bois doré avec porte ornée de l'*arbre de Jessé*.

LE SUPPLICE DE LA REINE

C'est du pont de Sauveterre que la reine Sancie, épouse de Gaston V, vicomte de Béarn, fut jetée dans la rivière pour subir l'ordalie (jugement de Dieu). En effet, quand, à la mort de son mari, elle accoucha d'un enfant difforme qui ne survécut pas, on la jeta pieds et poings liés dans les flots afin de savoir si elle était responsable de sa mort. Apparemment non, puisqu'elle resta miraculeusement à la surface et fut donc innocentée !

La tour Monréal : *pl. des Salières. 📱 06-70-36-79-05. • tour-monreal.fr • De mi-avr à oct, mar-sam 14h30-18h30 (10h30-12h30, 14h30-18h30 en juil-août) ; le reste du temps, sur rdv à partir de 5 pers. Entrée : 4 € ; réduc.* Cette énorme tour rectangulaire du XIIIe s domine le gave du haut de ses 30 m. Elle abrite un aménagement scénographique moderne et ludique autour d'une extraordinaire maquette de la cité au XVIe s. Des milliers de petites pierres taillées pour reconstruire maisons et remparts. Bluffant !

Voir aussi le ***pont fortifié*** du XIIIe s, la légende de la reine Sancie, la ***porte du Datter,*** accompagnée de vestiges significatifs de la muraille du XIIIe s, et le tympan de l'église.

À faire

Belle petite ***plage*** au bord du gave, en contrebas du château et des remparts. La baignade n'est ni surveillée ni même vraiment autorisée (mais agréable quand même !). Boissons, glaces, pâtisseries sur place au « jardin de thé » *Au Fil de l'Eau.*

L'île de la Glère : jolie balade dans cet espace classé dans un bras du gave d'Oloron et doté d'un patrimoine naturel remarquable, présenté par divers panneaux. Vestiges de la cité médiévale.

LA PORTE DES CAGOTS

C'est par la petite porte située face au gave que devaient pénétrer les cagots, ces personnes rejetées par la population. En gascon, cagot signifie « lèpre blanche » et regroupait l'ensemble des maladies de peau au Moyen Âge. C'est donc pour éviter la contagion que les cagots étaient tenus à l'écart.

– ***Location de canoës :*** *avec* ***2xaventures,*** *base d'accueil à* ***Sorde-l'Abbaye.*** *06-10-61-79-02. • 2xaventures.com • Ou avec l'****USSCK,*** *au pont d'Osserain.* *07-82-34-24-04.* Promenades familiales en canoë ou kayak sur le gave d'Oloron, ainsi que *stand-up paddle.* Possibilité de bivouac sur 2 jours. Liste des prestataires à l'office de tourisme.

Manifestations

– ***Marché des producteurs de pays :*** *juil.* Producteurs fermiers et artisanaux.
– ***Les Médiévales :*** *1 j. fin juil-début août.* Marché médiéval, campement, animations, musique, combats...
– ***Foire de la blonde d'Aquitaine :*** *mi-août.* Nombreuses animations autour du bétail sous le label Blonde d'Aquitaine : repas « de la blonde », concours du meilleur pot-au-feu « Hesta deu Borit », jeux béarnais, marché artisanal, vide-greniers, feu d'artifice et concours Art Vache.

LA NAVARRE (NAFARROA)

• Carte *p. 308-309*

Il y a 2 Navarre, la Navarre du *toro* et l'autre, nous a affirmé un sociologue de bistrot. Et on a failli le croire parce que ça nous sautait aux yeux. Après, on a regardé une carte. Il y a bien 2 Navarre, mais ce n'est pas le *toro* qui les distingue ni la langue. À partir du pic d'Orzanzurieta (au-dessus de Roncevaux), les Pyrénées s'incurvent vers le sud-ouest. Les rivières du nord-ouest de la Navarre coulent vers l'Atlantique. Les habitants de cette zone sont bien loin de Pampelune, culturellement et historiquement, si ce n'est physiquement. Ils n'organisent pas de corridas, ils ne chantent pas la *jota.* Ils n'ont pas eu à combattre les Maures (en revanche, ils n'ont pas loupé Charlemagne), mais ils n'ont pas, non plus, subi leur influence. Ils ont été romanisés plus tard et christianisés plus tôt. Ils vivent au milieu des chênes pédonculés et des hêtres, pas des oliviers et des vignobles.

D'ailleurs, traverser la Navarre du nord au sud, c'est comme aller dans une même journée de la Suisse au Maroc. On part d'Ochagavia, petites maisons vert et blanc au bord d'un torrent de montagne, dans un océan de conifères émeraude. Une heure plus tard, peupliers et cyprès, toits de tuiles et clochetons carrés évoquent la Toscane. Encore quelques tours de roue, et apparaissent les 1ers oliviers, puis tout de suite la vigne. Les terres à blé s'allongent à perte de vue. Et soudain, voici les Bardenas, désert calcaire, paysage du grès strié où la pluie se fait prier. Tout au sud, Tudela se donne des airs d'Andalousie et les rives de l'Èbre portent encore la trace des travaux d'irrigation arabes.

UN PEU D'HISTOIRE

Des origines communes avec le Pays basque

Il faut beaucoup d'histoire et d'histoires pour expliquer la Navarre. Ce passé se confond largement avec celui du Pays basque (voir « Histoire » dans le chapitre « Hommes, culture, environnement ») et, de ce fait, on est toujours un peu dans l'ambiguïté. Que la Navarre ait été originellement peuplée de Basques ne fait aucun doute. De nombreux noms géographiques du sud de la province sont carrément basques, comme *Mendigorria,* petit village installé sur une éminence de grès rose (en basque, *mendi* = la montagne, *gorria* = rouge). En revanche, les noms des 1ers rois de Navarre, ces Sancho, García, Iñigo qui peuplent les chroniques du IXe au XIe s, n'étaient pas franchement basques, ils pouvaient être de n'importe quelle origine ou un peu mâtinés.

Le puissant royaume de Navarre (XIe-XVe s)

On sait que les 2 premiers rois de Navarre connus, Eneko Aresta et García Iñiguez, ont tous 2 marié leurs filles à des musulmans de la ***famille des Banu Qasi.*** Cette alliance s'avère décisive au cours de quelques sévères batailles, dont celle de ***Roncesvalles*** (Roncevaux) en 788. Au terme de cet affrontement, Roland et ses chevaliers sont massacrés par la coalition formée par les Vascons (Basques) et

les Arabes. Les musulmans mettent Pampelune à sac au IXe s. Vers l'an 1000, le royaume de Pampelune est ainsi dirigé par une association entre les seigneurs basques et les Banu Qasi, dans un compromis durable. Les rois de Navarre, chrétiens et appuyant leur pouvoir sur les monastères, participent à la ***Reconquista*** (la Reconquête). Sanche VII dit le Fort remporte même en 1212 la bataille de Las Navas de Tolosa, qui met fin au royaume de Cordoue : c'est le début du démembrement de l'Andalousie musulmane. De cette bataille, le roi rapporte les chaînes qui entouraient la tente de l'émir et l'émeraude qui ornait son turban (ces reliques sont conservées aujourd'hui dans l'église de Roncevaux où Sanche le Fort est enterré). Chaînes et émeraude sont, depuis, les armes de la Navarre.
À la fin du XIIe s, ***la Navarre est un puissant royaume,*** entourée de la Castille et de l'Aragon, alliée aux plus grandes familles d'Europe et bien implantée dans les Pyrénées. Le pèlerinage de Saint-Jacques y amène artisans et grands seigneurs. Le chemin des pèlerins *(el Camino Francés)* traverse le royaume en oblique de Roncevaux à Pampelune, et de Cizur Minor à Viana au sud-ouest. Dès la fin du Xe s, les divers rois de Navarre avaient octroyé des *fueros,* c'est-à-dire des privilèges et une certaine autonomie aux principales villes du royaume : le droit d'organiser leur commerce, leur défense et leur administration. On assiste alors à l'apparition d'une nouvelle couche sociale, les ***francos.*** Ce mot désigne aussi bien les hommes libres (non serviles) que les Français, qui formaient le plus gros contingent de ces émigrés.

La Navarre sous influence française

À la mort du roi Sanche VII le Fort, la couronne de Navarre passe à son neveu, le *comte Thibaut de Champagne* (1201-1253), dont la mère est Blanche de Navarre. Il est resté dans l'histoire sous le nom « Thibaut le Trouvère » ou le « Chansonnier ». Ses chants lyriques et ses poésies furent même remarqués par Dante... Mais sous des abords badins, c'est aussi un fin stratège et un véritable homme d'État. Thibaut de Champagne quitte Reims, se fait sacrer roi de Navarre à Pampelune en 1234 et réorganise le royaume. 1ers conflits entre un roi centralisateur, voulant appliquer à la Navarre le modèle français, et les villes et confréries navarraises attachées à leur autonomie. À ce moment-là, le soutien du roi est tranchant. Avec lui, quelques seigneurs de son vasselage et une armée vont rétablir l'ordre. Le roi fera des concessions et matera quelques révoltes. Il nomme ***Eustache de Beaumarchais*** (1235-1294) comme gouverneur, et les *francos* prennent les leviers de commande. Parmi ces familles françaises émigrées en Navarre à l'époque : les Baylle, les Bernal, les Biolante, les Boville, les Chaminade, les Marigny, et les Breton, toutes nobles et blasonnées.
C'est l'époque où, dans les textes administratifs, chaque fois que doit apparaître un mot basque (un nom de domaine, par exemple), il est suivi de la formule *rustico dicunt,* « comme disent les paysans ». Le sens est clair : il y a les paysans, qui parlent le basque, et les *francos,* qui s'expriment dans la langue romane.
Comme la Navarre est une importante voie de passage, il est évident que tout le monde a intérêt à être au moins bilingue. ***Le vieux français devient la langue de tous les textes officiels,*** mais aussi celle du commerce, comme le latin est celle de la religion. C'est le début d'un long processus d'éradication de la langue basque. La conquête de la Navarre par la Castille n'améliorera pas les choses, pas plus que les guerres carlistes (bien plus tard au XIXe s).

La Haute-Navarre conquise en 1512 par la Castille

Les soubresauts du royaume de Navarre durant le bas Moyen Âge (du XIVe au XVIe s) s'expliquent ainsi. Très tôt, les grands seigneurs basques du Guipúzcoa et de Biscaye rendent hommage au roi de Castille, qui représente la branche cadette des rois de Navarre. L'arrivée des rois venus de France ne fera qu'exacerber cette attitude. Pour l'Aragon et la Castille, ses voisins, le royaume de Navarre est un

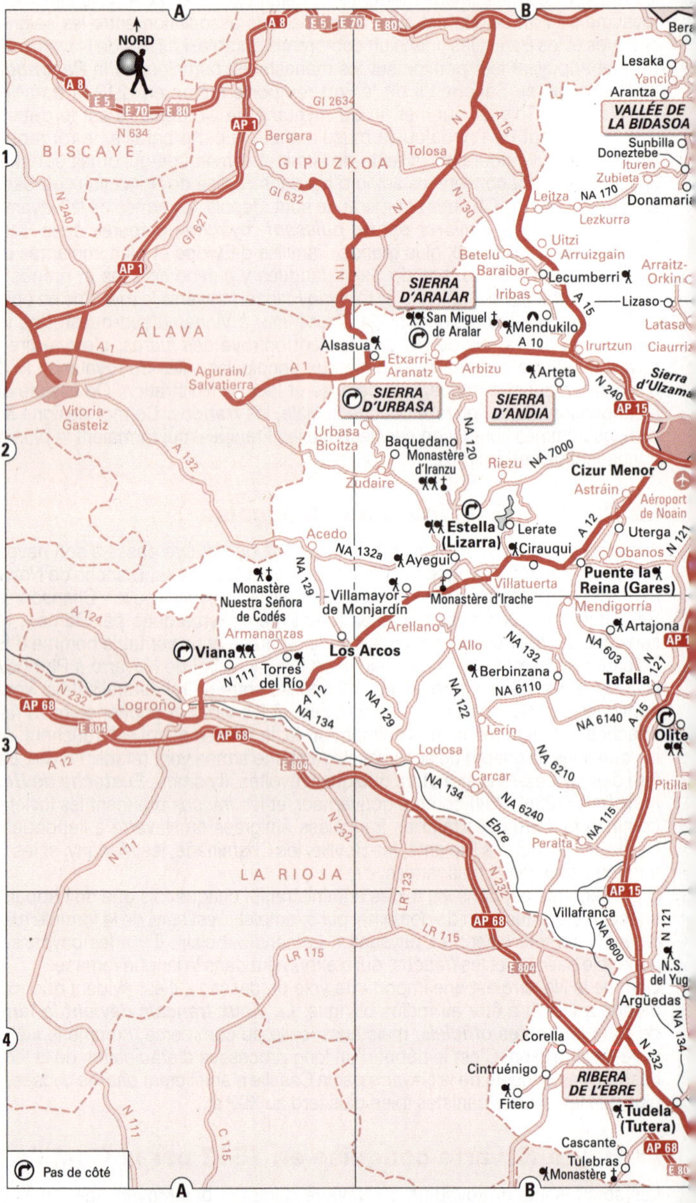

NORD
A
B
1
2
3
4
A 8
E 5
E 70
E 80
AP 1
N 634
BISCAYE
GI 2634
Bergara
GIPUZKOA
Tolosa
N I
A 15
N 130
GI 632
GI 627
N 240
Bera
Lesaka
Yanci
Arantza
VALLÉE DE LA BIDASOA
Sunbilla
Doneztebe
Ituren
Zubieta
Donamaria
Leitza
NA 170
Lezkurra
Uitzi
Arruizgain
Betelu
Baraibar
Lecumberri
Arraitz-Orkin
Iribas
Lizaso
SIERRA D'ARALAR
San Miguel de Aralar
Mendukilo
Latasa
ÁLAVA
A 1
Alsasua
A 10
Irurtzun
Ciaurriz
Etxarri-Aranatz
Arbizu
Arteta
Sierra d'Ulzama
Agurain/Salvatierra
N 240
AP 15
Vitoria-Gasteiz
SIERRA D'URBASA
SIERRA D'ANDIA
A 132
Urbasa Bioitza
Baquedano
Monastère d'Iranzu
NA 120
Riezu
NA 7000
Cizur Menor
Zudaire
Astráin
Aéroport de Noain
Estella (Lizarra)
Lerate
A 12
Uterga
N 121
Acedo
NA 132a
Cirauqui
Obanos
NA 129
Ayegui
Monastère Nuestra Señora de Codés
Villamayor de Monjardín
Monastère d'Irache
Villatuerta
Puente la Reina (Gares)
Mendigorría
A 124
Armananzas
Arellano
Artajona
Viana
Los Arcos
Allo
NA 132
NA 603
Torres del Río
N 111
Berbinzana
Tafalla
N 232
NA 6110
AP 68
Logroño
A 12
NA 134
NA 122
NA 6140
A 15
Olite
E 804
Lerín
Lodosa
NA 6210
Pitillas
Carcar
NA 134
NA 6240
Ebre
N 111
Peralta
NA 115
LA RIOJA
LR 123
N 232
AP 15
N 121
AP 68
Villafranca
LR 115
NA 6600
N.S. del Yugo
Argüedas
NA 134
N 232
Corella
Cintruénigo
RIBERA DE L'ÈBRE
Fitero
Tudela (Tutera)
N 111
C 115
Cascante
Tulebras
Monastère
Pas de côté

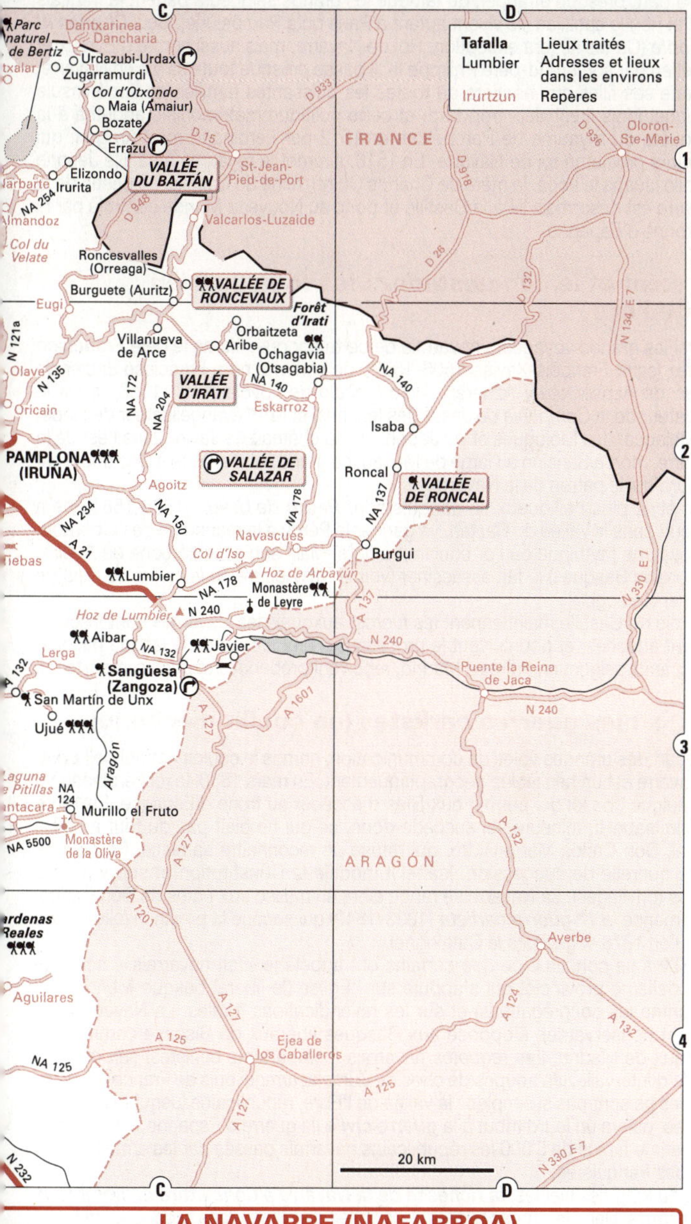

LA NAVARRE (NAFARROA)

peu à part, presque étranger, du fait que les grands seigneurs parlent le français d'oïl et non le castillan (ils vivent autant à Paris qu'à Pampelune). Seul ***Charles III le Noble*** (Carlos III) fera exception. Roi de Navarre, mais aussi comte d'Évreux et capétien par son grand-père Philippe III, il passe presque toute sa vie en Navarre. Il marie ses filles aux héritiers de toutes les puissantes familles de la péninsule Ibérique. Mais il est déjà trop tard, et cette politique matrimoniale aboutira à la conquête du royaume de Pampelune en 1512 par Ferdinand roi d'Aragon, qui est alors proclamé roi de Navarre. En 1516, il remet le royaume à sa fille Jeanne la Folle (Juana la Loca, la mère de Charles Quint), reine de Castille. Le destin de la Navarre est désormais lié à la Castille et donc au Nouveau Monde contrôlé par la couronne d'Espagne.

Le saint et le *conquistador* : les fous de Dieu et de l'or

Parmi les grands voyageurs navarrais de cette époque, citons le père ***Francisco Javier*** (saint François-Xavier, 1506-1552), de son vrai nom Francisco Jabier de Jasso de Azpilikueta y Aznarez. Avec *Ignacio de Loyola* (1491-1556), il est le fondateur de la *Compañia de Jesús* (les jésuites) et le 1er évangélisateur de l'Inde, de Malacca, des Moluques et du Japon. Né au château de Javier dans l'est de la Navarre, mort à Sancian au large de Macao, ce grand saint enterré à Goa (Inde) est aujourd'hui le patron de la Navarre.

D'un style plus belliqueux, le conquistador ***Pedro de Ursua*** (1525-1561), né à Arizcun dans la vallée du Baztán, va gagner le Pérou à la recherche de l'Eldorado, ce royaume mythique où l'or coulerait à flots. Mais son associé Lope de Aguirre (encore un Basque !) le fait assassiner (voir le film *Aguirre ou la colère de Dieu* de Werner Herzog).

Les rois de Castille maintiennent les *fueros,* auxquels les Navarrais sont viscéralement attachés, et poursuivent le processus d'éradication de la langue basque. Les grands seigneurs, attirés à Madrid, reçoivent prébendes et postes importants.

XIXe s : les guerres carlistes (un conflit méconnu)

À l'écart des grandes voies de communication, hormis le couloir naturel de l'Èbre, la Navarre est un peu isolée géographiquement. En mars 1830, le roi Ferdinand VII promulgue une loi qui permet aux filles d'accéder au trône d'Espagne. En 1833, sa fille Isabel II, mineure, lui succède donc, ce qui ne plaît pas du tout au frère du roi, Don Carlos María Isidro, qui refuse de reconnaître sa nièce. En plus de cette querelle de succession, Isabel II modifie la Constitution et supprime les *fueros* (privilèges). La Navarre se range alors en masse aux côtés de Don Carlos. Commence la ***1re guerre carliste*** (1833-1840) qui secoue la province (elle durera jusqu'en 1876 et gagnera la Catalogne).

Au XIXe s se constitue ce que certains ont appelé le « fait navarrais », sorte de nationalisme provincial qui s'appuie sur l'Église (le libéral basque Mendizabal supprime les congrégations) et sur les revendications forales. La Navarre agricole et conservatrice s'oppose aux Basques libéraux de Biscaye comme aux libéraux de Madrid. Les *requetes* navarrais (combattants carlistes) seront, à un siècle d'intervalle, les troupes de choc de Zumalacárregui puis de Franco. Mais les choses ne sont pas si simples : la vallée de l'Èbre, républicaine jusqu'au bout des ongles, paiera un lourd tribut à la ***guerre civile*** (la guerre d'Espagne, 1936-1939). On estime à plus de 5 000 les républicains navarrais passés par les armes par les troupes franquistes.

Tout au long des siècles, ***la richesse de la Navarre a donc attiré de nombreux émigrants.*** Dans les zones fertiles de la vallée de l'Èbre, dans la conque de Pampelune, cette nouvelle population a pris le pouvoir économique et politique, avec l'appui des dirigeants de Madrid. Aujourd'hui, les Basques sont minoritaires en Navarre. Dans les secteurs bascophones du sud-ouest et au nord-ouest, dans les

régions d'Alsasua, Lekunberri, et dans la vallée de la Bidassoa, on parle basque et l'on est bilingue, ce qui n'est pas du tout le cas de l'est de la Navarre (Tudela, Olite, Sanguësa), où le castillan est maître.
Lors de la mise en place des autonomies, la Navarre refuse de se joindre aux 3 autres provinces basques (Guipúzcoa, Bizcaye, Álava), les blessures de l'Histoire étant trop profondes. Les siècles ont aggravé les fractures et exacerbé les antagonismes. Aujourd'hui encore, le gouvernement conservateur navarrais se veut fidèle à Madrid.

Bon à savoir

Avant de partir, pensez à consulter le site de la région • *navarra.es* • et surtout son site spécialisé dans le tourisme • *turismo.navarra.es* •, très complet et traduit en français.

PAMPLONA (IRUÑA)

Traditionnellement, on parle de « conque de Pamplona » pour désigner le bassin de la capitale de la Navarre. Et c'est bien de cela qu'il s'agit, même si l'urbanisation moderne gêne aujourd'hui la lecture du paysage. Environnée de montagnes à l'ouest, au nord et à l'est, Pamplona s'est développée dans un site en forme de vaste cirque ou de coquille (*concha* en espagnol) ouverte au sud sur la vallée de l'Èbre. Pour bien comprendre, allez à la tombée de la nuit sur le chemin de ronde au nord de la cathédrale. La vue superbe, pour peu qu'un joli coucher de soleil soit au rendez-vous, s'ouvre sur les montagnes du Nord. Aujourd'hui, cette plaine circulaire très urbanisée concentre l'essentiel des activités industrielles navarraises.

PAMPLONA (IRUÑA) 199 060 hab. *Carte Navarre, B-C2*

• Plan *p. 314-315*

Pampelune ! La capitale navarraise est l'une des villes les plus chargées d'histoire d'Espagne (et donc du Pays basque, avec lequel elle a des liens historiques). Encore ceinte par une partie de ses puissants remparts, c'est aussi l'une des villes fortifiées les plus intéressantes d'Europe. Ses bastions et son chemin de ronde surplombant le río Arga depuis la ville haute ont fière allure, tandis que les fossés et les défenses de la Ciudadela impressionnent par leur taille et leur bel état de conservation. Aujourd'hui, les larges espaces de cette dernière sont devenus un parc, lieu de balade privilégié.
L'ambiance est très particulière à Pampelune, mi-castillane, mi-basque. Les Pamplonais se déclarent navarrais avant tout, et, selon le cas, admettent une petite dose de « basquitude » ou un gros zeste d'hispanité. Vous aimerez cette ville jeune et très vivante. Elle s'organise autour de sa splendide plaza del Castillo, piétonne et bordée de beaux immeubles peints, aux balcons de fer forgé. Les ruelles tout autour concentrent les bars à *pintxos* : c'est ici que l'animation bat son plein, en fin de semaine et jusque tard dans la nuit.
Les célèbres fêtes de la Saint-Firmin sont, bien entendu, l'événement le plus caractéristique, notamment depuis qu'elles furent immortalisées par

Hemingway dans *Le soleil se lève aussi.* Enfin, Pamplona se révèle un excellent camp de base pour découvrir une région très riche en monuments religieux et en cités médiévales, notamment le long du chemin de Compostelle. Remarquez qu'en basque Pamplona se dit *Iruña,* à ne pas confondre avec Irun.

– ***Bon à savoir :*** la police municipale est d'une grande sévérité envers le stationnement irrégulier. Donc voiture au parking (infos dans « Adresse et info utiles »).

UN PEU D'HISTOIRE

On connaît la date de fondation de ***Pompelaio par Pompée,*** en 74 av. J.-C. Ce brave Pompée vient de mettre fin à la rébellion de Sertorius et de pacifier l'Espagne pour le compte de Rome, à la suite de quoi il est nommé *imperator.* Bien entendu, le site est déjà occupé par un petit village basque appelé Iruña, mais la romanisation est rapide et complète. Les vestiges sont encore nombreux dans toute la région.

Saint Firmin : d'Amiens à Pampelune

Pamplona est christianisée assez tôt. La légende veut qu'un jeune chrétien nommé Firmin soit allé suivre l'enseignement de l'évêque de Toulouse, un certain Saturnin (que l'on appelle aussi Cernin). Après quoi, le Firmin en question évangélise successivement Pamplona et une partie de la Navarre, ainsi que la Picardie autour d'Amiens. Il est même à la fois évêque d'Amiens et de Pamplona, ce qui ne doit pas être simple avec les transports de l'époque. En tout cas, il est mort à Amiens, où ses reliques sont conservées.

Pendant le haut Moyen Âge, la ville devient assez importante pour qu'apparaisse au IXe s un « ***roi de Pampelune*** », mais aussi pour que les chroniques maures fassent état de multiples campagnes pour la prendre et la détruire. C'est dans ce bras de fer géopolitique qu'intervient Charlemagne pour la raser. Il est vrai que les Pamplonais ont alors de bonnes relations avec les Arabes, maîtres de l'Aragon voisin.

Les *francos* : des migrants français à Pampelune

Au Moyen Âge, Pamplona est divisée en 4 quartiers : la ***Navarreria,*** le vieux quartier qui est surtout peuplé de Basques de toutes origines et de toutes conditions ; la ***Judería,*** qui, comme son nom l'indique, est le quartier juif, avec quelques habitants maures convertis ; tandis que ***San Cernín*** et ***San Nicolás*** abritent les *francos,* les nouvelles familles venues dans les bagages des rois français. Les chroniques bruissent des querelles entre les habitants d'origine et les émigrés, jusqu'à ce jour de 1277 où Eustache de Beaumarchais rase la Navarreria et en décime la population. Après cette barbarie, Pamplona cesse d'être basque, et pour longtemps : la Navarreria sera reconstruite et repeuplée en 1324 seulement, presque 50 ans plus tard. Charles III arrive à trouver un accord entre les quartiers en 1423, d'autant plus facilement qu'à cette date la Navarreria est devenue aussi un quartier de *francos.* Cet épisode ne doit pas être oublié. Ce qui reste de population ancienne en Navarre prendra désormais le parti des rois de Castille contre les rois français.

Pamplona, cœur et moteur de l'histoire navarraise

Lorsque les Castillans s'emparent de la Navarre, en 1512, ***Henri d'Albret*** (certaines rues portent son nom hispanisé *Enrique Labrit,* notamment à Sangüesa, sa ville natale) fait une ultime tentative pour reprendre Pamplona. Il échoue, mais c'est lors de cette bataille qu'un grand seigneur gipuzkoan (un Basque né à Azpeitia) va être gravement blessé et se découvrir une vocation mystique : *Ignacio Lopez* *de Recalde,* qui deviendra saint ***Ignacio de Loyola.*** Lors des guerres carlistes, Pamplona, comme toute la Navarre, prendra parti pour Don Carlos. La suppression des *fueros,* l'abolition des congrégations, c'en était trop pour Pamplona la catholique. Au début de la guerre civile (1936-1939), la Navarre dépend du général Mola, qui prend aussitôt fait et cause pour Franco. La Navarre sera le bastion des nationalistes du nord de la péninsule et, quand Franco débarque dans le Sud, les républicains sont déjà pris dans un étau.

HEMINGWAY À PAMPLONA

Correspondant du journal *Toronto Star* basé à Paris, Ernest Hemingway vint pour la 1re fois à Pampelune en 1923. Enthousiasmé par les fêtes de la San Fermín, il y revint ensuite chaque année jusqu'en 1959 (moins souvent pendant la guerre d'Espagne et la Seconde Guerre mondiale). Les fêtes de la San Fermín lui ont inspiré son roman *Le soleil se lève aussi,* et de nombreux reportages passionnés qui ont fait connaître la Navarre et les corridas au grand public américain. Il existe aujourd'hui une route Hemingway *(ruta Hemingway)* avec dépliants et panneaux explicatifs (infos à l'office de tourisme).
Voici ***quelques lieux marqués par ses séjours :*** près des arènes (plaza de Toros), le *paseo Hemingway* avec son buste sculpté sous les arbres ; plus loin, l'*Hotel Yoldi* où Hemingway faisait la bringue avec son copain le torero Antonio Ordóñez. Pilier de bar, Hemingway fréquenta tous les cafés de la plaza del Castillo, dont le fameux *Café Iruña*. À côté, le *Grand Hotel La Perla,* où l'écrivain épris de tauromachie habitait chambre 217.

Arriver – Quitter

En avion

✈ ***Aéroport*** *(hors plan par C4) : à 6 km au sud du centre-ville. • aena.es •* À 800 m de l'aéroport (localité de Noáin), le bus n° 16 dessert la gare routière ttes les 15-20 mn. Pour gagner le centre de Pamplona, prendre un taxi. Compter env 15-20 € la course. Attention, très peu de taxis le dimanche. On peut se regrouper avec d'autres passagers, d'autant qu'il y a un service de taxi partagé, à réserver (de 3h à 10 mn avant) au : *☎ 948-23-23-00 ou 948-35-13-35 ; compter 0,70 €/pers.*
■ ***Iberia :*** *☎ 901-111-500. • iberia.com • Liaisons avec Madrid.*

En train

Estación RENFE *(plan A1) : avda San Jorge, s/n. • renfe.com • Accès par le bus n° 9.*
➢ ***Olite (Erriberri) :*** 3 trains/j. dans les 2 sens. Trajet : 30-40 mn.
➢ ***Tudela :*** 10-14 trains/j. dans les 2 sens, 6h25-20h15. Trajet : 1h-1h20.
➢ ***Irun :*** 2 trains/j. dans les 2 sens, en fin de matinée et en début de soirée. Trajet : env 2h45.
➢ ***Saragosse (Zaragoza) :*** 8-10 trains/j. dans les 2 sens. Trajet : 1h45-2h15.
➢ ***Barcelone :*** env 4-5 trains directs/j. dans les 2 sens. Trajet : 3h45-4h30.
➢ ***Madrid :*** 4 trains directs/j. dans les 2 sens, 6h35-19h35 ; également 2-3 liaisons/j. avec correspondance à Saragosse. Trajet : 3h10-3h20.
➢ ***Vitoria-Gasteiz :*** 4-6 trains/j. dans les 2 sens. Trajet : 50 mn-1h15.

En bus

Gare routière *(plan C3) : avda Yangüas y Miranda, en sous-sol (accès par un bâtiment vitré devant le parc de la Ciudadela). ☎ 948-20-35-66.* Très développé, le réseau de bus permet de rayonner dans toute la Navarre ou de rejoindre les autres provinces. Chaque compagnie possède son propre guichet. Consigne à bagages 6h30-23h *(4-5 €/24h).* Un guichet *(lun-ven 10h-14h, 15h-19h ; w-e 10h-13h, 16h-19h)* donne horaires et nom des compagnies pour toutes les destinations, très

A
B
0
200
400 m
1
2
3
4
SAN SEBASTIÁN
Avenida de San Jorge
Dr Fleming
Avenida de Navarra
Rio Arga
Avenida de Guipúzcoa
PLAZA SANCHO ARBACA
Joaquín Beunza
B. Tirapu
Cuesta de la Reina
Parque Larraina
Parque de la Taconera
Parque de la Biurdana
Calle Biurdana
Monasterio de Iratxe
San Roque
Monasterio de la Oliva
Mº de Zilbeti
Monasterio de Urdax
Monasterio
Mº de Velate
Avenida de Bayona
PLAZA JUAN XXIII
Av. Pío XII
Avenida
Av. de Navarra
Av. de Barañain
Parque Yamaguchi
Avenida de Sancho el Fuerte
Serafín
Iturrama
Esquíroz
Av. de Navarra
200 m
Cuesta de Curtidores
Ascenseur
Cuesta de Santo Domingo
Museo de Navarra
Parque de Sto Domingo
2 de Mayo
Carmen
31
PLAZA SAN JOSÉ
20
Catedral y Expo Occidens
Ronda del Obispo Barbazán
60
41
PL. DE LOS BURGOS
Mercado
PLAZA CONSISTORIAL
PLAZA VIRGEN DE LA O
Descalzos
Jarauta
Estafeta
S. Lorenzo
Mayor
San Saturnino
Mercaderes
Curia
Compañía
Dormitalería
12
62
Calderería
63
43
Bajada de Javier
Merced
PLAZA STA MARÍA LA REAL
Cámara de Comptos Reales
Calle
PLAZA RECOLETAS
15
Nueva
40
PLAZA DE SAN FRANCISCO
S. Francisco
Zapatería
Comedias
PLAZA DEL CASTILLO
34
Estafeta
S. Agustín
Tejería
Bajada de Labrit
Recta
Bosquecillo
San Lorenzo
32
S. Nicolás
44
30
16
PLAZA DE TOROS
Aralar
Nueva
S. Antón
S. Miguel
11
33
Av. Carlos III
Navas de Tolosa
Taconera
S. Gregorio
Paseo de Sarasate
S. Ignacio
Av.
Amaya
Arrieta
17
P
Museo Universidad de Navarra

Adresse utile

Oficina municipal de turismo (zoom)

Où dormir ?

11 Bearán Bar & Rooms (zoom)
12 Albergue Jesús y María (zoom)
13 Hostal Navarra (C2)
14 Hotel Yoldi (C2)
15 Hotel Maisonnave et Pensión Escaray Lozano (zoom)
16 Europa (zoom)
17 Pensión Mendi (zoom)
19 Aloha Hostel (C2-3)
20 Albergue Plaza Catedral (zoom)

Où manger ?

30 Cafe-bar Gaucho et Guria (zoom)
31 Herriko Taberna (zoom)
32 Baserriberri (zoom)
33 La Mandarra de la Ramos et Restaurante San Nicolás (zoom)
34 Bodegón Sarria (zoom)

Où boire un verre ? Où sortir ?

40 Café Iruña (zoom)
41 Mesón de la Nabarrería (zoom)
43 Garazi Taberna (zoom)
44 Café Roch (zoom)

Où acheter des spécialités locales ?

60 Mercado de Santo Domingo (zoom)
61 Casa Manterola (C2)
62 Gurgur (zoom)
63 Pastas Beatriz (zoom)

PAMPLONA (IRUÑA)

bien fait. Sinon, renseignements sur • *estaciondeautobusesdepamplona.com* •

➢ ***Navarre :*** bus env ttes les heures pour ***Alsasua*** et ***Tafalla*** ; env 5-10 bus/j. pour ***Estella*** et ***Olite*** ; 6-9 bus/j. pour ***Tudela*** ; 4-5 bus/j. pour ***Sangüesa.***

➢ ***Donostia – San Sebastián :*** env 12 bus/j., 6h55-21h15, avec *Alsa (• alsa.es •).* Trajet : 1-2h selon les arrêts.

➢ ***Vitoria-Gasteiz :*** 4-9 bus/j. avec *La Burundesa (☎ 948-22-17-66 ; • laburundesa.com •).*

➢ ***Irun :*** 1 bus/j. en fin d'ap-m avec *La Burundesa.* Trajet : 1h45.

➢ ***Madrid et Saragosse :*** respectivement env 15 bus/j. et env 10 bus/j. avec *Alsa.* Durée : 5-6h pour Madrid, selon les arrêts.

➢ ***Logroño :*** 5-9 bus/j. avec *La Estellesa (☎ 948-22-22-23 ; • laestellesa.com •).* Trajet : 1h40 ou 2h selon les arrêts.

➢ ***Barcelone :*** 3 bus/j. avec *Monbus (• monbus.es •).*

Adresse et info utiles

🛈 ***Oficina municipal de turismo*** *(plan zoom) : c/ San Saturnino, 2. ☎ 948-42-07-00. • turismo.navarra.es • pamplona.es • Juil-sept, tlj 9h-14h, 15h-20h ; hors saison, tlj sauf dim ap-m 10h-14h, 15h-19h (17h nov-mars). Fermé 1er et 6 janv, et 25 déc.* Très bon office de tourisme, accueillant et compétent (des hôtesses parlent le français). Plans bien faits des principales villes de Navarre (dont Pamplona), documentation détaillée sur la région. Vend des cartes pour les randonnées et les parcours à vélo.

🅿 ***Parkings :*** nombreux et payants dans le centre, calle Arrieta, sous la plaza de Toros, au Rincón de la Aduana, au centre de congrès et sous la plaza del Castillo. Mais le bon plan, ce sont les ***parkings gratuits*** disponibles au nord de la vieille ville, de l'autre côté du rio Arga *(plan zoom).* Le plus pratique, c'est le grand espace situé au niveau du pont. Une fois garé, il suffit d'emprunter l'ascenseur pour rejoindre la ville haute (gratuit).

Où dormir ?

Attention, pendant la fête de la San Fermín (6-14 juillet), la demande pour les hôtels est telle que les prix triplent, voire quadruplent. Les réservations se font souvent d'une année sur l'autre, alors autant prévoir très, très à l'avance ! Si vous vous décidez au dernier moment, essayez de trouver une chambre chez l'habitant par l'intermédiaire de l'office de tourisme.

Auberge des pèlerins et auberges de jeunesse

⌂ ***Aloha Hostel*** *(plan C2-3, **19**) : c/ Sangüesa, 2, 31003. ☎ 948-15-33-67. 📱 648-28-94-03. • info@alohahostel.es • alohahostel.es • Réception au 1er étage. Nuitée 16-22 €/pers selon confort (15 € pour les pèlerins), avec petit déj ; double 45 €.* Emplacement on ne peut plus stratégique pour cette AJ de poche conviviale, située à 2 pas de la gare routière et de la vieille ville. Sur 2 étages, elle dispose de dortoirs (4-8 lits) classiques et corrects, de blocs sanitaires communs pas nombreux mais bien tenus, d'une cuisine équipée, et d'un salon lumineux et cosy. Également un appart pour 6 personnes. Mais le plus, c'est la petite terrasse fleurie sur le toit. Vraiment top !

⌂ ***Albergue Plaza Catedral*** *(plan zoom, **20**) : c/ Navarrería, 35, 31001. 📱 690-69-88-41. • reservas@albergueplazacatedral.com • albergueplazacatedral.com • ♿ Fermé dim-jeu en janv-fév. En dortoir (10-14 lits) 15-18 €, double env 60 €, petit déj compris.* Face à la cathédrale, à 2 pas des bars et des restos, cette petite AJ récente est au cœur de l'action. Côté confort, c'est classique : dortoirs pas bien grands mais corrects (celui à l'étage est mieux conçu que celui de l'entresol, car compartimenté), blocs sanitaires communs propres, laverie, parking à vélos, et un espace commun chaleureux avec cuisine et coin salon. Éviter en revanche la chambre pour 4, riquiqui et seulement accessible par l'un des dortoirs. Accueil sympa, à l'image de l'ambiance.

Albergue Jesús y María *(plan zoom,* ***12****) : c/ Compañía, 4, 31001. ☎ 948-22-26-44. • carurtea@aspacenavarra.org • Accueil 12h-23h. Congés : 1 sem début juil et de fin déc à mi-janv. Lit en dortoir 10 € pèlerin, 15 € touriste, draps inclus. CB refusées.* Située en plein centre-ville, c'est une auberge avant tout destinée aux pèlerins munis de la *credencial* (les touristes ne sont acceptés que d'octobre à avril). Récente, très propre et bien équipée, elle accueille 112 voyageurs répartis en méga-dortoirs de 28 lits. Pour l'intimité, on repassera ! Les sanitaires sont toujours sur le palier. Et aussi : cuisine, laverie gratuite, local à vélos...

Bon marché

Bearán Bar & Rooms *(plan zoom,* ***11****) : c/ San Nicolás, 25, 31001. ☎ 948-22-34-28. • info@bearanpamplona.com • bearanpamplona.com • Doubles 45-70 € selon saison.* Au cœur de la vieille ville, dans la rue piétonne des bars à *pintxos,* ce petit immeuble de 4 étages abrite des chambres simples et modestes, mais propres et correctes (douche et w-c, clim). Mieux vaut en prendre une dans les étages élevés ou côté cour, car les soirs de week-end, l'animation bat son plein ! D'ailleurs, l'accueil se fait au bar.

Pensión Escaray Lozano *(plan zoom,* ***15****) : c/ Nueva, 24, 31001. ☎ 948-22-78-25. 📱 678-58-30-30. • esca24@gmail.com • pensionescaraypamplona.com • Au 1er étage gauche. Double 45 € (sanitaires communs). Pas de petit déj. CB refusées.* C'est une dame affable et attentionnée qui tient cette pension vieille école aménagée dans un grand appartement très propre. Décoration d'un autre temps, avec des objets anciens, des meubles de famille, des cadres et des tableaux. Les chambres sont simples et mal insonorisées mais impeccables et elles ne manquent pas de caractère. Salles de bains bien tenues. Ambiance conviviale, entre pèlerins et touristes à budget moyen.

Pensión Mendi *(plan zoom,* ***17****) : avda Navas de Tolosa, 9, 31002. ☎ 948-22-52-97. • info@pensionmendi.es • pensionmendi.es • Au 3e étage. Double 45 €. Apparts 5-8 pers 100-150 € (mais 3 nuits min).* En découvrant ce bel immeuble du début du XXe s (avec bow-windows) en bordure de la vieille ville, on n'imagine pas la qualité des chambres. Elles ont pourtant été rénovées dans un style agréable mêlant l'ancien et le moderne, et disposent de salles de bains nickel et de la clim. Également 2 apparts bien équipés, impeccables pour les familles ou les groupes.

Prix moyens

Hostal Navarra *(plan C2,* ***13****) : c/ Tudela, 9, 31002. 📱 627-37-48-78. • info@hostalnavarra.com • hostalnavarra.com • Congés : Noël et Nouvel An. Résa conseillée. Double avec sdb env 60 € (285 € pdt la San Fermín).* Un des meilleurs rapports qualité-prix de Pamplona, à 2 pas du quartier historique. Passé la petite entrée plutôt modeste, on découvre dans les étages des chambres modernes et très confortables : clim, bouilloire pour le café et le thé, salles de bains nickel... Rien ne manque, jusqu'à la salle de petit déj très cosy ! Accueil sympa.

Chic

Hotel Yoldi *(plan C2,* ***14****) : avda San Ignacio, 11, 31002. ☎ 948-22-48-00. • yoldi@hotelyoldi.com • hotelyoldi.com • Doubles 80-90 € (400 € pdt la San Fermín) ; petit déj 11 €. Sur présentation de ce guide, réduc de 10 % sur la chambre double.* En plein centre, cet hôtel de standing abrite des chambres spacieuses et élégantes aménagées dans un style moderne et épuré (belles salles de bains actuelles). C'est le point de chute préféré des toreros quand ils viennent à Pamplona. Ici ont logé quelques célébrités de la tauromachie, dont le grand Antonio Ordoñez, ami de Hemingway et d'Orson Welles. Une très bonne adresse dans cette catégorie.

Hotel Maisonnave *(plan zoom,* ***15****) : c/ Nueva, 20, 31001. ☎ 948-22-26-00.*

• informacion@hotelmaisonnave.es • hotelmaisonnave.es • ♿ Doubles 80-120 € (550 € pdt la San Fermín), petit déj 10 €. Parking souterrain env 15 €. Très bien situé, dans le secteur piéton du centre historique. Grand hôtel moderne avec des chambres agréables, vastes, propres, aménagées d'une manière classique et fonctionnelle. Celles des étages élevés sont les plus calmes, et les plus chères ont vue sur la cathédrale ou la vieille ville. Accueil pro.

Europa *(plan zoom,* ***16****) : c/ Espoz y Mina, 11, 31002. ☎ 948-22-18-00. • info@hoteleuropapamplona.com • hoteleuropapamplona.com • Resto fermé dim. Congés : Noël et Nouvel An. Doubles 80-120 € (env 490 € pdt la San Fermín) ; petit déj 10 €. Menus déj en sem 53 €, sinon 72-88 € ; repas env 70 €. Parking proche 15 €.* Emplacement idéal, à 2 pas de la plaza del Castillo. Petit hôtel chic à taille humaine, avec des chambres modernes et cossues au confort irréprochable. Fait aussi resto : cuisine navarraise gastronomique de haute volée, à la présentation très graphique (prix très au-dessus de la moyenne mais justifiés).

Où dormir dans les environs ?

Il existe de très nombreux hôtels et restos en proche banlieue : pendant les *Fermines,* ces hôtels sont souvent un bon plan. Ils sont un peu moins chers qu'en centre-ville, et pendant les fêtes, des services de navettes sont organisés.

Camping Ezcaba : *ctra Irun, km 7, 31194* ***Eusa.*** *☎ 948-33-03-15. • info@campingezcaba.com • campingezcaba.com • ♿ À 7 km, sur la route d'Irun par la N 121a (bien indiqué). De Pampelune, bus 4 pl. de las Merindades ; demander au chauffeur l'arrêt au camping (il reste 1,5 km à pied). Congés : déc-janv. Forfaits 23-26,50 € pour 2. Bungalows 2-6 pers 65-120 € (7 nuits min de mi-juil à mi-août). Doubles 40-52 €.* Très grand camping (750 places), simple et sans charme particulier, mais c'est le seul dans les environs immédiats de Pamplona. On parle le français à la réception. Bungalows, chambres doubles ou triples. Les emplacements sont corrects et bien ombragés. Fait aussi resto (prix sages). Piscine gratuite. Location de vélos. À éviter lors des fêtes de la San Fermín, car très bruyant (et les tarifs grimpent).

Où manger ?

Bars à *pintxos* et à tapas

Comme partout, les ***bars à* pintxos** sont innombrables. Certains proposent quotidiennement un *pintxo* du jour différent, affiché sur une ardoise. Les ***calles San Nicolás*** et ***San Gregorio,*** près de la plaza del Castillo, regorgent de petits ***restos*** furieusement animés, tous plus ou moins touristiques mais néanmoins appréciés des autochtones.

La Mandarra de la Ramos *(plan zoom,* ***33****) : c/ San Nicolás, 9. ☎ 948-21-26-54. • lamandarra@lamandarradelaramos.com • Tlj jusqu'à minuit (3h ven-sam). Pintxos env 3,50 € ; menus 16 € (midi)-28 €.* Chaleureux bar à *pintxos* au cœur de l'animation dans une rue piétonne survoltée les soirs de week-end. Les *pintxos* sont simples et rustiques dans l'ensemble, mais certains sont plus soignés, voire un brin imaginatifs, et toujours appétissants. On peut aussi s'asseoir (salle du fond) pour partager des *raciones,* des *platos combinados,* des salades. Accueil jeune et très sympathique.

Cafe-bar Gaucho *(plan zoom,* ***30****) : c/ Espoz y Mina, 7. ☎ 948-22-50-73. Tlj jusqu'à 23h-minuit (2h ven-sam). Pintxos 2,50-6 €.* Le cadre ne paie vraiment pas de mine, mais ce petit bar d'angle sert des *pintxos* beaucoup plus raffinés que la moyenne, ou plutôt, comme le dit la pancarte au-dessus du comptoir, « de la grande cuisine navarraise en miniature » : boulettes de morue et crevettes, tartelettes fromage-épinards, chaussons au thon et à la crème de champignons... On en redemande !

I●I ***Guria*** *(plan zoom,* ***30****)* **:** *c/ Espoz y Mina. ☎ 948-22-74-05. Tlj jusqu'à 23h30 (1h ou 2h ven-sam).* Pintxos *2,50-3,50 €.* C'est tout petit, mais ce bar contemporain un brin chic vaut le détour pour ses *pintxos* revisités. Ancrés dans la tradition mais travaillés de façon moderne, ils sont frais et élégants. Qu'il s'agisse d'oursins farcis, de poulpe en salade ou d'épinards gratinés, tout est délicieux... et pour une fois pas trop calorique !

I●I ***Baserriberri*** *(plan zoom,* ***32****)* **:** *c/ San Nicolás, 32. ☎ 948-22-20-21. ● gestion@baserriberri.com ● ♿ Tlj sauf dim soir. Congés : fév.* Pintxos *3-3,50 € ; menus 28-32 €, carte env 30 €.* Souvent primée lors des concours de *pintxos*, cette excellente adresse fait dans le semi-gastro. Tout est inventif, d'une fraîcheur irréprochable et présenté avec originalité. Au resto, c'est plus formel, mais les menus dégustation de *pintxos* sont bien ficelés.

I●I ***Bodegón Sarria*** *(plan zoom,* ***34****)* **:** *c/ Estafeta, 50. ☎ 948-22-77-13. ● info@bodegonsarria.com ● Tlj jusqu'à minuit.* Pintxos *min 2,50 €. CB refusées.* C'est l'une des valeurs sûres du secteur. Déco rustique et jambons suspendus au-dessus d'un grand bar, en adéquation avec des *pintxos* simples, traditionnels et copieux.

De bon marché à prix moyens

I●I ***Restaurante San Nicolás*** *(plan zoom,* ***33****)* **:** *c/ San Nicolás, 13. ☎ 948-22-13-19. ● info@lacocinavasca.com ● Tlj 9h-23h. Fermé Noël et Nouvel An.* Pintxos *2-3,50 €,* raciones *6-12 €, menus 14-23 €.* Dans une petite salle simple et moderne (et non typique), une bonne cuisine basque, populaire et sans chichis, à prix sages. Côté bar, beau choix de *pintxos* toujours bien frais et de belle taille. Desserts maison.

I●I ***Herriko Taberna*** *(plan zoom,* ***31****)* **:** *c/ Carmen, 34. ☎ 948-22-28-28. ● herrikotabernan@gmail.com ● ♿ Tlj sauf dim soir. Congés : 1er janv, 16 juin et 15 déc. Menus 15-25 €.* Un peu à l'écart de l'agitation du centre, cette taverne moderne propose plusieurs options végétariennes savoureuses (brochettes de tofu, quinoa, boulgour), et des plats classiques de viande et de poisson à prix raisonnables. L'ambiance y est jeune et décontractée, la déco minimaliste et aérée. Une bonne adresse dans sa catégorie.

Où boire un verre ? Où sortir ?

La plaza del Castillo et les ruelles environnantes concentrent, bien sûr, une bonne part de la vie sociale. Les jeunes se retrouvent plutôt calle Estafeta ou calle Caldereria. Nombreux bars pour tous les goûts avec ambiance d'enfer.

🍸 ***Café Iruña*** *(plan zoom,* ***40****)* **:** *pl. del Castillo, 44. ☎ 948-22-20-64. ● info@cafeiruna.com ● ♿* C'est l'adresse emblématique de la place ! Car cette vaste brasserie du début du XXe s a conservé son fabuleux décor : colonnes sculptées, lampes ouvragées, stucs au plafond et d'immenses miroirs recouvrant tous les murs. Ça en jette ! Hemingway appréciait tant l'endroit qu'il en parle 14 fois dans son roman *Le soleil se lève aussi.* Si vous le demandez, on vous montrera sa table préférée sur la terrasse... ou le « coin de Hemingway » *(rincón de Hemingway)*, une petite salle discrète sur le côté avec sa statue grandeur nature accoudée au bar. Parfait pour boire un verre (cuisine sans intérêt).

🍸 ♪ ⛱ ***Mesón de la Nabarrería*** *(plan zoom,* ***41****)* **:** *Navarrería, 15. ☎ 948-21-31-63. Tlj jusqu'à 23h30 (2h30 ven-sam).* Bar-taverne à l'ambiance bohème, jeune et décontractée, tout en longueur. Aux beaux jours, la petite place juste devant s'anime, et les clients du bar s'y entassent dans la bonne humeur.

🍸 ***Café Roch*** *(plan zoom,* ***44****)* **:** *c/ de las Comedias, 6. ☎ 948-22-23-90. ● info@caferoch.com ● À 10 m de la* *pl. del Castillo. Tlj 9h30 (11h sam, 12h dim)-15h, 18h30-22h30 (23h jeu-sam).* On remarque d'abord sa façade verte et rétro qui rappelle les vieux cafés de village. L'intérieur de ce troquet de poche se révélant tout aussi charmant et vintage, on s'y pose avec plaisir pour un bon café ou un apéro relax.

Garazi Taberna *(plan zoom,* ***43****)* **:** *c/ Calderería, 36. ☎ 948-22-08-79. Ouv 18h-4h.* Derrière le bar se cache une salle en rotonde qui accueille de nombreux concerts, principalement de rock et de jazz. Ambiance décomplexée.

Où danser ?

En période normale, les boîtes de nuit se trouvent, pour la plupart, dans le ***quartier de San Juan*** *(plan B2).* Depuis le centre, suivre la calle Mayor ou le paseo de Sarasate jusqu'à l'avenida Navas de Tolosa, pour rejoindre la plaza Juan-XXIII. Compter 10-15 mn de marche ou prendre les bus de nuit N 2 ou N 7 (vendredi 23h-4h, samedi et fêtes 23h-6h30). L'***avenida de Bayona*** abrite également un certain nombre de cafés branchés dont la plupart sont des *pafs* (bars où l'on peut danser), ainsi que quelques discothèques à la programmation plus commerciale. Y venir après minuit.

Où acheter des spécialités locales ?

Mercado de Santo Domingo *(plan zoom,* ***60****)* **:** *pl. de Santiago. Tlj (sauf dim) 8h-14h, plus ven et veilles de fêtes 16h30-20h.* Un marché couvert bâti en 1876. Pas terrible architecturalement, mais c'est l'endroit idéal pour dégoter de bonnes charcuteries navarraises *(txistorra, chorizo pamplonica)* ou des fromages du coin *(roncal, uzkain).*

Pastas Beatriz *(plan zoom,* ***63****)* **:** *c/ Estafeta, 22. ☎ 948-22-06-18. Tlj sauf sam ap-m et dim 9h-14h, 16h30-20h.* Il y a toujours foule devant cette échoppe vintage. Forcément, on y confectionne toutes sortes de délicieuses douceurs, dont les redoutables *napolitanas*. Ces minipains au chocolat sont irrésistibles lorsqu'ils sont servis encore chauds, le chocolat bien dégoulinant !

Gurgur *(plan zoom,* ***62****)* **:** *c/ Estafeta, 21. ☎ 948-20-79-92. • natxoainzua@yahoo.es • Tlj 9h-21h (20h dim).* C'est touristique, mais cette boutique a l'avantage de proposer un large choix de bons produits de Navarre : *chistorra* (saucisse), jambons, saucissons, asperges d'Hojaldre, piments *(piquillos),* fromages d'Elizondo, miel, confitures, biscuits, chocolat à l'orange... Et aussi huile d'olive, vins... Quel panier !

Casa Manterola *(plan C2,* ***61****)* **:** *c/ Tudela, 5. ☎ 948-22-22-36. • info@manterola.es • Tlj sauf dim 8h (8h30 sam)-21h.* La maison, fondée en 1810, a gardé son style et ses recettes familiales. À base de lait frais de montagne et fabriqués selon une recette ancienne, les caramels sont goûteux, fondants, mais attention, ce sont des caramels durs qui font aussi le bonheur de générations de dentistes : à sucer, et non à croquer.

À voir

Pamplona a conservé une vieille ville homogène, aérée grâce à ses promenades et à ses espaces verts. La survivance des remparts et contrescarpes sur un long pourtour de la cité lui donne un charme évident. Vous remarquerez que dans certaines rues parcourues par l'*encierro* (voir plus loin « Les fêtes de la San Fermín ») les trottoirs ont été supprimés par mesure de sécurité, histoire de limiter les risques de chute.

Catedral y Expo Occidens *(plan zoom)* **:** *c/ de Curia. • catedraldepamplona.com • Cathédrale seule : tlj 9h-10h30 (14h dim), 19h-20h. GRATUIT. Cathédrale et Expo Occidens : tlj sauf dim 10h30-19h (17h oct-mars) ; dernière entrée 1h*

LA NAVARRE

avt. Accès au clocher tlj à 11h15 sur retrait d'un numéro à la billeterie. Entrée : 5 € ; réduc (3 € pèlerins). Livret de visite en français.
Il s'agit d'un vaste et bel ensemble religieux comprenant la cathédrale, un cloître, diverses chapelles et plusieurs bâtiments annexes (réfectoire, cuisine...).
– ***La cathédrale de Santa María la Real*** est l'une des plus curieuses églises du pays pour sa façade XVIIIe s, très classique et plutôt austère, dont le style assez lourd contraste avec l'intérieur gothique. Il existait ici un édifice chrétien connu au Xe s, qui fut à plusieurs reprises détruit, agrandi et remanié. La cathédrale romane et l'édification d'un 1er cloître datent du début du XIIe s. Le monument gothique que l'on voit aujourd'hui fut érigé après l'effondrement de la cathédrale romane fin XIVe s. Plus insolite, Hemingway y est venu dans les années 1920 prier pour que les fêtes de la San Fermín se passent bien...
– ***L'intérieur de la cathédrale :*** belle nef centrale d'une grande sobriété. Devant l'autel, un ***splendide tombeau royal*** du XVe s portant les gisants de Carlos III roi de Navarre (1321-1425) et de son épouse. Charles III, dit le Noble, était par sa mère issu de la dynastie capétienne et d'Évreux. C'est le roi préféré du peuple de Navarre, encore aujourd'hui. Admirez également le délicat travail en fer forgé de la grille du chœur (du XVIe s). Sur le maître-autel, la *Virgen del Sagrario,* devant laquelle étaient sacrés les rois de Navarre. Dans le déambulatoire (à l'arrière du chœur), nombreuses chapelles présentant des œuvres remarquables, notamment le *retable de la Passion du Christ,* de Caparroso dans la chapelle Santa Cristina (la 3e à droite, dos au chœur). Juste à côté, belle pietà du XVIe s, et quelques reliquaires renfermant des reliques de San Fermín. Sacristie rococo étonnante.
– ***Le cloître, les bâtiments annexes et l'Expo Occidens :*** *entrée par la cathédrale. Accessibles pdt les périodes d'ouverture payantes de la cathédrale.*
Après avoir traversé un espace d'introduction à la scénographie moderne (intéressante série de maquettes montrant l'évolution du site), on atteint le fameux ***cloître*** gothique, remanié au XIVe s et tout juste restauré (beau point de vue depuis la galerie supérieure). Il révèle des œuvres somptueuses telle la *puerta Nuestra Señora del Amparo* (porte entre le cloître et la cathédrale), surmontée d'une *Vierge dormante* avec restes de polychromie. Ce joyau architectural présente des baies gothiques d'une délicatesse inouïe : une vraie dentelle de pierre !
L'œuvre la plus remarquable du cloître est la ***puerta Preciosa*** (la porte Précieuse) du XIVe s qui relie le cloître au dortoir : extraordinaire sculpture relatant la vie et la mort de la Vierge avec, tout en haut, son couronnement. Voir aussi la *capilla* (chapelle) *de Las Navas de Tolosa* (XIVe s) avec sa fontaine chantante. Une légende affirme que la grille qui l'entoure serait faite des chaînes du calife al-Nasir-Miramolin prises par le roi navarrais Sanche VII en 1212...
Parmi les édifices attenants au cloître, on découvre notamment le ***réfectoire des moines,*** vaste salle dominée par la belle chaire sculptée du lecteur. La voûte, culminant à 14 m, repose sur des piliers polychromes sculptés. Tout au fond, le précieux *retable de las Navas de Tolosa* (XVe s), encadré par des vitraux d'une grande finesse. La pièce voisine abrite la ***cuisine monumentale,*** avec une cheminée-lanterne colossale (ça mangeait, un moine !) parmi les plus imposantes d'Europe.
Quant à l'***Expo Occidens,*** accessible par la *puerta Preciosa,* elle ambitionne de retracer l'évolution de la civilisation occidentale et les valeurs qu'elle porte. Rien que ça ! Un parcours très conceptuel et moderne, à la fois thématique et chronologique, qui s'intéresse tour à tour aux origines de l'Occident (dans une salle d'archéologie plongée dans la pénombre, avec bruitages de fouilles !), aux 1ers martyrs (lugubre à souhait), à la naissance du chant grégorien (en musique), aux pèlerinages et à l'évolution du monde médiéval dans son ensemble. En conclusion, une maison de poupées géante aux couleurs criardes invite chacun à s'interroger sur nos préoccupations modernes... et à les relativiser. Fallait oser ! Une visite originale, ludique et interactive qui vaut le coup.

En sortant de la cathédrale, la contourner par la gauche, traverser la plazuela San José et emprunter la vieille ***calle del Redin,*** avec ses maisons en pierre

LA NAVARRE

patinées par les siècles. On débouche sur le ***paseo de ronda*** (chemin de ronde), qui offre de beaux points de vue depuis les bastions et redoutes. En descendant la rampe, la ***puerta de Francia*** (porte de France, XVIe s) avec pont-levis est toujours en état de fonctionnement.

Museo de Navarra *(musée de Navarre ; plan zoom)* **:** *cuesta de Santo Domingo, 47. ☎ 848-42-64-92. ● museodenavarra.navarra.es ● Mar-sam 9h30-14h, 17h-19h ; dim et j. fériés 11h-14h. Fermé lun et 1er janv, 6-7 juil et 25 déc. Entrée : 2 € ; réduc ; gratuit sam ap-m et dim.*

Ce vaste musée ne manque pas de panache. Installé dans un ancien hôpital du XVIe s, il a conservé un beau portail plateresque et est flanqué d'une chapelle ornée d'un flamboyant retable du XVIIIe s. Quant à ses collections, très variées, elles couvrent toutes les périodes depuis la préhistoire jusqu'au XXe s. Visite complémentaire à celle de la cathédrale, puisque plusieurs pièces intéressantes en proviennent.

On commence au ***sous-sol*** par une petite section archéologique : parmi les différentes vitrines organisées autour d'une mosaïque romaine du IVe s, on remarque de beaux objets du Paléolithique, et surtout une insolite pierre gravée considérée comme l'une des 1res cartes connues.

1er étage

Belle section romaine : mosaïques, verreries, intéressante collection de bornes milliaires et de stèles votives et funéraires (on note avec surprise des motifs solaires romains très proches des motifs basques). Concernant l'époque médiévale, ne pas rater les chapiteaux romans du XIIe s finement sculptés dans un luxe de détails représentant la *Passion du Christ.* En s'attardant un peu, on suit le Calvaire du Christ jusqu'à la Crucifixion, remarquable ! Très peu d'art arabe, sauf un ***magnifique coffre en ivoire*** *(arqueta hispano-arabe)* sculpté à Cordoue, vers 1004-1005. Il est illustré de représentations humaines (contrairement à une idée reçue, ces dernières sont autorisées dans l'art islamique en dehors des lieux de culte). On termine par une belle série de peintures murales gothiques provenant de la cathédrale.

2e étage

Des retables gothiques et peintures murales, avec un beau *Saint Antoine* primitif peint *a tempera,* mais surtout une ***exceptionnelle collection de fresques gothiques*** attribuées au maître d'Artajona et aux 2 maîtres de Gallipienzo (le grand calvaire surmonté du soleil et de la lune est superbe). Un peu plus loin à cet étage, les amateurs d'art oriental verront avec surprise un *Saint Christophe* du XIIIe s, qui évoque les fresques gréco-bouddhiques du Gandhara. À côté, reconstitutions d'une abside pour présenter l'*Adoration de l'Agneau divin* et de la voûte et des murs d'une chapelle du château d'Olite, afin d'y présenter l'œuvre du maître d'Olite.

3 salles sont consacrées aux ***fresques Renaissance du palais d'Oriz.*** Réalisées selon la technique de la grisaille, elles constituent l'un des ensembles les plus importants d'Espagne pour ce type de décoration. Une incroyable leçon d'histoire narrant avec précision les campagnes de l'Elbe et du Danube (1546-1547) menées par Charles Quint (Carlos V) contre les protestants. Le palais d'Oriz (modeste, vieilli, mais toujours debout à Oriz, à 12 km au sud de Pamplona) appartenait à la famille Cruzat, d'origine bretonne, venue à Pamplona au XIIIe s pour combattre les musulmans. Don Diego Cruzat fut officier de l'armée de Carlos V, et on pense qu'il aurait participé à ces batailles allemandes du XVIe s, qu'il fit représenter ensuite sur les murs de son palais... Les Cruzat étaient si importants en Navarre qu'en 1592 le roi d'Espagne Felipe II leur rendit visite à Oriz.

3e et 4e étages

Le 3e étage est consacré à la peinture baroque. Au 4e, les peintres navarrais du XXe s nous ont moins convaincus, hormis les belles œuvres expressionnistes et abstraites de Julio Martín Caro.

Dans le même quartier, vos pas vous mèneront vers la ***casa consistorial*** (hôtel de ville) et sa façade baroque assez délirante (voir la statue de la Renommée, avec sa trompette de cuivre doré). *Calle Campana,* on trouve l'ancienne Cour des comptes du royaume de Navarre, la ***cámara de Comptos Reales*** *(plan zoom),* petite maison à l'élégante architecture gothique et au pavement intéressant. À côté, l'austère ***iglesia San Saturnino*** *(plan zoom),* à la tour romane et au porche gothique. En arpentant la *calle Mayor,* on découvre une poignée de palais avec façades à armoiries et des entrées d'immeubles pavées de petits galets ronds serrés dessinant des motifs. Au nº 65, entrée d'un ancien couvent. Au débouché de la calle Mayor, l'***église San Lorenzo*** *(plan zoom ; tlj 8h30-12h30, 17h30-20h),* qui abrite la ***statue de saint Firmin*** portée dans les processions et au 2e jour de la San Fermín, le 7 juillet.

Une bonne idée est de faire, du moins partiellement, le sentier urbain de Pamplona, le ***paseo del Arga,*** large boucle qui joint le quartier de Burlada au quartier de San Jorge en longeant la rivière. Il suffit de suivre les flèches au départ de n'importe quel point du trajet (la *plaza Consistorial,* par exemple) et le balisage jaune et blanc. Quelques panneaux en espagnol aident à se repérer. Le parcours complet demande près de 3h.

Fuerte de San Bartolomé *(fortin de San Bartolomé ; plan D2)* **:** *à l'angle d'Aralar et Arrieta. ☎ 948-21-15-54. Tlj sauf lun et dim ap-m 11h-14h, 16h-19h (15h-18h de nov à mi-mars). Entrée : 1 € ; réduc.* C'est un parfait exemple d'ouvrage défensif. Construit au XVIIIe s par un disciple de Vauban, ce fortin entièrement restauré permet de profiter d'une vue dégagée depuis la plateforme de tir (il y a même quelques canons en déco !), et de découvrir dans les casemates une exposition moderne et bien documentée sur les fortifications bastionnées et les citadelles pentagonales. L'occasion d'évoquer en parallèle l'évolution de l'armement, et plus largement celle de la ville, condamnée à s'adapter à ces nouveaux périls.

Museo Universidad de Navarra *(musée de l'Université de Navarre ; hors plan par B4)* **:** *Campus Universitario. ☎ 948-42-57-00. • museo.unav.edu • Dans l'enceinte du campus (panneaux). Mar-sam 12h-15h, 17h-20h, dim 11h-14h. Fermé lun et 4 et 7 juil. Entrée : 4,50 € ; gratuit moins de 18 ans.* C'est le legs de la ***collection Huarte*** à l'université qui a motivé la construction de ce musée. Le résultat est ambitieux : au total, cet immense écrin sobre et fonctionnel comprend 10 galeries permettant d'accueillir de nombreuses expositions temporaires d'art contemporain (tous genres confondus : sculptures, installations, performances...), ainsi que des photos présentées par roulement provenant du riche fonds de l'université (14 000 clichés, quand même !). Quant à la collection Huarte, elle devrait combler les amateurs de peintures du XXe s, avec quelques œuvres de pointures comme Tàpies, Picasso, Palazuelo, ou encore Rothko et Kandinsky. Excusez du peu !

Les fêtes de la San Fermín

L'événement cher au cœur des Navarrais se déroule ***chaque année du 6 au 14 juillet.*** La ville retient son souffle, semble calme jusqu'au 6 juillet à minuit. Une fusée éclate alors, et tout change. La ville bascule alors dans la folie, parfois dans le sang.

Dès lors, pendant 1 semaine, Navarrais habillés en blanc avec foulard rouge et touristes en nombre égal vont tenter de faire le plus de bruit possible, de se défoncer comme jamais. Les petits orchestres de quartier et des villages environnants jouent partout. Tambours, grosses caisses, trompettes, trombones rythment la danse. Le vin coule à flots. Le mot « civilisation » se dissout avec délectation dans l'alcool. Chaque année, il se boit plus de 3 millions de litres d'alcool en 1 semaine...

La ville devient alors un festival éclaté. Seul un don d'ubiquité permettrait de ne rien rater. Concerts de musique folklorique, de jazz, de *txistu* (flûte basque à 3 trous), feux d'artifice, défilés des grosses têtes et des géants, bals populaires, théâtre, expos, etc. Les enfants ne sont pas oubliés. Beaucoup d'attractions et activités sont prévues : défilés, parades, concours, marionnettes, manifestations sportives, *encierros txikis* avec des veaux, etc. L'un des grands moments pour les Navarrais est la *foire agricole* qui se tient le 7 juillet dans le quartier de la Magdalena.

Pour les horaires, se procurer le remarquable programme édité par l'office de tourisme. Fortement conseillé, le site ● *sanfermin.com* ● présente tous les matins, à 11h, les plus belles photos de l'*encierro* du jour, une sélection des meilleures photos des 10 dernières années, plein de conseils et des infos sur les chambres libres.

Voici, en gros, les phases les plus importantes de la fête.

– ***Encierro :*** chaque matin à 8h précises, c'est le lâcher des 6 taureaux de la corrida de l'après-midi dans les rues de la ville. Inchangé depuis 1922, l'itinéraire de 848 m emprunte les calles Santo Domingo, plaza Consistorial, Mercaderes, Estafeta jusqu'à la plaza de Toros. Une fusée annonce le départ des 1res bêtes, une 2e des dernières, une 3e enfin signale qu'elles ont toutes gagné la plaza de Toros. Les taureaux sont accompagnés de bœufs. Voici venu le moment le plus fou, le plus délirant de la San Fermín. Le jeu consiste à courir devant ces tonnes de chair lancées à pleine vitesse avec pour seule « arme » un journal roulé qui sert à maintenir une distance de sécurité vis-à-vis du *toro.* Chacun a peur, chacun nourrit, entretient son angoisse avec une jouissance démesurée. On accompagne les taureaux vers la mort comme de vieux compagnons de toujours, dans un rapport affectif et physique total. Le risque d'être encorné, piétiné, est une réponse à la mesure de la bête. Chaque jour, dans les bousculades, les chutes, les retournements inattendus des taureaux, des dizaines de personnes sont blessées, en général légèrement. Pour les autres, il se passe plus de choses en 2 ou 3 mn que dans toute une vie ! Si étonnant que cela puisse paraître, on ne déplore qu'une quinzaine de morts dans l'histoire moderne de l'*encierro.*

Si vous désirez une bonne place, arrivez au moins 1h30 avant. On peut aussi choisir d'attendre à la plaza de Toros l'arrivée des taureaux. L'atmosphère est indescriptible. Les 1ers *encierros* sont toujours les plus palpitants, mais aussi les plus surchargés. Si vous voulez tenter un brin de conduite avec les bêtes, choisissez plutôt le 3e ou le 4e jour, vous avez plus d'espace pour vous dégager. ***Ne tentez rien sans vous faire conseiller : contrairement aux apparences, c'est un exercice très technique.*** N'oubliez pas que pratiquement tous les accidents graves impliquent des touristes, soit qu'ils se fassent blesser par inexpérience, soit (et c'est plus grave) qu'ils aient gêné un coureur confirmé. Le moment le plus délicat est l'arrivée aux arènes, où il y a un goulet d'étranglement : il est alors très difficile de s'extraire.

– Le matin du 2e jour, à 10h, ***procession de la statue de saint Firmin*** dans la ville, caution religieuse obligatoire des fêtes païennes. Départ de l'église San Lorenzo.

– ***Bal*** endiablé tous les soirs de minuit à l'aube, plaza del Castillo.

– Chaque jour, à 18h30 précises, début de la ***corrida.*** Possibilité de rendre visite aux taureaux aux *corrales del Gas* (dans le quartier Rochapea, au nord du centre, de l'autre côté du rio Arga).

RELIGION OU SUPERSTITION ?

1940 : le maréchal Pétain désira faire un cadeau à Franco. Il lui offrit une partie des reliques de saint Firmin, conservées à Amiens. Le reliquaire frappé de la francisque pétainiste prit la route pour Pamplona. À la frontière, la ferveur populaire était telle que la voiture se trouva bloquée. Les Navarrais embrassèrent la route devant le véhicule, les prêtres bénissaient tout le monde : la voiture mit 3 jours à arriver...

– Pour l'achat des tickets, pour les défilés des géants et des grosses têtes, les *encierros* pour enfants, les concerts, les feux d'artifice, les manifestations gratuites de toutes sortes, impossible de donner les horaires et les lieux. Prendre les renseignements à l'office de tourisme. En principe, les arènes de Pamplona affichent complet pendant la feria, la plupart des places étant retenues par abonnement. Il y a d'ailleurs un marché noir, et, en achetant vos places au tout dernier moment, vous pourrez bien vous en sortir. Une fois dans les arènes de Pamplona, vous verrez bien la corrida si vous êtes « à l'ombre », ou même « à l'ombre et au soleil ». En revanche, si vous avez des places « au soleil », vous ne verrez probablement rien du tout et vous serez fraternellement chahuté et bombardé de vin, « champagne », etc., par les membres des *peñas* locales. Prévoyez ciré et vieux vêtements.
– ***Quelques conseils :*** pensez à réserver une chambre très longtemps à l'avance. Cela dit, beaucoup de gens dorment dans les parcs ou passent des nuits blanches. Bien sûr, ne transportez aucun objet de valeur sur vous. Les 1res nuits sont toujours les meilleures. Après, ça dégénère un peu et perd en spontanéité. Enfin, pensez à consulter le programme un peu avant, afin de bien préparer votre séjour.
– Les malins reviendront le ***3e week-end de septembre*** (vendredi-dimanche), quand le quartier de la Navarrería célèbre ses fêtes appelées ***San Fermín txiki*** (la petite San Fermín). Il n'y a pas d'*encierros,* pas de touristes non plus, mais des concerts dans les rues, des fanfares, des défilés de géants, et tard dans la nuit, des hommes déguisés en taureaux bombardent la foule de feux d'artifice en poursuivant les enfants faussement effrayés. Pamplona fait la fête entre amis.

LES VALLÉES PYRÉNÉENNES

Du Labourd, de la Basse-Navarre, de Soule, toutes les routes qui traversent la chaîne des Pyrénées conduisent à des vallées navarraises. Eh oui ! même la vallée de la Bidasoa, si proche de Béhobie, est navarraise. Les rois de Navarre savaient bien que celui qui tient les cols tient la richesse. Dès qu'on a passé l'ancienne frontière et qu'on a quitté les villages où fleurissent les *ventas* commence l'enchantement navarrais : des routes étroites traversant des sites d'un charme et d'une douceur inoubliables. De petits villages hors du temps alignant leurs maisons typiques sans agressions architecturales de mauvais goût.

LA VALLÉE DE LA BIDASOA

La route N 121a, qui mène au village frontière de Behobia, est souvent encombrée d'énormes camions. Pour revenir en France, choisissez plutôt de passer par le col d'Ibardin, puis Urrugne, à partir de Bera (route étroite mais superbe et toujours dégagée), ou par le col de Lizarrieta qui mène à Sare (encore une belle petite route étroite à travers les forêts).
Quelques jolis itinéraires sur ces routes permettent des balades sympa, surtout au printemps et en automne. Peu d'hébergements. La plupart des nombreuses *casas rurales* ne se louent qu'à la semaine.

Comment y aller ?

➢ ***En bus :*** 2 compagnies desservent la vallée de la Bidasoa, avec correspondances soit à Mugairi, soit à Lesaka. *La Baztanesa* (☎ *948-58-01-29 ;* • *labaztanesa.com* •) assure la liaison Pamplona-Elizondo (4-5 bus/j. en été, 2-4 bus/j. hors saison ; durée env 1h) et entre

Donostia – San Sebastián et Elizondo (env 2 bus/j.). *La Burundesa (☎ 948-22-17-66 ; • laburundesa.com •)* : 1 bus/j. pour Lesaka et Bera (durée 1h20), sur la ligne Pamplona – Donostia – San Sebastián.

Adresse utile

Oficina municipal de turismo : *Eztegara Pasealekua, 11, 31780* **Bera.** *☎ 948-63-12-22. • bera.eus • Seulement pdt la Semaine sainte et fin juin-fin sept, mar-sam et dim mat 10h-14h, 16h-19h. Fermé dim ap-m et lun. Hors saison, l'office de tourisme de Bertiz assure la relève.* Bonne doc sur la vallée et accueil en français.

LESAKA (LESAKA ; 31770)

À 7 km au sud de Bera et environ 20 km seulement d'Irun et Hendaye, un peu à l'écart de la route NA 4000, Lesaka est un gros bourg navarrais situé au pied du mont Aguerregui. Le centre ancien est coupé par le *río* enjambé de multiples ponts de pierre. Il a conservé son caractère navarrais avec ses maisons anciennes, ses balcons ouvragés, et ses portes sculptées. La ville fut aussi le quartier général de la résistance aux troupes napoléoniennes.
Sur la place centrale, bel *ayuntamiento* (hôtel de ville) baroque, entouré de plusieurs maisons blasonnées comme le *palais de Maritxalar* (le berceau de la famille du mari de l'infante Elena, sœur aînée du roi Felipe) et surtout le *palais Zabaleta,* le long du *río.* Pendant les fêtes, on danse ici l'*ezpata-dantza* (« danse des épées »).

LA NAVARRE

Où dormir ? Où manger ?

Hostal Ekaitza : *pl. Berria, 13. 622-26-06-34. • ekaitzaludmila@gmail.com • hostalekaitza.es • Tlj. Doubles 50-61 € ; appart 3-4 pers 110-125 €. Au snack, plats 6-10 €.* À l'étage d'un bar de village sans prétention, 4 chambres grandes et confortables, à la déco un peu chargée mais agréable. Loue également un appartement avec cuisine, pratique pour les familles.

Kasino : *pl. Zaharra, 23. ☎ 948-63-71-52. • info@kasinolesaka.com • Tlj sauf lun soir. Fermé 24-25 déc. Menu déj en sem 12 €, carte 20-30 €. CB refusées.* Ne cherchez pas le casino, il s'agit d'une vieille auberge dans son jus, installée dans le palais de Maritxalar, au cœur du village. On y sert une cuisine locale savoureuse et copieuse. Selon les connaisseurs, on y prépare la meilleure omelette aux pommes de terre *(tortilla Navarra)* de la région *(env 10 € ; min 3 pers et sur commande uniquement !).* Et c'est vrai qu'elle est extraordinaire...

Où dormir ? Où manger dans la vallée de la Bidasoa ?

Camping Ariztigain : *caserio Zubizargaña, 31791* **Sunbilla.** *☎ 948-45-05-40. • info@campingariztigain.com • campingariztigain.com • À 4 km au nord de Doneztebe (Santestebán). Congés : de mi-déc à mi-janv. Forfaits pour 2 env 22-26 €. Bungalows ou mobile homes 4-6 pers 84-115 €. Menu 13 € en sem, 22 € le w-e.* Superbe emplacement : le camping est installé dans une chênaie magnifique, au sommet d'une colline paisible dominant le village et la vallée. Tenu par des patrons chaleureux et francophones. Loue aussi des mobile homes et des bungalows en bois bien espacés. Bar, resto, épicerie de dépannage, aire de jeux pour les enfants et accès gratuit à la piscine municipale.

Hostal Ameztia : Ameztia, 9, 31740 ***Doneztebe.*** *☎ 948-45-00-28. • info@ameztia.com • ameztia.com • Tte l'année. Doubles 62-70 €, petit déj inclus.* Pintxos *1,50-2 €.* Au cœur du village, un établissement convivial avec un bar à *pintxos* sans chichis fréquenté par de nombreux habitués, une petite terrasse pour boire un verre, et dans l'annexe en face, des chambres simples, contemporaines, pimpantes et tout confort (vue sur la rivière pour certaines). C'est aussi un *centro BTT*, avec location de VTT à la journée *(20 €/j., tarif dégressif)* et doc sur les itinéraires de la vallée (y compris en randonnée).

Donamaria'ko Benta : *barrio Ventas, 10, 31750* ***Donamaria.*** *☎ 948-45-61-04. 699-21-22-26. • reservas@donamariakobenta.com • donamariakobenta.com • De Doneztebe, prendre la direction de Donamaria, c'est 3 km plus loin sur la gauche. Congés : 19 déc-28 janv. Résa conseillée. Double env 90 €, petit déj inclus. Menus 25-35 €, carte env 30 €. Café offert sur présentation de ce guide.* Un peu avant le village de Donamaria, voici une charmante *casa rural* située dans un bel environnement champêtre, avec rivière à truites, jardin et saules pleureurs. Excellent accueil de la famille Luzuriaga-Badiola. Les chambres occupent une vieille demeure navarraise du XIXe s, avec poutres et grosses pierres apparentes. Décorées avec soin, elles sont pleines de caractère, tout confort, et disposent pour certaines (les nos 4 et 5) d'une terrasse. Au petit déj, on se régale de gâteaux maison et d'œufs du poulailler. Le restaurant, installé dans une salle rustique donnant sur la verdure, est dans la même veine : cuisine locale soignée et mijotée, élaborée avec des produits frais de la région dans un esprit *Slow food.* Une super adresse !

À voir dans la vallée de la Bidassoa

À 9 km au sud de Lesaka, ***Arantza*** est l'un des plus beaux villages de la région basco-navarraise. Plus au sud encore, ***Sunbilla*** et son adorable pont médiéval se nichent au fond de la vallée (beau camping, voir ci-dessus). À 18 km au sud de Bera, et à environ 15 km de Lesaka, sur la N 121a, la petite ville de ***Doneztebe*** (*Santestebán* en espagnol), cœur de la vallée de la Bidassoa, possède une jolie église veillant sur de grosses demeures blanches rehaussées des pierres de granit rose typiques de cette région.

LA VALLÉE DU BAZTÁN

En venant de France, on peut entrer dans le Baztán par le village de Dancharia, 3 km au sud d'Ainhoa. 1re surprise, ce n'est pas un col, mais un pont sur la rivière de Lapitxuri qui marque la frontière.

Comment y aller ?

➢ ***En bus, de Pamplona :*** avec la compagnie *La Baztanesa (☎ 948-58-01-29 ; • labaztanesa.com •).* 4-5 bus/j. en été (1-3 bus/j. hors saison) entre Pamplona et Elizondo. Durée : 1h. Également des liaisons avec Donostia – San Sebastián.

Adresse utile

Oficina de turismo : *pl. de los Fueros, à* ***Elizondo.*** *☎ 948-58-15-17. • baztan.eus • baztanturismo.eus • Juil-août, tlj 10h-20h ; le reste de* *l'année, ven-dim et pdt les ponts et la Semaine sainte, 10h-16h (fermé lun-jeu).* Doc détaillée sur la ville, la vallée du Baztán, *casas rurales,* randonnées, animation.

ZUGARRAMURDI (ZUGARRAMURDI ; 31710)

À 4 km au sud de Dancharia (frontière France-Espagne), voici le 1er village de montagne navarrais, une charmante petite bourgade cachée dans les monts. Mais ce qui attire les foules, c'est sa réputation sulfureuse de haut lieu de la sorcellerie ! En 1610, l'Inquisition fit arrêter plus de 300 habitants suspectés d'actes démoniaques. À l'issue du procès, certains d'entre eux furent condamnés à la prison, d'autres au bûcher...

– ***Site du village :*** • *turismozugarramurdi.com* • Et ***point d'infos touristiques*** au *museo de las Brujas* (voir plus loin). *Résa en ligne obligatoire pour la grotte en période Covid.*

Où dormir ? Où manger ?

Casa rural Sueldeguia : *c/ Lapizteguia, s/n. ☎ 948-59-90-88. 696-17-42-52.* • *sueldeguia@gmail.com* • *En arrivant dans le village, l'église est sur votre gauche ; prendre à droite la ruelle qui monte, c'est 50 m plus haut (indiqué). Ouv tte l'année. Double avec sdb 45 €, petit déj inclus.* Dans une jolie maison du XVe s : façade blanche et balcons verts. Patron jovial et francophone. Il propose une poignée de grandes chambres propres à la déco simple et rustique, avec vue sur la montagne (sanitaires dans la chambre ou sur le palier). Cuisine à disposition.

Graxiana Aterpea – Albergue de las Brujas : *Lapiztegia kalea ; en haut du village. 675-71-14-98.* • *info@graxiana-aterpea.com* • *graxiana-aterpea.com* • *Resto tlj sauf mar. En dortoir, 19,50-21,50 €/pers ou double avec sdb 57 € ; petit déj 5 €. Menu 13,50 €, carte 25-30 €.* Auberge moderne dans une grande maison rouge au bord du vallon. Déco insolite et personnalisée sur le thème des sorcières, auxquelles s'ajoutent des objets réalisés avec du matériel recyclé. Ensemble rustique et confortable, intéressant pour les groupes. Impeccables dortoirs de 4-10 lits avec des sanitaires privés ou communs. Quant aux chambres doubles, elles sont originales et agréables. Resto traditionnel plutôt quelconque en revanche, mais pour le prix, c'est honnête.

À voir

Cueva de las Brujas (grotte des Sorcières) ***:*** *☎ 948-59-93-05. Tlj (sauf lun de mi-sept à mi-juil) 11h (10h30 en été)-20h (17h30, 18h ou 19h30 en basse saison, 19h le w-e). Durée : max 1h. Entrée : 4,50 € ; réduc. Billet combiné avec le museo de las Brujas : 8 €.* Les derniers supposés sabbats de Zugarramurdi eurent lieu au début du XVIIe s et les dernières sorcières (ou considérées comme telles !) se réunirent jusqu'à la fin dans cet endroit discret. Creusée sur 100 m par le torrent d'Urbia sous la montagne calcaire, la grotte se visite facilement. Il s'agit en réalité d'un large tunnel, dont la hauteur sous plafond a permis d'aménager différents points de vue sur ses flancs abrupts. Le parcours le traverse, puis emprunte un itinéraire bucolique faisant le tour du site, en passant par un belvédère et une autre petite grotte. L'un des derniers dimanches de juillet, Zugarramurdi organise la ***fête des Sorcières*** en souvenir de cet épisode lugubre de son histoire.

Museo de las Brujas *(musée des Sorcières) : c/ Behitiko Karrika. ☎ 948-59-90-04. À env 200 m avt la grotte des Sorcières. Mer-dim (et mar en été) 11h-19h30 (18h ou 18h30 en hiver, 19h le w-e). Fermé lun (et mar en hiver) et 1re quinzaine de* *janv. Entrée : 4,50 € ; réduc. Billet combiné avec la grotte : 8 €.* Un petit musée moderne, dont les différentes reconstitutions et vidéos décrivent la personnalité des sorcières et retracent l'histoire de l'Inquisition dans la région. Intérêt limité.

URDAZUBI-URDAX (URDAZUBI ; *31711*)

À 3 km de Zugarramurdi, lové dans une sorte de cirque de montagnettes, cet adorable village est baigné par plusieurs canaux qui donnent de la fraîcheur à la localité. Paisible comme un village anglais et noble comme un *pueblo* de Castille, le bourg compte plusieurs maisons dites d'*Indianos,* naguère construites et habitées par des émigrés de retour d'Amérique. Petit mais riche, Urdazubi ne manque pas de centres d'intérêt : un réseau de ***grottes*** aux concrétions remarquables *(☎ 948-59-92-41 ; • cuevasurdax.com • ; fermé lun – sauf juil-août – et 6-22 janv ; visite guidée ttes les 45 mn en été, ttes les heures hors saison ; 6 €, réduc ; résa en ligne obligatoire en période Covid),* un vieux *moulin* avec son bief, et l'*église San Salvador,* accolée à son petit *couvent* qui possédait la plus belle bibliothèque médiévale de Navarre, incendiée en 1793 par les soldats français de la Convention. Ce dernier abrite aujourd'hui un ***musée*** sur l'histoire du site, un petit cloître et une expo de peinture – 300 œuvres d'une vingtaine d'artistes navarrais *(• otxondo-urdax.com • ; de mi-juil à sept, tlj 11h-19h ; le reste de l'année, mer-ven 14h-18h30, w-e et vac scol 11h-18h30, fermé lun-mar ; entrée musée : 5 €, ou 8 € avec l'expo ; billet combiné* (pass Urdax) *musée, couvent et grottes : 10 € ; réduc, gratuit moins de 5 ans).*

Où dormir ? Où manger ?

Hotel rural Irigoienea : *barrio Iribere, à la sortie du village en allant vers la N 1218. ☎ 948-59-92-67. • reservas@irigoienea.com • irigoienea.com • À droite après un pont, suivre le panneau, c'est 600 m plus loin. De mi-juil à mi-sept, tlj ; en basse saison, ouv le w-e seulement. Congés : Noël-fév. Résa obligatoire. Doubles 78-88 € ; petit déj env 8 €. Dîner-tapas pour les hôtes sur résa 5-12 €.* Une ravissante auberge de campagne dans une vieille ferme navarraise aménagée chaleureusement, dont le salon douillet donne sur un environnement verdoyant et paisible. Les plus belles chambres se nichent sous les combles, avec poutres et charpente apparente. Elles sont toutes confortables et meublées dans un style rustique de bon goût. Vue sur un beau paysage de prairies et de montagnes. Accueil attentionné. Sert aussi le dîner (à la demande) sous forme de repas sur le pouce : sandwich, saucisson de sanglier, pâté aux cèpes...

La Koska : *c/ San Salvador, 4. ☎ 948-59-90-42. Tlj en été, fermé lun le reste de l'année. Congés : de mi-nov à mi-déc. Menus déj 12-19 € (25 € le w-e) ; plats 14-20 €.* En face du vieux moulin, voici un bien bel endroit : une grande salle rustique accueillante au milieu de laquelle trône une cheminée massive. La cuisine, parfois un peu moins convaincante en fonction de l'affluence, reste néanmoins très convenable dans l'ensemble, et suit le rythme des saisons. Terrasse ombragée au bord du bief.

LE COL D'OTXONDO (Puerto d'Otxondo)

À 9,5 km au sud du village frontalier de Dancharia, la superbe route N 121b monte en tournant jusqu'au col d'Otxondo (602 m), à travers de belles forêts de châtaigniers. Le col d'Otxondo est l'entrée de la zone adjacente au parc naturel Señorio de Bertiz (voir plus loin). Parking pour randonner dans le parc. Une fois passé ce col, la route redescend dans la vallée du Baztán vers Elizondo.

MAIA (AMAIUR)

À l'est de la route principale (sur la gauche en venant du col d'Otxondo), ce très beau village est célèbre dans toute la Navarre pour avoir été le dernier nid de résistance aux Espagnols au XVIe s. Il est vrai que le nombre et la taille des maisons blasonnées laissent penser que ce n'était pas un village de paisibles laboureurs ! La plus belle de ces demeures est celle, au centre du village, qui abrite la mairie.

BOZATE (BOZATE)

À 2 km au sud de Maia (Amaiur), vous pouvez visiter le ***parc-musée Santxotena*** : *605-71-78-57. • santxotena.org • De mi-juil à fin août, tlj sauf dim ap-m et lun 11h-14h, 16h30-19h30 ; hors saison, le w-e seulement. Entrée : 5 €.* C'est à la fois un atelier d'artiste et un jardin de sculptures. Dans une prairie, plusieurs sculptures monumentales modernes du dernier fils Santxotena sont exposées au public. On les découvre librement au fil de la promenade. Le week-end, on peut aussi visiter l'atelier et ses pièces en bois.

2 petits ***restos-bars*** sans prétention au carrefour avec la N 121 (à Bozate, 2 km d'Errazu). Le meilleur est l'*Asador Ordoki.*

ERRAZU (ERRATZU ; *31714*)

À l'est de Bozate par la NA 2600 et à 8 km à peine au nord d'Elizondo. Niché dans un beau vallon, entouré de monts et de prés verdoyants, avec une rivière de montagne qui se glisse au milieu des maisons, voici notre village coup de cœur dans le Baztán. Le grès rose se retrouve partout pour souligner la blancheur des façades. Rues étroites, maisons discrètement blasonnées, aux fenêtres et aux balcons fleuris. L'église (en grès rose, bien entendu) cache un minuscule cloître dallé avec des pierres tombales du village, et son jardinet.

UN AMOUR VAUT PLUS QUE L'ELDORADO

Le Navarrais Pedro de Ursua prit la tête d'une petite armée à la recherche de l'Eldorado. Les Espagnols pensaient que ce royaume indien dirigé par un roi couvert de feuilles d'or (dorado) *se trouvait en Colombie. En route, il tomba amoureux et renonça à la quête de l'or. Son assistant, Lope de Aguirre, le fit assassiner pour prendre la tête de l'expédition. Werner Herzog relate cette aventure, de feu et de sang, dans son film* Aguirre ou la colère de Dieu.

Où dormir dans le coin ?

Camping Baztán : *ctra Francia, s/n. ☎ 948-45-31-33. • campingbaztan@campingbaztan.com • À la sortie du village (300 m), sur la route du col d'Ispeguy. Congés : début déc-Pâques (fermé dim-mer de mai à mi-juin et de mi-sept à la fin de la saison). Forfaits 22-32 € pour 2. Bungalows 88-120 € ; apparts 2-8 pers 67-120 € selon saison.* Camping bien aménagé en bordure d'une petite route (peu de circulation) et proche de la rivière. Environnement vert et paisible. Emplacements ombragés, bons équipements, piscine (gratuite), tennis, resto *(fermé lun-mer),* boutique. Accueil sympa en français.

Casa Etxebeltzea : *au cœur du village. 605-20-44-91. • info@etxebeltzea-baztan.com • etxebeltzea-baztan.com • Double 80 €, petit déj inclus. CB refusées.* Cette ancienne demeure noble est à l'image du village : authentique, charmante et chargée d'histoire. Tout en grès, ornée d'un balcon fleuri, elle s'ouvre sur un large porche rose qui rehausse sa façade blanche. Dans l'entrée, un antique *zuzulu* (banc de cheminée) rappelle l'époque où l'on faisait asseoir les invités avant de leur offrir le pain et le fromage. Les grands salons de l'étage mènent aux chambres de caractère, toutes confortables et impeccables. Excellent accueil.

Casa Kordoa : *sur la NA 2600, juste avt d'entrer à Errazu en venant de Bozate. ☎ 948-45-32-22. 665-69-97-15. • info@kordoa.com • kordoa.com • Double 50 €, petit déj 4,50 €. Maison entière (max 12 pers) 290 €.* Champêtre à souhait ! Surplombant un potager, cette belle ferme en pierre de pays renferme un salon commun fleurant bon la campagne et des chambres rustiques, nickel et confortables (salles de bains à l'ancienne, mais impeccables). Une bonne étape dans l'arrière-pays, d'autant que l'accueil est gentil comme tout.

Hotel Señorío de Ursua : *caserío Ikazatea, 31713* ***Arizcun.*** *☎ 948-45-35-00. • info@hotelursua.com • hotelursua.com • Près du carrefour avec la N 121. Congés : déc-janv. Doubles 100-145 €. Repas sur résa pour les hôtes env 25 €.* Les chevaux et les vaches paissent au milieu des champs, tandis que sur une petite colline se tient cet hôtel rural chic installé dans une vieille demeure du XVIIe s. Chambres stylées et confortables, arrangées avec goût. Elles donnent sur la campagne et les monts. Au rez-de-chaussée, un beau salon cossu avec cheminée et billard français. Spa payant. Patron très prévenant.

ELIZONDO (ELIZONDO ; 31700)

À 9 km de la route Pamplona-Irun, Elizondo est la capitale de la vallée du Baztán. C'est un grand et long village-rue étiré le long de la rivière Baztán, qui vient des montagnes pour se jeter dans la Bidasoa. Garer sa voiture et marcher dans le quartier ancien de cette charmante bourgade, dont les belles maisons de style navarrais (colombages, façades blanches et linteaux de pierre en grès rouge) se répartissent sur les berges reliées par un joli pont surplombant de petites chutes. Elizondo est une bonne base pour explorer la région.

– Autour du 25 juillet, lors des ***fêtes patronales,*** appelées *Baztandarren Biltzarra* (« la réunion du Baztán »), les habitants de la vallée se rejoignent à Elizondo pour de superbes parties de pelote, des danses basques et un défilé de voitures à cheval.

LA NAVARRE

Où dormir ? Où manger ? Où boire un verre ?

Hostal Trinquete Antxitonea : *Braulio Iriarte kalea, 16. ☎ 948-58-18-07. • hostal@antxitonea.com • antxitonea.com • ♿ Tte l'année. Resto ouv le soir tlj sauf dim, plus sam midi. Doubles 70-84 €.* Hôtel au charme rustique, aménagé dans le vieux trinquet d'Elizondo. On pousse une porte, et nous voilà dans la galerie au-dessus des joueurs de pelote, avec un bistrot où viennent se retrouver les passionnés. Quant aux chambres, elles sont simples, propres, et d'un confort suffisant (ascenseur). Préférer celles qui disposent de balcons donnant sur la rivière. En un mot, l'endroit parfait pour découvrir la ville et les Navarrais du Baztán. Fait aussi resto (moyen).

Restaurant Santxotena : *c/ Pedro de Axular, s/n. ☎ 948-58-02-97. • restaurante@santxotena.es • ♿ À moins de 100 m de la pl. de los Fueros, près de la rivière. Ouv le midi tlj sauf lun, plus sam soir (et mar soir en hte saison). Congés : 1re quinzaine de sept et 23 déc-12 janv. Menu 22 € ; raciones 10-25 €, carte env 35 €.* La meilleure table de la ville, même si les horaires ne sont pas toujours très pratiques. Cuisine navarraise, raffinée et fraîche, élaborée avec de bons produits locaux par 2 talentueuses femmes (c'est la 4e génération d'une famille de cuisinières) : ragoût de queue de génisse, tournedos de la vallée, haricots blancs aux palourdes... Salle à manger « rustico-chic », et accueil tout sourire.

Restaurant Casa Galarza : *c/ Santiago, 1. ☎ 948-58-01-01. Tlj sauf mar.*

Menu déj en sem 15 €, carte 20-25 €. Connue de longue date, cette adresse est appréciée pour son accueil fort sympathique, et surtout pour sa cuisine traditionnelle bien réalisée servie dans un cadre classique. Une valeur sûre dans sa catégorie.

Txokoto : *Braulio Iriarte kalea, 25. ☎ 948-58-05-51. Tlj sauf mer.* Petite maison blanche aux volets verts en surplomb du río Baztán. Le *Txokoto* est l'un des cœurs de la vie d'Elizondo. Pas mal d'habitués s'y retrouvent pour l'apéro, tandis que les touristes mangent sur le pouce un sandwich et quelques *pintxos.* Sans prétention mais sympa.

À voir

Les vieilles demeures blasonnées : le ***palacio Arozarena*** au 17, calle Jaime Urrutia. Le palais le plus imposant est le ***palacio Arizkurenea,*** près de la plaza de los Fueros, sorte de manoir navarrais abritant des bureaux de la mairie et le centre culturel d'Elizondo.

L'église paroissiale : au centre du village, dédiée à saint Jacques, elle date du XVIe s. Intéressante pour ses escaliers extérieurs qui permettent aux hommes de rejoindre les galeries (au Pays basque, la mixité est anticléricale !).

Museo etnográfico Jorge Oteiza : *Braulio Iriarte kalea, 36, en bord de rivière. ☎ 948-58-15-17. En été, tlj 11h-14h, 17h-20h ; en hiver, mêmes horaires mais ven-dim seulement (fermé en sem). Entrée : 4 € ; réduc.* Dans un très bel édifice du XVe s, l'un des plus vieux d'Elizondo. Comme d'habitude dans ce type de musée, on trouve une accumulation d'outils et d'objets du quotidien, de costumes et de mobilier ancien. Une section est également consacrée au peintre Javier Ciga dont les œuvres ont pour sujet la vallée de Baztán.

IRURITA

À 4 km au sud d'Elizondo, surplombant le fond de vallée depuis une hauteur stratégique. Incroyable place centrale (plaza de la Duquesa de Goyeneche) où toutes les maisons (sauf 2) portent un blason sculpté (certains sont très grands).

À la sortie du village, près du *río,* 2 superbes demeures fortifiées du Moyen Âge, carrées, massives : rez-de-chaussée en pierre, 1er étage en bois, le tout surmonté d'un toit à 4 pentes et d'un clocheton-mirador également en bois.

TOUS NOBLES, RICHES OU PAUVRES !

Incroyable le nombre de maisons portant des blasons sculptés dans la vallée du Baztán ! Au XIIIe s, ses habitants participèrent en masse à la bataille de Las Navas de Tolosa contre les Maures. Reconnaissant, le roi accorda à ces braves Navarrais un privilège de noblesse. Il décréta que chaque habitant, riche ou pauvre, qui naissait dans la vallée devenait automatiquement un hidalgo *(un noble), détenteur d'un blason noble. Ainsi fut inventée l'aristo-démocratie !*

Où dormir ?

Palacio Jaureguia : *camino Iparburu, 1. ☎ 948-45-20-56. • info@palaciojaureguia.com • palaciojaureguia.com • Ouv tte l'année. Double env 187 €, avec petit déj. Collation possible sur résa env 10 €.* Navarre éternelle ! Le beau palais Jaureguia appartient à la même maisonnée, apparentée aux rois de Navarre, depuis 1437 ! Mais pas de panique, le sympathique propriétaire accueille ses hôtes en toute simplicité, et en français. Son dada ?

L'art contemporain, dont des œuvres sont dispersées parmi les meubles de famille, les tapisseries et les toiles anciennes, tandis que les pièces monumentales égayent le parc. Côté chambre, c'est vaste, cossu, et bourré de charme. Une adresse pour se faire plaisir !

LE PARC SEÑORIO DE BERTIZ

*À **Oronoz-Mugairi.** ☎ 948-59-24-21. • parquedebertiz.es • L'entrée se fait par la grille à côté de la station-service, en plein virage ; prudence ! Tlj sauf 1er et 6 janv, et 25 déc. Avr-sept, jardin ouv en continu 10h-19h30 ; sinon, 10h30-14h, 16h-19h30 (15h-17h30 en hiver). Parc fermé pour Covid, sinon ouv sans interruption. Entrée : 3 € pour le jardin ; gratuit moins de 18 ans. GRATUIT pour randonner dans le parc.* Le « domaine du seigneur de Bertiz » fut légué au gouvernement de Navarre en 1949, à la mort du propriétaire. Il se compose de plus de ***2 000 ha de chênaie aménagés pour les randonneurs,*** auxquels on accède facilement par le col d'Otxondo. 5 circuits, de 6 à 22 km, sont bien balisés dans la montagne. L'entrée principale du parc est située à Oronoz-Mugairi, où l'on trouve également l'office de tourisme, une super aire de jeux pour les enfants, et surtout un jardin créé par le dernier seigneur autour du palais familial du XIXe s. Ce jardin « artistique », parfaitement aménagé et entretenu, sert d'écrin à cette belle demeure. Jolie balade dans la bambouseraie et dans la palmeraie, en passant par une chapelle moderniste et un belvédère. À noter qu'Oronoz est le berceau de la famille Iturbide Aramburu dont un des descendants fut empereur du Mexique (Agustín Iturbide, 1783-1824) pendant 2 ans. Mazette !

***Oficina de turismo de Bertiz :** à l'entrée du parc. ☎ 948-59-23-86. • oit.bertiz@navarra.es • En été, tlj sauf dim ap-m 10h-14h, 16h-19h ; hors saison, tlj 10h-14h, et aussi ven-sam 15h-18h.* Le seul office de tourisme de coin ouvert toute l'année. Accueil professionnel et documentation abondante. Maquette de la région.

LA VALLÉE DE RONCEVAUX

Si l'on vient du nord (France) et de Saint-Jean-Pied-de-Port (26 km), la route tortueuse est belle, surplombant une vallée encaissée dans un paysage de montagnes couvertes de forêts. Après la bourgade de Valcarlos, la vallée se resserre, se met à ressembler à une gorge. De cette route en balcon, on imagine très bien l'armée de Charlemagne, en bas. C'est en franchissant cette montagne à l'été 778, alors qu'elle combattait les Arabes dans la péninsule Ibérique, que l'arrière-garde de l'armée fut massacrée par les Vascons (les Basques) alliés aux Sarrasins et que Roland trouva la mort.

Roland (que beaucoup présentent, sans doute à tort, comme le neveu de Charlemagne) n'avait aucune chance de s'en tirer : Roncevaux est une nasse, un piège. Charlemagne ne le savait pas, les Basques si. On comprend mieux pourquoi l'auteur de *La Chanson de Roland* a fait appel au traître

TOUT SE TERMINE EN CHANSON

La Chanson de Roland *raconte la bataille de Roncevaux qui se déroula au VIIIe s. Écrite 200 ans après la bataille, la chanson transforme les faits historiques. Alors que Roland, à la tête d'une armée de Charlemagne, était, en fait, écrasé par les Basques, la légende veut que le preux chevalier résistât héroïquement aux musulmans. Sa mort en fait un guerrier luttant pour la foi chrétienne. C'est l'occasion d'exalter les sentiments patriotiques et religieux, dans ce Moyen Âge de reconquête chrétienne et de croisades. Question propagande, on connaissait déjà la chanson !*

Ganelon et aux méchants Sarrasins pour sauver la face. La vérité historique, c'est que faire passer une armée à cheval là-dedans est une erreur stratégique. Les historiens ne sont pas sûrs que Roncevaux soit l'exact emplacement de la bataille qui coûta la vie à Roland et décima l'armée, mais c'est bel et bien ici que se forgea sa légende.

UN PUISSANT MONASTÈRE SUR LE CHEMIN DE SAINT-JACQUES

Au Moyen Âge, la vallée devint l'un des lieux de passage privilégiés du chemin de Saint-Jacques. Un petit hôpital-monastère fut d'abord installé au col d'Ibañeta au XIIe s, puis, le succès du pèlerinage aidant, un hôpital plus important fut construit un siècle plus tard un peu plus bas dans la plaine, sur le site de Roncevaux, et une collégiale lui fut accolée. Cette route était certes difficile, mais l'installation du monastère garantissait aux pèlerins une halte sûre entre Saint-Jean-Pied-de-Port et Pampelune. La puissance du monastère était telle que Sanche le Fort, au XIIIe s, y déposa un tiers des chaînes de Las Navas de Tolosa, emblème mythique de la Navarre, et voulut s'y faire enterrer. Après la soumission du Guipúzcoa par la Castille, la route de Roncevaux était la seule qui permettait aux Navarrais d'avoir un accès sûr à la mer par le port de Bayonne. Jusqu'au XVe s, elle eut donc une importance stratégique et économique énorme pour les rois de Pampelune.

L'itinéraire compostellan quitte la vallée de Roncevaux après Auritz-Burguette, car le río Urrubi descend tout droit vers le sud, bordé par la Navarre orientale. Au Xe s, cette région n'était pas sûre, et les pèlerins préféraient partir vers l'ouest, franchir les 2 cols de Meskiritz et d'Erro pour rejoindre la haute vallée du *río.* Il leur suffisait alors de suivre cette rivière pour atteindre Puente la Reina et Estella en traversant Pampelune.

Arriver – Quitter

➢ ***De/vers Pamplona :*** en **bus** avec *Artieda (● autocaresartieda.com ●).* De Pamplona : juil-août, 2 bus/j. lun-sam (mat et ap-m) ; hors saison, 1 bus/j. (lun-sam ap-m) ; rien le dim. De Roncevaux : juil-août, 2 bus/j. lun-sam (mat) ; hors saison, 1 bus le mat lun-sam. Pas de bus dim. Trajet : env 1h10.

RONCESVALLES *(ORREAGA OU RONCEVAUX ; 31650)*

À 960 m d'altitude, Roncesvalles est l'une des toutes 1res étapes du chemin de Saint-Jacques en Navarre, et donc une halte incontournable. En fait, c'est d'ici que partent la plupart des pèlerins lorsqu'ils entament leur longue marche vers Compostelle. Un grand panneau planté au bord de la route indique « Santiago de Compostela 790 km ». Ce n'est pas une petite randonnée ! Le site de Roncevaux est superbe et idéal pour commencer cette expédition pédestre. Protégé côté français par une imposante façade montagneuse noyée dans des brumes mystérieuses, il s'étend vers le sud en des pentes plus douces couvertes de forêts. Le site comprend le grand monastère et ses dépendances, ainsi que des hébergements pour pèlerins et touristes. C'est tout petit, et le territoire, fait exceptionnel, appartient encore à l'Église.

Adresse utile

ℹ *Oficina municipal de turismo :* *Antiguo Molino.* ☎ *948-76-03-01.* *● turismo.navarra.es ● Tlj sauf 1er et 6 janv, et 25 déc.* Quelques brochures sur le site. Bon accueil.

Où dormir ? Où manger ?

Pas de concurrence à Roncevaux... tous les hébergements et les lieux de restauration étant gérés par l'évêché ! Heureusement, ce monopole n'a pas d'incidence sur la qualité des prestations, plutôt bonnes dans l'ensemble.

Très bon marché

Albergue de peregrinos (auberge des pèlerins) : *à côté de l'office de tourisme. ☎ 948-76-00-00. • info@alberguederoncesvalles.com • alberguederoncesvalles.com • Ouv tte l'année. Nuitée 14 € (17,50 € avec petit déj, 28,50 € avec dîner et petit déj).* Credencial *obligatoire, résa conseillée.* Installée dans un grand bâtiment rénové de l'ancienne collégiale, dans un cadre historique. Sur 3 étages, on y trouve des dortoirs impeccables et modernes, avec des lits superposés en bois clair regroupés par modules de 4, pour plus d'intimité. Les draps peuvent être loués sur place, mais il vaut mieux avoir son sac de couchage. Sanitaires en commun, très propres. Cuisine à disposition, réfectoire, laverie, tous les services utiles pour un pèlerin.

De bon marché à prix moyens

Casa Sabina : *juste à côté de l'office de tourisme, à l'entrée du village. ☎ 948-79-03-22 (chambres) ou 948-76-00-12 (resto). • casasabina@roncesvalles.es • casasabina.roncesvalles.es • Ouv tte l'année. Double 55 €. Menu du pèlerin (à réserver l'ap-m) 10 €, servi à 19h ou 20h30 ; menu du jour 14 € (20 € en fin de sem).* Ça dépote, dans ce petit hôtel-resto sans chichis ! Il y a une terrasse de poche, un bar convivial, et une salle de restaurant moderne où l'on propose une cuisine du jour copieuse, bonne, et présentée avec un peu d'effort. Service efficace, à défaut d'être souriant en cas d'affluence. Côté chambres, il n'y en a que 4, sans charme, mais fonctionnelles et propres. Sinon, pour un peu plus de confort, on peut préférer les chambres de l'autre *hostal* du site, ***La Posada,*** mais c'est plus cher *(doubles 65-75 €).*

Hotel Roncesvalles : *dans la* casa de Beneficiado, *qui communique avec la collégiale. ☎ 948-76-01-05. • hotel@roncesvalles.es • hotelroncesvalles.com • Congés : de mi-nov à mi-mars. Doubles 77-92 € selon saison ; apparts 3-6 pers 102-152 € ; petit déj 10 €. Menus 11-20 € ; menu spécial pèlerins.* C'est l'adresse chic de Roncevaux ! Si l'hôtel occupe des murs historiques, avec de belles parties communes pleines de caractère, les chambres et les appartements sont à l'inverse très contemporains, pour ne pas dire design. Confort au top, pour le plus grand bonheur des pèlerins pas dans le besoin ! Accueil pro et sympa.

LA NAVARRE

À voir

Le monastère, ensemble de bâtiments massifs aux larges toits de plomb, et principalement la ***collégiale Santa María*** *(tlj 9h-20h30, sauf pdt les offices ; GRATUIT),* église du gothique le plus pur, édifiée au XIIIe s par un architecte français. Et la *Vierge à l'Enfant,* sculpture en bois plaquée d'argent datant du XIVe s.

– ***Le cloître et la salle capitulaire*** (chapelle San Agustín) : *mars-nov, tlj 10h15-14h, 15h30-19h (15h15-18h mars et nov) ; fév et déc, tlj sauf mer 10h30-14h30. Résa sur 670-28-99-97. Fermé janv. Entrée : 2,50 € (env 3,50 € avec audioguide).*

Le cloître s'effondra sous le poids de la neige en 1600 et fut reconstruit dans le style trapu que l'on peut observer aujourd'hui. Salle capitulaire *(capilla San Agustín)* aux beaux vitraux tardifs représentant la bataille de Las Navas de Tolosa en 1212. Au cœur de la salle se tient le ***gisant du roi Sanche VII dit le Fort.*** Noter la position originale des jambes qui se croisent, alors qu'habituellement elles reposent sur des lions. C'est une attitude attribuée aux croisés, qui fut d'abord

adoptée en Angleterre. Le roi Sanche VII a régné 40 ans, avant de finir sa vie solitaire et reclus à Tudela. On l'avait d'ailleurs surnommé « le Renfermé ». Il transmit la couronne de Navarre à son neveu Thibaut de Champagne.
Au fond de la salle, protégée par une lourde grille, une chapelle renferme les statues de Sanche VII et de sa femme Clemencia. Ces personnages sont tournés vers un autel couvert d'un drap rouge aux armes de la Navarre. Au pied de celui-ci, posées sur un coussin rouge, les ***chaînes de la fameuse bataille*** de 1212 (Las Navas de Tolosa) rapportées par le roi après sa victoire, étape décisive de la *Reconquista.* On dit qu'elles servirent à attacher les soldats sarrasins pour éviter qu'ils ne s'enfuient devant l'ennemi... Elles ont inspiré le dessin du blason du royaume de Navarre (regardez bien). Au centre du blason se tient une émeraude verte, qui fut le trophée de guerre symbolique de Sanche le Fort pris à son ennemi vaincu. Enfin, avant de quitter le cloître, n'oubliez pas d'emprunter l'escalier qui conduit sous les toits, au plus près des rosaces de la collégiale. Insolite !
– ***Le musée :*** *visite guidée seulement (env 45 mn en castillan, mais brochure en français fournie) pdt les horaires d'ouverture du cloître (demander l'heure du prochain départ en arrivant). Entrée, cloître, salle capitulaire et Silo inclus : 5,50 € (6 € avec audioguide).* Pas immense mais richement doté, il présente notamment de superbes pièces d'orfèvrerie religieuse (évangéliaire, coffret en argent) et un triptyque flamand du XVIe s. Parmi les curiosités, on remarque l'« échiquier de Charlemagne », un délicat reliquaire émaillé du XIVe s, ou encore l'émeraude qui aurait été prise au sultan après Las Navas de Tolosa. Également quelques beaux livres anciens.

Le Silo de Charlemagne *(Silo de Carlomagno)* **:** *accessible seulement dans le cadre des visites guidées du musée.* À gauche du restaurant *La Posada,* à l'ombre d'une chapelle, ce monument discret, reposant sur des arcades, aurait servi autrefois à entreposer les restes des combattants de la bataille de Roncevaux. Une légende dit aussi que Charlemagne y aurait enterré les os de Roland. Les stèles et les tombes que l'on aperçoit de l'extérieur sont celles des moines du monastère.

BURGUETE (AURITZ ; 31640)

À 3 km au sud de Roncesvalles par une jolie route ombragée. C'est aujourd'hui la 1re bourgade que traversent les pèlerins sur le chemin de Saint-Jacques-de-Compostelle. Dans ce village-rue, les maisons navarraises toutes blanches, aux volets rouges et verts, dégagent une austère noblesse. Leurs murs épais et leurs toitures en avancée rappellent qu'elles endurent les longs hivers du piémont pyrénéen. Autour du village, les collines, les prés et les bois ondulent dans un beau paysage encore bien préservé. Grand amateur de pêche à la truite, Hemingway y vint dans les années 1920-1930. Il évoque Burguete dans son roman *Le soleil se lève aussi.*

Où dormir ? Où manger à Burguete et dans les environs ?

Camping Urrobi : *ctra Pamplona-Valvarlos, km 42, 31694* ***Aurizberri.*** *☎ 948-76-02-00. • info@campingurrobi.com • campingurrobi.com • Juste après Burguete vers le sud, au croisement de la NA 172. Ouv avr-oct. Forfaits 23-32 € pour 2. Bungalows 2-6 pers 110-150 €. En dortoir nuitée 13,50 €.* Situé entre la route et un méandre du río Urrobi, ce grand camping affiche presque toujours complet en été. L'environnement est agréable et verdoyant avec des pelouses entretenues et des parterres de fleurs. Peu d'ombrage pour les campeurs, mais les installations en dur (resto, épicerie, sanitaires) sont en parfait état et propres. Piscine, tennis, minigolf et location de vélos.

Hotel Burguete : *c/ San Nicolás, 71, à Burguete. ☎ 948-76-00-05. • info@hotelburguete.com •*

hotelburguete.com • ♿ Congés : de mi-déc à mars. Double env 60 €. Repas env 15 €. Au bord de la route, cette robuste maison d'allure modeste cache bien son jeu. L'intérieur est agréable, elle eut même l'honneur d'accueillir l'écrivain Hemingway dans les années 1920. L'auberge a gardé son côté simple et charmant, et les chambres joliment meublées à l'ancienne ont été modernisées côté confort (salles de bains nickel). En demander une donnant sur la campagne, moins bruyante que la rue.

Hotel Rural Loizu : *c/ San Nicolás, 13, à* **Burguete.** *☎ 948-76-00-08. • reservas@loizu.com • loizu.com • ♿ Congés : 15 déc-3 mars. Doubles avec sdb 82-100 €, petit déj inclus. Menu pèlerin 10 €, menu du jour env 18 € ; carte env 25 €.* Petit hôtel-resto très coquet, avec un jardinet ombragé pour l'apéro. Tout est peint dans les tons pastel, les chambres ont une jolie déco classique, et sont d'un bon niveau de confort. En demander une donnant sur le jardin plutôt que sur la rue (mais il y a un double vitrage efficace). Au resto, cuisine de terroir bonne et copieuse, avec une carte qui suit le rythme des saisons. Accueil sympa et efficace.

Parriola Etxea : *c/ San Andres, 5, 31438* **Hiriberri-Artzibar (Villanueva de Arce).** *☎ 948-79-03-94. • parriola@orreaga.net • casasruralesennavarra.net • Au sud de Burguete, quitter la NA 135 (route de Pampelune) pour la NA 172 et faire env 7 km. Doubles 40-55 €.* C'est la vraie adresse de l'arrière-pays, cachée dans un adorable hameau perdu dans la vallée. Située face à l'église, cette belle ferme traditionnelle renferme des espaces communs rustiques pleins de charme, et des chambres simples et agréables équipées de salles de bains. Accueil simple et sincère.

LA VALLÉE D'IRATI

Étroite vallée parcourue par une route encore plus étroite. Voici une autre Navarre, plus marquée par les Pyrénées encore que les vallées de Roncevaux et du Baztán. Notre itinéraire commence à 2 km au sud de Burguete (Auritz) et emprunte la N 140 vers l'est. Si l'on continue, on passe le col de Alto de Remendía (1 040 m) avant de redescendre dans la vallée de Salazar (Ochagavia), puis plus loin encore, en passant le col Portillo de Lazar (1 129 m), on débouche sur la vallée de Roncal. Ainsi Irati, Salazar et Roncal forment un enchaînement géographique naturel et logique pour le voyageur. Appelons-le le circuit exceptionnel des 3 vallées ! Au total, de Burguete (Auritz) à Burgui, il y a 72 km de routes sinueuses mais en bon état.

À voir

Aribe : *à 11 km au sud-est de Burguete.* Au creux d'une belle vallée, un village traditionnel baigné par le río Irati, une rivière de montagne où Hemingway venait pêcher la truite.

Orbaitzeta : *à 6 km au nord d'Aribe par une route étroite et très belle.* Si le cœur vous en dit, vous pouvez grimper jusqu'à la *fabrique de munitions* d'Orbaitzeta *(Orbaitzeta Ola),* qui a produit jusqu'au XVIIIe s grenades et balles à l'usage du royaume. Le trajet est superbe, mais la visite décevante : quelques murs effondrés au pied d'un village assoupi.

Albergue Mendilatz : *barrio Larraun, ctra Pantano de Irabia, km 4, 31670 Orbaitzeta. ☎ 948-76-60-88. • mendilatz@mendilatz.com • mendilatz.com • 3 km tt droit après Orbaitzeta, puis indiqué. Réception ouv 18h-21h. Doubles 60-65 € ; lit en dortoir 22 € (draps inclus) ; petit déj 6 €. Dîner*

15 €. Ancienne ferme de montagne au toit pentu, entourée d'un grand jardin doté d'une aire de jeux pour les enfants, le tout dans un environnement paisible et verdoyant. Le dortoir, à l'étage de la maison principale, dispose de lits aménagés dans des alcôves individuelles et de sanitaires en nombre. Top dans son genre ! Quant aux chambres, sobres et confortables, elles occupent une annexe agréable, où les hôtes se relaxent devant un bon feu de cheminée dans le salon commun. Une belle étape loin de l'agitation du monde !

LA VALLÉE DE SALAZAR

C'est la plus belle et la plus sauvage des 3 vallées. Le río Anduna prend sa source sur la ligne de crête à cheval sur la France et l'Espagne, puis glougloute dans le fond de la vallée. Les villages vivent à son rythme, en harmonie aussi avec les immenses forêts qui couvrent les versants des montagnes. Ces bourgs sont parfois blancs et coquets comme des hameaux suisses, parfois austères et fiers comme des bourgs bretons.

Arriver – Quitter

➢ ***En bus :*** avec la compagnie *Conda (• conda.es • alsa.es •).* Liaison Pamplona-Ochagavia, tlj en sem : 1 bus/j. dans les 2 sens. Durée : 1h30-2h.

Adresse utile

Oficina de turismo de Ochagavia : *c/ Labaria, 21 ; sur la route principale, à gauche, face au río. ☎ 948-89-06-41. • turismo.navarra.es • En été, tlj sauf dim ap-m 10h-14h, 16h30-19h30 ; juin et de mi-sept à fin oct, tlj 10h-17h (14h ven-dim), plus ven-sam 16h30-19h30 ; hors saison, fermé lun-jeu ap-m et dim ap-m.* Bonne documentation, riche et variée. Infos sur les hébergements dans la campagne environnante *(casas rurales)*, et sur les sentiers de rando du coin (guides à vendre), notamment à travers la sierra de Abodi et la sierra de Irati. Abrite aussi un petit centre d'interprétation de la nature pour les passionnés de faune et de flore.

OCHAGAVIA (OTSAGABIA ; 31680)

À 34 km à l'est de Burguete, on est déjà dans un autre univers. Cœur battant de la région, cette petite ville de montagne est souvent considérée comme « le plus beau village » de la Haute-Navarre. Une rivière aux eaux vives et fraîches traversée par un ravissant pont à double arche, des maisons robustes et élégantes serrées au fond d'une vallée encaissée et boisée, le sentiment d'être loin de tout. Solitaires mais solidaires, ainsi sont les habitants de ce lieu qui vit plus ou moins en autarcie. Au fil des ruelles pavées de galets ronds, on arrive à l'*église paroissiale* (beau retable du XVIe s). Ochagavia se souvient qu'elle eut à lutter en 1793 contre les armées de la Convention et que les exportateurs de révolution brûlèrent beaucoup de maisons. Cet épisode sanglant n'a pas empêché la réconciliation franco-espagnole de se faire grâce à un « pacte » signé avec la commune de Tardets, de l'autre côté des Pyrénées. Des festivités en août et en septembre sont l'occasion de renouveler cette amitié entre ces 2 grandes communes montagnardes.

– ***Fête populaire :*** *8 sept.* Groupes de danseurs d'Ochagavia, aux costumes particulièrement colorés, dirigés par le *bobo* (un arlequin).

Où dormir ? Où manger ?

Camping

⛺ 🏠 🍽 ***Camping Osate :*** *c/ Arbea. ☎ 948-89-01-84. • info@campingosate.net • campingosate.net • À l'entrée sud (500 m) du village. Ouv tte l'année. Forfait pour 2 env 22 €. Chalets et bungalows 2-8 pers 45-140 €. En dortoir de 6 lits, env 15 €/pers, sans les draps (4 €). Formules du jour à l'auberge 8-15 €.* Proche de la rivière, au pied d'un versant de montagne, l'environnement est remarquable. Emplacements plats et bien verts, équipements en bon état, bungalows propres et bien tenus. Sur place, snack-resto, épicerie, laverie... Propose des activités sportives : randonnées, vélo, escalade, rafting... Un bon camping.

Prix moyens

🏠 🍽 ***Hostal Orialde :*** *Urrutia, 6. ☎ 948-89-02-70. • info@hostalorialde.com • hostalorialde.com • Congés : janv-fév. Doubles 70-80 €. Menu env 15 €.* Posé sur le quai, cet établissement convivial a les faveurs des habitués qui investissent dès le matin le bar et la terrasse, tandis que les touristes apprécient les chambres, certes petites, mais confortables et agréables. À l'heure du repas, tout le monde se retrouve au resto pour profiter des menus simples, copieux, et à prix doux.

🏠 🍽 ***Hotel rural Auñamendi :*** *Urrutia, 23. ☎ 948-89-01-89. • info@hotelruralaunamendi.com • hotelruralaunamendi.com • Ouv tte l'année. Doubles 85-95 €, avec petit déj ; familiales aussi. Menus 16,50 € (déj en sem)-28 €.* Grande et belle bâtisse en pierre sur la place de la bourgade. Mais l'intérieur n'a rien de typique : tout a été rénové de la cave au grenier ! Résultat : des chambres contemporaines impeccables, bien équipées, confortables, avec vue sur la rue et la montagne. Resto classique.

LA VALLÉE DE RONCAL

Longue et boisée, la vallée de Roncal est une coulée verte, un couloir qui descend des Pyrénées jusqu'au sud, c'est-à-dire d'Ustárroz à Burgui en passant par Isaba et Roncal (22 km). Elle est la dernière des vallées navarraises sur le versant sud des Pyrénées. Roncal est une vallée consacrée à l'élevage. Ses fromages de brebis sont célèbres dans tout le pays et bénéficient d'une AOC depuis 1981.

Arriver – Quitter

➢ ***En bus :*** avec *La Tafallesa (☎ 902-42-22-42),* 1 A/R par j. sauf dim de Pamplona à Isaba, Roncal et Uztárroz. Départ en fin d'ap-m de Pamplona, le mat d'Uztárroz. Durée : 2h.

ISABA (IZABA ; 31417)

Cœur de la vallée de Roncal, ce modeste village (400 habitants) ne manque pas de personnalité. D'abord le site est étonnant avec ses montagnes formant un écrin. Le village serre ses maisons anciennes, en grosses pierres sombres, autour de son église fortifiée. Petit mais mignon et fleuri : ruelles pavées et géraniums aux fenêtres.

Où dormir ? Où manger ?

Camping-auberge d'Asolaze : *ctra Francia, km 39,5. ☎ 948-89-30-34 ou 32-34. • info@asolazecamping.com • asolazecamping.com • Suivre la direction de la France, puis, 6 km plus loin, c'est indiqué. Congés : nov. Résa conseillée en août. Forfait pour 2 env 21 €. Bungalows 4-6 pers 75-90 €. Lit en dortoir 4-7 pers 13 € (draps 4 €) ; double avec sdb 45 €. Menu du jour 14 €.* Sans doute l'un des campings les plus haut perchés et les plus isolés de ce coin de Navarre. Établi en lisière de forêt, sur un terrain encaissé et ombragé par des pins, il ne manque pas de charme. Équipements assez basiques en revanche.

Hostal rural Ezkaurre : *Garagardoia, 14. 699-56-78-29. • info@hostalezkaurreisaba.com • hostalezkaurreisaba.com • Laisser la voiture au parking (gratuit) en contrebas du village. Doubles 50-60 € selon saison, petit déj 6 €.* Jolie maison traditionnelle en pierre retranchée dans une ruelle piétonne au centre du bourg. Chambres petites, à l'insonorisation un peu juste, mais bien aménagées, dans un esprit chalet de montagne. Accueil aimable.

Hostal Lola : *Mendigatxa, 17. ☎ 948-89-30-12. • info@hostal-lola.com • hostal-lola.com • Au cœur du village. Double avec sdb env 77 €, petit déj 10 € ; suites. Dîner (seulement pour les résidents) 18 €.* Rien de montagnard ici, on a opté pour le contemporain ! Chambres modernes, voire design, d'un excellent niveau de confort. Et il y a même un ascenseur ! Le soir, cuisine locale bien réalisée. Accueil sympa. Une excellente adresse.

LA NAVARRE

À voir

L'église San Cipriano : bâtie au XVIe s. Architecture très sobre : elle ressemble à un donjon, limite fortifiée ! Beau retable.

D'Isaba, une superbe route de montagne serpente dans les forêts et grimpe en quelques kilomètres sur les alpages. Elle atteint le massif de La Pierre-Saint-Martin (France) et la vallée de Barétous en terre béarnaise.

RONCAL (ERRONKARI ; 31415)

À 9 km au sud d'Isaba. Ici la vallée s'élargit, mais reste bercée par la rivière. Roncal garde une allure un peu austère de village montagnard avec des maisons blanches aux volets verts et des balcons en fer forgé.

Adresse utile

Oficina de turismo : *c/ Gayarre. ☎ 948-47-52-56. • oit.roncal@navarra.es • En été, tlj sauf dim ap-m 10h-14h, 16h30-19h30 ; sinon, lun-jeu 10h-17h (14h de mi-oct à mi-mars), horaires d'été ven-dim.* Bien documenté, avec plan de la ville, et infos sur la vallée. Abrite aussi un centre d'interprétation de la nature.

À voir

Casa-museo Julián Gayarre : *au cœur du village (panneaux depuis l'axe principal, au niveau du pont). ☎ 948-47-51-80. • juliangayarre.com • Avr-sept, tlj, sauf dim ap-m et lun, 11h30-13h30, 17h-19h ; oct-mars, seulement sam et dim mat 11h-14h, 16h-18h. Appeler avt pour vérifier les horaires. Entrée : 2 €.* En plus d'être connu pour son fromage, Roncal l'est aussi pour Julián Gayarre (1844-1890), l'une des grandes voix du XIXe s, un ténor exceptionnel à la carrière internationale. Il chanta à la Scala de Milan, à Rome, à Vienne, à Moscou, à Buenos Aires... Wagner aurait dit le plus grand bien de lui ! Dans sa maison natale (vert et blanc, comme tout le village) sont réunis des costumes de scène, des photos, des partitions. Amusant pour les passionnés d'opéra et les fous de l'histoire du romantisme.

Le mausolée de Gayarre : *sortir du village vers Nurgui, puis prendre un chemin à droite qui monte vers le cimetière, 400 m plus haut.* Parmi les nombreuses tombes, le mausolée de Gayarre, œuvre de Mariano Benlliure, se distingue du lot par son architecture et son style romantique. La base est en marbre blanc de Carrare. La partie haute, en bronze, représente des muses et un ange figés par la mélancolie...

BURGUI (BURGI ; 31412)

À environ 10 km au sud de Roncal. Sur le río Esca, gros bourg situé à l'entrée d'une gorge encastrée dans des falaises calcaires et abruptes. On dirait un peu le Jura ou le Vercors. Pas de restaurants ici, seulement un bar... et un petit hôtel.

– ***Fiestas de las Almadias :*** *1er w-e de mai (ou dernier d'avr). Rens sur • almadiasdenavarra.com •* Une fête qui commémore l'époque où les trains de bois descendaient d'Irati par le río Salazar. Les habitants de la vallée confectionnent les énormes radeaux de grumes et les font descendre au départ de Burgui sur les eaux du *río* gonflées par la fonte des neiges et les pluies de printemps.

Où dormir ?

Hostal rural El Almadiero : *pl. Padre Tomás de Burgui, 1 (c/ Mayor). ☎ 948-47-70-86. 650-66-59-49. • hotelalmadiero@gmail.com • almadiero.com • Congés : nov-fév et 2de quinzaine de juin. Doubles 68-72 €, petit déj 9,50 €.* Au cœur du village, un petit hôtel cosy dans une belle demeure fleurie. On y entre par une vieille porte arrondie digne d'un manoir... Chambres petites mais nettes et bien tenues, avec du bois clair partout (style chalet de montagne), de la pierre, des balcons. Accueil sympathique.

DE BURGUI À LUMBIER

De Burgui, on peut rejoindre l'autoroute Pamplona-Zaragoza au niveau de Lumbier (40 km à l'ouest de Burgui). Dans ce cas, on passe par un col à 950 m, le village de Navascués et la vallée inférieure du río Salazar. Panorama sur les spectaculaires gorges d'Arbayon depuis le belvédère au nord d'Iso. À Lumbier, un vaste parc d'éoliennes marque le paysage plus aride, plus proche des horizons de Castille que des vallées des Pyrénées. Le changement de paysage est rapide et sans transition. On passe presque de la Suisse à l'Andalousie en l'espace de 50 km...

LA NAVARRE ORIENTALE

C'est la terre des monastères et des châteaux, la terre des conquérants et des batailles. Cette partie de la Navarre se trouvait historiquement sur la ligne de frottement et d'affrontement entre les Navarrais et les Maures,

maîtres de l'Aragon jusqu'au XIIIe s. Les Maures chassés, les rois d'Aragon, proches parents des rois de Navarre, eurent quelques altercations avec eux. La méfiance entre les 2 royaumes demeura. D'où, au Moyen Âge, la mise en place d'un système défensif sur les collines les plus stratégiques.
Terre de grès rouge et de calcaire doré, vaste paysage aux horizons lointains et moutonnants, la Navarre orientale semble éloignée de tout. C'est pour cela que les moines cisterciens s'y établirent à la fois pour exploiter les terres, protéger les pèlerins et se trouver en première ligne de la Reconquista. On y trouve donc plus de monastères que de discothèques et plus de villes fortifiées que de stations balnéaires.
Pour couronner le tout, les paysages sont admirables. D'autant que sur le calcaire pousse la vigne et que la gastronomie locale bénéficie d'une bonne réputation. Vous êtes ici dans la Navarre majoritairement non bascophone (officiellement du moins).

Arriver – Quitter

En bus

Liaisons tlj au départ de Pamplona.
➢ ***Tafalla, Olite, Carcastillo :*** avec *Alsa* (☎ 902-42-22-42 ; • alsa.es •), env 20 bus/j. en sem pour Tafalla, moins le w-e (durée 30-45 mn). Env 12 bus/j. pour Olite, moins le w-e (durée 40 mn-1h). 3 bus/j. pour Carcastillo (seulement 2 le dim ; durée 1h15-1h45).
➢ ***Sangüesa (par San Martín de Unx) :*** avec *Veloz Sangüesina* (☎ 948-87-02-09). En sem, 3 bus/j., seulement 1 le dim. Durée : 45 mn.

En train

Au départ de Pamplona.
➢ ***Olite :*** 3 trains/j. dans les 2 sens (4 le dim). Durée : 30-45 mn.
➢ ***Tudela :*** 10-12 trains/j. dans les 2 sens. Durée : 1h-1h20.

LA FRONTIÈRE AVEC L'ARAGON

Après le lac de retenue de Yesa (60 km à l'est de Pamplona), le río Aragón pénètre en Navarre, et la traverse du nord au sud. Vallée ouverte, facile à parcourir, mais aussi à défendre, rien d'étonnant donc à ce qu'une voie de communication importante ait été implantée là dès le haut Moyen Âge, reliant 2 royaumes chrétiens, celui de Pamplona et celui de Jaca. Ce fut même la 1re transversale pyrénéenne sûre entre Navarre et Aragon.
Dès le IXe s, les cisterciens établissent le monastère de Leyre entre les villes fortifiées de Lumbier et de Sangüesa. Il devient rapidement une des pièces maîtresses du dispositif politique navarrais. C'est là que se font enterrer les 1ers rois de Navarre et c'est de Leyre que viennent les évêques de Pamplona. Les divers rois comblent le monastère de dons : taxes, impôts, domaines. Leyre devient riche et finit par tenir sous sa coupe plusieurs autres monastères. Seul Roncevaux peut lui être comparé, et Sanche le Fort donnera à chacun de ces 2 monastères un tiers des chaînes symboliques de Navarre.
Au Moyen Âge toujours, les pèlerins de Saint-Jacques-de-Compostelle joignaient l'abbaye cistercienne de l'Escaladieu à l'abbaye cistercienne de Leyre. Plus le nombre de pèlerins était élevé, plus les dons et les cadeaux étaient justifiés. C'est ainsi que le chemin du Somport prit son essor.

À voir dans la région

Lumbier (31440) : *à 3 km au nord de l'autoroute Pamplona-Zaragoza (sortie 35).* Lumbier est surtout connu pour ses impressionnantes gorges *(foz de Lumbier)*, à 1,5 km au sud de la ville. Énorme faille dans la montagne grisâtre perçant la sierra de Leyre, où planent quelques vautours. Au pied de ces belles falaises coule le río Irati. Un petit chemin de randonnée tracé le long de la gorge, en surplomb de la rivière, permet de s'enfoncer dans ce décor fabuleux jusqu'aux vestiges du *pont du Diable* (2,5 km aller-retour). Les plus courageux continueront la balade sur le plateau (5,5 km). Parking payant *(2,50 €/voiture).*

Centro de interpretación de la naturaleza : *dans l'office de tourisme de Lumbier, pl. Mayor. ☎ 948-88-08-74. • focesdenavarra.es • De mi-juin à mi-sept, tlj 10h-14h, plus ven-sam 16h30-19h30 ; le reste de l'année, ven-dim 10h-14h, plus sam 16h30-19h30 en mai et fin sept.* Vous y trouverez des infos sur la faune, la flore et les sentiers de la région.

Iru Bide : *c/ Bijues. ☎ 948-88-04-35. • info@hotelirubide.com • hotelirubide.com • Congés : de mi-déc à mi-mars. Double env 65 €. Menu env 18 € en sem, 31 € le w-e.* Une bonne surprise ! Car ce grand établissement moderne posé à l'entrée de la bourgade fait bien les choses : les chambres sont joliment décorées, contemporaines et cosy (avec balnéo pour les meilleures), tandis qu'au resto la cuisine espagnole travaillée avec un brin de modernité garantit un repas de qualité. Tout pour plaire.

Bodegas Azpea : *camino del Iturbero. ☎ 948-88-04-33. • info@bodegasazpea.com • bodegasazpea.com • En contrebas de la ville (panneaux). En saison, ouv en principe tlj 11h-14h, 18h-20h (sauf s'ils sont dans les vignes !). Dégustation gratuite.* Pour en savoir plus sur les vins du secteur, l'étape chez ce sympathique vigneron vaut la peine. Ses vins, qu'ils soient rouges, blancs ou rosés, sont tous bio, se goûtent plutôt bien, et sont vendus à prix tout doux ! Possibilité de repas sur résa.

Monasterio de Leyre : *☎ 948-88-41-50. • monasteriodeleyre.com • Sur la route de Huesca, à 55 km de Pamplona. Depuis Lumbier, suivre Jaca-Huesca. Fermé pour Covid, sinon mars-oct, tlj 10h-19h et nov-fév, tlj (sauf lun-mar janv-fév) 10h-18h. Entrée : env 3,50 € ; 4 € avec visite guidée. Messe et chants grégoriens à 9h30 (11h30 dim), vêpres à 19h, complies à 21h.*

Les moines savaient décidément choisir leurs sites. Celui de Leyre est superbe, offrant un beau panorama sur le lac de retenue de Yesa (qui n'existait cependant pas lors de sa fondation !), la vallée et les collines alentour. On voit toute la plaine jusqu'à Ujué vers le sud et Pamplona à l'ouest.

Construit au IXᵉ s, le monastère prit rapidement du galon, activement soutenu par les rois de Navarre. Au XIᵉ s, son influence et sa richesse croissantes lui permirent de s'agrandir et de se doter d'une église remarquable, ornée d'un beau portail sculpté. L'intérieur mélange les styles : voûtes en berceau des travées et voûte gothique du XIIIᵉ s de la nef centrale. Derrière une grille, sur la gauche, un ***coffre ancien*** conserve les restes des 1ers rois de Navarre, de Sancho García (fin du IXᵉ s) jusqu'à Sancho García IV (fin du XIIᵉ s). On rend hommage au coffre et aux rois, le dernier dimanche de juin, chaque année.

Le ***chœur*** du XIᵉ s est la partie la plus ancienne de l'église et, dit-on, le plus ancien monument de Navarre. Il abrite une *Vierge à l'Enfant* gothique, presque grandeur nature.

– L'entrée de la ***crypte*** se trouve près de la billetterie, de l'autre côté de l'église. Avec ses arches massives se terminant par d'énormes chapiteaux presque au ras du sol, c'est la crypte la plus originale de Navarre.

Hospedería de Leyre : *à l'intérieur du monastère, 31410* ***Yesa.*** *☎ 948-88-41-00. • hotel@monasteriodeleyre.com • monasteriodeleyre.com • Congés : 10 déc-28 fév. Doubles 76-86 € ; petit déj 10 €.*

Menu déj 18,50 €. Un grand bâtiment du monastère abrite cet hôtel ouvert à tous. Le style n'a cependant rien de monacal ! Les chambres sont contemporaines, tout confort, et décorées par des œuvres d'une artiste navarraise. Parfait... à condition de n'avoir rien à redire au carillon des cloches dès mâtines ! Bon et copieux petit déjeuner. Au rayon des friandises, on peut également acheter chocolat, miel et liqueurs produits par les moines.

Castillo de Javier : *☎ 948-88-40-24. • santuariojaviersj.org • En période Covid, résa obligatoire par tél ou par mail à • castillodejavier@jesuitas.es • Tlj 10h-18h30 (17h30 nov, 16h déc-fév). Entrée : 3 € ; 5 € avec audioguide ; gratuit moins de 6 ans.*

En venant de Sangüesa (6 km), on monte par une belle route sur le versant d'une colline aride, et, soudain, on arrive dans une oasis de verdure formée par le domaine autour du castillo de Javier. Solitaire et perché sur son piton rocheux, le château semble monter la garde au-dessus de la vallée du río Aragón.

C'est dans ce nid d'aigle qu'est né une star : ***Francisco Javier*** (saint François Xavier, 1506-1552), de son vrai nom Francisco de Jasso de Azpilicuelta. Avec Ignacio de Loyola (un Basque), il est le fondateur de la *Compañía de Jesús* (les jésuites) et le 1er évangélisateur de l'Inde, de Malacca, des Moluques et du Japon. Il est aujourd'hui le patron de la Navarre.

Démoli en grande partie (sauf la tour de guet) au XVIe s, le château n'a été reconstruit que vers le XIXe s, mais à l'identique. Avec ses petits ponts-levis, ses remparts et ses tours hérissés de créneaux, l'ensemble a fière allure, même si le manque de patine lui donne un petit air théâtral. Au fil de la visite, on découvre au sous-sol 12 dioramas sur la vie de François Xavier. Le musée abrite par ailleurs des documents, des peintures du XVIIe s, et des *kakemonos* japonais sur la vie du saint. Dans la chapelle, une superbe *Danse de la Mort* d'inspiration flamande et surtout un très beau christ gothique qui semble sourire (une rareté). Du chemin de ronde, accès à la tour San Miguel avec une vue superbe sur la vallée.

Hotel El Mesón : *pl. de Javier, 31411* ***Javier.*** *☎ 948-88-40-35. • info@hotelmeson.com • hotelmeson.com • Près du parking du château. Congés : de mi-déc à mi-fév. Doubles 65-70 € (min 2 nuits). Menu 19 € ; platos combinados 11-13 €.* À l'ombre des arbres du parc, donc très au calme, cet hôtel d'architecture fonctionnelle dispose de chambres modernes, propres et confortables. Y viennent les touristes et beaucoup de pèlerins. Accueil souriant et pro.

SANGÜESA (ZANGOZA)

(31400) 5 000 hab. Carte Navarre, C3

À 45 km à l'est de Pamplona, à l'écart de la grande autoroute, voici une petite cité traversée par le río Aragón et chargée d'histoire. L'âge d'or n'est plus qu'un lointain souvenir pour cette bourgade assoupie et modeste, mais plusieurs palais et son église témoignent tant de sa richesse passée que de son riche passé.

UN PEU D'HISTOIRE

Sangüesa doit au pèlerinage de Santiago de Compostela toute sa prospérité. Au XIIe s, Alphonse Ier le Batailleur octroie des *fueros* à la ville, alors en plein développement. À l'aube de la Renaissance, Sangüesa est riche, comme en témoignent les palais encore debout, tel celui du prince de Viana. C'est à Sangüesa qu'est né en 1503 Henri d'Albret (appelé Enrique Labrit), roi de Navarre de 1517 à 1555. Il régna surtout sur la Basse-Navarre, en France, car la Navarre espagnole avait été conquise par le roi de Castille. Cet inconnu de l'histoire est le beau-frère du roi de France François Ier et le grand-père d'Henri IV. Le déclin du pèlerinage de Compostelle provoqua une récession et la petite ville entra dans les oubliettes de l'histoire.

Adresse utile

Oficina de turismo : *c/ Mayor, 2. ☎ 948-87-14-11. • oit.sanguesa@navarra.es • sanguesa.es • En été, tlj sauf dim ap-m 10h-14h, 16h-19h ; en hiver, tlj 10h-14h (et 14h30-17h30 ven-sam).* Donne un plan de la ville avec les principaux centres d'intérêt et les horaires (parfois alambiqués) des bâtiments historiques.

Où dormir ?

Très bon marché

Albergue de peregrinos (auberge des pèlerins) **:** *c/ Enrique Labrit, 26. 679-43-23-48. Dans le prolongement de la rue Alfonso el Batallador. Réception ouv 12h-18h. Congés : déc-janv. Nuitée 5 €/pers.* L'auberge, réservée aux pèlerins, est bien indiquée et dispose d'une quinzaine de lits. Intérieur très simple et bien tenu. Laverie.

Prix moyens

Pension El Peregrino : *c/ Llano del Real, 8. 608-98-38-92. • landasanguesa@gmail.com • À 10 mn à pied du centre. Ouv tte l'année. Doubles avec ou sans sdb 30-50 € ; petit déj 5 €.* Dans un quartier tranquille, cette chambre d'hôtes installée dans un petit pavillon moderne est le point de chute idéal pour une étape : l'accueil en français est chaleureux, et les chambres, simples et classiques, sont propres et agréables.

Hostal rural JP : *c/ Padre Raimundo Lumbier, 3. ☎ 948-87-16-93. 650-66-95-47. • hostalruraljp@gmail.com • hostalruraljp.wordpress.com • À la sortie de la ville, face au pont métallique. Congés : 20 déc-7 janv. Double env 58 €.* Près de la rivière Aragon, à un carrefour fréquenté, l'emplacement n'est pas idéal, mais cet *hostal* d'allure modeste se révèle beaucoup mieux qu'il ne le laisse présager : très bien tenu, il dispose de chambres simples et sobres, toutes équipées de salles de bains récentes. En prime, l'accueil est excellent.

À voir. À faire

Iglesia Santa María la Real : *à côté du pont sur la rivière Aragon. En période Covid, ouv seulement aux horaires de messes (vers 19h-19h30 en sem, 12h-12h30 dim). Sinon, en été, tlj sauf dim 10h30-14h, 16h-18h30 ; en ½ saison, mar-sam 11h-13h, fermé dim-lun. Entrée : 2,30 € ; gratuit pdt les messes (lun-sam à 19h30, dim à 10h et 13h). Le billet s'achète à l'arrière de l'église, près du jardin public (infos à l'office de tourisme situé en face de l'église).* Le portail de cette église est considéré comme ***l'un des plus beaux témoignages de l'art roman espagnol.*** Dans la partie inférieure, on reconnaîtra, non sans peine, les 3 Marie (Madeleine, la Vierge et la mère de saint Jacques), Judas, saint Pierre et saint Paul. Sur le tympan est représenté le Jugement dernier. Remarquer, au coin, saint Michel avec sa balance, en train de peser les âmes. Toute une théorie de petites sculptures montre les divers métiers de la société médiévale, les forgerons, les laboureurs, les jongleurs, etc.

Calle Mayor : ses palais baroques appartiennent toujours aux descendants des grandes familles navarraises. Surtout, ne pas oublier les 2 grands palais aux nos 12 et 14 de la rue, aux façades usées par le temps. Pousser jusqu'à la calle San

Miguel pour voir le *palais du prince de Viana* (passer sous les arcades à gauche et traverser la petite place). De style médiéval, avec 2 tours crénelées, il abrite aujourd'hui la bibliothèque.

Au nº 20 de la calle Alfonso el Batallador o Mediavilla (qui donne sur la calle Mayor), on peut admirer le superbe ***palais d'Ongay-Vallesantoro*** du XVIIe s, avec sa façade de style churrigueresque et son portail baroque encadré de colonnes torsadées et surmonté d'un grand blason sculpté portant des motifs évoquant le Pérou et le Mexique. Il fut construit par un vice-roi de la Nouvelle-Espagne (le Mexique à l'époque coloniale, l'Amérique centrale, l'Arizona). La partie la plus insolite est son ***incroyable avant-toit*** en bois. Cet auvent extraordinaire dépasse de loin sa fonction pratique, c'est une œuvre d'art ! Il est sculpté de 13 créatures fantastiques et menaçantes (des chiens) qui s'emparent d'humains effrayés. Le palais abrite la maison de la culture (expo régulières). On peut voir à l'intérieur un superbe escalier en bois. Sur l'un des côtés de la plaza de los Fueros, le couvent de San Francisco.

– ***Fêtes patronales :*** *11-17 sept.*

DANS LES ENVIRONS DE SANGÜESA (ZANGOZA)

Aibar (OIBAR ; *31460) : à 6,5 km à l'est de Sangüesa.* Une belle bourgade médiévale, perchée sur son piton rocheux. Garez-vous en bas pour la visiter à pied, car manœuvrer y est presque impossible. Le village mérite une balade jusqu'au sommet où se tient la *iglesia de San Pedro* (nef romane du XIIe s et impressionnant retable), en passant par la *plaza Consistorial* et la petite *plaza de la Virgen* avec ses arcades. Les rues sont si étroites que, par endroits, des passerelles relient entre eux les étages des maisons.

Hotel Nobles de Navarra : *cuesta Zapata, 5. ☎ 948-87-75-20. • info@hotelnoblesdenavarra.com • Dans le vieux village ; demandez votre chemin, c'est impossible à indiquer ! Surtout ne pas tenter de s'y rendre en voiture ! Congés : janv-fév. Doubles 65-70 €, petit déj 9 €.* Nichée dans les ruelles empierrées, cette belle maison noble du XVIIe s abrite 11 chambres de charme, dont la déco élégante mêle harmonieusement l'ancien et le contemporain. Tout confort, bien sûr, et accueil très sympa. Seul bémol : la maison ne sert pas de repas (mais il y a quelques possibilités de restauration à proximité).

TAFALLA (31300) 10 700 hab. *Carte Navarre, B3*

À environ 40 km au sud de Pamplona, sur la route de Tudela, Tafalla est une ville nettement plus grande qu'Olite mais moins visitée. Son nom romain était Tubala et son nom arabe Al-Tafaylla. L'animation se concentre dans le quartier autour de la place de Navarre et de l'église Santa María, au centre de la ville et à 100 m l'une de l'autre.

Où manger chic ?

Restaurante Túbal : *pl. de Navarra, 4. ☎ 948-70-08-52. • tubal@restaurantetubal.com • Ouv le midi tlj sauf lun, plus le soir ven-sam. Menus env 28 € (midi), puis 45-58 €.* C'est l'adresse de référence du coin. On pénètre dans un décor chic, moderne, avec une immense salle à manger décorée de tableaux, des tables superbement dressées. L'accueil est assuré par Atxen Jiménez, la charmante patronne (qui fut chef de cuisine pendant longtemps), secondée par son fils Nicolás, aujourd'hui aux fourneaux. La carte est riche, proposant au gré des saisons des plats traditionnels modernisés et des créations originales (un accent particulier est mis sur les légumes). C'est hors des sentiers battus, mais ça vaut la peine.

DANS LES ENVIRONS DE TAFALLA

Artajona : *à 11 km au nord-ouest de Tafalla.* Un village perché sur une colline dans un vaste paysage agricole aux horizons ouverts. Essayez d'arriver par Tafalla ou Pamplona pour profiter de l'image des murailles ceignant le sommet de sa butte. Montez par les vieilles rues bordées de maisons du XVIIIe s jusqu'à la ville haute (laissez la voiture à l'extérieur, la circulation étant difficile). Au sommet de la ville, parfaitement conservées, les murailles du XIIe s ne sont pas très hautes, comparées aux tours du mur d'enceinte. L'explication ? Le haut des murailles était jadis en bois. De la placette devant l'église, vue étendue sur la plaine.

Berbinzana : *à 18 km à l'ouest de Tafalla.* On peut y faire un tour pour le ***site archéologique de Las Eretas,*** joli petit ensemble de l'âge du fer, bien dégagé, bien conservé, bien présenté *(☎ 948-72-21-76 ; • eretas.es • ; en période Covid, résa par tél recommandée ; ouv sam et dim mat 10h-14h, 17h-19h30 (16h-18h30 nov-mars) ; entrée : 4 €, réduc).* On aime bien ce type de reconstitution à l'identique parce qu'on a l'impression de tout comprendre. Juste à côté se dresse la très contemporaine *plaza de toros* (arènes).

San Martín de Unx : *à 11 km à l'est de Tafalla.* Village réputé pour ses bodegas. Tout le bas du bourg est une enfilade de maisons de vignerons vendant directement leur production. À côté de l'église Santa María del Popolo, sur la grand-route, une petite rue monte vers l'***ermita San Martín de Tours*** *(📱 669-41-22-03 ; visite en été ou sur résa, w-e seulement 11h-13h, 16h30-18h30 ; compter 2,50 € ; le guide s'appelle Javier).* C'est une charmante chapelle romane, toute simple, avec une petite abside percée de 3 meurtrières et des fonts baptismaux du XIe s. Le plus intéressant reste la crypte, minuscule, avec des traces de polychromie romane sur les chapiteaux et les arcades. Le sol est pavé de galets qui forment un labyrinthe compliqué. Il s'agirait d'un chemin symbolique pour aider à la méditation, un peu comme les jardins secs des monastères zen du Japon.
– **Grand pèlerinage :** *le sam suivant le 27 avr.*

Albergue Casa Pedro : *ctra de Ujué, 31495 San Martín de Unx. ☎ 948-73-82-57. 📱 699-51-02-57. • casapedro@casapedro.net • casapedro.net • ♿ Sur la gauche de la route en direction d'Ujué, env 1 km après le bourg de San Martín. Double 50 € ; lit en dortoir 20 € avec draps et serviettes. Menu déj en sem 10 € ; le soir, menu 15 €, seulement pour les hôtes (20 € le w-e).* En pleine campagne, une auberge relax et un brin bohème... qui aspire à l'autarcie ! Elle produit une partie de son électricité solaire et éolienne, cultive ses légumes, élève ses volailles et recycle ses déchets. Pour dormir, 4 chambres doubles agréables (avec salle de bains et ventilo mais pas de clim), décorées dans un style hispanique, et 2 dortoirs basiques de 14 lits. Piscine et petite salle de gym. Une halte originale et conviviale tenue par couple dynamique. Et n'oubliez pas d'aller caresser les ânes !

Ujué (UXUE) **:** *à 19 km à l'est de Tafalla.*
Superbe village médiéval perché en nid d'aigle, dominant toute la région. Sans doute le plus haut perché de tous ! Des tours, du chemin de ronde ou de la terrasse coiffant la colline escarpée, panorama prodigieux portant très loin. Dès le

LA NAVARRE

X^{e} s, Ujué est mentionnée comme l'une des principales forteresses des rois de Navarre. Aujourd'hui, si vous y montez un jour de grand vent (c'est-à-dire presque tous les jours), la ***sensation d'être un guetteur face au désert*** des Tartares est très forte.
Après avoir laissé son véhicule, on emprunte des ruelles aussi pentues que pittoresques, on traverse de ravissantes placettes endormies, et, tout en haut, on parvient à la belle *église-forteresse Santa María* avec son portail richement sculpté. Curieusement, elle est en partie enchâssée dans un chemin de ronde couvert, héritage de l'ancien système défensif, qu'il faut absolument emprunter pour découvrir les délicates décorations extérieures.
La spécialité d'Ujué, ce sont les amandes, vendues dans une boutique proche de l'église. L'autre fierté locale, c'est le vin, et il est vraiment de bonne facture : direction la *bodega* à l'entrée du village.
D'Ujué, ceux qui ont le temps ont tout intérêt à faire la boucle jusqu'à Olite en empruntant la NA 5311. Très peu empruntée, elle serpente sur la ligne de crête avant de dégringoler vers Murillo El Fruto.
– ***Fête traditionnelle des Pénitents :*** *le dim suivant la Saint-Marc (25 avr).* Le pèlerinage part de nuit de Tafalla et se clôt par la traditionnelle procession des pénitents, en cagoule noire, pieds nus. Impressionnant.
– ***Fiesta de las Migas :*** *dernier dim de sept.* Les *migas* sont un plat traditionnel de bergers à base de mie de pain. Le grand moment de la journée, c'est le repas pris en commun sur le fronton du village.

LA NAVARRE

I●I ***Mesón Las Migas :*** *c/ Villeta, 17. ☎ 948-73-90-44. 📱 617-57-56-41. ● mesonlasmigas@hotmail.com ● Visible depuis l'église, le resto est en dessous. Août, tlj ; le reste de l'année, seulement w-e, j. fériés et ponts. Menu dégustation 26 €, carte 24-30 €.* Un charmant petit resto qui sert des plats traditionnels de qualité, comme l'agneau en *chilindrón* ou le lièvre aux amandes. Choisissez de préférence une table donnant sur la terrasse qui domine les Bardenas. Service attentif pour une bonne cuisine familiale. Ses horaires étant limités, on vous conseille aussi le ***Mesón Las Torres*** *(☎ 948-73-90-52 ; ● info@mesonlastorres.com ● ; tlj, sauf soir le w-e),* au pied de l'église. On peut manger au bar *(pintxos, bocadillos)* sans s'attabler, sinon au resto.

OLITE (ERRIBERRI)

(31390) 3 900 hab. *Carte Navarre, B3*

Entre Pamplona (44 km) et Tudela (57 km), au cœur de la Navarre, dans une vaste plaine, cette petite ville à taille humaine doit sa réputation à son étonnant château. Celui-ci dresse ses tours médiévales crénelées et ses toits en poivrière au-dessus de la ville, comme dans un tableau romantique du XIXe s. Pourquoi un si important château dans une si petite ville ? Olite fut un temps la capitale des rois de Navarre.

UN PEU D'HISTOIRE

Olite existait bien avant le château, puisque les traces les plus anciennes remontent aux Romains. Dès le Xe s, c'est un village fortifié, plus important que Tafalla : la ville commandait une plaine fertile, protégée par de nombreuses forteresses. C'est au XIIIe s que la *merindad* d'Olite va prendre toute son importance. Au XIIIe s les rois de Navarre transforment la petite fortification en vrai château et y multiplient les séjours. Né en France, le roi Carlos III le Noble (sa

mère était Jeanne de France) va ordonner début XVe s la conversion du château franc en palais et y installer durablement le siège de la monarchie.
Le nouveau château, inspiré des châteaux français de style gothique, est une résidence royale qui a de faux airs hollywoodiens. ***Un château pour un décor de film de cape et d'épée.*** Pas de vrais créneaux, pas de vraies meurtrières ni de vrais murs faits pour la guerre, rien que des éléments décoratifs. La cour de Navarre y résidera régulièrement jusqu'en 1512. Un âge d'or pendant lequel la ville s'enrichit d'églises, de maisons nobles. Après la conquête de la Navarre par la Castille (1512), Olite redevient un gros bourg agricole jusqu'au XXe s, quand le tourisme lui redonne un coup de fouet.

Adresse utile

i *Oficina de turismo :* *pl. de los Teobaldos, 4. ☎ 948-74-17-03. ● turismo.navarra.es ● olite.es ● De Pâques à mi-oct, tlj sauf dim ap-m 10h-14h, 16h-19h ; en hiver, tlj 10h-14h, plus ven-sam 15h-18h.* Dans le même bâtiment que le *museo del Vino*. Très bon accueil en français. Beaucoup d'infos sur la ville et la région. Visites guidées d'Olite sur résa *(tlj en août, seulement sam le reste de l'année ; 9 €, avec dégustation de vins et de fromages, résa sur ● guiartenavarra.com ●).*

Où dormir ? Où manger ?

De bon marché à prix moyens

🏠 |●| *Hotel Merindad de Olite :* *c/ rúa de la Judería, 11. ☎ 948-74-07-35. ● reservas@hotelmerindaddeolite.com ● hotelmerindaddeolite.com ● Dans une petite rue calme donnant sur la pl. de los Teobaldos. Tlj sauf 24-25 déc. Doubles avec sdb 58-88 €, petit déj 8 €. Menu 28 €, carte env 30 €.* Vieille maison familiale abritant un petit hôtel de charme et de caractère. Réception cosy à l'étage qui dessert une dizaine de chambres impeccables, toutes soigneusement décorées et bien aménagées, dont certaines offrent une vue sur le château. Au rez-de-chaussée, très bon restaurant servant une cuisine locale savoureuse et soignée, accompagnée par une belle carte des vins (l'hôtel abrite aussi une superbe œnothèque). Une excellente adresse.

🏠 |●| *Casa Zanito :* *rúa Mayor, 16. ☎ 948-74-00-02. ● info@casazanito.com ● hotelolite.com ● Resto tlj sauf dim soir et lun. Résa conseillée au resto. Double 68 €, petit déj 6 €. Menus 25-35 €, plats 17-23 €.* Cadre chic et classique pour cette belle adresse dont la réputation n'est plus à faire. La spécialité de la maison, ce sont les légumes provenant des fermes de la plaine (superbe *meneau*, ce que nous appelons une macédoine). Les chambres sont tout aussi classiques, très confortables, mais celles donnant sur la rue peuvent être bruyantes. Accueil routinier en revanche.

|●| *Gambarte :* *rúa del Seco, 15. ☎ 948-74-01-39. Dans une rue donnant sur l'hôtel de ville. Tlj sauf dim 13h-15h30, et aussi ven-sam 20h-22h30. Menus 15 € (déj en sem), puis 21-25 €.* Ce petit resto de quartier turbine à plein régime. Il faut dire que le service est sympa et efficace, et que la cuisine, familiale et sans prétention, est d'un bon rapport qualité-prix. Très prisé, surtout le midi.

Très chic

🏠 |●| *Parador Príncipe de Viana :* *pl. de los Teobaldos, 2. ☎ 948-74-00-00. ● olite@parador.es ● parador.es ● ♿ Doubles 85-210 € ; petit déj 18 €. Menus 26-36 € au resto ; platos combinados 12-15 € à la brasserie.* Installé dans l'ancien palais royal, au cœur de la ville, sur une place on ne peut plus centrale... Décoration médiévale soignée, car c'est l'un des fleurons de la chaîne. Certaines chambres possèdent même des lits à baldaquin, et d'autres une cheminée immense, mais ce sont les plus chères. En fait, il y a 2 tarifs, un pour le château et un pour la partie la plus récente. Accueil à la hauteur de la qualité. Bon resto sur place, ainsi qu'une brasserie élégante où l'on sert sandwichs et plats plus consistants.

À voir. À faire

Palacio Real : ☎ 948-74-12-73. • guiartenavarra.com • *Achat des entrées en ligne recommandé. Juil-août, tlj 10h-20h ; avr-juin et sept, tlj 10h-19h (20h Semaine sainte et w-e de mai, juin et sept) ; oct-mars, tlj 10h-18h (19h w-e de mars et oct, 17h30 de déc à mi-janv). Entrée : 3,50 € ; audioguide : 2 € ; visite guidée : 4,90 €. Dépliant en français fourni. Avec le ticket, réduc de 1 € à l'entrée du museo del Vino. Également des visites guidées théâtralisées ou spéciales enfants (mais en espagnol) à certaines périodes.*
Dans sa configuration actuelle, ce château est très proche de ce qu'il était sous Charles III (Carlos III), grâce à une restauration scrupuleuse. Dès sa construction au XVe s, c'était un lieu de résidence, sans fonction militaire défensive. D'où son aspect de ***château néogothique d'inspiration française*** (Carlos III était né en France et y avait grandi), d'où aussi son côté anachronique de château d'opérette, avec tourelles en poivrière et toitures coniques dignes d'un décor de cinéma. C'est une reconstitution géniale, mais mieux vaut le savoir, les pièces, nombreuses, ne sont pas meublées... Toutefois, la brochure donnée à l'entrée livre des détails qui permettent de mieux se représenter la vie à Olite au temps de Charles III.

Une splendeur déchue et ruinée qui renaît de ses cendres, voilà le destin de cet étonnant château. Il a été construit entre la fin du XIVe et le début du XVe s par des artisans navarrais, chrétiens ou musulmans, et des artisans normands : dès 1355, les maçons de Franconville formaient les artisans navarrais (Carlos III appartenait à la dynastie d'Évreux par sa mère). Olite devint ***le château le plus luxueux de son époque.*** On sait que la cour d'Olite n'avait rien à envier aux autres cours européennes. Carlos III ne regardait pas à la dépense : des tapissiers venus d'Arras et de Noyon, des peintres de cartes de Bayonne. L'horloge de l'une des tours, commandée à Thierry de Belduc, a nécessité 5 200 baguettes de cuivre doré. Il faut un peu d'imagination pour se représenter les ouvrages de plâtre ou d'azulejos qui ornaient les murs, les plafonds à caissons ou les vitraux polychromes, car la décoration intérieure a disparu. En 1813, Espoz y Mina l'incendie pour éviter qu'il ne tombe aux mains des soldats de l'armée napoléonienne. En 1911, c'est une vraie ruine. En 1937 débutent les travaux de reconstruction qui ont duré... 30 ans !

– La ***visite*** commence par la ***salle des fouilles*** et la ***salle des arcs,*** qui avait pour fonction de soutenir le jardin suspendu de la reine. Puis un bel escalier en colimaçon conduit à l'***étage noble,*** celui des appartements royaux : salle de la reine et son boudoir, chambre du roi et sa galerie gothique d'où l'on surplombe la volière (oui, le roi aimait beaucoup les oiseaux). Le château disposait, outre les jardins de la reine, d'un petit zoo, pour le plus grand plaisir du roi. Faucons et chiens de chasse, buffles, girafes, chameaux et loups peuplaient ce minizoo exotique. Dans une fosse construite en son honneur se promenait un lion !

Extravagance à la hauteur du luxe du château d'Olite, les ***jardins suspendus*** ont contribué à sa légende. Dans les cours et sur les plus petites terrasses, on y cultivait plantes et arbres exotiques (pamplemousses, citronniers, orangers, jasmins d'Alexandrie, etc.). Un ***système complexe d'irrigation*** permettait d'arroser tout ça : une grosse tour-citerne fut érigée pour stocker l'eau pompée de la rivière d'où partaient des canalisations vers les différents jardins. Autre système ingénieux, que l'on peut observer plus loin, en contrebas des remparts : un ***colossal « œuf »***

de pierre qui faisait office de glacière. On y entreposait la glace en hiver, et le roi pouvait mettre des glaçons dans son *calimucho* jusqu'à l'été suivant !
On aime beaucoup le château d'Olite, pour son côté labyrinthique chargé d'histoire, pour ses innombrables escaliers qui conduisent aux chemins de ronde, et pour les terrasses des tours, d'où la vue sur les toits et la plaine est somptueuse.

Iglesia Santa María la Real : *pl. de los Teobaldos. Tlj 11h-13h (12h-13h ou 13h30 dim), 16h-17h30, 18h ou 18h30. Déc-janv, ouv seulement 30 mn avt la messe (vers 19h en sem, vers 11h le dim). Fermé pdt les fêtes religieuses. Entrée : 1,50 €.* Il s'agit de l'ancienne chapelle royale, précédée par une colonnade très fine qui pourrait être le vestige d'une galerie de cloître. Le portail gothique présente des scènes de la vie du Christ. À l'intérieur, beau retable plateresque de 1528 abritant une Vierge gothique du XIIIe s. Devant l'église, plaza de los Teobaldos, discret hommage rendu aux 3 rois de Navarre français qui s'appelaient Thibaut (le plus célèbre étant Thibaut II de Navarre, 1253-1270).

Museo del Vino *(musée du Vin)* ***:*** *pl. de los Teobaldos, 4. ☎ 948-74-12-73. Même bâtiment que l'office de tourisme. Lun-sam 10h-14h, 16h-19h (15h-18h de mi-oct à la Semaine sainte) ; dim et j. fériés 10h-14h. Entrée : 3,50 €. Garder le ticket, il offre une réduc de 1 € à l'entrée au château.* Un musée moderne et interactif très bien conçu, installé dans l'une des maisons historiques de la ville. Il n'y manque rien : sur différents niveaux, description des cépages, des techniques de culture et de vinification, des AOC navarraises, et même un topo détaillé sur les méthodes de dégustation et les meilleurs accords mets et vins. Très complet, d'autant que la présentation est complétée par de belles collections d'objets anciens. Après la théorie, la pratique, la visite se terminant comme de juste autour d'un verre !

Galerias medievales : *au milieu de la pl. de Carlos III. Fermé pour rénovation.* Les anciennes douves du château d'origine ont servi de base à ces souterrains qui menaient au palais royal. Le roi Charles III les aurait utilisées, dit-on, comme passage secret pour aller et venir en toute discrétion. Aujourd'hui, elles abritent une petite expo sur les mœurs de la Cour à la fin du XIVe s et au début du XVe s. Cette petite visite toute simple complète bien celle du château.

La ***vieille ville*** et ses maisons nobles, que l'on trouve surtout dans la calle Mayor et dans le quartier de la Judería (derrière la plaza de los Teobaldos). Flâner dans Olite est un vrai plaisir, car c'est une ville vivante, qui n'a pas vendu son âme au diable du commerce. Les boutiques de souvenirs n'envahissent pas la place centrale. Équilibre, et taille humaine !

– ***Fête patronale :*** *13-19 sept. 1 ou 2 encierros/j., en principe à 9h et/ou 20h.* L'*encierro* dure ici plusieurs heures, car les bêtes font plusieurs allers-retours dans la rue principale de la vieille ville. Corrida l'après-midi.

LA NAVARRE

TUDELA (TUTERA) ET LA RIBERA

Par ses paysages vastes et ses horizons fuyants, la région de Tudela se rapproche un peu de la Castille et de l'Aragon. Tudela se trouve au cœur d'une grande plaine très fertile, la vallée de l'Èbre (appelée aussi la Ribera), qui a toujours été très ouverte aux influences extérieures. Grande voie de passage dès l'époque romaine, elle est aujourd'hui encore parcourue de grandes routes et de voies de chemin de fer. Zaragoza l'Aragonaise et Logroño la Castillane sont à moins de 1h et, sur l'autre rive, s'ouvrent les plateaux de Castille commandés par Soria l'orgueilleuse. Ne jamais oublier que, pendant longtemps, Tudela a rivalisé avec Pamplona.

Arriver – Quitter

En bus

➢ ***Pamplona :*** env 6-9 bus/j. (5-8 le w-e) pour Tudela avec *Alsa* (☎ 902-42-22-42 ; ● *alsa.es* ●). Durée : 1h15-1h40.
➢ ***Olite :*** 3-4 bus/j. (selon j. et saison) dans les 2 sens, avec *Alsa*. Durée : 45 mn-1h.
➢ ***Zaragoza :*** env 7-8 bus/j. (5-6 dim) dans les 2 sens, avec *Alsa*. Durée : 1h-1h35.

En train

Avec *RENFE*. ● *renfe.com* ●
➢ ***Pamplona :*** 10-14 trains/j. de Tudela à Pamplona, 7h15 (10h dim)-21h40 (20h20 sam). Durée : 1h-1h20. Certains s'arrêtent à Olite et Tafalla.
➢ ***Olite :*** 3-4 trains/j., dans les 2 sens. Durée : 40-45 mn.
➢ ***Bilbao :*** 2-3 trains/j. Durée : 3h45-4h30.
➢ ***Donostia – San Sebastián et Irun :*** 3-5 trains/j. Durée : 2h45-4h40.
➢ ***Zaragoza (Aragon) :*** min 10 trains/j., 6h20 (9h le w-e)-21h40. Durée : env 40 mn pour les plus rapides, sinon jusqu'à 1h20.
➢ ***Barcelona (Catalogne) :*** min 9 trains/j. dans les 2 sens, 7h30-20h20. Durée : 2h40-3h20.

RÉSERVE DE LAS BARDENAS REALES

Carte Navarre, C3-4

Tudela et dans une moindre mesure Olite sont les portes d'entrée les plus pratiques pour accéder aux célèbres plateaux désertiques des Bardenas Reales. Cette formidable zone d'aridité extrême de 40 000 ha constitue l'un des paysages les plus fascinants de Navarre, voire d'Espagne. Selon le lieu, on peut se croire dans n'importe quel désert apparenté géologiquement : au Maroc ou au Nouveau-Mexique, en Jordanie ou en Arizona. Les couleurs, du rougeâtre au rose en passant par l'ocre, renforcent cette impression étrange.

Soumises à un climat de type désertique avec très peu de précipitations, les Bardenas Reales ne sont pas pour autant dépourvues de végétation. Leurs plateaux sont couverts d'une herbe rase et chiche, et le maquis arbustif est prédominant. Cette aridité, cette pauvreté en ont fait un territoire inhabité. Elles n'appartiennent à personne d'autre qu'aux bergers, qui les utilisent depuis des siècles comme voie de transhumance.

On distingue 3 zones dans les Bardenas. La Bardena Blanca au centre, ainsi nommée pour son sol blanchâtre, zone désertique. Au nord, El Plano, la plus belle zone, terrasse élevée, plateaux sculptés par les vents et l'érosion. Au sud, la Negra, à la terre d'argile rouge foncé et de calcaire, grandes plaines, un peu plus de végétation qu'ailleurs.

LA MALÉDICTION DE DON QUICHOTTE

Terry Gilliam réalisait en 2001 un film sur Don Quichotte, avec Jean Rochefort et Johnny Depp, en partie tourné dans les Bardenas Reales. Entre le rugissement des avions militaires de la base voisine, le décor détruit par des pluies diluviennes (dans une zone où il ne pleut jamais !) et Jean Rochefort qui ne pouvait plus monter à cheval... ce fut un fiasco intégral ! Au lieu d'un film, Gilliam sortit Lost in la Mancha, *un making-of relatant cet échec. Têtu, il relança le projet en 2010, pour finalement sortir le film en 2018, après moult déboires judiciaires.*

Le sol est composé d'alluvions calcaires et de grès, soumis depuis des milliers d'années à l'érosion éolienne. D'où ces petites gorges avec des falaises striées de veinules colorées, ces collines en forme de tables au sommet plat, ces longues plaines grisâtres qui fuient sous le soleil.

UNE TERRE DE BERGERS

Les Bardenas ont été de tout temps un pâturage d'hiver pour les bergers pyrénéens des vallées de Roncal ou de Salazar. Quand arrivaient les 1ers froids, ils descendaient des Pyrénées et venaient passer l'hiver avec leurs moutons sur ces pâturages tempérés qui verdissent avec les rares pluies d'automne. La date traditionnelle d'arrivée des troupeaux dans les Bardenas est la Saint-Michel, le 29 septembre. Comme souvent, les droits des bergers sur les pâturages faisaient enrager les agriculteurs installés sur le chemin parce que les moutons dévastaient leurs champs. Pour éviter les conflits, les usages concernant ces terres ont été codifiés par le 1er roi de la maison de Béarn, Jean III d'Albret (il régna de 1491 à 1516), plus connu ici sous le nom de Juan de Labrit, d'où leur nom de « ***désert royal*** ».

– Au cœur des Bardenas se trouve un champ de tir des forces aériennes espagnoles et de l'OTAN (*cuartel militar,* appelé aussi *polígono*). La base militaire payant un important loyer, elle devrait rester encore longtemps malgré les plaintes et les demandes des habitants de la région.

Accès et visites

L'accès aux Bardenas se fait principalement par la ville d'***Argüedas,*** à 14 km au nord de Tudela, sur la NA 134 vers Olite. On peut y circuler tous les jours entre 8h du matin et 1h avant le coucher du soleil. À l'intérieur de la zone désertique, tout est logiquement très réglementé, réserve de la biosphère oblige.

– ***Pour les randonneurs :*** plusieurs sentiers de randonnée et 9 parcours cyclistes, tous clairement signalés et balisés. Infos détaillées, plans et itinéraires au centre d'information (voir « Adresses utiles » ci-après).

– ***Pour les voitures :*** il existe plusieurs chemins de terre autorisés à la circulation. ***Les conditions d'accès sont limitées.*** Habituellement, les automobilistes entrent dans la réserve par Argüedas au sud-est, d'où ils peuvent facilement réaliser une boucle de plusieurs kilomètres et revenir à leur point de départ. Compter alors 1h30 à 2h, le temps d'apprécier un large éventail de paysages de toute beauté. Autre option : abandonner en chemin la boucle pour sortir par le nord-est des Bardenas, par une piste qui débouche sur la NA 128 à 3 km au sud du village de Carcastillo. Dans ce cas, bien se renseigner au centre d'information avant de s'engager sur cet itinéraire bis, l'état des chemins se dégradant rapidement en fonction des conditions climatiques.

– ***Règles de conduite :*** rouler lentement (vitesse limitée à 40 km/h) et ne pas s'écarter des pistes officielles (nombreux panneaux), circulation autorisée jusqu'à 1h avant le coucher du soleil, etc. Ces règles et le plan des pistes balisées figurent sur un document diffusé par le centre d'information des Bardenas (voir « Adresses utiles »).

– À noter aussi que ***le camping sauvage est interdit.*** Il n'y a d'ailleurs aucun hébergement dans la zone, mais Tudela et Olite sont très proches.

– ***À lire :*** *Randonnées dans le désert des Bardenas Reales à pied et à VTT,* par B. Chupin et H. François (Rando Éditions, 2012).

– ***Attention :*** plusieurs lecteurs nous signalent des pneus crevés sur des voitures laissées sur le bord de certaines pistes. L'explication : il s'agit de pistes réservées à l'agriculture et donc strictement interdites aux touristes. Les bergers supportent mal que les règles ne soient pas respectées.

Adresses utiles

Centre d'information des Bardenas Reales : *☎ 948-83-03-08. • bardenasreales.es • Du bourg d'Argüedas, direction Tudela par la NA 134. Après env 1 km, tourner à gauche après la station-service (sur la NA 8712), c'est mal indiqué (petit panneau discret) ; continuer sur une route bitumée jusqu'à la* Finca de los Aguilares, *sur la route de la Bardena Blanca et du polígono. Tlj 9h-14h, 15h-17h (16h-19h de mi-avr à août).* Ce bureau offre tous les renseignements sur la région. On y vend une carte détaillée des Bardenas Reales. Dépliants sur la faune, la flore et la culture. Peut également vous mettre en relation avec des agences qui organisent des tours guidés à pied, à vélo ou en 4x4.
– Voir aussi *• bardenas-reales.net •*, plein de bonnes infos.

Location de VTT : ***Ciclos Martón,*** *c/ Real, 31, à* ***Argüedas.*** *☎ 948-83-15-77.*

Où dormir ? Où manger en bordure des Bardenas Reales ?

Cuevas de Bardenas (chambres troglodytiques) **:** *Palomares, 46, 31514* ***Valtierra.*** *☎ 948-84-32-25. 📱 661-84-67-57. • lasbardeneras@gmail.com • lasbardenas.com • ♿ Au cœur du village, à 3 km des Bardenas. Suite 2 pers 160 € ; appart 4-6 pers 185 €, et 6-7 pers 220-240 €. Sur présentation de ce guide, bouteille de vin local offerte et réduc de 10 % en moyenne saison.* Une adresse hors normes, qui se démarque dès l'arrivée par les citrouilles géantes à l'entrée, dont une de 420 kg ! Les chambres, aménagées dans une falaise calcaire, sont en réalité des grottes de luxe, de vrais petits appartements bien décorés, gais, et confortables. Insolite ! Piscine municipale à 200 m. Propose aussi une grande villa avec piscine privée d'une capacité de 20 personnes.

Hotel rural Txapi Txuri : *Santa Ursula, 63, à* ***Murillo el Fruto*** *(31313). ☎ 948-71-58-08. 📱 610-31-78-60. • reservas@txapitxuri.com • txapitxuri.com • À l'entrée du village. Congés : nov-fév (sauf Noël). Doubles 64-70 €, familiales aussi ; petit déj 10 €. Dîner pour les résidents seulement et sur résa : menu 19 €, carte 30-35 €. Apéro maison ou digestif offert sur présentation de ce guide.* À environ 26 km au sud-est d'Olite, proche du monastère de la Oliva, donc de la partie nord des Bardenas Reales. Située à l'entrée du village, cette charmante auberge couverte de vigne vierge abrite des chambres tout confort, à la déco personnalisée mêlant l'ancien et le contemporain. En demander une donnant sur l'arrière (jardin, plus calme) de préférence. C'est aussi une très bonne table régionale qui propose une cuisine de terroir savoureuse, réalisée dans un esprit *Slow food.* Excellent accueil.

Bardenas Restaurante : *c/ Real, 96, à* ***Argüedas.*** *☎ 948-83-01-45. • info@restaurantebardenas.com • Dans le village. Menu 12 € le midi en sem, 16 € le w-e.* C'est l'une des rares oasis du désert des Bardenas. Alors, on s'attable avec plaisir dans la petite salle sans chichis, d'autant que l'ambiance populaire est très sympa et que la cuisine du jour se révèle simple, bonne et copieuse, dans un registre familial. Sans prétention, parfait pour la pause.

LA NAVARRE

À voir. À faire

À nouveau, bien se renseigner au centre d'informations avant de partir en balade, pour connaître les consignes du moment (par exemple, les pistes secondaires des secteurs de *Pisquerra* et d'*El Rallon* ne sont pas autorisées de février à septembre, période de nidification des rapaces).

Monasterio Nuestra Señora del Yugo : accessible depuis Argüedas par une bonne route asphaltée (environ 2,5 km). Le trajet offre un bel aperçu des paysages et de la végétation de la zone. Du monastère *(ouv seulement pour le pèlerinage de sept),* superbes points de vue sur la Bardena Blanca.

Randonnées pédestres : la randonnée du *Barranco de las Cortinas* est la plus facile (1 km). Départ au pied du Cabezo de Castildetierra (sorte de cheminée en terre au sommet d'une butte). La randonnée *Cabezo de las Cortinillas,* très courte promenade, permet de découvrir un mamelon stratégique qui surplombe la dépression de la Bardena Blanca, près du polygone militaire de tir. Enfin, la randonnée *El Fraile* (4,5 km) mène au Cabezo del Fraile, situé à l'extrémité sud-est des Bardenas, dans un des secteurs les plus désertiques et désolés de la réserve.

Une ***autre randonnée intéressante*** consiste à faire le *tour du polygone de tir (el cuartel militar)* au départ d'Aguilares. Chemin ouvert pour voitures et vélos. La balade passe à proximité des plus belles curiosités géologiques de la Bardena Blanca, comme ces extraordinaires pitons rocheux surmontés d'étranges châteaux de terre ou ces hautes collines pointues.

TUDELA (TUTERA) (31500) 35 100 hab. *Carte Navarre, B4*

• Plan *p. 357*

Dans la plaine fertile de l'Èbre, au sud-est de la Navarre, aux confins de l'Aragon et de la Castille, voici Tudela, 2e ville de la province par sa population. C'est un centre agricole ancien et réputé. Du coup, partout dans les bars et les restaurants, les plats à base de légumes cultivés dans les fermes des environs sont à l'honneur. Horticulture et maraîchage sont les 2 mamelles économiques du secteur, et cela n'est pas nouveau. Déjà du temps des Arabes, l'agriculture et l'irrigation étaient développées. Dernière ville de Navarre à avoir été conquise par les rois de Navarre, Tudela garde des traces de son passé arabe dans l'utilisation de la brique dans l'architecture des maisons les plus cossues. Briques de toutes teintes, utilisées en motifs décoratifs géométriques dont le rendu ocre et rose s'affirme dans la lumière du printemps.

UN PEU D'HISTOIRE

Selon toute vraisemblance, Tudela, postée sur la vallée de l'Èbre entre *Caesaraugusta* (Saragosse) et *Calagurris* (Calahorra), a été habitée sinon fondée par les Romains. Elle apparaît comme ville au début du IXe s, sous la domination des Banu Qasi (ces Cassius islamisés) apparentés aux rois de Pampelune. Ce qui fait qu'en 842 l'***émir Abd al-Rahman*** assiège Tudela, pourtant déjà aux mains des musulmans. Même scénario 40 ans plus tard, quand l'***émir de Cordoue*** en personne vient punir les Banu Qasi. Et même si la ville abrite une importante colonie juive, elle restera longtemps arabe. Tout ce petit monde vit finalement en bonne intelligence.
Tous sont attirés par les terres alluviales de l'Èbre, enrichies par les ***techniques d'irrigation des Maures.*** C'est l'époque où se met en place la tradition de maraîchage toujours vivace.
Finalement, Alphonse le Batailleur prend la ville en 1119. Pendant 4 siècles (jusqu'aux rois de Castille), les 3 religions monothéistes vont cohabiter sans problème. Les historiens disent que Tudela, comme Cordoue, était la ville des 3 cultures : arabe, juive et chrétienne. Les manuscrits sont remplis d'anecdotes.

Grandeur, oubli et renouveau

Au XIIIe s, Tudela est la résidence préférée du roi ***Sanche le Fort,*** le vainqueur de la bataille de Las Navas de Tolosa. Il y passa même la fin de sa vie, solitaire et reclus, d'où son surnom de Sanche « le Renfermé »...
Après la conquête castillane de la Navarre (en 1512), Tudela redevient un gros centre agricole. La colonie juive expulsée, les Maures christianisés, le mélange qui faisait la richesse intellectuelle de la ville s'évanouit comme un rideau de fumée. Elle décline rapidement, et entre dans les oubliettes de l'Histoire. Certes, elle est toujours restée la 2e ville de Navarre, mais jusqu'à l'arrivée du chemin de fer (au XIXe s), son importance politique et économique a longtemps été dérisoire. Aujourd'hui, forte d'un important patrimoine historique, située au cœur d'un bon réseau de communications, Tudela peut prétendre à un développement harmonieux.

LES LÉGUMES DE TUDELA

Sur les terres fertiles des rives de l'Èbre sont cultivés les légumes qui font la renommée de la ville dans toute l'Espagne du Nord. Il existe 2 légumes avec « appellation Tudela contrôlée » : les ***cogollos,*** ou « laitues sucrines », et les ***artichauts*** (le mot artichaut ne vient-il pas de l'arabe *al-harsūf* ?). Cette tradition maraîchère a donné l'idée à la ville d'organiser des « Journées d'exaltation des légumes » ! Tous les ans, les restaurateurs se lancent dans le grand concours des meilleurs **pintxos *à base de légumes.*** Un prix est décerné en mai. Le genre de concours qu'on aime, car le gagnant est forcément le consommateur, qui retrouve dans son assiette les meilleures créations. Et c'est vrai qu'on y mange diablement bien.

LA NAVARRE

Adresses utiles

Oficina de turismo *(plan A3)* **:** *pl. de los Fueros, 5-6. ☎ 948-84-80-58. • oit.tudela@navarra.es • turismotudela.com • De Pâques à mi-oct, tlj sauf dim ap-m 10h-14h, 16h-19h ; hors saison, lun-sam 10h-17h, dim 10h-14h.* Accueil en français. Plan de la ville, infos historiques et culturelles. Plan de la réserve des Bardenas Reales avec itinéraires de randonnée.

Compañía de guías de las Bardenas *(hors plan par B3)* **:** *avda de Zaragoza, 80. ☎ 948-48-76-00. 675-72-26-66. • turismobardenas.com •* Une agence sérieuse qui propose des randonnées, des parcours VTT et des excursions en 4x4 sur une demi-journée ou un jour entier. On y parle le français.

Où dormir ?

Le camping le plus proche se trouve à Villafranca (voir plus loin « La ribera de l'Èbre »).

Bon marché

Pensión La Estrella *(plan A2,* ***13****)* **:** *Carnicerías, 12. 606-57-56-31. • pensionlaestrella@hotmail.es • S'adresser au bar du même nom. Doubles 30-35 €. CB refusées.* Sur une des petites places les plus animées de la vieille ville. Les chambres, situées dans un immeuble en face du bar, sont vraiment basiques, avec sanitaires communs, mais propres et pas chères. Bien pour les routards peu exigeants.

De prix moyens à chic

Hostal-restaurante Pichorradicas *(plan A3,* ***11****)* **:** *Cortadores, 11. ☎ 948-82-10-21. • info@pichorradicas.es • pichorradicas.es • Ouv tte l'année. Resto fermé dim soir et lun. Doubles 60-90 € ; pas de petit déj.* C'est le seul véritable hôtel de charme de Tudela. À l'inverse de la façade,

TUDELA (TUTERA)

■ **Adresse utile**

🅸 Oficina de turismo (A3)

Où dormir ?

10 Hostal Remigio (B3)
11 Hostal-restaurante Pichorradicas (A3)
12 Hotel Tudela Bardenas (hors plan par B3)
13 Pensión La Estrella (A2)

Où manger ?

10 Hostal Remigio (B3)
11 Hostal-restaurante Pichorradicas (A3)
21 Bar José Luis (B2)
22 Mesón Julián (A-B2)
23 Restaurant 33 (B3)

typique du vieux Tudela, les chambres ont été rénovées dans un style élégant et actuel. Salles de bains ouvertes très contemporaines. Resto (voir « Où manger ? »).

🏠 ***Hotel Tudela Bardenas*** *(hors plan par B3,* ***12****)* ***:*** *avda de Zaragoza, 60. ☎ 948-41-08-02. • hotel@tudelabardenas.com • tudelabardenas.com • ♿ Doubles min 69 €, petit déj 8 €. Parking 12 €.* Pratique pour les routards motorisés, car ce vaste établissement est proche du centre à pied et doté d'un parking. Ne pas chercher une vieille auberge rustique, on est ici plutôt dans un univers contemporain avec des chambres modernes et efficaces. Accueil professionnel et aimable. Le meilleur rapport qualité-prix de la ville dans cette catégorie.

🏠 ***Hostal Remigio*** *(plan B3,* ***10****)* ***:*** *Gaztambide Carrera, 4. ☎ 948-82-08-50. • info@hostalremigio.com • hostalremigio.com • Doubles 53-57 € ; petit déj 7 €. Parking privé proche 10 €.* Très bien situé, dans une rue piétonne à 2 pas de la plaza de los Fueros, un hôtel familial, aux chambres confortables (avec clim), toutes rénovées de façon sobre et classique. Réserver de préférence côté rue, car la cour abrite une soufflerie de clim. Fait aussi resto (voir « Où manger ? »).

Où manger ?

Bon marché

|●| ***Bar José Luis*** *(plan B2,* ***21****)* ***:*** *c/ Muro, 23. ☎ 948-82-00-91. • info@barjoseluis.com • Tlj 10h-15h, 19h-23h. Congés : janv. Pintxos 2-3 €.* Récompensé à plusieurs reprises lors des belles « Journées d'exaltation des légumes », ce bar au cadre quelconque est pourtant la valeur sûre de la ville : ses *pintxos*, à déguster en terrasse ou accoudé au bar, sont frais et bons. À base de légumes, évidemment, mais aussi de poisson ou de fromage. Une adresse très fréquentée.

De prix moyens à plus chic

|●| Voir aussi le resto de ***Hostal Remigio*** *(plan B3,* ***10****)*, pour ses bons plats de légumes *(menu du jour en sem 21 € ; autres menus 40-42 € ; carte env 35 €)*, et celui de ***Hostal-restaurante Pichorradicas*** *(plan A3,* ***11****)*, dont les plats bien réalisés sont tournés aussi bien vers la mer que vers la terre *(menu du jour en sem 17 € ; autre menu 38 € ; carte 30-40 €)*.

|●| ***Mesón Julián*** *(plan A-B2,* ***22****)* ***:*** *c/ de la Merced, 9. ☎ 948-82-20-28. • info@mesonjulian.com • Ouv le midi tlj sauf mar, plus le soir ven-sam. Congés : 1re sem de fév. Carte env 30 €.* C'est le resto préféré de beaucoup de locaux. Effectivement, l'accueil est sympa comme tout et le cadre est simple et chaleureux. Mais c'est la cuisine qui fait le succès de la maison : gourmande et généreuse, elle régale les amateurs de plats traditionnels soignés. Parfait !

|●| ⛱ ***Restaurant 33*** *(plan B3,* ***23****)* ***:*** *c/ Pablo Sarasate, 7. ☎ 948-82-76-06. • restaurante33@restaurante33.com • Congés : 1re quinzaine d'août. Tlj sauf mar, et le soir dim-lun. Menu du jour 25 € (le midi, lun-jeu seulement) ; autres menus 40-46 €, carte env 50 €.* Dans une impasse discrète se cache une très bonne table. À la fois traditionnelle et inventive, la cuisine du chef Ricardo Gil puise son inspiration dans le terroir en fonction des saisons. Parmi les plats vedettes : les asperges au vinaigre, les *cogollos* de Tudela, l'agneau de lait... Service attentionné.

Où boire un verre ?

🍸 La plaza de los Fueros *(plan A-B3)* se révèle être le cœur de l'animation avec sa huitaine de bars en terrasse. Ensuite, le centre de gravité se déplace vers la calle Muro, à côté de la place. Ambiance plus sympa toutefois autour de la jolie plaza San Jaime *(plan A2)*, vers la cathédrale, dans les bars ***Josema, San Jaime*** et ***La Fuente*** *(tlj sauf lun)*. Et enfin, ceux qui cherchent des endroits un peu plus classe se joindront à la clientèle des bars de la belle plaza Herrerías *(plan A2)*.

À voir. À faire

Plaza de los Fueros *(plan A-B3)* **:** construite au XVIIIe s, c'est une place carrée piétonne, harmonieuse, avec un kiosque à musique en son centre. Sur les murs des maisons qui la bordent, vous pourrez voir les blasons en céramique colorée, représentant des villes du Pays basque ayant reçu des *fueros* de Navarre. Quand le soir tombe et que les cigognes regagnent leur nid, la place devient le centre névralgique de la ville. Pour s'en convaincre, il suffit d'observer les Tudelans qui envahissent les terrasses du *Diamante* ou du *Bar Aragón.*

Catedral de Santa María *(plan A2)* **:** *accès par le museo, aux mêmes tarifs et horaires (lire ci-après). Messe à 11h dans la chapelle Santa Ana, dim à 11h à l'autel principal.*
Au cœur de la vieille ville, cette vaste cathédrale fut construite à partir de la fin du XIIe s sur l'emplacement de l'ancienne mosquée. La façade principale mérite largement le détour pour le mélange des genres (base romane et ajouts successifs du gothique à la Renaissance) et sa décoration foisonnante : on y dénombre près de 120 personnages ! À l'intérieur, la simplicité romane disparaît au profit d'une abondance de chapelles baroques, de retables sculptés et dorés. Voir surtout l'étonnante *capilla del Espíritu Santo* (chapelle du Saint-Esprit), sur le côté droit. Ne pas manquer non plus la *capilla Santa Ana* (chapelle Sainte-Anne) à gauche, de style baroque ; on se croirait à Prague... Enfin, derrière le chœur, immense retable daté de 1494.
Le superbe ***cloître*** médiéval permet de retrouver un peu de paix et d'harmonie. Il se distingue par la qualité de ses chapiteaux richement sculptés, illustrant le Nouveau Testament et la vie des saints. Sur le côté, la petite chapelle *San Dionís,* en style mudéjar, a conservé une partie de ses peintures d'origine.

J'IRAI MARCHER SUR VOS TOMBES

Au Moyen Âge, l'inhumation dans les églises était pratique courante. Mais à Tudela, cette coutume a perduré jusqu'au XIXe s. Lors des fouilles effectuées sous la cathédrale, les archéologues ont trouvé des tombes de différentes époques. Les membres du haut clergé et les aristocrates du coin se faisaient inhumer dans les cryptes, sous le chœur et sous les chapelles. On a continué... jusqu'à ce que la place vienne à manquer et que toute la clique soit envoyée au cimetière !

Museo de Tudela *(plan A-B2)* **:** *c/ Roso, 2. ☎ 948-40-21-61. • museodetudela.com • Tlj (sauf sam ap-m et dim déc-mars) 10h-13h, 16h-19h. Entrée (cathédrale et cloître inclus) : 4 € ; réduc ; gratuit mer 17h-19h. Dépliants de visite en français.*
Sur 3 niveaux, ce musée de taille modeste renferme néanmoins quelques belles pièces. On retient surtout les sculptures baroques (y compris un *Saint Louis*), un très beau retable provenant du palais des Tournemire (tout à fait en haut, ce n'est pas un chasseur de palombes mais Dieu le Père et l'Esprit saint), un *Jugement dernier* attribué à Jérôme Bosch, et quelques saint(e)s de Vicente Berdusán, le régional de l'étape. On termine par une petite section archéologique au sous-sol.

Museo Muñoz Sola de Arte moderno *(plan A2)* **:** *pl. Vieja, 2. ☎ 948-40-26-40. • castelruiz.es • Tlj, sauf dim ap-m et lun-mer, 10h (10h30 le w-e)-13h30, 17h-19h (18h-20h30 sam). Entrée : 1 € ; gratuit moins de 18 ans.* Ce petit musée moderne expose, outre une quinzaine de toiles de l'artiste local Cesar Muñoz Sola, une

LA NAVARRE

partie de sa collection privée, composée notamment de peintures d'un genre assez académique (natures mortes, portraits...) datant de la période 1850-1950. Pour visiteurs avertis.

Balade dans le ***casco viejo*** (vieux quartier historique) et autour de ses nombreux palais, comme le superbe ***palacio de Castel-Ruiz*** *(plan A2),* attenant à *San Jorge.* Il fut construit par les jésuites dans un style néoclassique mais en brique. Il abrite désormais le centre culturel (qui propose des expos temporaires). On peut entrer dans la cour pour apprécier la double arcature des galeries. L'église jésuite *San Jorge,* dans le même bâtiment, renferme quelques belles statues dont une représentation de la *Vierge du pommier,* identique à celle de Hondarribia. Sur le fronton, noter le blason de Charles III.
Le ***palacio Marqués de Huarte*** *(plan A2),* transformé en bibliothèque municipale, donne sur la calle Burgaleta. Sa façade vaut surtout pour les décorations en trompe l'œil autour des fenêtres (feuillages, faunes et cariatides dans le goût le plus baroque). Également un escalier monumental en carreaux de céramique géométrique qui évoquent l'art andalou et mozarabe.
En descendant vers l'Èbre, les maisons deviennent plus modestes, mais les étroites ruelles aux murs de brique gardent un caractère quasi andalou.

Iglesia de Santa María Magdalena *(plan B1)* **:** *ouv seulement en été (et fermé en période Covid), tlj sauf dim ap-m 10h30-13h30, 17h30-20h (en principe, car c'est en fonction des disponibilités des bénévoles). Entrée : 4 €.* Son portail roman est une merveille d'harmonie, au tympan frappé d'un Christ en majesté. La nef, du début du gothique (XIIe s), est superbe. Le chœur abrite un retable plateresque dont le maniérisme contraste fortement avec la simplicité du reste de l'édifice.
– Remonter ensuite par la calle Portal, qui passe sous une porte monumentale et longe quelques belles maisons nobles.

Les flâneurs peuvent se fendre d'une balade jusqu'au ***Monument au cœur de Jésus*** *(hors plan par A1)* qui domine Tudela à la manière du Christ Rédempteur de Rio. À pied, un chemin grimpe directement depuis le bout du paseo San Miguel. En voiture, longer le fleuve vers le nord et passer sous la voie ferrée ; parking en haut. Le panorama est imprenable : se déploient à vos pieds la vieille ville et la ville nouvelle, les collines alentour et toute la vallée de l'Èbre bordée de jardins.

LA NAVARRE

Fêtes

– ***La Semaine sainte*** revêt ici une importance particulière. Le Samedi saint, on procède à la ***cérémonie du Volatín,*** tradition qui remonte au XVIe s. On suspend au balcon de la maison de l'Horloge, plaza de los Fueros, un mannequin en bois représentant Judas, avec un énorme pétard dans la bouche. Quand on allume le pétard, le mannequin saute et tressaute dans tous les sens, en perdant un à un ses vêtements que les enfants récupèrent comme souvenirs. Toute la ville est au rendez-vous, commentant l'événement parce que les vêtements changent chaque année et sont réalisés en fonction des petits faits de l'année passée. Et ça se termine dans les bistrots.
Le lendemain, dimanche de Pâques, on recommence avec la ***Bajada del Angel,*** où un enfant d'une dizaine d'années, déguisé en ange avec son tralala d'ailes en plumes, traverse la place accroché à un filin pour ôter le voile noir qui recouvre une statue de la Vierge portée en procession, afin de symboliser la Résurrection. Comme la veille, la place est noire de monde, et l'événement ne dure que 3 mn avant que la Vierge ne regagne la cathédrale.
– ***Jornadas de Exaltacion y Fiesta de la Verdura :*** *10 j. fin avr-début mai.* C'est la fameuse fête des légumes emblématiques de la ville. L'occasion de concerts, d'ateliers, de visites guidées, et surtout de belles dégustations !

– ***Fêtes de Santa Ana :*** *24-30 juil.* Elles célèbrent l'apothéose de l'été (d'ailleurs, en août, presque tout est fermé, il faut bien se reposer). Corridas, *encierros,* défilés de géants et un grand bal organisé sur la plaza de los Fueros...

LA RIBERA DE L'ÈBRE

Carte Navarre, B4

De part et d'autre de l'Èbre, plusieurs sites étonnants à découvrir, car ils sont assez loin des itinéraires touristiques habituels. L'horizon de la plaine de l'Èbre est festonné par quelques sierras en de nombreux points similaires aux paysages de westerns. Terre rouge, relief de mesas. On s'attend à voir débouler de la montagne Yul Brynner et ses copains mercenaires.

CASCANTE

À 12 km à peine au sud-ouest de Tudela, aux confins de la Navarre, de la Castille, et de l'Aragon. Ne pas hésiter à monter sur la colline jusqu'à la ***basílica de Nuestra Señora del Romero*** *(tlj 11h-14h).* Le jardin qui l'entoure offre un beau panorama sur la plaine. L'église a été reconstruite au XVIIe s, mais le principal retable est antérieur, avec une jolie statue polychrome de saint Marc. La basilique abrite une petite *casa-museo (fermé pour Covid, sinon w-e et j. fériés 11h-14h).* De l'abside, une longue allée couverte comptant 39 arches descend vers la ville. C'est le chemin de croix que les fidèles parcourent (certains à genoux) lors du pèlerinage à la Vierge, mi-septembre. En bas du chemin de croix, la ***iglesia de la Victoria,*** de style mudéjar.

LA NAVARRE

LE MONASTÈRE DE TULEBRAS

À 3 km au sud de Cascante et à 13 km de Tudela. ☎ 948-85-14-75. • monasteriodetulebras.com • Mai-sept, tlj sauf lun 11h-13h30 (12h dim), 16h-18h ; oct-avr, seulement w-e 16h-18h. GRATUIT, mais une obole est appréciée. Ce serait le 1er monastère de sœurs cisterciennes d'Espagne (XIIe s). Elles sont encore une vingtaine aujourd'hui et tiennent une boutique bien fournie en miel, amandes et chocolat artisanal. Miam ! Quant à la visite, guidée, elle permet de jeter un coup d'œil à la chapelle et de découvrir une belle collection d'art sacré, où l'on remarquera la peinture symbolique de la Trinité par Jérôme Cosida, réalisée au XVIe s, et de nombreuses pièces d'orfèvrerie (ciboires, crucifix).

FITERO

À 23 km au sud-ouest de Tudela, aux confins de la Navarre, presque à égale distance de l'Aragon et de la Rioja.

Oficina de turismo : *c/ la Iglesia, 8. ☎ 948-77-66-00. • turismofitero.com • Juste en face de l'entrée du monastère. Tte l'année, tlj sauf dim ap-m 11h-13h, 17h-18h30 ; le w-e, l'accueil se fait à l'entrée du monastère.* Organise les visites guidées du monastère (minimum 4 personnes).

Monasterio cisterciense Santa María : *• turismofitero.com • Tlj sauf dim ap-m et lun 11h-13h30, 17h-19h (16h-18h hors saison). Entrée : 2 €. Visites guidées possibles à 11h30 et 13h15 (plus 17h30 sam ; seulement à 12h dim) : 3 €. Pour l'église, visite guidée tlj à 12h (12h45 dim) : 3 €.* Fitero abrite le ***monastère cistercien Santa María, le plus ancien d'Espagne,*** fondé par saint Raymond (la statue du saint homme orne la grande place) en 1140. Ce Raymond-là est aussi le fondateur de l'ordre militaire de Calatrava, qu'il créa pour repousser les Maures. Refaite au XVIe s, l'église est de style plateresque, avec des plafonds couverts de fresques, un orgue baroque et un énorme retable abritant une statue de la Vierge. On peut faire le tour de l'édifice pour admirer les absidioles romanes. Quant à la visite du monastère, elle permet de s'introduire dans les anciennes cuisines, le réfectoire, le cloître renaissance enserrant un puits, et la salle capitulaire soutenue par 4 piliers centraux.

CINTRUÉNIGO (31592)

À 6 km de Fitero. Un gros bourg (8 000 habitants) dont la partie ancienne exhibe quelques belles maisons, notamment, dans la rue principale. La ville est connue depuis des siècles pour son travail de l'albâtre. C'est d'ici que viennent les fines lames d'albâtre translucide qui servaient de vitraux à toutes les églises romanes de la région. Quelques ateliers perpétuent encore la tradition, mais leurs magasins ne proposent plus que vases et jeux d'échecs !

Hotel-restaurante Maher : *c/ La Ribera, 19. ☎ 948-81-11-50. • gestion@hotelmaher.com • hotelmaher.com • ♿ Resto tlj sauf dim soir et lun. Congés : 20 déc-20 janv. Double env 97 €, avec petit déj. Menus 35-60 €.* Installé dans un bâtiment récent le long de la rue principale, mais conçu et décoré avec un goût certain. Grandes salles, cheminée de marbre lilas et mobilier discret. Chambres vastes, calmes et confortables (clim). Mais si l'on vient de loin chez *Maher,* c'est surtout pour la cuisine d'Enrique Martínez, la meilleure de la région. Savoureuse, raffinée, inventive, elle suit le rythme des saisons. En revanche, le budget est dans la fourchette haute...

CORELLA

À 5 km de Cintruénigo en remontant vers l'Èbre. C'est la capitale du baroque en Navarre, et cela « grâce » à la tuberculose... Au XVIIIe s, la reine d'Espagne, épouse de Philippe V, y débarque afin de soigner sa tuberculose. La malheureuse se baladait depuis plusieurs années dans toute l'Espagne à la recherche du traitement miracle. Or, voici que grâce au climat sec et à un régime axé sur la consommation d'ail, elle se porte mieux. Du coup, elle annexe une maison et toute la Cour s'installe à Corella. On refait les palais, on crée une académie de peinture, bref, ***le bourg agricole devient quasiment la petite capitale de l'Espagne.*** La reine va y rester près d'un an, avant de repartir, guérie, à Madrid – enfin, presque guérie, vu qu'elle meurt de tuberculose 3 ans plus tard. Corella est surtout connue pour le ***museo Arrese,*** qui abrite de très nombreuses peintures de l'école espagnole des XVIIe et XVIIIe s. Il les abrite si bien qu'il n'est ouvert qu'à l'occasion de rares visites guidées *(☎ 948-78-03-31 ; en principe, visite le w-e à 11h30 ; GRATUIT).*

LOUIS DE FUNÈS, HIDALGO NAVARRAIS ?

L'acteur Louis de Funès était issu d'une famille de la noblesse castillane émigrée en France en 1904. Certains pensent que son père, Carlos Luis de Funès de Galarza, serait lui-même issu d'une lignée navarraise dont le berceau serait le village de... Funès, à quelques kilomètres de Corella. Un palais décrépit s'y dresse encore, portant un fier et beau blason. L'ancêtre chevalier serait venu de Bretagne, aurait chassé les Maures du secteur au XIIIe s, recevant en retour le titre de seigneur de Funès...

Une ***balade dans la ville*** est fortement recommandée (se garer un peu à l'extérieur), car il y a plusieurs très belles demeures et palais baroques. Voir surtout la

plaza de los Fueros et la *casa de los Virto de Vera.* Au nº 8, ce palais abandonné de 1741 mériterait bien une restauration. Remarquer l'admirable loggia à arcades au dernier étage, comme en Toscane... Sur cette même place, belle ***église en brique*** au clocher baroque. Noter les influences multiples dans sa construction, moucharabieh à l'orientale et fenêtres ornées de colonnades à la vénitienne.
– À l'angle des calles Vallejo et San Miguel, attenant à l'église paroissiale, voir le ***palacio Arrese*** et ses exceptionnelles peintures à fresque dans les tons rose Vichy. En très bon état, toujours habité par la famille, on peut en faire le tour à pied. À 50 m en contrebas de la plaza de los Fueros et de la casa de los Virto de Vera, dans la calle Peñuela, curieuse maison récente qui repose entièrement sur une sculpture d'atlante.

VILLAFRANCA (31330)

À environ 30 km de Tudela, par l'autoroute et les routes secondaires. Aller devant l'église *Santa Eufemia* pour profiter du panorama sur la plaine de l'Èbre, puis pousser jusqu'à la superbe petite *plaza de los Fueros,* parfaitement restaurée.

⛺ 🏠 ***Camping Bardenas :*** *ctra NA 660, km 13,4. ☎ 948-84-61-91. • info@campingbardenas.com • campingbardenas.com • ♿ À 1 km de la ville sur la route de Cadreita, sur la droite. Congés : déc-janv. Forfaits 24-27 € pour 2 avec tente et voiture. Bungalows et apparts 4-6 pers 62-126 €. En dortoir, nuitée 13-15 €/pers. Sur présentation de ce guide, réduc de 10 % sur les doubles.* Ce camping récent a l'avantage du monopole dans le coin. Son emplacement n'est pourtant pas idéal, il vaut mieux s'éloigner de la route pour dormir... Il propose des emplacements (peu ombragés) pour les campeurs, des dortoirs de 8 lits, et des équipements corrects : resto *(menu 15 €),* piscine avec bonnet de bain obligatoire, salle de gym. Pour une étape, donc.

LE CHEMIN DE SAINT-JACQUES

Au sud de Pamplona, le chemin du Baztán et celui de Roncevaux n'en font plus qu'un qui va rejoindre très vite, à Puente la Reina (Gares), le chemin du Somport. C'est le chemin « classique », aménagé, équipé d'auberges pour pèlerins. On conçoit, à le parcourir, que les pèlerins du Moyen Âge s'y sentaient mieux que sur le chemin du nord ou l'ancien chemin du Guipúzcoa. Les paysages sont ceux du calcaire : larges vallées, reliefs assouplis et adoucis, villages nombreux, visibles de loin. On n'a aucun mal à imaginer ce même paysage au XIIe s couvert de champs de blé, piqueté de vignes, parcouru çà et là de troupeaux de moutons. Après les rudes montagnes, c'était le retour à la civilisation, aux églises de l'ordre de Malte, aux villages fortifiés, à la sécurité. Dans ces plaines, on sait vers quoi on va.
– ***Nos villages préférés :*** Uterga, Torres del Río et Villamayor de Monjardín, pour leur site et leur caractère.
– De nombreuses infos utiles sur le chemin de Saint-Jacques *(Camino de Santiago)* sur le site de la province de Navarre : *• turismo.navarra.es •*

Comment se déplacer ?

➢ ***En bus :*** la compagnie *La Estellesa (☎ 948-22-22-23 ou 941-23-12-34 ; • laestellesa.com •)* gère la ligne Pamplona-Logroño. Env 8-10 bus/j. (7h20-20h30 env) desservent Puente la Reina (durée 30 mn), Estella (1h), et pour certains Los Arcos (1h30) et Viana (1h40).

CIZUR MENOR (ZIZUR TXIKIA)

(31190) 1 200 hab. *Carte Navarre, B2*

À 4 km au sud de Pamplona, cette halte traditionnelle sur le chemin de Saint-Jacques s'est convertie en banlieue pseudo-résidentielle. Ne pas confondre avec Cizur Major, de l'autre côté de la route, et ne pas hésiter à s'éloigner de la grand-route pour atteindre le vieux quartier. Pour les pèlerins, Cizur était au moins aussi importante que Pamplona. En effet, dès le début du XIIe s, les chevaliers de l'ordre de Malte y implantèrent une église et surtout un hospice, qui ne mit pas longtemps à devenir la halte favorite des marcheurs.

Où dormir ?

Albergue de peregrinos Maribel Roncal : *paseo de Lurbeltzeta, 1. 670-32-32-71. • maribelroncal@jacobeo.net • elalberguedemaribel.com • Congés : de mi-oct à mi-mars. Lit en dortoir 13 €, avec draps (25 € pdt la San Fermín). Credencial obligatoire.* C'est la très jolie maison ancienne de l'autre côté de la rue face à l'église San Emeterio. Francophone, Isabel Roncal, l'adorable maîtresse des lieux, peut vous parler pendant des heures du pèlerinage. Dans son grand jardin plein de fleurs, elle a fait construire des dortoirs simples, mais impeccables et bien tenus, de 8-10 lits, avec sanitaires collectifs. Laverie, cuisine. Ambiance conviviale (en général, elle se débrouille pour regrouper les pèlerins par nationalité).

Où dormir ? Où manger entre Cizur et Puente la Reina ?

Quelques ***auberges pour pèlerins*** se trouvent directement sur le chemin dans les villages proches avant l'arrivée à Puente la Reina. Parmi elles :

Albergue Camino del Perdón : *c/ Mayor, 61, 31133* ***Uterga.*** *☎ 948-34-45-98. • info@caminodelperdon.es • caminodelperdon.es • À 15 km de Pamplona et 7 km de Puente la Reina. Sur la gauche quand on descend la rue principale. Congés : nov-fév. Lit en dortoir (pour pèlerins seulement) 10 € ; doubles 50-65 € selon confort ; petit déj 5 €.* Dortoir de 16 lits dans une maison récente. Quelques chambres privées et plus confortables dans un *hostal* à 300 m de là. Cafétéria et bar (*pintxos*, plats) doté d'une terrasse très appréciée pour se relaxer et papoter entre voyageurs.

À voir

La 1re ***église*** qu'on voit en arrivant à Cizur Menor est consacrée à san Emeterio et san Celedonio, bien que tous les guides l'appellent ***San Miguel.*** Il paraît que la paroisse a changé de patron au cours des siècles. Petite église du XIIe s qui abrite une *Vierge à l'Enfant* du XIIe s et, dans la sacristie, un très beau christ du XVe s. Vous remarquerez les fonts baptismaux en forme de coquille Saint-Jacques, taillés dans un seul bloc de pierre.

PUENTE LA REINA (GARES)

(31100) 2 800 hab. *Carte Navarre, B2*

À une vingtaine de kilomètres au sud de Pamplona, Puente la Reina est depuis toujours une étape importante du pèlerinage à Saint-Jacques-de-Compostelle. « Et à partir de là, les 3 chemins n'en font plus qu'un », écrivait le moine Picaud dans son *Guide du pèlerin.* Dans leur route vers l'ouest, les pèlerins devaient traverser le río Arga sur un pittoresque pont à dos d'âne (reconstruit au XIIe s). Celui-ci enjambe en beauté la rivière, dans le prolongement de la longue rue principale qui traverse cette belle petite cité de caractère.

UN PEU D'HISTOIRE

Le 1er vrai document est la charte de fondation (le *for*) qu'Alphonse le Batailleur concède à la ville en 1122 pour que les habitants puissent s'organiser et gérer le flux commercial lié au pèlerinage. La ville change son nom basque pour celui de Puente la Reina. En 2 siècles, du XIIIe au XVe s, elle va se couvrir de monuments. Après le déclin du pèlerinage, Puente la Reina restera un gros bourg agricole, ce qu'elle est encore aujourd'hui. Régulièrement, à l'entrée de la ville, paysans et maraîchers viennent vendre leur production. Puente la Reina est considérée comme la ***capitale du piment*** de la région de Pamplona. Et pour rester dans le registre agricole, sachez que l'une des grandes attractions de la ville, ce sont... les courses mondiales de bêches, utilisées comme des échasses par les concurrents (le dernier week-end de septembre) ! Ça vaut le coup d'œil.

LA NAVARRE

Adresse utile

i ***Oficina municipal de turismo :*** *puente de los Peregrinos, 1. ☎ 948-34-13-01. • puentelareina-gares.es • Dans la casa del Vínculo, à la base du pont. Mar-sam 10h-14h, 16h-19h ; dim 11h-14h.* Petite expo temporaire, boutique et maquette de la ville.

Où dormir ?

Très bon marché (auberges des pèlerins)

Albergue Puente : *paseo de los Fueros, 57. 661-70-56-42. • albergue@alberguepuente.com • alberguepuente.com • Congés : de nov à mi-mars. Lit en dortoir 13 €, double 38 €, avec petit déj. Menu du pèlerin 10,50 €.* Auberge privée, installée dans une petite maison aménagée dans un style contemporain à la fois sobre et cosy. Dortoirs de 4-10 lits, très propres, spacieux et colorés, et des doubles ; sanitaires communs. Mais la vraie surprise ici, c'est la super terrasse sur le toit, avec son mobilier de récup très sympa et sa vue sur le village et la campagne. Notre meilleure adresse dans cette catégorie.

Albergue des Padres Reparadores : *c/ Crucifijo, 1. 663-61-57-95. • puente@scj.es • À l'entrée nord de la ville, face à l'iglesia del Crucifijo. Nuitée 5 €, avec draps. Credencial obligatoire.* L'auberge appartient à la communauté des prêtres du Sacré-Cœur-de-Jésus. Elle dispose d'une centaine de places en dortoirs de 6-14 lits, et de tout le nécessaire (cuisine...). Ensemble propre et très bien tenu.

Albergue de peregrinos Santiago Apóstol y camping El Real : *à la* *sortie sud de la ville. ☎ 948-34-02-20. • alberguesantiagoapostol@hotmail.com • info@campingelreal.com • campingelreal.com • Prendre le chemin de terre qui monte face au vieux pont ; c'est 500 m plus haut, dans les champs (en voiture, autre accès indiqué depuis la route principale). Congés : nov-mars. À l'auberge (réservée aux pèlerins), lits en dortoir 12-14 € avec draps ; repas 10 €. Au camping, ouv à ts, forfait pour 2 env 25 € ; bungalows 2-6 pers avec cuisine et sdb 60-90 €.* Isolée à 10 mn à pied de la ville, cette grande structure fonctionnelle ne fait pas dans le glamour. L'avantage, c'est qu'on n'est pas gêné par la circulation ! Couchages à l'auberge assez spartiates, en lits superposés dans de grands dortoirs divisés en espaces de 4, 8 ou 12 lits, qui sentent le neuf. Quant aux doubles, ce sont de petites cabines bien fichues. Bonne literie, sanitaires communs propres, et vaste salle avec billard et baby-foot. Côté camping, c'est plat, sans ombre, mais bien tenu. Piscine *(ouv en été)* pour pèlerins et campeurs, sans distinction.

De prix moyens à plus chic

Hotel El Cerco : *c/ Rodrigo Ximénez de Rada, 36. ☎ 948-34-12-69. • info@hotelelcerco.es • hotelelcerco.es • ♿ Congés : 15 déc-15 mars. Doubles 65-75 €, familiales aussi. Café offert sur présentation de ce guide.* Au cœur de la vieille ville, les petites chambres de cet établissement familial occupent les étages d'une tour du XIIIe s. Historique... mais pas antique, car le confort est bien d'aujourd'hui (ascenseur, clim, etc.), de même que la déco mêlant harmonieusement l'ancien et le moderne. Une adresse pleine de charme et douillette, à l'image du petit salon commun réservé aux hôtes.

Hotel Jakue : *c/ Irunbidea. ☎ 948-34-10-17. • hotel@jakue.com • jakue.com • ♿ Resto fermé en hiver. Double 70 € (45-55 € pour les pèlerins) ; petit déj-buffet 8 €. Nuitée en dortoir pour pèlerins 12-14 €. Cabane 120 €. Dîner 13 €. Parking gratuit.* À l'entrée nord de la ville, ce grand hôtel efficace et convivial multiplie les offres pour les touristes et les pèlerins. Au choix, des doubles cosy (toutes avec salles de bains, mais plus simples et à l'entresol pour les moins chères destinées aux pèlerins), des dortoirs (dont un de 30 lits compartimentés par des nattes), et même une cabane dans les arbres ! Avec ses terrasses et ses salons chaleureux, c'est une bonne étape. Fait aussi resto. Cuisine locale à prix doux.

Où manger ?

Restaurante La Conrada : *paseo de los Fueros, 17. ☎ 948-34-00-52. • laconrada@hotmail.com • Ouv le midi tlj, plus le soir mer-dim. Menus 12-14 € en sem, env 28 € le w-e.* Ce restaurant de quartier turbine à plein régime. Le midi, la grande terrasse déployée sur la contre-allée (attention, supplément) et la salle affichent souvent complet, trustées par les habitués qui se régalent des menus du jour simples, frais et bons. Si l'on est pressé, sandwichs, salades-repas ou *platos combinados* valent aussi le coup. Impeccable dans sa catégorie.

À voir. À faire

Puente la Reina est traversée par la nationale, mais cette dernière a le bon goût de contourner la vieille ville, toute parée de belles demeures aux balcons en fer, avec sa place sous arcades.

Iglesia del Crucifijo : *superbe ensemble à l'entrée nord de la ville. Avr-oct, église ouv tlj 9h30 (10h30 le w-e)-20h ; nov-mars, tlj 9h30 (10h30 w-e)-18h. En revanche, le couvent des Padres Reparadores ne se visite pas.* Cette église romane du XIIe s est célèbre pour son Christ crucifié sur une croix en Y. Une 2de nef, plus petite, fut ajoutée au XIVe s pour l'abriter, et l'ensemble a été accolé à un hospice de l'ordre de Malte (voir les croix au-dessus de l'entrée). Admirer la décoration du beau portail roman qui porte des motifs géométriques et des animaux fabuleux, harpies, chimères, monstres divers. En regardant le crucifix, vous remarquerez qu'il est anatomiquement hérétique, avec ses bras trop longs et son torse trop maigre.

Iglesia de Santiago : *au niveau du n° 28 de la c/ Mayor. Tlj sauf dim soir 10h30-13h30, 17h-19h30. Hors saison ouv 30 mn avt les messes de 10h (12h dim) et 19h30.* Construite au XIIe s, puis remaniée aux XVIe et XVIIIe s. Ceux qui ont visité la cathédrale de Tudela remarqueront la grande similitude de leurs portails romans, avec des représentations de l'enfer et du paradis. Riches retables à l'intérieur.

Le ***casco viejo*** (centre historique), et notamment la *calle Mayor,* avec ses vieilles maisons blasonnées, ses portes massives et ses balcons en fer forgé.

Le pont médiéval : *sur le río Arga.* À l'origine, il y avait un pont romain. Il fut détruit puis reconstruit au XIIe s. Il est en photo partout avec sa porte fortifiée et ses 6 arches, alors on ne le présente plus. C'est devenu un symbole (il figure sur les armes de la ville) et un mythe, puisque c'est là que les différents tronçons du chemin de Saint-Jacques se rejoignent pour n'en former plus qu'un.

DANS LES ENVIRONS DE PUENTE LA REINA (GARES)

Ermita de Santa María de Eunate : *à* ***Munzabal,*** *à 5 km à l'est du centre-ville, le long de la route NA 6010 et du chemin de Saint-Jacques. 628-87-28-35. • santamariadeeunate.es • D'avr à mi-oct, mer-dim 10h-14h, 15h-19h (16h-20h en juil-août) ; le reste de l'année, ouv certains w-e 10h-17h. Entrée : 3 €.* Modeste, humble, au milieu des champs de maïs, il s'agit d'une petite chapelle octogonale du XIIe s en grès rose, entourée d'une colonnade circulaire. On pense que cette dernière supportait un toit pour abriter les pèlerins. Une autre hypothèse avance qu'elle aurait accueilli un cimetière pour les pèlerins morts en route. Il aurait pu appartenir à l'ordre des Hospitaliers de Saint-Jean-de-Jérusalem.

2 points de vue remarquables : une route étroite, qu'on abandonne pour une bonne piste carrossable, conduit au sommet d'une colline où se tient une chapelle fortifiée, la ***ermita Nuestra Señora de Arnoteguy*** *(à 5 km à l'est de Puente la Reina, au-dessus d'Obanos ; en principe tlj 15h-21h).* Un moine solitaire vit toujours dans l'ermitage attenant. Vue magnifique sur la région depuis les remparts crénelés. L'autre site remarquable, accessible en voiture, est la ***sierra del Perdón*** *(à 10 km au nord d'Estella, entre Uterga et Astráin).* Sorte de montagnette dont la ligne de crête est hérissée d'éoliennes animées par un vent permanent. Là aussi la vue sur la Navarre est spectaculaire, au nord et au sud.

Cirauqui *(ZIRAUKI ; 31131) :* *à 7 km au sud de Puente la Reina, sur la route d'Estella.* Gros village perché au-dessus de l'autoroute. Les maisons regardent vers le sud, tournant le dos au versant nord abrupt. Cirauqui aligne quelques demeures blasonnées avec de belles fenêtres en fer forgé ainsi qu'une mignonne petite place à arcades (plaza Ayuntamiento). Au sommet du village, l'église San Román (du XIIIe s) est intéressante pour son porche orné de sculptures d'animaux chimériques et de motifs géométriques. Les pèlerins de l'auberge se reposent le soir sur la petite place.

– **Fête patronale :** *14-19 sept.*

Albergue Maralotx : *pl. Grande, 4. 678-63-52-08. • reservas@alberguemaralotx.com • alberguecirauqui.com • Face à l'église San Román, dans le haut du village. Congés : nov-fév. Résa possible. Lit en dortoir 12 € ;*

LA NAVARRE

double avec sdb 50 €. Une maison ancienne rénovée, transformée en petite auberge pour pèlerins. Déco rigolote et colorée. Les doubles sont assez coquettes. Terrasse de poche avec vue sur l'église. Ambiance décontractée.

Camping Aritzaleku : *San Pedro, s/n, 31291* ***Lerate.*** *686-69-91-33. • info@aritzaleku.com • aritzaleku.com • À env 10 km de Cirauqui par une route secondaire qui mène à l'embalse d'Alloz. Ouv mars-oct. Forfaits pour 2 22-26 € selon saison. Bungalows 2-6 pers avec sdb et cuisine 55-135 € selon saison et capacité ; « pods » 4 pers (huttes en bois, avec sanitaires en commun) 55-80 €.* Un bon camping de l'arrière-pays, isolé dans une belle région de collines parsemées de quelques lacs aux eaux limpides. Terrain bien ombragé, en lisière d'une bourgade et surtout en surplomb des rives d'un lac de barrage, avec de nombreuses activités (école de voile, cours d'équitation, windsurf). Équipements très corrects : sanitaires bien tenus, épicerie, resto, piscine (de juin à mi-septembre), location de vélos. Une bonne base pour découvrir la région d'Estella.

ESTELLA (LIZARRA)

(31200) 13 700 hab. *Carte Navarre, B2*

• Plan *p. 369*

LA NAVARRE

À 40 km au sud de Pamplona, sur la route de Logroño, entourée de collines et de petites montagnes, la ville d'Estella est une étape très agréable pour les pèlerins comme pour les touristes. Elle s'est étendue autour du río Ega et se compose de 4 quartiers distincts : San Juan, San Miguel, San Pedro et la Judería. Garez votre véhicule et promenez-vous à pied dans cette ravissante cité de caractère, où l'histoire a laissé sa marque dans plusieurs très beaux monuments anciens.

UN PEU D'HISTOIRE

Il était jadis un petit bourg basque nommé Lizarra (« l'étoile »). Solidement adossé à la montagne, il commandait la vallée du río Ega. À la fin du XIe s, le roi Sancho Ramirez, soucieux de protéger (et peut-être d'exploiter) le flot des pèlerins vers Compostelle, donna un *fuero* à la ville sous le nom d'Estella, traduction latine du nom basque. C'est le 1er noyau urbain regroupé autour du palais des rois de Navarre, sous le nom de quartier de San Pedro la Rúa (l'ensemble du quartier est classé Monument historique). À l'est se bâtit très vite le quartier de la Judería où vivaient les juifs navarrais qui bénéficiaient d'un statut officiel. Ce quartier fut rasé par les Castillans au XVe s lors de l'expulsion manu militari des juifs d'Espagne.

Aux XIIe et XIIIe s, 2 autres quartiers se construisirent : celui de San Miguel, sur l'autre rive du río Ega, et celui de San Juan, encore appelé barrio de los Francos (« quartier des Français »). On a du mal, aujourd'hui, à imaginer l'importance de Lizarra à cette époque. ***La ville tout entière vivait par et pour le pèlerinage.***

Au début du XIXe s, l'infant Don Carlos, par respect de la tradition, s'établit à Lizarra, qui devint de fait (et resta) la capitale des carlistes. Les curieux de cette période pourront d'ailleurs visiter le Musée carliste, dans la calle la Rúa. La défaite de Don Carlos n'entraîna pas de destructions, à l'inverse de ce qui se passa dans de nombreuses autres villes navarraises.

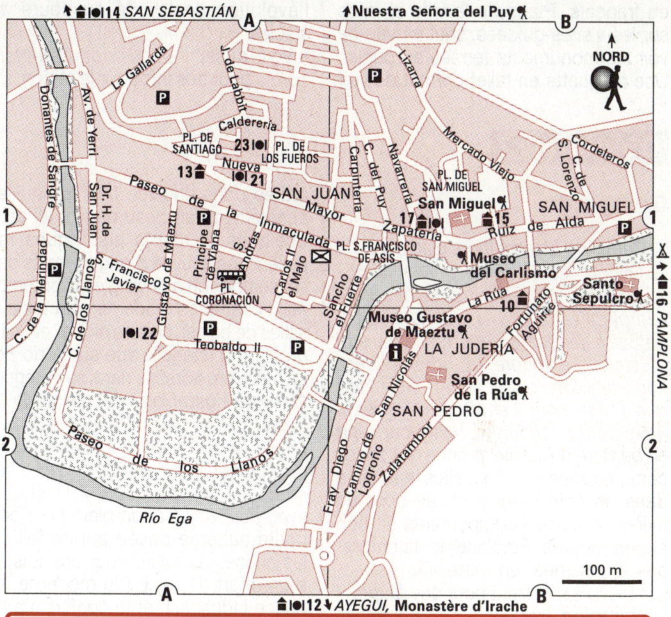

ESTELLA (LIZARRA)

■ **Adresse utile**

- Oficina de turismo (B2)

Où dormir ?

- **10** Albergue de peregrinos (B1)
- **12** Albergue juvenil Onciñeda (hors plan par A-B2)
- **13** Pensión San Andrés (A1)
- **14** Hotel Tximista (hors plan par A1)
- **15** Agora Hostel (B1)
- **16** Hosteria de Curtidores (hors plan par B1)
- **17** Hospederia Chapitel (B1)

Où manger ?

- **21** Restaurante Casanova (A1)
- **22** Restaurante Navarra (A2)
- **23** Asador Astarriaga (A1)

Arriver – Quitter

Estación de autobuses *(gare routière ; plan A1) : pl. Coronación. ☎ 948-55-01-27.* Un bien grand édifice pour un bureau modeste mais suffisant.

➢ La compagnie *Estellesa (☎ 948-55-01-27, ● laestellesa.com ●)* assure env 15 bus directs/j. vers ***Pamplona*** (trajet : 45 mn-1h) et ***Logroño*** (env 45 mn de route). Pour ***Donostia – San Sebastián,*** 2-4 bus/j. (trajet : 1h30).

Adresse et info utiles

Oficina de turismo *(plan B2) : c/ San Martín, 4. ☎ 848-42-04-85. ● estella turismo.com ● À côté du palais des rois de Navarre. Lun-sam 10h-15h, 16h-18h ; dim 10h-14h. En hiver, tlj sauf dim ap-m 10h-14h, 14h30-17h30.* Accueil en français. Plans de la ville et infos sur les visites guidées, seul moyen de voir les monuments fermés au public. Une maquette en relief permet de voir l'évolution de la cité au cours des siècles.

– Voir aussi • *turismotierraestella.com* • pour des infos sur la région.

Où dormir ?

Campings

⛺ ***Camping Lizarra*** *(hors plan par B1)* **:** *c/ Ordoiz (Curtidores). ☎ 948-55-17-33. • info@campinglizarra.com • campinglizarra.com • Sur le chemin de Saint-Jacques, à env 1,5 km au sud d'Estella. En voiture, prendre la direction Pamplona par la N 111, c'est indiqué. Forfait pour 2 env 26 €. Bungalows 4-5 pers 80-110 €/nuit.* Vaste camping en bordure de la ville, proche des zones commerciales et industrielles mais situé dans un coin verdoyant, en bord de rivière, avec des équipements en bon état et propres. Emplacements ombragés, 2 piscines, un resto *(fermé déc-début mars)* : correct pour une étape.

⛺ ***Camping Iratxe :*** *prado de Iratxe, 14. ☎ 948-55-55-55. • info@campingiratxe.com • campingiratxe.com • Env 500 m après la sortie d'Ayegui, après le monastère d'Irache (voir « Dans les environs d'Estella »). Bus n° 2 depuis Estella. Ouv tte l'année. Forfait 31 € pour 2. Bungalows 72-126 € (6 pers) et cabanes lambrissées avec sdb 32-50 € pour 2 (max 4 pers).* Un camping moderne et bien aménagé, suffisamment en retrait de la route. Tout est bien organisé et professionnel. Très bon accueil. Emplacements spacieux mais peu ombragés. Nombreux services : resto, location de vélos, piscine et plusieurs activités sportives à proximité (tennis...).

Très bon marché (auberges de pèlerins)

🏠 ***Hosteria de Curtidores*** *(hors plan par B1,* ***16****)* **:** *c/ Curtidores, 43. ☎ 948-55-00-70. • curtidores@albergueestella.com • hosteriadecurtidores.com • ♿ Dans le prolongement de la c/ La Rúa. Lit en dortoir (3-6 lits) 18 € ; double 50 €, familiales aussi ; petit déj 5 €. Apéritif maison offert sur présentation de ce guide.* Cette ancienne tannerie retirée dans une rue très tranquille a entièrement fait peau neuve. Ici ou là, quelques éléments historiques rappellent son activité d'origine, mais dans l'ensemble, on a privilégié le contemporain : chambres modernes (toutes avec salles de bains), cuisine nickel, et un bar profitant d'une jolie vue sur le río Ega. La meilleure adresse dans sa catégorie.

🏠 ***Agora Hostel*** *(plan B1,* ***15****)* **:** *c/ Callizo Pelaires, 3. ☎ 948-54-65-74. 📱 681-34-68-82. • info@dormirenestella.com • dormirenestella.com • Congés : déc-mars. Lit en dortoir (4-12 lits) 20 €, avec petit déj.* Carton plein pour cette petite auberge privée qui ne fait pas les choses à moitié. Pour une fois, il y a un effort de déco (du moderne tendance industriel), et le confort n'a pas été sacrifié sur l'autel de la rentabilité : chambres et dortoirs sont bien pensés (lits en alcôve avec rideau, coffre et lampes individuelles), tandis que les espaces communs sont conviviaux à souhait. Accueil jeune et dynamique.

🏠 ***Albergue de peregrinos*** *(plan B1,* ***10****)* **:** *c/ La Rúa, 50. ☎ 948-55-02-00. • caminodesantiagoestella@gmail.com • Près du puente de la Cárcel. Congés : de mi-déc à mi-janv. Lit en dortoir 7 €, draps compris. Credencial exigée.* Près du *museo del Carlismo*, sur le chemin des pèlerins, un vieux bâtiment avec une cour intérieure bien agréable pour se reposer en terrasse. Pour le reste, c'est basique : dortoirs de 16 ou 30 lits sans beaucoup d'intimité, mais avec les sanitaires à l'intérieur des chambrées. Cuisine à disposition, laverie, garage à vélos.

🏠 🍽 ***Albergue juvenil Onciñeda*** *(hors plan par A-B2,* ***12****)* **:** *c/ Monasterio de Irache, 11. ☎ 948-55-50-22. • info@albergueestella.com • albergueestella.com • ♿ Accueil 8h-21h (22h juil-août). Congés : nov-fév. Nuitée 17-19 € selon âge (plus ou moins de 30 ans), 12-14 € avec la credencial (attention, draps non inclus pour les pèlerins, mais formule *avec petit déj à 15 €) ; petit déj 6 €. Doubles 35-50 €. Menus midi et soir 10-11 €. Parking gratuit.* Grande auberge qui ressemble à un collège des années 1970. Rien de glamour donc, mais son principal atout, c'est sa taille : 150 lits en chambres doubles, quadruples ou en dortoirs de 7-15 lits, sobres et fonctionnels. Sanitaires impeccables. Cafétéria, petite cuisine, salon-TV, garage à vélos, laverie, le tout à 10 mn à pied du centre. Idéal pour les familles et les groupes.

De bon marché à prix moyens

Pensión San Andrés *(plan A1, **13**) : pl. Santiago, 50. ☎ 948-55-41-58. ♿ À l'angle de la c/ Mayor ; l'entrée est sous les arcades. Double avec sdb 40 € ; quadruple. Pas de petit déj.* Très bien située, cette pension à l'ancienne mode est tenue avec soin par une dame joviale. Elle abrite des chambres propres et confortables. En choisir une au dernier étage (avec ascenseur) pour bénéficier d'une jolie vue sur les toits de la ville et d'une petite terrasse.

Chic

Hospederia Chapitel *(plan B1, **17**) : c/ Chapitel, 1. ☎ 948-55-10-90. • info@hospederia-chapitel.es • hospederia-chapitel.es • ♿ Congés : 2 sem mi-nov. Doubles 80-105 €, petit déj 10 €. Parking 15 €.* Stratégiquement situé en plein centre, avec sa terrasse déployée au pied de l'escalier conduisant à *San Miguel*, le *Chapitel* est l'adresse de charme de la ville. À taille humaine, doté de chambres contemporaines très cosy (salle de bains ouverte pour certaines), et tenu par une équipe très sympa, on s'y sent tout de suite à l'aise ! Resto sur place.

Hotel Tximista *(hors plan par A1, **14**) : c/ Zaldu, 13-15. ☎ 948-55-58-70. • info@hoteltximista.com • hoteltximista.com • ♿ À 1 km du centre d'Estella, sur la N 132a, sortie nord vers Vitoria. Doubles 75-120 € selon confort et saison ; petit déj 13 €. Avec la credencial, prix spécial. Parking.* Un hôtel insolite, aménagé dans un vieux moulin à eau sur la rivière Ega. Le vieux bâtiment a été intégré dans un étonnant ensemble ultramoderne au style design très recherché. Confortables et décorées avec soin dans les tons noirs et rouges (les couleurs des alchimistes, d'où le nom de la maison), les chambres donnent pour la plupart sur le jardin, la rivière et le vallon ombragé. Heureusement, car côté rue, l'environnement est tristoune. Fait aussi resto.

Où dormir dans les environs ?

Très bon marché

Albergue de peregrinos Hogar de Monjardín – Oasis Trails : *Plaza, 13, 31242 **Villamayor de Monjardín**. ☎ 948-53-71-36. • info@oasistrails.org • albergueoasistrails.com • Congés : nov-mars. Lit en dortoir (4-8 lits) 11 €, avec la credencial ; double sans sdb 35 € ; petits déj 4-5 €. Draps non fournis. Menu le soir 10 €.* Tout en haut du village, sur le chemin de Saint-Jacques. Cette maison vieille de plus de 400 ans possède un certain caractère : le salon de poche est mignon comme tout avec sa cheminée, ses grosses poutres et ses murs chaulés. Elle est tenue par de souriants bénévoles néerlandais qui parlent l'anglais, parfois le français. Dortoirs tout simples, arrangés convenablement et propres. Ambiance jeune et dynamique, et très belle vue sur la vallée depuis la terrasse du bar.

Où manger ?

Bon marché

Asador Astarriaga *(plan A1, **23**) : pl. de los Fueros, 12. ☎ 948-55-08-02. Tlj. Menu 16 € en sem, 30 € le w-e ; carte 25-30 €.* Emplacement idéal sur la place centrale. Plats bien tournés dans l'ensemble, comme les cœurs de laitue au fromage d'Urbasa, les piments farcis de champignons, la morue à l'ail... La partie resto se trouve au fond (plus sombre), mais vous pouvez aussi vous rassasier d'appétissants *bocadillos* au comptoir ou en terrasse. Service impeccable.

Restaurante Casanova *(plan A1, 21) : c/ Fray Wenceslao de Oñate, 7. ☎ 948-55-28-09. Tlj sauf lun. Menu 13 € en sem, 22 € le w-e.* Dans une salle sans grand charme à l'étage, un bon menu du jour, avec portions copieuses. Cuisine sans prétention, classique mais bonne. Accueil inégal en revanche.

Prix moyens

Restaurante Navarra *(plan A2, 22) : c/ Gustavo de Maeztu, 16. ☎ 948-55-00-40. • info@restaurantenavarra.es • Ouv le midi tlj, plus le soir ven-sam. Menus 24 € (déj en sem), puis min 35 € ; carte env 35 €.* L'adresse classe de la ville, installée dans une villa au milieu d'un beau jardin fleuri. Un îlot de calme et de sérénité en plein centre ! Bon menu du jour. Excellente cuisine navarraise traditionnelle avec une carte qui suit les saisons et l'inspiration du chef. Terrasse.

À voir

Dans le barrio San Pedro

LA NAVARRE

Iglesia San Pedro de la Rúa *(plan B2) : en haut d'un escalier situé à 20 m de la c/ San Nicólas (ascenseur dans la ruelle voisine en cas de grosse fatigue). Fermé pour Covid, sinon Pâques-fin oct, lun-sam 10h-13h30, 18h-20h ; dim 10h-12h30. En basse saison, lun-mar 18h-19h ; sam 10h-13h30, 18h-19h ; dim 10h-13h30. Visite : 5 €, en espagnol ou en français (dans ce cas, prévenir l'office de tourisme).* Du XIIe s, elle est ornée d'un superbe portail sculpté avec des motifs géométriques et végétaux qui dénotent une influence arabe. Le point fort reste le ***cloître*** (toujours du XIIe s), en partie détruit puisqu'il ne reste que 2 galeries sur 4. Cela dit, un étonnant pilier formé de 4 colonnes torses, ainsi que les sculptures des différents chapiteaux méritent largement le coup d'œil.

Museo Gustavo de Maeztu *(plan B2) : installé dans l'ancien palais des rois de Navarre, c/ San Nicolás, 1. • museogustavodemaeztu.com • Mar-sam 9h30-13h30 (14h oct-mai), 16h-18h ; dim et j. fériés 11h-14h. Fermé lun, et ts les ap-m oct-mai. GRATUIT.* Remarquer, à l'entrée, le chapiteau représentant Roland se battant avec Ferragut. Le musée regroupe l'œuvre du peintre Gustavo de Maeztu (1897-1947), mort à Estella. Moins constructiviste qu'Arteta, il s'est un peu inspiré du cubisme avant de se livrer aux délices des portraits mondains. C'est de la bonne peinture académique de l'entre-deux-guerres. Et puis il a flirté avec le franquisme...

Palacio de justicia *(palais de justice ; plan B2) : en face du palais des rois de Navarre.* Belle construction du XVIe s. Remarquer, au-dessus de la porte, le blason qui porte les armes de Navarre et de France.

Calle La Rúa : ancienne grande rue de la ville, elle est bordée de belles maisons bourgeoises. C'est une agréable promenade jusqu'au quartier de la Judería.

Museo del Carlismo *(musée du Carlisme ; plan B1) : c/ La Rúa, 27. ☎ 948-55-21-11. Mar-sam 10h-14h, 16h-19h ; dim 11h-14h. Fermé lun. Entrée : 2 € ; réduc ; gratuit sam ap-m et dim mat.* Musée très bien fait qui raconte un des épisodes les plus mal connus de l'histoire de l'Espagne au XIXe s : les guerres carlistes qui ont duré de 1833 à 1876 ! À l'origine de ce conflit interminable et sanglant, une banale querelle de succession au trône d'Espagne entre Isabel II, fille du roi Fernando VII, et Don Carlos, frère envieux de celui-ci. Estella fut un foyer du carlisme, d'où la présence ici de ce musée où tout est parfaitement expliqué au gré d'un parcours chronologique fluide, moderne et interactif, illustré d'objets d'époque (armes, uniformes, drapeaux...). Un regret : tout est en espagnol.

Dans la Judería

Puente de la Cárcel *(pont de la Prison ; plan B1)* **:** curieux pont avec ses 2 pentes raides, reconstruit en 1873 à l'identique, dit-on. À 150 m du pont, au-dessus de la calle Curtidores, se tient la ***iglesia Santo Sepulcro*** *(plan B1* ; ne se visite pas). Beau portail gothique, à notre avis plus précieux que celui de San Pedro.

Dans le barrio San Miguel

Iglesia San Miguel *(plan B1)* **:** *angle c/ Chapitel et c/ Julio Ruiz de Alda. Juil-août, en principe tlj sauf dim ap-m 10h-13h30 (12h30 dim), 17h-20h ; hors saison, ouv seulement 30 mn avt la messe (dim à 11h30). GRATUIT.* On vous conseille de l'aborder par le bas en grimpant l'escalier qui commence au milieu de la calle de Alda. Un 1er parvis conduit à une petite chapelle où niche une statue polychrome du XVe s de saint Georges terrassant le dragon. Puis vous longerez l'église pour arriver sur le parvis d'où l'on peut admirer le portail nord. Belle vue sur les toits de la ville depuis la terrasse.

Dans le barrio San Juan

On est ici dans le cœur d'Estella. Flâner dans la ***calle Mayor.*** Au n° 42, belle demeure avec une porte du XVIIe s, des balcons en forme de coquilles Saint-Jacques et un grand balcon en fer forgé du XVIIIe s. Gagner le ***paseo de la Inmaculada*** *(plan A1),* puis la ***plaza de los Fueros*** *(plan A1),* classique place espagnole carrée, reconstruite à l'époque franquiste, avec des bars sous les arcades et l'église San Juan à la façade massive et fort austère.

Basílica Nuestra Señora del Puy *(hors plan par B1)* **:** elle domine le quartier et toute la ville. Y aller pour le panorama mais sûrement pas pour la qualité architecturale de l'édifice, construit en 1951.

Fêtes

– **Fêtes patronales d'Estella :** *1 sem à partir du ven précédant le 1er dim d'août.*

DANS LES ENVIRONS D'ESTELLA (LIZARRA)

Au nord

Monasterio Santa María de Iranzu : ☎ *948-52-00-12.* • *monasteriodeiranzu.com* • *À 11 km au nord d'Estella, direction NA 120 vers Donostia – San Sebastián, et tourner à gauche au village d'Abárzuza. Tlj 10h-14h (11h-13h oct-avr), 16h-20h (18h oct-avr). Entrée : 2,50 € ; visite guidée : 3 € ; réduc. Messe dim à 13h30.*
La petite route aboutit au fond d'une ravissante vallée, isolée et verdoyante, encadrée par des collines calcaires couvertes de buissons et de bois. Le monastère a de l'allure. Après sa destruction au XIXe s, il a été en grande partie restauré à partir de 1942 et est désormais tenu par les pères théatins, un ordre religieux italien.
Tout ce qu'il y a à voir s'organise autour du beau ***cloître*** doté d'une fontaine gothique : les cellules des moines, minuscules, avec des portes basses, l'église cistercienne du XIIe s avec une statue polychrome de la Vierge d'Iranzu (XIIIe s), la salle capitulaire aux voûtes reposant sur 2 colonnes et, surtout, ***l'impressionnante cuisine médiévale*** avec l'âtre au centre, dont la cheminée est soutenue par quatre puissants piliers.

Au sud

Ayegui (AIEGI) : *juste à la sortie sud, direction Logroño.* Abrite à la fois le monastère d'Irache (voir ci-après) et les *bodegas Irache.* Le chemin de Saint-Jacques passe entre les 2.

– À voir, le **museo del Vino** *(w-e 10h-14h, 16h-19h, ou 18h en hiver ; variable selon saison ; GRATUIT).* Se trouve sur la place devant le monastère d'Irache. Intérêt médiocre, c'est surtout un espace de vente.

– ***La fuente de vino*** *(fontaine à vin) :* elle se trouve à 40 m en contrebas du museo del Vino. Un panneau l'indique. Au bord d'un chemin de terre par où passent les pèlerins, encastrée dans le mur de la bodega, voici une fontaine unique au monde. Gratuite ! Elle distribue par 2 robinets distincts du vin (à gauche) et de l'eau (à droite). Pour savoir le pourquoi de cette fontaine « magique », voir l'encadré.

LE P'TIT VERRE DU PÈLERIN

Le chemin de Compostelle passe devant les bodegas (caves) de cette région tapissée de vignobles. Pour perpétuer la tradition d'aide aux pèlerins, les bodegas ont installé, sur le côté d'un mur le long du chemin, une fuente de vino (« fontaine à vin »). 2 robinets en forme de coquilles Saint-Jacques, l'un pour l'eau, l'autre pour le vin (devinez lequel est le plus usé). Bon, il est mal vu d'en remplir des jerrycans. Mais l'honneur est sauf : il y a quand même un panneau interdisant la fontaine aux moins de 18 ans !

– ***Monasterio de Irache :*** *à côté des bodegas. Mer-dim 10h-13h30, 16h-19h (18h nov-mars). Fermé lun-mar. GRATUIT.* Il offre un bel exemple de façade Renaissance espagnole, très sobre, sur le modèle de l'architecture imposée par Felipe II à l'Escorial. Du bâtiment principal, accès au cloître du XVe s (de style plateresque) avec sa jolie fontaine (les arcades de l'étage sont vitrées, c'est dommage). Les piliers sous les voûtes sont délicatement agrémentés d'animaux fabuleux ou de personnages très détaillés. Impressionnant travail de sculpture. Quant à l'église, malheureusement souvent fermée, elle se distingue par sa coupole reposant sur d'énormes coquilles Saint-Jacques sculptées en creux.

Villamayor de Monjardín : *à 9 km au sud d'Estella, en retrait de l'autoroute A 12.* Un beau village perché au-dessus de la plaine. En bas s'étendent des champs de vigne entourant le *castillo,* sorte de petit manoir de style néonavarrais. En montant, on arrive au village où les maisons se serrent autour de l'église, le tout étant dominé par une forteresse juchée sur son piton rocheux (le roi Sancho García Ier, mort en 925, y est enterré) : c'est l'archétype des paysages navarrais. L'église romane classique du XIIe s *(iglesia San Andrés ; ouv tte la journée, ou hors saison seulement 30 mn avt la messe)* possède un portail très austère orné d'un chrisme et d'un combat entre un Navarrais et un Sarrasin. L'intérieur, à nef unique, est très sobre. Contrairement aux apparences, la croix qui orne la vieille fontaine du village, ce n'est pas la croix de Lorraine, mais la croix de Caravaca, symbole classique en Espagne.

LOS ARCOS

(31210) 1 100 hab. *Carte Navarre, A3*

À 19 km au sud d'Estella et à 28 km de Logroño (La Rioja). Pendant quelques siècles, la ville a continué à jouer son rôle de halte. C'est de nos jours l'étape logique des pèlerins venant d'Estella. Ces derniers empêchent Los Arcos de tomber dans une torpeur molle.

Adresse utile

Oficina de turismo : dans la casa de la Villa, pl. del Coso, 2 (la place du kiosque à musique). ☎ 948-64-00-21. • losarcos.es • Tlj sauf sam ap-m et dim-lun ; fermé l'ap-m hors saison.

Où dormir ? Où manger ?

***Casa de la Abuela :** pl. de la Fruta, 8, au cœur de la vieille ville. 630-61-07-21. • contacto@casadelaabuela.com • casadelaabuela.com • Fermé nov-mars (sauf groupes). Lit en dortoir 15 € ; doubles avec ou sans sdb privée 35-45 € ; petit déj 3,50 €.* Credencial *obligatoire pour les dortoirs. Dîner 8 €.* Une petite auberge chaleureuse, d'un bon niveau de confort. Au choix, 4 chambres doubles avec sanitaires privés ou à partager, et des dortoirs de 12 personnes divisés par blocs de 6 lits. Tout respire le frais et la propreté. En revanche, il n'y a pas de cuisine. Pour compenser, le menu du soir est à prix mini ! Accueil très sympa.

Pour manger, ce n'est pas la meilleure destination. On trouvera tout de même ***de quoi se remplir l'estomac*** sur la *plaza Santa María,* où se concentrent quelques bars et restos.

À voir

Dans le village, quelques maisons anciennes : *calle Mayor* (voir le hall d'entrée du n° 73), le n° 16 de la *calle del Medio* avec sa belle porte ornée d'un saint Jacques en bois sculpté, la *casa consistorial* (mairie) ou la *puerta de Castille.* La ***iglesia Santa María de la Asunción*** date du XVIe s et arbore un beau portail *(lun-sam 12h-14h, 17h ou 18h-19h30 ; dim 17h-19h ; hors saison, ouv 30 mn avt la messe : 19h30 en sem, 13h dim).*

LA NAVARRE

DANS LES ENVIRONS DE LOS ARCOS

***Torres del Río** (31229) : à 12 km au nord de Viana.* Très joli village navarrais, à flanc de colline, en face de Sansol, un autre village perché sur une butte couverte d'une pinède. Les plus belles maisons de Torres del Río se trouvent en haut du village autour de la minuscule et adorable église romane du Saint-Sépulcre, de plan octogonal *(tlj, en général 9h-13h, 16h30-19h ; entrée : 1 €).* D'ici à Saint-Jacques-de-Compostelle, il y a encore 23 jours de marche !

Il y a plusieurs petites auberges de pèlerins dans le village, dont la ***Casa Mariela*** *(☎ 948-64-82-51 ; • fernando_berdeja_7@hotmail.com • ; lit env 10 €),* qui dispose d'une piscine à proximité (sert aussi des menus aux pèlerins), et la ***Pata de Oca*** *(608-25-01-21 ; • hostalrurallapatadeoca.com • ; lits 10-12 €).* Cette dernière propose une petite restauration de base dans sa courette intérieure...

***Monasterio Nuestra Señora de Codés :** à 12 km au nord de Torres del Río. Prendre la NA 720 à Torres del Río et remonter jusqu'à Torralba del Río, où il reste 2 km à parcourir. 616-32-48-69. Tlj sauf mar 9h-19h30. GRATUIT.* Du village, la route grimpe jusqu'au monastère, adossé à la montagne. Architecture simple, un peu austère, mais relevée par la jolie couleur du grès rose de Navarre. L'église du XVIe s vaut surtout pour son retable, au centre duquel trône la Vierge de Codés, habillée de tissu blanc. L'endroit, très isolé, est empreint de sérénité et jouit d'un environnement superbe.

VIANA

(31230) 4 000 hab. *Carte Navarre, A3*

À 9 km à peine de Logroño, nous voici à Viana, dans le Sud navarrais, où les horizons glissent vers le vignoble et la plaine ondulée de La Rioja. C'est une étape importante sur le chemin de Saint-Jacques. Retranchée sur une butte, la vieille ville a conservé son caractère ancien, rappelant avec panache l'époque où l'héritier du royaume de Navarre portait le titre de prince de Viana. Passé les portes, les rues piétonnes conduisent immanquablement à la ravissante plaza de los Fueros, où se dressent l'iglesia Santa Maria et l'hôtel de ville. De là, la calle Navarro Villoslada conduit aux ruines imposantes et majestueuses de l'iglesia de San Pedro, dont la façade solitaire et la rosace ouverte sur le vide ne manquent pas d'allure. Derrière, la terrasse panoramique surplombe tous les environs.

UN PEU D'HISTOIRE

C'est à Viana en 1507 qu'est mort César Borgia (le frère de Lucrèce), tué devant la ville alors qu'il commandait les armées de Navarre. Rappelons-nous le personnage : par sa cruauté et son cynisme, César Borgia inspira à Machiavel son œuvre majeure, *Le Prince*. Comment ce tyran sanguinaire s'est-il retrouvé ici ? D'abord par son mariage, il épousa Charlotte d'Albret (de la maison des Foix-Albret qui régnait sur la Navarre au début du XVIe s). C'est en Navarre donc, auprès de son beau-frère Juan III d'Albret (Juan de Labrit, roi de Navarre), qu'il se réfugia après sa chute et sa captivité. Il prit la tête des armées navarraises en lutte contre la Castille, laquelle voulait conquérir la province, d'où la guerre, et la mort de César Borgia. Contrairement à une idée reçue, les Borgia ne sont pas italiens mais espagnols, seigneurs de la petite ville de Borja en Aragon.

Adresse et info utiles

Oficina municipal de turismo : *pl. de los Fueros, 1. ☎ 948-44-63-02. • viana.es • Sous les arcades de* l'ayuntamiento. *Semaine sainte-oct, tlj sauf dim ap-m 9h (10h dim)-14h, 16h-19h ; le reste de l'année, tlj 9h (10h le w-e)-14h.*

➢ **Bus :** pour **Logroño,** env 10 bus/j. en sem (3-6 bus seulement le w-e) avec *La Estellesa (• laestellesa.com •)* et *La Vianesa (• lavianesa.com •)*. Également 3-4 liaisons/j. avec Pamplona *(La Estellesa)*.

Où dormir ?

Albergue de peregrinos Andrés Muñoz : *c/ Ruinas de San Pedro, s/n. ☎ 948-64-55-30. 609-14-17-98. • alberguedeviana@hotmail.com • Ouv tte l'année (sur demande par tél nov-mars). Réception 12h-22h. Lit en dortoir 8 €. Credencial en principe obligatoire (touristes acceptés s'il y a de la disponibilité).* Idéalement situé dans une maison ancienne à côté de l'église en ruine de San Pedro. Une cinquantaine de places dans des dortoirs de 6, 8 ou 12 lits. Salle commune agréable avec cheminée, cuisine et local à vélos. Accueil inégal.

Palacio de Pujadas : *c/ Navarro Villoslada, 30. ☎ 948-64-64-64. • palaciodepujadas@mijhotels.com • mijhotels.com • Doubles 88-120 € selon saison, avec petit déj.* Installé dans un palais du XVIe s, cet hôtel de charme est une étape idéale pour les pèlerins et les touristes en fonds : chambres joliment arrangées, tout confort, et surtout au cœur de la vieille ville. En revanche, il n'y a pas de parking et l'accueil est parfois routinier.

À voir

Iglesia Santa María : *pl. de los Fueros. De la Semaine sainte à mi-oct, lun-sam 10h-13h, 19h-20h ; dim 12h-13h15. Hors saison, seulement lun-ven 18h-19h, sam 19h-20h, dim 10h-12h30 (en gros, pdt 1h avt la messe !).* À voir pour son portail monumental du XVIe s avec une Vierge allaitante surmontée d'une *Mise au tombeau,* elle-même surmontée d'un calvaire bien complet avec les larrons et, au-dessus, une Vierge de l'Assomption. À l'intérieur, la nef du XIIIe s est de dimension très impressionnante, digne d'une cathédrale. Sur le parvis devant le portail, une plaque en marbre blanc rappelle que c'est à Viana, le 11 mars 1507, qu'est mort ***César Borgia.*** Jusqu'au XVIIe s, il eut droit à un superbe mausolée dans l'église. Un évêque de Calahorra décida de le détruire pour venger la mémoire d'un de ses prédécesseurs enfermé sur ordre de César et mort au château Saint-Ange, à Rome. L'évêque fit exhumer les restes de ce souverain diabolique et les enterra dans la rue « pour qu'en paiement de ses fautes, les hommes et les bêtes puissent le piétiner ». On les retrouva au XIXe s pour les placer sur le parvis de l'église, où ils sont toujours.

LA SIERRA AU NORD DE PAMPLONA

Les monts de Bidasoa, la région du Malerreka et la vallée d'Ultzama forment un ensemble délicat à classer. C'est le triangle situé entre le Guipúzcoa, l'*autovía* A 15 et la route N 121a qui va de Pampelune à Irun. Excepté dans sa partie méridionale, proche de Pamplona, c'est un désert touristique.
Enchâssée dans de lourdes forêts de chênes qui s'ouvrent par endroits pour abriter un village et quelques champs, c'est une région qui se réveille lors des grands carnavals traditionnels de Navarre (Lantz, Ituren, Zubieta). Vous verrez les *joaldunak* d'Ituren, vêtus de leurs peaux de chèvre, coiffés de leur chapeau conique, marcher selon un rythme ancestral qui fait tinter à l'unisson les clarines qu'ils portent sur les fesses (pour les férus de carnavals, on trouve les mêmes personnages, cloches et chapeaux pointus dans les Balkans). À Lantz, on juge et on brûle un immense mannequin de 3 m de haut. Partout, des cortèges parcourent les rues et les routes.

Où dormir ? Où manger ?

Venta de Ulzama : *c/ Pamplona-Irun, km 27 (Puerto de Belate-Arraiz), 31797* ***Ulzama.*** *☎ 948-30-51-38. • info@ventadeulzama.com • ventadeulzama.com • (au resto). En arrivant de Pamplona, par la N 121a, env 1,5 km avt le tunnel de Belate, prendre sur la droite (panneau) et continuer par une route secondaire (encore 2 km). Resto tlj sauf lun. Congés : 20 déc-20 janv. Double env 80 €, petit déj 11 €. Carte 35-40 € au resto, 15-20 € côté brasserie. Digestif ou café offert sur présentation de ce guide.* C'est l'auberge de campagne telle qu'on l'imagine, belle, solide, chaleureuse avec son feu de cheminée dans le salon cossu, et tenue par la même famille depuis 5 générations (1890). Elle est située à flanc de colline, loin du bruit. Les chambres sont impeccables, dans un style champêtre cosy, et les salles à manger ou la vaste terrasse profitent d'une vue dégagée sur la vallée. On vient de loin pour apprécier la cuisine rustique et soignée élaborée avec des produits de qualité : cèpes d'Ulzama, légumes du potager, gibier en saison... On peut aussi se contenter d'un sandwich, d'une salade, ou d'un plat simple côté bar. Accueil très sympa.

À voir. À faire

La chênaie d'Orgi : *à 25 km de Pamplona, juste avt l'entrée sud du village de* ***Lizaso.*** *620-95-54-54. ● bosquedeorgi.com ● De Pamplona, prendre la route d'Irun ; à Ostiz (7,5 km), direction Lizaso par la NA 411. Accès sur résa obligatoire. GRATUIT (mais parking payant : 2 €). Visites guidées en été sur résa, tlj à 11h et 12h30 ; durée : 1h ; billet : 3 € ; min 5 pers.* Sanctuaire naturel dédié à l'arbre mythique des Basques, le chêne pédonculé. La plus grande part de la chênaie est fermée au public (réserve absolue et conservatoire botanique), mais il reste une vingtaine d'hectares sillonnés de sentiers pour se balader. L'itinéraire le plus long fait 8 km (prévoir 2h), tandis que le plus court, de 2 km seulement, est en réalité un parcours très aménagé, idéal pour les familles : petits ponts, labyrinthe, observatoire pour les oiseaux, aires de pique-nique (sur réservation aussi en période Covid)... Un petit bureau d'info sur le parking fournit les plans nécessaires *(tlj en été ; w-e seulement hors saison).*

LA NAVARRE OCCIDENTALE

LA NAVARRE

Traversée par une longue vallée (axe routier important) qui relie Pamplona à Vitoria-Gasteiz au Pays basque (Álava), cette belle région méconnue possède 2 parcs naturels qui couvrent la sierra de Urbasa prolongée par la sierra d'Andia et, de l'autre côté, la sierra de Aralar. Voici une Navarre encore différente des autres secteurs de la province, naturelle, dépaysante, sauvage et peu peuplée à mesure que l'on monte en altitude (de 800 à 1 400 m).

LECUMBERRI (LEKUNBERRI) ET LA SIERRA D'ARALAR

Adresse utile

Oficina municipal de turismo de Lecumberri : *c/ Plazaola, 21 ; dans l'ancienne gare, à l'entrée du village. ☎ 948-50-72-04 et 05. ● plazaola.org ● En été, lun-sam et dim mat ; hors saison, le mat tlj sauf lun.* Excellents renseignements (parfois en français). Infos sur les randonnées et les circuits à vélos dans le secteur.

À voir. À faire

Lecumberri **(LEKUNBERRI) :** *à env 30 km au nord-ouest de Pamplona, à l'écart de l'autoroute A 15 en direction de Donostia – San Sebastián.* C'est un long village-rue qui ne présente que peu d'intérêt, à part quelques maisons anciennes au bout du bourg. À signaler toutefois l'***Hotel Ayestaran,*** sur la rue principale, habité par 2 fantômes de la littérature et du cinéma. L'écrivain Ernest Hemingway logea en 1951 et en 1953 dans la chambre nº 126 (dans le plus joli bâtiment donnant sur le jardin). À la réception de l'hôtel, on peut voir une photo dédicacée que Hemingway avait envoyée à la mère de la propriétaire actuelle. Et en 1965, Orson Welles séjourna ici aussi lors du tournage de *Falstaff* (*Campanadas a Medianoche* en version espagnole), avec Jeanne Moreau et Marina Vlady. Il avait installé le bureau de la production dans la salle à manger.

La vía verde del Plazaola : il s'agit de l'ancienne voie de chemin de fer Pamplona-Donostia désaffectée puis réhabilitée sous forme de chemin de randonnée familiale. C'est une bien belle balade de Lecumberri à Andoain, sans dénivelées trop fortes. On peut suivre cette voie à vélo ou à pied (prévoir une lampe de poche). On passe notamment par le tunnel de Uitzi, qui fait 3 km de long. À consulter : • *viasverdes.com* • et • *plazaola.org* •

Cuevas de Mendukilo (grottes) **:** *à env 4 km au sud de Lecumberri, direction Astitz ; fléché. ☎ 948-39-60-95. • mendukilo.com • En période Covid, résa obligatoire en ligne. Juil-août, tlj sauf lun ; le reste de l'année, w-e seulement. Fermé janv-fév. Entrée : 8 € ; réduc ; gratuit moins de 4 ans. Téléphoner ou consulter le site pour connaître l'horaire des visites guidées du jour. Durée : 50 mn.* Après une vidéo de présentation de 15 mn (en espagnol), direction cet ensemble de 6 grottes, dont 3 sont ouvertes au public. La maquette à l'accueil permet d'ailleurs de bien se rendre compte de la taille du complexe. Dans les différentes salles, qui ont longtemps servi de refuge aux bergers, stalactites et stalagmites viennent entailler les impressionnants volumes, jusqu'à 20 m de haut à certains endroits sous les voûtes rocheuses. À visiter chaudement vêtu (il fait 8-10 °C toute l'année) et avec de bonnes chaussures.

Santuario de San Miguel de Aralar : *à* ***Uharte-Arakil.*** *☎ 948-37-30-13. • sanmigueldearalar.org • Tlj sauf lun 10h-14h, 16h-20h (19h en ½ saison et 18h nov-mars). GRATUIT.*
De Lecumberri, une superbe route monte au sommet du massif. Attention, c'est assez long : 18 km à faire à vitesse réduite, compte tenu des nombreux troupeaux de chevaux basques qui se baladent en liberté ! On traverse une dense forêt de hêtres et de chênes avant de s'élever à travers les alpages. Sur le versant sud, qui descend vers l'Álava, ce sont des paysages rudes et rocailleux. Bâti à 1 133 m d'altitude sur un épaulement du mont Arxueta, le sanctuaire domine toute la région. Naturellement, la vue est à la mesure du site, c'est-à-dire extraordinaire. On aperçoit les murailles de la sierra d'Urbasa et la vallée de l'Álava.
Adossée à des bâtiments couverts de lauzes, l'***église de San Miguel,*** d'époque romane (1074), se compose de 3 nefs, d'une abside principale et de 2 absidioles. À l'intérieur, très beau retable en cuivre doré et émaillé, orné de pierres fines, qui proviendrait d'un atelier limousin. Exemple unique en Navarre, c'est un magnifique travail d'orfèvre, d'une grande finesse, et qui change un peu des retables peints. L'hospice voisin aurait été construit au XIe s pour les pèlerins de Saint-Jacques.
Le ***sanctuaire San Miguel de Aralar est rattaché à une légende,*** celle de Teodosio de Goñi, chevalier navarrais. Au retour de la guerre contre les Sarrasins, on lui apprit que sa femme l'avait trompé avec l'un de ses serviteurs. Fou de rage, il rentra chez lui, pénétra dans la chambre conjugale et tua à coups d'épée les 2 êtres qui y dormaient dans le même lit... Manque de chance, il s'agissait de ses parents ! Teodosio fut condamné par l'Église à porter une chaîne de fer et à faire pénitence dans la sierra d'Aralar. Surpris par l'attaque d'un dragon (il y a de quoi en effet !), il invoqua saint Michel, lequel apparut, combattit la bête et la tua. L'exploit accompli, les chaînes de Teodosio tombèrent à terre, libérant le chevalier de sa pénitence. Il construisit l'ermitage, le dédia à saint Michel. Cette chaîne a été conservée à l'entrée de la petite chapelle centrale !

Bar-resto : *☎ 626-21-42-00. Menu du jour 12 €.* Attenant au sanctuaire. *Bocadillos,* cuisine locale.

ALSASUA (ALTSASU) ET SES ENVIRONS

C'est le vrai cœur de la Navarre bascophone. Rien ne vous le laissera ignorer, ni les habitants qui parlent ostensiblement le basque (l'euskara), ni les affiches, ni les graffitis, ni les banderoles : aucun panneau n'est épargné ! De nombreux villages du coin sont tout entiers parés des couleurs indépendantistes, et beaucoup de municipalités sont tenues par des activistes. Il est vrai que, bloqués entre les sierras et l'*autovía,* les gens de la région se sentent un peu oubliés. Ils regardent avec envie leurs voisins du Guipúzcoa. Le Sakana (c'est le nom de cette région) est d'abord une voie de passage. Au cœur de la vallée du Sakana (arrosée par le río Arakil), Alsasua est cependant une ville active, industrieuse et un peu triste. Elle se réveille lors de son carnaval, l'un des plus colorés et des plus fous du Pays basque : on y vient du monde entier, et ce n'est pas une blague !
Un détail : au Xe s, le chemin primitif de Saint-Jacques suivait la vallée de Sakana pour aller de Pamplona à Vitoria. Il en reste quelques traces dans les villages, mais voilà bien longtemps qu'aucun pèlerin n'est passé par là.
– *Site de la ville :* ● *alsasua.net* ●

LES SIERRAS D'URBASA ET D'ANDIA

2 superbes sierras au sud de la route Pamplona/Vitoria-Gasteiz. Routes en lacet, minuscules villages, troupeaux de moutons, de vaches et de pottoks (petits chevaux basques) en liberté, forêts à perte de vue, plateaux calcaires désolés où affleure la roche et, survolant le tout, les rapaces profitant des vents d'ouest. C'est le royaume des randonneurs, des amateurs de nature et des cyclotouristes, qui y trouvent des routes superbes : on comprend pourquoi les coureurs cyclistes navarrais (Induráin et Olano en tête) étaient si bons grimpeurs ! Les 2 sierras sont séparées par la route NA 120 qui joint Estella au Guipúzcoa et le parc navarrais d'Urbasa au parc gipuzkoan d'Aralar. On s'arrêtera au col de Lizarraga pour profiter de l'exceptionnel panorama.

LA SIERRA D'URBASA

Elle a été déclarée parc naturel dès 1987. Une seule route au départ d'Estella (la NA 718), qui, sur le plateau, se divise en 2 branches, dont l'une conduit à Agurain en Álava, l'autre à Alsasua en Navarre. La route grimpe sec vers la muraille d'Urbasa. Ce sont les dernières terres cultivées de Navarre, avec quelques villages à flanc de la montagne.
– ***Conseils aux randonneurs :*** un certain nombre d'installations agropastorales existent dans la sierra (abris de bergers, abreuvoirs ou enclos pour les animaux, zones de traitement antiparasitaire des brebis) ; ***il est formellement interdit d'y toucher,*** de laver son linge dans les abreuvoirs, de pénétrer dans les abris, etc. Quant aux passionnés de 4x4, passez votre chemin : les pistes forestières sont strictement réservées aux bergers. Normal.

Adresse utile

Centre d'information du parc Urbasa-Andia : *à quelques km au sud d'Alsasua sur la NA 718, à l'entrée du parc.* ● *parquedeurbasa.es* ● *De mi-juil* *à fin août, tlj 11h-18h ; avr-juin et sept-oct, w-e seulement 11h-18h. Fermé nov-mars.* Infos sur les itinéraires de randonnée (carte détaillée gratuite), notamment les balades thématiques (circuits de 4 à 8 km). Également une petite expo sur la géologie, la faune et la flore de la sierra.

Où dormir ? Où manger ?

Camping Urbasa Bioitza : *ctra Estella-Olazagutia (Olazti), km 30, 31800* ***Alsasua*** *(en fait, sur la NA 718 à l'extrémité nord du plateau, à 8 km au sud d'Olazti). ☎ 948-39-52-23. • info@campingurbasa.com • campingurbasa.com • Congés : de déc à mi-mars. Forfaits 23-27 € pour 2 selon saison. Bungalows 100-125 €/nuit selon taille. Doubles 65-67 € ; lits en dortoir 13-15 €/pers. Raciones 5-8 € ; menu 15 € en sem, 26 € le w-e.* Beau camping bien entretenu et établi en pleine nature, sur une sorte de haut plateau ombragé, loin de l'agitation du monde. Bungalows de 4-8 places. Bar à *pintxos*-resto. Petite épicerie de base. Le camping organise de nombreuses activités (école de nature, VTT, cheval, randonnée).

À voir dans les environs

De Zudaire, en prenant à droite (par la NA 718 en direction d'Alsasua), on parvient après quelques lacets à un panneau indiquant « ***Balcón de Pilatos*** ». Arrêt obligatoire ! Après avoir garé son véhicule, on emprunte sur 100 m un terrain caillouteux grimpant en pente douce et livrant seulement au dernier moment l'un des plus beaux panoramas du coin : un gigantesque cirque dont les falaises plongent abruptement dans la vallée. Superbe ! Et gare aux chutes, il n'y a pas de barrières. Puis, de retour sur la route principale, on débouche sur un plateau d'altitude sauvage avec des prairies d'herbe rase, sorte de steppe piquée de bosquets d'arbres où vivent des troupeaux de moutons et des chevaux en liberté. Plus loin, en allant vers Alsasua, dans un vaste paysage évoquant parfois les monts d'Auvergne, on remarque les bâtiments abandonnés du ***palacio de Urbasa,*** un manoir qui fut naguère une auberge de campagne animée et chaleureuse. Plusieurs parkings bien indiqués jalonnent l'itinéraire, points de départ de belles randonnées. On vous conseille de passer avant au centre d'info du parc (voir plus haut) pour connaître les chemins autorisés et la réglementation en vigueur.

De ***Baquedano,*** petit village à proximité de Zudaire, un sentier bien balisé conduit aux ***sources de l'Urderra*** (« la belle eau » en basque). Cette belle balade de 2h (environ 5,5 km) débouche au pied du fameux *Balcón de Pilatos* (voir plus haut).

LA SIERRA D'ANDIA

Ce massif montagneux prolonge la sierra d'Urbasa vers l'est. La NA 120 qui part d'Etxarri (près d'Alsasua) la traverse du nord au sud et monte au Mirador del Puerte de Lizzaraga (1 031 m) d'où la vue embrasse une belle partie de la sierra d'Andia. On retrouve un paysage de haut plateau avec des forêts de conifères à perte de vue. Les 1ers villages s'accrochent au flanc sud du massif : Goñi, Arteta, Munárriz... que l'on atteint par des routes en lacet aux virages serrés...

Arteta : accès par une route que l'on prend à Irurtzun (au niveau de l'intersection des autoroutes A 10 et AP 15). D'Irurtzun, faire environ 15 km sur une belle route étroite et sinueuse, via Anoz et Ollo. On arrive enfin dans ce bout du monde ! Un hameau pittoresque bâti dans un magnifique cirque de montagnes.

Ne pas manquer l'insolite ***Museo etnográfico*** *(☎ 948-32-80-34, 📱 636-84-59-84 ; juin-oct, tlj sauf lun 10h-14h, sur rdv l'ap-m ; hors saison, seulement le w-e 10h-14h15 ; GRATUIT).* Aménagé par le sculpteur José Ullibarena Arellano dans la maison Fanticorena, vieille de 300 ans, il est désormais géré par sa fille, francophone sympathique et érudite. C'est un immense et fabuleux fouillis d'outils, de machines agricoles et d'objets improbables de la Renaissance à nos jours, dispersés aux quatre coins de cette bâtisse atypique. La visite permet à la fois de découvrir des raretés et les différentes pièces d'habitation restées dans leur jus (voir les cuisines !), mais aussi les très belles sculptures du maître des lieux. Ami des plus grands artistes espagnols du XXe s, il reste néanmoins peu connu hors de la Navarre. C'est bien dommage.

Une ***randonnée*** classique emprunte l'itinéraire ***d'Ollo à l'ermitage San Donato.*** Compter 8h de marche.

LE GUIPÚZCOA (GIPUZKOA)

• Carte *p. 384-385*

Qu'il s'agisse d'agriculture, de villes balnéaires ou d'industrie lourde, le Guipúzcoa est riche. Visiter cette province densément peuplée (plus de 700 000 habitants sur moins de 2 000 km²), c'est tenter de dépasser les apparences. Pour atteindre les ports de pêche ou de jolis centres-ville, il faut souvent traverser des zones industrielles hideuses... Ainsi, la route N 634 qui chemine le long du río Deba n'est qu'une succession de bâtiments industriels. Mais il faut avoir la curiosité de quitter le bitume, de plonger dans le cœur des villes et villages afin d'atteindre la beauté des quartiers anciens et des églises romanes.

UN PEU D'HISTOIRE

L'histoire ancienne du Guipúzcoa est un peu obscure. Elle commence par ***2 perles vieilles d'environ 15 000 ans : les grottes d'Ekain et d'Altxerri,*** dont les parois sont couvertes de peintures d'animaux sauvages. On trouve également des dolmens, plus récents (Néolithique, vers 5000 av. J.-C.), comme sur la quasi-totalité du littoral atlantique européen. Les Romains n'ont laissé de traces qu'à Irun, l'antique port d'Oiasso.
Le haut Moyen Âge n'est pas mieux connu. Au Xᵉ s, la région dépend du diocèse de Bayonne, puis, un siècle plus tard, le roi de Navarre donne le monastère de San Sebastián au monastère de Leyre. Quelques années plus tard, à la mort de Sanche le Grand, apparaît un certain Eneco Lupis, seigneur de Guipúzcoa et de Biscaye, dont le fils va ***prêter serment au roi de Castille,*** retirant ainsi le Guipúzcoa de l'escarcelle navarraise. Moyennant quoi le roi de Castille le comble d'honneurs et donne des *fueros* (privilèges) aux villes : Hondarribia en 1203, Mutriku et Getaria en 1209, Zarautz en 1237, Tolosa et Ordizia en 1256.
Le *for* de Donostia consolide les rapports commerciaux avec les marchands bayonnais, grâce notamment à l'exonération mutuelle de taxes entre les 2 ports, d'où les relations particulières que Bayonne et Donostia ont entretenues au cours des siècles. Copains, certes, mais avec prudence. Le Guipúzcoa fortifie ses villes (Donostia et Hondarribia), qui commandent l'accès à l'intérieur de l'Espagne. ***Toute l'histoire du Guipúzcoa bruit des rapports entre France et Espagne :*** c'est à Donostia qu'on emprisonne François Iᵉʳ, capturé à Pavie, et à Hondarribia que Louis XIV vient chercher son épouse, Marie-Thérèse d'Autriche, infante d'Espagne. Napoléon tentera même pendant quelques mois le rattachement du Guipúzcoa à la France. En 1813, les Français brûlent San Sebastián au moment où Wellington les déloge. La population les suit en rigolant et en les imitant : c'est la naissance des *tamborradas.*
Dès le XVIIIᵉ s, le Guipúzcoa a développé ses mines de fer, générant de véritables conurbations industrielles. Enfin, au XIXᵉ s, ***Donostia devient, sous l'influence de la reine régente, une station balnéaire*** à part entière. Mais les hautes vallées restent à l'écart du mouvement et entretiennent une agriculture aux produits réputés. Affaibli par les guerres carlistes qui le divisent, le Guipúzcoa sera en 1ʳᵉ ligne dès le début de la guerre civile. Le général Mola, installé à Pampelune, fait déferler ses troupes vers la frontière pour couper toute retraite aux républicains.

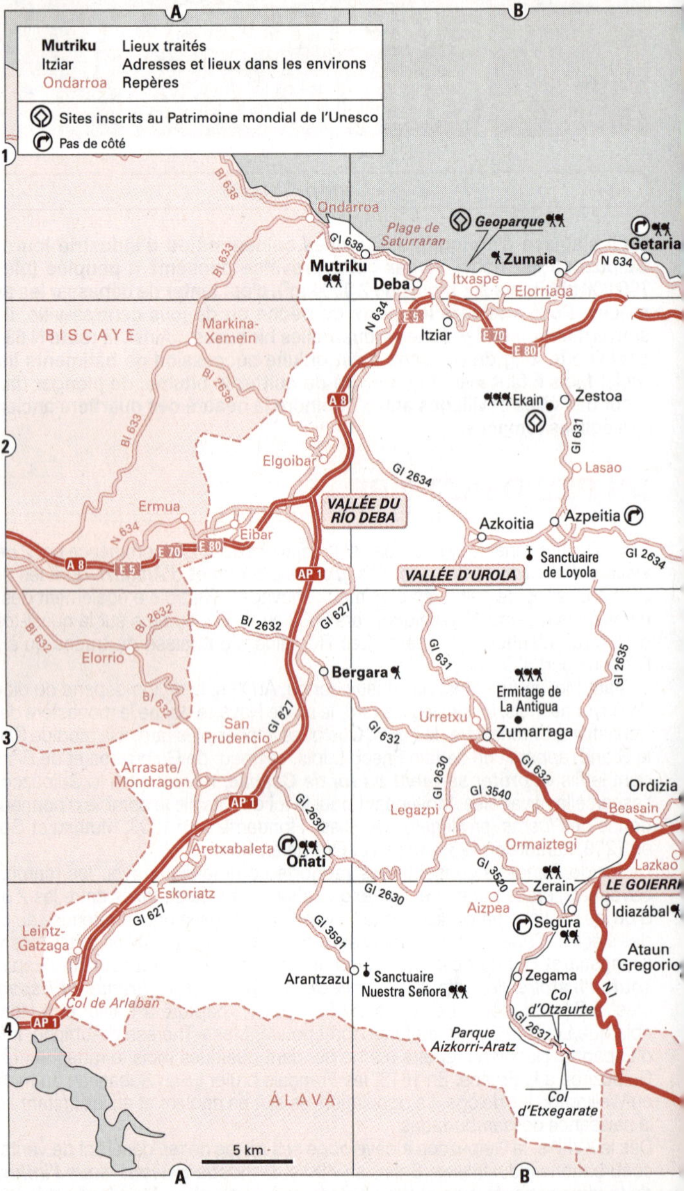

LE GUIPÚZCOA

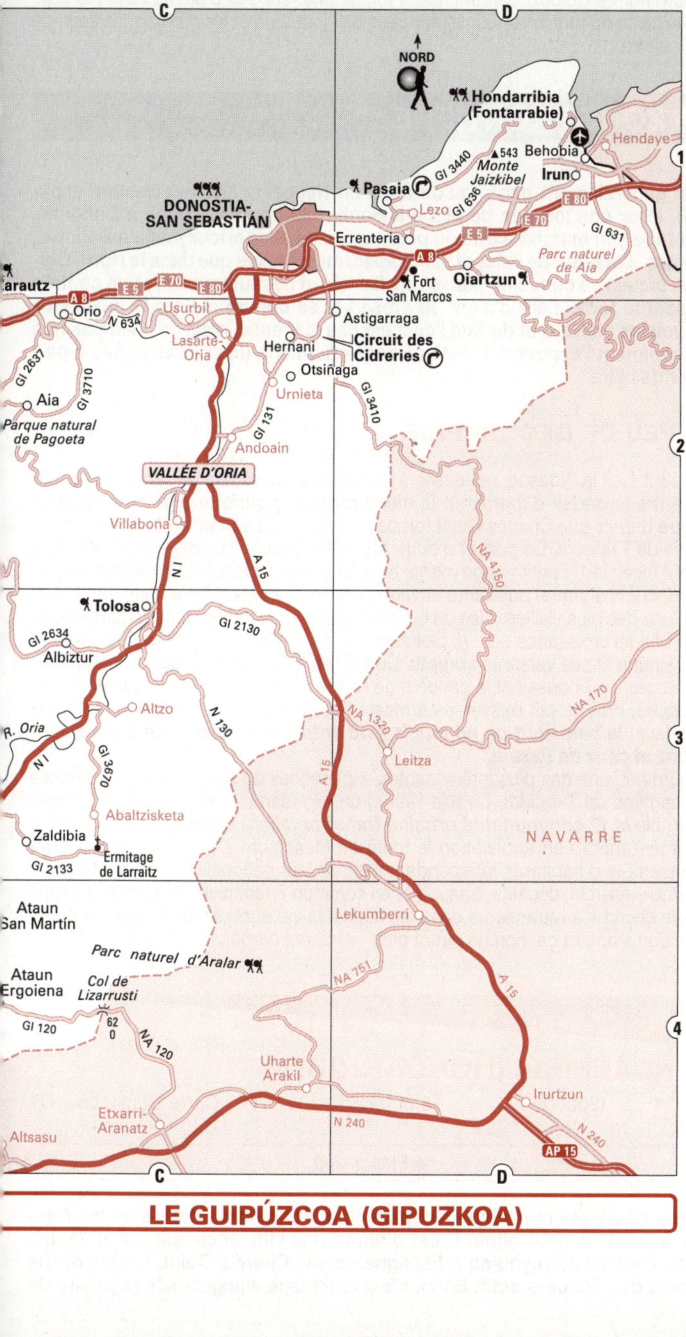

LE GUIPÚZCOA (GIPUZKOA)

LE GUIPÚZCOA

Aujourd'hui, le Guipúzcoa continue à fonctionner sur ses 3 points forts : la côte joue la carte du tourisme, les vallées celle de l'industrie et les montagnes celle de l'agriculture.

LA ZONE FRONTIÈRE

C'est généralement par là qu'on entre en Hegoalde (le Pays basque espagnol). Pour une journée de plage à Hondarribia ou une soirée à Donostia, pour faire son marché à Irun ou pour un rapide aller-retour jusqu'à Behobia, le temps d'acheter de l'alcool et du tabac, moins taxés que dans le Nord. Certains, piqués de curiosité, poussent plus loin et découvrent alors une contrée à l'identité forte, fière d'avoir su préserver sa culture malgré la puissance des voisins du Nord et du Sud : ce n'est pas la France, mais ce n'est pas non plus vraiment l'Espagne. C'est une zone charnière, un endroit un peu à part et fier de l'être.

UN PEU DE GÉOGRAPHIE

Au début était la Bidasoa, cette rivière paresseuse qui sépare la France de l'Espagne entre le massif d'Ibardin et la mer. ***Frontière politique plus que géographique*** depuis que Charles Quint fortifia Hondarribia. La Bidasoa débouche dans la baie de Txingudi. De part et d'autre de l'embouchure, Hendaye et Hondarribia se font face ; la 1re, petit village monté en graine sous l'impact de la civilisation balnéaire, la 2de, antique, puissante et vénérable. Puis, au fond de la baie, Irun, peut-être l'une des plus vieilles villes de la Côte basque, et le petit faubourg de Béhobie, qui a bâti sa croissance sur l'exploitation de la frontière. Enfin, derrière, le massif de la Rhune et ses versants abrupts. Du XVIe au XVIIIe s, on venait y échanger les princesses qui épousaient le dauphin de l'autre royauté, on y ramenait les otages politiques, on y faisait passer les armées. Peu propice à la navigation de lourds vaisseaux, ***la baie était un no man's land entre les corsaires de Saint-Jean-de-Luz et ceux de Pasaia.***

Aujourd'hui, une des plus intéressantes expériences du Pays basque est menée sur les rives de Txingudi. Depuis 1998, Irun, Hondarribia et Hendaye ont formé ensemble ***la 1re communauté urbaine transfrontalière d'Europe,*** le *Consorcio*. Comment mettre en application le traité de Maastricht ? Comment administrer un ensemble d'habitants indépendamment de leur nationalité ? Comment gérer ensemble énergie, déchets, transports en commun ? Tentative passionnante parce qu'elle cherche à retranscrire dans les faits et la vie quotidienne le discours politique dominant. Et ça marche plutôt bien. • *irunhondarribiahendaye.com* •

LE GUIPÚZCOA

HONDARRIBIA (HONDARRIBIA)

(20280) 16 500 hab. *Carte Guipúzcoa, D1*

• Plan *p. 389*

Hondarribia – Fuenterrabía en espagnol, et Fontarrabie pour tous les frontaliers – est un petit bijou. C'est d'abord une ville ancienne, fortifiée, qui garde l'entrée du royaume d'Espagne depuis Charles Quint. C'est ensuite un port de pêcheurs actif. Enfin, c'est une plage alanguie sur l'estuaire de

la Bidasoa. Rien d'étonnant à ce que ce soit devenu une station balnéaire un peu chic et l'un des points de chute préférés des habitants du Nord pour passer une soirée dans le Sud. Pourtant, rien n'a changé dans le quartier des pêcheurs, ni les petites maisons proprettes aux colombages fraîchement repeints, ni les tavernes où le poisson est délicieux, ni les enfants jouant dans les rues. C'est peut-être parce que la ville a su garder son antique division. Bourgeois et touristes de passage occupent la vieille ville fortifiée, les pêcheurs le vieux quartier du port, les nouveaux résidents les immeubles modernes en bord de plage. D'un quartier à l'autre, on se rend visite mais on ne se mélange pas.
La ville s'étend tout en longueur au nord du *casco viejo,* et l'on trouve successivement la nouvelle ville, le quartier du port, la route de la plage et la plage elle-même, à 2 km du centre-ville.

Adresse et info utiles

🛈 ***Oficina de turismo*** *(plan B3)* **:** *Arma Plaza, 9. ☎ 943-64-36-77. • bidasoaturismo.com • Sur la place principale du casco antiguo. Tlj 9h30-19h30 (horaires réduits hors saison).* Bon accueil, bonnes infos sur la Bidasoa, et visites guidées de la vieille ville en été. Annexe au port de pêche *(hors plan par B1 ; Matxin de Arzu ; ☎ 943-57-61-02 ; tlj en été 10h-19h (dim 14h), fermé hors saison).*

➢ Une ligne de **bus,** la E 25 d'*Ekialdebus (• ekialdebus.eus •),* relie toutes les 20 mn Irun, l'aéroport et la plage, et une navette en ***bateau*** fait la liaison toutes les 30 mn en juillet-août (fréquence réduite en hiver) entre le centre de Hondarribia *(paseo Butrón ; plan B1)* et Hendaye.

Où dormir ?

Campings

⛺ ***Camping Faro de Higuer*** *(hors plan par B1,* ***11****)* **:** *Higer bidea (ctra del Faro), 58. ☎ 943-64-10-08. • faro@campingseuskadi.com • campingfarodehiguer.es • À env 3 km au nord du centre, sur le cap, juste à côté du phare. Prendre le bus qui mène à la plage, d'où il reste env la moitié du chemin à parcourir (et ça monte !). Env 28 € pour 2 avec tente et voiture.* La 1re vue du camping est une marée de toits de bungalows et de caravanes... Mais les espaces réservés aux tentes sont au fond, en paliers, avec vue plongeante sur la mer ! Très agréable. De plus, belle piscine, sanitaires nombreux et impeccables. L'un des 2 restos se trouve dans l'ancienne maison de l'architecte de Franco ! Petit chemin descendant vers la mer. Notre camping préféré.

⛺ ***Camping Jaizkibel*** *(hors plan par A2,* ***10****)* **:** *ctra Guadalupe, km 22. ☎ 943-64-16-79. • recepcion@campingjaizkibel.com • campingjaizkibel.com • À env 1,5 km du centre-ville, sur la GI 3440 vers Jaizkibel. Aucun bus entre le camping et le centre-ville. Ouv de mi-mars à mi-nov. Compter 25-27 € pour 2 avec petite tente et voiture. Bungalows jusqu'à 6 pers 83-135 €.* Dans un environnement de collines (mais sans vue sur celles-ci), un petit camping sans charme mais bien tenu, avec 3 zones bien distinctes pour les bungalows, les camping-cars et les tentes. Espace couvert avec barbecue. Resto et bar.

De bon marché à prix moyens

🏠 ***Agroturismo Artzu*** *(hors plan par A2,* ***13****)* **:** *Montaña auzoa, 25. ☎ 943-64-05-30. • casartzu@hotmail.es • casa-artzu.com • À env 5 km du centre-ville, vers Jaizkibel (GI 3440). Double 52 €. CB refusées. Pas de wifi.* Une maison rustique perdue sur les hauteurs du Jaizkibel, d'où l'on voit la mer. Le papa, qui a tenu la maison pendant plus de 20 ans, a passé le relais à son fils. Chambres sans fioritures mais économiques, avec salle de bains privée ou à partager. Possibilité d'y prendre un petit déj léger.

Iketxe *(hors plan par A2,* ***13****) : Arkoll auzoa, 61, apdo 343. ☎ 943-64-43-91. • iketxe5@hotmail.com • nekatur.net/iketxe • Près de l'ermitage Santiago, à env 3 km au sud-ouest de la ville, par la GI 3440. Doubles 60-75 €, petit déj 6,50 €.* On aime bien cette bonne vieille maison cachée dans la superbe campagne hondarribienne. Intérieur tout en bois et en pierre, avec 6 chambres plaisantes, poutres au plafond, parquet ou dalles en terre cuite au sol, toutes avec une terrasse ou un balcon. Hôtes très chaleureux. On prend le petit déj à base de produits frais dans une jolie véranda.

De prix moyens à plus chic

Haritzpe Baserria *(hors plan par A2,* ***13****) : Zimizarga auzoa, 49. ☎ 943-64-11-28. 📱 635-72-71-18. Résa en direct par tél ou sur • booking.com • ♿ Dans le même secteur que l'agroturismo Iketxe. Doubles 80-110 €.* Grosse maison rurale aux 6 chambres impeccables réalisées dans des matériaux nobles : beau mobilier en bois et salles de bains carrelées de faïence. Grand salon avec cheminée et canapés moelleux pour se détendre. Proprios très accueillants.

Hotel Obispo *(plan B3,* ***16****) : pl. del Obispo, 1. ☎ 943-64-54-00. • recepcion@hotelobispo.com • hotelobispo.com • ♿ Congés : déc. Doubles 98-198 €, petit déj compris. Parking (7 places) gratuit.* Cet « évêque »-là (*obispo* en espagnol) est installé dans un bâtiment historique restauré, qui ouvre, d'un côté, sur un minuscule jardin (de curé ?), au pied de quelques créneaux. Les chambres sont confortables et pleines de cachet avec leurs vieilles pierres ou poutres. Pour la petite histoire, l'évêque, c'est Ricardo de Sandoval, né dans cette maison, futur archevêque de Séville puis chapelain de Charles Quint (quand même !).

LE GUIPÚZCOA

Où manger ?

Pas mal de restos (menus du jour 12-20 €, carte 20-35 €) et bars à *pintxos,* notamment dans la *San Pedro kalea (plan B1-2),* qui a gardé tout son charme : par exemple, l'*Ardoka Vinoteka,* au n° 32 *(fermé mar),* ou son voisin plus populaire, le *Senra,* au n° 34.

Taberna Gran Sol *(plan B1,* ***20****) : San Pedro, 65. ☎ 943-64-27-01. • info@bargransol.com • Tlj sauf lun 12h30-15h30, 19h30-22h30. Pintxos et raciones 2,50-13 € ; menu dégustation 39 €.* Grand soleil sur les *pintxos* et les *raciones,* car c'est l'un des meilleurs bars du centre-ville. Essayez toutes affaires cessantes le *huevo mollete oro* (à commander), unique ! Ils ont aussi un resto *(le midi tlj sauf lun, plus le soir ven-sam)* à côté... tout aussi recommandable mais forcément plus cher.

Hermandad de Pescadores *(plan B1,* ***21****) : Zuloaga, 12. ☎ 943-64-27-38. Ouv dès 13h. Fermé dim soir et lun. Congés : 2 sem en fév, sept et nov. Résa conseillée. Plats 17-26 € ; carte env 45 €.* Les pêcheurs se réunissaient autrefois dans ce resto pour discuter boulot et boire un coup. L'adresse est devenue plus chic (même si la déco rustique demeure) mais reste très prisée. Vedette incontestée en entrée : la soupe de poisson, sans doute la meilleure à des kilomètres à la ronde ! Ensuite, partez à la pêche en lisant la belle carte des poissons.

Guadalupeko Kantina *(hors plan par B1,* ***22****) : Minatera, 1, sur le port de plaisance ; en attendant la réouverture d'une salle tte neuve dans la campagne, à Gornutz Montaña auzoa, 27 ; à 4 km à l'ouest du centre sur la GI 3440. ☎ 943-64-12-11. • guadalupekokantina@gmail.com • Tlj sauf mer ; cuisine 13h (12h le w-e)-15h, 19h-21h. Hors saison, fermé le soir sauf ven-sam. Congés : mars-avr*

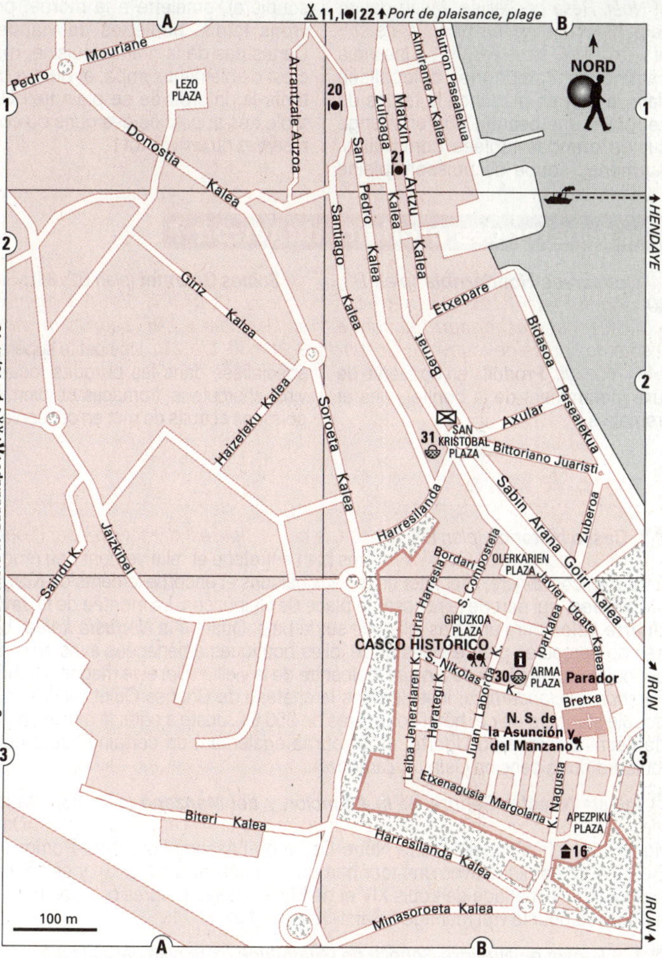

HONDARRIBIA

■ Adresse utile

- Oficina de turismo (B3)

Où dormir ?

10 Camping Jaizkibel (hors plan par A2)
11 Camping Faro de Higuer (hors plan par B1)
13 Agroturismo Artzu, Iketxe et Haritzpe Baserria (hors plan par A2)
16 Hotel Obispo (B3)

Où manger ?

20 Taberna Gran Sol (B1)
21 Hermandad de Pescadores (B1)
22 Guadalupeko Kantina (hors plan par B1)

Où acheter des produits du terroir ?

30 Conservas Hondarribia (B3)
31 Solbes Gourmet (B2)

et Noël. Résa conseillée. Menu déj en sem 13 € (14 € en terrasse) ; plats soir et w-e 4-11 €, carte env 18 €. Une vraie cantine de campagne, délocalisée dans le port de plaisance le temps de se refaire une beauté, où l'on mange sur de grandes tablées conviviales. Au menu : soupe de poisson (pleine soupière), omelette à la morue, poivrons farcis, boulettes de viande... Certes pas de la grande cuisine, mais c'est diablement sympa, et puis, à ces tarifs-là, interdit de se plaindre ! Une table très appréciée des gens du coin, réservez ou arrivez tôt !

Où acheter des produits du terroir ?

Conservas Hondarribia *(plan B3,* ***30****)* **:** *Arma Plaza, 8. ☎ 943-64-61-87. • info@conservashondarribia.com • À côté de l'office de tourisme. Tlj 10h-14h, 16h-20h.* Produits en conserve de luxe (notamment de la bonite), vins et fromages.

Solbes Gourmet *(plan B2,* ***31****)* **:** *Santiago, 2. ☎ 943-64-55-51. • clientes@solbes.com • Tlj sauf dim ap-m 9h-14h30, 17h-21h.* Une petite supérette spécialisée dans les produits locaux : vins, charcuterie, fromages et, bien sûr, poissons et fruits de mer en conserve.

À voir. À faire

Casco histórico *(plan B3)* **:** *piéton, le plus simple est d'y accéder par l'ascenseur de la Sabin Arana Goiri kalea.* Très bien entretenu et relativement peu rénové. Pour s'en convaincre, aller jeter un œil aux balcons et encorbellements de ***Konpostela kalea,*** qui part de la ravissante place de Guipúzcoa. La montée de la ***Javier Ugarte kalea*** offre une très jolie vue sur la baie. Quant à la ***Nagusia kalea,*** bordée de demeures pittoresques et de jolies boutiques aménagées avec soin, elle débouche sur la ***plaza de Armas*** (épicentre de la vieille ville) et le magnifique hôtel *Parador de Hondarribia,* installé dans le château de Charles Quint (pour info, la double standard de cet hôtel coûte près de 250 € !). Juste à côté, la maison natale de l'écrivain Eduardo Ugarte, où séjourna également un certain García Lorca (aujourd'hui la pension *Ostatua Zaragoza*).

Iglesia Nuestra Señora de la Asunción y del Manzano *(plan B3)* **:** *dans la vieille ville. Ouv seulement pour la visite guidée de la ville et pdt la messe...* On ne rigole pas, elle s'appelle bien « Notre-Dame-de-l'Assomption-et-du-Pommier » ! Belle église gothique avec une tour baroque ajoutée au XVIIIe s. On y célébra par procuration le mariage de Louis XIV et de Marie-Thérèse. Après quoi, on traversa la Bidasoa pour le vrai mariage à Saint-Jean-de-Luz.

Iglesia de Nuestra Señora de Guadalupe *(hors plan par A2)* **:** *à env 4 km du centre-ville, sur la GI 3440.* Sur le mont Jaizkibel, cette chapelle, dédiée à la sainte patronne de la ville, est sise dans un cadre de toute beauté avec vue imprenable sur la ville, les montagnes et la mer. Départ de nombreuses randonnées (voir ci-après).

Pour les marcheurs, il y a pas mal de ***balades*** à faire dans le coin : la municipalité a balisé 9 sentiers au départ de Nuestra Señora de Guadalupe, d'une longueur de 5 à 12 km. On peut se procurer, pour une somme modique, les fiches de ces différents sentiers à l'office de tourisme.

Pour les plus courageux, un sentier le long du littoral permet de rejoindre ***Pasaia*** en 8h (21 km) mais il comporte des passages difficiles et dangereux. On conseille plutôt d'y aller par le chemin de Saint-Jacques-de-Compostelle en 5h. ***San Sebastián*** est 8 km plus loin (compter 3h de plus).

Enfin, superbe ***plage*** à côté du port de plaisance.

LE GUIPÚZCOA

Fêtes et manifestations

– ***Procession du Vendredi saint :*** *2 avr 2021.* Réputée dans tout le Guipúzcoa.
– ***Foire médiévale :*** *2e ou 3e w-e de juin (vérifier auprès de l'office de tourisme).* Ambiance médiévale dans toute la vieille ville, décorée pour l'occasion, avec musique et concerts, marché traditionnel, etc.
– ***Fêtes de kutxa entrega :*** *25 juil.* La *kutxa entrega* est une ancienne tradition des pêcheurs. Le clou de la fête est la danse de la reine de la *kutxa* qui virevolte avec, sur la tête, le coffre *(kutxa)* dans lequel, jadis, la confrérie des pêcheurs mettait son argent. Plus elle fait de tours avant que le coffre ne tombe, meilleure sera la pêche de l'année.
– ***Fêtes patronales :*** *8 sept.* Fêtes avec *alarde* en fin de journée, c'est-à-dire un défilé pseudo-militaire où l'on tire des salves à blanc en l'honneur de la Vierge. Normalement, elles sont tirées en direction de la France, souvenir d'une bataille de 1638 où, le 7 septembre, l'armée espagnole repoussa le Grand Condé qui assiégeait la ville. Pour l'anecdote, sachez que cette fête est l'objet d'un conflit local : les tenants de cette tradition (masculine, il va sans dire) n'acceptent pas que les femmes défilent à leurs côtés... ce qu'elles font pourtant, encore heureux, mais après !

IRUN (IRUN) (20300) 61 000 hab. *Carte Guipúzcoa, D1*

Même si elle possède un riche passé, Irun (Irún en espagnol) est surtout aujourd'hui un centre commercial, organisé autour de la ville neuve et des jardins Luis-Mariano. Eh oui, c'est ici qu'est né le prince de l'opérette, et Irun en est très fière. À part ça, peu de choses à voir...

UN PEU D'HISTOIRE

Pendant des siècles, Irun a été un appendice de Hondarribia, en moins joli. Et pourtant, il s'agit de l'une des plus vieilles villes de la baie, dans laquelle on a trouvé les vestiges du port romain d'Oiasso. C'est l'ensablement de la baie qui a entraîné le déplacement du port vers Hondarribia. Et la fortification de cette dernière par Charles Quint n'a pas arrangé les choses... Les archives témoignent des brouilles et disputes entre les 2 cités. En outre, le roi avait défendu qu'on fortifie Irun au cas où l'ennemi (la France) s'en emparerait. Il faudra attendre la fin du XVIIIe s pour qu'Irun s'affranchisse enfin de la tutelle de sa voisine. En 1813, la bataille de San Marcial est la dernière de la guerre d'Indépendance. Les troupes napoléoniennes repassent la Bidasoa avec Wellington aux trousses.
Le décollage économique de la ville a lieu au XIXe s, avec la ligne de chemin de fer Paris-Madrid. La gare d'Irun devient la 1re gare de marchandises du nord du pays. Détruite en 1874 lors de la 2de guerre carliste, Irun va ensuite vivre un enfer pendant la guerre civile. Les bombardements franquistes anéantiront plus de la moitié de la ville, provoquant un véritable exode vers Hendaye.

Arriver – Quitter

Attention : il y a ***2 gares*** à Irun, celle de la *RENFE,* réseau national, et celle d'*Eusko Tren,* réseau basque. Il faut donc changer de gare si vous avez prévu une correspondance pour les villes de la côte. Cela dit, vu que l'*Eusko*

Tren part d'Hendaye, vous avez plutôt intérêt à faire le changement dans cette ville, où les 2 gares sont voisines.

Estación RENFE : *c/ de la Estación. • renfe.com • En direction de Hondarribia, remonter jusqu'au bout le paseo Colón (l'artère principale) ; panneau vers la gauche après le pont qui enjambe la voie ferrée.*

➢ Trains pour ***Pamplona, Vitoria, Barcelone, Madrid*** et la ***France.*** Sert aussi de ***gare routière*** pour les longues distances.

Estación Eusko Tren : *paseo Colón. ☎ 902-54-32-10. • euskotren.eus • Entrée sur le paseo Colón (la grande artère de la ville), sur la droite en direction de la gare RENFE.*

➢ Trains pour ***toutes les stations de la côte*** d'Hendaye à Bilbao.

Adresse utile

Oficina de turismo : *pl. Luis Mariano, 3 ; en plein centre. ☎ 943-02-07-32. • bidasoaturismo.com • Lun-sam 10h-13h30, 15h-19h30 ; dim 10h-14h. Hors saison, horaires restreints et fermé dim et lun mat.*

Où manger ? Où boire un verre ?

Bar Don Jabugo : *pl. del Ensanche, 8. ☎ 943-02-06-24. • batetairu@hotmail.com • En plein centre, face à l'office de tourisme. Tlj sauf mar. Pintxos 2-4 € ; plats 12-18 €.* Sur la grande place avec son kiosque à musique, un bar spécialisé dans le jambon de qualité, suspendu au plafond. L'idéal est d'en prendre une grande assiette (pas donné mais exquis) avec un verre de vin. Choix de *pintxos* aussi, et de plats. Terrasse sous les platanes.

Où sortir ?

Le week-end, plein de jeunes viennent des villes alentour, du nord comme du sud. Il faut dire que l'ambiance est moins chic qu'à Donostia et les prix moins élevés.

Plusieurs ***bars traditionnels*** (notamment le ***Gaztelumendi***) dans la calle Mayor, qui monte de la place de la mairie, et sur Urdanibia plaza, dite « place de Moscou ». Là, parmi les bars en terrasse, essayez le ***Deportivo*** : rock basque et reggae.

Plus vers la gare, Cipriano Larranaga kalea, quelques ***bars à salsa*** plus récents et une ***boîte.***

À voir. À faire

Le marché : *sam 9h-15h, sur Urdanibia plaza.* Convivial et animé. C'est là que les Basques du Nord viennent faire leurs courses quand il leur faut du fromage de brebis ou des légumes de la Ribera. La plupart des marchands parlent le français. Quant au ***marché couvert,*** le *mercado Mendibil (pl. del Ensanche, au sous-sol du centre commercial ; lun-ven 8h30-13h30, 16h30-20h ; sam 8h30-14h ; fermé dim),* il est certes aux normes mais fort aseptisé.

Oiasso – Museo romano : *Eskoleta, 1. ☎ 943-63-93-53. • oiasso.com • Juin-sept, mar-dim 10h-20h (14h dim) ; oct-mai, mar-dim 10h-14h, plus 16h-19h ven-sam. Fermé lun. Visite guidée sur résa sam à 11h. Entrée : 6,30 € ; réduc ; ½ tarif pour ts dim (sauf juil-août) ; gratuit moins de 6 ans, et pour ts le 18 mai et le 25 juil. Entrée + visite guidée : 9 €.* Ce musée moderne expose le produit des fouilles archéologiques menées à Irun, qui ont révélé l'importance de la ville et de son port à l'époque romaine ; une position due à l'exploitation des mines d'argent et à la situation stratégique de la ville. Présentation claire et multimédia, en français. Un film de 15 mn sur l'histoire de la ville (avec des personnages en tenue d'époque) illustre également plutôt bien le propos.

Ermitage de Santa Elena : *s'adresser au Museo romano pour la visite guidée. Billet combiné avec l'entrée du musée sam à 11h : 5,50 € (ou 13 € avec visite guidée).* Bel édifice du XIe s qui renferme des vestiges d'une nécropole romaine. Quant à l'ermitage de San Marcial, sur le mont Aldabe dominant la ville, il mérite bien une grimpette pour profiter de sa vue panoramique sur la baie.

Iglesia de Santa María del Juncal : *avda Nafarroa, juste à côté de Oiasso. Visite seulement dans le cadre de la visite guidée de la ville, s'adresser à l'office de tourisme.* Un peu en retrait du paseo Colón, dans son jardin, avec un beau retable baroque autour d'une ravissante Vierge romane.

Les jeudi, vendredi et samedi à 17h en été (seulement le dimanche à 11h hors saison), un petit ***train touristique*** va du Musée romain aux mines d'Irugurutzeta, qu'on visite au passage *(résa nécessaire ; tarif : 5,50 €, réduc, gratuit moins de 7 ans ; infos à Oiasso – Museo romano).*

Fêtes

– ***Fêtes patronales de la San Marcial :*** *quelques j. autour du 30 juin.* Par un heureux hasard, c'est le jour de la fête d'Irun qu'en 1813 les Français ont pris la pâtée. 2 occasions valant mieux qu'une, tout cela est fêté en même temps, et la ville s'arrête de travailler pendant quelques jours. On processionne, on organise une *alarde*. Toute la côte, de Bayonne à Bilbao, se précipite à Irun pour festoyer.
– ***Euskal Jira :*** *fêtes basques, le 1er sam d'août. Infos : • irungoeuskaljira.com •*

LE GUIPÚZCOA

DANS LES ENVIRONS D'IRUN (IRUN)

BEHOBIA (BEHOBIA)

Administrativement, c'est un quartier d'Irun, mais ce n'est pas Irun. Au départ, un poste-frontière pour les autos (les piétons prenaient le vieux pont Saint-Jacques), une station-service, quelques épiceries, un poste de douane. Bien connu des frontaliers sous le nom de Béhobie. Et depuis que les douaniers ont disparu, le commerce transfrontalier a explosé. Tous les jours, des centaines de Français viennent ici faire leurs courses. À côté du centre commercial, il reste 2 petites rues anciennes.

DONOSTIA – SAN SEBASTIÁN (DONOSTIA) ET SES ENVIRONS

Sur quelques dizaines de kilomètres carrés, voici un concentré du Guipúzcoa. Donostia (San Sebastián en castillan) est une grande ville balnéaire chic et bourgeoise, mais aussi une capitale universitaire et une destination de week-end prisée. À Rentería ou Pasaia Antxo, c'est l'industrie qui prédomine, avec ses faubourgs ouvriers des débuts du franquisme. Mais dès que l'on passe Oiartzun, la campagne et les moutons reprennent leurs droits. Quelques kilomètres suffisent aussi pour atteindre la montagne quasi déserte du parc naturel d'Aia avec comme camp de base naturel Donostia. Mais on y est tellement bien qu'on a souvent du mal à en partir.

DONOSTIA – SAN SEBASTIÁN (DONOSTIA) (20000)

env 186 000 hab. (agglomération : 435 000 hab.) *Carte Guipúzcoa, C1*

• Plan *p. 396-397*

À une portée d'arbalète de la frontière, Donostia est une des stations balnéaires les plus chics d'Espagne. Lovée autour de sa splendide baie, elle a gardé son côté Belle Époque, période pendant laquelle la noblesse espagnole tenait à avoir sur la Côte basque au moins 2 villégiatures, l'une à Biarritz, l'autre à Donostia. La ville cultive toujours ce côté bourgeois du XIXe s, avec ses grands hôtels, ses villas, son spectaculaire *paseo* et ses boutiques chics. Depuis quelques années, elle a pourtant su attirer une clientèle plus jeune, en quête de frissons gustatifs et de fiesta.

UN PEU D'HISTOIRE

L'histoire de la ville s'inscrit dans son urbanisme. Le port, bien que protégé par la rade, a longtemps fait pâle figure face à celui de Pasaia, plus profond et mieux abrité. D'ailleurs, au XIe s, Donostia n'est qu'un monastère, propriété de l'abbaye de Leyre. Dotée de *fueros* par Sanche le Sage en 1180, la cité a pris tout son temps pour se développer, jouant de son accès à la côte et aux villes de l'intérieur par la vallée d'Oria. En 1813, les combats entre Français et Anglais furent si durs qu'elle fut ravagée par un gigantesque incendie. Mais ***l'installation du couple impérial*** (Napoléon III) ***à Biarritz et la vogue des bains de mer au milieu du XIXe s furent sa grande chance.*** À la vieille ville, lovée au pied du fort et contre le port, vint s'ajouter une ville nouvelle le long de la plage de la Concha. À la même époque, Donostia ravit à Tolosa le titre de capitale du Guipúzcoa et devint une grande métropole.

Donostia aujourd'hui

Donostia est restée une ville de plaisirs. Le superbe panorama de la baie, la plage en croissant de la Concha, les grands hôtels du XIXe s, encore en activité et à 2 pas des flots, les 18 tables étoilées dans les environs, les commerces chics de la ville neuve (le *centro* ou *Barrio romántico*), l'animation nocturne de la *Parte Vieja,* sont connus de toute l'Espagne. ***Ici, il se passe toujours quelque chose :*** on n'y ressent donc jamais, même en hiver, l'impression de délaissement de certaines villes balnéaires.
En 1999, la cité a inauguré un palais des congrès adjacent au pont Zurriola, juste à l'est de la vieille ville, et qui porte le nom de... « Kursaal », en souvenir du temps où les riches Allemands fréquentaient les casinos de la côte ! La qualité technique de ses équipements en fait un vrai succès, et il entraîne dans son sillage tout le quartier de Gros. Plus récemment, c'est le centre d'art contemporain, la *Tabakalera,* qui est devenu un vrai pôle d'attractivité. Un peu partout, les pistes cyclables se multiplient, et la ville est dynamisée par son université et ses étudiants. Enfin, son statut de Capitale culturelle européenne 2016 lui a donné un bon coup de fouet !

Arriver – Quitter

En avion

✈ ***Aéroport*** *(hors plan par D3) :* *à* ***Hondarribia,*** *à 23 km à l'est de Donostia, juste en face d'Hendaye.* • *aena.es* • Aucun vol avec la France (mais l'aéroport de Biarritz n'est qu'à 47 km !), seulement des lignes intérieures ***(Madrid,***

LE GUIPÚZCOA

Barcelone) avec *Iberia, Air Nostrum, Vueling* et quelques *low-cost* selon les saisons.

■ ***Plusieurs agences de location de voitures :*** ***Hertz,*** *☎ 943-66-85-66 ;* ***Avis,*** *☎ 943-66-85-48 ;* ***Europcar,*** *☎ 943-66-85-30.*

➢ ***Pour rejoindre Donostia :*** en ***bus,*** 1 liaison/h, 6h55-19h55, avec le bus E21 d'*Ekialdebus* (*● ekialdebus.eus ●*). Dans l'autre sens (départ de la pl. de Guipúzcoa à Donostia), 1er bus à 6h30, dernier à 21h20. Trajet : env 30 mn. Billet : 2,75 €. En ***taxi,*** compter 35-40 €.

En train

La ligne à grande vitesse, en construction, reliera d'ici quelques années les principales villes basques au reste du réseau rapide européen. Il faudra alors moins de 40 mn entre Donostia et Bilbao, contre plus de 2h30 aujourd'hui ! En attendant :

Estación del Norte – RENFE *(plan D2,* ***2****) :* *paseo de Francia, s/n. ● renfe.com ●*

➢ Grandes lignes : ***Madrid, Pamplona, Barcelone.***

➢ Trains régionaux : ***Tolosa, Ordizia*** et ***Zumarraga.***

➢ ***Paris :*** pas de liaison directe, il faut passer par Irun ou Hendaye. Seulement 3-4 TGV/j. en direction de Paris.

➢ ***Madrid :*** 4 liaisons/j. Durée : 5h30-7h30.

➢ ***Barcelone :*** 2 liaisons/j. (mat et ap-m). Durée : 6h.

Estación de Amara – Eusko Tren *(hors plan par D3,* ***3****) :* *pl. de Easo. ☎ 902-54-32-10. ● euskotren.eus ●*

➢ Pour la ligne ***Hendaye*** (qui passe par ***Irun*** et ***Donostia,*** min 2 trains/h, env 6h15-22h45 ; trajet env 35 mn) et la ligne ***Donostia-Bilbao*** (1 train/h, env 5h50-20h50 ; trajet 2h30).

En bus

Estación de autobuses : *en face de la gare RENFE (estación del Norte ; plan D2,* ***2****).* Gare routière souterraine récente. Départs pour ttes les grandes et moyennes villes et le Sud jusqu'à Madrid. S'informer directement auprès des compagnies pour savoir quel bus dessert votre destination. Consigne à bagages sur place.

➢ Avec *BlaBlaBus* (vente en ligne uniquement, sur *● ouibus.com ●*), liaisons avec ***Bordeaux*** (2/j., 4h), ***Hendaye, Saint-Jean-de-Luz, l'aéroport de Biarritz et Bayonne*** (4/j.) ainsi que ***Toulouse, Tarbes et Pau*** (3/j.).

➢ ***Ligne Bayonne – Biarritz – Saint-Jean-de-Luz – Hendaye – Irun – Donostia :*** 1 bus/j., à 10h30 ; compter 1h30 de Donostia à Bayonne. Ligne assurée par *Pesa* (*☎ 902-12-14-00 ; ● pesa.net ●*), qui dessert aussi d'autres villes de la côte. Également des liaisons avec *Alsa* (*☎ 902-42-22-42 ; ● alsa.es ●*).

➢ ***Pamplona :*** ttes les 1h-1h30, 7h-21h30, avec *Alsa.*

➢ ***Bilbao :*** ttes les 30 mn, 6h30-22h, avec *Alsa.*

➢ ***Aéroport de Bilbao :*** ttes les heures, 5h-21h, avec *Pesa.*

➢ ***Madrid :*** 10-12 bus/j., 7h30-18h30 et bus de nuit, avec *Alsa.*

➢ ***Barcelone :*** 2-5 bus/j., avec *Vibasa-Monbus* (*☎ 982-29-29-00 ; ● monbus.es ●*).

Comment se déplacer en ville ?

La plupart des visites se font facilement à pied. La Parte Vieja, le *centro,* la Concha ou Gros ne sont qu'à 10-15 mn les uns des autres... Seule la partie ouest, du côté de la plage d'Ondaretta, est un peu plus à l'écart.

➢ ***En D.bus :*** *rens au ☎ 943-00-02-00. ● dbus.eus ●* Service de bus urbains qui dessert toute la ville. Fonctionne 7h30-22h30 environ. Ensuite, service de nuit avec les *Búhos* (minuit-4h). Billet : 1,85 € (bus de nuit 2,50 €). La *San Sebastián Card* (voir plus loin) donne droit à 6 trajets (9 €) ou 12 trajets (16 €).

➢ ***À vélo :*** plusieurs loueurs en ville (*dont* ***Sanse Bikes,*** *alameda del Boulevard, 25, ● sansebikes.es ●*) louent des bicyclettes pour environ 18 €/j. Également des vélos à assistance électrique municipaux pour 8 €/j. avec

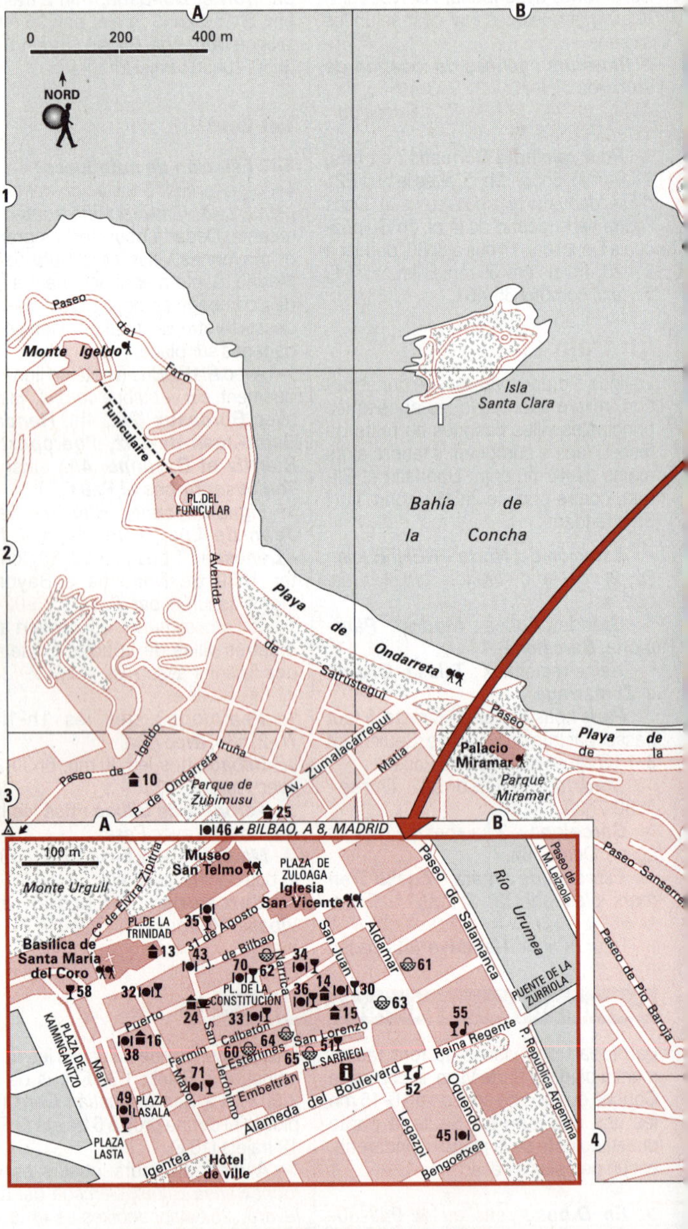
A
B
0
200
400 m
NORD
1
2
3
4
Paseo del Faro
Monte Igeldo
Funiculaire
PL.DEL FUNICULAR
Isla Santa Clara
Bahía de la Concha
Avenida de Satrustegui
Playa de Ondarreta
Paseo de Igeldo
10
Iruña
P. de Ondarreta
Parque de Zubimusu
Av. Zumalacárregui
Matia
25
Paseo
Palacio Miramar
Parque Miramar
Playa de la
46
BILBAO, A 8, MADRID
Paseo Sanserre
Paseo de Pío Baroja
100 m
Monte Urgull
Museo San Telmo
PLAZA DE ZULOAGA
Iglesia San Vicente
Cº de Elvira Zipitria
PL.DE LA TRINIDAD
35
31 de Agosto
Basílica de Santa María del Coro
13
43
J. de Bilbao
70
62
34
Narrica
San Juan
Aldamar
61
58
32
PL. DE LA CONSTITUCIÓN
36
14
30
24
33
15
63
Puerto
San Fermín
Jerónimo
Calbetón
64
San Lorenzo
16
38
60
Esterlines
65
51
PL. SARRIEGI
55
Reina Regente
PLAZA DE KAIMINGAINTZO
Mari
Mayor
71
Embeltrán
Alameda del Boulevard
52
49
PLAZA LASALA
PLAZA LASTA
Igentea
Hôtel de ville
Legazpi
Oquendo
45
Bengoetxea
P. República Argentina
Paseo de Salamanca
Río Urumea
Paseo de J. M. Leizaola
PUENTE DE LA ZURRIOLA

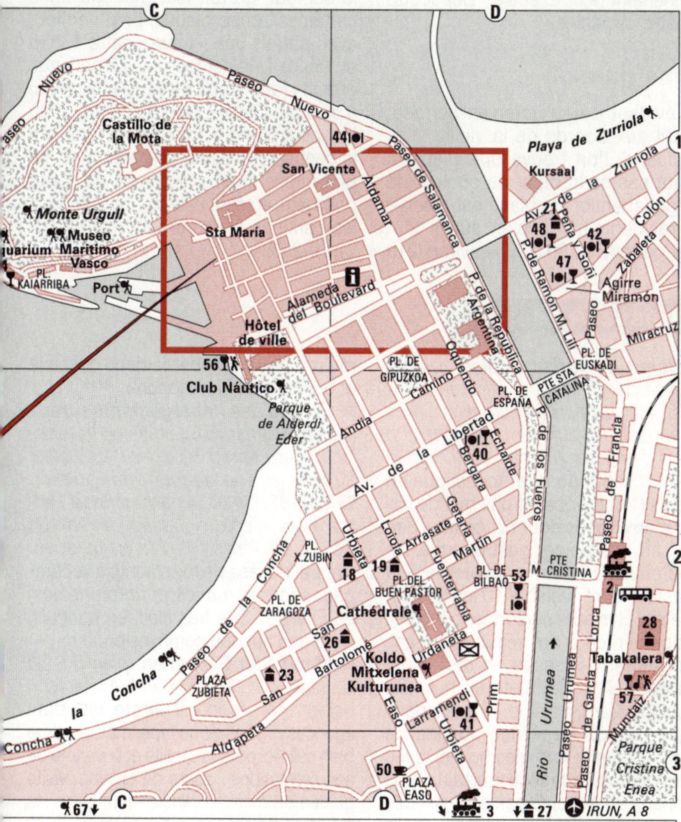

Adresses utiles

- i Oficina de turismo (zoom)
- 2 Gare RENFE (D2)
- 3 Gare Eusko Tren (hors plan par D3)

Où dormir ?

- 10 Albergue juvenil Ondarreta – La Sirena (A3)
- 11 Albergue juvenil Ulia (hors plan par D1)
- 12 Koba Hostel (hors plan par D1)
- 13 Pensión Amaiur Ostatua (zoom)
- 14 Pensión Izar Bat (zoom)
- 15 Pensión Bretxa (zoom)
- 16 Pensión Edorta (zoom)
- 18 Pensión Urkia (D2)
- 19 Pensión La Perla (D2)
- 21 Pensión Kursaal (D1)
- 23 Hostal Alemana (C2)
- 24 Pensión Goiko et Miramar (zoom)
- 25 Hotel Codina (A3)
- 26 A Room in the City (D2)
- 27 Green Nest Hostel (hors plan par D3)
- 28 One Shot Tabakalera House (D2)

Où manger les meilleurs *pintxos* de la ville ?

- 30 Goiz Argi (zoom)
- 32 Atari Gastroteka
- 33 Casa Urola (zoom)
- 34 Bar Txepetxa (zoom)
- 35 La Cuchara de San Telmo (zoom)
- 36 Borda Berri (zoom)
- 38 La Mejillonera (zoom)
- 39 Bergara Bar (hors plan par D1)
- 40 Antonio Bar (D2)
- 41 Bar Casa Valles (D2)
- 49 La Jarana (zoom)
- 70 Aste 148 (zoom)
- 71 Bar Paco Bueno (zoom)

Où manger assis ?

- 42 Bodega Donostiarra (D1)
- 43 Gandarias Jatetxea (zoom)
- 44 Kaskazuri (D1)
- 45 Café Oquendo (zoom)
- 46 Asador Aratz (hors plan par A3)
- 47 Topa Sukaldería (D1)
- 48 Taquería Kursaal (D1)

Où prendre le petit déjeuner ? Où manger des *churros* ?

- 24 Chocolatería Santa Lucia (zoom)
- 50 Pirpira Café (D3)

Où boire un verre ? Où écouter de la musique ? Où sortir ?

- 51 Bar Txiki (zoom)
- 52 Museo del Whisky (zoom)
- 53 Kafe Botanika (D2)
- 54 Terraza Bokado (C1)
- 55 Altxerri Jazz Bar (zoom)
- 56 GU (C1-2)
- 57 Dabadaba (D2)
- 58 Akerbeltz (zoom)

Achats

- 60 La Sevillana (zoom)
- 61 Aitor Lasa (zoom)
- 62 Vinos Martínez (zoom)
- 63 La Bretxa (zoom)
- 64 Pastelería Otaegui ((zoom)
- 65 Casa Ponsol (zoom)

À voir

- 67 Eureka ! Zientzia Museoa (hors plan par C3)

DONOSTIA – SAN SEBASTIÁN

abonnement (● *dbizi.eus* ●). Beaucoup de pistes cyclables.

Où se garer ?

Pas évident de se garer en surface, surtout aux abords de la vieille ville. De plus, si l'on trouve une place, il ne faut pas se tromper de couleur de lignage (attention, le blanc est réservé aux résidents !). Et, bien sûr, il faut payer partout, de 9h à 20h environ (21h le samedi, gratuit le dimanche dans certaines zones bleues, bien vérifier), avec parfois une « trêve » entre 13h30 et 15h30. Une astuce : il y a 5 parkings gratuits (dont ceux de *Igara* et *Illumbe*) à environ 40 mn à pied du centre, d'où l'on peut prendre un bus pour rejoindre le centre-ville. Sinon, le parking est un peu moins cher à proximité du stade d'Anoeta, au sud. Ailleurs, les 24h dans les parkings couverts tournent autour de 20-25 €.

Adresses utiles

Oficina de turismo (plan zoom) **:** *alameda del Boulevard, 8.* ☎ *943-48-11-66.* ● *sansebastianturismoa.eus* ● *En été, lun-sam 9h-20h, dim 10h-19h (20h j. fériés) ; en hiver, lun-sam 9h-17h, dim 10h-14h.* Vente du livret touristique en français (1 €) proposant pas mal de circuits thématiques pour découvrir « *San Se* » : art, shopping, gastronomie, en amoureux... On peut y acheter la *San Sebastián Card* (valable 10 jours, utilisable par plusieurs personnes ; 9-16 €), qui donne droit à des réductions dans de nombreux musées et restos, et comprend 6 ou 12 trajets en bus. Ou la *Basque Card,* valable 10 jours dans tout le Guipúzcoa et non nominative (26-41 € selon la formule choisie), avec visite guidée, accès à certains bus régionaux et réduc. Organise aussi des visites guidées à thème (histoire, sport, bars à *pintxos*...) et des tours guidés de la ville à pied ou à vélo. Enfin, il peut vous aider à trouver une chambre dans une pension (résa possible aussi sur le site). Personnel efficace et francophone.

Oficina de turismo San Sebastián Región (plan zoom) **:** *alameda del Boulevard, 6.* ☎ *943-41-51-51.* ● *san sebastianregion.com* ● *En été, tlj 10h-20h ; en hiver, tlj 10h-14h, 15h30-20h.* Office ouvert par la région Guipúzcoa, qui fait un peu doublon avec celui de la ville, juste à côté. Il est néanmoins utile pour organiser des visites dans la région. Résa d'hébergement possible et bon accueil francophone.

■ **Bureau des hébergements ruraux** (Nekazal Turismoa) **:** *edificio Pia Araikina, Juan Fermin Gilisagasti, 2, Zuatzu, 20018 (pas d'accueil du public).* ☎ *943-32-70-90.* ● *nekatur.net* ● *Permanence téléphonique lun-ven 9h-19h (et w-e et j. fériés 10h-21h en juil-août).* Central de résa de logements à la campagne (*casas rurales* et *agroturismos*) en Euskadi. Site très clair, en français. Ne prend aucune commission.

■ **Mimo San Sebastian** (plan D1-2) **:** *Camino, 1.* ☎ *943-42-11-43.* ● *face book : mimofood* ● Il existe plusieurs agences privées de ce type, mais on aime bien celle-ci pour la qualité et la variété de ses prestations : cours de cuisine, visite guidée du marché, *pintxos tour* dans les meilleurs bars de la ville *(balade de 2h30 env, dans 4-6 bars, 10 pers max ; 110 € le midi, 125 € le soir),* etc. Surtout, ils proposent des visites privées, sur réservation, permettant, après le marché, de déjeuner dans une société gastronomique *(100 €/pers ; min 6 pers).* Une occasion unique de découvrir cette particularité basque sur laquelle repose la fameuse convivialité gourmande de Saint-Sébastien. Si les femmes sont désormais tolérées à table, elles sont toujours interdites en cuisine ! Elles prennent donc l'apéro pendant que ces messieurs s'activent ! Idéal en famille ou entre amis...

Où dormir ?

Les prix peuvent varier du simple ou double selon la saison et culminent pendant la Semaine sainte, en juillet-août (notamment pendant la *Semana*

Grande autour du 15 août) et fin septembre, pour le Festival de cinéma. À ces périodes, tout est archi complet : la réservation s'impose ! On note également des variations sensibles entre semaine et week-end (plus cher).

Camping

⛺ ***Camping Igueldo*** *(hors plan par A3) : paseo Padre Orkolaga, 69. ☎ 943-21-45-02. • info@campingigueldo.com • campingigueldo.com • ♿ À 5 km. En voiture, direction Ondarreta, puis Igeldo (fléché autour de l'AJ officielle). Sinon, bus nº 16 (« Igeldo »), départ pl. Gipuzkoa, 2 (ttes les 30 mn, 7h-22h, jusqu'à minuit en juil-août). Ouv tte l'année. Compter 21-39 € pour 2 avec tente et voiture. Bungalows et mobile homes 86-134 € pour 2 et jusqu'à 118-164 € pour 4-6.* Camping isolé sur les hauteurs, plaisant, au calme et avec une belle vue sur l'arrière-pays. Emplacements bien ombragés, verdoyants et bien délimités. Sanitaires nickel et en nombre suffisant. Bar-resto, supérette et laverie. Consigne à bagages.

Auberges de jeunesse

🏠 ***Koba Hostel*** *(hors plan par D1,* ***12****) : Carquizano, 5, 20001. ☎ 943-16-58-17. • info@kobahostel.com • kobahostel.com • Lits en dortoir 22-40 €, doubles 50-140 €, petit déj inclus.* Dans le quartier de Gros, l'un des plus sympa de la ville, la famille Sarasola a converti cet ancien garage en génial petit *hostel*. Réception chaleureuse et design, amusant coin salon en paliers. Dortoirs flambant neufs, bien décorés et parfaitement équipés : parois pour plus d'intimité, lampes individuelles, *lockers*, salle de bains dans chacun... Les doubles sont tout aussi attrayantes, avec leur déco fraîche et leurs grandes verrières héritées du temps où se trouvait ici une carrosserie. Bon petit déj, à prendre dans une salle guillerette ou sur une agréable terrasse. Cuisine à dispo. Cours de surf, sorties kayak, yoga, location de vélos... Bref, tout pour passer un excellent séjour !

🏠 ***A Room in the City*** *(plan D2,* ***26****) : Easo, 20, 20001. ☎ 943-42-95-89. • info@aroominthecity.eu • aroominthecity.eu • Lits en dortoir 15-50 €, twins 40-100 € ; petit déj (basique) en sus.* En plein *centro*, une vaste auberge établie autour d'un ancien couvent et d'une Cour de justice. 2 parties distinctes, mais qui communiquent : l'une, toute neuve, rassemble des dortoirs colorés, ultra-fonctionnels et très bien équipés ; l'autre propose 20 chambres, simples mais agréables, et bien décorées, pour 2-4 personnes. Vastes parties communes : on peut se poser dans divers salons très cosy, sur une terrasse ensoleillée, et même sur un *rooftop* avec vue ! Resto et bar sur place. Salle de concerts, galerie d'expo et événements divers viennent parfois animer les lieux. Activités et *tours* organisés en fin de semaine.

🏠 ***Albergue juvenil Ondarreta – La Sirena*** *(plan A3,* ***10****) : paseo de Igeldo, 25, 20008. ☎ 943-31-02-68. • ondarreta@donostia.eus • donostia.eus/albergues • ♿ À 300 m de la plage d'Ondarreta. Bus nº 16 « Igeldo » depuis la pl. Gipuzkoa, 2 ; il s'arrête devant. Réception 8h-minuit (21h30 en hiver). Pas d'accès aux chambres 10h-14h. Lits en dortoir 15-29 €. Pas de petit déj en hiver.* Dans une rue en pente, grosse bâtisse à la façade rose, ancienne usine de confection de maillots de bain (d'où son nom). Une centaine de lits en tout. Dortoirs unisexes ou mixtes de 6 à 12 lits, ainsi que 2 triples et 4 quadruples, la plupart avec salle de bains refaite. Chambres très fonctionnelles. Un lieu lumineux, moderne et impeccable. Cuisine et laverie à dispo. Accueil très serviable.

🏠 ***Albergue juvenil Ulia*** *(hors plan par D1,* ***11****) : paseo de Ulia, 297, 20013. ☎ 943-48-34-80. • ulia@donostia.eus • donostia.eus/albergues • ♿ À 6 km du centre. Du pont Santa Catalina, prendre Miracruz (qui devient l'avda José Elosegi) sur 1,5 km, puis le paseo Ulia (sur la gauche) sur 4 km ; l'AJ est tt au bout. Pas de liaisons en bus. Lits en dortoir 15-27 €. Parking gratuit.* Assez loin du centre, juchée sur une colline, mais on est largement récompensé par la vue sur Donostia et la mer ! De plus, un chemin piéton mène à la plage de Zurriola en 10-15 mn à peine (plutôt 20 mn pour revenir, ça grimpe !). Dortoirs hyper modernes de 4 à 6 lits... escamotables, répartis dans des édifices de bois agréables et bien conçus. Dans chaque chambre, salle de bains digne d'un hôtel. Cuisine dans les plus grandes. Coin biblio et baby-foot à l'extérieur. Bar-cafét' pratique pour un en-cas (seulement le midi). Et, bien sûr, une terrasse... panoramique !

Green Nest Hostel *(hors plan par D3,* ***27****) : camino de Uba, 43, dans le parc Ametzagaña, 20014. ☎ 943-45-71-17. • booking@greenestdonostia.com • nesthostelsansebastian.com • ♿ Au sud-est du centre-ville. Pour y aller, bus n° 33 (jusqu'à 21h) puis 5-10 mn à pied ou train* Eusko Tren *depuis Amara jusqu'à Intxaurrondo, et encore 10 mn à pied. Congés : janv-fév. Lits en dortoir 15-36 € ; doubles 43-79 €.* Uniquement pour ceux qui, comme son nom l'indique, veulent se mettre au vert, à proximité de la ville. Car ça grimpe pour s'y rendre, vous voilà prévenu ! Cette auberge de jeunesse est un gros bâtiment récent de verre et de métal, posé dans un parc. Grands couloirs dont les portes vertes ouvrent sur une trentaine de dortoirs de 4 à 6 lits et une douzaine de chambres privées avec lits doubles ou jumeaux. Espace commun au design un peu froid, avec néanmoins une petite cuisine, laverie, terrasse et coin télé. Snack-resto. Location de vélos pas chère, ce qui permet d'être assez autonome... à condition, une fois encore, d'avoir de bons mollets.

De bon marché à prix moyens

Dans la Parte Vieja

Pensión Amaiur Ostatua *(plan zoom,* ***13****) : 31 de Agosto, 44, 20003. ☎ 943-42-96-54. • info@pensionamaiur.com • pensionamaiur.com • Accueil au 2ᵉ étage (pas de réception). Doubles 65-120 €. Pas de petit déj.* En plein centre ancien, cette jolie maison à la façade fleurie abrite une adorable pension de 5 chambres. L'atmosphère rappelle un peu ces vieux appartements de grand-mère, en moins kitsch car la déco est très réussie. Papier peint fleuri ou uni dans les couloirs et chambres bien douillettes, avec parquet et cadres aux murs. Salle de bains privée pour chacune mais parfois à l'extérieur de la chambre. Les plus chères sont dotées d'un balcon et celles sur l'arrière s'ouvrent sur un fronton de pelote basque. Petite salle avec micro-ondes et frigo qui rend l'endroit très convivial. Bon accueil de Maider qui met vite à l'aise.

Pensión Izar Bat *(plan zoom,* ***14****) : Fermín Calbetón, 6, 20003. ☎ 943-43-15-73. • pensionizarbat@gmail.com • hotelesyalojamientossansebastian.com • Ouv seulement juin-sept. Accueil au 1ᵉʳ étage (pas de réception). Doubles 45-75 €. Pas de petit déj.* Une pension rénovée qui propose 6 chambres impeccables et coquettement arrangées, dans des tons estivaux. José María, le sympathique proprio, a installé un frigo, la TV dans chaque chambre et un sèche-cheveux. Évitez celles côté rue, un peu bruyantes malgré le double vitrage. Celles donnant sur l'intérieur sont en revanche quasi aveugles. Excellent rapport qualité-prix.

Pensión Bretxa *(plan zoom,* ***15****) : Fermín Calbetón, 5, 20003. ☎ 943-43-04-70. • info@pensionbretxa.com • pensionbretxa.com • ♿ Au 2ᵉ étage. Congés : 2ᵉ sem de déc. Doubles avec sdb commune 53-65 €. Réduc de 10 % sur les doubles oct-mai (basse saison) sur présentation de ce guide.* Blottie dans l'une des ruelles les plus animées de la vieille ville, cette minipension propose 5 chambres pas très grandes mais propres. Elles se partagent les 2 salles de bains de la maison. On aime bien les nᵒˢ 1 et 2, avec leur balconnet et la vue sur rue. Les autres donnent sur l'intérieur.

Pensión Edorta *(plan zoom,* ***16****) : Puerto, 15, 20003. ☎ 943-42-37-73. • info@pensionedorta.com • pensionedorta.com • Au 1ᵉʳ étage. Doubles sans sdb 45-95 €, avec 65-130 € ; familiales.* Une dizaine de chambres dont 3 avec sanitaires privés et 4 donnant sur une courette calme (mais pas accessible). Une constante ici : les matériaux nobles (bois, pierre naturelle et brique), que l'on retrouve dans toutes les chambres, non seulement confortables et très bien tenues mais pleines de caractère. Un poil plus cher que ses voisines du secteur, mais c'est justifié.

Pensión Goiko et Miramar (plan zoom, **24**) **:** *Puerto, 6, 20005. ☎ 943-43-11-14. • info@pensiongoiko.com • pensiongoiko.com • Au 1er étage. Lits en dortoir 20-35 € ; doubles sans sdb 40-75 €.* Petite pension colorée, ou plutôt deux en une, qui fait aussi AJ (dortoirs de 4-7 lits, qui manquent un peu d'intimité). Salle de bains à partager pour 2 chambres. Petite cuisine à dispo. La n° 8 possède une grande fenêtre qui donne sur la rue (bruyante). D'autres donnent sur le patio intérieur (plus calmes mais plus sombres).

Dans le centro

Pensión Urkia (plan D2, **18**) **:** *Urbieta, 12, 20006. ☎ 943-42-44-36. • info@pensionurkia.com • pensionurkia.com • Doubles avec sdb 50-130 €. Pas de petit déj mais thé et « café » à volonté. Parking proche 16-20 €/24h.* Au 3e étage d'un immeuble cossu avec ascenseur (mais quand même quelques marches), une pension d'une grande propreté tenue par Juan-Mari, fort sympathique (qui possède aussi *La Perla*). Les 8 chambres, sobrement décorées, ont toutes un frigo, des sanitaires privés et un micro-ondes. Ensemble impeccable. Calme assuré, le quartier est peu animé en soirée.

Pensión La Perla (plan D2, **19**) **:** *Loiola, 10, 20005. ☎ 943-90-04-75. 📱 610-68-67-56. • info@pensionlaperla.com • pensionlaperla.com • Au 1er étage. Doubles avec sdb 50-130 € ; triple. Pas de petit déj mais boissons chaudes à dispo à la réception. Parking 16-20 €.* Une dizaine de chambres assez petites mais agréables, confortables (frigo, micro-ondes, sèche-cheveux) et très soignées, dans un beau bâtiment au cœur des rues commerçantes. Atmosphère plutôt familiale. Un peu bruyant l'été, quand on ouvre les fenêtres.

De prix moyens à chic

Dans le quartier de Gros

Pensión Kursaal (plan D1, **21**) **:** *Peña y Goñi, 2, 20002. ☎ 943-29-26-66. • info@pensionkursaal.com • pensionkursaal.com • Au 1er étage. Doubles avec sdb 55-150 €. Parking 15 €/24h. Sur présentation de ce guide, réduc de 10 % sur les doubles en basse saison.* Dans le quartier de Gros, à 2 pas de la vieille ville et du Kursaal, dans une rue où restos et bars se sont multipliés. Ambiance raffinée, sobre, élégante et contempóraine. Belles chambres rénovées et impeccables dans les tons gris, grèges et blancs, et couleurs vives dans les salles de bains. Elles donnent sur rue ou sur le patio intérieur (plus sombres, mais plus calmes). Accueil pro. Un bon rapport qualité-prix, surtout hors saison.

Dans le centro

Hostal Alemana (plan C2, **23**) **:** *San Martín, 53, 20007. ☎ 943-46-25-44. • reservas@hostalalemana.com • hostalalemana.com • Au 1er étage. Doubles avec sdb 65-170 € ; petit déj env 8 €. Garage env 20 €. Réduc de 10 % sur les doubles nov-avr (sauf sem de Noël et Semaine sainte) sur présentation de ce guide (en résa directe seulement).* Excellent hôtel familial (plus de 50 ans dans la même famille !), tenu aujourd'hui par les 2 jeunes fils. Ensemble absolument impeccable, proche de la plage, chambres immaculées, avec mobilier épuré, dans les tons blancs et gris, et décorées de grandes photos noir et blanc de San Sebastián, avec minibar, baignoire, clim, coffre-fort... bref, la totale. Accueil professionnel.

Plus chic

Près de la gare

One Shot Tabakalera House (plan D2, **28**) **:** *paseo Duque de Mandas, 52 (edificio Tabakalera). ☎ 943-93-00-28. • tabakalerahouse@oneshothotels.com • hoteloneshottabakalerahouse.com • Doubles standard 76-199 €, mais les prix varient énormément ; petit déj env 14 €.* Un hôtel au concept original, installé au cœur de la *Tabakalera,* le centre d'art contemporain de Donostia. Ensemble très *arty,* avec des œuvres disséminées un peu partout, entre parties communes et chambres. Les standard, ultra-confortables, disposent déjà de bons équipements : minibar, clim, matelas *king size*... Déco contemporaine, sobre et élégante, avec miroirs en cuivre, verrières et grands tirages photo aux murs. Les duplex, plus chers, disposent de mezzanines façon ateliers d'artistes, accueillant de petits salons très cosy.

Ondarreta

Hotel Codina *(plan A3, **25**) : avda Zumalacárregui, 21, 20008. ☎ 943-21-22-00. • info@hotelcodina.es • hotelcodina.es • Doubles 55-260 € ; petits déj 3-12 €.* Juste en retrait de la plage d'Ondarreta, un hôtel semi-luxe, aux chambres impeccables. La plage est à 3 mn à pied, et il est possible de se garer dans les rues à proximité pour pas cher (3,60 € pour 24h). Sinon, le bus passe devant et on est dans le centre en 5 mn. Côté confort : clim, frigo, sèche-cheveux... Parfait pour ceux qui n'apprécient pas trop les pensions et qui ne souhaitent pas résider dans le centre. Un poil bruyant cependant, préférez les chambres en retrait de l'avenue.

Où dormir dans les environs ?

Casa rural Igeldo : *Benta Aldea, 12, 20810* ***Orio.*** *645-72-25-37. • igeldoturismo89@gmail.com • igeldoturismo.com • À env 10 km à l'ouest de Donostia, avt Orio. Congés : janv-fév. Doubles 60-75 €.* Petit coup de cœur pour cette villa perdue dans les collines qui surplombent l'océan entre Donostia et Zarautz ! Derrière la lourde porte en bois s'ouvre une maison ravissante, réalisée dans des matériaux nobles. 6 chambres de style campagnard aux murs joliment colorés, avec des dalles en terre cuite au sol, du mobilier choisi et une belle salle de bains moderne. Les n°s 1 et 2 ont une vue fantastique. Pour le reste, splendide cuisine à dispo avec terrasse commune donnant sur un petit jardin... et toujours cette même vue. Accueil adorable et francophone !

Où manger les meilleurs *pintxos* de la ville ?

Manger à Donostia, c'est d'abord fréquenter les excellents bars à *pintxos* de la ville. Dans la *Parte Vieja,* on ne compte plus les lieux qui, midi et soir, font le plein de passants avides de grignoter les fameux *pintxos,* qui s'étalent fièrement sous leurs yeux ébahis. Les prix tournent autour de 2-3 € pour les *pintxos* froids et 3-5 € pour les chauds (à commander au comptoir), selon la complexité de la préparation et les ingrédients utilisés. Attention à l'effet « superposition ». Certains *pintxos* aux assemblages hasardeux ont parfois plus de gueule que de goût.

➢ ***Soirées entre « potes » :*** si votre budget est un peu serré et que vous voulez rencontrer du monde, faites comme les habitants : rendez-vous le jeudi soir, entre 19h et 23h, dans le quartier de Gros *(plan D1),* pour la soirée « **pintxo pote** » (prononcer « pintcho poté »). Pour 2-3 €, vous aurez droit dans certains bars à un verre *(pote)* et à un *pintxo.* Même principe et même tarif le vendredi soir au centre commercial San Martín *(plan D2),* dans un décor certes plus moderne, pour la soirée « ***gastro pote*** ».

Dans la Parte Vieja (vieille ville)

Goiz Argi *(plan zoom, **30**) : Fermín Calbetón, 4. ☎ 943-42-52-04. • mostapasbar@hotmail.es • Tlj 10h-16h, 18h-23h30.* Cet établissement renommé étale sur son comptoir de délicieux *pintxos* légers, inventifs, toujours très frais et pas trop chers, les spécialités maison étant les brochettes de gambas (à accompagner de *txakoli*), ou encore la *marijuli,* délectable ! On y mange debout, en piétinant serviettes et cure-dents dans un joyeux brouhaha.

Casa Urola *(plan zoom, **33**) : Fermín Calbetón, 20. ☎ 943-44-13-71. • info@casaurolajatetxea.es • Tlj*

12h-15h30, et jeu-sam 19h-22h30. Resto gastronomique réputé (et plutôt cher), la *Casa Urola* régale son monde depuis 1946. Elle possède, au rez-de-chaussée, un excellent bar où les prix restent sages. Grimpé sur un tabouret au comptoir ou attablé en salle, goûtez aux délicats *pintxos* froids (bonite, anchois, *iberico...*) ou aux *calientes* qui sont leur gros point fort. Jetez-vous sur les *temporadas,* suggestions de saison que l'on ne trouve nulle part ailleurs. Spécialités de champignons (cèpes), de poisson (merlu, lotte) et fruits de mer (poulpe, palourdes), mais aussi *txuletas* de bœuf ultra-tendres. Vins au verre extra, à prix raisonnables. Autant dire que c'est bondé aux heures de pointe !

La Cuchara de San Telmo (plan zoom, **35**) : *31 de Agosto, 28. ☎ 943-42-08-40. À droite du nº 30, en haut et à droite du cul-de-sac (valle Lersundi). Tlj sauf lun et mar midi 12h-16h30, 18h-23h30. Media raciones 7-14 €.* L'un des bars les plus constants de Donostia, considéré, à juste titre, comme l'un des meilleurs depuis pas mal d'années. Plutôt que de simples *pintxos,* parlons de gastronomie. Souvent excellents, mais aux heures d'affluence, il faut jouer des coudes pour s'approcher du comptoir ! Sinon, on peut s'asseoir aux quelques tables en terrasse dans la ruelle (résa possible), à condition de prendre au moins une *media ración.*

Atari Gastroteka (plan zoom, **32**) : *Mayor, 18. ☎ 943-44-07-92. Tlj. Résa possible pour la terrasse. Raciones 10-22 €.* Un gastro-bar qui se démarque par ses incroyables buffets de *pintxos,* très travaillés, et ses *calientes* savoureux. Les amateurs de poulpe ne rateront pas la *ración* de *pulpo a la plantxa.* Ambiance virevoltante, musique forte et mélange des générations garantis. Quelques tables en terrasse, donnant sur la basilique Santa Maria.

La Jarana (plan zoom, **49**) : *Mari, 3. ☎ 943-54-70-01. • info@lasalaplazahotel.com • Tlj 10h30 (11h30 sam)-0h30 (1h ven-sam).* À défaut de vous offrir une nuit et un repas (résa obligatoire) dans ce très bel hôtel-restaurant donnant sur le port, on vous conseille de venir au moins y boire un verre. Plus élégant que les autres bars de la vieille ville, l'ambiance y est aussi plus feutrée. Un bar où l'on a grand plaisir à se régaler, assis, de *pintxos* raffinés dans le calme et la bonne humeur.

Aste 148 (plan zoom, **70**) : *Iñigo, 1 (pl. de la Constitucion). ☎ 843-68-70-19. Tlj 12h-1h (2h30 sam-dim) ; pas de restauration l'ap-m.* Repris par le groupe en vogue *Gastroleku* (qui possède également le *Atari* et le *GU*), cette adresse iconique a peut-être perdu en authenticité mais elle déroule désormais sur la place une vaste terrasse (réservation possible !) où l'on peut boire un verre et se régaler de tapas variées et soignées tout en profitant d'un cadre de rêve.

Bar Paco Bueno (plan zoom, **71**) : *Mayor, 6. ☎ 943-42-49-59. • jbuenofernandez@gmail.com • Ouverture et fermeture assez fantaisistes, tentez votre chance !* L'adresse incontournable pour les amateurs de crevettes, que l'on retrouve dans la plupart des *pintxos,* froids ou chauds. Une adresse prisée depuis 1950 ! Autant dire une institution...

Borda Berri (plan zoom, **36**) : *Fermín Calbetón, 12. ☎ 943-43-03-42. • bordaberri@hotmail.es • Ouv 12h30-15h30, 19h30-23h. Fermé dim soir, lun et mar midi.* Si rien ne vous tente sur le comptoir, cherchez donc l'ardoise et commandez les *pintxos* du jour, excellents, un peu chers mais copieux. Essayez le *zurrukutuna,* une soupe de morue à l'ail (en hiver seulement), les *ravioli,* ou encore les oreilles de porc au *romescu,* vous nous en direz des nouvelles !

La Mejillonera (plan zoom, **38**) : *Puerto, 15. ☎ 943-42-84-65. Tlj sauf lun midi 11h30-14h45, 18h-22h45 (23h30 ven-sam).* L'étroite salle quelconque qui longe le comptoir en alu et la frise de photos rétroéclairées disent toute l'importance de la déco : aucune. On est là pour l'atmosphère et les petits plats. Pas de *pintxos* à proprement parler : essentiellement des préparations à base de moules (à toutes les sauces) ou des anneaux de calamars frits et quelques patates sautées. Bon, simple, efficace.

Bar Txepetxa (plan zoom, **34**) : *Pescadería, 5. ☎ 943-42-22-27. 📱 644-18-00-10. • info@bartxepetxa.es • Tlj sauf dim soir, lun et mar. Congés : 2de quinzaine de juin.* Ici, on

LE GUIPÚZCOA

s'est spécialisé dans l'anchois depuis 80 ans ! *Pintxos* d'anchois donc, le plus fameux étant celui couvert d'une crème de tourteau, à déguster avec un petit verre de *txakoli*. Le mur du fond est tapissé de photos des célébrités passées par ici et de coupures de presse.

Dans le quartier de Gros

Bergara Bar *(hors plan par D1,* ***39****) : General Artetxe, 8, à l'angle de Bermingham. ☎ 943-27-50-26. • pinchos@pinchosbergara.es • Tlj.* Déco banale, mais le comptoir est couvert de *pintxos* tous plus goûteux les uns que les autres. Essayez, par exemple, la tortilla de champignons et de langoustines, à se rouler par terre. A reçu des prix, notamment de la « confrérie du *pintxo* » de la ville. Quelques tables en terrasse.

Dans le centro

Antonio Bar *(plan D2,* ***40****) : Bergara, 3. ☎ 943-42-98-15. • info@antoniobar.com • Tlj sauf dim et j. fériés 7h30-23h30.* Quelques rares tables en extérieur et à peine 4 tabourets au comptoir, c'est dire s'il faudra vous battre pour vous asseoir. Il faudra également batailler pour accéder aux *pintxos,* tous plus délicieux les uns que les autres... La plupart étant faits à la commande, on vous conseille de lorgner sur les assiettes de vos voisins avant de vous précipiter. La majorité des clients sont des habitués, travaillant dans le quartier, et ils sauront vous conseiller. Il y a fort à parier qu'ils vous recommandent le ravioli de langoustine à la sauce Martini, la spécialité maison !

Bar Casa Valles *(plan D2,* ***41****) : Reyes Católicos, 10. ☎ 943-45-22-10. • barcasavalles@gmail.com • Tlj 9h-23h (mais cuisine fermée 16h-19h). Raciones 6-16 €, menu 15,50 €.* Une vraie légende qui existe depuis 1942. Spécialités de charcuterie (jambonneau, chorizo) et de fromages locaux. Comparé à d'autres endroits, les *pintxos* y sont plutôt simples, bon marché, mais c'est ici qu'aurait été créé le 1er *pintxo* de la ville : le *gilda,* des petits piments doux avec une olive et un anchois, qu'on trouve désormais partout. Également des *raciones.* Atmosphère authentique et peu touristique, avec des dizaines de jambons qui sèchent au plafond. Terrasse sur la rue piétonne.

Où manger assis ?

Il existe aussi d'excellents restos à Donostia : la ville est tout de même la capitale de la nouvelle cuisine basque. Elle possède son Université des arts culinaires et on y trouve (si l'on inclut les environs proches) 2 restos régulièrement classés dans les 20 meilleurs mondiaux (*Mugaritz,* à Errenteria, et *Arzak*) ! On peut aussi citer l'*Akelarre* et l'emblématique *Martín Berasategui,* à Lasarte. Un repas chez eux coûte évidemment très cher, aussi préférons-nous vous livrer les quelques adresses ci-dessous.

De bon marché à prix moyens

Dans la Parte Vieja

Gandarias Jatetxea *(plan zoom,* ***43****) : 31 de Agosto, 23. ☎ 943-42-63-62. • gandarias@restaurantegandarias.com • ♿ Tlj 11h-minuit. Pintxos* plus ou moins créatifs mais toujours copieux, frais et goûteux. S'ajoutent aux grands classiques quelques mini-plats chauds, là aussi reconstituants et réussis, genre risotto, *solomillo* en sauce, crevettes en brochette et généreuses *tortillas.* Quelques places au comptoir, mais surtout une belle salle rustique pour s'asseoir à l'arrière. Une adresse appréciée par les trentenaires (et plus) de la ville, qui savent conjuguer les *pintxos* à tous les temps. Service survolté le soir, jusque dans la rue.

Kaskazuri *(plan D1,* ***44****) : paseo de Salamanca, 14. ☎ 943-42-08-94. • info@kaskazuri.com • Tlj. Menus 25 € le midi en sem, 27 € le soir dim-jeu, 27-35 € le w-e.* Cadre contemporain classique, un peu chic. Un resto que nous vous signalons surtout pour ses menus variés, non seulement très complets (vin et dessert compris), mais aussi très bons. Une bonne affaire. Accueil et service courtois.

Dans le quartier de Gros

Bodega Donostiarra (plan D1, **42**) : *Peña y Goñi, 13. ☎ 943-01-13-80. • bodega@bodegadonostiarra.com • Tlj sauf dim soir et certains j. fériés 9h30-23h (minuit le w-e). Résa possible pour le resto 1 sem à l'avance. Salades 6-15 € ; raciones et grillades 5-20 €.* Une taverne moderne où l'on peut aussi bien grignoter quelques *pintxos* (essayez le *Indurain* !) que dévorer une brochette de poulpe et de gambas ou une viande cuite à la braise (les 2 grandes spécialités maison). Les tortillas, réalisées à la commande, sont hyper fondantes. Décor séduisant, avec murs de pierre blanchis, tablées en bois et large terrasse dans la rue piétonne, très convoitée malgré les prix majorés.

Topa Sukaldería (plan D1, **47**) : *Agirre Miramón, 7. ☎ 943-56-91-43. • info@topasukalderia.com • Tlj, sauf lun-mar et mer midi nov-mai, 13h-15h30, 20h-23h. Raciones 6-15 €, repas 20-25 €.* Andoni Luis Aduriz, le célèbre chef du resto *Mugaritz,* a choisi le quartier de Gros pour ouvrir ce joyeux bistrot d'inspiration latina. Cadre hyper réussi : grande fresque street art, mobilier en bois, tissus andins, comptoir de marbre... Dans les assiettes, une rencontre entre le Pays basque et ses exilés d'Amérique latine : *tiradentes* et ceviches péruviens, *tacos al pastor* en version basque, ou *quesadillas* au jambon ibérique... Surprenant, fin et coloré ! Le mieux est de prendre plusieurs plats et de partager. Excellents cocktails et bande-son bien épicée, entre cumbia et reggaeton.

Taquería Kursaal (plan D1, **48**) : *Ramón María Lilí, 2. ☎ 943-35-93-21. • taqueriakursaal@gmail.com • Tlj sauf lun 9h-23h30 (minuit sam). Menu déj 10 € ; raciones et plats 10-15 €.* Dans ce quartier où la cuisine créative contemporaine est en effervescence, on trouve des tables pour tous budgets. Celle-ci, dans un cadre à la déco moderne et florale, propose des petits plats de fusion basco-mexicains savoureux avec mention spéciale pour la dégustation de 4 tacos originaux, le poulpe au cactus et le cochon de lait au guacamole...

Dans le centro

Café Oquendo (plan zoom, **45**) : *Oquendo, 8. ☎ 943-42-07-36. • restauranteoquendo@gmail.com • Tlj 9h-minuit. Menus 17-30 € ; raciones et salades 6-18 €.* Situé face au théâtre et à l'hôtel *María Cristina,* c'est un peu le café dédié au festival de San Sebastián (visez le mur couvert de photos de gens du spectacle et de célébrités !). La cuisine est soignée et les *pintxos* chauds délicieux. Ambiance conviviale et pas trop touristique.

On vous rappelle que certains des bars à *pintxos* mentionnés plus haut servent également des plats ou des menus en arrière-salle.

Un peu à l'écart

Asador Aratz (hors plan par A3, **46**) : *camino de Igara, 15. ☎ 943-31-26-62. • info@restaurantearatz.com • Dans le quartier de Bigara, tt près du grand parking gratuit. Fermé Noël et 1er janv. Menus déj en sem 13 €, sinon 44-75 € ; carte 35-40 €.* Un peu excentrée, une belle auberge traditionnelle où les Espagnols aiment se retrouver en famille. Ils se partagent tablées et assiettes et l'on a bien envie, comme eux, de tout goûter, surtout quand on sait le soin méticuleux que met le chef dans le choix de ses produits (et de sa viande !). Mention spéciale pour ses *chipirons* à l'encre (gare aux taches !). Cela vaut le coup de venir s'égarer dans cet étrange quartier sans âme et de découvrir, un peu incongrue au milieu des immeubles, l'ancienne voie qui permettait de sortir de la ville, comme en témoignent les nombreux bars et restos qui s'y alignent encore.

Où prendre le petit déjeuner ?
Où manger des *churros* ?

Pirpira Café (plan D3, **50**) : *pl. Easo, 4. ☎ 943-05-13-40. Tlj dès 8h (9h sam, 9h30 dim). Petits déj 2,20-4,90 €.* Agréable terrasse sur une jolie petite place bien ombragée pour ce café qui cultive un look vintage. Pour un petit déj bon et copieux à prix d'ami. Croissants et pâtisseries maison, charcuteries, jus d'orange... Équipe jeune et sympa.

Chocolatería Santa Lucia *(plan zoom,* ***24****) : Puerto, 6. ☎ 943-42-50-19. Tlj 8h30-21h (22h30 le w-e).* Contrairement à ce que son nom laisse espérer, c'est un snack-cafétéria froid comme un hall de gare malgré sa déco rétro, éclairé aux néons et aux murs juste rehaussés de quelques photos du vieux Donostia. Pourtant, depuis 1958, on s'y réconforte les jours de pluie avec un bon *chocolate con churros*. Pas la peine d'essayer le reste, les photos ne donnent d'ailleurs pas envie !

Où boire un verre ? Où écouter de la musique ? Où sortir ?

C'est sans aucun doute dans la ***Parte Vieja*** que l'on trouve le plus d'animation en soirée. Tous les bars à *pintxos* sont agréables, que ce soit pour descendre une *caña* (bière pression) ou déguster un verre de vin ; attention toutefois, ils ferment généralement assez tôt (vers 23h-minuit).
Plus à l'est, le quartier de **Gros,** fréquenté par les jeunes et les surfeurs, se développe et gagne en animation. Enfin, les abords de la ***Tabakalera,*** le nouveau musée d'art contemporain, ont vu fleurir les adresses pour sortir ou danser.

LE GUIPÚZCOA

Akerbeltz *(plan zoom,* ***58****) : Mari, 19. Tlj sauf lun 12h-2h (4h w-e).* Une terrasse posée au pied d'un élégant escalier de la Parte Vieja, avec vue sur le port, et une profonde cave où la température monte dès la nuit tombée. Ambiance rock ou électro, avec musique à plein volume et foule réjouie. Excellentes bières artisanales et gin-tonic bien tassé.

Kafe Botanika *(plan D2,* ***53****) : paseo del Arbol de Gernika, 8. ☎ 943-44-34-75. • kafebotanika@gmail.com • Tlj sauf dim soir 9h-23h (minuit ven-sam). Petits plats 9-15 € ; brunchs 8,50-16,50 €.* Au pied d'un immeuble cossu, un café-bar idéal pour boire un verre ou grignoter un petit quelque chose ; l'endroit est très prisé le week-end à l'heure du brunch. Magnifique jardinet où quelques tables ont été agréablement disposées. À l'intérieur, adorable déco façon café d'Europe du Nord. On passerait des heures dans le coin lecture de la véranda. Petits concerts de jazz parfois.

Bar Txiki *(plan zoom,* ***51****) : San Lorenzo, 11. Tlj 19h-1h30.* Dans la vieille ville, un genre de pub tout petit et bruyant, à l'atmosphère un peu basquisante mais surtout rock. Pour boire un coup et jouer aux fléchettes.

Terraza Bokado *(plan C1,* ***54****) : sur le port, sur la terrasse de l'aquarium. ☎ 943-43-18-42. • aquarium@bokadogrupo.com • Bar tlj sauf lun 11h-18h.* Cette terrasse offre une vue exceptionnelle sur la baie de Donostia. Très agréable pour prendre un verre, même sans manger au resto, ni visiter l'aquarium.

Altxerri Jazz Bar *(plan zoom,* ***55****) : Reina Regente, 2. ☎ 943-42-16-93. • info@altxerri.com • Tlj sauf lun 19h-4h (minuit dim).* La salle est en sous-sol. Pour les amateurs, concerts de jazz, rock, salsa, bossa-nova... presque tous les soirs, sauf le week-end (entrée payante).

Museo del Whisky *(plan zoom,* ***52****) : alameda del Boulevard, 5. ☎ 943-42-64-78. • info@museodelwhisky.com • Tlj sauf dim 15h30-3h30.* Bar aux boiseries lustrées. L'une des plus grandes sélections de whiskies que l'on connaisse ! Si vous n'aimez pas ça, essayez donc le *café con hielo* (au sucre de canne liquide), surprenant ! Généralement, un pianiste s'installe tous les soirs (vers 23h) dans la cave pour jouer quelques inusables standards.

GU *(plan C1-2,* ***56****) : Igentea, 9. ☎ 843-98-07-75. • reservas@gusansebastian.com • gusansebastian.*

com • Jeu 17h-5h, ven-sam 17h-6h, mer et dim 17h-2h. Fermé lun-mar. Entrée payante à partir de minuit. Ce bar branché a investi le superbe club nautique. Au rez-de-chaussée, une terrasse qui permet de capter les derniers rayons de soleil en sirotant bières ou cocktails ; à l'étage, cadre design et grande baie vitrée, avec vue à 180° sur la Concha et l'île Santa Clara... En soirée, on pousse les tables et on monte le volume, le lieu devenant une boîte très tendance. Souvent privatisé, vous pouvez trouver porte close.

Dabadaba *(plan D2,* ***57****)* **:** *Mundaiz, 8. ☎ 943-26-58-26. • holadabadaba@gmail.com • dabadabass.com • Horaires selon programmation (voir sur leur site).* La nouvelle adresse de Donostia pour assister à un concert ou danser. Riche programmation qui fait la part belle au rock, à la soul ou au folk. Soirées clubbing électro tous les week-ends. Si le concert du soir ne vous branche pas, essayez le ***Bukowski,*** un autre bar-concert à seulement 5 mn à pied *(hors plan par D2 ; Egia, 18 ; • info@lebukowski.com • ; tlj).*

Achats

La Bretxa *(plan zoom,* ***63****)* **:** *tlj sauf dim 8h-21h (poissonneries fermées lun et l'ap-m ; certains commerces ferment entre 14h et 17h).* Le beau marché couvert (et souterrain) fait peau neuve mais reste partiellement ouvert pendant les travaux qui devraient prendre fin en 2022. Cela reste l'endroit idéal pour faire le plein de beaux produits à bon prix : jambon, chorizo, lomo, morue, poisson frais, huile d'olive...

La Sevillana *(plan zoom,* ***60****)* **:** *Esterlines kalea, 4. ☎ 943-42-15-63. • info@lasevillanadonostiarra.com • Tlj sauf sam ap-m et dim : mai-oct, 9h-14h30, 16h30-20h30 ; en hiver, 9h30-14h, 17h-20h.* Bonite, anchois, thon, morue... tous les produits de la mer mis en conserve, mais aussi des olives fraîches dans leur jus et autres spécialités basques. Une boutique à l'ancienne, fidèle au poste depuis 1944 !

Pastelería Otaegui *(plan zoom,* ***64****)* **:** *Narrica, 15. ☎ 943-42-56-06. • administracion@pasteleriaotaegui.com • pasteleriaotaegui.com • Lun-ven 9h30-14h, 17h-20h.* Depuis 1886, cette jolie pâtisserie Art déco confectionne de délicieux gâteaux, crémeux à souhait. Ne ratez pas LA spécialité maison : la *panchineta,* un dessert traditionnel aux origines modestes qui s'est raffiné avec le temps (une pâte feuilletée, fourrée à la crème et recouverte d'une couche d'amandes hachées...). Plusieurs adresses en ville.

Aitor Lasa *(plan zoom,* ***61****)* **:** *Aldamar, 12. ☎ 943-43-03-54. • tienda@aitorlasa.es • aitorlasa.com • Lun-ven 8h30-14h, 17h-20h ; sam 8h30-14h30. Fermé dim.* Épicerie fine. On y trouve de tout : charcuterie, fromages, huiles d'olive, conserves, champignons, etc. Pas vraiment donné.

Vinos Martínez *(plan zoom,* ***62****)* **:** *Narrica, 29. ☎ 943-42-08-70. • luis@vinosmartinez.com • vinosmartinez.com • De juil à mi-sept, tlj 10h-21h ; le reste de l'année, fermé 14h-16h30.* Si vous cherchez un vin espagnol ou basque... ou juste une petite bouteille de *txakoli.*

Casa Ponsol *(plan zoom,* ***65****)* **:** *Narrica, 4. ☎ 943-42-08-76. • info@casaponsol.com • Lun-sam 10h-13h30, 16h-20h.* Depuis 1838, une merveilleuse boutique où faire le plein de bérets authentiques (*Laulhère* ou *Elosegui*)... Il s'agit du plus vieux commerce de la ville encore en activité, et de la plus ancienne chapellerie d'Espagne. En 1897, elle coiffait et chapeautait déjà la famille royale !

À voir. À faire

Parte Vieja *(vieille ville ; plan zoom)* **:** rues étroites, maisons anciennes, c'est un quartier populaire, où vous ne verrez pas les imposantes demeures blasonnées de Bergara ou de Hondarribia. Ambiance à la fois touristique et jeune, très remuante en soirée. Le centre névralgique en est la *plaza de la Constitución,* belle place carrée du XVIIIe s très homogène avec ses 3 façades identiques et un étroit balcon qui court tout autour. Elle fut utilisée comme *plaza de toros,* comme le montrent les numéros des balcons. Toutes les rues de cette partie de la ville présentent des édifices intéressants, parfois agrémentés d'un bow-window et accueillent un nombre incroyable de bars à *pintxos,* qui animent joyeusement le quartier. Un peu trop peut-être... On compte aujourd'hui plus de restos que d'habitants.

Iglesia San Vicente (plan zoom) : *tlj sauf dim ap-m 9h-13h, 17h-19h30 (17h30-20h sam). Éclairage payant (1 €).* La plus ancienne église de la ville, de style gothique tardif et même basque pour le sanctuaire, et finalement refaite en style plateresque au XVIe s. Très bel intérieur, avec un impressionnant retable doré de l'école de Michel-Ange, qu'on peine à distinguer dans la pénombre. À moins de mettre une pièce pour l'éclairer...

Basílica de Santa María del Coro (plan zoom) : *31 de Agosto. Tlj 10h30-19h30 ; musée fermé sam à partir de 18h et dim jusqu'à 13h15. Entrée : 3 €.* Elle date du XVIIIe s et présente une magnifique façade de style churrigueresque, copieusement chargée et aux influences coloniales certaines, avec un porche rococo et un saint Sébastien piqueté de flèches au fronton. Prendre un peu de recul dans la calle Mayor, tout en observant à l'autre bout la cathédrale du *Buen Pastor,* pile dans l'axe. À l'intérieur de la basilique, une œuvre moderne de Chillida, *La Cruz de la Paz,* orne le mur du fond. On y trouve également un petit *Musée diocésain* qui présente quelques statues en bois polychrome, de l'orfèvrerie et de l'art religieux.

Museo municipal San Telmo (plan zoom) : *pl. de Zuloaga, 1 ; dans l'ancien couvent San Telmo. ☎ 943-48-15-80. • santelmomuseoa.eus • Tlj sauf lun 10h-20h. Fermé 1er et 20 janv, et 24-25 déc. Entrée : 6 € ; réduc ; gratuit moins de 25 ans et pour ts mar. Audioguide (en français) théoriquement inclus.* Passionnant musée, qui présente brillamment la culture basque et son histoire, mais aussi une large collection de peintures. Entièrement rénové, il a été aménagé dans un ancien couvent dominicain du XVIe s, auquel les architectes Nieto et Sobejano ont ajouté une aile résolument moderne. Prenez un peu de recul sur la plaza Zuloaga pour admirer cette confrontation aussi audacieuse qu'harmonieuse. À l'intérieur, un imposant escalier de bois a été installé dans la coupole originelle : impressionnant !

La visite

– Au rez-de-chaussée, on pénètre d'abord dans le très beau ***cloître à arcades*** avec, tout autour, une intéressante série de croix funéraires basques en pierre. À droite, l'***église,*** où une dizaine d'immenses toiles de José Maria Sert, peintes (sur mesure) dans les années 1930, évoquent la culture et le caractère du peuple basque. Avec leurs teintes sépia étonnamment lumineuses, elles sont aussi artistiques qu'énigmatiques ! Au même niveau, autour du cloître, une autre salle abrite la section ***Traces de mémoires.*** Elle passe en revue l'histoire de la région à travers moult objets : amphores, armures, outils agraires, mesures, coiffes basques... À noter encore, le 1er dictionnaire trilingue basque-castillan-latin (1745).

– Au 1er étage, large ***section ethnographique*** qui fait le tour du cloître. Elle reprend de nombreux aspects historiques du Pays basque à travers des panneaux bien faits et concis : le monde rural, les costumes traditionnels (avec des coiffes incroyables), les instruments de musique, les sports basques, l'évolution de la société et la naissance de l'industrialisation de la région (locomotive économique de l'Espagne fin XIXe s)... On termine par la guerre civile (poignante présentation du raid nazi sur Guernica), les années 1960 et les revendications régionalistes...

La collection de peinture

Riche panorama de l'histoire de la peinture du XVe au XXe s.

– Commencer par le 2e étage si vous souhaitez respecter l'ordre chronologique. Après avoir détaillé quelques merveilles de ***primitifs espagnols,*** on admire ***le Tintoret, le Greco,*** Bassano, ainsi qu'Alonso Cano et Luca Giordano. Plus proche de nous, ***Sorolla*** et ***Mariano Fortuny.***

– Au 1er étage, exposition des toiles d'artistes basques qui témoignent des traditions locales : Arrue, Ugarte, Zuloaga, Arteta, Antonio Ortiz Echagüe ou Ramón de Zubiaurre. Un peu d'art moderne également, comme de très belles pièces du grand sculpteur local, ***Eduardo Chillida.*** Elles répondent parfaitement aux œuvres de son compère, basque lui aussi, ***Jorge Oteiza.***

De la vieille ville, possibilité de grimper au ***mont Urgull*** *(plan C1)* pour bénéficier d'un intéressant panorama sur la cité. Le chemin part de l'église Santa María. La colline est surmontée d'une forteresse du XVIe s, le ***castillo de la Mota.***

Le port *(plan C1)* **:** *au bout de la plage, adossé au mont Urgull et à la vieille ville.* On peut assister à l'arrivée des bateaux et au déchargement du poisson. On y retrouve, le long du quai, un peu de l'architecture d'autrefois, avec cette série de maisons à la façade carrelée. Tout au fond, un bout de quai où les gamins se baignent... malgré l'interdiction. Quelques restos aussi, mais à notre avis pas les meilleurs de la ville. C'est par ici qu'on accède au *Museo maritimo* et à l'*aquarium.*

« UNA MONEDITA AL AGUA ! »

Sur le port de San Sebastián, des mômes interpellent tous ceux qui passent, touristes ou locaux : « Una monedita al agua por favor ! » *Il s'agit de lancer aux enfants une pièce dans l'eau du port, qu'ils tentent de récupérer avant qu'elle ne coule. Une tradition fort ancienne qui permet aux gamins, à défaut de s'enrichir, d'être vaccinés contre les bactéries portuaires !*

Museo maritimo vasco *(Euskal Itsas Museoa ; plan C1)* **:** *au bout du port, juste avt l'aquarium. • itsasmuseoa.eus • Avr-sept, mar-sam 10h-19h ; oct-mars mar-sam 10h-14h, 16h-19h ; dim 11h-14h (19h de mi-juin à mi-sept). Fermé lun. GRATUIT.* Pour les passionnés de mer, un petit musée à ne pas manquer. Il propose des expos temporaires de qualité, qui changent pratiquement tous les ans.

Aquarium *(plan C1)* **:** *sur le port. ☎ 943-44-00-99. • aquariumss.com • Juil-août, tlj 10h-21h ; Pâques-juin et sept, tlj 10h-20h (21h le w-e) ; oct-Pâques, tlj 11h-19h (20h le w-e). Dernier billet 1h avt fermeture. Fermé 1er et 20 janv, et 25 déc. Entrée : 13 € ; 6,50 € 4-12 ans ; réduc. Audioguide en français : 2 €.*
On débute la visite par un intéressant musée sur la mer et la pêche, doté d'une belle scénographie (comme tout l'aquarium du reste), avec en vedette le squelette de l'avant-dernière baleine chassée au Pays basque (1878). Gravures marines, instruments de mesure, différents aspects de la navigation, superbes maquettes de bateaux à travers le temps, dioramas sur les différents types de pêche, dont la pêche à la baleine (voir l'huile et les fanons de cétacés), quelques poissons dans le formol, et belles collections de coquillages et de fossiles.
On arrive naturellement à la partie vivante où de superbes aquariums révèlent une vie sous-marine insoupçonnée. 2 grandes sections : les ***poissons du golfe de Gascogne,*** où l'on trouve plusieurs milliers de poissons étonnants. Clous de la visite, le grand bassin aux poissons de belle taille, puis l'incroyable tunnel surmonté de requins. La 2de partie est dédiée aux ***poissons des eaux tropicales,*** avec de très curieuses espèces comme la murène étoilée, la rascasse volante, la méduse inversée, le piranha... végétarien (!), le nautile, les poissons-vaches, trompettes, ananas, torpilles, sangliers... Sans oublier les classiques étoiles de mer, oursins, etc.

L'aquarium possède également, au dernier étage, une belle ***cafétéria,*** doublée d'un resto chic, le ***Bokado,*** avec une terrasse donnant sur toute la baie de Donostia. Parfait pour prendre un verre (voir « Où boire un verre ?... »).

Derrière l'aquarium, belle balade sur le ***Paseo Nuevo*** en continuant le long de la mer, avec vue sur le large. On découvre la silhouette massive de

Construction Vide, sculpture de Jorge Oteiza. Posée à l'entrée de la baie, elle fait écho ***aux œuvres de Chillida***, situées juste en face.

On peut aussi, depuis le port, faire une ***excursion en bateau*** dans la baie de la Concha, avec arrêt possible pour faire une balade sur l'îlot Santa Clara (retour par un autre bateau plus tard), avec *Motoras de la Isla (☎ 943-00-04-50 ; • motorasdelaisla.com • ; 8 départs/j. juin-sept, Semaine sainte et ponts fériés ; durée 30 mn ; 4-6,50 €)* ou avec le catamaran *Ciudad San Sebastián (📱 607-20-11-55 ; • ciudadsansebastian.com • ; mars-oct 7 départs/j. le w-e – tlj de mi-juin à mi-sept ; 40 mn ; 12 €),* ce dernier faisant aussi un petit tour au large de la plage de Zurriola.

Club Náutico *(plan C2)* **:** *sur le bord de mer, juste en face de l'hôtel de ville.* Étonnante silhouette que celle du club nautique, bâtiment rationaliste conçu en 1926 dans le style « paquebot ». À l'époque, son architecture déplut beaucoup aux habitants de la ville, assez conservateurs. C'est pourtant devenu l'un des symboles de Donostia aujourd'hui. Possibilité d'y prendre un verre en fin de journée, au ***GU*** (voir « Où boire un verre ?... »).

Centro *(plan D2)* **:** quartier commerçant chicos qui s'étend autour de la cathédrale néogothique *del Buen Pastor.* 2 axes importants : Loiola et Urbieta. De jolis bâtiments du XIXe s et même Art nouveau dans d'autres rues, comme sur Garibay, au no 21, ses balcons et sa pharmacie 1900. Plus loin, au no 14 de Getaria kalea, un fabuleux magasin du début XXe s *(Almacenes Arenzana)* qui ne vend que du cordage et de la ficelle sous toutes les formes.

Koldo Mitxelena Kulturunea *(plan D2)* **:** *Urdaneta, 9. ☎ 943-11-27-56. Derrière la cathédrale del Buen Pastor. Expo mar-sam 16h-20h, plus sam 11h-14h. GRATUIT.* Cette bibliothèque accueille en sous-sol et dans ses étages des expositions temporaires, notamment d'art contemporain.

La plage de la Concha *(plan B-C2)* **:** c'est la partie orientale de la baie mais en fait le nom générique de toute la plage. Courbe parfaite, sable doré, c'est à elle que Donostia doit sa notoriété. Sans cette *playa,* pas de bains de mer, pas de bourgeoisie, pas de richesse ! Aujourd'hui comme il y a un siècle (mais pas dans la même tenue), les personnes âgées déambulent le long de la plage les pieds dans l'eau dès l'aube, avant d'ouvrir une chaise pliante et de se gaver de bon air. Les promeneurs se promènent, les estivants estivent, les joggeurs joggent, et tout le monde semble heureux. C'est le matin que la plage offre ses plus belles lumières. Zone de baignade surveillée et pontons au large pour plonger et se relaxer.

Paseo de la Concha *(plan B-C2-3)* **:** la plage est surmontée d'une élégante promenade, à arpenter idéalement en fin d'après-midi. Puis, lorsque vous serez lassé d'observer les différentes variétés d'estivant(e)s, vous pouvez faire une pause au *Café de la Concha* avec sa terrasse offrant une vue dégagée sur la plage. Il est installé au-dessus de ***La Perla*** *(• la-perla.net •),* un centre thermal à l'architecture Belle Époque. L'architecture du front de mer est loin d'être irréprochable, et l'on compte comme ailleurs un grand nombre de verrues mais, étrangement, cela n'a pas suffi à rompre son charme suranné.

Le palacio Miramar et son parc *(plan A-B2-3)* **:** *accès au parc tlj 8h-21h (19h30 en hiver). Visites guidées du palais en été (dates et horaires affichés à l'entrée).* Cet imposant palais de style « cottage anglais » domine les 2 parties de la Concha. Il a été construit à la fin du XIXe s dans le but d'accueillir la reine Maria-Cristina et la famille royale lors de leurs séjours estivaux à Donostia. En contrebas de son élégant parc qui offre une vue magnifique sur la baie, le tunnel Miramart, peint par un artiste local, se veut une expérience artistique et sensorielle subaquatique (sic !).

La plage d'Ondarreta *(plan A-B2)* **:** c'est la partie ouest de la Concha. En fait, c'est la même qui change de nom en butant au pied du *monte Igeldo.*

LE GUIPÚZCOA

On y trouve location de parasols, transats et kayaks. Surtout, tout au bout, l'enfant chéri du pays, Eduardo Chillida, a inscrit dans le paysage une sculpture monumentale et emblématique, le ***Peine del Viento*** (le « peigne du vent »). Les jours de grands vents, les vagues rugissent, giclent, et trompettent, Chillida ayant imaginé son œuvre comme une offrande dialoguant avec la mer ; les éléments fusionnent et interagissent, formant sons et jets d'eau... Magique en toute saison !

Monte Igeldo *(plan A1-2)* **:** une promenade classique des Donostiarras. Depuis le début du XXe s, on y a installé un parc d'attractions avec montagnes russes, labyrinthe, rivière enchantée et maison de l'horreur. C'est plus sympa de s'y rendre en ***funiculaire*** *(pl. del Funicular, 4, au bout de la plage d'Ondarreta ; • monteigueldo.es • ; ttes les 15 mn 10h-22h en été, moins fréquent en hiver ; 3,75 € l'A/R),* mais on peut y aller en voiture *(parking 2,30 €/pers)* en poursuivant sur la route où se trouve l'auberge de jeunesse. Entrée gratuite et ticket modique pour chaque attraction *(env 2 €).* Atmosphère très foraine, les petits qui n'ont pas encore connu les gros parcs d'attractions adoreront. Les autres, en revanche, trouveront l'attrait un peu limité. Depuis le parc, splendide vue sur la ville. Restos et buvettes panoramiques sur place.

La plage de Zurriola *(plan D1)* **:** elle s'étend au-delà du *Kursaal,* dans le quartier de Gros, et attire les surfeurs. Si vous voulez taquiner les vagues charnues de ce très bon spot, location de matériel, entre autres, à la boutique *Pukas* (propose aussi des cours), face à la plage *(avda Zurriola, 24 ; ☎ 943-32-00-68 ; • pukassurf.com • ; juin-sept, tlj 8h30-20h30 ; oct-mai, lun-sam 10h-14h, 16h-20h et dim 9h-14h30 ; compter 29 €/j. pour un surf, 39 € pour un cours en groupe, 57 € pour un cours particulier – tarifs dégressifs).* Avant de vous jeter à l'eau, consultez le panneau, très bien fait, qui détaille les différents pics de vagues et les règles de priorité en vigueur.

Tabakalera *(Centre international de la culture contemporaine ; plan D2)* **:** *Duque de Mandas, 52, barrio Egia. ☎ 943-01-13-11. • tabakalera.eu • ♿. Bus nos 9, 42 et B3. Accès à l'édifice lun-jeu 9h-21h, ven-sam 9h-22h (23h en été), dim et j. fériés 10h-22h. Horaires réduits selon expos. Visites guidées 2 fois/mois sur résa, mer à 18h (en espagnol). GRATUIT.* Cette ancienne manufacture de tabac (de 1913 à 2003) est devenue le principal centre d'art contemporain de la ville. Des artistes s'y installent en résidence pour produire leurs œuvres. Nombreuses expositions temporaires : au rez-de-chaussée, la ***Kutxa Kultur Artegunea*** expose des photographes de toutes tendances et du monde entier ; au 1er étage, grandes expositions d'art contemporain qui changent régulièrement. Également des boutiques de design basque et un bar sympa pour buller, une salle de concerts et un hôtel, le *One Shot Tabakalera* (voir « Où dormir ? »).

Eureka ! Zientzia Museoa *(musée des Sciences ; hors plan par C3,* ***67****)* **:** *paseo Mikeletegi, 43-45. ☎ 943-01-24-78. • eurekamuseoa.eus • Au sud de la ville, au cœur du Parque tecnológico. Bus no 28 depuis alameda del Boulevard ou no 31 du paseo Colón. En voiture, depuis la N 1, prendre la sortie 7 vers Amara ; depuis le centre, remonter la rue Aldapeta. Tlj 10h (11h le w-e)-19h (20h le w-e, aux vac de Pâques et de Noël et en juil-août). Fermé 1er janv et 25 déc. Entrée : 10 € (12,50 € avec le planétarium) ; 7 € 4-17 ans (9,50 € avec le planétarium) ; réduc. Planétarium seul : 4 € ; réduc.* Assez pédagogique. Des modules permettent de saisir les principes de base de la physique. Par bonheur, tout est traduit en français. Ne manquez pas les boules plasma, le lit de fakir et les illusions d'optique. Ni ce globe terrestre de 3 t qui tourne tout seul sur un lit d'eau de 0,5 mm... Expo sur le corps humain à l'étage illustrant son fonctionnement, des autopsies filmées et des corps plastinés. Un planétarium et une cafétéria complètent cette agréable cité de la découverte.

Fêtes et manifestations

– ***Fête de San Sebastián :*** *20 janv.* La *tamborrada* commence le 19 à minuit et dure jusqu'à minuit le lendemain.
– ***Festival de jazz :*** *pdt la 2de quinzaine de juil.* ☎ *943-48-19-00.* ● *jazzaldia.eus* ● Toujours une bonne programmation (Miles Davis, James Brown ou Wynton Marsalis y ont participé).
– ***Fête de San Ignacio :*** *fin juil.* Fête célébrant le patron du Guipúzcoa avec une grande *tamborrada* le 31.
– ***Semana Grande :*** *sem du 15 août.* C'est une succession ininterrompue de concerts, feux d'artifice, etc.
– ***Quincena musical de Donostia :*** *août-début sept (en fait, cette quinzaine dure presque 1 mois !).* ☎ *943-00-31-70.* ● *quincenamusical.eus* ● Festival de musique classique organisé depuis 1939. Au programme : opéra, ballets, chorales, orchestres symphoniques, etc. Montserrat Caballé ou Placido Domingo s'y sont produits.
– ***Fêtes basques*** *(Euskal Jaiak)* **:** *du 1er au 2e w-e de sept.* Entre autres, manifestations folkloriques, régates de *traînières* les 2 dimanches.
– ***Festival international de cinéma*** *(Donostia Zinemaldia)* **:** *2de quinzaine de sept (en 2021, du 17 au 25 sept).* ☎ *943-48-12-12.* ● *sansebastianfestival.com* ● Depuis plus de 60 ans, un rendez-vous important dans le monde du 7e art. Nouveaux films, œuvres de jeunes réalisateurs, mais également cycles consacrés à des cinéastes ou thématiques ; en tout, plus de 250 séances. La sélection officielle, elle, réunit une vingtaine de films, qui concourent pour l'attribution de la *Concha de Oro.* Les places sont mises en vente à partir du vendredi qui précède le début du festival.

LE GUIPÚZCOA

AUTOUR DE DONOSTIA – SAN SEBASTIÁN

C'est un puzzle de villes ouvrières, de ports enfumés et de collines émeraude. Le plus bel exemple de ce contraste, c'est Pasaia. En fait, les environs immédiats de Donostia, c'est un petit bout de côte entre Irun et Donostia, la vallée du río Urumea et la basse vallée de l'Oria. Comme dans tout le Guipúzcoa, les abords immédiats des grands axes sont urbanisés et industrialisés à outrance. Mais, comme ailleurs, il suffit de prendre une petite route pour se retrouver dans de jolies vallées où le temps s'est arrêté.

PASAIA (PASAIA) (20110) 16 100 hab. *Carte Guipúzcoa, D1*

Malgré un écrin industriel on ne peut plus disgracieux, nous avons découvert avec joie ce petit bijou bien caché et venu tout droit du passé. Et nous ne sommes pas les seuls : Victor Hugo a dédié de superbes pages au petit port qu'il appelait « Passage » (traduction hugolienne du nom espagnol de Pasai, *Pasajes*), une traduction fort logique quand on observe la rade... Précisons cependant qu'à son époque les vertes collines environnantes n'étaient pas couvertes d'immeubles disgracieux. Hugo y a vécu

quelques semaines en 1843 et s'est promené dans les environs. Il avait été précédé par La Fayette, qui avait choisi cette ville pour embarquer vers l'Amérique.

Arriver – Quitter

En bus

➢ ***Donostia :*** liaisons ttes les 20 mn env avec *Ekialdebus (☎ 900-300-340 ; ● ekialdebus.eus ●).* À Donostia, départ des bus de la pl. de Guipúzcoa.

En train

➢ ***Donostia :*** liaisons ttes les 30 mn avec le *Topo (☎ 902-54-32-10 ; ● euskotren.eus ●).*

En voiture

➢ ***De Donostia,*** suivre « Irun » puis les panneaux « Lezo » et « Pasaia » (ou « Pasai Donibane », selon les panneaux). Se garer au parking du port, avant l'entrée du village (qui n'est en fait qu'une rue étroite interdite aux voitures).

Adresse utile

ℹ ***Oficina de turismo :*** *Donibane kalea, 63. ☎ 943-34-15-56. ● oarsoaldeaturismoa.eus ● Au rdc de la maison où vécut Victor Hugo. Tlj 9h-14h, 16h-19h (en moyenne et basse saisons, fermé dim ap-m et lun, et horaires restreints). Congés : 1er et 6 janv, 24-25 et 31 déc.* Bonne documentation. Ne pas manquer de visiter la maison de Victor Hugo à l'étage.

Où manger ?

Plus chic

🍽 🍸 ***Ziaboga :*** *Donibane, 91. ☎ 943-51-03-95. ● alexziaboga@gmail.com ● Tlj sauf mar (et fermé soir en sem, sauf sam, en basse saison). Congés : 20 déc-10 janv. Menus 20-40 € ; carte env 35 € ;* pintxos *à partir de 1,80 €. Apéro maison offert sur présentation de ce guide.* Sur l'agréable plaza Santiago. Terrasse aux beaux jours et salle blanc et bleu tout en bois donnant sur le port. *Pintxos* et *raciones* abordables pour les petits budgets. Sinon, menu du jour bien goûteux. Le poisson y est d'une belle fraîcheur, simplement grillé avec un filet de citron ou d'huile d'olive. Notre resto préféré dans le village.

🍽 ***Casa Camara 1884 :*** *Donibane, 79. ☎ 943-52-36-99. ● info@casacamara.com ● ♿ Fermé dim soir et lun, plus mar soir, mer soir et jeu soir en hiver. Congés : 2de quinzaine de nov. Plats 20-44 €.* La charmante salle à l'ancienne, avec ses fenêtres donnant sur le port, présente un trou au milieu du sol : ce sont les viviers de langoustes et homards, plongés directement dans les eaux du port. Impossible de faire plus frais ! Spécialité de fruits de mer, donc, mais aussi turbot, sole, lotte, etc. La table chic (et chère) de Pasaia.

À voir

👁👁 Le ***vieux Pasaia*** se compose essentiellement d'une rue étroite qui longe la *ría.* Bordée de hautes maisons d'époque reliées entre elles par des passages voûtés et des escaliers, elle a gardé son aspect ancien malgré quelques slogans rappelant que nous sommes dans un haut lieu de l'indépendantisme.
Cette rue passe d'abord devant la ***iglesia Juan Bautista*** *(ouv parfois pdt la messe à 18h-19h et le dim mat),* qui renferme un énorme retable plateresque

et le *Christ de Bristol.* Les ***maisons où vécurent Hugo et La Fayette*** se font presque face de part et d'autre de la rue principale. Dans la *maison de Victor Hugo,* au nº 63, on trouve l'office de tourisme et, à l'étage, l'expo (gratuite) « Victor Hugo, voyage vers la mémoire », issue d'un 1er musée ouvert en 1902. On y voit sa chambre meublée, un piano, des dessins, des éditions originales et une vidéo intéressante (en français), où Hugo se fait guide touristique pour vous présenter Pasaia et « sa rue arabe ». On débouche ensuite sur la belle ***plaza Santiago,*** délimitée par de hautes maisons à balcons, où se trouvent nos restos de poisson. Atmosphère méditerranéenne très agréable. Poursuivre jusqu'à la ***iglesia de Bonanza,*** presque face à la mer, où les anciens devisent en contemplant l'entrée de la rade. Ne vous arrêtez pas en si bon chemin : la ***promenade le long de l'eau*** amène à croiser pêcheurs, touristes et même des baigneurs en été. Également des cyclistes et des randonneurs, car les sentiers du Jaizkibel ne sont pas loin (demander la brochure *Rutas* à l'office de tourisme). En chemin, on peut s'arrêter boire un verre sur la terrasse en bois de l'*Alibortza Kantina.*

UN DÉPART EN CATIMINI

Le marquis de La Fayette fit construire la frégate Hermione *à Rochefort, en Charente-Maritime. Ce bateau avait pour mission d'aider les insurgés américains contre les colons anglais. Le tout était financé par Louis XVI. Pour ne pas créer d'incident diplomatique, le roi de France exigea, en 1777, que La Fayette partît discrètement d'un port espagnol, Pasaia en l'occurrence.*

DANS LES ENVIRONS DE PASAIA (PASAIA)

On vous conseille la voiture pour explorer le coin, les transports en commun se faisant plus compliqués. Cela dit, depuis le port de Pasaia, un petit bac mène à Albaola pour moins de 1 €...

Albaola : *à* ***Pasaia Ondartxo.*** ☎ *943-39-24-26.* • *albaola.com* • *En voiture, se garer au bout de la route et marcher 10 mn ; sinon, en bac depuis Pasaia. Tlj sauf lun 10h-14h, 15h-19h (18h oct-mai). Fermé 1er et 6 janv, 24-25 et 31 déc. Entrée : 7 € ; réduc ; gratuit moins de 6 ans.* Ici, une équipe de passionnés construit et restaure des bateaux basques anciens d'après des plans d'époque. Pour célébrer San Sébastián Capitale culturelle européenne, ils ont même achevé en 2016 la construction de A à Z d'un galion du XVIe s, le *San Juan,* dont l'épave fut retrouvée au large du Canada, et qui avait initialement été construit à Pasaia. Quand il sera fini, il voguera à nouveau vers Terre-Neuve, où les marins basques, il y a 5 siècles, allaient pêcher la morue et chasser la baleine... On peut aussi monter sur le pont du *Jaizkibel,* un dragueur hollandais des années 1930 qui servit à agrandir le port de Pasaia. Un endroit intéressant et en perpétuel mouvement.

Fuerte de San Marcos : *camino de San Marcos,* ***Errenteria.*** ☎ *943-44-96-38.* • *oarsoaldeaturismoa.eus* • *Par la GI 2132 qui relie Oiartzun et Astigarraga. De mi-mai à mi-nov, mer-dim 10h-14h, 16h-18h. GRATUIT. Visites guidées gratuites.* Construit à la fin du XIXe s sur des plans de type Vauban, en grès rose, pour protéger d'une éventuelle invasion française qui n'eut jamais lieu, il occupe une position stratégique sur les hauteurs de Donostia. La vue depuis les murailles est imprenable (d'ailleurs, on ne l'a pas prise) et s'étend pratiquement de Saint-Jean-de-Luz (voire du phare de Biarritz) à Zarautz. Aujourd'hui, désaffecté puis restauré, il abrite un petit musée exposant des pièces d'artillerie et un café-resto (pas extra, contentez-vous juste d'y boire un truc).

OIARTZUN (OIARTZUN)

(20180) env 10 000 hab. *Carte Guipúzcoa, D1*

On aime bien ce village d'Astérix (Astéritz ?) qui résiste encore et toujours à son effrayant environnement routier et industriel, avec un minuscule centre piéton où se jouxtent maisons paysannes et maisons blasonnées (l'une d'elles date de 1678), sans oublier la jolie mairie dont le porche a été transformé en fronton de pelote basque.
Le village est aussi la porte d'entrée du *parc naturel d'Aiako Harria,* installé dans la sierra qui le domine. On peut faire une belle randonnée (de 14 km aller-retour) sur le tracé de l'ancien chemin de fer qui conduisait aux mines d'Arditurri.

Adresse et info utiles

i *Oficina de turismo de Oarsoaldea :* *Madalen, 3,* ***Errenteria.*** *☎ 943-49-45-21. ● oarsoaldeaturismoa.eus ● Tlj 9h-14h, 16h-19h (en moyenne et basse saisons, fermé dim ap-m et lun, et horaires restreints). Fermé 1er et 6 janv, 24-25 et 31 déc.* C'est l'office de tourisme principal pour tous les environs de Donostia, la *comarca* de Oarsoaldea (Pasaia, Errenteria, Lezo et Oiartzun). Sinon, un point d'info en été et à Pâques à ***Oiartzun*** *(Aiade, 2 ; ☎ 943-50-89-13 ; tlj 9h-14h, 16h-19h).*

➢ ***Bus*** ttes les 30 mn de Donostia (plaza de Guipúzcoa) avec *Lurraldebus* *(● lurraldebus.eus ●).*

Où dormir ?

De bon marché à chic

Les adresses indiquées ci-dessous se situent à 2 ou 3 km du centre d'Oiartzun, en direction d'Irun par la GI 2134.

⌂ *Agroturismo Arkale Zahar :* *Gurutze auzoa. ☎ 943-49-00-65. ● m.alazne@hotmail.es ● Prendre la route d'Arkale face à l'hôtel-resto Gurutze-Berri, pl. Bizardia, et monter sur 500 m ; aucun panneau ne l'indique, c'est la ferme sur la gauche, dans un virage. Double avec lavabo 40 €, avec sdb 45 €. CB refusées.* Le plus vieux *caserio* d'Oiartzun. Une adresse rustique proposant 3 chambres sobres et propres (une seule avec salle de bains privée). Vue magnifique sur la vallée (jusqu'à San Sebastián par temps clair) et jolie terrasse qui fleure bon le jasmin. Accueil très gentil. Parfait pour aller explorer le parc naturel d'Aia.

⌂ *Caserio Peluaga :* *Gurutze auzoa, Arkaleko Bidea. 📱 661-85-81-58. ● peluaga.com ● Même chemin que pour l'Agroturismo Arkale Zahar, c'est env 1 km plus loin, sur la gauche (panneau). Doubles avec sdb 44-88 €, petit déj 8 €.* Belle ferme ancienne chaulée, avec pierres apparentes. Isolée sur son promontoire, elle veille sur de magnifiques vallons verdoyants. 6 chambres vraiment charmantes et très agréablement décorées, toutes avec terrasse et vue panoramique. L'accueil est discret et souriant. Petite cuisine commune sous les combles.

LE CIRCUIT DES CIDRERIES

Du côté de Hernani et d'Astigarra, au sud de Donostia. C'est l'une des institutions basques les plus typiques et les plus conviviales, mais il vous sera

difficile d'en profiter en haute saison car, hormis quelques-unes, les vraies cidreries ne sont ouvertes que 2 ou 3 mois par an, de fin janvier à avril. Allez, *txotx* quand même !

TXOTX !

Traditionnellement, une cidrerie *(sagardotegia)* est un lieu où l'on fabrique le cidre, rarement un endroit où l'on en boit ! Mais ici, les pommes récoltées en automne sont aussitôt pressées, mises en futailles et, dès la fin janvier, le cidre de l'année est prêt à être bu. C'est la période où les habitants des environs viennent faire le *txotx* (prononcer « tchotch »). Grande tradition locale s'il en « fût » (ouaf, ouaf), le *txotx* consiste à s'approcher des cuves en file indienne et un verre à la main. On ouvre le robinet et le cidre jaillit bien plus loin que le petit robinet du Manneken-Pis... Il suffit alors d'attendre son tour et de recueillir à distance le breuvage avec force éclaboussures, tout en remontant bien vite le verre en direction de la cuve, avant de laisser sa place au suivant. Et ainsi de suite jusqu'au dernier client et à la dernière cuve. Le cidre basque étant nettement plus aigrelet et un poil plus fort en alcool que le cidre normand, il est moins évident d'en boire beaucoup sans manger (hips !). C'est ainsi que les visiteurs commencèrent à apporter de quoi grignoter pour accompagner les libations. Quelques tables et bancs mis à disposition par la ferme, des œufs, des côtelettes, un peu de morue séchée, un morceau de pain, et c'était parti, les bandes de convives ripaillaient en chantant et en rigolant. Aujourd'hui, rares sont les cidreries où l'on peut encore apporter sa nourriture. À la place, elles proposent un menu fixe, qui s'inspire de ce que les visiteurs apportaient autrefois : *tortilla de bacalao* (omelette à la morue), *bacalao frito con pimiento* (cabillaud frit aux poivrons), *chuletón* (côte de bœuf) et, en dessert, du *membrillo* (pâte de coing) et du fromage de brebis, le tout, bien sûr, servi avec du cidre à volonté !

Cidreries traditionnelles

Il y a une cinquantaine de cidreries répertoriées dans la région. Après le hameau d'***Otsiñaga,*** coup sur coup, on en trouve 5. Il ne reste plus qu'à choisir. ***Elles ne sont ouvertes qu'à la saison de production*** (rappel : de fin janvier à avril), le soir (de 20h à minuit environ) et, pour certaines, le week-end à midi, et proposent à peu près le même menu de cidrerie, autour de 30-35 € par personne, boissons comprises.

IOI ***Itxas Buru :*** *Otsiñaga auzoa, 1,5 km après avoir franchi le 2e pont à la sortie de Hernani. ☎ 943-55-68-79. • itxasburu@euskalnet.net • Ouv le soir tlj, et le midi mer-dim.* Au rez-de-chaussée d'une maison blanche, une assez grande salle avec les cuves.

IOI ***Olaizola :*** *Otsiñaga auzoa, env 600 m après Itxas Buru, sur le même chemin. ☎ 943-33-67-31. • olaizolasagardotegia@hotmail.com • Fermé dim soir, lun-mar et mer midi.* Grande maison de style traditionnel basque.

4 autres cidreries traditionnelles se succèdent ensuite à ***Hernani.***

IOI ***Altzueta :*** *☎ 943-55-15-02. • altzueta@altzuetasagardotegia.com • Fin janv-fin avr, le soir mar-sam, plus sam midi. Fermé le reste de l'année.*

IOI ***Iparragirre :*** *Otsiñaga auzoa, 10. ☎ 943-55-03-28. • info@iparragirre.com • Fév-avr, le soir mar-sam, et le midi ven-dim ; le reste de l'année, seulement ven soir, sam (midi et soir) et dim midi. Congés : de mi-déc à fin janv.*

IOI ***Elorrabi :*** *☎ 943-33-69-90. • sidraselorrabi@elorrabi.com • Tlj sauf dim soir, à partir de 13h puis 20h.*

IOI ***Larre Gain :*** *Ereñozu auzoa. ☎ 943-55-58-46. • larregain.sagardotegia@hotmail.com • Fin janv-fin avr, le soir mar-sam, plus le midi ven-dim. Fermé le reste de l'année.* Grosse maison blanche qui domine la vallée, au milieu des pommiers. Une situation superbe qui justifie le détour. Clientèle essentiellement locale.

Cidreries ouvertes toute l'année

Comme on n'est pas trop durs quand même, voici 3 adresses ouvertes toute l'année et qui ont su conserver un cachet d'authenticité.

Petritegi Sagardotegia : *Petritegi Bidea, 8, à* ***Astigarraga*** *(20115). ☎ 943-45-71-88. • reservas@petritegi.com • ♿ Sur la route GI 131 (juste après le pont autoroutier) en venant de Donostia et avt d'entrer à Astigarraga. Resto tlj, sauf lun, 13h-15h30, 20h-22h30. Congés : 24 déc-14 janv. Menus 32-40 €. Visites guidées payantes (lire plus loin dans « À voir »).* Une adresse qu'on aime bien parce que c'est une vraie cidrerie, que l'on peut visiter, avec un resto ouvert toute l'année où l'on partage d'énormes tablées en bois avec ses voisins. Bien sûr, le cidre n'est pas le même en février qu'en août et l'ambiance change. Grande salle à la déco rustique, avec des *cupelas* en bois où l'on va faire *txotx*. Très bonne viande, préparée saignante, comme le veut la tradition.

Alorrenea : *Alorrene-Bidea, 4, à* ***Astigarraga.*** *☎ 943-33-69-99. • info@alorrenea.com • Juste avt la petite route qui conduit à la* Petritegi Sagardotegia. *Tlj sauf lun. Menu env 33 €.* Presque sous le pont autoroutier et donc pas très agréable en terrasse, mais la vaste salle, avec ses longues tables en bois, ses énormes barriques et son impressionnant fourneau pour griller les côtes de bœuf, est très accueillante.

Kako Sagardotegia : *Nagusia kalea, 19, dans le centre d'****Astigarraga.*** *☎ 943-55-17-41. Ouv midi et soir. Congés : 1 sem en avr. Résa conseillée. Menu 55 €, plats 13-17 €.* Une ancienne cidrerie transformée en resto, au cadre agréablement rustique (mur de pierre, vieux poêle, petite bibliothèque). Ambiance un peu chic, mais tout est fameux : *tortilla de bacalao,* viande rouge exceptionnelle, spécialité de haricots au chou et au chorizo en hiver. Très bon accueil.

À voir

Sagardoetxea (musée du Cidre basque) **:** *Nagusia kalea, 48, dans le centre d'****Astigarraga.*** *☎ 943-55-05-75. • sagardoarenlurraldea.eus • Mar-sam 11h-13h30, 16h-19h30 ; dim et j. fériés 11h-13h30. Fermé lun (sauf juil-août). Entrée : 4 € (dégustation incluse) ; réduc ; gratuit moins de 10 ans. Visite en français possible.* Pour ceux qui veulent creuser la question du cidre basque, un petit musée pas mal fait. On commence par une promenade dans le verger, où l'on vous dira qu'il faut, pour faire un bon cidre, 50 % de pommes acides, 30 % de pommes sures et 20 % de pommes sucrées. Puis elle se poursuit au musée, où sont expliqués tout le processus de fabrication du cidre et l'évolution de la production au Pays basque. Enfin, on revient à l'accueil pour la dégustation.

Petritegi Sagardotegia : *voir plus haut « Cidreries ouvertes toute l'année ». Visites (possibles en français) tlj à 11h30 et 18h30. Durée : 1h. Tarif : env 14 € ; réduc.* En plus de proposer un resto ouvert toute l'année, c'est l'une des seules cidreries qui se visitent. Tout le processus d'élaboration du cidre y est expliqué, du verger à la cave (pour la dégustation, avec un *pintxo* de chorizo) en passant par les cuves en alu et les *cupelas,* ces énormes barriques en châtaignier.

Chillida Leku : *barrio Jauregui, 66, 20120* ***Hernani.*** *☎ 943-33-59-63. • museochillidaleku.com • À env 3,5 km du centre d'Hernani (suivre le fléchage). Depuis San Sébastián, bus G2 (ttes les 30 mn env). Tlj sauf mar 10h-20h (19h oct et mars) ; hors saison ouv le w-e 10h-17h, et lun 10h-16h. Entrée : 12 € ; réduc. Visite guidée : 6 € en sus (suspendue en période Covid).*
Le « lieu de Chillida », conçu comme une véritable œuvre d'art, se compose d'un site de sculptures en plein air, au cœur d'un beau parc paysager, et d'une magnifique ferme traditionnelle du XVIe s qui accueille des espaces d'exposition.

Rénové, il a rouvert au public en 2019. Chillida, esprit libre et indépendant qui travaillait à l'instinct, cherchait un lieu particulier pour exposer ses œuvres, souvent monumentales. L'espace constituait pour lui sa « première matière première », qui donnait corps à ses sculptures d'acier (mais aussi de fer, de terre, d'albâtre...). Il lui importait de pouvoir jouer sur la dualité intérieur/extérieur et il eut un véritable coup de foudre pour cette ferme en ruine, cernée de pâturages, qui lui permettait, en outre, d'ancrer son travail au Pays basque.
Il fallut 15 ans de travaux pour réaliser son projet. Un rêve rendu possible grâce à son épouse Pili (ils entretenaient une relation fusionnelle). Une salle revient longuement sur cette collaboration. Pili s'occupait de toute la logistique, laissant Chillida se consacrer à la seule création, sans jamais s'embarrasser d'aucune contrainte matérielle.
Le parc de 11 ha accueille une quarantaine de sculptures qui contrastent et dialoguent avec la nature environnante dans un jeu de lumières, de couleurs et de perspectives, le tout dans une atmosphère très zen... Des expositions temporaires, des animations régulières (nocturnes, concerts, yoga-brunch, ateliers enfants, etc.) rendent le lieu très vivant.
À signaler, un excellent restaurant locavore sur place ; les produits proposés proviennent d'un rayon de moins de 150 km ! À déguster en terrasse... largement ouverte sur le parc.

Fête

– ***Fête du Cidre :*** *à la Sainte-Anne, 26 juil, à* ***Astigarraga.*** Si vous êtes dans le coin, ne manquez pas cette journée entière consacrée au jus de pomme fermenté, avec sport rural et dégustations.

LA CÔTE DU GUIPÚZCOA

On considère en général la côte de Donostia à Bilbao comme une seule région. Pourtant, la coupure est nette quand on passe Mutriku. Les plages sont plus petites, les ports plus animés. Le tourisme se fait plus discret. Il est vrai que sous l'influence de Donostia, la côte du Guipúzcoa s'est ouverte au tourisme dès l'immédiat après-guerre. Il était de bon ton d'aller déjeuner à Zarautz ou de dîner à Getaria.
Le Tout-Madrid de la politique et des affaires venait d'ailleurs à l'époque prendre ses quartiers d'été sur la côte du Guipúzcoa. Mais ce mouvement n'eut que peu d'influence sur l'activité hôtelière. En revanche, les villas chics se sont multipliées et font encore planer sur ces stations le charme désuet des saisons de bains de mer.

Comment se déplacer sur la côte ?

Pour les non-motorisés, plusieurs possibilités.

En train

➢ Avec *Eusko Tren (☎ 902-54-32-10 ; • euskotren.eus •)*, ligne **Donostia-Bilbao via Zarautz et Zumaia** (1 train/h).

En bus

➢ ***Donostia et Zumaia via Zarautz et Getaria :*** avec *Lurraldebus (• lurraldebus.eus •)*, qui assure une liaison entre ces villes ttes les 30 mn.
➢ ***Donostia et l'aéroport de Bilbao via Zarautz :*** avec *Pesa (☎ 902-12-14-00 ; • pesa.net •)*, ttes les heures.

ZARAUTZ (ZARAUTZ)

(20800) 22 100 hab. *Carte Guipúzcoa, C1-2*

• Plan *p. 420-421*

Zarautz fait penser à une vieille dame élégante, partagée entre passé et avenir... Mais lequel choisir ? En fait, il y a 2 Zarautz, séparées par la longue Nafarroa kalea (calle Navarra). D'un côté, le vieux centre, qui regorge de ruelles pavées et de petits bistrots populaires. De l'autre, la belle plage – c'est même la plus longue de la côte –, récemment aménagée et fréquentée par les surfeurs. Côté ouest de la plage, le très joli palais de Narros qui se trouve au point le plus méridional de la côte nord du pays (vous suivez ?). Côté est, l'hôtel très médiéval de *Karlos Arguiñano,* l'une des stars des émissions culinaires espagnoles (avec des chambres à partir de 140 €). Et pour aller de l'un à l'autre, le *malecón* (la promenade) qui ne manque pas de charme pour le petit *paseo* du soir.

– Voir précédemment « Comment se déplacer sur la côte ? ».

Adresse et info utiles

i ***Oficina de turismo*** *(plan B1) : Nafarroa kalea, 3. ☎ 943-83-09-90. • turismozarautz.eus • Dans la rue principale. De mi-juin à mi-sept, tlj 10h-14h, 16h-20h ; en août sans interruption lun-ven 10h-20h ; w-e 10h-14h et 16h-20h. D'avr à mi-juin et de mi-sept à oct, horaires restreints. Nov-mars, tlj sauf sam ap-m et dim.* Excellent accueil (en français) et doc abondante. Un autre ***point d'info*** sur le *malecón* *(☎ 943-89-03-77 ; juin-sept, tlj 11h-20h30 ; fermé hors saison).*

P ***Stationnement :*** de juin à septembre, le stationnement est payant partout à Zarautz. Les parkings sont nombreux et coûtent environ 14 €/j. On vous conseille celui de *Salberdin (plan B2),* le moins cher et très central (compter 5 €/j. dans la zone verte à droite et 7,50 €/j. dans la zone bleue à gauche).

LE GUIPÚZCOA

Où dormir ?

Campings

⛺ ***Gran Camping Zarautz*** *(hors plan par D1,* ***10****) : Talai Mendi auzoa. ☎ 943-83-12-38. • info@grancampingzarautz.com • grancampingzarautz.com • ♿ À 2 km du centre-ville par la N 634. Tte l'année. En saison, liaison avec le bus n° 3 de la gare en sem, avec la navette du camping le w-e. Compter 23-30 € pour 2 avec tente et voiture.* Grand camping superbement situé sur une colline et plutôt bien ombragé. Réservez un emplacement côté mer, pour la vue. Cela dit, en été, vous risquez de vous y sentir aussi à l'aise que des sardines dans leur boîte... Laverie, supérette, barbecue. Et 2 restos *(menus 11-19 €),* un bar et même une *sidrería.*

⛺ ***Camping Talai Mendi*** *(hors plan par D1,* ***10****) : Talai Mendi auzoa. ☎ 943-83-00-42. • talaimendi@campingseuskadi.com • campingseuskadi.com/talaimendi • Au pied de la colline du* Gran Camping Zarautz. *Ouv fin juin-début sept. Compter env 20 € pour 2 avec tente et voiture.* Moins haut perché que son voisin, mais il offre une belle vue aussi. Et les emplacements réservés aux tentes, donnant directement sur la mer, sont très agréables. De plus, c'est un peu moins l'usine. Bar-resto et épicerie.

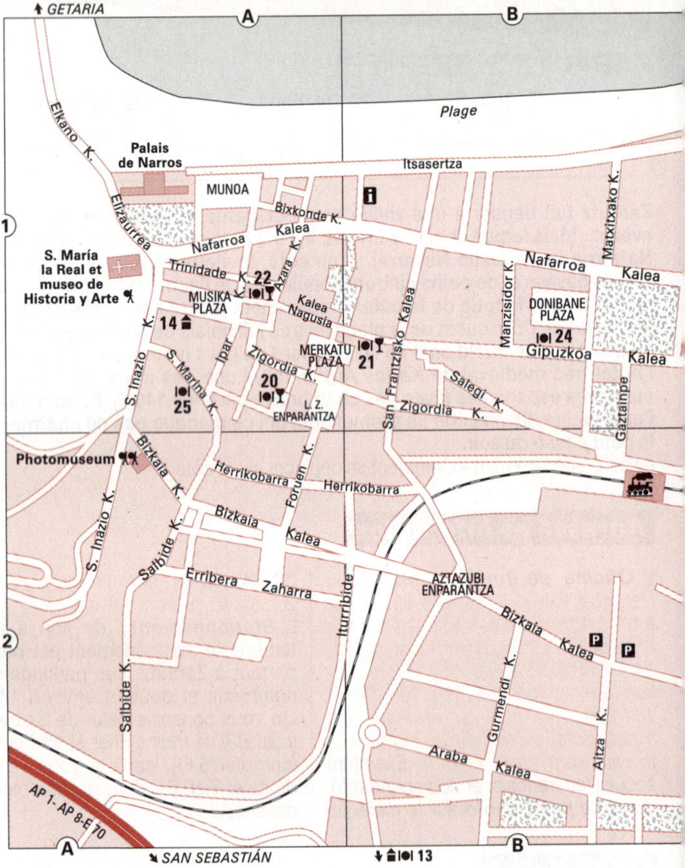

Adresse utile Oficina de turismo (B1) **Où dormir ?** **10** Gran Camping Zarautz et Camping Talai Mendi (hors plan par D1)	**12** Zarautz Hostel (hors plan par D1) **13** Argoin Txiki et Agroturismo Itulazabal (hors plan par B2) **14** Pensión Txiki Polit (A1)

Auberge de jeunesse

Zarautz Hostel *(hors plan par D1, 12)* : *Gipuzkoa kalea, 59.* ☎ *943-83-38-93.* • *info@zarautzhostel.com* • *french.hostelworld.com* • *Congés : janv-fév. Lits en dortoir 25-35 € ; doubles 60-80 € ; petit déj inclus. Se loue aussi sous forme d'apparts 4-6 pers.* Certes, on n'est pas loin du carrefour et juste derrière une station-service, mais la plage est à 400 m et il y a un parking pas cher *(5 €/j.)* en été juste à côté. De

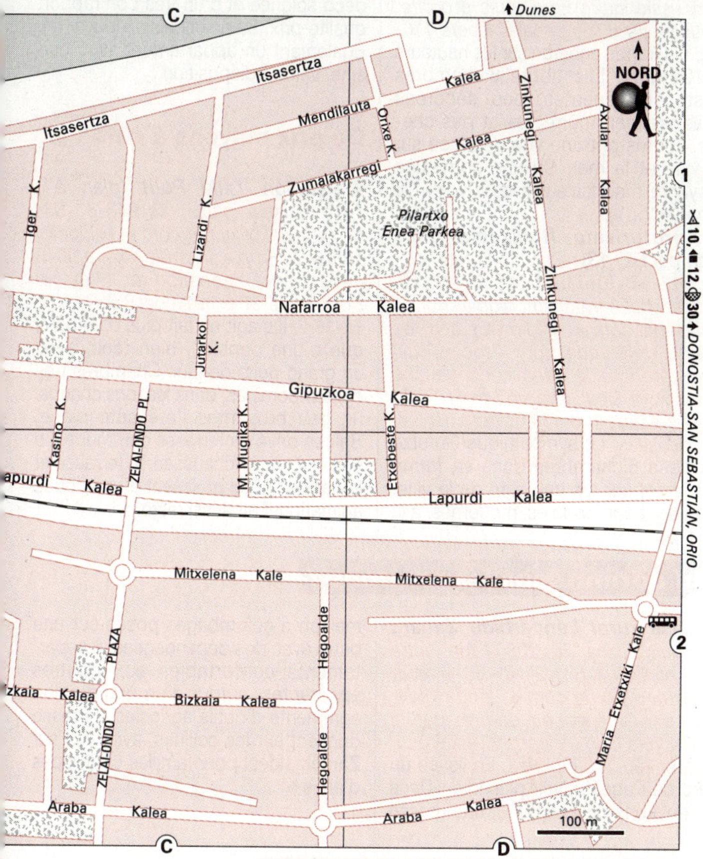

ZARAUTZ

Où manger ? Où boire un verre ?

13 Argoin Txiki (hors plan par B2)
20 Bars à *pintxos* de la plaza Barren (A1)
21 Euskalduna Taberna (B1)
22 Jai Txiki (A1)
24 Asador Telesforo (B1)
25 Kirkilla Enea (A1)

Achats

30 Txakolina Talai Berri (hors plan par D1)

plus, le lieu est récent, lumineux et coquet. Pas mal de randonneurs et de surfeurs viennent faire étape ici. Les 5 dortoirs de 4 à 6 lits et l'unique chambre double se partagent 4 salles de bains. 2 cuisines à dispo. Bon accueil.

Bon marché

Argoin Txiki *(hors plan par B2,* ***13****)* **:** *Argoin auzoa, 310. ☎ 943-89-01-84. 634-96-90-05. • info@argointxiki.com • argointxiki.com • Du centre, direction Urteta jusqu'au* *concessionnaire* Ford, *puis à droite. Doubles 50-60 € ; apparts 4 pers 110-125 €.* Grande auberge sur les hauteurs de Zarautz. Elle abrite 6 chambres vastes et récentes, peu décorées mais vraiment correctes et pas chères. Toutes ont une vue dégagée sur la ville et la mer. Cuisine commune (payante) mais fait aussi resto (voir « Où manger ?... »).

Agroturismo Itulazabal *(hors plan par B2,* ***13****) : Camino Urteta, s/n.* ☎ *943-13-30-53.* *619-97-17-12.* • *itulazabal.agroturismo@gmail.com* • *itulazabal.com* • *À 2 km du centre ; même trajet que pour* Argoin Txiki *mais prendre le chemin de gauche après* Ford. *Doubles avec sdb 41-50 € ; appart 4 pers 100-110 € ; petit déj 5 €. CB refusées.* La sympathique Gurutze propose 6 chambres dans sa ferme horticole, sur les hauteurs de la ville. Elles sont confortables, modernes, à la déco soignée et d'un très bon rapport qualité-prix. Salon et cuisine (payante). Également un appartement avec cuisine. Vélos à disposition.

De prix moyens à chic

Pensión Txiki Polit *(plan A1,* ***14****) : Musika plaza.* ☎ *943-83-53-57.* • *info@txikipolit.com* • *txikipolit.com* • ♿ *En pleine vieille ville, à 50 m de la plage. Réception au 1er étage. Doubles 45-90 € ; petit déj 8 €. Parking 10-15 €.* Il s'agit en fait plus d'un hôtel que d'une pension, bien tenu, avec un grand puits de jour. Chambres très contemporaines, dans les tons chauds, un peu bruyantes l'été côté place. Balcon privé ou terrasse commune. Le soir, au rez-de-chaussée, la terrasse et le bar de l'hôtel bruissent d'une douce animation. Fait aussi resto.

Où dormir dans les environs ?

Casa rural Landarbide Zahar : *Laurgain auzoa, 26, 20809* ***Aia*** *(entre Orio et Aia).* *681-21-67-56.* • *reservas@landarbide.com* • *landarbide.com* • ♿ *À 5 km du centre, par la N 634 vers Orio. Apparts 72-82 € pour 2 pers, 105-115 € pour 4.* En lisière du parc de Pagoeta (voir plus loin « Dans les environs de Zarautz »), une grosse maison à colombages posée sur une butte avec des dépendances. 6 appartements confortables aux poutres apparentes, autour d'un grand salon agrémenté d'outils agricoles. Terrasse donnant sur les collines, avec vue sur Zarautz. Idéal pour familles et groupes d'amis !

LE GUIPÚZCOA

Où manger ? Où boire un verre ?

Pour les bars à *pintxos*, rendez-vous sur la très animée ***plaza Barren*** *(plan A1,* ***20****)*, bien planquée, qui abrite plusieurs adresses aux comptoirs généreusement garnis. Notez que le mercredi soir, c'est « *pintxo-pote* » : *pintxo* offert si l'on commande à boire !

Euskalduna Taberna *(plan B1,* ***21****) : Nagusia kalea, 37.* ☎ *943-13-03-73.* • *euskaldunataberna@gmail.com* • ♿ *Menu 12 € au déj en sem, 18 € le w-e ;* pintxos, raciones, cazuelitas *et* platos combinados *2-16 € ; carte env 20 €.* Ce bar, qui fut longtemps le siège des supporters de l'*Atletic Bilbao*, est resté populaire auprès d'une clientèle jeune et enjouée. Mobilier rustique, murs en pierre et petites expos d'artistes locaux. On s'y repaît des beaux et copieux *pintxos* qui fleurissent sur le bar. Bonne ambiance.

Jai Txiki *(plan A1,* ***22****) : Nagusia kalea, 30.* ☎ *943-83-51-22. Tlj sauf mar.* Medias raciones *6-10 €.* Belle taverne classique, avec un grand comptoir et des jambons pendus au plafond. Prenez une assiette, choisissez vos *pintxos* (bel assortiment) et allez les déguster à une des tables en bois posées sur la jolie rue piétonne. Ambiance populaire, toutes générations mélangées.

Asador Telesforo *(plan B1,* ***24****)* **:** *Donibane plaza, 6. ☎ 943-83-09-01. Tlj sauf dim soir hors saison. Menu déj en sem 12 €, carte 20-25 €.* L'une des meilleures options pour un vrai repas, assis, parmi une clientèle locale d'habitués. Cuisine traditionnelle généreuse, pour tous budgets, avec un bon choix de poisson frais (ah, la lotte *a la parilla* !), viande cuite à la braise (ah, la côte de bœuf !), fruits de mer (ah, les palourdes au four !), jusqu'aux succulents *chipirons* à piocher dans les prix plancher. Une valeur sûre, vous pouvez y prendre votre rond de serviette.

Kirkilla Enea *(plan A1,* ***25****)* **:** *Sta Marina, 12. ☎ 943-13-19-82. • kirkilla@kirkilla.com • Tlj sauf dim soir et lun. Menu 19 € le midi en sem, 26 € le w-e ; menu dégustation 45 €, plats 18-21 €.* Une table de haut vol, dans une rue discrète. Cadre sobre avec cuisine vitrée où le chef et sa brigade concoctent avec précision des plats inventifs, tout en harmonie de saveurs. On conseille le fabuleux menu dégustation qui offre une belle démonstration de leur talent (2 mises en bouche, 4 plats et 2 desserts). Chaque assiette est superbement dressée et offre son lot de surprises. Une expérience culinaire mémorable, à prix très abordables d'autant que les boissons sont comprises. À ne pas manquer !

Argoin Txiki *(hors plan par B2,* ***13****)* **:** *voir plus haut « Où dormir ? ». En été, fermé lun soir et mar ; en hiver, fermé mer et le soir sauf ven-sam. Menu du jour en sem 11 € ; menus cidrerie le soir 26-32 € ; plats 10-17 €.* L'auberge qu'on cite plus haut est avant tout un restaurant, qui accueille aussi bien les ouvriers qui bossent sur les chantiers du coin que les promeneurs, les familles, les locaux. On y mange, autour de grandes tablées ou en terrasse, une cuisine sans chichis. C'est aussi l'occasion de déguster le cidre local.

Achats

Txakolina Talai Berri *(hors plan par D1,* ***30****)* **:** *Talai Mendi auzoa, 728. ☎ 943-13-27-50. • talaiberri.com • Juste à côté du Gran Camping Zarautz. Visite ven-sam à 11h env sur résa (durée : 1h30) ; 15 € avec dégustation et petite collation. Boutique lun-ven 9h-13h, 15h-18h30 ; fermée w-e.* C'est le producteur de *txakoli* le plus connu de Zarautz, la 5e génération aux manettes. 12 ha de vignobles, que l'on aperçoit depuis la belle terrasse, vendangés à la main fin septembre. Surtout du blanc (cépage *hondarribi zuri*), mais aussi un peu de rouge *(hondarribi beltza),* tous légèrement pétillants comme il se doit.

LE GUIPÚZCOA

À voir. À faire

***La plage* :** la plus longue de la côte (2,5 km). Belle, en pente très douce, idéale avec des enfants. C'est aussi un spot de surf. Elle est bordée par le *malecón,* une digue ponctuée de quelques sculptures abstraites, rendez-vous des habitants pour l'agréable *paseo* du soir.

Le vieux quartier *(plan A-B1-2)* **:** notamment la *kale Nagusia* (voir la *torre Luzea* au nº 28, très belle maison-tour du XVe s) et la *plaza de la Musika,* avec son kiosque à musique digne d'un dessin de Peynet et, au nº 18, une exceptionnelle maison gipuzkoane parfaitement restaurée. Voir aussi le **petit marché** *(Merkatu plaza ; tlj sauf sam ap-m et dim),* moderne mais bien plaisant, et, derrière, la superbe maison *Portu,* qui abrite la mairie, côté plaza Enparantza.

Iglesia Santa María la Real et museo de Historia y Arte de Zarautz *(plan A1)* **:** *San Inazio kalea. ☎ 943-83-52-81. • menosca.com • De Pâques à mi-sept, tlj sauf lun et dim mat 10h-14h, 16h-18h (18h30 juil-août). Hors saison, ouv ven-sam, dim ap-m et j. fériés ; fermé lun-jeu. Fermé de janv à mi-fév. Entrée : env 2 € ;*

gratuit moins de 14 ans. L'entrée se fait par un porche qui débouche sur un joli petit parc bordé par l'église Santa María la Real. À l'intérieur, un beau retable abritant une *Vierge à l'Enfant* du XIVe s. Juste à côté de l'église, dans la tour-clocher, a été aménagé le petit musée d'Art et d'Histoire de Zarautz qui présente des vestiges de l'époque romaine et une nécropole du Moyen Âge au sous-sol. Pas grand-chose à voir en fait.

Photomuseum *(plan A2) : San Inazio kalea, 11. ☎ 943-13-09-06. • photomuseum.es • Tlj sauf lun 10h-14h, 17h-20h. Congés : 1er janv, 26 juin, 31 juil, 15 août, 9 sept et 25 déc. Entrée : 6 € ; réduc ; gratuit moins de 13 ans, et pour ts mer et ven. Dépliant détaillé et bien fait en français.*

Fondé il y a une vingtaine d'années par 2 passionnés de la photo, ce musée, le seul du genre en Espagne, séduit par la richesse de ses collections et la pertinence de son propos.

JADIS ET DAGUERRE

Tous les 19 août, le Photomuseum rend hommage à Daguerre, le père de la photographie (qui avait, pense-t-on, des origines basques), en déposant des fleurs... puis en exécutant quelques pas de danse devant sa statue ! Pourquoi le 19 août ? Parce que c'est le jour où Daguerre présenta sa fameuse invention à l'Académie des sciences de Paris. Laquelle académie racheta l'invention, qui disparut très vite.

La visite démarre au 4e étage, où des boîtes optiques, zootropes, praxinoscopes et autres lanternes magiques donnent un bel aperçu de la « préhistoire » de la photo. Des pièces rares et en parfait état. Au 3e étage : panorama des techniques photographiques, du daguerréotype au reflex moderne et appareils numériques en passant par les appareils à soufflet et ceux qui permirent de réaliser les 1ers clichés panoramiques. Puis, au 2e étage, les genres photographiques : portraits, paysages, natures mortes, anthropologie... le tout illustré par des œuvres d'artistes de renom. Le parcours se poursuit au 1er niveau, consacré aux usages de la photo : la photo médicale, d'architecture, le photojournalisme, la photo aérienne (Nadar en fut le pionnier) et une collection de mini-appareils photo d'espions. Enfin, au rez-de-chaussée, expos temporaires d'artistes (photographes) espagnols ou étrangers, contemporains ou non. À ne pas manquer, vraiment, si le sujet vous titille un tant soit peu.

➢ Plusieurs ***sentiers de rando*** partent de Zarautz. L'un d'eux débute à l'extrémité est de la plage, conduit à l'embouchure de la ría d'Orio et traverse une zone de dunes au moyen de passerelles « flottantes » en bois, longues de 700 m, avant de monter vers le camping. En haut du sentier à gauche, au niveau du gros bâtiment *Cargadero Mollarri,* vue imprenable sur la côte au coucher du soleil. Également une superbe promenade de 7 km aller-retour entre Zarautz et Getaria (de l'autre côté donc), traversant les cépages utilisés pour le vin *txakoli* (avec retour possible par la corniche piétonne du front de mer ou... en bus). Départ derrière l'église Santa María la Real. Infos et cartes gratuites à l'office de tourisme.

Fêtes

– ***Fêtes patronales de San Pelayo :*** *25-28 juin.* Belle animation dans la ville.
– ***Fête du 15 août :*** célébrée du 14 au 16 comme ailleurs, mais il y a ici en plus une régate de bateaux traditionnels.
– ***Fêtes basques :*** *début sept (surtout le 9).* Essayer de ne pas les manquer, d'autant que c'est pour cela qu'on les a créées : pour faire rester les touristes un peu plus longtemps !

DANS LES ENVIRONS DE ZARAUTZ (ZARAUTZ)

Parque natural de Pagoeta : *à env 6,5 km au sud de Zarautz. Accès par la GI 2631 entre Orio et Aia.* **Centro de información :** *☎ 943-83-53-89. • aiapagoeta.com • gipuzkoanatura.eus • Juil-sept, mar-ven 10h-14h, 16h30-18h30 ; w-e 10h-14h. Oct-juin, mar-dim 10h-14h. Fermé lun. On vous y donnera ttes les infos utiles (dont une carte). À l'intérieur, expo sur le parc (entrée : 1 € ; réduc). Visite guidée jeu-dim en été, dim et j. fériés en hiver (2 € ; réduc).* À côté du centre d'info, un ***jardin botanique*** de 3 ha regroupant quelque 4 800 espèces d'arbres et de plantes du monde entier et, un peu plus loin, accessibles par des sentiers, une vieille forge et un moulin en état de fonctionnement.

GETARIA (GETARIA)

(20808) 2 600 hab. *Carte Guipúzcoa, B1*

Malgré les difficultés de stationnement, c'est l'un de nos ports de pêche préférés, avec sa petite baie arrondie entourée de falaises et l'îlot rocheux qui protège l'entrée du bassin, surnommé *El Ratón* (« la souris »). Bien cachées de la route, les quelques rues de la vieille ville qui descendent jusqu'au port sont absolument délicieuses. Ici, la mer est une religion. Tous les jours, des bateaux s'y élancent, de la barque proprette au chalutier où embarquent 15 « canneurs ». D'ailleurs, le poisson de Getaria est peut-être le plus renommé de la côte.

Autre religion, autre prêtre, Getaria n'est pas peu fière d'être le village natal du célèbre couturier Cristóbal Balenciaga, à qui elle consacre un musée – et quel musée !

LE LIEUTENANT DE MAGELLAN

Mais qui est donc ce Juan Sebastián Elkano qui a droit à 3 statues dans le village ? Marin de Getaria, il est le 1er à avoir fait le tour du monde. Comment, ce n'est pas Magellan ? Non, car ce pauvre Magellan est mort aux Philippines, dévoré par les cannibales comme un modeste missionnaire, et n'a donc jamais bouclé la boucle. C'est son lieutenant, Elkano, qui a fini le travail. Si le monde entier l'ignore, Getaria ne l'oublie pas !

Arriver – Quitter

➢ En ***bus,*** avec *Lurraldebus (• lurraldebus.eus •),* env 2 bus/h depuis ***Donostia, Zarautz*** et ***Zumaia.***

Adresse et info utiles

Oficina de turismo : *Aldamar Parkea, 2. ☎ 943-14-09-57. • getariaturismo.eus • Sur la route qui traverse le village. Juin-sept, tlj sauf dim ap-m 9h-13h, 16h30-19h30 ; oct-mai, lun-dim mat seulement.*

Parking payant au port *(10 €/j.),* sinon stationnement gratuit sur les hauteurs (mais peu de place !) et ascenseur pour descendre jusqu'au musée Balenciaga.

LE GUIPÚZCOA

Où dormir ?

Prix moyens

Agroturismo Usotegi : *karretera Meagas, Akarregi auzoa, Usotegi 32. ☎ 943-14-04-07. 688-64-91-49. • usotegi@gmail.com • usotegi.com • Remonter la rue du resto* Elkano, *puis, à 700 m, prendre le chemin à droite. Doubles 50-80 € ; apparts 4 pers 90-170 € ; petit déj 6 €.* Un *agroturismo* vraiment plaisant et superbement situé. Chambres contemporaines aux sanitaires rutilants, solide mobilier en bois et terrasse avec vue sur les vignes de *txakoli,* la mer et le rocher de Getaria ! Excellent petit déj. Vente de vin sur place. Accueil charmant. Notre adresse préférée à Getaria.

Pensión Iribar : *Aldamar kalea, 23. ☎ 943-14-04-51. • pili@iribar.com • iribar.com • Accès par la ruelle à l'arrière du resto du même nom. Doubles avec sdb 70-90 €. Pas de petit déj.* Au cœur de la vieille ville 4 petites chambres contemporaines à la déco soignée et agréable. L'une d'elles a sa salle de bains (privée) dans le couloir. Petit avertissement tout de même : l'église, juste à côté, sonne jusqu'à minuit et dès 7h du matin...

Pensión Katrapona : *Katrapona kalea, 4. ☎ 943-14-04-09. • info@katrapona.com • katrapona.com • Congés : fév et 2e sem de nov. Doubles avec sdb 65-95 € ; familiale aussi.* Au pied de l'église (mais moins près du carillon que la pension *Iribar*), face au port, dans une vieille maison restaurée pleine de charme. Propose 8 chambres élégantes avec baignoire, certaines aussi avec vue.

Casa rural Gure Ametsa : *Orrua. ☎ 943-14-00-77. 676-54-70-67. • gureametsa1@hotmail.com • nekatur.net/gureametsa • À env 4,5 km de Getaria, sur la route côtière de Zumaia, prendre le chemin à gauche au niveau de l'entrepôt. Congés : 2 sem en oct. Doubles 58-77 €, petit déj inclus.* À défaut de charme, cette maison posée sur une colline offre une vue grandiose sur la mer. Les 6 chambres, refaites au goût du jour avec des touches de couleur, sont simples et fonctionnelles. De plain-pied ou à l'étage, le prix varie selon la vue. Agréable terrasse pour le petit déj et accueil doux d'Ainhoa.

Chic

Hotel San Prudentzio : *San Prudentzio auzoa, 4. ☎ 943-14-04-11. • info@hotelsanprudentzio.com • hotelsanprudentzio.com • Prendre la route de Zumaia et tourner à gauche à 2 km. Congés : 10 déc-6 janv. Doubles 80-125 € ; suite aussi ; petit déj-buffet 9 €.* Perché sur les hauteurs, cet hôtel familial tenu par 2 sœurs très accueillantes a été rénové de manière très contemporaine. Vue épatante sur le dos de la Souris et sur les vignobles de *txakoli.* Toutes les chambres (sauf une) possèdent un balcon avec vue mer, la n° 6 bénéficie d'une immense terrasse privée, au même prix que les autres. Petit déj de qualité et vente du *txakoli* maison. Une belle adresse un peu chic.

Où manger ? Où boire un verre ?

Pour manger sur le pouce, prenez la rue qui descend vers l'église, vous y trouverez plusieurs bars aux comptoirs garnis de *pintxos.* Sinon, la spécialité locale est bien sûr le poisson, mais pensez à réserver en été et à garnir votre portefeuille...

Taberna Politena : *Nagusia kalea, 9. ☎ 943-14-01-13. • politena@hotmail.com • Tlj sauf lun. Congés : 2 sem après Pâques et 2 sem à Noël. Raciones et plats 7-15 €, menu déj 18 €.* Le comptoir est recouvert de *pintxos,* tous plus appétissants les uns que les autres. Certains sont à tomber ! Dommage qu'on arrive à satiété avec 4 ou 5 pièces, on aurait aimé en goûter plus. Possibilité aussi de manger assis dans la salle au fond, excellent poisson cuit à la braise et menu super convaincant. Personnel adorable, on adore (mais on n'est pas les seuls !).

Balearri Jatetxea : *zona*

LE GUIPÚZCOA

Puerto. ☎ 943-14-02-54. À droite du port, au bord de la plage. Juin-sept, tlj ; le reste de l'année, le w-e seulement. Menus 30-35 € ; plats 9-15 €. Un *chiringuito* moderne avec terrasse et véranda les pieds dans l'eau. Carte classique de plats pas chers et un bon poisson frais. Un petit resto familial sans prétention mais sympathique.

Asador Astillero : *Puerto Muelle, 1. ☎ 943-14-04-12. Au fond du port à gauche. Tlj sauf mar soir et dim soir. Congés : de Noël à mi-fév. Poisson au poids, servi pour 2, env 15-25 €/pers.* Le resto se situe au 2e étage, dans une salle très simple donnant sur le port. On trouve ici tous les poissons et fruits de mer que le coin peut offrir, servis ultra-frais et grillés au charbon de bois. Daurade, lotte, rascasse, etc.

Iribar Jatetxea : *Nagusia kalea, 34, face à l'église. ☎ 943-14-04-06. Fermé fin sept, nov, avr et juin. Tlj sauf mer soir et jeu. Menus 30-50 €. Apéro maison ou café offert sur présentation de ce guide.* Niché dans la rue qui descend vers l'église et, donc, sans vue sur le port. Qu'importe, ici encore, on se régale vraiment. Musique douce et ambiance conviviale dans une salle rustique rehaussée, çà et là, de touches marines.

Achats

Même si l'on en produit dans toute la région, Getaria est la patrie du ***txakoli,*** ce petit vin blanc de l'année que les Basques adorent. Contrairement au *txotx* du cidre (servi de très haut, presque comme un thé à la menthe !), le *txakoli,* légèrement pétillant, se sert à une main de hauteur et dans un verre à pied. Attention, ça monte vite à la tête. Les vignerons sont peu nombreux à ouvrir leurs portes aux visiteurs et ne le font ***que sur réservation*** (visite payante avec dégustation). À Getaria, nous vous conseillons le producteur ***Txomin Etxaniz*** *(Eitzaga auzoa, 21 ; ☎ 943-14-07-02 ; • txakoli@txominetxaniz.com •),* qui produit un *txakoli* de très bonne qualité et pas très cher *(6-7 € la bouteille, en moyenne).* Sinon, rendez-vous chez *Talai Berri* à Zarautz (voir notre rubrique « Achats ») ou demandez la liste des producteurs dans les offices de tourisme locaux.

Conserves artisanales : plusieurs boutiques autour du port, dont ***Maisor*** *(à côté du resto Astillero, tt au fond du port ; tlj 10h30-19h).* On y trouve, entre autres, des anchois, manufacturés sur place mais pas donnés (près de 7 € les 40 g !). Autres boutiques de bons produits, mais pas meilleur marché : ***Amona Maria,*** sous l'église face au port (fait aussi bar à vins et propose une petite restauration fraîche et goûteuse), ***Salanort*** *(• tienda.getaria@salanort.com •)* et ***Getaka,*** respectivement aux nos 22 et 35 de Nagusia, la rue qui descend vers le port.

À voir

Iglesia San Salvador : *elle domine le port. Tlj sauf dim ap-m. GRATUIT.* Classée Monument national, elle est l'un des plus beaux exemples du gothique basque. Sa particularité est d'être accrochée à la pente, comme le reste de la ville. Mais l'architecte, astucieux, a joué avec ce défaut et en a profité pour faire une église au sol incliné. De ce fait, on est toujours plus bas que l'autel. Comme, en plus, le Christ sur sa croix est plus grand que nature, le fidèle n'a plus qu'à s'agenouiller. À côté, dans le *palais Zarautz,* des fouilles archéologiques ont mis au jour des vestiges de l'époque romaine, visibles de la rue.

Cristóbal Balenciaga Museoa : *Aldamar Parkea, 6. ☎ 943-00-88-40. • cristobalbalenciagamuseoa.com • Mars-oct, tlj sauf lun 10h (11h juin-oct)-19h ; nov-fév, tlj sauf lun 11h-15h. Fermé 1er janv et 25 déc. Entrée : 10 € ; réduc ; gratuit moins de 12 ans. Application à télécharger. Visite guidée (en castillan et en basque) sans supplément tlj en été (le w-e seulement le reste de l'année).*

La Fondation Cristóbal Balenciaga rend hommage au grand couturier, dans la ville même qui l'a vu naître. Poussé à l'exil par la guerre civile espagnole, c'est dans le Paris des années 1940 et 1950, soit les années d'or de la haute couture (Dior, Coco Chanel...), que Balenciaga achèvera de se faire un nom. À son tableau de chasse : la princesse Grace de Monaco, la duchesse de Windsor, la reine Fabiola de Belgique et on en passe...
Avec un fonds de 3 000 pièces, le musée abrite ***la plus importante collection Balenciaga jamais réunie,*** exposée par roulement de 70-80 costumes sur 5 vastes espaces d'un bâtiment très moderne en verre et métal. Un film de 23 mn, à l'entrée, permet d'en savoir plus sur le maître, avant de découvrir l'expo temporaire annuelle qui suit son évolution artistique, dans la chronologie de ses créations de 1930 à 1968, détaillée par des panneaux aux textes érudits en français. Amateurs de haute couture, ne vous privez pas, d'autant que la muséographie, à elle seule, vaut le détour !

Fêtes

- ***Fête de la Saint-Antoine :*** *17 janv.* Pour goûter au *txakoli* nouveau !
- ***Fête basque :*** *dernier w-e de mai.* Assez animée.
- ***Fête de San Salvador :*** *autour du 6 août.* Getaria fête son saint patron.

LE GÉOPARC DE LA CÔTE BASQUE

Les communes de Zumaia, Deba et Mutriku sont regroupées au sein du *Geoparque de la Costa Vasca,* sous l'égide de l'Unesco. Cette appellation concerne aussi bien la dimension environnementale, touristique, culturelle que scientifique de la région, dont le phénomène géologique appelé *flysch* est la grande attraction.
Certes, mais c'est quoi, le flysch ? Lorsque la tectonique des plaques a fait émerger les Pyrénées, elle a aussi fait remonter le flysch, ces belles lignes de sédiments marins qui s'étendent désormais sur 8 km de côte et n'émergent qu'à marée basse. Ce livre d'histoire géologique de 60 millions d'années, auquel il ne manque aucune page, a même permis de remonter à la chute de la grande météorite dans le Yucatán, responsable de la disparition des dinosaures !
Concrètement, de multiples visites sont proposées par les 3 offices de tourisme concernés : côté mer, différentes visites du flysch à pied ou en bateau ; côté terre, des visites de fermes, moulins, etc. Plus de nombreuses randonnées et circuits à VTT. Plus d'infos sur • *geoparkea.eus* •

ZUMAIA (ZUMAIA) (20750) 9 800 hab. *Carte Guipúzcoa, B1*

Zumaia avait la réputation d'un charmant port de pêche où les artistes venaient se ressourcer. Le modernisme des années 1950 est passé par là, et Zumaia souffre de la concurrence de villages mieux préservés. Cependant, la ville possède une plage étonnante, visuellement spectaculaire et très chargée en iode. C'est surtout le point de départ d'une très belle randonnée vers Deba, le long des superbes falaises de flysch.

Arriver – Quitter

En train

➢ Avec *Eusko Tren (☎ 902-54-32-10 ; ● euskotren.eus ●),* ligne qui relie ***Donostia*** à ***Bilbao*** (1 train/h).

En bus

➢ *Lurraldebus (● lurraldebus.eus ●)* assure une liaison entre ***Donostia*** et Zumaia via ***Zarautz*** et ***Getaria*** ttes les 30 mn.

Adresse et info utiles

ℹ ***Oficina de turismo :*** *Kantauri plaza, 13. ☎ 943-14-33-96. ● zumaia.eus ● geoparkea.eus ● Tlj (sauf dim ap-m et lun hors saison) 10h-14h, 16h-20h (19h hors saison).* Plein d'infos sur le *Geoparque,* les promenades en bateau et les visites guidées.

🅿 ***Stationnement*** payant autour du port, sinon *parking Doan* gratuit à l'entrée de la ville.

Où dormir ?

☗ ***Agroturismo Karakas Zar :*** *Artadi auzoa (barrio San Miguel). ☎ 943-86-17-36. ● karakas-zar@hotmail.com ● nekatur.net/karakas ● Petit chemin sur la droite un peu après le museo Zuloaga à la sortie de la ville (direction Getaria), c'est à 800 m. Doubles avec sdb 50-55 €.* Un joli cul-de-sac rural, comme on dit ! Soit une vraie ferme, avec ses vaches, ses moutons, ses chevaux et ses vignes, dans un bel environnement vallonné. 6 chambres impeccables et confortables, aux couleurs vives... Cuisine à disposition (payante). Une bonne base pour profiter de la région. Accueil chaleureux.

☗ ***Agroturismo Santa Klara :*** *Santa Klara baserria. ☎ 943-86-05-31. ● info@santaklara.es ● agroturismosantaklara.com ● ♿ À 1,5 km du centre par Odieta. Doubles 55-80 €.* Impeccablement située, avec une vue saisissante sur le flysch et la ville, cette ferme, qui élève des vaches, propose 2 maisons d'hôtes. Préférez l'une des 4 chambres de la vieille *casa rural* en pierre, refaites dans un style très contemporain. L'autre maison propose 6 chambres sans charme, propres et fonctionnelles. 3 cuisines communes (accès payant, *7 €/j.*). Également un appart pour 6 personnes. Accueil énergique. Le point de départ idéal pour la rando côtière vers Deba.

À voir. À faire

Algorri – Centro de interpretación del Geoparque : *Juan Belmonte, 21. ☎ 943-14-31-00. ● algorri.eus ● Juin-sept, tlj sauf lun 10h-14h, 15h-18h ; le reste de l'année, ouv mar-dim mat (seulement jeu-dim oct-fév). Entrée : 3 € ; réduc ; gratuit moins de 6 ans.* Petit centre d'interprétation qui explique la formation des étonnantes falaises de Zumaia, leur faune et leur flore (livret avec traduction des panneaux en français). Intéressant film et très belles photos, certaines en 3D. Interactif et plutôt pédagogique.

La plage d'Itzurun : *au pied de l'hôtel-thalasso Zelai (stationnement peu aisé), à 5 mn à pied du centre.* Vous voilà sur une plage de taille moyenne mais dans un site superbe, encore à peu près sauvage, environné de hautes falaises grises, composées des feuilles de roche ciselées et superposées. Il paraît que c'est la 2e plage la plus saine d'Europe, pour sa teneur en iode... Un peu difficile à vérifier, mais on n'exagère pas en disant que c'est l'une des plus belles du Guipúzcoa !

On peut aussi faire une très jolie ***promenade*** le long de la crête de la falaise qui borde la plage d'Itzurun à l'ouest. Le chemin part un peu avant le sanctuaire de San Telmo, sur la gauche. De là, compter 10 mn pour aller jusqu'à la pointe : vue spectaculaire.

La route du flysch, randonnée Zumaia-Deba via Sakoneta : la balade incontournable pour voir les falaises de flysch de près, mais attention elle fait 14 km (compter 4-5h), sur le GR 121, qui longe le littoral (retour en train). Arrêtez-vous surtout à Sakoneta, également accessible en voiture au kilomètre 35 de la N 634, via le gîte *Errota Beri,* puis en 10 mn à pied. Pour ceux qui ont peu de temps, au kilomètre 34, prendre la direction du lieu-dit Elorringa, puis 600 m plus loin, se garer au parking du *mirador Behatokia,* et faire 500 m à pied. Buvette et table de pique-nique sur place. Renseignez-vous sur les horaires de marée basse à l'office de tourisme avant d'y aller, sinon déception garantie !

Sortie en bateau entre Zumaia et Deba : *mars-oct. Jusqu'à 5 départs/j. en été. Durée 1h. Billet : env 17 € (10 € enfant), audioguide en français inclus.* Il s'agit d'un aller-retour au départ de Zumaia, qui a lieu tous les jours en été (renseignements et achat des billets aux offices de tourisme de Zumaia, Deba et Mutriku, ou en ligne sur • *geoparkea.eus* •). Une très belle façon de découvrir la côte et, à nouveau, les magnifiques falaises de Zumaia et la route du flysch.

Espacio cultural Ignacio Zuloaga : *à l'entrée de Zumaia quand on vient de Getaria, sur la droite. 677-07-84-45. • espaciozuloaga.com • Juil-août, ven-sam 16h-20h ; juin et 1re quinzaine de sept, sam seulement. Fermé de mi-sept à fin mai. Entrée : 14 €.* Curieux personnage que ce Zuloaga (1870-1945), né à Eibar. À Paris, il fréquente des peintres d'avant-garde et devient un portraitiste en vogue. Il s'enrichit, achète la magnifique propriété de Zumaia, où il installe ses tableaux de maîtres : Zurbarán, Morales, le Greco, Goya. Au sommet de sa gloire, il est le peintre préféré de Franco. Pourtant, il ne sera jamais exposé. Le musée présente avant tout ses œuvres, quelques Goya intéressants et d'autres mineures. Également une chapelle et... des costumes de toréros. L'entrée est tout de même chère ! Pour les passionnés surtout...

Iglesia San Pedro : *Mari kalea, dans le centre historique. Messe tlj à 19h (11h dim).* Très bel édifice fortifié du XIVe s, qui domine le vieux quartier de sa masse imposante. On y accède par un bel escalier qui longe le mur et aboutit sur un parvis en belvédère clos d'une muraille crénelée. Au-dessus du portail, un joli saint Pierre en bois polychrome et, à l'intérieur, un immense retable doré Renaissance. L'autel, d'ailleurs, est classé Monument national.

DEBA (DEBA) (20820) 5 450 hab. *Carte Guipúzcoa, B1*

Quand on découvre la plage en contrebas, on dirait presque un petit miracle sur cette côte rocheuse. Et puis on veut accéder à la plage et l'on s'aperçoit qu'elle est longée par la ligne de chemin de fer Bilbao-Donostia. Aïe ! Et c'est là, coincés entre la plage et la voie ferrée, qu'ont été construits les 2 hôtels de la ville. Ouille !
Ah, qu'il est loin le temps où Deba commandait toute la côte et expédiait des laines partout en Europe. De cette époque, il ne reste qu'un joli quartier ancien et une superbe église.

Arriver – Quitter

En train

➢ Avec *Eusko Tren (☎ 902-54-32-10 ; • euskotren.eus •),* ligne de ***Donostia*** à ***Bilbao*** (1 train/h).

En bus

➢ Avec *Lurraldebus (• lurraldebus.eus •),* 5-6 liaisons/j. (bien réparties) entre ***Donostia*** et ***Mutriku*** via Deba.

Adresse utile

🛈 @ ***Oficina de turismo :*** *Ifar kalea, 4. ☎ 943-19-24-52. • deba.eus • Au centre de la vieille ville, à côté de l'église. Juin-sept, tlj sauf dim ap-m 10h-14h, 16h-20h ; oct-mai, tlj 10h-14h, plus 17h-19h ven-sam.* Centre d'interprétation du *Geoparque,* avec des vitrines de fossiles, des tas d'infos et même des films. Infos sur les promenades en bateau et les visites guidées.

Où dormir à Deba et dans les environs ?

Camping

Camping Itxaspe : *barrio Itxaspe, ctra N 634, km 37,5, GI 3291. ☎ 943-19-93-77. • itxaspe@hotmail.es • campingitxaspe.com • ♿ Prendre la direction de Zumaia, puis, après 6 km, au carrefour d'Itziar, la GI 3291 à gauche sur 2 km. Congés : de mi-sept à Pâques. Compter 23-31 € pour 2 avec tente et voiture. Bungalows 2-6 pers 60-270 €/nuit ; apparts 2-6 pers 60-165 €.* Installé sur un promontoire, ce camping très bien tenu jouit d'une vue splendide sur les falaises de flysch et la mer. Boutique, piscine à débordement avec toboggans, parc à jeux, *minimarket* et resto. Un chemin très pentu conduit en 20 mn à une plage de rochers. Les proprios (qui parlent le français) sont très accueillants. Ah, enfin un vrai camping sympa !

De prix moyens à plus chic

Agroturismo Goikola : *à* **Lastur** *(Itziar-Deba), au n° 17. ☎ 943-19-90-82. • goikola@goikola.com • goikola.com • ♿ À 10 km de Deba ; direction Zumaia et tourner à droite à Itziar. Doubles avec sdb 60-70 € ; apparts 4 pers 100-120 €.* Sur les hauteurs de Deba, une belle maison en pierre tenue avec cœur par Karmen, une charmante mamie qui tisse la laine de ses moutons. Elle propose 5 chambres et 1 appartement, confortables et bien décorés, avec poutres et des couleurs gaies, plus un accès à 2 cuisines communes (gratuites).

Txerturi Goikoa : *barrio Itxaspe, 7, à Deba. ☎ 943-19-91-76. 📱 616-05-59-19. • info@txerturi.com • txerturi.com • 800 m avt le camping. Doubles avec sdb 65-70 € ; apparts 2-4 pers 80-135 € ; petit déj 7 €.* Il s'agit d'une ancienne ferme équestre proposant 5 chambres charmantes, plus 2 appartements, plafonds avec poutres, murs en pierres apparentes et joli mobilier (la proprio est passionnée de déco). Mignon petit salon commun avec un vieux piano et une très belle vue, et salle à manger bien agréable pour le petit déj. Cuisine à dispo (payante). Rien à redire, vraiment, pour le prix !

Arriola Txiki : *barrio Arriola, à* **Itziar,** *sur les hauteurs de Deba. ☎ 943-19-20-00. 📱 606-52-21-47. • arriola_txiki@hotmail.com • nekatur.net/arriolatxiki • ♿ Prendre la route de Zumaia (N 634) et, au km 40, celle qui grimpe à droite sur 2 km. Congés : 6 janv-15 fév. Doubles avec sdb 60-66 €, familiale aussi ; apparts 2-4 pers 120-140 €. Bouteille de cidre ou de jus de pomme offerte en basse saison sur présentation de ce guide.* Dans une ferme encore active (avec poules, vaches et moutons), 6 chambres bien tenues, à la déco campagnarde pour certaines, très contemporaines pour d'autres. L'endroit bénéficie d'une situation privilégiée, avec jardin, terrasse et chaises longues face à la vallée et à la mer. Cuisine commune (payante) et vaste salon. Vente de cidre maison. Les proprios sont charmants.

Agroturismo Donibane : *barrio Egia, à* **Itziar,** *sur les hauteurs de Deba. ☎ 943-19-15-54. 📱 617-68-63-37. • donibane13@hotmail.com • agroturismodonibane.com • Même accès que pour* Arriola Txiki, *mais prendre le chemin qui grimpe à gauche. Doubles 49-60 €.* Au calme, sur une colline, à côté d'une ferme en activité, une vaste bâtisse sans charme particulier avec

6 chambres, toutes différentes. Si la déco est un peu datée, elles sont bien tenues et de confort correct pour le prix. Cuisine moderne bien équipée (payante) et super accueil de la proprio qui vous reçoit comme ses petits-enfants. Une adresse appréciée des randonneurs.

Où manger ?

Plusieurs ***restos*** et ***bars à tapas*** le long de la plage (***Itsas Gain*** notamment) et dans la vieille ville (comme le ***Izenbe,*** sur la Foruen plaza).

Calbeton : *Hondartza, 7. ☎ 943-19-19-70. Dans la rue principale. Tlj sauf dim soir et lun hors saison. Congés : 15 j. en nov. Plats 12-19 €.* On s'attable, au choix, sur le trottoir à la bonne franquette, ou dans le *comedor* à l'arrière. Entre les 2, c'est le bar populo. Cuisine d'une grande simplicité, mais pas chère du tout.

Urgain : *Hondartza, 5. ☎ 943-19-11-01. À droite du Calbeton. Tlj sauf mar soir hors saison. Congés : janv-mars. Menu du jour 30 € ; plats 15-30 €.* C'est le resto chic du village, mais son menu vaut le détour. On choisit plutôt la salle du bar, contemporaine et décontractée, car le comedor, vraiment chic, est réservé aux grandes agapes et aux grosses additions. Dans le menu, beaucoup de choix et des produits de qualité. Sinon, grand éventail de poissons hyper frais à la carte. Belle cave. Également des pintxos le soir. Chef volubile et chaleureux.

Achats

Martin Sukia : *San Roke, 4. ☎ 943-19-11-38. • abarkagile@euskalnet.net • martinsukia.com • Dans le centre (l'atelier se trouve derrière la boutique). Lun-ven 9h-13h, 15h-20h.* S'il vous vient l'envie d'acquérir une paire d'*abarkas*, soit les chaussons basques traditionnels (en cuir), monsieur est l'un des 2 derniers artisans du Pays basque. Sa charmante épouse est française.

LE GUIPÚZCOA

À voir

Iglesia Santa María : *sur la mignonne plaza Zaharra, avec sa fontaine et ses bancs en pierre. Tlj 10h-13h. Messe tlj à 19h (11h dim). Visite guidée sur résa à l'office de tourisme.*

Levez les yeux pour admirer l'un des 2 seuls ***portails en pierre polychromes*** du Guipúzcoa, un bijou du gothique basque classé Monument national et financé par des siècles de taxes portuaires. Il représente les 12 apôtres, pour une fois facilement identifiables, le sculpteur ayant eu la bonne idée d'inscrire leurs noms. Toute la partie centrale, sculptée en haut-relief, est une ode à la Vierge.

À l'intérieur, voir le triforium de la 1re église au-dessus du narthex et le retable baroque polychrome, assez grandiose, également sculpté de scènes de la vie de la Vierge (Annonciation, Fuite en Égypte, visite à sainte Anne, Assomption). Superbe chapelle gothique sur la gauche. Très joli petit cloître (c'est le plus ancien du Guipúzcoa), dont l'arcature est soutenue par de fines colonnes formant comme une grille de pierre, et ornée de motifs octogonaux d'inspiration arabe. Si la sacristie est ouverte, jetez un œil à l'intérieur : la cité fut tellement riche que la paroisse comptait à l'époque 16 curés, d'où les 16 coffres en bois !

Manifestation

– ***Pèlerinage du sanctuaire d'Itziar :*** *1er sam de mai.* Ce sanctuaire est surtout célèbre pour son pèlerinage. Les pèlerins partent à pied, le soir, de Donostia : 40 km de nuit pour célébrer la Vierge avec chants et prières.

MUTRIKU (MUTRIKU)

(20830) 5 000 hab. *Carte Guipúzcoa, B1*

Dernier bastion du *Geoparque,* le port le plus occidental du Guipúzcoa s'avère bien plus charmant que sa voisine Deba. Encaissé dans une crique, traversé de ruelles étagées et d'escaliers qui mènent au port, le centre ancien garde un aspect nostalgique, qui fait tout de même regretter l'urbanisation récente. Bastion du séparatisme, Mutriku ne laisse rien ignorer de ses préférences politiques, mais avec bonhomie. Le cordon de petites plages, nommé *Las Siete Playas,* se trouve sur la côte qui s'étend à l'ouest de la ville.

Arriver – Quitter

➢ En ***bus,*** avec *Lurraldebus (● lurraldebus.eus ●),* 5-6 liaisons/j. (bien réparties) entre ***Donostia*** et Mutriku via ***Deba.***

Adresse utile

ℹ ***Oficina de turismo :*** *Txurruka plaza. ☎ 943-60-33-78. ● mutriku.eus ● Juin-sept, tlj (sauf dim ap-m juin et sept) 10h-14h, 16h-19h ; oct-mai, tlj 10h-14h, et ven-sam 16h-18h.*

Où dormir ?

Campings

⛺ ***Camping Aitzeta :*** *de Deba, prendre le chemin à gauche à l'entrée du village et faire 500 m. ☎ 943-60-33-56. ● info@campingaitzeta.es ● campingaitzeta.es ● Ouv mai-oct. Env 21 € pour 2 avec tente et voiture. CB refusées.* Belle situation en surplomb de la mer, avec des emplacements gazonnés en paliers. Jeux pour enfants, bar et épicerie. Sanitaires vieillots mais propres. Des 4 campings des environs, c'est notre préféré.

⛺ Si c'est complet, vous pouvez essayer le ***Camping Santa Elena*** *(Galdona Auzobidea, 4 ; ☎ 943-60-39-82 ; ● info@camping-santaelena.com ● camping-santaelena.com ●)* en direction d'Ondarroa puis Caldonamendi. Belle situation avec vue sur la mer, mais on y est un peu serré et l'accueil est parfois rustique. Ou encore le ***Galdona*** *(☎ 943-60-35-09 ; ● campinggaldona@gmail.com ● campinggaldona.com ●),* plus bas, sur la même route : situation moins belle, mais accueil un peu meilleur. Les 2 facturent l'emplacement environ 21 € pour 2 avec tente et voiture.

De bon marché à chic

🏠 ***Haitzalde :*** *Eskimera Parajea. ☎ 943-60-48-65. 📱 626-91-39-00. ● info@haitzalde.com ● haitzalde.com ● À env 2 km du centre, sur les hauteurs de Mutriku. Doubles et suites 72-116 €, petit déj env 8 €.* Ça, un *agroturismo* ? D'accord, la maison est archi moderne, mais madame produit des fleurs et des tomates... 6 chambres avec vue, y compris depuis les douches. Toutes de très grand confort, romantiques et élégantes. Petit déj maison à prendre dans une belle salle contemporaine. Dans le jardin, quelques terrasses en bois pour plonger dans la mer, du moins virtuellement...

🏠 ***Hotel Arbe :*** *Laranga auzoa, 5. ☎ 943-60-47-49. ● info@hotelarbe.*

com • hotelarbe.com • ♿ Sur la route de Deba (4 km avt Mutriku). Doubles 99-110 € ; suite aussi ; petit déj 10 €. On découvre avec étonnement, puis avec plaisir, cet hôtel très moderne, avec vue imprenable sur le golfe de Gascogne. À l'intérieur, c'est le royaume du design, avec une dizaine de chambres de grand confort, et le plus du plus c'est l'ouverture des portes à empreinte digitale... S'il fait beau, on prend le petit déj (excellent, avec gâteaux maison) dans le jardin, face à la mer. Piscine et petit sauna avec fauteuils chauffants, massages ayurvédiques ou... des pieds. De plus, les proprios (madame parle le français) feront des pieds et des mains pour vous faire plaisir.

Où manger ?

|●| ***Ametza :*** *Txurruka plaza, 2, à droite de l'office de tourisme. ☎ 943-60-37-49. Tlj. Pas de menu : plats 8-15 € et poissons 30-35 €/kg.* C'est le grand bar-resto populaire de la place, là où l'on vient écluser une bière ou un verre de *txakoli* le soir avec les enfants. Bonne ambiance et cuisine sympathique. Salades, soupe de poisson, *chipirones, merluza* ou *rape* (lotte)... À côté, le petit bar ***Piper*** sert de bons *pintxos* et a aussi ses habitués.

À voir. À faire

Nautilus, centro de interpretación geológica : *José Antonio Ezeiza, 3. ☎ 943-60-32-59. Juil-août, tlj sauf dim ap-m et lun 11h-14h, 17h-19h ; avr-juin et sept-oct, seulement sam et dim mat, fermé lun-ven. Fermé nov-mars. Entrée : env 1,50 € ; gratuit moins de 6 ans.* Pour les amateurs de fossiles, toute petite mais belle collection d'ammonites géantes qui raconte environ 100 millions d'années d'histoire géologique. Se visite très vite !

La vieille ville : vous ne pourrez pas manquer la jolie petite ***place Txurruka,*** avec l'impressionnante *église Notre-Dame-de-l'Assomption* (XIXᵉ s, néoclassique lourd). S'y dresse aussi la *statue de Côme-Damien Txurruka,* héros de Trafalgar. Voir enfin, dans la rue Conde de Motrico, la *casa de Txurruka,* superbe palais du XVIIIᵉ s.

LA DÉFAITE DE TRAFALGAR

Côme-Damien Txurruka, marin, géographe et cartographe d'exception, a établi la 1re carte du détroit de Magellan et a même publié un guide de la Terre de Feu. Notez qu'il a surtout commandé une partie de la flotte franco-espagnole à Trafalgar... La victoire fut remportée, on le sait, par Wellington et les Anglais.

Le port : on y tombe littéralement ou alors on y glisse par des rues pentues, des escaliers ou, pour les moins sportifs, un ascenseur. Plus que le bassin lui-même, c'est l'ensemble des constructions, dont certaines du XVᵉ s et encore habitées, bâties à flanc de falaise, qui séduit. Au bout, une petite plage et 2 piscines naturelles, qui s'emplissent à marée haute, accueillent les baigneurs en saison.

Fêtes

– **Fêtes de Mutriku :** *21-25 juil.*
– **Fêtes des Calvarios :** *13-16 sept.* Le 2ᵉ jour, chaque patron de bateau de pêche fait dire une messe pour son équipage et offre ensuite à boire aux marins et à leurs familles. Les jours suivants, c'est la fête sur le port.

LE GUIPÚZCOA

LES VALLÉES DU GUIPÚZCOA

3 vallées, Oria, Urola et le río Deba, conduisent vers les montagnes du Guipúzcoa et vers les autres provinces basques. Bon, côté mer, on va d'usine en zone industrielle, le tout dans un flot incessant de camions, en particulier le long de la N 1 Irun-Madrid. Bref, chaque fois que, le long de ces grands axes, une petite route vous fait signe, prenez-la ! Car on ne soupçonne pas qu'elle réserve de belles petites surprises : sanctuaires, sentiers, grottes, musées, sans oublier les produits du terroir comme le *fromage d'Idiazábal,* considéré comme le meilleur fromage de brebis d'Espagne.

LA VALLÉE D'ORIA

Déjà bien abîmée par les guerres carlistes (le grand homme du coin est le général Zumalacárregui, qui infligea une série de défaites sévères à l'armée espagnole), la vallée du río Oria est, hélas pour elle, une accueillante vallée sur laquelle débouchent les petites vallées de ses affluents. Il n'en fallait pas plus pour que de nombreux industriels s'y installent au début du XXe s... Puis ce sera la guerre civile et l'urbanisation sauvage. Il est des reconstructions pires que des destructions !
Heureusement, il reste des villages adorables, de petites routes perdues, des traditions culinaires et d'authentiques agrotourismes...

Arriver – Quitter

En train

➢ La ligne *RENFE* (4-5 trains/j. env) dessert ***Tolosa*** et ***Ordizia*** depuis ***Donostia.***

En bus

➢ *Transvía San Sebastián* (☎ 943-36-17-41 ; • tsst.info •) propose 1 bus (tlj sauf dim) ttes les 30 mn entre ***Donostia*** et ***Tolosa.***

➢ *Pesa* (☎ 902-12-14-00 ; • pesa.net •) assure 2 fois/j. la ligne ***Donostia-Bilbao,*** qui passe par ***Tolosa, Ordizia*** et ***Ormaiztegi.***

➢ ***Pour rallier les villages de l'intérieur de la vallée,*** il y a les lignes de la compagnie *Goierrialdea* (☎ 943-88-59-69 ; • goierrialdea.eus •) : en gros, 1 bus ttes les 30-60 mn entre ***Ordizia*** et les principaux villages du Goierri.

TOLOSA (TOLOSA)

(20400) 18 000 hab. *Carte Guipúzcoa, C3*

Ancienne capitale du Guipúzcoa, Tolosa hérite d'un vieux centre assez riche pour une ville de cette importance et conserve des traditions vivaces, comme son carnaval et plusieurs marchés hauts en couleur en surplomb de la rivière Oria. Ses *alubias* (haricots noirs) jouissent d'une solide réputation. Tout comme sa fabrique de bérets basques, la plus renommée de la région.

UN PEU D'HISTOIRE

Au XIIIe s, le roi de Navarre Sanche le Fort avait installé en Guipúzcoa un gouverneur dont on affirme qu'il était violent et tyrannique. Sous la conduite des Tolosans, les Basques l'ont d'abord destitué puis tué, et sont allés se mettre sous la coupe du roi de Castille, qui s'est empressé de leur accorder des *fueros* et le droit de bâtir des murailles. À l'abri de ses *fueros* (restés inchangés de 1328 à 1844 !), Tolosa s'est développée comme une ville industrieuse (centre important, évêché) et a même été la capitale du Guipúzcoa avant d'être détrônée par Donostia.

Adresse et info utiles

Oficina de turismo : *Andre María plaza, 1 ; juste en face de l'église du même nom. ☎ 943-69-74-13. • toloSaldea.eus • En été et à Pâques, tlj 10h-14h30, 15h30-19h. Le reste de l'année, mar-sam 11h-14h, 16h-18h ; fermé lun, et l'ap-m ven et sam.* Organise de bonnes visites guidées de la vieille ville et des marchés sur résa.

Parkings gratuits : dans le quartier San Estebán après la gare, repérables aux panneaux « Doan ».

Où dormir ?

Bon marché

Pensión Karmentxu : *c/ Korreo, 24. 630-55-66-78 ou 651-70-81-01. • pkarmentxu@gmail.com • pensionkarmentxu.com • Dans une ruelle du centre ancien ; au 1er étage. Doubles 45-60 €. CB refusées.* Au 1er étage d'un immeuble ancien (bientôt 200 ans !), 6 chambres sans déco particulière mais bien tenues. Salle de bains commune. Pas de petit déj ni de cuisine. Bon accueil.

De prix moyens à chic

Agroturismo Korteta : *San Estebán auzoa, 70. 639-48-98-33. • info@agroturismokorteta.com • agroturismokorteta.com • Sur les hauteurs, à env 2 km au sud-ouest ; fléché depuis le quartier San Estebán. Doubles 55-66 €, petit déj 6 €.* Il s'agit d'un bel *agroturismo* isolé sur la colline, abritant des chambres joliment meublées, personnalisées et colorées. La charmante Asun se démène pour préparer tous les jours un plat différent au petit déj. Elle vend aussi les produits de sa ferme (confiture, liqueurs). Agréable salon-TV et cuisine moderne à disposition (payante). N'hésitez pas !

Hotel Bidebide : *pl. Euskal Herria, 1. ☎ 943-23-11-11. • info@hotelbidebide.eus • hotelbidebide.eus • Réception 7h30-12h30, 16h-20h. Double 81 €.* Fraîchement installé dans l'ancien palais de justice, un superbe bâtiment du XIXe s sur la plus jolie place de la vieille ville, un hôtel exceptionnel. Une vingtaine de chambres spacieuses et élégantes, au look design, avec lit *queen size,* TV grand écran, clim, prises USB... et salle de bains au top. Sous concession de la municipalité, le tarif est unique et fixe toute l'année, d'où un rapport qualité-prix imbattable pour le confort proposé. Également bar à *pintxos,* snack et resto. Service et accueil à la hauteur des lieux. Un très bon plan !

Où manger des *pintxos* ? Où manger assis ?

Bon marché

Pour manger des *pintxos* en éclusant des bières, rendez-vous dans les rues piétonnes *Arostegieta, Errementari* et *Korreo,* où vous trouverez quantité de bars plus populaires les uns que les autres, comme ***Asteasuarra*** (rendez-vous des anciens). Mais il y en a plein d'autres... Sur la belle *plaza Euskal Herria,*

LE GUIPÚZCOA

à 2 pas, gros succès pour le pub irlandais ***Nest,*** et chez son voisin le ***1990 Gastroteka*** *(● info@1990gastroteka.eus ●).* Bref, suivez la foule !

Prix moyens

|●| ***Lur Lan Bistrot :*** *pl. Nueva, dans la vieille ville. ☎ 943-24-33-39. ● bistrot@lurlanbistrot.eus ● Tlj sauf dim. Congés : 2de quinzaine d'août. Plats 10-15 €, menus 10-25 €. CB refusées.* C'est une boutique et un resto, le fruit d'une association de producteurs régionaux. Dans un cadre contemporain, on se régale de *guindillas de Ibarra* (piments verts), d'anchois ou de thon de Getaria, du fondantissime *cerdo* (porc) *Basatxerri,* ou encore du riz bio des Bardenas. Le tout arrosé d'un vin bio. Et puis on remplit son cabas de quelques souvenirs gastronomiques du coin, comme les fameux *alubias.* Une excellente adresse.

Plus chic

Il est une tradition, à Tolosa, qui s'appelle la *txuleta,* soit la côte de bœuf... ou plutôt de vache. Vieille, qui plus est, car la vache, tous les Basques vous le diront, prend du goût en prenant de l'âge ! Sur ce délicieux et monstrueux créneau (faut avoir de l'appétit !), 2 institutions locales se font face de part et d'autre de la rivière. Côté décor, c'est le jour et la nuit. Mais au niveau des prix, les 2 sont aussi chers : 55-65 €... sans le vin !

|●| ***Casa Julián :*** *Santa Klara, 6. ☎ 943-67-14-17. ● casajulian1954@gmail.com ● Tlj le midi, plus le soir ven-sam. Résa indispensable.* On adore son décor à l'ancienne, l'impression de manger dans la cuisine d'un vieux paysan en compagnie des maquignons du coin. Quelle atmosphère ! Et pourvu que rien ne change...

|●| ***Casa Nicolás :*** *Zumalacárregui, 7. ☎ 943-65-47-59. ● info@asadorcasanicolas.com ● ♿ Tlj sauf dim soir. Carte env 80 €.* Ce n'est plus Nicolás qui tient le resto, mais son petit-fils Xabier. Le décor est devenu totalement chic et contemporain, mais la maison est toujours l'un des temples de la *txuleta.* Ah, notez que, en 3 générations, la cave aligne 40 000 bouteilles, rien que ça...

LE GUIPÚZCOA

Où prendre le petit déj ?
Où manger une bonne pâtisserie ?

Pastelería Eceiza : *San Francisco, 8. ☎ 943-65-19-16. ● pasteceiza@euskalnet.net ● Dans la rue qui sépare la vieille ville de la pl. Euskal Herria. Tlj 7h30-20h.* Un bon plan pour les gourmands. Petit déj, chocolat chaud et spécialité de *teja y cigarillo,* une sorte de tuile et de cigarette russe.

Achats

Longarón : *Nagusia kalea. Tlj sauf dim 10h-13h, 17h-20h.* Cette vieille boutique (1886 !) vend les fameux bérets basques *(boinas)* de la fabrique *Elosegui,* dont Tolosa est la (dernière) capitale.

Lur Lan : *voir « Où manger des pintxos ? Où manger assis ? ».* Vente de bons produits du terroir.

À voir

Casco viejo : principalement les rues Rondilla, Arostegieta, Errementari et Korreo. Voir aussi la très élégante plaza Euskal Herria, l'ancienne place aux bestiaux. Quelques belles maisons du XVIIe s comme la mairie ou le *palais Idiaquez,* à l'angle de la plaza Zaharra. Pour la photo, il faut traverser le pont Naparzubia qui part de la place Zaharra ; avec les arcades qui se mirent dans le fleuve, les belles maisons qui le bordent et l'église Sainte-Marie derrière, c'est du plus bel effet.

Iglesia Santa María : *tlj sauf dim 8h30-10h30, 18h30-19h30. Possibilité de visite guidée gratuite (en espagnol) juil-août tlj.* Bel exemple de gothique basque tardif, avec ses 3 nefs et d'immenses peintures aux sujets tirés de l'histoire sainte.

Topic : *pl. Euskal Herria. ☎ 943-65-04-14. • topictolosa.com • Tlj sauf lun 10h-14h (13h en sem hors saison), 15h (16h en sem hors saison)-19h. Congés : 24 et 31 déc. Entrée : env 4 € ; réduc. Visite théâtralisée sur résa (8 €).* Très belle présentation, ludique et animée, de marionnettes du monde entier. Le spectre couvre les ombres du *wayang kulit* indonésien jusqu'au célèbre Pinocchio. Également des ateliers, spectacles et expositions temporaires.

Marchés

Il y en a 2 principaux le ***samedi*** :
– l'un, célèbre dans tout le Guipúzcoa, se tient sous la halle le long de la rivière, à côté de la plaza Zaharra. Incroyable variété de ***légumes*** secs (surtout des *alubias*), oignons, choux de toutes tailles ;
– le marché aux ***fleurs*** et aux ***plantes*** a lieu, lui, sur la plaza Verdura, pas loin du précédent (sorte d'arcade couverte qui ressemble à un boulodrome).
– Enfin, il y a la ***halle des marchés spéciaux,*** sur la plaza Triángulo. S'y tiennent, entre autres, une foire aux bestiaux en mars, à la Saint-Jean et en octobre, une foire aux *alubias* mi-novembre, et une fête de la *txuleta* en avril. Se renseigner à l'office de tourisme.

Fêtes et manifestation

– ***Carnaval de Tolosa :*** *40 j. avt Pâques, pdt 6 j.* L'un des plus animés du Guipúzcoa : déguisements, concerts, parades, défilés de géants, rien n'y manque et surtout pas l'ambiance. C'est le 1er jour (le Jeudi gras) que la fête bat son plein, ainsi que le week-end qui suit.
– ***Fêtes patronales :*** *24 juin, pour la Saint-Jean.* Les festivités commencent une semaine avant, avec des défilés de chars notamment.

LE GOIERRI

Carte Guipúzcoa, B3-4

Le Goierri, dont le nom signifie « hautes terres » en basque, est en effet une terre de contrastes. Après avoir visité rapidement Ordizia et son joli quartier ancien, on fuit l'affreuse zone industrielle de la N 1 pour grimper bien vite dans les charmants villages de la région, notamment à Segura et dans le parc naturel d'Aralar, ou sur le GR 283 qui suit l'alléchante *ruta del Queso...* Notez que l'Unesco a récemment pris sous son aile le *camino Real* et le tunnel de San Adrián, un tunnel naturel reliant le Guipúzcoa à l'Álava, où l'homme n'a pu s'empêcher d'édifier un... ermitage, quelle question !
– ***Site de la région :*** *• goierriturismo.com •* Pour toute info sur le Goierri.

ORDIZIA (ORDIZIA)

Fondée par Alphonse X le Sage au XIIIe s. Vieux centre rapidement visité mais très plaisant. Ici, l'usine de construction ferroviaire de la CAF fait vivre près de 2 500 personnes. Mais on y vient surtout pour le grand marché du mercredi, qui existe depuis plus de 500 ans...

Adresse utile

🛈 ***Oficina de turismo :*** *Santa María, 24. ☎ 943-88-22-90. • ordizia.eus • Tlj 10h-13h (11h-14h le w-e), 16h-19h ; hors saison, mar-dim, seulement le mat.* Dans les locaux d'*Elikatuz,* qui abritent un centre d'interprétation sur le Goierri et le musée de l'Alimentation et de la Gastronomie *(entrée : 3,20 € ; réduc).*

Où manger ? Où boire un verre ?

|●| 🍷 Pour ceux qui voudraient avaler quelques *pintxos,* on vous conseille sur la belle plaza Mayor les bars « ***chez Pinto*** » (sans nom en fait, au nº 2) et ***Portoka.*** Pour s'asseoir, aller plutôt chez ***Martinez,*** juste derrière la mairie *(Santamaria-Andre Mari kalea, 10 ; ☎ 943-88-06-41 ; • info@martinez1890.com • ; tlj sauf lun ; congés 10 j. en fév et 3 sem en août ; menu déj 12 €).* La maison, plus que centenaire, sert un bon petit menu le midi en semaine, plus des *raciones* et des *pintxos* le reste du temps.

À voir

Casco histórico : sachez que le *camino Real,* classé par l'Unesco, passe dans la vieille ville. À l'entrée, on est accueilli par la *statue d'Andrés de Urdañeta,* « cosmographe et introducteur de la civilisation chrétienne aux Philippines » ! En face, 2 jolies maisons-tours, notamment la *maison Barrenetxea.* Allez ensuite jeter un œil à la mairie *(udaletxea),* qui est en soi un bel édifice baroque. À côté, la belle *plaza Mayor,* avec ses colonnes néogothiques de la fin du XIXe s, qui accueille le marché du mercredi. Admirer la *maison Sujeto-Enea,* dont le dernier étage arbore des fresques du XVIIe s. Une *plaque* rappelle que c'est à Ordizia que Don Carlos a juré de respecter et de renforcer les *fueros* du Guipúzcoa. Enfin, notons aussi l'*église Renaissance N. S. de la Asunción,* avec son auvent protégé par une grille en fer forgé, ainsi que la maison baroque de l'*ancienne poste.*

Marché

– Le ***mercredi*** (depuis 1512 !) sur la monumentale plaza Mayor. Les prix pratiqués ici servent de référence dans tout le Guipúzcoa. La mairie d'Ordizia a même publié un calendrier très sérieux des dates de récolte des principaux légumes. Comme ça, si l'on vous propose de la scarole en été, vous saurez qu'elle vient d'ailleurs !

Fêtes

– ***Fête des Bergers :*** *le mer qui suit la Semaine sainte.* À ne pas rater ! Tous les bergers du Goierri viennent à Ordizia avec leurs troupeaux, car c'est le départ pour la transhumance.
– ***Fêtes patronales :*** *26 juil (Sainte-Anne).* Le motif de grandes réjouissances et du célèbre *baile de los Santaneros,* que doivent danser les couples mariés dans l'année.
– Au marché hebdomadaire viennent s'ajouter quelques ***marchés annuels,*** comme celui consacré au fromage, qui se tient pendant les ***Fêtes basques*** *(le mer autour du 8 sept).*

LE PARC NATUREL D'ARALAR

Créé pour protéger l'immense forêt qui sépare le Guipúzcoa de la Navarre, avec des dolmens en guise de frontière... Au milieu, la ***sierra d'Aralar*** forme la ligne de partage des eaux du Pays basque. La pluie qui tombe sur le versant navarrais rejoint l'Èbre et la Méditerranée, et les eaux du Guipúzcoa filent vers l'Atlantique. C'est un massif karstique où abondent les grottes (beaucoup restent à explorer), mais aussi les pièges classiques de ce genre de terrain (dolines, notamment).

➢ On peut faire une belle ***balade en voiture d'Ordizia à Etxarri-Aranatz*** en Navarre (voir plus haut « La Navarre occidentale ») en suivant la petite GI 2120, qui passe par le col forestier de Lizarrusti. Là, nombreux départs de ***sentiers de randonnée*** (cartes disponibles à la Maison du parc, voir ci-après). Aucune route ne mène aux alpages et aux zones rocheuses de la partie haute du massif, où abondent les troupeaux de moutons. Une aubaine pour les marcheurs !
En route, vous passerez par le village d'***Ataun San Martín,*** dont l'église possède un orgue baroque, l'un des plus vieux du Guipúzcoa *(ouv pdt la messe du w-e, ou demander la clé au museo Barandiaran, voir plus loin).* Concert en été. Juste après, le hameau d'***Ataun Gregorio*** est la patrie de José Miguel (ou Joxemiel en basque) Barandiaran, le Lévi Strauss du Pays basque. On y trouve, d'ailleurs, le ***museo Barandiaran*** *(☎ 943-18-03-35 ; mer-dim 10h-14h – et aussi 16h-19h mer-sam en été ; entrée : 1 €, ou 2 € avec visite guidée, réduc).* Film de 15 mn, expo des fouilles locales et visite de la maison des meuniers à côté de l'ancien moulin. À ***Ataun Ergoiena,*** la cidrerie *Urbitarte (☎ 943-18-01-19 ; • urbitartesagardotegia.com • ; ouv ts les soirs, plus le midi le w-e)* se visite sur réservation et propose en saison des repas dans les 30-35 € à base de *chuleta*, de *queso* et de... cidre *(txotx !)*.

■ ***La Maison du parc*** *(Parketxea)* **:** *au* ***col de Lizarrusti.*** *☎ 943-58-20-69. 📱 688-89-50-69 (Amaya). • lizarrusti.com • Ouv 11h-14h : en été, seulement ven-dim et j. fériés ; mai-juin et sept-oct, w-e et j. fériés ; à Pâques, tlj. Fermé nov-mars.* Située à la frontière avec la Navarre, elle présente une superbe maquette de tout le massif ainsi qu'un diaporama (paysages, faunes, etc.). Départ de nombreux sentiers : demander la carte et les infos. Possibilité de faire un gros trek de 6 jours (100 km) entre le parc d'Aralar et celui d'Aizkorri-Aratz, via le tunnel San Adrián, récemment classé par l'Unesco.

🏠 🍽 ***Lizarrusti :*** *au même endroit. ☎ 943-58-20-69. • lurra2@hotmail.com • lizarrusti.com • Tlj sauf lun. Congés : janv. Lit en dortoir 18 € ; petit déj 5 €. Menu 12 € le midi en sem, 14 € le soir, 18 € le w-e.* Hébergement et bar-resto pour randonneurs. Lits en dortoir de 4 à 14 lits et une seule chambre double (même tarif). Salle de bains commune. Ils organisent aussi des activités dans la nature environnante : descente de canyon, escalade, orientation... Cuisine variable (le cuistot change quasiment chaque année...).

➢ Autre idée de balade : la jolie route GI 2133 qui part d'Ordizia et, via Zaldibia (belles maisons anciennes), monte jusqu'à l'***ermitage de Larraitz.*** Il n'y a rien à y voir, l'ermitage n'est qu'une banale petite chapelle, mais Larraitz est ***l'autre porte d'entrée du parc.*** Petit office de tourisme *(d'avr à mi-nov, w-e et j. fériés 10h30-14h, 15h30-19h30 – tlj en été ; fermé hors saison)* avec doc et infos sur le très populaire chemin de *trail* (course de montagne) et sur les randonnées (à pied, à VTT) dans les monts Aralar, notamment vers le pic Txindoki. À Larraitz, on trouve aussi le resto ***Larraitz Gain*** *(☎ 943-65-35-72 ; • larraitzgain@gmail.com • ; tlj sauf mer ; copieux menus 12-14 € le midi en sem, 22-25 € les soir et w-e ; terrasse agréable).*

🏠 🍽 ***Lazkao-Etxe :*** *Aiestaran errekaauzoa, 20247* ***Zaldibia.*** *☎ 943-88-00-44. • info@lazkaoetxe.com • lazkaoetxe.com • À 4-5 km d'Ordizia par la GI 2133 puis, à Zaldibia, par la GI 3781 vers Arkaka. Resto ouv midi* *et soir, le w-e seulement ; fermé en sem et en août. Double avec sdb 60 €, petit déj inclus. Menus 37-68 €.* Une accueillante auberge au pied de la sierra d'Aralar. Une poignée de chambres bourgeoises et rustiques à la fois. Bonne affaire, d'autant que le petit déj est compris ! Cuisine à dispo (payante) mais on peut aussi manger le week-end dans l'ancienne grange restaurée, qui a conservé ses poutres et son toit en pente. Excellente cuisine, service amical et avisé, bref, une bien bonne adresse dans un coin qui en manque singulièrement.

IDIAZÁBAL (IDIAZABAL)

Sur la N 1, à 7-8 km au sud-ouest d'Ordizia. La bourgade n'a pas de charme (on lui préfère nettement Segura !), mais il faut bien faire un petit arrêt dans le village qui prête son nom au meilleur fromage de brebis d'Espagne.

Centro de interpretación del Queso idiazábal : *Nagusia, 37 (à l'entrée du village). ☎ 943-18-82-03. • idiazabalturismo.com • Juil-sept, tlj 11h-14h, 16h-19h ; le reste de l'année, seulement le w-e, fermé lun-ven. Entrée : env 2,30 € (3,40 € avec dégustation et 4,50 € avec un verre de vin).* Tout, tout, tout, vous saurez tout sur le processus de fabrication du fameux fromage (notamment grâce à un petit film conté par une souris) et la manière dont il faut le déguster. D'ailleurs, on peut en avaler des lichettes. Juste à côté la boutique ***Artzai Gazta*** vend en direct le fromage de producteurs locaux *(☎ 943-18-71-29 ; lun-jeu 8h30-17h, ven 8h30-14h30, fermé le w-e).*

UN FROMAGE QUI VAUT DE L'OR...

Il serait dommage de venir dans le Goierri sans en rapporter le célèbre fromage de brebis d'Idiazábal, reconnu dans toute l'Espagne pour ses qualités gustatives exceptionnelles. Avec le roquefort, c'est le seul fromage de brebis d'Europe fabriqué avec du lait cru, non pasteurisé. Tous les ans à Ordizia, la moitié du meilleur idiazábal de l'année est mise aux enchères... En 2014, l'un de ces demi-lingots a atteint le prix hallucinant de... 13 050 € !

J. Aranburu : *Ondramuino baserria, à la sortie du village, à droite. 📱 649-65-59-62. • jesus@quesosaranburu.com • Tlj, mais mieux vaut appeler avt. Visite avec dégustation env 6 €.* Une fromagerie mécanisée mais toute proche du musée du Fromage. Tenue par 3 frères, qui produisent 20 000 à 25 000 fromages par an. Cela dit, ils ont gagné plusieurs fois le 1er prix au concours d'Ordizia.

Voir surtout ***Ondarre,*** à Segura (voir plus loin).

➢ D'Idiazábal, ***belle balade en voiture*** jusqu'au ***col d'Etxegarate,*** puis à droite en revenant vers Idiazábal, via Zegama et Segura. Ravissante route de montagne, étroite mais qui se coule sous la marquise des arbres et plonge vers le río Oria. Au ***col d'Otzaurte,*** un sentier, peu visible, conduit à l'ermitage du tunnel San Adrián, classé par l'Unesco. On peut aussi faire la randonnée dans l'autre sens, en partant de Zalduondo en Álava ; le repérage est plus facile.

SEGURA (SEGURA)

Notre village préféré dans la région, qui a conservé une bonne partie de sa splendeur ancienne. Encore une cité fondée par Alphonse X le Sage au XIIIe s, stratégiquement située sur le *camino Real* entre la Castille et le reste de l'Europe. Grâce à la famille Guevara et à leur grande influence, il y a ici plus de palais que de maisons, et on peut toujours admirer 3 des 5 portes de la ville. Difficile de manquer le ***palais des Guevara*** – le plus gros et le plus blasonné – ou l'***église Notre-Dame-de-l'Ascension,*** splendide gothique basque du XVIe s *(accès lors de la visite guidée de l'office de tourisme).* La mairie est logée dans l'ancien ***palais des Lardizabal,*** dont l'un des membres, un certain Martín, fut maire de Madrid et vice-roi du Venezuela ! Voir aussi la *cárcava,* dans Gernika kalea, un passage de 1,50 m de large, typique du Moyen Âge. Notez enfin le nombre élevé de tournesols sur les splendides portes anciennes de la cité : c'est le porte-bonheur traditionnel.

LE CASTILLAN AUX BASQUES !

Segura est le seul village de la région qui porte un nom castillan et non basque. Et pourquoi donc ? Parce que c'était le poste avancé de la famille des Guevara en Guipúzcoa. Et alors ? Alors, Nicolás Guevara était le majordome des Rois Catholiques ! Ce qui explique le nom du village, mais aussi la profusion de palais...

Ondarre : *Ondarre baserria. ☎ 943-80-16-64. 689-19-25-08. • ondarresegura@gmail.com • nekatur.net/ondarre • ♿ Doubles 50-65 €, accès à la cuisine inclus ; apparts 2-4 pers 80-120 €. Visite de la fromagerie 9-15 € selon formule choisie.* Certes, on loge en contrebas du village, mais dans une maison du XVIe s restaurée, dans l'une des 6 chambres colorées, coquettes, impeccables et pas chères. Bel espace pour le petit déj et salon avec poêle. Surtout, vous logez chez le plus artisanal des producteurs de fromage idiazábal (seulement 1 000 fromages par an), qui a battu un record de vente aux enchères de 2014 (13 050 € le demi !). Rassurez-vous, le petit musée-boutique l'affiche à environ 22 € le kilo, blanc ou fumé... Fromage délicieux et accueil vraiment sympa d'Eneko.

Hotel Imaz : *Nagusia, 27. ☎ 943-80-10-25. • info@hotelimaz.com • hotelimaz.com • Doubles 83-90 €. Menu 12 € le midi en sem, env 24 € les soir et w-e. Parking gratuit.* Au cœur du village, un hôtel tout neuf à l'architecture qui respecte le style local. Chambres lumineuses à la déco sobre et dépouillée mais confortables et bien pensées, avec matelas épais, parquet, clim... Un hôtel que l'on est bien content de trouver dans un coin qui en manque sacrément. En prime, bon resto sur place avec service dans une salle élégante ou en terrasse aux beaux jours. Personnel dévoué.

Oficina de turismo y centro de interpretación medieval : *Nagusia, 12. ☎ 943-80-17-49. • ezagutu.segura.eus • Dans la casa Ardixarra. Juil-août et Semaine sainte, tlj 11h30-13h30, 16h30-19h30. Le reste de l'année, ven 17h30-19h30 ; w-e 11h30-13h30, 16h30-19h30 ; fermé lun-jeu. Entrée : env 2 €.* Dans l'une des plus anciennes maisons de la région (XVIe s), avec de petites fenêtres typiques du gothique flamand. On y voit les actes de fondation de la ville (ainsi qu'une maquette de celle-ci au XVIIe s) et on y apprend, entre autres, que les femmes mariées du Moyen Âge avaient le crâne rasé et portaient un chapeau indiquant leur statut social... En sortant, jeter un œil à la *casa Jauregui,* un magnifique palais baroque du XVIIe s.

ZEGAMA (ZEGAMA)

Zegama est un village de montagne, comme le prouvent les pierres placées sur les toits pour fixer la neige. Peu de choses à voir et à faire, à moins de partir en rando dans le parc Aizkorri-Aratz...

Parketxe Anduetza – Centro de interpretación del parque natural de Aizkorri-Aratz : *☎ 943-80-21-87. • gipuzkoanatura.eus • Juil-août, tlj sauf lun 10h-14h, plus sam 16h-18h ; hors saison, le mat mer-dim, plus sam ap-m, fermé lun-mar. Entrée : env 1 €.* Dans un ancien hôpital du XVIIe s transformé en ferme. Expo sur les parcs naturels de la région, notamment le parc Aizkorri-Aratz et le tunnel San Adrián (qui conduit en Álava, voir plus loin), plus quelques vestiges de fouilles locales. Au sous-sol, une *xiloteca,* soit des dizaines de pièces de bois du monde entier. En sortant, jetez un œil au petit ermitage.

ZERAIN (ZERAIN ; *20214)*

Croquignolet village perdu dans ses montagnes. Pas mal d'atouts pour attirer le voyageur curieux, notamment sa position, sur un piton dominant magnifiquement la vallée de l'Oria et le mont Txindoki.
– ***Foire bio*** le 3e dimanche de septembre.

Adresse utile

Oficina de turismo : *pl. Herriko. ☎ 943-80-15-05. • zerain.eus • Au-dessus de la taverne* Mandioa. *En été, tlj 10h30-14h, 16h-18h30. Hors saison, fermé lun, et ouv seulement le mat en sem.* Pour la clé de l'église, c'est ici. Organise *(sur résa, seulement le w-e à 12h ; 7 €)* la visite d'une scierie hydraulique et du musée de la mine *Monte del Hierro.* Belle boutique de produits régionaux.

Où dormir ? Où manger ?

Albergue Harizti Erdi : *pl. Herriko. ☎ 943-80-15-05. • turismobulegoa@zerain.eus • Ouv tte l'année. Accueil à l'office de tourisme. Lits en dortoir 12-15 € ; petit déj 3 €. Dîner 7 €.* Cette petite école communale propose un dortoir de 24 lits, un autre de 6 lits, 3 chambres de 4 lits et une de 2 lits, avec salle de bains privée. Confort spartiate, mais propreté rigoureuse. Souvent occupé par des groupes durant l'été : tentez votre chance...

Casa rural Tellerine : *Aizpea auzoa. ☎ 943-58-20-31. • nekatur.net/tellerine • À 5 km de Zerain : prendre la route de Legazpi (la GI 3520), puis, à 3,7 km, sur la gauche (panneau). Doubles avec sdb 46-50 €. Accès à la cuisine payant. CB refusées.* Attention, adresse exceptionnelle ! Superbe *caserio* en pierre des XVIe-XVIIIe s, restauré pendant 20 ans par le chaleureux José Miguel et son papa, aujourd'hui disparu. Sa maison est un musée vivant, dont il est le guide. Il vous racontera par exemple l'usage du *sisilu* et du *kutxa,* 2 meubles du beau *comedor* (salle à manger) où l'on prend le petit déj, préparé avec les produits du domaine. Très bel environnement campagnard. Une adresse à l'écart du monde : pas de wifi, pas de réseau de portable. Le rêve (ou le cauchemar, c'est selon !).

Oiharte : *Irukarate-gain auzoa. ☎ 943-50-10-13. 📱 680-17-12-91. • oiharte@oiharte.com • oiharte.com • ♿ Depuis Segura, dépasser Zerain, c'est dans un virage à droite. Doubles avec sdb 55-61 € ; duplex 4 pers 69-80 €. Accès à la cuisine payante. Resto le w-e seulement mai-oct, ts les soirs en hiver. Menu env 35 €, visite de la cidrerie incluse (sinon, 8 € la visite seule).* Pour les amateurs d'agrotourisme, celui-ci propose à la fois le gîte, le couvert et une cidrerie. 5 chambres et un duplex de très bon confort dans une belle maison en pierre avec vue. Au resto, omelette à la morue, morue avec piments, excellente *chuleta de vaca,* fromage avec noix et compote de pommes. Le tout à arroser, bien sûr, du cidre maison en allant faire *txotx* directement aux cuves... Mieux vaut dormir sur place (pas sous les cuves, quand même) !

Ostatu : *pl. del Ayuntamiento. ☎ 943-80-17-99. ♿ Tlj sauf lun. Congés : fév. Menus 13 € (déj en sem)-30 €.* Fréquenté par les travailleurs du coin. Belle terrasse avec vue sur Segura, la vallée et le mont Txindoki. L'intérieur abrite un cachot du XVIIIe s et le mur du bar est orné de fers de bagnards (surnommés *esposas,* soit « épouses », sans commentaire !). Cuisine correcte.

À voir

Museo etnográfico : *billetterie à l'office de tourisme. Mêmes horaires. Entrée : env 3 € ; réduc.* Installé dans une superbe maison basque du XIXe s et précédé d'un buste de Goya (dont l'arrière-grand-père est né à Zerain). Après un diaporama historique, on visite un magnifique grenier plein d'objets hétéroclites d'antan : jeu de *bolos*, une sorte de bowling qui se joue dans la *bolera* du village, des beaux coffres en bois, des araires au soc en fer, et un très ancien et rare *taka-taka* en châtaignier, c'est-à-dire un youpala pour apprendre aux enfants à marcher.

Le cachot du XVIIIe s : *dans le resto Ostatu. Mêmes horaires que le resto (voir « Où dormir ? Où manger ? »). Entrée : 1 € (gratuit pour les clients affamés).* Les prisonniers y faisaient une escale forcée sur la route des galères. Il a été utilisé jusqu'à la fin du XIXe s.

Palacio Jauregui : *énorme bâtisse face à l'église. Ne se visite pas.* Parfait exemple d'architecture rurale du Guipúzcoa. À côté de la porte d'entrée, jolie pierre gravée où le soleil, en partie éclipsé par la lune, pleure.

LA VALLÉE D'UROLA

On l'atteint au départ de Tolosa par la jolie route GI 2634. En automne, vous apercevrez peut-être des paysans encordés en train de faucher les fougeraies, tant les à-pics sont importants... On passe près de quelques gros villages de montagne, comme *Albiztur* (belles maisons anciennes, dont une de 1707). Après, la route grimpe pour changer de vallée : piquetage blanc des moutons, pottoks (le poney basque), parfois un âne gris attaché à une énorme charrette de fougères. C'est bucolique comme une chanson de Cabrel. En arrivant sur l'Urola, les panoramas sont superbes !

Arriver – Quitter

En bus

➢ *Guipuzcoana (☎ 943-85-11-59 ; ● laguipuzcoana.eus ●)* propose env 2 bus/h en sem (moins le w-e, surtout dim) entre ***Donostia*** et ***Azkoitia,*** via ***Azpeitia*** et ***Zestoa.***

➢ Avec *Lurraldebus (● lurraldebus.eus ●),* 1 bus/h en sem (moins le w-e) entre ***Zumaia*** et ***Zumarraga*** via ***Zestoa, Azpeitia, Loyola*** et ***Azkoitia*** ; ainsi qu'entre ***Zarautz*** et ***Azkoitia.*** Également 3-6 bus/j. entre ***Azkoitia*** et ***Tolosa.***

AZPEITIA (AZPEITIA)

C'était l'un des hauts lieux de la métallurgie guipúzcoane... jusqu'à la fermeture récente des hauts-fourneaux. Le plus haut des fourneaux, aujourd'hui, est sans doute celui qui forge la foi, un sanctuaire qui porte le nom d'Ignace de Loyola, né ici, à Azpeitia. Également un beau musée ferroviaire et une balade en train à vapeur. Aucun rapport, on vous le concède !

Adresse utile

Oficina de turismo : *dans un kiosque devant le sanctuaire de Loyola. ☎ 943-15-18-78. ● urolaturismo.eus ● tierraignaciana.com ● En été, tlj 10h-14h, 15h-19h ; sept-juin, fermé dim ap-m et lun.*

À voir. À faire

Casco viejo : à côté du pont ancien, la *maison-tour Enparan,* très bel édifice Renaissance qui abrite la bibliothèque. En diagonale, de l'autre côté du *río,* la *maison Basozabal* et son étage à arcades. Au fond, l'*église Soreasu* avec son clocher typique du gothique basque, plus un vieux lavoir derrière.

Museo vasco del Ferrocarril *(musée basque du Chemin de fer)* **:** *Julian Elorza, 8.* ☎ *943-15-06-77.* • *museoa.euskotren.eus* • *bemfundazioa.org* • *Dans la gare désaffectée. Mar-sam 10h30-13h30, 15h-18h30 ; dim 10h30-14h. Fermé lun. Congés : fin déc-début janv. Entrée : env 3 € ; 6 € avec la balade en train à vapeur (de la Semaine sainte à oct).* Dans la jolie gare de style faussement néo-gothique, on peut démarrer la visite à l'étage par la collection de costumes, d'horloges et de pendules ferroviaires pour se mettre la musique des carillons dans les oreilles. Longer ensuite les voies pour se diriger vers l'atelier de maintenance (en état de marche, l'un des derniers du genre en Espagne). Au dépôt, voyage dans le temps garanti puisqu'il est rempli de vieilles locomotives et d'antiques wagons. Au hasard des saisons (la collection tourne...), vous verrez peut-être ce wagon anglais en bois de 1876, le fameux *Topo* de 1912 qui faisait la liaison avec la France ou encore le *VFM* (pour *Voies ferrées du Midi*), qui amenait les voyageurs de Bayonne à Donostia en 1925. Également des trolleys, des bus, plus le wagon dernier cri, accessible aux personnes handicapées, de la compagnie *Eusko Tren* et une rame du métro de Bilbao. Face au dépôt, un hangar est dédié au matériel ferroviaire d'antan, prolongé d'une rotonde et d'un pont tournant.

➢ ***Le train à vapeur de la vallée d'Urola :*** • *museoa.euskotren.eus* • *Avr-oct, départs w-e et j. fériés à 12h30, plus sam à 18h ; également mar-ven à 12h30 et 18h en août, mais c'est une loco diesel et non à vapeur. Tarif : 6 €, à régler au musée du Chemin de fer, la vieille gare d'où démarre le train à vapeur (visite de la gare-musée incluse dans ce prix). Le voyage d'Azpeitia à Lasao A/R dure 40-45 mn.* On roulerait bien un peu plus longtemps derrière l'antique machine de 1898 *Nasmyth & Wilson,* mais il ne faut pas fatiguer cette vieille dame. À bord, l'ambiance est sympa, avec plein de familles qui commentent le paysage, assises sur les banquettes en bois. Pour bien en profiter, on peut se placer sur les plateformes à l'arrière des wagons, mais alors on « déguste » les escarbilles de charbon renvoyées par la machine (si vous y tenez quand même, évitez le tee-shirt blanc !).

Santuario de Loyola : *à la sortie d'Azpeitia sur la route d'Azkoitia.* ☎ *943-02-50-00.* • *loyola.global* • *Juil-oct, tlj 10h-19h30 ; hors saison, tlj 10h-13h, 15h30-19h, sauf pdt les offices ; dernière entrée 45 mn avt. Visite libre et gratuite.* C'est encore l'un des hauts lieux du catholicisme basque. Si vous n'y allez pas par ferveur religieuse, il faut avouer qu'artistiquement, l'architecture est d'un classicisme bien lourd. Cette énorme bâtisse grise, ornée de statues et surmontée d'une coupole, ressemble à un haut-fourneau de la foi. Cela dit, puisque vous êtes là, jetez donc un œil à l'intérieur baroque où règnent les 8 vertus... sans oublier le bel orgue romantique signé Cavaillé-Coll, la fameuse dynastie française de facteurs d'orgues qui a essaimé dans tout le Pays basque.

La maison natale de saint Ignace de Loyola : *à gauche de la basilique. Mêmes horaires, mais entrée payante : env 2 €.*
C'est une très belle maison forte du XVe s, bien qu'on manque de recul pour en apprécier les proportions, puisque la basilique a été construite autour. Tout juste peut-on apercevoir l'étage supérieur, construit en brique sur une base de pierre de taille, selon la technique classique de l'architecture mudéjare (inspirée des Arabes). À l'entrée, on est accueilli par une statue grandeur nature d'Ignace blessé, sur son brancard.
Illuminé par une vision, Ignace de Loyola fonda la Compagnie de Jésus et envoya des missionnaires (les jésuites, donc, dont François Xavier) prêcher la

bonne nouvelle à des peuples qui n'en demandaient pas tant. Cela dit, notez que l'actuel pape François est jésuite de formation et que ça ne lui réussit pas trop mal !
Le rez-de-chaussée est éclairé par les meurtrières d'origine. Dans les étages, quelques meubles basques anciens et des objets religieux. Au dernier étage, une chapelle de conversion, un impressionnant meuble à chasubles dans la sacristie et, surtout, une galerie de tableaux historiques et un diorama passionnant qui retracent les moments-clés de la vie d'Ignace (c'est fou tout ce qui a pu lui arriver !). Une belle leçon d'histoire, détaillée par des textes érudits et en français.

Fêtes

– ***Fêtes traditionnelles d'Azpeitia :*** *30 juil-1er août.* Pour san Ignacio, le célèbre voisin, avec procession jusqu'au sanctuaire. Très animées.

AZKOITIA (AZKOITIA)

Si Azpeitia a vu naître Ignacio de Loyola, Azkoitia est le lieu de naissance... de la pelote basque ! Faites abstraction autant que possible des bâtiments industriels qui s'étalent le long de l'Urola et allez directement à l'***iglesia Santa Maria la Real,*** un bel exemple d'architecture de la Contre-Réforme (très beau retable, impressionnant calvaire dans l'une des chapelles de droite, plus l'un des derniers orgues de la dynastie Cavaillé-Coll). Elle est encadrée de 2 superbes maisons nobles, dont l'ancien ***palais de la famille Idiaquez,*** à la façade bien noire. On emprunte ensuite Nagusia pour aller jusqu'à la place de la ***mairie*** *(udaletxea),* où bat le cœur de la ville. Enfin, un petit tour du côté de ***Pilotartea,*** à l'entrée de la ville, le quartier populaire où l'architecte Jorge Oteiza a édifié 7 frontons de pelote basque dans un style moderne.
– Le samedi, c'est jour de ***marché*** : dans Nagusia, et dans le bâtiment construit au-dessus de la rivière, face à la mairie.
– ***Fêtes :*** Azkoitia célèbre la Vierge le 15 août et saint André le 30 novembre.

LE GUIPÚZCOA

ZESTOA (ZESTOA)

Zestoa est en général considérée comme faisant partie de la côte, peut-être parce qu'il s'agit d'une station thermale. C'est gai comme une ville d'eaux des années 1950 ! Cela dit, la grotte d'Ekain et, sur son chemin, le ***palacio Lili*** *(visite « théâtralisée » guidée le w-e 6 €/pers – et aussi ven en juil-août –, sur résa à l'office de tourisme, Portale kalea, 1 ; ☎ 943-86-88-11 ; • lilijauregia.com •)* méritent le coup d'œil...

☺ ☖☖☖ ***La réplique de la grotte d'Ekain :*** *on n'y accède qu'à pied en 20-25 mn depuis l'office de tourisme de Zestoa (Portale kalea, 1 ; ☎ 943-86-88-11). • ekain berri.com • Tlj (sauf lun hors juil-août) 10h-18h (19h l'été, ainsi que les w-e et j. fériés). Attention, visite par groupe de 20 pers max :* ***résa impérative par tél ou Internet,*** *et retirer sa place min 30 mn avt à l'office de tourisme. Entrée : 6 € (+ 2 € pour les ateliers) ; réduc ; gratuit moins de 6 ans. Audioguide inclus. Possibilité également de visite guidée en français sur résa min 1 sem à l'avance.* À l'instar de Lascaux, il s'agit de la réplique, ouverte au public, d'une grotte datant de la dernière glaciation (période magdalénienne, c'est-à-dire entre - 14500 et - 10000). L'originale, découverte en 1969, se trouve à 600 m de là. Comme à Lascaux, l'intérieur (qui baigne dans une musique appropriée et une douce pénombre) est couvert de peintures de chevaux, cerfs, bovidés, bref, de produits de la chasse. Une visite que les amateurs d'art primitif ne manqueront pas ! En outre, il y a un espace multimédia sur la grotte originale et l'art rupestre en général, qu'on visite après avoir vu la réplique. Compter au moins 2h en tout (temps de marche entre Zestoa et la grotte compris).

ZUMARRAGA (ZUMARRAGA)

Vous sentez la petite odeur piquante en arrivant ? Arcelor-Mittal y est bien implanté. Mais la ville est surtout connue pour l'ermitage de La Antigua, l'un des 3 grands sanctuaires du Guipúzcoa, avec Arantzazu (voir plus bas, dans les environs d'Oñati) et Loyola (voir plus haut). Là-haut, vous trouverez un ***office de tourisme-centre d'interprétation*** *(☎ 943-72-20-42 ; • urolagaraia.com • ; mar-ven et dim 10h30-14h30 ; sam 12h-14h30, 16h30-18h30 ; fermé lun)* et un café-resto moderne *(menu déj en sem 12 €, le w-e 26 €).*

Ermita de La Antigua : *à env 2 km du centre de Zumarraga (direction Antigua). 📱 616-24-54-63. Pâques-oct, tlj sauf lun 11h30-13h30, 16h30-19h30 ; le reste de l'année, seulement ven 15h45-17h15, w-e et j. fériés 11h30-13h30, 16h-18h, fermé lun-jeu. Brochure en français et guide à dispo. Festival de musique ts les sam de sept à 19h30. GRATUIT.*
Quitte à voir un seul sanctuaire, autant, à notre avis, choisir celui-ci, d'autant qu'il est perché au sommet d'une colline, dans un site superbe dominant toute la région. La structure est du XIIe s, mais l'église date du XIVe s. Elle frappe d'abord par la simplicité propre à toutes les églises romanes. Une seule nef, percée de 8 meurtrières. Le seul élément gothique est le portail légèrement ogival.
Mais ***ce qui nous a bluffés, c'est la charpente.*** Reposant sur des piliers en pierre de taille, c'est une superbe carène de bateau renversée. Au fond, le chœur, pas très grand, qui abrite la statue de la Vierge de La Antigua, au visage serein. Levez la tête pour admirer la clé de voûte en bois ! Les chapiteaux, en bois eux aussi, sont sculptés de motifs géométriques et de visages féminins stylisés. Admirez donc les balustrades qui reposent sur des pierres fichées dans les murs... On se demande comment les charpentiers pouvaient concevoir une telle structure, avec des lignes de force, des appuis presque aériens, équipés des outils de l'époque. Également quelques très belles statues baroques, dont celle de sainte Anne apprenant à lire à la Vierge.
– ***Pèlerinage à l'ermitage de La Antigua :*** *2 juil.* Ce jour-là, les jeunes gens de Zumarraga exécutent dans le sanctuaire l'antique danse des épées.

LE GUIPÚZCOA

LA VALLÉE DU RÍO DEBA

De Deba au col d'Arlaban, la vallée du Deba offre une excellente voie d'accès vers l'Álava par la route GI 627. Route étroite, encombrée de camions, au point que beaucoup préfèrent rester sur l'autoroute A 6 (puis AP 1, le plus simple). La vallée du Deba est industrieuse, sombre, sérieuse. Elle recèle pourtant quelques surprises, dont le sanctuaire d'Arantzazu, l'un des hauts lieux du catholicisme en Guipúzcoa.

Arriver – Quitter

La compagnie *Pesa (☎ 902-12-14-00 ; • pesa.net •)* assure dans les 2 sens plusieurs lignes qui passent par ***Bergara*** et ***Oñati.***
➢ ***Donostia-Zarautz-Bergara :*** ttes les heures en sem (moins le w-e).
➢ ***Donostia-Tolosa-Zumarraga-Bergara-Bilbao :*** 3 bus/j.
➢ ***Bergara-Bilbao :*** 9 bus/j.
➢ ***Oñati-Bilbao :*** 3 bus/j.
➢ ***Bergara-Zumarraga :*** ttes les 30 mn en sem (moins le w-e).

BERGARA (BERGARA)

(20570) 14 600 hab. *Carte Guipúzcoa, A3*

Encore une ville fondée au XIIIe s par Alphonse X le Sage (mais l'était-il tant que ça pour en fonder autant ?). Une histoire de fonderie, si l'on ose dire, puisqu'une fois enrichie par les terres fertiles du río Deba la ville s'épanouit au XVIIIe s grâce aux forges où se fabriquaient de grandes quantités d'armes blanches... Jolie bourgade à découvrir aujourd'hui. Dès que l'on a quitté la route et franchi la rébarbative zone industrielle, le vieux centre apparaît dans toute sa splendeur.

Adresse utile

Oficina de turismo : *palacio Errekalde. ☎ 943-76-90-03. • bergaraturismo.eus • À l'arrière de la mairie et de l'église San Pedro. De juil à mi-sept, tlj sauf dim ap-m 10h-14h, 16h-19h ; hors saison, seulement le mat mer-dim, plus l'ap-m ven-sam, fermé lun-mar.* Dans un très joli palais doté d'un parc. Également un musée, le *Laboratorium* (lire plus loin dans « À voir »).

Où dormir ?

Hotel Ormazabal : *Barren, 11. ☎ 943-76-36-50. Double env 55 €. Parking (limité et payant).* Placé très stratégiquement, donnant à la fois sur la place la plus animée et sur la rue des bars à *pintxos.* De plus, aménagé dans une très belle maison du XVIIe s. Chambres meublées à l'ancienne (les vieux planchers craquent) mais avec des sanitaires modernes. Les chambres du 3e sont sous les combles, tandis que celles donnant sur les terrasses de la rue Irala sont plus claires. La nº 12 possède un salon et un charmant balcon donnant sur la place. Insonorisation certes un peu moyenne, mais le lieu a bien du caractère.

Lamaino Etxeberri : *San Martzial auzoa. ☎ 943-76-35-06. 📱 657-79-53-62. • maitearis7@gmail.com • nekatur.net/lamaino • ♿ Passer sous la GI 627 au niveau de San Martzial ibidea et grimper jusqu'au panneau « Nekazal Turismoa ». Double avec sdb env 50 € ; appart 62 €.* Belle ferme en pierre un peu isolée, où l'on est accueilli par les chiens de la maison. La pente bucolique offre une vue superbe. La sympathique propriétaire parle bien le français. Chambres agréablement rustiques, aux tons gais et harmonieux, et disposant de belles salles de bains. Cuisine à disposition (gratuite). Excellent petit déj composé de produits locaux.

Où manger ?

Là encore, plein de ***bars à pintxos*** pour allier ambiance festive et grignotage sympathique. Pas d'hésitation : il faut fréquenter ceux de ***Irala kalea*** (plutôt une place qu'une rue, à vrai dire), comme *Pol-Pol* ou la *Gastrotek Erwan,* et ceux de ***Barren kalea*** juste derrière, autour du *Sirimiri...*

Sirimiri : *Barren, 3. ☎ 943-04-44-92. • srjatetxea@gmail.com • Juste à gauche de l'hôtel* Ormazabal*. Tlj, midi et soir. Menus env 12 € au déj en sem, 24-25 € le w-e ; plats 10-18 €.* Central et animé, le bar propose les habituels *pintxos* sur le comptoir. Mais on peut aussi s'asseoir dans la coquette salle en pierre à l'arrière. Excellents et copieux petits menus, à déguster avec les locaux. Sinon, à la carte, tous les classiques : *rape, cogote, pescado del día, chuleta...*

Lasa : *Zubiaurre, 35. ☎ 943-76-10-55. • reservas@restaurantelasa.es • ♿ Au sud du centre, au bord de la rivière. Tlj à midi sauf lun, et*

LE GUIPÚZCOA

ouv ven-sam soir sur résa. Congés : Semaine sainte et 2 sem en août. Résa conseillée. Menu 33 € le midi en sem, 45 € le w-e. Apéro maison offert sur présentation de ce guide. Koldo Lasa marche dans les pas de son père (et de son grand-père) en revisitant les recettes traditionnelles. La salle, de belle taille, aménagée dans un charmant petit palais du XVIe s, est sobre mais très élégante. Rien d'extrêmement innovant, mais la cuisine est d'une qualité constante. Le poisson arrive tous les matins de Pasaia, les jambons de Salamanca et les légumes du marché de Donostia... Spécialité de gibier en saison.

À voir

Laboratorium : *à l'office de tourisme (voir « Adresse utile »). Mêmes horaires. GRATUIT.* Logé dans le beau palais Errekalde, de style romantique anglais, entièrement rénové. C'est un musée « sociétal », qui conjugue les apports du Siècle des lumières avec les découvertes locales, tels la malléabilité du platine ou encore le tungstène des filaments d'ampoules, issu de la *wolframite* et que l'on doit aux frères Elhúyar. Vidéo sur l'innovation en temps de crise et collection d'objets scientifiques du XVIIIe s (dilatomètre) et du XIXe s (morse, antique téléphone, système de poulies de 1882 élaboré à Paris, etc.). On traite ensuite de l'influence de Darwin, des conflits avec l'Église ou encore de la dissection scientifique des animaux (lémurien de Madagascar et quetzal du Guatemala taxidermisés). Enfin, le XXe s et ses grands penseurs... Expos temporaires.

À l'entrée de la ville, l'***iglesia Santa Marina,*** fortifiée, possède un joli clocher du XVIIe s et un superbe auvent. Belle nef avec nervures entremêlées, retable rococo, en bois de chêne, noisetier et noyer. Sinon, derrière la mairie, en haut d'un petit escalier qui part de Barren kalea, l'***iglesia San Pedro*** vaut le coup d'œil pour sa tour baroque, son retable plateresque, son polyptyque de San Miguel, et, surtout, son *Christ agonisant* du XVIIe s, de Juan de Mesa (maître baroque de Séville).

Allez donc flâner dans le ***casco viejo*** pour admirer l'élégante mairie à arcades : c'est apparemment la seule du Pays basque qui tourne le dos à l'église, ce qui fait dire aux locaux que les constructeurs ne devaient pas être très croyants ! Surtout, ne manquez pas les maisons blasonnées tout autour : la *casa Jauregui,* à l'angle de Bidekurutzeta, et la *casa Arrese,* à l'angle de Barren kalea et Arrese kalea, avec sa superbe fenêtre d'angle.

ESPRIT FRONDEUR

Si vous doutez encore de l'esprit indépendantiste de la région, allez donc jeter un œil à la plaque apposée sur la mairie. Il y est écrit : « Contre la volonté démocratique majoritaire, le drapeau espagnol a été installé par ordre du juge le 31 mars 2014. »

Fêtes et manifestation

Essentiellement agricoles, les fêtes de Bergara donnent lieu à des concours de bétail, de fleurs, de légumes, de fromages. On peut y faire de savoureuses emplettes à bon prix.

- ***Fête de San Marcial :*** *autour de l'ermitage de San Marcial, le 1er dim de juil.* Elle est très typique et les habitants l'adorent : ils y mangent, ils y boivent et s'y amusent bien.
- ***Fête de la Saint-Martin-Aguirre :*** *16 sept.*
- ***Foire d'Elosu :*** *12 oct.* Grande foire aux bestiaux.

OÑATI (OÑATI) (20560) 10 700 hab. *Carte Guipúzcoa, A3*

On nous avait dit que c'était la plus belle cité du Guipúzcoa. Mais comme l'informateur était d'Oñati... Bref, on a quand même quitté la rocade, qui traverse la zone industrielle et qui évite le centre. Pour voir. On a vu... et on confirme !

UN PEU D'HISTOIRE

Oñati a été incorporé au Guipúzcoa en 1845 seulement. Jusqu'à cette date, la ville était sous la coupe des Guevara, et notamment de la branche Lazarraga. C'est important parce que la ville est adossée à la montagne et qu'elle commande le passage à la fois par le col d'Udana et par le tunnel de San Adrián. De l'autre côté de la sierra, ce sont les terres fertiles de l'Álava et les châteaux des Guevara et des Lazarraga, qui avaient donc tout intérêt à ce qu'Oñati soit une ville puissante pour se protéger.
Aujourd'hui encore, les habitants d'Oñati sont fiers d'une réputation de solides gaillards, et ils n'hésitent pas à vous rappeler le souvenir du plus célèbre fils de la ville, le conquistador Aguirre, qu'on avait appelé « la Colère de Dieu » (rappelez-vous Klaus Kinski dans le film de Werner Herzog).
D'ailleurs, du XIVe au XVIIIe s, l'histoire de la ville regorge de bagarres, de vendettas, de meurtres, de prises de pouvoir entre les 2 grandes familles, les Garibay, qui tiraient leur pouvoir de l'agriculture, et les Uribarri, qui étaient plutôt éleveurs. Comme au Far West. Au XVIIIe s, ils finissent par se mettre d'accord et se lancent ensemble dans l'exploitation minière, car la région est riche en fer. Pendant les guerres carlistes, Oñati fut l'une des capitales de Don Carlos.

Adresse utile

Oficina de turismo : *San Juan kalea, 14. ☎ 943-78-34-53. • onatiturismo.eus • Derrière l'église San Miguel. Juin-sept, tlj 9h30-14h, 15h30-19h ; oct-mai, tlj sauf lun 10h-14h, 16h-18h (15h30-19h les w-e de mai).* Petit film gratuit, et en français, sur Oñati. On peut aussi y voir fonctionner un moulin à eau du XVe s, restauré.

Où dormir ? Où manger ? Où boire un verre ?

Plusieurs hôtels à Arantzazu, à quelques kilomètres, pour ceux qui aiment le calme monastique. Vous pouvez demander à l'office de tourisme de les appeler pour savoir s'il y a de la place.

Casa rural Arregi : *Garagaltza auroa, 21. ☎ 943-78-08-24 et 943-78-36-57. • info@casaruralarregi.es • casaruralarregi.es • À 2 km du centre-ville. Double 60 € ; petit déj 5,50 €. Repas le soir en sem env 18 €.* Dans un calme et doux vallon où gambadent des chevaux, cette belle bâtisse blanche dispose de 6 chambres confortables et fraîchement refaites dans un style contemporain, avec jacuzzi pour la plus grande. Idéal pour un séjour reposant, et un bon pied-à-terre pour rayonner dans ce joli coin bien préservé.

Hotel Torre Zumeltzegi : *Torre Zumeltzegi, 11. ☎ 943-54-00-00. • reservas@hoteltorrezumeltzegi.com • contacto@hoteltorrezumeltzegi.com • hoteltorrezumeltzegi.com • ♿ Resto tlj sauf dim soir. Doubles 110-135 €, petit déj inclus. Menus 20 € (le midi en sem et le soir lun-jeu), puis 30-40 €.* En surplomb de la ville, une grosse tour carrée médiévale entièrement restaurée. Beau point de vue depuis les chambres, que l'on atteint par un ascenseur, puis par un escalier pour la jolie supérieure du 4e étage. Toutes sont fort plaisantes avec pierres apparentes et grande salle de bains. Restaurant avec vue et un 1er menu d'un bon rapport qualité-prix.

Comme d'habitude, on trouve de nombreux ***bars à pintxos*** où l'ambiance bat son plein en début de soirée. Parmi eux, ***Aloña Mendi*** (au bout d'Atzeko kalea) ou ***Arkupe*** et ***Oñati*** (sur la place de la mairie). Mais il y en a une flopée d'autres dans les ruelles autour...

Achats

Txokolateixia : *Barria, 29.* *605-76-35-95. Tlj, sauf l'ap-m le dim 10h30-13h30, 17h-19h. Seulement le mat en août.* A priori, on ne s'attend pas à trouver ici une charmante petite boutique de chocolat artisanal. Mais il y a une tradition locale fort ancienne. Et le chocolat est excellent et pas cher, vous auriez bien tort de vous en priver. Noir, au lait, au café, à l'orange, au biscuit, etc. Petit musée.

À voir

Casco viejo : totalement piéton. La *plaza de los Fueros,* fermée sur 3 côtés seulement, avec le bel immeuble baroque de l'*udaletxea* (la mairie) et ses balcons en fer forgé rouges comme le piment basque, vaut le coup d'œil. De même, ne négligez pas la façade arrière du superbe *palais des Lazarraga,* à l'angle de *Atzeko kalea,* également bordée de quelques belles maisons nobles (notamment à l'angle de *Ramón Irizar*).

Parroquia San Miguel : *pl. de los Fueros. Ouv aux heures des messes, lun-sam vers 19h-20h et dim dès 12h-13h. Et visites guidées sur résa auprès de l'office de tourisme.* Édifice du XVe s. Ses murs extérieurs, de style gothique, sont très richement sculptés et blasonnés. Mais l'intérieur mérite aussi qu'on s'y attarde. Nef bien équilibrée et chœur doté d'un retable abondamment chargé, plein de saints et de grappes de raisin (n'y voyons aucune corrélation, bien sûr). Très joli cloître, construit comme un pont au-dessus de la rivière, où l'on pourra admirer un magnifique *christ polychrome* du XIVe s. Dans la chapelle du fond, le gisant du Christ, recouvert d'une fine dentelle et surmonté d'une Vierge en deuil *(la Dolorosa),* vêtue de voiles noirs. Juste à droite des belles portes massives, ne manquez pas la « B.D. » du XVIIe s, qui raconte le martyre d'un saint d'Oñati, san Miguel de Aozaraza, flagellé, brûlé et pendu par les pieds par les Japonais dans l'île d'Okinawa. On appréciera aussi le retable plus ancien qui figure les vies de saint Jean et de saint Jacques avec le baptême, les 2 décollations, bien réalistes, avec la présentation de la tête sur un plat à Salomé. Les sculpteurs de l'époque aimaient bien le gore !

Universidad Sancti Spiritus : *à 2 pas de la place. Lun-ven 9h-14h. Fermé w-e. GRATUIT. Visite guidée payante avec l'office de tourisme tlj à 13h et 17h en août, sur résa le reste de l'année.*
Construite par l'évêque Rodrigo Mercado de Zuazola, ancien président de la chancellerie de Grenade et vice-roi de Navarre. Cet humaniste de la Renaissance, jugeant que les Basques étaient doués pour les lettres, a dépensé toute sa fortune pour construire une université dans sa ville natale. Il fit appel à Pierre Picart, sculpteur, architecte et fils du constructeur de la cathédrale de Burgos.
La façade est surchargée de statues symboliques et allégoriques auxquelles on ne comprend plus rien ! On y trouve, pêle-mêle, Hercule, quelques guerriers, saint Jérôme, des centaures, sainte Agathe, un beau blason, etc. À l'entrée, un beau

plafond à caissons sculpté dans le style mudéjar. À droite, petite chapelle avec retable du XVIe s, où figurent saint Sébastien et ses flèches, saint Michel et son dragon, saint Jacques et son chapeau, saint Paul et ses lettres. Bonjour à tous !
Le cloître, superbe de proportions avec sa magnifique galerie à arcades, est le point d'orgue de la visite.

Monasterio de Bidaurreta : *juste en dehors du centre en allant vers Legazpi. Théoriquement tlj sauf ven mat et sam mat 10h-12h, 15h30-18h. Messes en basque lun-sam à 18h30, dim à 10h et 12h30. Et visites guidées sur résa avec l'office de tourisme.*
Construit au XVIe s et encore habité par des moniales. L'entrée du monastère est à droite de la porte de l'église, il ne se visite pas mais le tour ancien en bois, qui permet aux religieuses de rester en contact avec l'extérieur, fonctionne toujours...
Une des particularités de l'église, ce sont les tombes des habitants d'Oñati, d'imposantes plaques de bois numérotées, chaque numéro correspondant à une maison. L'utilisation de numéros souligne l'égalité de tous devant la mort.
Le grand retable, sans une seule dorure, est orné d'une vingtaine de statues grandeur nature des principaux saints du calendrier, et surmonté d'un énorme balcon portant une Vierge de l'Assomption polychrome. Voir aussi la 1re chapelle à gauche figurant la passion du Christ, ainsi que le retable plateresque de droite avec ses très jolies scènes du jardin d'Éden. Enfin, ne manquez pas les messes en basque, quand, protégées du public par un claustra de bois, les sœurs franciscaines arrivent au balcon pour chanter l'office.

Fêtes

– **Fêtes de Corpus Christi :** *en mai-juin, à date variable.* Extraordinaire procession organisée par la confrérie du Saint-Sacrement. On y voit le Christ, les apôtres, et surtout, saint Michel habillé comme un roi aztèque, avec des plumes roses sur la tête. De nombreuses danses traditionnelles basques ne sont exécutées que ce jour-là.
– **Nuestra Señora de Arantzazu :** *9 sept.* Voir « Dans les environs d'Oñati ».
– **Fêtes patronales :** *29 sept, pour la San Miguel.* Fêtes de bergers, avec, notamment la semaine précédente un concours international de chiens de berger qui attire une énorme foule. Public de connaisseurs qui suit les épreuves dans un recueillement digne d'une 1re communion.
– **Nuestra Señora del Rosario :** *1er dim d'oct.*

LE GUIPÚZCOA

DANS LES ENVIRONS D'OÑATI (OÑATI)

Basílica de Arantzazu : *à 9 km au sud d'Oñati par la GI 3591. Tlj 9h-20h (19h en hiver). Accès libre. Messe tlj à 12h (en basque), plus dim à 13h30 (en espagnol). Office de tourisme à l'entrée du site (tlj juin-sept, le w-e en hiver, 10h-14h, 15h-18h30). Visite guidée (env 2 €) sur rdv au ☎ 943-71-89-11 ou 943-79-64-63.*
Tout commence en 1468 avec la découverte d'une statue de la Vierge, sur un rocher, par un berger. S'ensuivent pèlerinages, miracles, puis construction d'une chapelle, d'un ermitage et d'un couvent, où s'installent en 1501 les frères franciscains. En 1834, le monastère est incendié par les troupes anticarlistes. En 1950, les franciscains lancent une souscription pour ériger une basilique, achevée en 1969, juste à temps pour le 500e anniversaire de l'apparition de la Vierge.
La route serpente vers l'église à travers les paysages superbes des monts du Guipúzcoa. Puis on découvre la basilique. Le sacristain prétend qu'il s'agit de l'œuvre architecturale contemporaine la plus importante du Pays basque, d'autant plus qu'il n'a été fait appel qu'à des artistes du Pays basque (« On n'a pas eu besoin d'un architecte américain, nous. » Allusion à un certain musée de Bilbao...).

L'extérieur, en béton cru, possède la lourdeur architecturale des conceptions de l'époque, malgré le campanile hérissé de pointes de pierre symbolisant l'aubépine. Mais le bâtiment recèle de beaux éléments contemporains comme, sur la façade, la frise des apôtres, tous alignés sous une pietà, signée Oteiza, l'un des maîtres des années 1950. Les portes en fer, d'une parfaite simplicité, sont d'Eduardo Chillida. Mais le plus impressionnant reste le retable monumental du sculpteur (madrilène !) Lucio Muñoz, qui orne les parois d'un puits de lumière naturelle. L'artiste a sculpté plus de 600 m² de bois exotique pour bâtir l'écrin, un paysage stylisé, au centre duquel trône, seule, une toute petite Vierge de pierre polychrome du XIIIe s. De chaque côté, les vitraux à dominante bleue du franciscain Xabier Alvarez de Eulate. La ***crypte*** (accès à droite devant l'entrée principale) ressemble à un musée d'art moderne où trône le Christ rouge flamboyant de Nestor Basterretxea achevé seulement après la mort de Franco. En bref, un lieu qui plaira surtout aux fans de déco religieuse contemporaine.
Quelques ***sentiers de balade*** en surplomb du site. Sur place, quelques hôtels à pèlerins, l'*Hostel Arantzazu,* une nouvelle auberge de jeunesse pour randonneurs au *Centre d'interprétation du parc Aizkorri-Aratz (☎ 943-78-28-94 ; • arantzazuaterpetxea@gmail.com • ; lit en dortoir env 18 €)* et une sympathique petite taverne, *Milikua,* avec une jolie terrasse derrière le campanile.
– On peut participer à des journées de prière ou faire des retraites au monastère. S'adresser à la *casa de Ejercicios espirituales (☎ 943-78-13-15).* Un pèlerinage au départ d'Oñati est organisé le 9 septembre, jour de la Vierge.

Cuevas de Arrikrutz : *à 5 km d'Oñati et du sanctuaire d'Arantzazu. ☎ 943-08-20-00. Résa sur • oñatiturismo.eus • D'Oñati, rouler vers Arantzazu sur 3 km, puis prendre à droite la GI 3592 sur 2 km. Tte l'année (janv-fév pour groupe de 15 pers min). Visite de 1h (possible en français, téléphoner avt) tlj (sauf lun hors saison) ttes les 30 mn 9h30-14h30, 15h30-19h (18h30 en juin et 17h30 hors saison). Résa recommandée. Entrée : env 9 € ; réduc ; gratuit moins de 4 ans.* Du réseau de galeries souterraines de 14 km de long, on ne visite qu'une portion de 500 m, sur une passerelle, à la découverte des stalactites et stalagmites (ou de rares formations « zoomorphes ») pendant qu'un commentaire enregistré (dialogue entre un grand-père et son petit-fils) explique l'origine géologique du site. Ne vaut pas certaines grottes du sud-ouest de la France, mais c'est joli quand même, et le petit musée est plutôt intéressant.
– Et si vous êtes un fou d'***escalade,*** sachez que le site d'***Araotz,*** à 2 pas des grottes, est considéré comme l'un des meilleurs d'Europe (possibilité de louer du matériel à Oñati). Il est même, paraît-il, vanté dans les boutiques d'escalade au Japon !

LA BISCAYE (BIZKAIA)

• Carte *p. 456-457*

S'il n'y avait pas de Biscaye, il n'y aurait pas de Biscayens, aurait pu écrire Alfred Jarry. C'est qu'ici le sentiment d'appartenance à 2 communautés est très fort : on est basque, certes, mais on est tout autant biscayen.
Au Pays basque, la Biscaye est la province des superlatifs : celle qui possède la plus grande ville, la plus peuplée, la plus riche, la plus industrielle. C'est la province de Bolívar et de la *BBV (Banco Bilbao Vizcaya),* l'une des plus importantes banques européennes. Ici, on sait vous rappeler la réputation des marins biscayens, l'efficacité des banquiers biscayens, le courage des soldats biscayens. On cultive l'histoire autant qu'on parie sur l'avenir.
Ce double souci de préservation culturelle et de prise en main de ce siècle est naturellement symbolisé par le museo Guggenheim Bilbao, et surtout par son implantation en limite des friches industrielles du Nervión, abandonnées par les métallurgistes. Car il ne faut pas oublier que lorsque le gouvernement basque paria sur la construction de ce magnifique monument, Bilbao souffrait d'un taux de chômage de 23 %. Les syndicalistes des hauts-fourneaux ont eu du mal à accepter l'idée que la culture et le tourisme puissent remplacer l'industrie lourde comme moteur du développement. Et pourtant...
Aujourd'hui, Bilbao est devenue l'une des villes les plus visitées d'Espagne. Tout le monde va au Guggenheim. Mais il ne faudrait pas que ce musée soit l'arbre qui cache la forêt, et oublier les autres richesses touristiques de la Biscaye : la côte, superbe et sous-équipée d'un point de vue touristique (et donc peu fréquentée), mais aussi les vallées de l'intérieur. Dans aucune autre province nous n'avons vu autant d'ermitages marquant la voie de Compostelle.

UN PEU D'HISTOIRE

En Biscaye, le cousin de Cro-Magnon était installé dans les grottes de Santimamiñe, où il dessinait chevaux et bisons. Et après ? Pas de nouvelles pendant quelques milliers d'années... Alors qu'il y a des vestiges romains à peu près partout en Espagne, on en trouve peu en Biscaye et ils se limitent à la côte.
Plus tard, vers le IXe s, il est fait mention du règne du roi de Navarre sur la Biscaye. Au XIe s, le fils d'un certain Eneco Lupis ôte la Biscaye de l'orbite navarraise et la dépose dans celle du roi de Castille. Moyennant quoi, ce dernier, ravi, le comble d'honneurs. La famille s'appellera désormais Haro et s'installera en Rioja.
Au XIIIe s, soucieux de développer le commerce maritime, ***les Haro octroient une flopée de* fueros *aux villes biscayennes,*** devenant ainsi libres et exemptées fiscalement. « Bon plan », ont dû se dire les Biscayens ! Cette mesure va entraîner un ***développement fulgurant de la côte.*** Bilbao construit des fortifications et commence à s'urbaniser. La situation géographique est bonne : les marchandises remontent de Castille pour être acheminées

vers l'Europe du Nord et plus tard vers l'Amérique. Pour faire leurs draps, les Flamands achètent d'énormes quantités de laine en Castille, Bilbao exporte. Le Guipúzcoa et le Durango produisent du fer dont ont besoin Français et Anglais, Bilbao l'exporte. Par le port transitent aussi les vins de la Rioja, les bois de l'Álava. À tel point qu'au XVIe s les bourgeois et marchands de Bilbao créent le *consulado,* sorte de chambre de commerce qui va régir l'activité maritime.
Au XVIIIe s, Bilbao devient encore plus libérale, suivant ainsi les idées des encyclopédistes et des physiocrates. Occupée par les Français, la Biscaye avait une sorte de parenté intellectuelle avec les fils de la Révolution...
À la fin du XIXe s, le développement de la Biscaye devient carrément exceptionnel. Usines, banques (la *Banco Bilbao* est née en 1857)... Bilbao s'agrandit, absorbe les villes proches, crée une Bourse, une chambre de commerce pour remplacer le *consulado,* et le chemin de fer sillonne les vallées biscayennes. L'émigration est forte et les besoins de main-d'œuvre donnent naissance à un prolétariat qui ne tardera pas à s'organiser.
Trop d'argent, trop d'usines, trop de combattants : la Biscaye est la cible des forces franquistes pendant la guerre civile. Les Biscayens quittent la Biscaye, puis ce sont les années noires de la dictature, suivies des années grises des bouleversements économiques. La métallurgie souffre, les usines ferment.
Aujourd'hui, le tourisme a remplacé la métallurgie, et les musées les hauts-fourneaux. Les usines high-tech fleurissent un peu partout et les villes se nettoient...

LA CÔTE BISCAYENNE

Pour simplifier, nous avons regroupé sous cette dénomination tous les sites importants situés au nord de l'autoroute A 8, autour de la ría de Gernika-Lumo. Cet ensemble géographique englobe également la réserve de la biosphère d'Urdaibai, créée par l'Unesco, qui s'étend sur les bassins versants et les montagnes jusqu'au balcon de Biscaye.
Gernika-Lumo en est le centre économique et historique. Ville symbole depuis son bombardement en avril 1937, c'est avant tout un gros bourg à l'écart du mouvement touristique de la côte. C'est qu'il n'y a rien de commun entre les pêcheurs et les paysans biscayens, et les surfeurs. À l'opposé, les randonneurs font partie du paysage depuis quelques siècles, quand le chemin de Saint-Jacques a saupoudré la montagne d'ermitages (en basque, *baselizak*), en fait de minuscules églises où venaient prier pèlerins et paysans du coin.

Comment se déplacer sur la côte ?

En train

Eusko Tren (☎ 902-54-32-10 ; ● euskotren.eus ●) relie ttes les 30 mn ***Bilbao*** à ***Bermeo*** via ***Gernika*** et ***Mundaka.***

En bus

➢ *Bizkaibus (☎ 902-22-22-65 ; ● bizkaia.eus ●)* dessert toutes les 30 mn en sem (ttes les 1h le w-e) tte la province au départ de Bilbao (gare d'Atxuri). Pour la partie ouest de la côte, ligne ***Bilbao-Munguia-Bermeo*** (ligne A 3527). Pour le centre, ligne ***Bilbao-Gernika-Mundaka-Bermeo*** (ligne A 3515). Enfin, pour l'est de la côte, il faut utiliser les lignes ***Bilbao-Lekeitio*** (ligne A 3512) et ***Bilbao-Durango-Ondarroa*** (ligne A 3915).

BERMEO (BERMEO)

(48370) 17 200 hab. *Carte Biscaye, C1*

• Plan *p. 458-459*

Bermeo est un important port de pêche, dont l'ancienneté et la réputation des marins sont emblématiques sur la Côte basque. Fondée au

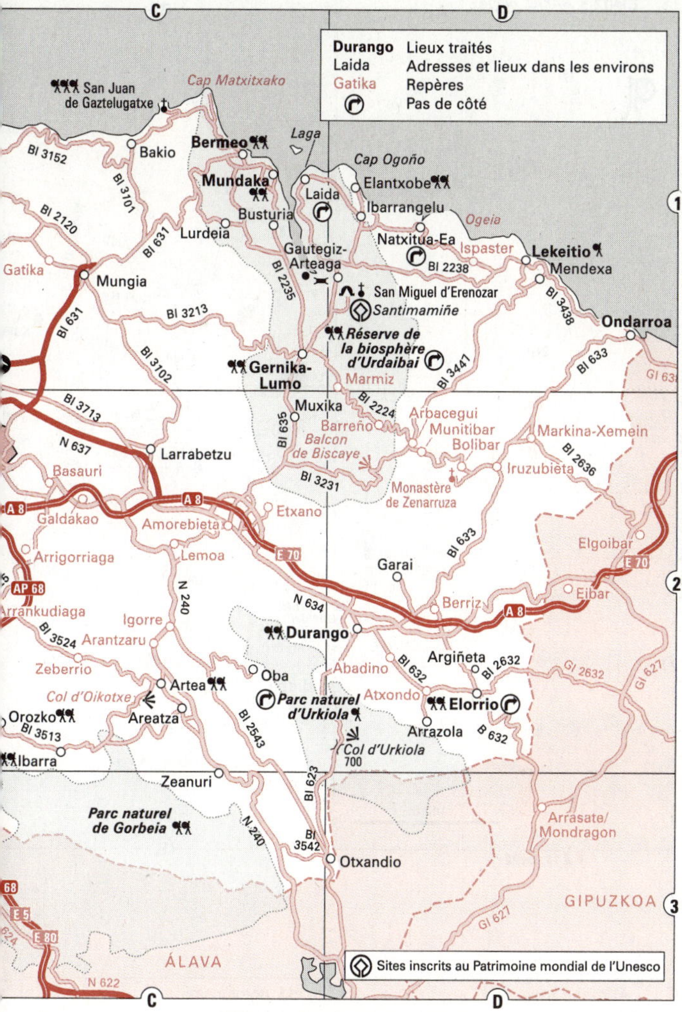

LA BISCAYE (BIZKAIA)

XIIIᵉ s, Bermeo est alors utilisée par les marchands castillans pour acheminer leurs produits par bateaux vers l'Europe du Nord ; d'où son surnom de *Cabeza de Bizkaia* (« Tête de Biscaye »), décerné au XVᵉ s par les Rois Catholiques !
On est séduit par les ruelles pentues de son quartier historique, installé sur un promontoire rocheux, dont les murailles, maisons et églises médiévales dominent le vieux port pittoresque. Et, à 2 pas de là, le grand port de pêche avec ses navires et entrepôts modernes.
– Voir précédemment « Comment se déplacer sur la côte ? ».

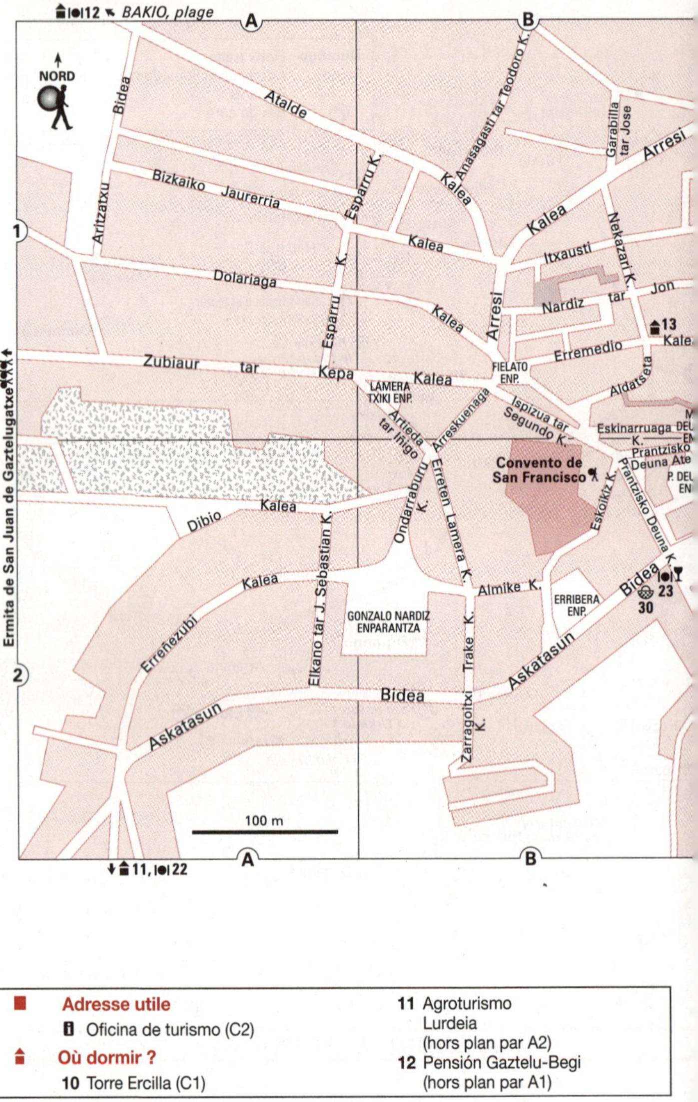

	Adresse utile	11	Agroturismo Lurdeia (hors plan par A2)
	Oficina de turismo (C2)	12	Pensión Gaztelu-Begi (hors plan par A1)
	Où dormir ?		
	10 Torre Ercilla (C1)		

Adresse utile

Oficina de turismo *(plan C2) : Lamera. ☎ 946-17-91-54. • biziber meo.eus • Tlj sauf dim ap-m, 10h-19h (10h-15h, 16h-18h hors saison).* Infos sur la balade en bateau jusqu'à l'ermita de San Juan de Gaztelugatxe et quelques brochures en français.

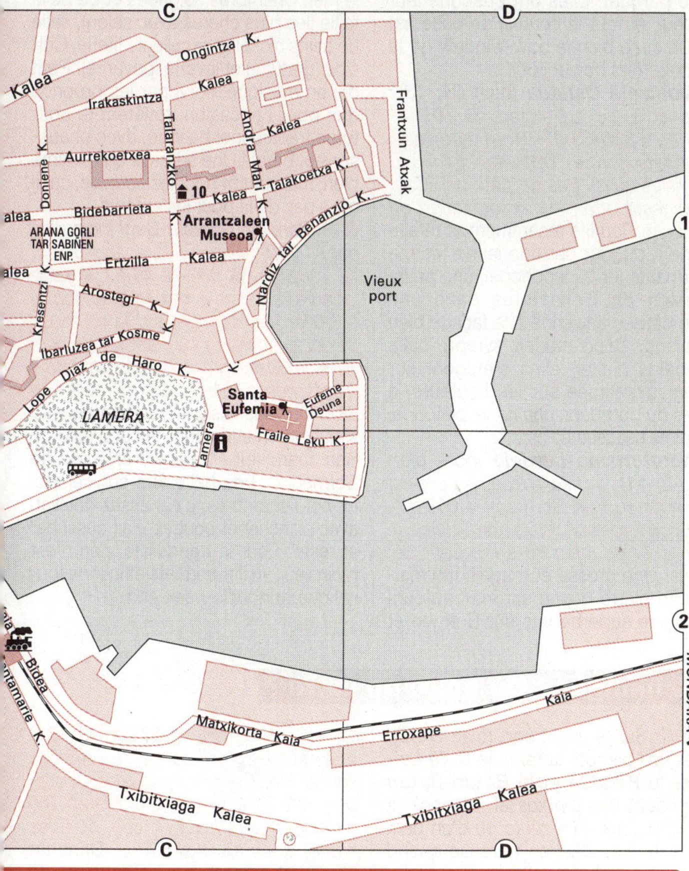

BERMEO

13 Aldatzeta Ostatua (B1)	**23** Artza (B2)
Où manger ? Où boire un verre ?	**Achats**
22 Almiketxu (hors plan par A2)	**30** Geuzetxuek (B2)

Où dormir à Bermeo et dans les environs ?

Torre Ercilla (plan C1, ***10***) *: Talaranzko, 14, à Bermeo. ☎ 946-18-75-98. 628-48-67-48 et 636-60-99-78. • torreercilla@gmail.com • Doubles avec sdb 61-75 €. Pas de petit déj.* Charmante petite pension au cœur du vieux centre, qui propose 4 petites chambres mignonnes et bien tenues, avec parquet. Elles ont chacune leur couleur, et tout le confort de base est là. On aime bien le bow-window de la *Gaztelu.* Très bon accueil.

🏠 ***Aldatzeta Ostatua*** *(plan B1,* ***13****) : Erremedio, 24, à Bermeo. ☎ 946-18-77-03. 📱 688-89-93-91. • reservas@aldatzeta.com • Doubles 52-75 €, familiales aussi. Pas de petit déj. Café ou digestif offert sur présentation de ce guide.* Reprise récemment et refaite au goût du jour par une jeune femme charmante (et francophone), une petite pension de 6 chambres dans une belle bâtisse ancienne à la façade bleu et blanc. Déco marine sympa, salle de bains nickel, elles s'étagent sur 3 niveaux. Située sur les hauteurs, à 2 pas du port dans une ruelle piétonne, le calme est assuré.

🏠 ***Agroturismo Lurdeia*** *(hors plan par A2,* ***11****) : Artike auzoa, à* ***Lurdeia*** *(6 km au sud de Bermeo). 📱 666-47-76-65. • lurdeia@lurdeia.com • lurdeia.com • ♿ Doubles 89-98 €, petit déj inclus.* Une grosse et magnifique maison en pierre posée sur les hauteurs avec une superbe vue sur Bermeo et la mer. Chambres soignées et de belle taille (les plus chères avec salon), salle de bains nickel et excellente literie. Cuisine (gratuite) et laverie (payante). Petit déj en musique, servi par les proprios qui, pour l'occasion, revêtent le costume traditionnel basque, avec chaussons et béret ! Une adresse qu'on aime bien, mais plutôt pour les couples, car il n'y a pas de lit pour les enfants.

🏠 |●| ***Pensión Gaztelu-Begi*** *(hors plan par A1,* ***12****) : Gibelorratzagako bidea, 78, à* ***Bakio.*** *☎ 946-19-49-24. • gaztelubegi@yahoo.es • gaztelubegi.com • À 8-9 km de Bermeo, sur la route de Bakio, au parking de l'ermita de San Juan de Gaztelugatxe. Bar et resto fermé mer. Congés : nov-déc. Double avec sdb 68 €.* On vous la signale surtout pour sa situation, en surplomb de l'ermitage de San Juan (voir « Dans les environs de Bermeo »). Très belle vue sur celui-ci et, côté chambres, c'est assez douillet, avec plancher et poutres. Fait aussi bar et resto. Pour la tranquillité, rien n'est moins sûr, vu l'importante affluence touristique, surtout le week-end.

Où manger ? Où boire un verre ?

|●| 🍷 ⛱ Sur le vieux port *(plan C-D2)*, quelques bistrots comme le ***Café Loidxie,*** le ***Kaialde*** et le ***Batun-Batun*** proposent des *pintxos* et *raciones,* à accompagner d'un *zurito* ou d'un petit verre de vin. Idéal en terrasse quand le soleil couchant enflamme le port... Sinon, la spécialité locale s'appelle le *marmitako* : c'est une sorte de ragoût de thon, patates et *pimiento choricero* (piment rouge traditionnel). Pour le déguster nous vous conseillons plutôt le bon petit resto populaire ***Artza*** *(plan B2,* ***23*** *; Askatasun Bidea, 1 ; ☎ 946-02-93-71 ; tlj ; menu 12 € en sem, 22 € le w-e).*

|●| ***Almiketxu*** *(hors plan par A2,* ***22****) : Almike auzoa, 8, à* ***Almika.*** *☎ 946-88-09-25. 📱 628-48-85-31. • almiketxu@gmail.com • Tlj sauf dim soir et lun. Congés : nov. Résa indispensable le soir et le w-e. Menu 18 € le midi en sem (sauf en été), 40 € les soir et w-e ; carte env 50 €.* Dans un charmant hameau sur les hauteurs de Bermeo, une auberge un peu chic qui ne désemplit pas. Il faut dire que la vue est agréable, les salles coquettes et le service assuré par des serveuses en tenue traditionnelle. Dans l'assiette, une solide cuisine basque avec comme spécialité, le *talo,* une galette de maïs servie avec œufs frits, chorizo, *tocino* (bacon) et boudin noir.

Achats

🧺 ***Geuzetxuek*** *(plan B2,* ***30****) : Askatasun bidea, 1. ☎ 946-88-25-42. • geuzetxuek@gmail.com • Tlj sauf l'ap-m le w-e.* Vaste choix de produits alimentaires locaux, notamment les marques *Campos* et *Zallo,* spécialisées dans l'anchois et le *bonito* (thon blanc).

À voir. À faire

Arrantzaleen Museoa *(musée du Pêcheur ; plan C1)* **:** *torre Ercilla. ☎ 946-88-11-71. Accès par une ruelle et un escalier partant derrière l'église Santa Eufemia. Tlj sauf dim ap-m et lun, 10h-14h, 16h-19h. Entrée : 3,50 € ; réduc ; gratuit moins de 12 ans et pour ts sam.* Installé dans une « maison-tour » du XVe s, la seule de la ville encore debout. Au rez-de-chaussée, voir la jolie barque de pêcheur et la criée en bois, les instruments de pesage ou encore le vieux livre de la *cofradía* (association de pêcheurs, à connotation religieuse). En mezzanine, une barque d'aviron de 12 m de long, suspendue, et un film sur les courses basques. À l'étage, section consacrée à la chasse à la baleine avec un film d'animation, de vieux harpons, plus une vidéo instructive.

Iglesia Santa Eufemia *(plan C1-2)* **:** *sur Lamera, derrière l'office de tourisme. Messe tlj à 12h (13h dim).* De style gothique tardif (XVe s), on y voit surtout le tombeau en marbre des Mendoza, à gauche en entrant.

Convento de San Francisco *(plan B2)* **:** *à 2 pas du parc Lamera. Accès au cloître seulement, tlj 8h30-20h30. GRATUIT.* Construit aux XIVe-XVIe s et utilisé tour à tour comme couvent, caserne, prison ou école, cet ensemble monastique compte une église gothique et un cloître d'une grande sobriété.

HULOT, REVIENS !

La chasse à la baleine au large de Terre-Neuve, au XVIe s, rapportait gros. Après 4 mois de chasse, un baleinier pouvait rapporter jusqu'à 1 200 tonneaux de graisse de baleine convertie en huile (soit 25 baleines tuées). De plus, les chasseurs chargeaient le bateau de la viande, des os, des fanons et, surtout, des langues des baleines, qu'une loi obligeait à remettre aux dignitaires de l'Église, car ces gourmands raffolaient de ce péché mignon !

La **plage,** si l'on ose dire, n'existe qu'à marée basse ! Autant dire que lors des grandes marées, il n'y en a pas... Prendre la route de Bakio et se garer face au cimetière ; le chemin d'accès longe celui-ci et descend sur la gauche.

Fêtes et manifestation

- **Foire au poisson :** *3e ou 4e w-e de mai.* Producteurs de conserves, dégustations, animations et concours de *pintxos*.
- **Fête de la Saint-Pierre :** *29 juin.* Une jolie fiesta de marins, avec des processions dans le port.
- **Fête de la Madeleine :** *22 juil.* On commémore le jour où, selon la légende, une *traînière* de Bermeo arriva sur l'île d'Izaro avant celle de Mundaka, pour en revendiquer la propriété. Le maire et les habitants de Bermeo se rendent en bateau près de l'îlot en question pour y jeter, en mer, une tuile.
- **Fêtes patronales :** *8 sept (fête de la Vierge d'Amilke), 9 sept (fête du Pêcheur) et 16 sept (fête de Sainte-Euphémie).*

DANS LES ENVIRONS DE BERMEO (BERMEO)

Ermita de San Juan de Gaztelugatxe *(hors plan par A1)* **:** *à env 9 km au nord-ouest de Bermeo, un peu avt Bakio. Bus au départ de Bermeo (ligne A 3524) ttes les heures en été, ttes les 2h en hiver.* ***Attention, de mi-avr à oct, il faut réserver pour accéder à la presqu'île entre 10h et 19h*** *(c'est gratuit, s'inscrire pour une heure de passage définie sur le site • tiketa.eus/gaztelugatxe •).*

LA BISCAYE

Déjà, quand on le voit de loin, c'est un choc ! Cette minuscule presqu'île flottant sur l'azur profond, avec le petit ermitage posé dessus comme une cerise sur un gâteau, est absolument superbe. Rendu célèbre par le tournage d'une séquence de la saison 7 de *Game of Thrones,* le lieu attire désormais beaucoup de monde, surtout le week-end. Du parking part un chemin (abrupt et rocailleux) qui mène en 20 mn au petit pont de la presqu'île, d'où il reste 241 marches à gravir pour gagner la charmante petite église du Xe s *(tlj sauf dim ap-m et lun en juil-août ; fermé hors saison).* Une fois là-haut, observez bien la mer : il arrive que les navires des pêcheurs de Bermeo viennent faire des ronds dans l'eau devant l'ermitage pour que la pêche soit bonne. Retour (un peu éprouvant) par le même chemin.

Balade en bateau de Bermeo à Gaztelugatxe : *avec* ***Hegaluze,*** *666-79-10-21. • hegaluze.com • Départ du port de Bermeo : juin-août, mer-jeu et sam à 12h, ven et dim à 18h ; avr-mai et sept-oct, sam à 12h et dim à 18h (mais les horaires peuvent varier d'un mois sur l'autre). Billet : 13 € ; réduc ; gratuit moins de 5 ans. Durée : 1h.* Pour éviter la foule des grands jours et les problèmes de stationnement, la balade en bateau permet de s'approcher de l'ermitage et de le voir de la mer (pas d'arrêt sur place). Propose aussi une balade le long de la côte d'Urdaibai passant par les grottes inaccessibles du cap Ogoño et le village d'Elantxobe.

Ermita de San Pelaio : *un peu après l'ermitage de San Juan, sur la gauche de la route en direction de Bakio.* C'est un bel édifice roman au clocher-tour carré et entouré d'un auvent.

MUNDAKA (MUNDAKA)

(48360) 1 900 hab. *Carte Biscaye, C1*

Délicieux port de pêche miniature conservé dans son jus. Il faut se balader entre sa falaise, sa digue, ses maisonnettes et son quai bordé par une terrasse ombragée de platanes où les pêcheurs, cartes en main, jouent au *mus* en sirotant à côté des touristes... Mundaka est un endroit à la mode où, Dieu merci, le béton n'a pas pris et où il est impossible d'amarrer yachts de luxe et bateaux de pêche sportive... Situé à l'embouchure de la *ría,* le coin est aussi propice aux grandes déferlantes longeant la jetée, pour le plus grand plaisir des surfeurs qui en ont fait leur repaire favori en Biscaye.

– Voir précédemment « Comment se déplacer sur la côte ? ».

Adresse et info utiles

Oficina de turismo : *Joseba Deuna. ☎ 946-17-72-01. • mundakaturismo.com • Sur le port. En été, tlj 10h30-14h, 16h-19h ; hors saison, tlj sauf mar, 10h30-14h30.*

– **Marché :** *mar mat devant l'église.*

Où dormir ?

Camping

Camping de Portuondo : *barrio Portuondo, ctra Gernika-Bermeo, km 47. ☎ 946-87-77-01. • recepcion@campingportuondo.com • campingportuondo.com • À env 1 km de Mundaka en direction de Gernika, sur la gauche. Congés : déc-janv. Env 29-40 € pour 2 avec tente et voiture. Bungalows 2-7 pers 81-200 €/nuit.* Un camping agréable mais cher, établi sur un site dominant l'estuaire sauvage de la *ría.* Une soixantaine d'emplacements avec vue et ombre limitée, mais sanitaires propres. Sinon, une trentaine de mobile homes et une dizaine de bungalows contemporains avec terrasse, équipés et bien placés, mais un peu les uns sur les autres. Il faut dire que c'est la foule en été... Piscine, boutique et restos sur place. Un chemin mène en 10 mn à la plage de Mundaka.

De bon marché à chic

Mundaka Hostel & Sports Café : *Santa Katalina, 1 (polideportivo). ☎ 946-02-84-77. • info@mundakahostel.com • mundakahostel.com • À l'entrée nord de la ville, proche de l'ermita Santa Catalina. Lits en dortoir 15-19 € ; petit déj 1,50 € à la cafét'.* Dans un centre sportif, 3 dortoirs de 12 lits superposés, dans un bâtiment en béton brut. Fait aussi resto (le midi seulement hors saison) et organise des cours de surf. Accueil routinier. Pour dépanner seulement.

Hotel Mundaka Kurutziaga Jauregia : *Kurtzio, 1. ☎ 946-87-69-25. • hotel@kurutziagajauregia.com • mundakahotelkurutziaga.com • Dans la rue principale, à 5 mn à pied du port. Doubles 53-83 €. Parking gratuit au bout de la rue, vers l'ermitage.* Un hôtel au nom pas facile à prononcer ! Il signifie en fait « Palais de la Croix ». Car ce petit hôtel familial est installé dans un petit palais, certes modeste. Une vingtaine de chambres très classiques et toutes de tailles différentes, mansardées et climatisées au dernier étage. Un bon rapport qualité-prix, surtout en moyenne saison, et un accueil chaleureux et dévoué.

Eco-hotel Mundaka : *Florentino Larrinaga, 9. ☎ 946-87-67-00. • info@hotelmundaka.com • hotelmundaka.com • Congés : déc-mars. Doubles 71-95 €, petit déj 8,50 €. Parking 9,50 €.* Aménagé dans une jolie maison ancienne, sans vue directe sur le port mais à proximité, cet hôtel propose de mignonnes petites chambres rénovées (y compris les salles de bains). Celles du 3e étage, mansardées et lambrissées, sont les plus sympa. Bar au rez-de-chaussée. Accueil souriant du patron qui joue la carte écologique : petit déj bio, électricité solaire, recyclage, etc.

Hotel El Puerto : *Portu, 1. ☎ 946-87-67-25. • info@hotelelpuerto.com • hotelelpuerto.com • Doubles 99-130 €, petit déj 10 €. Parking 15 €.* Situé idéalement sur le port, le gentil petit hôtel familial comme on en rêve, croquignolet à souhait. Chambres très agréables, toutes rénovées dans un style actuel, les plus chères avec la super vue sur le port. Accueil souriant. Au rez-de-chaussée, terrasse sous les platanes pour siroter sa bière en avalant des *pintxos,* un *bocadillo* ou une *ración.*

Où manger ? Où boire un verre ?

Plusieurs ***bars*** dans la rue principale proposent des menus le midi à environ 10-12 €. Rien à voir, donc, avec Saint-Trop' ! On recommande aussi, et surtout, les 2 bars du port, dont celui de l'hôtel ***El Puerto,*** pour leurs agréables terrasses ombragées de platanes avec vue sur les bateaux.

El Bodegón de Mundaka : *Kepa Deuna, 1. ☎ 946-87-63-53. À droite du port. Tlj sauf jeu. Plats 13-16 €.* Incontestablement la meilleure table de Mundaka, mais ne pas se laisser influencer par le patron qui prend la commande et incite à choisir la pêche du jour ou une langouste du vivier, lourdement facturée ! On conseille en revanche la soupe de poisson (une tuerie !), les petites gambas *a la plancha* ou la délicieuse côte de bœuf cuite à la braise dans la salle même par un maître *asador.* Cadre bien dans son jus, avec un bar un brin désuet et une salle aux allures de cale de bateau, dominée par une charpente imposante et ouverte sur le port.

À voir. À faire à Mundaka et dans les environs

Le port : minuscule et charmant port de carte postale. De là, un sentier court le long de la *ría,* offrant un panorama sauvage magnifique.

Ermita Santa Catalina : *au nord du village.* Isolé sur la splendide côte sauvage, juste à l'entrée de la *ría,* ce petit ermitage fut construit en 1855 sur un ancien bâtiment du XVIe s. Il servit de lieu de réunion à la confrérie des pêcheurs, de quarantaine aux malades d'épidémies, ou encore de poudrière alimentant une forteresse contiguë dont il subsiste quelques vestiges... La Sainte-Catherine se fête ici tous les 25 novembre.

Si la **plage de Mundaka** est un peu petite, en été, un bon plan consiste à prendre le bateau qui fait la navette *(4,50 € A/R)* entre Mundaka et la ***plage de Laida,*** beaucoup plus vaste, juste en face, de l'autre côté de l'embouchure (voir plus loin « Entre Gernika-Lumo et Lekeitio »).

La plage de Busturia : *entre Mundaka et Gernika (panneau). Garer sa voiture au parking avt ou après le pont piéton et faire les derniers 500 m à pied.* Grande plage aménagée et surveillée, à l'abri des vagues. Très sympa avec des enfants.

La plage de San Antonio : *un peu avt Busturia, à droite en venant de Gernika.* C'est la tranquille plage qui précède Busturia, très belle également et photogénique avec son îlot de rochers. *Txiringuito* (historique de plage) sur place.

Prendre une leçon de surf : *chez* ***Mundaka Surf Shop,*** *Txorrokopunta, 8.* ☎ *946-17-72-29. • mundakasurfshop.com • Tlj 10h-21h en été ; horaires restreints hors saison.* Plusieurs forfaits selon la durée de votre séjour. Loue aussi des planches.

Fêtes et manifestation

– ***Carnaval :*** *le dim de mi-Carême.* Toutes les filles de Mundaka se déguisent en sorcières (robe noire, coiffe rouge, perruque blanche). Les garçons, eux, symbolisent le Bien, tout habillés de blanc. Et ça chante, ça fait de la musique, ça danse, ça rigole ; bref, c'est la fête !
– ***Fête de la Saint-Jean :*** *nuit du 23 au 24 juin.* On brûle une effigie de sorcier dans la liesse générale, en attendant San Pedro, 5 jours plus tard...
– ***Fêtes patronales :*** *29 juin, pour la San Pedro.* Ne vous étonnez pas du nombre de fêtes sur la côte pour la Saint-Pierre. Depuis la pêche miraculeuse, voici quelque 2 millénaires, saint Pierre est le patron des pêcheurs !
– ***Fêtes basques*** *(Euskal Jaïak)* **:** *fin août.* Musiques et danses, bien entendu, mais surtout plein d'animations sur la *ría* de Gernika, notamment une belle course de *traînières.*

GERNIKA-LUMO (GERNIKA-LUMO)

(48300) 16 290 hab. *Carte Biscaye, C1*

• Plan *p. 467*

Gernika ne possède pas un caractère bien marqué. Pas de surprises architecturales, peu de belles maisons anciennes et aucune trace du bombardement de 1937. En fait, Gernika, c'est d'abord le célèbre tableau de Picasso et l'idée qu'on s'en fait. C'est ensuite la possibilité d'explorer la réserve de la biosphère d'Urdaibai, dont la ville est le centre géographique.

UN PEU D'HISTOIRE

Fondée en 1366, Gernika devient au XVe s le lieu de réunion des chefs de villages de la Biscaye : *Las Juntas de Bizkaia.* Ils s'y retrouvent dans un petit ermitage, autour d'un chêne, et jurent de maintenir les libertés en discutant des affaires de la Biscaye, aplanissant les conflits entre villages, fixant le montant des impôts... Si l'ermitage fut remplacé au XIXe s par un édifice qui se visite aujourd'hui, ***le chêne,*** visible lui aussi, ***demeure le symbole des libertés basques à travers les siècles.*** Appelé « Arbre de Gernika » *(Gernikako Arbola),* il confère à la ville un caractère mythique. Cela explique certainement l'énorme impact émotionnel et médiatique du bombardement du 26 avril 1937. Ce jour-là, l'aviation allemande, au service de Franco, attaque le marché de la ville, visant expressément la population civile (plus de 1 500 morts selon certaines sources, 200 à 800 selon d'autres). Il s'agissait alors de tester une nouvelle tactique militaire, qui fut aussi utilisée le 31 mars contre la ville de Durango, avec des résultats tout aussi meurtriers. Mais curieusement, la presse internationale s'émut plus pour Gernika.

C'est alors que Picasso peint *Guernica,* toile monochrome commandée par les républicains espagnols, évoquant la barbarie de la guerre et toute la colère de l'artiste. Ce tableau de grande taille est présenté à l'Exposition universelle de Paris de 1937, un mois seulement après l'attaque aérienne. « La peinture n'est pas faite pour décorer les appartements, déclare alors le peintre ; c'est un instrument de guerre, offensif et défensif, contre l'ennemi ! » *Guernica* s'expose ainsi à travers le monde jusqu'en 1939, avant de prendre ses quartiers d'exil au MoMA de New York. Selon le souhait de Picasso, la toile arrive en Espagne en 1981, après la mort de Franco et une fois les libertés publiques rétablies. L'œuvre est aujourd'hui exposée au museo de Arte Reina Sofia à Madrid (voir les *Routard Madrid* et *Castille, Madrid*).

PICASSO LE DIPLOMATE

En pleine Seconde Guerre mondiale, à Paris, Picasso reçut dans son atelier l'ambassadeur de l'Allemagne nazie qui lui demanda : « C'est vous l'auteur de Guernica ? » ; et le peintre de répondre : « Non, c'est vous ! »

LA BISCAYE

Arriver – Quitter

En train

Estación Eusko Tren (plan B2) **:** *Geltoki plaza. ☎ 902-54-32-10. • euskotren.eus •*

➢ **Bilbao** (gare d'Atxuri), **Bermeo et Mundaka :** 1-2 trains/h 6h-23h sur la ligne Bilbao-Bermeo.

En bus

Arrêt Bizkaibus (plan B3) **:** *Iparragirre kalea, à proximité de la gare ferroviaire. ☎ 902-22-22-65. • bizkaia.eus •*

➢ ***Bilbao, Mundaka et Bermeo :*** bus ttes les 30 mn en sem, 1h le w-e (ligne 3515).

➢ ***Plages de Laida et Laga :*** bus ttes les 30 mn (ligne A 3526) en juil-août, réduit hors saison.

➢ ***Lekeitio :*** env 1 bus/h, ou ttes les 2h hors saison, certains (ligne A 3513) via ***Gautegiz-Arteaga, Ibarrangelu, Elantxobe, Ea*** et ***Ispaster,*** d'autres (ligne A 3523) par l'intérieur via ***Mendata*** et ***Aulesti.***

Adresses et infos utiles

Oficina de turismo (plan B2) **:** *Arte kalea, 8. ☎ 946-25-58-92. • gernika-lumo.net • Dans la rue principale, face à la mairie. Tlj sauf dim ap-m, 10h-19h (18h en sem et 14h le w-e hors saison).* Organise sur résa différentes visites guidées de la ville (notamment sur le bombardement). Demander le plan de la ville pour localiser les 3 abris anti-aériens encore existants. On peut aussi y acheter le billet combiné *(4,75 €)* pour le musée-Fondation de la Paix et le musée ethnographique Euskal Herria. Infos sur toute la région également. Accueil francophone efficace et sympa.

Errekamendi *(plan A-B2,* ***1****) : Carlos Gangoiti kalea, 1. ☎ 946-25-29-08. Tlj sauf sam ap-m et dim, 10h-14h, 16h30-20h30.* Cette boutique vous équipera de la tête aux pieds pour partir en randonnée dans la réserve d'Urdabai. Bons conseils sur les itinéraires de la région.

– ***Marché*** *(plan B2)* **:** *lun mat, plus 1er sam du mois juin-déc.* Un grand marché agricole à ne pas rater. Le plus grand de l'année se tient le dernier lundi d'octobre. Là, c'est la folie, toute la ville est envahie par les commerçants et agriculteurs, et il peut y avoir jusqu'à 100 000 personnes dans les rues !

P ***Stationnement :*** payant dans la partie commerçante, mais on trouve 2 grands parkings gratuits en bordure du centre, à 5 mn à pied. L'un au nord *(plan B1)*, l'autre à l'ouest, derrière le parc des Peuples d'Europe *(hors plan par A2)*.

Où dormir à Gernika-Lumo et dans les environs ?

Auberge de jeunesse

Gernika Aterpetxea *(hors plan par B1,* ***10****) : Kortezubi bidea, 9, à Gernika. ☎ 946-12-69-59. • gernikaterpetxea@gmail.com • Un peu excentré : prendre le pont au bout de San Juan, continuer sur San Bartolomé et tourner à gauche avt l'hôpital (rond-point) ; c'est dans une impasse. Lit en dortoir env 18 € (17 € moins de 25 ans), draps et petit déj inclus. CB refusées.* Petite maison rénovée abritant 40 lits en chambres de 4 à 10 lits. Simple, propre et accueillant. Cuisine en accès libre. Pas mal de pèlerins mais au calme.

De bon marché à chic

Pensión Akelarre *(plan B2,* ***11****) : Barren, 5, à Gernika. ☎ 946-27-01-97. • reservas@hotelakelarre.com • hotelakelarre.com • Si personne à l'accueil, s'adresser à la laverie en face, mais si l'on a réservé, on peut aussi retirer sa clé au guichet automatique à l'extérieur, et même y louer directement une chambre avec sa CB en fonction des dispos (on n'arrête pas le progrès !). Doubles avec sdb 49-56 €.* Dans une rue piétonne du centre de Gernika, on aime bien cette gentille petite pension aux chambres flashy dans les tons verts ou bleus, avec parquet. Pas de petit déj, mais un espace sympa – doublé d'une agréable terrasse – au dernier étage avec machine à café et distributeur de cakes. Une très bonne adresse.

Hotel Gernika *(hors plan par A-B1,* ***12****) : Carlos Gangoiti, 17, à Gernika. ☎ 946-25-03-50. • h_gernika@hotelgernika.com • hotel-gernika.com • Congés : dernière sem d'août, et de déc à mi-janv. Doubles 86-94 € ; suites. Parking gratuit mais garage payant.* Le seul véritable hôtel du centre de Gernika. Une trentaine de chambres confortables (clim, douche à l'italienne), refaites dans un style contemporain, les plus chères avec une grande terrasse. Les parties communes sont encore un peu désuètes mais le salon-bar est agréable. Bon accueil, très pro.

Aldori Landetxea *(hors plan par B3,* ***13****) : Zabale, 8, à* ***Muxika****. ☎ 946-27-15-09. • reservas@aldori.es • aldori.es • ♿ À 7 km au sud de Gernika par la BI 635. Doubles et suites 80-197 €. Dîner sur résa env 20 €.* En retrait de la gare et de la route chargée, voici un *agroturismo* surprenant car totalement contemporain, luxueux et plein d'humour. Carrelage anthracite, vieux documents et vieilles photos reproduites sur les murs, dont une du papa du patron qui fut mécanicien de marine. L'une des suites, avec terrasse, hamac, salon et jacuzzi, met à disposition une... guitare. Salon-TV avec bar et rétroprojecteur au sous-sol. Bref, un agrotourisme branché.

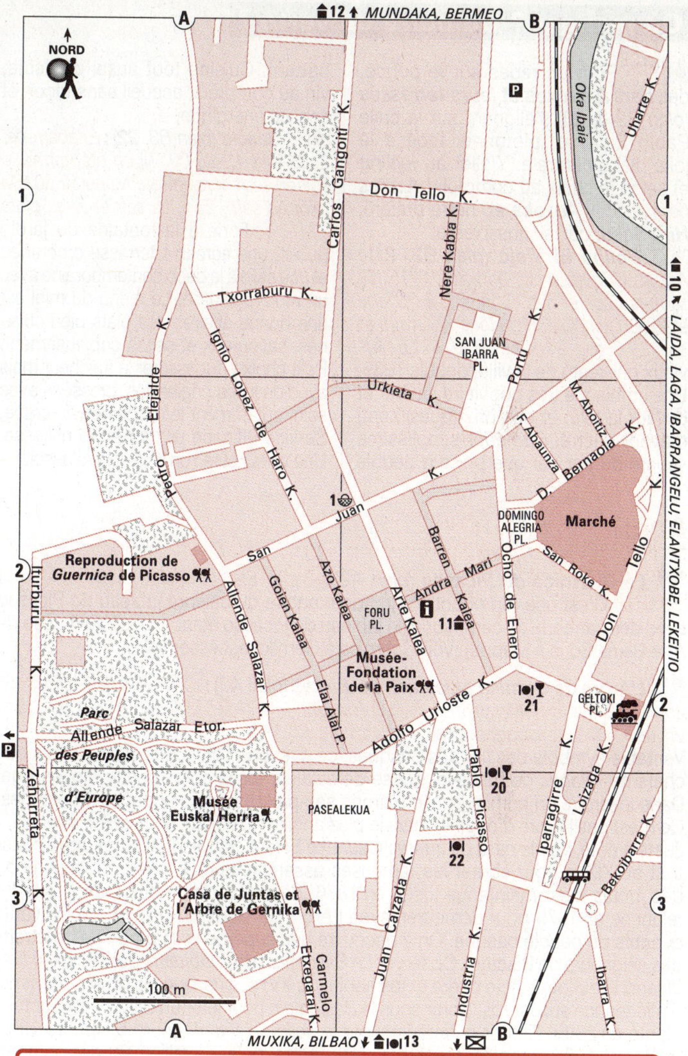

GERNIKA-LUMO

Adresses utiles

- Oficina de turismo (B2)
- 1 Errekamendi (A-B2)

Où dormir ?

- 10 Gernika Aterpetxea (hors plan par B1)
- 11 Pensión Akelarre (B2)
- 12 Hotel Gernika (hors plan par A-B1)
- 13 Aldori Landetxea (hors plan par B3)

Où manger ? Où boire un verre ?

- 20 Bars à *pintxos* (B2-3)
- 21 Boliña El Viejo (B2)
- 22 Sasoie (B3)

Où manger ? Où boire un verre ?

Pour un repas sur le pouce, des **bars à pintxos *et leurs terrasses*** *(plan B2-3, **20**)* s'alignent sur la calle Pablo Picasso, piétonne, face à la jolie place centrale. Y aller au feeling et selon le choix au comptoir : ***Azules*** *(fermé dim),* ***Auzoka*** et, notre préféré, ***Hiru Saku,*** qui fait aussi resto.

Boliña El Viejo *(plan B2, **21**) : Adolfo Urioste, 1. ☎ 946-25-10-15. Tlj sauf mar soir et dim. Congés : 7-25 janv et 22-30 juin. Menu du jour 12 € midi et soir, 22 € le w-e ; carte 25-30 €.* Le plus vieux bar-resto de la ville, depuis 1939. Une ambiance très populaire, au bar et devant la télé, et des prix (quasiment) d'avant-guerre. *Comedor* simplissime séparé du bar par une porte à double battant. Cuisine tout aussi modeste, vin au compteur, accueil sans façon et service énergique.

Sasoie *(plan B3, **22**) : Eriabarrena, 2. ☎ 946-12-68-09. Tlj en été, fermé le soir en sem hors saison. Menu 12,50 € le midi en sem, 20 € les soir et w-e ; plats 12-16 €.* Face à la fontaine du jardin public, une agréable terrasse ombragée et une salle à la déco contemporaine avec un mur végétalisé. Le menu du midi est une bonne affaire : des plats bien cuisinés, savoureux et servis copieusement. Petit choix pour assurer la fraîcheur mais avec de jolies originalités, dressées avec soin, notamment les asperges au crabe. Service efficace et tout en gentillesse. Une valeur sûre : on y va et on s'assoit !

À voir

Le Guernica de Picasso *(plan A2) : Pedro Elejalde kalea, face au centre médical.* C'est une reproduction grandeur nature du célèbre tableau de Picasso avec des carreaux de céramique (le tableau de Picasso étant exposé au museo de Arte Reina Sofia à Madrid). Voir *Guernica* à Gernika est essentiel !

L'Arbre de Gernika et la casa de Juntas *(plan A3) : Allende Salazar. ☎ 946-25-11-38. Tlj 10h-14h, 16h-19h (18h oct-mai). GRATUIT. Brochure en français. Visite guidée en espagnol et en anglais sur rdv.*
Véritable symbole des libertés basques, ce chêne veillait sur les assemblées des chefs de villages de Biscaye, qui se déroulaient à ses côtés dès le Moyen Âge. Dans le jardin, on admire un vieux tronc sec protégé par un kiosque à colonnes. Ce n'est pas l'arbre d'origine, mais le plus ancien (1700) qui nous soit parvenu.
Juste à côté, voir la *casa de Juntas (Jaunako Etxea),* bâtiment néoclassique construit au XIXe s pour abriter les fameuses assemblées régionales. Si l'institution des *juntas* s'est maintenue jusqu'en 1876, date d'abolition des *fueros,* elle fut relancée en 1979 pour demeurer, avec l'Arbre de Gernika, les symboles vivants et actifs du peuple basque. On y découvre une superbe salle ornée des portraits des seigneurs de Biscaye. Observer *Le Baisemain des habitants de Biscaye à Ferdinand V,* qui dépeint le cadre et les habits du XVe s, ainsi que les divers serments d'allégeance aux *fueros.* Sortir sous le *Baisemain* pour jeter un œil à l'Arbre actuel, planté en 2005. Retour à l'intérieur par la *salle du Vitrail,* énorme verrière-vitrail datant de 1985 et représentant, bien sûr, l'Arbre, point de ralliement des communes de Biscaye, dont les principaux monuments forment une frise tout autour. Dans les vitrines, notez les billes creuses en argent qui servaient à l'occasion des votes, ainsi que les « baguettes d'autorités » ou *chuzos.*
Ce pèlerinage obligatoire étant accompli, vous pourrez aller vous promener, juste derrière, dans le ***parc des Peuples-d'Europe*** *(plan A2-3),* où figurent une rondouillarde statue de Henry Moore et le *monument à la Paix* de Chillida.

Gernikako Bakearen Museoa Fundazioa *(musée-Fondation de la Paix ; plan B2) : Foru plaza, 1. ☎ 946-27-02-13. • museodelapaz.org • Face à l'office de tourisme. Tlj sauf dim ap-m et lun ap-m, 10h-14h, 16h-18h (en continu 10h-19h mars-sept). Entrée : 5 € ; réduc ; gratuit moins de 12 ans et pour ts dim. Brochure*

LA BISCAYE

en français. La visite de ce formidable musée est indispensable pour qui veut comprendre la tragédie du bombardement de Gernika le 26 avril 1937. Sur le thème « Qu'est-ce que la paix ? », on parcourt l'héritage de Gernika, à grand renfort de vieilles photos, films, objets guerriers, sans oublier que l'on marche sur des gravats... La muséographie est très moderne, avec au passage des expériences éprouvantes comme la simulation du *bombardeo* dans un appartement reconstitué, sur fond de témoignage sonore glaçant. La visite se poursuit par des archives de réconciliation et une réflexion sur la paix aujourd'hui. Au dernier étage, une copie du tableau de Picasso, décomposée par morceaux pour en analyser chaque élément, et une exposition temporaire. Une visite éprouvante mais nécessaire pour le devoir de mémoire.

Euskal Herria Museoa *(musée Euskal Herria ; plan A3)* **:** *Allende Salazar. ☎ 946-25-54-51. • bizkaikoa.bizkaia.eus/euskalherriamuseoa • Tlj sauf dim ap-m et lun, 10h-14h, 16h-19h. Entrée : env 3,50 € ; réduc ; gratuit moins de 12 ans et pour ts sam. Brochure en français.* Dans le palais baroque d'Alegría, épargné par le bombardement de 1937, une présentation sur 4 étages de la culture basque en matière d'architecture, de géologie, de croyances, de mythes, d'arts, de folklore, de musique, de sports... avec une mise en lumière de personnages qui ont façonné l'Histoire, notamment Elkano et San Ignacio de Loyola. Expo temporaire au grenier.

Fêtes

– ***Fêtes patronales de San Roke :*** *14-18 août.* Les principales fêtes de la ville.

LA RÉSERVE DE LA BIOSPHÈRE D'URDAIBAI

Carte Biscaye, C-D1-2

En plein cœur de la Biscaye, l'Unesco a créé en 1984 la réserve de la biosphère d'Urdaibai : un assez vaste territoire où les activités humaines doivent cohabiter sans nuisances avec la nature, dans un souci de développement durable.

Ainsi, l'Urdaibai compte 220 km² (soit 10 % de la Biscaye) et regroupe près de 45 000 habitants sur 22 communes (dont Bermeo, Mundaka, Gernika-Lumo, Gautegiz-Arteaga, Ereno, Elantxobe et Ibarrangelu) autour de la *ría de Gernika*, estuaire d'un intérêt écologique majeur. Entre plages, falaises, forêts, prairies, cultures agricoles traditionnelles, collines, torrents, rivières, vallées fluviales, marais, et puis cet estuaire qui unit les milieux marin et rural, on découvre une grande variété de jolis paysages où végétation et faune évoluent sereinement.

Également une multitude de lieux culturels pittoresques (villages, ermitages, églises, vieilles maisons...) à découvrir en explorant la réserve d'Urdaibai à pied, à VTT, en canoë-kayak (lire plus haut « À voir. À faire à Mundaka et dans les environs » et plus loin « Entre Gernika-Lumo et Lekeitio »), et même en voiture pour les moins sportifs. On peut aussi y pratiquer l'escalade, le tir à l'arc, le surf... En bref, un lieu propice pour des « vacances vertes » !

Adresse et info utiles

Centre d'interprétation Ekoetxea Urdaibai : *barrio San Bartolomé, 34, à* ***Busturia.*** *☎ 946-87-04-02. • info.urdaibai@ekoetxea.eus • ekoetxea.eus • Sur la route entre Gernika et Bermeo, fléché avt Busturia. Tlj sauf*

lun, 10h-19h (20h juil-août). Entrée : env 3 € ; réduc ; gratuit moins de 8 ans. Installé dans un bâtiment très contemporain, dominé par la *Torre Madariaga* du XVe s, le centre d'interprétation de la réserve de la biosphère d'Urdaibai offre une foule d'infos passionnantes sur ce site d'exception. L'exposition permanente présente à travers une muséographie très moderne une réflexion sur ***la biodiversité*** et comment la préserver : murs d'images, films sur des écrans tactiles, diaporamas, aquariums... Puis on grimpe au sommet de la tour par 2 ascenseurs pour profiter d'une vue panoramique grandiose sur l'estuaire (longues-vues à dispo). Le centre organise également de nombreuses animations, visites guidées et sorties nature dans la réserve, notamment une balade en mer pour observer les cétacés de mai à octobre (programmation complète sur le site).
– Consulter aussi les sites • *tourdaibai.com* • et • *urdailife.com* •

ENTRE GERNIKA-LUMO ET LEKEITIO

De Gernika, prendre la route BI 2238 direction Lekeitio, puis, au niveau du village de Gautegiz-Arteaga, tourner à gauche vers Laida pour finalement rejoindre Lekeitio par la petite route côtière BI 3234 offrant de grandes plages, d'impressionnantes falaises plongeant dans la mer et de petits villages de pêcheurs pittoresques. Une belle balade en perspective.

Urdaibai Bird Center : *Orueta auzoa, 7, à* ***Gautegiz-Arteaga.*** *699-83-92-02. • birdcenter.org • Bus de la ligne A 3513. En été, tlj 11h-19h ; de mi-mars à juin et sept-oct, mar-ven 11h-16h, w-e et j. fériés 11h-19h ; de nov à mi-mars, seulement ven-dim et j. fériés 11h-17h, fermé lun-jeu. Entrée : 6 € ; réduc ; gratuit moins de 5 ans. Audioguide inclus.* Centre d'interprétation et d'observation des oiseaux de la réserve. Panneaux explicatifs et projection de films spécialisés. Bien sûr, on en apprend bien plus avec une visite guidée !

Casa rural Ozollo : *barrio Ozollo, 3, 48314* ***Gautegiz-Arteaga.*** *666-70-57-21. • casaruralozollo@gmail.com • casaruralozollo.com • À 10 km au nord de Gernika ; prendre la route BI 2238 direction Lekeitio, puis, à Gautegiz-Arteaga, à gauche (panneau). Double avec sdb 58 €.* Dans un hameau en pleine nature, une belle ferme à colombages du XVIIe s avec façade en brique à l'arrière, déco contemporaine et peintures familiales à l'intérieur. 4 chambres impeccables avec TV et chauffage. Cuisine commune coquette (payante). Bon accueil. En bout de *ría,* le site est superbe, calme, assez sauvage. On est proche du site d'observation des oiseaux, des marais *(marisma)* et de la superbe plage de Laida (5 km).

Cueva de Santimamiñe (grotte) **:** *à droite sur la route Gernika-Lekeitio ; se garer au parking (billetterie au-dessus) puis parcourir 2 km par un bel escalier de 256 marches, qui grimpe à travers une chênaie.* ***Résa vivement conseillée*** *au ☎ 944-65-16-57 ou 60, par e-mail • santimamine@bizkaia.eus • ou sur • santimamiñe.com • Visites guidées : de mi-avr à mi-oct, tlj à 10h, 11h, 12h, 13h, 15h30, 16h30 et 17h30 ; hors saison, tlj sauf lun, à 10h, 11h, 12h et 13h. Env 1h30 de visite. Entrée : 5,50 € ; réduc ; gratuit moins de 6 ans et pour ts jeu.* Inscrites au Patrimoine mondial de l'Unesco en 2008, ces grottes offrent des galeries de concrétions calcaires avec de belles irisations et représentent un site très important de la préhistoire basque, pour ses peintures rupestres découvertes en 1917... Mais, comme elles sont d'une grande fragilité, l'accès est aujourd'hui limité au vestibule d'origine. La visite se poursuit donc dans l'ermitage, à côté de la billetterie, par une animation en 3D qui permet une sorte de déambulation virtuelle dans toute la grotte, avec des zooms sur les peintures rupestres pour en apprécier les détails !

El bosque pintado de Oma : *attention, accès seulement à pied par un chemin forestier pentu au départ du parking de la cueva de Santimamiñe (carte et plan gratuits à la billetterie). Le chemin est balisé en blanc et jaune, il fait* ***7 km A/R*** *(compter env 2h30). Non accessible avec une poussette et prévoir de l'eau. À faire plutôt le mat pour la luminosité.* ***Fermé temporairement*** *; infos sur • bosquedeoma.com •* En pleine forêt, le peintre Agustín Ibarrola (né en 1930) a troqué ses toiles contre des troncs d'arbres pour réaliser un ensemble original de *land art.* Les pins sont bariolés de couleurs vives et l'on découvre au fil de la balade 47 œuvres aux perspectives mouvantes selon l'axe de vision. Effet d'optique étonnant d'autant que pour faire apparaître figures et personnages, certaines œuvres sont réalisées sur 15 troncs d'arbres alignés !

Ermita San Miguel d'Erenozar : *indiqué depuis le village d'Ereno. Grimpette assez raide de 500 m pour y accéder.* Perché sur une montagne, ce petit ermitage médiéval offre une vue superbe sur la verdoyante réserve d'Urdaibai et sa *ría.* Accueille aussi quelques vestiges archéologiques.

EAU DE VIE

Il est de coutume de se laver les mains et le visage avec l'eau tombée du toit sur le sarcophage abrité par l'ermitage San Miguel d'Erenozar, et d'en faire 3 fois le tour pour qu'elle s'évapore. Cela guérirait les maladies de peau.

La plage de Laida : *arrêt Bizkaibus juste devant.* Superbe et étonnante plage d'estuaire, avec des bancs de sable fin. Très agréable, bien aménagée (allez grignoter de bons *pintxos* au bar *Atxarre !*) et plébiscitée par les habitants de Gernika. On peut la rejoindre à partir de Mundaka par un bateau-navette *(4,50 € A/R).* Ici, on a les plus jolis points de vue sur l'estuaire de la *ría,* qu'il est aussi possible d'explorer en canoë-kayak ou à *paddle* à partir de cette plage avec *Laida Kanoak (☎ 946-27-65-15 ; • laidakanoak.com •)* ou *Urdaibai (☎ 946-27-66-61 ; • urdaibai.com •).*

Le cap Ogoño et la plage de Laga : *à l'est de l'estuaire.* Il faut découvrir le cap en arrivant de Laida, comme une immense étrave grise, puissante, qui s'enfonce dans la mer. Au pied, la petite plage surveillée de Laga (à ne pas confondre avec Laida !), encore bien préservée et moins fréquentée, dans un site superbe, avec un équipement minimum (w-c, tables de pique-nique et snack-bar). Location de surf sur place avec *Laga Surf Camp (☎ 946-27-63-61 ; • lagasurfcamp.com •).*

Ibarrangelu : ce village possède une église baroque à la voûte en caisson plateresque, sur laquelle on a juché un christ bénissant d'au moins 5 m de haut, un peu comme celui de Rio de Janeiro. Marrant mais pas du meilleur goût !
Dans les environs, le petit *ermitage du mont Atxarre* offre un panorama sublime sur la réserve d'Urdaibai, côté mer et côté campagne.

Hostel et agroturismo Laga Surf Camp : *barrio Gendika, 1, 48311 Ibarrangelu. ☎ 946-27-63-16. 📱 667-73-73-97. • info@lagasurfcamp.com • lagasurfcamp.com • Dans le centre d'Ibarrangelu pour l'hostel ; à 2 km du village vers la plage de Laga pour l'agroturismo. Lit en dortoir 20 € ; doubles avec sdb 55-66 € ; petit déj compris.* Cette école de surf tenue par la jeune et dynamique Naiara dispose de 2 établissements différents ouverts à tous (les non-surfeurs sont bienvenus). Un petit *agroturismo* en bord de route à proximité de la plage de Laga, avec 5 chambres confortables et cosy, ainsi qu'une auberge de jeunesse impeccable et toute neuve dans le village avec 3 dortoirs de 4, 18 et 20 lits. Cuisine à dispo dans chacun d'eux.

Urresti : *barrio Zendokiz, 48314* ***Gautegiz-Arteaga.*** *☎ 946-25-18-43. • urresti@urresti.net • urresti.net • À 2 km d'Ibarrangelu, direction Gernika. Doubles avec sdb 60-70 €. Apparts 2-4 pers 98-128 €.* Un petit *agroturismo* accueillant, très propre, avec 6 chambres de bon confort, à la déco personnalisée,

LA BISCAYE

certaines avec balcon et 2 appartements spacieux, en duplex, à l'accès indépendant. Bon accueil de madame, originaire du pays du Soleil-Levant, ce qui n'oblige en rien à se lever tôt, rassurez-vous ! Cuisine (payante). La ferme produit des fruits et légumes bio. Parfait pour se faire un p'tit frichti...

Elantxobe : *de l'autre côté du cap Ogoño.* C'est un étonnant village littéralement accroché à la falaise. Si le minuscule port manque un peu de charme, la vision des maisons à vérandas collées à la roche grise et bordées de ruelles abruptes est tout à fait charmante.

Itsasmin Ostatua : *Nagusia, 32, 48310 Elantxobe. ☎ 946-27-61-74. • info@itsasmin.com • itsasmin.com • En haut du village, derrière l'arrêt Bizkaibus. Congés : nov. Doubles 40-60 €, petit déj 7 €.* Une petite pension installée dans une charmante maison ancienne. On vous la signale surtout pour ses chambres avec petit balcon et vue vertigineuse sur le port. Les autres sur l'arrière sont plus grandes mais ne bénéficient pas de cet atout majeur.

Bar Itxas-Etxea et Ogoñope Jatetxea : *Portu kalea, sur le port d'Elantxobe. ☎ 946-27-66-27. • itxasogonope@gmail.com • Tlj. Raciones au bar 7-20 € ; compter 30-50 € au resto.* L'ancien bar-resto des pêcheurs est devenu l'adresse chic du port. À gauche, le resto traditionnel à la déco marine, à droite, une élégante salle contemporaine et au centre, le bar à *pintxos* en véranda avec sa terrasse sur le toit. Côté resto (même carte), principalement du poisson, bien frais et cuisiné avec soin, comme la *lubina,* excellente mais pas donnée. On s'en sort à bon compte au bar avec de bons *pintxos* ou un plat du jour à l'ardoise. Bon accueil.

Ea : créé au XVIe s, ce minuscule port de pêche est caché au fond d'une calanque, entre 2 falaises. En s'y baladant, on découvre de pittoresques ruelles, quais, ponts, et les petites embarcations de pêche qui patientent sur le sable à marée basse.

Hotel Ermintxo : *barrio Eleixalde, 30, 48311* ***Natxitua.*** *☎ 946-27-77-00. • ermintxo@hotelermintxo.com • hotelermintxo.com • ♿ Juste avt Ea en arrivant d'Elantxobe. Resto fermé lun soir et mar sauf juil-août. Double avec sdb env 72 €. Menu du jour en sem 12 € ; plats 17-18 €.* Planté sur une colline dominant mer et campagne, un hôtel récent, au calme, offrant une belle vue... En tout, 9 chambres propres et modernes, avec un balcon dominant l'océan pour certaines (les nos 6, 7 et 8). Fait aussi resto. Patron chaleureux.

LEKEITIO (LEKEITIO)

(48280) 7 290 hab. *Carte Biscaye, D1*

Lovée au creux d'une baie bordée de collines verdoyantes, Lekeitio est un important port de pêche de la côte de Biscaye. On y découvre un très joli centre historique sillonné par des ruelles pavées, des quais accueillants, et, à un jet de pierre au large, une presqu'île couverte de pins maritimes évoquant de surprenants paysages méditerranéens.

Arriver – Quitter

En bus

Arrêt des bus : *Larrotegi kalea, à la sortie sud de la ville, sur la route de Markina.*

➢ Avec *Bizkaibus (☎ 902-22-22-65 ; • bizkaia.eus •),* 1 liaison/h avec **Bilbao** (ligne A 3512) et **Gernika** (lignes A 3523 et A 3513, cette dernière passant par **Ispaster, Ea, Ibarrangelu,**

Elantxobe et ***Gautegiz-Arteaga***).

➢ Avec *Lurraldebus (☎ 900-30-03-40 ; ● lurraldebus.eus ●),* 4 liaisons/j. (bien réparties) entre ***Lekeitio*** et ***Donostia – San Sebastián*** via toutes les petites villes de la côte.

Adresses et info utiles

ℹ ***Oficina de turismo :*** *Independantzia enparantza. ☎ 946-84-40-17. ● lekeitio.org ● Face à la basilique, à l'angle du bassin portuaire. Juil-août, tlj 10h-15h, 16h-19h ; en moyenne saison, tlj sauf dim ap-m ; en hiver, seulement le mat et fermé lun.* Plan de la ville, horaires des bus, infos loisirs, festivités... Propose aussi des visites guidées de la ville.

■ ***École de surf et de paddle board :*** ***Dzingua Kirol Ekintzak,*** *Paskual Abaroa Etorbidea, 5. 📱 688-82-67-97. ● dzinguakirolekintzak.com ●* Location de matériel et cours.

🅿 *Grand* ***parking gratuit*** sur *Iñigo Artieta,* entre le centre médical et le terminal de bus, à 800 m du port.

Où dormir à Lekeitio et dans les environs ?

Campings

⛺ ***Camping Leagi :*** *barrio Leagi, 48289* ***Mendexa.*** *☎ 946-84-23-52. ● leagi@campingleagi.com ● campingleagi.com ● ♿ À 2 km de Lekeitio, direction Ondarroa (BI 4449) ; juste après le pont, à droite vers Mendexa. Ouv mars-oct. Compter 31-41 € pour 2 avec tente et voiture. Bungalows 4-5 pers 70-130 €/nuit. Sur présentation de ce guide, forfait emplacement + 2 pers + électricité à 25 €/j. 1er mars-15 juin et 10 sept-31 oct.* Un camping bien situé au sommet d'une colline dominant Lekeitio et la mer. Belle pelouse pour planter sa tente, mais peu d'ombre. Sanitaires impeccables. Également quelques jolis bungalows bien équipés, certains avec vue. Sur place : resto *(le w-e seulement hors saison, menu 18 €),* lave-linge, jeux pour enfants, piscine, ping-pong, billard, et même un petit fronton. Parc accrobranche à proximité. Accueil sympa.

⛺ ***Camping Endai :*** *ctra Lekeitio-Ondarroa, km 58, 48289* ***Mendexa.*** *☎ 946-84-24-69. ● campingendai@gmail.com ● campingseuskadi.com/endai ● De Lekeitio, direction Ondarroa (BI 3438) ; c'est à env 3 km, côté colline. Ouv juil-août seulement. Compter env 24 € pour 2 avec petite tente et voiture.* À flanc de colline, dans un bel environnement boisé et tout proche de la mer, un petit camping familial, tranquille, propre et pas cher. Emplacements en terrasses. Bar à *pintxos,* lave-linge et épicerie.

Auberges de jeunesse

🏠 ***Trinkete Etxea :*** *Eusebio Maria de Azkue, 5, à Lekeitio. ☎ 946-84-41-75. ● trinkete@ateri.net ● trinkete.net ● ♿ Au-dessus du Merkatu Plaza (marché couvert), au tt début de la rue vers le phare de Santa Catalina. Réception le mat, et aussi en fin de journée le w-e. Nuitée 19-27 €/pers. Parking gratuit à proximité.* À l'étage d'un centre sportif avec piscine, une douzaine de petits dortoirs de 4 à 7 lits (plus une chambre double). Laverie. Bar-cafétéria.

🏠 ***Lekeitio Aterpetxea :*** *Arropain, 10, à Lekeitio. ☎ 946-11-06-01. 📱 685-79-78-69. ● info@lekeitio-aterpetxea-hostel.com ● josuiriondo21@gmail.com ● lekeitio-aterpetxea-hostel.com ● ♿ Dans le prolongement d'Iñigo Artieta, après le resto* Mesón Arropain. *Lits en dortoir 23-26 € ; doubles 60-68 € ; petit déj 3 €.* Une petite auberge de jeunesse privée, avec 4 dortoirs de 4 à 6 lits et une chambre double avec salle de bains privée. C'est petit, nickel, récent et bien équipé (prises, casiers, loupiotes). Coin salon, cuisine commune et laverie.

De prix moyens à chic

🏠 ***Hotel Piñupe :*** *Paskual Abaroa Etorbidea, 12, à Lekeitio. ☎ 946-84-29-84. ● hotelpinupe@gmail.com ●*

hotelpinupelekeitio.com • Dans le vieux centre, à 2 pas du port. Doubles 50-70 €. Petit hôtel très simple, idéalement situé en plein centre-ville. Des chambres à la déco banale mais propres, bien équipées, avec un bon matelas. Fait aussi bar et resto qui peuvent être bruyants mais le double vitrage est efficace, sinon demander une chambre sur l'arrière. Bon accueil et parking gratuit à proximité.

Hotel Palacio Oxangoiti : *Gamarra, 2, à Lekeitio. 659-39-39-28. • hotel@oxangoiti.net • oxangoiti.net • À côté de l'office de tourisme et face à la basilique. Doubles 88-121 €, petits déj 6-10 €.* Au cœur du centre ancien et à 2 pas du port, un vieux palais du XVIIe s réhabilité en hôtel de charme : la plupart des chambres donnent sur la basilique. Certes, ici et là, on trouvera toujours à redire sur le mobilier choisi à ce tarif-là ou encore sur la qualité du service car la gérante est seule aux manettes. Un beau lieu et superbement situé, quoi qu'il en soit !

Où manger ? Où boire un verre ?

Le long du port, on trouve plusieurs ***bars à pintxos*** ***(Norai, Kaia)*** pour descendre des verres en terrasse, en rêvassant devant les bateaux. Pour des *pintxos* de *chipirones* (à commander !), rendez-vous chez ***Lehiope*** *(avda Paskual Abaroa Etorbidea, 24)* dans le vieux centre...

Lumentza : *Buenaventura Zapirain, 3. ☎ 946-84-15-01. • lumentza@gmail.com • Tlj sauf lun.* Media raciones *6-9 € ; plats 13-18 €.* C'est le QG du centre, tout en bois et bouchons de liège, un *gastro-bar* qui sert d'excellents *pintxos, bocadillos* et *raciones,* plus quelques plats plus consistants. Bon vin au verre, poulpe aux pommes de terre, *chipirones a la plancha* et *kokotxa* (joue de morue) succulents, le tout servi avec du pain cuit sur place. Prix très corrects et service sans façon.

Café Metrokua : *à l'hôtel du même nom, playa de Karraspio. ☎ 946-84-49-80. • info@metrokua.com • Congés : nov-mars.* Au bord de la jolie plage de Karraspio, un café bien décoré (aviron, bois flotté, vieilles photos), sympa pour un petit déj ou un verre en journée. Fait resto le midi en été (*pintxos,* salades, etc.).

Mesón Arropain : *Arropain, 5. ☎ 946-24-31-83. • arropain.restaurante@gmail.com • Dans le prolongement d'Iñigo Artieta, entre le terminal de bus et l'AJ* Lekeitio Aterpetxea. *Tlj midi et soir en juil-août, le w-e seulement le reste de l'année. Congés : de mi-déc à mi-mars. Plats 25-29 €.* Dans une mignonne maison du XVIIe s, si vous en avez les moyens, vous serez séduit par cette cuisine basque soignée et goûteuse, qui met en avant la qualité des produits. Et pour les amateurs, il y a même des *momos* pas chers, car la femme du patron est tibétaine. Belle carte des vins.

À voir. À faire

La plage de Karraspio : *un peu à l'écart du village, par la route d'Ondarroa.* Très jolie plage, assez longue, qui s'étend à droite du bel îlot des pins. La forêt descend de la colline et vient mourir tout au bord de la plage. Mais ce sont des sapins et non des cocotiers ! Plus proche du centre, la ***plage d'Isuntza*** est un peu moins attrayante mais plus tranquille et moins exposée à la houle.

Basílica Santa Maria Asunción : *en face de l'office de tourisme. • basilicadelekeitio.com • Lun-sam 8h-12h, 17h-19h30 (en principe, mais horaires variables affichés à l'entrée). Entrée : env 3 € ; visite guidée 4 €. Messes dim à 9h (espagnol), 10h30 (basque), 11h30 et 12h30 (espagnol).* Ancrée sur le rivage, cette église – étonnamment monumentale pour cette petite ville de pêcheurs – fut construite au XVIe s dans le style gothique tardif avec, côté mer, ni vitraux ni ouvertures. Son retable principal est l'un des plus grands d'Espagne (seuls ceux de Tolède et de Séville lui sont supérieurs en taille), alors n'hésitez pas à demander l'éclairage total... On y voit 20 groupes sculptés en bas-relief et 20 grandes statues figurant les principaux saints et apôtres dorés. Impressionnant. À l'arrière du chœur, dans l'abside, encore d'autres retables. Mais allez surtout saluer la patronne de la paroisse, la très belle *Virgen de la Antigua* (XIIe s).

Dans la vieille ville, la *Ezpeleta kalea,* ruelle piétonne étroite parallèle au port, était l'ancien quartier des pêcheurs. Elle abrite le ***bâtiment de la confrérie des pêcheurs de San Pedro,*** aujourd'hui en ruine.

El Faro de Santa Catalina *(Itsasargia)* **:** *avda de Santa Catalina. ☎ 946-84-40-17. • faro-lekeitio.com • À 2 km au nord. En hte saison, tlj sauf lun-mar et dim ap-m ; en basse saison, seulement sam et dim mat ; visites (50 mn) à 11h30, 13h, 16h30 et 18h. Résa conseillée. Entrée : 6 € ; réduc.* Le seul phare qu'on peut visiter de la Côte basque. Expo multimédia (disponible en français) avec des vidéos sur les techniques de navigation au cours des âges et sur le rôle des femmes dans l'industrie de la pêche. Puis on monte, en ciré, sur le pont d'un bateau fictif pour un voyage virtuel sur une mer déchaînée, avant de se rendre sur la plateforme du phare lui-même, qui offre une super vue sur la côte abrupte et déchiquetée. Cafétéria avec vue.

➢ ***Balade en kayak :*** *avec* ***Dzanga,*** *à l'extrémité de la plage d'Isuntza, juste à l'embouchure de la rivière Lea. Juin-sept.* Location, cours d'initiation et balades guidées le long de cette jolie côte.

Fêtes et manifestation

- ***Fête de la San Pedro :*** *29 juin.* Cérémonie étonnante de la *kaxarranka* : on balade à dos d'homme un gros coffre de bois sur lequel un danseur exécute des pas traditionnels. On ne sait pas comment les porteurs tiennent le choc, d'autant qu'on n'a jamais vu de danseur maigre sur le coffre...
- ***Pèlerinage à l'ermitage San Martín :*** *1er dim de juil.* À 2 km de Lekeitio, sur la route de Gernika-Lumo, ermitage du XVe s, avec une procession.
- ***Fêtes de San Antolin*** *(ou* ***fêtes des Oies****)* **:** *1er-8 sept.* On accroche des oies à une corde tendue en travers des eaux du port tandis que les participants, en costume traditionnel, doivent arracher la tête du volatile (préalablement tué !). Tout le monde n'y arrive pas puisque, pour une vingtaine d'oies à décapiter, on dénombre plus de 80 bateaux (décorés aussi !), qui chacun tenteront leur chance.

ONDARROA (ONDARROA)

(48700) 8 850 hab. *Carte Biscaye, D1*

Cette « bouche de sable » est une ville portuaire dont le mignon centre historique est coincé entre mer et montagne dans un gracieux méandre de la rivière Artibai, d'où son surnom, largement abusif, de « Venise de la Biscaye ». Cela dit, on y découvrira une étonnante église suspendue, 2 ponts pittoresques et des ruelles escarpées menant à des maisons médiévales... Bon, juste à côté, la partie moderne d'Ondarroa, défigurée par l'urbanisation sauvage, avec son port qui abrite la plus importante flotte de haute mer du Pays basque.

Arriver – Quitter

En bus

Arrêt des bus : *sur le port, juste devant l'élégant et moderne pont blanc.*

➢ Avec *Bizkaibus (☎ 902-22-22-65 ; • bizkaia.eus •)*, 1 bus/h (lignes A 3915 et A 3916) pour ***Bilbao.***

➢ Avec *Lurraldebus (☎ 902-12-14-00 ; • lurraldebus.eus •)*, 4 liaisons/j. (bien réparties) entre ***Lekeitio*** et ***Donostia – San Sebastián.***

Adresse utile

Oficina de turismo : *Erribera, 9. ☎ 946-83-19-51. • ondarroa.eus • Dans la vieille ville, à côté du pont en pierre. En été et la Semaine sainte, tlj 10h30-14h30, 16h30-20h30 ; en basse saison, tlj sauf lun, 12h-14h, 17h-19h.* Plan de la ville. Organise d'intéressantes visites guidées d'Ondarroa, passant par le centre historique, la criée du port moderne et une usine de conserves de poisson.

Où dormir ? Où manger ? Où boire un verre ?

Casa rural Harizpe : *Goimendi auzoa. ☎ 946-83-23-67. 📱 615-73-06-15. • agroturismoharizpe@gmail.com • harizpe.com • À env 5 km d'Ondarroa, vers Artabide, puis à gauche direction Kanpo Santo et à droite (fléché). Ouv juin-sept et Semaine sainte, mais mieux vaut téléphoner avt de venir. Doubles 70-75 €.* Une agréable *casa rural* dans les hauteurs de la ville, avec vue sur la mer et les vignes de *txakoli.* Chambres bien proprettes, de style contemporain, avec parquet et salle de bains (douche à hydromassage pour certaines). Déco marine et terrasse avec vue. Vente de *txakoli* maison.

|●| ***Erretegi Joxe Manuel :*** *Arana Sabin, 23. ☎ 946-83-01-04. Au bord de la rivière, face à l'église suspendue et à côté du vieux pont en pierre. Tlj sauf dim soir et lun. Congés : vac de Noël-fin janv. Carte min 30 €.* Bonne ambiance dans ce resto simple mais chaleureux, avec de grandes tables en bois clair sous un plafond traversé de poutres. Excellentes spécialités de poisson, fruits de mer et viande *a la plancha.* Idéal pour faire connaissance avec les gens du coin.

|●| 🍷 La zone des ***bars à pintxos*** se trouve surtout dans la vieille ville, dans la rue de l'office de tourisme, face au vieux pont en pierre (notamment ***Alai*** et ***Sutargi,*** qui proposent aussi des menus).

LA BISCAYE

À voir

Iglesia Santa María : *en surplomb de la rivière et du vieux pont en pierre. Messes tlj à 11h (12h dim) et 19h.* De style gothique tardif (fin XVe s), elle fut rehaussée pour compenser la dénivelée de la montagne. Notez que ses arcades servaient à la fois de caves et à amarrer les bateaux. Sur les murs extérieurs, un groupe de 12 statues représentant un cortège médiéval de style flamand-bourguignon et quelques gargouilles.

Ermita de la Virgen de La Antigua : *prendre l'ascenseur de l'église Santa Maria et grimper ! En voiture, par Artebide puis Kanpo Santo à gauche. Tlj 11h30-13h30 et de 16h30 au crépuscule.* Édifié au XVe s. Malgré les fils électriques, il offre un superbe panorama sur la ville et sur la mer. On dit qu'il fut bâti pour observer le passage des baleines... Dans l'église, *Vierge à l'Enfant* habillée comme une mariée et maquettes de voiliers suspendues. Notez la paire de rames derrière l'autel !

Fêtes

– ***Fête de l'Anchois :*** *mai.* Dégustation de *pintxos* à base d'anchois dans toute la ville.
– ***Fêtes patronales :*** *14-17 août.* Débutent par l'apparition du personnage populaire Leokadi, se poursuivent par des défilés animés de musiques et danses traditionnelles, régates, etc., pour s'achever le 17 août par la fête des Marins, où tout le monde s'habille en bleu.

BILBAO (BILBO) ET SES ENVIRONS

Longtemps l'agglomération de Bilbao n'eut pas bonne presse. Si l'on consentait du bout des lèvres à aller visiter le centre-ville, les faubourgs englués d'usines et de noires fumées n'attiraient vraiment pas. Certes, on poussait parfois jusqu'à Santurtzi pour essayer de retrouver le « joli village » de la chanson populaire basque, mais le cœur n'y était pas.
Les temps, cependant, ont changé à vitesse grand V et le cœur de la ville s'est transformé. Un seul nom : Guggenheim. Un nom qui a donné à Bilbao un nouveau souffle, pour ne pas dire un autre destin. Et si les banlieues et stations balnéaires des environs, telles Getxo et Plentzia, offrent un attrait plutôt limité, on peut tout de même y loger sans déplaisir lorsque, de temps à autre, l'offre hôtelière de Bilbao – car, oui, désormais cela arrive ! – est dépassée par le nombre de visiteurs venus découvrir les nouvelles richesses de la ville.

BILBAO (BILBO) (48000) 345 820 hab. *Carte Biscaye, B2*

• Plan *p. 480-481*

Longtemps engoncée dans sa corolle poussiéreuse, qui rimait avec mines, construction navale et hauts-fourneaux, Bilbao rebutait par bien des aspects, et l'on ne s'y arrêtait guère. Mais, au crépuscule de sa vie industrielle, la capitale économique du Pays basque a pris son destin en main en réhabilitant ses quartiers et en se muant, peu à peu, en un pôle culturel et touristique de 1er ordre.
Le museo Guggenheim Bilbao, ce joyau de titane inauguré en 1997, en est évidemment le navire amiral. Ce géant ancré sur les bords du Nervión est à Bilbao ce que l'Opéra de Jorn Utzon est à Sydney. Acquise de haute lutte, sa notoriété mondiale n'a pas pour autant fait tourner la tête des habitants. Ils savent d'où ils viennent et ont conservé leur bonne humeur et un sens inné de l'accueil. Et même si les prix ont grimpé, ils restent abordables si l'on évite les périodes de congrès ou de festivals.
Outre son musée-star, Bilbao a fait appel à tout ce que l'architecture contemporaine compte de grands noms pour édifier de nouveaux ponts et de nouveaux quartiers. Sans oublier les innombrables galeries d'art et les performances en tout genre disséminées dans les friches industrielles. Le vieux centre, le Casco Viejo, constitue un contrepoint historique à cette modernité. Il dégage un vrai charme avec ses maisons anciennes et ses excellents bars à *pintxos* au coude à coude. Bilbao est devenue très tendance, au point de dépasser San Sebastián en termes de fréquentation touristique et de servir de modèle à bien d'autres villes. Il faut donc, au minimum, y passer une journée et une nuit, mais 2 jours ne seront pas de trop.

UN PEU D'HISTOIRE

Bilbao est le plus grand port du nord de l'Espagne, même s'il vient, en termes de trafic, assez loin derrière les plus grands d'Europe tels Rotterdam, Anvers ou Hambourg. Fondé en 1300, quand Don Diego Lopez de Haro lui octroie ses *fueros,* c'est alors un petit bourg blotti sur la rive droite du Nervión, autour de l'église qui deviendra ultérieurement la cathédrale de Santiago. Petit bourg puisque, aujourd'hui encore, on appelle le vieux quartier « les 7 rues ». Les 1ers siècles verront un développement lent et mesuré, et une tranquille colonisation des rives de la *ría,* rendue difficile par les nombreuses inondations qui, périodiquement, ravageaient la ville. Une 1re digue est construite au XVIe s, sous l'impulsion du *Consulado del Mar* (sorte de chambre de commerce), créé en 1511. Bilbao vit alors essentiellement du commerce avec l'Europe du Nord, notamment avec l'exportation de draps et textiles, et avec l'Amérique. Très curieusement, les pêcheurs sont rares puisqu'on n'a aucune trace d'une *Cofradía de Pescadores* comme dans les autres ports de la côte.
Le XVIIIe et surtout le XIXe s verront l'explosion économique et démographique de la ville, engendrée par les grandes compagnies minières. Dès 1723, la plaza Nueva est construite, et les 1ers bâtiments de la zone de l'*Ensanche* commencent à s'élever. Bilbao, qui possède à sa porte, autour du massif de Triano, les plus importantes mines de fer d'Espagne, devient rapidement une immense zone industrielle. Naturellement, le développement se fait surtout en direction de l'embouchure, et les rives du Nervión deviennent une gigantesque conurbation où se mêlent chantiers navals, ateliers sidérurgiques et cohorte de sous-traitants.
Autant de richesses ne laissent pas indifférent, et Bilbao sera assiégée 3 fois pendant les guerres carlistes, mais jamais prise, et elle est fière de son titre latin de *Invicta Villa,* la ville invaincue. Cette hégémonie économique durera jusqu'aux années 1960. Mais la crise de la sidérurgie européenne touchera aussi Bilbao. Et comme on le sait, après des années de doute, Bilbao a donc réussi sa cure de jouvence. À tel point que la ville croit de nouveau à son destin portuaire...

Arriver – Quitter

Bilbao n'est une plaque tournante pour aucun moyen de transport. Bien sûr, l'importance économique et, de plus en plus, touristique de la ville en fait une destination très fréquentée, mais routes et voies ferrées ont été conçues au pire moment de la centralisation en Espagne, et la ville est restée un peu à l'écart. En attendant l'arrivée du train à grande vitesse (pas avant 2023 !)...

En avion

✈ **Aéroport** *(hors plan par A1)* **:** *à* **Loiu,** *à 12 km au nord-est de la ville.* ☎ *913-21-10-00.* • *aena.es* • Terminal moderne, nombreux services : office de tourisme régional *(aux arrivées, porte 1 ; tlj 9h-21h)* ; tous les loueurs de voitures *(Hertz, Europcar, Avis...)* se situent au niveau 0 de l'aéroport, au bout du couloir-tunnel, sur la gauche.
■ ***Air France :*** ☎ *901-11-22-66.*
■ ***Iberia :*** ☎ *902-40-05-00.*
■ ***Vueling :*** ☎ *902-80-80-05.*

➢ ***Paris :*** plusieurs vols/j. avec *Air France* et *Vueling.*
➢ ***Madrid et Barcelone :*** nombreux vols tlj avec différentes compagnies, dont *Iberia* et *Vueling.* Liaisons aussi avec ***Séville, Valence, Málaga...*** et en été avec les ***Canaries*** et les ***Baléares.***

Pour rejoindre le centre-ville

➢ ***Bus Bizkaibus*** à prendre au niveau des arrivées (porte 1), sur la droite ; ttes les 30 mn, 6h15-minuit (5h30-22h depuis le centre-ville). Compter 20 mn de trajet et env 3 € (ticket à acheter avt de monter, au guichet dans le hall). À Bilbao, arrêts sur l'alameda Rekalde, 14 (à l'angle c/ Barraincúa), pl. Moyua-Gobierno Civil (correspondance métro), Gran Vía (angle María Díaz de Haro), avt d'arriver au *Termibus.* Mêmes arrêts dans le sens Bilbao-aéroport, situés en général juste en face.
➢ En ***taxi,*** compter 23-28 €.

Bus direct pour Donostia – San Sebastián

➢ Départ ttes les heures 7h45 (6h45 le w-e)-23h45, avec la compagnie *Pesa* (☎ 900-12-14-00 ; ● pesa.net ●). Compter 1h15 de trajet et env 16,50 €, avec arrêt à Zarautz sur demande (achat des tickets à la machine tt au fond du hall, face à l'arrêt du bus).

En train

Estación del Norte ou de Abando *(plan C3,* ***1****)* **:** *pl. Circular.* ☎ *912-320-320 (infos).* Ⓜ *Abando.* Pour les trains de la *RENFE* (● *renfe.com* ●).

➢ ***Madrid Chamartín (via Burgos) :*** 2 trains/j. (1 le sam). Env 5h de trajet (2h30 pour Burgos).

➢ ***Barcelone :*** 2 trains/j. (1 le sam). Env 7h de trajet.

Adresses utiles

1 Estación del Norte ou de Abando (C3)
2 Estación de Atxuri (D4)
3 Estación de La Concordia ou de Santander (C-D3)
5 Termibus (A3)
6 et **7** Bilbao Turismo (C3 et B1)
8 Pharmacie (C2)
9 Tourné (location de vélos ; D2-3)

Où dormir ?

10 Bilbao Hostel (hors plan par A3)
14 Pensión Iturrienea Ostatua (D3)
16 La Estrella (D3)
17 Quartier Hostel Bilbao (D3)
19 Hotel Ripa (D2-3)
20 Bilbao City Rooms Hostal (B2)
21 Pensión Caravan Cinema (D3)
22 Hotel Hesperia (C1)
24 Hotel Artetxe (hors plan par A1)
25 Petit Palace Arana (D3)
26 Miró Hotel (B1-2)
27 Basque Boutique (D3)

Où grignoter des *pintxos* ?

30 Xukela (D3)
31 Txiriboga Taberna (D3)
32 Zuga (D3)
33 Gure Toki et Sorginzulo (D3)
36 El Globo (C2)
37 La Viña del Ensanche (C2)
38 Las Cepas (C2)
39 El Molinillo (C2)
43 Café Iruña (C2)

Où manger assis ?

30 Bar Río Oja (D3)
35 Sua San (B1-2)
40 Berton et Sasibil (D3)
41 La Lonja (hors plan par A2)
42 El Perro Chico (D4)
44 Bar et Bistró Guggenheim (B1)
45 Dando la Brasa (D4)
46 Casa Rufo (C3)
47 Basquery (C-D2)
48 Bascook (C-D2)
49 Basuki (C2)
50 Los Fueros (D3)

Où prendre un café ou le petit déj ?

15 Charamel Gozotegia (D3)
38 Las Cepas (plan C2)
51 Don Manuel (B3)
52 New York (D2)

Où boire un verre ? Où écouter de la musique ?

60 K2, Bar Jaunak, Adaxka et Urkia (D3)
61 Terraza Yandiola (B3)
62 Bilborock – La Merced (C3)
63 Twiggy (B3)
64 Kafé Antzokia et Ambigú (C2)
65 Bizitza (D3)
66 Bihotz (D4)
67 Baster (D3)
68 Marzana 16 (D4)
69 Satélite T (A1)
70 Kubrick (D2)
71 Jardín Secreto & Bistro de Espacio Open (hors plan par A1)
72 Sala Azkena (C2)
74 Baobab (D2)

Achats

78 Mercado de la Ribera (D4)
90 Viandas de Salamanca (D3)
91 Almacenes coloniales y bacalao Gregorio Martín (D3)
92 El Rincón del Vino (C3)
93 La Catedral de la Cerveza (D3)
94 Garostiaga (D3)

À voir

2 Estación Atxuri (D4)
3 Estación de La Concordia ou de Santander (C-D3)
73 Museo de Pasos de Semana Santa (D3)
75 Museo diocesano de Arte sacro (D4)
76 Teatro Arriaga (D3)
78 Mercado de la Ribera (D4)
79 Escuelas Maestro Garcia Rivero (D4)
82 Edificio de Ramón Sota (B2)
83 Teatro Campos Elíseos (C3)
86 Arkeologi Museoa (D3)

A
B
Avenida Lehendakari Aguirre
Deusto
PLAZA SAN PIO X
Avenida de Madariaga
DEUSTO
Luis
Blas
de
Otero
Power
Botica Vieja
69
PUENTE DE DEUSTO
Passerelle Pedro Arrupe
Museo Guggenheim
44
Ría de Bilbao
Abandoibarra
Tour Iberdrola
Guggenheim
7
Centre commercial Zubiarte
L. Leizaola
PUENTE EUSKALDUNA
PLAZA EUSKADI
Alameda de
35
26
Juan
Euskalduna
Itsasmuseum
Euskalduna
Parque de Doña Casilda de Iturriza
Museo de Bellas Artes
Iparraguirre
Henao
Muelle de Olabeaga
PL. SAGRADO CORAZÓN
Elcano
20
Colón
Alameda
Gran Vía de Don Diego López de Haro
Felipe Serrate
Estadio San Mamés
R.M. «Pichichi»
Calle de Briñas
Sabino Arana
Arana
San Mamés
C. de Díaz de Haro
Areilzar
82
PLAZA MOYUA
Moyúa
de
Revilla
Rodríguez
Alameda
Doctor
Licenciado
Ercilla
de
Recalde
T M San Mamés
Sabino
del
Indautxu
la
INDAUTXU
PLAZA BISKAIA
Indautxu
PLAZA INDAUTXU
Urquijo
Briñas
5
C. de María
Allende
de
61
PLAZA ARRIQUIBAR
Simon
Bolívar
Alhondiga
Alam.
51
63
Alam. de San Mamés
Azkuna Zentroa
Luis
C. de
Pérez Galdós
General
Gregorio
PL. DE ECHÁNIZ
C.
C.
Egañas
Alameda
Eguia
Manuel
PLAZA S. FCO. JAVIER
General
Alam. Recalde
del
Autonomia
Autonomia
Avenida
Pablo
PLAZA DE LA CASILLA
Dr. F. Landin
Labayru
C.
General
Salazar
PLAZA AMETZOLA
de
Alzola
de Gordóniz
Iralda
Parque de Ametzola
C. de
C. de
Autopista Solución Sur
La Ribera (ZAWP) 71
24
41
10
SANTANDER
BURGOS
ZARAGOZA, SAN SEBASTIÁN
1
2
3
4

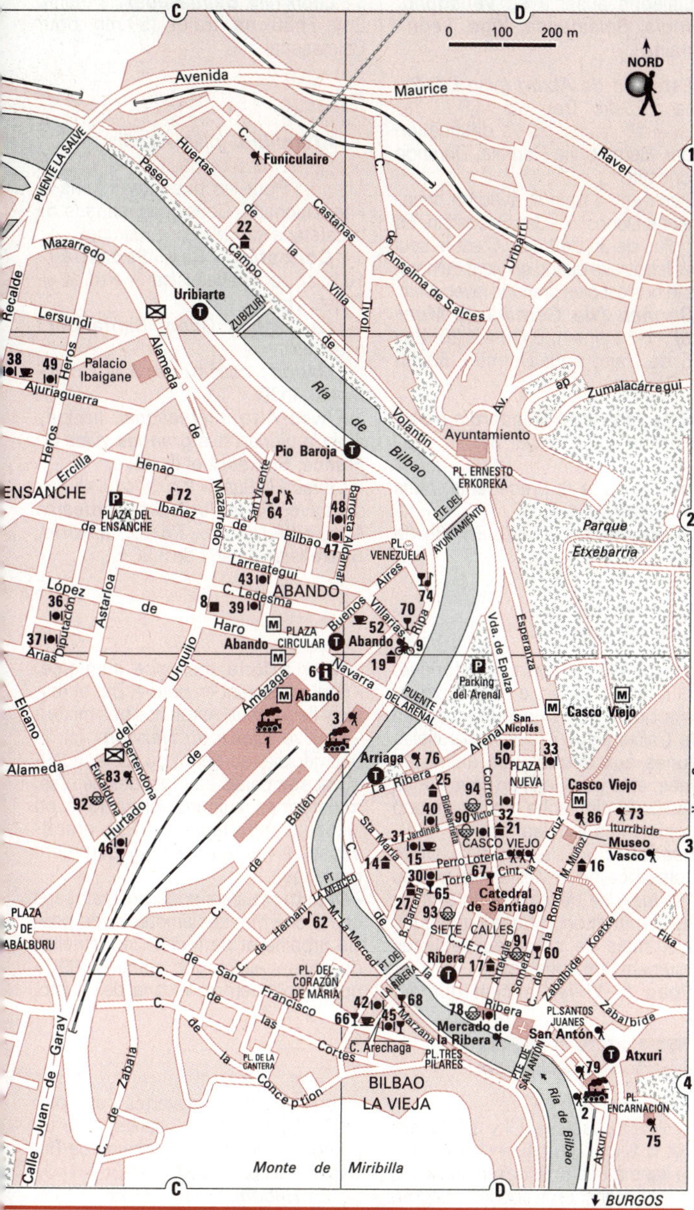

BILBAO (BILBO)

➢ Liaisons aussi avec **Valladolid, Palencia, Salamanca, Vigo, León** : 1-3 trains/j.

Estación de Atxuri (plan D4, **2**) **:** trains d'*Eusko Tren* (☎ 944-33-33-33 ; • euskotren.eus •) à destination d'Eibar, Bermeo via Gernika, Durango et Donostia.
➢ **Irun :** env 1 train/h, avec un changement à Donostia – San Sebastián. En tout, plus de 3h de trajet. C'est le seul accès ferroviaire quand on vient du nord. Mais le bus est plus pratique (avec *Alsa*).
➢ **Bermeo (via Gernika et Mundaka) :** 1-2 trains/h, 6h20-22h20. Env 1h15 de trajet pour Bermeo, 50 mn pour Gernika.

Estación de La Concordia ou de Santander (plan C-D3, **3**) **:** ☎ 912-320-320. • renfe.com/viajeros/feve • Même topo que la précédente, mais avec la compagnie *FEVE*.
➢ **Santander :** 3 trains/j. Env 3h de trajet.
➢ **León (via Balmaseda) :** 1 train/j. Env 7h30 de trajet (50 mn pour Balmaseda).

En bus

Termibus (plan A3, **5**) **:** *c/ Gurtubay, 1.* ☎ *944-39-50-77.* Ⓜ *San Mamés.* Pour les bus interurbains et internationaux. Consignes, en face de la cafétéria (8h-20h ; bon marché).
➢ **Donostia – San Sebastián :** 10 bus/j. env, avec *Alsa* (• alsa.es •). Trajet : 1h15.
➢ **La Coruña, Gijón, Santander :** avec *Alsa.*
➢ **Madrid :** 1 bus/h avec *Alsa.* Compter env 4h30.
➢ Avec *Alsa International,* liaisons avec la plupart des **grandes villes de France, Bruxelles** et **Genève.**
➢ Avec *FlixBus* (• fr.flixbus.be •), liaisons avec **Paris, Toulouse, Bordeaux, Marseille, Lyon, Porto, Madrid, Bruxelles...** à partir de 9,90 € !

Les quartiers

– **Casco Viejo :** le quartier historique. Le plus traditionnel, le plus typique, le plus bondé. Se singularise par ses *Siete Calles* (les « 7 rues »), parallèles les unes aux autres. Très animé en journée, et le week-end en soirée. Plus tranquille le dimanche, car beaucoup de commerces sont fermés.
– **Ensanche :** la ville « neuve ». Cette excroissance de la vieille ville naît au XVIe s, mais se développe surtout au XIXe s. Animation diffuse, quelques hôtels, mais de nombreux édifices absolument remarquables.
– **Bilbao la Vieja :** ancien quartier ouvrier à forte présence immigrée, « Bilbi » a le vent en poupe. Bar et restos y fleurissent. Ambiance très mixte.
– **La rive droite du Nervión :** ici, la bourgeoisie, au début du XXe s, construisit ses palais aux façades fiérotes, transformés aujourd'hui en lofts ou luxueux appartements. Pas grand-chose à voir sur le plan purement touristique.
– **Deusto :** quartier populaire mais sans grand charme. Les amoureux de poésie urbaine et de friches industrielles du style « Allemagne, années 1990 » pousseront derrière le canal de Deusto.

LA BISCAYE

Circuler à Bilbao

➢ **En métro :** *rens au* ☎ *944-25-40-25.* • metrobilbao.eus • Il y a 3 lignes ; la 1 et la 2, qui ne font en fait qu'une seule ligne à Bilbao (à travers le Casco Viejo et l'Ensanche), avant de se dédoubler, la ligne 1 allant jusqu'à Plentzia (via Getxo) et la 2 jusqu'à Kabiezes, de part et d'autre de l'embouchure du fleuve. En service 6h-2h. Tarification différente selon les zones couvertes ; compter 1,60-1,90 € (1, 2 ou 3 zones) pour un parcours dans la zone urbaine de Bilbao. Objets perdus : ☎ 944-25-40-40.
➢ **En Bilbobus :** *rens au* ☎ *944-79-09-81.* Le réseau de bus urbains de Bilbao. Billet : 1,30 €.
➢ **En tramway :** *rens au* ☎ *944-333-333.* • euskotren.eus • La ligne de tram

traverse toute la ville, de La Casilla à la gare d'Atxuri, en longeant la *ría* de Bilbao. Fréquence : ttes les 15 mn, 6h30-23h30. Compter env 1,50 € pour un trajet, ou 5 € pour une carte à la journée. À noter que le billet ne revient qu'à env 0,75 € avec la carte *Barik* (voir plus bas). Attention, on composte son billet à l'arrêt du tram, avant d'y grimper, et non dans la rame.

➢ ***En Bizkaibus :*** *rens au ☎ 902-22-22-65. • bizkaia.eus •* *Bizkaibus* est le réseau des bus interurbains à l'intérieur de la province, qui se prennent un peu partout. En service 6h-23h.

– ***Carte Barik :*** *• ctb.eus •* Système de carte prépayée et économique, utilisable à plusieurs, et qui donne accès à prix réduit à tous les services de transport cités plus haut, partout en Biscaye, incluant aussi l'accès au pont transbordeur de Getxo, à l'ascenseur vers Begoña ou à celui qui relie la plage de Getxo au village en surplomb, etc. S'achète aux distributeurs automatiques des stations de métro, du tramway, dans les tabacs ou les kiosques. Coût de la carte : 3 €, puis on met au choix 5, 10 ou 15 €... jusqu'à 90 €. La carte est débitée à chaque trajet et on la recharge au fil des besoins (bien valider la carte de transport à l'entrée et à la sortie). Intéressant si vous comptez utiliser ces différents moyens de transport et si vous restez plusieurs jours.

➢ ***À vélo :*** ***Tourné*** *(plan D2-3,* ***9****), Vilarías, 1. ☎ 944-24-94-65. • tournebilbao.com • Tlj 10h-20h.* Location de vélos d'excellente qualité, pour 2h *(8 €)*, la demi-journée ou la journée entière *(10-15 €)*. Également des balades commentées (en anglais ou en espagnol) avec, au choix, le *Bilbao Tour* *(tlj à 10h30 en anglais ; 3h ; 32 €/pers)* ou le *Bilbao Underground* *(ven et dim à 11h ; 35 €)*.

➢ ***En taxi :*** ***Teletaxi,*** *☎ 944-10-21-21 (24h/24). Résa en ligne sur • teletaxibilbao.com •* ***Radio Taxi Bilbao,*** *☎ 944-44-88-88.*

Adresses utiles

ℹ ***Bilbao Turismo :*** *office de tourisme principal (plan C3,* ***6****), pl. Circular, 1. ☎ 944-79-57-60. • bilbaoturismo.net • Tte l'année, tlj 9h-20h. Autre office (plan B1,* ***7****) sur alameda de Mazarredo, 66, à gauche du museo Guggenheim Bilbao. Juil-août, tlj 10h-19h ; sinon, lun-sam 10h-19h, dim 10h-15h.* Demandez la brochure (en français) *Bilbao à pied* (5 circuits de balades architecturales), le *BilbaoPocket,* bimensuel qui répertorie l'actualité de Bilbao, et le *Ría del Ocio* (clin d'œil à la *Guía del Ocio* madrilène), agenda culturel. Beaucoup de brochures thématiques, la plupart en français, permettent de passer un séjour à la carte : culture, shopping, gastronomie, mer et littoral, art de vivre... Enfin, une brochure « Train & bus » propose 16 escapades à faire dans les environs sans voiture ! Organise 2 visites guidées de la ville le week-end en espagnol et en anglais (et d'autres jours de la semaine en été ; en français sur résa) : 4,50 € pour 1h30 ; inscription recommandée. Pour celle du *Casco Viejo* : départ à 10h du Bilbao Turismo de la plaza Circular ; pour celle du *Bilbao moderne* : départ à 12h de l'office à côté du Guggenheim. Vend la **Bilbao Bizkaia Card** (comprend transports urbains, coupe-file pour l'entrée dans les principaux musées, visites guidées le week-end et des réductions dans les établissements partenaires ; tarifs : 10 €/24h, 15 €/48h et 20 €/72h).

■ ***Pharmacie*** *(plan C2,* ***8****) :* *Gran Vía de Don Diego López de Haro, 8. ☎ 944-23-31-53. Tlj 24h/24.*

■ ***Objets perdus :*** *☎ 944-20-49-96.*

Où dormir ?

Les pensions les moins chères se situent dans le Casco Viejo (la vieille ville) et à proximité des gares. Question parking, il faut trouver une place dans la rue (payant en journée sauf le dimanche), laisser sa voiture au parking de

l'hôtel le cas échéant ou dans un parking public, pour 18-20 € les 24h... Dans la vieille ville, la meilleure solution reste le parking souterrain *del Arenal (plan D2-3)*. Cela dit, si vous pouvez, évitez de venir en voiture à Bilbao, on s'en passe très bien...
Sinon, les hôtels chics ont poussé comme crocus au printemps dans la partie XIXe-XXe s de la cité et le long du Nervión. Malgré l'effet Guggenheim, ils ne sont pas toujours pleins, ce qui les pousse à proposer, parfois, des réductions et autres promos... que l'on trouve sur Internet.

Camping

Il faut pousser jusqu'à Sopelana (voir plus loin « Dans les environs de Bilbao. Gorliz et Plentzia ») pour planter sa tente, ou encore jusqu'à Gorliz, au-delà de Sopelana. Cependant, tous les étés de fin juin à mi-septembre, une aire d'accueil pour camping-cars et caravanes est aménagée à proximité de l'auberge de jeunesse officielle ci-après, au lieu-dit Kobetamendi.

Auberges de jeunesse

Quartier Hostel Bilbao *(plan D3, **17**) : Artekale, 15. ☎ 944-97-88-00. • recepcion@quartierbilbao.com • quartierbilbao.com • Dortoirs 4-10 lits 15-30 € ; doubles 45-120 €, petit déj compris.* Idéalement située en plein Casco Viejo, une toute nouvelle AJ installée dans un joli bâtiment ancien. Espace commun à la déco chaleureuse et soignée, relevée de miroirs et autres coussins. Dortoirs pimpants et nickel, mixte ou non, avec 4 à 10 lits aux matelas bien épais, liseuse, casier, parquet gris, et des doubles confortables et zen. Cuisine commune à dispo, très sympa pour faire des rencontres. L'ensemble est bien tenu et géré aux petits soins par un personnel tout sourire. Un bon *hostel*.

Bilbao Hostel *(hors plan par A3, **10**) : ctra Basurto-Kastrexana, 70, 48002. ☎ 944-27-00-54. • info@bilbaohostel.net • bilbaohostel.net • ♿ Bus nos 58 (de la vieille ville) et 28 (de la gare routière). Congés : Noël et Nouvel An. Dortoir 4-6 lits 17-35 € ; doubles 42-75 € ; petit déj inclus. Parking gratuit.* La 1re AJ officielle de la ville domine Bilbao depuis la rive gauche du Nervión. Dans un grand bâtiment sans grâce, elle offre 170 places sur 8 étages, en chambres de 1 à 6 lits. Tout est propre, avec cafét', laverie, etc. Cuisine à disposition. Bon, c'est loin du centre, dont elle est séparée par l'autoroute de Santander, et le lieu n'a aucun charme. Si tout est complet ailleurs, donc.

De bon marché à prix moyens

Dans le Casco Viejo

Pensión Iturrienea Ostatua *(plan D3, **14**) : Santa María, 14, 48005. ☎ 944-16-15-00. • iturrienea@outlook.es • iturrieneaostatua.com • Au 1er étage. Réception 8h-18h. Congés : 15 janv-fév. Doubles avec sdb 60-120 € ; triples ; petit déj 7 €. Petit déj à moitié prix la 1re nuit sur présentation de ce guide.* Voici une pension qui s'est ingéniée à faire ressortir le cachet de cette vieille bâtisse, qu'elle a ensuite décorée d'œuvres d'artistes. Résultat on ne peut plus réussi : poutres, déco personnalisée dans les chambres, agréable coin petit déj. On se sent comme chez des amis ! Demandez les chambres nos 4 et 6, pour leurs pierres apparentes. Ou la no 9, qui ouvre sur une courette. Les nos 1 à 4 disposent d'un balcon. En fait, toutes sont bien ! Tenue avec soin et gentillesse par José-Manuel.

La Estrella *(plan D3, **16**) : María Muñoz, 6, 48005. ☎ 944-16-40-66. • laestrellabilbao@yahoo.es • la-estrella-ostatu.com • Au 1er étage. Doubles avec sdb 65-80 €.* Une vingtaine de chambres du 1er au 3e étage, pour 1 à 3 personnes. Déco assez sobre, avec quelques paysages accrochés aux murs. Jus d'orange pressée au petit déj. Accueil souriant. Situé dans une zone plutôt calme du Casco Viejo, mais les chambres sur rue peuvent être bruyantes (bars au rez-de-chaussée).

Dans l'Ensanche

Bilbao City Rooms Hostal *(plan B2, **20**) : alameda Recalde, 24, 48009.*

LA BISCAYE

☎ 944-25-60-50. • reservas@bilbaocityrooms.com • bilbaocityrooms.com • ♿ Réception au 4e étage (ascenseur). Doubles 60-150 € ; triples ; sans petit déj. Réparties sur 2 étages, une vingtaine de chambres modernes et colorées, agréables et au bon rapport qualité-prix. Côté confort, frigo et bouilloire (avec café et thé) à disposition et douche à l'italienne récente. Photos de Bilbao en têtes de lit, tons gris et blancs, avec une pointe d'acidulé. À 4 mn du Guggenheim !

Hotel Ripa (plan D2-3, **19**) : *Ripa, 3, 48001. ☎ 944-23-96-77. • info@hotel-ripa.com • hotel-ripa.com • Réception au 1er étage. Doubles avec sdb 60-100 €.* Non loin de la gare, dans une rue calme. Ici encore, les chambres sont presque coquettes, avec quelques touches de déco, des photos de Bilbao, et des salles de bains parfaitement nettes.

De prix moyens à chic

Dans le Casco Viejo

Pensión Caravan Cinema (plan D3, **21**) : *Correo, 11, 48005. 📱 688-86-09-07. • info@caravan-cinema.com • caravan-cinema.com • Au 1er étage. Doubles avec sdb 70-205 €.* Entièrement dédiée au culte du 7e art, cette pension soignée et confortable propose 5 chambres au cœur du Casco Viejo, chacune rendant hommage à un grand réalisateur espagnol. Dans les tons blancs, or et pierres apparentes, malgré leur petite taille, elles dégagent un vrai cachet, avec une touche vintage ici et là. On y retrouve les incontournables Pedro Almodóvar, Julio Medem, Fernando Trueba..., et la télé de chaque chambre permet de voir ou de revoir les films de chaque réalisateur. Excellente adresse et bon accueil.

Basque Boutique (plan D3, **27**) : *Torre, 2, 48005. ☎ 944-79-07-88. • info@basqueboutique.es • basqueboutique.es • Réception au 1er étage. Doubles avec sdb 50-140 € ; 1 triple et 1 quadruple. Pas de petit déj (mais boissons chaudes à dispo).* Une pension d'un nouveau genre, installée dans un vieil immeuble du Casco Viejo, et qui dégage un charme certain. Les 8 chambres confortables, avec briques et poutres apparentes, sont chacune décorées sur un thème emblématique du Pays basque : Guernica, le *txakoli,* les grues de l'arsenal de Bilbao... Petit salon commun où l'on peut s'amuser à revêtir l'un des costumes traditionnels d'Euskadi, à dispo. Minipatio pour prendre le café (gratuit). Très bon accueil, on se sent rapidement comme à la maison.

Dans les proches environs

Hotel Artetxe (hors plan par A1, **24**) : *ctra Enekuri-Artxanda, km 7, 48015. ☎ 944-74-77-80. • info@hotelartetxe.com • hotelartetxe.com • ♿ Prendre la direction d'Enekuri, puis la BI 3741 vers Artxanda. Congés : 21 déc-7 janv. Doubles avec sdb 65-85 €, petit déj 8 € ; familiales aussi. Parking gratuit. Café offert sur présentation de ce guide.* Petite ferme restaurée, presque en surplomb de Bilbao, et convertie en un hôtel fonctionnel. Il propose 3 catégories de chambres, toutes assez confortables, malgré une déco qui prend un peu d'âge. La moitié (catégorie supérieure) avec vue extra sur la ville. En revanche, l'insonorisation pèche un peu... Petit déj très varié à prendre dans un espace tout vitré. Accueil sympa.

De chic à beaucoup plus chic

2 hôtels 4 étoiles pour lesquels on vous conseille de surveiller les promos (à partir de 90 € !) : le ***Vincci Consulado de Bilbao*** *(plan C1 ; • vinccihoteles.com •)* et le ***Tayko*** *(plan D3 ; • taykohotels.com •).* 2 belles adresses design et assez luxueuses (souvent inabordables). La 1re bénéficie, juste à côté du Guggenheim, d'une magnifique situation au bord du fleuve. La 2de, dans la vieille ville et à 2 pas du marché de la Ribera, abrite le nouveau bistrot du chef étoilé Martín Berasateguy.

Dans le Casco Viejo

Petit Palace Arana (plan D3, **25**) : *Bidebarrieta, 2, 48005. ☎ 944-15-64-11. • arana@petitpalace.com •*

petitpalace.com • ♿ Résa indispensable. Doubles 85-150 € ; petits déj-buffet 12-14 € (parfois inclus). Parking (public, à proximité) env 16 €. Idéalement situé à l'entrée du Casco Viejo, un petit hôtel de luxe. La soixantaine de belles chambres design s'étagent sur 5 niveaux, mais préférer celles dans les étages supérieurs. Chambres assez différentes les unes des autres (en voir plusieurs, certaines sont très petites). Prix attractifs hors juillet-août. Prêt de vélos.

À proximité du museo Guggenheim Bilbao

Miró Hotel (plan B1-2, **26**) **:** *alameda de Mazarredo, 77, 48009. ☎ 946-61-18-80. • reservas@mirohotelbilbao.com • mirohotelbilbao.com • ♿ Doubles 80-180 € ; petits déj (à base de produits frais et locaux) 8-22 € selon appétit.* Une adresse parfaite dans sa catégorie, offrant d'excellentes prestations et un remarquable rapport qualité-prix. La déco intérieure de cet établissement, qui s'inscrit dans la vogue des *design hotels,* a été conçue par Antonio Miró, un des grands stylistes espagnols (et non le peintre). L'hôtel abrite des chambres au style épuré, avec salle de bains en marbre ouverte sur la chambre, le tout dans les tons noirs et blancs. Chic et sobre, avec un confort très moderne (lecteur MP3). Certaines donnent sur la rue, avec le Guggenheim en ligne de mire... sur la droite. Jacuzzi (sur résa) et salle de fitness en accès libre mais massages payants. Café offert au bar du rez-de-chaussée. Très sympa ! Accueil dévoué.

Hotel Hesperia *(plan C1, **22**)* **:** *paseo Campo de Volantín, 28, 48007. ☎ 944-05-11-00. • hhbilbao@hesperia.com • hesperia.com • ♿ Doubles 60-280 € ; petit déj-buffet 17 € si résa (21 € sinon !). Parking 21 €.* Superbement placé sur le quai, en bordure de la *ría,* entre la passerelle Zubizuri et le Guggenheim. On le repère tout de suite grâce à sa jolie façade composée de balcons-vérandas multicolores. Excellent accueil, pro et souriant, dès le hall design laqué de noir. L'élégance se poursuit dans les couloirs et dans les chambres aux tons beige-marron, tout confort. Les plus chères ont la vue depuis les balcons colorés (étrange sensation, d'ailleurs !). Beau café moderne donnant sur le quai.

Où grignoter des *pintxos* ?

Aucun problème pour manger pas cher. Bilbao aligne une myriade de petits bars, cafétérias et restos (attention, beaucoup sont fermés le dimanche). Certains bars sont très fiers de leur créativité en matière de *pintxos.* Chaque année, ils s'affrontent d'ailleurs lors d'un concours... Nous essayons de faire la part belle autant à la tradition qu'à l'innovation. Signalons tout de même que se glisse parfois une fausse créativité qu'essaie de masquer une superposition d'un peu de tout, sans cohérence gustative. Ne tombez pas dans le panneau !

Dans le Casco Viejo

Txiriboga Taberna *(plan D3, **31**)* **:** *Santa María, 13. ☎ 944-15-78-74. Tlj sauf dim soir et lun.* Aucune déco (à part quelques tableaux) dans ce bar-resto populaire : tout ici est dans les croquettes, variées et succulentes, et en plus, bon marché. Parfois, ils ont du mal à suivre en cuisine, car elles sont réalisées au fur et à mesure de la soirée. Autre spécialité, les *boquerones de anchoa* et les poulpes. Bref, un lieu qui vaut le déplacement, comme en témoigne le large débordement des clients sur la ruelle.

Gure Toki *(plan D3, **33**)* **:** *pl. Nueva, 12. ☎ 944-15-80-37. • info@guretoki.com • ♿ Tlj sauf dim soir et mer, en continu. Congés : de mi-juil à mi-août. Supplément en terrasse.* Une terrasse, un comptoir, une petite poignée de tables modernes, et surtout, sur le comptoir, des petites merveilles aussi raffinées pour les papilles que pour les yeux. Essayez la *sopa de queso idiazábal* (soupe au fromage avec un œuf de caille), le *pulpo* *a la plancha,* ou encore le crabe en tempura. Quand le *pintxo* rencontre la créativité gastronomique ! Le meilleur de la plaza Nueva.

Sorginzulo (plan D3, **33**) : pl. Nueva, 12 ; contigu au Gure Toki. ☎ 944-15-05-64. Tlj sauf dim soir. L'une des valeurs sûres de la plaza Nueva, qui a su conserver une atmosphère authentique et des prix raisonnables. Outre les jolis *pintxos* colorés, très variés, la maison sert des calamars frits absolument délicieux, à accompagner de *txakoli* ou d'une bonne bière fraîche. Accueil sympathique.

Zuga (plan D3, **32**) : pl. Nueva, 4 (angle Cueva Goiko-Lau). ☎ 944-15-03-21. Tlj. Un petit local (la vraie salle, ce sont les arcades de la place !) où les *pintxos* présentés sur le bar, pleins d'idées, s'avèrent assez savoureux. N'hésitez pas à commander un de leurs *pintxos* chauds (un « pintchaud » ?), autour du foie gras poêlé, accompagné de fruits... Jeune et sympa. Bons vins au verre. Musique rock-jazz.

Xukela (plan D3, **30**) : Perro, 2. ☎ 944-15-97-72. • txompaxukela@gmail.com • Tlj. *Pintxos* créatifs et amusants (genre crêtes de coq sur lit de cèpes, fèves au jambon, champignon-foie gras...). Également des *raciones,* petits plats à la carte, de la charcuterie, des fromages et des pâtés. Au-delà de ce que l'on y déguste, ce vieux café couvert d'affiches et de photos dégage une sympathique atmosphère et on peut s'asseoir s'il y a de la place. Un classique du genre.

Dans l'Ensanche

El Globo (plan C2, **36**) : Diputación, 8. ☎ 944-15-42-21. • barelglobo@gmail.com • Tlj sauf dim. Congés : 15 j. fin fév et début août. Alignées sur le comptoir, de belles créations à prix sages. Parmi les spécialités, *txangurro* (l'araignée de mer), calamars sur lit d'oignons, *pintxos* au thon, aux anchois, au *karraspio* (des algues !)... et côté chaud, affiché sur l'ardoise, foie gras frais poêlé, très en vogue. Quelques salades complètent la carte. Tables en terrasse. Excellent, à tous points de vue.

La Viña del Ensanche (plan C2, **37**) : Diputación, 10. ☎ 944-15-56-15. • info@lavinadelensanche.com • Tlj sauf dim. Congés : de mi-juil à mi-août. Menu dégustation 35 €. Plus chic mais aussi plus gourmet que son voisin *El Globo,* c'est depuis 1927 le rendez-vous des amateurs de charcuterie ibérique, comme vous le prouveront les jambons suspendus au-dessus du bar. Qualité des produits irréprochable, à éprouver dans les délicieux *calientes* (poulpe grillé, *pluma* ou poitrine de cochon, etc.). Également quelques *raciones,* mais attention, l'addition peut vite grimper. Vaste choix de vins au verre, dont un rioja maison de belle qualité *(crianza).* Une vingtaine de tables, prises d'assaut.

Las Cepas (plan C2, **38**) : Juan de Ajuriaguerra, 92. ☎ 946-00-08-92. Tlj. Petits déj 2,60-7,70 € ; déj 13 €. Un long comptoir chargé en victuailles, histoire de recharger les batteries à toute heure. Le rapport qualité-prix du midi est tout simplement bluffant, et tout cela à 2 pas du musée Guggenheim. Avec un peu de chance, vous pourrez même vous asseoir !

El Molinillo (plan C2, **39**) : Ledesma, 5. ☎ 944-24-22-76. Tlj sauf dim soir. Tout le long du comptoir moderne, des préparations originales et pleines de fraîcheur (poivron farci aux fruits de mer, oursins farcis, feuilletés au foie gras, aux Saint-Jacques...), le tout servi exclusivement par des femmes. Quelques tables dans la ruelle piétonne. Très bon accueil.

Café Iruña (plan C2, **43**) : Berástegui, 4 (à l'angle de Colón de Larreategui). ☎ 944-23-70-21. • cafeiruna@grupoiruna.net • Tlj. Pintxos 2-4 € ; menu 29 €. Le café ancien par excellence. D'un côté, vieilles céramiques écaillées vantant les différentes marques de jerez, pompe à bière gentiment Art déco, et de l'autre, une grande salle à l'étonnante déco néomudéjare. Spécialités de *pintxos morunos* (brochettes d'agneau grillées). On pourra jeter un œil à la partie resto, mais on a de meilleures adresses pour dîner ! Contentez-vous des *pintxos* cités plus hauts. Une institution qui mise sur son décor.

Où manger assis ?

Plusieurs des bars à *pintxos* cités plus haut permettent aussi de s'asseoir (si l'on trouve de la place !). C'est le cas du *Xukela*, du *Globo* ou de la *Viña del Ensanche*, par exemple. N'hésitez pas...

De bon marché à prix moyens

Dans le Casco Viejo

lol ***Bar Río Oja*** *(plan D3, **30**) : Perro, 4. ☎ 944-15-08-71. Tlj sauf lun 9h-23h non-stop. Congés : 1 sem autour de la Semaine sainte et 3 sem en sept. Raciones 6,50-10 € (poisson 12-15 €).* Un bar en fer à cheval couvert d'azulejos, qui présente la spécialité de la maison : des *cazuelitas* (ragoûts et autres plats mijotés), exposés autour du bar, comprenant des plats de lapin, queue de bœuf, moules, *bacalao*, calamars dans leur encre, etc. Rien que du *casero* (fait maison), facturé à petits prix. Installez-vous à table si vous trouvez de la place, sinon il reste le bar... Clientèle de tous âges et de tous bords, mouvement incessant et service sans état d'âme, et ce depuis 1959 ! On adore.

lol ***Berton*** *et* ***Sasibil*** *(plan D3, **40**) : Jardines, 11 et 8 (en face). ☎ 944-16-70-35 et 944-15-56-05. • info@berton.eus • Tlj 9h-23h30 (fermeture en alternance). Menu 40 € ; plats 13-18 € ; côte de bœuf 20-37 € (500 g ou 1 kg).* L'un en face de l'autre, 2 restos-bars difficiles à différencier, tenus par le même proprio. Y aller au feeling ou selon le jour d'ouverture. Outre le vaste choix de délicieux *pintxos* à déguster au bar, ils possèdent une salle à la déco agréable pour s'attabler. La spécialité est le *chuletón* (côte de bœuf de 500 g ou 1 kg !) à faire griller soi-même sur un brasero, accompagné de salade et frites maison. Délicieux ! Mais le choix à la carte est vaste et recèle plein de bons petits plats. Une institution dans le Casco Viejo, fréquentée en leur temps par Hemingway et Orson Welles.

Dans l'Ensanche

lol ***Basquery*** *(plan C-D2, **47**) : Ibanez de Bilbao, 8. ☎ 944-07-27-12. • info@basquery.com • Tlj sauf dim soir. Menus 19,50 € (déj en sem)-38 € ; plats 10-18 €.* Une boulangerie-brasserie, membre du réseau *Slow food*, où tout est fait maison, à commencer par le pain et la bière, comme on l'observe par la baie vitrée. Dans un cadre chaleureux, à la fois champêtre et industriel, on peut se contenter de boire un verre, de grignoter (petit déj, pâtisserie, *pintxos*, tartines) ou s'asseoir et profiter du parfait menu du jour (bière comprise).

lol ☂ ***Sua San*** *(plan B1-2, **35**) : Mazarredo, 79. ☎ 944-98-77-51. • suasanbilbao@gmail.com • Tlj sauf dim soir ; cuisine fermée 16h-20h. Formule déj 16 € ; plats 5-18 € ; brunchs le w-e (10h30-13h) env 12,50 €.* Non loin du Guggenheim, ce beau café moderne, avec terrasse sur le trottoir, propose un menu du midi fort honnête, plus des salades et sandwichs économiques. Pour une pause rapide avant de retourner au musée, dans un cadre on ne peut plus agréable...

lol ☂ ***Bar et Bistró Guggenheim*** *(plan B1, **44**) : avda Abandoibarra, 2. ☎ 944-23-93-33. • info@bistroguggenheimbilbao.com • Accès de l'esplanade.* Bar *(et terrasse) : mar-dim (tlj en juil-août) 9h-20h30 ; formule 3* pintxos *et boisson env 10 €, bonnes salades et burgers 8-13 €.* Bistró *: mar-dim 13h-15h30, plus jeu-dim 20h-22h30 (tlj midi et soir en juil-août) ; formule déj express 22 € et menu complet 30 € (verre de vin compris) ; le soir, menu 40-50 €.* Un 2-en-1 : d'abord, à l'entrée, ce *Bar* avec une généreuse terrasse bien agréable pour grignoter quelques tapas ou salades ; puis la partie resto, appelée *Bistró*, très recommandable pour ses différentes formules joliment tournées (malgré les portions un peu chiches), servies dans un cadre contemporain, dans la droite ligne stylistique du musée. Attention, ça se remplit très vite, on vous conseille vivement de réserver, même pour le midi (possible le matin avant la visite du musée). Enfin, pour les plus fortunés, il y a aussi, de l'autre côté du musée, le restaurant **Nerua** *(☎ 944-00-04-30 ; • info@nerua.com • ; fermé dim soir, lun et mar soir, et 15 j. en janv),* véritablement gastronomique celui-là, tenu de main de maître par le chef étoilé Josean Alija, avec une belle vue sur la *ría* et des menus à partir de... 115 € (75 € le midi en semaine).

La Lonja *(hors plan par A2,* ***41****) : muelle de Olabeaga, 22. 📱 662-30-09-94. Tlj le midi, plus le soir jeu-sam.* Menú del día *en sem env 11 €, vin et pain compris ; carte,* raciones *et plats 6-40 €.* Au bord de la *ría* de Bilbao, à quelques pas du musée maritime et du stade San Mamés, un resto de poisson populaire à fréquenter le midi, pour profiter d'un *menú del día* convaincant. Soupe de poisson, palourdes, moules vapeur, espadon *a la plancha,* poulpe grillé ou merlu sont régulièrement de la partie. Quelques propositions de viande, pour ceux qui n'ont pas le pied marin. Service à la bonne franquette, et clientèle locale.

Dans Bilbao la Vieja

Les nouvelles tables fleurissent dans ce quartier en pleine mutation. Du Casco Viejo, ça vaut vraiment le coup de passer le pont !

El Perro Chico *(plan D4,* ***42****) : Arechaga, 2. ☎ 946-40-26-65. • info@elperrochico.com • Tlj sauf lun ; bar ouv en continu jusqu'à minuit, voire 1h. Résa conseillée. Menus 28-33 € ; plats 11,50-17 €.* Au bord de la *ría,* après un apéro pris en terrasse, on s'installe dans une salle haute de plafond, d'allure bistrotière, aux murs mêlant briquettes et azulejos pour déguster une cuisine de fusion originale et savoureuse. *Tataki de bonito* au wasabi, *kofte au bulgur* et yaourt, *cochinillo confitado* aux pommes vertes, *gyozas* japonais, *arroz guisado* aux fruits de mer et aïoli... Le chef déborde d'idées ! Et l'originalité paie, c'est toujours plein ! Serveurs jeunes et efficaces qui ont le souci de bien faire. Une bonne table conviviale à faire entre amis.

Dando la Brasa *(plan D4,* ***45****) : Aretxaga, 7. ☎ 946-75-61-96. • web@dandolabrasa.com • Tlj 11h-1h (2h ven-sam). Menus env 15 € le midi en sem, sinon 33-42 € ; plats 12-21 €. Apéritif maison offert sur présentation de ce guide.* C'est l'adresse emblématique du renouveau du quartier. Au coin de 2 rues très animées, un cadre aux accents latinos, avec des couleurs euphorisantes. Dans les (petites) assiettes, on navigue entre Amérique du Sud et Japon, à la découverte de la cuisine nikkei, celle des exilés japonais du Pérou. Ceviches exotiques, *tiraditos* relevés, viandes cuites au charbon de bois, fruits de mer grillés... Pour accompagner tout ça, des galettes de maïs, de curieuses pommes de terre ou du yucca frit. Métissé et savoureux. Également de bons cocktails.

Casa Rufo *(plan C3,* ***46****) : Hurtado de Amézaga, 5. ☎ 944-43-21-72. • casarufo@casarufo.com • Tlj sauf dim. Résa impérative. Plat env 20 €.* Seuls les connaisseurs fréquentent ce lieu caché. Il faut d'abord traverser une vieille épicerie où manifestement on vend d'excellents produits dans un immense bric-à-brac. Au fond, plusieurs petites salles décorées de centaines de bouteilles. Au menu, une cuisine biscayenne de haute tenue, où de succulentes viandes au feu de bois côtoient de merveilleux *chipirons* à l'encre ou de la morue au four. En dessert, du *milhoja* ou un fameux flan café. Pas donné mais le prix est à la hauteur de cet excellent repas.

Chic

Dans le Casco Viejo

Los Fueros *(plan D3,* ***50****) : Los Fueros, 6. ☎ 944-15-30-47. • fuerostapasbar@gmail.com • Tlj sauf mar. Menus 30 € (déj en sem), puis 40-50 € ; plats 16-24 € ; carte env 40 €.* Un tout petit resto, doublé d'une miniterrasse dans la rue piétonne. De l'ancienne poissonnerie, la salle a gardé les céramiques, ce qui lui confère une petite touche rétro ravissante. Pourtant, c'est vers la cuisine ouverte, et les jolies assiettes qui en sortent, que les regards se tournent. Le chef, passionné, propose une cuisine basque à la fois authentique, créative et intemporelle basée sur des produits locaux, fermiers (porc basque, légumes oubliés) et de vieilles recettes. C'est tout naturellement que la carte évolue avec les saisons. On adore.

Dans l'Ensanche

Bascook (*plan C-D2*, ***48***) : *Barroeta Aldamar 8. ☎ 944-00-99-77. • reserva@bascook.com • Lun-sam le midi, plus le soir jeu-sam. Fermé dim. Résa conseillée. Menus 35 € (déj), puis 42-52 € ; carte env 40 €.* Dans un décor quasi troglodytique (un ancien entrepôt de sel), design et cosy, un resto résolument *Slow Food...* Le chef applique à la lettre les préceptes de ce mouvement éthique et gastronomique avec des produits locaux et de saison qu'il sublime par sa créativité.

Basuki (*plan C2*, ***49***) : *Juan de Ajuriaguerra 14. ☎ 944-71-77-43. • basuki.bilbao@grupobilbaoberria.com • Tlj sauf dim soir et lun. Carte 35-40 €.* Un cadre contemporain très élégant (conseillé plutôt le soir) pour cette belle adresse raffinée qui change des bars à *pintxos...* On retrouve quand même le plaisir de (pouvoir) partager croquettes de poulpe, beignets de *txistora,* calamars sautés, cannelloni au canard et autres bouchées parfaites. Histoire de multiplier les plaisirs... confortablement assis !

Où prendre un café ou le petit déj ?

New York (*plan D2*, ***52***) : *Buenos Aires, 13. ☎ 944-23-25-17. • newyorkpast@gmail.com • Tlj 7h30 (10h le w-e)-21h. Petits déj 2,70-5 €, churros con chocolate env 4 €.* Boulangerie-pâtisserie avec, à l'arrière, un salon de thé un peu hors du temps (la déco date de 1922) mais très fréquenté quand le temps fait grise mine (et comme cela arrive, à Bilbao...). Et bien sûr, tout est maison !

Charamel Gozotegia (*plan D3*, ***15***) : *Jardines, 2. ☎ 944-16-59-84. • info@charamelgozotegia.com • Tlj 8h30-20h30.* Un petit salon de thé où se régaler d'un onctueux chocolat chaud et d'un millefeuille aérien sur fond de musique jazzy, douce et sucrée à souhait. Sandwichs à la demande pour les envies de salé.

Don Manuel (*plan B3*, ***51***) : *alameda Urkijo, 39. ☎ 944-43-86-72. • contacto@pasteleriadonmanuel.com • Tlj 8h30-21h (sauf dim 15h-17h).* À 2 pas de l'Alhóndiga, un café-pâtisserie au décor hyper contemporain. Pâtisseries exquises et colorées. Spécialités : *miloja* (feuilleté) et *pastel de arroz* (tartelette... sans riz !). Café et chocolat chaud, servi *a la taza.*

Voir aussi plus haut ***Las Cepas*** (*plan C2*, ***38***).

LA BISCAYE

Où boire un verre ? Où écouter de la musique ?

Dans le Casco Viejo

Pour débuter la soirée, les bars à *pintxos,* en particulier ceux de la ***plaza Nueva,*** sont une destination toute naturelle. Voir plus haut notre sélection dans « Où grignoter des *pintxos* ? Dans le Casco Viejo ».

Baster (*plan D3*, ***67***) : *Correo, 22. ☎ 944-07-12-28. • baster@basterbilbao.com • Tlj 11h-22h (23h ven-sam, 15h30 dim).* Adossé à la cathédrale, un petit bar d'angle qui donne envie de faire une pause. On adore y prendre l'apéro en terrasse, avec les jeunes trentenaires du coin. Belle sélection de vermouths, cocktails bien dosés et courte carte des vins. Quelques *pintxos* pour ceux qui auraient un petit creux.

Le croisement entre les ***calles de la Torre et Barenkale*** (*plan D3*, ***65***), formant une petite place, rassemble plusieurs bars très animés en soirée. Direction le *gay friendly* **Bizitza** pour un cocktail. Les clients se mélangent dans la rue dans un joyeux brouhaha, qui dure jusqu'au milieu de la nuit.

Un peu plus loin, la ***calle Somera*** *(plan D3,* ***60****)* rassemble la jeunesse gentiment turbulente de Bilbao et les bars un peu destroy et survoltés qui vont avec. Nos préférés ? Le ***K2*** et le ***Bar Jaunak*** (nº 10), l'***Adaxka*** (nº 40) et l'***Urkia*** (nº 42).

Dans Bilbao la Vieja

C'est l'ancien quartier immigré qui, peu à peu, se gentrifie. Rassurez-vous, ce n'est pas encore fait...

Marzana 16 *(plan D4,* ***68****) : Marzana, 16. ☎ 944-15-01-37. • marzana16@hotmail.com • Tlj 12h-23h (minuit ven-sam).* À l'orée de Bilbao la Vieja, en surplomb de l'eau et du marché de la Ribera, ce petit café un peu bohème attire les jeunes et les amoureux désargentés. Possibilité de grignoter. Très cool.

Bilborock – La Merced *(plan C3,* ***62****) : muelle La Merced, 1. ☎ 944-15-13-06. • bilborock@bilbao.eus • bilbaogazte.bilbao.eus/es/bilborock • Ouv seulement pour les concerts.* De l'autre côté du pont de La Merced, cet édifice baroque du XVIIe s est un ancien couvent transformé en un lieu de rencontres regroupant toutes sortes d'activités, musicales notamment. Environ 1 ou 2 concerts par semaine, essentiellement de rock. Mais aussi du théâtre, de la lutte (la scène sert alors de ring)... Petite buvette sur place.

Bihotz *(plan D4,* ***66****) : Arechaga, 6. ☎ 944-15-01-37. • bihotzcafebilbao@gmail.com • Mar-jeu 15h-22h, ven 13h-23h, sam 11h-23h, dim 11h-22h. Fermé lun.* Un joli bar cosy, où l'on hésite entre une bonne bière artisanale et un café de *barista.* Jolie déco vintage, avec des affiches très graphiques égayant les murs. Quelques coussins dehors, pour faire connaissance avec les gens du quartier et trinquer au grand air. Sandwichs et en-cas sucrés.

Dans le coin, citons encore ***El Perro Chico*** surplombant la *ría* (voir plus haut « Où manger assis ? ») ou, dans la calle de San Francisco, le ***Peso Neto*** (grand café à la déco vintage avec une belle terrasse).

Dans l'Ensanche

Terraza Yandiola *(plan B3,* ***61****) : pl. Arriquibar, 4. ☎ 944-13-36-36. Dans le centre Alhóndiga, au 3e étage (prendre l'ascenseur dans le hall sur la gauche). Tlj 13h-15h (13h30-15h30 le w-e), 20h30-22h30.* La terrasse de cet incroyable édifice classico-moderne, mélangeant allègrement les styles (on est au niveau d'un beau clocheton classique couvert d'écailles de zinc), se révèle fort agréable. Et on y prépare d'excellents cocktails. Atmosphère musicale de qualité.

Twiggy *(plan B3,* ***63****) : alameda Urquijo, 35. ☎ 944-10-38-14. Tlj 10h-23h30 (2h30 le w-e).* Un bar tant de jour (belle sélection de thés)... que de nuit (place alors aux cocktails !). Déco orientalisante assez déjantée et ambiance zen, qui se réveille le week-end.

Ambigú *(plan C2,* ***64****) : San Vicente (Done Bikendi), 5. ☎ 944-24-23-43. • ambigubilbaoshop@gmail.com • Tlj sauf dim, jusqu'à 22h-23h en sem, 2h30 w-e.* Pile en face du *Kafé Antzokia,* ce café-bar sert de *before* et d'*after* enfiévré à la salle de concerts. Le week-end, des DJs font monter la sauce, dans un style rock ou new wave.

Sur les rives du Nervión, à droite du puente del Arenal, plusieurs bars font le plein en soirée. Le ***Kubrick*** *(plan D2,* ***70*** *; angle Ripa et Villarías, • hola@kubrickbilbao.es •)* propose de bonnes bières et quelques *pintxos* dans un cadre évoquant *Orange Mécanique* et *Shining* du maître Stanley ; et le ***Baobab*** *(plan D2,* ***74*** *; Principe, 1, • info@baobabteteria.com •),* plus remuant, est envahi par une foule compacte, qui déborde largement sur le quai.

Kafé Antzokia *(plan C2,* ***64****) : San Vicente (Done Bikendi), 2. ☎ 944-24-46-25. • bulegoa@kafeantzokia.com • kafeantzokia.eus • Congés : 1re quinzaine d'août.* Anticonformiste, ce théâtre loué au diocèse est un tremplin pour la culture locale. Pas celle reléguée à la poussière des musées et au folklore touristique, mais bien celle de la culture vivante, avec du théâtre, de la danse, des lectures, et surtout de bons concerts de groupes internationaux *(compter 10-20 €).* Resto le midi et grosses soirées DJs le week-end : inutile d'arriver tôt (pas avant 1h).

♪ ***Sala Azkena*** *(plan C2, **72**) : Ibáñez de Bilbao, 26. ☎ 944-24-08-90. • gaizka@madcool.es • Horaires et programme sur leur page Facebook.* Salle de concerts programmant les meilleurs groupes musicaux. DJ le week-end. Un incontournable.

À Deusto et sur l'île de la Ribera

🍸 ♪ ***Satélite T*** *(plan A1, **69**) : Botica Vieja, 3. ☎ 946-00-21-93. • cafeteatrosatelitet@hotmail.com • Tlj sauf lun 16h-23h (2h le w-e). Congés : 1 sem début août. Concerts : 5-10 €. Programme sur leur page Facebook.* Ce « Bilbao Kosmik Bar », au pied du pont de Deusto, est devenu rapidement une référence en matière de petits concerts. Déco sympa, style container et caisses en bois, plus comptoir avec ciel étoilé. Surveiller la programmation (rock, pop, metal, etc.). On peut même y manger, pour pas cher et pas si mal...

🍸 ***Jardín Secreto & Bistro de Espacio Open*** *(hors plan par A1, **71**) : Ribera de Deustu, 70. • info@espacioopen.com • Tlj 10h-21h.* Sur l'île de la Ribera, au milieu des friches industrielles, une ancienne biscuiterie transformée en lieu alternatif avec un café, une terrasse verdoyante, une brocante dominicale et diverses animations. Très sympa ! Plus ou moins calme selon l'heure et le jour.

Achats

🧺 |●| ***Mercado de la Ribera*** *(plan D4, **78**) : Ribera. Tlj sauf dim 8h-14h30, plus (sauf de juin à mi-sept) 17h-20h.* Le grand marché couvert de Bilbao propose une large sélection de produits régionaux : charcuterie, fromages, vins, etc., à des prix corrects. Possibilité de se restaurer au 1er étage, où l'on trouve une vingtaine de petits restos sympa. Au rez-de-chaussée, jazz le week-end à 12h30 ou 19h30 dans le joli bar design...

🧺 |●| ***Viandas de Salamanca*** *(plan D3, **90**) : Bidebarrieta, 11. ☎ 946-53-50-47. • bidebarrieta@viandas.net • Tlj sauf dim 9h30-21h (22h ven-sam). Sandwichs 4-5 €.* Cette boutique de qualité offre un large choix de *jamón iberico, salchichón, lomo, chorizo...* proposés sous vide à prix compétitif. Vend également fromage, vin et huile d'olive, de quoi faire de beaux cadeaux aux amis. Et comme il est difficile de passer par là sans saliver, on se jette à toute heure sur leurs délicieux sandwichs au *jamón de bellota* à dévorer illico presto !

🧺 ***Almacenes coloniales y bacalao Gregorio Martín*** *(plan D3, **91**) : Artekale, 22. ☎ 944-15-37-07. • info@gregoriomartin.es • Tlj sauf sam ap-m et dim, 9h-13h15, 16h30-19h45.* Tout, tout, tout, vous saurez tout sur le poisson favori des Ibères. De la morue séchée sous toutes ses formes, du filet à celle en boîte, et de l'épicerie fine. Les gros néons de lumière froide ne font qu'ajouter à l'authenticité de cette boutique, ouverte depuis 1931 (et ça se voit)...

🧺 ***El Rincón del Vino*** *(plan C3, **92**) : Euskalduna, 5. ☎ 944-10-47-91. • info@pasionporelvino.com • Fermé 2de quinzaine d'août. Tlj sauf sam ap-m et dim, 9h-14h, 16h-20h.* Un magasin de vins, vous l'aviez deviné, qui propose quelque 3 500 étiquettes, la plupart d'Espagne mais pas seulement. Patron charmant.

🧺 ***La Catedral de la Cerveza*** *(plan D3, **93**) : Carniceria Vieja, 23. 📱 616-59-36-54. • elmonaguillo@lacatedraldelacerveza.com • Lun-ven 11h-14h, 16h30-20h30 (21h jeu-ven) ; sam 11h-21h. Fermé dim.* Grande sélection de bonnes bières artisanales locales et internationales.

🧺 ***Garostiaga*** *(plan D3, **94**) : Victor, 9. • sombrerosgarostiaga@gmail.com • Tlj sauf sam ap-m et dim, 10h-13h30, 16h-20h.* Un chapelier traditionnel, établi depuis des lustres (1857) dans le Casco Viejo. On y trouve les fameux bérets basques de chez Elósegui, fabriqués à Tolosa. Également des panamas et autres couvre-chefs rétro.

À voir

Pour les infatigables et les curieux, n'hésitez pas à vous procurer la brochure *Bilbao à pied* à l'office de tourisme : 5 circuits à thème vous emmèneront à la découverte de l'éclectisme architectural de la ville : le long de la *ría,* dans les *Siete calles* (Casco Viejo), ou encore de San Antón à l'Arenal, entre autres...

Le long de la ría de Bilbao

👍👍👍 **Museo Guggenheim Bilbao** *(plan B1)* **:** *avda Abandoibarra, 2.* ☎ *944-35-90-80.* • *guggenheim-bilbao.eus* • Ⓜ *Moyúa.* Ⓣ *Guggenheim. Au bord du Nervión, près du puente de la Salve. Ouv 10h-20h (19h en période Covid) : tlj en juil-août, fermé lun le reste de l'année. Fermé 1er janv et 25 déc. Entrée : 13-17 € selon accrochage ; réduc ; gratuit moins de 18 ans.* **Moins cher avec la résa en ligne (conseillée, de toute façon).** *Audioguide en français inclus, constamment réactualisé en fonction des expos. Forfait* Bono Artean *(Guggenheim + musée des Beaux-Arts) : 17 € (supplément si expos importantes).* Art After Dark : *1 ven/mois, le grand hall se transforme en boîte de nuit (résa obligatoire) !*

– ***Réserver son entrée sur Internet :*** vous pouvez réserver votre entrée sur Internet et la retirer à un guichet spécial : ***moins cher, et évite ainsi de faire la queue.***

– ***Meilleures heures :*** 14h-16h, pendant lesquelles beaucoup de visiteurs partent déjeuner...

– ***Visites guidées gratuites :*** généralement 1 fois/j. en espagnol et/ou en anglais (20 personnes max) ; se renseigner sur place et s'inscrire au comptoir d'information à partir de 30 mn avant le début de la visite.

– ***Les collections du musée en bref :*** le Guggenheim présente essentiellement de grandes expos temporaires d'artistes internationaux du XXe s et d'art contemporain, ainsi que quelques installations visibles de manière permanente. ***Avant de se déplacer, bien se renseigner sur les expos en cours pour éviter de tomber entre 2 expos.***

L'histoire du musée

Le Guggenheim a fait l'objet d'une pléthore de commentaires puisqu'on a même comparé la couverture presse de son inauguration, en 1997, avec celle des J.O. de Barcelone ou de l'Expo en 1992 à Séville. Il faut bien le reconnaître, ce bâtiment construit par l'équipe de l'architecte californien Frank O. Gehry est une merveille. Cet ***artichaut de titane,*** cette demi-sirène qui ondule fièrement sur les bords du Nervión (pour faire autochtone, dites « la *ría* ») a bénéficié, lors de sa conception, des derniers progrès en matière d'imagerie aéronautique.

Alors qu'au Moyen Âge on construisait les cathédrales au centre des villes sur un espace quasi vierge, ici, on devait composer avec un site déjà bien occupé. Un vrai palimpseste (cherchez dans le dico ! bon, on est sympa : c'est un parchemin sur lequel on a écrit un 2e texte et qui garde des traces du 1er). Une fois rasé l'ancien dépôt de bois, encore fallait-il s'occuper des voies de chemin de fer et de l'ignoble pont de la Salve. Un sacré casse-tête, car d'harmonie, il n'y en avait guère. On a donc sélectionné un calcaire blond des environs de Grenade pour que le musée se marie avec l'université de Deusto, sur l'autre rive, tandis que l'on optait pour de fines écailles de titane posées sans fixations sur les flancs du monstre. Extrait aux États-Unis, laminé en France et découpé en Italie en de fines feuilles de 0,38 mm d'épaisseur, ce métal rappellerait le passé industriel de la ville. Ainsi l'édifice est-il tour à tour une incandescence de métal blanc, une vieille baleine en pleurs sous la pluie ou un scintillement diffus de reflets mordorés et cuivrés quand le couchant pointe. Tout simplement superbe !

Mais le travail n'était pas pour autant bouclé. L'idée principale de l'architecte était de ***faire pénétrer la lumière naturelle*** dans toutes les salles d'exposition. Il a donc fallu doter le musée de vastes verrières. Le cœur du musée est l'***atrium,*** un vestibule de 60 m de haut (!), qui diffuse sa lumière aux 18 autres salles d'exposition. En tout et pour tout, quelque 11 000 m^2 d'exposition, censés offrir un ballon d'oxygène à la Fondation Guggenheim, puisque, dans le monde entier, seule une petite partie de ses collections est présentée au public. La pièce maîtresse est sans aucun doute la longue salle qui s'étend sous le pont de la Salve : 130 m de long et pas un seul pilier ! Autre particularité du Guggenheim : la « modulabilité » de ses salles, qui s'adaptent aisément à la taille de l'expo en cours, en escamotant une partie de l'espace ou en comblant un vide...

La province de Biscaye a supporté l'ensemble du projet à la hauteur d'une somme colossale : 160 millions de dollars, tandis que l'exploitation commerciale du musée revient à la Fondation Guggenheim. Mais Bilbao peut être sacrément fière de son investissement, car si la province n'a pas fini de le rembourser, il a déjà été indirectement rentabilisé grâce au ***million de visiteurs annuels*** que le musée attire, et dont une fraction seulement se donnerait la peine de venir à Bilbao si le musée n'avait pas vu le jour. Pari gagné, donc. On parle même ici « ***d'effet Guggenheim*** », car le musée a aussi entraîné dans sa dynamique la réhabilitation et l'assainissement de tout le quartier environnant et un envol touristique indéniable pour la ville et la région.

En 1997, Santiago Calatrava construisait le ***pont du Zubizuri*** ; en 2007, Daniel Buren habillait de rouge l'arc du pont de la Salve ; en 2017, les 20 ans du musée étaient fêtés en grande pompe.

Les œuvres permanentes

Ces réalisations étonnantes font en quelque sorte partie de « l'architecture » du musée. Elles ont été pensées comme telles. On commence par l'incroyable « ***puppy*** » (chiot) géant tout fleuri devant l'entrée du musée (visible par tous) et les tulipes (qui, on ne le dirait pas, sont en acier) de Jeff Koons (derrière le musée). À proximité, les ***Boules*** d'Anish Kapoor (ensemble de boules métalliques superposées), et non loin la ***grosse araignée*** répondant au doux nom de *Maman* de Louise Bourgeois. Toujours à l'extérieur, l'œuvre du Japonais Nakaya : de la vapeur d'eau qui sort de temps à autre depuis la base de la passerelle fermant un petit bassin, nimbant ce dernier d'un nuage vaporeux. Et enfin la ***Fontaine de Feu*** d'Yves Klein, qui se met en marche une fois par jour quand il fait sombre (infos sur les horaires à l'accueil). À l'intérieur du musée, on verra les ***9 colonnes de diodes lumineuses*** verticales de Jenny Holzer (bel effet visuel !), et surtout, la « *matière du temps* » de Richard Serra, ***8 gigantesques « sculptures » en acier*** qui occupent l'immense salle du rez-de-chaussée. Incroyables ondulations et labyrinthes fantastiques (ne pas manquer la salle avec les maquettes des réalisations et l'interview de l'artiste). Ensemble, elles pèsent environ 1 000 t. La pièce maîtresse, le *Serpent,* a même été installée avant la pose du toit du musée. Le but est de pénétrer à l'intérieur... et de s'y perdre.

Les expos

La philosophie du musée est que personne ne puisse dire « J'ai vu le Guggenheim ». Donc, ***les collections d'art moderne et contemporain qui y sont présentées bougent en permanence.*** Une expo chasse l'autre, et c'est vrai que ce n'est jamais le même musée. Pour résumer, il y a d'un côté la « collection permanente », qui consiste en une partie des œuvres, exposées par roulement, de TOUTE la collection de la Fondation Guggenheim, et, de l'autre, de grandes expos temporaires (qui changent tous les 3 à 6 mois) avec des œuvres étrangères à la collection de la Fondation. C'est ce qu'ils appellent « la rotation dynamique ». Comme disent les responsables : « Pourquoi exposer toujours les mêmes œuvres alors qu'on en a 150 autres du même artiste en réserve ? » Il faut aussi souligner l'intelligence de l'accrochage et de l'organisation des expos : aérées et pédagogiques, jamais prises de tête. Bref, accessibles à tous.

Vous l'avez compris, en visite au Pays basque, une halte au Guggenheim constitue ***une étape quasi obligatoire.***

➢ À partir du Guggenheim, accordez-vous une ***balade le long de la ría,*** les berges étant entièrement piétonnes.

Funicular de Artxanda *(plan C1) : pl. del Funicular, s/n. ☎ 944-45-49-66. Lun-sam 7h15-22h (23h le w-e juin-sept), dim 8h15-22h. Ticket : env 1 €.* Centenaire et restauré en 1983, il vous hissera sur 770 m, à la vitesse de 5 m/s, jusqu'au plus beau point de vue sur la ville !

Palacio Euskalduna *(centre de conférence et opéra ; plan A1-2) :* non loin du Guggenheim. On le doit aux crayons de Federico Soriano et Dolores Palacios. Derrière sa façade en claustras se cachent de vastes salles, y compris un opéra que Montserrat Caballé a qualifié de « plus belle salle d'Europe » !

Itsasmuseum – Ría de Bilbao *(plan A2) : muelle Ramón de la Sota. ☎ 946-08-55-00. • itsasmuseum.eus • Tlj sauf lun 11h-19h (18h mar-ven en hiver) ; résa conseillée en ligne. Entrée : 6 € ; réduc ; gratuit moins de 6 ans et pour ts mar sept-juin.* Un musée qu'apprécieront ceux que la mer inspire, mais aussi les fans d'histoire. Il est surtout dédié à l'agglomération de Bilbao en tant que cité maritime (documents et gravures de la ville aux siècles passés, section sur les chantiers navals de la région, etc.), mais recèle aussi de très nombreuses maquettes de bateaux de différentes époques, de vieux atlas et mappemondes, du matériel de navigation et la reconstitution d'un bureau de compagnie maritime. L'extérieur du musée se visite aussi, on y a conservé une partie du port ancien, ses docks, ses bassins à flot, une grue et divers bateaux en cale sèche.
Sympathique ***cafétéria*** avec terrasse sur le port.

Estadio de San Mamés *(plan A2) : Puerta, 20. ☎ 946-85-41-80. • visitsanmames.com/fr • Entrée visite entre les portes 19 et 20. Tlj sauf lun 10h30-20h (18h15 en hiver). Museo Athletic Bilbao + stade : 14 € ; réduc.* À cheval entre la *ría,* qu'il domine superbement, et l'Ensanche, le nouveau stade de l'Athletic Bilbao a été inauguré en 2013. Sa spectaculaire façade semi-transparente et sa forme généreuse en font un monument remarquable. Les fans de foot pourront entreprendre la visite de la « cathédrale », son surnom.

Dans l'Ensanche

Museo de Bellas Artes *(musée des Beaux-Arts ; plan B2) : dans le parc D. C. de Iturriza, pl. del Museo, 2. ☎ 944-39-60-60. • museobilbao.com • Ⓜ Moyúa. Tlj sauf mar 11h-20h (15h dim). Fermé 1er et 6 janv, et 25 déc. Entrée : 7 € ; réduc ; gratuit moins de 25 ans ; collection permanente gratuite tlj 18h-20h. Audioguide à télécharger via un QR code. Forfait* Bono Artean *(musée des Beaux-Arts + Guggenheim) : 17 € (supplément si expo importante au Guggenheim). Cafétéria agréable (tlj 10h-21h sauf mar).*
Construit en 1945 et augmenté d'une aile moderne, ce magnifique musée va être doté en 2021 d'une nouvelle extension, conçue par le célèbre architecte britannique Norman Foster. Un lieu à la hauteur de la remarquable collection de peintures du XIIIe au XXe s, aussi bien espagnoles (et plus particulièrement basques) qu'internationales : du roman au romantisme en passant par la Renaissance, le baroque, le néoclassicisme et l'impressionnisme. Un musée méconnu, souvent injustement délaissé par les touristes, alors qu'il en est le ***superbe complément artistique du Guggenheim.***
Un nouvel accrochage, sans doute provisoire, propose un parcours alphabétique et thématique. Ces étranges confrontations risquent d'en déconcerter, voire d'en perdre certains, qui risquent de trouver le tout bien vain et décousu. D'autres s'émerveilleront de l'audacieuse juxtaposition du Greco, de Tapiès et de David Hockney dans une même salle, censée favoriser le dialogue entre les œuvres. On vous laisse juger...

LA BISCAYE

– ***A comme Arte (Art) :*** sont accrochées des œuvres acquises pour l'expo internationale dont on célébrait le centenaire en 2019. Essentiellement des peintres français et espagnols des XIXe et XXe s : ***Gauguin*** *(Lavandières à Arles),* ***Le Sidaner, Xavier Noguès*** (scènes villageoises), ***Iturrino*** (eaux-fortes)...
– ***C comme Citoyen :*** beau buste de Picasso sculpté par son ami ***Gargallo.***
– ***D comme Desira (Désir) :*** salle qui bouscule les repères en juxtaposant ***Martin de Vos*** *(L'Enlèvement d'Europe),* ***José de Ribera*** *(Saint Sébastien soigné par les saintes femmes),* ***Romero de Torres*** (intrigante *Vénus à la poésie*), l'étrange ***Francis Bacon*** *(Figure couchée dans le miroir)* et ***Aurelio Arteta*** (scènes portuaires et champêtres).
– ***E comme Espejo (Miroir) :*** on retrouve des œuvres de ***Darío de Regoyos*** et ***Viera da Silva.***
– ***F comme Friendship (Amitié) :*** Martín Zapater par ***Goya,*** Mallarmé par ***Gauguin, Jorge Oteiza*** et sa femme...
– ***G comme Grotte : le Greco*** *(Anunciación de San Francisco)* côtoie ***Velázquez.***
– ***H comme Heriotza (Mort) :*** sublime *Lucrèce* de ***Lucas Cranach,*** bien plus sensuelle que morbide...
– ***I comme Iron (Fer) :*** 2 maîtres en la matière, tous 2 d'origine basque, ***Chillida*** et ***Oteiza.***
– ***L comme Letra (Lettre) : Goya, Valentín de Zubiaurre, Delaunay...***
– ***M comme Mom (Maman) :*** de ***Zurbarán,*** une sublime *Vierge à l'Enfant,* ainsi qu'un magnifique retable du XIVe s, *Les Sept Joies de la Vierge Marie,* ou encore une superbe *Sainte Famille* de ***Gossaert.***
– ***O comme Otherness (Altérité) : Guiard, Guinea, Zurbarán...***
– ***P comme Pietate (Piété) :*** thème majeur en peinture qui est ici en miroir avec ***Van Dyck,*** une *Lamentation* du XVIIe s, un *Christ à la colonne* du XIVe s et une naïve *Descente de Croix* du XIIIe s.
– ***R comme Retrato (Portrait) :*** la plus dense du musée. Dans ce trombinoscope un peu chaotique se distinguent un *Portrait de Felipe IV* de ***Velázquez,*** des œuvres de ***Joaquim Sorolla*** et de ***Anselmo Guinea.***
– ***S comme Sueño (Rêve/songe/sommeil) :*** intrigants et oniriques collages de ***Milicua*** et une poignante *Maternité* d'***Ángel Larroque.***
– ***T comme Terre :*** on retrouve ***Chillida, Alberto Sánchez*** (mystiques et cubistes *Figures avec paysage*) et l'incontournable ***Tàpies.***
– ***TS comme huTS (Vide) :*** 2 œuvres seulement, une sculpture métaphysique d'***Oteiza*** et un *Saint Pierre en larmes* de ***Murillo,*** visiblement désespéré.
– ***U comme Urdin (Bleu) :*** salle monochrome, le bleu étant le seul point commun entre *Les Intellectuels de mon village* de ***Zubiaurre*** et la *Jeune fille à l'œillet rouge* de ***Guiard.***
– ***V comme Vida (Vie) :*** fait cohabiter un *Festin burlesque* du XVIe s et des œuvres de ***José et Ramiro Arrúe*** qui délivrent un intéressant témoignage sur les fêtes de village basques.
– ***W comme War (Guerre) :*** 3 somptueux portraits de ***Goya,*** exposés pour la 1re fois après 80 ans d'exil. Les caisses en bois dans lesquelles les portraits furent transportés en France en pleine guerre civile leur font face.
– ***X comme... X (!) :*** sans doute pour exprimer ce sentiment étrange ressenti devant l'association du ***Greco,*** de ***Tapiès*** et de ***David Hockney.***
– ***Les expos temporaires :*** toujours bien conçues, elles complètent le parcours de ce superbe musée. On peut terminer sur la terrasse de l'agréable cafét', proposant une vue reposante sur le parc.

Balade dans l'Ensanche : cette excroissance de la vieille ville naît au début du XVIe s mais ne se développe réellement qu'au XIXe s. Reste, de cette époque animée, pléthore de beaux immeubles bourgeois. Dans la *Gran Vía* et l'*alameda de Recalde,* on trouvera aussi bien du néogothique que du néo-Renaissance, de l'Art nouveau, et des accents Art déco !

LA BISCAYE

– **Estación de La Concordia ou de Santander** (plan C-D3, **3**) **:** *Bailén, 3.* De style Art nouveau, cette gare a été achevée en 1898. Étrange par sa situation, presque rejetée sur les bords de la *ría,* face à la vieille ville, mais aussi par sa configuration intérieure, puisque les voies se trouvent... à l'étage. Son tympan vert et jaune lui donne une belle allure !
– ***Teatro Campos Elíseos*** *(plan C3,* ***83****)* **:** *Bertendona, 3 bis.* La façade moderniste de ce théâtre est particulièrement étonnante. Conçue en 1902, son style foisonnant aux touches orientales a valu à l'édifice le surnom de *Bombonera,* la « bonbonnière ».
– **Edificio de Ramón Sota** (plan B2, **82**) **:** *Gran Vía de Don Diego López de Haro, 45.* Construit par Manuel María de Smith, c'est l'un des plus élégants. L'immeuble bourgeois par excellence, avec ses balcons, ses arcades et ses réminiscences régionalistes.

Azkuna Zentroa – Alhóndiga Bilbao (plan B3) **:** *pl. Arriquibar, 4. ☎ 944-01-40-14. • azkunazentroa.eus • En période Covid, tlj 9h-21h, sinon lun-ven 7h-23h (minuit ven), w-e et j. fériés 8h30-minuit (23h dim). Point d'info dans le hall (AZInfo). GRATUIT.* Drôle de rencontre ! Celle d'un entrepôt à vin du début du XXe s, où brique et béton sculpté prennent toute la place, et du talentueux designer **Philippe Starck.** Le résultat ? Une sorte de vaste place publique intérieure digne d'un forum romain... à peine troublée par d'épaisses colonnes évoquant les différentes cultures du monde à diverses époques ! Quelques bancs lumineux permettent aux passants de s'installer, et à l'extérieur de drôles de chaises et des tables d'échecs invitent à s'arrêter. Le complexe abrite divers lieux culturels et sportifs : médiathèque, salle de spectacles et d'expos (souvent gratuites), auditorium, une géniale piscine suspendue (impressionnant de voir les nageurs depuis le hall principal !), salle de sports, boutiques, 3 restos, et un bar en terrasse, *Terraza Yandiola* (voir « Où boire un verre ?... »).

Dans le Casco Viejo

Balade dans le Casco Viejo *(plan D3)* **:** quartier historique de Bilbao, sa fondation remonterait au XIIIe s. À l'origine, il n'était constitué que de 7 rues principales *(Siete Calles),* qui débouchaient toutes sur la Ribera. Une balade dans ses rues s'impose : vous croiserez de jolies façades colorées, d'innombrables balcons et bow-windows, des places animées et des petits commerces attachants. Certains bâtiments méritent un regard plus appuyé :
– **Mercado de la Ribera** (plan D4, **78**) **:** *Ribera, 22 bis. Tlj sauf dim, 8h-14h30, plus (sauf de juin à mi-sept) 17h-20h.* Ce marché est toujours le ventre de Bilbao. Construit en 1929 dans un style moderniste, entièrement réhabilité en 2010. On trouve sous ses verrières tous les produits de la région (voir « Achats »). Il se tient pile à l'endroit où se situait la plaza Vieja, qui fut le centre de Bilbao pendant des siècles.
– **Iglesia de San Antón** (plan D4) **:** *lun-sam 11h-17h (10h-14h, 16h-20h en juil-août). Fermé dim. Entrée : 3 €, 5 € avec la cathédrale (audioguide inclus).* La plus ancienne église de Bilbao, présente depuis sa fondation : elle figure même sur le blason de la ville ! Belle loggia donnant sur le marché, surmontée d'un balcon. Les notables de la ville pouvaient assister aux différentes festivités depuis cette hauteur. Intérieur d'époque gothique, avec une haute nef à voûte nervurée.
– **Catedral de Santiago** (plan D3) **:** *tlj 10h-20h (21h juil-août). Messe lun-sam à 19h (seulement le w-e en été), dim à 12h. Entrée : 5 € (audioguide inclus) ; réduc.* Au centre du Casco Viejo, on la contourne souvent en se perdant dans les ruelles. Beau portail Renaissance, chapelles du XVe s avec une statue de saint Jacques à droite du chœur et cloître de style flamboyant avec fontaine et citronniers. Petite salle du trésor.
– **Teatro Arriaga** (plan D3, **76**) **:** *pl. Arriaga, 1. ☎ 944-79-20-36. • teatroarriaga.com •* Construit en 1890, il est l'œuvre de l'architecte Joaquín de Rucoba. Sa

LA BISCAYE

silhouette néobaroque, qui force la ressemblance avec l'Opéra Garnier de Paris, est un point de repère dans la ville. Programmation de qualité.
– ***Plaza Nueva*** *(plan D3)* **:** élégante place bordée d'arcades. Bâtie en 1851 dans le style néoclassique, c'est aujourd'hui le cœur festif du Casco Viejo. On y trouve de très jolies terrasses et une phénoménale concentration de bars à *pintxos.* Jetez au moins un œil au plus beau d'entre eux, le *Victor Montès.*

Museo vasco *(plan D3)* **:** *pl. Miguel de Unamuno, 4 (dans la vieille ville). ☎ 944-15-54-23. • euskal-museoa.eus • Ⓜ Casco Viejo. Lun et mer-sam 10h-19h ; dim 10h-14h. Fermé mar et de nombreux j. fériés. Entrée : 3 € ; réduc ; gratuit moins de 12 ans, plus de 65 ans et pour ts jeu.*
Après l'expulsion des jésuites de la péninsule Ibérique, on récupéra le couvent, qui fit office de maison de charité, d'archives des registres civils et de salle des audiences provinciales. Puis, en 1921, on créa ce musée, qui avait pour mission de retracer le parcours ethnographique du peuple basque.
– Commencez par le ***3e étage,*** qui abrite un grand plan-relief de la Biscaye, bien réalisé. Au fond de la salle, maquettes des différents styles de tours de la région. À côté, une reconstitution de la salle du conseil du *Consulado del mar* de Bilbao, où furent rédigés la plupart des actes concernant le port.
– Au ***2e étage,*** plusieurs sections : vitrines de porcelaine provenant de fabriques locales ou des quatre coins de la France, les motifs « basques » étant prisés dans l'entre-deux-guerres ; petite reconstitution d'un atelier de forgeron ; quelques beaux éléments de mobilier et marines du XVIIe s.
– Le ***1er étage*** est surtout consacré à l'ethnographie, avec des vitrines déjà un peu vieillottes sur la culture pastorale, l'habitat, les coutumes et les croyances, le tissage, les industries textiles, et, bien sûr, la navigation et la chasse à la baleine. Dioramas sur les différents types de pêche, photos et documents. Quelques pièces originales, voire insolites comme ce pêcheur de morue du XVIIIe s, habillé comme un Esquimau et installé dans un tonneau pour ne pas tomber à la mer.
Le rez-de-chaussée est consacré à des expos temporaires. Autour du cloître, les murs accueillent des armoiries et frontons sculptés de différents monuments. Au centre du cloître, l'*Idole de Mikeldi,* statue datant de l'âge du fer trouvée à Durango, dont la fonction, ou ce qu'il représentait, n'a toujours pas été élucidée.

À voir encore

Museo de Pasos de Semana Santa *(plan D3,* ***73****)* **:** *Iturribide, 3. ☎ 944-15-04-33. • museodepasosbilbao.com • Mar-ven 11h-13h, 17h-19h30 ; sam 11h-14h, 17h-20h ; dim 11h-14h. Fermé lun et 3 sem autour de la Semaine sainte. Entrée : 2 € ; gratuit moins de 10 ans.* Amis des statues dorées et des christs sanguinolents, bonjour ! Ce musée regroupe tous les chars des confréries qui défilent le lundi de la Passion. Au rez-de-chaussée, les *andas* (chars ne transportant qu'une seule image). Sur la gauche, les costumes des confréries avec leurs capuches pointues couvrant tout le visage. À l'étage, les *pazos* (chars à plusieurs images), certains construits au XVIIe s mais la plupart au XXe s. Chaque char reproduit une scène de la Passion, de préférence un peu gore : flagellation, couronne d'épines, crucifixion... s'accompagnant d'hémoglobine sous forme de peinture rouge. Tout de même très kitsch.

Museo diocesano de Arte sacro *(musée diocésain d'Art sacré ; plan D4,* ***75****)* **:** *pl. de la Encarnación, 9b. ☎ 944-32-01-25. • eleizmuseoa.com • Mar-sam 10h30-13h30, 16h-19h ; dim et certains j. fériés 10h30-13h30. Fermé lun. Entrée : 3 € ; réduc ; gratuit moins de 12 ans et pour ts mar. Audioguide gratuit en français.* Installé dans le cloître de l'église des Franciscains, ce musée présente un bel aperçu de l'art statuaire des églises de Biscaye. Quelques peintures de la Renaissance et de jolies statues baroques de bois polychrome. Également de l'orfèvrerie religieuse, des vêtements liturgiques, et même un peu d'art moderne... en rapport avec la religion, bien sûr.

Arkeologi Museoa (plan D3, **86**) : *calzada de Mallona, 2.* ☎ *944-04-09-90.* ● *bizkaikoa.bizkaia.eus* ● *Mar-sam 10h-14h, 16h-19h30 ; dim 10h30-14h. Entrée : 3,50 € ; réduc ; gratuit moins de 12 ans et pour ts ven.* On y présente les collections archéologiques de la province dans un espace récent, sur 3 niveaux. Toutes les périodes sont passées en revue, de la préhistoire aux Temps modernes, et illustrées par de nombreuses pièces. Pour les (vrais) fans du genre.

Escuelas Maestro Garcia Rivero (plan D4, **79**) : *Atxuri, 2. Ne se visite pas.* Construit par les mêmes architectes que le marché de la Ribera (voir la rubrique « Achats »), mais 2 ans plus tôt, ce bâtiment répond au style « régionaliste » : tourelles fiérotes, toits de tuiles supportés par une armature de bois, briques rouges pour les voûtes.

Estación Atxuri (plan D4, **2**) : *angle des rues Atxuri et 16 de Agosto.* Auparavant, un resto occupait l'intérieur de cette gare et une terrasse surplombait même la *ría.* Manuel María de Smith a puisé dans le registre de l'architecture de montagne. La tour belvédère et les matériaux « rudes » employés séduiront les plus réticents.

Basílica de Begoña (hors plan par D3) : *Virgen de Begoña, 38, en surplomb du Casco Viejo. Accès à pied par l'escalier ou par un ascenseur (0,50 €) depuis le métro Casco Viejo, derrière San Nicolás (plan D3). Tlj 8h30-13h30, 17h-20h.* L'une des plus anciennes églises de la ville, modifiée à l'époque baroque. À l'intérieur, statue romane de Notre-Dame-de-Begoña, patronne de la cité.

La Ribera *(hors plan par A1)* : une balade que l'on vous conseille de faire à vélo, au départ, par exemple, du Guggenheim. Dans le port de Bilbao, l'île de Ribera (ou ZAWP pour les plus branchés) offre un curieux, fascinant et fantomatique paysage urbain. Avec toutes ces friches industrielles à l'abandon ou en cours de réhabilitation, les amateurs d'expériences insolites seront comblés et pourront facilement s'imaginer à quoi ressemblait la Bilbao d'avant le Guggenheim ! Pause obligatoire à l'*Espacio Open* (voir plus haut « Où boire un verre ?... »), lieu alternatif parfaitement raccord.

Fêtes et manifestations

– **Pèlerinage de San Blas :** *3 fév ; à l'église San Nicolás.* On achète des caramels traditionnels.
– ***La Semaine sainte :*** superbe procession le lundi de la Passion (1 semaine avant Pâques). *Basque Fest* la même semaine : musique, démonstration de sports ruraux, danses, concours culinaires...
– ***Bilbao BBK Live :*** *3 j. mi-juil. Programmation sur* ● *bilbaobbklive.com* ● L'un des plus gros festivals de rock et d'électro d'Espagne.
– ***Procession maritime :*** *16 juil.* Procession sur le Nervión, en l'honneur de la Vierge. Le départ a lieu au petit port de Santurtzi.
– ***Semana Grande :*** *débute le sam suivant le 15 août.* Bals, processions, promenades de géants, etc.
– ***Marché de Santo Tomás :*** *vers le 20 déc, dans le Casco Viejo.* Pour Noël, tous les producteurs de la région viennent s'installer plaza Nueva.

DANS LES ENVIRONS DE BILBAO (BILBO)

Le pont transbordeur Vizcaya : *à* **Getxo** *(à 16 km au nord-ouest de Bilbao), station balnéaire au nord de Bilbao qui se donne de grands airs pour faire oublier la proximité du port industriel et commercial... Elle a tt de même l'avantage d'être connectée directement par le métro (arrêt Areeta, 1,70 € le voyage). Pas* *mal de bons festivals de musique, en saison, si vous êtes mélomane. Ttes infos à l'office de tourisme : playa de Erreaga. ☎ 944-91-08-00. • getxo.eus • Tlj (sauf dim ap-m oct-mai) 10h-14h, 16h-20h (19h hors saison). Autre point d'info au pied du pont (fermé déc-Semaine sainte). Se renseigner aussi sur les visites théâtralisées du pont Vizcaya et du vieux port (en principe juin-sept, respectivement sam et dim à 11h30 ; 3-6 €/pers).* Le pont transbordeur, l'un des plus anciens d'Europe, fut inauguré en 1893, d'où son classement au Patrimoine mondial de l'Unesco. Il permet de rejoindre la rive gauche, soit à pied par la passerelle *(9 €)* tout en haut, avec un beau point de vue sur le port, soit par la curieuse nacelle suspendue sous le pont, en voiture *(1,60 €),* ou encore à pied *(0,45 €). • puente-colgante.com •*

Arrantzale : *Portu Zaharra, 3, à* **Getxo.** *☎ 944-60-12-44. • arrantzale@arrantzale.com • Dans une ruelle au-dessus du vieux port. Tlj 11h30-0h30. Fermé 2de quinzaine de nov. Sandwichs env 6 € ; raciones 7-15 €.* Sur une charmante placette ombragée par les platanes, on boit un verre tout en picorant des *pintxos* ou des *raciones* d'excellente qualité, comme les *pimientos rellenos de bacalao,* les *txipirones en su tinta* ou les *antxoas.* Très sympa !

Itxas-Bide : *muelle de Ereaga, 42, à* **Getxo.** *☎ 944-91-05-89. • restauranteitxasbide@gmail.com • Sur le vieux port, après l'office de tourisme. Bar tlj, resto fermé dim soir et lun. Congés : 2 sem en août. Pintxos au rdc ; plats à la carte au resto 11-30 €.* Le bar du rez-de-chaussée est souvent bourré de jeunes, un verre ou un *pintxo* à la main. À l'étage, un resto, qui n'a rien à voir avec le bar. La salle est quelconque et les prix élevés. Cela dit, le poisson frais est excellent, et la vue sur l'embouchure de la *ría,* très belle.

Gorliz et Plentzia : *accessible en métro de Bilbao (ligne Etxebarri-Plentzia), en 45 mn jusqu'à Plentzia. De là, la ligne A 3499 de Bizkaibus assure la liaison ttes les 20 mn avec Gorliz.* Ce sont 2 villes sœurs qui se partagent la plus grande plage de Biscaye... coupée en 2 par un hôpital ! Aujourd'hui, Plentzia semble assoupie autour de son petit port, et Gorliz cherche à faire valoir son seul atout : la plage.

Camping Arrien : *Uresarantze bidea, 15 bis, 48630* **Gorliz.** *☎ 946-77-19-11. • recepcion@campinggorliz.com • campinggorliz.com • À côté du terrain de sport, sur la colline. Congés : nov-fév. Compter 24-30 € pour 2 avec tente et voiture. Bungalows 2-6 pers 80-118 €.* Ce n'est pas notre camping préféré, il est un peu vieillot. Mais cette partie de la côte en manque singulièrement. Emplacements ombragés en paliers. Quelques bungalows en bois tout équipés. Plage à 600 m. Supérette et cafétéria.

Pensión-restaurante Arrarte : *Erribera, 27, à* **Plentzia.** *615-78-52-37. • info@alojamientoarrarte.com • alojamientoarrarte.com • Réception à l'étage. Doubles 44-66 €. Au resto, menus 14-16 € en sem, 33-35 € le w-e ; plats 16-22 €.* Pas beaucoup de choix dans le secteur, alors on était assez contents de trouver une si belle façade à l'ancienne, bleu et blanc. À l'intérieur, des chambres très simples, certes avec plaques d'agglo vieillissantes et douche posée à la va-vite, mais correctes pour le prix. Les moins chères avec sanitaires communs, certaines avec vue sur le port. Au resto, belle terrasse côté promenade et bateaux. Cuisine de bonne facture. Le tout petit centre ancien est à 2 pas.

La plage de Sopelana : *à mi-chemin entre Plentzia et Getxo.* C'est une très belle plage de sable, bordée par les falaises et la verdure. Hâtez-vous d'y venir faire trempette, car le béton arrive ! D'abominables résidences de vacances ont d'ores et déjà vu le jour sur la hauteur... Office de tourisme à proximité de la station de métro.

Camping Sopelana : *playa Atxabiribil, 30, 48600* **Sopelana.** *☎ 946-76-19-81. • reservas@campingsopelana.com • campingsopelana.com • Compter env 33 € pour 2 avec tente et voiture en été. Bungalows 2-6 pers 55-120 €.*

Le camping le plus proche de Bilbao. Situé en hauteur, à seulement 5 mn à pied de la jolie plage, il est organisé en terrasses couvertes de pelouse, idéales pour planter sa tente. Pas énormément d'ombre et entretien insuffisant en été, mais, là encore, les campings ne sont pas nombreux dans le coin...

Belle ***balade entre Mungia et Larrabetzu*** sur la route BI 3102, dans une jolie vallée cultivée qui peut faire penser aux Vosges. À Larrabetzu, très belle église dans le quartier de Goikolexea, avec une intéressante galerie extérieure pavée en lauzes anciennes. Remarquer le cimetière en forme de columbarium, où les sépultures portent le nom des maisons, pas des familles.

LES ENCARTACIONES

C'est la pointe ouest extrême de la Biscaye, qui vient s'intercaler comme un coin entre Castille et Cantabrie. Coincées entre 2 chaînes de montagnes, les Encartaciones ont su préserver d'agréables paysages et de charmants villages. À 30 mn de la métropole biscayenne par la route BI 636, on se retrouve dans le vieux centre de Balmaseda et dans une vallée encaissée, avec une végétation de *matorral* (maquis arbustif) alternant avec des forêts de résineux. Mais le véritable bout du monde, c'est la petite vallée de Karrantza, ses hameaux perdus, sa nature sauvage et son... parc animalier.

BALMASEDA (BALMASEDA)

(48800) 7 540 hab. *Carte Biscaye, A-B2*

Fondée en 1199 au bord de la rivière Kadagua, alors principal axe commercial entre la Castille et le port de Bilbao, la toute 1re ville de Biscaye est aussi le chef-lieu de la région. Les seigneurs locaux y installèrent un gros marché et une douane qui en firent la prospérité jusqu'au XVIIe s. Une partie de cette richesse reposait alors aussi sur l'existence d'une importante communauté juive, ce qui est assez rare en Biscaye... Mais au XVIIIe s, la nouvelle route commerciale d'Orduña vers la Castille plongea la ville dans un lent déclin économique. Balmaseda ne retrouva l'embellie qu'un siècle plus tard, avec l'arrivée du chemin de fer et le développement industriel... Aujourd'hui, sa splendeur passée est l'occasion d'une balade tranquille dans le centre historique (entièrement piéton).

Arriver – Quitter

En train

Estación FEVE : *à l'est du centre historique, de l'autre côté de la rivière. ☎ 946-80-19-64 ou 944-25-06-15 (Bilbao). • renfe.com/viajeros/feve •*

➢ ***Bilbao :*** 1-2 trains/h dans les 2 sens sur la ligne Bilbao-Balmaseda, qui dessert notamment ***Güeñes.*** Trajet : 50 mn.

En bus

Arrêt Bizkaibus : *El Calvario, 11. ☎ 902-22-22-65. • bizkaia.eus • Au niveau de la station-service.*

➢ ***Bilbao :*** 1 bus ttes les 30 mn en sem, 1h le w-e (ligne A 0651) dans les 2 sens, via notamment ***Güeñes.***

➢ ***Sopuerta et Galdamés :*** 5-6 bus/j.

(ligne A 3334) dans les 2 sens sur la ligne Balmaseda-Santurzi.

➢ ***Vallée de Karrantza :*** 7 bus/j. en sem et 2-3 le w-e (ligne A 0652).

Adresse utile

ℹ ***Oficina de turismo :*** *Martín Mendia, 2. ☎ 946-80-29-76. • visitenkarterri.com • balmaseda.eus • Tlj sauf l'ap-m le w-e, 9h (10h en hiver)-14h, 16h-19h (ouv sam ap-m en été).* Infos et brochures sur les itinéraires de randonnée du coin et sur la vallée de Karrantza. Vente de produits régionaux. Accueil dynamique et efficace.

Où dormir ? Où manger ? Où boire un verre à Balmaseda et dans les environs ?

Hotel-restaurante San Roque : *campo de las Monjas, 2, à Balmaseda. ☎ 946-10-22-68. • info@hotelsanroque.es • hotelsanroque.es • Resto fermé dim soir. Doubles 52-82 €. Menus 20-33 € ; plats 11-20 €. Parking gratuit.* Installé dans l'ancien couvent Santa Clara du XVIIe s. Charmant patio avec puits central, joli jardinet, et un bel escalier en bois conduisant, au 1er étage, à une galerie pittoresque desservant une vingtaine de chambres. Classiques, mais spacieuses et impeccablement tenues. Resto chic et romantique où l'on concocte une cuisine traditionnelle, relevée de quelques tonalités modernes, dans une salle magnifiquement voûtée. Une bonne adresse.

Amalurra Natural Resort : *La Renaja auzoa, Traslaviña, 48879* ***Artzentales.*** *☎ 946-10-95-40. • amalurra@amalurra.com • amalurra.com • À env 9 km de Balmaseda par la BI 630. Lit en dortoir 21 € ; doubles 68-76 € ; petits déj 4-8 €. Menus 19 € (du jour en sem)-35 € (dégustation).* Charmant petit *resort* rural, au calme en pleine campagne. On y vient en famille, en couple ou entre amis pour se mettre au vert dans ce coin superbe. Au choix, 6 dortoirs de 4 lits superposés avec grand lit *matrimonial* en mezzanine, parquet et salle de bains neuve, et une douzaine de chambres bicolores aux teintes pastel, de très bon confort, en service hôtelier. Dans le parc, piscine, jeux d'enfants, spa et bar-cafétéria ouvert en continu. Fait resto également, mais la salle manque franchement d'intimité. Accueil très pro de la patronne, qui organise aussi des activités diverses.

Rien d'extraordinaire côté bars à *pintxos* et petits restos à Balmaseda... Néanmoins, la rue qui mène à l'hôtel *San Roque* abrite quelques bars, comme le ***Narú*** et le ***Pintxo i Blanco,*** ainsi que le bar-resto ***Los Gemelos,*** qui propose un petit menu pas cher et correct, à prendre sur une terrasse avec pergola.

À voir

La ville ancienne : la cité s'adosse à la montagne le long du río Kadagua qui descend vers la *ría* de Bilbao. Sur la place San Severino, le cœur de la ville, la belle ***iglesia San Severino,*** de facture gothique, dont le portail est orné d'une statue du saint (à l'intérieur 3 beaux gisants de pierre), et la ***casa consistorial,*** belle maison baroque construite au-dessus d'une halle aux arcades de grès (et non de force, encore que). Également quelques belles maisons dans la rue principale *(Martín Mendia kalea),* notamment le ***Palacio Horkasitas*** (en cours de restauration) à la façade baroque flanquée de 2 colonnes. Juste devant, un très esthétique cadran solaire moderne en pierre fait face à la rivière.

Museo de Historia : *dans l'église San Juan, pl. San Juan et Martín Mendia. 📱 657-79-58-06. De mi-avr à mi-oct, tlj sauf lun 10h-14h, plus 17h-19h30 mer-ven ; le reste*

LA BISCAYE

de l'année, tlj sauf lun 10h-14h. GRATUIT. Dépliant en français. On y vient plutôt pour le cadre de l'ancienne église San Juan (XVe s) que pour l'exposition, somme toute vite vue. Quelques documents retraçant les grands événements historiques de la ville, photos, portraits des hommes illustres de la région, etc. Le plus sympa est sans doute de grimper au clocher de l'église pour la vue sur la rivière et le pont.

☆☆ ***Le vieux pont :*** charmant pont médiéval joliment cambré, sur lequel se dresse une tour qui protégeait naguère la principale entrée de la ville.

☆ ***Convento de Santa Clara :*** ce bel édifice est un ancien couvent du XVIIe s qui abrite aujourd'hui l'hôtel *San Roque* (voir « Où dormir ? Où manger ?... ») et le *musée de la Passion vivante* (voir ci-après).

☆ ***Centro de interpretación de la Pasión Viviente*** *(musée de la Passion vivante)* **:** *convento Santa Clara, juste à gauche de l'hôtel* San Roque*, campo de las Monjas. ☎ 946-80-14-38. Tlj sauf lun 11h-14h, plus 17h30-19h30 de mi-juin à mi-sept. GRATUIT.* Logé dans une salle de l'ancien couvent Santa Clara, ce musée rend hommage à l'extraordinaire procession de la Semaine sainte qui se déroule chaque année à Balmaseda (voir « Fête » plus loin). On y expose de beaux retables et une partie des costumes utilisés pendant la procession. Vidéo des festivités...

☆ ***La Encartada fabrika-museoa :*** *barrio El Peñueco, 11. ☎ 946-80-07-78. • bizkaikoa.bizkaia.eus • À env 2 km au sud-ouest du centre par la BI 636. Résa obligatoire par tél ou sur • laencarta@bizkaia.eus • De mi-avr à mi-oct, mar-ven 10h-14h, 16h-19h ; sam 10h30-19h ; dim 11h-15h. De mi-oct à mi-avr, mar-sam 10h-14h (19h sam), dim 11h-15h. Fermé lun. Visite guidée de 1h15 en espagnol (résa conseillée en été) : env 5,50 € ; réduc ; gratuit ven. Brochure en français.* De l'ancienne ***fabrique de bérets basques*** *(boinas)*, créée en 1892 et fermée 100 ans plus tard, on a conservé l'atelier avec ses impressionnantes machines animées par une turbine qui utilisait la force de la rivière voisine et la redistribuait par un savant jeu de poulies. Vous saurez tout sur le processus de confection, de la tonte des moutons à l'empaquetage des fameux bérets vendus dans toute l'Espagne et jusqu'aux États-Unis. Boutique de bérets fabriqués à... Tolosa (Guipúzcoa). Aire de pique-nique.

Fête

Il ne faut pas manquer la ***Semaine sainte*** à Balmaseda ! Les Jeudi et Vendredi saints s'y déroule la plus extraordinaire représentation de la *Passion* de tout le Pays basque.

Âmes sensibles, attention ; on a beau savoir que ce n'est pas vrai, entre la foule qui chante et prie, et le réalisme du spectacle, y compris le sang et les larmes, on finit par se laisser prendre au jeu ! Toute la ville est impliquée, et l'on compte plus de 500 acteurs bénévoles. Costumes superbes, maquillages étonnants, chants religieux, danses traditionnelles.

La représentation commence le Jeudi saint à 21h30, plaza San Severino. Le Christ et ses disciples sont réunis pour la Cène, puis ils vont se reposer au jardin des Oliviers. Les décors sont criants de vérité, les acteurs amateurs impressionnants de réalisme.

Au campo de las Monjas, le vendredi matin, après le suicide de Judas qui se pend devant le public, on juge Jésus. Puis commence le chemin de croix qui parcourt toute la ville. La croix est finalement dressée de l'autre côté du río Kadagua pour la crucifixion de Jésus. Et puis la Vierge se lamente, on descend le Crucifié et on va l'enterrer en procession solennelle. Fini ? Non, car une dernière procession parcourt alors les rues de Balmaseda, la procession du Deuil, qui se déroule dans un impressionnant silence.

DANS LES ENVIRONS DE BALMASEDA (BALMASEDA)

Torre de Loizaga – Museo de Coches clásicos y antiguos : *castillo de Concejuelo, barrio Concejuelo, à* ***Galdamés.*** *649-41-20-01. • torreloizaga.com • À env 5 km au nord de Güeñes par la BI 3631. Seulement dim et fêtes 10h-15h. Entrée : 8 € ; réduc ; gratuit moins de 12 ans.* En pleine campagne, dans ce château construit en 1985 sur les ruines d'une ancienne tour de défense du XIIIe s, on découvre un étonnant musée de l'Automobile regroupant plus de 75 véhicules de 1899 à 1990. C'est même la seule collection au monde qui regroupe tous les modèles de Rolls-Royce (45 au total) construits du temps où la firme était encore anglaise, avant le rachat par BMW.

LA VALLÉE DE KARRANTZA (48891) *Carte Biscaye, A2*

À l'ouest des Encartaciones, c'est une vallée superbe à la fois montagneuse, verdoyante à souhait et parsemée de hameaux et de petits villages authentiques, tous réunis au sein de la commune de Karrantza. Bienvenue dans cette Biscaye profonde qui nous plaît tant !

Comment y aller ?

En train

FEVE : *☎ 944-25-06-15 (à Bilbao). • renfe.com/viajeros/feve •*

➢ Sur la ***ligne Bilbao-Santander,*** descendre à l'arrêt *Karrantza-Ambasaguas.* Compter env 2 trains/j. pour env 1h15 de trajet depuis Bilbao.

– Pas de liaison directe depuis Balmaseda.

En bus

➢ ***Bizkaibus*** *(☎ 902-22-22-65 ; • bizkaia.eus •)* assure 7 bus/j. en sem et 2-3 le w-e (ligne A 0652) pour ***Balmaseda*** (correspondance pour ***Bilbao***).

Adresse utile

Oficina de turismo del valle de Karrantza : *barrio de* ***Ambasaguas,*** *22, sur la route BI 630. ☎ 946-80-69-28. • karrantza.org • À l'entrée d'Ambasaguas, après la station-service. Juin-sept, tlj sauf lun 10h-14h, plus 16h-18h ven-sam ; le reste de l'année, tlj sauf dim-lun 10h-14h.* Plans de la région, liste des hébergements et toutes les infos sur les circuits de randonnée, petits producteurs de fromage, charcuteries...

Où dormir ? Où manger ?

Casa rural Gailurretan : *Lanzasagudas, 17, 48891* ***Karrantza-Harana.*** *☎ 946-80-66-67. • gailurretan@gailurretan.com • gailurretan.com • À 6 km au sud de Karrantza par la BI 4625. Resto tlj. Congés : de mi-déc à fin fév. Doubles 61-75 €. Menu (le w-e) 20 € ; plats 9-17 € et pizzas-burgers le w-e 7-11 €.* Dans un doux vallon entouré de montagnes, Maïka a aménagé 6 chambres de très bon confort, toutes avec salle de bains et douche à l'italienne. Chacune est personnalisée et accessoirisée sur le thème du voyage, ce qui n'est pas pour nous déplaire. L'ensemble est coloré et l'atmosphère propice à la détente. Agréable terrasse pour le petit déj et les repas qu'elle concocte à partir de produits locaux. Bibliothèque de livres de voyage, petite piscine dans le jardin avec transats pour se la couler douce, on ne s'ennuiera pas. Un bon point d'ancrage pour rayonner dans le coin.

|●| *Restaurante Concha, « Casa Garras » :* *pl. Concha, 6, 48891* ***Karrantza-Harana.*** *☎ 946-80-62-80. ● casagarras@gmail.com ● Tlj. Résa impérative le soir. Menu déj en sem 12 € ; menu gastro 60 € ; plats 16-30 €.* On entre par le bar du pays, rénové au goût du jour, avant de se réfugier au 1er étage pour s'attabler au choix dans une salle lambrissée à l'ancienne pour le petit menu du midi en semaine ou dans la salle chic pour se régaler d'une cuisine basque authentique et goûteuse, réalisée avec les produits frais du cru. Du poisson, mais aussi une délicieuse *vaca de Karrantza* et des desserts maison (comme la *pantxineta,* un gâteau à la crème et aux amandes). Excellente adresse !

À voir. À faire

Karpin Abentura : *depuis la route BI 630, prendre la BI 4675 vers Biañez ; c'est après le village sur la gauche, dans un virage. ☎ 946-10-70-66 ou 944-47-92-06. ● karpinabentura.com ● De juil à mi-sept, tlj 11h-19h ; le reste de l'année, w-e et vac scol (sauf certains j. fériés) 11h-17h ; fermeture du guichet 1h avt. Prévoir 2h30 de visite, et n'oubliez pas les poussettes ! Entrée : 10 € ; 6 € 4-14 ans ; gratuit moins de 4 ans ; réduc sur présentation du ticket de la cueva de Pozalagua.* À flanc de colline et parfaitement aménagé avec de longues allées, ce grand parc présente la faune et la flore des montagnes basques : loups, rapaces, mouflons, chats sauvages, cerfs... mais aussi léopards, autruches, singes et alligators qui ne font pas trop couleur locale ! En tout, 200 animaux représentant 55 espèces différentes, dans de grands enclos bien tenus et agrémentés de panneaux clairs et didactiques, mais pas en français... La visite se poursuit dans une végétation épaisse où de grands dinosaures en plastique gesticulent et rugissent ! Une aventure étonnante, pendant laquelle on vous explique – à grand renfort de bruitages – la disparition de ces gros bestiaux et l'avènement de l'homme préhistorique. Les gamins sont ravis ! Jeux, aire de pique-nique et snack sur place.

Cueva de Pozalagua (*Pozalaguako koba – grotte*) **:** *depuis la route BI 630, prendre à droite la BI 4678 jusqu'au village de Ranero ; c'est env 3 km après (panneau) par une petite route sinueuse (prudence !). 📱 649-81-16-73. ● cuevadepozalagua.eus ● ♿ Résa impérative. De mi-juin à mi-sept, tlj sauf lun 11h-20h ; le reste de l'année, w-e seulement et vac scol de printemps, jusqu'à 18h ; dernière entrée 1h avt. Visite de 45 mn par groupe de 20 pers max. Entrée : env 7 € ; réduc ; gratuit moins de 8 ans ; réduc sur présentation du ticket de Karpin Abentura.* Découvertes en 1957, ces grottes, que l'on parcourt sur des passerelles, offrent un fabuleux spectacle de stalactites et stalagmites qui parfois se rejoignent pour former d'impressionnantes colonnes ; sans compter d'innombrables cristaux qui scintillent sous les éclairages tamisés... Par ailleurs, le site extérieur offre de très beaux points de vue sur le parc naturel de Armañón : falaises de karst grisâtre, végétation de maquis. De là, on domine toute la Biscaye.

LA VALLÉE D'IBAIZÁBAL (IBAIZABAL)

La vallée d'Ibaizábal a toujours été la principale voie de passage entre le Guipúzcoa et Bilbao. Aujourd'hui encore, elle sert de tracé à l'autoroute A 8-E 70 et à la route N 634. C'est peu dire que le trafic y est ahurissant ! Sur la nationale, on va de zones industrielles en villes grises. L'autoroute, quant à elle,

offre de plus jolis points de vue qui donnent envie de partir à la découverte du coin. À juste titre d'ailleurs, car les villes recèlent de superbes monuments, et du côté des parcs naturels, les montagnes de la Duranguesa sont presque aussi désertes que nos Cévennes. Sauvage comme on aime...

Comment y aller ?

En train

Eusko Tren : *☎ 902-54-32-10. • euskotren.eus •* Cette compagnie dispose d'une ligne ***Bilbao/Donostia – San Sebastián*** qui dessert notamment ***Galdakao, Durango, Berriz, Ermua...*** Compter 1 train/h dans les 2 sens.

En bus

➢ ***Bizkaibus :*** *☎ 902-22-22-65. • bizkaia.eus •* Plusieurs lignes au départ de ***Bilbao*** desservent chaque heure ***Galdakao, Durango*** et ***Elorrio.*** Quant à la sierra de Gorbeia, elle se trouve sur le tracé de la ligne ***Bilbao/Zeanuri*** (ligne A 3925).

LE PARC NATUREL DE GORBEIA (GORBEIA)

Carte Biscaye, C2-3

Partagée entre la Biscaye et l'Álava-Araba, il s'agit d'une vaste zone montagneuse de 20 016 km², culminant au sommet du mont Gorbeia (1 481 m). On y accède par les routes N 240 et BI 625, qui desservent de gentils villages bordant le parc : Dima, Areatza, Artea, Zeanuri, Orozko, etc. ; bref, autant de bases arrière authentiques disposant de *casas rurales,* d'où l'on peut se lancer à la découverte du parc à pied, à VTT, à cheval et en faisant de l'escalade. Car pour sillonner cette nature sauvage et désertique, il existe une foule d'itinéraires balisés, où l'on s'extasie devant des paysages magnifiques : montagnes enrobées de végétation et recélant d'innombrables gouffres, crevasses, falaises et puis cette spectaculaire cascade de Gujuli vers Murgia, de plus de 100 m de haut !
La sierra de Gorbeia est aussi une zone de pâturage pour les brebis, chevaux et bovins, qui trouvent refuge dans de vieilles bergeries. On trouve encore ici des rivières limpides, des forêts de chênes et de hêtres, habitées par une faune riche et diversifiée : du cerf à la grenouille, en passant par les rapaces, les chats sauvages... et les lutins (mais non, on blague !).

Adresse utile

i *Centre d'interprétation du parc :* *Gudarien plaza, 1, à* ***Areatza.*** *☎ 946-73-92-79. • gorbeia.parke.naturala@bizkaia.eus • gorbeiaeuskadi.com • Devant la mairie. Tlj (sauf fériés) 10h-14h, 16h-18h.* Sur 3 niveaux, explications sur la flore et la faune du parc, sa géologie, ses particularités culturelles, sans oublier les principaux sites et les circuits de randonnée. Brochures en français sur les sentiers du parc. Possibilité de louer les services d'un guide.

Où dormir ? Où manger ?
Où acheter de bons produits ?

Casa rural Goikoetxe : *barrio Uribe Zelai, 36, 48144* ***Zeanuri.*** *☎ 944-73-94-80. 📱 620-14-33-27. • goikoetxe2@euskalnet.net • nekatur.*

net/goikoetxe • À 2 km du village par la BI 3530 vers Areatza (fléché à gauche). Doubles avec sdb 46-52 € ; dégressif dès la 2e nuit. Au milieu des forêts et des alpages, ce joli corps de ferme (vieilles poutres et pierre de taille) rénové compte 6 chambres propres et décorées simplement. Cuisine commune (accès payant) et salle à manger avec cheminée. Possibilité d'assister aux travaux de la ferme des proprios et d'acheter des produits du terroir (fromages...) chez les voisins. Le site est aussi le point de passage de plusieurs randonnées pédestres.

Casa rural Etxegorri : *Urigoiti, 8, 48410* ***Orozko.*** *☎ 944-04-60-22. 682-67-24-31. • info@casaruraletxegorri.com • casaruraletxegorri.com • À 8,5 km d'Orozko par la BI 3513, direction Artea, puis à droite vers Urigoiti. Doubles 85-105 €. Dîner sur résa 22 €.* La petite route, via villages, hameaux et vieux *caserios* en pierre, est charmante. Cette *casa rural* moderne n'est peut-être pas la plus authentique mais elle s'avère très confortable. Déco contemporaine depuis le beau salon rouge et noir avec cheminée jusque dans les 6 chambres. Les moins chères avec douche, les autres plus spacieuses avec bains, certaines avec hydromassage ou un poêle. Repas avec les produits maison ou du coin. Une *casa rural* un peu chic. Accueil doux et prévenant.

Hotel rural Osabarena : *Murueta auzoa, 48410* ***Orozko.*** *☎ 946-94-11-46. • info@osabarenahotela.com • osabarenahotela.com • À env 5 km d'Orozko par la BI 2522, direction Bilbao, puis à gauche. Double 75 € ; suites aussi (très chères) ; petits déj 5-9 €. Dîner à la carte env 20 €.* Un « hôtel rural » entièrement rénové au goût du jour, dans un hameau paisible au fond d'un vallon. 5 chambres contemporaines de très bon confort avec douche ou bains, plus 2 belles suites avec jacuzzi, poutres, pierres apparentes et cheminée (à l'éthanol). Une adresse de charme à laquelle il ne manque qu'une vue dégagée. Excellent accueil.

Arrugaeta : *Zubiaur plaza, 8, 48410* ***Orozko.*** *☎ 946-61-00-01. • rte.arrugaeta@hotmail.com • Face à la mairie du village. Tlj, sauf lun en août. Menus du jour 11-14 € le midi en sem selon salle, 25-30 € le w-e ; plats 12-20 €.* Dans la salle derrière le bar, on avale avec les ouvriers du coin un *menú del día* simple et roboratif. Notez que le même menu est servi dans le beau *comedor* chic pour quelques euros de plus, histoire, sans doute, de rembourser la déco ! Accueil un peu rustre et ambiance populaire, quelle que soit la salle. Bien aussi pour un petit déj en terrasse.

Txoko Sagarna : *San Isidro, 2, 48144* ***Zeanuri.*** *☎ 946-31-79-45. Tlj. Menu env 10 € le midi en sem, 18 € le w-e ; dîner (très simple) sur résa ven-sam.* C'est l'épicerie du village, qui vend les produits locaux (légumes, viande, fromage, miel...), fait office de boulangerie, bar à vins, tout en disposant d'un coin resto, très moderne. Tout est fait maison, du pain au dessert, c'est super bon et vraiment pas cher. Une adresse touchante.

LA BISCAYE

À voir

Orozko (OROZKO) *: sur la BI 625.* Quelques belles fermes anciennes, de jolies maisons blasonnées et cette *casa consistorial* du XVIIIe s tout en pierre grise. Dans le quartier de Jauregia *(Jauregia auzoa),* mignon petit ermitage à clocheton. Également un beau *musée ethnographique* sur 3 niveaux, dans le *palacio Legorburu,* qui sert aussi d'*office de tourisme* *(pl. Zubiaur ; ☎ 946-33-98-23 ; • orozkomuseoa.eus • ; juil-août, tlj 10h-14h, 16h-18h ; hors saison, tlj sauf lun 10h-14h, et ven-sam 16h-18h ; GRATUIT).* Demander le livret gratuit en français « Passeport pour le Gorbeia » qui donne toutes les infos sur les activités de la région (randos, musées, grottes, escalades, spéléo...).

Ibarra : *sur les flancs de la sierra.* Croquignolet village de montagne avec de très belles maisons en pierre, une petite église du XVe s, un ancien couvent et un petit ermitage. Dans le hameau voisin d'***Ugalde,*** joli petit moulin ancien avec son bief qui coule tranquille. On a l'impression que la vie s'est arrêtée voilà 3 siècles.

Le col de Bikotzgane : à 565 m d'altitude, superbe panorama sur toute la chaîne de Gorbeia et les monts de Biscaye. Le regard se perd à suivre tous les sentiers tracés dans les centaines d'hectares de forêt parfaitement entretenue...

Artea *(ARTEA)* ***:*** *au pied du col d'Oikotxe.* Du village, prendre la direction d'Orozko puis à gauche. Vous devriez tomber sur le petit *ermitage de Santiago* avec sa statue polychrome de saint Jacques tueur de Maures, chevauchant un blanc destrier. Curieusement, la remarquable *église San Miguel,* en contrebas, est généralement passée sous silence. Injustice profonde. Ce serait dommage de louper son clocher en bois du XVe s, très scandinave, sa belle charpente et sa nef toute simple. À l'intérieur, un chemin de croix du XVIe s, un tabernacle polychrome ancien, un autel en bois et, juste derrière, une statue de san Miguel du XIIIe s. C'est le vieux monsieur de la maison no 2 qui a les clés. Ne le déranger que si vous êtes vraiment intéressé !

Areatza *(AREATZA)* ***:*** possède un minuscule centre ancien. Sur la place du *Centre d'interprétation du parc de Gorbeia* (voir plus haut « Adresse utile »), jeter un œil au *palacio Gortazar,* avec ses fresques baroques du XVIIIe s, et à la mairie. Plus loin, le portail de l'*iglesia San Bartolomé* (XVe s) présente de curieuses statues : la Vierge est presque obèse et saint Pierre a l'air d'un gnome ! L'autre particularité du village, c'est l'édifice de la *escuela Bolívar,* un ancien ermitage bâti en 1924 par le neveu de Simón Bolívar. Ne se visite pas. On peut cependant admirer le joli campanile, alambiqué comme il faut... Et si l'endroit vous plaît, sachez que l'on trouve sur place un pub irlandais sympa, *The Quiet Corner,* à droite de l'église.

Oba : *tt en haut de la vallée au départ de Dima.* Abrite aussi un petit ermitage dédié à saint Antolin, avec une belle statue de Santiago Peregrino (on préfère ça au « tueur de Maures » !).

DURANGO (DURANGO)

(48200) 26 270 hab. *Carte Biscaye, D2*

Véritable forteresse ouvrière, Durango a acquis au XXe s la réputation d'une ville dure. Il est vrai que les idées marxistes et l'idéologie nationaliste y ont toujours fait assez bon ménage... L'aspect industriel de la ville cache néanmoins un charmant centre historique, concentré autour de sa basilique et traversé par une petite rivière. Et, à quelques kilomètres de là, la nature farouche reprend ses droits dans le parc naturel d'Urkiola, à découvrir absolument.

UN PEU D'HISTOIRE

Durango apparaît dans l'histoire au XIIe s, sous le règne de Sanche le Sage, mais le peuplement existait sûrement avant. Il est impossible d'imaginer qu'un tel site, au bord d'une belle rivière, dans une vallée fertile protégée par de fortes montagnes, soit resté inoccupé.
Au XIIIe s, Durango est incorporée dans la seigneurie de Biscaye. Au XVe s, la ville défraie la chronique avec le ***mouvement hérétique du franciscain Alonso de Mella.*** Conformément à beaucoup de mouvements populaires inspirés par les ordres mendiants, l'hérésie de Mella prône la communauté des biens (voire des femmes, mais les avis sont partagés sur la question). Il n'en faut pas plus pour que

la répression s'abatte sur Durango et que flambent les bûchers. Pour faire bonne mesure, on élève la ***croix de Kurutziaga*** (visible au *museo Kurutzesantu*) afin d'implorer le Pardon divin. Au fil des siècles, Durango et ses environs acquirent la réputation d'être une terre de sorciers. À cette époque, la ville est connue pour la compétence de ses tisserands et, dans le sud de la France, les tisserands sont appelés des « duranguiers ». Les forgerons et les travailleurs du fer s'installent par la suite. La ***mode architecturale baroque*** va profiter à la ville, qui devient célèbre dans toute l'Espagne pour la qualité de ses... balcons en fer forgé ! Le début du XIXe s voit le déclin de cette activité, concurrencée par le proche Guipúzcoa. Durango redevient alors un gros bourg agricole. Mais la mécanisation s'en mêle : la tradition des forges renaît, et Durango, grâce à l'agriculture, redevient industrielle. En 1900, c'est un gros bourg de 4 000 habitants. Un siècle après, ils sont plus de 26 000.

La ville a toujours été progressiste. Pendant la 1re guerre carliste, Durango prend position pour les libéraux. Républicaine en 1936, elle devient autonomiste dès les années 1950. Le point d'orgue sera la fête de San Fausto en 1976 : une immense manifestation organisée pour la légalisation de l'*ikurriña* (drapeau basque) entraînera une solide répression et la démission du maire.

Aujourd'hui, Durango est toujours une ville des travailleurs du métal : fonderies et ateliers de mécanique sont les plus gros employeurs de la ville.

UN MOIS AVANT GERNIKA

Prolétaire et basque, Durango est farouchement républicaine, de cette République qui accordera à l'Euskadi sa 1re autonomie. Tout cela explique le bombardement du 31 mars 1937. Ce jour-là, l'aviation allemande pilonne la ville. 1 mois avant Gernika, près d'un millier de civils périssent dans ce qui est la préfiguration des grandes destructions de la Seconde Guerre mondiale. La presse internationale s'en émeut mais, 1 mois plus tard, focalise son attention sur Gernika.

Arriver – Quitter

En train

Estación Eusko Tren : *c/ Geltoki, 8. ☎ 946-20-25-51. • euskotren.eus • En plein centre, tt proche de la vieille ville.*

➢ ***Bilbao*** *(gare d'Atxuri)* ***et Donostia – San Sebastián*** *(gare d'Amara)* : 1 train/h dans les 2 sens sur la ligne Bilbao/Donostia – San Sebastián. Trajet : respectivement 45 mn et 2h.

En bus

Arrêt des bus : *Landako etorbidea, au niveau de Madalena plaza, de part et d'autre de l'avenue selon votre destination.* Ces 2 arrêts sont desservis par 2 compagnies :

■ ***Bizkaibús :*** *☎ 902-22-22-65. • bizkaia.eus •*

➢ ***Bilbao :*** 1-2 bus/h (ligne A 3933) en sem seulement ; le w-e, prendre la ligne A 3923.

➢ ***Elorrio :*** 1 bus/h (ligne A 3923).

➢ ***Markina Xemein et Ondarroa :*** 1 bus/h (ligne A 3915).

■ ***Bus Pesa :*** *☎ 902-12-14-00. • pesa.net •*

➢ ***Bilbao :*** 5-7 bus/j.

➢ ***Donostia – San Sebastián :*** 2 bus/j.

Adresses et info utiles

Oficina de turismo : *Kurutziaga, 38. ☎ 946-03-39-38. • turismodurango.net • Tlj 10h-14h30, et mer-ven 16h-18h30. Fermé lun nov-fév.* Plan de la ville très détaillé, audioguide en français *(env 1 €)*, infos sur le parc naturel d'Urkiola, et visites guidées en espagnol de la ville. Vraiment compétent. Accueil en français. C'est ici que l'on peut voir l'étonnante *croix de Kurutziaga* !

Erreka Mendi Kirolak : *Andra María, 15.* ☎ *946-55-06-49.* • *erreka mendi.com* • *Entre les halles et la rue Kurutziaga. Lun-sam 9h30-13h30, 16h30-20h30. Fermé dim.* Tous les équipements de randonnée : chaussures, vêtements, couteaux, tentes, duvets... Également de bonnes infos sur les itinéraires de la région.

– **Marché (mercado) :** *lun-sam mat sur Azoka plaza, juste derrière la basílica de Santa María.* Plus fourni le samedi.

Où dormir ?

Aterpetxea & Ostatua Errota : *Intxaurrondo, 54.* ☎ *946-21-60-21.* • *errota@errotaostatua.eus* • *errotao statua.eus* • *Au sud de la vieille ville. Réception à la cafétéria à l'arrière. Lits en dortoir 18-25 € ; double avec sdb 54 € ; petit déj en sus. Parking gratuit.* Dans une école dotée d'un gymnase, à 5 mn à pied du centre historique. À la fois une AJ équipée de dortoirs (10-14 lits) nickel, et un hôtel proposant des chambres (2-4 personnes) propres et ouvertes à tous. Sauna et petit cuisine commune à dispo. Cafétéria sur place. Ambiance jeune sympa, idéale pour rencontrer des routards espagnols.

Hotel Olajauregi : *Kurutziaga, 52.* ☎ *946-20-08-64.* • *info@olajau regi.com* • *olajauregi.com* • *Doubles 88-110 €. Menu env 14 € en sem, 33 € le w-e ; plats 7-12 € en terrasse l'été et 16-24 € au resto. Parking gratuit.* Dans un agréable hôtel particulier, une vingtaine de chambres contemporaines, spacieuses et très confortables. Bar et resto chic qui, curieusement, pratique des prix très raisonnables (sauf à la carte). Agréable jardin sur l'arrière... Très bon rapport qualité-prix.

Où manger ? Où boire un verre ?

Les ***bistrots*** se concentrent essentiellement sur *Goien kalea,* en plein cœur de la vieille ville. Avec les habitués du coin, on s'y envoie des verres de vin du pays, que l'on éponge à l'aide de *pintxos* et *bocadillos,* le tout à des prix démocratiques. Mais attention, vous êtes dans une ville ouvrière, et en semaine, à 22h, tout (ou presque) est fermé. En revanche, le jeudi soir c'est la soirée « *pintxo-pote* », soit un *pintxo* offert pour une conso ! Et le week-end, c'est la fiesta...

Anboto Jatetxea : *Goien kalea, 14.* ☎ *946-81-10-20.* • *anboto@anboto-jatetxea.eu* • *Tlj sauf mar pour le bar à pintxos ; resto le midi, plus le soir ven-sam. Menus 10,50 € le midi, 19-25 € le soir ; plats 10-18 €.* Dans une ruelle de la vieille ville, on traverse le bar avec ses jambons suspendus, pour grimper un escalier plein de vieilles photos jusqu'à une salle de resto chaleureuse. Dans l'assiette, délicieuse cuisine basque, typique et familiale, concoctée simplement avec les produits frais de la saison. Bon rapport qualité-prix-accueil.

Restaurante Gaztelua : *Herriko Gudarien, 1.* ☎ *946-81-67-22.* • *restaurante.gaztelua@gmail.com* • *Tlj sauf dim, midi et soir. Plats 15-25 €.* Une adresse discrète fréquentée principalement par les locaux qui veulent se faire plaisir. Passé le bar à *pintxos,* petite salle sobrement contemporaine pour déguster une cuisine savoureuse à défaut d'originalité, concoctée avec soin à base de produits frais de qualité. Service assuré par le patron et sa femme, soucieux du « bien manger » de leurs hôtes. Un poil cher avec entrée et dessert mais une valeur sûre pour un bon repas assis et au calme.

LA BISCAYE

À voir

La rue Kurutziaga : vous y verrez, au n° 38, dans l'enceinte de l'office de tourisme installé dans une église du XVe s, le petit ***museo Kurutzesantu*** *(ouv aux* *mêmes horaires, plus w-e 16h30-18h30 ; GRATUIT),* qui abrite l'étonnante *croix de Kurutziaga,* calvaire gothique typique des XVe-XVIe s. Lire notre paragraphe consacré au mouvement hérétique d'Alonso de Mella dans « Un peu d'histoire », plus haut. Ne la manquez pas, la croix est très belle et son histoire s'avère passionnante, quoique assez mystérieuse. En tout cas, sa partie inférieure symbolise l'Ancien Testament, surmontée des apôtres et du Nouveau Testament. On y voit aussi l'archange expulsant Ève du Paradis. Il existe d'autres répliques de cette croix, notamment à Portugalete (entre Getxo et Bilbao). Sachez enfin qu'en 1981 elle fut victime d'un attentat : c'est vous dire ce qu'elle représente encore comme pouvoir symbolique !

Basílica de Santa María : *tlj 9h-13h.* Construite au XVIe s, elle est flanquée d'une halle en bois dotée d'une superbe charpente ! C'est le point de rendez-vous de toutes les générations : les enfants jouent en se bousculant devant leurs jeunes parents qui les surveillent du coin de l'œil, alors que les vieux papotent tranquillement. Là se tenait évidemment le marché au Moyen Âge... À l'intérieur, l'imposante nef gothique voisine avec un retable Renaissance dégoulinant de dorures.

Le centre historique : derrière la basílica de Santa María, sur Azoka plaza, le *marché* est assez sympa avec ses arcades, ses fresques naïves et son... terrain de basket (basquette ?). Sur une petite place, Zehar kalea, très bel édifice blasonné et à arcades de l'*udaletxea* (la mairie). La façade est entièrement recouverte de stucs et de fresques du XVIIIe s, très restaurées, avec des angelots joufflus et des drapés imposants. Autre belle *maison blasonnée* à côté du musée d'Art et d'Histoire, avec une plaque rappelant la naissance à cet endroit de Bruno Mauricio Zabala, le fondateur de Montevideo (la rue porte d'ailleurs son nom).

Museo de Arte e Historia : *San Agustinalde, 16. ☎ 946-03-00-20. Tlj sauf dim ap-m et lun 10h-13h (11h-14h le w-e), 17h-20h. GRATUIT.* Installé dans le palais d'Etxezarreta (XVIIIe s), ce petit musée regroupe, sur 3 niveaux, une maquette de Durango au XVe s, des documents historiques et quelques peintures anciennes. Au dernier étage, on aperçoit la belle charpente. Expos temporaires de peintures avec cependant un petit fonds permanent (on a bien aimé *El Comedor,* de María Purificación Herrero !).

Iglesia y plaza Santa Ana : *à l'entrée du centre historique.* C'est certainement l'un des plus charmants endroits de Durango. On y découvre, outre l'église du XVIe s *(messe mar-jeu et sam à 19h, dim à 13h),* la dernière des anciennes portes de la ville et un vieux pont sur la rivière. Tout à côté, quelques jolies maisons sur Balbino Garitaonaindia plaza.

Ezkurdi plaza est le centre névralgique de la ville, juste à côté du centre ancien, débouchant sur la gare et les quartiers modernes. N'y manquez pas, au no 10, la façade de la *Caja Laboral* et ses statues surdimensionnées.

LA BISCAYE

Fêtes et manifestations

– **Ardo Saltsan :** *début mars.* Fête du vin et des spécialités régionales.
– **Euskal Astea** *(Semaine basque)* **:** *mi-juin.* Autour d'une foire agricole, nombreuses manifestations folkloriques, *bertsolariak* (improvisations), théâtre, etc.
– **Fête de San Fausto :** *13 oct.* C'est la fête principale : épreuves de force basque, parties de pelote, musique, marché...
– **Durangoko Azoka et Euskal Denda** *(festival du Livre et du Disque basques)* **:** *début déc.* Créé en 1965, c'est le festival le plus important de l'année, un rassemblement des artistes, musiciens, écrivains et éditeurs de langue basque. En même temps a lieu l'*Euskal Denda,* une foire de l'artisanat.

DANS LES ENVIRONS DE DURANGO (DURANGO)

Garai (GARAI) **:** charmant et tranquille village de montagne, à 5,6 km de Durango. Un promontoire offre un très beau point de vue sur la vallée de Durango, surplombée par les montagnes alentour. Belle maison du XVIIe s et église gothique fortifiée qui domine la vallée.

Herriko Jatetxea : *San Miguel auzoa, 20, 48200. ☎ 946-81-25-80. Tlj sauf lun. Congés : 3 sem en août. Menu déj en sem env 11,50 € ; plats 14-23 €, et viande et poisson au poids.* Cette auberge offre, de sa grande baie vitrée, un superbe point de vue sur la vallée. Côté fourneaux, on sert une très bonne cuisine locale à prix très corrects. Les familles y viennent pour le repas dominical qui commence vers 15h et semble ne jamais se terminer ! Service efficace et adorable.

LE PARC NATUREL D'URKIOLA

Carte Biscaye, C-D2-3

Classée en 1989, la sierra d'Urkiola est une zone magnifique particulièrement sauvage, peu peuplée, et enserrée entre 2 routes : la N 240 et la GI 627. Avec 6 000 ha de vallées, forêts, pâturages, lac, falaises, grottes, cols et montagnes calcaires culminant à 1 330 m, ce véritable sanctuaire de la nature éclatante se distingue aussi par ses ressources culturelles, historiques et archéologiques. Le col d'Urkiola est situé au centre exact de la ligne de partage des eaux du pays : entre l'océan Atlantique et la mer Méditerranée. Les itinéraires de découverte sont nombreux et gradués selon le niveau de chacun : à pied, à VTT, à cheval, en escalade...

Adresse utile

Maison du parc – Centro de interpretación Toki Alai : ***col d'Urkiola.*** *☎ 946-81-41-55. • urkiola.net • Face à l'entrée du sanctuaire d'Urkiola, prendre le chemin qui monte à gauche du resto* Bizkarra, *c'est tt en haut. Avr-oct, tlj 10h-14h, 16h-18h ; nov-mars, tlj 10h30-14h30, 15h30-17h30.* Toutes les infos sur le parc naturel d'Urkiola, les horaires des bus, les choses à voir absolument, les hébergements, restos, sans oublier les itinéraires de randonnée pédestre (dont certains partent d'ici), VTT, escalade... Vente de topoguides, cartes, livres sur la faune et la flore (peu chers). Le centre d'interprétation présente aussi la géographie (maquette) et la géologie du parc, les espèces végétales et animales rencontrées, projection de films, etc.

Où dormir ? Où manger ?

Casa rural Kerizara : *barrio Kerizara, 2, 48210* ***Otxandio.*** *☎ 945-46-14-12. 📱 605-77-14-79. • info@kerizara.es • kerizara.es • Double env 45 €. Apparts 4-6 pers 80-91 €. CB refusées.* Une ferme très bien restaurée, entourée d'une belle pelouse. Juste derrière, une dépendance du même style renferme plusieurs jolies chambres impeccables le long d'une coursive, et au rez-de-chaussée 3 appartements équipés de cuisine, salon-salle à manger et cheminée. Chaque hébergement possède salle de bains, chauffage et une agréable terrasse sur le jardin. Jeux pour enfants, hamacs, barbecue... Idéal

LA BISCAYE

pour une famille ou un groupe d'amis. Bon rapport qualité-prix.

Gure Etxea Jatetxea : *Urigoiena, 13, 48210* ***Otxandio.*** *☎ 945-45-02-00. Tt au bout de la rue piétonne centrale quand on vient de la place principale. Tlj le midi, plus ven-sam soir. Menus 11 € le midi en sem, 20-25 € le w-e.* C'est le seul vrai resto du village. Bonne et copieuse cuisine familiale de pays servie à prix doux dans une salle classique en briquette rouge. Également des sandwichs pour un repas sur le pouce. Bien pour reprendre des forces en visitant le parc.

À voir

Otxandio : dans le centre ancien, entièrement piéton, voir la belle place Nagusia avec son église, son vieux fronton, sa *casa consistorial* blasonnée à arcades, son ancienne halle à colonnes et ses petits cafés sympa en terrasse (***Danoena*** sert des *pintxos* – et non des yaourts !).

Santuario de Urkiola : *au* ***col d'Urkiola.*** Également appelé « sanctuaire des Antoine », pour saint Antoine et saint Antoine de Padoue, cette grande église affiche un curieux mélange de styles, du XVIe s à nos jours. On y a toujours fait des travaux, histoire de montrer une ferveur inébranlable, et le sanctuaire garde encore un aspect inachevé... L'intérieur ne plaira qu'aux amateurs de fresques et vitraux modernes. Non loin de là, ***jolie vue*** depuis l'*ermita de Cristo.* Cérémonies importantes le 17 janvier (Saint-Antoine), le 13 juin (Saint-Antoine-de-Padoue) et le 2e dimanche de juillet, jour de la bénédiction des enfants de la région.

ELORRIO (ELORRIO)

(48230) 7 110 hab. *Carte Biscaye, D2*

Entourée de montagnes et posée sur un écrin de verdure, Elorrio mérite un petit détour pour son patrimoine architectural – unique en Biscaye – essentiellement composé de superbes églises et d'étonnants palais blasonnés des XVIe, XVIIe et XVIIIe s le long de sa rue piétonne principale.
– Grand parking gratuit face à la basilique.

Arriver – Quitter

En bus

Arrêt Bizkaibús : *c/ San Pío X, à l'entrée du centre historique. ☎ 902-22-22-65. • bizkaia.eus •*
➢ **Durango et Bilbao :** 1 bus/h (ligne A 3923).

Adresses utiles

Oficina de turismo : *Berri-Otxoa kalea, 15. ☎ 946-82-01-64. • visitelorrio.com • Tte l'année, mar-sam 10h30-14h, 16h-18h ; dim 10h-14h. Fermé lun.* Infos, plan de la ville avec itinéraire des croix sculptées et visites guidées sur demande.

Erreka Mendi Kirolak : *Erreka, 23. ☎ 946-82-06-11. • errekamendi.com • Tlj sauf sam ap-m et dim 10h-13h30, 17h-20h30.* On trouve dans cette boutique l'équipement du parfait randonneur : chaussures, vêtements, couteaux, tentes, duvets... Également de bons conseils sur les circuits du coin.

Où dormir ? Où manger ?

Hotel Elorrio : *San Agustín auzoa. ☎ 946-23-15-55. • info@hotelelorrio.com • hotelelorrio.com • Direction Durango, juste à droite de l'église San Agustín de Etxebarria. Doubles 69-72 €. Menu midi et soir 12 € en sem, 24 € le w-e.* Ce bâtiment moderne et sans charme, à la sortie de la ville, abrite néanmoins des chambres spacieuses et confortables. Certes, pas de vieilles pierres, mais on est juste à côté de la belle église San Agustín. Au resto, grande salle qui se veut un brin classe, où on sert midi et soir un bon *menú del día*.

Tanger : *Ibaikua, 8. ☎ 946-82-00-52. Au bout de la rue de l'office de tourisme, à l'angle de Txantxibiri. Ouv le midi tlj, et le soir mar-sam. Congés : 2 sem mi-août. Menu déj env 11 € en sem, 12,50 € le sam et 22 € le dim ; le soir, plats à la carte 10-22 €.* À un joli carrefour, un sympathique bistrot de campagne en pleine ville. Dans l'assiette, des plats basques typiques et très corrects. Une bonne adresse à prix raisonnables. Accueil adorable.

À voir

Basílica de la Purísima Concepción : *Herriko plaza, face à la mairie. Tlj 9h30-18h (messes lun-ven à 18h30-19h et dim à 11h30).* Superbe église typiquement biscayenne, avec son auvent à colonnes de grès lisses. Elle fut construite aux XVe-XVIe s en adoptant successivement le style gothique puis Renaissance. À l'intérieur, si vous n'êtes pas impressionné par la voûte à faisceaux croisés en étoile, vous le serez certainement par le retable doré, l'un des plus tartinés de dorures du Pays basque. On peut verser son obole pour l'éclairer, mais on l'a trouvé plus intéressant (et moins aveuglant) dans la pénombre... Ne surtout pas louper l'incroyable autel, de style pseudo-oriental, dédié à saint Valentin de Berriotxoa. La fresque évoque sa décapitation au Vietnam en 1861. C'est l'unique saint de toute la Biscaye, canonisé en 1988.

Le centre ancien : jolie *udaletxea* (mairie) à arcades et fronton ancien sur la place Herriko. Plusieurs bars avec une terrasse. En prenant la Berri-Otxoa kalea, on découvre quelques très beaux palais, à commencer par le *palacio Urkizu* qui abrite la banque *Caja Laboral* (admirer la porte sculptée au no 5). Juste en face, une intéressante maison blasonnée. Et puis en remontant la rue, d'autres beaux palais, chacun flanqué du blason de la famille qui l'occupait à l'origine. Au bout de la rue, un calvaire du XVe s, avec son imposante colonne torsadée et, juste à côté, encore un beau palais avec une tête de cheval qui orne la porte des écuries.

Iglesia San Agustín de Etxebarria : *à l'entrée d'Elorrio, en arrivant de Durango. Ouv seulement pour la messe du dim 11h-13h et pour les visites guidées organisées par l'office de tourisme.* Ne manquez pas cet ensemble magnifique construit au XIe s et remanié aux XIVe et XVIIIe s. Plus que l'auvent, ses jolies colonnes de pierre et sa très belle charpente, c'est l'architecture simple de la nef et le retable où figurent les statues de saint Augustin et de sa mère, sainte Monique, qui attirent le regard. Sur un mur, 2 fragments de peintures murales médiévales.

Fêtes

- **Fête de San Valentino de Berriotxoa :** *4 juil.*
- **Fêtes des Errebonbillos :** *1er dim d'oct.* On tire en l'air des coups de feu à blanc.

DANS LES ENVIRONS D'ELORRIO (ELORRIO)

La nécropole d'Argiñeta et l'ermitage San Adrián : *barrio Zenita, à 1,5 km au nord. Très bien signalé partout en ville (panneaux de couleur rose).*
La nécropole, en plein air, regroupe 23 sarcophages en pierre des VIIe-IXe s d'origine wisigothe et des stèles discoïdales basques, dont une très rare, de forme triangulaire, certainement associées à des rites funéraires perdus... Quelques sarcophages présentent des inscriptions, à peine lisibles, avec des dates. Et l'un d'entre eux est peu courant, à 2 places, vraisemblablement pour des époux. Explications en espagnol bien faites.
Quant au vieil ermitage San Adrián, il est surtout célèbre pour sa ***fête du 1er dimanche d'août,*** avec barbecue et... jeu de boules ! C'est le seul jour où il est ouvert.

La voie verte d'Arrazola : *d'Elorrio, par la route BI 636 jusqu'à Apatamonasterio puis à gauche par la BI 4332 jusqu'à Arrazola.* Ce sentier de 5 km, à parcourir à pied ou à vélo, traverse la sublime vallée d'Arrazola, qui s'étire au pied de la montagne Anboto. Ce tracé était celui d'un ancien chemin de fer qui évacuait les minerais de plomb, de cuivre et de fer exploités dans les mines alentour, dont l'activité cessa vers 1925. C'est aujourd'hui l'occasion d'une charmante balade au milieu des prairies et forêts.

L'ÁLAVA (ARABA)

• Carte p. 518-519

Même si l'Álava possède tous les atouts des autres provinces, elle reste néanmoins méconnue et peu fréquentée par les touristes. Et pourtant ! Entre la grande diversité de paysages où se nichent de beaux parcs nationaux, les montagnes et les vignobles, les fiers édifices des villages fortifiés, les églises romanes et les palais de la Renaissance... il y a fort à faire et à voir. Depuis toujours l'Álava a été une voie de passage entre la Côte basque et l'intérieur de la péninsule Ibérique, mais aussi vers la Navarre et les Pyrénées. Aujourd'hui encore, la province est traversée d'est en ouest par la N 1 (Irun-Madrid) et du nord au sud par l'A 68 (Bilbao-Saragosse). Hormis ces 2 grands axes, seul un lacis de petites routes sillonne une campagne belle et sauvage.
Alors, un bon conseil : sortez de l'*autovía* et aventurez-vous vers ces villes au caractère bien trempé, ces ermitages perdus, ou ces parcs nationaux de toute beauté.

UN PEU D'HISTOIRE

Un peu d'histoire, et beaucoup de géographie. L'Álava est une plaine alluviale entourée de montagnes sur les 3/4 de sa circonférence. Au nord, les sierras de Gorbeia, d'Arangio et d'Urkiola joignent les monts Cantabriques et les Pyrénées, à tel point qu'on ne sait plus très bien si l'on est encore dans les uns ou déjà dans les autres. 1er barrage naturel entre la Navarre et le León. À l'est, encore 3 sierras pour séparer Álava et Navarre : d'Urbasa, de Lokia, de Kodes. À l'ouest, même configuration : sierras d'Arkamo, de Sabalda et d'Arcena. Au sud, la plaine de l'Èbre ; avant, on se balade souvent entre 1 000 et 1 500 m.
Cette situation explique que, dès le Néolithique, des hommes s'installent dans cette plaine fertile dont les montagnes servent de remparts. Pas assez toutefois pour éviter que ne débarquent les peuples celtes et ibères à l'âge du fer, qui vont s'installer sur tous les pitons de la plaine. Bagarreurs, ils n'empêcheront pourtant pas les Romains de conquérir l'Álava quelques siècles plus tard. Ces derniers s'installent dans la plaine et y font même passer l'un de leurs grands axes, la voie Bordeaux-Astorga, et construisent sur le site d'Iruña. Au début de notre ère, l'Álava est déjà bien civilisée et riche de ses terres à blé et à vignobles.
Les ***Wisigoths,*** pas si fous, viennent s'emparer de tout ça. Le roi Léovigild rase Iruña et crée Vitoria, entre autres joyeusetés. Lors de l'éclatement des royaumes wisigoths, l'Álava tombe sous la coupe du roi des Asturies et devient le théâtre d'opérations pendant les guerres de reconquête. Le territoire finit par tomber au Xe s pour devenir, en 1023, un comté et un diocèse dépendant de l'autorité du ***roi Sanche le Grand.*** Après sa mort, ses fils se partagent le royaume et commencent à se disputer l'héritage. Résultat, pendant un siècle, l'Álava va faire le yo-yo entre mains navarraises et mains castillanes, avant d'échouer définitivement dans les mains du roi de Castille.
Les Castillans tenaient beaucoup à l'Álava : elle leur offrait un débouché vers les ports de Biscaye et du Guipúzcoa. Aussi déplacèrent-ils le siège de l'évêché à Calahorra, en Rioja, et confisquèrent-ils toutes les terres de l'Église pour les donner à des seigneurs castillans et alavais fidèles. Ce ne fut

pourtant pas suffisant et, à la fin du XIIe s, l'Álava redevient possession du roi de Navarre, qui octroie des *fueros* à la plupart des villes. Un siècle plus tard, l'Álava est définitivement castillane et Pamplona, ville navarraise sous contrôle de la Castille.
De cette époque date la création du comté de Treviño, au cœur de l'Álava, aujourd'hui encore administrativement dépendant de Burgos. Ce qui énerve de nombreux Basques et explique ces graffitis le long des routes : « Trebiño, Gibraltar de l'Álava. » Rien de moins !
Sur les terres fertiles s'est bâtie une économie essentiellement agricole. Cela a permis l'enrichissement de ***quelques grandes familles*** – les ***Mendoza,*** les ***Guevara,*** les ***Ayala*** (ceux du champagne) – et la prospérité de toute la province comme en témoignent les nombreuses maisons blasonnées et les églises somptueusement ornées. Cette richesse a été répartie sans trop de heurts, grâce à des séries d'accords passés du XVe au XVIIIe s entre les grandes familles nobles et les ***Hermandades*** (associations d'habitants), chacun veillant jalousement sur ses prérogatives. Ces accords ont délimité des ***Cuadrillas*** (le terme signifie « bande », montrant par là que les gens qui vivaient dans une zone s'entendaient bien).
Le XIXe s passera sur l'Álava sans laisser trop de traces, sauf à Vitoria-Gasteiz et au nord, où le secteur de Llodio (Laudio) s'est industrialisé en raison de sa proximité avec la Biscaye.
L'implantation de la capitale de la *Communauté autonome basque* à ***Vitoria-Gasteiz*** est venue ajouter une dimension administrative et universitaire à cette économie rurale. Aujourd'hui, l'Álava dispose de nombreux atouts, dont un réseau de communications qui fait de cette région le principal carrefour entre Madrid et le nord de l'Espagne. Ajoutez à cela les prix de l'immobilier à un taux raisonnable et vous comprendrez pourquoi, à Vitoria et dans les alentours, maisons, pavillons et tours poussent comme des champignons.

Bon à savoir

L'Álava (3 037 km^2) est divisée en 7 districts, les *cuadrillas.* La *cuadrilla* de Vitoria-Gasteiz regroupe plus de 246 000 des 324 000 habitants de la province. C'est dire que dans le reste de la province, on n'est pas gêné par la foule !
- Le patrimoine religieux est exceptionnel : on rencontre des centaines d'églises superbes construites entre les XIe et XVIIe s. Malheureusement toujours fermées sauf au moment des messes, on ne peut y entrer que lors des visites guidées organisées par les offices de tourisme.
- La province compte ***seulement 3 campings*** ! Et le camping sauvage est interdit.
- 2 sites bien conçus et complets (en espagnol et/ou français) : ● *alavaturismo.eus* ● et ● *tourisme.euskadi.eus* ● Vous y trouverez toutes les infos touristiques, culturelles et pratiques.
- Tous les musées dépendant de la *Diputación Foral* sont gratuits.
- Les paysages et les routes de l'Álava se prêtent bien à une exploration à vélo... à condition toutefois d'avoir les mollets bien musclés pour affronter les reliefs, notamment dans le nord de la province.

VITORIA-GASTEIZ ET SES ENVIRONS

Cette plaine qui entoure Vitoria-Gasteiz dans un rayon de 15 km est, pour l'essentiel, le rayon des balades d'une journée en voiture, en bus ou à vélo.

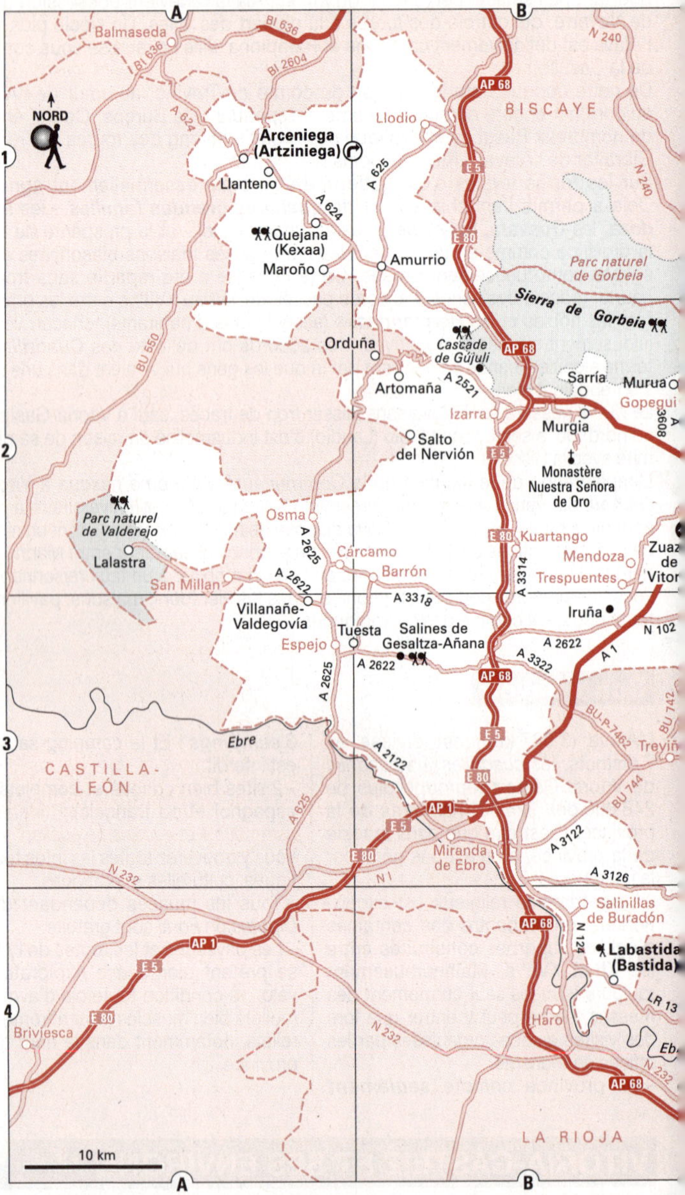
A
B
1
2
3
4
NORD
Balmaseda
BI 636
BI 2604
A 624
BISCAYE
N 240
AP 68
Llodio
Arceniega
(Artziniega)
Llanteno
A 625
E 5
E 80
Quejana
(Kexaa)
Maroño
Amurrio
Parc naturel
de Gorbeia
Sierra de Gorbeia
BU 550
Orduña
Cascade
de Gújuli
Artomaña
A 2521
Sarría
Murua
Gopegui
A 3608
Izarra
Murgia
Salto
del Nervión
Monastère
Nuestra Señora
de Oro
Parc naturel
de Valderejo
Lalastra
Osma
A 2625
Cárcamo
Kuartango
Mendoza
Zuaz
de
Vitor
A 3314
Trespuentes
Barrón
San Millan
A 2622
A 3318
Iruña
Villanañe-
Valdegovía
Tuesta
Salines de
Gesaltza-Añana
N 102
Espejo
A 3322
A 1
BU-P-7462
BU 742
Treviñ
Ebre
A 2122
CASTILLA-
LEÓN
BU 744
AP 1
Miranda
de Ebro
A 3122
N 232
N I
A 3126
Salinillas
de Buradón
N 124
Labastida
(Bastida)
LR 13
Haro
Brivesca
AP 68
LA RIOJA
10 km

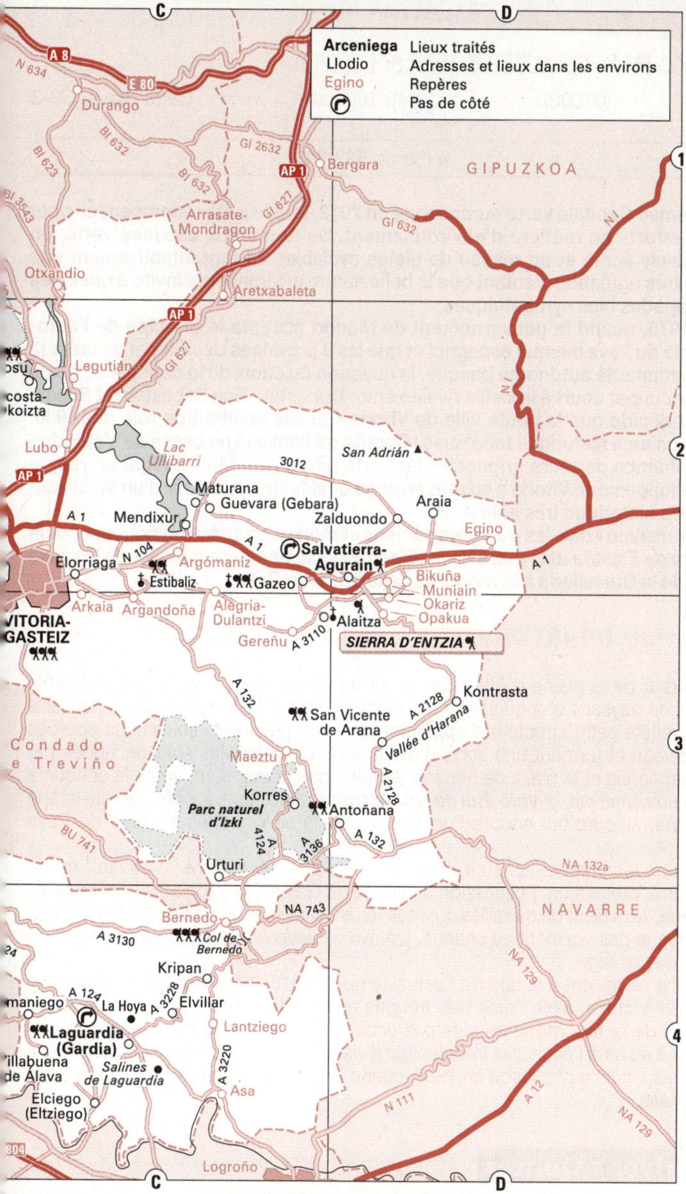

L'ÁLAVA (ARABA)

VITORIA-GASTEIZ (GASTEIZ)

(01000) 249 180 hab. *Carte Álava, C2-3*

• Plan *p. 522-523*

Nommée Capitale verte européenne en 2012, la ville a été récompensée pour ses efforts en matière d'environnement. De nombreux espaces verts, un tramway écolo et un réseau de pistes cyclables en font effectivement une ville très agréable, d'autant que la belle nature environnante invite à quelques escapades bien sympathiques.
En 1976, quand le gouvernement de Madrid accepta le principe de l'autonomie du Pays basque espagnol et que les 3 provinces décidèrent de créer la Communauté autonome basque, la question du choix de la capitale se posa. Pour couper court à la vieille rivalité entre Donostia – San Sebastián et Bilbao, il fut décidé que la petite ville de Vitoria-Gasteiz tiendrait ce rôle dès 1980. Une chance historique fabuleuse ! Depuis, sa banlieue ne cesse de s'étendre, les champs de tours grignotant les verts pâturages. Mais malgré un rapide développement, Vitoria a su préserver sa qualité de vie, autour d'un séduisant centre historique très animé.
La transition entre les quartiers anciens et modernes se fait en douceur par la *plaza de España* et la *plaza de la Virgen Blanca,* permettant d'aller de la vieille rue de la Cuchillería à la moderne calle Eduardo Dato.

UN PEU D'HISTOIRE

Au cœur de la plaine d'Álava, la colline de Vitoria était le seul refuge possible pour les paysans et a dû abriter un oppidum celte. D'ailleurs, le plan de la vieille ville reflète cette structure d'oppidum. Les rues, parallèles, suivent les courbes de niveau et forment une sorte d'ovale dont les extrémités sont occupées par la cathédrale et la plaza de España. Au pied de cet oppidum, après la conquête romaine, passait la ***voie Bordeaux-Astorga*** avec, tout à côté, la ville-étape d'Iruña, aujourd'hui encore l'un des plus jolis sites archéologiques du Pays basque.
Ensuite, les chroniques sont muettes jusqu'au XIe s. Sanche le Savant, roi de Navarre, prend alors possession du village de Gasteiz : il y fonde la ville de ***Nova Vitoria,*** qu'il ceint de murailles. En redevenant castillane un siècle plus tard, Vitoria ne gagne pas vraiment au change. L'Álava va devenir une sorte de grenier et de voie de passage...
La ville ne revient à la une de l'actualité qu'en 1813 : Wellington y remporte une terrible victoire, avec l'aide des troupes espagnoles. ***Pour Napoléon, c'est le début de la fin.*** Vitoria ne sera pas occupée par les carlistes, et la ville s'évertuera à rester à l'écart des troubles qui divisent l'Espagne à cette époque. Puis, à nouveau, calme plat jusqu'en 1980, quand la petite ville de province devient une ***capitale.***

L'ÁLAVA

Arriver – Quitter

En avion

✈ ***Aéroport :*** *à 8 km du centre-ville.* • *aena.es* • Très peu desservi, seulement par *Iberia* (et quelques vols sur l'Europe avec *Ryanair*). Théoriquement, liaison en bus avec le centre selon horaires de vol (3 €). Sinon, taxis (compter 15-18 €).

– Le plus simple est d'atterrir à Bilbao (mieux desservi), puis de louer une voiture.

En train

Estación RENFE *(plan C4)* **:** *pl. de la Estación. ● renfe.com ●*
➢ ***Irun :*** env 7 liaisons/j. en *Intercity* ou en *Alvia*. Durée : 2h-3h15.
➢ ***Pamplona :*** 5-8 liaisons/j. 9h50-19h. Plus 2 départs de Vitoria à 7h20 sam. Durée : 1h-1h15.
➢ ***Donostia – San Sebastián :*** 7-8 liaisons/j. (mieux qu'en bus). Durée : 1h30-1h50.
➢ ***Burgos :*** env 12 trains/j. 6h45-20h45. Durée : 1h10-1h30. On arrive à la gare de Burgos-Rosa de Lima, gare moderne située à 6 km au nord de la ville.
➢ ***Bilbao :*** aucune liaison directe en train, prendre le bus.

En bus

Estación de autobuses *(hors plan par B1)* **:** *Euskaltzaindia plaza, 70A. ☎ 945-16-16-66. Tlj 6h-minuit.* Consigne (horaires limités). Plusieurs lignes nationales, locales et internationales desservent Vitoria. Pour connaître ttes les liaisons, consulter *● araba.eus/alavabus ●*
➢ ***Bilbao*** départ ttes les 30 ou 45 mn avec *La Unίon (☎ 945-26-46-26 ; ● autobuseslaunion.com ●).* Durée : 1h15-1h30.
➢ ***Donostia – San Sebastián :*** env 15 bus/j. 5h45-22h45 avec *Pesa (☎ 900-12-14-00 ; ● pesa.net ●).* Durée : 1h20-1h45. Et quelques bus *avec Alsa (● alsa.es ●).*
➢ Et aussi : ***Vigo*** (Galice) avec *Vibasa (● monbus.es ●),* ***Burgos*** et ***Salamanque*** avec *Alsa (● alsa.es ●).*

Adresse utile

Oficina de turismo *(plan C3)* **:** *pl. de España, 1. ☎ 945-16-15-98 ou 99. ● vitoria-gasteiz.org/turismo ● Semaine sainte et juil-sept, tlj 10h-20h (19h Semaine sainte) ; oct-juin, lun-sam 10h-18h (19h sam), dim 10h-14h.* Excellent accueil, riche documentation sur les hébergements, randonnées, fêtes et spectacles. Nombreuses infos sur les visites présentées par thèmes, et formidables visites guidées en été (y compris pour les personnes présentant un handicap). Un office de tourisme au top !

Où dormir ?

Camping

Camping Ibaia : *ctra N 102, 01195* ***Zuazo de Vitoria*** *(ZUHATZU). ☎ 945-14-76-20. ● info@campingibaia.com ● campingibaia.com ● À env 7 km du centre-ville, sur la N 102 vers Burgos. Desservi par aucun bus. Ouv tte l'année. Compter env 25 € pour 2 avec tente et voiture. Bungalow 2 pers min 60 €.* Au sud-ouest de la ville, en retrait d'une route nationale, à côté d'une station-service. Heureusement, une fois à l'intérieur, le terrain vert et ombragé invite à planter sa tente ou à garer son camping-car. Accueil cordial. Sanitaires propres et fonctionnels. Abrite aussi un bar, un resto, une épicerie. Possibilité de louer des mobile homes.

Bon marché

Hotel Arts Gasteiz *(plan C2,* ***11****)* **:** *c/ Colegio San Prudencio, 2, 01001. ☎ 945-25-17-00. ● reservas@hotelarts-gasteizcentro.com ● hotelarts-gasteizcentro.com ● Double avec sdb env 55 €. Parking proche 12 €.* Idéalement situé au cœur du quartier historique, dans une rue calme cependant, cet hôtel totalement relooké dispose de chambres spacieuses et confortables, décorées par une artiste locale (jusque sur la façade).
Pensión Casa 400 *(plan C4,* ***13****)* **:** *c/ Florida, 46, 01005. ☎ 945-23-38-87.*

■ **Adresse utile**

ℹ Oficina de turismo (C3)

Où dormir ?

11 Hotel Arts Gasteiz (C2)
12 Hotel Dato (C4)
13 Pensión Casa 400 (C4)
15 B & B Casa de Los Arquillos (C2-3)

Où manger ?

20 Toloño (C2)
21 Sagartoki (B3)
22 La Malquerida (C2)
23 Restaurante Virgen Blanca (C3)
24 Senda (B4)
25 PerretxiCo (B3)
26 Bar Txiki (D3-4)
27 Arkupe (C2-3)
28 Asador Matxete (C2)
29 El Portalón (C1)
30 Zaldiaran (A3)
31 El 7 (C2)

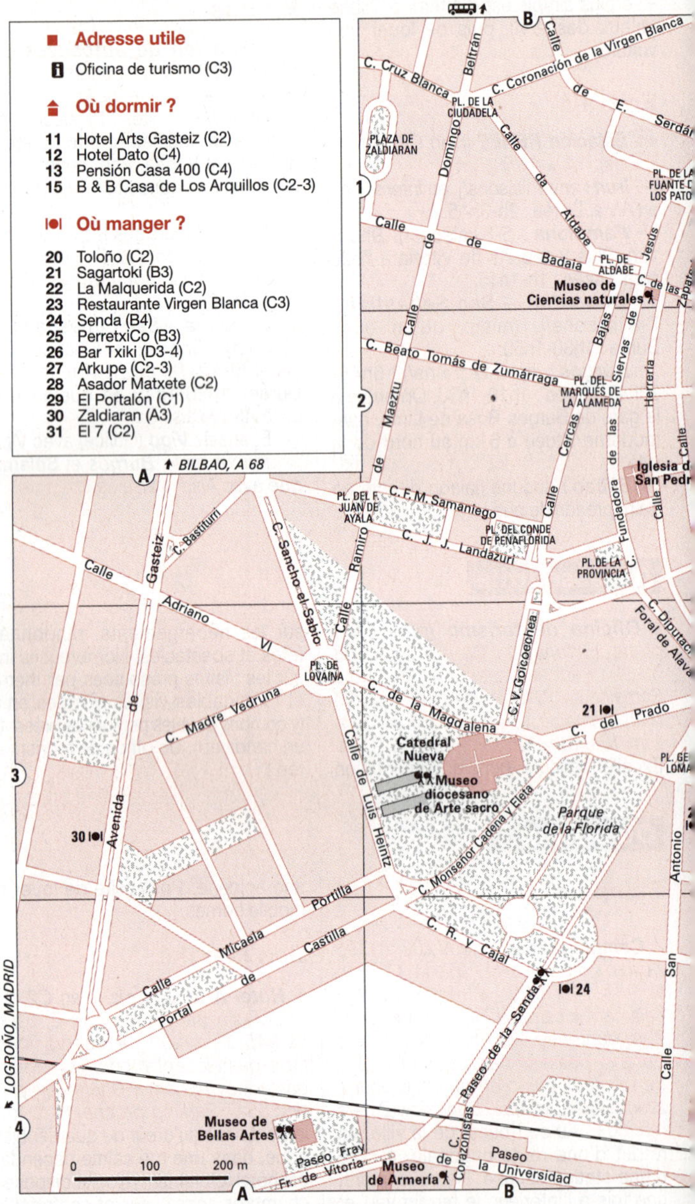

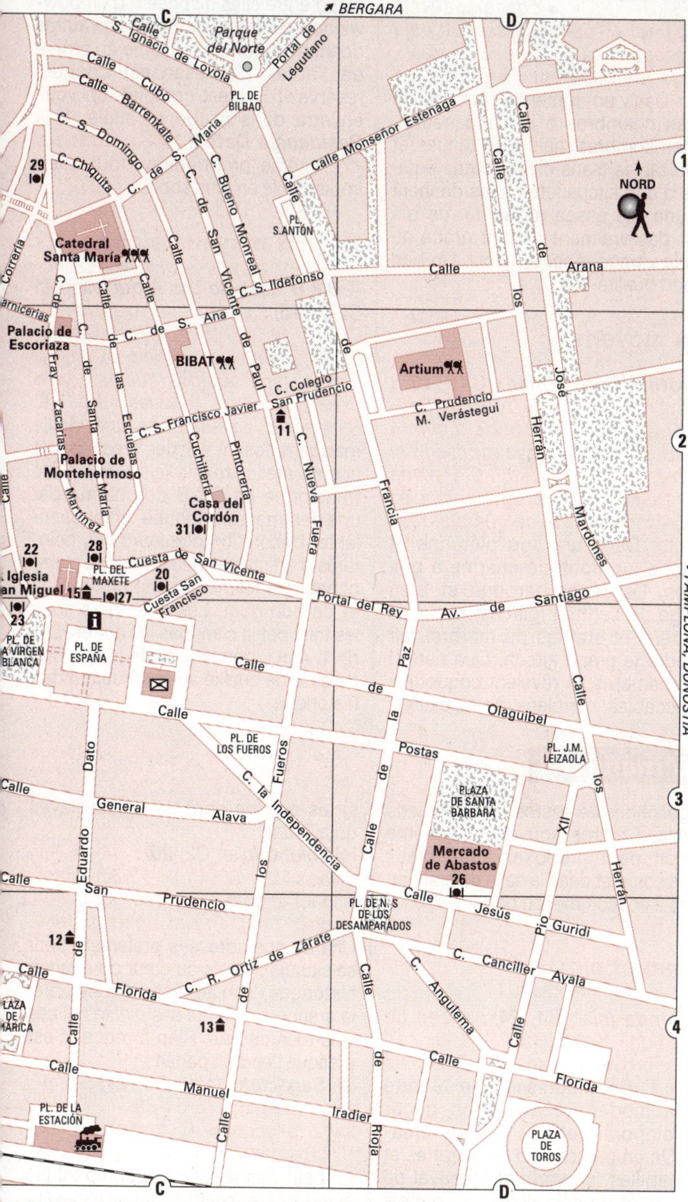

VITORIA-GASTEIZ

678-61-70-51. • pgandiaga@telefonica.net • pensioncasa400.es • Réception au 3e étage (ascenseur). Double avec sdb env 55 €. CB refusées. Dans un immeuble ancien, de vastes chambres à la déco neutre, un peu sombres mais bien tenues et confortables (sans clim), toutes équipées d'une kitchenette. Elles donnent sur une rue assez passante, ce qui n'est pas vraiment gênant grâce au double vitrage. Accueil gentil. Un bon rapport qualité-prix.

Prix moyens

Hotel Dato *(plan C4,* ***12****) : c/ Eduardo Dato, 28, 01005. ☎ 945-14-72-30. • info@hoteldato.com • hoteldato.com • Résa conseillée. Doubles avec sdb 55-60 €. Parking 12 €. Réduc de 10 % sur les doubles sur présentation de ce guide si résa directe.* Dans une rue piétonne et centrale, un hôtel de charme à prix sages. Le décor baroque et bien chargé de l'entrée (glaces, esclaves vénitiens et statues de marbre) fait craindre le grand kitsch. Que nenni ! Les chambres se révèlent coquettes, impeccables, carrelées, assez claires, et 3 d'entre elles disposent d'un bow-window sur la rue piétonne. Les autres donnent sur un patio calme à l'arrière de l'hôtel. L'adresse est connue, réservez ! Si c'est complet, on vous enverra dans la rue parallèle, à la ***Residencia Dato 2*** *(c/ San Antonio, 17)* : même propriétaire ; tout aussi impeccable en plus sobre.

De prix moyens à chic

B & B Casa de Los Arquillos *(plan C2-3,* ***15****) : paseo Los Arquillos, 1, 01001. ☎ 945-15-12-59. 629-22-65-89. • info@lacasadelosarquillos.com • lacasadelosarquillos.com • Résa conseillée. Doubles 70-115 €. Parkings proches.* Dans une vieille maison reposant sur des arcades, cet ancien atelier textile *(sistrería)* a été transformé en *B & B* de charme par une femme passionnée et accueillante. Décoration d'aujourd'hui, peintures d'artistes et vieux murs de pierre cohabitent joliment, c'est chaleureux et de bon goût. Les chambres sous les toits ont la clim, pas les autres. Les nos 1, 4 et 5 donnent sur la place. Une adresse de qualité au cœur du quartier historique.

Où manger ?

Large choix de restos partout dans la ville. Comme souvent, un même endroit peut proposer 2 formules : repas complet dans la salle de resto ou tapas à consommer au bar.

Tapas et *pintxos*

Senda *(plan B4,* ***24****) : paseo de la Senda, 1. ☎ 945-23-10-07. Tlj sauf dim soir. Pintxos env 2 €, plats 10-20 €.* Cette adresse joue la carte de la modernité avec son décor contemporain et ses *pintxos* créatifs. On en prend plein les mirettes et les papilles, un véritable festival de saveurs et de combinaisons, parfois audacieuses mais toujours très réussies. S'il fallait le classer, on le mettrait en tête de notre best of ! Clientèle de quartier un brin chic, même si les prix ne sont pas plus élevés qu'ailleurs.

Toloño *(plan C2,* ***20****) : cuesta San Francisco, 3. ☎ 945-23-33-36. • info@tolonobar.com • Tlj sauf dim soir. Congés : 15 j. en janv. Pintxos 3-4 €.* Une de nos adresses préférées, pour sa situation idéale au cœur du quartier historique, son ambiance conviviale, la grande variété de ses *pintxos* et ses vins bien choisis. Rien à redire, c'est presque l'endroit parfait !

Sagartoki *(plan B3,* ***21****) : c/ del Prado, 18. ☎ 945-28-86-76. • info@sagartoki.com • Tlj jusqu'à minuit. Pintxos env 2,50 € ; plats 5-23 €.* On ne peut pas le rater avec ses tables et ses chaises hautes qui investissent le trottoir. Senén (le chef) a remporté le prix des meilleurs *pintxos* du Pays basque. De fait, ils sont exceptionnels, tant par leur composition que par leur présentation. Ne pas manquer la *tortilla de Senén* (exportée dans de nombreux pays !), ou encore les sushis revisités à la mode espagnole. En plus, il y a 2 caves à vins bien fournies et climatisées. Tout est exquis chez *Sagartoki* !

PerretxiCo *(plan B3, **25**) : c/ San Antonio, 3. ☎ 945-13-72-21. • info@perretxico.es • Tlj jusqu'à minuit.* Pintxos *1,20-2,50 € ; menus 16 € (midi), puis 23-35 €.* La réputation du chef, primé pour l'originalité de ses *pintxos,* attire les gourmets curieux qui viennent savourer ses trouvailles, comme le *turrón* au foie gras, entre autres étonnantes créations. Sinon, la carte propose un large éventail de plats bien faits, parfois teintés d'influences asiatiques. Une adresse bien dans l'air du temps.

Bar Txiki *(plan D3-4, **26**) : Mercado de Abastos, Jesús Guridi, 1. ☎ 945-13-43-63. • info@bartxiki.com • Tlj sauf dim.* Pintxos *env 2 € ;* pintxo pote *(jeu soir) 1 € ;* raciones *4-7 €.* Au cœur du *mercado* de Vitoria, ce petit bar populaire (créé en 1981, c'est la 2e génération qui fait aujourd'hui valser les poêles) ne désemplit pas. Défilent alors les *tortillas de patatas* à un rythme effréné, les meilleures de la ville, dit-on... d'Espagne, même, pour les plus enthousiastes ! Ambiance grouillante et joyeuse pour faire le plein de bonne humeur.

La Malquerida *(plan C2, **22**) : c/ Correría, 10. ☎ 945-25-70-68. • malqueridacorreria@hotmail.com • malque.corre@gmail.com • Tlj sauf lun.* Pintxos *env 2 € ; tapas 4-8 €.* Idéalement situé dans l'un des coins les plus sympathiques de la ville, très animé les soirs de week-end. Cette « mal-aimée » est un chaleureux repaire d'habitués qui se retrouvent nombreux autour des « *pintxos creativos* », *raciones* et autres *tostas.* Là encore, une excellente adresse pour s'imprégner du dynamisme de Vitoria !

De bon marché à prix moyens

El 7 *(plan C2, **31**) : c/ Cuchillería, 3. ☎ 945-27-22-98. • restauranteel7@gmail.com • ♿ Tlj jusqu'à minuit (plus tard le w-e). Menu 14 € le midi en sem, 19 € les w-e et j. fériés ;* bocadillos *(soir) env 5,50 €.* Notre chouchou dans cette rue piétonne, où les restos ne manquent pourtant pas. Autour des tables drapées de nappes Vichy en salle, ou en terrasse installée sur le trottoir, on se régale d'un excellent menu du jour, élaboré avec des produits frais travaillés soigneusement. Parfait ! Le soir, ambiance festive à l'heure de l'apéro... qu'on peut d'ailleurs prolonger jusqu'à pas d'heure dans les autres bars de cette rue très animée.

Restaurante Virgen Blanca *(plan C3, **23**) : pl. Virgen Blanca, 2. ☎ 945-28-61-99. 📱 619-03-04-16. • restaurantevirgenblanca@gmail.com • Tlj 8h-minuit.* Pintxos *2-4 € ; menus 17 € (midi)-22,50 € ; plat env 14 €.* La terrasse extérieure est étagée sur 8 niveaux. Dans la salle, mieux vaut arriver tôt pour trouver une place assise, et jouer des coudes pour atteindre le comptoir et ses *pintxos.* Malgré sa situation qui pourrait faire craindre un bel appât pour touristes, on est dans une bonne adresse centrale et conviviale, fréquentée par une clientèle de quartier.

Chic

Arkupe *(plan C2-3, **27**) : c/ Mateo de Moraza, 13. ☎ 945-23-00-80, 📱 628-53-86-70. • oficina@restaurantearkupe.com • Tlj sauf dim soir. Plats 12-23 €.* On a beaucoup aimé *Arkupe,* sa petite salle bien mise, ses gros murs de pierre, sa cave bien fournie, sa cuisine ancrée dans la tradition qui suit le marché et les saisons. Mais on peut aussi se contenter des délicieux *pintxos,* plus tentants les uns que les autres !

Asador Matxete *(plan C2, **28**) : pl. del Matxete, 4-5. ☎ 945-13-18-21. • rmatxete@hotmail.com • Tlj, sauf dim soir et lun, 13h-15h45, 20h30-23h. Congés : 15 j. en août. Résa conseillée. Plats 8-20 €.* Au cœur du centre historique, sur une charmante place, ce resto cache une belle salle voûtée aux murs de pierre, avec des tables et des bancs en bois. C'est le style rustique-chic en somme. Le chef concocte une belle cuisine basque, modernisée et personnalisée avec talent. Une adresse de qualité.

El Portalón *(plan C1, **29**) : c/ Correría, 151. ☎ 945-14-27-55. • reservas@restauranteelportalon.com • Dans la maison du même nom. Tlj sauf dim soir 13h-15h30, 20h30-23h15. Congés : Noël. Menu du jour 42,50 € ; autres menus 53-55 € ; carte env 40 €.* Une vénérable demeure du XVe s (ancien relais de poste) avec ses poutres sombres et ses colombages, ses briquettes rouges, ses boiseries, et ses salles médiévales patinées par le temps. Un vrai musée ! Un bon restaurant aussi, qui propose une cuisine classique servie avec style.

Plus chic

Zaldiaran *(plan A3, **30**) : avda de Gasteiz, 21. ☎ 945-13-48-22. • info@restaurantezaldiaran.com • Tlj sauf mar et dim soir 13h-15h30, 20h30-23h30. Menu dégustation 68 € ; carte 50-70 €.* C'est l'incontournable du Vitoria gastronomique (une étoile *Michelin* s'il vous plaît !), le temple de ce que les journalistes appellent la « cuisine d'auteur ». Le chef Patxi Eceiza nous embarque effectivement dans une belle aventure gustative, surprenant ici avec un gibier servi en carpaccio ou là d'une morue confite, entre autres merveilles. Chic et cher, mais du grand art !

Où dormir ? Où manger chic dans les environs ?

Hotel Palacio de Elorriaga : *01192 **Elorriaga.** ☎ 945-26-36-16. • info@hotelpalacioelorriaga.com • hotelpalacioelorriaga.com • ♿ À l'entrée est de Vitoria, un peu en retrait de la N 104. Resto ouv tlj sauf dim soir et lun. Doubles avec sdb 65-100 € selon confort ; petit déj-buffet 6 €. Menus 22-42 €.* Un ancien palais du XVIe s (monument classé) joliment restauré, même si l'ensemble est assez sombre – trop diront certains. Poutres, tapis, planchers cirés et meubles anciens, tout est arrangé avec goût et ne manque pas de caractère. Chambres et salles de bains plus ou moins spacieuses – ancienne demeure oblige –, austères mais confortables (avec clim). Préférez celles donnant sur l'agréable jardin. Belle cour-patio pour boire un verre. Accueil pro.

Où boire un verre ? Où sortir ?

Calme dans la journée, la ville devient, en période normale, une ruche effervescente le soir venu, notamment en fin de semaine, ou le jeudi soir pour le *pintxo pote* quand la plupart des bars proposent, pour 1 ou 2 €, un verre de vin (ou de bière) accompagné d'un petit *pintxo.* L'animation se concentre autour de la *plaza de España,* de la *plaza de la Virgen Blanca (plan C3)* et dans les rues environnantes (*Correría, Pintorería* et *Zapatería*). Plus au sud, les *calles San Prudencio* et *Eduardo Dato (plan C3-4)* alignent de nombreuses terrasses fréquentées par une population familiale. Pour trouver une clientèle jeune et estudiantine, il faut remonter jusqu'à la *calle Cuchillería (plan C2).*

L'ÁLAVA

À voir

Ts les musées de la ville sont gratuits (sauf le musée d'Art contemporain Artium) et ouv aux mêmes horaires : mar-sam 10h-14h, 16h-18h30 ; dim et j. fériés 11h-14h. Fermés lun.

Le **Casco viejo** (centre historique) est en forme d'amande, constitué de rues qui relatent, par leur tracé régulier, l'expansion progressive de la ville. Il

part de la plaza de España *(plan C3)* et se termine, au nord, avec la cathédrale Santa María *(plan C1)*.
La balade commence donc ***plaza de España.*** Carrée et ourlée d'arcades, elle fut construite au XVIIIe s sur le modèle de la plaza Mayor de Madrid. Un passage mène à la ***plaza de la Virgen Blanca,*** bordée de cafés et terrasses prisées aux beaux jours. Au centre se dresse un monument à la gloire des généraux Álava et Wellington (vainqueurs des Français en 1813), représentant les grognards napoléoniens à genoux, vaincus.
Un escalier conduit à l'iglesia San Miguel et à la jolie ***plaza del Matxete,*** où l'on peut admirer le ***palacio de Villa Suso*** *(se visite seulement en été, les j. fériés et pdt la Semaine sainte)* adossé aux remparts de la ville, et au ***paseo de los Arquillos,*** qui se distingue par l'alignement de ses maisons reposant sur une série d'arcades.

UNE BELLE AMANDE

Vu d'en haut, le cœur du quartier historique de Vitoria-Gasteiz a la forme d'une amande. Pour cette raison, les habitants l'appellent la Almendra.

★ ***Iglesia San Miguel*** *(plan C2)* **:** *surplombe la pl. de la Virgen Blanca.* À l'intérieur, un imposant retable dans le chœur, et des chapelles latérales dont une consacrée à la Vierge blanche (la *Virgen Blanca*), patronne de la ville.

➢ En remontant vers la cathédrale Santa María, au nº 24 de la calle Cuchillería, la ***casa del Cordón*** *(plan C2)* accueille parfois des expositions temporaires *(tlj sauf ven ap-m et w-e 8h30-14h, 16h30-19h ; fermé en août).* Le bâtiment est construit en petites briques fines avec 2 portes ornées d'un cordon sculpté, symbole de l'humilité des moines franciscains. Plus loin, on découvre le ***Cantón San Francisco Javier,*** jolie maison du XVIIe s avec un trompe-l'œil.

➢ La calle Fray Zacarías Martínez *(plan C2)* aligne de fières demeures Renaissance. Les plus remarquables sont le ***palacio de Montehermoso*** (aujourd'hui centre culturel), à la façade particulièrement élégante, et le ***palacio de Escoriaza*** *(visite seulement en été ; fermé hors saison).*

★★★ ***Catedral Santa María*** *(plan C1)* **:** *pl. Burullería, s/n.* ***En restauration.*** *Visites guidées obligatoires, en espagnol, en anglais et en français (sur demande), tlj mais seulement sur résa : sur place au bureau d'accueil (côté nord du monument) ou sur • catedralvitoria.eus • ou en téléphonant au ☎ 945-25-51-35. ♿ Durée de la visite : 1h. Entrée : 8,50 € (cathédrale) ou 10,50 € (cathédrale et tour) ou 10 € (cathédrale et muraille) ; réduc ; gratuit moins de 6 ans. Brochures en anglais et en français.*
On peut certes profiter de la messe du samedi (à 9h30) ou du dimanche (à 12h) pour pénétrer dans cette superbe cathédrale, mais ce serait se priver d'une visite passionnante et d'un spectacle unique en Europe ! ***Une cathédrale en chantier comme au temps des cathédrales,*** quand celles-ci sortaient de terre au XIIIe s.
Plantée sur l'éperon nord de la ville, elle fut fondée comme église-forteresse par le roi castillan Alfonso VIII vers 1200. On comprend bien son caractère défensif en empruntant le chemin de ronde. Elle prit sa forme de cathédrale gothique au XIIIe s sous le roi Alfonso X. Le portail est illustré de bas-reliefs représentant des scènes de la vie de la Vierge et des saints. Son très ***joli clocher carré*** à cadran solaire ne date que du XIXe s.
En raison de l'oxydation de la pierre calcaire, l'édifice menaçait de s'effondrer par endroits. En 2000, un grand projet de restauration fut lancé, occupant environ 80 ouvriers qui travaillent comme les compagnons d'autrefois; mais équipés de la plus haute technologie. La durée des travaux est... indéterminée.

– Derrière la cathédrale, la ***plaza de la Burullería*** et les rues adjacentes alignent quelques belles maisons anciennes. La ***casa Portalón,*** à l'angle de la place, est un ancien relais de poste du XVe s doté d'une harmonieuse façade. Elle abrite aujourd'hui un très bon restaurant (voir plus haut « Où manger ? »).

Museo de Bellas Artes *(musée des Beaux-Arts ; plan A4)* **:** *paseo Fray Francisco de Vitoria, 8. ☎ 945-18-19-18. • arteederrenmuseoa.eus •* Ce palais fut construit entre 1912 et 1916 par Ricardo Augustín Ortega et Elvira Zulueta Ruiz de Gámiz (marquise d'Álava), dont la famille s'était enrichie à Cuba, notamment dans la traite négrière. Le couple voulut édifier la plus belle maison de Vitoria. De style éclectique, avec des touches néobaroques, l'édifice abrite aujourd'hui un beau musée consacré à l'art espagnol des XVIIIe et XIXe s et à l'art basque de 1850 à 1950. Expos temporaires.

Museo de Armería de Álava *(musée des Armes ; plan B4)* **:** *paseo Fray Francisco de Vitoria, 3. ☎ 945-18-19-25. • armamuseoa.eus •* Dans les années 1960, Félix Alfaro Fournier, riche bourgeois et collectionneur, fit don à la Diputación Foral de Álava d'une collection d'armes très éclectique et de nombreux objets. Entre autres, une armure milanaise du XVIe s tellement ciselée qu'on se demande si l'on osait se battre avec, des armures de samouraï, des épées de toutes tailles, des souvenirs des guerres napoléoniennes...

Museo diocesano de Arte sacro *(musée d'Art sacré ; plan B3)* **:** *parque de la Florida. ☎ 945-15-06-31. Fermé sam ap-m.* Dans le déambulatoire de la nouvelle cathédrale *(Catedral Nueva),* édifice néogothique construit dans les années 1920 et achevé seulement en 1969 ! Voir notamment les surprenants bustes-reliquaires du XVe s, les belles sculptures polychromes médiévales des XIVe et XVe s, le saint Michel pesant les âmes au jour du Jugement dernier, le tableau de Giordano représentant saint Jean-Baptiste prêchant, ou encore le *Saint François méditant* du Greco. Également quelques belles pièces d'orfèvrerie.

Artium *(museo vasco de Arte contemporáneo ; plan D2)* **:** *c/ Francia, 24. ☎ 945-20-90-00. • artium.eus • Résa en ligne conseillée. Mar-ven 11h-14h, 17h-20h ; w-e et j. fériés 11h-20h. Fermé lun. Entrée : 5 € ; gratuit moins de 14 ans ; gratuit ts les ap-m et les mer et dim.* Musée d'Art contemporain dont les collections basque et espagnole sont présentées au travers d'expos temporaires d'envergure, élaborées en collaboration avec d'autres musées espagnols. L'expo principale est accompagnée d'un audioguide en français (compris dans le prix du billet). Le musée possède un fonds important de 1 800 œuvres d'artistes espagnols des années 1920-1930 jusqu'à aujourd'hui : Picasso, Miró, Dalí, Barceló, Tàpies... exposées à certaines occasions.

BIBAT – Museo de Arqueología de Álava y museo Fournier de Naipes de Álava *(musée d'Archéologie et des Cartes à jouer ; plan C2)* **:** *c/ Cuchillería, 54. ☎ 945-20-37-00. • arkeologiamuseoabibat.eus •*
2 musées en 1 ! Au ***palais Renaissance de Bendaña*** s'est greffée une grande extension contemporaine dont l'esthétisme ne fait pas l'unanimité, mais qui offre de beaux volumes lumineux et très agréables.
– ***Museo Fournier de Naipes :*** un formidable musée dédié aux cartes à jouer *(naipes)* fondé par Felix Alfaro Fournier (1895-1989), qui s'était inspiré du musée des Cartes de Bielefeld, en Allemagne. Tout a commencé au XVIIIe s, quand l'ancêtre Fournier quitte la France pour créer une imprimerie à Burgos. Le plus jeune de ses 2 fils, Heraclio (1849-1916), abandonne l'entreprise familiale en 1868 et vient installer à Vitoria une imprimerie spécialisée dans les cartes à jouer. Parce qu'elle produit aussi bien des jeux français qu'espagnols, l'imprimerie Fournier devient une sorte de leader européen. Naturellement, Heraclio conserve un exemplaire de tous les jeux qu'il produit. Augmentée d'achats à l'étranger, enrichie par ses descendants, la collection s'est encore agrandie depuis son acquisition en 1986

par le gouvernement de l'Álava. Aujourd'hui, avec plus de 20 000 pièces, c'est le 1er musée mondial du genre. Dans chaque salle un panneau en anglais retrace les grandes lignes de ce qui est présenté.
– Au fil d'une muséographie très attractive, on suit l'évolution des cartes à jouer du XVe s à nos jours, en Espagne bien sûr, mais aussi dans différents coins du monde. Tous les thèmes semblent avoir été exploités pour illustrer ces cartes ! Il y a même un jeu napoléonien où les régiments anglais sont le carreau, les régiments russes le pique, les régiments prussiens le trèfle et les régiments français... le cœur !
Parmi les ***cartes les plus rares*** : un tarot milanais de 1497 peint sur parchemin, un jeu de cartes français en soie brodée, des cartes italiennes avec liserés d'or... Les jeux chinois, japonais ou indiens des XVIIIe et XIXe s sont de véritables œuvres d'art ! Voir aussi les jeux allemands ou hollandais dont le plus ancien, complet, date du XIVe s. Au rez-de-chaussée, exposition de machines d'imprimerie et de pierres lithographiques et bois gravés.
– ***Museo de Arqueología :*** le musée regroupe le produit des fouilles des différents sites d'Álava. On notera ceux du Néolithique (poteries de La Hoya) et d'Iruña (borne milliaire, statues). Vastes salles très bien présentées, avec brochures traduites en français. Dans le jardin, petite collection de stèles discoïdales, caractéristiques des tombes basques.

Museo de Ciencias naturales *(musée des Sciences naturelles ; plan B1)* ***:*** *c/ Fundadora de las Siervas de Jesús, 24. ☎ 945-18-19-24.* Situé dans la Torre de Doña Ochanda, une demeure noble du XVe s adossée à l'ancienne muraille de la ville. Le palais fut reconstruit au XVIe s par don Andrés Martinez de Iruña pour sa fille doña Ochanda. Au 1er étage, la géologie, et au 2d, la botanique. À moins d'être passionné par le sujet, le lieu vaut surtout pour son architecture.

Paseo de la Senda *(plan B4)* ***:*** un parcours piéton de 3 km qui part du beau parc de la Florida et se termine à la basílica de Armentia. On passe devant de prestigieux monuments comme le museo de Bellas Artes et le museo de Armería, mais on découvre aussi de nombreux palais, fort élégants, édifiés au début du XXe s. Très belle balade !

Fêtes et manifestation

– ***Fêtes de San Prudencio :*** *27-28 avr.* Occasion d'une superbe *tamborrada* de cuisiniers et d'un pèlerinage à Armentia.
– ***Festival de jazz :*** *1 sem pdt la 2de quinzaine de juil. • jazzvitoria.com •*
– ***Fête de la Saint-Jacques*** *(Santiago)* ***:*** *25 juil.* Pendant cette fête se tient la ***foire de l'Ail.***
– ***Fêtes de la Vierge blanche*** *(Virgen Blanca)* ***:*** *4-9 août.* Elles commencent avec la « descente de Célédon », un mannequin surmonté d'une sorte de parapluie qui glisse sur un filin depuis l'église San Miguel. Les autres jours, feria, concerts, procession de géants...

DANS LES ENVIRONS DE VITORIA-GASTEIZ (GASTEIZ)

Santuario Nuestra Señora de Estíbaliz *(monastère et sanctuaire d'Estíbaliz)* ***:*** *660-76-63-83. • elromanicoenalava.es • À env 8 km à l'est de Vitoria-Gasteiz. En voiture, suivre l'A 132 vers Estella. En bus, prendre la ligne Vitoria-Estella (compagnie Autobuses Hermanos ; env 7 bus/j.), s'arrêter à Argandoña ; il reste env 2 km jusqu'au monastère, par la route ou par un sentier. Église ouv*

juil-sept, tlj sauf lun 17h-19h ; le reste de l'année, sam 17h-19h, dim 11h-13h30. Entrée libre. Visites guidées sur résa sur ● alavamedieval.com ● À côté du parking, aire de pique-nique et de jeux pour les enfants. Le sentier GR 38 passe là.
Au sommet d'une colline boisée (à 5 mn à pied du parking), ce monastère est un des hauts lieux de l'histoire et de l'art en Álava. Édifié au XIe s sur un site religieux antérieur, il n'a jamais cessé d'être un lieu de prière. Aujourd'hui encore, il abrite une communauté de moines bénédictins.
Le monument le plus intéressant est l'***église romane,*** modeste mais belle, dotée d'un portail touchant de simplicité. Au lieu des sculptures humaines habituelles, c'est tout un lacis de symboles géométriques celtes qui court sur les colonnes. L'intérieur est d'une austérité absolue, faiblement éclairé par 2 minuscules fenêtres et 2 tout petits vitraux, étroits comme des meurtrières. Se placer au fond pour admirer, dans la pénombre, le chœur qui sert d'écrin à la Vierge polychrome du XIIe s. Les amateurs remarqueront dans les sculptures des chapiteaux et des fonts baptismaux tout un monde symbolique de diables, de pécheurs, de figures de l'Ancien Testament.
– La ***messe du dimanche*** (à 11h), chantée en basque, peut être un grand moment d'émotion.
– Le monastère, occupé par les bénédictins depuis 1923, ne se visite pas. L'extension moderne (en béton et assez moche) accueille un intéressant petit ***musée*** dédié à l'art roman en Álava.

L'oppidum romain d'Iruña-Veleia : *618-53-93-53. ● araba.eus ● À env 12 km à l'ouest de Vitoria-Gasteiz, sur la commune d'**Iruña Oka,** entre Trespuentes et Villodas. Prendre l'autovía de Madrid et sortir à Mendoza. Semaine sainte et mai-sept, mar-sam 11h-14h, 16h-19h ; dim 11h-14h. Oct-avr, mar-dim 11h-15h (14h dim). Fermé lun. GRATUIT. Visite guidée en castillan et en français (sur demande, résa possible par tél).*
À l'époque romaine, l'oppidum d'Iruña-Veleia occupait une position stratégique sur la voie romaine (via Aquitania) d'Astorga à Bordeaux. Dès la 1re moitié du Ier s, une petite cité existait sur ce site. C'est aujourd'hui l'un des plus grands champs de fouilles du Pays basque, qui demande toutefois une certaine imagination pour comprendre ce qu'on y trouvait, d'autant que l'essentiel des objets découverts ici a rejoint le Musée archéologique de Vitoria-Gasteiz.
Les archéologues ont mis au jour en 2006 un ensemble épigraphique du IIIe s apr. J.-C. parmi les plus importants du monde romain, ce qui a valu au site des comparaisons avec Pompéi. Une polémique autour de cette découverte demeure néanmoins : les 270 inscriptions (des mots du latin tardif, des mots celtes et basques) sont-elles vraiment d'origine ? Ils ont même trouvé des hiéroglyphes égyptiens, à des milliers de kilomètres de la vallée du Nil. Le plus étonnant est que ceux-ci ont été gravés près de 500 ans après l'abandon de cette écriture au pays des pharaons...
Le parcours sur le site est fléché, ponctué de panneaux explicatifs (en français). Tout ce qu'on peut voir date des IIIe-Ve s de notre ère, même si l'occupation du site fut bien antérieure (Iruña fut probablement habitée dès la fin de l'âge du bronze).

LA RÉGION DE SALVATIERRA-AGURAIN (AGURAIN)

La *cuadrilla* d'Agurain s'étend le long de la N 1 entre la Navarre et Vitoria. Il suffit de quitter la voie rapide pour se retrouver en quelques kilomètres au pied des montagnes. Quelques très jolis villages dans une campagne sans prétention, un parc naturel, plusieurs monuments intéressants éparpillés au hasard des petites routes tranquilles.

SALVATIERRA-AGURAIN (AGURAIN)

(01200) 4 950 hab. *Carte Álava, D2*

À 26 km à l'est de Vitoria-Gasteiz, au cœur de la plaine fertile située à l'écart de l'autoroute Vitoria-Pamplona, Salvatierra-Agurain occupe une position stratégique. Ce n'est donc pas par hasard si la vieille ville est entourée de jolis remparts et si les églises sont fortifiées. Le centre historique *(Casco viejo)* consiste en 3 longues rues parallèles qui traversent la ville du nord au sud, de l'église Santa María à l'église San Juan Batista. Elles sont bordées de quelques très belles demeures blasonnées.

Arriver – Quitter

➢ ***En train :*** Agurain est située sur les lignes Vitoria-Irun et Vitoria-Pamplona. Env 6 liaisons/j. depuis Vitoria (durée : 15 mn).

➢ ***En bus :*** liaisons avec Vitoria assurées par *La Unión y La Burundesa* *(☎ 948-26-46-26 ; ● autobuseslaunion.com ●).* Env 1 bus ttes les 2-3h, 6h-22h15 ; seulement 4 bus dim. Durée : 30-45 mn.

Adresse utile

Oficina de turismo : *c/ Mayor, 8. ☎ 945-30-29-31. ● agurain.eus ● Semaine sainte et juil-août, tlj 10h-18h ; le reste de l'année, tlj sauf lun 10h-14h.* Organise des visites guidées (en principe en espagnol) du centre historique et des églises d'Agurain, Gazeo et Alaitza *(le w-e ; 4-7 €/pers ; résa aussi sur ● arabakolautada.eus ●).* Excellent accueil polyglotte et documentation fournie.

Où dormir ? Où manger ?

Casa rural Zadorra Etxea : *c/ Zadorra, 21. 656-71-61-26. ● info@zadorraetxea.com ● zadorraetxea.com ● Au nord-ouest de la ville, en contrebas de l'iglesia Santa María. Double avec sdb 55 € ; familiales.* Cette solide maison, plantée là depuis plus de 2 siècles et restaurée dans un esprit écolo, abrite 5 chambres aménagées simplement. Yolanda (qui parle le français) et son mari ornithologue, Arturo, tous 2 passionnés de nature, vous donneront toutes les infos sur les balades à faire dans la région. Petit lopin de jardin à l'arrière de la maison (avec barbecue) et accès libre à la cuisine, une aubaine ! Ambiance décontractée.

Restaurante José Mari – El Gordo : *c/ Mayor, 69. ☎ 945-30-00-42. ● info@restauranteelgordo.com ● Tlj sauf dim soir. Menu env 11 € le midi en sem, 13 € le sam ; carte 30-35 €.* En plein centre, on y sert quelques *pintxos* et *bocadillos* au bar, sinon des repas classiques et copieux dans la salle attenante. Très bon accueil.

Où manger une (sacrée) douceur ?

Hermanas Clarisas : *c/ Carnicerías, 2. ☎ 945-30-00-62. ● clarisasagurain@gmail.com ● À gauche de l'iglesia San Juan Bautista. Tlj 9h30 (11h dim)-14h,*

L'ÁLAVA

16h30-18h45. Dans leur couvent qui ne se visite pas, bien cachées derrière cette façade austère, les sœurs vendent des petits gâteaux et des chocolats, faits maison bien évidemment. Une adresse insolite pour gourmands curieux !

À voir

Le week-end, la circulation est interdite dans la vieille ville, mais vous trouverez facilement à vous garer (gratuitement) tout autour, à quelques pas du centre historique.

Iglesia Santa María : *au début de la c/ Mayor. Accessible seulement lors des visites guidées de l'office de tourisme, ou pdt la messe du dim à 13h.* Magnifique église fortifiée du XVe s, qui possède un chemin de ronde avec vue sur les environs. À l'intérieur, un impressionnant retable Renaissance, un superbe chœur de style plateresque richement décoré, et un blason des Habsbourg d'Espagne *(los Austrias)* qui rappelle la fidélité de la ville à Carlos Ier après la rébellion de Pedro López de Ayala en 1519.

Calle Mayor *(Nagusi Kalea)* **:** ses maisons blasonnées (aux nos 40 et 42) et la petite place qui la coupe avec ses 2 toitures en auvent ne manquent pas de charme. Au no 79, près de l'église Santa María, très belle ***casa Azkarraga.*** Il s'agit d'une maison seigneuriale appartenant à la famille Azkarraga, l'une des plus importantes d'Agurain. Remarquez la fenêtre d'angle, le porche et les 2 blasons. Quand le casque au-dessus du blason regarde droit devant ou sur la droite, il s'agit d'une famille noble. Le casque qui regarde sur la gauche signifie qu'il y a de l'enfant illégitime dans l'air... ce qui est le cas du blason de gauche.

Iglesia San Martín : *c/ Zapatari, 15. ♿ Située dans la mairie (l'ayuntamiento, une imposante bâtisse rose) ; accessible aux heures d'ouverture des bureaux, ou avec la visite guidée de l'office de tourisme.* Dans la mairie se dissimule une étonnante petite église romane, le plus vieil édifice de la ville. Construite au XIIIe s, on lui accola la prison au XVe s, puis la mairie. Pour finir, tous les bâtiments se retrouvèrent sous le même toit. D'énormes travaux ont permis la mise en valeur de cette ***église qui se trouve littéralement au milieu des bureaux.*** Une vraie curiosité ! Si l'intérieur est une simple salle de réunion, vous pourrez admirer son toit, vu du dessus, en grimpant au 2e étage ajouté à cet effet.

Iglesia de San Juan Bautista : *à l'extrémité sud de la c/ Mayor. Ouv seulement lors des visites guidées de l'office de tourisme et à l'heure de la messe (à 19h sam ; l'église ouvre 30 mn avt l'office).* Sur une jolie place bordée d'arcades. Importante étape compostellane, cette église-forteresse de style gothique présente une façade de style baroque qui rappelle l'église-sanctuaire de Loyola en Guipúzcoa, village natal de saint Ignace de Loyola, fondateur de l'ordre des Jésuites. Le mur de l'abside inclus dans les fortifications, le chemin de ronde et les meurtrières ne laissent pas de doutes sur son rôle défensif ! L'imposant retable du XVIIe s est composé de 8 grands panneaux d'inspiration flamande, dont l'un représente une décollation (décapitation si vous préférez !) de saint Jean-Baptiste particulièrement... sanglante.

Fêtes

– **Fêtes patronales :** *24 juin pour la Saint-Jean et 1er dim d'oct pour la Vierge-du-Rosaire.*

DANS LES ENVIRONS DE SALVATIERRA-AGURAIN (AGURAIN)

Iglesia de Gazeo : *à 3 km à l'ouest d'Agurain par la petite route A 3100. Se visite seulement lors des tours organisés par l'office de tourisme (voir « Adresse utile »).* Dédiée à saint Martin de Tours, l'église ne brille pas par son extérieur. Trapue, sans clocher et flanquée d'un curieux pan de mur, elle est d'une grande simplicité, mais elle renferme un exceptionnel ensemble de peintures du XIVe s. Découvertes en 1967 (elles étaient cachées derrière un retable et une couche de chaux), soigneusement restaurées, elles sont l'un des plus beaux exemples de l'art gothique primitif en Espagne. Les peintures qui recouvrent la voûte du chœur sont d'une main inconnue mais indubitablement l'œuvre d'un « professionnel » (contrairement aux fresques de l'église voisine d'Alaitza). On y voit surtout des scènes inspirées du Nouveau Testament, comme le *Jugement dernier,* et un exceptionnel Calvaire. Le centre du chœur est occupé par un Christ en majesté.

Iglesia de Alaitza : *minuscule village à 3 km au sud de Gazeo. Visite guidée seulement avec l'office de tourisme, généralement couplée avec la visite de l'iglesia de Gazeo.* Toute petite église romane du XIIIe s, avec des frises datées du XIVe s. À l'intérieur, un inconnu a réalisé d'étranges fresques d'un réalisme cru. Voir des scènes de bataille et de viols représentées dans l'abside d'une église, voilà qui est peu banal ! Ces fresques auraient peut-être été réalisées par un soldat témoin de la guerre menée en 1367 par le roi Pedro de Castille (dit Pedro le Cruel) contre Enrique de Trastámara, frère bâtard du roi castillan. En tout cas, à la fin des inscriptions gothiques sous les fresques, on peut lire *géhenne,* qui signifie « enfer »... « El Mural bárbaro », « Guerre et Paix », « Un théâtre d'ombres chinoises » : tels sont les surnoms donnés à ces peintures étonnantes et sombres, toutes monochromes, par certains historiens de l'art. Au sol, les pierres tombales, trouées, laissent entrevoir quelques ossements. Un lieu décidément bien étrange !

Araia : *à env 10 km au nord-est de Salvatierra-Agurain par l'autoroute, sortie 385.* Un gros bourg sans grand intérêt, au pied de la cordillère Sierra de Urkilla. Les randonneurs y passent pour monter à San Adrián (voir plus bas).

Umandi Jatetxea : *Andoni Urrestarazu, 4, à Araia.* ☎ *945-31-46-15.* • *info@umandijatetxea.com* • *Tlj en saison ; hors saison, fermé le soir lun-jeu. Congés : Semaine sainte, 2de quinzaine d'août et Noël. Menu déj 12 €, carte env 20 €.* À 100 m de l'église, en venant de la pharmacie et de la supérette, continuer tout droit dans une impasse bordée d'immeubles sans style. Le resto est au rez-de-chaussée de l'un d'eux. Le bar à l'entrée donne sur une salle de resto toute simple. La carte propose un bon choix de plats de la région, généreux et à prix sages. Service d'une grande gentillesse.

L'ÁLAVA

La randonnée de San Adrián : *compter 4h15 pour faire la boucle complète Araia-San Adrián-Araia ; env 12 km et 500 m de dénivelée.*

Prendre la rue à droite au niveau du parvis de l'église du bourg d'Araia. Continuer jusqu'à une ferme fortifiée et prendre à gauche au panneau « Marutegui ». La route monte à travers les alpages. À la 2e fourche, tourner à droite vers Zumarraundi. La petite route de montagne aboutit à un parking (à 3 km d'Araia), on se gare et on continue par le sentier qui traverse une très belle forêt.

La montée est assez facile (mais chaussez-vous bien, le terrain est glissant) et demande environ 1h30 de marche depuis le parking jusqu'au tunnel de San Adrián. On s'y engage pour découvrir, niché à l'intérieur, le modeste ***ermitage de San Adrián,*** dont on sait peu de choses. Mais pour sûr, le chemin est tellement étroit qu'on a du mal à croire qu'il s'agisse d'une voie romaine, la via Aquitania (de Bordeaux à Astorga), la plus fréquentée en son temps ! Le tunnel débouche 50 m plus loin sur la vallée d'Orio, de l'autre côté de la cordillère, sur le versant du Guipúzcoa.

Zalduondo : *à 4 km d'Araia et d'Ordoñana.* Plus petit, plus authentique qu'Araia, ce charmant village constitue un ensemble harmonieux de maisons en pierre ocre. Pas de commerces, juste un bistrot et une petite fontaine qui glougloute sous les arbres. Zalduondo est connu pour sa petite église dotée d'un retable du XVIIe s, mais surtout pour le *palacio Los Lazarraga.* C'est un petit palais du XVIe s assez humble, mais dont la façade affiche l'orgueilleux blason de la famille Lazarraga, encadré par 2 statues de personnages en costume d'époque qui paraissent surdimensionnées. Le palais abrite un *Museo etnográfico* qui ne manque pas d'intérêt, mais les horaires d'ouverture sont impossibles *(seulement dim 12h-14h ; infos au ☎ 945-30-43-93).*
– Tous les ans se déroule à Zalduondo un *carnaval* qui attire toute la région. On y juge et brûle Markitos, un gros mannequin singulièrement accoutré.

Guevara (GEBARA) : *à env 15 km à l'est de Vitoria-Gasteiz, à 2 km au nord de la sortie 367 de la voie rapide.* Le village est dominé par les ruines d'un château médiéval (XVe s) dont il ne reste que la tour et les murs. Ce village est mentionné dès le IIe s apr. J.-C. par le géographe grec Claude Ptolémée, sous le nom de *Gebara.* Le toponyme a donné le patronyme Guevara que portait Che Guevara, probablement de lointaine origine basque.

Le parc de Garaio et la réserve ornithologique de Mendixur : *à 15 km au nord-est de Vitoria-Gasteiz ; prendre la route A 3012, le parc est ensuite fléché. Infos : ☎ 945-18-18-18 ou 695-78-24-98. Accès libre. Bureau d'info dans le parc : de mi-juin à début sept, tlj 9h30-20h30 (21h30 le w-e) ; d'oct à mi-juin, tlj 9h-14h30 (15h le w-e).* La création du lac de retenue d'Ullibarri a permis l'installation du parc et de la réserve, pour la préservation et la découverte des milieux naturels humides. Vous pourrez profiter des plages aménagées sur les rives du lac pour faire trempette ou bronzette. Également des aires de pique-nique et de jeux très bien équipées, ainsi que des sentiers pour vous promener, à pied ou à vélo.
– À Mendixur, point d'entrée principal de la réserve, 2 sentiers conduisent aux observatoires aménagés. Munissez-vous de jumelles pour profiter du spectacle : les canards prennent la pose et les échassiers déambulent les pieds dans l'eau.

Casa rural Sagasti Zahar : *c/ Sagasti Zahar, 10, 01206* ***Maturana.*** *610-03-36-78. • sagastizahar@gmail.com • sagasti-zahar.com • Double avec sdb env 60 €.* À 2 km au nord de l'autoroute Vitoria-Pamplona, sur le versant d'une colline, près de l'église du village, cette belle maison en pierre du XVIe s a été transformée en un gîte rural très chaleureux, entouré d'un grand jardin. Elle abrite 6 chambres joliment décorées et meublées avec soin, et une belle salle de séjour. Les propriétaires ne sont pas toujours là, téléphonez et réservez avant.

LA MONTAÑA ALAVESA

En fait, ce n'est pas une zone très montagneuse : les cols culminent à 800 m, voire 900 m. Ils mènent à des vallées encaissées qui constituaient autant de voies de passage vers la Navarre. Les villages fortifiés ont donc été stratégiquement bâtis dans des gorges étroites, pour protéger ce versant de montagne.

C'est aussi le domaine du cheval, où l'on entretient avec soin la race de pottoks (plus grands qu'en Iparralde) et, surtout, celui du chêne pyrénéen, l'arbre symbolique des Basques. D'ailleurs, la route A 132 qui conduit au col d'Azaceta serpente au milieu d'une vaste chênaie.

LA SIERRA D'ENTZIA

Carte Álava, D3

Superbe balade par la route A 2128, au départ de Salvatierra-Agurain, qui traverse d'abord la plaine, et monte ensuite vers la vallée d'Harana en longeant des chaos rocheux au milieu d'une forêt mixte. En approchant du col d'Opakua (1 020 m, à 5 km au sud de Salvatierra-Agurain), panorama exceptionnel sur la plaine d'Álava.
Voici notre itinéraire « coup de cœur » : continuer la route A 2128 par les villages de Kontrasta, San Vicente de Arana, Antoñana, entrer dans le parc naturel d'Izki, rejoindre Urturi puis le col de Bernedo (Puerto de Bernedo, La Aldea 1 000 m) qui débouche en Rioja alavesa dans un paysage magnifique.

Où manger ? Où boire un verre dans la région ?

Café-restaurant Obenkun : *pl. Juegabolos, à* ***San Vicente de Arana*** *(01117).* ☎ *945-40-61-23.* • *contacto@restauranteobenkun.com* • *Ouv le midi tlj, plus le soir mer et ven-sam (jusqu'à minuit ou 1h). Menus 11 € (en sem)-18 € ; plats 7-20 €.* Un vrai bistrot-resto de pays, tenu par le maire du village et sa femme. Dans une atmosphère aussi simple que chaleureuse, on déguste une cuisine basque rustique et généreuse, à prix doux. La providence du voyageur !

À voir

La ***vallée d'Harana*** est une « vallée suspendue », un vaste plateau creusé par l'érosion. Les terres fertiles ont permis l'établissement de plusieurs petits villages très anciens, tous structurés de façon nucléaire autour d'un lieu de culte.

Kontrasta : *à 12 km au sud de Salvatierra-Agurain.* C'est un ancien village fortifié entouré de monts et de champs. Se garer sur la place de la fontaine pour aller voir d'un côté l'*église fortifiée* du XIIIe s, avec sa tour carrée percée d'un porche et ses fenêtres en meurtrières, et de l'autre côté l'*ermita Nuestra Señora de Elizmendi,* petit ermitage préroman construit avec des pierres « romaines » d'après le panneau. On y reconnaît des symboles solaires et des pierres gravées avec des caractères qui évoquent les Celtibères. Joliment situé sur son promontoire, il offre une superbe vue sur les reliefs environnants.

San Vicente de Arana (DONE BIKENDI HARANA) ***:*** *à 8 km de Kontrasta, sur la route A 2128.* Le village possède une ***église*** fortifiée du XVIe s étonnante, autant par sa structure que pour sa décoration intérieure. Pour la visiter, demander la clé à Vicente Perez de Leceta, au n° 1 de la calle Uriondo, en face de l'église *(☎ 945-40-60-56).* Cet homme charmant a beaucoup de plaisir à montrer « son » église, qu'il semble découvrir à chaque visite avec le même émerveillement. Une partie de l'église est occupée par un superbe balcon en pierre sculptée, soutenu par des arcatures gothiques dont les clés de voûte sont ornées des clés de saint Pierre et d'une fleur de lys. La partie inférieure du chœur (divisé en 2 parties) forme une sorte de grotte-chapelle, abritée par un arc roman orné de sculptures d'animaux chimériques et de symboles géométriques évoquant l'art roman populaire. Dans cette chapelle, 3 statues en bois polychrome du XIVe s représentent le Christ, san Emeterio (à gauche) et san Celedonio (à droite). Au-dessus et dominant le chœur, le ***retable polychrome*** du début du XVe s, soutenu par un démon et une démone, est un superbe exemple de l'art populaire de l'époque. On y voit la Cène, le Calvaire, le martyre de saint Sébastien, le jugement de saint Jacques et celui du Christ. Il est rare de voir un retable d'aussi près et de pouvoir admirer l'expressivité touchante, grotesque parfois, des personnages. Ils auraient été sculptés par les villageois eux-mêmes.

Antoñana : *sur l'A 132, à env 5 km au nord de Santa Cruz de Campezo.* En surplomb de la route, dans la vallée du río Ega qui évoque un peu le Jura, voici un autre joli village fortifié, bâti au XIIe s par Sanche le Sage. Les murailles, peu visibles, sont classées Monument national du Pays basque. L'endroit est petit, constitué d'une grande rue (la *calle Mayor*), d'une poignée de ruelles et de passages couverts. La *iglesia San Vicente,* carrée, avec son porche ouvrant sur les murailles, possède un joli portail gothique surmonté d'une Mise au tombeau. Au nº 7 de la *calle Mayor,* la maison bâtie en 1565 est percée d'une étroite voûte conduisant au chemin de ronde, occupé aujourd'hui par des jardins.

LE PARC NATUREL D'IZKI

Carte Álava, C3

Situé à une cinquantaine de kilomètres au sud de Vitoria par la route A 132 et le col d'Azáceta, aux confins sud-ouest de la province d'Álava. Ce parc naturel, créé en 1998, abrite et protège d'anciennes forêts de chênes (chêne tauzin) et de châtaigniers centenaires. L'habitat disséminé, les rivières, la forêt entourée d'un écrin de monts (de 600 à 1 175 m) et de ravins, la faune (sangliers, chevreuils, chats sauvages, cerfs, aigles) et la flore, les étangs artificiels refuges d'oiseaux aquatiques... tout était réuni pour sauvegarder ce morceau de territoire sauvage, en créant le parc d'Izki.

Adresse utile

Casa del parque *(Maison du parc d'Izki) : à l'entrée du village de **Korres,** sur l'A 4124. ☎ 945-41-05-02. • izkiparkea.eus • Avr-sept, tlj sauf lun 10h-14h30, 16h-19h. Oct-mars, mar-ven 9h-15h ; w-e 10h-14h30, 15h30-17h30.* Informations très complètes sur la région et sur les 15 sentiers de randonnée aménagés dans le parc, longs de 3 à 10 km (1h à 3h de marche). Infos aussi sur les balades à vélo ou à cheval.

Où dormir ?

Aitonaren Etxea : *c/ Eduardo Urarte, 4, 01118 **Urturi.** 605-72-65-86. • info@aitonarenetxea.com • aitonarenetxea.com • Double avec sdb env 55 €, maison complète (jusqu'à 12 pers) 275 €, séjour min 2 nuits. Pas de wifi.* L'accueil de Cristina est adorable, et les cyclotouristes apprécieront le garage à vélos. Sa maison est parfaitement tenue, au centre du village. Les chambres confortables, décorées simplement, donnent sur la rue (vide et calme la nuit) ou sur le flanc. Une bonne adresse, accueillante et sans prétention.

À voir. À faire

➢ ***Korres :*** ce joli petit village, situé à 6 km au sud du village d'Arraia-Maeztu sur l'A 3136, marque l'entrée du défilé d'Iski. Isolé dans une belle nature sauvage, Korres (706 m d'altitude) est dominé par son imposante église. Au bourg se trouve la *Casa del parque* (voir plus haut).

➢ ***Urturi :*** *à env 10 km de Korres. Continuer la A 3136, passer par les bourgs de San Roman de Campezo et Quintana.* De ce modeste bourg partent des sentiers qui traversent le parc. On y trouve aussi 2 hébergements et une auberge. D'Urturi, une très belle route de montagne permet de rejoindre la Rioja alavesa en passant par le col de Bernedo (Puerto de Bernedo, La Aldea 1 000 m). C'est sans doute la plus belle manière d'arriver en Rioja. Vue magnifique de là-haut.

➢ ***Randonnées :*** le parc peut être découvert de plusieurs façons, et par plusieurs sentiers (cartes disponibles à la *Casa del parque* de Korres). Des promenades faciles et familiales partent du village même. Juste en dessous de Korres, vers le sud, vous trouverez un parking avec une immense aire de jeux et de pique-nique très bien équipée (w-c, et barbecues en nombre).

LES VALLÉES DE L'OUEST

Excepté la vallée du Nervión, à l'extrême nord-ouest autour de Laudio (Llodio), qui a subi l'attraction industrielle de Bilbao, les vallées situées à l'ouest de Vitoria ont été préservées de la modernité. Elles sont parsemées de villages qui vivent de l'agriculture, toujours bien ancrés dans leurs traditions. C'est encore l'Álava des montagnes protectrices et des parcs nationaux.

LA SIERRA DE GORBEIA ET LA RÉGION DE ZUIA

Carte Álava, B1-2

Au nord de Vitoria, cette petite région montagneuse et rurale sépare l'Álava de la Biscaye, abritant quelques villages sur ses versants. Les collines vertes et boisées ondulent et montent de Vitoria jusqu'au pied de la sierra de Gorbeia qui forme une barrière naturelle (point culminant 1 481 m) entre les 2 provinces basques. La porte d'entrée du parc naturel de Gorbeia (environ 20 000 ha) est la petite ville de Murgia, située dans une vallée à une vingtaine de kilomètres au nord-ouest de Vitoria-Gasteiz.

– Voir également plus haut le texte consacré au parc naturel de Gorbeia dans « La vallée d'Ibaizábal », au chapitre « La Biscaye ».

Arriver – Quitter

En voiture

➢ Soit par la N 240 vers Bilbao, puis l'A 3608 vers Murua ; soit par la N 622 (vers Bilbao toujours) en sortant par l'A 3608 ou l'A 3610 à Murgia.

En bus

➢ ***Etxaguen-Murua-Gopegi-Vitoria :*** env 3 bus/j. avec la compagnie *Alegria Hnos (☎ 945-20-01-00).*

➢ ***Murgia :*** 1 bus/j. (sauf sam) sur la ligne Vitoria-Bilbao assurée par *La Unión-Burundesa (☎ 948-26-46-26 ; • autobuseslaunion.com •).*

Adresses utiles

Oficina de turismo : *pl. Bea-Murgia, à* ***Murgia.*** *☎ 945-43-03-40. • gorbeialdekokuadrilla.eus • gorbeiaeuskadi.com • En face de la place principale, à côté de l'arrêt de bus. Juil-août, tlj 9h-14h, 16h-19h ; de mi-mars à juin et sept-oct, j. variables 9h30-12h30, 15h-17h ; certains j. en déc 9h30-13h30. Congés : janv-fév et nov.* Très bien documenté et accueil aimable.

Casa del parque natural de Gorbeia : *à* ***Sarría,*** *petit bourg situé à 3,5 km au nord de Murgia ; c'est indiqué. ☎ 945-43-07-09. • gorbeiaeuskadi.com • En principe, avr-sept, tlj sauf lun 10h-14h30, 16h-19h ; oct-mars, mar-ven 9h-15h, w-e 10h-14h30, 15h30-17h30.* Vend les cartes des différentes randonnées du parc, dont plusieurs partent d'ici même. Les VTT et chevaux sont acceptés dans le parc.

Où dormir ? Où manger ?

De bon marché à prix moyens

Guikuri : *Goikuri, 1, Zigoitia, 01138* ***Murua.*** *☎ 945-46-40-84. 📱 615-78-23-23 ou 685-73-72-10. • guikuri@euskalnet.net • info@guikuri.com • guikuri.com • ♿ Sur la N 240 ou la N 622 vers Bilbao, prendre la petite A 3608 (direction Gorbeia) jusqu'à Murua ; bien indiqué ensuite. Apparts 120-160 € pour 2, 150-195 € pour 4 ; min 2 nuits.* Sur le versant d'une douce colline, à l'orée d'un bois, voici une grande maison couverte de vigne vierge, dans un hameau tranquille. On séjourne dans des appartements pour 2 à 4 personnes très confortablement aménagés, chaleureux et joliment décorés avec des matériaux locaux. Excellent accueil des propriétaires, qui ont ajouté 2 ravissantes annexes dans le grand jardin situé sur les hauteurs de la propriété. Il y a de l'espace pour les enfants, de l'air frais et du vert, et même un grand jacuzzi et 2 saunas ! Une adresse exceptionnelle.

Izpiliku Etxea : *Mendia, 6, Zigoitia, 01138* ***Acosta-Okoizta.*** *☎ 945-46-41-54. 📱 607-44-83-93. • izpilikuetxea@yahoo.es • nekatur.net/izpiliku • Sur l'A 3608, à Gopegui, prendre la direction d'Okoizta ; la maison se trouve en face de l'auberge* Errekatxo. *Double avec sdb env 61 € ; petit déj env 7 €. Accès cuisine 5,50 €/j.* Une bonne adresse dans une ferme datant de 1848, où sont élevés vaches, cochons et poules selon les règles de l'agriculture biologique. On est accueilli par le fils ou par sa mère, qui tient sa maison avec grand soin. Salon commun et chambres décorés dans le style campagnard basque, dynamisé par quelques murs colorés. Certaines chambres, en duplex, peuvent accueillir une petite famille. Pour les repas, l'auberge du village est juste en face.

De prix moyens à chic

La Casa del Patrón : *c/ San Martín, 2, 01130* ***Murgia.*** *☎ 945-46-25-28. • hotel@casadelpatron.com • casadelpatron.com • Fermé 1er janv, 24-25 et 31 déc. Double avec sdb env 68 € ; familiales. Menu du jour 20 € le midi en sem (servi aussi le soir pour les hôtes seulement, 18 €) ; carte env 35 €. Parking public gratuit à côté ou garage payant 5 €.* Au cœur du village, cette demeure ancienne a été prolongée par une agréable salle vitrée qui accueille un resto d'un très bon rapport qualité-prix. Au bar, on se régale avec les délicieux *pintxos* et un rioja bien

L'ÁLAVA

fruité. Dans les étages, les chambres affichent une déco standard un peu datée, mais elles sont confortables et disposent d'une double fenêtre contre le bruit de la rue et de la place. Excellent accueil, souriant et dynamique.

Hotel Nagusi : *c/ Domingo de Sautu, 32, 01130* ***Murgia.*** *☎ 945-77-93-33. • info@hotelnagusi.es • hotelnagusi.es • Double avec sdb min 70 €, petit déj compris. Apparts 2-4 pers 75-100 €. ½ pens possible.* Un petit bâtiment de 2 étages au centre du village, sans cachet particulier, mais qui se révèle très agréablement aménagé et plus contemporain qu'il n'y paraît. Chambres confortables, plaisantes dans leur sobriété, équipées de belles salles de bains modernes. Accueil très sympa.

À voir. À faire

Ollerías, museo de Alfarería vasca *(musée de la Céramique basque)* **:** *barrio Ollerías, 9, à* ***Elosu.*** *☎ 945-45-51-45. • euskalzeramika.com • Situé au bord de la N 240 vers Bilbao, entre les sorties vers Elosu et l'A 3608 vers Gorbeia. Lun-ven 10h-13h, 16h-19h ; sam 10h-14h. Fermé dim. GRATUIT.* Installé dans une ancienne fabrique (de 1711), ce musée-atelier très attachant mérite un détour. On est accueilli par la charmante Blanka Gómez de Segura, une passionnée qui connaît bien son sujet et qui travaille encore la céramique sur place, fidèle au savoir-faire et à la tradition. On découvre le four (classé Monument historique et unique au Pays basque) d'une capacité de 8 000 pièces, qui fut en activité jusqu'en 1958, date à laquelle la création des 2 lacs voisins et l'immersion des terrains ont privé le coin de son argile. À l'étage, musée très complet sur la céramique et son usage. Petite boutique où l'on peut acheter de belles poteries traditionnelles.

Santuario de Nuestra Señora de Oro : *à 3,5 km de Murgia. Prendre la petite route à la sortie est de Murgia, qui passe par Bitoriano ; le sanctuaire est indiqué. Église ouv seulement lors des pèlerinages (15 août-8 sept env) et pour la messe (dim 12h-14h30).* Érigé sur le flanc d'un éperon rocheux (841 m), le sanctuaire offre un panorama superbe sur la région. C'est un édifice roman tardif, mais il ne reste rien de roman dans son architecture actuelle. Le monument a été 2 fois incendié et remanié au XVIIIe s. Ici, « oro » ne désigne pas l'or mais indique un lieu en hauteur dans la toponymie basque.

➢ ***Balade en voiture sur la route A 2521 entre Murgia et Orduña :*** très bel itinéraire de montagne, qui permet de rejoindre la haute vallée du Nervión. Avant d'arriver à Orduña, possibilité de faire un petit crochet par le bourg d'***Artomaña,*** cerné par un beau cirque de falaises.

La cascade de Gújuli *(GOIURI)* **:** *au village de* ***Goiuri-Ondona*** *(municipalité d'Urkabustaiz), sur la A 2521 en direction d'Orduña, à env 7 km à l'ouest de Murgia. Accès à pied par un petit chemin (env 1 km) sur la droite en venant de Murgia.* Haute de 100 m, la cascade se jette dans la rivière Oiardo. Tout le monde vous en parle... mais elle est à sec dès le début de l'été. En revanche, le spectacle est superbe au printemps, quand la cascade surgit de l'immense hêtraie d'Altube.

ARCENIEGA (ARTZINIEGA) ET LA VALLÉE D'AYALA (AIARA)

Carte Álava, A1

À 28 km au sud-ouest de Bilbao, dans l'arrière-pays des collines basques (elles culminent à 600 m), aux confins de la Biscaye, de l'Álava et de la province de Burgos, voici Arceniega, une bourgade paisible organisée autour

d'un centre ancien. Quelques belles maisons blasonnées témoignent de son ancienneté, et de son importance stratégique au bout de la vallée d'Ayala. Mais on vient jusqu'à Arceniega surtout pour son formidable musée, qu'il serait dommage de manquer !

Arriver – Quitter

➢ ***En bus :*** théoriquement, *La Unión* (☎ 945-26-46-26 ; ● autobuseslaunion.com ●) relie Arceniega à ***Vitoria*** et ***Amurrio.*** Les villes d'***Izarra*** et ***Murgia*** sont desservies 1-2 fois/j. sur cette même ligne. À vérifier cependant en fonction des saisons. Pour rejoindre ***Bilbao,*** changer à Murgia (attention, bus peu nombreux, une longue attente n'est donc pas à exclure !), et quelques liaisons directes (2-3/sem) depuis Amurrio.

Adresse et info utiles

– ***Infos touristiques :*** pas d'office de tourisme mais pas mal d'infos et de documentation sur la ville et ses environs au *Museo etnográfikoa* (Musée ethnographique ; voir adresse plus bas). Et sur ● aiaraldea.org ●

ℹ Également des ***offices de tourisme*** à ***Artziniega*** (☎ 945-39-62-10) et ***Amurrio*** (☎ 945-39-37-04, ● amurrioturismo.com ●).

Où dormir ? Où manger dans le coin ?

Les adresses suivantes se trouvent toutes entre Arceniega et Amurrio.

⌂ ***Casa rural Garabilla Landetxea :*** *Garabilla, 18, 01478* ***Llanteno.*** *📱 616-13-84-49. ● casaruralgarabilla@gmail.com ● casaruralgarabilla.com ● ♿ À 1,5 km au sud-est d'Arceniega, bien indiqué de l'A 624. Doubles 65-78 €.* Postée au sommet d'une collinette, cette solide maison basque domine une belle campagne encadrée par les montagnes. Les chambres se font coquettes et douillettes (belles salles de bains contemporaines) : murs de pierre, poutres sombres, et une déco personnalisée au goût d'aujourd'hui. On peut participer à l'entretien du potager (bio), profiter du sauna et de la petite piscine, ou se faire des grillades sur le barbecue. Une agréable étape pour visiter la région.

⌂ IOI ***Hotel Los Arcos de Quejana :*** *ctra Beotegui, s/n, 01477* ***Quejana.*** *☎ 945-39-93-20. ● info@arcosdequejana.com ● arcosdequejana.com ● ♿ Fléché sur la droite avt d'arriver au château d'Ayala. Resto fermé lun-mar. Congés : 20 déc-20 janv. Double env 60 € ; petit déj 12 €. Menus 22-54 € ; carte 35-40 €.* Cette ancienne maison noble, située sur une colline dans un beau paysage vallonné, ne manque pas d'allure. Seules les salles du restaurant s'y trouvent, les chambres étant installées dans une aile moderne attenante. Elles sont assez exiguës et équipées de salles de bains pas bien grandes, mais plutôt rigolotes avec une déco différente pour chacune, un mélange de pierre et de peintures murales colorées. Côté resto, cuisine classique et assez chère.

⌂ IOI ⛱ ***Agroturismo-restaurante Guzurtegi :*** *village de* ***Maroño*** *(01479). ☎ 945-39-94-38. ● guzurtegi@gmail.com ● guzurtegi.com ● À 3 km de la route A 624, au nord d'Amurrio. Resto ouv le midi tlj, plus sam soir. Congés : 1 sem en août. Double 55 €. Carte env 40 €.* La route monte, passe près d'un lac de barrage, débouche sur un vaste cirque de collines dominées par une haute muraille rocheuse, et arrive dans ce hameau oublié. L'auberge, chaleureuse et attachée aux traditions, propose une carte brève dont la vedette est la viande grillée à la braise. Les chambres sont classiquement installées à l'étage, simples mais impeccables, équipées de meubles en pin vernis. Aire de jeux pour les bambins.

À voir

Une petite balade dans les rues d'***Arceniega*** pour en apprécier l'architecture Renaissance, même si certaines demeures ont subi une rénovation sans nuance. Grosse église de la même époque, carrée, massive, abritée derrière un auvent au plafond peint, et présentant un fronton triangulaire qui annonce le XVIIIe s.

Artziniegako Museo etnográfikoa *(Musée ethnographique)* **:** *c/ Arteko Aldapa, 12, à Arceniega. ☎ 945-39-62-10. • artziniegamuseoa.org • Du centre, suivre la direction de Balmaseda, c'est à env 400 m sur la droite. Mar-sam 11h-14h, 16h30-19h30 ; dim et j. fériés 11h-14h. Fermé lun. Entrée : 4 € ; réduc. Visite guidée par une des hôtesses de l'accueil qui parlent un peu l'anglais, parfois le français.* On a adoré ce très riche musée, qui mérite à lui seul de se rendre à Arceniega. Dans une imposante demeure, sur 1 700 m² et 17 salles, on découvre les arts, les métiers anciens, les savoir-faire populaires et les coutumes de la région. Tout est formidablement orchestré, avec de superbes reconstitutions où objets, mobilier, outils et costumes foisonnent. Un véritable décor de film, pour entrer ici dans l'atelier d'une couturière, là dans une école, ou encore chez un apothicaire... Et la liste continue puisque tous les métiers d'antan y sont présentés, ainsi que les différents habitats, les jeux basques et bien d'autres choses encore. Enthousiasmant !

Fêtes et manifestations à Arceniega et dans les environs

- ***Txakoli Eguna à Amurrio :*** *3e dim de mai.* Marché consacré au *txakoli* ! À votre santé.
- ***Fêtes du village à Arceniega :*** *8 j. autour du 8 sept.*
- ***Atzai Eguna à Amurrio :*** *3e dim de sept.* Fête et foire des bergers.

DANS LES ENVIRONS D'ARCENIEGA (ARTZINIEGA)

L'ÁLAVA

Vers le sud

Quejana **(KEXAA) :** *à env 8 km au sud d'Arceniega, sur la route d'Amurrio. Un panneau l'indique sur la droite de l'A 624.* Ce hameau isolé est surtout connu pour être le berceau de la puissante famille Ayala, qui a donné son nom à la vallée. Le ***château fortifié*** est tout au bout du village, sur un flanc de colline *(visite seulement de l'église et de la tour-chapelle, sur rdv auprès du curé au ☎ 945-39-92-64).* C'est une magnifique bâtisse carrée avec des tours (la plus grosse date de 1399), des créneaux et une église-monastère fortifiée incluse dans la muraille. La chapelle renferme les beaux gisants de Pedro Lopez de Ayala (1332-1407) et de sa femme Leonor de Guzmán. Une aile du château abrite le ***musée d'Art sacré*** ***(fermé pour rénovation,*** *sinon juil-sept, tlj 9h-14h, 16h-19h ; oct-juin, mar-dim 10h-14h, fermé lun ; GRATUIT),* petit mais intéressant, à condition toutefois de comprendre le basque ou l'espagnol car rien n'est traduit. Il présente l'histoire de la puissante famille Ayala, qui fut la plus importante de l'Álava et de Castille du XIVe au XVIe s. On apprend ainsi qu'un de ses descendants, Luis de Ayala y Vergara, rejoignit la cause de Simón Bolívar (un autre Basque) et signa l'acte d'indépendance de la Colombie en 1813. Sinon, quelques œuvres d'art, vêtements et objets religieux, conservés jalousement dans le couvent durant plus de 600 ans.

Aux confins de l'Álava et de la Biscaye

Orduña (URDUÑA ; *en Biscaye*) **:** *à 7 km au sud d'Amurrio et 22 km à l'est d'Arceniega.* ● *ordunaturismo.com* ● Orduña est une petite ville étendue au cœur d'une plaine fertile, dominée par l'immense muraille formée par les falaises calcaires séparant la Biscaye de la province de Burgos. Cette barrière naturelle et historique est aussi une ligne de partage des eaux entre le Bassin atlantique et le Bassin méditerranéen, incroyable mais vrai. En voiture, l'idéal consiste à arriver par la BU 556 qui franchit le col d'Orduña (900 m, voir plus bas « Mirador del Nervión »). Le centre-ville d'Orduña s'organise autour de la place centrale, qui ne manque pas de caractère avec son ***église aux 2 clochers trinitaires*** (clochers avec chacun 3 pointes symbolisant la Sainte-Trinité). Pour acheter de savoureux chocolats rendez-vous aux nos 12-14, en face de l'église, à la *Confitería de Larrea (fermé lun).* Avec ses colonnes, son vieux comptoir et ses vitrines rétro, cette pâtisserie à l'ancienne maintient une belle tradition familiale remontant au XIXe s. Alexandre Dumas aurait adoré cet endroit !

Mirador del Nervión y cañón de Delika (*belvédère cascade du Nervión*) **:** une des plus belles routes de la région. À ne pas manquer. Si l'on vient d'Orduña (à environ 20 km), prendre l'A 2625 vers Burgos. La route grimpe vers le sommet de la vertigineuse barrière rocheuse en décrivant de nombreux virages en lacet. Au col, la vue est splendide sur la plaine avec tout en bas, entourée de champs, la ville d'Orduña. Après le col d'Orduña, tourner à gauche vers le *monumento natural Montesantiago.* Du parking, dirigez-vous vers le *mirador du Nervión* (2 km à pied), un balcon suspendu au-dessus du *canyon de Delika.* Superbe point de vue sur la cascade de la rivière Nervión, qui se jette de 270 m de haut (une des plus hautes d'Espagne, du moins lorsqu'il a beaucoup plu).

LES VALLÉES DU SUD-OUEST

Ces vallées méconnues, desservies par des routes tranquilles, se trouvent entre Orduña et Mirande de Ebro, aux confins de l'Álava et de la province de Burgos. Une très belle façon de les rejoindre consiste à prendre l'A 2625 au départ d'Orduña et d'aller vers le sud. D'abord sinueuse et montagnarde, la route redescend joliment en traversant le petit village d'Osma et son pont médiéval, et dessert de charmants bourgs comme Espejo, Tuesta et Barrón. À l'extrême ouest de l'Álava, à la source du río Omecillo, se trouve le parc naturel de Valderejo, le plus isolé de la province mais pas le moins fréquenté.

Où dormir ? Où manger dans la région ?

Camping

Camping Angosto : *ctra Villanañe-Angosto, 2 bis, 01426* ***Villanañe-Valdegovia.*** *☎ 945-35-32-71.* ● *info@camping-angosto.com* ● *camping-angosto.com* ● *À env 15 km du parc de Valderejo. Congés : de mi-déc à fév. Compter env 27 € pour 2 avec tente et voiture. Bungalow env 115 €/nuit pour 4, 118 €/nuit pour 6. Menus 12-25 € et pintxos.* Dans un joli vallon entouré de collines boisées, voici le 2e camping (familial) de l'Álava, où bungalows et camping-cars occupent la part belle du terrain, ne cédant qu'une toute petite parcelle et bien peu d'intimité aux tentes. Piscine, petite épicerie et resto-bar. Nombreuses activités pour les enfants.

De bon marché à prix moyens

Valderejo Etxea *(mesón et casa rural) : Real, 2, 01427* ***Lalastra,*** *à l'entrée du village. ☎ 945-35-30-85. 609-49-32-49. • valderejokoetxea@gmail.com • valderejokoetxea.com • Resto fermé lun. Congés : janv. Résa conseillée (seulement 6 chambres). Double env 50 € ; petit déj 5 €. Menus 13 € (du jour, en sem)-26 € ; carte env 35 €.* La seule possibilité de logement et de restauration à Lalastra et dans le parc. Les chambres, très simples mais propres, se nichent dans une maison en pierre de 1700, au cœur du village. Le restaurant *Mesón Valderejo* est dans un autre lieu, près de la *Casa del parque.* On y sert une bonne cuisine à base de produits locaux, dans une salle rustique. Accueil gentil.

Hotel rural Amona : *c/ La Iglesia, 9, 01423* ***Tuesta.*** *☎ 945-35-14-96. • rural@hotelamona.com • hotelruralamona.com • À 2 km à l'est d'Espejo. Double 60 €, petit déj inclus.* Dans un village tranquille, une maison à gauche de l'église. Les chambres, impeccables, sobres, bien équipées, donnent sur la vallée, et 3 d'entre elles partagent un balcon. Les sympathiques propriétaires disposent d'un « minizoo » situé à 200 m de l'hôtel : poules, cochons, lapins, brebis, oiseaux...

À voir. À faire dans la région

Tuesta : *à 2 km d'Espejo.* Ce minuscule village (50 habitants seulement) possède une charmante église romane du XIIIe s, dont le tympan représente un Christ en majesté entouré de la Vierge et des rois d'Israël. Devant le porche, un calvaire de la même époque profite de l'ombre du petit square... et nous aussi, pour admirer la belle vue sur la vallée.

Les salines de Gesaltza-Añana (valle salado de Añana) **:** *à 2,5 km de Tuesta, sur l'A 2622. Centro de visitantes (bureau d'info) et boutique à l'entrée du site. ☎ 945-35-11-11. • vallesalado.com • D'avr à mi-oct, tlj 9h45-14h30, 15h45-19h30 ; de mi-oct à mars, tlj 10h30-14h30, plus w-e 15h30-17h30. Visites guidées des salines (en espagnol, en français et en anglais) : 10 visites/j. (en hte saison). Durée : 1h-1h30.* ***Résa obligatoire.*** *Tarifs : 7-8 € selon saison ; réduc ; gratuit moins de 6 ans. Possibilité de se baigner dans un bassin salé (spa salino) pour 2 € (seulement avr-oct).*

Sur les versants d'une vallée reculée, on dirait un grand chantier de fouilles enneigé qui vient chatouiller les 1res maisons du village. Ces salines, étagées et compartimentées en une multitude de terrasses blanches, constituent un étonnant paysage qui vaut le détour.

L'exploitation du sel à Añana remonte à des temps reculés. L'eau provient des sources du village, elle est conduite dans de larges bacs de bois, de pierre ou d'argile peu profonds qui permettent une évaporation rapide. La durée de l'exploitation se concentre sur quelques semaines au début de l'été. Pas moins de 5 000 bassins occupent les lieux, mais on en exploite aujourd'hui moins de la moitié car une usine moderne a pris le relais. Le site, désormais classé, a fait l'objet d'un gros travail de mise en valeur et de restauration. Et c'est réussi !

– Le bâtiment du *couvent des Madres Comendadoras de San Juan de Acre* surplombe le village. De là, un petit sentier offre un très beau panorama sur la ville et les salines.

Le parc naturel de Valderejo : c'est le 1er parc naturel créé en Álava, de taille modeste avec seulement 3 500 ha de territoires protégés. Il est situé dans une poche géographique à l'extrémité sud-ouest de la province d'Álava. Du village d'Espejo, prendre l'A 2625, puis l'A 2622 en direction de San Millian où l'embranchement est indiqué. De ce village, rejoindre San Zadornil, et continuer encore une dizaine de kilomètres jusqu'au bout de la vallée. La route serpente dans de

beaux paysages de collines et de forêts. Pour les camping-caristes, attention, la traversée du village d'Arroyo de San Zadornil est très étroite. Obligation de garer les voitures à l'entrée de Lalastra.
On arrive alors dans une sorte de cul-de-sac, au fond d'une cuvette entourée de collines boisées et de hautes crêtes rocheuses. Le climat hybride, mi-méditerranéen, mi-océanique, produit des étés très chauds et des hivers très froids (il neige souvent).
– En haute saison, le minuscule village de ***Lalastra*** à 900 m d'altitude (7 habitants !) devient un petit musée vivant. Autour de la petite église du XIe s, on a restauré avec soin le four à pain, le moulin, le vieux jeu de boules, et l'abri à ferrer les bœufs. Le petit ***Musée ethnographique*** de Lalastra, dans l'ancienne mairie au centre du village, présente l'histoire de la vallée, les traditions agricoles comme la transhumance d'antan et la mort du cochon, ainsi que la culture du lin autrefois très pratiquée *(ouv w-e 11h-14h, 16h-18h, jusqu'à 17h30 en hiver ; possibilité de demander l'ouverture du musée à la* Casa del parque *; GRATUIT).*

➢ Le parc compte 9 ***sentiers de randonnée*** (infos à la *Casa del parque*) qui permettent de découvrir cette microrégion, entre champs, collines et éperons rocheux. On passe par des bois de pins sylvestres, de hêtres, de chênes verts... pour atteindre le défilé de Purón, l'ermitage de San Lorenzo, le col de la Sierra ou le col Barrerón, sur les lignes de crête. Avec un peu de chance, on peut surprendre un chevreuil, une fouine et parfois des vautours.

ℹ ***Casa del parque de Valderejo :*** *tt au bout du village de* ***Lalastra.*** ☎ *945-35-31-46.* • *valderejoparkea.eus* • *Avr-sept, mar-dim 10h-14h30, 16h-19h. Le reste de l'année, mar-ven 9h-15h ; w-e 10h-14h30, 15h30-17h30. Fermé lun.* Excellent accueil et documentation très complète sur les randonnées, la faune et la flore du parc. Nombreux sentiers adaptés aux promenades avec des enfants, mais chaussez-vous bien. Les VTT sont autorisés, mais pas le camping.

LA RIOJA ALAVESA (ARABAKO ERRIOXA)

Après la plaine de Vitoria en allant vers le sud, on grimpe les 1ers contreforts des monts Cantabriques pour plonger sur la Rioja, région connue pour la qualité de ses vins et ses traditions gastronomiques. Le mieux, selon nous, est de découvrir la Rioja alavesa en suivant l'A 2124 qui va de Vitoria-Gasteiz à Laguardia par le col de Herrera. Après ce col, sur la droite en descendant, se trouve le *balcón de la Rioja,* un promontoire où une table d'orientation permet d'admirer la plaine jusqu'à Haro et Logroño.
La Rioja alavesa est le résultat d'un processus d'érosion qui a laissé, un peu partout, des éminences en forme de petites tables, les *mesetas,* que connaissent tous les géographes. Calcaires, tournées vers le sud, elles constituent de remarquables terres à vignobles. Les vignes y poussent en buissons et le cépage *tempranillo* traditionnel reste majoritaire. Mais tout ça, on vous en parle dans la rubrique « Boissons » du chapitre « Hommes, culture, environnement » en fin de guide... En Rioja, on affirme que la vigne existe depuis l'époque romaine. Probable. Mais cette partie de l'Álava a été surtout mise en valeur aux XIIIe et XIVe s. Aujourd'hui, 77 % des habitants de la Rioja travaillent dans la viticulture.
De cette époque datent la superbe ville de Gardia (Laguardia) et la fondation de Labastida.
– Pour tout savoir sur les vignobles de la Rioja alavesa, mais aussi toutes les infos pratiques et les bonnes adresses qui jalonnent la route des vins : • *rutadelvinoderiojaalavesa.com* • (pas de version française).

Visite de caves et achat de vin dans la Rioja alavesa

– ***Achat dans les* vinotecas** ***:*** ces magasins sont pratiques car situés dans les villes et ils offrent un large choix. Mais achète-t-on un vin sans y goûter ?

– Sachant qu'il y a quelque 200 bodegas en Rioja alavesa, qu'elles ne sont pas toutes ouvertes au public et que nous n'avons pas pu toutes les tester (hips !), voici une petite sélection de nos fournisseurs préférés. Certains servent des repas. Prévoyez des espèces, les cartes de paiement ne sont pas toujours acceptées.

– ***Visites et horaires des caves (bodegas) :*** dans le secteur de Laguardia, plus d'une vingtaine de bodegas sont ouvertes au public et font goûter leur production. Attention, certaines caves ferment en août. Dans tous les cas, il faut prendre rendez-vous à l'avance *(cita previa)* par téléphone. Pour connaître les horaires et les prix des visites des différentes caves, l'office de tourisme de Laguardia distribue une liste complète avec les détails pratiques. Quant aux prix des bouteilles, ils sont en moyenne 20 % moins élevés qu'en magasin.

Bodegas Eguren Ugarte : *ctra A 124 (ctra Nacional Vitoria-Logroño, km 61), à* ***Páganos-Laguardia.*** *☎ 945-60-07-66. • egurenugarte.com • À l'extérieur de la vieille ville de Laguardia (à env 1 km au sud). Résa impérative. Entrée : 15 €/pers (avec dégustation de 3 vins). Visite + repas : env 43 €. 5 visites en espagnol (parfois en anglais), tlj 10h30-18h en été (le reste de l'année, 4 visites/j.) ; visite en français seulement pour les groupes sur résa. Durée : 1h15.* On remarque de loin ce domaine avec sa tourelle telle une vigie au-dessus du vignoble. Le site remarquable, l'accueil, l'histoire de la famille basque Eguren Ugarte, tout ici est fort séduisant. La cave en contrebas de l'hôtel abrite des vins d'une très belle qualité, exportés dans une vingtaine de pays à travers le monde. Boutique sur place.

Marqués de Riscal : *à* ***Elciego,*** *à la sortie de la ville en direction de Cenicero. ☎ 945-60-60-00. • marquesderiscal.com • Boutique ouv tlj 10h-19h (parfois 20h en été). Visites guidées sur* ***résa (obligatoire)*** *ttes les 30 mn 10h-13h, 16h-18h. Durée : 1h30. Langues : espagnol, parfois anglais et français. Visite + dégustation : min 19 € ; réduc ; gratuit moins de 10 ans.* La *ciudad del Vino* (la cité du Vin) ne passe pas inaperçue avec l'architecture étonnante de son hôtel, œuvre de Frank O. Gehry (architecte du museo Guggenheim Bilbao). Sa silhouette métallique et ondulée, aux couleurs allant du rose au doré en passant par l'argenté, réfléchit le soleil. La visite du domaine inclut 2 petites vidéos, la découverte extérieure de l'hôtel, une promenade rapide dans un arpent de vigne, puis les caves et l'usine d'embouteillage. On apprend que le domaine s'étend sur 1 500 ha (dont 500 appartiennent à la marque) et que 65 % de la production est exportée hors d'Espagne. Malgré sa dimension industrielle, la maison maintient la tradition : les vendanges sont faites à la main, et le vin est conservé dans des tonneaux de chêne. La visite manque un peu de poésie mais reste intéressante.

Bodegas Ysios : *située camino de la Hoya, à 1,5 km au nord de Laguardia. ☎ 945-60-06-40. • visitas.ysios@pernod-ricard.com • clubenvero.com • Voir aussi notre commentaire plus loin dans la rubrique « Dans les environs de Laguardia ». Visites sur résa (obligatoire), lun-ven à 11h, w-e à 11h et 13h (dégustation seule : tlj 10h30 et 13h). Durée : 1h30. Visite : 25 € (cher !), avec dégustation (ou dégustation seule 18 €).* Conçue par Santiago Calatrava (l'architecte de la gare de Bilbao), c'est sans doute la cave la plus design de la Rioja alavesa, telle une vague argentée qui surfe au-dessus des champs de vigne. Ce domaine de 75 ha produit environ 200 000 bouteilles par an. Vendanges manuelles, fermentation dans des cuves en inox, vieillissement dans des tonneaux en chêne. Pas de *vino joven,* ni de *crianza,* seulement du vin de réserve (qualité supérieure).

Granja Nuestra Señora de Remelluri : *ctra Rivas de Tereso, à* ***Labastida.*** *☎ 945-33-18-01. • remelluri.com • À la sortie du village vers Laguardia, suivre la direction du monastère de Remelluri et Riva de Tereso. Boutique ouv lun-ven 8h30-17h30 (16h août), sam 11h-13h. Visite guidée (45 mn), sur résa seulement.* Une de nos adresses préférées, pour la beauté de son site complètement isolé dans une nature superbe, l'esthétisme de ses beaux bâtiments en pierre, et bien sûr ses vins, bio s'il vous plaît. La visite nous conduit dans un petit musée, la cave, et nous fait découvrir une petite chapelle du XIIe s. Une bodega de 90 ha, pleine de charme malgré son jeune âge, puisqu'elle ne date que d'une cinquantaine d'années !

Les caves souterraines de Laguardia

Le sous-sol de la ville de Laguardia est percé d'un vaste réseau de caves et de galeries souterraines où des viticulteurs entreposent les tonneaux et les bouteilles de leurs vignobles depuis des siècles. Quelques caves privées sont ouvertes à la visite. On ne voit évidemment pas les vignobles, mais seulement les caves obscures et fraîches. C'est néanmoins très intéressant et ça ne manque pas de charme. Les visites se terminent par une dégustation.

Bodegas El Fabulista *(plan Laguardia, B3,* ***30****) : pl. San Juan. ☎ 945-62-11-92. • bodegaelfabulista.com • Résa conseillée. En période normale, visites à 11h30, 13h, 17h30 et 19h (dim, seulement le mat). Durée : 1h. Tarifs : 8 € pour la visite classique et 12,50 € pour la visite théâtralisée (avec dégustation de 2 vins pour chacune des visites).* Cette cave souterraine date du XVIe s et appartient à la famille du poète Samaniego. Le commentaire est assuré par une personne en costume d'époque.

Bodegas Mayor de Migueloa *(plan Laguardia, A2,* ***13****) : c/ Mayor, 20. 📱 647-21-29-47. • mayordemigueloa.com • Résa recommandée. En été, visites le w-e à 11h15, 12h15 et 13h15 (et 17h sam) ; le reste de l'année, seulement 2 visites/j. Durée : 45 mn-1h. Entrée : 9 €.* Située sous un palais transformé en hôtel de charme (voir la rubrique « Où dormir ? » à Laguardia). La visite inclut une dégustation de 3 vins de la cave.

Bodegas Los Parajes *(plan Laguardia, A2,* ***31****) : c/ Mayor, 46. ☎ 945-62-11-30. • hospederiadelosparajes.com • Un verre de vin + pintxo 3 €.* Dans un palais du XVIe s transformé en hôtel chic et cher. On peut boire un verre dans sa cave, et en profiter pour visiter ce labyrinthe étroit qui semble sans fin. Impressionnant !

L'ÁLAVA

Fête

– **Fête des Vendanges de Rioja alavesa :** *mi-sept, dans l'un des villages de la Rioja. Se renseigner à partir de mi-août au ☎ 945-20-01-00. • fiestadelavendimiariojaalavesa.com •* Énormément de monde, des spectacles de *jota* et de force basque. Pour 12 € environ, des autobus partent le matin de Vitoria-Gasteiz, Bilbao et Hondarribia, et ramènent chez eux les fêtards fatigués.

LAGUARDIA (GARDIA)

(01300) 1 480 hab. *Carte Álava, C4*

• Plan *p. 549*

À 19 km au nord-ouest de Logroño, au cœur de l'Álava. Situé au pied de la barrière rocheuse des monts Cantabriques, Laguardia est un très beau village médiéval perché sur une colline. Excepté à midi, quand la lumière

est trop vive, ses murailles mordorées invitent à la visite. Et quelle visite ! C'est l'une des villes les plus séduisantes d'Álava, et une bonne base pour découvrir les vignobles.

UN PEU D'HISTOIRE

La proximité du site de La Hoya et les nombreux vestiges néolithiques montrent que le village était déjà peuplé bien avant l'ère chrétienne. Mais c'est en 1164 qu'un *fuero* de Sanche le Sage crée la ville et en fait ***l'une des toutes 1res bastides navarraises.*** Des remparts y sont ajoutés au XIIIe s, ce qui n'empêche pas la ville d'être annexée par la Castille au XVe s. Isabelle la Catholique crée alors la Tierra de Laguardia et l'incorpore à l'Álava.
La ville a subi quelques dommages lors de la guerre d'Indépendance contre la France. En 1809, le marquis de Barriolucio s'en empare et ordonne la destruction d'une grande partie des murailles. Il veut éviter que les troupes napoléoniennes puissent s'y retrancher au cas où elles reprendraient la cité.
Depuis les années 1980, une stricte politique de conservation et de restauration lui a rendu tout son charme médiéval.

Arriver – Quitter

En bus

➢ Liaisons tlj pour ***Logroño*** avec la ligne 10 de la compagnie *Alava Bus* (*● araba.eus ●*). 5 bus/j., 7h45-21h55. Durée : 25 mn.

➢ Pour ***Vitoria-Gasteiz*** avec la ligne 9 d'*Alava Bus.* 11 bus/j. Durée : env 1h.

➢ Pour ***Samaniego, Salinillas, Labastida,*** ligne 9 d'*Alava Bus.* 5 bus/j. Durée : 20 et 30 mn.

Adresse utile

i ***Oficina de turismo*** *(plan A2)* **:** *casa Garcetas, c/ Mayor, 52. ☎ 945-60-08-45. ● laguardia-alava.com ● Lun-sam 10h-14h, 16h (17h sam)-19h ; dim et j. fériés 10h45-14h.* Très bel espace, bon accueil en plusieurs langues, documentation excellente, infos pratiques sur les visites de caves (bodegas) de la Rioja alavesa. Organise aussi les visites guidées des différentes églises.

L'ÁLAVA

Où dormir ?

Bon marché

☗ ***Agroturismo Larretxori*** *(plan A2,* ***10****)* **:** *portal de Páganos, s/n. ☎ 945-60-07-63. ● info@bodegalamioga.com ● nekatur.net/larretxori ● Maison en brique rouge juste à côté des parkings, sur l'esplanade ouest de la ville. Double avec sdb env 60 € ; petit déj 6 €. Parking public à côté.* Dans cette maison située à l'extérieur des remparts, on trouve 4 chambres modestes et propres, à la déco sobre. Outre ses prix sages et la proximité immédiate de la vieille ville, les chambres (sauf une) et la salle du petit déj offrent une belle vue sur les vignobles. Les propriétaires possèdent d'ailleurs des vignes et peuvent vous faire visiter leur *bodega Lamioga* en été.

De prix moyens à chic

☗ ***Hotel Marixa*** *(plan B3,* ***11****)* **:** *paseo de Sancho Abarca, 8. ☎ 945-60-01-65. ● info@hotelmarixa.com ● hotelmarixa.com ● Sur l'esplanade est. L'hôtel ne compte que 10 chambres, alors réservez ! Doubles 42-85 € selon confort, vue et saison ; petit déj 9 €. ½ pens possible.* Petit hôtel familial situé près de la muraille, en surplomb de la plaine viticole. Bien aménagées, lumineuses et agréables (certaines petites quand même), les chambres disposent toutes d'une terrasse avec vue sur la vallée ou la ville. *Marixa* abrite également un excellent restaurant (voir « Où manger ? »).

Casa rural Erletxe *(plan A3, **12**) : c/ Mayor de Peralta, 24-26. ☎ 945-62-10-15. • erletxe@gmail.com • erletxe.com • Dans les remparts au sud-ouest de la ville. Doubles 68-85 € selon vue.* Une maison encastrée dans la muraille de la ville, voilà qui est original. Les fenêtres sont donc étroites et les murs très épais (entre 1 et 2 m de large !), rendant l'intérieur sombre et frais. Les chambres, meublées simplement mais d'une propreté impeccable, donnent sur la vallée ou sur la ruelle. Petite terrasse dans un patio tranquille. Accueil charmant.

Plus chic

Posada Mayor de Migueloa *(plan A2, **13**) : c/ Mayor, 20. ☎ 945-60-01-87. 📱 647-21-29-47. • reservas@mayordemigueloa.com • mayordemigueloa.com • Doubles 106-137 €, petit déj inclus.* Au cœur de la ville, ce palais rustique de 1619 abrite un hôtel de caractère, un très bon resto (voir plus bas) et, au sous-sol, une cave familiale ouverte au public (voir plus haut). Vieil escalier, murs en pierre, et chambres meublées à l'ancienne, peu lumineuses comme toujours dans ces vieilles demeures, mais confortables.

Où manger ?

Restaurant de l'Hotel Marixa *(plan B3, **11**) : voir « Où dormir ? ». Tlj jusqu'à 2h. Menus 19-31 € ; carte env 25 €.* Notre restaurant préféré à Laguardia. Grande salle vitrée jouissant d'une vue superbe sur la plaine viticole et la chaîne cantabrique. La chef (la femme du patron) concocte une cuisine très soignée et goûteuse, avec quelques propositions qui sortent des classiques rencontrés ailleurs. Et la carte des vins est somptueuse ! Service attentif.

Restaurant de la Posada Mayor de Migueloa *(plan A2, **13**) : voir « Où dormir ? ». Resto fermé dim soir et lun (et mar-mer janv-avr). Menus 22-30 € ; carte env 40 €.* Dans un palais ancien de 1619, cet hôtel abrite un restaurant proposant une savoureuse cuisine régionale, servie dans un décor rustico-chic. Délicieux vins de la cave familiale.

El Pórtico *(plan A1, **20**) : c/ Mayor, 2. ☎ 945-60-07-34. Tlj sauf mar. Menus 14-20 € ; plats 8-14 €, carte 30-40 €.* Difficile de résister au charme de cette terrasse posée sur la plus charmante place de la ville, lovée entre la tour abbatiale et l'église Santa María. Un bien bel écrin pour boire un verre en grignotant quelques *pintxos,* ou s'attarder autour d'une cuisine simple mais honnête.

L'ÁLAVA

Où dormir ? Où manger dans les environs ?

Plus chic

Hotel Eguren Ugarte : *ctra A 124 (ctra nacional Vitoria-Logroño, km 61), 01309 **Páganos-Laguardia.** ☎ 945-60-07-66. • reservas@egurenugarte.com • egurenugarte.com • À env 1 km au sud de Laguardia. Doubles 120-270 € selon confort et saison, petit déj inclus.* La famille Eguren Ugarte est dans le vin depuis 1870, et 4 générations se sont succédé sur ce domaine qui domine un vaste paysage de collines ondulées. Sur le site se trouve aussi cet hôtel chic particulièrement agréable, doté de chambres aussi plaisantes que confortables (superbes salles de bains) qui jouissent d'une vue dégagée sur le vignoble. L'ascenseur vitré menant à votre nid douillet vous fera passer par les caves et leurs alignements de tonneaux... Joli ! Possibilité de se restaurer sur place et de visiter la cave, évidemment.

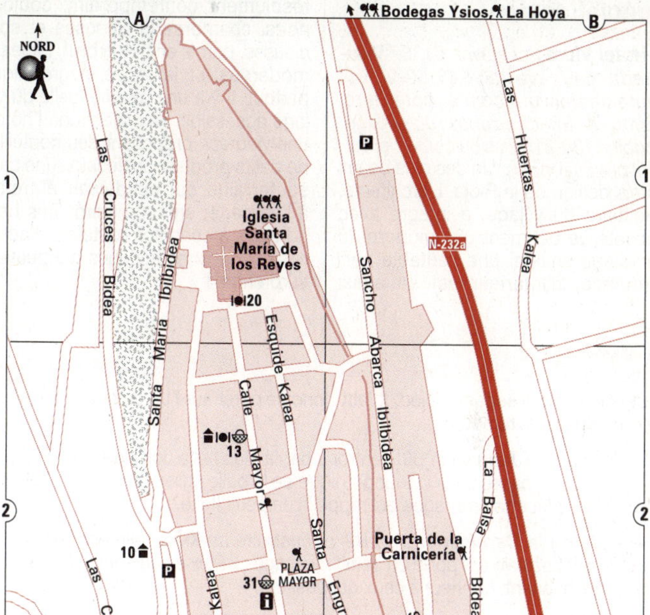

LAGUARDIA (GUARDIA)

Adresse utile

- Oficina de turismo (A2)

Où dormir ?

- **10** Agroturismo Larretxori (A2)
- **11** Hotel Marixa (B3)
- **12** Casa rural Erletxe (A3)
- **13** Posada Mayor de Migueloa (A2)

Où manger ?

- **11** Restaurant de l'Hotel Marixa (B3)
- **13** Restaurant de la Posada Mayor de Migueloa (A2)
- **20** El Pórtico (A1)

Les caves souterraines

- **13** Bodegas Mayor de Migueloa (A2)
- **30** Bodegas El Fabulista (B3)
- **31** Bodegas Los Parajes (A2)

Spécial design

⌂ ***Hotel Viura :*** *c/ Mayor, 01307* ***Villabuena de Álava.*** *☎ 945-60-90-00. • info@hotelviura.com • hotelviura.com • ♿ En contrebas du village. Doubles 130-215 € selon confort et saison, petit déj inclus.* Un des plus beaux hôtels design de la Rioja. L'architecte, originaire du village, a intégré avec habileté ce bâtiment ultramoderne à ce village ancien, une véritable performance. L'intérieur est lui aussi résolument contemporain : couloirs noirs, chambres lumineuses et spacieuses, parois en béton brut, tableaux modernes, style épuré et graphique partout. Il y a une piscine (celle du village accessible aux clients de l'hôtel), une *vinoteca* proposant des bouteilles de petits producteurs locaux, une cave souterraine qui conduisait autrefois à l'église, et enfin un resto. Très belle adresse, à condition toutefois d'adhérer aux choix esthétiques qui peuvent surprendre !

À voir

Toutes les visites se font à pied. Il faut donc se garer sur l'un des parkings situés en contrebas des remparts.

★★ ***Puerta San Juan*** *(plan B3)* **:** entrons par la plus belle porte de la ville ! Située au sud-est, elle passe sous la tour gothique de la belle église San Juan, et débouche sur une placette ombragée qui rappelle un peu l'Italie.

★ ***Puerta de la Carnicería*** *(plan B2)* **:** construite au XVe s, elle est belle aussi. Noter le petit azulejo qui porte un gentil message : « Paix à ceux qui partent, santé à ceux qui habitent, bonheur à ceux qui passent. »

★ ***Plaza Mayor*** *(plan A2)* **:** au cœur de la ville, cette petite place accueille la mairie ornée d'un joli carillon qui s'anime à 12h, 13h, 14h, 17h, 20h et 22h en été. À ces heures-là, 2 volets s'ouvrent, les cloches sonnent, des personnages en costume basque sortent de leur niche et dansent en automates bien réglés. En hiver, il ne sonne qu'à 12h, 14h, 17h et 20h, pour épargner les voisins !

★ ***Calle Mayor*** *(plan A-B2-3)* **:** elle traverse la ville et conduit à l'église Santa María de los Reyes. Plusieurs belles maisons anciennes la bordent, restaurées avec soin. Au fil de la balade, on admire leurs vieilles portes, leurs blasons, leurs halls d'entrée pavés de petits galets et leurs balcons en fer forgé ouvragé. Ces maisons des XVIe et XVIIe s sont pour la plupart bâties sur des caves souterraines, accessibles aux visiteurs dans les *bodegas Mayor de Migueloa* (no 20) et *Los Parajes* (no 46).

★★★ ***Iglesia Santa María de los Reyes*** *(tour abbatiale et portail ; plan A1)* **:** *tt au bout de la c/ Mayor, entourée de 2 ravissantes placettes.* À l'est de l'église, la ***tour abbatiale*** fut érigée au XIIIe s à des fins militaires. Visite assurée par une association privée : *☎ 945-60-02-18 ou 945-60-08-45 (office de tourisme). En été, tlj sauf lun, à 11h50 et 16h30. Entrée : 2 €.* Jusqu'au XIVe s, un couloir *(pasapuente)* la reliait à l'église Santa María de los Reyes. Celle-ci se distingue par son remarquable ***portail polychrome*** du XIVe s, invisible de l'extérieur car situé sous un porche fermé. Il faut donc profiter des visites guidées proposées par l'office de tourisme pour le voir. *Lun, entrée gratuite et visite libre. Les autres jours, visites guidées en espagnol (feuillet en français) mar-sam à 11h15, 13h15, 17h et 18h30 ; dim, seulement le mat. Durée : 30 mn. Billet : 3 €.* Sinon, l'église est ouverte lors des messes *(juin-sept, sam à 20h et dim à 12h30).*
C'est un ***portail peint unique*** en Espagne (avec celui de Zamora) et même en Europe. À l'origine, il se trouvait, classiquement, en façade sur la rue. Au XVIe s, il fut enfermé sous un porche pour une raison obscure, ce qui explique son parfait état de conservation. Les peintures couvrant les personnages sculptés n'ont jamais été refaites depuis le XVIIe s, seulement nettoyées. Le résultat est vraiment

étonnant ! Au centre, une *Vierge à l'Enfant* (admirez le drapé de la robe) surmontée de sculptures du Nouveau Testament. Sur les côtés, les 12 apôtres. La qualité de la sculpture, l'expression des visages, la finesse des détails décoratifs, tout indique la patte d'un grand sculpteur réaliste, influencé par l'art italien.
Dans l'église, peu de fenêtres, mais la taille et les volumes d'une petite cathédrale pour une ville de moins de 2 000 habitants ! Voir l'imposant retable du XVIIe s, tout en dorures, surmonté d'une coupole en forme de conque.

Centro temático del Vino « Villa Lucia » *(hors plan par B3)* **:** *villa Lucia, ctra de Logroño. ☎ 945-60-00-32. • villa-lucia.com • Ouv mar-dim 10h-20h. Mar-sam, visites à 11h, 12h30, 17h et 18h30 ; dim à 11h et 12h30. Visite guidée (en espagnol ou anglais) : 8 € (résa conseillée), ou 12,50 € avec dégustation (2 vins et une petite planche de chorizo à grignoter).* Pierre, adobe et bois sont les matériaux qui composent cette maison typique de la Rioja. Elle abrite un musée très didactique qui présente (en espagnol et en anglais) les caractéristiques du vin dans la Rioja, en le comparant avec les autres régions viticoles. Quelques belles machines anciennes, de jolies maquettes sur la géologie et les paysages, et une intéressante présentation des cépages. Le centre accueille des congrès, des soirées thématiques, des stages d'œnologie, des noces et des banquets.
Et, bien entendu, une boutique où l'on peut acheter du vin, un peu plus cher que dans les bodegas mais moins que dans les vinothèques.

Fêtes et manifestation

– **_Rassemblement de gaiteros :_** *2e ou 3e dim de mai.* Le plus grand rassemblement de *gaiteros* (joueurs de *gaita,* la cornemuse basque) de tout le Pays basque.
– **_Fêtes patronales :_** *23-29 juin (San Juan et San Pedro).* Feux de la Saint-Jean, danses folkloriques dans une ambiance de kermesse enfiévrée, et course de vachettes dans les rues de Laguardia. La fête se termine par « l'enterrement de la barrique », une cérémonie où le vin est à l'honneur.

DANS LES ENVIRONS DE LAGUARDIA (GARDIA)

Bodegas Ysios *(hors plan par B1)* **:** *camino de la Hoya. ☎ 945-60-06-40. • visitas.pernodricardbodegas.com • À 1,5 km au nord de Laguardia. Bien indiqué à l'intersection avec l'A 124 vers Logroño. Visite sur résa obligatoire. Entrée : 18 €. Voir aussi plus haut notre rubrique « Visite de caves et achat de vin dans la Rioja alavesa ».* Au pied des monts Cantabriques, au milieu des vignes, surgit soudain un étonnant bâtiment futuriste, au toit en aluminium dentelé qui ondule sous le ciel de la Rioja. Cette superbe cave a été commandée par le groupe Domecq (associée à Pernod-Ricard) à l'architecte Santiago Calatrava, auteur de la gare TGV de Lyon-Saint-Exupéry et de celle de Bilbao. Architecture moderne et viticulture font décidément bon ménage !

La Hoya – Museo prehistórico y poblado *(hors plan par B1)* **:** *à env 700 m au nord de Laguardia, à l'entrée du champ de fouilles. ☎ 945-62-11-22. De mai à mi-oct, mar-ven 11h-14h, 16h-20h ; w-e 11h-15h (14h dim). Oct-mars, mar-dim 11h-15h (14h dim). Fermé lun. GRATUIT. Audioguide et petite brochure en français.* Le site de La Hoya fut occupé de la fin de l'âge du bronze à la fin du 2e âge du fer (en gros de 1500 à 250 av. J.-C.). On sait que des peuples d'Europe centrale s'y installèrent, mais on ignore pourquoi le village fut abandonné vers le IIIe s av. J.-C. Le musée relate l'histoire de ce peuplement et présente des objets du quotidien trouvés lors des fouilles. Cela dit, la maquette du village celtibère est beaucoup plus parlante que les excavations visibles sur le site.

➢ Plusieurs **dolmens** d'époque celtique (comme en Bretagne !) sur la route **_entre Laguardia et Kripan,_** ainsi qu'**_entre Laguardia et Samaniego._** Ce sont des dolmens formés par une enceinte verticale coiffée d'une grosse pierre plate au sommet. À La Hoya, petite brochure gratuite en français recensant (avec une brève présentation) ces mégalithes.

Les étangs de Laguardia : il s'agit de 3 petits marécages (visibles depuis la terrasse est de Laguardia) dont 2 sont « endoréiques », c'est-à-dire uniquement alimentés par les eaux de pluie. Inondés en hiver, ils atteignent leur remplissage maximum au printemps, puis s'assèchent lentement pour ne laisser qu'une croûte de sel en été. Seul le ***Prao de la Paul,*** créé artificiellement et aussi le plus grand, n'est jamais vraiment à sec. Bien entendu, cet ensemble lagunaire recèle un biotope particulier, avec une grande variété de plantes rares et d'oiseaux qui y trouvent refuge, notamment lors de leur migration hivernale.
➢ L'office de tourisme délivre une petite carte du chemin balisé (2,5 km) permettant de se balader autour de l'étang de Prao de la Paul, le seul qui soit véritablement accessible. Signalons qu'il est aussi praticable par les personnes en fauteuil.

Puerto de Bernedo *(col de Bernedo)* ***:*** *à env 30 km au nord de Laguardia, sur l'A 3220 qui mène à la Navarre en traversant la sierra de Kodes.* Le lieu vaut surtout pour la route qu'on emprunte et le paysage qui l'entoure : un cirque de falaises calcaires grises qui domine la vallée de la Rioja. Depuis Laguardia, la route monte vers Kripan, Meano et Lapoblación, villages perchés qui offrent de très belles vues. De Lapoblación, continuer à monter en suivant l'A 2126. On arrive alors au ***col de Bernedo*** (992 m) d'où la vue sur la Rioja alavesa est superbe. À cet endroit, la barrière rocheuse forme une sorte de brèche en U, une trouée étroite dans laquelle la route se faufile. En entrant dans l'Álava (Pays basque), on découvre alors des paysages plus verdoyants et humides, avec des forêts et des pâturages... et plus un seul vignoble !

➢ Une ***randonnée,*** un peu longue (4h aller-retour) mais facile, mène ***de Kripan à Elvillar.*** De la plaza del Coso, la place centrale du village, suivre la calle de la Matilla qui donne sur l'ancienne voie romaine. De là, l'itinéraire est balisé. Le tracé descend doucement vers Elvillar dans un somptueux paysage de plaine desséchée, dominé par les falaises.
À Elvillar, vous pourrez aller voir le ***dolmen de l'Hechicera,*** très bien conservé avec son dôme de pierre.

ELCIEGO (ELTZIEGO)

À 5 km au sud de Laguardia. Ce gros bourg frappe par la concentration de grandes sociétés viticoles. On compte 18 bodegas, dont Marqués de Riscal, Valdelana, Luberri, Murua et Salceda.
– ***Fête patronale du village :*** *8 sept.*

Elciego abrite surtout le siège social pharaonique de la ***bodega Marqués de Riscal*** *(● marquesderiscal.com ●).* Pour la visite et plus de détails, voir plus haut la rubrique « Visite de caves et achat de vin dans la Rioja alavesa ». Fondée en 1858, cette maison est la plus ancienne et la plus grande de la Rioja. Si l'on ne visite pas les caves, on peut admirer l'étonnant hôtel *Ciudad del Vino* conçu en 2006 par Frank O. Gehry (l'architecte du museo Guggenheim Bilbao), juste à côté du vignoble et du centre de « vinothérapie ». Composé de gros rubans de tôle colorée, il évoque les ceps de vigne ondulant au-dessus de la terre viticole. Sous le soleil et le ciel bleu, l'hôtel éclate et miroite de modernité. Par temps de pluie, il évoque davantage l'art de la récupération et les tôles froissées... On aime ou pas, c'est selon. Dans l'enceinte autour de l'hôtel (superbe mais hors de prix) se trouvent les caves ouvertes au public, la cafétéria et la boutique.

VILLABUENA DE ÁLAVA

À 6 km à l'ouest de Elciego. Un village au fond d'un vallon qui compte 42 *bodegas* pour... 320 résidents, c'est le record de bouteilles et de tonneaux par habitant ! La vie s'y déroulait tranquillement au rythme des saisons et des vendanges, jusqu'au jour où un homme d'affaires du pays eut l'idée de construire un hôtel de style avant-gardiste au pied du village médiéval. Il s'agit de l'***Hotel Viura,*** un édifice cubiste certes un peu insolite dans le paysage, mais finalement assez discret. Pour les détails, voir plus haut notre rubrique « Où dormir ? Où manger dans les environs ? » à Laguardia.

LABASTIDA (BASTIDA)

(01330) 1 100 hab. *Carte Álava, B4*

Ce gros bourg, situé à la frontière de la Rioja, revendique le titre de capitale du vin de la Rioja alavesa. La partie basse manque cruellement de charme avec ses grosses bodegas modernes installées un peu partout. À l'inverse, juché comme il se doit sur une petite colline dominant la plaine, le vieux village compte de beaux édifices anciens, témoins de son prestigieux passé.

Adresse utile

Oficina de turismo : *palacio de los Salazar (casa de Cultura), pl. de la Paz, 1. ☎ 945-33-10-15. Semaine sainte et mai-oct, mar-ven 10h-14h, 17h-20h, w-e 10h-14h ; hors saison, mar-ven 10h-13h30, 16h30-19h, w-e 10h-14h.* Visite guidée de la ville du mardi au dimanche à 11h. Durée : 1h. Tarif : 5 € la visite complète avec 2 églises, 3 € la visite guidée de l'église seule. Organise aussi une visite guidée de la *bodega agricola Labastida (10 €/pers).*

Où dormir ? Où manger ?

Casa rural Osante : *c/ Frontin, 10. 649-42-64-07. • info@osante.com.es • osante.com.es • Au cœur de la ville ancienne, dans le prolongement de la c/ Mayor. Congés : 15 déc-15 fév. Doubles avec sdb 66-71 € selon saison, petit déj inclus.* Vieille demeure à la façade blasonnée, avec une entrée sombre où l'on est accueilli par des gens aimables. Les chambres, meublées sobrement, sont agréables, à condition cependant d'aimer les literies bien fermes ! Certaines disposent d'un petit balcon d'où l'on peut voir la belle église Nuestra Señora de la Asunción.

Ariño Jatetxea : *c/ El Frontin, 26. ☎ 945-33-10-24. Août, tlj sauf dim soir 13h-23h ; le reste du temps, tlj sauf lun 13h-16h, plus ven-sam 19h-23h. Congés : sept. Menu déj en sem 12 € ; plats 6-17 €.* Un peu plus bas que la *Casa rural Osante,* c'est une maison en grosses pierres avec une salle rustique vite remplie. On y sert une bonne cuisine locale appréciée par les habitants du village.

Alai : *c/ Diputación, 9. ☎ 945-33-13-59. • mesonalai@gmail.com • En bas de la ville, proche de l'angle avec la c/ El Frontin. En été, tlj midi et soir ; le reste de l'année, le midi tlj, plus le soir jeu-sam. Menus 12-24 €, plats 8-15 €.* Dans une longue salle aux murs de pierre qu'une tête de cerf et quelques outils agricoles tentent d'habiller, ce resto propose une cuisine régionale de bon aloi. Plusieurs propositions de viandes et de poissons, notamment grillés à la braise. Accueil et service souriants.

À voir

Se garer à l'extérieur de la vieille ville, où l'on peut. Éviter l'entrée principale avec ses vinothèques le long de la route et le parking des bus, et monter à pied jusqu'à la calle Mayor.

Calle Mayor : remarquable surtout par le nombre de maisons anciennes. Au nº 9, belle demeure dotée d'un auvent sculpté, d'un magnifique sol en galets sous le porche, et de balcons en fer forgé. Napoléon y dormit 3 nuits ! Au nº 16, une autre maison patricienne joliment blasonnée. Sur la place, un superbe édifice du XVIIIe s abrite aujourd'hui la mairie.

Iglesia Nuestra Señora de la Asunción : *sur la pl. Mayor. Ouv seulement pour les messes du sam (à 20h – 19h en hiver) et du dim (à 12h). Sinon, visite guidée avec l'office de tourisme tlj sauf lun à 13h (3 €).* Sa taille paraît disproportionnée, mais elle témoigne de l'époque glorieuse de la ville qui comptait, aux XVIIe et XVIIIe s, 3 000 âmes... soit 3 fois plus qu'aujourd'hui ! De style baroque tardif, elle abrite un orgue du XVIIIe s, impressionnant avec ses tuyaux horizontaux qui ressemblent à des trompettes. Le gigantesque retable doré est un indescriptible fouillis de saints, d'anges joufflus et d'apôtres, un enchevêtrement de scènes religieuses qui part du sol pour rejoindre le dôme de l'immense nef. Contrairement à ce qu'on pourrait imaginer, les grappes de raisin qui tournicotent autour des colonnes n'ont rien à voir avec l'activité viticole de la région. Ce sont des symboles de l'eucharistie, souvent représentés dans l'art baroque.

Ermita Santo Cristo : *visite seulement lors de la visite guidée organisée par l'office de tourisme, tlj sauf lun à 13h (3 €).* Perchée tout en haut de la partie la plus ancienne du village, cette imposante église de style roman et gothique, très sobre, fut érigée au XIIe s. Elle abrite un Christ en croix du XIIIe s dont une main est déclouée, accompagné d'un petit bonhomme en équilibre instable sur une échelle et qui fait une drôle de tête.

Fêtes

- **Fêtes patronales :** *1er w-e d'août.*
- **Fête des Vendanges :** *en nov.*
- **Fiestas de los Pastores :** *24-25 déc.* Une fête très ancienne durant laquelle les bergers célèbrent la naissance du Christ. Ils chantent et dansent lors de la messe de minuit, puis entraînent l'assistance sur la plaza Mayor. Cette fête a été déclarée d'intérêt national touristique en 1996 !

HOMMES, CULTURE, ENVIRONNEMENT

« Là où il y a des Basques,
là est le Pays basque. »
Sabino Arana.

ACHATS

Les magasins ferment en milieu de journée : vers 12h dans le Nord (côté France, et jusqu'à 14h) et vers 13h30 ou 14h dans le Sud (côté Espagne, et jusqu'à 16h30). Le soir, ils ferment vers 19h dans le Nord, 20h ou 21h dans le Sud.
L'artisanat basque se caractérise par l'utilisation de matériaux limités (bois, cuir, cuivre, lin) et par un soin extrême apporté à la solidité des articles. L'aspect esthétique est soit secondaire, soit extrêmement discret.

La vannerie

Autant le savoir, les ***chisteras*** pour jouer à la pelote, ces fameux gants d'osier vantés par les écrivains, sont fabriqués ailleurs qu'au Pays basque. Ce que tressent les Basques, ce sont de fines lamelles de châtaignier, et un chistera, c'est de la paille tressée sur une structure de châtaignier. L'osier a beau avoir inspiré les poètes, il ne résiste pas à l'impact de la balle. Pour les chisteras, il reste un seul fabricant à Anglet *(Maison Gonzalez).* Partout ailleurs, suspicion très forte de produits de pacotille.
Les larges ***paniers*** sont également faits de châtaignier tressé. Les coopératives paysannes et les *ventas* en vendent de très beaux pas chers. En ce qui concerne la vannerie et l'artisanat en général, vous rencontrerez un motif récurrent, la ***croix basque*** : 4 bâtons en forme de virgules rayonnant depuis le même centre, à la manière du svastika. Un motif qui symbolise le mouvement du Soleil.

Le makila

Le ***bâton traditionnel basque.*** Fabriqué en bois de néflier sauvage ou de châtaignier (plutôt utilisé en Espagne) et superbement ouvragé. Sa fabrication reste la même depuis des siècles.
Quand arrive le printemps, le bois de néflier est travaillé sur pied avec un outil spécial. On y pratique des incisions ou des sculptures. À l'extrémité inférieure, on ajoute une pointe en laiton (parfois en argent) gravée de fins motifs basques. Pour l'équilibrer, on y coule même du plomb.
Des makilas d'honneur sont fabriqués avec des poignées argentées (ou d'argent massif) et des pommeaux de forme heptagonale (comme les 7 provinces basques). Le choix de la devise gravée sur le pommeau est de la plus haute importance, car elle symbolise la personnalité du propriétaire. Compter de 240 à 400 €, voire plus pour certains modèles en argent.
4 fabricants au nord, les meilleurs du Pays basque : *Bergara* à Larressore, *Leoncini* à Bayonne (sur rendez-vous), *Harispuru* à Ibarolle, et *Zapirain* à Hendaye.

Le cuir

Vieille, très vieille tradition artisanale en ce pays d'éleveurs de moutons. Au point que les fabricants de chaussures de Mauléon et d'Hasparren étaient, voilà moins

de 50 ans, considérés comme les meilleurs de France. La fameuse chaussure de marche *Pataugas* a été inventée à Mauléon pour les besoins des bergers (et de l'armée). Mais la concurrence est rude, et la fabrication a cessé.
Pourtant, le travail du cuir continue à exister avec des tanneurs comme *Carriat* à Espelette, des maroquiniers de luxe comme la *maison Laffargue* à Saint-Jean-de-Luz.
– L'objet le plus traditionnel, presque emblématique, reste la ***gourde en peau*** *(chahakoa)*. Un truc : si vous achetez un *chahakoa* traditionnel et afin d'éliminer le mauvais goût dû à l'enduit de poix à l'intérieur, remplissez-le de vin bon marché, laissez-le séjourner 3-4 jours puis videz-le. Recommencez 3 ou 4 fois l'opération.
– Autre produit en cuir : la ***pelote.*** Même si vous ne jouez pas, une belle pelote est un joli objet, très décoratif. Un très bon fabricant : *Otero* à Anoeta (Guipúzcoa).

POUAH !

Selon la tradition, pour assurer l'étanchéité du chahakoa, *la fameuse gourde basque, le cuir est enduit de poix, ce qui donne un goût épouvantable. De là viendrait l'expression du capitaine Haddock « Pouah ! ». La marque* Las Tres ZZZ *continue à utiliser les fabrications traditionnelles. En France, la société* Sangou *a remplacé la poix par du caoutchouc, mais on est formel, après de nombreux essais : ce n'est pas pareil.*

L'espadrille

Vaste sujet pour une petite semelle de corde de chanvre. Cousue en spirale, on lui ajoute une toile de lin ou de coton. C'est solide, souple au pied, idéal pour la marche ou la danse.
Ce qui fait la qualité de l'espadrille, c'est sa semelle, dont le tressage très serré est gage de solidité. Le bastion traditionnel de l'espadrille en France est Mauléon-Licharre, dans la Soule, où s'active une poignée d'espadrilleurs : certains ouvrent leurs portes au public. Les ersatz fabriqués en Asie durent beaucoup moins longtemps. Attention, des petits malins font fabriquer leurs espadrilles en Asie et rajoutent une semelle faite en France avec la mention « made in France » (eh oui ! c'est légal).
Pour ne pas vous tromper, allez chez un fabricant traditionnel comme *Pare-Gabia* ou *Prodiso* à Mauléon, ou encore *Armaité* à Idaux-Mendy. Ces mêmes fabricants, outre les modèles traditionnels (tout simples ou avec lacets montant sur les mollets), proposent, pour la ville, des modèles à talons plus ou moins habillés. *Arin,* à Bayonne *(☎ 05-59-46-16-57, ou office de commerce Bayonne : ☎ 05-59-59-78-03),* par exemple, travaille pour la haute couture (les prix restent néanmoins très raisonnables). Depuis que le « made in Pays basque » a le vent en poupe, plusieurs marques à la mode ont éclos avec des modèles revisités. Les créateurs innovent ! *Art of Soule* est une marque jeune, vendue dans les boutiques chics de la Côte basque et adoptée par une jet-set bien dans ses espadrilles.
Chaque année, le 15 août, la fête de l'Espadrille rassemble à Mauléon-Licharre les curieux autour de l'atelier de fabrication et des artisans.

Le linge basque

Au commencement étaient les vaches. Pour les protéger du soleil et des mouches, on jetait sur ces précieux ruminants des couvertures en lin *(mantas)*. Comme il arrivait qu'on lave ces *mantas* au lavoir du village, ou qu'on les pose au coin d'un champ, chaque maison possédait son signe distinctif : quelques rayures, bleues ou rouges, de largeurs différentes.
Belle matière, belles couleurs, simplicité et harmonie, il n'en fallait pas plus pour que ces couvertures se transforment en nappes d'intérieurs bourgeois, puis en serviettes, et se déclinent enfin dans toutes les variétés du linge de maison. Le linge basque eut son heure de gloire dans les années 1930, puis à nouveau

dans les années 1960. Même problème que pour les espadrilles : la recherche du profit entraîna l'apparition d'ersatz venus des tropiques ; puis le coton, plus facile à travailler et à entretenir, remplaça le lin.
Les meilleurs négociants continuèrent pourtant à utiliser les services de tisserands pyrénéens, notamment béarnais. Une marque emblématique symbolise d'ailleurs le renouveau du linge basque : *Artiga,* coqueluche des magazines de mode et de déco. Et citons aussi les ateliers *Lartigue 1910* à Oloron-Saint-Marie et à Ascain. En Béarn, chez *Moutet* à Orthez, la 5e génération de tisserands perpétue la tradition. Si les autres usines ont été « délocalisées », les marques proposent toujours du beau linge, en misant sur les rayures basques traditionnelles (normalement au nombre de 7, symbole des 7 provinces) : *Jean-Vier, Les Tissages de Luz...*

Le béret basque *(boina)*

Les Béarnais racontent qu'ils sont les inventeurs du béret basque, et l'histoire semble leur donner raison. Les Basques, voyageurs et marins invétérés, ont participé à l'essor de ce couvre-chef montagnard, initialement fabriqué par les bergers avec la laine de leurs moutons. Un bon béret dure (presque) toute une vie. Il faut une excellente laine, bien feutrée, bien serrée, pour tenir chaud l'hiver, frais l'été et qui soit bien étanche sous la pluie. Le béret traditionnel est doublé et cerclé de cuir. Plutôt noir à l'origine, il est aujourd'hui décliné de toutes les couleurs. En vallée d'Ossau, il est porté marron foncé les jours de fête. À Oloron-Sainte-Marie, la maison *Laulhère* les fabrique dans le grand respect de la tradition depuis 1840. Au sud, une marque surpasse toutes les autres : *Elósegui* à Tolosa (Guipúzcoa).
Malgré son caractère profondément identitaire et communautaire, le béret a lui aussi évolué au point de devenir un véritable accessoire de mode.

BARS

On y trouve évidemment de quoi boire et fréquemment aussi de quoi manger, mais sièges et tables sont comptés.
Dans les bars du Sud, il faut savoir que *bocadillo* signifie « sandwich », *sandwitch* (en espagnol) signifiant « toast » ou « croque-monsieur », et que *tostada* signifie « pain grillé ». Et si vous demandez un *café* (ou un déca), on vous le servira généralement avec du lait. Si vous n'en voulez pas, précisez avant : *café solo.* Notez également qu'un *café cortado* est ce que nous appelons une « noisette ».
Dans la plupart des villes, des groupes de copains (les *cuadrillas*) pratiquent le *poteo,* une sorte de parcours qui les mène de bar en bar. Est-il besoin de préciser que ces itinéraires, plus spiritueux que spirituels, varient selon la date, l'heure, les lieux, l'humeur du moment et l'âge du capitaine ? Cela explique que le bistrot vide à 21h soit bondé 1h plus tard ou que la merveilleuse ambiance du vendredi soit partie ailleurs le samedi. À cette joyeuse tradition s'ajoute une invention plus récente, les ***soirées « pintxo pote »*** (une conso et un *pintxo* à prix très bas ou offert) proposées dans les bars des grandes villes comme Bilbao, San Sebastián ou Vitoria-Gasteiz (côté nord, certains bars de Saint-Jean-de-Luz se s'y sont également mis). Ces soirs-là, l'animation redouble évidemment de vigueur !
Dans certaines villes et dans de nombreux villages d'Hegoalde, vous trouverez des bars ornés du drapeau basque, de photos de leaders politiques et d'affiches. Les noms sont souvent les mêmes : *Batzoki, Herriko Taberna...* Ce sont les sièges locaux des partis politiques basques qui ont le droit de gérer des bars ou des restaurants ouverts au public (pour financer les partis, ce n'est pas si bête).
Il faut aussi dire quelques mots du ***phénomène des « pafs »,*** qui se répand côté sud. Un « paf » est un bar ordinaire qui, la nuit venue, balance la musique à fond les paffles, euh, les baffles, vire les *pintxos* du comptoir et laisse les clients danser entre les tables...

Le *mus*

Dans presque tous les bars du Pays basque, dès que 2 hommes ont un moment libre, les cartes à jouer sortent des poches pour une partie de *mus* (on prononce « mouch »). Le *mus* est presque une religion, et les affiches annonçant tournois et compétitions fleurissent pendant l'été. Il existe une fédération française, un championnat de France, et même un championnat du monde de *mus*.
C'est un jeu d'une subtilité diabolique mais où tout se passe en basque, ce qui nécessite un peu de vocabulaire pour suivre les péripéties d'une partie.
Les parties les plus acharnées se disputent à 4. On distribue à chacun 4 cartes (ce sont des cartes d'origine espagnole, très différentes des cartes françaises : les symboles en sont les épées, les écus, les massues... c'est très joli !). Chaque joueur peut changer 1, 2, 3 ou 4 cartes sur sa donne : pour demander 4 cartes, on dit « *mus* », d'où le nom du jeu.
Dans le jeu à 4, les signes, très codifiés, sont autorisés (clignements d'yeux, pointe de la langue sortie, rictus de la bouche)... Une bonne table de *mus* se compose donc de... 4 menteurs.

BOISSONS

Le cidre basque *(sagarno)*

À tout seigneur, tout honneur, l'ancêtre des boissons basques est le cidre. Fabriqué dès l'Antiquité en Biscaye, le cidre basque *(sagarno)* – qui est en réalité une sorte de vin de pomme – est assez vert et un peu astringent (pour ne pas dire aigrelet), mais très rafraîchissant. C'est un mélange entre pommes acides, pommes douces et pommes amères. Au IVe s, il est utilisé par les marins basques pour lutter contre le ***scorbut.*** Dès le Xe s, il est fabriqué à grande échelle dans toutes les provinces côtières. Les Bayonnais en exportent d'énormes quantités en Grande-Bretagne sous le joli nom de « paumade » et prétendent, non sans raison, en avoir introduit la fabrication et la consommation en Normandie. Selon la tradition, le cidre se boit dans les cidreries à la fin de l'hiver.
Une vraie cidrerie est un endroit un peu magique, plein de monde et de bruit, où l'on boit à volonté notamment pendant le *txotx,* une cérémonie typique durant laquelle on vient goûter le nouveau cidre. *Txotx* désigne le petit bout de bois qui bouchait l'orifice du tonneau, qui était enlevé au cri de *Mojon !* (« Ça mouille ! ») ; puis on se plaçait à la queue leu leu pour intercepter le jet ; aujourd'hui, il est plutôt remplacé par un robinet. À côté, on mange des plats simples et consistants : omelette à la morue, merlu de ligne, côte de bœuf, fromage de brebis... La plupart des cidreries basques se trouvent en Guipúzcoa, autour de Donostia – San Sebastián (voir le chapitre sur le Guipúzcoa), mais on en trouve également en Navarre, et même quelques-unes côté français.

Le vin

Concernant le vin *(arnoa),* 4 grandes appellations viticoles se partagent le gâteau.
– ***L'irouléguy*** est l'un des plus petits vignobles (AOC) de France. Développé au XIIe s par les moines de l'abbaye de Roncevaux, il était destiné à requinquer les pèlerins en route vers Saint-Jacques-de-Compostelle. Il produit un vin rouge (majoritaire), blanc ou rosé dont la réputation n'en finit pas de grandir. Le vignoble se trouve essentiellement sur les pentes du mont Arradoy près du village d'Irouléguy, en Basse-Navarre. Assemblage de tannat (en basque, *bordeleza*), claverie et cabernet, il est charpenté et riche en tanin.
– ***Le txakoli*** est un vin blanc très sec, parfois légèrement pétillant, qui n'est produit que dans un tout petit cercle autour de Getaria et Zarautz (en Guipúzcoa) et de Bakio (en Biscaye). Il est parfait à l'apéritif et avec les coquillages, mais ne se

garde pas en cave très longtemps (1 an, tout au plus). On le sert de nettement moins haut que le cidre basque, mais d'un grand geste, sec et précis, en mettant une petite distance entre le verre et la bouteille afin de l'oxygéner et de le faire légèrement perler. Le *txakoli* de Biscaye, non pétillant, est servi normalement. En fait, il est issu, comme l'irouléguy, du cépage *curixketu* sous ses 2 formes, *belza* (noir) et *zuria* (blanc) ; en Euskadi, on ne le mélange pas à d'autres cépages. Sous le climat du Guipúzcoa, ce raisin mûrit imparfaitement et donne son acidité au vin. Le *curixketu* n'est conservé, sous sa forme ancienne, qu'à Getaria-Zarautz et dans la région de Bakio en Biscaye, ce qui fait du *txakoli* une relique précieuse.

– Le sud de l'Álava est intégré dans la dénomination d'origine ***rioja*** sous le nom de ***rioja alavesa.*** Les vins sont fruités, assez forts en alcool et riches en tanin. C'est autour des villes de Labastida, Laguardia et dans le village d'Elciego que l'on trouve les meilleurs riojas d'Espagne. Les grandes bodegas (caves) ont pour nom Marqués de Riscal, Remelluri, Muga, Domecq, Faustino Martinez...

Le cépage typique du rioja, le *tempranillo,* ne donne que des vins rouges. Au fil du temps, d'autres cépages sont venus s'ajouter aux assemblages, notamment le grenache, le tannat et le merlot. La particularité du vignoble en Navarre et Rioja est sa taille en buisson. Sur ces terres venteuses et sèches, la vigne n'est pas palissée, de sorte que les feuilles protègent le raisin de la dessiccation (le *tempranillo* est sensible au vent). Cela impose de ne pas utiliser de moyens mécaniques. C'est la tradition qui, pendant longtemps, a pu donner ce qu'on appelait des vins de l'année (*tinto del año* ou *tinto jovén*). Au XVIIIe s apparaît la méthode bordelaise, qui consiste à égrapper le raisin avant foulage. Le vin jeune est plus acide, mais il vieillit mieux. Peu à peu, chaque bodega va créer son vin en dosant différemment *tempranillo* et cépages étrangers. Ce nouveau type de vin, qui peut se garder, s'appelle *tinto de crianza.*

– ***Le navarre*** est produit dans tout le sud de la province du même nom entre Sangüesa et Tudela à partir d'une variété particulière de *tempranillo.* Vin riche en tanin, parfois lourd, parfois un peu âpre, souvent merveilleusement aromatique, il jouit d'une réputation égale à celle des vins de la Rioja castillane.

– Côté nord, le ***jurançon*** est la grande star du Béarn. Les vignobles qui produisent ce vin blanc sont implantés en majorité sur les collines entre Oloron-Sainte-Marie et Pau. Sec ou moelleux, à vous de choisir !

– À la frontière du Béarn, du Gers et des Hautes-Pyrénées, le ***madiran,*** principalement élaboré avec le cépage tannat, est un vin puissant qui bénéficie d'une AOC. Ce vin rouge à la robe grenat sombre réchauffait les pèlerins sur les chemins de Saint-Jacques.

C'est aussi la région du vignoble de ***Vic-Bilh,*** qui produit des blancs secs ou moelleux : le pacherenc-du-vic-bilh, apprécié des amateurs et qui n'a rien à envier aux sauternes (pour le moelleux).

Liqueurs et alcools

La liqueur fétiche du pays, ce n'est pas l'izarra mais le ***patxaran,*** macération de prunelles dans de l'alcool d'anis. La production de prunelles sauvages n'a pas suivi celle de la liqueur, et l'on trouve beaucoup de *patxaran* fabriqués avec de l'essence aromatique importée. Ne boire que les bouteilles où l'on peut voir les prunelles (c'est en général spécifié sur l'étiquette avec la mention « *con*

DRÔLE DE COCKTAIL

Une des boissons préférées des Basques du Sud est le kalimucho. *Et quand on sait ce qu'il y a dans le verre, on se demande pourquoi ! Goûtez donc : une bonne dose de vin rouge de table, une rondelle de citron, quelques glaçons, le tout noyé de Coca. C'est moins mauvais que la recette ne le laisse supposer, quoique. En tout cas, le* kalimucho *rencontre un grand succès, surtout auprès des jeunes* festayres.

endrinas »). La ***manzana*** est un alcool de pomme verte. En Rioja alavesa, on vous proposera de l'***orujo,*** un marc de vin, assez fort.

La bière

Les Basques boivent également beaucoup de ***bière*** *(cerveza),* c'est même la boisson la plus répandue. Mais attention : dans un bar, *una cerveza* veut dire une bière en bouteille. Meilleure, en fait, est la bière à la pression, qui se dit *¡ Una caña, una !* Histoire de ne pas rouler sous la table quand on fait la tournée des bars à tapas, le *zurito* est plus petit que le demi, équivalent du galopin. Tant qu'à siffler une mousse, autant essayer celles du coin, à commencer par une des plus répandues, *Eki.*
Très nombreuses bières artisanales côté nord, souvent excellentes : *Akerbeltz* à Ascain, *Belhara* à Bayonne, *Parlementia* à Guéthary, *Bob's Beer* à Hasparren ou *Arrobio* à Espelette.

LES CHEMINS DE SAINT-JACQUES-DE-COMPOSTELLE

Pour une description détaillée des itinéraires et des infos pratiques, reportez-vous à la rubrique « Sur les chemins de Saint-Jacques-de-Compostelle » dans le chapitre « Bon à savoir avant le départ », en début de guide.
Les chemins de Compostelle, c'est un tout. Alors, plutôt que de vous présenter uniquement les chemins qui traversent le Pays basque, nous avons préféré vous faire un topo général.
Classés dans les ***Itinéraires culturels européens*** par le Conseil de l'Europe en 1987 et inscrits au Patrimoine mondial de l'humanité par l'Unesco (en 1993 pour le côté espagnol et en 1998 pour la partie française), les chemins vers Compostelle étaient déjà foulés par de nombreux pèlerins en l'an 1000. Aujourd'hui, on en compte près de 500 000 chaque année. Or, en Pays basque, le *Camino* est une réalité toujours vivante depuis 10 siècles et fort méconnue des voyageurs.

Un peu d'histoire

Saint Jacques le Majeur (ne pas confondre avec son frère Jacques le Mineur) est l'un des 12 apôtres. Histoire et légende se mêlent. En l'an 44 apr. J.-C., il est décapité à l'épée (détail important) devant Jérusalem. Ses disciples emportent sa dépouille dans une barque qui, guidée par les anges, vient accoster sur les côtes de Galice où l'on enterre l'apôtre. Puis on oublie la tombe et son emplacement. Au tout début de la chrétienté, saint Jacques est traditionnellement représenté avec l'épée de son supplice. De là à en faire le patron des chevaliers, il n'y avait qu'un pas. Bien sûr, c'est ainsi qu'il apparaît à Charlemagne pour lui intimer l'ordre d'aller combattre les Maures. Et voilà que lors d'une bataille près de Logroño, au moment où le roi des Asturies Ramiro Ier va succomber sous le nombre, un cavalier monté sur un cheval blanc surgit et taille les ennemis en pièces ; tout le monde a reconnu saint Jacques le tueur de Maures, *Santiago Matamoros.* C'est au même moment qu'un champ d'étoiles (en latin *campus stellae,* d'où Compostelle) indique à des bergers où se trouve la tombe du saint.
L'Espagne chrétienne avait là un patron de qualité (il l'est encore d'ailleurs) : compagnon du Christ, apôtre, tueur de musulmans et enterré localement. À l'approche de l'an 1000, c'était une bénédiction politique et religieuse. On lui construisit donc une basilique (sur l'emplacement d'une ancienne église rasée par les Arabes, tout est bon pour les symboles), et les miracles commencèrent.

Le 1er pèlerin connu est l'évêque Godescalc, du Puy-en-Velay, qui, parti d'Auvergne au début du Xe s, couvrit à pied 1 500 km pour atteindre l'Atlantique. Son exemple fut rapidement suivi, mais il faut quand même attendre plus d'un siècle pour que le pèlerinage s'organise. C'est qu'on ne peut pas passer partout. Les Pyrénées centrales, trop hautes, sont inaccessibles. Pas question de passer par la vallée de l'Èbre : Saragosse est encore aux mains des musulmans, qui, certes tolérants, sont malgré tout en guerre contre les chrétiens.
Les 1ers pèlerins, ceux du Xe s, n'ont donc pas le choix et empruntent la route des Pyrénées occidentales. Le passage principal est le col d'Ibañeta d'où l'on peut gagner la plaine de l'Álava par les montagnes du Guipúzcoa et le fameux tunnel de San Adrián, tunnel naturel qui relie à travers la montagne le Guipúzcoa à l'Álava (désormais classé au Patrimoine mondial par l'Unesco). De là, les pèlerins peuvent se diriger vers l'ouest. Anglais et Allemands prennent le bateau et débarquent soit à Bordeaux, soit à Bayonne, économisant ainsi de longues journées de marche (mais les naufrages étaient nombreux). La voie côtière est donc très fréquentée.
Les 1ers monastères surgissent à la fois pour accueillir les pèlerins et pour renforcer la puissance des rois chrétiens, en 1re ligne pour lutter contre les musulmans. Ils avaient, par bulle papale, le droit de porter la croix rouge et de prendre le titre de croisés pour les guerres de reconquête. L'intérêt des moines était évident : plus ils aidaient les pèlerins, plus la noblesse leur donnait de terres et d'aumônes pour cette sainte mission.
Le ***1er chemin de Saint-Jacques,*** appelé en Espagne *Camino Real,* ignorait donc l'Aragon et la Navarre, trop proches des terres musulmanes (donc dangereuses). En plus, ce chemin basque avait un avantage évident : il suivait partiellement l'ancienne voie romaine de Bordeaux à Astorga, alors visible et utilisée (elle l'est encore de nos jours, on en reparlera). C'était la route ancienne, connue, classique, sûre. Un autre chemin, plus long mais encore plus sûr, longeait la côte de Bayonne à Balmaseda. Ce n'est qu'à la fin du XIe s, après la reconquête de Huesca, qu'apparaît le chemin du Somport ou ***Camino Aragonés.*** À la même époque, les pèlerins commencent à descendre de Roncevaux vers l'hospice de Cizur, un faubourg de Pampelune. La jonction des 2 chemins se fait à Puente la Reina.
Or, voici qu'au milieu du XIIe s un petit moine poitevin, ***Aymeri Picaud,*** publie le récit de son pèlerinage. Le livre rencontre un vrai succès. Picaud était passé par les ports de Cize mais décrivait aussi le chemin du Somport. Et voilà comment, peu à peu, à cause d'un livre, les pèlerins se détournèrent des itinéraires de l'Ouest et que, 8 siècles plus tard, personne ne pense au Guipúzcoa ou à l'Álava quand on parle des chemins de Saint-Jacques.

SUIVEZ LE GUIDE !

Au milieu du XIIe s, le moine Aymeri Picaud publia le récit de son pèlerinage jusqu'à Saint-Jacques-de-Compostelle et en fit un vrai guide (le 1er) avec passages dangereux, problèmes rencontrés et tuyaux pour se faciliter la vie. Il fit le tri entre bons et mauvais hospices, signala les passeurs véreux... Une sorte de Routard, *sauf qu'il fut recopié à la main, puisque Gutenberg n'était pas encore né !*

On imagine mal ce que fut ce pèlerinage à son ***apogée aux XIIIe et XIVe s.*** Ce sont des milliers d'Européens qui, chaque année, prennent la route à pied, ou à cheval pour les plus fortunés. Un véritable engouement, au grand dam des pèlerinages séculaires de Rome et de Jérusalem. Riches ou pauvres, les pèlerins affluent de toute l'Europe chrétienne pour se faire pardonner leurs péchés, accomplir un vœu, également par goût de l'aventure, par désir de l'ailleurs. Affrontant gués, montagnes et intempéries, ils n'hésitent pas à faire des détours pour obtenir quelque grâce particulière. Les confréries de Saint-Jacques et les ordres religieux les protègent. Mais beaucoup meurent d'épuisement en route. Le costume du pèlerin est celui que l'on voit porté par toutes les statues de saint Jacques, innombrables dans les églises basques. Au Moyen Âge, les pèlerins étaient revêtus d'un long manteau (la « pèlerine ») et d'un grand chapeau contre les intempéries. On ne s'étonnera donc pas que saint Jacques soit aussi le patron des chapeliers... Les chroniques de l'époque rapportent qu'ils « portaient une calebasse et empoignaient un bourdon contre les coquillards ». En v.f., comprenez qu'ils portaient une gourde et empoignaient un haut bâton ferré contre les voleurs. L'hospice religieux, ou « hôpital », les recevait gratuitement. Et de chanter : « Ma calebasse, ma compagne. Mon bourdon, mon compagnon. La taverne m'y gouverne. L'hôpital est ma maison. » On vous laisse imaginer une mélodie !

Ceux qui ne périrent pas en route revinrent honorés et estimés, le chapeau orné de la ***coquille Saint-Jacques*** prouvant leur qualité de pèlerin et le succès de leur pèlerinage. Cette coquille devint le symbole du *Camino.* Elle figure partout, sur les représentations du saint, sur le tympan des églises ou le linteau des hospices. Mais pourquoi la coquille ? Parce qu'à l'époque il restait encore quelques coquilles Saint-Jacques sur la plage d'El Padrón, que l'on distribuait aux pèlerins sur le parvis de la basilique, prouvant qu'ils y étaient bien allés. Elles valent actuellement entre 1 et 3 € en magasin. Sacrilège ! Les touristes les portent à l'aller... comme au retour !

Cette coquille, le voyageur d'aujourd'hui la rencontre partout, parfois assez loin de ce que l'on appelle aujourd'hui le chemin de Saint-Jacques, et qui n'est, en fait, que l'un des chemins. Car le maillage serré des sentiers, les erreurs d'orientation, les changements de dernière minute pour une auberge fermée ou un chemin effondré multipliaient les voies et détours possibles vers tel ermite renommé ou la chapelle de tel saint.

En Pays basque, région tôt christianisée et au relief complexe, ces lieux étaient innombrables et, après l'entonnoir obligatoire des cols, les marcheurs s'éparpillaient, soulagés d'avoir passé le plus gros obstacle, ces montagnes sauvages, domaine des loups et des ours. Il leur suffisait de rejoindre l'Èbre et de suivre son cours pour arriver au terme de leur périple.

Le pèlerinage se poursuivra jusqu'au XVIe s. L'irrésistible ascension du protestantisme en Europe du Nord ferme la vanne des pèlerins allemands, suisses et hollandais. La France se démène dans les guerres de Religion : le Béarn et les terres gasconnes, protestantes, deviennent dangereux pour les catholiques. Les monastères se vident, d'autres destinations prennent le relais : Rome, Jérusalem retrouvent leur attrait.

Il faudra attendre les années 1950 pour que la Société des amis de Saint-Jacques-de-Compostelle puis de multiples sociétés locales s'attachent à faire revivre le pèlerinage.

Le boom des GR (sentiers de grande randonnée) dans les années 1970 participe à la reconstitution d'un itinéraire suivant approximativement le Grand Chemin. Au-delà des Pyrénées, le mouvement s'amorce au début des années 1980 sous l'impulsion d'un prof de fac passionné, le professeur Millan Bravo Lozana.

Aujourd'hui

Les pèlerins sont de plus en plus nombreux chaque année à suivre les traces de saint Jacques, majoritairement via le *Camino Francés.* Certains apportent à leur démarche une dimension religieuse. Mais la plupart voient simplement dans les sentiers de Saint-Jacques l'occasion d'une longue randonnée pédestre et culturelle, alliant l'effort physique à la découverte de l'art roman et des somptueux paysages des plateaux navarrais ou des sierras de l'Álava.

CUISINE

Il n'y a pas 1, mais 2 cuisines basques : la cuisine de la montagne, terre d'élevage de l'agneau et du porc, et la cuisine de la côte, domaine des pêcheurs. Ajoutons aussi qu'il y en a une 3e, dans le Sud, que l'on appelle, comme dans toute l'Espagne, la « nouvelle cuisine basque », plus copieuse que la française.

En réalité, il s'agit surtout à l'origine d'un choix rigoureux des produits. Bien entendu, les bons produits sont plus chers et l'addition peut s'en ressentir, surtout dans les villes.

Préliminaires sur les coutumes locales

– Dans le Sud (côté Espagne), à l'exception de certaines stations balnéaires ou de quelques petits villages, les horaires des repas sont différents de ceux pratiqués en France. Pour le déjeuner, de 13h ou 13h30 à 15h30-16h ; pour le dîner, de 20h30 ou 21h à 23h (il fait moins chaud). Petit déj de 8h à 10h.

– Même remarque que pour les hôtels, encore dans le Sud : il faut parfois ajouter aux prix affichés une taxe (*IVA,* de 10 %). De plus, le pain peut être facturé (mais normalement, si on le refuse, il n'est pas compté). Les restaurants affichent souvent un *menú del día* (menu du jour) qu'ils ne servent, la plupart du temps, qu'au déjeuner en semaine. S'ils ne l'affichent pas, n'hésitez pas à leur demander. C'est toujours économique, copieux, mais évidemment très simple.

– Toujours dans le Sud, et notamment dans des villes comme Bilbao, Donostia – San Sebastián ou Pampelune, l'habitude est de faire un bon déjeuner et, le soir, de se nourrir au comptoir des bars à tapas, appelées ici *pintxos* (voir un peu plus loin).

– Dans les bars, outre les *pintxos* exposés sur le comptoir, on trouve des petits plats présentés sous forme de *raciones*, à commander. Pour goûter à plusieurs spécialités, on demande *una ración* (une assiette entière) ou *una media ración* (une demi-assiette). Attention, même si les *pintxos* et les *raciones* sont généralement peu chers, l'addition monte vite quand on décide d'en faire un repas complet, surtout si l'on choisit les mets les plus soignés élaborés à base d'ingrédients nobles ! Car, dans les bars chics et branchés, certains *pintxos* sont de véritables œuvres d'art, tant sur le plan gustatif que visuel.

LA *VENTA* EMPORTÉE

Il ne reste plus guère de ventas. Invention navarraise, il s'agissait de bazars-épiceries, des petits magasins-restaurants perdus dans la montagne et alimentés, il faut bien le dire, par les contrebandiers ! Difficilement accessibles, les ventas servaient de haltes, de caches ou de dépôts provisoires. Mais l'Europe et la société de consommation ont fait disparaître les douanes, et les ventas avec. Les dernières authentiques sont devenues d'agréables restos ou le point de départ de belles randonnées. Mais il faut avouer que le terme désigne de plus en plus d'affreux supermarchés où l'on vient faire le plein d'alcool ou d'essence.

La cuisson *a la plancha (planxa)*

Le secret de la cuisine basque ! Aujourd'hui, de Madrid à Paris en passant par Londres et New York, les chefs passent tout *a la plancha.* Il faut dire que tout s'y prête : seiches, ventrèche de thon, calamars, moules, merlu, gambas, côte de bœuf, aubergines, tomates, *piquillos* ou champignons... Une plaque en acier, fonte ou inox, chauffée à très haute température (entre 220 et 300 °C), permet de saisir instantanément les aliments qui gardent ainsi tout leur jus, toute leur saveur. D'une sublime simplicité !

La cuisine de la côte

Elle utilise surtout, bien sûr, les poissons et les fruits de mer avec, en vedette, le *chipiron,* l'anchois, le thon, la morue, le merlu ou l'araignée de mer (*changurro* ou *txangurru*). Certains produits viennent du voisinage : les moules de Galice et les

huîtres d'Arcachon. Les gambas (grosses crevettes) viennent, quant à elles, plutôt de Huelva (Andalousie)… ou des mers tropicales.
Le poisson du golfe de Gascogne est un poisson de mer froide. En été, l'eau se réchauffe et la texture de la chair change. Le poisson se conserve alors moins bien. Et puis il faut bien le dire : même vendu directement par les pêcheurs sur le port, le poisson reste un produit cher. Donc, un bon resto de poisson sera toujours cher.

Choisir selon les saisons

– Les ***anchois*** et les ***sardines*** sont abondants de fin avril à fin août. C'est l'époque des délicieuses grillades. En dehors de cette période, ils sont soit congelés, soit importés. Le ***thon,*** qui se nourrit d'anchois, arrive à peu près en même temps, de mai à septembre. Lorsque les anchois et le thon restent présents plus tardivement, c'est suffisamment rare pour que la presse en parle.
– La ***daurade*** est abondante à l'automne, mais on en trouve toute l'année, surtout la daurade royale appelée *besugo.*
– Quant à la ***louvine,*** pour savoir si elle est sauvage, observez son dos. Les louvines sauvages ont autant de chair sur le dos que sur le ventre.
– Le ***merlu*** se pêche toute l'année et ne s'élève pas, du moins pas encore.
– Le ***chipiron*** (ou encornet, ou calamar) est abondant de fin mai à fin août. Mais comme les meilleurs se pêchent à la ligne, le prix peut être prohibitif : la plupart des *chipirons* à l'encre vendus en Pays basque sont hélas congelés, et c'est la sauce qui fait passer le plat. Les Basques adorent les *chipirons* frais simplement poêlés avec un peu d'ail. Un vrai régal !
– Les ***poissons de roche*** sont rares, à l'exception de petits rougets barbets appelés vendangeurs parce qu'on les pêche en septembre-octobre.
– Parmi les poissons de rivière, le ***saumon sauvage*** de l'Adour, devenu très rare, se pêche d'avril à juin, aux mêmes époques que la ***truite.*** Le reste de l'année, il s'agit, pour les meilleurs, de poissons élevés en montagne (on évitera les surgelés aux origines douteuses). Une des spécialités locales : les truitelles (autrement dit les bébés truites), en fricassée.
– L'***alose*** est également très rare, et il n'y a pas d'élevage.
– Enfin, les ***pibales*** (alevins d'anguilles ou civelles) sont capturées lors de leur remontée des fleuves, de novembre à mars. C'est un plat de Noël traditionnel en Hegoalde, où on les fait revenir dans des cassolettes avec un peu d'ail, de l'huile d'olive et une pointe de piment. Attention : depuis une bonne décennie se développe la commercialisation des *nagulas* (ou *gulas,* ou *anguriñas*), fausses civelles faites avec de la morue et du surimi.

Quelques spécialités

– ***Marmitako :*** ragoût de thon. Plat traditionnel des pêcheurs qui préparaient une marmite de court-bouillon avec pommes de terre et tomates quand ils quittaient le port. Nombreuses variantes.
– ***Ttoro :*** soupe de poisson traditionnelle. À base de merlu et de lotte, mais surtout de bas morceaux (tête, par exemple), pour donner du goût. On peut y trouver quelques moules, mais presque jamais de poissons de roche, au contraire de la bouillabaisse. Les restos qui font du vrai *ttoro* sont aujourd'hui très rares, la plupart utilisant des préparations toutes faites.
– ***Txangurro :*** araignée de mer ou crabe farci à la basquaise. Ne se trouve que dans les vrais restos de poisson, car sa préparation est longue et coûteuse.
– ***Merlu koskera :*** merlu cuit avec des légumes frais, notamment des petits pois.
– ***Morue à la biscaïenne :*** morue cuite avec des légumes, surtout des tomates, des poivrons et de l'ail.

La cuisine de l'intérieur

– Les Basques utilisent abondamment le ***porc,*** mais pas n'importe lequel : il faut un cochon pie (rose et noir) élevé en liberté en montagne, où il peut manger glands

et châtaignes à volonté. De nombreux restos proposent du ***jamón serrano*** (jambon espagnol de montagne, très sec), et quelques-uns du ***jamón ibérico*** (jambon de cochon de race ibérique, le fameux *pata negra,* fabuleux mais cher). Le ***jamón ibérico de bellota,*** encore meilleur que le précédent (et hors de prix), signifie que le cochon, en plus d'être de race ibérique, a été élevé en liberté en se nourrissant exclusivement de glands. Il existe plusieurs dénominations de *bellota,* la plus connue étant celle de Jabugo (en Andalousie). Enfin, côté français, s'impose le ***jambon du Kintoa*** (voir plus loin la rubrique « Le jambon de Bayonne »).
Outre le jambon, le cochon donne les *chichons,* sorte de rillons gras que l'on tartine sur un bout de pain chaud, la *ventrèche* ou *xingar* (prononcez « chingar »), fines tranches de poitrine séchée parfumée au piment, et les charcuteries traditionnelles. La saucisse est souvent servie confite et très cuite. La saucisse basque traditionnelle *(chistorra)* est fine, sèche et assez pimentée.
– L'***agneau*** est le plus souvent servi grillé, sauf dans le cas du *txillindron,* où il est longuement mijoté dans sa sauce au piment. Le mouton est largement utilisé, notamment pour faire des petits boudins *(tripoxa)* cuisinés à la tomate. Un des plats phares de la région (en tout cas dans le Nord et le Béarn) reste la fricassée de ris d'agneau. Un must pour tout amateur d'abats. La Castille et les Pyrénées en général fournissent un agneau d'excellente qualité, qu'il soit de lait ou jeune « broutard ». Il est bien meilleur marché dans le Sud.
– Le ***veau*** est, avec le piment d'Espelette, l'ingrédient principal de l'*axoa* qui, comme son pauvre copain le poulet basquaise, souffre de malfaçon.
– Le ***bœuf*** est fort présent lui aussi. La *txuleta,* autrement dit la côte de bœuf, grillée comme il se doit *a la plancha,* est même un incontournable du « menu cidrerie ».
– Les ***escargots*** sont une spécialité de la côte. Ils sont cuisinés en sauce avec du jambon et de l'oignon. Les puristes distinguent les escargots « à la bayonnaise » des escargots « à la gipuzkoane », qui diffèrent par la qualité et la quantité de jambon.
– Les ***gras-doubles*** (en espagnol, *callos*) sont un plat traditionnel du Pays basque. Ils se différencient des tripes classiques par l'abondance des épices utilisées (plus de 10, dont le fameux piment d'Espelette) et par le temps de cuisson.
– La ***palombe*** se mange rôtie lors du passage (octobre-novembre) et en salmis (ragoût) toute l'année. Bien que ce soit délicieux, nous déconseillons d'en consommer : la plupart des salmis servis hors zones et périodes de chasse viennent des pays de l'Est, où une chasse anarchique détruit année après année les populations de ces oiseaux. Inutile d'être complice ! Les meilleures se mangent de toute façon rôties...
– ***Le canard :*** on le retrouve surtout dans la garbure. Vous n'y échapperez pas, cette soupe du Béarn est servie en entrée dans (presque) tous les restaurants traditionnels. Confit de canard, chou vert, pommes de terre et poitrine fumée sont les ingrédients de base. Pas vraiment léger mais revigorant. Le magret est également souvent présent dans les menus du Nord.

Le jambon de Bayonne

Depuis 1999, le jambon de Bayonne est protégé par une Indication géographique protégée (IGP). Cependant, difficile d'être convaincu par les critères d'attribution de cette IGP. Les jambons qui auront satisfait au cahier des charges seront marqués d'une croix basque et du mot « Bayonne », mais la législation permet de drôles de choses.
La zone d'élevage est « limitée » au grand Sud-Ouest, en clair jusqu'à Poitiers, dont on ne savait pas que c'était la banlieue de Bayonne ! Les porcs peuvent être des porcs industriels élevés en batterie avec des aliments à base de céréales. On est loin du cochon élevé en liberté, se nourrissant de glands, de châtaignes, et même d'herbes qui lui donnaient un goût si différent. Les jambons devront

avoir été salés au sel sec des salines du bassin de l'Adour, et séchés dans cette zone pendant plus de 7 mois. Les séchoirs artificiels sont acceptés. Il faut savoir qu'un bon jambon fermier séchait à l'air libre, dans les greniers des maisons ou les granges, pendant 9 à 12 mois. Quant aux condiments, leur nature n'est pas précisée. Le pire, c'est que de nombreux petits charcutiers ont adhéré au système. La croix basque peut donc aussi bien orner des produits artisanaux de qualité que des jambons industriels. D'autres ont refusé de se joindre à cette opération de marketing, et leurs jambons, souvent délicieux, ne sont pas estampillés. Pour sortir de cette triste situation, la solution pourrait bien être de créer aux côtés de l'IGP une AOP au cahier des charges beaucoup plus strict sur l'alimentation, la durée du séchage et la préparation des jambons.

C'est en quelque sorte le choix qu'ont fait une cinquantaine d'éleveurs des Aldudes, avec l'obtention de l'AOC ***jambon du Kintoa*** en 2016 (puis d'une AOP en 2019). La zone d'élevage est limitée au Pays basque, la viande provient exclusivement de porc de race basque dite « pie noir », l'élevage se fait en plein air, les jambons sont salés au sel de Salies-de-Béarn IGP puis séchés naturellement.

Bref, en matière de jambon de Bayonne, pas facile de s'y retrouver dès lors qu'on s'éloigne des producteurs stars, dont la renommée a été bâtie sur l'excellence de leurs produits (*Ibaïama* ou porc *kintoa*) : *Montauzer, Aubard, Mayté, Ospital, Arrieta* ou *Oteiza*...

– Si vous passez à Bayonne à Pâques, vous assisterez à la ***foire au jambon*** qui s'y tient depuis 5 siècles, grand concours du jambon fermier où l'on récompense les producteurs familiaux. Et, surprise, ces jambons de compétition valent souvent moins cher que les autres !

Fruits et légumes

On vous parle plus loin des jardins de la vallée de l'Èbre (sud de la Navarre et de l'Álava), qui produisent des légumes exceptionnels, en particulier les *cogollos* (petits cœurs de laitue) et les artichauts de Tudela, les asperges de Navarre et les *pimientos del piquillo* de Lodosa, succulents petits poivrons rouges qui se servent soit poêlés à l'ail, soit farcis de morue ou de hachis d'agneau.

– En revanche, le ***piment d'Espelette,*** séché et réduit en poudre, sert à relever les plats, car il n'est guère plus piquant que le poivre mais beaucoup plus parfumé parce qu'il a longtemps séché au soleil. On voit un peu partout les taches rouges des colliers de piments pendus aux façades des maisons.

– La ***piperade*** est un mélange de poivrons verts et rouges avec des tomates. Après une longue cuisson qui réduit en bouillie les poivrons, on ajoute des œufs brouillés et une tranche de jambon frit.

– Les ***cèpes*** ne peuvent être frais qu'à l'automne, ce qui n'empêche pas de les voir sur les cartes toute l'année. Les conserves sont acceptables s'il s'agit de champignons locaux et non de cèpes importés : préférez les producteurs artisanaux.

– Le ***kiwi de l'Adour,*** cultivé de part et d'autre du fleuve (principalement dans les Landes), a trouvé ici un terroir de prédilection et a obtenu le Label Rouge.

Fromages, laitages et pâtisseries

– Les ***yaourts au lait caillé de brebis*** s'appellent *mamia* en basque, et *cuajadas* en espagnol. C'est délicieux avec un peu de miel ou de confiture de cerises noires. La laiterie *Agour* de Hélette a de son côté mis au point une glace au lait caillé de brebis. Innovant, surprenant et pas mauvais du tout !

– Le seul fromage basque est le ***fromage de brebis*** à base de lait le plus souvent cru appelé *ardi gasna,* ce qui signifie tout simplement « fromage de brebis ». Il doit être un peu sec, légèrement salé et sans ferments lactiques (qui améliorent la conservation mais donnent une note sucrée au fromage). On le propose souvent avec de la confiture de cerises noires dans le Nord, avec du *membrillo* (pâte de

coing) dans le Sud. L'idéal est de trouver un fromage bien séché (dans une ferme ou chez un très bon marchand : les fromages industriels n'ont pas le temps de sécher) et de le servir en fines écailles avec la confiture.
A priori, c'est le mode de fabrication le plus simple : du lait de brebis, cru, non pasteurisé, non mélangé, pressé et non cuit, qu'on laisse mûrir pendant 2 à 6 mois. Simple ? Tout dépend du lait, de la race de la brebis, des pâturages, du savoir-faire des bergers. Au point que sur ce seul produit, il existe 3 appellations d'origine contrôlée : ***ossau-iraty*** sur le versant nord des Pyrénées, ***roncal*** dans la vallée navarraise de Salazar, et surtout, ***idiazábal*** en Guipúzcoa et Navarre, autour du village du même nom. On retrouve malheureusement la même situation paradoxale que pour le jambon de Bayonne. À savoir que l'essentiel des fromages AOC sont issus de laiteries industrielles et semi-industrielles qui, avec le temps, ont réussi à faire de leur goût formaté un modèle. Résultat, nombre de fromages fermiers se retrouvent exclus de l'appellation parce que différents. En fait, rien ne vaut l'expérience, alors goûtez avant d'acheter !
Le ***fromage d'Idiazábal*** a la réputation d'être le meilleur fromage d'Espagne. Sa production obéit à des critères très stricts et elle est largement saisonnière : le fromage commence à être préparé au début du printemps, époque de la lactation, puis est affiné par les bergers en été. Il est consommable à partir de la fin du mois d'août. C'est à cette époque qu'a lieu à Ordizia (Guipúzcoa) le concours du meilleur fromage. Les meilleurs ne se trouvent qu'en fin d'été sur les marchés paysans. Dernier conseil, préférez les producteurs aux revendeurs. Sur les marchés, des stands offrent un choix multiple, large et tentant. Or, ils n'ont pas toujours un débit suffisant pour proposer un fromage « à point » (et le fromage que l'on achète n'est pas toujours celui que l'on goûte !), et surtout, ils pratiquent des marges qui multiplient parfois le prix par 4 !
– Les ***taloas*** sont des galettes de farines mélangées (80 % de maïs, 20 % de blé,), traditionnellement servies avec des œufs et de la ventrèche. Mais les crêpes bretonnes ont fait école, et on les fourre désormais avec n'importe quoi.
– Enfin, le ***gâteau basque,*** traditionnellement fourré à la crème pâtissière ou à la confiture de cerises noires, voire au chocolat. Un musée lui est consacré à Sare.

Le cacao

Il arrive du Mexique en Espagne dès le début du XVIe s. À cette époque, les Espagnols le préparent à la mode aztèque, en le mélangeant avec du piment et des épices, selon une vieille recette toujours connue au Mexique sous le nom de *mole.* Mais pour faire un bon *mole,* il fallait des produits qui ont longtemps été le monopole des juifs, herboristes et médecins traditionnels de l'Espagne médiévale. Or, les juifs, expulsés par les Rois Catholiques durant l'Inquisition, emportent avec eux leurs produits. Mais en Biscaye et en Navarre, quelques-uns convertis au catholicisme (ou qui ont fait semblant) vivent et gardent des contacts avec leurs coreligionnaires installés dans le Labourd voisin. Le Pays basque devient la plaque tournante du chocolat européen : Mme de Sévigné faisait alors venir son chocolat de Bayonne ! La tradition du chocolat atteint son apogée au XIXe s quand l'impératrice Eugénie, folle de chocolat, comme beaucoup d'Espagnoles, favorise les artisans de la région de Biarritz.
À Bayonne, à Biarritz, mais aussi à Donostia – San Sebastián ou à Cambo, la tradition se perpétue. Il y a même une très sérieuse Académie du chocolat à Bayonne, et une guilde des chocolatiers !

Les sociétés gastronomiques

Il s'agit d'une véritable tradition locale, originaire d'Hegoalde, qui s'implante peu à peu dans le Nord (Pays basque français). Ces anciennes cantines, où pêcheurs et ouvriers se retrouvaient au chaud avec leur casse-croûte, ont peu à peu gagné en confort. On s'y retrouve désormais en bande, entre copains (on dit des *socios,* ou *quadrillas*), pour s'y faire de bons petits plats. Régulièrement, chaque semaine ou chaque mois, une partie de la bande se met aux fourneaux et concocte un plat traditionnel, *marmitako* de thon ou merlu à la biscayenne. Les autres mettent la table, s'occupent des vins ou font la vaisselle. Après quoi, c'est la grande bouffe ! Depuis peu, on s'y retrouve aussi en famille, car les femmes ont enfin le droit d'y pénétrer (elles sont en revanche toujours interdites en cuisine !)... Ces sociétés gastronomiques restent réservées aux membres ; à moins d'avoir un ami qui vous y convie, vous ne pourrez goûter à ce grand moment de convivialité basque.

La nouvelle cuisine basque

Le phénomène de la « nouvelle cuisine basque » est un thème récurrent des chroniqueurs gastronomiques de la péninsule Ibérique. Il s'agit de recettes traditionnelles où les meilleurs produits possibles sont retravaillés avec des ingrédients nouveaux qui les modifient légèrement mais sans en changer la substance. Elle se développe particulièrement à Donostia – San Sebastián et dans ses environs proches.

Les *pintxos*

Les tapas désignent les amuse-gueules du sud de l'Espagne et sont parfois offertes avec votre consommation. En Pays basque, on parle plutôt de *pintxos,* du nom de la petite pique qui les coiffe parfois : ils sont payants et souvent très élaborés. Certains font même dans la gastronomie et jonglent avec les saveurs comme avec les couleurs. Il existe d'ailleurs des concours de *pintxos* – généralement lors de la *semana del pintxo* –, qui priment les restaurateurs les plus talentueux et inventifs de l'année. Cela explique que plusieurs bars peuvent s'enorgueillir de présenter les meilleurs *pintxos* de la ville ! Revers de la médaille, certains *pintxos* sont une accumulation de petites choses sans grand intérêt, et vendus à prix excessifs. Méfiance donc.

Les fermes-auberges

Vous en trouverez de nombreuses, dont certaines superbes. Les prix ont augmenté, c'est vrai. Mais les paysans ne s'enrichissent pas sur votre dos. Les bons produits (à commencer par le foie gras maison) ont un prix qu'il faut être prêt à payer. Les petits paysans du Pays basque et du Béarn ne sont pas les gros céréaliers de la Beauce, ils touchent peu de subventions. Ils essaient de survivre (non, on ne force pas le trait) en vous recevant dans le cadre d'un échange normal entre citoyens responsables. Au Sud, ce sont surtout les cidreries qui servent les produits locaux.

DROITS DE L'HOMME

Paradoxalement, la fin du mouvement indépendantiste ETA – qui a annoncé sa dissolution en mai 2018 – permettra peut-être de lever les verrous concernant l'autodétermination institutionnelle du Pays basque. Début décembre 2019, un rapport rédigé par des experts mandatés par l'ensemble des élus du Parlement basque a été présenté. Les revendications portées ne laissent que peu de place au doute. Il y est mentionné que « la pleine réalisation des droits historiques du peuple basque, en tant que manifestation institutionnelle de son gouvernement autonome, s'exprime à travers le droit à décider de sa citoyenneté librement et démocratiquement exprimée, selon un exercice convenu avec l'État ». Un appel à un référendum sur l'autodétermination, proche des demandes formulées devant le Parlement catalan, qui, s'il est voté par l'institution régionale, risque de compliquer encore la tâche du gouvernement central.

Sur le plan de la violence politique, le calme semble néanmoins revenu depuis la fin de l'ETA, qui a marqué l'épilogue de l'un des plus vieux conflits de basse intensité en Europe. Traquée de part et d'autre de la frontière franco-espagnole, privée du soutien d'une population exaspérée par la violence politique, l'organisation n'était plus que l'ombre d'elle-même. De fait, la plupart des anciens cadres de l'ETA se sont reconvertis dans la politique, à l'image d'Arnaldo Otegi, libéré en mars 2016, et opposé à la poursuite de la lutte armée. Les seules revendications qui tenaient encore le mouvement étaient celles du rapprochement des 265 détenus basques (218 en Espagne, 46 en France, 1 au Portugal), ou l'idée d'une amnistie générale, toutes 2 refusées par le gouvernement. Côté français, l'arrestation en mai 2019 à Salanche et le placement en détention provisoire de l'une des personnalités les plus influentes de l'ex-ETA ont ainsi fait grincer des dents. Figure historique du mouvement et déjà condamné par contumace, « Josu » Ternera est pourtant reconnu côté sud comme ayant été l'un des principaux artisans du processus de paix actuel.
Aujourd'hui, le Pays basque semble avoir choisi la voie de la paix, même si la réconciliation sera longue et difficile. Le Parlement basque a ainsi renoncé à mettre en place un programme consacré à l'histoire récente du Pays basque, faute de consensus avec les organisations de victimes et les établissements scolaires. Trop tôt peut-être.

Pour en savoir plus, n'hésitez pas à contacter :

En France

■ ***Fédération internationale des Droits de l'homme (FIDH) :*** *17, passage de la Main-d'Or, 75011 Paris. ☎ 01-43-55-25-18. • fidh.org • Ⓜ Ledru-Rollin.*

■ ***Amnesty International*** *(section française) :* *76, bd de la Villette, 75940 Paris Cedex 19. ☎ 01-53-38-65-65. • amnesty.fr • Ⓜ Belleville ou Colonel-Fabien.*

En Espagne

■ ***Asociación Pro Derechos Humanos de España (APDHE) :*** *c/ de la Santísima Trinidad, 30, 28010 Madrid. ☎ 914-02-23-12. • apdhe.org •*

ÉCONOMIE

Il est impossible de dresser un portrait économique global du Pays basque, car il n'existe pas d'appareil statistique fiable qui permette de faire la synthèse entre 2 autonomies à statut différent au sud (côté Espagne) et un demi-département au nord (côté France).
Le Nord vit encore de l'agriculture (le département est le 2e producteur national de maïs), qui reste le pilier de l'économie basco-béarnaise, du tourisme (avec l'atout des plages, de la montagne et du thermalisme), mais diversifie son industrie, notamment aux alentours des technopoles (Irzabel à Bidart, Anglet, Bayonne) qui attirent des sociétés à la pointe de l'innovation. Dassault, implanté à Anglet, est le fer de lance de l'industrie aéronautique ; il emploie près de 1 000 salariés et poursuit ses investissements sur le site.
Quelques sites industriels génèrent aussi une forte activité, comme le campus du pétrolier Total à Pau, 1er site industriel de ce territoire (qui accueille depuis peu un supercalculateur). Une autre industrie, celle du surf, fait les beaux jours économiques de la région de Saint-Jean-de-Luz, surnommée la *Glissicon Valley.* La Côte basque (avec le voisin landais) réunit plus de 150 entreprises dans le secteur de la glisse, dont quelques grands comme *QuickSilver,* soit la plus grande concentration au monde dans ce domaine (devant l'Australie et la Californie, dont les territoires sont plus étendus). On compte aussi de nombreux *shapers* (fabricants

ou réparateurs de planches de surf). À Anglet, l'entreprise *Stark* fabrique des planches sur mesure depuis 1981 ; à Bidart, Ja Well *(Wildcat Surfboards)* est l'une des rares femmes dans ce métier.

Le Sud s'appuie en particulier sur la sidérurgie en Euskadi, secteur désormais fragilisé. Là, on avait vu se développer de puissantes coopératives ouvrières, dont l'une des plus connues est le conglomérat *Fagor* à Arrasate-Mondragon. Résurgence de l'antique tradition égalitariste des villages, la plupart de ces coopératives ont été créées dans les années 1950 à l'initiative de prêtres, comme le père Arizmendi à Mondragon.

Mais ce qui permet au Pays basque d'amortir, plutôt mieux qu'ailleurs, les chocs conjoncturels, c'est la diversité de ses activités. Son économie a néanmoins été touchée par la violente crise espagnole des années 2008-2014, qui n'a pas épargné l'Euskadi et la Navarre. Certes, toutes 2 sont plutôt riches (le PIB d'Euskadi est le plus élevé du pays) et résistent mieux que d'autres régions d'Espagne. Leur taux de chômage est, par exemple, nettement moins élevé qu'ailleurs sur le territoire. Début 2021, on comptait 10,30 % de chômeurs en Euskadi et 9,90 % en Navarre, contre environ 16,25 % pour l'ensemble de l'Espagne. L'Euskadi est par ailleurs moins soumis que le reste du pays à l'effondrement du secteur de la construction, puisque ici c'est l'industrie qui tire l'économie.

Enfin, si la région autonome a pu refuser d'appliquer les réformes libérales de la santé et de l'éducation voulues par le gouvernement conservateur de Madrid, il lui a fallu, comme ailleurs en Espagne, reporter sur les prix une forte augmentation de l'*IVA* (la TVA espagnole). Les prix ont grimpé, mais les salaires et les pensions nettement moins, malgré des revalorisations notables du SMIC en 2019 et 2020.

ÉMIGRATION ET DIASPORA

L'émigration, miroir aux alouettes, a saigné le Pays basque, et les rares réussites sont l'arbre qui cache la forêt.

D'abord, les chiffres. Au XIXe s, en moins de 60 ans, le Pays basque du Nord, peuplé de 120 000 habitants, a envoyé ***90 000 émigrants vers le Nouveau Monde*** ! Et cela, sans que la population basque ne baisse. En 1910, 250 000 Basques vivaient en Argentine ; leurs descendants sont aujourd'hui plus de 1 million. Ils ont donné à l'Argentine 10 présidents de la République de 1900 à 1950, mais également un dictateur (le général Lanusse !).

On a donné plusieurs explications à ce phénomène. Tout d'abord, l'impossibilité pour le cadet de s'installer (voir plus loin « Habitat : l'*etxe* »), d'où l'émigration. Ensuite, notamment pour l'Espagne, la suppression des *fueros* au début du XIXe s : les Basques allaient chercher dans des pays neufs les libertés qu'ils avaient perdues. En France, la conscription obligatoire a joué un rôle important, de nombreux Basques refusant d'être incorporés dans l'armée nationale. Mais l'explication principale reste la pauvreté. Les paysans du Nord et le sous-prolétariat industriel du Sud cherchaient, avant tout, à survivre.

Difficile d'imaginer (quoique les schémas de l'émigration aient malheureusement peu changé) ces paysans de Soule ou du Guipúzcoa, pauvres, illettrés, ne parlant que le basque, qui quittaient leur village pour une « Terre promise » dont ils savaient si peu. Ils s'adressaient à un intermédiaire qui avançait l'argent du voyage (en prenant des garanties sur les salaires à venir ou les rares biens de la famille), organisait le passage sur des bateaux surchargés (un bon tiers mourait en route), prévoyait l'accueil sur place et procurait un travail. En arrivant, l'émigrant était déjà criblé de dettes. Beaucoup partaient comme bergers ou vachers sur les hautes terres du Nevada ou dans la pampa argentine. La mortalité était colossale. En 20 ans, de 1900 à 1920, 430 000 Basques (Français et Espagnols confondus) émigrèrent aux États-Unis. Aujourd'hui, la colonie basque américaine est estimée à environ 60 000 personnes, principalement dans l'ouest du pays (Californie, Nevada, Idaho...). C'est assez dire que beaucoup n'ont pas fait souche.

Par la suite, l'émigration est freinée. La guerre de 1914-1918 a saigné les jeunes générations, le développement économique en Europe permettait de mieux vivre, tandis que les maux endémiques de l'Amérique latine (inflation et dévaluation) rendaient l'émigration moins intéressante : des centaines d'émigrés revenus au pays avec des rentes se sont retrouvés ruinés.

Il reste un mythe et une diaspora. Le mythe se dessine autour de quelques grandes fortunes et de quelques grands noms : Simón Bolívar, « le Libérateur » du Venezuela était né en Biscaye ; Ernesto Guevara (le Che !) avait également des racines familiales au Pays basque ; au Chili, Pinochet (dont la mère était basque) a fait assassiner le Basque Allende, et la poétesse Gabriela Mistral s'appelle Lucia Arcayaga. Aguirre, Echeverria, Ortiz, Iturri, les noms basques se retrouvent chez les dirigeants du Mexique, du Venezuela, d'Uruguay. Ceux-là sont les enfants de ceux qui ont réussi. Ils sont le plus souvent conservateurs, au point que ***Buñuel estimait que les Basques entravaient le développement de l'Amérique latine.*** Il suffit de voir l'actuelle reine consort des Pays-Bas, Máxima Zorreguieta Cerruti : de nationalité argentine, d'origine basque, riche et fille d'un ancien ministre de la dictature Videla, la totale !

Aujourd'hui, la diaspora est active. Ne dit-on pas qu'à Fresno (Nevada) un tiers des Basques émigrés viendrait de Basse-Navarre, principalement du village d'Esterençuby, et que sur les 200 Biscayens résidant au Nevada, la moitié serait originaires de Lekeitio et du village voisin d'Ispaster ?

Dans la plupart des villes d'immigration, en Amérique du Nord comme du Sud, existent des centres culturels basques, des journaux, des groupes folkloriques, des frontons. Les Américains se sont saisis de la *cesta-punta* (voir plus bas la rubrique « Sports »), et les plus grands *jaï-alaï* du monde sont désormais à Miami, Orlando ou Tijuana. Et l'université du Nevada a même créé un département d'études basques. Les liens avec la mère patrie sont pieusement conservés, y compris chez les jeunes générations.

ENVIRONNEMENT

Fou d'oxygène, accro des forêts, junkies des falaises, ce pays est pour vous. Le Pays basque et le Béarn, par leur climat et leur structure géologique, offrent une vraie diversité de paysages sauvages. On passe des terres semi-désertiques des Bardenas Reales aux immenses forêts des Pyrénées, des alpages d'Urbasa aux falaises de flysch de la côte. Sorti des grands axes, on peut passer une journée sans voir âme qui vive, ce qui a permis la conservation de certaines espèces menacées, comme le vautour fauve, ou de races anciennes de chevaux (le pottok). Et comme, en plus, les montagnes basques sont l'un des plus grands couloirs de migration européens, ça change tout le temps. Revers de cette jolie médaille : la mer n'est pas, loin s'en faut, la plus propre d'Europe.

Pollution

Alors, quelle est la situation ? Simple : beaucoup de plages sont polluées, certaines gravement, de l'embouchure de l'Adour jusqu'à Zarautz. L'une des causes (pas la seule, mais la plus grave) est la pollution des cours d'eau, et notamment de l'Adour. Sachez qu'un bon tiers des Bayonnais, par exemple, rejettent leurs eaux usées directement dans le fleuve. Détournée par une grande digue, l'eau de l'Adour s'incurve vers le sud et va lécher les plages d'Anglet et de Biarritz, y déposant colibacilles et autres salmonelles. Résultat : aucun pavillon bleu avant la plage de Getxo, en Biscaye. Par ailleurs, les fortes pluies entraînent un débordement des systèmes d'assainissement. Les élus multiplient les investissements et les bassins de stockage, mais cela ne suffit toujours pas et le problème semble insoluble. Bon, ne déprimez pas pour autant et consultez régulièrement ces sites bien fichus : ● *surfrider.eu* ● *savillonbleu.org* ● *blueflag.global* ●

Énergies renouvelables

En Navarre notamment, le choix des énergies renouvelables est un choix politique que le voyageur ne peut ignorer. Dans cette région de montagnes et de vents soutenus, 3 solutions ont été retenues : les barrages hydroélectriques (qui, en plus, aident à assurer l'irrigation des terres sèches), les panneaux solaires et les champs d'éoliennes (30 % de la consommation d'électricité). Actuellement, environ ***70 % des énergies consommées en Navarre proviennent de ressources renouvelables.*** Impressionnant ! L'ambition de la Navarre dans ce domaine est spectaculaire, puisque le gouvernement autonome espère, à terme, atteindre les 100 %. On y trouve d'ailleurs également le Centre d'étude national des énergies renouvelables (CENER, à Sarriguren), à la pointe de la recherche.
Les ***barrages,*** très nombreux, hébergent souvent des équipements touristiques sur leurs rives (baignades, gîtes ruraux, centres de voile). Appelés *embalses,* ils suscitent des oppositions qui font ressortir le vieux mot espagnol pour désigner les lacs, *pantanos.* Cela suffit à vous expliquer un graffiti assez fréquent en montagne : *¡ Panta No !,* jeu de mots qui signifie : « Non au barrage ! »
L'***énergie solaire*** commence à faire son trou, lentement mais sûrement. Vous vous en apercevrez lors de vos virées navarraises, notamment si vous visitez les Bardenas Reales, dont les plateaux secs et inondés de soleil ont été couverts de vastes champs de panneaux solaires. Quant aux ***parcs d'éoliennes,*** ils sont si nombreux qu'on en rencontre partout (près de 40 en Navarre, soit plus de 1 200 éoliennes). Les sommets des sierras sont recouverts de ces gigantesques moulins modernes, à faire frémir Don Quichotte. Autour de Lumbier et sur la crête de la *sierra del Perdón,* en Navarre, ils monopolisent le paysage. L'Espagne est le 4ᵉ producteur mondial et augmente sa puissance tous les ans. À titre de comparaison, la France détient le 2ᵉ gisement de vent en Europe avec ses grandes façades océaniques, mais n'est que le 8ᵉ producteur d'énergie éolienne au monde (le 5ᵉ en Europe).

Les parcs naturels

Il n'y en a aucun dans le Pays basque français ! Le gouvernement français, ayant créé le parc national des Pyrénées en territoire béarnais, a jugé que la protection de la nature pyrénéenne était assurée et n'a rien fait en Pays basque. Peut-être parce que des projets d'autoroutes ou de voies ferrées étaient déjà dans les cartons...
Au Pays basque espagnol, la situation est bien différente. Si l'on met de côté la réserve de la biosphère d'Urdaibai, créée à l'initiative de l'Unesco, on compte une bonne douzaine de parcs, dont chacun a sa spécificité : protéger une chênaie à Aralar, un biotope karstique à Valderejo, des étangs endoréiques (dont les eaux ne s'écoulent pas jusqu'à la mer) à Laguardia. Naturellement, on en a parlé dans chaque chapitre.
Mais ces parcs, récents, sont encore souvent sous-équipés, bien que les 2 gouvernements, basque et navarrais, fassent de gros efforts. Sachez simplement que se balader dans les parcs du Pays basque n'est pas trop difficile, mais que vous devrez prévoir avec soin votre ravitaillement et votre hébergement (le camping sauvage y est évidemment formellement interdit).

TIENS, DES VACHES... SAUVAGES

La betizu (prononcer « betissu ») est la vache locale du Pays basque, délaissée par ses propriétaires qui en tiraient un faible rendement. Sauvages, ces vaches ont été achetées par le gouvernement basque et vivent aujourd'hui en liberté dans les montagnes des Pyrénées-Atlantiques. Vous les croiserez peut-être lors d'une randonnée : leur robe est brun-rouge, et leurs cornes sont évasées.

La chasse à la palombe

La palombe est-elle menacée de disparition ? La palombe, ici, est un oiseau sacré. Sa migration commence début octobre, et le proverbe veut que le paroxysme soit atteint pour la Saint-Luc, le 19 octobre : « À la Saint-Luc, grand truc ».
La palombe n'est autre que le pigeon ramier commun à toutes les grandes villes. Si nos pigeons français sont sédentaires, il n'en va pas de même des pigeons d'Europe du Nord (allemands, polonais, finlandais, lettons ou lituaniens). Ceux-là passent l'Allemagne, franchissent le Jura, traversent l'Aquitaine en diagonale et se présentent au Pays basque afin de gagner, par les cols les plus bas des Pyrénées, leurs zones d'hivernage en Espagne. De tout temps, les Basques les ont guettés. Ils montaient à pied en haut des cols, où ils passaient plusieurs semaines. Là, perchés sur les tours (les palombières), ils tendaient les filets (les pantières) et attendaient l'arrivée des oiseaux. Comme il n'y avait ni congélateur ni conserves, les prélèvements étaient limités à la consommation des jours suivants.
Aujourd'hui, si les palombières sont toujours dressées, le 4x4 a rendu les cols accessibles à tous, le fusil a presque partout remplacé les filets, les palombes passent l'hiver dans les congélateurs, et les millions d'oiseaux des belles années se sont considérablement raréfiés, au point que chasseurs et écolos s'entendent désormais pour affirmer que la palombe migratrice est menacée. C'est bien leur seul point commun car, en automne, sur les cols, les relations restent tendues.
L'association *Organbideska Col Libre* (relayée par la suite par la LPO) a affermé le col d'Organbideska, l'un des plus importants, où toute chasse est interdite. Ses membres militent pour une interdiction pure et simple de la chasse à la palombe migratrice sur tous les cols pyrénéens.

Le pottok

C'est ce petit cheval rustique, libre comme l'air, que vous allez rencontrer sur les pentes des monts pyrénéens et des sierras. De son vrai nom basque *eskualdun pottoka,* ou *pottok* (prononcer « potiok »), il vit dans la région depuis le Paléolithique et semble bien avoir été le 1er cheval connu. Au Muséum national d'histoire naturelle, à Paris, il existe un crâne de cheval préhistorique en tous points semblable à celui du pottok. On raconte que dans les veines des mustangs de l'Ouest américain coulerait du sang pottok (importé en Amérique par les conquistadors). Cheval de boucherie, le pottok est cependant aujourd'hui de plus en plus utilisé par les centres équestres pour les randonnées.

FUEROS OU FORS

Le mot qui explique tout ou presque. Le *fuero* (en ancien français « for ») est une charte conclue entre les habitants d'une ville, d'un village ou d'une vallée, et le roi. Ce contrat, fort détaillé, prévoit tout et précise toutes les libertés dont jouissent les habitants et auxquelles le roi s'interdit de toucher. On y détaille les impôts, les autorisations de tenir foires et marchés, les obligations militaires. Tous ces *fueros* sont signés dans le cadre plus général du *fuero de Navarra* qui précise les obligations du roi.
Tout roi, au moment de son couronnement, est obligé de jurer le respect du for général, puis de faire le tour de son royaume pour aller jurer chaque for particulier dans la ville ou vallée concernée. Les habitants y tenaient tant que les *fueros* continuèrent de s'appliquer sous les rois de Castille.
Aujourd'hui encore, la Navarre se définit comme une « ***communauté forale*** », et l'université de Bayonne délivre une maîtrise de droit foral. Quant aux 3 provinces d'Euskadi (ou Hegoalde : Guipúzcoa, Biscaye et Álava), elles sont dirigées par des *diputaciones forales.* Bien entendu, les exemptions fiscales ont changé, et les obligations militaires sont celles du pays concerné. Mais il en reste quelque

chose dans les mentalités, et l'insoumission est souvent prônée en référence aux fors médiévaux. De même, dans les vallées montagnardes, l'utilisation des terres reste régie par les fors. En général, en Hegoalde, la date de délivrance du for est considérée comme la date de création de la ville.

Les guerres carlistes, l'opposition à Madrid, la fracture entre la Navarre et les autres provinces du Sud, tout s'explique par les *fueros.* On va essayer de résumer. Les fors, ça marchait bien au Moyen Âge. Au XVIIIe s, en Biscaye et Guipúzcoa, sous l'impulsion d'un penseur économiste et grand seigneur appelé Joaquín de Munibe, certains se mettent à se dire qu'on ne peut pas construire une économie moderne sur la base forale. Imprégné de la philosophie des Lumières, Munibe voit notamment dans les fors une cause d'inégalité.

Mais les fors préservent aussi les libertés. L'idée qui se dégage est celle d'une économie libérale (comme par hasard, c'est chez les 1ers capitalistes de Biscaye qu'elle apparaît) dégagée des *fueros,* lesquels resteraient cependant garants des libertés individuelles. C'est l'esprit de la Constitution de Cádiz. Ferdinand VII la refuse et règne en monarque absolu, mais sa fille Isabelle va donner le pouvoir aux libéraux, qui abrogent les *fueros.*

Pendant la guerre carliste, Muñagorri propose un programme *Paz y Fueros* pour réconcilier tout le monde et, en 1839, les fors sont rétablis. Commence alors un lent grignotement (par exemple, l'installation d'une douane unifiée en 1841).

Avec le temps, les institutions nationales se mettent en place, et un nouvel appareil législatif remplace les fors. Mais les convulsions sont nombreuses. À chaque recul des fors, ce sont des émeutes, voire des guerres. Le sujet reste donc sensible, car il pose la question des pouvoirs respectifs de l'État et des citoyens, et celle de la proximité des centres de décision. Les foralistes font remarquer que les fors étaient adaptés à chaque situation locale, discutés et acceptés par des petits groupes de citoyens vivant proches les uns des autres. Les antiforalistes affirment qu'une société moderne ne peut pas tenir compte de tous les particularismes, sous peine d'être ingouvernable. Un débat toujours vivace...

GÉOGRAPHIE

Oubliez la vision simpliste des Pyrénées qui vont d'Hendaye au cap Cerbère. On vous l'a dit à propos du climat, la ligne de crête part vers le sud-ouest au niveau de Roncevaux. Au nord de cette ligne, Labourd, Basse-Navarre, Soule, Guipúzcoa et Biscaye. Au sud, l'Álava et la Navarre. Tout le Nord est une zone de collines assez escarpées : dès 500-600 m, les Basques parlent de « montagnes », ce qui fait sourire avant qu'on en ait entrepris l'ascension ! Les vallées sont très marquées et se resserrent parfois en gorges impressionnantes (en Haute-Soule, par exemple). Au sud de la ligne de crête, le relief est beaucoup plus érodé. On trouve des plateaux d'altitude (Urbasa), quelques vallées suspendues et quelques mesas (reliefs tabulaires) non loin de la vallée de l'Èbre.

HISTOIRE TRISTE

Pyrène était la fille d'un souverain qui hébergea Hercule. Elle tomba amoureuse du demi-dieu musclé. Hercule préféra partir, certainement pour terminer ses 12 travaux. Pyrène s'enfuit et mourut dévorée par un ours. Catastrophé, Hercule érigea un mausolée en amassant d'énormes rochers, donnant naissance aux Pyrénées.

La caractéristique essentielle, comme dans toutes les Pyrénées, c'est l'organisation en vallées formées au nord par les affluents de l'Adour et quelques fleuves côtiers, au sud par les affluents de l'Èbre.

Administrativement, voici comment la région s'organise : au nord, les 3 provinces françaises que sont le Labourd, la Basse-Navarre et la Soule appartiennent au département des Pyrénées-Atlantiques (qui comprend en outre le

Béarn). Du côté espagnol, les 3 autres régions que sont le Guipúzcoa, la Biscaye et l'Álava forment la Communauté autonome de l'Euskadi. À ces régions vient s'ajouter la Navarre, autre Communauté autonome bien distincte de l'Euskadi mais culturellement tout aussi basque. C'est à l'époque du royaume de Navarre (capitale Iruña – ou Pampelune), du IXe au XVIe s, que les Basques du Nord et du Sud furent politiquement unifiés, et que la culture et la langue basques se sont affirmées.

HABITAT : L'*ETXE*

Il n'existe pas une maison basque *(etxe),* mais plusieurs. La maison typique, presque caricaturale, avec ses 2 étages, son toit aux pentes inégales recouvertes de tuiles romaines, sa façade blanc et rouge est, en fait, la *maison labourdine de l'intérieur.*

Également rouge et blanc mais plus carrée, plus massive et en pierre est la *maison navarraise de la montagne.* En Navarre, la pierre est moins chère : la maison se pare donc de linteaux de portes et fenêtres en pierre massive. Cette large présence du ***grès rose*** lui donne un cachet particulier.

En *Biscaye* et dans le *Guipúzcoa,* la maison est assez proche de la maison labourdine. Les toits sont à double pente et les colombages apparents, mais la pierre est plus fréquemment utilisée.

Quant à la *maison souletine,* elle se rapproche de la béarnaise par ses murs de pierre grise ou de galets (jamais crépis), mais s'affirme d'architecture pyrénéenne avec son toit d'ardoises qui lui donne un aspect plus austère.

La *maison béarnaise,* elle, est construite en pierre dès le XVIIIe s, et sa façade symétrique se situe sous la pente du toit, à forte inclinaison, de manière à profiter d'un vaste grenier sous une charpente en chêne. Les tuiles utilisées traditionnellement sont dites « tuiles picon » ou tuiles plates.

Enfin, en *Navarre du Sud* ou en *Álava,* l'architecture se rapproche de l'architecture castillane avec de lourdes maisons en pierre (en général, des calcaires gréseux ocre d'or). Mais les transitions abondent, et rien n'est figé.

La *maison de la frange côtière* (Labourd, Biscaye, Guipúzcoa) se compose d'un rez-de-chaussée en pierre ou en brique crépie, surmonté de 2 étages montés en colombages remplis de torchis ou de briques. Le rez-de-chaussée est consacré aux animaux, le 1er étage aux hommes, le 2d et dernier étage au grenier.

Dans les *villes côtières,* quelques changements apparaissent : la maison est plus élancée, moins massive, à cause de la cherté du terrain, et les pièces réservées aux bêtes ne sont plus nécessaires.

En *Hegoalde* (Guipúzcoa, Biscaye et Álava), vous verrez de très nombreuses maisons à l'allure castillane, carrées, avec des toits à 4 pentes, de grands halls pavés de galets, des balcons et des fenêtres en fer forgé, de superbes portes cloutées. Les grandes familles basques du Sud ont bénéficié d'une embellie économique aux XVIIe et XVIIIe s. Les conquistadors et administrateurs rapportaient au pays l'or des Amériques, la noblesse avait le droit de travailler (et elle ne s'en est pas privée), les forges tournaient à plein, l'élevage et l'industrie lainière étaient florissants. C'est à qui se ferait construire le plus beau *solar* (résidence de province, par opposition aux palais de Madrid). Et comme les rois d'Espagne accordaient facilement le droit de porter des armoiries, toutes ces maisons s'ornent d'écussons de pierre sculptée du plus noble effet.

Mais la maison *(etxe),* beaucoup plus qu'une architecture, est la pierre angulaire du système social. Elle donne son nom à la famille : la plupart des Basques portent le nom de leur maison (*Etchegaray* = la maison d'en haut, *Mendiburu* = le bout de la montagne, *Etcheverry* = la maison nouvelle, etc.), ce qui explique l'abondance de termes géographiques dans les noms propres. Surtout, elle est une et indivisible, elle est transmise avec les terres et les droits qui s'y rattachent à l'aîné, fille ou garçon, qui devient l'*etxe jaun* (le seigneur de la maison).

Les Basques considèrent que l'aîné est non le propriétaire, mais le dépositaire de la maison : il arrive donc fréquemment qu'un cadet, déshérité mais ayant fait fortune en Amérique, envoie à son frère (ou à sa sœur) l'argent nécessaire à l'entretien de la maison car, dans son esprit, il s'agit de la pérennité de la famille et non de la propriété d'un seul.

HISTOIRE

La devise du Pays basque, *Zazpiak Bat,* que l'on peut traduire par « Les sept font un », affirme que les 4 provinces espagnoles (Álava, Biscaye, Guipúzcoa, Navarre) et les 3 françaises (Basse-Navarre, Labourd, Soule) sont indissolublement liées. Mais l'histoire est têtue, et cette unité basque, avant tout linguistique et culturelle, s'exprime d'abord dans le ***combat pour la langue,*** devenue un symbole politique. Il faut dire que l'histoire, de Charlemagne à Franco, a su apprendre aux Basques la méfiance envers l'envahisseur ou le conquérant, et que les morcellements successifs du Pays basque ont laissé des traces fort visibles : à qui sait voir, l'Euskadi offre une infinie variété de nuances.

Les temps anciens

Les traces du Paléolithique supérieur (environ 15000 av. J.-C.) sont déjà imposantes. ***Les grottes d'Isturits, de Santimañine, d'Altxerri et d'Ekain ont livré de belles peintures rupestres*** que l'on peut rapprocher géographiquement et culturellement de celles d'Altamira, en Cantabrie, et de celles de Lascaux. Les sujets peints sont les produits de la chasse : chevaux, cerfs, bouquetins, etc., et même la pêche est présente, avec quelques poissons. Il existait, à partir d'environ 5000 av. J.-C., des groupes de chasseurs-éleveurs-cueilleurs, sans doute un peu agriculteurs, dans toute l'Aquitaine.
À l'âge du fer, durant la 2de moitié du Ier millénaire av. J.-C., ***les peuples celtes déferlent sur l'Europe,*** forçant ses 1ers occupants à se replier dans les montagnes. Sur ces époques obscures, les archéologues sont prudents et leurs opinions divisées. On a voulu voir aussi dans les Basques des descendants des Ibères, mais les preuves manquent.
Les linguistes, eux, admettent l'existence d'une langue « aquitanique » répandue dans les Pyrénées, une large partie du bassin de l'Èbre et jusqu'à la Garonne, langue qui a toutes les chances d'être l'ancêtre du basque actuel.
La 1re mention écrite préservée à propos d'un peuple *ouascon* (et l'orthographe, ici, est importante) est due à Strabon, géographe grec du Ier s av. J.-C. Si les Romains, à commencer par César, ont beaucoup écrit sur cette région, aucun auteur de l'époque n'a remarqué l'existence d'une langue bizarre, alors que leurs récits livrent de nombreux détails. On peut donc admettre que cette langue aquitanique leur était connue.

La *Pax Romana*

Quand les Romains arrivent, ils ne rencontrent que des peuples celtes. Mais Celtes puis Romains n'occupent que la côte, les vallées et quelques cols. On peut penser que dans les montagnes subsiste un noyau des 1ers occupants.
L'occupation romaine va durer 6 siècles et changer la face du pays. Les vestiges sont plus nombreux dans le Sud (Veleia, Andelos, Oiasso) que dans le Nord (Bayonne, Saint-Jean-le-Vieux), encore que des villes comme Pampelune, fondée par les Romains, n'ont pratiquement jamais été fouillées. Lorsque des fouilles ont lieu, on trouve les éléments caractéristiques des villes romaines : des villas, des thermes et surtout des chaussées.
La grande voie romaine de Bordeaux à Astorga traverse le Pays basque et sera pendant 8 siècles la plus grande voie de passage pour les Pyrénées de l'Ouest.

Surtout, les Romains commencent à exploiter les filons de minerais du Pays basque, utilisés jusqu'à Bordeaux. Enfin, ils introduisent la vigne et l'olivier. La période romaine semble être une ère de paix et de prospérité.
Le christianisme pénètre lentement en Pays basque et sa diffusion va aller de pair avec 2 phénomènes : l'un, militaire, est l'invasion des Goths ; l'autre, philosophique, est l'***arianisme,*** ce dérivé du christianisme qui refusait la Trinité. Cette époque est très importante. C'est celle de saint Saturnin, de saint Prudence, de saint Firmin, de san Emeterio et san Celedonio, en un mot le temps où prennent naissance toutes les grandes fêtes patronales qui illuminent les étés basques.

Le royaume wisigoth

Au IIIe s, les Vandales, pour la plupart convertis à l'arianisme, s'étaient installés en Espagne, bientôt suivis par les Alains et les Suèves. Une large partie de l'Espagne devint donc arienne.
L'empereur Théodose, chrétien de la meilleure eau, fait détruire tous les sanctuaires, statues et œuvres d'art non conformes, et s'allie aux Wisigoths (pourtant ariens aussi) pour éliminer les Vandales.
Les Wisigoths installent la capitale de leur royaume à Toulouse, ville dont le 1er évêque fut saint Saturnin. Toute l'Aquitaine, la côte et le bassin de l'Èbre font partie de ce royaume wisigoth.
Arrive Clovis. À Vouillé, en 507, il écrase les Wisigoths. C'est la fin du royaume de Toulouse et de l'arianisme. Les Wisigoths se replient vers l'Espagne du Sud. Au Pays basque, le roi Leovigild écrase les Vascons (les ancêtres des Basques) et fonde Vitoria. Puis c'est Austrovald, un Franc, qui entreprend une expédition contre eux. Dans ces années obscures, ***les Vascons ne se soumettent pas.*** La *Pax Romana* est bien finie.
Le Pays basque d'alors est une sorte de no man's land. Les chroniqueurs (Frédégaire, Grégoire de Tours) affirment que, régulièrement, des délégations de Vascons allaient rendre hommage aux rois francs et que, tout aussi régulièrement, les Vascons descendaient de leurs montagnes pour piller les villes franques.
Il semble qu'il y ait eu alors 2 sociétés vasconnes, l'une dans la plaine et les vallées, traitant plus ou moins avec les Francs ou les Wisigoths, l'autre repliée dans les montagnes et les forêts et descendant piller les villes franques ou wisigothes. Ce qui est certain, c'est qu'à cette époque ***le modèle familial basque se répand dans toute l'Aquitaine*** : transmission intégrale de la maison à l'aîné quel que soit son sexe, et obligation pour le cadet d'aller fonder sa maison ailleurs. Ce modèle restera en vigueur jusqu'au XVIIIe s dans le Gers et la Bigorre. Coincés entre 2 puissants voisins, les Basques arrivent à étendre leur territoire.
Un fait encore de haute importance : aucun des chroniqueurs ne parle de chef basque, alors que leurs textes sont remplis de noms de ducs, de comtes et de seigneurs. Preuve supplémentaire d'une organisation égalitariste dès la plus haute Antiquité, héritée directement des temps préhistoriques.

La conquête arabe

L'une des dates clés de cette époque est le ***débarquement en 711 des musulmans dans le sud de l'Espagne.*** Ce qui reste du royaume wisigoth n'y résiste pas. Les envahisseurs progressent vite : en 2 ans, l'Espagne est conquise. Toute ? Non. Un petit peuple résiste là-haut. ***Les musulmans n'atteindront jamais la côte atlantique*** protégée par la cordillère cantabre. Pampelune sera plusieurs fois mise à sac mais jamais vraiment conquise. Que se passe-t-il alors ? Les musulmans ne s'intéressent en fait qu'aux vallées. ***Une sorte de collaboration mesurée s'établit.*** La voie romaine de Bordeaux à Astorga est toujours là. Les Arabes l'empruntent pour envahir les Francs, et c'est par le Pays basque que Charlemagne passe pour guerroyer à Saragosse. Au retour, en 778, il rase Pampelune : les Basques l'attendent à Roncevaux pour lui apprendre que, tout roi qu'il soit, certaines choses ne se font pas ! Charlemagne se le tiendra pour dit, et un chroniqueur nous raconte que, pour faire plaisir aux « princes d'Aquitaine », il fit habiller son fils Louis en cavalier vascon. Ainsi, au VIIIe s émerge en Aquitaine ***une aristocratie guerrière qui résiste tant aux Francs qu'aux musulmans.*** D'ailleurs, le futur 1er duc d'Aquitaine, Loup-Sanche, explique gentiment à Louis le Pieux, fils de Charlemagne, roi d'Aquitaine et de Vasconie, que les Vascons ne partiront pas en guerre contre les musulmans. Bien la peine de se déguiser, a dû penser Louis.

Il va quand même partir en guerre contre les Maures et prendre Pampelune. Instruit par l'exemple, après avoir conquis la Haute-Navarre, il n'aura d'autre choix que celui d'installer des seigneurs basques pour contrôler la région.

Ceux-ci la contrôlent tellement bien qu'au début du IXe s apparaît la 1re mention de « ***roi de Pampelune*** ». Enneco Aresta s'affranchit de la tutelle carolingienne et noue des alliances matrimoniales avec les musulmans. Certes, il est catholique et laisse s'installer les 1ers monastères, notamment sur les cols et dans le piémont. Un « royaume » pas énorme, mais qui tient les passages. Les prémices du pèlerinage de Compostelle par le Guipúzcoa annoncent l'amorce d'un développement économique et les 1ers liens politiques avec les autres potentats de la région. Sur les terres du Labourd et du Guipúzcoa règne un autre roitelet, Sanche Mitarra. ***Le Pays basque moderne se met en place.***

Mais les alliances n'empêchant pas les guerres, les musulmans vont ravager plusieurs fois Pampelune et remonter jusqu'à l'Adour. À la fin du IXe s, les alliances se renversent. Peut-être sous la pression des monastères, les féodaux basques ont choisi leur ennemi. La *Reconquista* peut commencer et chasser les musulmans d'Espagne.

Le royaume de Navarre et la *Reconquista*

Au début du XIe s, à la mort sans descendance du dernier des Mitarra, Sanche III le Grand, roi de Navarre qui lui est apparenté, récupère les terres au nord des Pyrénées. ***L'étendue du royaume de Navarre est alors exceptionnelle :*** au nord, toute l'Aquitaine jusqu'à Arcachon ; à l'est, l'Aragon supérieur (capitale Jaca), le Sobrarbe (autour de Huesca) et la Ribagorza ; à l'ouest, la Biscaye ; au sud, la Rioja. En Navarre, les musulmans ne tiennent plus que Tudela.

POURQUOI DIT-ON « ROI DE FRANCE ET DE NAVARRE » ?

En 1284, quand Jeanne Ire, reine de Navarre, épousa le roi Philippe le Bel, le royaume de Navarre s'unit à la France. Suite à d'autres mariages, la Navarre rejoint ensuite l'Aquitaine anglaise puis l'Aragon espagnol. Voilà pourquoi les royaumes ont toujours été distincts.

Le poids politique de Sanche et de ses descendants est sans commune mesure avec l'étendue de leur territoire (qui reste réduit face à celui des Arabes). Ils assistent aux sacres des rois de France et nouent avec les grands seigneurs du Nord des alliances matrimoniales. L'un des fils de Sanche, Ferdinand, devient roi de Castille, de León et des Asturies.

À la mort de Sanche III, en 1035, le royaume va éclater. Son petit-fils Alphonse VI (le fils de Ferdinand) profite de la situation pour s'emparer de la Rioja, de la Biscaye, de l'Álava et du Guipúzcoa, et les incorpore à la Castille. Après quoi, il fait assassiner son cousin Sanche IV puis devient roi de Navarre et d'Aragon. Ceux qui présentent les débuts de la *Reconquista* comme une union sacrée de tous les princes espagnols se trompent un peu ! Cependant, obsédés par la présence maure, les Navarrais oublient le Labourd, qui tombe dans l'escarcelle du comte de Poitiers.

Pendant 3 siècles, l'histoire du Pays basque et de la Navarre va se confondre avec celle de la *Reconquista* et les histoires de familles. ***Les 3 branches issues des fils de***

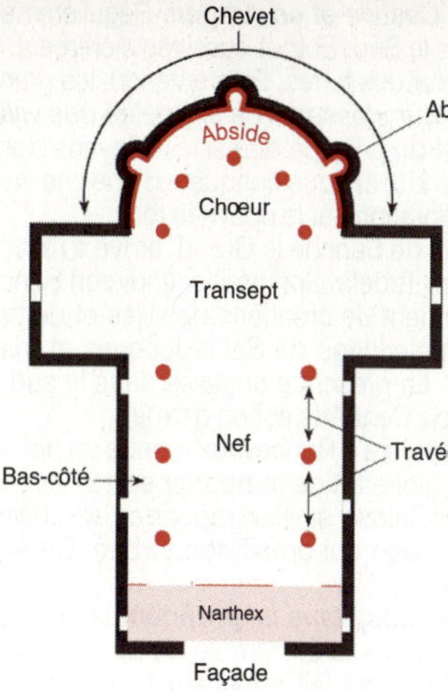

PLAN D'UNE ÉGLISE ROMANE

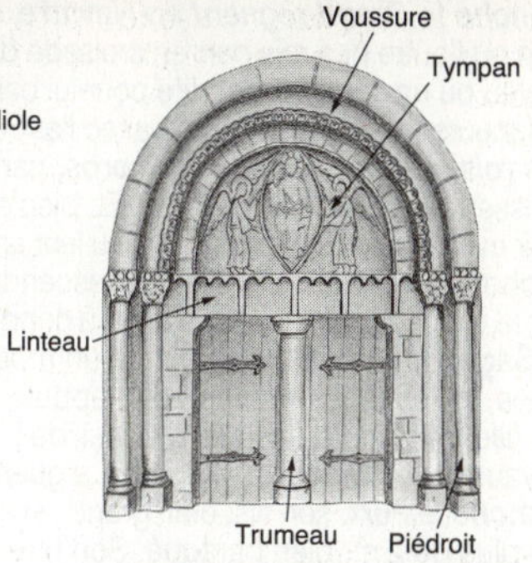

PORTAIL D'ÉGLISE ROMANE

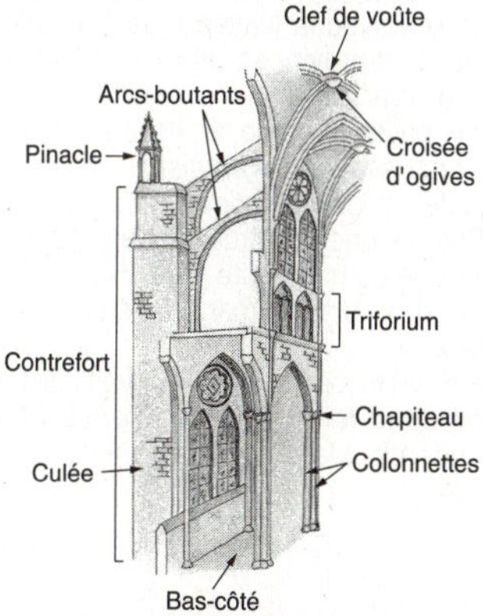

COUPE TRANSVERSALE D'UNE ÉGLISE GOTHIQUE

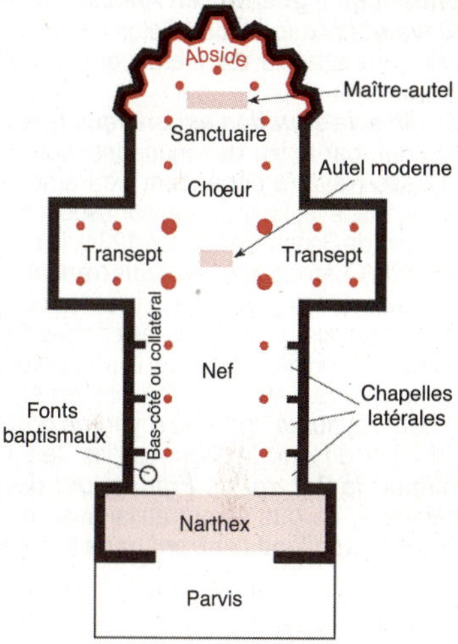

PLAN D'UNE ÉGLISE GOTHIQUE

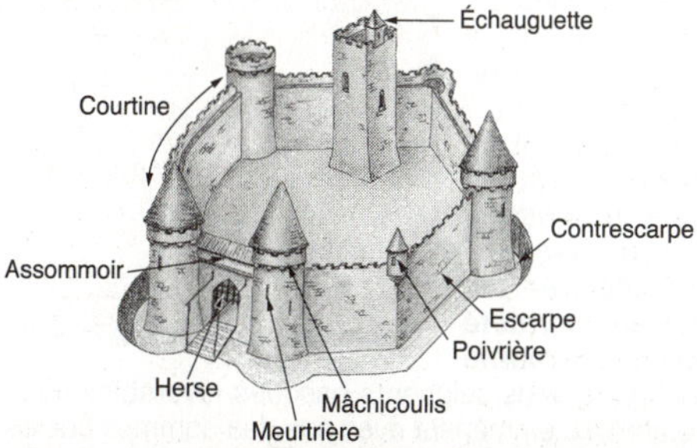

CHÂTEAU FORT

Sanche le Grand règnent en Navarre, en Castille et en Aragon. Régulièrement, l'un ou l'autre des rois part en croisade dans le Sud. Et tout aussi régulièrement, un neveu ou un cousin en profite pour lui barboter des terres. Bien entendu, les grands seigneurs jouent avec l'un ou avec l'autre. ***Pour s'assurer de la fidélité des villes, les rois leur accordent des fueros,*** partant du principe que si les citoyens s'enrichissent, ils seront de leur côté. Et, bien entendu, chaque conquête d'une cité va de pair avec le maintien des *fueros* ou leur amélioration par le nouveau roi.

Alphonse le Batailleur, l'un des descendants de Sanche le Grand, arrive à récupérer le Guipúzcoa et la Biscaye, et à conquérir Tudela. Son héritier (indirect) Sanche le Sage *(Sancho el Sabio)* lance un mouvement de créations de villes et de bastides, favorise les monastères, appuie le pèlerinage de Saint-Jacques et marie sa fille Bérengère à Richard Cœur de Lion. La présence anglaise dans le sud du royaume de France se renforce. La guerre de Cent Ans est en germe.

Sanche le Fort, son fils, était grand : son sépulcre à Roncevaux montre un homme de plus de 2 m, bien baraqué. Son titre de gloire fut de remporter en 1212 contre les musulmans la bataille de Las Navas de Tolosa et d'en rapporter les chaînes qui entouraient la tente de l'émir et l'émeraude qui ornait son turban. Ce sont, aujourd'hui encore, les armes de Navarre.

Pendant qu'il guerroie en Andalousie, les Castillans lui prennent la Biscaye, l'Álava et le Guipúzcoa ! Selon les chroniqueurs, c'est simple : le roi de Navarre avait porté atteinte aux *fueros,* et les habitants ont fait appel aux Castillans pour les restaurer.

Au XIIIe s, la situation est presque figée. Le Labourd est sujet des rois d'Angleterre qui, par le jeu des mariages, sont très liés avec la Navarre. La Navarre et la Basse-Navarre dépendent de Pampelune. Les provinces dites *vascongadas* (Álava, Biscaye, Guipúzcoa) sont sous la coupe castillane.

À la mort de Sanche le Fort (en 1234), la Navarre passe à l'un de ses neveux, Thibaut, comte de Champagne. ***Les « rois français » vont essayer d'administrer la Navarre au mieux de leurs intérêts.*** Finies les conquêtes et les croisades. Entourés de seigneurs français, les *francos,* les comtes de Champagne construisent des châteaux, des routes, fortifient les villes, laissent prospérer la communauté juive. Ils n'hésitent pas non plus à s'entourer d'architectes et de forgerons musulmans. ***La Navarre est un petit royaume, mais un royaume prospère.***

À la mort d'Henri le Gros, sa fille Jeanne devient reine. Or elle avait épousé ***Philippe le Bel, roi de France, qui devint donc le 1er « roi de France et de Navarre »,*** ce que seront aussi ses descendants. Mais, patatras, en 1511, ***les troupes castillanes entrent dans Pampelune.***

2 royaumes

Charles Quint ne se souciait pas de quelques villages au-delà des monts. Il laisse donc les rois de Béarn administrer ce qui est devenu la Basse-Navarre. Quelques années plus tard, Henri IV deviendra roi de France et de Navarre. ***La frontière est en place et il nous faut penser à 2 histoires plutôt qu'à une.***

Si la France est déchirée par les guerres de Religion, côté sud, tout le monde est tourné vers l'Amérique. Les grands seigneurs basques favorables à la Castille participent au mouvement. Ils emmènent avec eux des hommes fidèles et batailleurs qui feront merveille. Certains se rebellent, comme Aguirre ; d'autres fondent des

HENRI IV, SÉDUCTEUR ?

L'histoire colporte des rumeurs souvent fausses. Ainsi, Henri IV fut plutôt détesté de son vivant puis aimé après sa mort violente (comme toutes les stars !). En revanche, son surnom de Vert Galant, parce qu'il aimait les femmes, est loin d'être usurpé. La preuve : il eut 6 enfants officiels... et 10 illégitimes (avec 6 maîtresses différentes). Hardi, petit !

villes, comme Zabala, fondateur de Montevideo. Les marins basques participent au mouvement : Elkano ramène à Cadix les débris de la flotte de Magellan. Et, après avoir été blessé au siège de Pampelune, Ignace de Loyola fonde la Compagnie de Jésus (c'est-à-dire les jésuites), qui va être l'un des fers de lance de la conquête missionnaire.

Les rapports entre les 2 côtés de la frontière ne sont plus uniquement commerçants, et ***les différends s'accumulent entre Madrid et Paris,*** tournant parfois à l'affrontement. En conséquence, ***les villes se fortifient,*** qu'il s'agisse de Hondarribia, Bayonne ou Saint-Jean-Pied-de-Port, et les corsaires s'en mêlent.

Louis XIV mettra fin à tout ça en épousant l'infante Marie-Thérèse d'Espagne à Saint-Jean-de-Luz. Par la suite, son petit-fils pourra monter sur le trône d'Espagne sous le nom de Philippe V. Il y a des Bourbons à Paris et à Madrid, le jeu se calme, les relations reprennent naturellement, et les Basques retrouvent le chemin de l'autre capitale. Les idées des encyclopédistes commencent à se répandre dans le Sud.

Révolution et guerres carlistes

La Révolution française engendre un séisme au Pays basque avec la nuit du 4 août. ***L'abolition des privilèges signifie l'abolition des fueros.*** Les députés de Navarre s'y opposant, la Constituante décide que « la Navarre est confondue avec la France » et que le roi de France et de Navarre devient « roi des Français ». Malgré l'opposition des Garat, députés du Labourd, ***le département des Basses-Pyrénées englobe Pays basque et Béarn.***

Obsédé par la péninsule Ibérique, ***Napoléon Ier*** convoque à Bayonne le roi Charles IV et son fils Ferdinand VII et obtient l'abdication des Bourbons. Il commence par annexer une partie du Guipúzcoa à la France. Après quoi, il met sur le trône son frère Joseph, que toute l'Espagne surnomme *Pepe Botella* (Jojo la Bouteille). Aussi sec, l'Espagne se soulève. Wellington, à la tête des armées anglo-espagnoles, va de victoire en victoire et raccompagne les armées françaises vers la frontière. Au Pays basque, les victoires (ou défaites, ça dépend du côté où l'on se place) de Vitoria et d'Irun puis le siège de Bayonne laissent des traces. Entre-temps, l'Espagne s'est dotée d'une Constitution plutôt libérale, la Constitution de Cadix, mais Ferdinand VII, de retour sur son trône, refuse d'y adhérer. Les libéraux se révoltent, en vain, mais en Amérique sous l'impulsion de Bolívar, ***les colonies accèdent à l'indépendance : le pouvoir royal s'effrite.*** Le Pays basque reste un peu en dehors de tous ces troubles.

LE ROI ILLÉGITIME

Napoléon Ier nomma son frère Joseph roi d'Espagne en 1808. Il commença son règne en taxant l'alcool et fut aussitôt surnommé « Pepe Botella ». À son crédit, il abolit la terrible Inquisition. Il s'enfuit en 1813, en emportant les joyaux de la couronne espagnole, et vécut comme un nabab... en Amérique.

Ferdinand avait une fille, Isabelle, et un frère, Carlos. Selon la loi salique en vigueur chez les Bourbons, Carlos aurait dû devenir roi à la mort de son frère. Mais Ferdinand abolit la loi et, à sa mort, Isabelle, âgée de 3 ans, accède au trône. ***Les guerres carlistes peuvent commencer.*** S'appuyant sur les libéraux (et ils sont nombreux dans les villes basques), ***la reine rétablit la Constitution : en 1833, les fueros sont officiellement abolis.***

Aussitôt, la Navarre se soulève, entraînant avec elle les traditionalistes du Guipúzcoa et de Biscaye. ***Un jeune colonel, Zumalacárregui, prend la tête des requetes*** (les combattants carlistes). C'est une armée de va-nu-pieds. Comme ils n'ont pas d'uniformes corrects, on teint en rouge des bérets et des ceintures pour qu'ils se reconnaissent (c'est l'origine du costume de fête navarrais, qui s'est étendu à tout le Pays basque). Malgré leur faiblesse, mais avec l'aide des Basques du Nord qui les approvisionnent et servent de sanctuaire, les carlistes vont infliger une série de défaites aux troupes royales. Ils mettent le siège devant Bilbao, où Zumalacárregui est tué. C'est le début de la déroute. Le ministre Mendizabal (basque et libéral) en profite pour abolir les ordres religieux et confisquer les biens des monastères. ***En 1839, l'accord de Bergara met fin à la guerre.*** Elle aura montré une profonde fracture dans la société basque du Sud. La Biscaye libérale, industrielle et marchande, s'est opposée à la Navarre rurale et traditionaliste. Franco saura s'en souvenir. En 1937, ce sont les *requetes* navarrais qui seront en 1re ligne à Bilbao. Une 2e guerre (1846-1849) n'aura pas plus de succès. Les soubresauts du règne d'Isabelle n'empêchent pas ***la bonne société d'envahir en été les nouvelles stations de la Côte basque.*** Il faut dire que Napoléon III et son Espagnole d'Eugénie s'installent chaque été à Biarritz. Qu'il fait bon danser et faire des affaires de part et d'autre de la frontière !

Naissance du nationalisme

L'abdication d'Isabelle entraîne une 3e guerre carliste et la proclamation de la République espagnole en 1873. En fait, les fractures sociales ne font que s'aggraver entre libéraux et traditionalistes, et les positions sont devenues de plus en plus extrémistes. Dans ce contexte, les idées de 1848 progressent. Comment faire coexister liberté individuelle et justice sociale, tradition et modernisme ? Le nationalisme pouvait apparaître comme une solution, et c'est dans cet esprit que ***Sabino Arana fonde en 1894 le Parti nationaliste basque.***
En Pays basque du Nord, ***la création du département des Basses-Pyrénées, après la Révolution,*** et la publication de tous les textes officiels en français ont provoqué un mouvement de rejet. Les querelles traditionnelles s'estompent, et les Basques commencent à parler d'une seule voix. Les maires obtiennent que nombre de lois et de décrets soient publiés en euskara pour être compris de leurs administrés. Et surtout, les Basques, jusqu'alors séparés administrativement et judiciairement, sont contraints de vivre ensemble. Le substrat est complet pour l'émergence d'un vrai nationalisme.
Dès le berceau, ***le nationalisme basque se voulait donc résolument libéral et progressiste.*** Dans le même temps, notamment en Pays basque du Sud, la révolution industrielle, en facilitant la création d'une industrie lourde en Biscaye et Guipúzcoa, avait permis l'émergence d'un ***prolétariat ouvrier.*** Cette dimension est d'autant plus importante que se succédaient au sud des régimes autoritaires. Autre dimension spécifiquement notable : l'émigration vidait le territoire de ses meilleurs éléments. En simplifiant, on peut affirmer que ***le prolétaire basque ne se révolte pas : il émigre.***
À l'aube du XXe s, le mouvement nationaliste semblait la seule réponse aux nombreuses fractures qui divisaient la société basque. Avec cette constante : autant qu'une terre d'émigration, le Pays basque est une région d'immigration. Simplement, les *francos* du XIIIe s sont remplacés par des Andalous ou des Galiciens venus bénéficier du dynamisme économique. ***En fait d'unité, il ne restait aux Basques que leur langue, c'est-à-dire leur pays.*** Le nationalisme basque pouvait émerger.

D'une guerre à l'autre

La guerre est la composante essentielle du XXe s en Pays basque. La Première Guerre mondiale saigne le Nord. Les troubles des années 1930 sont à peu près les mêmes au nord et au sud, et ***à l'émergence du Front populaire en France répond la constitution du* Frente popular *en Espagne.*** En Pays basque du Sud, le mouvement nationaliste adhère à la République. Les élections de février 1936 sont un succès pour le *Frente popular.*
L'assassinat du leader monarchiste Calvo Sotelo, en juillet 1936, donne le signal de l'insurrection de l'armée. ***Le général Franco débarque en Espagne avec ses troupes marocaines.*** Le pays se scinde en 2 : aux légalistes républicains répondent les nationalistes rebelles. ***La Navarre tombe immédiatement dans le***

giron franquiste grâce à l'action et au poids économique de l'*Opus Dei,* société de laïcs fondée en 1928 par Mgr Escrivá de Balaguer pour appuyer l'action de l'Église dans ce qu'elle a de plus réactionnaire.
Les *requetes,* carlistes et navarrais, se reforment, et Franco les lance à l'assaut du Guipúzcoa. Dès septembre 1936, Irun est aux mains des phalangistes (militants d'extrême droite). La République donne alors aux Basques un 1er gage de soutien. ***L'autonomie du Pays basque est proclamée, et José Antonio Aguirre devient le 1er* lehendakari *(président) de l'histoire.***
Mais Franco sait ce qu'il veut : d'abord écraser le Pays basque. Là sont les usines et les aciéries, les banques et les ressources. Aussi, après avoir coupé la frontière, Franco tourne ses forces vers la Biscaye. Les bataillons de *gudaris* du gouvernement autonome sont peu nombreux. Ils sont appuyés par des forces anarchistes, mais sans commandement unique, et les dissensions sont nombreuses. Malgré tout, ***le Pays basque industriel apparaît comme une forteresse ouvrière et républicaine.*** Il faut frapper fort.
En mars 1937, les avions de la légion Condor bombardent la ville de Durango. C'est une toute nouvelle tactique que Goering a mise au point : bombarder les populations civiles pour les démoraliser. Un mois plus tard, c'est ***Gernika,*** ville symbolique où les citoyens basques se réunissaient depuis des siècles pour jurer les *fueros.* La répercussion internationale est énorme. Pas assez pour éviter que d'autres villes, comme Eibar, ne soient la cible des avions allemands. 2 mois plus tard, les *requetes* navarrais entrent dans Bilbao, ***le gouvernement basque s'exile à Bayonne.***
En mars 1939, Barcelone tombe, suivie de près par Madrid. ***La dictature s'installe.*** L'Espagne est saignée à blanc (1 million de morts), son élite intellectuelle dispersée aux quatre coins du monde, les républicains fuient en masse. Parmi eux, ***les* gudaris, *qui retrouvent en France leurs ennemis allemands et s'engagent dans la Résistance.*** Dans le cadre du corps franc Pommiès, qui opère en Aquitaine, ils forment un bataillon au nom hautement symbolique : Gernika. Leur rôle sera déterminant dans la région du Bordelais. Suivent 15 années lourdes. Au sud, le franquisme a installé une chape de plomb sur le pays. Au nord, les problèmes nationaux (reconstruction, guerres coloniales) accaparent l'attention. Mais ***en 1959 se créent simultanément 2 mouvements activistes opposés à la dictature de Franco : Enbata au nord, ETA (Euskadi Ta Askatasuna, « le Pays basque et sa liberté ») au sud.***

De la dictature à l'autonomie

Sous Franco, les jeunes gens qui se lancent dans la lutte active s'opposent aux caciques du PNV (Parti nationaliste basque), plus axés sur un combat politique et ennemis de la violence. ***Pour l'ETA, la violence séparatiste doit répondre à la violence franquiste.*** N'oublions pas qu'il est interdit de parler basque et d'arborer les couleurs basques. Posséder un *ikurriña* (drapeau basque) est passible de prison !
Les 1res actions sont dirigées contre la police et la *guardia civil,* symboles honnis du franquisme. ***Les Basques du Sud s'appuient sur leurs frères du Nord,*** où le mouvement Enbata leur fournit hébergement et soutien logistique. La prise de conscience d'une identité basque est alors générale, même si la majorité de la population ne se reconnaît pas dans l'action terroriste. On voit apparaître une presse basque structurée, des écoles en basque et une renaissance des études basques.
En 1969, la désignation de Juan Carlos, petit-fils d'Alphonse XIII, comme successeur de Franco ne change rien, même en Navarre, où les carlistes suivent le duc d'Anjou, seul prétendant au trône selon eux. En 1970, le procès de Burgos, dans lequel 6 militants de l'ETA sont condamnés à mort pour l'assassinat d'un commissaire de police, cristallise l'attention du monde : l'ETA se sent soutenu.

Le point culminant sera quand même l'opération Ogre : ***le 20 décembre 1973, l'ETA exécute, en plein Madrid, l'amiral Carrero Blanco, bras droit de Franco.*** Naturellement, la répression est terrible.

La mort de Franco en 1975 provoque les 1res surprises. En octobre, pendant l'agonie du Caudillo, ***Juan Carlos*** assure l'intérim, et l'une de ses 1res mesures est de légaliser l'usage du basque, du catalan et du galicien, qui deviennent « langues nationales » au même titre que le castillan. Puis il prête serment, nomme un homme nouveau, Adolfo Suárez, chef du gouvernement, et prépare une nouvelle Constitution, libérale, qui prévoit l'***autonomie du Pays basque*** et de la Catalogne.

BONNE PIOCHE !

Pour sa succession, Franco se méfiait de Juan de Bourbon, le roi en titre, à cause de ses idées démocratiques. Il préféra donc son fils, Juan Carlos, et son éducation fut assurée par des professeurs bien franquistes. L'élève cacha son jeu, et Juan Carlos succéda donc au dictateur à sa mort. En instaurant la démocratie, le jeune roi tourna définitivement la page noire du franquisme.

Tout cela est fort bien, mais les activistes veulent l'indépendance et rien d'autre. Les « jusqu'au-boutistes » du Sud sont désormais appuyés au nord par le mouvement *Iparretarak* (« ceux du Nord »), qui signe attentats et graffitis du sigle *IK*.

En 1979, les 3 provinces d'Álava, de Biscaye et de Guipúzcoa forment la Communauté autonome d'Euskadi. La Navarre a refusé de se joindre au mouvement. Les ressentiments historiques ont la vie dure. Afin de ne pas rester isolée, la branche politico-militaire de l'ETA se transforme en parti politique sous le nom de HB (*Herri Batasuna,* le « peuple uni ») et participera désormais aux élections, mais pas au gouvernement. C'est un moyen pour l'ETA d'évaluer son poids politique. En 1980, le nouveau Parlement basque est installé à Vitoria, et ***le leader du PNV, Goikoetxea, devient* lehendakari,** 44 ans après Aguirre.

De trêves en attentats

L'élection de Felipe González en 1982 secoue l'Espagne : les socialistes sont au pouvoir. Au Pays basque, ***c'est le début des années noires du GAL*** (Groupes armés de libération) : Madrid et Paris s'entendent pour éradiquer le terrorisme, et ***des milices formées de policiers espagnols opèrent en territoire français où ils viennent assassiner des réfugiés politiques.*** L'opinion basque s'émeut des 2 côtés de la frontière.

La question des fueros reste d'actualité. Les 3 provinces sont dirigées par des parlements régionaux qui désignent les membres de la *diputación foral.* Le mot est toujours là, et le conflit éclate en 1984 : quelles sont les prérogatives du gouvernement de Vitoria et celles des gouvernements provinciaux ? Certains pensent qu'on n'a pas secoué la tutelle de Madrid pour tomber sous celle de Vitoria et que les *fueros* doivent être remis en vigueur. Goikoetxea, plutôt centralisateur, doit démissionner. Ardanza, plus conciliant, le remplace. En 1986, des élections anticipées installent à Vitoria un gouvernement de coalition PNV-PSOE (Parti socialiste ouvrier espagnol). Cette coalition restera au pouvoir jusqu'en 1998.

Dans l'intervalle, un processus de paix s'est mis en place. Les élections générales de 1996 ont amené la droite et ***José Maria Aznar au pouvoir à Madrid.*** Le nouveau gouvernement entame des poursuites contre d'anciens membres du GAL. Mais en dépit des succès électoraux de sa branche politique, ***l'organisation terroriste est de plus en plus isolée.*** La société basque manifeste fortement son désir d'un traitement politique de son identité.

En septembre 1998, la ***déclaration de Lizarra*** (nom basque de la petite ville d'Estella en Navarre – tous les symboles sont au rendez-vous) marque un tournant.

Tous les acteurs de la vie politique basque sont représentés, du PNV au pouvoir à l'ETA, en passant par l'EH (*Euskal Herritarok* qui a remplacé HB) et même Abertzalen Batasuna qui représente les Basques d'Iparralde. L'ETA s'engage à cesser tout attentat et sa branche politique EH accepte de siéger au Parlement basque et même de participer au gouvernement. En 1999, c'est une coalition PNV-EH entièrement basque qui gouverne. La presse espagnole, toutes tendances confondues, se déchaîne : les terroristes gouvernent au Pays basque ! Les adversaires de la coalition n'oublient qu'une chose : c'est qu'elle est élue et majoritaire ! Au Parlement de Vitoria, EH, émanation politique de l'ETA, a plus de députés que le *Partido popular* ou le Parti socialiste. Le processus de paix qui se met en place nécessite pourtant la participation du gouvernement espagnol, et même celle du gouvernement français. En effet, ***il existe une contrepartie à la trêve : le transfert des prisonniers basques dans des prisons proches du Pays basque et la normalisation des conditions de détention.*** Pour les autonomistes, cette revendication est essentielle car, détenus aux Canaries ou en Picardie, les prisonniers sont coupés de leurs familles. En outre, on fait remarquer que les remises de peine accordées aux prisonniers de droit commun sont constamment refusées aux Basques.

Or, sur ce point, la coalition n'a aucun pouvoir. Certes, l'Euskadi est autonome en matière culturelle et financière. La communauté dispose de ses écoles, de ses médias, et même de sa police (aux pouvoirs assez limités et doublée par la *guardia civil*). Mais Madrid n'entend pas perdre ses prérogatives en matière de justice. Au contraire, ***la coopération entre Français et Espagnols s'intensifie, et les arrestations se multiplient.*** En pleine trêve, lorsque le ministre espagnol de l'Intérieur fait emprisonner l'état-major de EH, une nouvelle direction se met en place : plus jeune, plus agressive, dont le leader charismatique est Arnaldo Otegi. En novembre 1999, à l'ouverture du procès de 22 autonomistes à Paris, ***l'ETA annonce la fin de la trêve.*** Les 1ers attentats suivent, et la spirale répression-provocation aussi. C'est que les nouveaux dirigeants sont moins internationalistes, moins marxistes et plus « foralistes » : leur credo est l'indépendance et la mise en place de fortes libertés locales ; ils ne tiennent plus compte de la dimension historique et internationaliste du problème basque. ***Les « dirigeants historiques » de l'ETA sont menacés, voire assassinés, s'ils se prononcent pour la paix.*** L'opposition se cristallise entre « espagnolistes » et *abertzales*, et les positions se durcissent. Le PNV, avec ses idées modérées et sa position nationaliste, est la charnière du débat.

En mai 2001, des élections anticipées largement provoquées par Madrid, qui pensait que la reprise des attentats favoriserait une réaction électorale, donnent la majorité aux partis nationalistes, le PNV ratant de peu la majorité absolue. Retour à la case départ : les partis espagnolistes (PP et PSOE) ont tellement juré qu'ils ne gouverneraient jamais avec le PNV que ce dernier, quoique classé au centre droit, s'allie à la gauche d'Izquierda Unita (communistes et écolos). Rebelote aux élections de 2003. Le PNV gagne dans les 3 provinces, ne laissant que Donostia au PSOE. Les choses sont claires pour tout le monde, sauf pour le gouvernement espagnol qui refuse de comprendre que les Basques veulent être des partenaires et non des vassaux.

Une reprise du dialogue... sans lendemain

Ce résultat électoral ouvre la voie à une réforme plus consensuelle, que le 1er ministre José-Luis Rodriguez Zapatero semble prêt à mettre en œuvre. Car l'objectif du nouveau gouvernement socialiste, au pouvoir à partir de 2004, est, encore et toujours, la paix. Or, ***depuis 2002, l'ETA chancelle.*** Démantèlement logistique, faiblesse opérationnelle... pour preuve, l'arrestation en octobre 2004 de la moitié de ses membres dirigeants, dont le numéro un, Michel Albizu « Antza ». ***Début 2005, la situation est telle que l'ETA annonce sa volonté de régler le***

conflit basque par la voie politique. Zapatero se dit prêt à entamer le dialogue, à condition que l'organisation dépose les armes en guise de préalable... En septembre 2006, l'ETA revient sur son engagement de « cessez-le-feu permanent », annoncé 6 mois plus tôt. Et nous voilà revenus au point de départ. Les pourparlers menés par le gouvernement de Zapatero sont fortement décriés par le Parti populaire et les associations de victimes des attentats, qui dénoncent toute négociation avec une organisation terroriste responsable de quelque ***830 morts*** (et des milliers de blessés) depuis 1968, sans que celle-ci soit officiellement désarmée. Si, comme ses prédécesseurs lors des négociations ratées, Zapatero accepte de négocier le sort des prisonniers indépendantistes, il reste très évasif sur la question de l'autodétermination. L'attentat commis par l'ETA en janvier 2007 à l'aéroport de Madrid met à mal le processus de paix. C'est l'éternel retour en arrière, vers la reprise des armes.

Entre septembre 2007 et 2009, le ton continue de se durcir, avec l'arrestation côté sud de nombreux dirigeants de Batasuna, et côté nord de coups de filet qui touchent les principaux leaders d'ETA. Si bien qu'en mai 2009, bien qu'arrivé en tête des suffrages aux élections régionales, le PNV d'Ibarretxe doit céder le pouvoir à une coalition de partis non nationalistes. Allié aux élus de droite du PP, le socialiste Patxi López devient *lehendakari.*

L'ETA est presque décapitée mais ne dépose pas les armes, puisque 2 attentats à la voiture piégée auront encore lieu cette année-là. Et pour la 1re fois, en mars 2010, c'est un policier français qui est tué par des membres de l'ETA au cours d'une fusillade, près de Paris. En septembre 2010, signe avant-coureur, l'ETA accepte de reprendre le dialogue... mais sans déposer les armes.

L'espoir

L'année 2011 s'achève sous d'autres auspices : Ekin s'autodissout, et dès octobre, ***l'ETA renonce définitivement à la lutte armée, et s'engage dès novembre sur la voie du désarmement.*** Du coup, la gauche *abertzale* (indépendantiste) reprend le chemin des urnes. Déjà, en mai, lors des élections municipales, Bildu, une coalition de partis héritiers de Batasuna, s'était imposée comme 2e force politique d'Euskadi (plus de 25 % des suffrages). Pour les législatives nationales de novembre, c'est sous le nom d'*Amaiur,* une coalition de plusieurs partis indépendantistes historiques (dont Bildu), que la gauche radicale *abertzale* remporte 7 sièges au parlement espagnol. Son but : devenir « la 1re force politique de la région, devant le Parti nationaliste basque (PNV) », selon Karim Asry, correspondant d'*El País* en Euskadi.

Quoi qu'il en soit, l'abandon des armes par l'ETA, abandon qui semble cette fois-ci définitif, ouvre une nouvelle ère. Elle commence par de ***nouvelles élections régionales en Euskadi, en octobre 2012.*** Avec le retour dans le jeu électoral de la gauche *abertzale*, ***le score des nationalistes est écrasant.*** Le PSOE et le PP sont laminés. ***Iñigo Urkullu, leader du PNV,*** accède au poste de *lehendakari.* ***Mais Madrid et Paris ne relâchent pas la pression sur l'ETA,*** quitte à prendre le risque de torpiller – à nouveau – le processus de paix (comme avec l'affaire Aurore Martin). C'est en ***mars 2013*** que les lignes de la négociation bougent à nouveau, autour du sort des détenus basques : les médiateurs internationaux et l'association basque Lokarri incitent les prisonniers à accepter des négociations individuelles avec le gouvernement espagnol. Proposition finalement validée fin 2013 par le collectif des prisonniers etarras (EPPK).

En décembre 2016, 5 militants non violents et membres de la société civile favorisent le processus de paix en détruisant une partie de l'arsenal de l'ETA. Avril 2017, des « artisans de la paix » de l'ETA livrent la liste des emplacements de ses caches d'armes en France, en vue du désarmement complet de l'organisation. Enfin, ***le 25 avril 2018, l'ETA donne ses dernières armes, explosifs et munitions aux forces de l'ordre et annonce sa dissolution le 2 mai,*** confirmée à 93 % par le vote de ses membres. Une page d'Histoire vient de se tourner.

La question des prisonniers

Comment s'y retrouver dans la marée d'articles et d'émissions plus ou moins partisans, plus ou moins agressifs, plus ou moins justes qui assènent chiffres plus ou moins tordus et vérités plus ou moins viciées ? ***Vu de l'extérieur, le seul vrai problème est celui des prisonniers :*** il reste 219 emprisonnés en France et en Espagne. C'est la revendication globale et unanime, celle qui soude tous les Basques : il n'est pas de village qui n'ait au moins un habitant en prison, et donc un comité de soutien qui demande une libération, (certains sont incarcérés depuis plus de 30 ans) ou un transfert dans un établissement plus proche des familles (20 % des prisonniers, en Espagne, sont incarcérés à plus de 1 000 km de leur foyer).

Au nord, ***la revendication pour un département basque est superbement balayée par Paris.*** Revendication majoritaire qui s'exprime de façon pacifique par des manifestations. À chaque élection, les « départementalistes » améliorent leurs scores, au grand dam des grands partis politiques. Au nord comme au sud, le blocage est patent.

Les Basques ne sont pas rétrogrades. Ils ont toujours vécu avec des gouvernements lointains : Rome, Toulouse, Paris, Madrid autrefois, demain Bruxelles, qu'importe, dès lors que chez eux, dans leurs villages, dans leurs vallées, ils restent maîtres de leur vie. Pour beaucoup, c'est une revendication moderne. Pour les Basques, c'est la continuité logique de leur histoire.

Quelques dates

– ***Paléolithique :*** les 1res traces humaines connues dans la région datent d'environ 250 000 ans. Les grottes rupestres de la fin du Paléolithique supérieur (du Magdalénien, 16500-11000 av. J.-C.), Isturits, Santimañine, Altxerri et Ekain, montrent une occupation ancienne du Pays basque, surtout près de la côte.
– ***Néolithique :*** les traces de cette époque sont surtout visibles dans les régions karstiques de l'intérieur (dolmens de Navarre et d'Álava).
– ***202 av. J.-C. :*** occupation romaine en Espagne. César occupe l'Aquitaine en 56 av. J.-C. Construction de la voie romaine de Bordeaux à Astorga.
– ***484 apr. J.-C. :*** le royaume des Wisigoths s'étend sur toute l'Espagne. Début de la christianisation du Pays basque sous l'influence de divers évêques de Toulouse, capitale des Wisigoths, et notamment Saturnin.
– ***507 :*** apparition d'un royaume des Vascons, dont la capitale est Pampelune.
– ***778 :*** bataille de Roncevaux.
– ***Vers 900 :*** 1res traces du pèlerinage de Compostelle.
– ***1004 :*** Sanche le Grand devient roi de Navarre. Apogée de la puissance navarraise. Sanche est proclamé « roi de toutes les Espagnes ».
– ***1000-1200 :*** guerres de la Reconquête *(Reconquista).* Les Navarrais mènent une politique d'alliance compliquée avec l'Aragon, le León, la Castille et le Béarn.
– ***1152 :*** mariage d'Aliénor d'Aquitaine avec Henri II Plantagenêt. Bayonne et le Labourd passent sous la coupe anglaise.
– ***1191 :*** mariage de Bérengère de Navarre avec Richard Cœur de Lion.
– ***1212 :*** Sanche le Fort bat les musulmans à Las Navas de Tolosa après une alliance avec le roi de Castille.
– ***1234 :*** renversement des alliances, la Navarre se rapproche de la France.
– ***1468 :*** mariage de Ferdinand d'Aragon et d'Isabelle de Castille (dite Isabelle la Catholique). Réunion des 2 royaumes longtemps rivaux. La Navarre est isolée.
– ***1492 :*** chute du royaume de Grenade le 2 janvier. Découverte de l'Amérique par Christophe Colomb. Expulsion des juifs « pour protéger l'unité religieuse de l'Espagne ».
– ***1511 :*** la Navarre est absorbée par la Castille. La Basse-Navarre est conservée par le grand-père d'Henri IV.

– ***1516-1556 :*** règne de Charles Quint (Charles Ier pour les Espagnols), petit-fils d'Isabelle la Catholique. Domination d'un immense empire, de l'Europe à l'Amérique, « où jamais le soleil ne se couche ».

– ***1589 :*** Henri IV devient « roi de France et de Navarre ».

– ***1700 :*** avènement au trône d'Espagne de Philippe V, petit-fils de Louis XIV. Le roi actuel Felipe IV est l'un de ses descendants directs.

LA MALÉDICTION DES HABSBOURG

À cause de multiples mariages consanguins, la famille impériale qui régna longtemps sur l'Autriche et l'Espagne portait des signes de dégénérescence et présentait des malformations, qui empoisonnèrent le sang d'une bonne partie des familles régnantes européennes. Le prognathisme (menton en avant) de Charles Quint en est un bon exemple.

– ***1792 :*** départementalisation de la France et création du département des Basses-Pyrénées, accolant le Pays basque et le Béarn.

– ***1808 :*** Napoléon nomme roi d'Espagne son frère Joseph. Donostia est incorporée au département des Basses-Pyrénées. Début de la guerre d'Indépendance.

– ***1813 :*** victoire de l'armée anglo-portugaise de Wellington, jointe aux Espagnols. À Irun, les Français rentrent chez eux, la tête basse. Ferdinand VII retrouve le trône d'Espagne.

– ***1833 :*** mort de Ferdinand VII. Son frère Don Carlos réclame le trône en vertu de la loi salique. 1re guerre carliste. Le Pays basque est divisé.

– ***1853 :*** mariage de Napoléon III avec Eugénie de Montijo. Développement du tourisme balnéaire à Biarritz et Donostia.

– ***1872 :*** 3e guerre carliste, qui provoque la proclamation de la République en Espagne (1873).

– ***1894 :*** Sabino Arana fonde le *PNV (Partido nacionalista vasco)* et dessine l'*ikurriña,* le drapeau basque.

– ***1902-1931 :*** règne d'Alphonse XIII, marqué par un renouveau économique et un régime dictatorial (1923-1930) sous l'autorité de Primo de Rivera. Au sud comme au nord, la Côte basque est à la mode.

– ***1931 :*** aux élections municipales espagnoles, la gauche l'emporte dans les grandes villes et réclame la république. Abdication du roi.

– ***1935 :*** constitution du *Frente popular,* groupant syndicats et partis de gauche sur le modèle du Front populaire français.

– ***Février 1936 :*** les élections sont un succès pour le *Frente popular.* Après l'assassinat du chef de l'opposition monarchiste José Calvo Sotelo, l'armée du Maroc, dirigée par le général Franco, donne le signal du soulèvement. C'est le début de la guerre civile, qui durera 3 ans. L'Espagne devient un banc d'essai des grandes puissances, qui offrent une aide importante aux 2 parties.

– ***Octobre 1936 :*** 1er statut d'autonomie. Le PNV est au pouvoir à Bilbao. José Antonio Aguirre devient le 1er président basque de l'histoire.

– ***1937 :*** bombardements de Durango et Gernika. Malgré l'héroïsme des *gudaris* basques et des anarchistes de la colonne Durruti, les nationalistes, supérieurs en nombre, remportent

L'ESCADRILLE ESPAÑA

Lorsque André Malraux s'engagea dans la guerre d'Espagne, les forces antifranquistes n'avaient pas d'aviation. En quelques semaines, il récupéra 25 avions pour créer l'escadrille España, aidé par un inconnu, alors directeur de cabinet du ministère de l'Air du Front populaire français, Jean Moulin. Ne sachant pas piloter, Malraux savait cependant commander, et surtout convaincre. Il participa directement à 65 opérations aériennes.

victoire sur victoire. Les soldats navarrais de Franco s'emparent de Bilbao le 19 juin. Le gouvernement basque se réfugie à Bayonne.

– ***1939 :*** Barcelone, où le gouvernement républicain s'était replié, est prise par les nationalistes. Le 28 février, chute de Madrid, dernier bastion républicain.

– ***1959 :*** renouveau du nationalisme basque. Création d'Enbata au nord et de l'ETA (Euskadi Ta Askatasuna, « le Pays basque et sa liberté ») au sud.

– ***1969 :*** le général Franco désigne officiellement son successeur : le prince Juan Carlos, petit-fils d'Alphonse XIII.

– ***1970 :*** procès de Burgos. 6 militants de l'ETA, accusés du meurtre d'un commissaire de police, sont condamnés à mort. L'opinion publique s'émeut.

– ***1975 :*** mort de Franco, le 20 novembre. Le 22 novembre, Juan Carlos devient roi d'Espagne. Le basque, le catalan et le galicien sont reconnus comme langues nationales en Espagne.

– ***1978 :*** la nouvelle Constitution d'un État espagnol, « social et démocratique », entre en vigueur. Amnistie pour les prisonniers politiques.

– ***1979 :*** statut d'autonomie accordé au Pays basque, à la Catalogne et à la Galice. La Navarre refuse de se joindre aux 3 autres provinces basques qui forment la « Communauté autonome basque ».

– ***1980 :*** installation du 1er Parlement basque.

– ***1982 :*** Felipe González, socialiste, devient chef du gouvernement espagnol. Début des actions clandestines du GAL (Groupes armés de libération), création de la police espagnole qui assassine des réfugiés basques sur le territoire français.

– ***1986 :*** entrée de l'Espagne dans le Marché commun. Élections législatives : Felipe González conserve la majorité absolue. Le PNV gouverne l'Euskadi dans le cadre d'une coalition avec le PSOE.

– ***1996 :*** le nouveau chef du gouvernement, José Maria Aznar (Parti Populaire, droite), négocie le soutien des nationalistes et surtout des Catalans menés par Jordi Pujol.

– ***Septembre 1998 :*** les partis nationalistes basques signent la déclaration de Lizarra, inspirée du processus de paix nord-irlandais. Le nouveau *lehendakari*, J.-J. Ibarretxe, gouverne avec les extrémistes de HB (Herri Batasuna) et EH (Euskal Herritarok) afin de renforcer le processus de paix.

– ***2000 :*** les assassinats se multiplient. La répression durcit. Les élections nationales en Espagne voient un triomphe sans précédent de la droite (Partido Popular).

– ***Mai 2001 :*** les élections anticipées consacrent à la fois le refus de la violence (Batasuna, vitrine politique de l'ETA, perd 10 % des voix) et le poids du nationalisme, puisque les 2 courants nationalistes (modéré avec le PNV et radical avec Batasuna) flirtent avec 60 % des suffrages exprimés. Retour à la case départ.

– ***Septembre 2002 :*** le *lehendakari* Ibarretxe demande à l'Europe un référendum d'autodétermination pour que le Pays basque devienne « nation associée à l'Espagne ». Madrid hurle.

– ***Décembre 2004 :*** le Parlement basque vote le principe d'un référendum au Pays basque pour approuver la proposition Ibarretxe. À Madrid, Zapatero, leader du PS, et Rajoy, du PP, publient un communiqué commun pour refuser la consultation. Les clivages politiques volent en éclats, l'ETA annonce une trêve. Ibarretxe a piégé tout le monde et se pose en leader incontesté.

– ***2005 :*** en ***janvier,*** l'ETA fait une proposition de dialogue au gouvernement Zapatero. En ***avril,*** suite aux élections régionales, le « plan Ibarretxe » est abandonné. En ***mai,*** le Parlement espagnol autorise Zapatero à mener les discussions de paix avec l'ETA à condition que le mouvement dépose les armes.

– ***2006 :*** en ***mars,*** l'ETA prononce un « cessez-le-feu permanent », mais annonce dès septembre qu'elle continuera de « lutter avec fermeté, les armes à la main, jusqu'à l'obtention de l'indépendance et du socialisme dans la partie basque ». Résultat : en ***octobre,*** le débat basque est porté sur la scène internationale. Le pont Vizcaya (pont transbordeur à l'embouchure de l'Ibaizabal) est classé au Patrimoine mondial par l'Unesco.

– ***Mai 2009 :*** aux élections régionales, une coalition de partis non nationalistes (PP et PSOE) ravit le pouvoir au PNV d'Ibarretxe. Le socialiste Patxi López devient le nouveau *lehendakari.*
– ***20 octobre 2011 :*** l'ETA annonce la fin de sa lutte armée et affirme inscrire le désarmement à son agenda. La société civile basque exprime son exaspération de la violence lors des élections législatives : le Parti populaire espagnol et son candidat Mariano Rajoy les remportent haut la main. Dès la fin décembre, nouveau plan d'austérité national.
– ***Octobre 2012 :*** élections régionales en Euskadi. Les nationalistes (PNV et gauche *abertzale*) arrivent largement en tête.
– ***2013 :*** le 31 janvier, naissance de l'*eusko,* une monnaie locale et solidaire alternative, destinée à promouvoir les échanges locaux dans le Pays basque Nord.
– ***2014 :*** le roi Juan Carlos abdique en faveur de son fils, Felipe, couronné sous le nom de Felipe VI.
– ***2016 :*** Donostia – San Sebastián est Capitale culturelle européenne. À noter, depuis 5 ans, l'ETA respecte la trêve.
– ***2017 :*** désarmement de l'ETA. En octobre, Bilbao fête les 20 ans du Guggenheim. La déclaration d'indépendance par le Parlement catalan puis la mise sous tutelle de la région par Madrid ont secoué la Catalogne, mais aussi toute l'Espagne, divisant le peuple et étouffant dans l'œuf les espoirs d'autonomie de certains.

FELIPE VI, ROI DE CORSE ?

Lors de son couronnement en 2014, Felipe VI n'a pas seulement été sacré roi d'Espagne, il est aussi roi de Corse, duc et comte palatin de Bourgogne, comte du Roussillon, landgrave d'Alsace, comte du Haut-Rhin... Au total, plus d'une centaine de titres farfelus qu'il hérite de ses origines bourboniennes et habsbourgeoises. C'est au nom de la tradition et grâce à ses ancêtres Louis XIV et Charles Quint que Felipe hérite de ces prérogatives obsolètes.

– ***2018 :*** dissolution de l'ETA le 2 mai.
– ***2019 :*** Biarritz accueille le sommet du G7 fin août. Les chefs d'État logent à l'*Hôtel du Palais* et un grand dîner est improvisé dans le phare. Toute la ville est bouclée, la région prise d'assaut par journalistes et délégations.
– ***2020 :*** *Patria,* une série télévisée tirée du best-seller du même nom de Fernando Aramburu, revient sur l'histoire de l'ETA. Et le film *Les Sorcières d'Akelarre* (sortie prévue en 2021, tourné en partie sur la côte biscaïenne, mais aussi à Lesaka, Sare et Saint-Jean), de l'Argentin Pablo Agüero, évoque l'irruption de la chasse aux sorcières inquisitoriale dans la société rurale basque au début du XVIIe s.

LANGUE RÉGIONALE

Pays sans réelle histoire écrite, peuple de culture essentiellement orale : ces 2 éléments se sont unis pour faire de la langue l'étendard de l'identité basque. Ce n'est pas un fait récent : les Basques ont toujours affirmé qu'être basque c'était d'abord parler basque. Ils sont environ 700 000 à parler le basque et environ 20 000 à avoir l'euskara (le basque, donc) comme langue unique.
Au nord, le combat pour la langue basque a réellement commencé en 1969, lorsque Claire Noblia a fondé la 1re *ikastola* à Arcangues. L'*ikastola,* c'est l'école basque où les enfants suivent le même programme que tous les petits Français, mais en basque. En presque 40 ans, le mouvement est passé d'une quasi-clandestinité à la reconnaissance officielle, et chaque ville, chaque village possède son *ikastola.* C'est le mouvement scolaire qui a permis la renaissance de la culture basque en officialisant l'apprentissage de la langue : les *ikastolak* ont été reconnues en 1994 comme écoles privées sous contrat par le gouvernement français, qui participe désormais à leur financement. *Herri Urrats,* la fête des *ikastolak* en mai

à Saint-Pée-sur-Nivelle, est devenue une grand-messe qui regroupe près de 50 000 personnes, et les meilleurs groupes musicaux de la région s'y produisent gratuitement pour collecter les fonds nécessaires à la poursuite du mouvement. Les bénéfices de 2016 ont aussi permis de financer en partie un lycée immersif en langue basque de Bayonne (lycée Bernat-Etxepare), qui a accueilli ses 1ers élèves à la rentrée 2017. Au sud, 99 % des enfants sont scolarisés dans des écoles basques, contre un peu moins de 20 % en France. Et si, au nord, il existe de nombreuses radios locales et un journal hebdomadaire pour relayer l'école, au sud, ils en sont à la TV ! Mais de l'autre côté de la montagne, les passions sont beaucoup plus exacerbées. Nombreux sont les Basques farouchement attachés à leur identité culturelle et résolus à se battre pour elle.

La plupart des panneaux indicateurs sont bilingues français-basque, mais quelques irréductibles s'efforcent de taguer les noms français, et il arrive souvent qu'à certains carrefours l'hésitation soit de mise (c'est la même histoire côté espagnol). Difficile de deviner qu'Iruña n'est pas Irun mais Pampelune. De même, la tendance à annoncer les fêtes par des affiches exclusivement écrites en basque peut faire manquer quelques grands moments de réjouissance : qui peut savoir que *Lekorne herriko pestak* annonce les fêtes annuelles du village de Mendionde (Lekorne) ? Les quelques notions évoquées plus haut (voir « Quelques mots de basque » dans le chapitre « Bon à savoir avant le départ. La langue basque ») vous permettront de comprendre les tags qui balafrent de nombreuses façades.

Mais, au fait, qu'est donc cette langue basque ? C'est que le basque ne se rattache à aucune langue connue. La langue basque, telle qu'elle est parlée aujourd'hui, est unifiée depuis une bonne trentaine d'années et vient de plusieurs dialectes de même souche parlés d'un côté ou de l'autre de la frontière. Aucun linguiste n'a su percer le mystère qui entoure l'origine de cette langue. ***Elle est vraisemblablement l'une des plus vieilles langues vivantes européennes,*** précédant même l'installation sur le vieux continent des langues celtes et indo-européennes, avec lesquelles elle n'a aucune racine commune. Selon le spécialiste Michel Morvan, le basque a des parentés proches et des parentés lointaines. Parmi les parentés proches, on trouve le paléo-sarde de la région de la Barbagia en Sardaigne et le paléo-corse. Les parentés lointaines rapprocheraient le basque des familles de langues caucasiennes et dravidiennes.

Parmi les hypothèses avancées, on parle d'un rapprochement possible entre Caucasiens et Indo-Européens lors des migrations vers l'Europe. Ainsi, la particule *ra* indique le lieu d'où l'on vient et la particule *ko* le lieu où l'on est. *Ezpelatara* est celui qui est originaire d'Espelette, alors que *Ezpeletako* est celui qui vit à Espelette. Cela évite l'emploi des prépositions : de sorte que *ren* marquant le génitif, on peut avoir *Peyoren zaldi* (le cheval de Peyo) comme *mendiko zaldi* (le cheval de la montagne), la particule marquant dans un cas l'appartenance, dans l'autre la localisation. La particule *rat* indique le déplacement vers quelque chose, comme dans l'expression *herrirat,* « vers le pays ». Le tag *Euskal presoak, euska herrirat* signifie donc « les prisonniers basques vers le Pays basque » puisque la marque du pluriel est la lettre *k* : *lorea,* « la fleur », fait *loreak,* « les fleurs », comme *presoa,* « le prisonnier », fait *presoak,* « les prisonniers ». Quant à la particule *dik,* elle indique un déplacement vers l'extérieur.

Cela donne une grande malléabilité à la langue, puisque la valeur grammaticale du mot est donnée par la particule et non par la place dans la phrase. De ce fait, on énonce d'abord ce qui a de l'importance et, comme dans toutes les langues agglutinantes, on peut ajouter autant de particules que nécessaire.

Il n'existe pas de genre pour les noms : le genre est donné par le verbe, qui se conjugue différemment selon que le sujet est masculin ou féminin. De nombreux Basques, surtout âgés, mêlent grammaire française et syntaxe basque, ce qui ne facilite pas la compréhension. Mais avec un peu d'habitude, on finit par s'en sortir. Enfin, le basque n'hésite pas à emprunter et à « basquiser » le vocabulaire. Il suffit de prendre un mot et d'ajouter le suffixe *a* qui joue le rôle d'article, et la bicyclette

devient *bizikleta.* Un exemple entre mille mais qui montre une certaine malice : *truka,* c'est « le change », au sens bancaire du terme. Les frontaliers savent de longue date que changer de l'argent, c'est un peu truquer ! Et, mieux encore, pour les Basques d'Amérique, *truka* désigne « le camion » (*truck* en anglais) !
Vous trouverez plus haut (voir le chapitre « Bon à savoir avant le départ. La langue basque ») un vocabulaire usuel castillan qui vous aidera à vous faire comprendre dans le Sud. Nous avons beaucoup hésité à vous donner le même en euskara. Mais si l'on peut mal prononcer le castillan, il n'en va pas de même du basque. Le poids symbolique de la langue est tel que les Basques n'aiment pas qu'on la défigure. Les combats pour sa préservation, dans le Nord comme dans le Sud, ont laissé des traces. L'euskara est un lien, pas seulement un moyen de communication. Nous ne vous donnons donc que quelques mots de politesse et d'usage.

MÉDIAS

Au Nord, 4 journaux peuvent vous intéresser. *Sud-Ouest* est le grand quotidien régional d'informations. *La Semaine du Pays basque* est, comme son nom l'indique, un hebdomadaire. Le touriste y trouvera de bonnes pages culturelles et sportives, avec calendriers des manifestations. *Enbata* est le journal des indépendantistes du Nord (bilingue). On y trouve des informations souvent pointues en matière culturelle.
Au Sud, hormis la ***presse*** espagnole – surtout la presse du cœur et les revues people –, qui est omniprésente, la libéralisation a vu la floraison d'une multitude de journaux en euskara, souvent très politisés.
Au Sud toujours, il existe de nombreuses versions régionales de la presse nationale : *El País (• elpais.com •)* et *El Mundo (• elmundo.es •)* ont des pages régionales assez complètes en espagnol. *El Diario Vasco (• diariovasco.com •)* et *El Diario de Navarra (• diariodenavarra.es •)* sont uniquement locaux mais très bien faits et complets. Ce sont d'excellentes sources d'information, notamment pour les fêtes. *Berria* (modéré, *• berria.eus •*) est uniquement écrit en basque, ce qui limite son intérêt. *Deia* (tendance PNV, *• deia.eus •*) est bilingue. Ses pages culturelles peuvent vous fournir de nombreux renseignements. Enfin, *Gara* (indépendantiste et bilingue) a remplacé *Egin,* interdit.
Francophone, *Pays basque Magazine,* issu de *Pyrénées Magazine (• pyreneesmagazine.com •),* est un « irrégulomadaire » luxueusement illustré : en général, les articles traitant de randonnée ou de nature sont bien faits. En tout cas, la situation politique y est soigneusement évitée.
Les ***radios*** locales sont exclusivement bascophones. Il y en a pratiquement une par vallée. On peut souvent y accrocher de bons programmes musicaux. La meilleure programmation musicale qu'on ait trouvée (sans blabla) est celle de la radio *EiTB Musika*.
Il existe une ***TV*** basque avec 2 chaînes : *ETB 1* en basque, *ETB 2* en espagnol. On y trouve, comme en Espagne, beaucoup de sport (et surtout beaucoup de pelote, ce qui vaut la peine, car les réalisateurs d'*ETB* sont de vrais spécialistes), des variétés et des feuilletons, mais presque autant de débats, de talk-shows, de discussions sur des thèmes politiques ou sociaux (les Basques adorent ça !).

MUSIQUE, DANSES ET CHANSONS

Les Basques possèdent un très grand sens de la musique et adorent chanter. Cependant, paradoxalement, vous aurez peu l'occasion de les entendre. C'est avant tout lors des fêtes locales et de villages que ça se passe. Avec un peu de chance, vous tomberez sur une soirée ou un spectacle musical et de danse organisé pour l'occasion.
Un moyen d'entendre les Basques chanter est d'assister tout simplement à une messe en basque : il y en a partout et notamment dans les grands sanctuaires que

sont Arantzazu ou Estibaliz, mais aussi dans pratiquement tous les villages de l'intérieur. Ne pas rater les grandes fêtes religieuses, comme la célébration de la Fête-Dieu *(Phesta-Berri)* à Hélette et en Arberoue fin mai, début juin. On y chante à gorge déployée, ça vaut tous les sermons du monde !

Les instruments traditionnels

Il y a d'abord le tambourin, ce que les romantiques appelaient à tort le « tambour de Basque », qui est commun à toute l'Espagne. Il y a aussi le *txistu,* sorte de flûtiau aigrelet que le joueur accompagne au tambour (une main sur la flûte, l'autre tient une baguette, coordination pas évidente). Ce tambour à cordes s'appelle le *txun-txun.* Il y a enfin la *gaïta,* petit hautbois à double anche dont le son évoque à s'y méprendre une cornemuse ou une flûte arabe (d'ailleurs, c'est vraisemblablement un instrument d'origine arabe). C'est tout ? Presque. On a failli oublier l'*alboka,* flûte taillée dans une corne de bélier, très rarement jouée et dont le son, dit-on, peut rendre fou, ainsi que la *txalaparta,* poutre posée en équilibre sur 2 supports, peut-être l'instrument de percussion le plus ancien du monde. Mais l'instrument favori des Basques, c'est la voix !

Le chant choral

Plus qu'une tradition, c'est une passion. Les chœurs d'hommes sont légion. La plus petite formation est un chœur de 8 hommes, l'*oxote,* mais il n'est pas rare de rencontrer des chœurs de 50 ou 80 bonshommes. Le chant basque est toujours une polyphonie. Il existe quelques chœurs mixtes, surtout pour l'interprétation de la musique religieuse.

La *jota*

En Navarre, la musique par excellence est la *jota.* Un couplet, parfois 2, chantés à 2 ou plusieurs voix (en polyphonie donc, et non en plain-chant). L'harmonie, surtout entre la 1re et la 2de voix, est primordiale. Les paroles traitent de la vie quotidienne, mais aussi d'événements politiques, de guerres, avec une pointe d'humour acide. Les thèmes musicaux sont souvent proches et récurrents, mais le public attend surtout une interprétation, une sensation. Les plus grandes manifestations sont le concours de Tafalla et le mémorial Raimundo Lara de Murillo el Fruto.

La musique moderne

Plusieurs tendances chez les jeunes chanteurs basques.
Les ***chanteurs à thème*** ont naturellement trouvé leur place dans une société hyper sensibilisée. Ce sont des mélodistes qui accordent une grande attention aux paroles. Leurs concerts attirent un énorme public, et leurs prises de position sont toujours très attendues et suivies. Leur audience dépasse le Pays basque : Beñat Achiary a fait les meilleures ventes d'Ocora, la maison de disques ethniques de Radio France. Commencez par écouter la compil' *Euskal Herriko Musika.* Les vedettes : Beñat Achiary, Benito Lertxundi, Erramun Martikorena, Imanol, Amaia Zubira, Mixel Laboa.
La langue basque se prête bien au ***rock.*** Les sonorités rêches collent au rythme et à la musique, et les groupes sont nombreux, avec un public fidèle depuis les années 1970 et des groupes comme Minxoriak, Akelarre, Itoiz ou le chanteur Anje Duhalde. La décennie suivante verra débarquer Su Ta Gar (du heavy metal mais chanté en basque) et, dans la mouvance punk, un groupe phare, Kortatu qui, dans les années 1990, donnera naissance à un autre groupe de légende du Pays basque, Negu Gorriak. Citons encore Skalariak qui comme son nom l'indique fait dans le ska basque.

La ***tendance folk*** existe sous toutes les formes possibles, depuis les adaptations électrifiées des classiques basques jusqu'à la simple utilisation de la langue sur des thèmes musicaux étrangers. Kepa Junkera est un accordéoniste exceptionnel qui joue de l'accordéon diatonique avec accompagnement de *txalaparta.* À ne manquer sous aucun prétexte. Nos préférés : Oskorri, Alaitz eta Maider, Sustraia, Kepa Junkera, Gozatequi, Haritzak.

Danses et traditions

Tout le monde connaît le fandango popularisé par Luis Mariano *(Fandango du Pays basque),* mais les danses basques sont innombrables et les costumes souvent exceptionnels. Surtout, elles sont encore largement pratiquées, et pas seulement par des groupes professionnels. Dans de nombreuses fêtes, on se retrouve pour danser, et peu importe que l'on soit novice ou spécialiste, il suffit de suivre le mouvement. Certaines danses, en revanche, requièrent entraînement et expérience.
Ainsi, dans les grandes occasions, vous pourrez voir danser l'*auresku* ou saut d'honneur. Hiératique, vêtu de blanc et rouge, armé de 2 poignards, un jeune danseur exécute quelques sauts et pas codés devant une personnalité à célébrer. En Soule, les danses sont un curieux mélange de pas traditionnels et de pas classiques (entrechats, jetés, battus, etc.) exécutés en costumes inspirés de l'épopée napoléonienne. C'est là que vous pourrez assister à la danse du verre *(godalet dantza),* où le danseur se pose délicatement sur un verre sans le briser. En Biscaye, on se rapproche des danses d'épousailles anciennes avec des figures compliquées entre filles et garçons. Certains dansent sur des coffres portés à dos d'homme, comme à Lekeitio. En Navarre, vous verrez la danse des épées, où les danseurs simulent un combat excessivement stylisé.
Un mot doit être dit d'un groupe qui ne constitue pas à proprement parler des danseurs : les *joaldunak,* que vous croiserez sûrement dans une fête ou une autre. Vêtus de pelisses en peau de mouton, les mollets lacés de bandes rouges, coiffés d'un curieux chapeau pointu, ils portent sur les fesses 2 grosses clarines et marchent en groupes en se déhanchant pour faire sonner leurs cloches au même rythme. Curiosité : on a vu presque les mêmes en Roumanie... a priori, y a du culte de l'ours là-dessous !

Les *bertsularis*

Il faut en dire 2 mots car les Basques aiment beaucoup, en parlent beaucoup, et vous verrez régulièrement des affiches annonçant des concours de *bertsus.* Il s'agit ***d'une poésie improvisée, chantée,*** sur un thème imposé. C'est très subtil, paraît-il. En fait, il s'agit d'une forme de « duel de chants » que l'on retrouve sur une partie de la façade atlantique (et même au Groenland), où les compétiteurs se répondent, se moquent les uns des autres. Pour un non-bascophone, c'est totalement hermétique.

PERSONNAGES

Marins et explorateurs

Les pêcheurs basques n'ont pas laissé de nom dans l'histoire.
Le 1er grand marin basque est ***Sebastián Elkano*** (1487-1526), né à Getaria, qui fut le 1er homme à boucler un tour du monde à la voile. Lieutenant de Magellan, il prit le commandement après la disparition de celui-ci et ramena les navires en Espagne.
Les autres Basques connus sont plutôt des corsaires, voire des pirates, comme ***Johannes de Suhergaraychipy,*** dit ***Coursic*** (mort en 1694), corsaire bayonnais

du XVIIe s, ou ***Pellot*** d'Hendaye, qui prit au XIXe s nombre de bateaux au roi d'Angleterre.

D'autres grands marins furent plus légalistes : ***Antonio de Okendo*** (1577-1640) était l'amiral qui commandait la *Grande Armada* envoyée par Philippe II pour conquérir l'Angleterre. L'affaire se conclut par un naufrage ébouriffant. ***Txurruka*** (1761-1805), de Mutriku, manqua remporter la victoire de Trafalgar. Atteint par un boulet, sa mort entraîna la débandade de la flotte franco-espagnole et la victoire anglaise. ***Jean-Bernard Jaureguiberry*** (1815-1887) participa à la conquête navale de l'Indochine et du Tonkin.

Aujourd'hui, des skippers plus pacifiques comme ***Didier Munduteguy*** (né en 1953) ou ***Pascal Bidegorry*** (né en 1968) maintiennent une certaine tradition maritime basque.

Il y eut beaucoup de Basques parmi les conquistadors, peu parmi les explorateurs. ***Aguirre*** (1515-1561), le héros flamboyant magistralement interprété au cinéma par Klaus Kinski, était basque, tout comme ***Zabala,*** conquérant de l'Uruguay et fondateur de Montevideo en 1726. Totalement méconnu, bien qu'il ait sa statue dans le zoo de Washington, le ***père David*** (1826-1900) a exploré les contreforts du Tibet au XIXe s. Il en ramena des dizaines d'espèces animales inconnues, dont le grand panda et le cerf du père David.

Prêtres et missionnaires

2 figures se détachent : ***Ignace de Loyola*** (1491-1556), natif d'Azpeitia (arrière-pays de Donostia – San Sebastián), et ***François Xavier*** (1506-1552), originaire du village de Javier aux confins de la Navarre et de l'Aragon, les 2 premiers saints jésuites. Le 1er fonde l'Ordre en 1540 à la suite d'une blessure qui lui fait découvrir la voie de Dieu. Le 2[d] part évangéliser l'Inde, la Chine, et même le Japon. C'est un échec total, mais l'entreprise est tellement osée que les jésuites attirent ensuite des centaines de candidats missionnaires. À sa mort, il aurait prononcé ses dernières paroles en « langue maternelle navarraise », c'est-à-dire en basque. Sa fête, le 3 décembre, est aussi celle de la langue basque *(euskara).*

UN BASQUE EN MONGOLIE

Depuis un décret du pape Pie XI en 1927, saint François Xavier est le saint patron de toutes les missions catholiques dans le monde. On sait moins qu'il est aussi le saint patron de... la Mongolie.

Artistes et créateurs

Si l'on excepte la personnalité marquante du sculpteur ***Eduardo Chillida*** (1924-2002), les très nombreux artistes basques, pour la plupart, accèdent rarement à une renommée internationale.

Pourtant, l'école de peinture basque a produit depuis le XIXe s de remarquables artistes. À la suite du Bayonnais ***Léon Bonnat*** (1833-1922), il s'est créé une école basque du portrait, illustrée par des personnalités comme ***Ignacio Zuloaga*** (1870-1945) ou ***Denis Etcheverry*** (1867-1950). Le cubisme a tenté beaucoup de peintres. C'est ***Robert Delaunay*** (1885-1941) qui est à l'origine de la création de la Société des peintres basques en 1936, mais de fortes personnalités comme ***Aurelio Arteta*** (1879-1940), malgré une peinture puissante et structurée autour de thèmes prolétariens, n'ont jamais été reconnues à leur juste valeur. Il n'en va pas de même des ***frères Arrue,*** et notamment Ramiro (1892-1971), qui ont su adapter les techniques cubistes pour reproduire à l'infini des paysages bien verts et des danseurs bien sautillants. En sculpture, le père fondateur est ***Jorge Oteiza*** (1908-2003) qui, dès les années 1920, produit des œuvres puissantes tendant vers l'abstraction.

2 grands couturiers, bien différents l'un de l'autre mais tous 2 parfaitement insérés dans leur époque, viennent d'Euskadi : ***Cristóbal Balenciaga*** (1895-1972) et ***Paco Rabanne*** (né en 1934 à San Sebastián).

Le Basque n'est pas un homme de l'écrit, et les grands écrivains basques sont rares. ***Bernardo Atxaga*** (né en 1951), l'une des figures de proue de la littérature espagnole contemporaine, fait figure d'exception. Retenons aussi ***Fernando Aramburu*** (né en 1959), dont le roman *Patria* a inspiré la série télévisée qui connut un grand succès en 2020. Du côté du cinéma, notons le réalisateur et scénariste ***Álex de la Iglesia*** (né en 1965 à Bilbao), apprécié pour sa fantaisie baroque teintée d'humour noir (*Balade triste* en est un bon exemple). Son film *Les Sorcières de Zugarramurdi* (2013) s'inspire d'une fameuse légende de Navarre.

En musique, ***Maurice Ravel*** (1875-1937), né à Ciboure, est naturellement le Basque le plus connu, puisque son *Boléro* est l'œuvre musicale la plus jouée de par le monde. Moins universel mais avec plus de groupies, même devant sa tombe, ***Luis Mariano*** (1914-1970), enfant d'Irun, a créé avec Francis Lopez, de Bayonne, un genre d'opérettes qui faisait un tabac dans les années 1950. S'il est né à Valence, ***Paco Ibáñez*** (né en 1934), le vieux loup de la chanson engagée, se réclame aussi de la culture basque : sa mère y est née, et il ne dédaigne pas, à l'occasion, chanter en basque !

Politiciens et militaires

Beaucoup de militaires de valeur. Détachons-en quelques-uns comme ***Isidore Harispe*** (1768-1855), maréchal de France, ou ***Tomás Zumalacárregui*** (1788-1835), colonel puis général des troupes carlistes. Tous 2 se distinguent par une grande bravoure, mais surtout un réel génie dans l'utilisation de petites troupes très mobiles qui pratiquent une stratégie de guérilla. Harispe avait obtenu de Napoléon que toutes les recrues basques soient regroupées dans un même régiment afin qu'elles puissent comprendre les ordres des officiers, puisque toutes parlaient le basque et fort peu le français.

PROFIL BAS

Un Basque a « marqué » la langue française : le baron de Zilueta (1710-1774), nommé contrôleur général des Finances par Louis XV. Mais pas de quoi pavoiser ! Il s'y révéla si insignifiant que son nom, francisé en « silhouette » par le peuple parisien, a pris le sens d'un personnage sans relief. Ce mot d'origine basque est devenu un nom commun bien français.

En politique, le phare est ***Sabino Arana*** (1865-1903), créateur du Parti nationaliste basque, qui est le père de l'autonomie, et ***José Aguirre*** (1904-1960), 1er président d'un gouvernement basque sous la République. Du côté français, n'oublions pas ***René Cassin*** (1887, Bayonne-1976), juriste à l'origine de la Déclaration universelle des Droits de l'homme en 1948 et Prix Nobel de la paix. Ses cendres ont été transférées au Panthéon en 1987. ***Simón Bolívar*** (1783-1830) est une autre figure symbolique, peut-être la plus sympathique des politiciens d'Amérique du Sud d'origine basque. Beaucoup d'autres (on en parle plus haut, dans « Émigration et diaspora ») se sont caractérisés par des prises de position nettement conservatrices. Mais c'étaient des hommes, pas des femmes, comme ***Dolores Ibárruri*** (1895-1989), d'origine biscayenne, symbole de la République, 1re femme élue députée aux Cortes et surnommée *La Pasionaria*.

Et encore...

Il y a aussi les sportifs comme ***Bixente Lizarazu*** (né en 1969 à Saint-Jean-de-Luz), hendayais, footballeur et surfeur, ***Jean Borotra*** (Biarritz 1898-Arbonne 1994), le « Basque bondissant » qui donna la Coupe Davis à la France, ***Didier Deschamps*** (né en 1968), bayonnais mais pas vraiment basque (ne chipotons pas !), ***Iñaki Perurena*** (né en 1956), dont on vous parle plus loin dans le chapitre sur la force basque (l'homme qui a soulevé 100 t en 5h), le rugbyman ***Imanol Harinordoquy*** (né en 1980 à Bayonne), et ***Iñaki Urdangarin*** (né en 1968), le handballeur qui a conquis l'infante d'Espagne avant d'éclabousser la famille royale de ses scandales. Sans oublier le champion de canoë monoplace ***Tony Estanguet*** (né à Pau en 1978). Le Palois, triple champion olympique, qui a mis fin à sa carrière en 2012, est membre du Comité international olympique.

Le Pays basque ne manque pas de talentueuses actrices : ***Marie Laforêt*** (1939-2019), la fille aux yeux d'or, et ***Claire Borotra*** (née en 1974), nièce de Jean, nous ont aussi été offertes par le Pays basque. Il y a encore la journaliste et animatrice de télévision ***Anne-Sophie Lapix.*** Terminons par la romancière ***Marie Darrieussecq*** (née à Bayonne en 1969), autrice, entre autres, du roman *Truismes* (1996).

POPULATION

Vaste sujet. On vous en parle largement dans tout le guide. Les Basques adorent l'idée qu'ils sont un peuple singulier, idée qui est née au XIXe s sous l'impulsion de scientifiques non basques comme l'Allemand Humboldt ou le Français Bonaparte (lisez à ce sujet le remarquable ouvrage de Pierre Bidart, *La Singularité basque, généalogie et usages,* PUF, 2001). En réalité, ils partagent avec d'autres la plupart de leurs singularités : ainsi, le fameux « rhésus basque » (plus de la moitié des Basques sont de groupe sanguin O rhésus négatif) se retrouve dans toutes les Pyrénées, et une étude récente a montré que Basques, Galiciens et Irlandais étaient très proches génétiquement. De même, la structure sociale axée sur la maison se retrouve jusqu'au XVIIe s dans tout le bassin de la Garonne, comme l'a montré l'historienne Anne Zink. Ce qui est unique, c'est le mélange de ces singularités unies par le ciment de la langue.

Ce qui est étonnant aussi, c'est la persistance de ces éléments à l'époque moderne : par exemple, il existe toujours un fonctionnement social lié à la maison (voir plus haut « Habitat : l'*etxe* »). Cela donne une homogénéité sociale très forte, un sentiment identitaire puissant.

PIERRE LOTI, PAS TRÈS CLAIR

Après le succès de son roman Ramuntcho, *Loti garda une admiration pour le Pays basque. Il séjourna fréquemment à Hendaye et décida d'avoir des enfants d'une mère basque, afin qu'ils soient d'une race... plus pure. Il eut 3 enfants basques, dont le 1er s'appela Ramuntcho. Ils furent élevés par sa femme officielle !*

RELIGIONS, FÊTES ET CROYANCES

Au nord comme au sud, vous êtes en terre farouchement catholique. Les différences sont minimes : au sud, on processionne plus volontiers pour la Semaine sainte, au nord pour la Fête-Dieu. Au nord comme au sud, les messes sont un temps fort de la vie de la communauté et elles sont dites le plus souvent en basque. Au sud, l'intervention du clergé dans la vie quotidienne est plus importante qu'au nord : il n'est quasiment pas de fête sans bénédiction de quelque chose.

L'AURÉOLE DES SAINTS

Partout dans la chrétienté, l'auréole est le symbole des saints. Au départ, on apposait un disque métallique juste pour protéger la tête des statues de la chute de pierres ou de la tombée des eaux qui suintaient des plafonds. Peu à peu, les fidèles ont cru que cette protection était l'attribut de la sainteté...

Le clergé basque est un clergé actif, voire activiste. Au sud, les prêtres se sont fortement impliqués dans la création de coopératives ouvrières de production. Au nord, c'est l'Action catholique qui a été à la base de la création du syndicalisme paysan. Dans les 2 cas, la visée anticapitaliste était forte, les paysans basques étant fortement impliqués dans la lutte antimondialisation.
Au sud, le clergé est majoritairement nationaliste. Sous couvert d'activités culturelles (c'est du monastère d'Arantzazu qu'est parti le combat pour la renaissance de la langue), les prêtres ont souvent pris part à la lutte antifranquiste. Au nom du soutien accordé par l'Église aux personnes en danger, les prêtres n'hésitent pas à accueillir fuyards et réfugiés.

Quelques particularités festives

L'alarde

Parade martiale qui trouve son origine dans l'existence d'une sorte de milice populaire au Guipúzcoa. Ces milices ont joué un rôle réel dans les guerres carlistes (voir « Histoire. Révolution et guerres carlistes ») et contre les troupes napoléoniennes. Une fois par an, les miliciens avaient pris l'habitude de défiler dans les rues en grand uniforme et de décharger tous ensemble leur fusil au signal de leur chef. Il n'y a plus de milices, mais les descendants continuent de jouer aux petits soldats.
Les participants de l'*alarde* entretiennent avec soin leur bel uniforme et répètent tout au long de l'année pour faire belle figure lors de la parade annuelle. C'est un peu désuet, un brin ridicule, mais c'est jour de fête. Ou plutôt c'était. Depuis quelques années, certaines femmes réclament aussi le droit de défiler en uniforme au nom de l'égalité des sexes. Or, les hommes refusent farouchement et les suffragettes basques vont les défier en défilant le même jour par un autre itinéraire. Et ça se termine par des coups, nos vaillants miliciens, aidés par la police, évacuant manu militari les défileuses. Quelques *alarde* mixtes commencent cependant à apparaître.

La tamborrada

Défilé de tambours jouant en cadence. Ça paraît simple, mais quand il y a 2 000 joueurs, comme à Donostia, ça fait un drôle d'effet et un sacré boucan ! L'origine en serait la défaite des troupes napoléoniennes. Quand ces dernières ont quitté les villes du Pays basque, elles ont essayé de le faire en bon ordre avec fifres et tambours. Et la population, pour se moquer, les a suivies en improvisant sur tout ce qui lui tombait sous la main, notamment des petits tonneaux.
Dans certaines villes, on défile en uniforme militaire, dans d'autres en cuisinier ou en pêcheur. On se prépare toute l'année, on s'entraîne par quartiers ou par associations. Une *tamborrada* est toujours un grand moment festif. On organise même des *tamborradas* pour les enfants, qui adorent cette soudaine autorisation de faire un boucan d'enfer.

La romería

C'est tout simplement un pèlerinage. Des plus modestes, qui regroupent un village autour d'un ermitage de montagne, aux plus grandioses (Arantzazu, par exemple), qui drainent des milliers de pèlerins, la gamme est vaste.
Nous, on aime bien ceux des villages, quand tout le monde se retrouve pour pique-niquer. Vous verrez souvent auprès d'un ermitage de montagne un barbecue en ciment, destiné à faire griller les *chuletas* pour la bombance d'après messe. Le *vino tinto* coule, un accordéon joue, quelqu'un propose une partie de boules. Voilà quelques siècles que ça dure. N'hésitez pas à vous y mêler.

SITES INSCRITS AU PATRIMOINE MONDIAL DE L'UNESCO

En coopération avec le
Organisation des Nations Unies pour l'éducation, la science et la culture
Centre du patrimoine mondial

Pour figurer sur la liste du Patrimoine mondial, les sites doivent avoir une valeur universelle exceptionnelle et satisfaire à au moins un des 10 critères de sélection. La protection, la gestion, l'authenticité et l'intégrité des biens sont également des considérations importantes.
Le patrimoine est l'héritage du passé dont nous profitons aujourd'hui et que nous transmettons aux générations à venir. Nos patrimoines culturel et naturel sont 2 sources irremplaçables de vie et d'inspiration. Ces sites appartiennent à tous les peuples du monde, sans tenir compte du territoire sur lequel ils sont situés.
Pour plus d'informations : ● *whc.unesco.org* ●
– En Biscaye : le ***pont Vizcaya*** (2006, à Getxo) et la ***grotte de Santimamiñe*** (2008).
– En Guipúzcoa : la ***grotte d'Ekain,*** au titre de « l'art rupestre paléolithique du nord de l'Espagne » (2008).
– Les ***chemins de Saint-Jacques-de-Compostelle*** (1993 pour la Navarre, et 1998 pour la France), étendus en 2015 au Pays basque avec le ***Camino Francés*** et les ***chemins Pays basque-La Rioja, Liébana*** et le ***chemin primitif.***

SPORTS

D'abord, le *fútbol.* On trouve en Espagne les plus grands stades européens, et Bayonne s'enorgueillit d'être la ville de Didier Deschamps. Sans parler de l'Hendayais Bixente Lizarazu, bien sûr. Les grands clubs sont la fierté des villes et, les soirs de match, la TV fonctionne à plein dans les bars et restos, surtout lors du derby basque Athletic Bilbao-Real Sociedad (le club de Donostia – San Sebastián). L'Athletic de Bilbao compose d'ailleurs ses équipes uniquement avec des joueurs basques, du Nord comme du Sud. Le travail des recruteurs en est simplifié !
Ensuite, le cyclisme (Induráin et Olano sont basques) : il n'y a pratiquement pas de fête patronale sans course cycliste, et plus le parcours est dur, plus ça plaît.
Le *baloncesto,* à savoir le basket-ball, est également suivi avec intérêt au Pays basque sud, grâce notamment aux excellents clubs de Vitoria et de Bilbao, qui évoluent au plus haut niveau.
Le Pays basque nord se passionne plus volontiers pour le rugby (c'est l'influence du Sud-Ouest) que pour le basket, et une rivalité farouche persiste entre les équipes de l'Aviron bayonnais et le Biarritz olympique. Cependant, il n'y a pas qu'au nord que le rugby sait se faire entendre.
Et puis il y a le reste. Les jeux basques, jeux de force, jeux de pelote ou courses de *traînières.* Les jeux importés qui ont trouvé au Pays basque le terrain propice à leur développement sont le surf, grâce aux vagues, et le golf en raison du climat et d'une certaine anglophilie de la bourgeoisie locale. Quant au tennis, il a trouvé un terreau favorable dans la pratique de la pelote.

La pelote basque

Jeu national ? Non, vous diront les Basques, jeu international, pratiqué un peu partout ! Surtout, jeu fascinant, complexe et simple à la fois. Pas un village qui n'ait son fronton, et, dès qu'un mur est libre, on y trouve 2 gamins en train de taper la balle. Qui n'a jamais tapé dans une pelote n'est pas vraiment basque.
La pelote est l'un des jeux les plus anciens de la région. On jouait jadis avec des balles de laine serrée soit dans un champ, soit contre un mur carré, soit encore

dans un jeu de paume appelé ici *trinquet* (le trinquet Saint-André, à Bayonne, date du XVIIe s et celui de Markina de 1798). Ces pelotes de laine ne rebondissaient pas : on ne pouvait donc jouer qu'à la volée, et les aires de jeu n'étaient pas très grandes. Les pelotes s'attrapaient à main nue ou avec de gros gants de cuir. Ce type de jeu est encore pratiqué sous le nom de *pasaka*.

« JEUX DE MAINS, JEUX DE VILAINS »

Cette expression évoque le jeu de paume, sport le plus célèbre de l'Ancien Régime. La noblesse utilisa rapidement des raquettes pour ne pas s'abîmer les mains. Seul le peuple (les vilains) continua à frapper la balle à main nue.

Au début du XIXe s, la pelote change : le cœur est fait d'une lanière de caoutchouc serrée en boule et revêtue d'une peau de chien cousue (le chien n'ayant pas de pores, son cuir est plus solide). Ce changement est fondamental, car la pelote devient plus rapide et permet le jeu avec prise au rebond. Les aires de jeu s'allongent, et on invente le fronton moderne en ajoutant un demi-cercle de maçonnerie au-dessus de l'ancien mur carré, ce qui explique la structure de la plupart des frontons villageois.

Un pas de plus est franchi avec l'invention du ***chistera,*** qui se présente sous différentes formes (grand gant – 70 cm de long – et petit gant – 50 à 60 cm de long). Il vient s'ajouter aux autres instruments de lancer : la raquette en bois ou *pala* et le *xare,* sorte de raquette avec un filet, inventé en Argentine.

C'est au cours du XXe s (c'est-à-dire très récemment) que les diverses formes de pelote basque vont se mettre en place.

JEU DE GUERRE

Le chistera, ce gant en bois de châtaignier qui permet d'envoyer la balle à plus de 200 m dans le jeu de la pelote basque, connut une utilisation pour le moins inattendue durant la Première Guerre mondiale. Des soldats basques utilisaient en effet leurs chisteras pour envoyer, très loin, des grenades dans les tranchées allemandes ! Et cela alors que le lance-grenade n'était pas inventé.

Pour résumer, il y a 5 possibilités de relancer la pelote : à main nue, avec un gant de cuir, avec une raquette en bois, avec une raquette avec un filet, avec un gant en bois de châtaignier recourbé ; et l'un des 3 lieux possibles : un haut mur élevé en plein air, 3 ou 4 murs couverts. Mais tous ces éléments ne sont pas combinables (ce serait trop facile !). Une particularité de la pelote : chaque point est chanté en basque.

Les jeux de pelote

Selon l'endroit où vous vous trouverez, vous ne pourrez pas assister à tous les types de jeux. Si la ***cesta-punta*** est largement pratiquée sur la côte, elle reste très rare à l'intérieur, en Soule, par exemple, où domine le ***rebot.*** En outre, certains jeux sont faciles à suivre par le non-initié alors que d'autres sont extrêmement complexes : au rebot, il n'y a pas moins de 6 arbitres pour juger des points litigieux et appliquer les règles !

– ***Rebot :*** 2 équipes de 5 joueurs s'affrontent sur un terrain divisé en 2 parts inégales par un trait tracé au sol dit ligne de *paso.* Près du fronton, un rectangle de sol très égal est tracé : c'est le *barne.* Chaque équipe comprend un buteur, ganté de cuir, et 4 joueurs, qui utilisent le petit chistera. Traditionnellement, les parties de rebot commencent à 11h et sont interrompues par l'angélus de 12h. Elles reprennent ensuite.

– ***Main nue :*** « c'est l'é-preu-ve reine », comme dirait le commentateur sportif Pierre Fulla. Elle se joue en place libre, en mur à gauche ou en trinquet, par équipes de 2. Chaque équipe doit envoyer la pelote dans les limites de l'aire de jeu et au-dessus de la ligne tracée sur le fronton. Une partie se joue le plus souvent en 30 points, mais on peut monter à 50 pour certains défis. Au but, la balle doit dépasser une ligne tracée à environ 15 m du mur. Dans certains cas, une partie peut n'opposer que 2 joueurs *(mano a mano).*

– ***Joko garbi :*** signifie « jeu propre » parce que les joueurs n'ont pas le droit de conserver la balle dans le petit chistera dont ils sont munis. Le gant s'utilise à la volée sans temps d'arrêt *(atxiki).* Les parties se jouent en 50 points. Les règles sont aussi simples qu'à main nue, mais l'aire de jeu doit être beaucoup plus longue. La ligne d'engagement se trouve à environ 25 m du mur.

– ***Grand chistera :*** se joue en place libre en 2 équipes de 3 joueurs (2 avants et un arrière). Les règles sont les mêmes qu'à main nue. La ligne d'engagement est à 30 m du mur, et on joue en 50 points. Le grand chistera est depuis quelques années détrôné par la *cesta-punta.*

– ***Pala :*** se joue avec des raquettes d'environ 50 cm de long, par équipes de 2 joueurs, en place libre. La ligne d'engagement est à 15 m du mur et on joue en 50 points. La *paleta corta* utilise le même type de *pala* mais en mur à gauche, tandis que la *paleta cuir,* malgré son nom, est une *pala* en bois de plus petite dimension. Elle se différencie de la *paleta gomme* par le type de pelote : l'une est en cuir, l'autre en caoutchouc plein.

– ***Remonte :*** se joue par équipes de 2 avec un chistera presque plat et tressé en rotin. La balle doit être reprise exactement comme à main nue, sans qu'elle s'arrête dans le panier. Une partie se joue, en mur à gauche, en 40 points.

– ***Cesta-punta :*** se joue en 2 équipes de 2 et en 35 points avec un grand chistera. Les règles sont les mêmes que pour tous les jeux de mur à gauche. C'est le jeu le plus spectaculaire, car il conserve la puissance et l'engagement physique du grand chistera mais dans un espace réduit, où le spectateur peut tout voir, avec, de surcroît, toutes les variétés tactiques autorisées par les 3 murs.

– ***Xare :*** se joue en trinquet par équipes de 2. La raquette argentine est une raquette cordée non tendue. On y reçoit la balle, qui se loge dans le filet, puis on la renvoie. C'est un jeu moins spectaculaire que le *joko garbi* ou la *pala* mais très agréable à voir. À l'engagement, la pelote doit rebondir dans la partie droite du trinquet.

« EL FENOMENAL »

6 fois champion de France (de 2008 à 2013), Waltari Agusti, surnommé « El Fenomenal », est une star de la pelote à main nue. Et s'il bouscule la tradition, ce n'est pas uniquement par son jeu puissant et peu orthodoxe. Waltary Agusti est... cubain.

Ce qu'il faut savoir

– En place libre, il n'y a pas de dimension imposée. Chaque fronton de village est différent par sa taille, mais aussi par ses matériaux ou le revêtement du mur. De ce fait, chaque fronton a sa personnalité, et, bien entendu, les joueurs locaux sont avantagés. Il en va de même des trinquets.

– Les couleurs traditionnelles différencient les équipes. On joue soit blancs contre rouges (couleurs des chemises), soit rouges contre bleus (couleurs des ceintures).

– Dans les jeux qui utilisent des instruments (*pala* et chistera), le port du casque est obligatoire. Il faut savoir qu'une balle de cuir quitte le chistera à plus de 300 km/h : c'est le jeu de balle le plus rapide du monde. Les accidents ont toujours été très nombreux, et plusieurs joueurs sont restés infirmes.

LA PELOTE, ÇA S'EXPORTE

Le plus grand terrain du monde ne se dresse pas à Bayonne mais à... Macao ! Comme on parie beaucoup à la pelote et que les Chinois sont joueurs, la cesta-punta est très populaire en Chine. Nul besoin de connaître les règles pour passer un bon moment.

Comment choisir une partie de pelote ?

La *cesta-punta* est la meilleure initiation. Les puristes trouvent le jeu dévoyé : il est retransmis à la TV et apprécié des touristes ! Si vous ne pouvez assister au Gant d'or (début août à Biarritz), essayez d'aller à un tournoi à Saint-Jean-de-Luz. La presse locale vous renseignera. Les meilleures places sont plutôt vers l'arrière de la *cacha* (l'aire de jeu). C'est là que les points se gagnent ou se perdent.
Une excellente introduction à la main nue en trinquet est le Master des Fêtes au Trinquet moderne de Bayonne (la 1re semaine d'août). Les meilleurs manistes s'y retrouvent, et on y vient de tout le Pays basque. Réservation quasi obligatoire.
Pour tout renseignement supplémentaire :

■ ***Fédération française de pelote basque :*** *Trinquet moderne, 60, av. Dubrocq, BP 816, 64108* ***Bayonne*** *Cedex. ☎ 05-59-59-22-34. • ffpb.net •*

■ ***Federación Vasca de Pelota – Euskadiko Pilota Federakundea :*** *• euskalpilota.org •*

La force basque

Durant l'été, de nombreux villages proposent des spectacles de « force basque ». Cette tradition remonte à 1951 : le curé de Saint-Palais, désireux d'améliorer les finances de son patronage, organisa le 1er festival de force basque connu. Ce brave ecclésiastique codifia les compétitions auxquelles se livraient jadis les jeunes gens des villages. Il est vrai que voir une corde tendue à se rompre, tirée par 2 équipes championnes, vaut le coup d'œil. D'un côté, les 8 tireurs de Saint-Martin-d'Arberoue (près d'une tonne à eux 8), et de l'autre, les 8 costauds d'Espelette (à peine plus légers, mais plus jeunes) encouragés par un millier de spectateurs chantant en basque : un spectacle étonnant.
Les jeux de force basque sont directement issus des activités rurales traditionnelles. On distingue 6 groupes d'épreuves.
– ***Soka tira*** *(tir à la corde)* **:** l'épreuve reine, car elle oppose des villages et non des individus. Une corde avec 8 hommes de chaque côté, porteurs des couleurs de leur village. Il s'agit d'entraîner l'équipe adverse de l'autre côté d'une ligne médiane. Le jeu est subtil car le corps doit à la fois résister et tracter.
– ***Aizkolari*** *(bûcherons)* **:** nos jeux préférés. On distingue 2 variantes : dans l'une, les concurrents, placés face à face, doivent couper le plus vite possible le même tronc de chêne horizontal sur lequel ils sont debout. Pour faire avancer la coupe, ils font rouler la poutre sous leurs pieds tout en frappant à une cadence ahurissante. L'autre variante est encore plus spectaculaire : le bûcheron doit faire une entaille dans un tronc dressé sur la place. Dans l'entaille faite à 1 m du sol, il glisse une planche sur laquelle il monte pour faire une 2e entaille. Il construit ainsi une sorte d'escalier : quand l'entaille est faite, il se baisse, attrape la planche au-dessous de lui, la positionne à nouveau et recommence. Il faut 6 ou 7 entailles pour atteindre le sommet de l'arbre à près de 8 m du sol. Alors, en quelques coups précis, il tranche la cime de l'arbre et redescend par le même chemin. Bluffant !
– ***Zaculari*** *(portage de sac)* **:** les concurrents sont chronométrés sur 120 m avec un sac de blé de 76 kg sur les épaules. Une variante consiste à faire des tours de place avec 2 bidons de 20 l de lait au bout de chaque bras. On peut également faire courir les concurrents 2 par 2, ce qui donne lieu à des confrontations homériques.
– ***Lasto altxari*** *(lever de paille)* **:** chaque concurrent doit hisser le plus grand nombre de fois un ballot de paille d'une centaine de kilos, en moins de 2 mn, à la hauteur d'un étage et au moyen d'une poulie.
– ***Orga Joko*** *(jeu de la charrette)* **:** il s'agit de faire tourner sur son timon et en la soulevant une charrette de 350 kg. Un bon leveur fait au minimum 2 tours, un champion peut dépasser les 5 tours.
– ***Segari*** *(scieurs de long)* **:** par équipes de 2, les concurrents doivent tronçonner le plus rapidement possible une poutre de chêne.

À ces 6 épreuves de base est venu s'ajouter ***aritz altxari,*** le lever de pierres, assez proche de l'haltérophilie, où de gros costauds soulèvent des pierres de 100, 200, voire 300 kg, et les posent sur leurs épaules. La compétition oppose 2 leveurs avec des pierres d'un poids donné : celui qui fait le plus de levers a gagné. En 1999, le champion des champions, Iñaki Perurena, a créé un record historique (et toujours inégalé). Il a levé 1 000 fois de suite une pierre de 100 kg en 5h, 4 mn et 4 s ! Record homologué, en public, devant la TV, sans dopage. On est loin de l'haltérophilie olympique.
Pour découvrir la force basque, le mieux est de choisir la semaine du 15 août à Saint-Palais : c'est vraiment le meilleur championnat, et les villages s'y préparent toute l'année.

Les *traînières*

Ce sport, issu de la tradition maritime, avait beaucoup décliné au Nord mais est en train de renaître sous la pression de quelques passionnés. Au Sud, il a toujours été en vogue et tous les villages de pêcheurs possèdent 1, 2 ou plusieurs équipages.
Une *traînière* est une grosse chaloupe (autrefois en bois, aujourd'hui en fibre de verre) qui peut accueillir 12 rameurs et un barreur. Même si ses matériaux ont changé, la *traînière* est l'exacte descendante des chaloupes de baleiniers qui allaient harponner les cétacés au début du XIXe s. Cela donne la mesure de la puissance que les rameurs doivent mettre en œuvre pour la faire avancer. Les courses ont lieu en général pendant les fêtes locales et opposent plusieurs équipages. Le parcours est partout différent. Dans certains cas, il s'agit d'un aller-retour avec virage autour d'une bouée, mais il existe aussi des courses en ligne le long de la côte et des courses qui vont d'un port à un autre. L'ensemble des compétitions de l'été permet de désigner les meilleurs équipages, qui combattront pour le titre de champion du Pays basque lors des courses de *traînières* de Donostia au mois de septembre.
Si vous assistez à une course de *traînières,* munissez-vous de jumelles et suivez la foule : il y a des points où l'on voit mieux que d'autres. Les habitants les connaissent et, en plus, vous aurez droit aux commentaires et aux explications car, contrairement à ce qu'on peut penser, la puissance des rameurs n'est pas le seul critère : le vent, les courants et la science de la mer sont prédominants. Les meilleurs équipages sont traditionnellement Orio, Pasaia et Santurtzi.

Le golf

On a déjà parlé de l'anglophilie de nombreux Basques et du climat humide. Ajoutons les touristes d'un certain standing. Tout concordait pour faire du golf un sport basque. Les 1ers golfs apparaissent à Biarritz et Bilbao au début du XXe s. Avec la démocratisation (toute relative) de ce sport, les golfs se sont multipliés. On en compte aujourd'hui une quarantaine, pratiquement tous sur la côte, à l'exception de 3 clubs près de Vitoria et des 5 clubs navarrais.
Les plus anciens parcours et les plus chics sont *Chiberta* à Anglet-Biarritz, *Chantaco* à Saint-Jean-de-Luz, le *Royal Golf Club* d'Hondarribia et *Neguri* près de Bilbao.

Le rugby

Le palmarès du club du *Biarritz olympique* a connu de belles épopées, mais le *BOPB (• bo-pb.com •),* qui a été rétrogradé en 2e division (Pro D2) en 2014, ne fait désormais plus partie des poids lourds du Top 14 (mais, avec nombre de nouvelles recrues, espère une remontée en 2021). Distant de seulement 5 km, le frère ennemi, le club de l'*Aviron bayonnais (• abrugby.fr •),* a quant à lui retrouvé le Top 14 en 2019. Le derby entre les 2 clubs (appelé le derby basque) est un sommet, prompt à réveiller sur le terrain – et avec fair-play – la vieille rivalité Bayonne/Biarritz. Et n'allez pas parler aux supporters de fusion entre les 2 clubs !

Le surf

Il débarque à Biarritz au milieu des années 1950, quand le scénariste américain Peter Viertel, venu suivre le tournage d'un film, est séduit par les vagues et se fait envoyer sa planche. Au début, il s'agit surtout d'un sport pratiqué par quelques touristes de bonne famille, comme Joël de Rosnay. Puis les gens du cru s'y mettent et, avec leur bonne connaissance de la mer et des plages, ils font rapidement bonne figure et n'hésitent pas à se mesurer aux vedettes américaines.
Les spots mythiques des 1res années, comme la côte des Basques à Biarritz, se sont multipliés. De Mundaka à Anglet, vous trouverez nombre de magasins, de fabricants ou réparateurs de planches, d'écoles, de stages d'initiation.
Le surf est devenu un marché, et le *surfwear* (ces vêtements de sport qui vous font ressembler à un Californien) aussi. La marque la plus connue, *Quiksilver,* est pilotée depuis Saint-Jean-de-Luz et a été créée par une astucieuse équipe d'Australiens.

TORO

Le culte du *toro* est peut-être l'une des clés des différences entre provinces. Pour l'observateur attentif, il y a 2 Pays basque : le Pays basque du *toro* et l'autre. La frontière passe à peu près au niveau de la sierra de Gorbeia. Au nord de cette ligne, on ne trouve de *plaza de toros* (ce que le Français appelle une arène) que dans les grandes villes. Pas de *plaza* en Soule ou en Basse-Navarre, peu dans les autres provinces.
En revanche, en Navarre, chaque ville, chaque village possède ses arènes, parfois minuscules. Les plus petits villages, qui n'ont pas les moyens d'en construire, les louent à des sociétés spécialisées (en général, pour les fêtes patronales). En Navarre, le *toro* est roi. Et ce n'est qu'en Navarre qu'on peut assister à des *encierros* (voir plus loin).
C'est que la corrida formelle telle que nous la connaissons aujourd'hui a été inventée par les Navarrais, au cours du XVIe s. Alors que les grands seigneurs andalous combattaient le *toro* à cheval (tradition qui se perpétue de nos jours sous le nom de *corrida de rejón*), les paysans navarrais, trop pauvres pour posséder un cheval, imaginèrent de le combattre à pied. Au fil des siècles, la corrida s'est formalisée autour d'un ensemble de rites dont le seigneur est le *toro* : il combat en portant la « devise » (rubans de couleur) de son éleveur dont il est, en quelque sorte, le champion ou l'émanation.
L'archéologue ou l'historien notera que les spectacles taurins sont une tradition très ancienne dans toutes les zones fortement colonisées par les Romains : les textes historiques attestent des courses de vaches ou de bœufs dès le XIIIe s, et Bayonne est la 1re ville de France à avoir organisé une corrida moderne, en 1852, pour l'impératrice Eugénie de Montijo.
Certains affirment que ce sont les Ibères qui vouaient un culte au *toro,* mais la tradition taurine est également très forte dans toute l'Aquitaine et survit aujourd'hui dans les courses landaises qui se déroulent dans des arènes et dans les courses de *toros* où l'on distingue les *corridas* et les *novilladas.*

Le *toro*

Le *toro* choisi pour combattre est issu d'une sélection rigoureuse. Les éleveurs disposent de quelques *sementales* (étalons) et d'un troupeau de « vaches braves ». Chaque année, les jeunes veaux sont envoyés au pâturage, où ils forment des groupes exclusivement composés de mâles qui doivent arriver puceaux au combat. Ils ne verront jamais un homme à pied afin de ne rien en savoir le jour où ils pénétreront dans l'arène. On dit qu'ils sont *limpios* (« propres »). Les aficionados attendent du *ganadero* qu'il envoie au combat les bêtes les meilleures. Alors, rite

barbare ou art sublime ? Lors de toute tentative de réponse à cette question, il faut se souvenir que le taureau est un mammifère, donc un animal équipé d'un système nerveux développé du même type que celui de l'homme... Comment croire un instant qu'un animal capable de déceler une mouche sur sa croupe, et de la chasser d'un coup de queue, ne ressente rien lorsqu'on lui enfonce 5 cm de métal dans l'échine, qui plus est à plusieurs reprises ? La souffrance d'un animal peut-elle être érigée en spectacle ?
À cette problématique philosophique s'ajoutent des pratiques contestables (et illégales pour la plupart) utilisées lors de la préparation des animaux avant même les corridas. On est bien loin du fantasme du « combat à armes égales » dont se réclament les pro-corridas... Dans toute l'Espagne, le débat (également lié à la crise et aux subventions publiques allouées au secteur) s'élève mais reste teinté de réserves : si la coalition Bildu (gauche indépendantiste) avait supprimé les corridas de Donostia en 2012, elle a été battue aux élections de 2015 et la corrida a été à nouveau autorisée. Le maire de Pampelune pense à ouvrir le débat sur les corridas des fêtes de la San Firmin, sans toucher aux lâchers de taureaux.

Le torero

Pendant longtemps les toreros, issus des milieux défavorisés, étaient assimilés à des voyous. D'ailleurs, comme eux, ils gagnaient beaucoup d'argent qu'ils dépensaient trop vite : grosses voitures, costumes de frimeurs et filles aguichantes. Ils furent même déshérités par Alphonse X et excommuniés par Pie XII. Ils furent soutenus par la noblesse qui toréait pour son seul plaisir. Les temps ont changé, et les toreros gèrent aujourd'hui leur fortune comme des hommes d'affaires. Ils ont des agents et font souvent la une des revues people.
Le mot « toréador » a été réemployé après plus d'un siècle d'oubli par des librettistes de la *Carmen* de Bizet pour les besoins d'une rime célèbre : « Toréador, ton cœur n'est pas en or »... Ce mot désignait les toreros à cheval avant le XVIIIe s.

La corrida

Disons d'emblée que les « meilleures » corridas ont lieu dans les plus grandes villes, principalement en Navarre. Question de budget. Mais ne négligez pas les petits villages, qui réservent parfois de bonnes surprises.

Comment choisir une corrida ?

– Les aficionados choisissent en fonction de l'élevage (ou *ganadería*). Chaque élevage possède ses caractéristiques, et les *toros* sont considérés plus ou moins dangereux ou braves selon l'élevage.
Ce critère est très important : les meilleurs toreros préfèrent toréer les animaux issus des meilleurs élevages et, le plus souvent, de bons *toros* garantissent un bon spectacle. À l'heure actuelle, si vous voulez découvrir la corrida, vous pouvez aller voir des *figuras* (grosses pointures) comme Ponce, Alejandro Talavante, Manolo Sánchez ou El Juli.
– Grands toreros signifient aussi cachets importants. Grands élevages signifient *toros* chers. Mais l'un et l'autre ne vont pas toujours de pair. En général, les bons spectacles sont souvent les plus chers. Dans toutes les arènes, les places les plus chères sont à l'ombre et au 1er rang, les moins chères au soleil, en haut des gradins. Dans la mesure du possible, il est préférable d'acheter les billets quelques jours avant la course : évitez les revendeurs à la sauvette placés à l'entrée des arènes, c'est nettement plus cher.
– Une *novillada* est une corrida où les *toros (novillos)* ont moins de 4 ans et où les matadors (appelés *novilleros*) sont encore considérés comme des apprentis. C'est l'époque où ils doivent asseoir leur réputation avant de prendre l'*alternative* qui leur permettra de faire une carrière de torero. C'est donc aussi l'époque où un

jeune prendra tous les risques et montrera ses qualités et ses défauts. Cela peut assurer d'excellents spectacles, mais aussi de véritables déroutes. Naturellement, une *novillada* non piquée (1er degré de l'apprentissage du futur torero où il combat des *toros* de 2 ans appelés *erales*) est bien moins chère qu'une corrida.

– Une corrida *goyesca* se déroule dans les costumes représentés par le peintre Goya. Les toreros portent des filets pour retenir leurs cheveux, et les costumes ne sont pas brodés d'or. Certaines figures, représentées par Goya, sont autorisées, comme, par exemple, sauter par-dessus le *toro* avec une perche. Attention : ces corridas sont, en général, plus chères.

– Les corridas sont généralement regroupées en *ferias* (une course par jour pendant 3 ou 4 jours d'affilée). Les plus renommées sont la *feria de l'Assomption* à Bayonne et les ferias de Bilbao. La *feria de San Fermín* à Pampelune est assez particulière, vu l'ambiance qui règne dans les arènes.

Le déroulement d'une corrida

– Le cercle de l'arène s'appelle le *ruedo.* Il est bordé par une *talanquère* ou *barrera* (palissade circulaire en bois, derrière laquelle s'abritent les toreros et leurs aides). Le couloir délimité par la *talanquère* est le *callejón* : on y trouve les photographes autorisés, le personnel des arènes, les médecins et les notables.

– La corrida débute par un *paseo* : guidés par les *alguaciles* à cheval, les toreros défilent accompagnés de leur *cuadrilla* (on nomme ainsi les aides des matadors, *peones* et *picadores*) et du personnel des arènes (les *areneros* chargés de nettoyer le sable et de guider l'*arrastre,* train de mules qui sortira le *toro* mort). Portant des capes de cérémonie richement brodées, les toreros vont saluer le président de la corrida.

– Le ***1er tercio*** est destiné à juger la bête : ses allures, ses défauts éventuels (il existe des *toros* myopes), ses charges, sa façon de diriger ses cornes, etc. Ce peut être fait par le *maestro* lui-même ou par les *peones* qui font bouger le *toro* dans l'arène pendant que matador et public observent scrupuleusement.

On fait entrer ensuite les *picadores* chargés d'affaiblir le *toro* et, surtout, de vérifier sa bravoure. À la fin de ce temps, on connaît le caractère du *toro,* et le matador sait comment il pourra le toréer. La phase des piques est fondamentale et très technique. Le picador doit attendre le *toro* à l'intérieur d'un cercle étroit le long de la *talanquère* et ne jamais aller le provoquer. Il doit piquer droit, sans vriller sa pique, dans la zone musculaire entre les omoplates.

– Le ***2e tercio*** consiste à planter des banderilles (bâtons de bois terminés par un crochet de fer) sur le *morillo* (bosse) du *toro.* Il s'agit de vérifier son aptitude à charger l'homme, sa résistance et, éventuellement, de l'exciter un peu. Ce travail est généralement fait par les *peones.* Si le torero pose lui-même les banderilles, c'est toujours avec un accompagnement musical et un cérémonial précis.

– Le ***3e tercio*** est celui de la mise à mort. Le torero, au moyen d'une *muleta* (cape rouge différente de la *capa* rose et jaune du 1er *tercio*), doit « châtier » le *toro.* Il s'agit de provoquer les charges, de les arrêter, en un mot de dominer complètement la bête. Le torero enchaîne 3 à 5 passes, puis laisse le *toro* maté et immobile. Si la *faena* (enchaînement des passes) est bonne, le président ordonne à l'orchestre de jouer. Au moment de la mise à mort, le *toro* doit être arrêté, tête légèrement baissée, pattes avant sur le même plan. Par un léger mouvement, le torero provoque la charge et va enfoncer l'épée dans le cœur. C'est l'estocade. Normalement, le *toro* doit tomber raide. Mais l'épée peut être déviée par un os ou manquer son objectif. Le torero doit alors recommencer. En cas d'échecs répétés, il peut utiliser le *descabello* (épée en croix que l'on enfonce dans le bulbe rachidien).

Un *toro* brave aura droit, après sa mort, à une *vuelta* (tour d'honneur de l'arène). Le torero obtiendra, selon sa prestation, l'autorisation de saluer de la *talanquère,* de saluer au tiers (il s'éloigne de la *talanquère* de 2 ou 3 m), de saluer du centre de l'arène, de faire une *vuelta* et de repartir avec 1 ou 2 oreilles de la bête. Plus

rarement, il recevra 2 oreilles et la queue et, très exceptionnellement, 2 oreilles, la queue et un morceau de patte. S'il a été très bon, à la fin de la course, on porte le torero hors de l'arène sur les épaules (sortie *a hombros*). Petite remarque : quand le public estime que le torero a droit à une récompense, il agite un mouchoir blanc ; c'est selon cette tradition que le président accorde les récompenses.
Le règlement taurin est très précis (surtout en Espagne) sur la durée de chaque phase, sur la position des *picadores,* sur les attitudes des toreros. Il arrive exceptionnellement que le taureau soit gracié. C'est un hommage rendu à l'animal quand il a montré une grande bravoure dans le combat.

Comment assister à une corrida ?

Si vous avez décidé d'aller à une corrida, n'adoptez pas le ton et les arguments des opposants à ce spectacle : c'est peine perdue et vos voisins pourraient vous manifester une contradiction musclée. Si vous avez lu ce qui précède, vous en savez assez pour suivre le déroulement de la course sans poser de questions innocentes : laissez-vous porter par le public. Le silence le plus strict est recommandé lors de la mise à mort : un éternuement peut distraire le *toro,* provoquer un mouvement de tête et être fatal au torero. N'oubliez pas que l'acoustique d'une arène est toujours exceptionnelle : même au dernier rang, tout en haut, on entend ce que dit le torero au *toro.* Enfin, si le public manifeste un réel mécontentement, laissez-vous aller à hurler et à siffler avec lui. C'est ce qu'on appelle une *bronca* et ça défoule bien.

Les *encierros*

En Espagne, une corrida est précédée par un lâcher de *toros* ou *encierro.* Spécialité éminemment navarraise, surtout connue par les *encierros* des fêtes de San Fermín à Pampelune. Ernest Hemingway leur a d'ailleurs consacré de fort belles pages. Mais il y a bien d'autres *encierros* qui méritent le déplacement, car il s'en court plus de 1 000 chaque été en Navarre ! Courir devant des cornus est une vieille habitude navarraise.
Dans beaucoup de villages, l'*encierro* remplace la corrida qu'on ne peut pas s'offrir. Il suffit de louer quelques vaches (et on les sait plus intelligentes et plus dangereuses que les mâles) et de les lâcher dans les rues de la ville. Pour peu que le parcours soit bien choisi, la montée d'adrénaline est garantie. Certains élevages se sont même fait une spécialité des vaches d'*encierro* qui peuvent courir le même jour dans 3 ou 4 villages. On trouve donc de tout, depuis le petit *encierro de pueblo* avec quelques vaches sur un parcours limité, jusqu'au grand *encierro* comme celui de Pampelune où les *toros* sont de vrais *toros* de combat de 4 ans. Toutes les variantes sont permises : on peut faire courir aussi des *erales* (*toros* de 2 ans) ou des *novillos* (3 ans), mais il faut que la bête soit bien encornée.
L'*encierro* peut se dérouler dans les rues, mais également en campagne ou sur des falaises comme à Falces ou Arguedas : comme ça, le coureur a le choix entre les cornes ou le ravin (à moins qu'il ne coure plus vite que les *toros*). Il est des *encierros* matinaux et d'autres nocturnes comme à Mendigorria ou Murillo el Fruto. Bien entendu, le danger est à la mesure du plaisir. Les blessures sont innombrables et les accidents mortels fréquents, soit par *cornada,* soit par chute. Il est des règles que connaissent parfaitement les coureurs professionnels : connaître ses limites physiques, le parcours, les *toros* et les autres coureurs. Les très bons forment une caste à part, ils se connaissent tous et sont unanimes : pour eux, le plus grand danger, ce sont les amateurs. Tenez-vous-le pour dit !

PETITS TRUCS ET ASTUCES POUR ÉVITER LES ABUS ET MAUVAISES SURPRISES

Un routard informé en vaut 2 ! Pour éviter les désagréments en tous genres, il est bon de les connaître. Voici un petit vade-mecum destiné à parer aux coûts et aux coups de bambous.

Bien sûr, nos enquêteurs veillent au grain, et les établissements qui ne répondent plus à nos critères ou abusent sont vite supprimés de nos guides. La réciproque est aussi valable. N'oublions pas que les hôteliers et restaurateurs font un métier difficile. S'ils se doivent de toujours garder le sourire, nous nous devons de les respecter en n'arrivant pas chez eux en terrain conquis.

À L'HÔTEL

1 – Arrhes ou acompte ? : au moment de réserver votre chambre par téléphone – par précaution, toujours confirmer par écrit (ou mail) –, il n'est pas rare que l'hôtelier vous demande de verser à l'avance une certaine somme, celle-ci faisant office de garantie. Il est d'usage de parler d'arrhes (et non d'acompte). Légalement, aucune règle n'en précise le montant. Toutefois, ne versez que des arrhes raisonnables : 25 à 30 % du prix total, sachant qu'***il s'agit d'un engagement définitif sur la réservation*** de la chambre. Cette somme ne pourra donc pas être remboursée en cas d'annulation de la réservation, sauf cas de force majeure qu'il vous faudra justifier (maladie ou accident) ou en accord avec l'hôtelier si l'annulation est faite dans des délais jugés raisonnables. Si, au contraire, l'annulation est le fait de l'hôtelier, il doit vous rembourser le double des arrhes versées. Si vous avez réservé une chambre (sans avoir rien versé) et que vous avez un empêchement, ***passez un coup de téléphone pour annuler,*** c'est la moindre des politesses.

2 – Subordination de vente : les hôteliers ont interdiction de pratiquer la subordination de vente. C'est-à-dire qu'***ils ne peuvent pas vous obliger à réserver plusieurs nuits d'hôtel si vous n'en souhaitez qu'une.*** Dans le même ordre d'idées, on ne peut vous obliger à prendre votre petit déjeuner ou vos repas dans l'hôtel ; ce principe, illégal, est cependant toléré en pratique, surtout en haute saison, dans les zones touristiques, où la demande est bien plus importante que l'offre !

3 – Les réservations en ligne : elles se sont généralisées. Mais voilà, si les centrales de réservation en ligne sont devenues incontournables, elles ne garantissent pas systématiquement de meilleurs prix qu'en direct. En outre, les promesses ne sont pas toujours tenues et l'on constate parfois des dérives, telles que promos bidons, descriptifs exagérés, avis d'internautes truqués... Les hôteliers s'estiment souvent étranglés par les commissions abusives prélevées au passage. ***N'hésitez pas à réserver directement auprès de l'hôtel.*** Aujourd'hui, la plupart alignent leurs prix sur ceux des sites commerciaux. Autre avantage, vous pouvez préciser le type de chambre souhaité (sur rue, sur jardin) et obtenir des renseignements fiables sur l'établissement.

4 – Responsabilité en cas de vol : un hôtelier ne peut en aucun cas dégager sa responsabilité pour des objets volés dans la chambre d'un de ses clients, même si ces objets n'ont pas été mis au coffre. En d'autres termes, les éventuels panonceaux dégageant la responsabilité de l'hôtelier n'ont aucun fondement juridique.

AU RESTO

1 – Les prix : ils sont libres, mais ***l'affichage est obligatoire*** à l'extérieur de l'établissement, de manière visible. Tous les menus doivent être affichés, même le moins cher. Ils doivent être identiques à ceux que l'on vous présente à l'intérieur.

2 – Formule ou menu ? Généralement, la formule est une proposition écourtée comprenant entrée + plat ou plat + dessert. Avec parfois un verre de vin et/ou le café. De fait, elle est moins chère que le menu, en principe complet (entrée + plat + dessert). Très souvent, les formules et les 1ers menus (les moins chers) ne sont ***servis qu'en semaine et/ou seulement au déjeuner,*** et plus rarement avant certaines heures (12h30 et 20h environ). C'est parfaitement légal, à condition toujours que ce soit clairement indiqué sur le panneau extérieur et sur le menu que l'on vous présente une fois installé. Il arrive qu'il disparaisse comme par enchantement (humm, mauvais signe...). Demandez-les, ça ne mange pas de pain.

3 – Attention aux suppléments. Certains menus imposent 3 suppléments pour 5 plats proposés. Cherchez l'erreur !

4 – Le « fait maison » : depuis que la législation existe, pour parer au sous-vide et tout congelé, et parallèlement valoriser le travail de restaurateurs scrupuleux, le « fait maison » (logo d'une casserole surmontée d'un toit de maison avec cheminée) apparaît comme un faire-valoir évident et rassurant. Même s'il ne garantit pas le 100 % maison (la loi est un peu tordue, et il n'y a pas de contrôle), ni la qualité du chef ! Cela dit, ***c'est un bon début.***

5 – La carte en dit long ! Voici, foi d'enquêteur, quelques trucs très simples pour analyser un menu : tout d'abord la ***brièveté de la carte*** est un bon gage de fraîcheur ; quand les produits sont locaux et de saison, c'est encore mieux ! On peut aussi questionner le serveur. Sa franchise (ou son embarras) vous en dira long. Autre indice : si la carte n'est composée que de plats passe-partout dont certains peuvent nécessiter des cuissons très longues (parmentier de canard, suprêmes de volaille en sauce, souris d'agneau, bourguignon...), ce n'est pas forcément bon signe, surtout s'ils sont servis trop rapidement. Même topo avec les desserts bistrotiers type tarte Tatin, mi-cuit ou mousse au chocolat, crème brûlée, panna cotta, tiramisù qui sortent soit du congélateur, soit d'une brique ! Tout comme les mignardises qui accompagnent le café gourmand souvent surfacturé, insipide... et certainement pas « maison ». Un bon chef n'est pas forcément un bon pâtissier. Et il a rarement le temps de préparer 36 desserts ! Enfin, en dehors des zones côtières, on évite les poissons et fruits de mer le lundi... les livraisons ayant rarement lieu le week-end !

6 – Commande jugée insuffisante : sachez qu'il est illégal de pousser le client à la consommation.

7 – *Doggy bag* : la lutte anti-gaspi a du bon ! Si la pratique du *doggy bag* est déjà bien répandue dans certains pays, en France on a longtemps traîné la patte. À partir de juillet 2021, les restaurateurs seront dans l'obligation de proposer à leurs clients ce qu'ils auront laissé dans leur assiette. Dans les faits, certains le pratiquent déjà. Alors, n'hésitez pas à le demander, même si cela n'est pas (encore) dans nos habitudes culturelles.

8 – Eau : une carafe d'***eau du robinet*** est ***gratuite*** à condition qu'elle accompagne un repas. On ne peut pas vous la refuser, sauf si elle est jugée impropre à la consommation par décret. Dans certains restos, on vous l'apporte d'office en guise de bienvenue. Un vrai bon point ! La bouteille d'***eau minérale*** doit, quant à elle, comme le vin, être ouverte devant vous. L'arnaque consiste parfois à proposer d'emblée une eau minérale, facturée au prix fort. À la question du serveur : « ... et pour l'eau, plate ou gazeuse ? », vous pouvez répondre : « une carafe, s'il vous plaît ».

9 – Vins (et autres alcools) : la marge la plus importante des restaurateurs ! Et certains en abusent... Au-delà de 2 verres (gare aux prix exorbitants), il peut être plus intéressant de commander une bouteille, quitte à l'emporter en fin de repas si elle n'est pas terminée. Sinon, ne pas hésiter à demander un ***petit vin de pays en pichet,*** l'occasion de découvrir ainsi des petites cuvées locales et bon marché.

les ROUTARDS sur la FRANCE 2021-2022

(dates de parution sur • *routard.com* •)

Découpage de la FRANCE par le ROUTARD

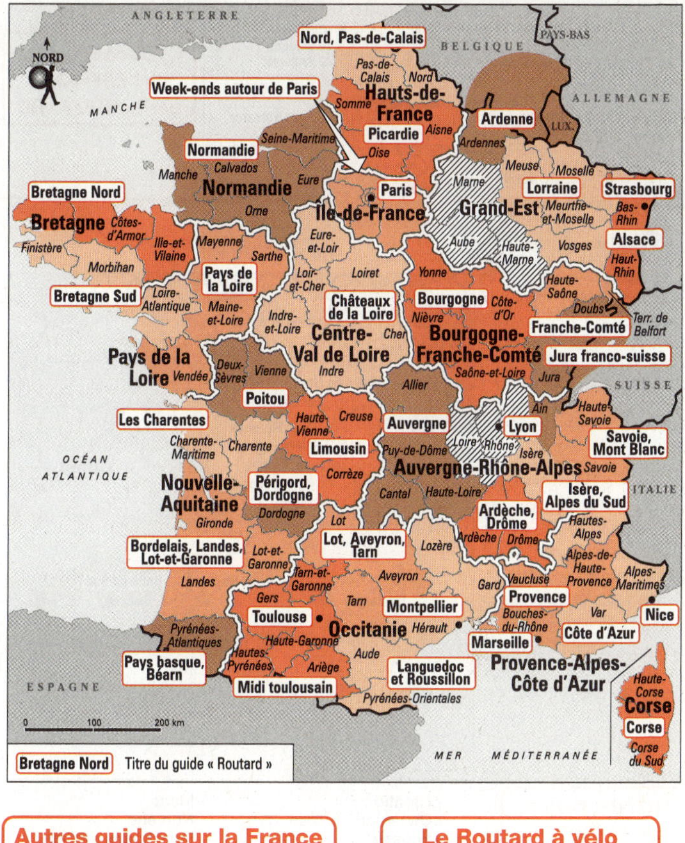

Autres guides sur la France

- Nos meilleurs campings en France
- Nos meilleures chambres d'hôtes en France

Autres guides sur Paris

- Paris
- Paris balades
- Restos et bistrots de Paris
- Le Routard des amoureux à Paris
- Week-ends autour de Paris

Le Routard à vélo

- EuroVelo6
- La Bourgogne du Sud à vélo
- La Flow Vélo
- La Loire à Vélo
- La Vélodyssée (Roscoff-Hendaye)
- Le Canal des 2 mers à vélo
- Paris Île-de-France à vélo
- ViaRhôna
- Les plus belles escapades à Vélo en France

les ROUTARDS sur l'ÉTRANGER 2021-2022

(dates de parution sur • **routard.com** •)

Découpage de l'ESPAGNE par le ROUTARD

Découpage de l'ITALIE par le ROUTARD

Autres pays européens

- Allemagne
- Angleterre, Pays de Galles
- Autriche
- Belgique
- Bulgarie
- Crète
- Croatie
- Danemark, Suède
- Écosse
- Finlande
- Grèce continentale
- Hongrie
- Îles grecques et Athènes
- Irlande
- Islande
- Madère
- Malte
- Norvège
- Pays baltes : Tallinn, Riga, Vilnius
- Pologne
- Portugal
- République tchèque, Slovaquie
- Roumanie
- Suisse

Villes européennes

- Amsterdam
- Berlin
- Bruxelles
- Budapest
- Copenhague
- Dublin
- Lisbonne
- Londres
- Moscou
- Naples
- Porto
- Prague
- Saint-Pétersbourg
- Stockholm
- Vienne

les ROUTARDS sur l'ÉTRANGER 2021-2022

(dates de parution sur • **routard.com** •)

Découpage des ÉTATS-UNIS par le ROUTARD

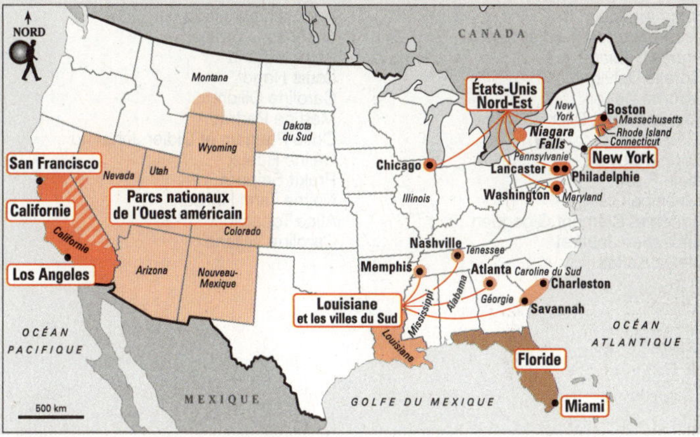

Autres pays d'Amérique

- Argentine
- Brésil
- Canada Ouest
- Chili et île de Pâques
- Colombie
- Costa Rica
- Équateur et les îles Galápagos
- Guatemala, Belize
- Mexique
- Montréal
- Pérou, Bolivie
- Québec et Ontario

Asie et Océanie

- Australie côtes est et nord + Red Centre
- Bali, Lombok
- Bangkok
- Birmanie (Myanmar)
- Cambodge, Laos
- Chine
- Hong Kong, Macao, Canton
- Inde du Nord
- Inde du Sud
- Israël et Palestine
- Istanbul
- Jordanie
- Malaisie, Singapour
- Népal
- Shanghai
- Sri Lanka (Ceylan)
- Thaïlande
- Tokyo, Kyoto et environs
- Turquie
- Vietnam

Afrique

- Afrique du Sud
- Égypte
- Kenya, Tanzanie et Zanzibar
- Maroc
- Marrakech
- Sénégal
- Tunisie

Îles Caraïbes et océan Indien

- Cuba
- Guadeloupe, Saint-Martin, Saint-Barth
- Île Maurice, Rodrigues
- Madagascar
- Martinique
- République dominicaine (Saint-Domingue)
- Réunion

Guides de conversation

- Allemand
- Anglais
- Arabe du Maghreb
- Arabe du Proche-Orient
- Chinois
- Croate
- Espagnol
- Grec
- Italien
- Japonais
- Portugais
- Russe
- G'palémo (conversation par l'image)

Livres-photos/Livres-cadeaux

- La France de Stéphane Bern **(nouveauté)**
- Voyages
- Voyages : États-Unis
- Voyages : France
- Voyages : Italie
- Road Trips Monde
- Road Trips en France **(nouveauté)**
- 120 coins secrets en Europe
- 50 voyages à faire dans sa vie
- 1 200 coups de cœur dans le monde
- 1 200 coups de cœur en France
- 52 week-ends dans les plus belles villes d'Europe
- 52 week-ends coups de cœur en France
- 52 escapades nature en France **(nouveauté)**
- Cahier de vacances du Routard

Nous tenons à remercier tout particulièrement Loup-Maëlle Besançon, Thierry Bessou, Gérard Bouchu, François Chauvin, Grégory Dalex, Fabrice Doumergue, Cédric Fischer, Carole Fouque, Nicolas George, Michelle Georget, David Giason, Claude Hervé-Bazin, Emmanuel Juste, Dimitri Lefèvre, Fabrice de Lestang, Romain Meynier, Éric Milet, Pierre Mitrano, Jean-Sébastien Petitdemange, Thomas Rivallain et Jean Tiffon pour leur collaboration régulière.

Brice Andlauer
Jean-Jacques Bordier-Chêne
Agnès Debiage
Coralie Delvigne
Jérôme Denoix
Tovi et Ahmet Diler
Clélie Dudon
Sophie Duval
Alain Fisch
Bérénice Glanger
Adrien et Clément Gloaguen
Sébastien Jauffret
Alexia Kaffès
Augustin Langlade
Jacques Lemoine
Aline Morand
Louis Nagot
Caroline Ollion
Martine Partrat
Odile Paugam et Didier Jehanno
Céline Ruaux
Prakit Saiporn
Nejma Tahri Hassani
Alice Tonasso
Caroline Vallano

Direction : Sidonie Chollet
Direction éditoriale : Élise Ernest
Édition : Matthieu Devaux, Olga Krokhina, Gia-Quy Tran, Julie Dupré, Emmanuelle Michon, Pauline Janssens, Amélie Ramond, Margaux Lefebvre, Julie Wood et Ionah Vasseur
Ont également collaboré : Brigitte de Vaulx, Marie Sanson et Cécile Chavent
Cartographie : Frédéric Clémençon et Aurélie Huot
Contrôle de gestion : Jérôme Boulingre et Yannis Villeneuve
Secrétariat : Catherine Maîtrepierre
Fabrication : Nathalie Lautout et Audrey Detournay
Relations presse : COM'PROD, Fred Papet. ☎ 01-70-69-04-69.
• *info@comprod.fr* •, Martine Levens (Belgique) et Maureen Browne (Suisse)
Illustration : Anne-Sophie de Précourt
Direction marketing : Stéphanie Parisot, Élodie Darty et Charlotte Brou
Couverture : le-bureau-des-affaires-graphiques.com
Silhouette du Routard : Clément Gloaguen (d'après Solé)
Maquette intérieure : le-bureau-des-affaires-graphiques.com, Thibault Reumaux et npeg.fr
Contact Partenariats : Jérôme Denoix • *jeromedenoix@gmail.com* •
Contact Partenariats et régie publicitaire : Florence Brunel-Jars
• *fbrunel@hachette-livre.fr* •

INDEX GÉNÉRAL

Les noms apparaissent tels qu'ils figurent sur les panneaux de signalisation routière.

INDEX GÉNÉRAL

T

U

V

LISTE DES CARTES ET PLANS

UNE PANDÉMIE INOUÏE !

Depuis toujours, ***Le Routard* apporte son soutien aux hôteliers et restaurateurs** qui accueillent nos lecteurs avec sourire et professionnalisme. Inlassablement, nos enquêteurs sont à l'affût de ces établissements, pour le plus grand bonheur de nos lecteurs. Malgré toute notre vigilance, certains d'entre eux auront fermé quand ce livre sortira. Cette terrible **pandémie de coronavirus** a, on le sait, des conséquences importantes pour tous les professionnels du tourisme. Des adresses familiales et accueillantes que nous continuerons à soutenir et mettre en valeur. **Nous sommes de tout cœur avec eux !**

Remarque importante aux hôteliers et restaurateurs

Les enquêteurs du *Routard* travaillent dans le plus strict anonymat. Aucune réduction, aucun avantage quelconque, aucune rétribution n'est jamais demandé en contrepartie. Face aux aigrefins, la loi autorise les hôteliers et restaurateurs à porter plainte.

Avis aux lecteurs

Le Routard, ce n'est pas comme le bon vin, il vieillit mal. On ne veut pas pousser à la consommation, mais évitez de partir avec une édition ancienne. Les modifications sont souvent importantes.

Les réductions accordées à nos lecteurs ne sont jamais demandées par nos rédacteurs afin de préserver leur indépendance. Les hôteliers et restaurateurs sont sollicités par une société de mailing, totalement indépendante de la rédaction, qui reste donc libre de ses choix. De même pour les autocollants et plaques émaillées.

Avec routard.com, choisissez, organisez, réservez et partagez vos voyages !

✓ Rejoignez la plus grande communauté francophone de voyageurs : **plusieurs millions d'internautes.**

✓ Échangez avec les routarnautes : forums, photos, avis d'hôtels.

✓ Retrouvez aussi toutes les informations actualisées pour choisir et préparer vos voyages : près de 300 guides destinations, une centaine de dossiers pratiques et un magazine en ligne pour découvrir tous les secrets de votre destination.

✓ Enfin, comparez les offres pour organiser et réserver votre voyage au meilleur prix.

Les **Routards** *parlent aux* **Routards**

Faites-nous part de vos expériences, de vos découvertes, de vos tuyaux et de vos coups de cœur. Aidez-nous à remettre l'ouvrage à jour. Indiquez-nous les renseignements périmés. Faites profiter les autres de vos adresses nouvelles, combines géniales... On adresse un exemplaire gratuit de la prochaine édition à ceux qui nous envoient les meilleurs courriers, pour la qualité et la pertinence des informations.

Quelques conseils cependant :

– Envoyez-nous votre courrier le plus tôt possible afin que l'on puisse insérer vos tuyaux sur la prochaine édition.

– N'oubliez pas de préciser l'ouvrage que vous désirez recevoir, ainsi que votre adresse postale.

– Vérifiez que vos remarques concernent l'édition en cours et notez les pages du guide concernées par vos observations.

– Quand vous indiquez des hôtels ou des restaurants, pensez à signaler leur adresse précise et, pour les grandes villes, les moyens de transport pour y aller. Si vous le pouvez, joignez la carte de visite de l'hôtel ou du resto décrit.

En tout état de cause, merci pour vos nombreux mails.

122, rue du Moulin-des-Prés, 75013 Paris

● *guide@routard.com* ● *routard.com* ●

Édité par Hachette Livre (58, rue Jean-Bleuzen, CS 70007, 92178 Vanves Cedex, France)
Photocomposé par Jouve (1, rue du Docteur Sauvé, 53100 Mayenne, France)
Imprimé par Lego SPA Plant (via Galileo Galilei, 11 38015 Lavis, Italie)
Achevé d'imprimer : mai 2021
Collection n° 15 - Édition n° 01
55/4378/6
I.S.B.N. 978-2-01-7129585
Dépôt légal : mai 2021

PAPIER À BASE DE FIBRES CERTIFIÉES